여러분의 합격을 응원하는
해커스경찰 혜택!

KB093643

FREE 경찰학 **특강**

해커스경찰(police.Hackers.com) 접속 후 로그인 ▶ 상단의 [무료강좌 → 경찰 무료강의] 클릭하여 이용

 해커스경찰 온라인 단과강의 **20% 할인쿠폰**

578A7366E8FBBEF7

해커스경찰(police.Hackers.com) 접속 후 로그인 ▶ 상단의 [내강의실] 클릭 ▶
[쿠폰/포인트] 클릭 ▶ 쿠폰번호 입력 후 이용

* 등록 후 7일간 사용 가능(ID당 1회에 한해 등록 가능)

합격예측 **온라인 모의고사 응시권 + 해설강의 수강권**

E8EE6E8BE5D3654W

해커스경찰(police.Hackers.com) 접속 후 로그인 ▶ 상단의 [내강의실] 클릭 ▶
[쿠폰/포인트] 클릭 ▶ 쿠폰번호 입력 후 이용

* ID당 1회에 한해 등록 가능

쿠폰 이용 관련 문의 **1588-4055**

단기 합격을 위한
해커스 커리큘럼

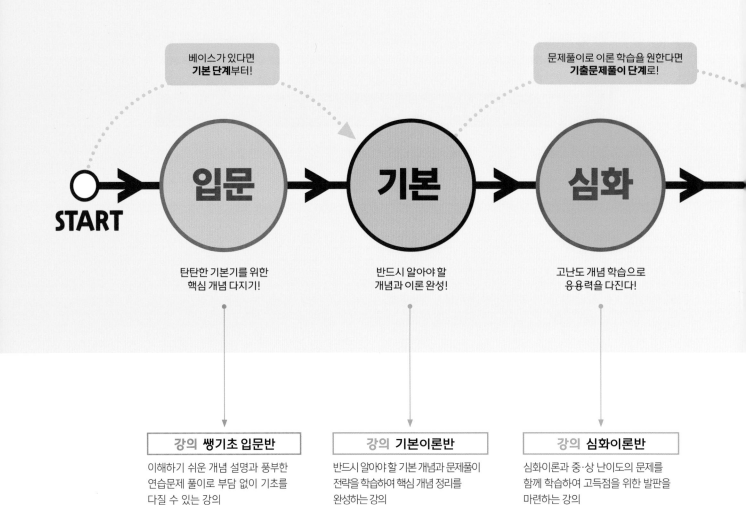

베이스가 있다면
기본 단계부터!

문제풀이로 이론 학습을 원한다면
기출문제풀이 단계로!

START → **입문** → **기본** → **심화** →

탄탄한 기본기를 위한
핵심 개념 다지기!

반드시 알아야 할
개념과 이론 완성!

고난도 개념 학습으로
응용력을 다진다!

강의 쌩기초 입문반

이해하기 쉬운 개념 설명과 풍부한
연습문제 풀이로 부담 없이 기초를
다질 수 있는 강의

강의 기본이론반

반드시 알아야 할 기본 개념과 문제풀이
전략을 학습하여 핵심 개념 정리를
완성하는 강의

강의 심화이론반

심화이론과 중·상 난이도의 문제를
함께 학습하여 고득점을 위한 발판을
마련하는 강의

단계별 교재 확인 및
수강신청은 여기서!
police.Hackers.com

* 커리큘럼은 과목별·선생님별로 상이할 수 있으며, 자세한 내용은 해커스경찰 사이트에서 확인하세요.

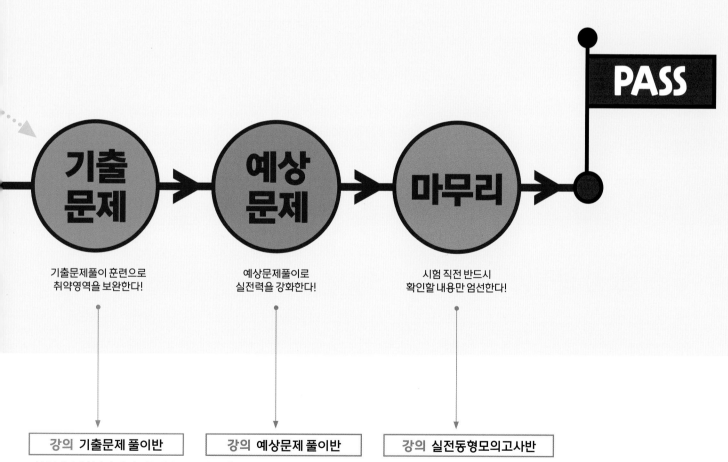

PASS

기출문제

기출문제풀이 훈련으로
취약영역을 보완한다!

예상문제

예상문제풀이로
실전력을 강화한다!

마무리

시험 직전 반드시
확인할 내용만 엄선한다!

강의 기출문제 풀이반

기출문제의 유형과 출제 의도를 이해
하고, 본인의 취약영역을 파악 및 보완
하는 강의

강의 예상문제 풀이반

최신 출제경향을 반영한 예상 문제들을
풀어보며 실전력을 강화하는 강의

강의 실전동형모의고사반

최신 출제경향을 완벽하게 반영한 모의고사를
풀어보며 실전 감각을 극대화하는 강의

강의 봉투모의고사반

시험 직전에 실제 시험과 동일한 형태의
모의고사를 풀어보며 실전력을 완성하는 강의

해커스경찰 **합격생**이 말하는

경찰 단기 합격 비법!

해커스경찰과 함께라면
다음 합격의 주인공은 바로 여러분입니다.

완전 노베이스로 시작,
8개월 만에 인천청 합격!

강*혁 합격생

형사법 부족한 부분은 모의고사로 채우기!

기본부터 기출문제집과 같이 병행해서 좋았던 것 같습니다. 그리고 1차 시험 보기 전까지 심화 강의를 끝냈는데 **개인적으로 심화강의 추천** 드립니다. 안정적인 실력이 아니라 생각해서 기출 후 **전범위 모의고사에서 부족한 부분들을 많이 채워** 나간 것 같습니다.

법 계열 전공,
1년 이내 대구청 합격!

배*성 합격생

외우기 힘든 경찰학, 방법은 회독과 복습!

경찰학의 경우 양이 워낙 방대하고 휘발성이 강한 과목이라고 생각합니다. (중략) 지속적으로 **회독**을 하였으며, 모의고사를 통해서 **틀린 부분을 복습하고 그 범위를 다시 한 번 책**으로 돌아가서 봤습니다.

이과 계열 전공,
6개월 만에 인천청 합격!

서*범 합격생

법 과목 공부법은 기본과 기출 회독!

법 과목만큼은 **인강을 반복해서 듣고 기출을 반복**해서 읽고 풀었습니다. 익숙해질 필요가 있다고 생각해서 **회독에 더 집중**했었습니다. 익숙해진 이후로는 **오답도 챙기면서 공부**했습니다.

해커스경찰

조현
경찰학 기본서

조현

약력

한양대학교 법과대학 법학과(법학사)

한양대학교 법과대학 법학석사('경찰행정법'전공)

한양대학교 법과대학 박사과정수료

전 | 해커스 경찰학원 경찰학 / 행정법 전임강사

해커스 소방학원 행정법 강사

현 | 한양대학교 고시반특강 강사

성균관대학교 고시반특강 강사

금강대학교 행정법 강사

윌비스 행정법 / 보상법규 / 행정쟁송법 강사

저서

경찰학 기본서, 해커스경찰

경찰학 기출문제집, 해커스경찰

경찰행정법(기본서), 패스북

경찰행정법사례연습, 패스북

통합 행정법, 법문사

통합 행정쟁송법, 윌비스

통합 행정쟁송법 연습, 윌비스

Feel 감정평가 및 보상법규, 윌비스

Feel 감평 행정법, 윌비스

Feel 감정평가 및 보상법규 정선사례, 윌비스

2022년부터 경찰채용시험이 개편됨에 따라 경찰학 과목에 행정법과 비교경찰(외국경찰) 파트가 추가되면서 많은 수험생들이 더욱 방대하고 어려워진 경찰학 공부에 대한 어려움을 토로하고 있는 것이 현실입니다. 따라서 개편된 시험에 보다 효과적으로 대응하기 위해서는 무엇보다 맞춤형 교재가 마련되어야 하기에 이에 대한 최적의 수험서를 위해 본 교재를 출간하게 되었습니다.

이 교재는 개편 경찰학 시험을 대비하는 수험생들이 경찰행정법의 내용을 보다 쉽고, 체계적으로 이해하면서, 기존의 경찰학의 내용도 시험에 출제되는 핵심만 추려서 전달하되, 주로 출제되는 조문과 이론은 부족함 없이 풍부하게 전달하도록 노력하였습니다. 또한 강의와 더불어 교재를 활용해주시면 이 한 권만으로도 충분히 경찰학을 대비할 수 있을 것으로 생각됩니다.

본서의 특징과 활용에 대해 설명하면 다음과 같습니다.
첫째, 우선 2024년도까지 제 · 개정된 최신 법령과 판례를 최대한 반영하였습니다. 특히 전면 개정된 '행정절차법', 새롭게 제정된 '공직자의 이해충돌방지법' 등 최신 법령을 꼼꼼하게 정리하여 교재에 반영하였습니다.

둘째, 기출문제에 출제된 기출지문을 위주로 교재를 구성하였습니다. 기출문제를 항상 한 파트씩 꼭 풀어 보아야 하지만 본 서의 회독 수가 늘어날수록 기출문제의 지문을 최대한 많이 본 효과가 나올 수 있도록 배려한 것입니다. 따라서 ① 강의를 통해 각각의 Theme의 이해과 체계를 확립하고, ② 교재에 담긴 Theme의 내용을 읽고 습득한 뒤 필요한 내용을 암기한 뒤에, ③ 반드시 관련 기출문제를 푸는 3단계 학습을 해주시기 바랍니다.

셋째, 경찰학의 주요 내용을 체계적이고 명확하게 이해할 수 있도록 여러 가지 도표와 그림을 교재에 추가하였습니다. 교재에 실린 도표와 그림을 통해 주요 내용에 대한 효과적인 암기와 이해를해주기 바랍니다.

더불어 경찰공무원 시험 전문 해커스경찰(police.Hackers.com)에서 학원강의나 인터넷 동영상강의를 함께 이용하여 꾸준히 수강한다면 학습효과를 극대화할 수 있습니다.

이 교재를 만드는 데에도 많은 분들의 아낌없는 노력과 조언이 있었습니다. 특히 두문자의 사용을 허락해 주신 아두스 경찰학의 박용중 강사님과 경찰대학을 졸업하고 사법고시에 합격한 법률사무소 율촌의 권성국 변호사, 신우진 변호사, 법률사무소 새빌의 김형석 변호사 등에게 특별히 고마운 마음을 전한다. 또한 자매서인 해커스 조현 경찰학 기출문제집도 수험생들의 많은 관심을 부탁드립니다. 마지막으로 아낌없는 열정으로 편집과 출판을 맡아 주신 박규명 사장님 이하 (주) 해커스패스의 직원분들에게도 감사드립니다.

2024년 4월
조현

매일 노력하는 자의 몫이다

진정한 자유와 생명은

목차

본문 중 중요한 내용을 목차에 표기하였으니, 이 점 참고해주시기 바랍니다.

목차

목차

목차

제1편 총론

제1장 / 경찰의 의의

제1절 경찰의 개념

01 대륙법계 국가의 경찰개념의 변천 ✵✵✵

대륙법계 국가의 경찰개념은 **경찰권발동의 범위와 성질**을 중심으로 형성되었으며, 이러한 경찰권발동의 범위가 **축소**되어 온 역사이다.

대륙법계 경찰개념의 변천사

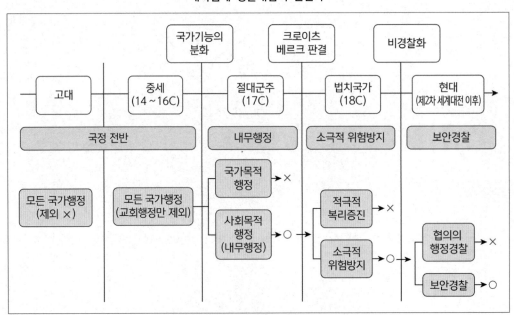

Stein의 행정의 목적에 따른 분류

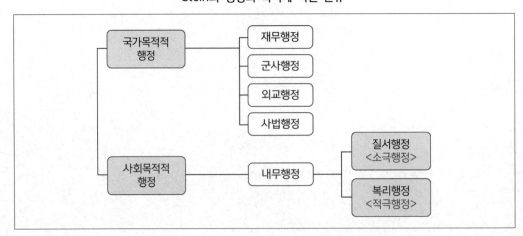

고대의 경찰	① 라틴어의 'politia'에서 기원 ➡ 도시국가의 **모든 국가활동**을 의미하였다. ② 도시국가에 관한 일체의 정치를 포함한 국가활동, 특히 도시국가의 이상적인 헌법을 의미하였다. ③ 제외되는 국가활동은 없었다.
중세의 경찰 (14 ~ 16C)	① 14C 말 **프랑스의 경찰(la police)개념**은 '국가목적 및 국가작용' ➡ **국가의 평온하고 질서 있는 상태**를 의미 ➡ 이후 독일로 계수(15C 말)되었다. ② **교회행정을 제외**한 일체의 국가행정(16C)을 의미한다. ③ 1530년 **독일**에서 제정된 **제국경찰법**에 의한다. ④ 중세까지는 국가기능이 분화되지 못하면서 경찰과 행정을 분리하지 않는 포괄적 국가활동의 전체를 경찰이라고 보았다.
절대군주시대 (경찰국가시대, 17C)	① 17C 경찰국가시대에 이르러 **왕권신수설, 군주주권론**을 사상적 배경으로 하여 절대왕정이 수립되었다. ② 국가의 기능이 분화되기 시작하면서, **외교·사법·군사·재무(국가목적적 행정)**는 경찰개념에서 제외되었다. 1648년 독일의 **베스트팔렌(Westfalen) 조약**을 계기로 **사법**이 국가의 특별작용으로 인정되면서 경찰과 사법이 분리되었다. ③ 경찰은 국가의 작용 중 **사회목적적 행정**, 즉 **내무행정**만을 의미하였다. ④ 경찰은 소극적인 질서유지뿐만 아니라 적극적인 공공복리 증진을 위한 공권력 행사도 포함되었다.
법치국가시대 (18C)	① 18C **계몽사상, 국민주권사상, 천부인권사상, 자유주의, 민주주의, 사회계약사상**을 사상적 배경을 기초로 하였다. ② 경찰은 내무행정 중 적극적인 복리증진을 위한 작용은 제외되고, **소극적인 질서유지(위험방지)만을 위한 분야로 축소**되었다. ③ 독일의 공법학자 퓨터(Pütter)도 "경찰의 직무는 임박한 위험을 방지하는 것이며, 복리증진은 경찰의 본래 직무가 아니다."라고 하였다.

구분	법치국가시대의 법과 판례
프로이센 일반란트법 (1794년, 독일)	"**공공의 평온**·안녕 및 질서를 유지하고 위험을 방지하는 것이 경찰의 직무이다."
죄와 형벌법전 (1795년, 프랑스)	"경찰은 공공의 질서·자유·재산 및 **개인의 안전보호**를 임무로 한다."
크로이츠베르크 판결 (1882년, 독일)	"경찰행정관청이 일반적 수권규정에 근거하여 법규명령을 발할 수 있는 분야는 **소극적인 위험방지분야에 한정**되어야 한다."
지방자치법전 (1884년, 프랑스)	"자치제 경찰은 **공공의 질서·안전 및 위생**을 확보함을 목적으로 한다."고 규정하여 위생사무 등 **협의의 행정경찰적 사무를 포함**하여 경찰의 직무를 소극목적에 한정하였다.
프로이센 경찰행정법 (1931년, 독일)	"경찰은 공공의 안녕과 질서를 위협하는 위험을 방지하기 위하여 **의무에 합당한 재량**에 따라 필요한 조치를 하여야 한다."

현대의 경찰 (제2차 세계대전 이후)	① 제2차 세계대전 이후 독일에서는 **비경찰화 과정**이 일어나게 되었다. ② 비경찰화란 법치국가 시대의 소극적 위험방지업무 중 협의의 행정경찰사무가 다른 일반 행정기관사무로 이전되는 현상을 의미한다. ③ 경찰은 협의의 행정경찰을 제외한 **(강학상) 보안경찰(풍속경찰, 교통경찰, 생활안전경찰 등)**만으로 국한되었다. ④ 여기서 협의의 행정경찰사무란 영업, 위생, 보건, 건축, 산림경찰 등을 의미한다.

01 고대의 경찰개념은 라틴어의 'politia'에서 유래한 것으로, 도시국가의 국가작용 가운데 '정치'를 제외한 일체의 영역을 의미하였다. 14. 승진 ( )

02 14세기 말 독일의 경찰개념이 프랑스에 계수되어 양호한 질서를 포함한 국가행정 전반을 포괄하는 의미로 사용되었다. 13. 승진 ( )

03 17세기 경찰국가시대에는 국가작용의 분화현상이 나타나 경찰개념이 군사·재정·사법·외교를 제외한 내무행정 전반을 의미하였다. 19. 승진 ( )

04 18세기의 크로이츠베르크 판결(1882)은 승전기념비의 전망을 확보할 목적으로 주변 건축물의 고도를 제한하기 위해 베를린 경찰청장이 제정한 법규명령은 독일의 제국경찰법상 개별적 수권조항에 위반되어 무효라고 하였다. 21. 경찰 ( )

05 범죄의 예방과 검거 등 보안경찰 이외의 산업·건축·영업·풍속경찰 등의 경찰사무를 다른 행정관청의 분장사무로 이관하는 현상을 '비경찰화'라고 한다. 19. 승진 ( )

06 경찰 개념을 소극적 질서유지로 제한하는 주요 법률과 판결을 시간적 순서대로 나열하면 프로이센 일반란트법(제10조) – 프랑스 죄와 형벌법전(제16조) – 크로이츠베르크 판결 – 프랑스 지방자치법전(제97조) – 프로이센 경찰행정법(제4조)의 순이다. 19. 경찰 ( )

정답 **01** × **02** × **03** ○
04 × **05** × **06** ○

02 영미법계 국가의 경찰개념 ✿✿

대륙법계 국가와 달리 영미법계 국가의 경찰개념은 **경찰의 기능 또는 역할**을 중심으로 형성되었다. 이러한 영미법계 국가의 경찰은 시민으로부터 **자치권을 위임받은 경찰**이 **국민의 생명과 재산을 보호**하는 것을 궁극적인 경찰의 임무로 보아 경찰의 기능과 역할이 점차 **확대**되는 역사이다.

03 대륙법계와 영미법계의 경찰개념의 비교 ✿✿✿

기출 OX

01 영미법계 국가에서 수사활동은 당연히 경찰의 고유한 임무로 취급되었다.
07. 경찰 　　　( )

02 대륙법계 국가의 경찰은 시민으로부터 자치권한을 위임받은 조직으로서의 역할을 중심으로 형성되었다.
07. 경찰 　　　( )

구분	대륙법계의 경찰	영미법계의 경찰
개념	① 경찰권발동의 **성질과 범위**를 중심으로 발전 ② **경찰이란 무엇인가?**	① 경찰의 **기능과 역할**을 중심으로 발전 ② **경찰활동은 무엇인가?, 경찰은 무엇을 하는가?**
경찰의 업무	① 공공의 안녕과 질서유지 ② **수사**는 경찰의 임무에서 **제외**	① **국민의 생명, 신체 · 재산보호** + 공공의 안녕과 질서유지 ② 수사도 당연히 경찰임무에 **포함**
경찰권발동의 기초	**일반통치권**	**자치권**
시민과의 관계	경찰과 시민의 대립	경찰과 시민의 동반 · 협력관계
경찰수단	권력적 수단 중심	비권력적 수단 중심
행정 · 사법경찰의 구분	행정경찰과 사법경찰을 **구분함**	행정경찰과 사법경찰을 **구분하지 않음**
경찰권발동의 범위	경찰권발동의 범위가 **축소**되는 과정	경찰권발동의 범위가 **확대**되는 과정
우리나라의 경우	우리나라는 국가경찰과 자치경찰의 조직 및 운영에 관한 법률(이하 '경찰법'이라 한다) 제3조와 경찰관 직무집행법 제2조에서 '국민의 생명 · 신체 · 재산보호'라는 영미법적 사고와 '공공의 안녕과 질서유지'라는 대륙법계의 사고가 동시에 규정되어 양자의 **혼합형** 내지는 **절충형**이라 볼 수 있다.	

정답 01 ○ 02 ✕

제2절 형식적 의미의 경찰과 실질적 의미의 경찰 ✵✵✵

경찰이라는 개념은 한 마디로 정의할 수 없는 복잡하고 다양한 개념이기에, '경찰'이라는 개념은 형식적 의미와 실질적 의미로 나누어 사용된다.

형식적 의미의 경찰과 실질적 의미의 경찰의 관계

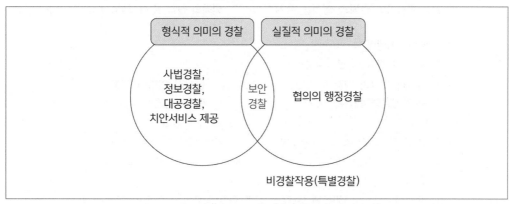

구분	형식적 의미의 경찰	실질적 의미의 경찰
개념	① **실정법상** ② **보통경찰기관**에 의해 행해지는 모든 활동	① **사회공공의 안녕과 질서를 유지**하기 위하여 ② **일반통치권**에 의거하여 ③ **명령 · 강제**하는 권력작용
특징	① 실무상 개념 ② 경찰조직을 중심으로 한 개념 ③ 나라마다 차이가 있을 수 있다. ④ 실정법상 개념(**경찰관 직무집행법 제2조, 경찰법 제3조**) ⑤ 국가목적, 사회목적을 가리지 않는다. ⑥ 소극적 질서유지, 적극적 복리실현을 가리지 않는다.	① 이론 및 학문상 개념 ② 경찰작용과 성질을 중심으로 한 개념 ③ 나라마다 차이가 적다. ④ 독일행정법학 + 역사적 발전개념 ⑤ **사회목적**(공공의 안녕과 질서유지)만을 위한 경찰활동에 국한된다. ⑥ **소극적 질서유지 + 명령 · 강제적 작용**에만 한정된다.
구체적 예	정보경찰, 순찰, 대공경찰, 범죄수사	산림, 위생, 영업, 건축, 경제, 철도경찰 등
양자의 관계	① 양자는 포함관계 또는 반대개념이거나 상위 또는 하위개념이 아니고, **대등한 위치의 서로 다른 별개의 개념**이다. ② 일반행정기관도 '**경찰기능**'을 담당한다고 할 때의 경찰기능은 명령 · 강제라는 작용적 측면에서 바라본 **실질적 의미의 경찰개념**을 의미한다. ③ 불심검문(경찰관 직무집행법 제3조)은 실정법에서 경찰기관의 임무로 규정하고 있으므로 형식적 의미의 경찰에 해당함에 의문의 여지가 없다. 문제는 실질적 의미의 경찰에 해당하는지 여부인데, **경찰상 즉시강제**(명령 · 강제 ○)로 보는 견해에 따르면 실질적 의미의 경찰에 해당하고 **경찰조사**(명령 · 강제 ×)로 보는 견해는 실질적 의미의 경찰에 해당하지 않는다고 본다. ④ **의원경찰과 법정경찰**은 형식적 의미 · 실질적 의미의 경찰 모두 해당되지 않는다. ⑤ **공물경찰**은 실질적 의미의 경찰에 속하나, **공물관리경찰**은 실질적 의미의 경찰이 아니다.	

기출 OX

03 형식적 의미의 경찰이란 실정법상 보통경찰기관이 관장하는 행정작용을 말하는 것으로 경찰의 서비스 활동도 이에 속한다. 21. 승진 ( )

04 형식적 의미의 경찰개념에 입각한 경찰활동의 범위는 나라마다 차이가 있을 수 있다. 14. 경찰 ( )

05 실질적 의미의 경찰개념은 학문상으로 정립된 개념이며, 프랑스 행정법학에서 유래하였다. 14. 경찰 ( )

06 실질적 의미의 경찰은 형식적 의미의 경찰 개념보다 넓은 의미로 형식적 의미의 경찰을 모두 포괄하는 상위 개념이다. 17. 경찰 ( )

07 정보경찰활동과 사법경찰의 활동은 형식적 의미의 경찰개념에 해당한다. 15. 경찰 ( )

정답 03 ○ 04 ○ 05 ✕
06 ✕ 07 ○

제3절 경찰의 분류

01 경찰임무(목적) 및 권력분립상 분류 ✿✿✿

구분	(광의의) 행정경찰	사법경찰
개념	① **사회공공의 안녕과 질서를 유지**하기 위하여 ② **일반통치권**에 의거하여 ③ **명령·강제**하는 권력작용	**범죄의 진압, 수사, 체포** 등을 위한 경찰작용
특징	① **실질적 의미의 경찰** ② **일반 경찰행정법규**가 근거 ③ 예방경찰	① **형식적 의미의 경찰** ② **형사소송법**에 근거 ③ 진압경찰
지휘· 감독권자	① 국가경찰사무의 경우: 경찰청장 ② 자치경찰사무의 경우: 시·도자치경찰위원회	① 원칙: 국가수사본부장 ② 예외: 검사, 경찰청장
비고	① 양자의 개념은 **1795년 '프랑스 죄와 형벌법전'**에서 최초로 구분하였다. ② 대륙법계의 경찰개념에 따르면 행정경찰과 사법경찰을 구분하지만(행정경찰만 경찰의 임무에 해당), 영미법계의 경찰개념에 따르면 행정경찰과 사법경찰을 구분하지 않는다(양자 모두 경찰의 임무에 해당).	

: 두문자

생·교·풍·경

기출 OX

01 행정경찰과 사법경찰의 구분은 삼권분립의 사상에 투철했던 영국에서 확립된 구분으로, 행정경찰은 형식적 의미의 경찰에 해당하며, 사법경찰은 실질적 의미의 경찰에 해당한다. 14. 승진
( )

02 업무의 독자성에 따라 보안경찰과 협의의 행정경찰로 구분할 수 있으며, 교통경찰은 보안경찰에, 건축경찰은 협의의 행정경찰에 해당한다. 18. 경찰 ( )

03 협의의 행정경찰과 보안경찰: 다른 행정작용에 부수하느냐의 여부에 따라 구분하며, 협의의 행정경찰은 경찰활동의 능률성과 기동성을 확보할 수 있고 보안경찰은 지역 실정을 반영한 경찰조직의 운영과 관리가 가능하다. 21. 경찰 ( )

정답 01 × 02 ○ 03 ×

02 업무의 독자성에 따른 분류 ✿✿✿

구분	(학문상) 보안경찰	협의의 행정경찰
개념	공공의 안녕과 질서의 유지를 다른 업무에 수반하지 않고 이를 **독립**하여 주된 업무로서 행해지는 경찰작용	공공의 안녕과 질서의 유지를 다른 업무와 수반하여 다른 업무를 주된 업무로 하면서 경찰목적을 **부수적**으로 행하는 경찰작용
장점	경찰활동의 능률성·기동성 확보	지역실정을 반영한 경찰조직의 운영과 관리

특징	① 형식적 의미의 경찰 ○,
	   실질적 의미의 경찰 ○
	② 보통경찰기관의 소관사무
		① 실질적 의미의 경찰 ○,
		   형식적 의미의 경찰 ×
		② 일반행정기관의 소관사무

대표적인 예	① **생**활안전경찰 ② **교**통경찰 ③ **풍**속경찰 ④ **경**비경찰	① 산림경찰, 건축경찰 ② 영업, 위생, 철도, 경제경찰 등

03 그 밖의 분류 ✦✦

:두문자

예·시·진
법·보·고

경찰권의 발동시점	예방경찰	① **경찰상 위해가 발생하기 전** 이를 사전에 방지하기 위한 경찰활동 (예 총포·도검의 취급제한, 정신착란자 보호조치, 순찰 등) ② 권력적·비권력적 수단을 모두 사용
	진압경찰	① 이미 발생된 위해를 제거하기 위한 경찰활동(예 범죄의 제지·수사, 범인체포, 사람을 공격하는 멧돼지를 사살 등) ② 주로 권력적 수단을 사용
위해의 정도 및 담당기관	평시경찰	평온한 상태 + 일반경찰법규 + 보통경찰기관
	비상경찰	비상사태 + 특별법 + **군대(경찰 ×)**
경찰활동의 질과 내용	질서경찰	명령·강제하는 경찰활동(예 시위진압, 즉시강제), 통고처분
	봉사경찰	비권력(서비스)적 경찰활동(예 청소년선도, 방범지도 등)
경찰권의 권한과 책임	국가경찰	국가의 권한과 책임(대륙법계)
	자치경찰	지방자치단체의 권한과 책임(영미법계)
보호법익 (프랑스)	고등경찰	사상과 정치, 종교 등의 고등가치보호(예 정치집회의 단속 등)
	보통경찰	사상과 정치 이외의 가치보호

04 국가경찰과 자치경찰의 장·단점 ✦✦✦✦

구분	국가경찰(대륙법계)	자치경찰(영미법계)
장점	① 경찰활동의 **능률성·기동성 확보**가 용이하다. ② 강력하고 광범위한 법집행력 행사가 가능하여 비상시에 유리하다. ③ **전국적·통일적·보편적 경찰서비스**의 제공에 유리하다. ④ 경찰기관이 단일화·통일화되어 **경찰정보의 체계적 관리에 용**이하다. ⑤ **전국적·광역적 범죄에 대한 대응**이 용이하다. ⑥ 타행정기관과 경찰기관의 업무협조와 조정이 용이하다.	① **지역의 특수성**을 반영한 경찰조직의 운영과 관리가 가능하다. ② 경찰의 **중립성·민주성** 등이 보장된다. ③ 지역주민에 대한 봉사자로서 경찰의 책임의식이 높다. ④ **경찰조직의 개편 및 개혁이 용이**하다. ⑤ 지역주민에 의한 외부통제가 용이하여 경찰행정의 투명성과 합리성을 담보할 수 있다.
단점	① 지방의 특수한 사정이 반영되기 어렵다. ② 경찰의 본연의 업무 이외의 다른 행정업무에 이용될 우려가 있다. ③ 관료화되어 지역주민을 위한 봉사의식이 약화될 우려가 높다. ④ 경찰조직이 비대화되어 조직의 개편 및 개혁이 용이하지 않다.	① 경찰활동의 **능률성·기동성 확보**가 용이하지 않다. ② **전국적·통일적·보편적 경찰활동이 곤란**하다. ③ 지방권력이 개입되어 경찰부패의 요인이 될 수 있다. ④ 타행정기관과 경찰기관의 업무협조와 조정이 곤란하다. ⑤ 통계자료가 부정확할 우려가 높다.

기출 OX

04 경찰활동의 질과 내용을 기준으로 분류할 때 예방경찰은 경찰상의 위해 발생을 방지하기 위한 작용으로 '위해를 미칠 우려가 있는 정신착란자의 보호'가 이에 해당한다. 19. 승진 ( )

05 진압경찰은 이미 발생한 위해의 제거나 범죄의 수사를 위한 경찰작용으로 범죄의 수사, 범죄의 제지, 총포·화약류의 취급제한, 광견의 사살 등이 있다. 21. 경찰 ( )

06 비상경찰은 특별법 등에 규정된 비상사태가 발생할 경우 보통경찰기관에 의해 공공의 안녕과 질서를 유지하는 경찰개념이다. 13. 승진 ( )

정답 04 × 05 × 06 ×

| 비고 | ① 우리나라는 전국적으로 국가경찰을 운영하고 있었으나, 제주특별자치도에서만 2006년 10월부터 자치경찰제를 시행하여 왔다.
② 2020년 12월 10일 (구)경찰법 전부개정안이 국회를 통과하면서 2021년 1월 1일부터 전국적으로 자치경찰제를 시행하게 되었다. 그러나 자치경찰사무를 담당하는 경찰공무원의 신분은 국가공무원의 신분을 유지하게 하는 **일원화 자치경찰제**를 채택하였다. |

05 비경찰작용(특별경찰) ✿✿

의의	특별권력관계에 기초하여 내부질서를 유지하기 위한 경찰활동
특징	① **형식적 의미의 경찰, 실질적 의미의 경찰 그 어디에도 속하지 않는다.** ② 특별경찰기관이 보통경찰기관에 우선한다.
종류	① 의원경찰(국회의장의 경호권) ② 법정경찰(재판장의 법원보안관리권)

police.Hackers.com

제2장 / 경찰의 임무와 이념

제1절 경찰의 임무

01 실정법상 경찰의 임무 ✿✿✿

1. 경찰의 임무

실정법상 경찰의 임무는 보통경찰기관을 전제로 한 개념이며, 궁극적으로 공공의 안녕과 질서유지를 그 임무로 한다고 볼 수 있다.

:두문자

생·범·경·정·교·
외·질서유지

경찰법 제3조	경찰관 직무집행법 제2조
① 국민의 **생**명·신체 및 재산의 보호	① 국민의 생명·신체 및 재산의 보호
② **범**죄의 예방·진압 및 수사	② 범죄의 예방·진압 및 수사
③ **범**죄피해자 보호	②의2. 범죄피해자 보호
④ **경**비·요인경호 및 대간첩·대테러 작전 수행	③ 경비, 주요 인사 경호 및 대간첩·대테러 작전 수행
⑤ 공공안녕에 대한 위험의 예방과 대응을 위한 **정**보의 수집·작성 및 배포	④ 공공안녕에 대한 위험의 예방과 대응을 위한 정보의 수집·작성 및 배포
⑥ **교**통의 단속과 위해의 방지	⑤ 교통 단속과 교통 위해의 방지
⑦ **외**국 정부기관 및 국제기구와의 국제협력	⑥ 외국 정부기관 및 국제기구와의 국제협력
⑧ 그 밖에 공공의 안녕과 **질서유지**	⑦ 그 밖에 공공의 안녕과 질서유지

2. 경찰의 사무

:두문자

행정: 생·교·다
수사: 학·교·가·기
　　　실·다·공

국가경찰사무	자치경찰사무
경찰법 제3조에서 정한 경찰의 임무를 수행하기 위한 사무 중 자치경찰사무를 제외한 나머지 사무(예 정보·보안·외사·경비 등)	경찰법 제3조에서 정한 경찰의 임무 범위 내에서 관할 지역의 생활안전·교통·경비·수사 등에 관한 다음의 사무를 말한다. ① 지역 내 주민의 **생활안전활동**에 관한 사무 　㉠ 생활안전을 위한 순찰 및 시설의 운영 　㉡ 주민참여 방범활동의 지원 및 지도 　㉢ 안전사고 및 재해·재난시 긴급구조지원 　㉣ 아동·청소년·노인·여성·장애인 등 사회적 보호가 필요한 사람에 대한 보호 업무 및 가정폭력·학교폭력·성폭력 등의 예방 　㉤ 주민의 일상생활과 관련된 사회질서의 유지 및 그 위반행위의 지도·단속. 다만, 지방자치단체 등 다른 행정청의 사무는 제외한다. 　㉥ 그 밖에 지역 주민의 생활안전에 관한 사무

② 지역 내 **교통활동**에 관한 사무

   ⊙ 교통법규 위반에 대한 지도·단속

   ⓒ 교통안전시설 및 무인 교통단속용 장비의 심의·설치·관리

   ⓒ 교통안전에 대한 교육 및 홍보

   ⓔ 주민참여지역 교통활동의 지원 및 지도

   ⓜ 통행 허가, 어린이 통학버스의 신고, 긴급자동차의 지정신청 등 각종 허가 및 신고에 관한 사무

   ⓗ 그 밖에 지역 내의 교통안전 및 소통에 관한 사무

③ 지역 내 **다중운집** 행사 관련 혼잡 교통 및 안전관리

④ 다음의 어느 하나에 해당하는 수사사무

   ⊙ **학교폭력** 등 소년범죄

   ⓒ **가정폭력**, 아동학대범죄

   ⓒ **교통사고** 및 교통 관련 범죄

   ⓔ 형법 제245조에 따른 **공연음란** 및 성폭력범죄의 처벌 등에 관한 특례법 제12조에 따른 성적 목적을 위한 **다중이용장소** 침입행위에 관한 범죄

   ⓜ 경범죄 및 **기초질서** 관련 범죄

   ⓗ 가출인 및 실종아동 등의 보호 및 지원에 관한 법률 제2조 제2호에 따른 **실종아동** 등 관련 수색 및 범죄

✎ ① ~ ③의 구체적인 사항 및 범위 등은 대통령령으로 정하는 기준에 따라 시·도조례로 정한다.

✎ ④의 구체적인 사항 및 범위 등은 대통령령으로 정한다.

기출 OX

01 학교폭력 등 소년범죄, 가정폭력, 아동학대 범죄, 형법 제245조에 따른 공연음란 및 성폭력범죄의 처벌 등에 관한 특례법 제11조에 따른 공중밀집 장소에서의 추행행위에 관한 범죄는 자치경찰사무에 포함된다.

22. 경찰   (   )

02 지역 내 주민의 생활안전 활동에 관한 사무, 지역 내 교통활동에 관한 사무, 지역 내 다중운집 행사 관련 혼잡 교통 및 안전관리의 자치경찰사무에 관한 구체적인 사항 및 범위 등은 대통령령으로 정하는 기준에 따라 시·도조례로 정한다.

22. 경찰   (   )

정답 **01** ✕ **02** ○

02 경찰의 기본적 임무 ✿✿✿✿

경찰의 기본적 임무는 ① 공공의 안녕과 질서에 대한 위험방지, ② 범죄의 수사, ③ 치안서비스의 제공으로 구분할 수 있다.

경찰의 기본적 임무

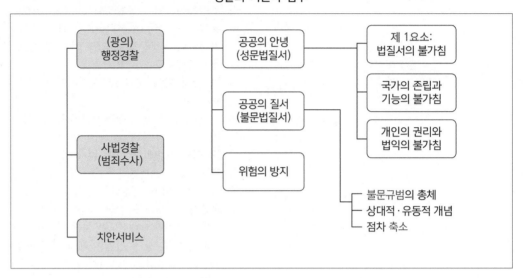

1. '공공의 안녕'과 '질서'에 대한 '위험'방지

(1) 공공의 안녕

의의	① 개인적 법익, 국가적 법익을 포함한 객관적 성문법질서가 침해되지 않는 상태 ② 이중적 개념(개인과 국가적 법익) + 성문법	
내용	법질서의 불가침	① 공공의 안녕의 제1요소 ② 공법적 질서의 위반 ➡ 위험 ○ ➡ 경찰개입 ○ ③ 사법적 질서의 위반 ➡ 원칙적으로 경찰이 개입할 수 없으나, 경찰이 개입하지 않고서는 사법적 질서를 실현하기 불가능한 경우에만 경찰의 개입이 허용된다(보충성의 원칙).
	국가의 존립과 기능의 불가침	① 국가의 존립(예 내란방지)과 국가기관(국회, 법원 등)의 기능(예 공무집행방지)을 보호하는 것을 말한다. ② 형법상 가벌성의 범위 내에 이르지 아니하였다 하더라도 국민의 자유와 권리를 침해하지 않는 범위 내에서 경찰은 수사나 정보수집과 같은 기본적인 경찰활동은 가능하다. ③ 무한정 확대해서는 안 되며, 국가기관의 기능이 다소간 침해되었다 하더라도 폭력성과 명예훼손 없는 국가기관에 대한 건전하고 정당한 비판은 경찰이 개입할 수 없다.
	개인의 권리와 법익의 불가침	① 생명·신체·재산·명예뿐만 아니라 사유재산적 가치나 무형의 권리에 대한 위험방지도 해당된다. ② 경찰의 개입은 잠정적 보호에 국한되어야 하고 사적 분쟁에 대한 최종적 판단은 (민사)법원이 해야 한다.

(2) 공공의 질서

의의	공동체 생활을 위해 필수불가결한 개인의 행동할 때 준수해야 할 **불문규범**의 총체
사례	경찰관의 스와핑 단속, 성인돌(sexdoll)체험업소 단속, 동성연애 단속 등
특징	① 절대적 개념이 아니라 시대상황에 따라 변화되는 **상대적·유동적 개념**이다. ② **엄격한 합헌성**이 요구된다. ③ 공공의 질서개념이 점차 성문화됨에 따라 그 개념의 범위는 점차 **축소**된다.

(3) 위험

① 위험의 의의와 특징

의의	㉠ **위험**이란 경험칙상 가까운 장래에 공공의 안녕과 질서에 대한 손해가 나타날 수 있는 충분한 가능성을 말하는 것으로서 경찰개입의 전제조건이 된다. ㉡ **손해**란 법익에 대한 객관적 감소, 즉 법익에 대한 현저한 침해행위가 있는 경우를 말한다. 따라서 단순한 성가심이나 불편한 상태는 손해가 아니므로 경찰개입의 대상이 아니다.
특징	㉠ 경찰개입은 구체적 위험뿐만 아니라 추상적 위험이 있어도 가능하다. ➡ **경찰은 사전배려원칙이 적용되지 않는다.** ㉡ 위험은 경찰개입의 필수전제요건이나, **보호법익이 필수적으로 존재해야 되는 것은 아니다.** ㉢ 위험은 **주관적 추정을 포함하는 객관화된 위험**을 말한다. ㉣ 손해발생의 충분한 가능성에 대한 판단은 사실적 관점에서의 경찰관의 **사전적 예측**을 필요로 한다. ㉤ 위험이 현실화된 때를 경찰위반상태 또는 경찰장해상태라고 한다.

② 위험의 종류

위험의 현실화 정도에 따른 종류

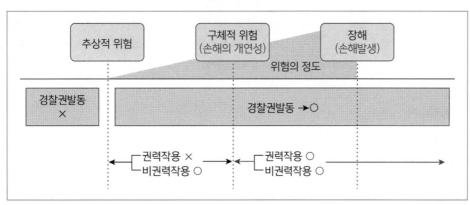

기출 OX

03 '공공의 질서'라 함은 당시의 지배적인 윤리와 가치관을 기준으로 판단할 때 그것을 준수하는 것이 시민으로서 원만한 국가 공동체생활을 영위하기 위한 불가결적 전제조건이 되는 각 개인의 행동에 대한 성문규범의 총체를 의미한다. 14. 경간

(   )

04 손해란 가까운 장래에 공공의 안녕에 손해가 나타날 수 있는 가능성이 개개의 경우에 충분히 존재하는 상태를 말한다. 15. 승진

(   )

05 경찰에게 있어 위험의 개념은 주관적 추정을 포함한다. 14. 경간 (   )

정답 **03** ✕ **04** ✕ **05** ○

		구체적 위험	손해발생의 가능이 개개의 경우에 충분한 상태(손해의 개연성) ➜ 국민의 권리나 자유를 침해하는 권력적 경찰개입도 가능하다.
	위험의 현실화 정도	추상적 위험	구체적 위험이 예상되는 상태(손해의 가능성) ➜ 순찰, 정보수집 등 위험방지를 위한 준비행위(비권력적)에 한정된다.
위험의 인식	외관적 위험	개념	㉠ 실제 객관적 위험이 없는 상태 ㉡ 경찰관이 사려 깊은 상황판단을 했음에도 주관적으로 위험이 있다고 오인되는 경우(**경찰관의 주관적 귀책사유 ✕**)
		책임	㉠ 경찰상 위험에 해당하므로 이에 근거한 경찰개입은 **적법** ㉡ 적법한 경찰개입이므로 경찰권을 발동한 경찰관 개인에게는 아무런 책임이 인정되지 않고, 손실을 입은 국민은 예외적으 로 국가를 상대로 손실보상을 받을 수 있다.
		사례	경찰관이 사람을 살려달라는 외침소리를 듣고 출입문을 부수고 들 어갔는데, 실제로는 노인이 크게 켜놓은 TV 형사극 소리였던 경우
	오상 위험 (추정적 위험)	개념	㉠ 실제 객관적 위험이 없는 상태 ㉡ 경찰관이 주관적으로 위험이 있다고 판단한 것에 대한 이성 적·객관적으로 그 정당성이 인정되지 않는 경우(**경찰관의 주관적 귀책사유 ○**)
		책임	㉠ 경찰상 위험상태에 해당하지 아니하므로 이에 근거한 경찰 개입은 **위법** ㉡ 따라서 경찰관에게는 **민·형사 또는 징계책임**이, 국가에게는 위법한 공무집행으로 인한 **손해배상(국가배상)**책임이 발생할 수 있다.
	위험 혐의	개념	㉠ 실제 객관적 위험 가능성은 예측되지만 ㉡ 경찰관이 이성적·객관적으로 판단할 때 그 위험의 실현이 불확실한 경우
		특징	경찰개입은 위험의 존재가 명백해질 때까지는 위험방지를 위한 정보수집 등 비권력적인 예비적 조치(준비행위)에 국한되어야 한다.
		사례	공항 내에 폭발물이 설치되어 있다는 제보를 받은 경우

2. 범죄수사

범죄수사 법정주의	사법경찰권의 발동은 법정주의(**기속**) ↔ 행정경찰권의 발동은 경찰편의주의에 따라 **재량**이 인정되는 경우가 대부분이다.
특징	① 형사소송법 ② 원칙적으로 **국가수사본부장**의 지휘·감독으로 행해지나, 예외적으로 경찰청장이 지휘·감독권을 행사한다.

3. 치안서비스의 제공

의의	현대국가는 복지국가를 지향하는 만큼, 오늘날 국민에게 봉사하고 서비스하는 경찰 의 역할이 점차 중요해지고 있다.
사례	교통정보의 제공, 순찰, 어린이 교통안전교육, 방범지도 등이 이에 해당한다.

경찰의 관할이란 **광의의 경찰권**(협의의 경찰권으로서 **행정경찰권**과 **범죄수사**에 관한 사법경찰권을 포함한다)이 발동될 수 있는 범위에 관한 문제로서, 사물관할·인적 관할·지역관할로 나뉘어 진다.

사물관할	의의	경찰이 처리해야 하는 사무의 범위
	내용	① 경찰법 제3조에 정해진 직무범위에만 경찰작용이 가능하다. ② 경찰법 이외의 다른 법령에 규정된 경찰행정기관의 직무도 그 범위에 포함된다.
	특징	① 우리나라는 **영미법계**의 영향을 받아서 **범죄수사**에 관한 임무가 사무관할이다. ② 조직법인 경찰법 뿐만 아니라 작용법인 경찰관 직무집행법에서도 경찰의 직무범위가 규정되어 있다.
인적관할	의의	광의의 경찰권이 발동될 수 있는 인적 범위 ➡ 모든 사람
	예외	① **대통령**, ② **국회의원**, ③ **외교사절과 그 가족**, ④ **공무집행 중인 미군인과 그 가족**(SOFA의 적용대상자)
지역관할	의의	광의의 경찰권이 발동될 수 있는 지역적 범위 ➡ 대한민국 영토
	해양	해양경찰이 담당
	국회	① 국회의장은 **회기 중**에는 국회경호권에 의해 국회의 질서를 유지한다. ② 국회의장은 필요시 **국회운영위원회(국가경찰위원회 ✕)의 동의**를 받아 정부에 경찰공무원의 **파견**을 요구할 수 있다. 이 경우 경찰공무원은 회의장 건물 **밖**에서 경호한다. ③ 국회 안에 현행범인이 있을 때에는 경위(의원경찰)나 경찰공무원은 **체포한 후 의장의 지시를 받아야 한다**. 다만, **회의장 안에서는 의장의 명령 없이 의원을 체포할 수 없다**(국회법 제150조).
	법원	① 재판장이 명령으로써 법정 내 질서를 유지한다. ② 재판장은 법정에 있어서의 질서유지를 위하여 필요하다고 인정할 때에는 **개정 전후를 불문**하고 관할 **경찰서장**에게 경찰공무원의 파견을 요구할 수 있다. ③ 이 경우 경찰공무원은 **재판장의 지휘**를 받아 **법정 내외**에서 질서를 유지한다.
	치외법권지역	① **외교관서**나 ② **외교관의 개인주택** 및 ③ **승용차 등 교통수단**은 동의가 없는 한 들어갈 수 없다. 단, 화재나 전염병의 발생과 같은 공안의 긴급을 요하는 경우에는 **동의 없이도** 들어갈 수 있는데 이는 **국제관습법(국제관례)**상 인정된다.
	미군영 내	① 미군 당국이 동의하는 경우가 아니면 미군시설 또는 구역 내에서 대한민국의 경찰권이 발동될 수 없음이 원칙이다. ② **미군 당국의 동의**와 **중대범죄의 현행범인**을 추적하는 경우 주한미군의 시설 및 구역 내에서도 범인의 체포가 가능하다.

:**두문자**

대·국·외·공

기출 OX

03 외교공관과 외교관의 개인주택은 국제법상 치외법권 지역으로 불가침의 대상이 되지만 외교사절의 승용차, 보트, 비행기 등 교통수단은 불가침의 대상이 아니다. 19. 경간 ( )

04 국회 안에 현행범인이 있을 때에는 국가경찰공무원은 반드시 사전에 국회의장의 지시를 받아 체포하여야 한다. 17. 경간 ( )

05 국회의장은 국회의 경호를 위하여 필요한 때에는 국회운영위원회의 동의를 받아 일정한 기간을 정하여 정부에 대하여 필요한 국가경찰공무원의 파견을 요구할 수 있다. 16. 경찰 ( )

06 경찰은 중대한 죄를 범하고 도주하는 현행범인을 추적하는 때에는 주한미군 시설 및 구역 내에서 범인을 체포할 수 있다. 20. 경찰 ( )

정답 **03** ✕ **04** ✕ **05** ○
06 ○

제3절 경찰활동의 기본이념 ✿✿✿✿

민주주의	의의	① 대한민국의 주권은 국민에게 있고, 경찰권은 국민으로부터 나온다. ② 경찰의 민주성을 확보하기 위하여 우리나라는 **경찰위원회**, 행정절차법, **정보공개제도, 중앙과 지방간에 적절한 권한의 배분**, 국민감사청구 등에 관한 제도적 장치를 두고 있다.
	법적 근거	① 헌법 제1조 ② 경찰법 제1조 ➡ "경찰의 민주적인 관리 … "
법치주의	의의	국민의 자유와 권리를 제한하고 의무를 부과하는 경찰의 활동은 법률에 근거하여 법률에 따라 이루어져야 한다.
	법적 근거	헌법 제37조 제2항 ➡ "국민의 모든 자유와 권리는 국가안전보장·질서유지 또는 공공복리를 위하여 필요한 경우에 **법률(법령 X)**로써 제한할 수 있으며 … "
인권 존중주의	의의	① 경찰은 인간의 존엄과 가치, 개인이 갖는 불가침의 기본적 인권을 확인하고 이를 보장할 의무를 진다. ② **수사경찰에서 가장 중요한 이념** ➡ 현행 형사소송법은 **임의수사원칙, 강제처분 법정주의**를 택하고 있어 인권존중주의를 실현하고 있다. ③ 인권은 '인간이기 때문에 당연히 누릴 수 있는 생래적·천부적 권리로서의 자연권'을 말하며, 기본권은 헌법이 보장하는 국민의 기본적 권리라는 점에서 양자는 차이가 있다.
	법적 근거	① 헌법 제10조, 제37조 제2항 ② **경찰법 제5조** ➡ "경찰은 그 직무를 수행할 때 헌법과 법률에 따라 국민의 자유와 권리를 존중하고, … " ③ **경찰관 직무집행법 제1조** ➡ "국민의 자유와 권리 및 모든 개인이 가지는 불가침의 기본권적 인권을 보호하고 … "
정치적 중립	의의	경찰은 국민 전체에 대한 봉사자로서 정치적 중립을 준수해야 한다.
	법적 근거	① 헌법 제7조 제2항 ② 국가공무원법 제65조 ③ **경찰법 제5조** ➡ "경찰은 … 국민 전체에 대한 봉사자로서 공정·중립을 지켜야 하며, … "
경영주의 (능률성· 효과성)	의의	① 최소비용으로 최대의 편익을 산출해야 한다. ② 예산과 조직운영의 이념 ➡ **예** 성과급제도, 민원일괄(one-stop)처리제도
	법적 근거	① 경찰법 제1조 ➡ "경찰의 … 효율적인 임무수행을 위하여 … " ② 행정기본법 제3조 제2항 ➡ "국가와 지방자치단체는 행정의 **능률과 실효성**을 높이기 위하여 지속적으로 법령등과 제도를 정비·개선할 책무를 진다."

police.Hackers.com

제3장 경찰윤리

제1절 경찰윤리에 관한 이론

01 경찰윤리의 필요성

경찰은 ① 임무에 부여된 **재량권을 합리적으로 행사**하기 위하여, ② **위험상황에서 적절하게 대처**하기 위하여, ③ **강한 유혹에도 부패에 나아가지 않기** 위하여, ④ 잘못된 **조직 내부의 동조압력과 배타성**에 물들지 않기 위하여 경찰관으로서의 윤리의식을 확립하여야 한다.

: 두문자

전 ➡ 결 ➡ 감

⊕ **PLUS** 클라이니히(J.Kleinig)의 **경찰윤리교육의 목적**		
도덕적 결의의 강화	① 도덕적 결의의 강화란 경찰관이 실무에서 내부 및 외부로부터의 여러 압력과 유혹에도 굴복하지 않고 자신의 소신과 직업의식에 따라 일을 처리하는 것이다. ② 그러나 도덕적 결의의 강화를 윤리교육의 가장 우선적인 과제로 보는 것은 현재 경찰살의 운영의 문제점을 구성원의 도덕성에만 전가하려는 잘못된 태도와 연결된다.	
도덕적 감수성의 배양	① 도덕적 감수성의 배양이란 실무에서 경찰이 다양한 계층의 사람들(부자나 가난한 사람)에게 모두 인간으로서 존중하고 공평하게 봉사하는 것이다. ② 경찰관들은 일반적으로 복잡한 사회적 문화와 환경에서 일하여야 하며 만약 익숙해 있는 관점에서 다른 관점을 취할 준비가 안 되면 업무가 부적절할 수 있다. ③ 그러나 현실적으로 경찰관은 이미 가지고 있는 감수성을 명료하게 표현하지 못하는 경우가 많으므로 윤리교육의 목적이 도덕적 감수성만을 주안점으로 해서는 곤란하다.	
도덕적 전문능력의 함양	① 도덕적 전문능력이란 경찰이 비판적, 반성적 사고방식을 배양하여 조직 내에 관습적으로 내려오는 관행을 비판적으로 검토하여 수용하는 것이다(경찰윤리교육에서 가장 중요한 목적). ② 경찰관은 그들이 봉사하는 지역사회의 구성원에게 심대한 영향을 미치므로 여러 결정과정에서 도덕적 자율성을 바탕으로 분석적이고 체계적으로 따져볼 필요가 있다.	

: 두문자

해머로 관시공

기출 OX

01 도덕적 연대책임 향상 - 경찰윤리 교육의 가장 중요한 목적은 경찰의 조직적 연대책임을 강화하도록 하는 것이다. 23. 경찰간부 ( )

02 하이덴하이머(A. J. Heidenheimer)에 따를 경우 시장중심적 부패란 부패는 뇌물수수행위와 특히 결부되어 있지만, 반드시 금전적인 형태일 필요가 없는 사적 이익을 고려한 결과로 권위를 남용하는 경우를 포괄하는 용어이다. 22. 법학경채 ( )

02 부패의 개념과 유형(하이덴하이머) ✔✔

개념	관직중심적 정의	부패는 **사적인 이익**에 대한 고려의 결과로 **권위를 남용**하는 것을 말한다.
	시장중심적 정의	고객들은 잘 알려진 위험을 감수하고 **원하는 이익을 받는 것을 확실히 하기 위하여** 높은 가격을 지불하려고 하여 부패가 일어난다.
	공익중심적 정의	관직을 가진 사람이 법적으로 규정되어 있지 않은 금전적인 또는 다른 형태의 보수에 의하여 그런 보수를 제공하는 사람들에게 이로운 행위를 함으로써 **공중의 이익에 손해를 가져올 때** 부패가 일어난다.

정답 01 × 02 ×

유형	흑색부패	사회 전체에 **심각한 해**를 끼치는 부패로 **구성원 모두가 인정**하고 처벌을 원하는 부패를 말한다(예 경찰이 업무와 관련된 대가성 있는 뇌물을 수수한 경우).
	회색부패	흑색부패와 백색부패의 중간에 위치하는 유형으로서 얼마든지 흑색부패로 발전할 수 있는 잠재성을 지닌 것을 말한다. 회색부패는 사회구성원 가운데 특히 엘리트 집단을 중심으로 **일부집단은 처벌을 원하지만, 일부집단은 처벌을 원하지 않는 경우의 부패**를 말한다(예 정치인에 대한 후원금 제공, 떡값 같은 적은 액수의 호의표시나 선물).
	백색부패	이론상 일탈행위로 규정될 수 있으나, **구성원의 다수가 어느 정도 용인하는 선의의 부패 또는 관례화된 부패**를 의미한다(예 경기가 밑바닥 상태인데도 국민들의 동요나 기업활동의 위축을 방지하기 위해서 경기가 살아나고 있다고 관련 공직자가 거짓말을 한 경우).

⊕ **PLUS** 부패방지 및 국민권익위원회의 설치와 운영에 관한 법률상 '부패행위'

'부패행위'란 다음의 어느 하나에 해당하는 행위를 말한다.
① 공직자가 직무와 관련하여 그 지위 또는 권한을 남용하거나 법령을 위반하여 자기 또는 제3자의 이익을 도모하는 행위
② 공공기관의 예산사용, 공공기관 재산의 취득 · 관리 · 처분 또는 공공기관을 당사자로 하는 계약의 체결 및 그 이행에 있어서 법령에 위반하여 공공기관에 대하여 재산상 손해를 가하는 행위
③ ①과 ②에 따른 행위나 그 은폐를 강요, 권고, 제의, 유인하는 행위

03 경찰부패의 원인 ✿✿✿✿

경찰 외부에서 원인을 찾는 견해	전체사회 가설	① 미국의 **윌슨**(O.W.Wilson)은 시카고 경찰의 부패원인을 분석하여 시카고 시민이 경찰을 부패시켰다고 보았다. ② 시민사회 전체의 부패가 경찰을 부패시키는 궁극적 원인 ③ 미끄러지기 쉬운 경사로 이론과 관련이 있다. 예 유흥주점 업주가 불법주류를 판매하다 단속된 사안에서 사건무마를 위해 담당경찰관에게 뇌물수수를 시도하거나, 지역주민 사이에 사행행위문화가 만연되어 있어 지역경찰관들도 지역주민들과 어울려 도박을 하는 경우 ④ 전 뉴욕시경 국장이었던 패트릭 머피(P. Murphy)는 "봉급을 제외하고 깨끗한 돈이란 없다."고 하였고, 윌슨(O.W.Wilson)도 "경찰인은 어떤 작은 호의, 심지어 공짜 커피도 받도록 허용되어서는 안된다."고 하였다.
경찰 내부에서 원인을 찾는 견해	구조적 원인 가설 (구조, 조직)	① **바커 · 로벅 · 니**더호퍼 ② **경찰조직 내부의 부패 전통**의 사회화가 경찰을 부패시키는 궁극적 원인(예 퇴근한 경찰관이 잠깐 경찰서에 들러 시간 외 근무를 한 것처럼 근무기록지를 조작하는 경우) ③ 이러한 부패의 관행이 '**침묵의 규범(또는 묵시적 관행)**'으로 받아들여지는 특징(예 경찰관이 동료경찰관들이 유흥업소 업주들로부터 관례적으로 접대를 받은 사실을 알았지만 이를 모른 체하는 경우)

:두문자

바 · 로 · 니

기출 OX

03 미국의 윌슨은 시민사회의 부패가 경찰부패의 주원인이라고 보는 구조원인 가설을 주장하였다. 12. 경찰
( )

04 B지역은 과거부터 지역주민들이 관내 경찰관들과 어울려 도박을 일삼고, 부적절한 사건 청탁을 하는 경우가 종종 있었으나 아무도 이를 문제화하지 않던 곳인데, 동 지역에 새로 발령받은 신임 경찰관 A에게도 지역주민들이 접근하여 도박을 함께 하게 되는 경우는 '썩은 사과 가설'로 설명할 수 있다. 10. 승진 ( )

05 썩은 사과 가설은 일부 부패경찰이 조직 전체를 부패로 물들게 한다는 이론으로 부패의 원인을 조직의 체계적 원인으로 파악한다. 17. 경간 ( )

정답 03 ✕ 04 ✕ 05 ✕

		④ '**규범과 현실의 괴리**'에 의해서 조직적 부패가 발생하는 경우도 있다(例 경찰관이 혼자 출장을 가면서 지원되는 출장경비가 턱없이 부족하여 두 사람 몫의 출장비를 청구하는 경우).	
	썩은 사과 가설(개인)	① 개인의 윤리적 성향에서 부패원인을 찾음 ② 자질 없는 경찰관들이 모집단계에서 배제되지 못하고 조직으로 유입된 것이 경찰을 부패시키는 궁극적 원인 例 음주운전으로 징계처분을 받은 적이 있는 경찰관이 다시 음주운전으로 적발되어 징계위원회에 회부된 경우	

04 경찰의 일탈(사소한 호의) ✿✿✿✿

:두문자

미끄러지기 쉬운 경사로에 셔면

의의 (사소한 호의)			경찰활동에 대하여 시민이 사적으로 사소한 선물이나 식사 등의 호의를 표시하는 것(부패나 뇌물 ×)
찬반에 관한 이론	허용이론 (형성재이론)		① **펠드버그**의 견해 ② 경찰은 작은 호의와 부패를 구별할 윤리성을 갖고 있고, 오히려 시민과의 긍정적인 협조관계를 만들어 주는 형성재가 된다는 이론 ③ 사소한 호의의 **긍정적 측면 강조**
	금지이론	미끄러지기 쉬운 경사로 이론	① **셔먼**의 견해 ② 작은 호의가 점점 더 멈추기 어려운 부패로 이어진다는 견해(➜ 작은 호의 가설이라고도 함) ③ 사소한 호의의 **부정적 측면 강조**
		작은 호의 금지론	① **델라트르**의 견해 ② 공짜 커피를 제공하는 사람들은 대개 불순한 의도를 갖고 있고, 일부의 때문에 경찰의 부패를 막기 위해서라도 공짜 커피 한잔은 허용해서는 안 된다.

기출 OX

01 지구대에 근무하는 경찰관 A는 순찰 도중 동네 슈퍼마켓 주인으로부터 음료수를 얻어 마시면서 친분을 유지하다가 나중에는 폭행사건처리 무마 청탁을 받고 큰 돈까지 받게 되었다면 '미끄러지기 쉬운 경사로 이론'의 한 예로 볼 수 있다. 10. 승진
( )

02 형성재 이론은 작은 사례나 호의는 시민과의 부정적인 사회관계를 만들어주는 형성재라는 것으로, 작은 호의의 부정적 효과를 강조하는 이론이다. 15. 경간
( )

03 비지바디니스(busybodiness)'는 남의 비행에 대하여 일일이 참견하여 도덕적 충고를 하는 것이다. 13. 승진
( )

04 경찰관이 동료나 상사의 부정부패에 대하여 감찰이나 외부의 언론매체에 대하여 공표하는 것을 '모럴 해저드(Moral hazard)'라고 한다. 14. 경간
( )

05 부패가 발견되면 제일 먼저 외부에 공개하여야 한다. 17. 경간
( )

정답 01 ○ 02 × 03 ○
04 × 05 ×

05 경찰부패에 대한 반응 ✿✿✿

비지 바디니스 (Busy bodiness)		남의 비행에 대해 일일이 도덕적 충고하는 것
침묵의 규범		동료의 부패에 대해 눈감아 주는 것 ✎ 부패라는 인식은 있음
Dirty Harry의 문제		도덕적으로 선한 목적을 위해 윤리적, 정치적, 혹은 법적으로 더러운 수단을 동원하는 것이 적절한가와 관련된 딜레마적 상황을 말한다.
도덕적 해이 (Moral hazard)		도덕적 가치관이 붕괴되어 동료의 부패를 부패라고 인식하지 못함 ✎ 부패라고 인식 하지 못함
내부고발 (Whistle blowing)	의의	① 경찰관의 동료나 상사의 부정부패에 대해 감찰이나 외부 언론매체에 공표하는 것(= 딥 스로트; 익명의 제보자 Deep throat) ② **침묵의 규범과 반대**되는 개념

	내부고발의 정당화요건 (Kleinig)	① **적절한 도덕적 동기**에 의해 이루어져야 한다. ② 조직 내 다른 채널을 통해 먼저 해결하고 이것이 불가능할 때 마지막으로 시도되어야 한다. ③ 도덕적 위반사항이 **중대하고 급박**해야하며 사소하고 경미한 사항은 내부고발의 대상이 아니다. ④ **어느 정도(높은 정도 ×) 의 성공할 가능성**이 있어야 한다.
냉소주의와 회의주의	공통점	양자는 대상에 대한 **불신**을 갖는다는 점에서 공통된다.

		냉소주의	회의주의
냉소주의와 회의주의	차이점	① 불특정대상 ② 합리적 근거 × ③ 개선의 의지 ×	① 특정한 대상 ② 합리적 근거 ○ ③ 개선의 의지 ○
	윤리적 냉소주의가설 (Ethical Cynicism)	① 경찰관이 사회나 자기가 소속된 조직에 대한 신념의 결여로 윤리적으로 냉소적인 태도를 취하는 것을 뜻한다. ② 니더호퍼(Niederhoffer)는 사회체계에 대한 기존의 신념체제가 붕괴된 후 새로운 것에 의해 대체되지 않을 때 냉소주의가 나타날 수 있다고 하였다. ③ 조직 내 팽배한 냉소주의는 경찰의 전문직업화를 저해하는 기제로 작동할 수 있다. ④ 경찰에 대한 외부통제기능을 수행하는 정치권력, 대중매체, 시민단체의 부패는 경찰의 냉소주의를 부채질하고 부패의 전염효과를 가져온다.	
	냉소주의의 극복방안	① 맥그리거(McGregor)의 **Y이론**을 적용하여 민주적인 인사관리를 하여야 한다. ② 상급자의 일방적 지시와 명령을 줄이고, 의사결정 과정에 일선경찰관들의 참여를 확대하여야 하며, 의사소통과정을 개선시켜야 한다.	

제2절 경찰활동의 이념적 기초

01 사회계약설

구분	자연상태	사회계약	특징
홉스	① 만인에 대한 만인의 투쟁 ② 약육강식의 투쟁상태	① **전부양도설**: 자연권의 전면적 양도, 만인에 대한 만인의 투쟁 ② 각 개인의 자연권 포기	① **절대군주제**: 국왕의 통치에 절대적 복종 ② **저항권(혁명)은 절대 불가**
로크	① 사회형성 초기에는 자유롭고 평등하며 정의가 지배하는 사회	① **일부양도설**: 자연권의 일부만을 국가에게 신탁 ② 자연권의 보장	① 저항권의 인정 ② **입헌(제한)군주제**를 통해 시민권의 확보

		② 인간관계가 확대되면서 각 개인의 자연권유지가 불안해짐 ③ 인간은 자연법의 제한을 받으며 자신의 권리가 침해되었을 때 스스로의 자위권을 발동할 수 있음	
루소	① 처음에는 자유와 평등이 보장되는 목가적 상태 ② 점차 강자와 약자의 구별이 생기고 불평등 관계가 성립	① 모든 사람의 의지를 종합·통일한 일반의지를 바탕 ② 자연적 자유 대신 사회적 자유를 얻게 됨	① 국민주권의 발동으로 불평등관계 시정 ② **일반의지의 결과물인 법**을 통하여 인간의 자연권 및 정의 실현

02 사회계약설에서 도출되는 경찰활동의 기준(코헨과 펠드버그) ✵✵✵

기출 OX

01 경찰관 김순경은 달아나는 절도범인의 체포를 위해 등 뒤에서 권총을 쏘아 사망케 한 것은 공정한 접근에 위배된다. 16. 경간 ( )

02 丁순경은 강도범을 추격하다가 골목길에서 칼을 든 강도와 조우하였다. 丁순경은 계속 추격하는 척하다가 강도가 도망가도록 내버려두었다면 이는 공정한 접근에 저해하는 행위이다.
17. 경간 ( )

03 사회계약론에 의하면 은행강도가 어린이를 인질로 잡고 차량도주를 하고 있다면 경찰은 주위 시민들의 안전에 대한 위험에도 불구하고 추격(법집행)을 하여야 한다. 20. 경간 ( )

04 戊경장은 어렸을 적 아버지로부터 가정폭력을 경험하였는데, 가정폭력사건을 처리하면서 모든 잘못은 남편에게 있다고 단정지었다면 공공의 신뢰에 위배된다.
17. 경간 ( )

정답 **01** × **02** × **03** ○
04 ×

공정한 접근보장	의의	① 경찰은 사회 전체의 필요에 의해 탄생 ➡ 공정한 접근 ➡ **경찰활동은 동등하고 차별대우해서는 안 된다.** ② 편들기, 특혜, 해태, 무시 등의 금지	
	사례	① 편들기, 특혜 ➡ 친구나 동료경찰에게 단속면제, 혹은 봐주기 ② 해태, 무시 ➡ 가난한 동네 순찰 누락, 노숙자의 신고 무시	
공공의 신뢰확보	의의	시민들은 자신의 신뢰에 쫓아 경찰활동을 할 것이라 신뢰 ➡ **경찰은 적법절차를 준수하고 합리적인 방식으로 경찰권을 발동해야** 한다.	
	내용	경찰은 국민의 대리인 (자력구제금지)	경찰은 시민의 대리인으로서 그 권한을 행사하여야 한다. 시민 스스로가 경찰활동을 해서는 안 되고, 경찰을 통해 공공의 안녕과 질서유지를 위한 경찰권을 행사해야 한다. 예 TV를 도둑맞은 A는 평소부터 사이가 좋지 않던 옆집의 B가 A의 TV를 몰래 훔쳐가 사용 중인 것을 창문 너머로 확인하였으나 자신이 직접 자기의 TV를 찾아오려다가 그만두고, 경찰에 신고하여 TV를 되찾았다.
		법집행의 신뢰	경찰은 반드시 법집행을 할 것이라는 시민의 신뢰를 쫓아 경찰활동을 해야 한다. 예 경찰이 현행범을 목격하고도 무서워서 범인의 체포를 하지 않고 도망가게 내버려 두었다면 이 기준에 위배된다.
		최소침해의 원칙	경찰은 시민들에게 최소한의 강제력을 발동하여 법집행을 하여야 한다. 예 경찰관이 절도범을 추격하던 중 도주하는 범인의 등 뒤에서 권총을 쏘아 사망하게 하였다면 이는 이 기준을 위반한 것이다.
		사적 이익의 추구금지	경찰은 자신의 사적 이익을 위해서 경찰권을 발동해서는 안 된다. 예 경찰관이 유흥주점 단속과정에서 업주로부터 뇌물을 받는 경우 이 기준에 위배된다.

생명과 재산의 안전보호	의의	① 경찰은 법집행 자체가 목적이 되어서는 안 되고 **국민의 생명, 신체, 재산보호를 궁극적인 목적으로 활동**해야 한다. ② 경찰의 법집행이 시민의 생명과 신체 등 더 큰 안전에 위협이 되는 경우 경찰은 법집행을 해선 안된다(**보다 중대한 법익의 안전보호가 우선**). ③ 대등한 법익에 대한 안전의 위협이라면 현재 보다 절박한 위험에 처해 있는 시민의 생명과 안전을 잠재적인 위험에 처한 시민의 생명과 안전보다 우선적으로 보호해야 한다(**잠재적 위험 보다 현재적 위험의 우선**).
	사례	① 경찰이 폭주족을 체포하는 과정에서 과도하게 추격하여 시민이 사망하였다면 이 기준에 위배된다. ② 강도가 어린이를 인질로 잡고 차량으로 도주하는 경우, 경찰은 이를 추격하게 되면 시민이 안전에 위협이 가해질 수 있다 하더라도 현재적 위험인 어린의 생명·신체를 보호하기 위하여 위 차량을 추격해야 한다.
협동과 팀워크	의의	경찰은 **경찰 상호간** 뿐만 아니라 **정부조직간**에도 협동을 통해 활동해야 한다.
	사례	① 경찰관이 상부에 보고 없이 단독으로 현행범을 검거하려다 실패한 경우 ② 형사과에 근무하는 경찰관 甲이 피의자를 신문하는 과정에서 피의자가 유죄라 확신하고 구타와 면박을 가한 경우
냉정하고 객관적인 자세	의의	**경찰은 사회 일부분이 아닌 사회 전체의 이익을 염두에 두고 냉정하고 객관적인 자세로 경찰업무를 처리해야 한다.**
	사례	① 경찰관이 경찰 입직 전 집에 도둑을 맞은 경험이 있어 절도범을 검거한 이후 과거 도둑맞은 경험이 생각나 피의자에게 욕설과 가혹행위를 한 경우는 이 기준을 위배한 것이다. ② 경찰관이 어렸을 적 아버지로부터 가정폭력을 경험하였는데, 가정폭력사건을 처리하면서 모든 잘못은 남편에게 있다고 단정 짓는 경우는 이 기준을 위배한 것이다.

03 악법에 대한 법철학적 논쟁 ✈

구분	자연법론	법실증주의
특징	① 객관적 윤리질서가 반영된 자연법이 실정법에 우선한다. (정의 > 법적 안정성) ② 악법을 준수하여야 할 의무는 없다.	① 법적 안정성을 위해 실정법에 우선하는 자연법을 부정한다. (법적 안정성 > 정의) ② 정당한 절차를 거쳐 제정된 법이라면 악법이라도 복종할 의무가 있다.
저항권	악법에 대한 저항권을 인정한다.	악법에 대한 저항권을 부정한다.
저항권행사에 대한 경찰의 자세	① 실정법이 객관적 윤리질서에 명백히 반할 때 ➡ 시민의 저항권행사를 억압하여서는 아니 된다. ② 실정법이 객관적 윤리질서에 반하지 않거나 반하는지 여부가 불분명한 경우 ➡ 시민의 저항권행사에 대한 법집행을 해야 한다.	

기출 OX

05 정의감이 투철한 형사가 사건을 취급하면서 좋은 사람과 나쁜 사람을 구별하여 나쁜 사람에게 면박을 주는 경우, 이는 역할한계와 팀워크에 위반된 사례이다.
20. 경찰 ( )

06 현대 민주사회의 주류는 민주법치국가에서 시민에게 무조건적인 법에의 복종을 요구하는 것이 아니라 조건부 복종을 요구한다.
17. 경간 ( )

정답 05 ○ 06 ○

04 경찰의 전문직업화

1. 의의 및 장점

구분	내용
의의	경찰의 전문직업화는 정치와 경찰의 분리를 목표로 미국의 **어거스트 볼머** (August Vollmer)에 의하여 추진되었다.
장점	① 사회적 위상 제고와 긍지를 불러일으킨다. ② **치안서비스의 질적 향상**을 기대할 수 있다. ③ 보수상승의 요인이 된다. ④ 조직 내 우수한 인재들을 흡수할 수 있다. ⑤ 자율과 재량의 촉진을 통해 업무수행의 원활화를 꾀할 수 있다.

2. 클라이니히(Kleinig)의 전문직업화의 특징

구분	내용
공공서비스의 제공	전통적인 법, 의학, 건축, 교육 등의 전문직업인은 사회에 가치 있는 공공서비스를 제공함
윤리강령의 제정	전문직업인들은 윤리강령을 제정하여 자신을 스스로 통제하고 수혜자로부터 신뢰를 획득하기 위하여 서비스를 개선시키려고 노력함
전문지식과 전문기술	전문직 종사자는 길고 험난한 학습과정을 통하여 자신의 분야에서 특수한 전문지식과 전문기술을 가짐
고등교육의 이수	전문직의 직위는 대학이나 대학원의 성공적인 이수를 요구함 ➡ 전문직은 이러한 고등교육을 통하여 전문지식과 기술을 습득함
자율적 자기통제	전문직 종사자들은 자신들이 제공하는 서비스의 품질을 보장하기 위하여 스스로 기준을 만들어 놓고 통제함

:두문자

소나무
가난차별

기출 OX

01 미국의 서덜랜드(Edwin H. Sutherland)는 경찰의 높은 사회적 지위를 확보하기 위하여 전문직업화를 추진하였다. 21. 경간 ( )

02 경찰 전문직업화의 문제점으로 '소외'는 전문직이 되는 데 장기간의 교육이 필요하고 비용이 들어, 가난한 사람은 전문가가 되는 기회를 상실하는 것을 말한다. 19. 승진 ( )

03 경찰공무원의 사회화는 경찰이 되기 전의 가치관에 의해 영향을 받는다. 21. 경간 ( )

3. 문제점

구분	내용
부권주의	아버지가 자식의 문제를 모두 결정하듯이 전문가가 상대방의 입장을 고려하지 않고 일방적으로 결정함
사적인 이익을 위한 이용	전문직들은 그들의 지식과 기술로 상당한 사회적 힘을 소유함. 그러나 이러한 힘을 때때로 공익보다 사적인 이익을 위해서만 이용하기도 함
소외	나무는 보고 숲은 보지 못하듯 전문가가 자신의 **국지적 분야만 보고 전체적인 맥락을 보지 못함**
차별	전문직이 되는데 장기간의 교육과 많은 비용이 들어, **가난**한 사람은 전문가가 되는 기회를 상실함

정답 01 × 02 × 03 ○

05 경찰인의 조직 내 사회화 과정 ✿

구분	내용
공식적 사회화 과정	경찰업무의 절차, 경찰조직내의 교육프로그램, 상관의 업무처리지침 등에 의한 사회화 과정을 의미한다.
비공식적 사회화 과정	① 고참이나 동료들에게 배우는 관례나 전통적 행태 등에 의한 사회화 과정을 말한다. ② 경찰공무원은 **공식적 사회화 과정보다 비공식적 사회화 과정을 통해서 영향을 더 많이 받는다.** ③ 개인적 성향과 조직 내 사회화 과정은 상호보완적 관계에 있다. ④ 경찰공무원의 사회화는 경찰이 되기 전의 가치관에 의해 영향을 받는다.
예기적 사회화 과정	① 특정한 신분(경찰관)이 되기 전에 그 신분에 알맞은 생각과 행동을 사전에 학습하게 되는 것을 말한다. ② 경찰시험을 준비하는 A는 언론에서 경찰공무원의 부정부패 기사를 보고 '나는 경찰이 되면 저런 행위를 하지 않겠다'는 생각을 갖는 것이 이에 해당한다.

06 바람직한 경찰의 역할모델 ✿

1. '범죄와 싸우는 경찰' 모델(the crimefighter model)

구분	내용
개념	수사, 형사 등 법 집행을 통한 **범법자 제압측면을 강조한 모델로서 시민들은 범인을 제압하는 것이 경찰의 주된 임무라고 인식함**
원인	대중매체에서 범죄와 싸우는 경찰모델을 부각하고 경찰내부에서도 실적을 홍보하기 위하거나 수사영역을 경찰의 영역으로 확고하게 하기 위해 의도적으로 강조함
장점	경찰역할을 뚜렷이 인식시켜 '전문직화'에 기여함
단점	① 전체 경찰의 업무를 **포괄하는 것은 불가능함** ② 법 집행에 있어서 흑백논리에 따른 이분법적 오류에 빠질 우려가 있을 수 있다. 즉, 범법자는 적이고, 경찰은 정의의 사자라고 이분법적으로 인식하여 **인권침해 등의 우려가 있을 수 있다.** ③ 범죄진압 이외의 업무에 종사하는 경찰인들의 사기를 떨어뜨리고, **다른 영역의 업무를 수행하기 위한 기법이나 지식의 개발이 등한시 될 우려있다.** 가령 수사업무를 주된 것으로 취급하고 다른 업무를 부수적으로 보게 하여, 경찰인력이나 자원을 수사에만 편중시킬 수가 있음
대안	실제 범죄는 다양한 요인에 의해 발생하므로 보다 넓게 경찰활동을 규정해야 함

2. '치안서비스 제공자로서의 경찰' 모델(service worker model)

구분	내용
개념	① 치안서비스란 **경찰활동의 전 부분을 포괄하는 용어**로 가장 바람직한 모델 ② 범죄와의 싸움도 치안서비스의 한 부분에 불과하고, 시민에 대한 서비스 활동과 사회봉사활동의 측면을 강조해야 함 ③ 치안서비스 제공자로서의 모델은 대역적 권위에 의한 사회봉사활동, 비권력적 치안서비스를 당연한 치안활동에 포함시키기 때문에 **지역사회 경찰활동과 일맥상통하는 측면**이 있다.
경찰활동의 내용	① 대역적(代役的) 권위(stand-in authority)에 의한 활동: 여러 사회영역에서 공식적이고 명백하게 권한의 근거가 없는 경우에도 비공식적으로 또는 관행적으로 사회봉사활동에 관여하는 것을 의미한다. 경찰은 24시간 근무와 지역적으로 널리 퍼져 있는 조직을 가지고 있어서 사고현장이나 응급조치가 필요한 경우 제일 먼저 접근할 수 있기 때문이다. 이러한 활동은 **일시적 임시방편적이어야 하고, 법적 근거를 가진 사회봉사 활동기관의 활동 내에서 이루어져야 한다.** ② **비권력적 치안서비스의 적극제공**: 우범지역 순찰, 대국민 계도 등으로 범죄유발요인 사전제거 및 교통정보제공, 지리안내 등을 하여야 한다. ③ **사회적 갈등 해결 및 갈등발생의 개연성 최소화**: 이미 일어난 문제해결 뿐만 아니라 일어날 개연성 있는 문제를 사전에 발견해서 해결을 시도하여야 한다.
바람직한 경찰모델	수사경찰 업무전체를 포괄하기 위해서는 시민에 대한 서비스 활동과 사회봉사활동 측면을 강조하는 **치안서비스 모델이 바람직**함. 경찰은 강제력을 사용하기 때문에 권위를 인정받기보다는 사회의 진정한 봉사자로서, 치안서비스의 제공자로서 그 권위를 인정받아야 할 것이다.

07 한국경찰의 문화적 특성 ✦

구분	내용
유교문화	① 한국경찰은 유교문화와 군사문화의 영향을 많이 받았다. ② 따라서 **유교문화의 위계질서**를 중시하고, **군사문화의 획일적 사고와 흑백논리**를 특징으로 하고 있다.
대외적 특성	① 법을 집행할 때 경찰은 국민과 대치하는 경향이 있다. ② 법을 집행할 때 공중의 적극적인 지원을 받지 못할 때가 많다. ③ 폐쇄적인 조직 구조의 특성상 우리는 우리이고 저들은 저들이라는 **'우리-저들 의식'**이 생겨나 동료의 비리 등 부적절한 행위에 대해 관용과 침묵이 의리적 행위로 수용될 수 있다.
대내적 특성	① 경찰문화는 다른 행정관료의 행정문화와 다르고, 경찰조직 내부에서도 정복 부서와 사복 부서의 문화 차이가 있다. ② 경찰은 자신과 관련된 정보의 공개를 꺼려하는 문화가 있다. ③ 사복경찰은 상대적으로 정복경찰에 비해 엘리트 의식을 갖는 경향이 있다.

기출 OX

01 우리나라의 경찰윤리강령은 새경찰신조(1966년) ➡ 경찰윤리헌장(1980년) ➡ 경찰헌장(1991년) ➡ 경찰서비스헌장(1998년)순으로 제정되었다. 13. 승진 ( )

02 경찰헌장에서는 '우리는 국민의 신뢰를 바탕으로 오직 양심에 따라 법을 집행하는 공정한 경찰'이라고 하였다. 16. 승진 ( )

정답 01 ✕ 02 ○

의식주의 (형식주의)	① 형식과 절차를 과도하게 중시하는 풍조를 말하는 것으로 선례답습주의, 맹목적 절차중시주의, 보수주의의 병폐를 야기하게 된다. ② 실제 일을 잘하는 것보다 서류를 잘 작성하는 것이 중요하다고 말하는 것은 형식주의에 해당한다.
정적 인간주의	① 가족주의와 유사한 것으로 가족주의가 가족, 혈연 등에 한정된다면 정적 인간주의는 친분이나 정을 바탕으로 사무를 처리하는 것을 의미한다. ② '다른 사람은 안되지만 너하고 친하니까 잘 봐줄게'라고 한다면 이는 정적 인간주의에 해당한다.

제3절 경찰윤리강령

01 경찰윤리에 관한 여러 강령 ✿✿✿

연혁	① 경찰윤리헌장(1966) ➡ ② 새경찰신조(1980) ➡ ③ 경찰헌장(1991) ➡ ④ 경찰서비스헌장(1998)
경찰헌장 (1991)	① 우리는, 모든 사람의 인격을 존중하고 누구에게나 따뜻하게 봉사하는 **친**절한 경찰이다. ② 우리는, 정의의 이름으로 진실을 추구하며, 어떠한 불의나 불법과도 타협하지 않는 **의**로운 경찰이다. ③ 우리는, 국민의 신뢰를 바탕으로 오직 양심에 따라 법을 집행하는 **공**정한 경찰이다. ④ 우리는, 건전한 상식 위에 전문지식을 갈고 닦아 맡은 일을 성실하게 수행하는 **근**면한 경찰이다. ⑤ 우리는, 화합과 단결 속에 항상 규율을 지키며, 검소하게 생활하는 **깨끗**한 경찰이다.
경찰서비스 헌장 (1998)	① 범죄와 사고를 철저히 예방하고 법을 어긴 행위는 단호하고 엄정하게 처리하겠습니다. ② 국민이 필요하다고 하면 어디든지 바로 달려가 도와드리겠습니다. ③ 모든 민원은 친절하고 신속, 공정하게 처리하겠습니다. ④ 국민의 안전과 편의를 제일 먼저 생각하며 성실히 직무를 수행하겠습니다. ⑤ 인권을 존중하고 권한을 남용하는 일이 없도록 하겠습니다. ⑥ 잘못된 업무는 즉시 확인하여 바로잡겠습니다.

:두문자

윤 · 새 · 헌 · 서

:두문자

친 · 의 · 공 · 근 · 깨

기출 OX

03 경찰윤리강령의 문제점 중 냉소주의 조장은 강령에 규정된 수준 이상의 근무를 하지 않으려 하는 근무수준의 최저화 경향을 말한다.
13. 승진　　　（　　）

04 이 규칙은 경찰청 소속 공무원과 경찰청에 파견된 공무원에게 적용한다.
20. 승진　　　（　　）

정답 **03** ✕ **04** ○

02 경찰윤리강령의 문제점 ✦✦

냉소주의 조장	상부에서 권위적으로 제정하여 하달된 것이므로 냉소주의를 조장한다.
강제력 부족 (실행가능성의 문제)	법적 강제성이 없기 때문에 위반할 경우 제재방법이 없다.
행위중심의 문제	행위중심규정이기 때문에 동기를 소홀히 하는 경향이 있다.
최소주의의 위험	경찰윤리강령에 포함된 정도의 수준만으로 근무하여 그 이상의 근무수행을 기대할 수 없게 되는 근무수준의 **최소화 경향**을 의미한다.
비진정성 조장	일선 경찰관들의 자의에 의하지 않은 지나치게 **타율적**이다.
우선순위 미결정	경찰윤리강령의 규정이 충돌할 경우 어떠한 규정을 우선해야 하는지가 불분 명하다.

제4절 경찰윤리에 관한 법령

01 경찰청 공무원 행동강령(경찰청훈령) ✦✦✦✦

1. 용어 정의 및 적용범위

구분		조문내용
용어의 정의 (제2조)	직무 관련자	공무원의 소관 업무와 관련되는 자로서 **개인**[공무원이 사인(私人)의 지위 에 있는 경우에는 개인으로 본다] 또는 **법인·단체**를 말한다.
	직무관련 공무원	공무원의 직무수행과 관련하여 이익 또는 불이익을 직접적으로 받는 다른 공무 원(기관이 이익 또는 불이익을 받는 경우에는 그 기관의 관련 업무를 담당하는 공무원을 말한다)을 말한다.
	금품 등	다음의 어느 하나에 해당하는 것을 말한다. ① 금전, 유가증권, 부동산, 물품, 숙박권, 회원권, 입장권, 할인권, 초 　대권, 관람권, 부동산 등의 사용권 등 일체의 재산적 이익 ② 음식물·주류·골프 등의 접대·**향응** 또는 교통·숙박 등의 편의 　제공 ③ 채무 면제, 취업 제공, 이권(利權) 부여 등 **그 밖의 유형·무형의 경제 　적 이익**
	경찰유관 단체	경찰기관에서 민관 치안협력 또는 민간전문가를 통한 치안자문활동 목적으로 조직·운영하고 있는 단체를 말한다.
적용범위 (제3조)		이 규칙은 경찰청 소속 공무원과 **경찰청에 파견된 공무원**에게 적용한다.

2. 공정한 직무수행

부당한 지시의 처리

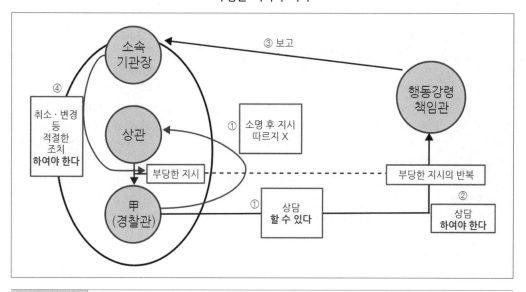

공정한 직무수행을 해치는 지시에 대한 처리 (제4조)	① 공무원은 상급자가 자기 또는 타인의 부당한 이익을 위하여 공정한 직무수행을 현저하게 해치는 지시를 하였을 때에는 별지 제1호 서식 또는 전자우편 등의 방법으로 그 사유를 **상급자**에게 소명하고 지시에 따르지 아니하거나, 별지 제2호 서식 또는 전자우편 등의 방법으로 제23조에 따라 지정된 행동강령에 관한 업무를 담당하는 공무원(이하 '**행동강령책임관**'이라 한다)과 상담할 수 있다. ② 제1항에 따라 지시를 이행하지 아니하였는데도 **같은 지시가 반복될 때**에는 즉시 행동강령책임관과 상담하여야 한다. ③ 제1항이나 제2항에 따라 상담요청을 받은 행동강령책임관은 지시내용을 확인하여 지시를 취소하거나 변경할 필요가 있다고 인정되면 **소속 기관의 장에게 보고하여야 한다.** 다만, 지시내용을 확인하는 과정에서 부당한 지시를 한 상급자가 스스로 그 지시를 취소하거나 변경하였을 때에는 소속 기관의 장에게 보고하지 아니할 수 있다. ④ 제3항에 따른 보고를 받은 소속 기관의 장은 필요하다고 인정되면 지시를 취소·변경하는 등 적절한 조치를 하여야 한다. 이 경우 공정한 직무수행을 해치는 지시를 제1항에 따라 이행하지 아니하였는데도 같은 지시를 반복한 상급자에게는 징계 등 필요한 조치를 할 수 있다.
부당한 수사지휘에 대한 이의제기 (제4조의2)	① 공무원은 범죄수사규칙 제30조에 따른 경찰관서 내 수사 지휘에 대한 이의제기와 관련하여 행동강령책임관에게 상담을 요청할 수 있다. ② 제1항의 상담요청을 받은 행동강령책임관은 해당 지휘의 **취소·변경**이 필요하다고 인정되면 소속기관장에게 보고하여야 한다.
수사·단속 업무의 공정성 강화 (제5조의2)	① 공무원은 수사·단속의 대상이 되는 업소 중 경찰청장이 지정하는 유형의 업소 관계자와 부적절한 사적 접촉을 하여서는 아니 되며, 공적 또는 사적으로 접촉한 경우 경찰청장이 정하는 방법에 따라 신고하여야 한다. ② 공무원은 수사 중인 사건의 관계자(해당 사건의 처리와 법률적·경제적 이해관계가 있는 자로서 경찰청장이 지정하는 자를 말한다)와 부적절한 사적 접촉을 해서는 아니 되며, 소속 경찰관서 내에서만 접촉하여야 한다. 다만, 현장 조사 등 공무상 필요한 경우 외부에서 접촉할 수 있으며, 이 경우에는 수사서류 등 공문서에 기록하여야 한다.

기출 OX

01 공무원은 상급자가 자기 또는 타인의 부당한 이익을 위하여 공정한 직무수행을 현저하게 해치는 지시를 하였을 때에는 그 사유를 그 상급자에게 소명하고 지시에 따르지 아니하거나 행동강령책임관과 상담하여야 한다. 18. 경찰　( )

02 공무원은 범죄수사규칙 제15조에 따른 경찰관서 내 수사 지휘에 대한 이의제기와 관련하여 행동강령책임관에게 상담을 요청하여야 한다. 18. 경찰　( )

정답　**01** ✕　**02** ✕

특혜의 배제 (제6조)	공무원은 직무를 수행함에 있어 지연·혈연·학연·종교 등을 이유로 특정인에게 특혜를 주어서는 아니 된다.
정치인 등의 부당한 요구에 대한 처리 (제8조)	① 공무원은 정치인이나 정당 등으로부터 부당한 직무수행을 강요받거나 청탁을 받은 경우에는 별지 제9호 서식 또는 전자우편 등의 방법으로 **소속 기관의 장에게 보고하거나 행동강령책임관과 상담하여야 한다.** ② 제1항에 따라 보고를 받은 소속 기관의 장이나 상담을 한 행동강령책임관은 그 공무원이 공정한 직무수행을 할 수 있도록 적절한 조치를 하여야 한다.
경찰유관 단체원의 부정행위에 대한 처리 (제8조의2)	경찰유관단체원이 다음의 어느 하나에 해당하는 행위를 한 경우 **행동강령책임관은** 해당 경찰유관단체 운영 부서장과 협의하여 소속 기관장에게 경찰유관단체원의 해촉 등 필요한 조치를 건의하여야 하며, 보고를 받은 소속 기관장은 **적절한 조치를 취하여야한다.** ① 경찰 업무와 관련하여 금품을 수수 또는 경찰관에게 금품을 제공하거나, 이를 알선한 경우 ② 경찰 업무와 관련하여 부당한 청탁 또는 알선을 한 경우 ③ 이권 개입 등 경찰유관단체원의 지위를 부당하게 이용한 경우 ④ 직무와 관련하여 알게 된 비밀을 누설한 경우 ⑤ 그 밖에 경찰유관단체원으로서 부적절한 처신 등으로 경찰과 소속 단체의 명예를 훼손한 경우
인사청탁 등의 금지 (제9조)	① 공무원은 자신의 임용·승진·전보 등 인사에 부당한 영향을 미치기 위하여 타인으로 하여금 인사업무 담당자에게 청탁을 하도록 해서는 아니 된다. ② 공무원은 직위를 이용하여 다른 공무원의 임용·승진·전보 등 인사에 부당하게 개입해서는 아니된다.

3. 부당이득의 수수금지

알선·청탁 등의 금지 (제11조)	① 공무원은 자기 또는 타인의 부당한 이익을 위하여 다른 공직자(부패방지 및 국민권익위원회의 설치와 운영에 관한 법률에 따른 공직자를 말한다. 이하 같다)의 공정한 직무수행을 해치는 알선·청탁 등을 해서는 아니 된다. ② 공무원은 직무수행과 관련하여 자기 또는 타인의 부당한 이익을 위하여 직무관련자를 다른 직무관련자나 공직자에게 소개해서는 아니 된다. ③ 공무원은 자기 또는 타인의 부당한 이익을 위하여 자신의 직무권한을 행사하거나 지위·직책 등에서 유래되는 **사실상 영향력을 행사하여 공직자가 아닌 자**에게 다음 각 호의 어느 하나에 해당하는 **알선·청탁 등을 해서는 아니 된다.** 1. 특정 개인·법인·단체에 투자·예치·대여·출연·출자·기부·후원·협찬 등을 하도록 개입하거나 영향을 미치도록 하는 행위 2. 채용·승진·전보 등 인사업무나 징계업무에 관하여 개입하거나 영향을 미치도록 하는 행위 3. 입찰·경매·연구개발·시험·특허 등에 관한 업무상 비밀을 누설하도록 하는 행위 4. 계약 당사자 선정, 계약 체결 여부 등에 관하여 개입하거나 영향을 미치도록 하는 행위 5. 특정 개인·법인·단체에 재화 또는 용역을 정상적인 관행에서 벗어나 매각·교환·사용·수익·점유·제공 등을 하도록 하는 행위 6. 각급 학교의 입학·성적·수행평가 등의 업무에 관하여 개입하거나 영향을 미치도록 하는 행위

기출 OX

01 공무원이 정치인이나 정당 등으로부터 부당한 직무수행을 강요받거나 청탁을 받은 경우에는 소속 기관의 장에게 보고하거나 행동강령책임관과 상담한 후 처리할 수 있다. 18. 승진 (　　)

정답 03 ✕

	7. 각종 수상, 포상, 우수기관 또는 우수자 선정, 장학생 선발 등에 관하여 개입하거나 영향을 미치도록 하는 행위 8. 감사·조사대상에서 특정 개인·법인·단체가 선정·배제되도록 하거나 감사·조사 결과를 조작하거나 또는 그 위반사항을 묵인하도록 하는 행위 9. 그 밖에 경찰청장이 공직자가 아닌 자의 공정한 업무 수행을 저해하는 알선·청탁 등에 해당한다고 판단하여 정하는 행위
직무 관련 정보를 이용한 거래 등의 제한 (제12조)	공무원은 직무수행 중 알게 된 정보를 이용하여 유가증권, 부동산 등과 관련된 재산상 거래 또는 투자를 하거나 타인에게 그러한 정보를 제공하여 재산상 거래 또는 투자를 돕는 행위를 해서는 아니 된다.
가상자산 관련 정보를 이용한 거래 등의 제한 (제12조의2)	① 공무원은 다음 각 호의 어느 하나에 해당하는 행위를 해서는 아니 된다. 　1. 직무수행 중 알게 된 가상자산과 관련된 정보(이하 '가상자산 정보'라 한다)를 이용한 **재산상 거래 또는 투자 행위** 　2. 가상자산 정보를 타인에게 제공하여 재산상 거래나 **투자를 돕는 행위** ② 제1항 제1호의 직무란 다음 각 호의 어느 하나에 해당하는 것을 말한다. 　1. 가상자산에 관한 정책 또는 법령의 입안·집행 등에 관련되는 직무 　2. 가상자산과 관련된 수사·조사·검사 등에 관련되는 직무 　3. 가상자산 거래소의 신고·관리 등과 관련되는 직무 　4. 가상자산 관련 기술 개발 지원 및 관리 등에 관련되는 직무 ③ 제2항 각 호의 직무를 수행하는 부서와 직위는 **경찰청장**이 정한다. ④ 제3항의 부서와 직위에서 직무를 수행하는 공무원은 가상자산을 신규 취득하여서는 아니되며, 보유한 경우에는 별지 제10호의2 서식에 따라 **소속기관의 장에게 신고해야 한다.** ⑤ 제4항의 신고를 받은 소속기관의 장은 해당 공무원의 공정한 직무수행을 저해할 수 있다고 판단되는 경우에는 직무 배제 등 **필요한 조치를 해야 한다.**
사적 노무 요구금지 (제13조의2)	공무원은 자신의 직무권한을 행사하거나 지위·직책 등에서 유래되는 사실상 영향력을 행사하여 직무관련자 또는 직무관련공무원으로부터 사적 노무를 제공받거나 요구 또는 약속해서는 아니 된다. 다만, 다른 법령 또는 사회상규에 따라 허용되는 경우에는 그러하지 아니하다.
직무권한 등을 행사한 부당행위의 금지 (제13조의3)	공무원은 자신의 직무권한을 행사하거나 지위·직책 등에서 유래되는 **사실상 영향력**을 행사하여 다음 각 호의 어느 하나에 해당하는 **부당한 행위를 해서는 안 된다.** 1. 인가·허가 등을 담당하는 공무원이 그 신청인에게 불이익을 주거나 제3자에게 이익 또는 불이익을 주기 위하여 부당하게 그 신청의 접수를 지연하거나 거부하는 행위 2. 직무관련공무원에게 직무와 관련이 없거나 직무의 범위를 벗어나 부당한 지시·요구를 하는 행위 3. 공무원 자신이 소속된 기관이 체결하는 물품·용역·공사 등 계약에 관하여 직무관련자에게 자신이 소속된 기관의 의무 또는 부담의 이행을 부당하게 전가하거나 자신이 소속된 기관이 집행해야 할 업무를 부당하게 지연하는 행위 4. 공무원 자신이 소속된 기관의 소속 기관 또는 산하기관에 자신이 소속된 기관의 업무를 부당하게 전가하거나 그 업무에 관한 비용·인력을 부담하도록 부당하게 전가하는 행위 5. 그 밖에 직무관련자, 직무관련공무원, 공무원 자신이 소속된 기관의 소속 기관 또는 산하기관의 권리·권한을 부당하게 제한하거나 의무가 없는 일을 부당하게 요구하는 행위

:두문자

음3·5 경물

금품 등을
받는 행위의
제한
(제14조)

① 공무원은 **직무 관련 여부 및 기부·후원·증여 등** 그 명목에 관계없이 동일인으로부터 **1회에 100만원 또는 매 회계연도에 300만원**을 초과하는 금품 등을 받거나 요구 또는 약속해서는 아니 된다.

② 공무원은 **직무와 관련하여 대가성 여부를 불문**하고 제1항에서 정한 금액 이하의 금품 등을 받거나 요구 또는 약속해서는 아니 된다.

③ 제15조의 외부강의 등에 관한 사례금 또는 다음 각 호의 어느 하나에 해당하는 금품 등은 제1항 또는 제2항에서 수수를 금지하는 금품 등에 해당하지 아니한다.

1. 소속 기관의 장 등이 소속 공무원이나 파견 공무원에게 지급하거나 상급자가 **위로·격려·포상 등의 목적으로 하급자에게 제공하는 금품 등**

2. 원활한 직무수행 또는 사교·의례 또는 부조의 목적으로 제공되는 음식물·경조사비·선물 등으로서 별표 1의 가액 범위 내의 금품 등

가액범위	내용
3만원	**음식물**: 제공자와 공무원이 **함께** 하는 식사, 다과, 주류, 음료, 그 밖에 이에 준하는 것을 말한다.
5만원	**경조사비**: 축의금·조의금 🖉 돌잔치 ×
10만원	축의금·조의금을 대신하는 화환·조화
5만원	**선물**: 금전, 유가증권, 제1호의 음식물 및 제2호의 경조사비를 제외한 일체의 물품, 그 밖에 이에 준하는 것
10만원	ⓐ 농수산물 품질관리법 제2조 제1항 제1호에 따른 농수산물 및 같은 항 제13호에 따른 농수산가공품(농수산물을 원료 또는 재료의 **50%**를 넘게 사용하여 가공한 제품만 해당하며, 이하 '농수산가공품'이라 한다) ⓑ 설날과 추석 기간(설날·추석 전 24일부터 설날·추석 후 5일 후까지)에 한하여 그 가액범위를 두 배까지 허용한다(**20만원**).
비고	ⓐ 각각의 가액범위는 각각에 해당하는 것을 모두 합산한 금액으로 한다. ⓑ 축의금·조의금과 화환·조화를 함께 받은 경우 또는 선물과 농수산물·농수산가공품을 함께 받은 경우에는 **각각 그 가액을 합산한다.** 이 경우 가액범위는 10만원으로 하되, **각각의 가액범위를 초과해서는 안 된다.** ⓒ 음식물, 경조사비, 선물 중 2가지 이상을 함께 받은 경우에는 그 가액을 합산한다. 이 경우 가액범위는 함께 받은 음식물, 경조사비 및 선물의 가액 범위 중 **가장 높은 금액**으로 하되, **각각의 가액범위를 초과해서는 안 된다.**

3. **사적 거래(증여는 제외한다)**로 인한 채무의 이행 등 정당한 권원(權原)에 의하여 제공되는 금품 등

4. 공무원의 **친족**(민법 제777조에 따른 친족을 말한다)**이 제공하는 금품 등**

5. 공무원과 관련된 직원상조회·동호인회·동창회·향우회·친목회·종교단체·사회단체 등이 정하는 기준에 따라 구성원에게 제공하는 금품 등 및 그 소속 구성원 등 공무원과 특별히 장기적·지속적인 친분관계를 맺고 있는 자가 질병·재난 등으로 어려운 처지에 있는 공무원에게 제공하는 금품 등

6. 공무원의 **직무와 관련된 공식적인 행사**에서 주최자가 참석자에게 통상적인 범위에서 일률적으로 제공하는 교통, 숙박, 음식물 등의 금품 등

참고

민법 제777조의 친족
8촌 이내의 혈족, 배우자,
4촌 이내의 인척

정답 **01** ×

	7. **불특정 다수인**에게 배포하기 위한 기념품 또는 홍보용품 등이나 경연·추첨을 통하여 받는 보상 또는 상품 등 8. 그 밖에 사회상규(社會常規)에 따라 허용되는 금품 등 ④ 공무원은 제3항 제5호에도 불구하고 같은 호에 따라 특별히 장기적·지속적인 친분관계를 맺고 있는 자가 직무관련자 또는 직무관련공무원으로서 금품 등을 제공한 경우에는 그 수수 사실을 별지 제10호 서식에 따라 소속 기관의 장에게 신고하여야 한다. ⑤ 공무원은 자신의 **배우자**나 **직계존속·비속**이 자신의 **직무와 관련하여** 제1항 또는 제2항에 따라 공무원이 받는 것이 금지되는 금품 등(이하 '수수 금지 금품 등'이라 한다)을 받거나 요구하거나 제공받기로 약속하지 아니하도록 하여야 한다. ⑥ 공무원은 다른 공무원에게 또는 그 공무원의 배우자나 직계 존속·비속에게 수수 금지 금품 등을 제공하거나 그 제공의 약속 또는 의사표시를 해서는 아니 된다.

감독기관의
부당한 요구
금지
(제14조의2)
	① 감독·감사·조사·평가를 하는 기관(이하 이 조에서 '감독기관'이라 한다)에 소속된 공무원은 자신이 소속된 기관의 출장·행사·연수 등과 관련하여 감독·감사·조사·평가를 받는 기관(이하 이 조에서 '피감기관'이라 한다)에 다음 각 호의 어느 하나에 해당하는 부당한 요구를 해서는 안 된다.
	  1. 법령에 근거가 없거나 예산의 목적·용도에 부합하지 않는 금품 등의 제공 요구
	  2. 감독기관 소속 공무원에 대하여 정상적인 관행을 벗어난 예우·의전의 요구
	
	② 제1항에 따른 부당한 요구를 받은 피감기관 소속 공직자는 그 이행을 거부해야 하며, 거부했음에도 불구하고 감독기관 소속 공무원으로부터 같은 요구를 다시 받은 때에는 그 사실을 별지 제11호의 서식에 따라 **피감기관(감독기관 ✕)의 행동강령책임관**(공직유관단체인 경우에는 행동강령에 관한 업무를 담당하는 직원을 말한다. 이하 이 조에서 같다)에게 알려야 한다. 이 경우 행동강령책임관은 그 요구가 제1항 각 호의 어느 하나에 해당하는 경우에는 **지체 없이 피감기관의 장에게 보고해야 한다.**
	
	③ 제2항 후단에 따른 보고를 받은 피감기관의 장은 제1항 각 호의 어느 하나에 해당하는 경우에는 그 사실을 해당 감독기관의 장에게 알려야 하며, 그 사실을 통지받은 감독기관의 장은 해당 요구를 한 소속 공무원에 대하여 징계 등 필요한 조치를 해야 한다.

감독기관의 부당한 요구금지

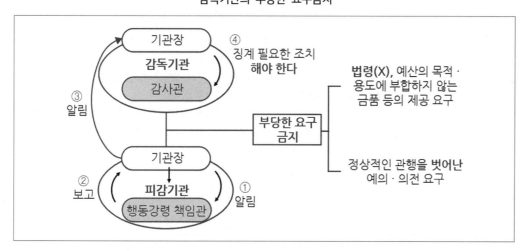

기출 OX

02 불특정 다수인에게 배포하기 위한 기념품 또는 홍보용품 등이나 경연·추첨을 통하여 받는 보상 또는 상품 등은 수수를 금지하는 금품 등에 해당하지 아니한다.
20. 승진 ( )

03 공무원은 자신의 배우자나 생계를 같이 하는 친족(민법 제777조에 따른 친족을 말한다)이 자신의 직무와 관련하여 공무원이 받는 것이 금지되는 금품 등을 받거나 요구하거나 제공받기로 약속하지 아니하도록 하여야 한다. 20. 승진 ( )

정답 **02** ○ **03** ✕

4. 건전한 조직풍토의 조성

외부강의 등 사례금 수수제한

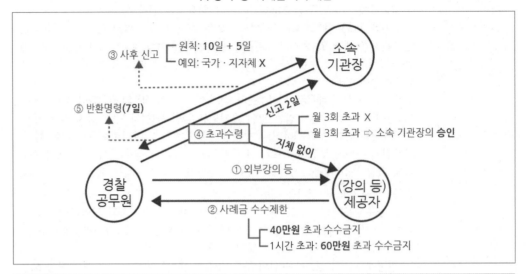

<table>
<tr><td rowspan="9">외부강의
등의 사례금
수수 제한
(제15조)</td><td colspan="2">① 공무원은 자신의 직무와 관련되거나 그 지위·직책 등에서 유래되는 사실상의 영향력을 통하여 요청받은 교육·홍보·토론회·세미나·공청회 또는 그 밖의 회의 등에서 한 강의·강연·기고 등(이하 '외부강의 등'이라 한다)의 대가로서 별표 2에서 정하는 금액을 초과하는 사례금을 받아서는 아니 된다.</td></tr>
</table>

① 공무원은 자신의 직무와 관련되거나 그 지위·직책 등에서 유래되는 사실상의 영향력을 통하여 요청받은 교육·홍보·토론회·세미나·공청회 또는 그 밖의 회의 등에서 한 강의·강연·기고 등(이하 '외부강의 등'이라 한다)의 대가로서 별표 2에서 정하는 금액을 초과하는 사례금을 받아서는 아니 된다.

사례금 상한액	직급 구분 없이 40만원
적용기준	㉠ 강의 등의 경우 1시간당, 기고의 경우 1건당 상한액으로 한다. ㉡ 1시간을 초과하여 강의 등을 하는 경우에도 사례금 총액은 강의시간에 관계없이 **1시간 상한액의 100분의 150**에 해당하는 금액을 초과하지 못한다. ㉢ 공무원이 소속 기관에서 교통비, 숙박비, 식비 등 여비를 지급받지 못한 경우에는 공무원 여비 규정의 기준 내에서 실비수준으로 제공되는 **교통비, 숙박비 및 식비**는 사례금에 포함되지 않는다.

② 공무원은 사례금을 받는 외부강의 등을 할 때에는 외부강의 등의 요청 명세 등을 별지 제12호 서식의 외부강의 등 신고서에 따라 소속 기관의 장에게 그 외부강의 등을 마친 날부터 **10일 이내**에 신고하여야 한다. 다만, **외부강의 등을 요청한 자가 국가나 지방자치단체인 경우에는 그러하지 아니하다.**

③ 공무원은 제2항에 따른 신고를 할 때 신고사항 중 상세 명세 또는 사례금 총액 등을 제2항의 기간 내에 알 수 없는 경우에는 해당 사항을 제외한 사항을 신고한 후 **해당 사항을 안 날부터 5일 이내에 보완하여야 한다.**

④ 공무원이 대가를 받고 수행하는 외부강의 등은 **월 3회**를 초과할 수 없다. 다만, 국가나 지방자치단체에서 요청하거나 겸직 허가를 받고 수행하는 외부강의 등은 그 횟수에 포함하지 아니한다.

⑤ 공무원은 제4항에도 불구하고 **월 3회를 초과하여 대가를 받고 외부강의 등을 하려는 경우에는 미리 소속 기관의 장의 승인을 받아야 한다.**

초과사례금의 신고 등 (제15조의2)	① 공무원은 제15조 제1항에 따른 금액을 초과하는 사례금(이하 '초과사례금'이라 한다)을 받은 경우에는 **그 사실을 안 날로부터 2일 이내**에 별지 제13호 서식으로 소속 기관의 장에게 신고하여야 하며, 제공자에게 그 초과금액을 지체 없이 반환하여야 한다. ② 제1항에 따른 신고를 받은 소속 기관의 장은 초과사례금을 반환하지 아니한 공무원에 대하여 신고사항을 확인한 후 **7일 이내**에 반환하여야 할 초과사례금의 액수를 산정하여 해당 공무원에게 통지하여야 한다. ③ 제2항에 따라 통지를 받은 공무원은 지체 없이 초과사례금(신고자가 초과사례금의 일부를 반환한 경우에는 그 차액으로 한정한다)을 제공자에게 반환하고 그 사실을 소속 기관의 장에게 알려야 한다. ④ 공무원은 제1항 또는 제3항에 따라 초과사례금을 반환한 경우에는 증명자료를 첨부하여 그 반환 비용을 소속 기관의 장에게 청구할 수 있다.
직무 관련자에게 협찬요구 금지 (제16조의2)	공무원은 직무관련자에게 직위를 이용하여 행사 진행에 필요한 직·간접적 경비, 장소, 인력, 또는 물품 등의 협찬을 요구하여서는 아니 된다. (※ 예외적 허용규정 ×)
직무관련자와 골프 및 사적여행 제한 (제16조의3)	① 공무원은 직무관련자와는 비용 부담 여부와 관계없이 골프를 같이 하여서는 아니 된다. 다만, 다음 각 호와 같은 부득이한 사정에 따라 골프를 같이 하는 경우에는 **소속관서 행동강령책임관(소속기관장 ×)에게 사전에 신고**하여야 하며 사전에 신고하기 어려운 특별한 사유가 있는 경우에는 사후에 즉시 신고하여야 한다. 1. 정책의 수립·시행을 위한 의견교환 또는 업무협의 등 공적인 목적을 위하여 필요한 경우 2. 직무관련자인 친족과 골프를 하는 경우 3. 동창회 등 친목단체에 직무관련자가 있어 부득이 골프를 하는 경우 4. 그 밖에 위 각 호와 유사한 사유로 부득이하다고 인정되는 경우 ② 공무원은 직무관련자와 함께 사적인 여행을 하여서는 아니 된다. 다만, 제1항 각 호의 사유가 있어 같은 항 단서에 따른 신고를 한 경우에는 그러하지 아니하다.
직무관련자와 사행성 오락 금지 (제16조의4)	공무원은 직무관련자와 마작, 화투, 카드 등 우연의 결과나 불확실한 승패에 의하여 금품 등 경제적 이익을 취할 목적으로 하는 사행성 오락을 같이 하여서는 아니 된다(※ **골프 및 사적 여행제한과 달리 예외적 허용규정이 존재하지 않는다**).
경조사의 통지 제한 (제17조)	공무원은 직무관련자나 직무관련공무원에게 경조사를 알려서는 아니 된다. 다만, 다음 각 호의 어느 하나에 해당하는 경우에는 경조사를 알릴 수 있다. 1. **친족**(민법 제767조에 따른 친족을 말한다)에게 알리는 경우 2. 현재 **근무**하고 있거나 과거에 근무하였던 기관의 소속 직원에게 알리는 경우 3. 신문, 방송 또는 제2호에 따른 직원에게만 열람이 허용되는 **내부통신망** 등을 통하여 알리는 경우 4. 공무원 자신이 소속된 **종교단체·친목단체** 등의 회원에게 알리는 경우
위반 여부에 대한 상담 (제18조)	① 공무원은 알선·청탁, 금품 등의 수수, 외부강의 등의 사례금수수, 경조사의 통지 등에 대하여 이 규칙을 위반하는 지가 **분명하지 아니할 때**에는 **행동강령책임관**과 상담한 후 처리하여야 하며 행동강령책임관은 별지 제15호 서식에 따라 상담내용을 관리하여야 한다. ② 행동강령책임관은 제1항에 따른 상담이 원활하게 이루어질 수 있도록 해당 기관의 규모 등 여건을 고려하여 전용전화·상담실 설치 등 필요한 조치를 취할 수 있다.

: 두문자

내·근·종·친

기출 OX

03 공무원은 직무관련자와는 비용부담 여부와 관계없이 골프를 같이 하여서는 아니 된다. 다만, 부득이한 사정에 따라 골프를 같이 하는 경우에는 소속관서 행동강령책임관에게 사전에 신고하여야 하며 사전에 신고하기 어려운 특별한 사유가 있는 경우에는 사후에 즉시 신고하여야 한다. 20. 승진

( )

정답 03 ○

위반행위의 신고 및 확인 (제19조)	① 누구든지 공무원이 이 규칙을 위반한 사실을 알게 되었을 때에는 그 공무원이 소속된 기관의 장, 그 기관의 행동강령책임관 또는 국민권익위원회에 신고할 수 있다. ② 제1항에 따라 신고하는 자는 별지 제16호 서식의 위반행위신고서에 본인과 위반자의 인적사항과 위반내용을 구체적으로 제시해야 한다. ③ 제1항에 따라 위반행위를 신고받은 소속 기관의 장과 행동강령책임관은 신고인과 신고내용에 대하여 비밀을 보장하여야 하며, 신고인이 신고에 따른 불이익을 받지 아니하도록 하여야 한다. ④ 행동강령책임관은 제1항에 따라 신고된 위반행위를 확인한 후 해당 공무원으로부터 받은 소명자료를 첨부하여 소속 기관의 장에게 보고하여야 한다.
징계 (제20조)	제19조 제4항에 따른 보고를 받은 소속기관의 장은 해당 공무원을 징계하는 등 필요한 조치를 할 수 있다.
수수금지 금품 등의 신고 및 처리 (제21조)	① 공무원은 다음 각 호의 어느 하나에 해당하는 경우에는 소속 기관의 장에게 지체 없이 별지 제17호 서식에 따라 서면 신고하여야 한다. 　1. 공무원 자신이 수수 금지 금품 등을 받거나 그 제공의 약속 또는 의사표시를 받은 경우 　2. 공무원이 자신의 배우자나 직계존속·비속이 수수 금지 금품 등을 받거나 그 제공의 약속 또는 의사표시를 받은 사실을 알게 된 경우 ② 공무원은 제1항 각 호의 어느 하나에 해당하는 경우에는 금품 등을 제공한 자(이하 이 조에서 '제공자'라 한다) 또는 제공의 약속이나 의사표시를 한 자에게 그 제공받은 금품 등을 지체 없이 반환하거나 반환하도록 하거나 그 거부의 의사를 밝히거나 밝히도록 하여야 한다. ③ 공무원은 제2항에 따라 금품 등을 반환한 경우에는 별지 제18호 서식에 따라 그 반환비용을 소속 기관의 장에게 청구할 수 있다. ④ 공무원은 제2항에 따라 반환하거나 반환하도록 하여야 하는 금품 등이 다음 각 호의 어느 하나에 해당하는 경우에는 소속 기관의 장에게 인도하거나 인도하도록 하여야 한다. 　1. 멸실·부패·변질 등의 우려가 있는 경우 　2. 제공자나 제공자의 주소를 알 수 없는 경우 　3. 그 밖에 제공자에게 반환하기 어려운 사정이 있는 경우 ⑤ 소속 기관의 장은 제4항에 따라 금품 등을 인도받은 경우에는 즉시 사진으로 촬영하거나 영상으로 녹화하고 별지 19호 서식으로 관리하여야 하며, 다른 법령에 특별한 규정이 있는 경우를 제외하고는 다음 각 호에 따라 처리한다. 　1. 수수 금지 금품 등이 아닌 것으로 확인된 경우: 금품 등을 인도한 자에게 반환 　2. 수수 금지 금품 등에 해당하는 것으로 확인된 경우로서 추가적인 조사·감사·수사 또는 징계 등 후속조치를 위하여 필요한 경우: 관계 기관에 증거자료로 제출하거나 후속조치가 완료될 때까지 보관 　3. 제1호 및 제2호에도 불구하고 멸실·부패·변질 등으로 인하여 반환·제출·보관이 어렵다고 판단되는 경우: 별지 제20호 서식에 따라 금품등을 인도한 자의 동의를 받아 폐기처분 　4. 그 밖의 경우: 세입조치 또는 사회복지시설·공익단체 등에 기증하거나 경찰청장이 정하는 기준에 따라 처리 ⑥ 소속 기관의 장은 제3항에 따라 처리한 금품 등에 대하여 별지 제21호 서식으로 관리하여야 하며, 제3항에 따른 처리 결과를 금품 등을 인도한 자에게 통보하여야 한다. ⑦ 소속 기관의 장은 금지된 금품 등의 신고자에 대하여 인사우대·포상 등의 방안을 마련하여 시행할 수 있다.

교육 (제22조)	① 경찰청장(소속기관장, 시·도경찰청장, 경찰서장 등을 포함한다)은 소속 공무원에 대하여 이 규칙의 준수를 위한 교육계획을 수립·시행하여야 하며, **매년 1회 이상** 교육을 하여야 한다. ② 경무인사기획관은 신임 및 경사, 경위, 경감, 경정 기본교육과정에 이 규칙의 교육을 포함시켜 시행하여야 한다.
행동강령 책임관의 지정 (제23조)	① 경찰청, 소속 기관, 시·도경찰청, 경찰서에 이 규칙의 시행을 담당하는 행동강령책임관을 둔다. ② 경찰청에 **감사관**, 시·도경찰청에 **청문감사인권담당관**, 경찰서에 **청문감사인권관**을 행동강령책임관으로 한다.(소속기관 및 청문감사인권관제 미운영 관서는 감사 업무를 담당하는 부서장으로 한다) ③ 행동강령책임관은 소속기관의 공무원에 대한 이 규칙의 교육·상담, 준수 여부에 대한 점검 및 위반행위의 신고접수·조사처리에 관한 업무를 담당한다. ④ 행동강령책임관은 이 규칙과 관련하여 상담한 내용에 대하여 비밀을 누설해서는 아니 된다. ⑤ 행동강령책임관은 상담내용을 별지 제15호 서식의 행동강령책임관 상담기록관리부에 기록·관리하여야 한다.

02 부정청탁 및 금품 등 수수의 금지에 관한 법률(김영란법) ✿✿✿✿✿

구분	조문내용
정의 (제2조)	이 법에서 사용하는 용어의 뜻은 다음과 같다. 1. '공공기관'이란 다음 각 목의 어느 하나에 해당하는 기관·단체를 말한다. 　가. 국회, 법원, 헌법재판소, 선거관리위원회, 감사원, 국가인권위원회, 고위공직자범죄수사처, 중앙행정기관(대통령 소속 기관과 국무총리 소속 기관을 포함한다)과 그 소속 기관 및 지방자치단체 　나. 공직자윤리법 제3조의2에 따른 공직유관단체 　다. 공공기관의 운영에 관한 법률 제4조에 따른 기관 　라. 초·중등교육법, 고등교육법, 유아교육법 및 그 밖의 다른 법령에 따라 설치된 각급 학교 및 **사립학교법**에 따른 **학교법인** 　마. 언론중재 및 피해구제 등에 관한 법률 제2조 제12호에 따른 **언론사** 2. '공직자 등'이란 다음 각 목의 어느 하나에 해당하는 공직자 또는 공적 업무 종사자를 말한다. 　가. 국가공무원법 또는 지방공무원법에 따른 공무원과 그 밖에 다른 법률에 따라 그 자격·임용·교육훈련·복무·보수·신분보장 등에 있어서 공무원으로 인정된 사람 　나. 제1호 나목 및 다목에 따른 공직유관단체 및 기관의 장과 그 임직원 　다. 제1호 라목에 따른 각급 **학교의 장과 교직원 및 학교법인의 임직원** 　라. 제1호 마목에 따른 **언론사의 대표자와 그 임직원** 3. '금품 등'이란 다음 각 목의 어느 하나에 해당하는 것을 말한다. 　가. 금전, 유가증권, 부동산, 물품, 숙박권, 회원권, 입장권, 할인권, 초대권, 관람권, 부동산 등의 사용권 등 일체의 재산적 이익 　나. 음식물·주류·골프 등의 접대·향응 또는 교통·숙박 등의 편의 제공 　다. 채무 면제, 취업 제공, 이권(利權) 부여 등 그 밖의 유형·무형의 경제적 이익 4. '소속기관장'이란 공직자 등이 소속된 공공기관의 장을 말한다.

부정청탁의 금지 (제5조)	① 누구든지 직접 또는 제3자를 통하여 직무를 수행하는 공직자 등에게 다음 각 호의 어느 하나에 해당하는 부정청탁을 해서는 아니 된다. 　1. 인가·허가·면허·특허·승인·검사·검정·시험·인증·확인 등 법령(조례·규칙을 포함한다. 이하 같다)에서 일정한 요건을 정하여 놓고 직무관련자로부터 신청을 받아 처리하는 직무에 대하여 법령을 위반하여 처리하도록 하는 행위 　2. 인가 또는 허가의 취소, 조세, 부담금, 과태료, 과징금, 이행강제금, 범칙금, 징계 등 각종 행정처분 또는 형벌부과에 관하여 법령을 위반하여 감경·면제하도록 하는 행위 　3. 모집·선발·채용·승진·전보 등 공직자등의 인사에 관하여 법령을 위반하여 개입하거나 영향을 미치도록 하는 행위 　4. 법령을 위반하여 각종 심의·의결·조정위원회의 위원, 공공기관이 주관하는 시험·선발위원 등 공공기관의 의사결정에 관여하는 직위에 선정 또는 탈락되도록 하는 행위 　5. 공공기관이 주관하는 각종 수상, 포상, 우수기관 선정 또는 우수자·장학생 선발에 관하여 법령을 위반하여 특정 개인·단체·법인이 선정 또는 탈락되도록 하는 행위 　6. 입찰·경매·개발·시험·특허·군사·과세 등에 관한 직무상 비밀을 법령을 위반하여 누설하도록 하는 행위 　7. 계약 관련 법령을 위반하여 특정 개인·단체·법인이 계약의 당사자로 선정 또는 탈락되도록 하는 행위 　8. 보조금·장려금·출연금·출자금·교부금·기금 등의 업무에 관하여 법령을 위반하여 특정 개인·단체·법인에 배정·지원하거나 투자·예치·대여·출연·출자하도록 개입하거나 영향을 미치도록 하는 행위 　9. 공공기관이 생산·공급·관리하는 재화 및 용역을 특정 개인·단체·법인에게 법령에서 정하는 가격 또는 정상적인 거래관행에서 벗어나 매각·교환·사용·수익·점유하도록 하는 행위 　10. 각급 학교의 입학·성적·수행평가·논문심사·학위수여 등의 업무에 관하여 법령을 위반하여 처리·조작하도록 하는 행위 　11. 병역판정검사, 부대 배속, 보직 부여 등 병역 관련 업무에 관하여 법령을 위반하여 처리하도록 하는 행위 　12. 공공기관이 실시하는 각종 평가·판정·인정 업무에 관하여 법령을 위반하여 평가, 판정 또는 인정하게 하거나 결과를 조작하도록 하는 행위 　13. 법령을 위반하여 행정지도·단속·감사·조사대상에서 특정 개인·단체·법인이 선정·배제되도록 하거나 행정지도·단속·감사·조사의 결과를 조작하거나 또는 그 위법사항을 묵인하게 하는 행위 　14. 사건의 수사·재판·심판·결정·조정·중재·화해, 형의 집행, 수용자의 지도·처우·계호 또는 이에 준하는 업무를 법령을 위반하여 처리하도록 하는 행위 　15. 제1호부터 제14호까지의 부정청탁의 대상이 되는 업무에 관하여 공직자 등이 법령에 따라 부여받은 지위·권한을 벗어나 행사하거나 권한에 속하지 아니한 사항을 행사하도록 하는 행위 ② 제1항에도 불구하고 다음 각 호의 어느 하나에 해당하는 경우에는 이 법을 적용하지 아니한다. 　㉠ 청원법, 민원사무 처리에 관한 법률, 행정절차법, 국회법 및 그 밖의 다른 법령·기준에서 정하는 절차·방법에 따라 권리침해의 구제·해결을 요구하거나 그와 관련된 법령·기준의 제정·개정·폐지를 제안·건의하는 등 특정한 행위를 요구하는 행위

	© 공개적으로 공직자 등에게 **특정한 행위**를 요구하는 행위
	© 선출직 공직자, 정당, 시민단체 등이 공익적인 목적으로 제3자의 고충민원을 전달하거나 법령 · 기준의 제정 · 개정 · 폐지 또는 정책 · 사업 · 제도 및 그 운영 등의 개선에 관하여 제안 · 건의하는 행위
	② 공공기관에 직무를 법정기한 안에 처리하여 줄 것을 신청 · 요구하거나 그 진행상황 · 조치결과 등에 대하여 확인 · 문의 등을 하는 행위
	◎ 직무 또는 법률관계에 관한 확인 · 증명 등을 신청 · 요구하는 행위
	⑭ 질의 또는 상담형식을 통하여 직무에 관한 법령 · 제도 · 절차 등에 대하여 설명이나 해석을 요구하는 행위
	⊙ 그 밖에 사회상규(社會常規)에 위배되지 아니하는 것으로 인정되는 행위
부정청탁에 따른 직무 수행금지 (제6조)	부정청탁을 받은 공직자 등은 그에 따라 직무를 수행해서는 아니 된다. ➡ 위반시 2년 이하의 징역 또는 2천만원 이하의 벌금
부정청탁의 신고 및 처리 (제7조)	① 공직자 등은 부정청탁을 받았을 때에는 부정청탁을 한 자에게 **부정청탁임을 알리고 이를 거절하는 의사를 명확히 표시**하여야 한다. ② 공직자 등은 제1항에 따른 조치를 하였음에도 불구하고 동일한 부정청탁을 다시 받은 경우에는 이를 소속기관장에게 서면(전자문서를 포함한다. 이하 같다)으로 신고하여야 한다. ③ 제2항에 따른 신고를 받은 소속기관장은 신고의 경위 · 취지 · 내용 · 증거자료 등을 조사하여 신고내용이 부정청탁에 해당하는지를 신속하게 확인하여야 한다. ④ 소속기관장은 부정청탁이 있었던 사실을 알게 된 경우 또는 제2항 및 제3항의 부정청탁에 관한 신고 · 확인 과정에서 해당 직무의 수행에 지장이 있다고 인정하는 경우에는 부정청탁을 받은 공직자 등에 대하여 다음 각 호의 조치를 할 수 있다. 1. 직무 참여 일시**중지** 2. 직무 대리자의 **지정** 3. **전보** 4. 그 밖에 국회규칙, 대법원규칙, 헌법재판소규칙, 중앙선거관리위원회규칙 또는 대통령령으로 정하는 조치 ⑤ 소속기관장은 공직자 등이 다음 각 호의 어느 하나에 해당하는 경우에는 제4항에도 불구하고 그 공직자 등에게 직무를 수행하게 할 수 있다. 이 경우 제20조에 따른 소속기관의 담당관 또는 다른 공직자 등으로 하여금 그 공직자 등의 공정한 직무수행 여부를 주기적으로 **확인 · 점검**하도록 하여야 한다. 1. 직무를 수행하는 공직자 등을 대체하기 지극히 어려운 경우 2. 공직자 등의 직무수행에 미치는 영향이 크지 아니한 경우 3. 국가의 안전보장 및 경제발전 등 공익증진을 이유로 직무수행의 필요성이 더 큰 경우 ⑥ 공직자 등은 제2항에 따른 신고를 감독기관 · 감사원 · 수사기관 또는 국민권익위원회에도 할 수 있다. ⑦ 소속기관장은 다른 법령에 위반되지 아니하는 범위에서 부정청탁의 내용 및 조치사항을 해당 공공기관의 인터넷 홈페이지 등에 공개할 수 있다.

: 두문자

중 · 지 · 전 ↔ 중 · 공 · 재 · 보

기출 OX

01 부정청탁을 받은 공직자 등이 그에 따라 직무를 수행한 경우 2년 이하의 징역 또는 2천만원 이하의 벌금에 처한다. 20. 승진 ( )

정답 01 ○

부정청탁의 처리

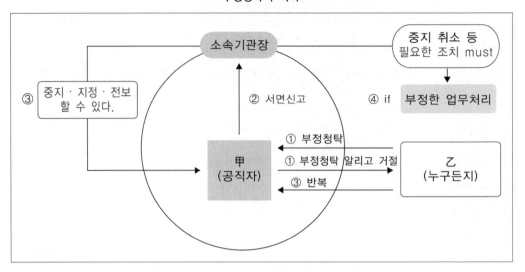

가액범위	내용
금품 등의 수수 금지 (제8조)	① 공직자 등은 직무 관련 여부 및 기부·후원·증여 등 그 명목에 관계없이 동일인으로부터 **1회에 100만원** 또는 **매 회계연도에 300만원**을 초과하는 금품 등을 받거나 요구 또는 약속해서는 아니 된다. → 위반시 3년 이하의 징역 또는 3천만원 이하의 벌금 ② 공직자 등은 **직무와 관련하여** 대가성 여부를 불문하고 제1항에서 정한 금액 이하의 금품 등을 받거나 요구 또는 약속해서는 아니 된다. ③ 제10조의 외부강의 등에 관한 사례금 또는 다음 각 호의 어느 하나에 해당하는 금품 등의 경우에는 제1항 또는 제2항에서 수수를 금지하는 금품 등에 해당하지 아니한다. 　1. 공공기관이 소속 공직자 등이나 파견 공직자 등에게 지급하거나 상급 공직자 등이 **위로·격려·포상 등의 목적으로 하급 공직자 등에게 제공하는 금품 등** 　2. 원활한 직무수행 또는 사교·의례 또는 부조의 목적으로 제공되는 음식물·경조사비·선물 등으로서 대통령령으로 정하는 가액범위 안의 금품 등. 다만, 선물 중 농수산물 품질관리법 제2조 제1항 제1호에 따른 농수산물 및 같은 항 제13호에 따른 농수산가공품(농수산물을 원료 또는 재료의 50퍼센트를 넘게 사용하여 가공한 제품만 해당한다)은 **대통령령으로 정하는 설날·추석을 포함한 기간에 한정하여 그 가액 범위를 두배로 한다.**

가액범위	내용
음식물 3만원	음식물: 제공자와 공무원이 **함께** 하는 식사, 다과, 주류, 음료, 그 밖에 이에 준하는 것을 말한다.
경조사비 5만원	경조사비: 축의금·조의금
축의금 10만원	축의금·조의금을 대신하는 화환·조화

선물 **5만원**	ⓐ 선물: 다음의 금품 등을 제외한 일체의 **물품**, **상품권**(물품상품권 및 용역상품권만 해당하며, 이하 '상품권'이라 한다) 및 그 밖에 이에 준하는 것은 **5만원**. ㉮ 금전 ㉯ 유가증권(상품권은 **제외한다**) ㉰ 제1호의 음식물 ㉱ 제2호의 경조사비 ⓑ '상품권'이란 그 명칭 또는 형태에 관계없이 발행자가 특정한 물품 또는 용역의 수량을 기재(전자적 또는 자기적 방법에 의한 기록을 포함한다)하여 발행·판매하고, 그 소지자가 발행자 또는 발행자가 지정하는 자(이하 '발행자등'이라 한다)에게 이를 제시 또는 교부하거나 그 밖의 방법으로 사용함으로써 그 증표에 기재된 내용에 따라 발행자등으로부터 해당 물품 또는 용역을 제공받을 수 있는 증표인 물품상품권 또는 용역상품권을 말하며, **백화점상품권 · 온누리상품권 · 지역사랑상품권 · 문화상품권 등** 일정한 금액이 기재되어 소지자가 해당 금액에 상응하는 물품 또는 용역을 제공받을 수 있는 증표인 금액상품권은 제외한다.
농수산물 **15만원**	ⓐ 「농수산물 품질관리법」 제2조 제1항 제1호에 따른 농수산물(이하 '농수산물'이라 한다) 및 같은 항 제13호에 따른 농수산가공품(농수산물을 원료 또는 재료의 50퍼센트를 넘게 사용하여 가공한 제품만 해당하며, 이하 '농수산가공품'이라 한다)과 **농수산물 · 농수산가공품 상품권**은 **15만원**으로 한다. ⓑ 설날 · 추석 **전 24일**부터 설날 · 추석 **후 5일**까지(그 기간 중에 우편 등을 통해 발송하여 그 기간 후에 수수한 경우에는 그 수수한 날까지)에는 **30만원**으로 한다.
비고	ⓐ 각각의 가액범위는 각각에 해당하는 것을 모두 합산한 금액으로 한다. ⓑ 축의금 · 조의금과 화환 · 조화를 함께 받은 경우에는 **각각 그 가액을 합산한다.** 이 경우 가액범위는 10만원으로 하되, **각각의 가액범위를 초과해서는 안 된다.** ⓒ 선물과 농수산물 · 농수산가공품 또는 농수산물 · 농수산가공품 상품권을 함께 받은 경우에는 그 가액을 합산한다. 이 경우 가액 범위는 15만원(제17조 제2항에 따른 기간 중에는 **30만원**)으로 하되, 각각의 가액 범위를 각각 초과해서는 안 된다. ⓓ 음식물, 경조사비, 선물 중 2가지 이상을 함께 받은 경우에는 그 가액을 합산한다. 이 경우 가액범위는 함께 받은 음식물, 경조사비 및 선물의 가액 범위 중 **가장 높은 금액**으로 하되, **각각의 가액범위를 초과해서는 안 된다.**

3. **사적 거래(증여는 제외한다)**로 인한 채무의 이행 등 정당한 권원(權原)에 의하여 제공되는 금품 등

4. 공직자 등의 **친족**(민법 제777조에 따른 친족을 말한다)이 제공하는 금품 등

기출 OX

01 사적 거래(증여는 제외한다)로 인한 채무의 이행 등 정당한 근원에 의하여 제공되는 금품등은 동법 제8조(금품등의 수수 금지)에서 규정하는 수수가 금지된 금품등에 해당하지 않는다. 20. 승진　　　　(　　)

02 경찰서장이 소속 경찰서 경무계 직원들에게 격려의 목적으로 제공하는 회식비는 '수수를 금지하는 금품 등'에 해당하지 아니한다. 21. 승진　　　　(　　)

03 A경위가 휴일날 인근 대형마트 행사에서 추첨권에 당첨되어 수령한 수입차는 '수수를 금지하는 금품 등'에 해당하지 아니한다. 21. 승진　　　　(　　)

04 예술의 전당 소속 공연 관련 업무 담당공무원이 예술의 전당 초청 공연작으로 결정된 뮤직드라마의 공연제작사 대표이사 甲 등과 저녁식사를 하고 25만원 상당(1인당 5만원)의 음식 값을 甲이 지불한 경우 부정청탁금지법 위반이 되는 사례가 아니다. 22. 승진　　　　(　　)

정답　**01** ○　**02** ○　**03** ○
　　　04 ×

5. 공직자 등과 관련된 직원상조회·동호인회·동창회·향우회·친목회·종교 단체·사회단체 등이 정하는 기준에 따라 구성원에게 제공하는 금품 등 및 그 소속 구성원 등 공직자 등과 특별히 장기적·지속적인 **친분관계**를 맺고 있는 자가 **질병·재난 등으로 어려운 처지에 있는 공직자 등**에게 제공하는 금품 등

6. 공직자 등의 직무와 관련된 **공식적인 행사**에서 주최자가 참석자에게 통상적인 범위에서 일률적으로 제공하는 교통, 숙박, 음식물 등의 금품 등

7. **불특정 다수인**에게 배포하기 위한 기념품 또는 홍보용품 등이나 경연·추첨을 통하여 받는 보상 또는 상품 등

8. 그 밖에 다른 법령·기준 또는 사회상규에 따라 허용되는 금품 등

④ 공직자 등의 **배우자(직계존·비속 ✕)**는 공직자 등의 **직무와 관련하여** 제1항 또는 제2항에 따라 공직자 등이 받는 것이 금지되는 금품 등(이하 '수수 금지 금품 등'이라 한다)을 받거나 요구하거나 제공받기로 약속해서는 아니 된다.

수수 금지 금품 등의 신고 및 처리 (제9조)

① 공직자 등은 다음 각 호의 어느 하나에 해당하는 경우에는 소속기관장에게 **지체 없이 서면(구두 ✕)**으로 신고하여야 한다.
1. 공직자 등 자신이 수수 금지 금품 등을 받거나 그 제공의 약속 또는 의사표시를 받은 경우
2. 공직자 등이 자신의 배우자가 수수 금지 금품 등을 받거나 그 제공의 약속 또는 의사표시를 받은 사실을 안 경우 ⇨ **3년 이하의 징역 또는 3천만원 이하의 벌금**

② 공직자 등은 자신이 수수 금지 금품 등을 받거나 그 제공의 약속이나 의사표시를 받은 경우 또는 자신의 배우자가 수수 금지 금품 등을 받거나 그 제공의 약속이나 의사표시를 받은 사실을 알게 된 경우에는 이를 제공자에게 지체 없이 반환하거나 반환하도록 하거나 그 거부의 의사를 밝히거나 밝히도록 하여야 한다. 다만, 받은 금품 등이 다음 각 호의 어느 하나에 해당하는 경우에는 소속기관장에게 인도하거나 인도하도록 하여야 한다.
1. 멸실·부패·변질 등의 우려가 있는 경우
2. 해당 금품 등의 제공자를 알 수 없는 경우
3. 그 밖에 제공자에게 반환하기 어려운 사정이 있는 경우

③ 소속기관장은 제1항에 따라 신고를 받거나 제2항 단서에 따라 금품 등을 인도받은 경우 수수 금지 금품 등에 해당한다고 인정하는 때에는 반환 또는 인도하게 하거나 거부의 의사를 표시하도록 하여야 하며, 수사의 필요성이 있다고 인정하는 때에는 그 내용을 지체 없이 수사기관에 통보하여야 한다.

④ 소속기관장은 공직자 등 또는 그 배우자가 수수 금지 금품 등을 받거나 그 제공의 약속 또는 의사표시를 받은 사실을 알게 된 경우 수사의 필요성이 있다고 인정하는 때에는 그 내용을 지체 없이 수사기관에 통보하여야 한다.

⑤ 소속기관장은 소속 공직자 등 또는 그 배우자가 수수 금지 금품 등을 받거나 그 제공의 약속 또는 의사표시를 받은 사실을 알게 된 경우 또는 제1항부터 제4항까지의 규정에 따른 금품 등의 신고, 금품 등의 반환·인도 또는 수사기관에 대한 통보의 과정에서 직무의 수행에 지장이 있다고 인정하는 경우에는 해당 공직자 등에게 제7조 제4항 각 호 및 같은 조 제5항의 조치를 할 수 있다.

⑥ 공직자 등은 제1항 또는 같은 조 제2항 단서에 따른 신고나 인도를 감독기관·감사원·수사기관 또는 국민권익위원회에도 할 수 있다.

⑦ 소속기관장은 공직자 등으로부터 제1항 제2호에 따른 신고를 받은 경우 그 공직자 등의 배우자가 반환을 거부하는 금품 등이 수수 금지 금품 등에 해당한다고 인정하는 때에는 그 공직자 등의 배우자로 하여금 그 금품 등을 제공자에게 반환하도록 요구하여야 한다.

⑧ 제1항부터 제7항까지에서 규정한 사항 외에 수수 금지 금품 등의 신고 및 처리 등에 필요한 사항은 대통령령으로 정한다.

01 기관장이 소속 직원에게 업무추진비로 10만원 상당의 화환을 보내고, 별도 사비로 10만원의 경조사비를 주는 것은 이 법 위반이다. 24. 경찰승진 ( )

02 직급에 상관 없이 모든 공직자의 외부강의 사례금 상한액은 1시간당 30만원이며 1시간을 초과하면 상한액은 45만원이다. 22. 승진 ( )

03 공직자 등 자신이 수수 금지금품 등을 받거나 그 제공의 약속 또는 의사표시를 받은 경우에는 소속 기관장에게 지체 없이 서면 또는 구두로 신고하여야 한다. 21. 경찰 ( )

정답 01 ✕ 02 ✕ 03 ✕

<table>
<tr><td rowspan="6">외부강의
등의 사례금
수수 제한
(제10조)</td><td colspan="2">① 공직자 등은 자신의 직무와 관련되거나 그 지위·직책 등에서 유래되는 사실상의 영향력을 통하여 요청받은 교육·홍보·토론회·세미나·공청회 또는 그 밖의 회의 등에서 한 강의·강연·기고 등(이하 '외부강의 등'이라 한다)의 대가로서 대통령령으로 정하는 금액을 초과하는 사례금을 받아서는 아니 된다.</td></tr>
<tr><td>구분</td><td>대통령령으로 정하는 금액</td></tr>
<tr><td>사례금
상한액</td><td>㉠ 공무원 및 공직유관단체 및 기관장과 그 임직원: 직급 구분 없이 40만원
㉡ 각급 학교장과 교직원 및 학교법인 임직원, 언론사 대표자와 그 임직원: 100만원</td></tr>
<tr><td>적용기준</td><td>㉠ 강의 등의 경우 1시간당, 기고의 경우 1건당 상한액으로 한다.
㉡ 1시간을 초과하여 강의 등을 하는 경우에도 사례금 총액은 강의시간에 관계없이 1시간 상한액의 100분의 150에 해당하는 금액을 초과하지 못한다.
㉢ 공직자 등이 소속 기관에서 교통비, 숙박비, 식비 등 여비를 지급받지 못한 경우에는 공무원 여비 규정의 기준 내에서 실비 수준으로 제공되는 교통비, 숙박비 및 식비는 사례금에 포함되지 않는다.</td></tr>
<tr><td colspan="2">② 공직자 등은 사례금을 받는 외부강의 등을 할 때에는 대통령령으로 정하는 바에 따라 외부강의 등의 요청 명세 등을 소속기관장에게 그 외부강의 등을 마친 날부터 10일 이내에 서면으로 신고하여야 한다. 다만, 외부강의 등을 요청한 자가 국가나 지방자치단체인 경우에는 그러하지 아니하다.</td></tr>
<tr><td>외부강의 등의 신고(시행령 제26조 제2항)</td><td>제1항에 따른 신고를 할 때 상세 명세 또는 사례금 총액 등을 미리 알 수 없는 경우에는 해당 사항을 제외한 사항을 신고한 후 해당 사항을 안 날부터 5일 이내에 보완하여야 한다.</td></tr>
</table>

| 초과사례금의 신고방법 (시행령 제27조 제1항) | 공직자 등은 법 제10조 제1항에 따른 금액을 초과하는 사례금(이하 '초과사례금'이라 한다)을 받은 경우에는 법 제10조 제5항에 따라 초과사례금을 받은 사실을 안 날부터 2일 이내에 제27조 제1항 각 호의 사항을 적은 서면으로 소속기관장에게 신고하여야 한다. |

③ 소속기관장은 제2항에 따라 공직자 등이 신고한 외부강의 등이 공정한 직무수행을 저해할 수 있다고 판단하는 경우에는 그 외부강의 등을 제한할 수 있다.

④ 공직자 등은 제1항에 따른 금액을 초과하는 사례금을 받은 경우에는 대통령령으로 정하는 바에 따라 소속기관장에게 신고하고, 제공자에게 그 초과금액을 지체 없이 반환하여야 한다.

위반행위의 신고 등 (제13조)

① 누구든지 이 법의 위반행위가 발생하였거나 발생하고 있다는 사실을 알게 된 경우에는 다음 각 호의 어느 하나에 해당하는 기관에 신고할 수 있다.
1. 이 법의 위반행위가 발생한 공공기관 또는 그 감독기관
2. 감사원 또는 수사기관
3. 국민권익위원회

② 제1항에 따른 신고를 한 자가 다음 각 호의 어느 하나에 해당하는 경우에는 이 법에 따른 보호 및 보상을 받지 못한다.
1. 신고의 내용이 거짓이라는 사실을 알았거나 알 수 있었음에도 신고한 경우
2. 신고와 관련하여 금품 등이나 근무관계상의 특혜를 요구한 경우
3. 그 밖에 부정한 목적으로 신고한 경우

• 월 3회 초과 외부강의 조항은 경찰청 공무원 행동강령과 달리 부정청탁금지법에는 규정이 없다.

:두문자
국·수·공·감·감사

기출 OX
04 부정청탁 및 금품 등 수수의 금지에 관한 법률에 따르면 OO경찰서 소속 경찰관 甲이 모교에서 자신의 직무와 관련된 강의를 요청받아 1시간 동안 강의를 하고 50만원의 사례금을 받았다면 대통령령이 정하는 바에 따라 소속기관장에게 신고하고 그 초과금액을 소속기관장에게 지체 없이 반환하여야 한다. 22. 경찰 ( )

05 경찰청에서 근무하는 甲 총경은 A전자회사의 요청으로 시간 당 30만원의 사례금을 약속받고 A전자회사의 직원을 대상으로 자신의 직무와 관련된 3시간짜리 강의를 월 1회, 총 3개월간 진행하였다. 이 경우 甲 총경이 지급받을 수 있는 최대사례금 총액은 270만원이다. 23. 경찰 ( )

06 누구든지 부정청탁 및 금품등 수수의 금지에 관한 법률의 위반행위가 발생하였거나 발생하고 있다는 사실을 알게 된 경우에는 이 법의 위반행위가 발생한 공공기관 또는 그 감독기관, 감사원 또는 수사기관, 국민권익위원회에 신고할 수 있다. 19. 승진 ( )

정답 04 × 05 × 06 ○

제3장 경찰윤리 **55**

	③ 제1항에 따라 신고를 하려는 자는 자신의 인적사항과 신고의 취지·이유·내용을 적고 서명한 문서와 함께 신고대상 및 증거 등을 제출하여야 한다.
비실명 대리신고 (제13조의2)	① 제13조 제3항에도 불구하고 같은 조 제1항에 따라 신고를 하려는 자는 자신의 인적사항을 밝히지 아니하고 변호사를 선임하여 신고를 대리하게 할 수 있다. 이 경우 제13조 제3항에 따른 신고자의 인적사항 및 신고자가 서명한 문서는 변호사의 인적사항 및 변호사가 서명한 문서로 갈음한다. ② 제1항에 따른 신고는 **국민권익위원회**에 하여야 하며, 신고자 또는 신고를 대리하는 변호사는 그 취지를 밝히고 신고자의 인적사항, 신고자임을 입증할 수 있는 자료 및 위임장을 국민권익위원회에 함께 제출하여야 한다. ③ 국민권익위원회는 제2항에 따라 제출된 자료를 봉인하여 보관하여야 하며, 신고자 본인의 동의 없이 이를 열람하여서는 아니 된다.
신고의 처리 (제14조)	① 위반행위가 발생한 **공공기관** 또는 그 **감독기관 및 감사원** 또는 **수사기관**(이하 '**조사기관**'이라 한다)은 같은 조 제1항에 따라 신고를 받거나 제2항에 따라 국민권익위원회로부터 신고를 이첩받은 경우에는 그 내용에 관하여 **필요한 조사·감사 또는 수사를 하여야 한다.** ② 국민권익위원회가 제13조 제1항에 따른 신고를 받은 경우에는 그 내용에 관하여 신고자를 상대로 사실관계를 확인한 후 대통령령으로 정하는 바에 따라 조사기관에 이첩하고, 그 사실을 신고자에게 통보하여야 한다. ③ 조사기관은 제1항에 따라 조사·감사 또는 수사를 마친 날부터 **10일 이내**에 그 결과를 신고자와 국민권익위원회에 통보(국민권익위원회로부터 이첩받은 경우만 해당한다)하고, 조사·감사 또는 수사 결과에 따라 공소제기, 과태료 부과대상 위반행위의 통보, 징계처분 등 필요한 조치를 하여야 한다. ④ 국민권익위원회는 제3항에 따라 조사기관으로부터 조사·감사 또는 수사 결과를 통보받은 경우에는 지체 없이 신고자에게 조사·감사 또는 수사 결과를 알려야 한다. ⑤ 제3항 또는 제4항에 따라 조사·감사 또는 수사 결과를 통보받은 신고자는 조사기관에 이의신청을 할 수 있으며, 제4항에 따라 조사·감사 또는 수사 결과를 통지받은 신고자는 국민권익위원회에도 이의신청을 할 수 있다. ⑥ 국민권익위원회는 조사기관의 조사·감사 또는 수사 결과가 충분하지 아니하다고 인정되는 경우에는 조사·감사 또는 수사 결과를 통보받은 날부터 **30일** 이내에 새로운 증거자료의 제출 등 합리적인 이유를 들어 조사기관에 재조사를 요구할 수 있다. ⑦ 제6항에 따른 재조사를 요구받은 조사기관은 재조사를 종료한 날부터 **7일** 이내에 그 결과를 국민권익위원회에 통보하여야 한다. 이 경우 국민권익위원회는 통보를 받은 즉시 신고자에게 재조사 결과의 요지를 알려야 한다.
신고자 등의 보호·보상 (제15조)	① 누구든지 다음 각 호의 어느 하나에 해당하는 신고 등(이하 '신고 등'이라 한다)을 하지 못하도록 방해하거나 신고 등을 한 자(이하 '신고자 등'이라 한다)에게 이를 취소하도록 강요해서는 아니 된다. ⇨ **1년 이하의 징역 또는 1천만원 이하의 벌금** 1. 제7조 제2항 및 제6항에 따른 신고 2. 제9조 제1항, 같은 조 제2항 단서 및 같은 조 제6항에 따른 신고 및 인도 3. 제13조 제1항에 따른 신고 4. 제1호부터 제3호까지에 따른 신고를 한 자 외에 협조를 한 자가 신고에 관한 조사·감사·수사·소송 또는 보호조치에 관한 조사·소송 등에서 진술·증언 및 자료제공 등의 방법으로 조력하는 행위 ② 누구든지 신고자 등에게 신고 등을 이유로 불이익조치(공익신고자 보호법 제2조 제6호에 따른 불이익조치를 말한다. 이하 같다)를 해서는 아니 된다.

③ 이 법에 따른 위반행위를 한 자가 위반사실을 자진하여 신고하거나 신고자 등이 신고 등을 함으로 인하여 자신이 한 이 법 위반행위가 발견된 경우에는 그 위반행위에 대한 형사처벌, 과태료 부과, 징계처분, 그 밖의 행정처분 등을 감경하거나 면제할 수 있다.

④ 제1항부터 제3항까지에서 규정한 사항 외에 신고자 등의 보호 등에 관하여는 공익신고자 보호법 제11조부터 제13조까지, 제14조 제4항부터 제6항까지 및 제16조부터 제25조까지의 규정을 준용한다. 이 경우 '공익신고자 등'은 '신고자 등'으로, '공익신고 등'은 '신고 등'으로 본다.

⑤ 국민권익위원회는 제13조 제1항에 따른 신고로 인하여 공공기관에 재산상 이익을 가져오거나 손실을 방지한 경우 또는 공익의 증진을 가져온 경우에는 그 신고자에게 **포상금**을 지급할 수 있다.

⑥ 국민권익위원회는 제13조 제1항에 따른 신고로 인하여 공공기관에 직접적인 수입의 회복·증대 또는 비용의 절감을 가져온 경우에는 그 신고자의 신청에 의하여 **보상금을 지급하여야 한다.**

⑦ 국민권익위원회는 제13조 제1항에 따라 신고를 한 자, 그 친족이나 동거인 또는 그 신고와 관련하여 진술·증언 및 자료제공 등의 방법으로 신고에 관한 감사·수사 또는 조사 등에 조력한 자가 신고 등과 관련하여 다음 각 호의 어느 하나에 해당하는 피해를 입었거나 비용을 지출한 경우에는 신청에 따라 **구조금**을 지급할 수 있다.
1. 육체적·정신적 치료 등에 소요된 비용
2. 전직·파견근무 등으로 소요된 이사비용
3. 제13조 제1항에 따른 신고 등을 이유로 한 쟁송절차에 소요된 비용
4. 불이익조치 기간의 임금 손실액
5. 그 밖의 중대한 경제적 손해(인가·허가 등의 취소 등 행정적 불이익을 주는 행위 또는 물품·용역 계약의 해지 등 경제적 불이익을 주는 조치에 따른 손해는 제외한다)

:두문자
• 포·구: Can
• 보상금: must

이행강제금 (제15조의2)	① 국민권익위원회는 제15조 제4항에 따라 준용되는 공익신고자 보호법 제20조 제1항에 따른 보호조치결정을 받은 후 그 정해진 기한까지 보호조치를 취하지 아니한 자에게는 **3천만원 이하의 이행강제금**을 부과한다. **다만, 국가 또는 지방자치단체는 제외한다.** ② 제1항에 따른 이행강제금의 부과 기준, 절차 및 징수 등에 필요한 사항은 공익신고자 보호법 제21조의2 제2항부터 제7항까지의 규정을 준용한다.
위법한 직무처리에 대한 조치 (제16조)	공공기관의 장은 공직자 등이 직무수행 중에 또는 직무수행 후에 제5조, 제6조 및 제8조를 위반한 사실을 발견한 경우에는 해당 직무를 중지하거나 취소하는 등 **필요한 조치를 하여야 한다.**
부당이득의 환수 (제17조)	공공기관의 장은 제5조, 제6조, 제8조를 위반하여 수행한 공직자 등의 직무가 위법한 것으로 확정된 경우에는 그 직무의 상대방에게 이미 지출·교부된 금액 또는 물건이나 그 밖에 재산상 이익을 환수하여야 한다.
비밀누설 금지 (제18조)	다음 각 호의 어느 하나에 해당하는 업무를 수행하거나 수행하였던 공직자 등은 그 업무처리 과정에서 알게 된 비밀을 누설해서는 아니 된다. 다만, 제7조 제7항에 따라 공개하는 경우에는 그러하지 아니하다. 1. 제7조에 따른 부정청탁의 신고 및 조치에 관한 업무 2. 제9조에 따른 수수 금지 금품 등의 신고 및 처리에 관한 업무

기출 OX
01 공공기관의 장은 공직자 등이 직무수행 중에 또는 직무수행 후에 제5조, 제6조 및 제8조를 위반한 사실을 발견한 경우에는 해당 직무를 중지하거나 취소하는 등 필요한 조치를 할 수 있다.
18. 경찰승진   (   )

정답 01 ✕

| 교육과 홍보 등
(제19조) | ① 공공기관의 장은 공직자 등에게 부정청탁 금지 및 금품 등의 수수 금지에 관한 내용을 정기적으로 교육하여야 하며, 이를 준수할 것을 약속하는 서약서를 받아야 한다.
② 공공기관의 장은 이 법에서 금지하고 있는 사항을 적극적으로 알리는 등 국민들이 이 법을 준수하도록 유도하여야 한다.
③ 공공기관의 장은 제1항 및 제2항에 따른 교육 및 홍보 등의 실시를 위하여 필요하면 국민권익위원회에 지원을 요청할 수 있다. 이 경우 국민권익위원회는 적극 협력하여야 한다. |

신고의 처리

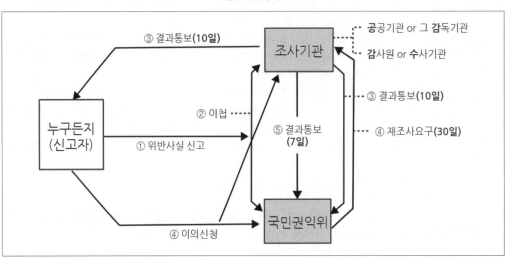

⊕ PLUS 부정청탁금지법의 처벌규정

형벌	3년 이하의 징역 또는 3천만원 이하 벌금	① 공직자 등이 직무관련성 및 대가성 관계 없이 1회 100만원 초과 또는 회계연도 기준 연간 300만원을 초과한 금품등을 수수한 공직자 등(제8조) ➡ 제공자도 동일하게 처벌된다. ② 배우자가 직무와 관련하여 위 금액의 금품들을 수수한 사실을 알고도 신고 또는 반환하지 않은 경우 ➡ 공직자 등 처벌(배우자는 처벌 ×)
	2년 이하의 징역 또는 2천만원 이하 벌금	공직자 등이 부정청탁에 따른 직무 수행(제6조)
	1년 이하의 징역 또는 1천만원 이하 벌금	신고방해 · 신고한 자에게 취소하도록 강요한 자(제15조)
과태료	3천만원 이하의 과태료	공직자 등이 제3자를 위하여 ➡ 공직자 등에게 부정청탁한 경우
	2천만원 이하의 과태료	공직자 등 이외의 자가 제3자를 위하여 ➡ 공직자 등에게 부정청탁한 경우
	1천만원 이하의 과태료	① 공직자 등 및 공직자 아닌자가 제3자를 통하여 부정청탁하는 경우 ② 공직자 등 또는 공직자가 아닌 자가 자신을 위하여 직접 부정청탁한 경우는 처벌규정이 없다.
	500만원 이하의 과태료	초과 사례금을 신고하지 않은 자 및 반환하지 않은 자

03 공직자의 이해충돌방지법

1. 목적과 용어정의

목적 (제1조)	이 법은 공직자의 직무수행과 관련한 사적 이익추구를 금지함으로써 공직자의 직무수행 중 발생할 수 있는 이해충돌을 방지하여 **공정한 직무수행을 보장**하고 공공기관에 대한 **국민의 신뢰를 확보**하는 것을 목적으로 한다.	
정의 (제2조)	공공기관	국회, 법원 등 국가기관, 지방자치단체 기관, 공직유관단체, 공공기관, 각급 **국립·공립 학교**(유치원 ×, 사립학교 ×, 언론사 ×)
	공직자	공무원, 공공기관의 장과 그 임직원, 각급 국립·공립 학교의 장과 교직원
	고위공직자	① 대통령, 국무총리, 국무위원, 국회의원, 국가·지자체의 정무직 공무원 등 ② **치안감 이상**의 경찰공무원 및 특별시·광역시·특별자치시·도·특별자치도의 **시·도경찰청장**
	이해충돌	**공직자가 직무를 수행할 때에 자신의 사적 이해관계가 관련되어 공정하고 청렴한 직무수행이 저해되거나 저해될 우려가 있는 상황**을 말한다.
	직무관련자	① 공직자의 직무수행과 관련하여 이익 또는 불이익을 직접적으로 받는 개인이나 법인 또는 단체 ② 공직자의 직무수행과 관련하여 이익 또는 불이익을 직접적으로 받는 다른 공직자. 다만, 공공기관이 이익 또는 불이익을 직접적으로 받는 경우에는 그 공공기관에 소속되어 해당 이익 또는 불이익과 관련된 업무를 담당하는 공직자를 말한다. ③ 공직자가 소속된 공공기관과 계약을 체결하거나 체결하려는 것이 명백한 개인이나 법인 또는 단체 ④ 공직자의 직무수행과 관련하여 일정한 행위나 조치를 요구하는 개인이나 법인 또는 단체
	사적 이해관계자	① 공직자 자신 또는 그 **가족**(민법 제779조에 따른 가족을 말한다. 이하 같다) ② 공직자 자신 또는 그 **가족**이 임원·대표자·관리자 또는 사외이사로 재직하고 있는 법인 또는 단체 ③ 공직자 자신이나 그 **가족**이 대리하거나 고문·자문 등을 제공하는 개인이나 법인 또는 단체 ④ 공직자(**가족** ×)로 채용·임용되기 전 **2년 이내**에 공직자 자신이 재직하였던 법인 또는 단체 ⑤ 공직자로 채용·임용되기 전 **2년 이내**에 공직자 자신이 대리하거나 고문·자문 등을 제공하였던 개인이나 법인 또는 단체 ⑥ 공직자 자신 또는 그 **가족**이 다음의 일정 비율 이상의 주식·지분 또는 자본금 등을 소유하고 있는 법인 또는 단체 　㉠ 공직자 자신이나 그 가족(민법 제779조에 따른 가족을 말한다. 이하 같다)이 단독으로 또는 합산하여 **발행주식 총수의 100분의 30 이상**을 소유하고 있는 법인 또는 단체 　㉡ 공직자 자신이나 그 가족이 단독으로 또는 합산하여 **출자지분 총수의 100분의 30 이상**을 소유하고 있는 법인 또는 단체

기출 OX

01 "고위공직자"에는 치안감 이상의 경찰공무원 및 특별시·광역시·특별자치시·도·특별자치도의 시·도경찰청장이 해당된다.
22. 법학경채　　(　　)

02 사적 이해관계자에 공직자 자신 또는 그 가족(민법 제779조에 따른 가족)도 해당된다. 23. 승진　(　　)

정답 **01** ○ **02** ○

	© 공직자 자신이나 그 **가족**이 단독으로 또는 합산하여 **자본금 총액의 100분의 50 이상**을 소유하고 있는 법인 또는 단체 ⑦ **최근 2년 이내**에 퇴직한 공직자로서 퇴직일 전 2년 이내에 제5조 제1항 각 호의 어느 하나에 해당하는 직무를 수행하는 공직자와 국회규칙, 대법원규칙, 헌법재판소규칙, 중앙선거관리위원회규칙 또는 대통령령으로 정하는 범위의 부서에서 같이 근무하였던 사람 ⑧ 그 밖에 공직자의 사적 이해관계와 관련되는 자로서 국회규칙, 대법원규칙, 헌법재판소규칙, 중앙선거관리위원회규칙 또는 대통령령으로 정하는 자

2. 공직자의 이해충돌 방지 및 관리

국가 등의 책무 (제3조)	① 국가는 공직자가 공정하고 청렴하게 직무를 수행할 수 있는 근무 여건을 조성하기 위하여 노력하여야 한다. ② 공공기관은 공직자가 사적 이해관계로 인하여 공정하고 청렴한 직무수행에 지장을 주지 아니하도록 이해충돌을 효과적으로 확인·관리하기 위한 조치를 하여야 한다. ③ 공공기관은 공직자가 위반행위 신고 등 이 법에 따른 조치를 함으로써 불이익을 당하지 아니하도록 적절한 보호조치를 하여야 한다.
공직자의 의무 (제4조)	① 공직자는 사적 이해관계에 영향을 받지 아니하고 직무를 공정하고 청렴하게 수행하여야 한다. ② 공직자는 직무수행과 관련하여 공평무사하게 처신하고 직무관련자를 우대하거나 차별하여서는 아니 된다. ③ 공직자는 사적 이해관계로 인하여 공정하고 청렴한 직무수행이 곤란하다고 판단하는 경우에는 직무수행을 회피하는 등 이해충돌을 방지하여야 한다.
사적 이해관계자의 신고 및 회피·기피 신청 (제5조)	① 다음 제5조 16개 신고사항에 해당하는 직무를 수행하는 공직자는 직무관련자(직무관련자의 대리인을 **포함**한다. 이하 이 조에서 같다)가 사적이해관계자임을 안 경우 안 날부터 **14일 이내**에 **소속기관장**에게 그 사실을 서면(전자문서를 포함한다. 이하 같다)으로 신고하고 **회피**를 신청하여야 한다. ㉠ 인가·허가·면허·특허·승인·검사·검정·시험·인증·확인, 지정·등록, 등재·인정·증명, 신고·심사, 보호·감호, 보상 또는 이에 준하는 직무 ㉡ 사건의 수사·재판·심판·결정·조정·중재·화해 또는 이에 준하는 직무 ㉢ 공직자의 채용·승진·전보·상벌·평가에 관계되는 직무 등 ② 직무관련자 또는 공직자의 직무수행과 관련하여 직접적인 이해관계가 있는 자는 해당 공직자에게 신고 및 회피 의무가 있거나 그 밖에 공정한 직무수행을 저해할 우려가 있는 사적 이해관계가 있다고 판단하는 경우에는 그 공직자의 소속기관장에게 **기피를 신청할 수 있다.** ③ 불특정다수를 대상으로 하는 **법률이나 대통령령의 제정·개정 또는 폐지를 수반하는 경우**, 확인·증명을 신청하는 **민원에 따라 해당 서류를 발급하는 경우**에는 ①과 ②를 적용하지 아니한다. ④ 위 ① 각 내용에 해당하는 직무와 관련된 다른 법령·기준에 제척·기피·회피 등 이해충돌 방지를 위한 절차가 마련되어 있어 공직자가 그 절차에 따른 경우, ①에 따른 신고·회피 의무를 다한 것으로 본다.

사적이해관계자의 신고 등에 대한 조치 (제7조)	① 제5조 제1항에 따른 신고·회피신청이나 같은 조 제2항에 따른 기피신청 또는 제6조에 따른 부동산 보유·매수 신고를 받은 소속기관장은 해당 공직자의 직무수행에 지장이 있다고 인정하는 경우에는 다음의 어느 하나에 해당하는 **조치를 하여야 한다.** 　㉠ 직무수행의 일시 **중**지 명령 　㉡ 직무 대리자 또는 직무 **공**동수행자의 지정 　㉢ 직무 **재**배정 　㉣ 전**보** ② 소속기관장은 ①에도 불구하고 다음의 어느 하나에 해당하는 경우에는 해당 공직자가 계속 그 직무를 수행하도록 할 수 있다. 이 경우 제25조에 따른 **이해충돌방지담당관 또는 다른 공직자**로 하여금 공정한 직무수행 여부를 확인·점검하게 하여야 한다. 　㉠ 직무를 수행하는 공직자를 대체하기가 지극히 어려운 경우 　㉡ 국가의 안전보장 및 경제발전 등 공익 증진을 위하여 직무수행의 필요성이 더 큰 경우 ③ 소속기관장은 ① 또는 ②에 따른 조치를 하였을 때에는 그 처리 결과를 해당 공직자와 기피를 신청한 자에게 통보하여야 한다. ④ 제6조 제1항 및 제2항에 따른 부동산 보유 또는 매수 신고를 받은 소속기관장은 해당 부동산 보유·매수가 이 법 또는 다른 법률에 위반되는 것으로 의심될 경우 지체 없이 수사기관·감사원·감독기관 또는 국민권익위원회에 **신고하거나 고발하여야 한다.**

：두문자

중·공·재·보

사적 이해관계의 신고 및 회피

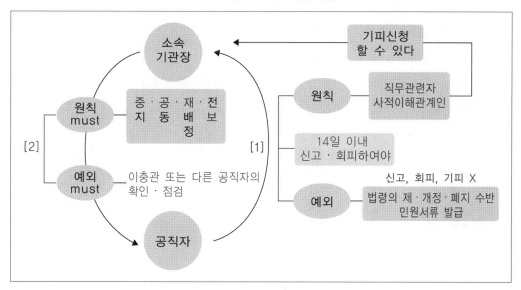

공공기관 직무 관련 부동산 보유·매수 신고 (제6조)	① **부동산을 직접적으로 취급하는** 대통령령으로 정하는 공공기관의 공직자는 다음의 어느 하나에 해당하는 사람이 소속 공공기관의 업무와 관련된 부동산을 보유하고 있거나 매수하는 경우 소속기관장에게 그 사실을 **서면으로 신고하여야 한다.** ㉠ 공직자 자신, 배우자 ㉡ 공직자와 **생계를 같이하는** 직계존속·비속(배우자의 직계존속·비속으로 **생계를 같이하는** 경우를 포함한다) ② ①에 따른 공공기관 외의 공공기관의 공직자는 소속 공공기관이 택지개발, 지구 지정 등 대통령령으로 정하는 부동산 개발 업무를 하는 경우 위 ①의 어느 하나에 해당하는 사람이 그 부동산을 보유하고 있거나 매수하는 경우 소속기관장에게 그 사실을 **서면으로 신고하여야 한다.** ③ ① 및 ②에 따른 신고는 부동산을 보유한 사실을 알게 된 날부터 **14일 이내**, 매수 후 등기를 완료한 날부터 **14일 이내**에 하여야 한다.
고위공직자의 민간 부문 업무활동 내역 제출 및 공개 (제8조)	① 고위공직자는 그 직위에 임용되거나 임기를 개시하기 전 **3년 이내**에 민간 부문에서 업무활동을 한 경우, 그 활동 내역을 그 직위에 임용되거나 임기를 개시한 날(**다음 날 ✕**)부터 **30일 이내**에 소속기관장에게 제출하여야 한다. ② ①에 따른 업무활동 내역에는 다음의 사항이 포함되어야 한다. ㉠ 재직하였던 법인·단체 등과 그 업무 내용 ㉡ 대리, 고문·자문 등을 한 경우 그 업무 내용 ㉢ 관리·운영하였던 사업 또는 (**비 ✕**)영리행위의 내용 ③ 소속기관장은 ①에 따라 제출된 업무활동 내역을 보관·관리하여야 한다. ④ 소속기관장은 다른 법령에서 정보공개가 금지되지 아니하는 범위에서 ②의 **업무활동 내역을 공개할 수 있다.**
직무관련자와의 거래 신고 (제9조)	① 공직자는 **자신, 배우자 또는 직계존속·비속**(배우자의 직계존속·비속으로 생계를 같이하는 경우를 포함한다) 또는 특수관계사업자가 공직자 자신의 직무관련자(**친족인 경우는 제외**한다)와 다음의 어느 하나에 해당하는 행위를 한다는 것을 사전에 안 경우에는 **안 날부터 14일 이내**에 소속기관장에게 그 사실을 서면으로 신고하여야 한다. ㉠ 금전을 빌리거나 빌려주는 행위 및 유가증권을 거래하는 행위. 다만, 금융실명거래 및 비밀보장에 관한 법률에 따른 금융회사 등, 대부업 등의 등록 및 금융이용자 보호에 관한 법률에 따른 대부업자등이나 그 밖의 금융회사로부터 통상적인 조건으로 금전을 빌리는 행위 및 유가증권을 거래하는 행위는 제외한다. ㉡ 토지 또는 건축물 등 부동산을 거래하는 행위. 다만, 공개모집에 의하여 이루어지는 분양이나 공매·경매·입찰을 통한 재산상 거래 행위는 제외한다. ㉢ ㉠ 및 ㉡의 거래 행위 외의 물품·용역·공사 등의 계약을 체결하는 행위. 다만, 공매·경매·입찰을 통한 계약 체결 행위 또는 거래관행상 불특정 다수를 대상으로 반복적으로 행하여지는 계약 체결 행위는 제외한다. ② 공직자는 ① 각 내용에 따른 행위가 있었음을 사후에 알게 된 경우에도 안 날부터 **14일 이내**에 소속기관장에게 그 사실을 서면으로 신고하여야 한다. ③ 소속기관장은 ① 또는 ②에 따라 공직자가 신고한 행위가 직무의 공정한 수행을 저해할 수 있다고 판단되는 경우에는 해당 공직자에게 제7조 제1항 각 호 또는 같은 조 제2항의 조치를 **할 수 있다.**

직무 관련 외부활동의 제한 (제10조)	공직자는 다음의 행위를 하여서는 아니 된다. 다만, 국가공무원법 등 **다른 법령·기준에 따라 허용되는 경우는** 그러하지 아니하다. ① 직무관련자에게 사적으로 노무 또는 조언·자문 등을 제공하고 대가를 받는 행위 ② 소속 공공기관의 소관 직무와 관련된 지식이나 정보를 타인에게 제공하고 대가를 받는 행위. 다만, 부정청탁 및 금품등 수수의 금지에 관한 법률 제10조에 따른 **외부강의등의 대가로서 사례금 수수가 허용되는 경우와 소속기관장이 허가한 경우는 제외한다.** ③ 공직자가 소속된 공공기관이 당사자이거나 **직접적인** 이해관계를 가지는 사안에서 자신이 소속된 공공기관의 상대방을 대리하거나 그 상대방에게 조언·자문 또는 정보를 제공하는 행위 ④ 외국의 기관·법인·단체 등을 대리하는 행위. 다만, 소속기관장이 허가한 경우는 제외한다. ⑤ 직무와 관련된 다른 직위에 취임하는 행위. 다만, **소속기관장이 허가한 경우는 제외한다.**
가족채용 제한 (제11조)	① 공공기관(공공기관으로부터 출연금·보조금 등을 받거나 법령에 따라 업무를 위탁받는 산하 공공기관과 상법 제342조의2에 따른 자회사를 **포함**한다)은 다음의 어느 하나에 해당하는 공직자의 가족을 채용할 수 없다. ㉠ 소속 고위공직자 ㉡ 채용업무를 담당하는 공직자 ㉢ 해당 산하 공공기관의 감독기관인 공공기관 소속 고위공직자 ㉣ 해당 자회사의 모회사인 공공기관 소속 고위공직자 ② 다음의 어느 하나에 해당하는 경우에는 제1항을 적용하지 아니한다. ㉠ 공개경쟁채용시험 또는 경력 등 응시요건을 정하여 같은 사유에 해당하는 **다수인을 대상으로 하는 채용시험에 합격한 경우** ㉡ **다수인을 대상으로 하지 아니한 시험**으로 공무원을 채용하는 경우로서 다음의 어느 하나에 해당하는 경우 ⓐ 공무원으로 재직하였다가 퇴직한 사람을 퇴직 시에 재직한 직급(고위공무원단에 속하는 공무원은 퇴직 시에 재직한 직위와 곤란성과 책임도가 유사한 직위를 말한다. 이하 이 호에서 같다)으로 재임용하는 경우 ⓑ 임용예정 직급·직위와 같은 직급·직위에서의 근무경력이 해당 법령에서 정하는 기간 이상인 사람을 임용하는 경우 ⓒ 국가공무원을 그 직급·직위에 해당하는 지방공무원으로 임용하거나, 지방공무원을 그 직급·직위에 해당하는 국가공무원으로 임용하는 경우 ⓓ 자격 요건 충족 여부만이 요구되거나 자격 요건에 해당하는 다른 대상자가 없어 다수인을 대상으로 할 수 없는 경우 ③ 위 ①의 어느 하나에 해당하는 공직자는 ①을 위반하여 자신의 가족이 채용되도록 지시·유도 또는 묵인을 하여서는 아니 된다.
수의계약 체결 제한 (제12조)	① 공공기관(공공기관으로부터 출연금·보조금 등을 받거나 법령에 따라 업무를 위탁받는 산하 공공기관과 상법 제342조의2에 따른 자회사를 포함한다)은 다음의 어느 하나에 해당하는 자와 물품·용역·공사 등의 수의계약(이하 수의계약이라 한다)을 체결할 수 없다. 다만, **해당 물품의 생산자가 1명뿐인 경우 등 대통령령으로 정하는 불가피한 사유가 있는 경우에는 그러하지 아니하다.** ㉠ 소속 고위공직자 ㉡ 해당 계약업무를 법령상·사실상 담당하는 소속 공직자

		ⓒ 해당 산하 공공기관의 감독기관 소속 고위공직자
		ⓔ 해당 자회사의 모회사인 공공기관 소속 고위공직자
		ⓜ 해당 공공기관이 국회법 제37조에 따른 상임위원회의 소관인 경우 해당 상임위원회 위원으로서 직무를 담당하는 국회의원
		ⓗ 지방자치법 제41조에 따라 해당 지방자치단체 등 공공기관을 감사 또는 조사하는 지방의회의원
		ⓢ ⊙부터 ⓗ까지의 어느 하나에 해당하는 공직자의 배우자 또는 직계존속·비속(배우자의 직계존속·비속으로 생계를 같이하는 경우를 포함한다. 이하 이 조에서 같다)
		ⓞ ⊙부터 ⓢ까지의 어느 하나에 해당하는 사람이 대표자인 법인 또는 단체
		ⓩ ⊙부터 ⓢ까지의 어느 하나에 해당하는 사람과 관계된 특수관계사업자
		② ①의 ⊙부터 ⓗ까지의 어느 하나에 해당하는 공직자는 ①을 위반하여 같은 항의 어느 하나에 해당하는 자와 수의계약을 체결하도록 지시·유도 또는 묵인을 하여서는 아니 된다.
공공기관 물품 등의 사적 사용·수익 금지 (제13조)		공직자는 공공기관이 소유하거나 임차한 물품·차량·선박·항공기·건물·토지·시설 등을 사적인 용도로 사용·수익하거나 제3자로 하여금 사용·수익하게 하여서는 아니 된다. 다만, **다른 법령·기준 또는 사회상규에 따라 허용되는 경우에는 그러하지 아니하다.**
직무상 비밀 등 이용금지 (제14조)		① 공직자(공직자가 아니게 된 날부터 **3년이 경과하지 아니한 사람을 포함**하되, 다른 법률에서 이와 달리 규정하고 있는 경우에는 그 법률에서 규정한 바에 따른다. 이하 이 조, 제27조 제1항, 같은 조 제2항 제1호 및 같은 조 제3항 제1호에서 같다)는 직무수행 중 알게 된 비밀 또는 소속 공공기관의 미공개정보(재물 또는 재산상 이익의 취득 여부의 판단에 중대한 영향을 미칠 수 있는 정보로서 불특정 다수인이 알 수 있도록 공개되기 전의 것을 말한다. 이하 같다)를 이용하여 재물 또는 재산상의 이익을 취득하거나 제3자로 하여금 재물 또는 재산상의 이익을 취득하게 하여서는 아니 된다. ➡ 위반시 **7년 이하의 징역 또는 7천만원 이하의 벌금**
		② 공직자로부터 직무상 비밀 또는 소속 공공기관의 미공개정보임을 알면서도 제공받거나 부정한 방법으로 취득한 자는 이를 이용하여 재물 또는 재산상의 이익을 취득하여서는 아니 된다. ➡ 위반시 **5년 이하의 징역 또는 5천만원 이하의 벌금**
		③ 공직자는 직무수행 중 알게 된 비밀 또는 소속 공공기관의 미공개정보를 사적 이익을 위하여 이용하거나 제3자로 하여금 이용하게 하여서는 아니 된다.
퇴직자 사적 접촉신고 (제15조)		① 공직자는 직무관련자인 소속 기관의 퇴직자(공직자가 아니게 된 날부터 **2년이 지나지 아니한 사람만 해당한다**)와 사적 접촉(골프, 여행, 사행성 오락을 같이 하는 행위를 말한다)을 하는 경우 **소속기관장에게 신고하여야 한다.** 다만, 사회상규에 따라 허용되는 경우에는 그러하지 아니하다.
		② ①에 따른 신고 내용 및 신고 방법, 기록 관리 등 필요한 사항은 국회규칙, 대법원규칙, 헌법재판소규칙, 중앙선거관리위원회규칙 또는 대통령령으로 정한다.

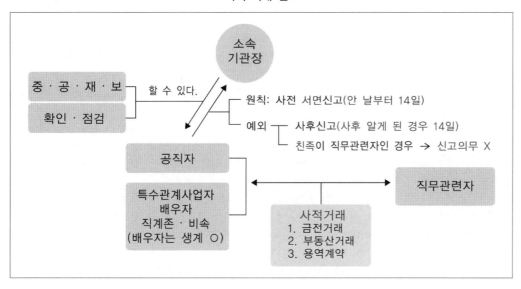

사적 거래 신고

3. 이해충돌 방지에 관한 업무의 총괄 등

업무의 총괄 (제17조)	**국민권익위원회**는 이 법에 따른 업무를 관장한다.
위반행위의 신고 등 (제18조)	① 누구든지 이 법의 위반행위가 발생하였거나 발생하고 있다는 사실을 알게 된 경우에는 다음의 어느 하나에 해당하는 기관에 신고할 수 있다. 　㉠ 이 법의 위반행위가 발생한 **공공기관** 또는 그 **감독기관** 　㉡ **감사원** 또는 **수사기관** 　㉢ **국민권익위원회** ② 신고자가 다음의 어느 하나에 해당하는 경우에는 이 법에 따른 보호 및 보상을 받지 못한다. 　㉠ 신고의 내용이 거짓이라는 사실을 알았거나 알 수 있었음에도 불구하고 신고한 경우 　㉡ 신고와 관련하여 금품이나 근로관계상의 특혜를 요구한 경우 　㉢ 그 밖에 부정한 목적으로 신고한 경우 ③ 위 ①에 따라 신고를 하려는 자는 자신의 인적사항과 신고의 취지·이유·내용을 적고 서명한 문서와 함께 신고 대상 및 증거 등을 제출하여야 한다.
위반행위 신고의 처리 (제19조)	① 국민권익위원회로부터 신고를 이첩받은 경우에는 그 내용에 관하여 필요한 조사·감사 또는 수사를 **하여야 한다.** ② 국민권익위원회가 신고를 받은 경우에는 그 내용에 관하여 신고자를 상대로 사실관계를 확인한 후 대통령령으로 정하는 바에 따라 조사기관에 이첩하고, 그 사실을 신고자에게 통보하여야 한다. ③ 국민권익위원회는 ②에 따라 신고자를 상대로 사실관계를 확인한 후에도 불구하고 ②에 따른 이첩 여부를 결정할 수 없는 경우에는 그 결정에 필요한 범위에서 피신고자의 의사에 반하지 아니하는 때에 한정하여 피신고자에게 의견 또는 자료 제출 기회를 부여할 수 있다.

:두문자

국수·공감·감사

<table>
<tr>
<td rowspan="2"></td>
<td>④ 조사기관은 ①에 따른 조사·감사 또는 수사를 마친 날부터 10일 이내에 그 결과를 신고자와 국민권익위원회에 통보(국민권익위원회로부터 이첩받은 경우만 해당한다)하고, 조사·감사 또는 수사 결과에 따라 공소 제기, 과태료 부과 대상 위반행위의 통보, 징계처분 등 필요한 조치를 하여야 한다.</td>
</tr>
</table>

④ 조사기관은 ①에 따른 조사·감사 또는 수사를 마친 날부터 **10일 이내**에 그 결과를 신고자와 국민권익위원회에 통보(국민권익위원회로부터 이첩받은 경우만 해당한다)하고, 조사·감사 또는 수사 결과에 따라 공소 제기, 과태료 부과 대상 위반행위의 통보, 징계처분 등 **필요한 조치를 하여야 한다.**

⑤ 국민권익위원회는 ④에 따라 조사기관으로부터 조사·감사 또는 수사 결과를 통보받은 경우에는 지체 없이 신고자에게 조사·감사 또는 수사 결과를 통보하여야 한다.

⑥ ④ 또는 ⑤에 따라 조사·감사 또는 수사 결과를 통보받은 신고자는 대통령령으로 정하는 바에 따라 조사기관에 이의신청을 할 수 있으며, ⑤에 따라 조사·감사 또는 수사 결과를 통보받은 신고자는 국민권익위원회에도 이의신청을 할 수 있다.

⑦ 국민권익위원회는 조사기관의 조사·감사 또는 수사 결과가 충분하지 아니하다고 인정되는 경우에는 조사·감사 또는 수사 결과를 통보받은 날부터 **30일 이내**에 새로운 증거자료의 제출 등 합리적인 이유를 들어 조사기관에 재조사를 요구할 수 있다.

⑧ ⑦에 따른 재조사를 요구받은 조사기관은 재조사를 종료한 날부터 **7일 이내**에 그 결과를 국민권익위원회에 통보하여야 한다. 이 경우 국민권익위원회는 통보를 받은 즉시 신고자에게 재조사 결과의 요지를 통보하여야 한다.

신고자 등의 보호 및 보상 (제20조)

① 누구든지 다음의 어느 하나에 해당하는 신고 등(이하 신고등이라 한다)을 하지 못하도록 방해하거나 신고등을 한 자(이하 신고자등이라 한다)에게 이를 취소하도록 강요하여서는 아니 된다.
　㉠ 제18조 제1항에 따른 신고
　㉡ ㉠에 따른 신고에 관한 조사·감사·수사·소송 또는 보호조치에 관한 조사·소송 등에서 진술·증언 및 자료제공 등의 방법으로 돕는 행위

② 누구든지 신고자 등에게 신고 등을 이유로 불이익조치(공익신고자 보호법 제2조 제6호에 따른 불이익조치를 말한다. 이하 같다)를 하여서는 아니 된다.

③ 이 법의 위반행위를 한 자가 위반사실을 자진하여 신고하거나 신고자등이 신고등을 함으로 인하여 자신이 한 이 법의 위반행위가 발견된 경우에는 그 위반행위에 대한 형사처벌, 과태료 부과, 징계처분, 그 밖의 행정처분 등을 **감경하거나 면제할 수 있다.**

④ 국민권익위원회는 제18조 제1항에 따른 신고로 인하여 공공기관에 재산상 이익을 가져오거나 손실을 방지한 경우 또는 공익을 증진시킨 경우에는 그 신고자에게 **포상금을 지급할 수 있다.**

⑤ 국민권익위원회는 제18조 제1항에 따른 신고로 인하여 공공기관에 직접적인 수입의 회복·증대 또는 비용의 절감을 가져온 경우에는 그 신고자의 신청에 의하여 **보상금을 지급하여야 한다.**

⑥ 신고자등과 그 친족(민법 제777조에 따른 친족을 말한다) 또는 동거인은 신고등과 관련하여 피해를 입었거나 비용을 지출한 경우 국민권익위원회에 **구조금의 지급을 신청할 수 있다.**

위법한 직무처리에 대한 조치 (제21조)

소속기관장은 공직자가 제5조 제1항, 제6조, 제8조 제1항·제2항, 제9조 제1항·제2항, 제10조, 제11조 제3항, 제12조 제2항, 제13조, 제14조 또는 제15조를 위반한 사실을 발견한 경우에는 해당 공직자에게 위반사실을 **즉시** 시정할 것을 명하고 계속 불이행할 경우 해당 공직자의 직무를 중지하거나 취소하는 등 **필요한 조치를 하여야 한다.**

부당이득의 환수 등 (제22조)	① 소속기관장은 공직자가 제5조의 신고 및 회피 의무 또는 제6조의 신고 의무를 위반하여 수행한 직무가 위법한 것으로 확정된 경우에는 그 직무를 통하여 공직자 또는 제3자가 얻은 재산상 이익을 **환수하여야 한다.** ② 소속기관장은 공직자가 제13조의 공공기관 물품 등의 사적 사용·수익 금지 의무를 위반한 경우에는 공직자 또는 제3자가 얻은 재산상 이익을 **환수하여야 한다.** ③ ① 또는 ②에도 불구하고 다른 법률에서 공직자 또는 제3자가 얻은 부당이득의 몰수, 환수 등에 대하여 규정하고 있는 경우에는 그 법률에 따른다.
교육 및 홍보 등 (제24조)	① 공공기관의 장은 공직자에게 이해충돌 방지에 관한 내용을 **매년 1회 이상** 정기적으로 교육하여야 한다. ② 공공기관의 장은 이 법에서 금지하고 있는 사항을 적극적으로 알리는 등 국민들이 이 법을 준수하도록 유도하여야 한다. ③ 공공기관의 장은 ① 및 ②에 따른 교육 및 홍보 등을 하기 위하여 필요하면 국민권익위원회에 지원을 요청할 수 있다. 이 경우 국민권익위원회는 적극 협력하여야 한다.
이해충돌방지 담당관의 지정 (제25조)	① 공공기관의 장은 소속 공직자 중에서 이해충돌방지 업무를 담당하는 이해충돌방지담당관을 **지정하여야 한다.** ② 이 법에 따라 소속기관장에게 신고·신청·제출하여야 하는 사람이 **소속기관장** 자신인 경우에는 해당 신고·신청·제출을 이해충돌방지담당관에게 하여야 한다.
징계 (제26조)	공공기관의 장은 소속 공직자가 이 법 또는 이 법에 따른 명령을 위반한 경우에는 **징계처분을 하여야 한다.**

⊕ PLUS 공직자의 이해충돌방지법 처벌규정

형벌	7년 이하 징역 또는 7천만원 이하 벌금	직무수행 중 알게 된 비밀 또는 미공개정보를 이용하여 재물 또는 재산상의 이익을 취득하거나 제3자로 하여금 재물 또는 재산상의 이익을 취득하게 한 공직자 (제27조 제1항)
	5년 이하 징역 또는 5천만원 이하 벌금	직무상 비밀 또는 소속 공공기관의 미공개정보임을 알면서도 제공받거나 부정 취득한 비밀 미공개정보를 이용하여 **재물 재산상 이익 취득한 자** (제27조 제2항)
	3년 이하 징역 또는 3천만원 이하 벌금	사적 이익을 위해 직무상 비밀 또는 **미공개 정보**를 이용하거나 **제3자가** 이용하도록 한 공직자(제27조 제3항)
과태료	3천만원 이하	공공기관에 **가족**이 채용되도록 지시, 유도 또는 묵인을 한 공직자 (제28조 제1항)
		공공기관이 제12조 제2항 각 호의 자와 **수의계약**을 체결하도록 지시, 유도, 묵인을 한 공직자 (제28조 제1항)
	2천만원 이하	나머지
	1천만원 이하	① 임용·임기 개시 전 **업무활동내역**을 제출하지 않은 고위 공직자(제28조 제3항) ② **퇴직**한 공직자가 사적 접촉을 신고하지 않은 경우

: 두문자

과태료
• 3천만원↓: 가·수
• 2천만원↓: 나머지
• 1천만원↓: 퇴·업

기출 OX

01 공직자로부터 직무상 비밀 또는 소속 공공기관의 미공개정보임을 알면서도 제공받거나 부정한 방법으로 취득하여 이를 이용함으로써 재물 또는 재산상의 이익을 취득한 자는 5년 이하의 징역 또는 5천만원 이하의 벌금에 처한다. 22. 법학경채

( )

정답 01 ○

제4장 / 경찰행정법

제1절 경찰행정법의 기초

01 경찰행정과 법치주의 ✿✿✿

> **행정기본법**
>
> **제8조【법치행정의 원칙】** 행정작용은 법률에 위반되어서는 아니 되며, 국민의 권리를 제한하거나 의무를 부과하는 경우와 그 밖에 국민생활에 중요한 영향을 미치는 경우에는 법률에 근거하여야 한다.

1. 법치행정의 원리(법률에 의한 행정의 원리)의 의의

법치행정의 원리란 "일정한 경찰행정권의 발동은 법률에 근거하여야 하고, 모든 경찰권의 행사는 법률을 위반해서는 안 된다."는 원칙으로서 '법률에 의한 행정의 원리(**행정의 법률적합성**)'라고도 한다.

O. Mayer의 법치행정의 원리

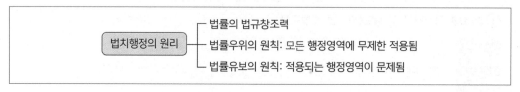

2. 법률의 법규창조력

국회가 제정한 법률만이 '국민의 권리·의무에 관한 사항', 즉 일반국민을 구속할 수 있는 법규를 규정할 수 있다는 원칙이다.

3. 법률우위의 원칙

의의	법률의 형식으로 표현된 국가의사는 다른 어떤 국가의사보다 우선해야 하기 때문에 "모든 경찰권의 행사는 법률의 규정(**제약규범**)을 위반해서는 안 된다."는 원칙을 말한다.
특징	① **모든 영역**에 적용됨 ② 법치주의의 **소극적 측면** ③ 제약규범은 성문법뿐만 아니라 **불문법도 포함된다.**

4. 법률유보의 원칙

(1) 의의

법률유보는 **일정한** 행정권의 발동은 의회에서 제정하는 법률, 즉 **형식적 법률(의회법률)**에 근거하여서만 발동되어야 한다는 원칙이다. 그러나 이 법률유보원칙은 행정작용이 반드시 이러한 **형식적 법률**의 근거만을 요하는 것은 아니고, 법률의 위임에 따른 행정입법인 **법규명령**에 의한 경우도 가능하다고 본다.

(2) 이론적 근거

법치국가의 원리	법치국가의 원리는 국가권력행사의 예견가능성·예측가능성 및 그 통제가능성을 요구하므로 국민은 현행 법률로부터 어떠한 경우에 어느 정도로 자신의 권리와 자유가 침해될 수 있는 지를 예견하고 예측할 수 있어야 한다.
의회민주주의	국가와 국민에게 있어 본질적으로 중요한 사항은 민주적 정당성이 높은 의회 스스로가 결정해야 한다는 것이 의회민주주의·의회유보의 근거이다.
기본권 보장	"기본권의 보호영역 또는 허용되는 기본권의 제한범위는 법률을 통해서만 규율되어야 한다."는 것은 기본권국가의 기본이념이다. 이러한 '기본권의 법률유보'의 관념은 일반적인 법률유보와 그 궤를 같이 한다.

(3) 적용범위

학설	내용
침해유보설	행정권발동이 **국민의 자유와 권리를 침해하거나 의무를 부과**하는 경우에만 법률의 근거가 필요하다는 견해이다.
급부행정유보설 (사회유보설)	행정권발동시 '**침해행정**'뿐만 아니라 '**급부행정**'의 경우에도 법률의 근거를 요한다는 견해이다.
전부유보설	'**모든 공행정작용**'에는 법률의 근거가 필요하며 법률의 근거 없이는 어떤 행정작용도 해서는 안 된다는 견해이다.
권력행정유보설 (권리·의무유보설)	행정권발동이 국민의 자유와 재산을 '침해'하는 경우에는 물론이고, '이익을 주는 경우'에도 그것이 **권력작용**(예 허가·특허·인가)인 한 법률의 근거가 필요하다는 견해이다.
중요사항유보설 (= 본질사항유보설)	**개인의 기본권과 공익에 있어 가장 본질적이고 중요한 사항**은 반드시 법률에 근거하여야 한다는 견해이다.

⚖ 판례 | 본질사항유보설에 따른 판례

1 오늘날 법률유보원칙은 단순히 행정작용이 법률에 근거를 두기만 하면 충분한 것이 아니라, 국가공동체와 그 구성원에게 기본적이고도 중요한 의미를 갖는 영역, 특히 국민의 기본권실현과 관련된 영역에 있어서는 국민의 대표자인 입법자가 그 본질적 사항에 대해서 스스로 결정하여야 한다는 요구까지 내포하고 있다. 그런데 텔레비전 방송수신료는 대다수 국민의 재산권 보장의 측면이나 한국방송공사에게 보장된 방송자유의 측면에서 국민의 기본권실현에 관련된 영역에 속하고, 수신료 금액의 결정은 납부의무자의 범위 등과 함께 수신료에 관한 본질적인 중요한 사항이므로 국회가 스스로 행하여야 하는 사항에 속하는 것임에도 불구하고 한국방송공사법 제36조 제1항에서 국회의 결정이나 관여를 배제한 채 한국방송공사로 하여금 수신료 금액을 결정해서 문화관광부장관의 승인을 얻도록 한 것은 법률유보원칙에 위반된다(헌재 1999.5.27, 98헌마70).

2 사업시행인가의 동의요건을 재개발조합의 정관으로 정하도록 위임한 법률조항이 법률유보 내지 의회유보원칙에 위배되는 않는다는 판례

구 도시 및 주거환경정비법상 사업시행자에게 사업시행계획의 작성권이 있고 행정청은 단지 이에 대한 인가권만을 가지고 있으므로 **사업시행자인 조합의 사업시행계획 작성은 자치법적 요소를 가지고 있는 사항**이라 할 것이고, 이와 같이 사업시행계획의 작성이 자치법적 요소를 가지고 있는 이상, 조합의 사업시행인가 신청시의 토지 등 소유자의 동의요건 역시 자치법적 사항이라 할 것이며, 따라서 도시 및 주거환경정비법 제28조 제4항 본문이 사업시행인가 신청시의 동의요건을 조합의 정관에 포괄적으로 위임하고 있다고 하더라도 헌법 제75조가 정하는 포괄위임입법금지의 원칙이 적용되지 아니하므로 이에 위배된다고 할 수 없다. 그리고 조합의 사업시행인가 신청시의 토지 등 소유자의 동의요건이 비록 토지 등 소유자의 재산상 권리 · 의무에 영향을 미치는 사업시행계획에 관한 것이라고 하더라도, 그 동의요건은 사업시행인가 신청에 대한 토지 등 소유자의 사전 통제를 위한 절차적 요건에 불과하고 토지 등 소유자의 재산상 권리 · 의무에 관한 기본적이고 본질적인 사항이라고 볼 수 없으므로 법률유보 내지 의회유보의 원칙이 반드시 지켜져야 하는 영역이라고 할 수 없고, 따라서 개정된 도시 및 주거환경정비법 제28조 제4항 본문이 법률유보 내지 의회유보의 원칙에 위배된다고 할 수 없다(대판 2007.10.12, 2006두14476).

3 사업시행인가의 동의요건을 재개발조합의 규약으로 정하도록 위임한 법률조항이 법률유보 내지 의회유보원칙에 위배된다는 판례(헌법재판소)

토지등소유자가 도시환경정비사업을 시행하는 경우 사업시행인가 신청시 필요한 토지 등소유자의 동의는 개발사업의 주체 및 정비구역 내 토지등소유자를 상대로 수용권을 행사하고 각종 행정처분을 발할 수 있는 행정주체로서의 지위를 가지는 사업시행자를 지정하는 문제로서 그 동의요건을 정하는 것은 국민의 권리와 의무의 형성에 관한 기본적이고 본질적인 사항이므로 국회가 스스로 행하여야 하는 사항에 속하는 것임에도 불구하고 사업시행인가 신청에 필요한 동의정족수를 토지등소유자가 자치적으로 정하여 운영하는 규약에 정하도록 한 것은 법률유보원칙에 위반된다(헌재결 2011.8.30, 2009헌바128).

4 법률유보원칙의 내용

법률유보의 원칙은 '**법률에 의한**' 규율만을 뜻하는 것이 아니라 '**법률에 근거한**' 규율을 요청하는 것이므로 기본권 제한의 형식이 반드시 법률의 형식일 필요는 없고 법률에 근거를 두면서 헌법 제75조가 요구하는 위임의 구체성과 명확성을 구비하기만 하면 위임입법에 의하여도 기본권을 제한할 수 있다(헌재 2016.4.28, 2012헌마549).

5 법외노조 통보의 경우 법령의 근거 규정이 없이 발령되었다면 법률유보원칙상 위법하다는 판례

노동조합 및 노동관계조정법은 노동조합에 대한 법외노조 통보에 관하여는 아무런 규정을 두고 있지 않고, 이를 시행령에 위임하는 명문의 규정도 두고 있지 않다. **노동조합법 시행령 제9조 제2항은 법률이 정하고 있지 아니한 사항에 관하여, 법률의 구체적이고 명시적인 위임도 없이 헌법이 보장하는 노동3권에 대한 본질적인 제한을 규정한 것으로서 법률유보원칙에 반한다.** 따라서 법외노조 통보에 관한 노동조합 및 노동관계조정법 시행령 제9조 제2항은 헌법상 법률유보의 원칙에 위반되어 그 자체로 무효이므로 그에 기초한 위 법외노조 통보는 법적 근거를 상실하여 위법하다(대판 2020.9.3, 2016두32992).

6 도로교통법상 운전면허취소사유를 이유로 여객자동차운수사업법상 개인택시운송사업면허를 취소할 수 없다는 판례

구 여객자동차운수사업법(2007.7.13. 법률 제8511호로 개정되기 전의 것) 제76조 제1항 제15호, 같은 법 시행령 제29조에는 관할관청은 개인택시운송사업자의 운전면허가 취소된 때에 그의 개인택시운송사업면허를 취소할 수 있도록 규정되어 있을 뿐 그에게 운전면허 취소사유가 있다는 사유만으로 **개인택시운송사업면허를 취소할 수 있도록 하는 규정은 없으므로**, 관할관청으로서는 비록 개인택시운송사업자에게 운전면허 취소사유가 있다 하더라도 그로 인하여 운전면허 취소처분이 이루어지지 않은 이상 **개인택시운송사업면허를 취소할 수는 없다**(대판 2008.5.15, 2007두26001).

(4) 적용범위의 구체적인 예

침해행정	행정기본법 제8조에 따라 침해행정의 경우에는 법률유보원칙이 적용됨에 의문의 여지가 없다.
급부행정	① 급부행정작용은 수익적 행정작용이기 때문에 원칙적으로 법률상의 근거를 요하지 않는다고 보아 왔다. ② 그러나 현재는 행정기본법 제8조에 따라 **국민생활에 중요한 영향**을 미치는 경우에는 법률의 근거가 있어야 한다고 본다. 따라서 '국가가 누구를 위해 어떠한 수익적 조치를 취할 것인가'의 문제는 국가와 시민간에 중요한 사항일 수밖에 없으므로 급부행정의 영역에서도 원칙적으로 법률상의 근거가 있어야 한다고 보는 것이 타당하다.
특별권력관계	공무원의 신분과 정치적 중립성은 법률이 정하는 바에 의하여 보장된다(헌법 제7조 제2항).
행정조직	행정각부의 설치·조직과 직무범위는 법률로 정한다(헌법 제96조). ➡ 행정조직법정주의

5. 법률유보의 원칙과 법률우위원칙과의 관계

구분	법률우위의 원칙	법률유보의 원칙
법치주의적 관점	**소극적** 의미	**적극적** 의미
적용범위	**모든** 범위	**일정한** 범위(범위에 대한 견해 대립)
법률의 의미	성문법 + **불문법**(관습법, 조리)	**성문법**에 한정(불문법 제외)
법률의 존재 여부	법률이 존재시 문제	법률이 부존재시 문제

02 경찰의 성문법원 ✿✿✿

1. 법원의 의의

의의	법원(法源)이란 행정의 조직·작용 및 구제에 관한 법의 '존재형식' 내지 '인식근거'를 말한다. 행정법은 원칙적으로 '성문법'의 형식으로 존재하지만 '불문법'의 형식으로 존재하는 경우도 있다.	
'법규'와의 구별	① '법규'란 '국민에 대한 직접적·외부적·법적 구속력을 갖는 성문의 일반·추상적 규범'을 의미한다. ② 법규에 해당하면 재판의 기준이 되는 재판규범으로서 이를 위반하면 '위법'이 인정된다.	
법원의 범위	협의설 (법규설)	법규만을 법원으로 보는 견해로서, **행정규칙의 법원성을 부인**한다. 독일의 다수설이다.
	광의설 (행정기준설)	법규는 물론 행정기준(행정규칙)이 되는 법규범까지 법원이 될 수 있다는 견해로서, **행정규칙의 법원성을 인정**한다. 우리나라의 다수설이다.

2. 성문법원의 종류

경찰행정법원의 법원

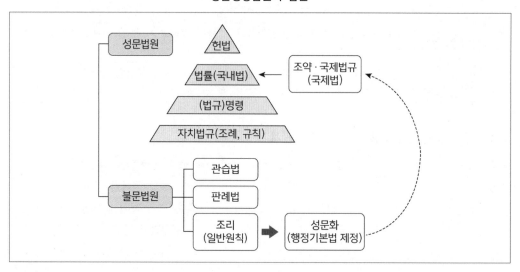

헌법		국가의 기본법으로서 경찰법의 법원이 된다.
법률	국내법률	국회에서 제정한 형식적 의미의 법률로서 경찰법의 가장 중심적인 법원이 된다.
	국제법규 (조약)	① 헌법 제6조에 의해 '체결·공포된 **조약**'과 **일반적으로 승인된 국제법규**는 국내법과 동일한 효력을 지닌다. 조약이 국내법과 동일한 효력을 갖기 위해서는 국회의 동의를 얻어야 하나, **모든 조약이 국회의 동의를 얻어야 하는 것은 아니다**. 헌법 제60조에 규정되지 않은 행정조약 등은 국회의 동의를 받지 않는다. ② 일반적으로 승인된 국제법규란 세계 대부분의 국가가 인정하는 **불문의 국제관습법**과 일반적으로 국제사회에서 인정된 조약을 말한다. 우리나라가 인정했는지 여부를 기준으로 하지는 않는다.

법규명령	의의	국회의 의결을 거치지 않고 행정기관에 의하여 제정된 성문법규를 법규명령이라고 한다.
	종류	**제정권자에 따른 구분** 대통령령(대통령), 총리령(국무총리), 부령(행정각부의 장)
		내용에 따른 구분 ① 위임명령: 법률의 구체적인 위임을 받아 제정한 법규명령 ➔ **국민의 권리·의무에 관한 입법사항을 정할 수 있음** ② 집행명령: 상위 법령을 시행하기 위하여 필요한 경우 그 절차나 형식을 정한 법규명령 ➔ **국민의 권리·의무에 관한 입법사항을 정할 수 없음**
	특징	① 행정기관의 명령 중 법규성이 있는 명령으로 국민과 공무원을 동시에 구속하는 양면적 구속력을 갖는다(외부적·내부적 구속력을 모두 가짐). ② 행정기관이 제정하는 법규범이다.
자치입법	조례	① 지방의회가 **법령**의 범위 안에서 제정하는 자치법규를 말한다. ② 조례로써 주민의 권리제한 또는 의무부과에 관한 사항이나 벌칙을 정할 때에는 **법률의 위임**이 있어야 한다. 또한, 조례로써 조례 위반행위에 대하여 과태료를 부과할 수는 있지만, **형벌을 부과할 수는 없다.**
	규칙	**지방자치단체의 장**이 제정하는 자치법규를 말한다.

⚖ 판례 |

1 관세 및 무역에 관한 일반협정(GATT)는 조약으로서 이에 위반한 조례는 무효라는 판례

'1994년 관세 및 무역에 관한 일반협정'(General Agreement on Tariffs and Trade 1994, 이하 'GATT'라 한다)은 1994.12.16. 국회의 동의를 얻어 같은 달 23. 대통령의 비준을 거쳐 같은 달 30. 공포되고 1995.1.1. 시행된 조약인 '세계무역기구(WTO) 설립을 위한 마라케쉬협정'(Agreement Establishing the WTO)(조약 1265호)의 부속 협정(다자간 무역협정)이고, '정부조달에 관한 협정'(Agreement on Government Procurement, 이하 'AGP'라 한다)은 1994.12.16. 국회의 동의를 얻어 1997.1.3. 공포 시행된 **조약으로서 각 헌법 제6조 제1항에 의하여 국내법령과 동일한 효력을 가지므로** 지방자치단체가 제정한 조례가 GATT나 AGP에 위반되는 경우에는 그 효력이 없다(대판 2005.9.9, 2004추10).

2 반덤핑부과처분이 세계무역기구(WTO)협정에 위반된다 하여 사인이 직접 국내법원에 처분의 취소를 구하는 소를 제기할 수 없다는 판례

WTO와 GATT는 국가 간의 권리의무를 설정하는 조약이므로 사인에 대해 직접 효력이 미치지 않는다. 따라서 WTO분쟁해결기구에서 해결해야 한다(대판 2009.1.30, 2008두17936).

3 남북 사이의 화해와 불가침 및 교류협력에 관한 합의서는 법원으로 볼 수 없다는 판례

남북 사이의 화해와 불가침 및 교류협력에 관한 합의서는 남북관계가 '나라와 나라 사이의 관계가 아닌 통일을 지향하는 과정에서 잠정적으로 형성되는 특수관계'임을 전제로, 조국의 평화적 통일을 이룩해야 할 공동의 정치적 책무를 지는 남북 당국이 특수관계인 남북관계에 관하여 채택한 합의문서로서, 남북한 당국이 각기 정치적인 책임을 지고 상호간에 그 성의 있는 이행을 약속한 것이기는 하나 법적 구속력이 있는 것은 아니어서 이를 국가간의 조약 또는 이에 준하는 것으로 볼 수 없고, 따라서 국내법과 동일한 효력이 인정되는 것도 아니다(대판 1999.7.23, 98두14525).

3. 법규명령과 행정규칙의 비교

구분	법규명령	행정규칙
의의	행정권이 정립하는 일반적·추상적 규범으로서 법규성을 갖는 것	행정권이 행정의 조직과 활동에 관하여 사무처리의 지침으로서 일반적·추상적 명령
법형식	대통령령·총리령·부령 등	고시·지침·훈령 등
법적 근거	① **위임명령**: 상위법령상 수권을 요함 ② **집행명령**: 요하지 않음	상위법령의 수권을 요하지 않음
수범자	국민에게 적용됨	행정조직 및 특별행정법관계 내부에 적용
규율의 내용	국민의 권리·의무에 관한 입법사항을 정할 수 있음	① 행정의 조직과 공무원의 활동 등 내부에 관한 사항만 정할 수 있음 ② 국민의 권리·의무에 관한 입법사항을 정할 수 없음
법적 성질	법규성 인정	행정내부적 규율에 그침(법규성 부정)
구속력	내부적·외부적 구속력(양면적 구속력)	원칙적으로 내부적 구속력(편면적 구속력)
위반의 효과	① 법규명령에 위반한 처분은 **위법 O** ② 이를 위반한 공무원은 징계책임 O	① 행정규칙에 위반한 처분은 **위법 ×** ② 이를 위반한 공무원은 징계책임 O
존재형식	조문의 형식	조문의 형식 + 구두로도 가능
공포	① 특별한 규정이 없으면 공포한 날부터 **20일**이 경과함으로써 효력을 발생한다. ② **국민의 권리 제한 또는 의무 부과**와 직접 관련되는 법규명령은 특별한 사유가 있는 경우를 제외하고는 공포일부터 적어도 **30일**이 경과한 날부터 시행되도록 하여야 한다.	① 공포를 요하지 않는다. ② 하급기관에게 도달하면 효력이 발생한다.

형식과 내용의 불일치	법규명령형식의 행정규칙	① **대통령령형식**의 행정규칙: 대법원은 국민과 행정기관을 모두 구속하는 **법규명령**으로서 효력을 갖는다고 본다. ② **부령형식**의 행정규칙: 대법원은 내부적으로 행정기관만을 구속하는 **행정규칙**으로 본다.
	행정규칙형식의 법규명령	대법원은 상위법령과 결합하는 한도 내에서는 **법규명령**으로서의 효력을 갖는다고 본다.

03 불문법원

1. 불문법원의 종류 ✦✦✦

의의	대한민국은 성문법주의국가(대륙법계)에 해당하기 때문에 성문법원이 원칙적으로 적용되고, **불문법원은 예외적·보충적으로 적용된다.**		
관습법	의의	① 관습법이란 국민의 전부 또는 일부 사이에 다년간 계속하여 동일한 사실이 관행으로서 반복되고(**사실인 관습**), 이 관행이 국민일반의 '**법적 확신**'을 얻음으로써 성립하는 법규범을 말한다. ② 따라서 관습법은 국민의 법적 확신에 의해 법적 규범으로 승인될 정도에 이르지 않은 '사실인 관습'과 구별된다.	
	성립과 효력	① 사실인 관습과 국민의 법적 확신만 있으면 관습법이 성립한다는 **법적 확신설**이 일반적인 견해이다(통설·판례). ② 관습법은 특별히 명문의 규정이 없는 한 성문법이 없는 경우에 **보충적 효력**만 발생한다고 한다(통설). ③ 대법원은 "헌법 제111조 제1항 제1호 및 헌법재판소법 제41조 제1항에서 규정하는 위헌심사의 대상이 되는 법률은 국회의 의결을 거친 이른바 형식적 의미의 법률을 의미하고, 또한 민사에 관한 관습법은 법원에 의하여 발견되고 성문의 법률에 반하지 아니하는 경우에 한하여 **보충적인 법원이 되는 것에 불과하여 관습법이 헌법에 위반되는 경우 법원이 그 관습법의 효력을 부인할 수 있으므로**(대판 2003.7.24, 2001다48781 등 참조), 결국 관습법은 헌법재판소의 위헌법률심판의 대상이 아니라 할 것이다(대결 2009.5.28, 2007카기134).	
	종류	행정선례법	행정청이 취급한 선례가 계속·반복되어 형성된 관습법이다(예 대통령특별선언형식, 행정각부의 결정선례, 문의에 대한 회신, 훈령·통첩·고시 등에 대한 선례).
		민중관습법	민중 사이의 다년간 관행에 의하여 성립된 관습법이다(예 입어권, 유수사용권, 온천사용권, 유지사용권).
판례법	의의	판례에서 도출되는 추상적 규범이 법으로서의 구속력을 갖는 경우를 판례법이라 한다.	
	법원성	① 성문법주의를 채택하는 **대륙법계 국가**는 판례의 **법원성을 부정**하는 반면, 불문법주의를 채택하는 **영미법계 국가**에서는 **판례의 법원성을 긍정**한다. ② 대륙법계에 속하는 우리나라의 경우 원칙적으로 판례의 법원성은 부정된다. 그러나 **대법원 판결의 사실상 구속력은 인정**된다고 본다. ③ **헌법재판소의 위헌결정**은 헌법재판소법 제47조에 따라 법원이나 기타 국가기관을 기속하므로 법원성이 인정된다.	
조리	의의	일반적으로 정의에 합치되는 보편적 원리로서 인정되고 있는 여러 원칙을 말한다.	
	특징	① 조리는 법해석의 기본원리로서 성문법·관습법·판례법이 존재하지 않는 경우 **최후의 보충적 법원**으로서의 가치를 가진다. ② 조리는 성문법의 증가와 더불어 성문화되어 가는 추세이다. ③ 조리의 내용은 영구불변한 것이 아니고 시대와 사회에 따라서 그 내용이 변천한다.	
	위반 효과	경찰행정기관의 행위가 **형식상 적법하더라도**, 이러한 법의 일반원칙(조리)에 위반할 경우에는 위법한 행위가 될 수 있다.	

2. 조리(일반원칙)의 종류

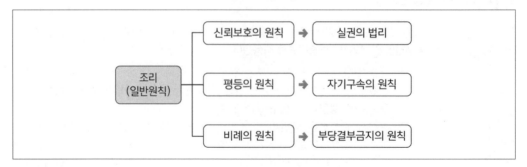

일반원칙(조리)

```
             ┌──→ 신뢰보호의 원칙 ──→ 실권의 법리
조리         │
(일반원칙) ──┼──→ 평등의 원칙 ──→ 자기구속의 원칙
             │
             └──→ 비례의 원칙 ──→ 부당결부금지의 원칙
```

(1) 신뢰보호의 원칙 ✦✦

> **행정기본법**
> **제12조【신뢰보호의 원칙】** ① 행정청은 공익 또는 제3자의 이익을 현저히 해칠 우려가 있는 경우를 제외하고는 행정에 대한 국민의 정당하고 합리적인 신뢰를 보호하여야 한다.

<table>
<tr><td>의의</td><td>행정기관이 행한 일정한 언동(선행조치)을 개인이 신뢰한 경우, 그 신뢰가 보호가치가 있는 경우 그 신뢰를 보호해주어야 한다는 원칙</td></tr>
<tr><td>근거</td><td>① 대법원과 헌법재판소는 '헌법상 법치국가원리에 의하여 인정되는 법적 안정성에 근거한 헌법상 원칙'이라고 판시하여 법적 안정성에 근거하는 원칙임을 분명히 하고 있다(대판 2006.11.16, 2003두12899(전합)).
② 행정기본법 제12조, 행정절차법 제4조 제2항</td></tr>
<tr><td rowspan="2">요건</td><td>선행행위
(공적 견해표명)

① 행정기관의 선행행위에는 모든 행정작용이 이에 해당한다.
② 따라서 명시적·묵시적 행위, 적극적·소극적 행위, 적법행위·위법행위 여부를 불문한다.
③ 선행행위는 권한 있는 행정기관에 의해 이루어진 것이어야 한다. 대법원은 "과세관청의 공적 견해표명이 있었는지의 여부를 판단하는 데 있어 반드시 행정조직상의 형식적인 권한분장에 구애될 것은 아니고 담당자의 조직상의 지위와 임무, 당해 언동을 하게 된 구체적인 경위 및 그에 대한 납세자의 신뢰가능성에 비추어 실질(형식 ×)에 의하여 판단하여야 한다."고 본다(대판 1996.1.23, 95누13746).
④ 선행행위에는 상대방에게 신뢰를 형성할 만한 모습을 갖추어야 하므로 판례는 "추상적인 질의에 대한 일반론적 견해표명에 불과한 경우에는 신뢰보호의 대상이 되는 공적 견해표명이라고 할 수 없다."고 한다(대판 2000.2.11, 98두2119).</td></tr>
<tr><td>보호가치가
있는 신뢰

① 보호가치 있는 신뢰란 '관계인에게 귀책사유가 없을 것'을 의미한다.
② 여기서 '귀책사유'란 부정행위 및 선행행위가 위법한 것을 알았거나 알지 못함에 중대한 과실이 있는 것을 말하며, '관계인'이란 선행행위의 직접 상대방뿐만 아니라 그 대리인, 수임인 등 관계자 모두가 포함된다(대판 2002.11.8, 2001두1512).</td></tr>
</table>

: 두문자
선 · 보 · 처 · 인 · 반

	처리행위	행정기관의 선행조치를 상대방이 신뢰하여 이를 기초로 상대방이 어떤 처리, 예컨대 자본투하 등을 한 경우 이를 보호함을 목적으로 한다.
	인과관계	행정기관의 선행조치에 대한 국민의 신뢰와 처리 사이에 상당 인과관계가 있어야 한다.
	선행행위에 **반**하는 후행작용	신뢰보호는 행정청의 선행조치에 반하는 행정청의 처분 또는 부작위에 의하여 선행행위를 신뢰한 개인의 권익이 침해된 경우에 인정된다.
한계	학설	① 법률적합성우위설: 행정작용은 법률에 적합하여야 하므로 위법한 행정작용은 허용될 수 없으므로 신뢰보호의 원칙을 적용해서는 안 된다는 견해이다. ② 이익형량설: 공익과 사익을 구체적으로 비교·형량하여 결정할 것이라는 견해이다(현재 통설). 이익형량설이 학설·판례의 지배적인 견해이다.
	판례	① 대법원은 "공적 견해표명에 따른 행정처분을 할 경우 이로 인하여 공익 또는 제3자의 정당한 이익을 현저히 해할 우려가 있는 경우가 아니어야 한다."고 판시하여 이익형량설의 입장이다(대판 2005.7.8, 2005두3165). ② 대법원은 "운전면허 취소사유에 해당하는 음주운전을 적발한 경찰관의 소속 경찰서장이 사무착오로 위반자에게 운전면허정지처분을 한 상태에서 위반자의 주소지 관할 지방경찰청장이 위반자에게 운전면허취소처분을 한 것은 선행처분에 대한 **당사자의 신뢰 및 법적 안정성을 저해하는 것으로서 허용될 수 없다**(대판 2000. 2.25, 99두10520)."고 판시한 바 있다.
위반 효과		신뢰보호원칙을 위반한 행정작용은 위헌·위법으로서 무효 또는 취소사유가 된다. 행정처분의 효력에 관해서는 **취소사유**가 될 뿐이라는 단순위법설이 다수설·판례이다(대판 1982.6.22, 81다1213).

공적 견해표명에 관한 판례

공적 견해표명으로 본 경우	공적 견해표명으로 보지 않은 경우
① 폐기물관리법상 폐기물처리사업에 대한 사전적 **정통보**(폐기물처리사업계획적정통보)는 폐기물처리사업허가의 불허가처분과의 관계에서 공적 견해표명에 해당한다(대판 1998. 5.8, 98두4061). ② 토지거래계약의 허가과정에서 **토지형질변경이 가능하다는 시장의 견해표명**에도 불구하고 토지형질변경불허가처분을 한 경우 시장의 견해표명은 공적 견해표명에 해당한다(대판 1997.9.12, 96누18380). ③ **법령**[변리사법 시행령; 대판 2007.10.29, 2005두4649(전합) 및 항만법 시행령; 대판 2001. 8.21, 2000두8745 등]: 구법령에 대한 정당한 신뢰는 신뢰보호의 원칙상 부진정소급효의 제한을 가져 올 수 있다.	① **조세법상의 비과세관행**: 판례에 따르면, 비과세관행이 성립하려면 상당한 기간에 걸쳐 과세하지 아니한 객관적 사실이 존재할 뿐만 아니라, 과세관청 자신이 그 사항에 관하여 과세할 수 있음을 알면서도 어떤 특별한 사정 때문에 과세하지 않는다는 의사가 있어야 하므로, 위와 같은 공적 견해의 표시는 비과세의 사실상태가 장기간에 걸쳐 계속되는 경우에 그것이 그 사항에 대하여 과세의 대상으로 삼지 아니하는 뜻의 과세관청의 묵시적인 의향의 표시로 볼 수 있는 경우 등에도 이를 인정할 수 있다(대판 2009.12.24, 2008두15350)고 하면서도 ㉠ **단순한 과세누락**, ㉡ **면세사업자등록증의 교부**는 비과세관행의 공적 견해표명으로 보지 않는다.

기출 OX

01 판례에 의할 때 운전면허 취소사유에 해당하는 음주운전을 적발한 경찰관의 소속 경찰서장이 사무착오로 위반자에게 운전면허정지 처분을 한 상태에서 위반자의 주소지 관할 지방경찰청장이 위반자에게 운전면허취소처분을 한 경우 이는 법의 일반원칙인 조리에 반하여 허용될 수 없다.
19. 경찰 ( )

정답 **01** ○

④ 취득세(지방세)가 면제되는 '기술진흥재단'인지 여부에 대한 질의에 대해 건교부장관과 내무부장관이 이에 해당함을 회신하고도 취득세 부과처분을 한 경우 이러한 회신은 비과세에 대한 공적 견해표명에 해당(대판 2008.6.12, 2008두1115)

⑤ 동사무소 직원이 행정상 착오로 국적이탈을 사유로 **주민등록을 말소**한 것을 신뢰하여 만 18세가 될 때까지 별도로 국적이탈신고를 하지 않았던 사람이, 만 18세가 넘은 후 동사무소의 주민등록 직권 재등록 사실을 알고 국적이탈신고를 하자 '병역을 필하였거나 면제받았다는 증명서가 첨부되지 않았다'는 이유로 이를 반려한 처분은 신뢰보호의 원칙에 반하여 위법하다(대판 2008.1.17, 2006두10931).

⑥ 보사부장관의 지방세부과처분에 대한 **면세사업자지정**은 홍천군수의 지방세부과처분과의 관계에서 공적 견해표명에 해당한다(대판 1996.1.23, 95누13746).

⑦ 여객자동차 운송사업자 갑 회사에게 공항버스운송사업에 대한 한정면허를 주고 전주 ~ 인천국제공항 노선을 운행하도록 한 행정청이, 전주 ~ 대야 ~ 인천국제공항 노선을 신설하는 내용의 일반 노선버스운송사업자 을 회사의 사업계획변경신청을 인가한 사안에서, 같은 **노선에 대한 중복운행을 인가하는 위 처분**은 갑 회사에게 한정면허를 부여한 취지 및 신뢰이익 등에 반하는 것으로 재량권을 일탈·남용하여 위법하다(대판 2010.2.25, 선고 2008두18168).

② 주택건설사업계획승인 이후 주택건설승인신청을 반려한 경우: 피고가 "법적으로 가능하다면 주택건설사업계획을 승인해 주겠다."는 의사를 표시한 것은 관계 법령에 따라 검토 후 문제가 없으면 허가해 주겠다는 원론적인 답변에 불과할 뿐 이를 주택건설사업계획 승인에 관한 공적인 견해표명을 한 것이 아니고, 달리 피고가 원고로 하여금 승인이 곧 이루어질 것이라는 신뢰를 가지도록 하였다고 인정하기 어렵다(대법원 2011.10.27, 선고 2011두14401).

③ 도시계획 및 도시관리계획결정 및 그 변경결정의 경우: 정구장시설을 설치한다는 도시계획결정을 하였다가 정구장 대신 청소년 수련시설을 설치한다는 도시계획 변경결정 및 지적승인을 한 경우, 당초의 도시계획결정만으로는 도시계획사업의 시행자 지정을 받게 된다는 공적인 견해를 표명하였다고 할 수 없다. 따라서 도시계획사업의 시행자로 지정받을 것을 예상하고 정구장 설계비용을 지출한 자의 신뢰이익을 침해한 것으로 볼 수 없다(대판 2000.11.10, 2000두727).

④ 문화부장관의 지방자치단체장에게 행한 관광호텔사업계획승인을 해주라는 회신(대판 2006.4.28, 선고 2005두6539)

⑤ 폐기물관리법상 폐기물처리사업에 대한 사전적정통보(폐기물처리사업계획적정통보): 폐기물관리법령에 의한 폐기물처리업사업계획에 대한 적정통보와 국토이용관리법령에 의한 국토이용계획변경은 각기 그 제도적 취지와 결정단계에서 고려하여야 할 사항들이 다르므로, 폐기물처리업사업계획에 대하여 적정통보를 한 것만으로 그 사업부지 토지에 대한 국토이용계획 변경신청을 승인하여 주겠다는 취지의 공적인 견해표명을 한 것으로 볼 수 없다(대판 2005.4.28, 2004두8828).

⑥ 무효인 공무원임용행위: 임용당시 공무원임용결격사유가 있었다면 비록 국가의 과실에 의하여 임용결격자임을 밝혀내지 못하였다 하더라도 그 임용행위는 당연무효로 보아야 한다. 따라서 국가가 공무원임용결격사유가 있는 자에 대하여 결격사유가 있는 것을 알지 못하고 공무원으로 임용하였다가 사후에 결격사유가 있는 자임을 발견하고 공무원임용행위를 취소하는 것은 신의칙 내지 신뢰의 원칙을 적용할 수 없고 또 그러한 의미의 취소권은 시효로 소멸하는 것도 아니다(대판 1987.4.14, 선고 86누459 판결).

⑦ **공표된 행정규칙**: 행정청 내부의 사무처리준칙에 해당하는 이 사건 지침이 그 정한 바에 따라 되풀이 시행되어 행정관행이 이루어졌다고 인정할 만한 자료를 찾아볼 수 없을 뿐만 아니라, 이 사건 지침의 공표만으로는 원고가 이 사건 지침에 명시된 요건을 충족할 경우 사업자로 선정되어 벼 매입자금 지원 등의 혜택을 받을 수 있다는 보호가치 있는 신뢰를 가지게 되었다고 보기도 어렵다(대판 2009.12.24, 2009두796).

⑧ **헌법재판소의 위헌결정**은 행정청이 개인에 대하여 신뢰의 대상이 되는 공적인 견해를 표명한 것이라고 할 수 없으므로 그 결정에 관련한 개인의 행위에 대하여는 신뢰보호의 원칙이 적용되지 아니한다(대판 2003.6.27, 2002두6965).

⑨ **국회의 법률안 의결**이 보상하겠다는 공적 견해표명으로 볼 수 없다. 법률이 확정되어야 국민의 권리의무가 비로소 구체적으로 발생하기 때문이다(대판 2008.5.29, 2004다33469).

⑩ 토지에 관한 토지거래계약허가를 하였다 하여 토지초과이득세를 부과하지 않겠다는 과세관청의 공적인 견해표명은 아니다(대판 1997.7.11, 97누553).

⑪ 병무청 담당부서의 담당공무원에게 공적 견해의 표명을 구하는 정식의 서면질의 등을 하지 아니한 채 총무과 ○○○장에 불과한 공무원이 **민원봉사차원에서 상담에 응하여 안내한 것**을 신뢰한 경우, 신뢰보호 원칙이 적용되지 아니한다(대판 2003.12.26, 2003두1875).

⑫ 개발이익환수에 관한 법률에 **'저촉사항 없음'이라고 기재**되어 있는 사실은 인정되나, 위와 같은 사정만으로 피고가 원고에게 부담금이 면제된다는 신뢰의 대상이 되는 공적인 견해표명을 한 것이라고 보기 어렵다(대판 2006. 6.9, 2004두46).

⑬ **입법예고**를 통해 법령안의 내용을 국민에게 예고한 적이 있다고 하더라도 그것이 법령으로 확정되지 아니한 이상 국가가 이해관계자들에게 위 법령안에 관련된 사항을 약속하였다고 볼 수 없으며, 이러한 사정만으로 어떠한 신뢰를 부여하였다고 볼 수도 없다(대판 2018.6.15, 2017다249769).

⑭ 법원이 비송사건절차법에 따라서 하는 **과태료 재판**은 관할 관청이 부과한 과태료처분에 대한 당부를 심판하는 행정소송절차가 아니라 법원이 직권으로 개시·결정하는 것이므로, 원칙적으로 과태료 재판에서는 행정소송에서와 같은 신뢰보호의 원칙 위반 여부가 문제로 되지 아니한다(대판 2006.4.28.자 2003마715).

(2) 실권의 법리✦✦

> **행정기본법**
> **제12조【신뢰보호의 원칙】** ② 행정청은 권한 행사의 기회가 있음에도 불구하고 장기간 권한을 행사하지 아니하여 국민이 그 권한이 행사되지 아니할 것으로 믿을 만한 정당한 사유가 있는 경우에는 그 권한을 행사해서는 아니 된다. 다만, 공익 또는 제3자의 이익을 현저히 해칠 우려가 있는 경우는 예외로 한다.

의의	① '행정기관이 위법한 상태를 장기간 방치 또는 묵인하여 개인이 그 존속을 신뢰하게 된 경우, 행정청은 사후에 그 위법성을 이유로 당해 행위를 취소·제재할 수 없다는 법리'를 말한다. ② 실효(Verwirkung)의 법리라고도 한다.
근거	① 실권의 법리가 신뢰보호의 원칙으로부터 파생되는 공법상 원칙인 만큼 법적 안정성과 신의성실의 원칙 모두에 근거한 법리라고 보는 것이 타당하다. 그러나 대법원 판례는 실권 또는 실효의 법리는 **신의성실의 원칙**에 바탕을 둔 파생적인 원리라고 판시하고 있다(대판 2004.3.26, 2001다72081). ② 행정기본법 제12조 제2항
요건	**행정기관이 권한행사를 할 수 있었을 것** 실권의 법리는 행사될 수 있었던 행정기관의 권한행사의 경우에만 적용된다. 따라서 처음부터 권한행사가 금지 또는 방해되는 경우에는 적용되지 아니한다.
	장기간 권한행사를 하지 않을 것 이에 관해 우리의 경우, 독일과 같은 명문의 조항은 없으나 판례는 행정제재를 할 수 있는 날로부터 3년여가 지났다면 관계인의 신뢰이익을 우선해 행정청의 철회권 행사는 제한된다고 본 바 있다. 장기간의 권한의 불행사는 사안마다 구체적·개별적으로 검토함이 타당하리라고 본다.
	상대방이 권한불행사를 신뢰하였을 것 국민이 그 권한이 행사되지 아니할 것으로 믿을 만한 정당한 사유가 있어야 한다. 여기서 정당한 사유라 행정청의 권한의 불행사를 믿은 것에 대한 상대방의 귀책사유가 없어야 함을 의미한다.
위반효과	행정기관의 위법상태에 반하는 직권취소·철회권한은 실효되게 된다. 여기서 실효의 의미에 대해 견해가 대립되나, 일반적으로 시효제도나 제척기간의 제도와 달리 권한 자체가 소멸되는 것이 아니라 취소권·철회권 행사가 제한되므로 취소사유의 단순위법이 된다고 파악된다.

:두문자
권·장·신

기출 OX

01 공익 또는 제3자의 이익을 현저히 해칠 우려가 있는 경우에도 행정청은 권한 행사의 기회가 있음에도 불구하고 장기간 권한을 행사하지 아니하여 국민이 그 권한이 행사되지 아니할 것으로 믿을 만한 정당한 사유가 있는 경우에는 그 권한을 행사해서는 아니 된다. (　)

정답 01 ×

판례	택시운전사가 1983년 4월 5일 운전면허정지기간 중에 운전행위를 하다가 적발되어 형사처벌을 받았으나 행정청으로부터 아무런 행정조치가 없어 안심하고 계속 운전업무에 종사하고 있던 중 행정청이 위 위반행위가 있은 이후에 장기간에 걸쳐 아무런 행정조치를 취하지 않은 채 방치하고 있다가 **3년 여**가 지난 1986년 7월 7일에 와서 이를 이유로 행정제재를 하면서 가장 무거운 운전면허를 취소(철회)하는 행정처분을 하였다면 이는 행정청이 그간 별다른 행정조치가 없을 것이라고 믿은 신뢰의 이익과 그 법적 안정성을 빼앗는 것이 되어 매우 가혹할 뿐만 아니라 비록 그 위반행위가 운전면허취소(철회)사유에 해당한다 할지라도 그와 같은 공익상의 목적만으로는 위 운전사가 입게 될 불이익에 견줄 바 못 된다 할 것이다(대판 1987.9.8, 87누373).

(3) 평등의 원칙✂✂

행정기본법
제9조【평등의 원칙】행정청은 합리적 이유 없이 국민을 차별해서는 아니 된다.

의의	행정작용시 상대방인 국민을 합리적 이유 없이 차별적으로 대우해서는 안 된다는 원칙을 말한다.
법적 근거	① 헌법 제11조 ② 경찰관 직무집행법 제1조 제2항
적용 요건	① **불평등한 행정기관의 조치가 있을 것**: 평등의 원칙이 적용되기 위해서는 법적·사실적으로 동일하게 처리되어야 하는 사안임에도 불구하고 행정기관이 상대방에 대하여 불평등한 조치를 취하였어야 한다. ② **합리적 사유가 없을 것**: 평등원칙은 모든 국가권력의 행사를 획일적으로 동일하게 처리해야 한다는 원칙이 아니라 '같은 것은 같게, 다른 것은 다르게 취급하라'는 원칙이다. 따라서 다르게 취급해야 할 합리적인 사유가 있다면 평등원칙의 위배가 되지 않는다. 합리적 사유의 인정 여부는 당해 행정작용의 목적과 성질, 사안의 특수성을 고려해 판단해야 할 것이다.
관련 판례	당직근무대기 중 심심풀이로 돈을 걸지 않고 점수따기 화투놀이를 한 사실이 징계사유에 해당한다 할지라도 징계처분으로 파면을 택한 것은 함께 화투놀이를 한 3명을 견책에 처하기로 한 사실을 고려하면 공평의 원칙상 그 재량의 범위를 벗어난 위법한 것이다(대판 1972.12.26, 72누217).

⚖️판례 | 평등원칙 위반인 판례

1 **외교관 자녀에 대한 대학입시 가산점 20% 부여**는 평등원칙에 반한다(대판 1990.8.28, 89누8255).

2 청원경찰의 인원감축을 위한 면직처분대상자를 선정함에 있어서 초등학교 졸업 이하 학력소지자 집단과 **중학교 중퇴 이상 학력소지자 집단으로 나누어 각 집단별로 같은 감원비율 상당의 인원을 선정한 것**은 합리성과 공정성을 결여하고, **평등의 원칙에 위배된다**(대판 2002.2.9, 2000두4057).

3 **국가유공자가족에 대한 가산점 10% 부여**는 평등권 침해이다(헌재 2006.2.23, 2004헌마675).

4 **제대군인에게 가산점 3 ~ 5% 부여**는 평등권 침해이다(헌재 1999.12.23, 98헌마363).

5 일정한 교통사고운전자에 대해 공소제기를 할 수 없도록 한 교통사고처리 특례법을 피해자가 중상해를 입은 경우까지 적용된다면, 이는 평등권 침해이다(헌재 2009.2.26, 2005헌마764).

(4) 자기구속의 원칙✿✿

의의	① 자기구속의 원칙이란 '행정청이 동종의 사안에서 제3자에게 행한 결정과 동일한 결정을 하도록 스스로 구속당하는 원칙'을 말한다. ② 자기구속의 법리는 행정청 스스로의 구속이라는 점에서 법률에 의한 타자구속과는 구별된다.	
인정 근거	학설	① 신뢰보호원칙설, ② 신의칙설, ③ 평등원칙설이 있으나, ③ **평등원칙설**이 통설이다.
	판례	대법원과 헌법재판소는 "재량권행사의 준칙인 규칙이 그 정한 바에 따라 되풀이 시행되어 행정관행이 이룩되게 되면, **평등의 원칙**이나 **신뢰보호의 원칙**에 따라 행정기관은 그 상대방에 대한 관계에서 그 규칙에 따라야할 자기구속을 받게 된다(헌재 1990.9.3, 90헌마13; 대판 2009.12.24, 2009두7967)."라고 판시하여 평등의 원칙과 신뢰보호의 원칙에 근거한다고 보고 있다.
적용 요건	재량행위	행정의 자기구속의 법리는 재량성이 인정되는 행정작용에만 인정되며, 행정청이 스스로 준칙을 정립할 수 없는 기속행위에는 인정되지 않는다.
	동종의 사안	처분의 상대방에 대한 상황과 선례의 상황이 법적인 의미·목적에서 동종으로 취급할 수 있는 것이어야 한다.
	선례가 있을 것	① 학설은 행정청을 스스로 구속시키기 위해서는 국민에 대한 외부적 선례가 있어야 하는지에 대해 견해가 대립되어 있다. 이에 대해 선례필요설과 선례불요설(예기관행설)이 대립된다. ② 대법원은 "행정규칙이 그 정한 바에 따라 되풀이 시행되어 행정관행이 이루어지게 되면 평등원칙이나 신뢰보호원칙에 따라 행정기관은 그 상대방에 대한 관계에서 그 규칙에 따라야 할 자기구속을 받게 된다(대판 2009.12.24, 2009두7967)."고 판시하여 **선례필요설(행정관행설)**의 입장인 것으로 보인다.
한계	① **특수한 사정변경이 없을 것**: 선행하는 행정관행을 번복할 정도의 특수한 사정변경이 있는 경우 자기구속의 법리는 적용되지 않을 수 있다. 사정변경이 있은 때부터 새로운 행정관행이 다시 성립되기 때문이다. ② **불법의 선례가 아닐 것**: "불법의 평등적용은 허용될 수 없다."는 법언에 따라 선례가 위법한 경우에는 자기구속의 원칙이 적용될 수 없다.	
위반 효과	자기구속의 원칙은 헌법상 평등원칙(헌법 제11조)에 근거한 것이므로 이를 위반한 행정처분은 위헌·위법하게 된다.	

(5) 부당결부금지의 원칙 ✿✿

> **행정기본법**
> **제13조【부당결부금지의 원칙】** 행정청은 행정작용을 할 때 상대방에게 해당 행정작용과 실질적인 관련이 없는 의무를 부과해서는 아니 된다.

의의	상대방에게 행정작용을 행사함에 있어서 그것과 실질적인 관련이 없는 반대급부를 결부시켜서는 안 된다는 원칙
인정 근거	① **이론적 근거**: 부당결부금지의 원칙은 법치국가의 원리와 자의금지의 원칙(비례의 원칙)에 기초한다. ② **실정법상 근거**: 헌법 제37조 제2항과 행정기본법 제13조는 이 원칙에 대한 실정법적 근거로 지적되고 있다.

요건	① 행정기관의 **공**행정작용이 있을 것 ② 상대방의 **반**대급부와 결부시킬 것 ③ 양자의 **실**질적 관련성이 없을 것
위반 효과	이 원칙에 위반한 행정작용은 위법한 행위가 되므로 행정쟁송이나 손해배상을 청구할 수 있다.

관련 판례	복수운전 면허의 전부철회	① **부당결부금지원칙에 위반된 사례**: 대법원은 "제1종 보통, 대형 및 특수 면허를 가지고 있는 자가 레이카크레인을 음주운전한 행위는 제1종 특수면허의 취소사유에 해당될 뿐 제1종 보통 및 대형 면허의 취소사유는 아니므로, 원심이 **3종의 면허를 모두 취소한 처분은 재량권의 일탈 · 남용으로 위법**하다[대판 1995.11.16, 95누8850(전합)]."라고 판시한 바 있다. ② **부당결부금지원칙에 적합한 사례**: 도로교통법상 제1종 보통운전면허와 제1종 대형면허를 모두 취득한 자가 운전면허취소사유에 해당하는 운전면허정지기간 중에 시내버스 운전을 한 경우 "**도로교통법 시행규칙 제26조** 별표 13의6에 의하면, 제1종 대형면허 소지자는 제1종 보통면허 소지자가 운전할 수 있는 차량을 모두 운전할 수 있는 것으로 것으로 규정하고 있어, 제1종 대형면허의 취소에는 당연히 제1종 보통면허소지자가 운전할 수 있는 차량의 운전까지 금지하는 취지가 포함된 것이어서 이들 차량의 운전면허는 서로 관련된 것이라고 할 것이므로, 제1종 대형면허로 운전할 수 있는 차량을 운전면허정지기간 중에 운전한 경우에는 이와 관련된 제1종 보통면허까지 취소할 수 있다.**"고 판시하여 이 경우에는 부당결부금지의 원칙의 위반이 아니라고 보았다(대판 2005.3.11, 2004두12452).
	부관	판례는 주택사업계획 승인에 기부채납 부관이 부가된 사건에서 "사업자에게 주택사업계획 승인을 하면서 그 주택사업과는 아무런 관련이 없는 토지를 기부채납하도록 하는 부관을 주택사업계획 승인에 붙인 경우, 그 부관은 **부당결부금지의 원칙에 위반되어 위법하다**(대판 1997.3.11, 96다49650)."고 판시하였다.

판례비교 부당결부금지원칙과 복수운전면허의 전부취소

전부취소가 허용되는 경우	전부취소가 허용되지 않는 경우
① **배기량 125cc 이하 이륜자동차를** 음주운전한 경우 제1종 보통, 제1종 특수면허까지 취소할 수 있다(대판 1992.9.22, 91누8289). ② 제2종 원동기장치자전거 운전면허, 제1종 보통면허, 제1종 대형면허를 가지고 있는 자가 승용차를 음주운전한 경우 모두 취소할 수 있다(대판 1992.9.22, 91누8289). ③ 승합차를 혈중 알콜농도 0.1% 이상의 음주상태로 운전한 자에 대하여 제1종 보통운전면허 외에 제1종 대형면허까지 취소할 수 있다(대판 2005.3.11, 2004두12452). ④ **택시를 음주운전**한 경우 제1종 보통면허와 제1종 특수면허를 모두 취소할 수 있다. 택시는 제1종 보통면허와 특수면허로 모두 운전할 수 있기 때문이다(대판 1996.8.2, 96누4992).	① 제1종 특수 · 대형 · 보통면허를 가진 자가 제1종 특수면허만으로 운전할 수 있는 차량을 운전하다 운전면허취소사유가 발생한 경우, 제1종 대형 · 보통면허에 대한 취소사유는 되지 아니한다[대판 1995.11.16, 95누8850(전합)]. ② 제1종 특수 · 대형 · 보통면허를 가진 자가 제1종 보통 · 대형면허만으로 운전할 수 있는 12인승 승합자동차를 운전하다 운전면허 취소사유가 발생한 경우, 제1종 특수면허를 취소할 수는 없다(대판 1998.11.16, 98누8850).

(6) 비례의 원칙(과잉금지의 원칙) ✿✿✿

> **행정기본법**
> **제10조 【비례의 원칙】** 행정작용은 다음 각 호의 원칙에 따라야 한다.
> 1. 행정목적을 달성하는 데 유효하고 적절할 것
> 2. 행정목적을 달성하는 데 필요한 최소한도에 그칠 것
> 3. 행정작용으로 인한 국민의 이익 침해가 그 행정작용이 의도하는 공익보다 크지 아니할 것

의의		① 경찰행정의 목적과 그 목적을 실현하기 위한 수단의 사이에 합리적인 비례관계가 유지되어야 한다는 원칙을 말한다. ② 독일의 판례를 중심으로 발달하였으며, "경찰은 대포로 참새를 쏘아서는 안 된다."는 말은 이 원칙을 잘 표현하는 법언(특히, 상당성의 원칙)이다.
근거		① 헌법 제37조 제2항 ② 경찰관 직무집행법 제1조 제2항
내용	적합성의 원칙	달성하고자 하는 경찰행정목적이 정당하고 이를 실현하기 위한 수단이 적절해야 한다는 원칙을 말한다.
	필요성의 원칙	① 여러 적합한 수단 중에서도 당사자의 권리나 자유에 예측상 가장 적은 침해를 가져오는 수단을 선택하여야 한다는 원칙을 말한다(최소침해의 원칙). ② 판례도 난동을 부리던 범인을 검거하면서 가스총을 근접 발사하여 범인의 눈에 맞아 실명한 사안에서 국가배상청구를 인용하였다(대판 2003.3.14, 2002다57218).
	상당성의 원칙	① 적정한 행정목적을 위한 적합하고도 필요한 수단이 선택되었다 하더라도 그러한 수단을 통해 달성하려는 공익과 이로 인해 침해되는 사익 사이에 적절한 균형관계가 이루어져야 한다는 원칙을 말한다(협의의 비례원칙, 법익의 균형성의 원칙). ② 불법적 시위에 해당하여 그 주최 또는 참가행위가 형사처벌의 대상이 되는 것이 예상된다고 하더라도, 이와 시간적 · 장소적으로 근접하지 않은 다른 지역에서 그 집회 · 시위에 참가하기 위하여 출발 또는 이동하는 행위를 함부로 제지하는 것은 경찰관 직무집행법 제6조 제1항의 행정상 즉시강제인 경찰관의 제지의 범위를 명백히 넘어 허용될 수 없다(대판 2008.11.13, 2007도9794).
3원칙 상호간의 관계		① 적합성의 원칙, 필요성의 원칙, 상당성의 원칙은 단계구조를 이룬다. ② 비례의 원칙을 충족하려면 세부원칙인 적합성의 원칙, 필요성의 원칙, 상당성의 원칙 모두를 충족해야 한다.

(7) 그 밖의 경찰행정법상 일반원칙

> **행정기본법**
> **제11조 【성실의무 및 권한남용금지의 원칙】** ① 행정청은 법령 등에 따른 의무를 성실히 수행하여야 한다.
> ② 행정청은 행정권한을 남용하거나 그 권한의 범위를 넘어서는 아니 된다.

04 경찰행정법의 효력

행정법의 효력이란 행정법이 장소적·시간적·인적으로 어느 범위까지의 관계자를 구속하는 힘을 가지는가 하는 문제이다. 이때의 효력은 실효성이 아니라 규범적 효력을 말한다.

1. 시간적 효력

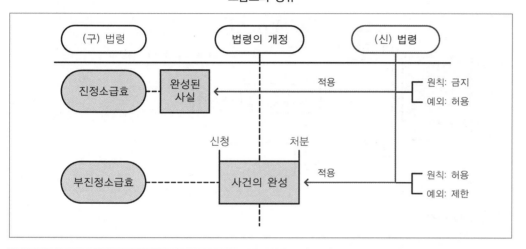

소급효의 종류

행정기본법

제6조【행정에 관한 기간의 계산】 ① 행정에 관한 기간의 계산에 관하여는 이 법 또는 다른 법령 등에 특별한 규정이 있는 경우를 제외하고는 민법을 준용한다.

② 법령등 또는 처분에서 국민의 권익을 제한하거나 의무를 부과하는 경우 권익이 제한되거나 의무가 지속되는 기간의 계산은 다음 각 호의 기준에 따른다. 다만, 다음 각 호의 기준에 따르는 것이 국민에게 불리한 경우에는 그러하지 아니하다.

1. 기간을 일, 주, 월 또는 연으로 정한 경우에는 기간의 첫날을 산입한다.
2. 기간의 말일이 토요일 또는 공휴일인 경우에도 기간은 그 날로 만료한다.

제7조【법령 등 시행일의 기간 계산】 법령 등(훈령·예규·고시·지침 등을 포함한다. 이하 이 조에서 같다)의 시행일을 정하거나 계산할 때에는 다음 각 호의 기준에 따른다.

1. 법령 등을 공포한 날부터 시행하는 경우에는 공포한 날을 시행일로 한다.
2. 법령 등을 공포한 날부터 일정 기간이 경과한 날부터 시행하는 경우 법령 등을 공포한 날을 첫날에 산입하지 아니한다.
3. 법령 등을 공포한 날부터 일정 기간이 경과한 날부터 시행하는 경우 그 기간의 말일이 토요일 또는 공휴일인 때에는 그 말일로 기간이 만료한다.

제7조의2【행정에 관한 나이의 계산 및 표시】 행정에 관한 나이는 다른 법령등에 특별한 규정이 있는 경우를 제외하고는 출생일을 **산입하여** 만(滿) 나이로 계산하고, 연수(年數)로 표시한다. 다만, 1세에 이르지 아니한 경우에는 월수(月數)로 표시할 수 있다.

제14조【법적용의 기준】 ① 새로운 법령등은 법령등에 특별한 규정이 있는 경우를 제외하고는 그 법령등의 효력 발생 전에 완성되거나 종결된 사실관계 또는 법률관계에 대해서는 적용되지 아니한다.

② 당사자의 신청에 따른 처분은 법령등에 특별한 규정이 있거나 처분 당시의 법령등을 적용하기 곤란한 특별한 사정이 있는 경우를 제외하고는 처분 당시의 법령등에 따른다.

③ 법령등을 위반한 행위의 성립과 이에 대한 제재처분은 법령등에 특별한 규정이 있는 경우를 제외하고는 법령등을 위반한 행위 당시의 법령등에 따른다. 다만, 법령등을 위반한 행위 후 법령등의 변경에 의하여 그 행위가 법령등을 위반한 행위에 해당하지 아니하거나 제재처분 기준이 가벼워진 경우로서 해당 법령등에 특별한 규정이 없는 경우에는 변경된 법령등을 적용한다.

기간의 계산

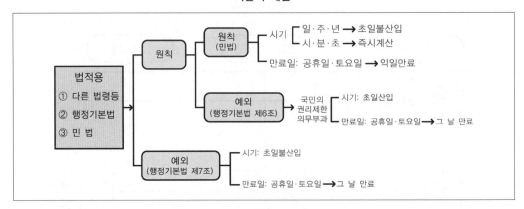

(1) 효력발생시기

공포일과 시행일의 분리	① 법령과 조례·규칙은 그 시행일에 관하여 특별한 규정이 없으면 '공포한 날'로부터 **20일**이 경과함으로써 효력을 발생한다. ② 다만, 국민의 권리·의무에 직접 관계되는 법률·대통령령·총리령·부령은 긴급히 시행되어야 할 특별한 사유가 있는 경우를 제외하고는 '공포일'로부터 적어도 **30일**이 경과한 날로부터 시행하여야 한다.
공포일의 의미	① 법령 등의 공포에 관한 법률 제12조에 따르면 '공포일'은 그 법령 등을 게재한 관보 또는 신문이 **발행된 날**을 의미한다. ② 여기서 발행된 날이란 어떤 시점을 의미하는지에 관하여 ⊙ 관보일부일오전영시설, ⓒ 인쇄완료시설, ⓒ 발송절차완료시설, ⓔ 지방분포완료시설 등이 있으나, ⓜ **최초구독가능시설이 통설·판례**이다.

(2) 소급효금지의 원칙

진정소급효의 경우	원칙(금지)	소급효금지의 원칙은 원칙적으로 법령의 효력발생 이전에 이미 완성된 사항에 대하여 법령을 적용하는 진정소급효의 경우에만 인정된다.
	예외(허용)	그러나 ① 국민에게 권리·이익을 부여하거나 불이익을 감소 또는 제거하는 경우, ② 국민들이 소급입법을 예상할 수 있는 경우 또는 ③ 국민의 기득권을 침해하더라도 더 중요한 공익적 관점에서 행정법규를 소급하여 적용하는 것이 합리적인 타당성이 있는 경우에는 행정법규가 소급하여 적용되는 것이 가능하다.

부진정소급효의 경우	원칙(허용)	① 법령의 효력발생 이전에 개시된 사항이지만 새로운 법령시행일까지 계속적으로 진행된 사항에 대한 신법령의 적용은 아직 완료되지 않은 사항에 대한 법적용이고, 관계인의 법적 지위를 침해하는 것이 아니므로 **원칙적으로 허용**된다. ② **구법령에 대한 사인의 신뢰이익보다 신법령이 달성하고자 하는 공익이 더 크다고 보아 신법령을 적용한 사례:** 개정된 도시 및 주거환경정비법 제16조는 구 도시 및 주거환경정비법 제28조 제4항의 존속에 대한 신뢰보호의 필요성이 개정된 도시 및 주거환경정비법 제28조 제4항 본문을 통하여 달성하려고 하는 공익보다 크다고 보기는 어렵다고 할 것이고, 따라서 개정된 도시 및 주거환경정비법 제28조 제4항 본문이 부진정 소급입법에서의 신뢰보호의 원칙을 위반하였다고 할 수 없다(대판 2007.10.12, 2006두14476).
	예외(제한)	① 그러나 부진정소급효의 경우라 할지라도 예외적으로 공익을 능가하는 관계인의 구법령에 대한 신뢰이익을 더 보호해 주어야 할 필요가 큰 경우에는 신법령의 적용이 제한될 수 있다는 것이 판례의 태도이다. ② **구법령에 대한 사인의 신뢰이익이 신법령이 달성하려는 공익보다 크므로 신법령의 적용이 제한되어 구법령이 적용되어야 한다는 판례:** 비관리청(포항제철주식회사)의 항만시설무상사용권은 항만시설이 준공되어 국가에 귀속됨과 동시에 항만법에 따라 발생하므로, 그 무상사용권의 내용도 그 권리의 발생시점인 항만시설의 준공시에 시행되는 법령을 기준으로 정하는 것이 원칙이지만, ○○주식회사가 항만공사 시행허가를 받은 이후 항만법 시행령이 ○○주식회사에게 불리하게 개정된 경우, 개정 전의 시행령이 적용될 것으로 믿은 ○○주식회사의 신뢰가 개정된 시행령의 적용에 관한 공익상의 요구보다 더 보호가치가 있다고 인정된다면 그러한 비관리청의 신뢰를 보호하기 위하여 개정된 시행령의 적용이 제한될 수 있다(대판 2001.8.21, 2000두8745).

⚖ 판례 |

1 진정소급입법이 금지된다는 판례

조세법률주의의 원칙상 조세의무는 각 세법에 정한 과세요건이 완성된 때에 성립된다고 할 것이나, 조세법령이 일단 효력을 발생하였다가 폐지 또는 개정된 경우 조세법령이 정한 과세요건사실이 폐지 또는 개정된 당시까지 완료된 때에는 다른 경과규정이 없는 한 그 과세요건 사실에 대하여는 종전의 조세법령이 계속 효력을 가지며, 조세법령의 폐지 또는 개정 후에 발생된 행위사실에 대하여만 효력을 잃는 것이라고 보아야 할 것이므로, 조세법령의 폐지 또는 개정 전에 종결된 과세요건사실에 대하여 폐지 또는 개정 전의 조세법령을 적용하는 것이 조세법률주의의 원칙에 위배된다고 할 수 없다(대판 1993.5.11, 92두18399).

2 **구 친일반민족행위자 재산의 국가귀속에 관한 특별법 제3조 제1항 본문(귀속조항)은 진정소급입법이지만 예외적으로 소급입법이 허용된다는 판례**

구 친일반민족행위자 재산의 국가귀속에 관한 특별법 제3조 제1항 본문(귀속조항)은 진정소급입법이지만 예외적으로 소급입법이 허용된다는 판례해당하지만 진정소급입법이라 하더라도 예외적으로 국민이 소급입법을 예상할 수 있었거나 신뢰보호의 요청에 우선하는 심히 중대한 공익상의 사유가 소급입법을 정당화하는 경우 등에는 허용될 수 있다 할 것인데, 친일재산의 소급적 박탈은 일반적으로 소급입법을 예상할 수 있었던 예외적인 사안이고, 진정소급입법을 통해 침해되는 법적 신뢰는 심각하다고 볼 수 없는 데 반해 이를 통해 달성되는 공익적 중대성은 압도적이라고 할 수 있으므로 진정소급입법이 허용되는 경우에 해당한다(대판 2012.2.23, 2010두17557; 헌재 2011.3.31, 2008헌바141).

2. 지역적 효력

원칙	행정법은 이를 제정한 기관의 권한이 미치는 지역 내에서만 효력을 갖는 것이 원칙이다.
효력범위	① **법률·명령**: 전국에 걸쳐 그 효력을 발생한다(단, 서울특별시 행정특례에 관한 법률과 같이 특정 지역에만 적용되는 법령도 있다). ② **조례·규칙**: 당해 지방자치단체에서 그 효력을 갖는다(단, 다른 지방자치단체에 대하여 그 효력을 발생하는 경우도 있다).

police.Hackers.com

제2절 경찰조직법

경찰조직법은 경찰조직의 구성과 설치 및 각 경찰행정관청의 권한과 그 상호간의 관계 등을 규율하는 법을 말한다. 우리나라의 국가행정조직의 기본법은 정부조직법이고, 그중 경찰조직에 관한 기본법은 국가경찰과 자치경찰의 조직 및 운영에 관한 법률(경찰법)이다.

경찰행정기관의 조직도

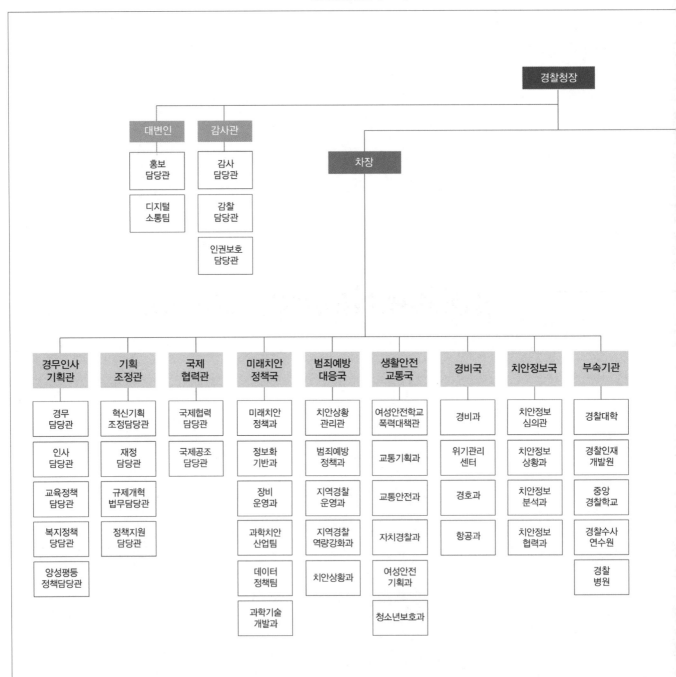

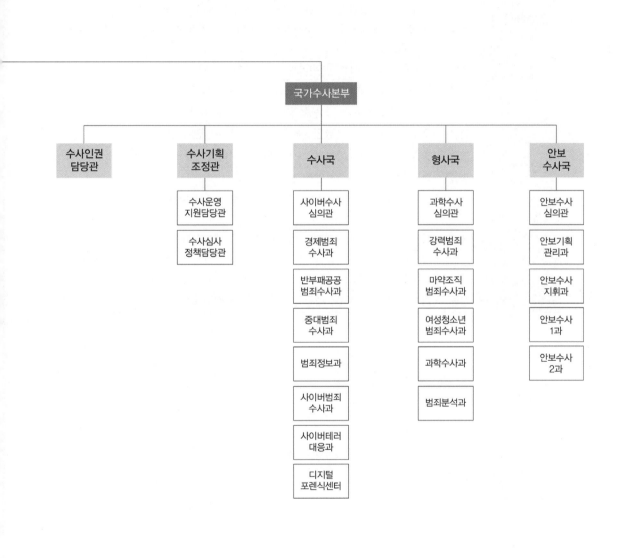

01 경찰행정기관의 종류 ✿✿

기출 OX

01 경찰청장, 시·도경찰청장, 경찰서장, 지구대장 등은 경찰행정관청에 해당한다. 11. 경찰 ( )

02 경찰청의 차장이나 과장은 보조기관이다. 11. 경찰 ( )

:두문자

합의제 행정관청:
소·행·시

:두문자

자문기관: 고·인·인

경찰행정주체	의의	경찰행정주체란 경찰권을 행사하고 그에 따른 법적 효과가 귀속되는 당사자를 말한다[예 국가(대한민국)·지방자치단체 등].
	종류	① 국가경찰제도를 채택하는 경우 국가가 경찰행정주체가 된다. 따라서 현행 경찰법상 국가는 경찰행정주체이지만 지방자치단체는 경찰행정주체가 아니다. ② 그러나 자치경찰제를 시행하고 있는 제주특별자치도의 경우 국가와 함께 제주특별자치도도 경찰행정주체에 해당한다.
경찰행정관청	의의	경찰행정주체의 **의사를 결정**하여 이를 **외부에 표시하는 권한**을 가진 기관
	종류	① 독임제행정관청 ➜ 경찰청장, 시·도경찰청장, 경찰서장 ② 합의제행정관청 ➜ **소**청심사위원회, **시**·도자치경찰위원회, **행**정심판위원회 등
경찰의결기관	의의	경찰관청의 **의사를 구속하는 의결**을 행하는 기관
	종류	국가경찰위원회, 징계위원회, 승진심사위원회 등
경찰자문기관	의의	경찰관청으로부터 자문을 받아 그 **의견**을 제시하는 기관
	종류	**고**충심사위원회, 경찰**인**권위원회, 경찰공무원**인**사위원회
경찰집행기관	의의	경찰목적을 달성하기 위하여 필요한 실력을 행사하는 기관
	종류	경찰공무원(순경 ~ 치안총감)
경찰보조기관	의의	경찰관청 및 기타 경찰기관의 직무를 보조하기 위해 일상적인 직무를 수행하는 경찰기관
	종류	차장·국장·부장·과장·계장·반장 등 **계선조직**
경찰보좌기관	의의	경찰행정관청이 그 기능을 발휘하기 위해 그 기관장이나 보조기관을 보좌하는 경찰기관
	종류	기획조정관, 감사관, 경무인사기획관 등 **참모조직**

경찰조직도

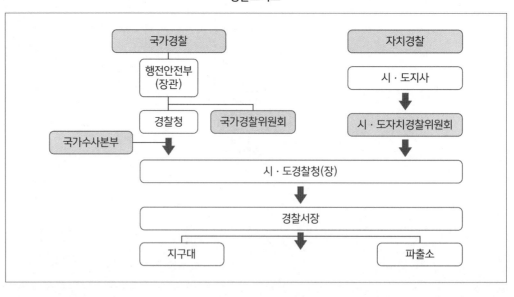

정답 **01** × **02** ○

02 중앙경찰조직

1. 경찰청 ✿✿✿

소속	① 치안에 관한 사무를 관장하게 하기 위하여 행정안전부장관 소속으로 경찰청을 둔다. ② 정부조직법 제34조 및 경찰법 제12조	
경찰청장	신분	경찰청에 경찰청장을 두며, 경찰청장은 **치안총감**으로 보한다.
	임명절차	① ⓐ **국가경찰위원회의 동의**(추천 ×)를 받아 ➡ ⓑ 행정안전부장관의 제청으로 ➡ ⓒ 국무총리를 거쳐 ➡ ⓓ 대통령이 임명한다. ② 국회의 인사청문회를 거쳐야 하나, 그 결과가 대통령을 구속하지 않는다.
	임기	① 임기는 **2년**이며, **중임 ×** ② 경찰청장이 **헌법**이나 **법률**을 위배한 때에 국회는 탄핵소추를 의결할 수 있다. ✎ 일반경찰공무원과 달리 일반징계는 당하지 아니한다.
	지휘·감독	경찰청장은 국가경찰사무를 총괄하고 경찰청 업무를 관장하며 소속 공무원 및 각급 경찰기관의 장을 지휘·감독한다.
	수사사무의 특례	① 경찰청장은 경찰의 수사에 관한 사무의 경우에는 개별 사건의 수사에 대하여 구체적으로 지휘·감독할 수 없다. 다만, 국민의 생명·신체·재산 또는 공공의 안전 등에 중대한 위험을 초래하는 긴급하고 중요한 사건의 수사에 있어서 경찰의 자원을 대규모로 동원하는 등 통합적으로 현장 대응할 필요가 있다고 판단할 만한 상당한 이유가 있는 때에는 **국가수사본부장을 통하여** 개별 사건의 수사에 대하여 구체적으로 지휘·감독할 수 있다. ② 경찰청장은 ①의 단서에 따라 개별 사건의 수사에 대한 구체적 지휘·감독을 개시한 때에는 이를 **국가경찰위원회에 보고**하여야 한다. ③ 경찰청장은 ①의 단서의 사유가 해소된 경우에는 개별 사건의 수사에 대한 구체적 지휘·감독을 중단하여야 한다. ④ 경찰청장은 국가수사본부장이 ①의 단서의 사유가 해소되었다고 판단하여 개별 사건의 수사에 대한 구체적 지휘·감독의 중단을 건의하는 경우 특별한 이유가 없으면 이를 **승인하여야 한다.** ⑤ ①의 단서에서 규정하는 긴급하고 중요한 사건의 범위 등 필요한 사항은 대통령령으로 정한다.

구분	긴급하고 중요한 사건의 범위 등에 관한 규정
긴급하고 중요한 사건의 범위 등	ⓐ 법 제14조 제6항 단서에 따른 '긴급하고 중요한 사건'은 다음 각 호의 어느 하나에 해당하는 사건 및 이와 직접적인 관련이 있는 사건을 말한다. ⓐ **전시**·사변 또는 이에 준하는 국가 비상사태가 발생하거나 발생이 임박하여 전국적인 치안유지가 필요한 사건 ⓑ **재난**, 테러 등이 발생하여 공공의 안전에 대한 급박한 위해나 범죄로 인한 피해의 급속한 확산을 방지하기 위해 신속한 조치가 필요한 사건 ⓒ 국가중요시설의 파괴·기능마비, 대규모 집단의 폭행·협박·손괴·방화 등에 대하여 경찰의 자원을 **대규모**로 동원할 필요가 있는 사건

기출 OX

03 경찰청장은 국회의 동의를 받아 행정안전부장관의 제청으로 국무총리를 거쳐 대통령이 임명한다. 18. 승진
( )

04 경찰청장의 임기는 2년으로 하고, 중임할 수 있다.
15. 승진 ( )

:두문자
광·대·재·전

정답 03 ✕ 04 ✕

		ⓓ 전국 또는 일부 지역에서 연쇄적·동시다발적으로 발생하거나 **광역화**된 범죄에 대하여 경찰력의 집중적인 배치, 경찰 각 기능의 종합적 대응 또는 국가기관·지방자치단체·공공기관과의 공조가 필요한 사건 ⓛ 경찰청장은 법 제14조 제6항 단서에 따라 개별 사건의 수사에 대한 구체적 지휘·감독을 개시할 필요가 있는지를 신중하게 판단하여야 한다.
	수사지휘 방식	ⓐ 경찰청장은 국가수사본부장에게 개별 사건의 수사에 대한 구체적 지휘를 할 때에는 **서면**으로 지휘하여야 한다. ⓛ ⓐ에도 불구하고 서면 지휘가 불가능하거나 현저히 곤란한 경우에는 구두나 전화 등 서면 외의 방식으로 지휘할 수 있다. 이 경우 사후에 신속하게 서면으로 지휘 내용을 송부하여야 한다.
	기타	**경찰청장**의 퇴직 후 정당가입제한규정이 헌법재판소에 의해 위헌결정됨에 따라 경찰청장은 퇴직 후 2년 이내라도 정당의 발기인이나 당원이 될 수 있다.
경찰청 차장	신분	경찰청에 차장을 두며, 차장은 치안정감(治安正監)으로 보한다.
	직무대리	차장은 경찰청장을 보좌하며, 경찰청장이 부득이한 사유로 직무를 수행할 수 없을 때에는 그 직무를 대행한다.
부속기관	○	경찰청장 소속하에 경찰**대**학, 경찰**인**재개발원, **중**앙경찰학교, 경찰수사연수원, 경찰**병**원을 둔다.
	×	**국립과학수사연구원**은 행정안전부 소속이다.
비상 사태의 지휘·명령 (경찰법 제32조)		① **경찰청장**은 다음의 경우에는 ②에 따라 자치경찰사무를 수행하는 경찰공무원(제주특별자치도의 자치경찰공무원을 포함한다)을 직접 지휘·명령할 수 있다. ⓐ **전**시·사변, 천재지변, 그 밖에 이에 준하는 국가 비상사태, 대규모의 테러 또는 소요사태가 발생하였거나 발생할 우려가 있어 전국적인 치안유지를 위하여 긴급한 조치가 필요하다고 인정할 만한 충분한 사유가 있는 경우 ⓛ 국민안전에 중대한 영향을 미치는 사안에 대하여 **다**수의 시·도에 동일하게 적용되는 치안정책을 시행할 필요가 있다고 인정할 만한 충분한 사유가 있는 경우 ⓒ **자**치경찰사무와 관련하여 해당 시·도의 경찰력으로는 국민의 생명·신체·재산의 보호 및 공공의 안녕과 질서유지가 어려워 경찰청장의 지원·조정이 필요하다고 인정할 만한 충분한 사유가 있는 경우 ② 경찰청장은 ①에 따른 조치가 필요한 경우에는 시·도자치경찰위원회에 자치경찰사무를 담당하는 경찰공무원을 직접 지휘·명령하려는 사유 및 내용 등을 구체적으로 제시하여 통보하여야 한다. ③ ②에 따른 통보를 받은 시·도자치경찰위원회는 정당한 사유가 없으면 즉시 자치경찰사무를 담당하는 경찰공무원에게 경찰청장의 지휘·명령을 받을 것을 명하여야 하며, ①에 규정된 사유에 해당하지 아니한다고 인정하면 시·도자치경찰위원회의 의결을 거쳐 경찰청장에게 그 지휘·명령의 중단을 요청할 수 있다. ④ 경찰청장이 ①에 따라 지휘·명령을 하는 경우에는 **국가경찰위원회에 즉시 보고하여**야 한다. 다만, ①·ⓒ의 경우에는 미리 **국가경찰위원회의 의결**을 거쳐야 하며 긴급한 경우에는 우선 조치 후 지체 없이 국가경찰위원회의 의결을 거쳐야 한다. ⑤ ④에 따라 보고를 받은 국가경찰위원회는 ①에 규정된 사유에 해당하지 아니한다고 인정하면 그 지휘·명령을 중단할 것을 의결하여 경찰청장에게 통보할 수 있다.

：두문자

대·인·수·병·중

：두문자

전·자·다

기출 OX

01 경찰청장은 개별 사건의 수사에 대한 구체적 지휘·감독을 개시한 때에는 이를 국가수사본부장에게 통보하여야 한다. 22. 경간

( )

02 경찰청장의 관장사무를 지원하기 위하여 경찰청장 소속하에 경찰대학, 경찰인재개발원, 중앙경찰학교, 경찰수사연수원 및 국립과학수사연구원을 둔다. 18. 승진

( )

03 경찰청장이 비상사태 등 전국적 치안유지를 위한 지휘·명령을 하는 경우에는 국가경찰위원회에 즉시 보고하여야 하지만, 국민안전에 중대한 영향을 미치는 사안에 대하여 다수의 시·도에 동일하게 적용되는 치안정책을 시행할 필요가 있다고 인정할 만한 충분한 사유가 있는 경우에는 미리 국가경찰위원회의 의결을 거쳐야 하며 긴급한 경우에는 우선 조치 후 지체 없이 국가경찰위원회의 의결을 거쳐야 한다. 22. 경간 ( )

정답 01 × 02 × 03 ×

⑥ 경찰청장은 ①에 따라 지휘·명령할 수 있는 사유가 해소된 때에는 경찰공무원에 대한 지휘·명령을 즉시 중단하여야 한다.

⑦ 시·도자치경찰위원회는 ①·ⓒ에 해당하는 경우 의결로 지원·조정의 범위·기간 등을 정하여 경찰청장에게 지원·조정을 요청할 수 있다.

⑧ 경찰청장은 제주특별자치도경찰청의 관할구역에서 ①의 지휘·명령권을 제주특별자치도경찰청장에게 **위임할 수 있다.**

⊕ PLUS 경찰청 업무분장사항

구분	업무분장
범죄 예방대응국	1. 범죄예방에 관한 기획·조정·연구 등 예방적 경찰활동 총괄 2. 범죄예방진단 및 범죄예방순찰에 관한 기획·운영 3. 경비업에 관한 연구·지도 4. 풍속 및 성매매(아동·청소년 대상 성매매는 제외한다) 사범에 대한 지도·단속 5. 총포·도검·화약류 등의 지도·단속 6. 즉결심판청구업무의 지도 7. 각종 안전사고의 예방에 관한 사항 8. 지구대·파출소 운영체계의 기획 및 관리 9. 지구대·파출소의 외근활동 기획 및 운영 10. 지구대·파출소의 근무자에 대한 교육 11. 112신고제도의 기획·운영 및 112치안종합상황실의 운영 총괄 12. 치안 상황의 접수·상황판단, 전파 및 초동조치 등에 관한 사항 13. 치안상황실 운영에 관한 사항
생활안전 교통국	1. 자치경찰제도 관련 기획 및 조정 2. 자치경찰제도 관련 법령 사무 총괄 3. 자치경찰제도 관련 예산의 편성·조정 및 결산에 관한 사항 4. 자치경찰제도 관련 특별시·광역시·특별자치시·도·특별자치도(이하 "시·도"라 한다) 및 시·도자치경찰위원회와의 협력에 관한 사항 5. 소년비행 방지에 관한 업무 6. 소년 대상 범죄의 예방에 관한 업무 7. 아동학대의 예방 및 피해자 보호에 관한 업무 8. 가출인 및 「실종아동등의 보호 및 지원에 관한 법률」 제2조 제2호에 따른 실종아동등(이하 "실종아동등"이라 한다)과 관련된 업무 9. 실종아동등 찾기를 위한 신고체계 운영 10. 여성 대상 범죄와 관련된 주요 정책의 총괄 수립·조정 11. 여성 대상 범죄 유관기관과의 협력 업무 12. 성폭력 및 가정폭력 예방 및 피해자 보호에 관한 업무 13. 스토킹·성매매 예방 및 피해자 보호에 관한 업무 14. 경찰 수사 과정에서의 범죄피해자 보호 및 지원에 관한 업무 15. 도로교통에 관련되는 종합기획 및 심사분석 16. 도로교통에 관련되는 법령의 정비 및 행정제도의 연구 17. 교통경찰공무원에 대한 교육 및 지도 18. 교통안전시설의 관리 19. 자동차운전면허의 관리 20. 도로교통사고의 예방을 위한 홍보·지도 및 단속 21. 고속도로순찰대의 운영 및 지도
경비국	1. 경비에 관한 계획의 수립 및 지도 2. 경찰부대의 운영·지도 및 감독 3. 청원경찰의 운영 및 지도 4. 민방위업무의 협조에 관한 사항 5. 경찰작전·경찰전시훈련 및 비상계획에 관한 계획의 수립·지도 6. 중요시설의 방호 및 지도

	7. 예비군의 무기 및 탄약 관리의 지도 8. 대테러 예방 및 진압대책의 수립 · 지도 8의2. 안전관리 · 재난상황 및 위기상황 관리기관과의 연계체계 구축 · 운영 9. 의무경찰의 복무 및 교육훈련 10. 의무경찰의 인사 및 정원의 관리 11. 경호 및 주요 인사 보호 계획의 수립 · 지도 12. 경찰항공기의 관리 · 운영 및 항공요원의 교육훈련 13. 경찰업무수행과 관련된 항공지원업무
치안 정보국	1. 공공안녕에 대한 위험의 예방과 대응을 위한 정보업무 기획 · 지도 및 조정 2. 국민안전과 국가안보를 저해하는 위험 요인에 관한 정보활동 3. 국가중요시설 및 주요 인사의 안전 · 보호에 관한 정보활동 4. 집회 · 시위 등 공공갈등과 다중운집에 따른 질서 및 안전 유지에 관한 정보활동 5. 국민의 생명 · 신체의 안전이나 재산의 보호 등 생활의 평온과 관련된 정책에 관한 정보 활동 6. 국가기관 · 지방자치단체 · 공공기관의 장이 요청한 신원조사 및 사실확인에 관한 정보활동 7. 외사정보의 수집 · 분석 및 관리 등 외사정보활동 8. 그 밖에 범죄 · 재난 · 공공갈등 등 공공안녕에 대한 위험의 예방과 대응을 위한 정보활동 으로서 제2호부터 제7호까지에 준하는 정보활동

국제협력관	① 국제협력관은 경무관으로 보한다.
	② 국제협력관은 다음 사항에 관하여 경찰청 차장을 보좌한다.
	  1. 치안 분야 국제협력 정책의 수립 · 총괄 · 조정
	  2. 외국경찰기관과의 교류 · 협력
	  3. 국제형사경찰기구에 관련되는 업무

미래치안 정책국	1. 중장기 미래치안전략의 수립 · 종합 및 조정 2. 치안분야 과학기술 연구개발의 총괄 · 조정 3. 치안분야 과학기술의 진흥 및 산업의 육성 4. 경찰청 정보화사업의 총괄 · 조정 5. 정보통신 운영 · 교육 및 보안에 관한 사항 6. 경찰장비의 운영 및 발전에 관한 사항 7. 청 내 공공데이터의 제공 및 이용 활성화에 관한 사항 8. 청 내 데이터기반행정 활성화에 관한 사항

국가수사
본부
	1. 국가수사본부는 경찰수사 관련 정책의 수립 · 총괄 · 조정, 경찰수사 및 수사 지휘 · 감독
	기능을 수행한다.
	2. 국가수사본부에 수사국, 형사국, 안보수사국을 둔다.
	  ① 수사국
	    1. 부패범죄, 공공범죄, 경제범죄 및 금융범죄에 관한 수사 지휘 · 감독
	    2. 제1호의 범죄 수사에 관한 기획, 정책 · 수사지침 수립 · 연구 · 분석 및 수사기법
	      개발
	    3. 제1호의 범죄에 대한 통계 및 수사자료 분석
	    4. 국가수사본부장이 지정하는 중요 범죄에 대한 정보수집 및 수사
	    5. 중요 범죄정보의 수집 및 분석에 관한 사항
	    6. 사이버공간에서의 범죄(이하 "사이버범죄"라 한다) 정보의 수집 · 분석
	    7. 사이버범죄 신고 · 상담
	    8. 사이버범죄 예방에 관한 사항
	    9. 사이버범죄 수사에 관한 사항
	    10. 사이버수사에 관한 기법 연구
	    11. 사이버수사 관련 국제공조에 관한 사항
	    12. 디지털포렌식에 관한 사항
	  ② 형사국
	    1. 강력범죄, 폭력범죄 및 교통사고 · 교통범죄에 관한 수사 지휘 · 감독
	    2. 마약류 범죄 및 조직범죄에 관한 수사 지휘 · 감독
	    3. 성폭력범죄, 아동 · 청소년 대상 성매매, 가정폭력, 아동학대, 학교폭력 및 실종사
	      건에 관한 수사 지휘 · 감독 및 아동 · 청소년 대상 성매매 단속

기출 OX

01 풍속 및 성매매(아동 · 청소년 대상 성매매는 포함한다) 사범에 대한 지도 · 단속은 범죄예방 대응국의 업무분장 사무이다.
22. 경찰간부 ( )

정답 01 ✕

        4. 제1호부터 제3호까지의 규정에서 정한 범죄 및 외국인 관련 범죄 수사에 관한 기획, 정책·수사지침 수립·연구·분석 및 수사기법 개발
        5. 제1호부터 제3호까지의 규정에서 정한 범죄 및 외국인 관련 범죄에 대한 통계 및 수사자료 분석
        6. 과학수사의 기획 및 지도
        7. 범죄감식 및 증거분석
        8. 범죄기록 및 주민등록지문의 수집·관리
     ③ 안보수사국
        1. 안보수사경찰업무에 관한 기획 및 교육
        2. 보안관찰 및 경호안전대책 업무에 관한 사항
        3. 북한이탈주민 신변보호
        4. 국가안보와 국익에 반하는 범죄에 대한 수사의 지휘·감독
        5. 안보범죄정보 및 보안정보의 수집·분석 및 관리
        6. 국내외 유관기관과의 안보범죄정보 협력에 관한 사항
        7. 남북교류와 관련되는 안보수사경찰업무
        8. 국가안보와 국익에 반하는 중요 범죄에 대한 수사
        9. 외사보안업무의 지도·조정
       10. 공항 및 항만의 안보활동에 관한 계획 및 지도

2. 국가수사본부장 ✦✦✦✦

소속	경찰청에 국가수사본부를 둔다.
신분	① 국가수사본부장은 치안정감(治安正監)으로 보한다. ② 국가수사본부장은 형사소송법에 따른 경찰의 수사에 관하여 각 시·도경찰청장과 경찰서장 및 수사부서 소속 공무원을 지휘·감독한다. ③ 국가수사본부장의 임기는 **2년**으로 하며, **중임(重任)할 수 없다.** ④ 국가수사본부장은 임기가 끝나면 당연히 퇴직한다. ⑤ 국가수사본부장이 직무를 집행하면서 **헌법**이나 **법률**을 위배하였을 때에는 국회는 탄핵소추를 의결할 수 있다.
권한	국가수사본부장은 형사소송법에 따른 경찰의 수사에 관하여 각 시·도경찰청장과 경찰서장 및 수사부서 소속 공무원을 지휘·감독한다.

외부
인사의
임명자격
	① 국가수사본부장을 경찰청 외부를 대상으로 모집하여 임용할 필요가 있는 때에는 다음의 자격을 갖춘 사람 중에서 임용한다.
	  ⊙ 10년 이상 수사업무에 종사한 사람 중에서 국가공무원법 제2조의2에 따른 고위공무원단에 속하는 공무원, 3급 이상 공무원 또는 **총경** 이상 경찰공무원으로 재직한 경력이 있는 사람
	  ⊙ **판사·검사** 또는 **변호사**의 직에 10년 이상 있었던 사람
	  ⓒ 변호사 자격이 있는 사람으로서 국가기관, 지방자치단체, 공공기관의 운영에 관한 법률 제4조에 따른 공공기관(이하 '**국가기관** 등'이라 한다)에서 법률에 관한 사무에 10년 이상 종사한 경력이 있는 사람
	  ⊜ 대학이나 공인된 연구기관에서 법률학·경찰학 분야에서 **조교수** 이상의 직이나 이에 상당하는 직에 10년 이상 있었던 사람
	  ⓜ ⊙부터 ⊜까지의 경력기간의 합산이 15년 이상인 사람
	② 국가수사본부장을 경찰청 외부를 대상으로 모집하여 임용하는 경우 다음의 어느 하나에 해당하는 사람은 국가수사본부장이 될 수 없다.
	  ⊙ **경찰공무원법** 제8조 제2항 각 호의 결격사유에 해당하는 사람
	  ⊙ 정당의 당원이거나 **당적**을 이탈한 날부터 **3년**이 지나지 아니한 사람

ⓒ 선거에 의하여 취임하는 **공직**에 있거나 그 공직에서 퇴직한 날부터 **3년**이 지나지 아니한 사람

ⓔ ①의 ㉠에 해당하는 **공무원** 또는 ①의 ㉡의 **판사 · 검사**의 직에서 퇴직한 날로부터 **1년**이 지나지 아니한 사람

ⓜ ①의 ㉢에 해당하는 사람으로서 **국가기관** 등에서 퇴직한 날로부터 **1년**이 지나지 아니한 사람

경찰청장과 국가수사본부장의 비교

구분		경찰청장	국가수사본부장
차이점	소속	**행정안전부장관** 소속	**경찰청** 소속
	계급	치안총감	치안정감
	권한	① 각급 국가경찰기관장이 지휘 · 감독한다. ② 비상사태의 경우 자치경찰사무를 담당하는 경찰공무원에 대한 지휘 · 명령을 할 수 있다. ③ **개별 수사사건에 대한 구체적 지휘 · 감독**: 원칙적으로 할 수 없으나, 예외적으로 긴급하고 중요사건에 한하여 국가수사본부장을 통하여 할 수 있다.	형사소송법에 따른 경찰의 수사에 관하여 각 **시 · 도 경찰청장과 경찰서장 및 수사부서 소속 공무원**을 지휘 · 감독한다.
	임명	경찰청장은 ① 국가경찰위원회의 **동의**를 받아 ➡ ② 행정안전부장관의 **제청**으로 ➡ ③ 국무총리를 거쳐(**국회의 인사청문**을 거쳐야 한다) ➡ ④ 대통령이 임명한다.	경찰청 외부를 대상으로 모집하여 임용할 경우 다음과 같은 자격요건을 갖추고 결격사유가 없어야 한다.

		임용 자격	10년 이상	① 수사업무에 종사한 3급 이상 공무원, **총경** 이상 공무원 ② **판사, 검사, 변호사** ③ 변호사 자격이 있는 **국가기관** 등에 종사 ④ 법률학 · 경찰학 분야에서 **조교수** 이상
			15년 이상	① ~ ④ 경력기간 합산
		결격 사유	3년	① **정당**의 당원, 당적 이탈한 날부터 ② **선거** 공직에 있거나 퇴직한 날부터
			1년	① 자격요건 ①에 해당하는 **공무원, 판사, 검사**에서 퇴직한 날부터 ② 변호사로서 **국가기관** 등에서 퇴직한 날부터
			×	**경찰공무원**으로서 결격사유

공통점	임기	2년, 중임할 수 없다.	
	탄핵	직무를 집행하면서 헌법이나 법률을 위배하였을 때 **국회는 탄핵의 소추**를 의결할 수 있다.	

⊕PLUS 경찰국의 신설

행안부 소속기관 직제	① 국장은 치안감으로 보한다. ② 국장은 다음 사항을 분장한다. 　⊙ 정부조직법 제7조 제4항에 따른 행정안전부장관의 경찰청장에 대한 지휘·감독에 관한 사항 　ⓛ 국가경찰과 자치경찰의 조직 및 운영에 관한 법률 제8조 제1항에 따른 국가경찰위원회 위원의 임명 제청 및 같은 법 제14조 제2항 전단에 따른 경찰청장의 임명 제청에 관한 사항 　ⓒ 국가경찰과 자치경찰의 조직 및 운영에 관한 법률 제10조 제1항 제9호에 따른 국가경찰위원회 안건 부의(附議) 및 같은 조 제2항에 따른 국가경찰위원회의 심의·의결 사항에 대한 재의 요구 　ⓔ 경찰공무원법 제7조 제1항에 따른 총경 이상 경찰공무원의 임용 제청, 같은 법 제30조 제4항 후단에 따른 계급정년 연장 승인을 위한 경유 및 같은 법 제33조 단서에 따른 징계를 위한 경유에 관한 사항 　ⓜ 국가경찰과 자치경찰의 조직 및 운영에 관한 법률 제25조 제4항에 따른 시·도자치경찰위원회의 의결에 대한 재의 요구 및 같은 법 제28조 제2항에 따른 시·도경찰청장의 임용 제청에 관한 사항 　ⓗ 그 밖에 다른 법령에 따른 경찰행정 및 자치경찰사무 지원에 관한 사항		
동 시행규칙	총괄 지원과장 (부이사관, 서기관, 총경)	① 정부조직법 제7조 제4항에 따른 행정안전부장관의 경찰청장에 대한 지휘·감독에 관한 사항 ② 국가경찰과 자치경찰의 조직 및 운영에 관한 법률 제10조 제1항 제9호에 따른 국가경찰위원회 안건 부의(附議) 및 같은 조 제2항에 따른 국가경찰위원회의 심의·의결 사항에 대한 재의 요구		
	인사 지원과장 (총경)	① 국가경찰과 자치경찰의 조직 및 운영에 관한 법률 제8조 제1항에 따른 국가경찰위원회 위원의 임명 제청, 같은 법 제14조 제2항 전단에 따른 경찰청장의 임명 제청 및 같은 법 제28조 제2항에 따른 시·도경찰청장의 임용 제청에 관한 사항 ② 경찰공무원법 제7조 제1항에 따른 총경 이상 경찰공무원의 임용 제청, 같은 법 제30조 제4항 후단에 따른 계급정년 연장 승인을 위한 경유 및 같은 법 제33조 단서에 따른 징계를 위한 경유에 관한 사항		
	자치경찰지원과장 (총경 또는 서기관)	① 국가경찰과 자치경찰의 조직 및 운영에 관한 법률 제25조 제4항에 따른 시·도자치경찰위원회의 의결에 대한 재의 요구에 관한 사항 ② 그 밖에 다른 법령에 따른 자치경찰사무 지원에 관한 사항		

경찰공무원의 지휘·감독권

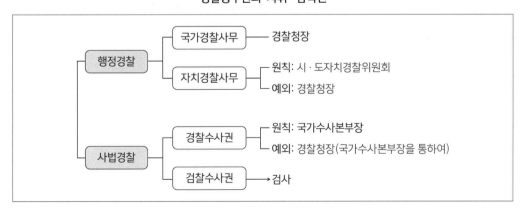

03 지방경찰조직 - 시·도경찰청 ✿✿✿

소속		① 경찰의 사무를 지역적으로 분담하여 수행하게 하기 위하여 시·도(특별시·광역시·특별자치시·도·특별자치도)에 시·도경찰청을 둔다. ② 이 경우 인구, 행정구역, 면적, 지리적 특성, 교통 및 그 밖의 조건을 고려하여 시·도에 2개의 시·도경찰청을 둘 수 있다.
시·도경찰청장	신분	① 시·도경찰청에 시·도경찰청장을 두며, 시·도경찰청장은 치안정감(治安正監)·치안감(治安監) 또는 경무관(警務官)으로 보한다. ② 서울특별시, 부산광역시, 인천광역시 및 경기도남부의 시·도경찰청장은 치안정감으로, 그 밖의 시·도경찰청장은 치안감 또는 경무관으로 보한다.
	임명절차	경찰공무원법 제7조에도 불구하고 시·도경찰청장은 ① **경찰청장**이 **시·도자치경찰위원회**와 협의하여 추천한 사람 중에서 ② **행정안전부장관**의 제청으로 ③ **국무총리**를 거쳐 ④ **대통령**이 임용한다.
	지휘 및 감독	① 시·도경찰청장은 국가경찰사무에 대해서는 경찰청장의 지휘·감독을, 자치경찰사무에 대해서는 시·도자치경찰위원회의 지휘·감독을 받아 관할구역의 소관 사무를 관장하고 소속 공무원 및 소속 경찰기관의 장을 지휘·감독한다. 다만, 수사에 관한 사무에 대해서는 국가수사본부장의 지휘·감독을 받아 관할구역의 소관 사무를 관장하고 소속 공무원 및 소속 경찰기관의 장을 지휘·감독한다. ② ① 본문의 경우 시·도자치경찰위원회는 자치경찰사무에 대해 심의·의결을 통하여 시·도경찰청장을 지휘·감독한다. 다만, 시·도자치경찰위원회가 심의·의결할 시간적 여유가 없거나 심의·의결이 곤란한 경우 대통령령으로 정하는 바에 따라 시·도자치경찰위원회의 지휘·감독권을 **시·도경찰청장에게 위임한 것으로 본다.**

구분	자치경찰사무와 시·도자치경찰위원회의 조직 및 운영 등에 관한 규정
제19조	'대통령령으로 정하는 바'라 함은 자치경찰사무에 대해 실시간 지휘·감독이 이루어질 수 있도록 시·도자치경찰위원회가 **경찰청장(시·도경찰청장 ✕)**과 **협의**하여 미리 지휘·감독권의 위임범위·절차 등을 시·**도자치경찰위원회 의결**로 정하는 것을 말한다.

차장	① 시·도경찰청에 차장을 둘 수 있다. ② 차장은 시·도경찰청장을 보좌하여 소관 사무를 처리하고 시·도경찰청장이 부득이한 사유로 직무를 수행할 수 없을 때에는 그 직무를 대행한다.

04 지방하급경찰조직 – 경찰서, 지구대·파출소 ✿✿✿

경찰서·지구대·파출소

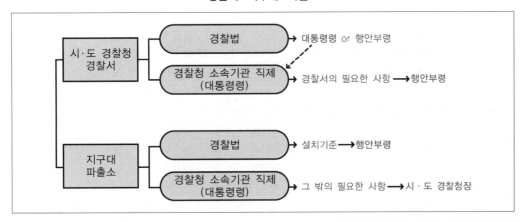

소속		① 시·도경찰청장의 소관사무를 분장하기 위하여 **시·도경찰청장 소속**으로 258개 경찰서의 범위에서 경찰서를 둔다. ② 경찰법: 시·도경찰청 및 경찰서의 명칭, 위치, 관할구역, 하부조직, 공무원의 정원, 그 밖에 필요한 사항은 정부조직법 제2조 제4항 및 제5항을 준용하여 대통령령 또는 행정안전부령으로 정한다. ③ 경찰청과 그 소속기관 직제: **경찰서**의 하부조직, 위치 및 관할구역과 그 밖에 필요한 사항은 **행정안전부령**으로 정한다.
경찰서장	신분	경찰서에 경찰서장을 두며, 경찰서장은 경무관(警務官), 총경(總警) 또는 경정(警正)으로 보한다.
	지휘·감독	경찰서장은 시·도경찰청장의 지휘·감독을 받아 관할구역의 소관 사무를 관장하고 소속 공무원을 지휘·감독한다.
지구대·파출소·출장소	경찰법	① 경찰서장 소속으로 지구대 또는 파출소를 두고, 그 설치기준은 치안수요·교통·지리 등 관할구역의 특성을 고려하여 **행정안전부령**으로 정한다. 다만, 필요한 경우에는 출장소를 둘 수 있다. ② 시·도자치경찰위원회는 정기적으로 경찰서장의 자치경찰사무 수행에 관한 평가결과를 경찰청장에게 통보하여야 하며 경찰청장은 이를 **반영하여야 한다.**
	경찰청과 그 소속기관 직제 (대통령령)	① **시·도경찰청장**은 경찰서장의 소관사무를 분장하기 위하여 행정안전부령으로 정하는 바에 따라 **경찰청장의 승인**을 받아 지구대 또는 파출소를 둘 수 있다. ② **시·도경찰청장**은 사무분장이 임시로 필요한 경우에는 출장소를 둘 수 있다. 이 경우 시·도경찰청장은 출장소를 설치한 때에는 **경찰청장에게 보고하여야 한다**(경찰청과 그 소속기관 조직 및 정원관리 규칙 제10조 제3항). ③ **지구대·파출소 및 출장소**의 명칭·위치 및 관할구역과 그 밖에 필요한 사항은 **시·도경찰청장**이 정한다.

기출 OX

02 지구대·파출소 및 출장소의 명칭·위치 및 관할구역과 기타 필요한 사항은 관할 경찰서장이 정한다.

18. 승진 ( )

정답 02 ✕

05 국가경찰위원회 ★★★★

의의		국가경찰의 **민주적 운영**과 **정치적 중립을 확보**하기 위하여 경찰의 중요한 정책결정에 참여하기 위해 설치한 경찰통제기관
소속		① **행정안전부**에 국가경찰위원회를 두고, 국가경찰위원회의 사무는 **경찰청**에서 수행한다. ② **법적 근거**: 국가경찰과 자치경찰의 조직 및 운영에 관한 법률 및 이 법에 규정된 것 외에 국가경찰위원회의 운영 및 심의·의결사항의 구체적 범위, 재의요구 등에 필요한 사항은 **대통령령**으로 정한다.
성격		합의제 행정기관 + **심의 및 의결기관**(행정관청 ×)
구성	위원수	① 위원장 1명을 포함한 **7명**으로 구성한다. ② 위원장 및 5명의 위원은 비상임, **1명의 위원은 상임**으로 한다. ③ 1명의 상임위원은 **정무직**으로 한다.
	위원장	① 위원장은 **비상임위원** 중에 **호선**한다. ② 위원장 유고시에는 **상임위원**, 위원 중 **연장자순**으로 위원장의 직무를 대행한다.
위원	임명	① 행정안전부장관의 제청으로 국무총리를 거쳐 대통령이 임명한다. ② 행정안전부장관은 위원 임명을 제청할 때 정치적 중립이 보장되도록 하여야 한다. ③ 위원 중 **2명**은 법관의 자격이 있는 사람이어야 한다. ④ 위원은 특정 성(性)이 10분의 6을 초과하지 아니하도록 **노력하여야 한다**.
	결격사유	① 정당의 당원이거나 **당**적을 이탈한 날부터 **3년**이 지나지 아니한 사람 ② 선거에 의해 취임하는 공직에 있거나 **공**직에서 퇴직한 날부터 **3년**이 지나지 아니한 사람 ③ **경**찰, **검**찰, **국**가정보원 직원 또는 **군**인의 직에 있거나 그 직에서 퇴직한 날부터 **3년**이 지나지 아니한 사람 ④ 국가공무원법 제33조 각 호의 어느 하나에 해당하는 사람. 다만, 국가공무원법 제33조 제2호 및 제5호에 해당하는 경우에는 같은 법 제69조 제1호 단서에 따른다.
	당연퇴직	위원이 된 후 결격사유에 해당하면 당연퇴직된다.
	임기	위원장 및 위원의 임기는 **3년, 연임할 수 없다**. 보궐위원의 임기는 **전임자의 잔여기간**으로 한다.
	신분보장(면직)	① 중대한 심신상 장애로 직무수행이 불능한 때를 제외하고 본인의 의사에 반해 면직되지 아니한다. ② 위원이 중대한 심신상의 장애로 직무를 수행할 수 없게 되어 면직하는 경우에도 **국가경찰위원회의 의결**이 있어야 한다. ③ 이러한 면직의결요구는 위원장 또는 행정안전부장관이 한다.

: 두문자
국·군·검·경·공·당 3년

회의	정기회의	매월 2회 위원장이 소집한다.
	임시회의	위원장은 필요한 경우에, **위원 3인 이상**이나 행정안전부장관 또는 경찰청장이 위원장에게 임시회의 소집을 요구할 수 있다.
	의견청취 등	① 위원장은 위원회의 심의를 위하여 필요한 경우에는 관계공무원 또는 관계전문가의 출석·발언이나 자료의 제출을 요구할 수 있다. ② 위원장은 위원회의 심의를 위하여 필요한 경우에는 관계 경찰공무원에게 필요한 사항의 보고를 요구할 수 있으며, 그 관계 경찰공무원은 성실히 이에 응하여야 한다. ③ 위원회에 출석한 관계공무원 또는 관계전문가에 대하여는 예산의 범위 안에서 수당과 여비를 지급할 수 있다. 다만, 공무원이 그 소관업무와 직접적으로 관련되어 출석하는 경우에는 그러하지 아니한다.
의결 정족수		재적위원 과반수의 출석과 출석위원 과반수의 찬성으로 의결한다.
간사		① 위원회에 간사 **1인**을 두되, 간사는 경찰청 소속 **과장급** 경찰공무원 중에서 **경찰청장**이 지명한다. ② 간사는 위원장의 명을 받아 다음 사항을 처리한다. 　㉠ 의안의 작성 　㉡ 회의진행에 필요한 준비 　㉢ 회의록 작성과 보관 　㉣ 기타 위원회의 사무
심의 및 의결사항		① 국가경찰사무에 관한 인사, 예산, 장비, 통신 등에 관한 **주요정책** 및 경찰업무 발전에 관한 사항 ② **인권**보호와 관련되는 국가경찰의 운영·개선에 관한 사항 ③ 국가경찰사무 담당 공무원의 **부패** 방지와 청렴도 향상에 관한 주요 정책사항 ④ **국가경찰사무 외**에 다른 국가기관으로부터의 **업무협조요청**에 관한 사항 ⑤ 제주특별자치도의 **자치**경찰에 대한 경찰의 지원·협조 및 협약체결의 조정 등에 관한 주요 정책사항 ⑥ 제18조에 따른 시·도자치경찰위원회 위원 추천, 자치경찰사무에 대한 주요 법령·정책 등에 관한 사항, 제25조 제4항에 따른 시·도자치경찰위원회 의결에 대한 **재의요구**에 관한 사항 ⑦ 국민의 생명·신체 및 재산을 보호하고 공공의 안녕과 질서유지에 필요한 **시책** 수립에 관한 사항 ⑧ 제32조에 따른 **비상**사태 등 전국적 치안유지를 위한 경찰청장의 지휘·명령에 관한 사항 ⑨ 그 밖에 **행정안전부장관** 및 **경찰청장**이 중요하다고 인정하여 국가경찰위원회의 회의에 부친 사항
재의요구		① 행정안전부장관은 경찰위원회가 심의·의결된 내용이 적정하지 아니하다고 판단할 때에는 의결된 날로부터 **10일 이내**에 재의를 요구할 수 있다. ② 위원장은 재의요구를 받은 날부터 **7일 이내** 다시 의결하여야 한다.
운영세칙		이 영에 규정된 사항 외에 위원회의 운영을 위하여 필요한 사항은 위원회의 의결을 거쳐 **위원장**이 정한다.

06 시·도자치경찰위원회 ✐✐✐✐

의의	① 자치경찰사무를 관장하게 하기 위하여 **시·도지사 소속**으로 시·도자치경찰위원회를 둔다. 다만, 시·도에 2개의 시·도경찰청을 두는 경우 시·도지사 소속으로 2개의 시·도자치경찰위원회를 둘 수 있다. ② 시·도자치경찰위원회는 **합의제 행정기관**으로서 그 권한에 속하는 업무를 **독립적으로** 수행한다. ③ ①의 단서에 따라 2개의 시·도자치경찰위원회를 두는 경우 해당 시·도자치경찰위원회의 명칭, 관할구역, 사무분장, 그 밖에 필요한 사항은 **대통령령**으로 정한다.
소속	① **시·도지사 소속**하에 설치한다. ② 시·도자치경찰위원회의 업무와 관련하여 시·도지사는 정치적 목적이나 개인적 이익을 위해 관여하여서는 아니 된다. ③ **법적 근거**: 국가경찰과 자치경찰의 조직 및 운영에 관한 법률 및 이 그 밖에 시·도자치경찰위원회의 운영 등에 필요한 사항은 대통령령으로 정하는 기준에 따라 **시·도 조례**로 정한다.
성격	합의제 행정관청(의결 또는 자문기관 ×)

구성		
	위원수	① 위원장 1명을 포함한 **7명**으로 구성한다. ② 위원장과 1명의 위원은 **상임**으로 하고, 5명의 위원은 비상임으로 한다.
	위원장	① 시·도자치경찰위원회 위원장은 위원 중에서 **시·도지사**가 임명하고, 상임위원은 시·도자치경찰위원회의 의결을 거쳐 위원 중에서 위원장의 제청으로 **시·도지사**가 임명한다. 이 경우 위원장과 상임위원은 지방자치단체의 공무원으로 한다. ② 시·도자치경찰위원회 위원장은 시·도자치경찰위원회를 대표하고 회의를 주재하며 시·도자치경찰위원회의 의결을 거쳐 업무를 수행한다. ③ 시·도자치경찰위원회 위원장이 부득이한 사유로 직무를 수행할 수 없을 때에는 **상임위원**, 시·도자치경찰위원회 위원 중 **연장자순**으로 그 직무를 대행한다.
	위원	① 위원은 정치적 중립을 지켜야 하며, 권한을 남용하여서는 아니 된다. ② 위원은 특정 성(性)이 10분의 6을 초과하지 아니하도록 **노력하여야 한다**. ③ 위원 중 1명은 인권문제에 관하여 전문적인 지식과 경험이 있는 사람이 임명될 수 있도록 **노력하여야 한다**. ④ 공무원이 아닌 위원에 대하여는 **지방공무원법** 제52조(**비밀엄수의무**), 제57조(**정치운동금지의무**)를 준용한다. ⑤ 공무원이 아닌 위원은 그 소관사무와 관련하여 형법이나 그 밖의 법률에 따른 벌칙을 적용할 때에는 공무원으로 본다.
	자격과 임명절차	① 시·도자치경찰위원회 위원은 다음 각 호의 사람을 시·도지사가 임명한다. 　㉠ 시·도의회가 추천하는 **2명** 　㉡ 국가경찰위원회가 추천하는 1명 　㉢ 해당 시·도 교육감이 추천하는 1명 　㉣ 시·도자치경찰위원회 위원추천위원회가 추천하는 **2명** 　㉤ 시·도지사가 지명하는 1명 ② 시·도자치경찰위원회 위원은 다음 각 호의 어느 하나에 해당하는 자격을 갖추어야 한다. 　㉠ **판사·검사·변호사** 또는 **경찰**의 직에 5년 이상 있었던 사람

자격과 임명절차	ⓒ 변호사 자격이 있는 사람으로서 **국가기관** 등에서 법률에 관한 사무에 **5년 이상** 종사한 경력이 있는 사람 ⓒ 대학이나 공인된 연구기관에서 법률학·행정학 또는 경찰학 분야의 **조교수 이상**의 직이나 이에 상당하는 직에 5년 이상 있었던 사람 ⓔ 그 밖에 관할 **지역주민** 중에서 지방자치행정 또는 경찰행정 등의 분야에 경험이 풍부하고 학식과 덕망을 갖춘 사람 ③ 그 밖에 위원의 임명방법 등에 관하여 필요한 사항은 대통령령으로 정하는 기준에 따라 시·도조례로 정한다.	

위원추천	① 시·도지사는 시·도자치경찰위원회 위원(이하 '위원'이라 한다)의 임기가 만료되는 때에는 그 **임기가 만료되기 30일 전**까지 시·도의회, 국가경찰위원회, 해당 시·도교육감, 시·도자치경찰위원회 위원추천위원회(이하 '추천권자'라 한다)에 대하여 위원으로 임명할 사람의 **추천을 요청하여야 한다.** ② 시·도지사는 위원 중 결원이 생긴 때에는 지체 없이 해당 위원의 추천권자에 대하여 위원으로 임명할 사람의 추천을 요청하여야 한다.
결격 사유	① 다음의 어느 하나에 해당하는 사람은 위원이 될 수 없다. ⓖ 정당의 당원이거나 **당적**을 이탈한 날부터 **3년**이 지나지 아니한 사람 ⓗ **선거**에 의하여 취임하는 공직에 있거나 그 공직에서 퇴직한 날부터 **3년**이 지나지 아니한 사람 ⓘ **경찰, 검찰, 국가정보원** 직원 또는 군인의 직에 있거나 그 직에서 퇴직한 날부터 **3년**이 지나지 아니한 사람 ⓙ 국가 및 지방자치단체의 **공무원**(국립 또는 공립대학의 조교수 이상의 직에 있는 사람은 **제외**한다. 이하 이 조에서 같다)이거나 공무원이었던 사람으로서 퇴직한 날부터 **3년**이 지나지 아니한 사람. 다만, 위원장과 상임위원이 지방자치단체의 공무원이 된 경우에는 당연퇴직하지 아니한다. ⓚ 지방공무원법 제31조 각 호의 어느 하나에 해당하는 사람. 다만, 지방공무원법 제31조 제2호 및 제5호에 해당하는 경우에는 같은 법 제61조 제1호 단서에 따른다. ② 위원이 위의 어느 하나에 해당한 경우에는 당연퇴직한다.
임기	① 시·도자치경찰위원회 위원장과 위원의 임기는 **3년**으로 하며, 연임(連任)할 수 없다. ② 보궐위원의 임기는 전임자 임기의 남은 기간으로 하되, 전임자의 남은 임기가 **1년 미만인 경우** 그 보궐위원은 제1항에도 불구하고 **1회에 한하여 연임**할 수 있다.
면직	위원은 중대한 신체상 또는 정신상의 장애로 직무를 수행할 수 없게 된 경우를 제외하고는 그 의사에 반하여 면직되지 아니한다.

의결 정족수	재적위원 과반수의 출석과 출석위원 과반수의 찬성으로 의결한다.
회의 및 운영	① **정기회의**: 시·도자치경찰위원회의 정기회의는 특별한 사유가 있는 경우를 제외하고는 **월 1회 이상** 개최한다. ② **임시회의**: 위원장이 필요하다고 인정하는 경우, 위원 **2명** 이상이 요구하는 경우 및 시·도지사가 필요하다고 인정하는 경우에는 임시회의를 개최할 수 있다. ③ 시·도자치경찰위원회는 회의 안건과 관련된 이해관계인이 있는 경우 그 의견을 듣거나 회의에 참석하게 할 수 있다.

	④ 시·도자치경찰위원회 위원장은 회의를 소집하려면 회의 개최 **3일** 전까지 일시·장소 및 안건 등을 위원에게 알려야 한다. 다만, 긴급한 사정이나 그밖의 부득이한 사유가 있는 경우에는 그러하지 아니한다. ⑤ 시·도자치경찰위원회의 위원 중 공무원이 아닌 위원에게는 예산의 범위 안에서 직무활동에 필요한 비용 등을 지급할 수 있다. ⑥ 시·도자치경찰위원회는 회의의 효율적 운영을 위하여 필요한 경우 **서면**으로 심의·의결하거나 **원격영상회의 방식**으로 할 수 있다. 이 경우 서면으로 심의·의결할 수 있는 대상과 원격영상회의의 운영 등에 관한 사항은 해당 **시·도의 조례**로 정한다. ⑦ ①에 따라 시·도자치경찰위원회의 회의를 원격영상회의 방식으로 하는 경우 해당 회의에 참석한 위원은 동일한 회의장에 출석한 것으로 본다. ⑧ 그 밖에 시·도자치경찰위원회의 운영 등에 필요한 사항은 대통령령으로 정하는 기준에 따라 시·도조례로 정한다.
심의 및 의결사항	① 자치경찰사무에 관한 목표의 수립 및 평가 ② 자치경찰사무에 관한 인사, 예산, 장비, 통신 등에 관한 주요정책 및 그 운영지원 ③ 자치경찰사무 담당 공무원의 임용, 평가 및 인사위원회 운영 ④ 자치경찰사무 담당 공무원의 부패방지와 청렴도 향상에 관한 주요 정책 및 인권침해 또는 권한남용 소지가 있는 규칙, 제도, 정책, 관행 등의 개선 ⑤ 국민의 생명·신체 및 재산을 보호하고 공공의 안녕과 질서유지에 필요한 시책 수립에 관한 사항 ⑥ 제28조 제2항에 따른 시·도경찰청장의 임용과 관련한 경찰청장과의 협의, 제30조 제4항에 따른 평가 및 결과 통보 ⑦ 자치경찰사무 감사 및 감사의뢰(**직접감사 ○**) ⑧ 자치경찰사무 담당 공무원의 주요 비위사건에 대한 감찰요구(**직접감찰 ×**) ⑨ 자치경찰사무 담당 공무원에 대한 징계요구 ⑩ 자치경찰사무 담당 공무원의 고충심사 및 사기진작 ⑪ 자치경찰사무와 관련된 중요사건·사고 및 현안의 점검 ⑫ 자치경찰사무에 관한 규칙의 제정·개정 또는 폐지 ⑬ 지방행정과 치안행정의 업무조정과 그 밖에 필요한 협의·조정 ⑭ 제32조에 따른 비상사태 등 전국적 치안유지를 위한 경찰청장의 지휘·명령에 관한 사무 ⑮ 국가경찰사무·자치경찰사무의 협력·조정과 관련하여 **경찰청장(시·도경찰청장 ×)과 협의** ⑯ **국가경찰위원회**에 대한 심의·조정요청 ⑰ 그 밖에 **시·도지사, 시·도경찰청장**이 중요하다고 인정하여 시·도자치경찰위원회의 회의에 부친 사항에 대한 심의·의결
재의요구 및 재의결	① **시·도지사**는 제1항에 관한 시·도자치경찰위원회의 **의결이 적정하지 아니하다고** 판단할 때에는 재의를 요구할 수 있다. ② 위원회의 의결이 **법령에 위반되거나 공익을 현저히 해친다고** 판단되면 ㉠ **행정안전부장관**은 미리 경찰청장의 의견을 들어 국가경찰위원회를 거쳐 시·도지사에게 ①의 재의를 요구하게 할 수 있고, ㉡ **경찰청장**은 국가경찰위원회와 행정안전부장관을 거쳐 시·도지사에게 재의를 요구하게 할 수 있다. ③ 시·도자치경찰위원회의 위원장은 재의요구를 받은 날부터 **7일 이내**에 회의를 소집하여 재의결하여야 한다. 이 경우 **재적위원 과반수의 출석**과 **출석위원 3분의 2 이상의 찬성**으로 전과 같은 의결을 하면 그 의결사항은 확정된다.

사무기구	① 시·도자치경찰위원회의 사무를 처리하기 위하여 시·도자치경찰위원회에 필요한 사무기구를 둔다. ② 사무기구에는 지방자치단체에 두는 국가공무원의 정원에 관한 법률에도 불구하고 대통령령으로 정하는 바에 따라 경찰공무원을 두어야 한다. ③ 사무기구의 조직·정원·운영 등에 관하여 필요한 사항은 **경찰청장의 의견**을 들어 대통령령으로 정하는 기준에 따라 시·도조례로 정한다.
시·도자치 경찰위원회 위원구성 협의체	① 법 제19조 제2항 및 제3항에 따른 사항을 포함한 시·도자치경찰위원회의 위원 구성에 관한 사항 등을 미리 협의하기 위하여 시·도에 **시·도자치경찰위원회 위원구성협의체를 둘 수 있다.** ② ①에 따른 시·도자치경찰위원회 위원구성협의체의 구체적인 구성·운영에 관한 사항은 **시·도 조례**로 정한다
자치 경찰의 지원과 예산	① 국가는 지방자치단체가 이관받은 사무를 원활히 수행할 수 있도록 인력, 장비 등에 소요되는 비용에 대하여 재정적 지원을 하여야 한다. ② 자치경찰사무의 수행에 필요한 예산은 시·도자치경찰위원회의 심의·의결을 거쳐 **시·도지사**가 수립한다. 이 경우 시·도자치경찰위원회는 **경찰청장(시·도경찰청장 ×)의** 의견을 들어야 한다. ③ 시·도지사는 자치경찰사무 담당 공무원에게 조례에서 정하는 예산의 범위 내에서 재정적 지원 등을 할 수 있다. ④ 시·도의회는 관련 예산의 효율적인 관리를 위해 의결을 통해 자치경찰사무에 대해 시·도자치경찰위원장의 출석 및 자료 제출을 요구할 수 있다.
특례	시범운영 제주 ① 제주 자치경찰은 폐지하지 않고, 이원화 모델을 그대로 유지한다. ② 제주 자치경찰위원회에서 제주도경찰청의 자치경찰사무를 담당하는 경찰과 제주도지사에 속하는 자치경찰을 모두 지휘·감독한다.

국가경찰위원회와 시·도자치경찰위원회의 비교

구분	국가경찰위원회	시·도자치경찰위원회
소속	행정안전부	시·도지사
법적 성격	의결기관	**합의제 행정관청**
위임규정	대통령령	대통령령 및 시·도조례
구성	7명	
임기	3년, 연임 불가 (단, 시·도자치경찰위원회의 보궐위원만 잔여임기가 1년 미만인 경우 1번 연임 가능)	
성비	위원은 특정 성(性)이 10분의 6을 초과하지 아니하도록 노력하여야 한다.	
면직	위원은 중대한 신체상 또는 정신상의 장애로 직무를 수행할 수 없게 된 경우를 제외하고는 그 의사에 반하여 면직되지 아니한다.	
의결	재적위원 과반수의 출석과 출석위원 과반수의 찬성으로 의결한다.	
위원장	비상임위원 중에서 **호선**	시·도지사 임명
직무대행	상임위원 ➡ 연장자순	
위원	① 상임위원 1명 ➡ 정무직 ② 2명은 법관의 자격(의무)	① 상임위원 **2명**(위원장과 상임위원 1명) ➡ 지방공무원 ② 1명은 인권 전문가가 임명되도록 노력 (의무 ×)

위원의 자격	없음	① 판사·검사·변호사 또는 경찰의 직에 5년 이상 있었던 사람 ② 변호사 자격이 있는 사람으로서 국가기관 등에서 법률에 관한 사무에 5년 이상 종사한 경력이 있는 사람 ③ 대학이나 공인된 연구기관에서 법률학·행정학 또는 경찰학 분야의 조교수 이상의 직이나 이에 상당하는 직에 5년 이상 있었던 사람 ④ 그 밖에 관할 지역주민 중에서 지방자치행정 또는 경찰행정 등의 분야에 경험이 풍부하고 학식과 덕망을 갖춘 사람
결격사유	① 정당의 당원이거나 당적을 이탈한 날부터 3년이 지나지 아니한 사람 ② 선거에 의해 취임하는 공직에 있거나 공직에서 퇴직한 날부터 3년이 지나지 아니한 사람 ③ 경찰, 검찰, 국가정보원 직원 또는 군인의 직에 있거나 그 직에서 퇴직한 날부터 3년이 지나지 아니한 사람 ④ 국가공무원법 제33조 각 호의 어느 하나에 해당하는 사람. 다만, 국가공무원법 제33조 제2호 및 제5호에 해당하는 경우에는 같은 법 제69조 제1호 단서에 따른다.	① 정당의 당원이거나 당적을 이탈한 날부터 3년이 지나지 아니한 사람 ② 선거에 의하여 취임하는 공직에 있거나 그 공직에서 퇴직한 날부터 3년이 지나지 아니한 사람 ③ 경찰, 검찰, 국가정보원 직원 또는 군인의 직에 있거나 그 직에서 퇴직한 날부터 3년이 지나지 아니한 사람 ④ 국가 및 지방자치단체의 공무원(국립 또는 공립대학의 조교수 이상의 직에 있는 사람은 제외한다)이거나 공무원이었던 사람으로서 퇴직한 날부터 3년이 지나지 아니한 사람. 다만, 위원장과 상임위원이 지방자치단체의 공무원이 된 경우에는 당연퇴직하지 아니한다. ⑤ 지방공무원법 제31조 각 호의 어느 하나에 해당하는 사람. 다만, 지방공무원법 제31조 제2호 및 제5호에 해당하는 경우에는 같은 법 제61조 제1호 단서에 따른다.
정기회의	**월 2회**	**월 1회 이상**
임시회의	위원 **3인** 이상이나 행정안전부장관 또는 경찰청장의 요구	위원 **2인** 이상 및 위원장 또는 시·도지사가 필요하다고 인정하는 경우
재의 요구	행정안전부장관은 의결된 날로부터 **10일** 이내에 재의를 요구 ➡ 위원장은 재의요구를 받은 날로부터 **7일** 이내 재의결	① 시·도지사의 재의요구(**기간의 제한 ×**) ➡ 시·도자치경찰위원회 ② 행정안전부장관 또는 경찰청장의 재의요구 ➡ 시·도지사 ③ 시·도자치경찰위원회는 **7일** 이내에 재적위원 과반수 출석, **출석위원 3분의 2 이상의 찬성**으로 재의결

07 시·도자치경찰위원회 위원추천위원회 ✿✿

시·도 자치 경찰위원회 위원추천위원회

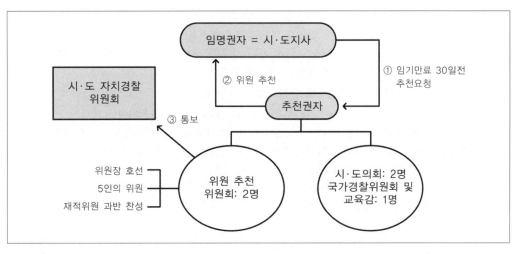

의의 및 소속	① 시·도자치경찰위원회 위원추천을 위하여 **시·도지사 소속**으로 시·도자치경찰위원회 위원추천위원회를 둔다. ② 시·도자치경찰위원회 위원추천위원회 위원의 수, 자격, 구성, 위원회 운영 등에 관하여 필요한 사항은 **대통령령**으로 정한다.	
구성	위원수	① 위원장 1명을 포함하여 **5명**의 위원으로 구성한다. ② 시·도지사는 시·도자치경찰위원회 위원추천위원회에 각계각층의 관할 지역주민의 의견이 수렴될 수 있도록 위원을 구성하여야 한다.
	위원장	① 추천위원회 위원장은 추천위원 중에서 **호선**한다. ② 추천위원회 위원장은 추천위원회를 대표하며, 추천위원회 회의를 주재하고 업무를 총괄한다. ③ 추천위원회 위원장이 부득이한 사유로 직무를 수행할 수 없는 경우에는 **시·도지사가 지명하는 추천위원**이 그 직무를 대행한다.
위원	임명	① 추천위원은 다음에 해당하는 사람을 시·도지사가 임명하거나 위촉한다. 　㉠ 지방자치법 시행령 제102조 제3항에 따라 각 시·도별로 두는 시·군·자치구의회의 의장 전부가 참가하는 지역협의체가 추천하는 1명 　㉡ 지방자치법 시행령 제102조 제3항에 따라 각 시·도별로 두는 시장·군수·자치구의 구청장 전부가 참가하는 지역협의체가 추천하는 1명 　㉢ 재직 중인 경찰공무원이 아닌 사람 중에서 경찰청장이 추천하는 1명 　㉣ 시·도경찰청의 소재지를 관할하는 지방법원장이 추천하는 1명 　㉤ 시·도 본청 소속 기획담당실장 ② 세종특별자치시와 제주특별자치도의 추천위원은 해당 시·도의 의회 및 교육감이 각각 1명씩 추천한다.
	비밀엄수 의무 등	추천위원 또는 추천위원이었던 사람은 직무상 알게 된 비밀을 누설하거나 심사와 관련된 개인 의견을 외부에 공표하여서는 아니 된다.

회의	회의소집	① 추천위원회는 시·도지사 또는 추천위원 3분의 1 이상이 요청하거나 추천위원회 위원장이 필요하다고 인정할 때 추천위원회 회의를 소집하고 그 의장이 된다. ② 추천위원회 위원장이 회의를 소집하려면 회의 개최 3일 전까지 회의의 일시·장소 및 안건 등을 각 추천위원에게 알려야 한다. 다만, 긴급한 사정이나 그 밖에 부득이한 사유가 있는 경우에는 그러하지 아니하다. ③ 추천위원회 회의는 공개하지 않는다.
	의결	**재적위원 과반수의 찬성**으로 의결한다.
위원추천		① 시·도자치경찰위원회 위원추천을 위한 심사대상자는 **추천위원**이 제시한다. ② ①에 따라 각 추천위원이 제시하는 심사대상자의 **수**는 추천위원회에서 **의결**로 정한다. ③ 추천위원회는 심사대상자에 대하여 자격요건 충족 여부 및 결격사유 유무 등의 심사에 필요한 자료의 제출을 요구할 수 있다. ④ 추천위원회는 법 제20조 제2항에 따른 자격요건을 갖추고 같은 조 제7항 각 호의 결격사유가 없는 심사대상자 중에서 가장 적합하다고 인정하는 사람을 시·도지사에게 서면으로 추천하여야 한다. ⑤ 추천위원회는 ④에 따라 위원을 추천하였을 때에는 그 결과를 즉시 시·도자치경찰위원회에 통보하여야 한다. ⑥ 추천위원회는 ⑤에 따라 위원을 추천할 때에는 **특정 성(性)에 치우치지 않게 추천할 수 있도록 노력해야 한다.** ⑦ 추천위원회는 ④에 따른 추천과 ⑤에 따른 통보를 완료한 때에 해산된 것으로 본다.

:두문자

승·인·보·추

:두문자

국경위, 시·경위, 추천위원회 ➡ 성비규정은 모두 노력 규정

위원회 정리

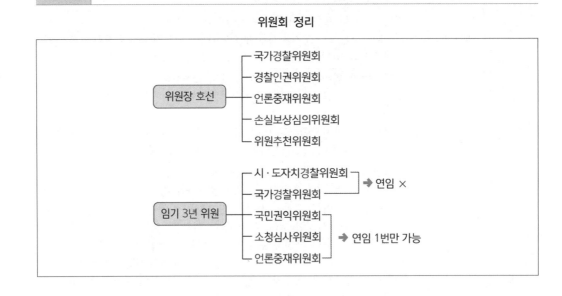

:두문자

경·인·언·손·추

:두문자

경·국·소·언

08 경찰행정기관 상호간의 관계

1. 권한의 위임과 대리 ✿✿✿✿

(1) 권한의 위임과 대리의 개념

권한의 위임		① 상급경찰관청(위임청)이 법률에 근거하여 자신의 **권한 중 일부**를 그 보조기관 또는 하급경찰기관(수임청)게 맡겨 그의 권한과 책임 아래 행사하도록 하는 것을 말한다. ② 위임청은 그 권한을 상실하며, 수임청이 자기의 이름과 책임으로 그 권한을 행사한다.
권한의 대리	의의	① 상급경찰관청(피대리관청)이 **권한의 전부 또는 일부**를 보조기관 또는 하급경찰기관(대리기관)이 **피대리관청을 위한 것임을 표시**하고 자기의 명의로 권한을 행사하여, 그 행위가 피대리관청의 행위로서 법률상 효과가 발생하는 것을 말한다. ② 피대리관청의 권한이 이전되지 않으며, **현명주의**가 적용되어 대리행위가 피대리관청에게 귀속된다는 특징을 갖는다.
	임의대리	피대리관청의 수권에 의하여 대리관계가 발생하는 경우로 **수권대리**라고도 한다.
	법정대리	① 피대리관청의 수권이 아닌 일정한 법정사실이 발생하였을 때 **직접 법령의 규정에 의하여 성립하는 대리**를 말한다. ② 법정대리는 협의의 법정대리와 지정대리로 나누어진다. 　㉠ **협의의 법정대리**: 법령에 대리기관이 명시되어 법률상 당연히 대리권이 발생하는 경우(예 경찰청장 유고시 법령상 규정된 차장이 직무를 대행) 　㉡ **지정대리**: 법정사실이 발생한 경우 일정한 자에 의한 대리자의 지정행위가 있어야 대리관계가 성립하는 경우(예 손실보상심의위원회 위원장의 유고시 위원장이 미리 지정한 자가 직무를 대행)

(2) 권한의 위임과 대리의 비교

구분	권한의 위임	권한의 대리	
		법정대리	임의대리
권한의 이전	○	×	
법적 근거	법적 근거 필요 ○		법적 근거 필요 ×
행사범위	① **권한의 일부만 가능** ② 전부·본질적 사항의 위임은 ×	권한의 전부대리	권한의 일부대리
지휘 및 감독	가능	불가능	가능
상대방	주로 **하급관청**	주로 **보조기관**	
법률효과의 귀속주체	수임기관에게 귀속	피대리기관에게 귀속	
권한행사의 명의	수임기관의 명의로 행사	대리기관의 명의로 하되, 피대리기관을 위한 것임을 현명해야 함	

책임	수임기관	대리기관의 책임	① **내부적**으로는 대리기관의 책임 ② **외부적**으로는 피대리기관의 책임
피고적격	수임기관	① 원칙: **피대리기관** ② 예외(자신의 명의로 권한을 행사한 경우): **대리관청**	
비용부담	위임기관	피대리기관	
복대리 · 재위임	가능		불가능

(3) 내부위임과 대결 ✿✿✿

구분	내부위임(대결)	위임전결
의의	① 경찰행정관청이 자신의 권한을 실질적으로 하급경찰기관에게 위임하면서 대외적으로는 위임자의 명의로 권한을 행사하게 하는 것을 **내부위임**이라 한다. ② 결재권자가 휴가 · 출장 등의 사유로 일시부재시에 보조기관으로 하여금 자신을 대신하여 외부에 표시 없이 결재하게 하는 것을 특히 **대결**이라고 한다.	행정관청이 그 보조기관에 사무처리에 관한 결정을 맡기지만 외부에 대한 관계에서만 본래의 행정청의 이름으로 표시하는 경우를 말한다.
내부위임 여부	○	×
공통점 (위임과의 차이점)	① 둘 다 권한 자체는 위임기관에게 있고 권한의 이전은 없다. ② 따라서 위임기관의 명의로 수임기관이 권한을 행사한다(대리와도 구별). ③ 양자 모두 **법률의 근거를 요하지 않는다.**	

⚖️판례 | 내부위임 관련 판례

1 내부위임의 경우 수임청 명의로 행해진 처분은 무효라는 판례

행정기관이 하부기관에 대하여 소관권한을 내부위임 하였을 경우에는 수임기관은 위임기관의 명의로서 처분하여야 한다. 체납취득세에 대한 압류처분권한은 도지사로부터 시장에게 권한위임된 것이고 시장으로부터 압류처분권한을 내부위임받은 데 불과한 구청장으로서는 시장 명의로 압류처분을 대행처리할 수 있을 뿐이고 자신의 명의로 이를 할 수 없다 할 것이므로 구청장이 자신의 명의로 한 압류처분은 권한 없는 자에 의하여 행하여진 **위법무효**의 처분이다(대판 1993.5.27, 93누6621).

2 위임청 명의로 행해졌으나 전결규정을 위반한 자의 처분은 위법무효가 아니라는 판례

전결과 같은 행정권한의 내부위임은 법령상 처분권자인 행정관청이 내부적인 사무처리의 편의를 도모하기 위하여 그의 보조기관 또는 하급 행정관청으로 하여금 그의 권한을 사실상 행사하게 하는 것으로서 법률이 위임을 허용하지 않는 경우에도 인정되는 것이므로, 설사 행정관청 내부의 사무처리규정에 불과한 **전결규정**에 위반하여 원래의 전결권자 아닌 보조기관 등이 처분권자인 행정관청의 이름으로 행정처분을 하였다고 하더라도 그 처분이 권한 없는 자에 의하여 행하여진 **무효의 처분**이라고는 할 수 없다(대판 1998.2.27, 97누1105).

(4) 행정권한의 위임 및 위탁에 관한 규정

용어 정의 (제2조)	① '위임'이란 법률에 규정된 행정기관의 장의 권한 중 일부를 그 보조기관 또는 하급행정기관의 장이나 지방자치단체의 장에게 맡겨 그의 권한과 책임 아래 행사하도록 하는 것을 말한다. ② '위탁'이란 법률에 규정된 행정기관의 장의 권한 중 일부를 **다른 행정기관의 장**에게 맡겨 그의 권한과 책임 아래 행사하도록 하는 것을 말한다.
위임 및 위탁의 기준 (제3조)	행정기관의 장은 행정권한을 위임 및 위탁할 때에는 위임 및 위탁하기 전에 수임기관의 수임능력 여부를 점검하고, 필요한 인력 및 예산을 이관하여야 한다.
위임 및 위탁사무의 처리 (제5조)	수임 및 수탁기관은 수임 및 수탁사무를 처리할 때 법령을 준수하고, 수임 및 수탁사무를 성실히 수행하여야 한다.
지휘·감독 (제6조)	위임 및 위탁기관은 수임 및 수탁기관의 수임 및 수탁사무처리에 대하여 지휘·감독하고, 그 처리가 **위법하거나 부당**하다고 인정될 때에는 이를 취소하거나 정지시킬 수 있다.
사전승인의 제한 (제7조)	수임 및 수탁사무의 처리에 관하여 위임 및 위탁기관은 수임 및 수탁기관에 대하여 사전승인을 받거나 협의를 할 것을 **요구할 수 없다.**
책임의 소재 및 명의 표시 (제8조)	① 수임 및 수탁사무의 처리에 관한 책임은 수임 및 수탁기관에 있으며, **위임 및 위탁기관의 장은 그에 대한 감독책임을 진다.** ② 수임 및 수탁사무에 관한 권한을 행사할 때에는 **수임 및 수탁기관의 명의**로 하여야 한다.
위임 및 위탁에 따른 감사 (제9조)	위임 및 위탁기관은 위임 및 위탁사무 처리의 적정성을 확보하기 위하여 필요한 경우에는 수임 및 수탁기관의 수임 및 수탁사무처리상황을 **수시로 감사할 수 있다.**

⊕ PLUS 경찰청 직무대리 운영 규칙(경찰청 훈령)

적용범위 (제2조)	경찰청과 그 소속기관의 직무대리에 관하여는 다른 법령에 특별한 규정이 있는 경우를 제외하고는 이 규칙에 따른다.
소속기관장 등의 직무대리 (제4조)	① 차장을 두지 않은 시·도경찰청장에게 사고가 있을 경우에는 경찰청과 그 소속기관 직제(이하 직제라 한다)에 규정된 순서에 따른 부장이 대리한다. ② 시·도경찰청 차장에게 사고가 있는 경우 직제 및 경찰청과 그 소속기관 직제 시행규칙(이하 직제 시행규칙이라 한다)에 규정된 순서에 따른 부장·과장이 대리한다. ③ 시·도경찰청장과 시·도경찰청 차장이 모두 사고가 발생한 경우 직제 및 직제 시행규칙에 규정된 순서에 따른 부장·과장이 순차적으로 시·도경찰청장과 차장을 각각 직무대리한다. ④ 부속기관장에게 사고가 있을 때에는 직제에 따른 직근 하위 계급의 부·과장이 대리한다.
경찰서장의 직무대리 (제6조)	경찰서장에게 사고가 있을 때에는 직제 시행규칙에서 정한 순서에 따른 직근 하위 계급의 과장이 대리한다.

직무대리의 지정 (제8조)	공무원에게 사고가 발생하였거나 규정된 직무대리가 적절치 않다고 인정되는 경우에는 직무대리지정권자가 해당 공무원의 직근 하위 계급자 중에서 직무의 비중, 능력, 경력 또는 책임도 등을 고려하여 직무대리자를 지정한다.
직무대리의 특례 (제9조)	제8조에도 불구하고 직무대리지정권자는 대리하게 할 업무가 특수하거나 그 밖의 부득이한 사유가 있는 경우, 사고가 발생한 공무원과 동일한 계급자를 직무대리자로 지정할 수 있다.
직무대리의 운영 (제10조)	① 직무를 대리하는 경우 한 사람은 하나의 직위에 대해서만 직무대리를 할 수 있다. ② 제8조에 따라 직무대리를 지정할 때에는 별지 서식에 따른 직무대리 명령서를 직무대리자에게 발급하여야 한다. ③ ②에도 불구하고 사고 기간이 15일 이하인 경우에는 직무대리 명령서의 발급을 생략할 수 있다. 이 경우 직무대리지정권자는 직무대리자로 지정된 사실을 전자인사관리시스템이나 내부통신망 등을 통하여 직무대리자에게 명확하게 통지하여야 한다. ④ 직무대리자는 본래 담당한 직위의 업무를 수행하면서 직무대리 업무를 수행하는 것을 원칙으로 하되, 사고가 발생한 공무원의 직위에 보할 수 있는 승진후보자에게 그 사고가 발생한 공무원의 직무대리를 하게 하는 경우에는 본래 담당한 직위의 업무를 수행하지 아니하고 직무대리 업무만을 수행하게 할 수 있다. ⑤ 직무대리자는 직무대리하여야 할 업무를 다른 공무원에게 다시 직무대리하게 할 수 없다.
직무대리권의 범위 (제11조)	직무대리자는 사고가 발생한 공무원의 모든 권한을 가지며, 그 권한에 상응하는 책임을 진다.

2. 훈령과 직무명령 ✧✧✧✧

훈령과 직무명령

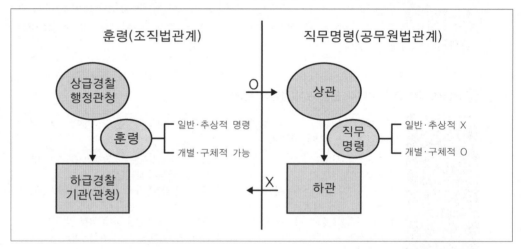

(1) 훈령(권)

의의		상급경찰행정관청이 하급경찰행정관청에 대하여 하급관청의 권한행사를 지휘하기 위하여 발하는 **일반적 · 추상적** 명령
법적 성질		① 국민에 대한 대외적 구속력이 없으므로 **법규성 ✕** ② 양면적 구속력은 인정되지 않고, 내부적 구속력만 갖는다.
법적 근거		법률의 근거 없이도 발할 수 있다.
종류	협의의 훈령	상급관청이 하급관청의 권한행사를 장기간 지휘하기 위하여 발하는 명령
	지시	상급관청이 하급관청에 대해 개별적 · 구체적으로 발하는 명령
	예규	반복적인 경찰사무의 기준을 제시하기 위해 발하는 명령
	일일명령	당직 · 출장 · 휴가 등 일일업무에 관하여 발하는 명령
요건	형식적 요건	① 상급경찰행정관청이 발할 것 ② 하급경찰행정관청의 권한에 속하는 사항일 것 ③ 하급경찰행정관청의 권한행사가 **독립성이 보장된 경우가 아닐 것** ➡ 형식적 심사권이 인정되므로 위반시 복종을 거부할 수 있다.
	실질적 요건	① 내용이 적법 · 타당하며 실현가능하여야 하고 명확할 것 ② 합목적적이고 공익에 적합할 것 ➡ 원칙적으로 실질적 심사권이 인정되지 아니하여, 위반시 복종을 거부할 수 없다. **단, 명백한 위법의 경우에는 복종을 거부할 수 있다.**
위반효과		① 훈령에 위반한 처분은 위법하지 않음 ② 훈령에 위반한 공무원은 징계사유에 해당
훈령의 경합		① 모순되는 둘 이상의 상급관청의 훈령이 충돌하는 경우 **주관 상급관청**의 훈령에 따라야 하고, 주관 상급관청이 서로 상하관계에 있는 때에는 **직근상급관청의** 훈령에 따라야 한다. ② 주관 상급관청이 불명확한 때에는 주관쟁의의 방법으로 해결한다.

(2) 직무명령

의의		상급공무원이 직무에 관하여 하급공무원에게 **개별적 · 구체적으로** 발하는 명령을 말한다.
특징		① 직무명령은 직무에 관한 **직접 관계**된 사항 뿐만 아니라 직무에 **간접적으로 관련**되어 있는 **사생활에 대한 사항에 대해서도 발할 수 있다.** ② 그러나 직무와 전혀 관계 없는 공무원의 사생활까지에 그 효력이 미치지 않는다.
형식적 요건	요건	① 상급공무원이 발할 것 ② 하급공무원의 직무상 범위 내에 속하는 사항일 것 ③ 하급공무원의 **직무행사가 독립성이 보장된 경우가 아닐 것** ④ 법률에 규정된 형식과 절차가 있는 경우 이를 구비하여야 할 것
	심사권	형식적 심사권이 인정되므로 위반시 복종을 거부할 수 있다.
실질적 요건	요건	① 내용이 적법 · 타당하며 실현가능하여야 하고 명확할 것 ② 합목적적이고 공익에 적합할 것
	심사권	원칙적으로 실질적 심사권이 인정되지 아니하여, 위반시 복종을 거부할 수 없다. 단, **명백한 위법**의 경우에는 복종을 거부할 수 있다.

(3) 훈령과 직무명령의 비교 ✗✗✗✗

구분	훈령	직무명령
의의	상급경찰행정관청이 하급경찰행정관청에 대하여 발하는 일반적·추상적 명령(행정조직법관계)	상급공무원이 하급공무원에 발하는 명령(공무원법관계)
대상	하급관청의 소관사무에 관한 권한의 행사	공무원의 직무에 관한 권한행사 + 직무와 관련된 사생활에 관한 사항
효력	① 기관 전체를 구속 ② 기관의 공무원이 교체되어도 여전히 훈령에 효력은 유효하다.	① 공무원 개개인을 구속 ② 기관의 공무원이 교체되면 전임자에 대한 직무명령은 그 효력을 상실한다.
공통점 및 비고	① 대내적 구속력만 가지며, 대외적 구속력 ×, 법규성 × ② 양자 모두 법적 근거를 요하지 않는다. ③ **훈령은 동시에 직무명령의 성질도 가지나, 직무명령은 훈령의 성질을 갖지 못한다.**	

제3절 경찰공무원법

01 경찰공무원의 의의 ✗✗

의의	순경에서부터 치안총감에 이르는 계급을 가진 공무원을 말한다.
비고	① 경찰기관에 근무하는 일반직 공무원 ➡ 경찰공무원 × ② 의무전투경찰순경 ➡ 경찰공무원에 해당하지 않으나 형법상 공무원 및 국가배상법상 공무원에는 해당한다.
적용법률	① 경찰공무원법(특별법) ➡ ② 국가공무원법(일반법)

02 경찰공무원의 분류 ✗✗

: 두문자

일·수·특·보

기출 OX

01 직무명령은 직무와 관련 없는 사생활에는 효력이 미치지 않는다. 18. 경간
( )

02 하급관청 구성원의 변동이 있더라도 훈령은 그 효력에 영향을 받지 않는다.
18. 승진 ( )

정답 01 ○ 02 ○

계급		경찰관을 상하로 구분하여 권한과 책임 및 보수 등에 차이를 두기 위해 수직적으로 분류하는 제도	
경과	의의	① 경찰공무원의 직무의 종류에 따라 수평적으로 분류하는 제도 ② 경과의 구분에 필요한 사항은 대통령령으로 정한다.	
	내용	① 경찰공무원을 신규채용할 때에 경과를 부여하여야 한다. ② 경과는 원칙적으로 총경 이하 경찰공무원에게 적용된다. 다만, 수사경과와 보안경과는 경정 이하 경찰공무원에게만 부여한다. ③ 경찰청장 또는 해양경찰청장은 전시·사변 또는 이에 준하는 비상사태가 발생한 경우에는 경과의 일부를 폐지 또는 병합하거나 신설할 수 있다.	
	구분	일반경과	기획·감사·경무·생활안전·교통·경비·작전·정보·외사나 그 밖에 수사경과·보안경과 및 특수경과에 속하지 아니하는 직무
		수사경과	범죄수사에 관한 직무담당(경정 이하)
		안보수사경과	안보경찰에 안보수사에 관한 직무담당(경정 이하)
		특수경과	정보통신, 항공

경찰의 계급

치안총감		경찰의 총수인 경찰청장
치안정감		경찰청 차장, 서울시·부산시·경기도·인천시경찰청장, 경찰대학장 급
치안감		시·도경찰청장, 경찰교육원장, 중앙경찰학교장, 경찰청 국장 급
경무관		시·도경찰청 차장, 서울·부산·경기·인천 등 시·도 경찰청 부장, 경찰청 심의관, 경찰수사연수원장 급
총경		경찰서장, 경찰청 시·도경찰청 과장 급
경정		경찰서 과장, 경찰청·시·도경찰청 계장 급
경감		지구대장, 경찰서 주요 계장 및 팀장(생활안전, 강력, 정보 2등), 경찰청·시·도경찰청 반장 급
경위		지구대 순찰팀장, 파출소장, 경찰서 계장 급, 경찰청·시·도경찰청 실무자
경사		일선 지구대와 경찰서·기동대 등에서 치안실무자로서 국민과 가장 밀접한 임무를 수행하고 있으며 '경찰의 뿌리'라고 할 수 있음
경장		
순경		

03 경찰공무원관계의 임용권자와 그 기관

1. 경찰공무원의 임용권자 ✧✧✧✧

경찰공무원의 임용권자

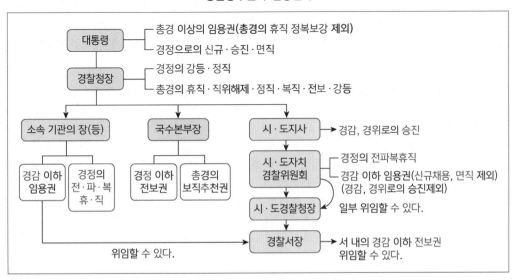

> **경찰공무원법**
>
> **제7조【임용권자】** ① **총경 이상** 경찰공무원은 경찰청장 또는 해양경찰청장의 추천을 받아 행정안전부장관 또는 해양수산부장관의 제청으로 국무총리를 거쳐 대통령이 임용한다. 다만, 총경의 전보, 휴직, 직위해제, 강등, 정직 및 복직은 경찰청장 또는 해양경찰청장이 한다.
> ② **경정 이하**의 경찰공무원은 경찰청장 또는 해양경찰청장이 임용한다. 다만, 경정으로의 **신규채용, 승진임용 및 면직**은 경찰청장 또는 해양경찰청장의 제청으로 국무총리를 거쳐 대통령이 한다.
> ③ 경찰청장은 대통령령으로 정하는 바에 따라 경찰공무원의 임용에 관한 권한의 일부를 특별시장·광역시장·도지사·특별자치시장 또는 특별자치도지사(이하 '시·도지사'라 한다), 국가수사본부장, 소속 기관의 장, 시·도경찰청장에게 위임할 수 있다. 이 경우 시·도지사는 위임받은 권한의 일부를 대통령령으로 정하는 바에 따라 국가경찰과 자치경찰의 조직 및 운영에 관한 법률 제18조에 따른 시·도자치경찰위원회(이하 '시·도자치경찰위원회'라 한다), 시·도경찰청장에게 다시 위임**할 수 있다.**
> ④ 해양경찰청장은 대통령령으로 정하는 바에 따라 경찰공무원의 임용에 관한 권한의 일부를 소속 기관의 장, 지방해양경찰관서의 장에게 위임**할 수 있다.**

:두문자

휴직 · 정복 · 보강

:두문자

신 · 승 · 면

:두문자

• **경공법** ➡ 모두 위임할 수 있다.
• **임용령**┌원칙: 위임한다.
　　　　 └예외: 위임할 수 있다.

치안총감 ~ 총경	대통령 (원칙)	① 경찰청장: **국가경찰위원회의 동의** ➡ 행정안전부장관의 제청 ➡ 국무총리 ➡ 대통령의 임명(국회의 인사청문회) ② 그 외: 경찰청장의 추천(**시·도경찰청장의 경우 시·도자치경찰위원회와 협의**) ➡ 행정안전부장관의 제청 ➡ 국무총리 ➡ 대통령의 임명
	경찰청장 (예외)	**총경의 전보, 직위해제, 휴직, 강등, 정직, 복직**
경정 ~ 순경	경찰청장 (원칙)	**경정 이하**의 경찰공무원은 경찰청장이 원칙적으로 임용한다.
	대통령	① **경정**으로 **신규채용, 승진임용, 면직** ② 경찰청장의 제청 ➡ 국무총리 ➡ 대통령
	소속 기관 등의 장 (시·도경찰청장 등) (위임)	① **경감 이하**의 임용권 ② **경정**의 전보, 직위해제, 휴직, 파견, 복직에 대한 임용 ③ **경감·경위의 신규채용, 경위·경사의 승진**은 **경찰청장의 승인**(보고 ×)을 받아야 한다
	경찰서장(재위임)	**경감 이하**의 경찰서 내의 경찰공무원에 대한 **전보권**행사

2. 국가수사본부와 자치경찰사무를 담당하는 경찰공무원에 대한 임용특례 ✦✦✦✦

> **경찰공무원 임용령**
>
> **제4조【임용권의 위임 등】** ① 경찰청장은 법 제7조 제3항 전단에 따라 특별시장·광역시장·특별자치시장·도지사 또는 특별자치도지사(이하 '시·도지사'라 한다)에게 해당 특별시·광역시·특별자치시·도 또는 특별자치도(이하 '시·도'라 한다)의 자치경찰사무를 담당하는 경찰공무원[국가경찰과 자치경찰의 조직 및 운영에 관한 법률 제18조 제1항에 따른 시·도자치경찰위원회(이하 '시·도자치경찰위원회'라 한다), 시·도경찰청 및 경찰서(**지구대** 및 **파출소**는 **제외**한다)에서 근무하는 경찰공무원을 말한다] 중 경정의 전보·파견·휴직·직위해제 및 복직에 관한 권한과 경감 이하의 임용권(신규채용 및 면직에 관한 권한은 제외한다)을 위임한다.

기출 OX

01 경정으로의 신규채용, 승진임용 및 면직은 경찰청장의 제청으로 국무총리를 거쳐 대통령이 한다. 17. 승진
( )

02 임용권의 위임을 받은 시·도경찰청장은 경감 또는 경위를 승진시키고자 할 때에는 미리 경찰청장의 승인을 받아야 한다. 19. 경간
( )

정답 01 ◯ 02 ✕

② 경찰청장은 법 제7조 제3항 전단에 따라 국가수사본부장에게 국가수사본부 안에서의 경정 이하에 대한 전보권을 위임한다.

③ 경찰청장은 법 제7조 제3항 전단에 따라 경찰대학·경찰인재개발원·중앙경찰학교·경찰 수사연수원·경찰병원 및 시·도경찰청(이하 '소속기관 등'이라 한다)의 장에게 그 소속 경찰 공무원 중 경정의 전보·파견·휴직·직위해제 및 복직에 관한 권한과 경감 이하의 임용권을 위임한다.

④ 제1항에 따라 임용권을 위임받은 시·도지사는 법 제7조 제3항 후단에 따라 경감 또는 경 위로의 승진임용에 관한 권한을 제외한 임용권을 시·도자치경찰위원회에 다시 위임한다.

⑤ 제4항에 따라 임용권을 위임받은 시·도자치경찰위원회는 시·도지사와 시·도경찰청장의 의견을 들어 그 권한의 일부를 시·도경찰청장에게 다시 **위임할 수 있다.**

⑥ 제3항 및 제5항에 따라 임용권을 위임받은 시·도경찰청장은 소속 경감 이하 경찰공무원 에 대한 해당 경찰서 안에서의 전보권을 경찰서장에게 다시 **위임할 수 있다.**

⑦ 경찰청장은 수사부서에서 총경을 보직하는 경우에는 국가수사본부장의 추천을 받아야 한다.

⑧ 시·도자치경찰위원회는 임용권을 행사하는 경우에는 시·도경찰청장의 추천을 받아야 한다.

⑨ 시·도경찰청장 및 경찰서장은 지구대장 및 파출소장을 보직하는 경우에는 시·도자치경 찰위원회의 의견을 사전에 들어야 한다.

⑩ 소속 기관 등의 장은 경감 또는 경위를 신규채용하거나 경위 또는 경사를 승진시키려면 미리 경찰청장의 승인을 받아야 한다.

⑪ 제1항부터 제6항까지의 규정에도 불구하고 **경찰청장은 경찰공무원의 정원 조정, 승진임용, 인사교류 또는 파견을 위하여 필요한 경우에는 임용권을 행사할 수 있다.**

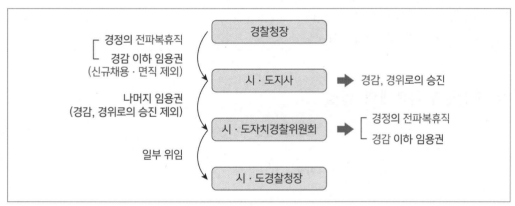

국가수사 본부의 경찰공무원	경찰청장	경찰청장이 수사부서에서 근무하는 **총경**을 보직하는 경우 **국가수사 본부장의 추천**을 받아서 한다.
	국가수사본부장	국가수사본부 내의 **경정 이하**에 대한 **전보권**을 국가수사본부장에게 **위임**한다.
자치경찰 사무의 경찰공무원	경찰청장 ➡ 시·도지사 (위임)	① 시·도의 자치경찰사무를 담당하는 시·도경찰청 소속의 경찰공 무원[시·도자치경찰위원회, 시·도경찰청, 경찰서(지구대·파출 소를 **제외**한다)에서 근무하는 경찰공무원을 모두 포함한다] 중 **경정의 전보·파견·휴직·직위해제 및 복직에 관한 권한** ② **경감 이하의 임용권(신규채용·면직 제외)**

: 두문자

전·파·복·휴·직

시·도지사 → 시·도자치경찰 위원회 (재위임)	시·도의 자치경찰사무를 담당하는 시·도경찰청 소속의 경찰공무원의 ① **경감 이하의 임용권**(※ **신규채용·면직 제외**, 경감 및 경위로의 승진임용권을 제외)과 ② 경정의 전보·파견·휴직·직위해제 및 복직에 관한 권한
시·도자치경찰 위원회 → 시·도경찰청장 (위임)	① 임용권을 재위임받은 시·도자치경찰위원회는 시·도지사와 시·도경찰청장의 의견을 들어 그 권한의 일부를 시·도경찰청장에게 위임할 수 있다. ② ①에 따라 시·도자치경찰위원회가 직접 임용권을 행사할 경우에는 시·도경찰청장의 추천을 받아서 한다.

3. 경찰공무원인사위원회 ✌✌

설치	경찰공무원 인사에 관한 중요사항에 대하여 **경찰청장** 또는 해양청장의 자문에 응하기 위하여 **경찰청**과 해양경찰청에 경찰공무원인사위원회를 둔다.
법적 근거	① 경찰공무원법 제5조 ② 인사위원회의 구성 및 운영에 필요한 사항은 **대통령령(경찰공무원 임용령)**으로 정한다.
성격	**자문기관**
구성	① 위원장 포함 5명 이상 7명 이하의 위원 ② 위원장은 경찰청 및 해양경찰청 **인사담당국장** ③ 위원은 **총경 이상** 경찰공무원 중에서 **경찰청장** 및 해양경찰청장이 임명(**위원장 임명 ×**) ④ 위원장이 부득이한 사유로 직무수행할 수 없는 때에는 ㉠ 위원 중 최상위계급 또는 ㉡ 선임의 경찰공무원이 그 직무를 대행
의결	**재적위원 과반수의 찬성**

04 경찰공무원관계의 발생

경찰공무원관계의 변동

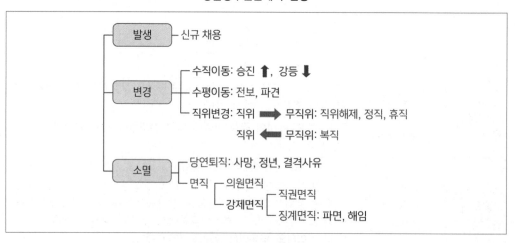

1. 임용 ✿✿✿

의의	경찰공무원법상 임용이란 '신규채용·승진·전보·파견·휴직·직위해제·정직·강등·복직·면직·해임 및 파면'을 말한다(**견책과 감봉은 포함 ×**).	
형식 및 효력발생	형식	임용은 임용장을 교부함으로써 행해지는 것이 원칙이다.
	효력발생 시기	① 임용장 또는 임용통지서에 기재된 일자에 임용된 것으로 보며, 임용일자를 소급해서는 아니 된다. ② 임용자가 사망시 사망면직은 **사망한 다음 날(사망한 날 ×)** 면직된 것으로 본다(경찰공무원 임용령; 경찰공무원법 ×).
신규채용의 결격사유	① 대한민국 **국적**을 가지지 아니한 사람 ② 국적법 제11조의2 제1항에 따른 **복수국적자** ③ **피**성년후견인 또는 피한정후견인 ④ **파산**선고를 받고 **복권되지 아니한 사람** ⑤ **자격**정지 이상의 형(刑)을 선고받은 사람 ⑥ **자격**정지 이상의 형의 선고유예를 선고받고 그 유예기간 중에 있는 사람 ⑦ **징계**에 의하여 **파면 또는 해임처분**을 받은 사람 ⑧ **공무원**으로 재직기간 중 직무와 관련하여 형법 제355조(**횡령, 배임**) 및 제356조(업무상 배임, **횡령죄**)에 규정된 죄를 범한 사람으로서 **300만원 이상의 벌금형**을 선고받고 그 형이 확정된 후 **2년이 지나지 아니한 사람** ⑨ **성폭력범죄의 처벌 등에 관한 특례법 제2조에 규정된 죄를 범한 사람으로서 100만원 이상의 벌금형**을 선고받고 그 형이 확정된 후 **3년이 지나지 아니한 사람** ⑩ **미성년자**에 대한 다음의 어느 하나에 해당하는 죄를 저질러 형 또는 치료감호가 확정된 사람(집행유예를 선고받은 후 그 집행유예기간이 경과한 사람을 **포함**한다) 　㉠ 성폭력범죄의 처벌 등에 관한 특례법 제2조에 따른 성폭력범죄 　㉡ 아동·청소년의 성보호에 관한 법률 제2조 제2호에 따른 아동·청소년대상 성범죄	
임용시기	① 전사하거나 순직한 사람을 다음의 어느 하나에 해당하는 날을 임용일자로 하여 **특별승진임용**하는 경우 　㉠ 재직 중 사망한 경우: **사망일의 전날** 　㉡ 퇴직 후 사망한 경우: **퇴직일의 전날** ② 국가공무원법 제70조 제1항 제4호(미복귀)에 따라 직권으로 면직시키는 경우: 휴직기간의 만료일 또는 휴직사유의 소멸일 ③ 법 제10조 제2항에 따른 경찰간부후보생, 경찰대학 설치법에 따른 경찰대학의 학생 또는 시보임용예정자가 제21조 제1항에 따른 경찰공무원의 직무수행과 관련된 실무수습 중 사망한 경우: **사망일의 전날** ④ 승진후보자 명부에 등재된 사람이 승진임용 전에 전사하거나 순직한 경우에는 그 **사망일 전날**을 승진일로 하여 승진 예정 계급으로 승진한 것으로 본다.	
부정행위의 제재	① 경찰청장 또는 해양경찰청장은 경찰공무원의 채용시험 또는 경찰간부후보생 공개경쟁선발시험에서 부정행위를 한 응시자에 대하여는 해당 시험을 **정지 또는 무효**로 하고, 그 처분이 있은 날부터 **5년간** 시험응시자격을 정지한다. ② 경찰청장 또는 해양경찰청장은 제1항에 따른 처분(**시험의 정지는 제외**)을 할 때는 미리 처분내용과 사유를 당사자에게 통지하여 소명할 기회를 주어야 한다.	

기출 OX
03 경찰공무원의 사망으로 인한 면직은 사망한 날에 면직된 것으로 본다. 18. 경찰
（　）

: 두문자
국·복·피·파·자·자·징

: 두문자
영(령)·삼(3)·이(2)

: 두문자
성·백(100)·삼(3)

: 두문자
미성년자·집유포함

정답 03 ×

경찰공무원법과 국가공무원법의 임용결격사유 구분

경찰공무원법	국가공무원법
① 대한민국 **국적**을 가지지 아니한 사람	① **피성년후견인**(헌법재판소 위헌결정: 헌재결 2022. 12.22, 2020헌가8)
② 국적법 제11조의2 제1항에 따른 **복수국적자**	② 파산선고를 받고 복권되지 아니한 자
③ **피성년후견인** 또는 피한정후견인	③ 금고 이상의 실형을 선고받고 그 집행이 종료되거나 집행을 받지 아니하기로 확정된 후 5년이 지나지 아니한 자
④ **파산선고를 받고 복권되지 아니한 사람**	
⑤ **자격정지** 이상의 형(刑)을 선고받은 사람	④ 금고 이상의 형을 선고받고 그 집행유예기간이 끝난 날부터 2년이 지나지 아니한 자
⑥ **자격정지** 이상의 형의 선고유예를 선고받고 그 유예기간 중에 있는 사람	⑤ 금고 이상의 형의 선고유예를 받은 경우에 그 선고유예기간 중에 있는 자
⑦ 징계에 의하여 **파면 또는 해임처분**을 받은 사람	⑥ 법원의 판결 또는 다른 법률에 따라 자격이 상실되거나 정지된 자
⑧ **공무원으로 재직기간 중** 직무와 관련하여 형법 제355조(횡령, 배임) 및 제356조(업무상 배임, 횡령죄)에 규정된 죄를 범한 사람으로서 **300만원 이상의 벌금형**을 선고받고 그 형이 확정된 후 **2년이 지나지 아니한 사람**	⑦ 공무원으로 재직기간 중 직무와 관련하여 형법 제355조 및 제356조에 규정된 죄를 범한 자로서 300만원 이상의 벌금형을 선고받고 그 형이 확정된 후 2년이 지나지 아니한 자
⑨ **성폭력범죄**의 처벌 등에 관한 특례법 제2조에 규정된 죄를 범한 사람으로서 **100만원 이상의 벌금형**을 선고받고 그 형이 확정된 후 **3년이 지나지 아니한 사람**	⑧ 성폭력범죄의 처벌 등에 관한 특례법 제2조에 규정된 죄를 범한 사람으로서 100만원 이상의 벌금형을 선고받고 그 형이 확정된 후 3년이 지나지 아니한 사람
⑩ **미성년자**에 대한 다음의 어느 하나에 해당하는 죄를 저질러 형 또는 치료감호가 확정된 사람(**집행유예를 선고받은 후 그 집행유예기간이 경과한 사람을 포함**한다)	⑨ 미성년자에 대한 다음의 어느 하나에 해당하는 죄를 저질러 파면·해임되거나 형 또는 치료감호를 선고받아 그 형 또는 치료감호가 확정된 사람(집행유예를 선고받은 후 그 집행유예기간이 경과한 사람을 포함한다)
㉠ 성폭력범죄의 처벌 등에 관한 특례법 제2조에 따른 성폭력범죄	㉠ 성폭력범죄의 처벌 등에 관한 특례법 제2조에 따른 성폭력범죄
㉡ 아동·청소년의 성보호에 관한 법률 제2조 제2호에 따른 아동·청소년대상 성범죄	㉡ 아동·청소년의 성보호에 관한 법률 제2조 제2호에 따른 아동·청소년대상 성범죄 (헌법재판소 헌법불합치결정으로 인해 2024. 5.31.을 시한으로 입법자가 개정할 때까지 계속 적용된다: 헌재결 2022.11.24, 2020 헌마1181)
	⑩ 징계로 파면처분을 받은 때부터 5년이 지나지 아니한 자
	⑪ 징계로 해임처분을 받은 때부터 3년이 지나지 아니한 자

경력채용 등의 요건 (제16조)	① 다음 각 호의 어느 하나에 해당하는 사람은 경력경쟁채용등의 대상이 될 수 없다. 　1. 종전의 재직기관에서 **감봉 이상**의 징계처분을 받은 사람 　2. 법 제30조 제1항 제2호(**계급정년**)에 따라 정년퇴직한 사람 ② 법 제10조 제3항 제2호에 따른 경력경쟁채용등은 「국가기술자격법」이나 그 밖의 법령에 따른 자격증 소지자를 대상으로 한다. ③ 법 제10조 제3항 제3호에 따른 경력경쟁채용등의 대상은 국가기관·지방자치단체·공공기관, 그 밖에 이에 준하는 기관의 임용예정직에 관련성이 있는 직무분야에서 임용예정계급에 상응하는 **근무경력 또는 연구경력이 3년**(별표 1에 따른 특수기술부문에 근무할 사람을 임용하려는 경우에는 2년) 이상인 사람으로 한다. 다만, 의무경찰로 임용되어 정해진 복무를 마친 사람을 순경으로 경력경쟁채용등을 하는 경우를 제외하고는 종전 재직기관에서 퇴직한 날부터 다음 각 호에 해당하는 날까지의 기간이 3년을 넘는 사람을 경력경쟁채용등의 대상으로 할 수 없다. 　1. 경무관 이상인 경찰공무원을 채용하는 경우: 서류전형일 　2. 총경 이하인 경찰공무원을 채용하는 경우: 면접시험일 ④ 제3항에 따른 경력경쟁채용등을 할 때 다음 각 호의 경우에는 근무경력 및 연구경력에 관한 요건을 적용하지 않을 수 있다. 　1. 의무경찰로 임용되어 정해진 복무를 마친 사람을 순경으로 임용하는 경우 　2. 다음 각 목의 사람을 경사 이하의 경찰공무원으로 임용하는 경우 　　가. 2년제 이상 대학의 경찰행정 관련 학과를 졸업한 사람(법령에 따라 이와 같은 수준의 학력이 있다고 인정되는 사람을 포함한다) 　　나. 4년제 대학의 경찰행정 관련 학과에 재학 중이거나 재학했던 사람으로서 별표 1의2의 경찰행정학 전공 이수로 인정될 수 있는 과목을 45학점 이상 이수한 사람 　3. 삭제 　4. 보안업무와 관련 있는 사람을 보안요원으로 근무하게 하기 위하여 경장 이하의 경찰공무원으로 임용하는 경우 　5. 임용예정직에 관련된 전문지식을 가진 사람을 경찰공무원으로 임용하는 경우 ⑤ 삭제 ⑥ 법 제10조 제3항 제5호(섬, 외딴곳 등 특수지역에서 근무할 사람을 임용하는 경우)에 따른 경력경쟁채용 등의 대상은 해당 기관이 관할 또는 소재하는 읍·면지역에서 본인·배우자 또는 직계존속이 **5년 이상 거주**하고 있거나 거주한 사람이어야 하며, 이 경우의 임용예정계급은 **순경**으로 한다.

2. 채용후보자 ✍✍

채용후보자

기출 OX

03 채용후보자 명부의 유효기간은 1년의 범위에서 대통령령으로 정한다. 다만, 경찰청장 또는 해양경찰청장은 필요에 따라 1년의 범위에서 그 기간을 연장할 수 있다. 10. 경찰　(　　)

04 신규채용시험에 합격한 사람이 채용후보자 명부에 등재된 이후 그 유효기간 내에 병역법에 따른 병역 복무를 위하여 군에 입대한 경우(대학생 군사훈련 과정 이수자를 포함한다)의 의무복무기간은 채용후보자 명부의 유효기간에 넣어 계산하지 아니한다. 22. 경간　(　　)

정답 03 ✕ 04 ○

01 경정 이하 경찰공무원을 신규채용할 때에는 시보임용하고, 그 기간이 만료된 날 정규 경찰공무원으로 임용한다. 17. 승진 (　)

02 시보(試補)로 임용하는 기간은 1년(단, 휴직기간, 직위해제기간 및 징계에 의한 감봉처분 또는 견책처분을 받은 기간 제외)으로 하고, 그 기간이 만료된 다음 날에 정규 경찰공무원으로 임용한다. 18. 승진 (　)

03 교육훈련성적이 만점의 60퍼센트 미만이거나 생활기록이 극히 불량한 경우 시보임용경찰공무원을 징계절차를 거쳐 면직시키거나 면직을 제청할 수 있다. 12. 경간 (　)

등록의무	① 공개경쟁채용시험, 경찰간부후보생 공개경쟁선발시험 및 경력경쟁채용시험 등에 합격한 사람은 부령으로 정하는 바에 따라 임용권자 또는 임용제청권자에게 채용후보자 등록을 하여야 한다. ② 채용후보자 등록을 하지 아니한 사람은 경찰공무원으로 임용될 의사가 없는 것으로 본다.
채용후보자 명부	① 경찰공무원의 신규채용은 채용후보자 명부의 등재 순위에 따른다. 경찰교육기관에서 신임교육을 받은 경우에는 그 교육성적 순위에 따른다. ② 채용명부의 유효기간은 **2년의 범위**에서 대통령령으로 결정되는데, **경찰청장은 1년의 범위** 안에서 그 기간을 연장할 수 있다. 최장 기간은 **3년**이다. ③ 신규채용시험에 합격한 사람이 채용후보자 명부에 등재된 이후 그 유효기간 내에 병역법에 따른 병역 복무를 위하여 군에 입대한 경우(대학생 군사훈련 과정 이수자를 포함한다)의 의무복무 기간은 ②에 따른 기간에 넣어 계산하지 아니한다. ④ 경찰청장 또는 해양경찰청장은 채용후보자 명부의 유효기간을 연장하기로 결정한 경우에는 그 사실을 공고하여야 한다.
임용 또는 임용제청의 유예	① 임용권자 또는 임용제청권자는 채용후보자 명부에 등재된 채용후보자가 다음의 어느 하나에 해당하는 경우에는 채용후보자 명부의 유효기간의 범위에서 기간을 정하여 임용 또는 임용제청을 유예할 수 있다. 다만, 유예기간 중이라도 그 사유가 소멸한 경우에는 임용 또는 임용제청을 할 수 있다. ㉠ 병역법에 따른 병역복무를 위하여 징집 또는 소집되는 경우 ㉡ 학업을 계속하는 경우 ㉢ **6개월 이상**의 장기요양이 필요한 질병이 있는 경우 ㉣ 임신하거나 출산한 경우 ㉤ 그 밖에 임용 또는 임용제청의 유예가 부득이하다고 인정되는 경우 ② ①에 따른 임용 또는 임용제청의 유예를 원하는 사람은 해당 사유를 증명할 수 있는 자료를 첨부하여 임용권자 또는 임용제청권자가 정하는 기간 내에 신청해야 한다. 이 경우 원하는 유예기간을 분명하게 적어야 한다.
자격상실	① 채용후보자가 임용 또는 임용제청에 응하지 아니한 경우 ② 채용후보자로서 받아야 할 교육훈련에 응하지 아니한 경우 ③ 채용후보자로서 받은 교육훈련성적이 수료점수에 미달되는 경우 ④ 채용후보자로서 교육훈련을 받는 중에 퇴학처분을 받은 경우. 다만, **질병 등 교육훈련을 계속할 수 없는 불가피한 사정으로 퇴학처분을 받은 경우는 제외한다.**

3. 시보임용 ✿✿✿✿

의의	경찰관으로 적합성을 지니고 있는 지 확인하기 위하여, 경찰 실무를 습득하기 위하여 일정 기간 동안 시험보직을 명하게 하는 제도
기간	① 경정 이하의 경찰공무원을 신규채용할 때에는 **1년간** 시보로 임용하고, 그 기간이 만료된 다음 날(만료된 날 ✕)에 정규 경찰공무원으로 임용한다. ② **휴직기간, 직위해제기간** 및 징계에 의한 **정직**처분 또는 **감봉**처분을 받은 기간은 제1항에 따른 시보임용기간에 산입하지 아니한다.

시보임용 면제자	다음의 어느 하나에 해당하는 경우에는 시보임용을 거치지 아니한다. ① 경찰대학을 졸업한 사람 또는 경위공개경쟁채용시험합격자로서 정하여진 교육을 마친 사람을 경위로 임용하는 경우 ② 경찰공무원으로서 대통령령으로 정하는 상위계급으로의 승진에 필요한 자격요건을 갖추고 **임용예정계급에 상응**하는 공개경쟁 채용시험에 합격한 사람을 해당 계급의 경찰공무원으로 임용하는 경우 ③ 퇴직한 경찰공무원으로서 퇴직시에 재직하였던 계급의 채용시험에 합격한 사람을 재임용하는 경우 ④ 자치경찰공무원을 그 계급에 상응하는 경찰공무원으로 임용하는 경우	
면직	① 임용권자 또는 임용제청권자는 시보임용경찰공무원이 다음의 어느 하나에 해당하여 정규 경찰공무원으로 임용하는 것이 부적당하다고 인정되는 경우에는 정규임용심사위원회의 심사를 거쳐 해당 시보임용경찰공무원을 면직시키거나 면직을 제청할 수 있다. ㉠ 징계사유에 해당하는 경우 ㉡ 제21조 제1항에 따른 **교육**훈련성적이 만점의 **60% 미만**이거나 생활기록이 극히 불량한 경우 ㉢ 경찰공무원 승진임용 규정 제7조 제2항에 따른 제2평정 요소(**근무태도** 등)의 평정점이 만점의 **50% 미만**인 경우 ② 시보임용경찰공무원의 면직 또는 면직제청에 따른 동의의 절차는 해당 징계위원회의 **파면(해임 ✕)** 의결에 관한 절차를 준용한다. ③ 시보임용 중에 있는 경찰공무원은 그 **신분이 보장이 되지 않는다.**	**:두문자** 교육(6) 근무태도(5)
교육훈련	임용권자 또는 임용제청권자는 시보임용경찰공무원 또는 시보임용예정자에게 일정 기간 교육훈련(실무수습을 포함한다)을 시킬 수 있다. 이 경우 시보임용예정자에게 교육훈련을 받는 기간 동안 예산의 범위에서 임용예정계급의 1호봉에 해당하는 **봉급의 80%**에 해당하는 금액 등을 지급할 수 있다.	

4. 정규임용심사위원회 ✣

설치	시보임용경찰공무원을 정규 경찰공무원으로 임용하는 경우 그 적부(適否)를 심사하게 하기 위하여 임용권자 또는 임용제청권자 소속으로 정규임용심사위원회를 둔다.	
법적 근거	① 경찰공무원 임용령 제20조 제3항 ② 정규임용심사위원회의 구성 및 운영에 필요한 사항은 **행정안전부령**(경찰공무원 임용령 시행규칙)으로 정한다.	
구성	① 위원장 1명을 포함한 위원 **5명 이상 7명 이하**로 구성한다. ② 위원장은 위원 중 **가장 계급이 높은 경찰공무원**이 된다. 다만, 가장 계급이 높은 경찰공무원이 둘 이상인 경우 그중 해당 계급에 승진임용된 날이 가장 빠른 경찰공무원이 된다. ③ 위원은 소속 **경감 이상** 경찰공무원 중에서 위원회가 설치된 기관의 장이 임명하되, **심사대상자보다 상위 계급자**로 한다.	
의결	위원회는 **재적위원 3분의 2 이상 출석**과 **출석위원 과반수 찬성**으로 의결한다(= 소청심사위원회).	**:두문자** 소 · 임

5. 대우공무원 ✦

의의	① 일반직 및 기능직 공무원 중 당해 계급에서 승진소요 최저근무연수 이상 근무하고 승진임용의 제한사유가 없으며 근무실적이 우수한 자를 바로 상위 직급의 대우공무원으로 선발할 수 있도록 한, 우리나라의 독특한 승진제도를 말한다. ② 그러나 만성적인 승진 적체 문제의 해결을 위해 도입된 이 제도는 근본적인 해결책이라기보다는 일시적인 미봉책에 불과하다는 비판을 면치 못하고 있다.
선발요건	임용권자나 임용제청권자는 소속 경찰공무원 중 해당 계급에서 ① 승진소요 최저근무연수 이상 근무한 **총경 이하** 경찰공무원으로서 ② 총경과 경정은 **7년** 이상, 경감 이하는 **5년 이상** 근무한 사람을 대상으로 ③ 승진임용 제한사유가 없는 근무실적 우수자를 바로 위 계급의 대우공무원으로 선발할 수 있다.
선발절차	① 임용권자나 임용제청권자는 매월 말 5일 전까지 대우공무원 발령일을 기준으로 대우공무원 선발요건을 충족하는 대상자를 결정하여야 하고, 그 다음 달 1일에 일괄하여 대우공무원으로 발령하여야 한다. ② ①에 따른 대우공무원 발령사항은 인사기록카드에 적어야 한다.
처우	① **경찰공무원 승진임용 규정(대통령령)**: 대우공무원에게는 공무원수당 등에 관한 규정에서 정하는 바에 따라 수당을 지급할 수 있다. ② **경찰공무원 승진임용 규정 시행규칙(행정안전부령)**: 대우공무원으로 선발된 경찰공무원에게는 공무원수당 등에 관한 규정에 따라 대우공무원수당을 지급한다. ③ 대우공무원이 징계 또는 직위해제 처분을 받거나 휴직하여도 대우공무원수당은 계속 지급하되, 공무원수당 등에 관한 규정에서 정하는 바에 따라 대우공무원수당을 감액하여 지급한다.
자격상실	대우공무원이 다음의 어느 하나에 해당하는 경우 그 해당일에 대우공무원의 자격은 별도 조치 없이 당연히 상실된다. ① **상위계급으로 승진임용되는 경우**: 승진임용일 ② **강등되는 경우**: 강등일

05 경찰공무원관계의 변경

1. 승진 ✦✦✦

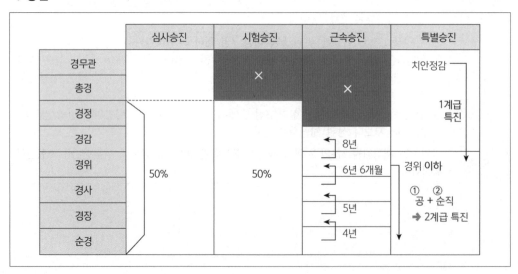

:두문자

경위 · 공사 ➡ 2계급

의의		경찰관을 하위계급에서 상위계급으로 임용하는 것
종류	심사승진	**경무관 이하**의 계급 중에서 승진대상자 명부(승진시험합격자 제외)의 선순위자 순으로 승진심사를 하여야 한다.
	시험승진	**경정 이하**의 계급 중에서 시험일 현재 승진소요 최저근무연수에 달한 자 중에서 성적순에 따라 선발한다.
	특별승진	경찰공무원으로서 직무수행 중 현저한 공적을 세우거나 포상을 받은 사람 등에 대하여는 **1계급** 특별승진시킬 수 있다. 다만, **경위 이하**의 경찰공무원으로서 모든 경찰공무원의 귀감이 되는 **공을 세우고 전사하거나 순직한 사람**에 대하여는 **2계급** 특별승진시킬 수 있다.
	근속승진	① 임용권자는 경감으로의 근속승진임용을 위한 심사를 **연 2회까지 실시할 수 있다**. 이 경우 경감으로의 근속승진임용을 할 수 있는 인원수는 연도별로 합산하여 해당 기관의 근속승진 대상자의 100분의 40에 해당하는 인원수(소수점 이하가 있는 경우에는 1명을 가산한다)를 초과할 수 없다. ② 임용권자는 ① 전단에 따라 심사를 실시하려는 경우 근속승진임용일 **20일 전까지** 해당 기관의 근속승진 대상자 및 근속승진임용 예정 인원을 **경찰청장**에게 보고해야 한다. ③ 임용권자는 인사의 원활한 운영을 위하여 필요하다고 인정되는 경우에는 경위 재직기간별로 승진대상자 명부를 구분하여 작성할 수 있다. ④ 위에서 규정한 사항 외에 근속승진 방법, 그 밖에 인사운영에 필요한 사항은 **경찰청장**이 정한다.
		① 순경 ➡ 경장: **4년** ② 경장 ➡ 경사: **5년** ③ 경사 ➡ 경위: **6년 6개월** ④ 경위 ➡ 경감: **8년**
승진원칙		① **경무관 이하** 계급으로의 승진은 승진심사에 의하여 한다. 다만, 경정 이하 경찰공무원의 승진임용시 심사승진후보자와 시험승진후보자가 있을 경우에 승진임용 인원의 **70퍼센트**를 심사승진후보자로, **30퍼센트**를 시험승진후보자로 한다. **경찰공무원 승진임용령 부칙 제2조【승진임용 예정 인원 결정 등에 관한 특례】①** 이 영 시행일부터 2025년 6월 30일까지 경정 이하 경장 이상 계급으로의 승진임용 예정 인원을 정하는 경우에는 제4조 제4항의 개정규정에도 불구하고 다음 각 호의 구분에 따라 해당 호에서 정하는 바에 따른다. 1. 2024년 6월 30일까지: 계급별로 전체 승진임용 예정 인원에서 특별승진임용 예정 인원을 뺀 인원의 50퍼센트(심사승진): 50퍼센트(시험승진) 2. 2025년 6월 30일까지: 계급별로 전체 승진임용 예정 인원에서 특별승진임용 예정 인원을 뺀 인원의 60퍼센트(심사승진): 40퍼센트(시험승진) ② 경찰공무원의 승진에 필요한 계급별 최저근무연수, 승진 제한에 관한 사항, 그 밖에 승진에 관하여 필요한 사항은 대통령령(행정안전부령×)으로 정한다.

기출 OX

01 일정한 계급에서 일정기간 근무하면 승진임용제한 사유에 해당하지 않는 한 경정까지 승진할 수 있다.
12. 경찰 ( )

정답 01 ×

최저근무 연수	최저근무 연수기간	총경	3년 이상
		경감 · 경정	2년 이상
		순경 · 경장 경사 · 경위	1년 이상
	산입 제외	원칙 (산입 ×)	**휴직기간, 직위해제기간, 징계처분기간** 및 **승진임용 제한기간**은 최저근무연수의 기간에 포함하지 아니한다.
		예외 (산입 ○)	① 단, 휴직기간 중 ⊙ 공무상 질병 또는 부상으로 인한 휴직 기간, ⓛ 병역법에 따른 병역 복무를 마치기 위하여 징집 또는 소집된 경우와 그 밖에 법률의 규정에 따른 의무를 수행하기 위하여 직무를 이탈하게 된 때 및 국제기구 등에 임용된 경우의 휴직기간, ⓒ 국외 유학으로 인한 휴직기간의 **50%**에 해당하는 기간, ⓔ 자녀 양육 · 임신 · 출산으로 인한 휴직기간(다만, 자녀 1명에 대하여 총 휴직기간이 1년을 넘는 경우에는 **최초의 1년**으로 하되, 첫째 자녀에 대하여 부모가 모두 휴직을 하는 경우로서 각 휴직기간이 공무원 임용령에 따라 인사혁신처장이 정하는 기간 이상인 경우와 둘째 자녀 이후에 대하여 휴직을 하는 경우에는 그 휴직기간 전부로 한다)은 최저근무연수기간에 산입한다. ② 직위해제기간 중 징계위원회가 징계하지 아니하기로 의결한 경우, 소청심사위원회의 결정 또는 법원의 판결에 따라 직위해제처분의 사유가 된 징계처분이 무효 또는 취소로 확정된 경우, 직위해제처분의 사유가 된 형사사건이 법원의 판결에 따라 무죄로 확정된 경우에도 직위해제기간은 최저근무연수기간에 산입한다. ③ 법 제10조 제3항 제4호에 따라 경찰공무원으로 채용된 사람이 채용 전에 **5급 이상** 공무원(이에 상응하는 특정직공무원을 포함한다)으로 **5년 이상** 근무한 경우에는 그 기간의 **20퍼센트**에 해당하는 기간을 채용 당시의 계급에서 근무한 것으로 보아 ①의 기간에 포함한다. ④ 법원조직법 제72조에 따른 사법연수생으로 수습한 기간은 제1항에 따른 경정 이하 경찰공무원으로의 승진소요 최저근무연수에 포함한다. ⑤ 국가공무원법 제26조의2 및 공무원임용령 제57조의3에 따라 통상적인 근무시간보다 짧은 시간을 근무하는 경찰공무원(이하 "시간선택제 전환경찰공무원"이라 한다)의 근무기간은 다음의 기준에 따라 승진소요 최저근무연수 기간에 포함한다. ⊙ 해당 계급에서 시간선택제전환경찰공무원으로 근무한 **1년 이하의 기간은 그 기간 전부** ⓛ 해당 계급에서 시간선택제전환경찰공무원으로 근무한 **1년을 넘는 기간은 근무시간에 비례한 기간**

:두문자

휴 · 직 · 승 · 계

	ⓒ 해당 계급에서 국가공무원법 제71조 제2항 제4호의 사유로 인한 휴직을 대신하여 시간선택제 전환경찰공무원으로 지정되어 근무한 기간은 **둘째 자녀부터 각각 3년의 범위에서 그 기간 전부** ⑥ 강등되었던 사람이 강등되기 직전의 계급으로 승진한 경우 강등되기 직전의 계급에서 재직한 기간은 승진소요 최저근무연수 기간에 포함한다. ⑦ 강등된 경우 강등되기 직전의 계급에서 재직한 기간은 승진소요 최저근무연수 기간에 포함한다.
승진임용의 제한 (경찰공무원 승진임용 규정 제6조)	① 다음의 어느 하나에 해당하는 경찰공무원은 승진임용될 수 없다. ㉠ 징계의결 요구, 징계처분, 직위해제, 휴직(공무원 재해보상법에 따른 공무상 질병 또는 부상으로 인하여 국가공무원법 제71조 제1항 제1호에 따라 휴직한 사람을 제37조 제1항 제4호 또는 같은 조 제2항에 따라 특별승진임용하는 경우는 제외한다) 또는 시보임용 기간 중에 있는 사람 ㉡ 징계처분의 집행이 끝난 날부터 다음의 구분에 따른 기간[국가공무원법 제78조의2 제1항 각 호의 어느 하나에 해당하는 사유로 인한 징계처분과 소극행정, 음주운전(음주측정에 응하지 않은 경우를 **포함**한다), 성폭력, **성희롱** 및 성매매에 따른 징계처분의 경우에는 각각 6개월을 더한 기간]이 지나지 않은 사람 ⓐ 강등·정직: 18개월 ⓑ 감봉: 12개월 ⓒ 견책: 6개월 ㉢ 징계에 관하여 경찰공무원과 다른 법령을 적용받는 공무원으로 재직하다가 경찰공무원으로 임용된 사람으로서, 종전의 신분에서 징계처분을 받고 그 징계처분의 집행이 끝난 날부터 다음의 구분에 따른 기간이 지나지 아니한 사람 ⓐ 강등: 18개월 ⓑ 근신·영창 또는 그 밖에 이와 유사한 징계처분: 6개월 ㉣ 법 제30조 제3항에 따라 계급정년이 연장된 사람 ② ①에 따라 승진임용 제한기간 중에 있는 사람이 다시 징계처분을 받은 경우 승진임용 제한기간은 전(前) 처분에 대한 승진임용 제한기간이 끝난 날부터 계산하고, 징계처분으로 승진임용 제한기간 중에 있는 사람이 휴직하는 경우 징계처분에 따른 남은 승진임용 제한기간은 복직일부터 계산한다. ③ 경찰공무원이 징계처분을 받은 후 해당 계급에서 다음의 포상을 받은 경우에는 징계에 따른 승진임용 제한기간의 **2분의 1을 단축할 수 있다.** ㉠ **훈**장 ㉡ **포**장 ㉢ 모범**공**무원 포상 ㉣ **대통령표창 또는 국무총리표창(경찰청장 ✕)** ㉤ 제안이 채택·시행되어 받은 **포**상
승진후보자 명부	임용권자나 임용제청권자는 심사승진후보자 명부에 기록된 사람이 승진임용되기 전에 **정직 이상의 징계처분**을 받은 경우에는 심사승진후보자 명부에서 그 사람을 **제외하여야 한다.**

:두문자

국대표모공, 포훈

기출 OX

03 만 7세인 초등학교 1학년 외동딸을 양육하기 위하여 1년간 휴직한 경사 乙의 위 휴직기간 1년은 승진소요 최저근무연수에 포함된다.

22. 경찰　　　　( )

정답 03 ○

⚖ 판례 |

1 경찰공무원을 승진후보자명부에서 제외하는 조치는 처분이 아니라는 판례

구 경찰공무원법(1996.8.8. 법률 제5153호로 개정되기 전의 것) 제11조 제2항, 제13조 제1항·제2항, 경찰공무원 승진임용 규정 제36조 제1항·제2항에 의하면, 경정 이하 계급에의 승진에 있어서는 승진심사와 함께 승진시험을 병행할 수 있고, 승진시험에 합격한 자는 시험승진후보자명부에 등재하여 그 등재순위에 따라 승진하도록 되어 있으며, 같은 규정 제36조 제3항에 의하면 시험승진후보자명부에 등재된 자가 승진임용되기 전에 감봉 이상의 징계처분을 받은 경우에는 임용권자 또는 임용제청권자가 위 징계처분을 받은 자를 시험승진후보자명부에서 삭제하도록 되어 있는바, 이처럼 시험승진후보자명부에 등재되어 있던 자가 그 명부에서 삭제됨으로써 승진임용의 대상에서 제외되었다 하더라도, 그와 같은 시험승진후보자명부에서의 삭제행위는 결국 그 명부에 등재된 자에 대한 승진 여부를 결정하기 위한 행정청 내부의 준비과정에 불과하고, 그 자체가 어떠한 권리나 의무를 설정하거나 법률상 이익에 직접적인 변동을 초래하는 별도의 행정처분이 된다고 할 수 없다(대판 1997.11.14, 97누7325).

2 교육공무원을 승진후보자명부에서 제외하는 조치는 처분이라는 판례

교육공무원의 임용권자는 결원된 직위의 3배수의 범위 안에 들어간 후보자들을 대상으로 순위가 높은 사람부터 차례로 승진임용 여부를 심사하여야 하고, 이에 따라 승진후보자 명부에 포함된 후보자는 임용권자로부터 정당한 심사를 받게 될 것에 관한 절차적 기대를 하게 된다. 그런데 임용권자 등이 자의적인 이유로 승진후보자 명부에 포함된 후보자를 승진임용에서 제외하는 처분을 한 경우에, 이러한 승진임용 제외처분을 항고소송의 대상이 되는 처분으로 보지 않는다면, 달리 이에 대하여는 불복하여 침해된 권리를 구제받을 방법이 없다. 따라서 교육공무원법상 승진후보자 명부에 의한 승진심사 방식으로 행해지는 **승진임용에서 승진후보자 명부에 포함되어 있던 후보자를 승진임용 인사발령에서 제외하는 행위는 불이익처분으로서 항고소송의 대상인 처분에 해당한다**고 보아야 한다(대판 2018.3.29, 2017두34162).

2. 승진심사위원회 ✦✦

구분	중앙승진심사위원회	보통승진심사위원회
설치	경찰청	경찰청·소속 기관 등 및 경찰서
심사대상	**총경 이상** 계급으로의 승진심사	① **경정 이하** 계급으로의 승진심사: 해당 경찰관이 소속한 경찰기관의 보통승진심사위원회(②의 경우는 제외한다) ② **경찰서 소속 경찰공무원**의 **경감 이상** 계급으로의 승진심사: 시·도경찰청 보통승진심사위원회
위원장	위원장은 위원 중 **최상위계급 또는 선임 경찰공무원**이 된다.	
구성	① 위원장 포함 5~7명 ② 위원은 승진심사대상자보다 상위의 계급인 경찰공무원 중에서 경찰청장이 임명	① 위원장 포함 5~7명 ② 위원은 승진심사대상자 보다 상위의 소속 기관의 **경위 이상**으로 한다. ③ **시·도경찰청 및 경찰서**에 두는 보통승진심사위원회 위원 중 **2명**은 승진심사대상자보다 **상위계급인 경위 이상** 소속 경찰공무원 중에서 국가경찰과 자치경찰의 조직 및 운영에 관한 법률 제18조 제1항에 따른 시·도자치경찰위원회의 추천을 받아 그 보통심사위원회가 설치된 경찰기관의 장이 임명한다.

간사와 서기	① 승진심사위원회에 **간사 1명**과 서기 몇 명을 둔다. ② 간사와 서기는 승진심사위원회가 설치되어 있는 경찰기관 소속 인사담당 경찰공무원 중에서 그 경찰기관의 장이 임명한다. ③ 간사는 위원장의 명을 받아 위원회의 사무를 처리하며, 서기는 간사를 보조한다.
성격	**의결기관**
회의	① 회의는 비공개 ② **재적위원 과반수의 찬성으로 의결**

3. 전보 ✿✿

의의	① 같은 직급 내에서의 보직 변경 또는 고위공무원단 직위간의 보직을 변경하는 것 ② 임용권자 또는 임용제청권자는 장기근무 또는 잦은 전보로 인한 업무 능률 저하를 방지하기 위하여 특별한 사정이 없으면 **정기적으로 전보를 실시하여야 한다.**
전보의 제한	① 임용권자 또는 임용제청권자는 소속 경찰공무원이 해당 직위에 임용된 날부터 **1년 이내**(감사업무를 담당하는 경찰공무원의 경우에는 **2년 이내**)에 다른 직위에 전보할 수 없다. ② 임용권자 또는 임용제청권자는 공무원임용령 제43조의3에 따른 **전문직위**에 임용된 경찰공무원을 해당 직위에 임용된 날부터 **3년의 범위**에서 경찰청장이 정하는 기간이 지나야 다른 직위에 전보할 수 있다. ③ 교육훈련기관의 **교수요원**으로 임용된 사람은 그 임용일부터 **1년 이상 3년 이하의 범위**에서 **경찰청장** 또는 해양경찰청장이 정하는 기간 안에는 다른 직위에 전보할 수 없다. ④ 외딴 곳, 섬 등에 채용된 경찰공무원은 그 채용일부터 **5년의 범위**에서 경찰청장 또는 해양경찰청장이 정하는 기간(휴직기간, 직위해제기간 및 정직기간은 포함하지 아니한다) 안에는 채용조건에 해당하는 기관 또는 부서 외의 기관 또는 부서로 전보할 수 없다.
전보 제한의 예외	① 직제상 최저단위인 보조기관 또는 보좌기관 내에서 전보하는 경우 ② 경찰청 및 해양경찰청과 소속 기관 등 또는 소속 기관 등 상호간의 교류를 위하여 전보하는 경우 ③ 기구의 개편, 직제 또는 정원의 변경으로 해당 경찰공무원을 전보하는 경우 ④ **승진임용된 경찰공무원을 전보하는 경우** ⑤ **전문직위로 경찰공무원을 전보하는 경우** ⑥ **징계처분을 받은 경우** ⑦ **형사사건에 관련되어 수사기관에서 조사를 받고 있는 경우** ⑧ 경찰공무원으로서의 품위를 크게 손상하는 비위(非違)로 인한 감사 또는 조사가 진행 중이어서 해당 직위를 유지하는 것이 부적절하다고 판단되는 경찰공무원을 전보하는 경우 ⑨ **경찰기동대 등 경비부서에서 정기적으로 교체하는 경우** ⑩ **교육훈련기관의 교수요원으로 보직하는 경우** ⑪ **시보임용 중인 경우** ⑫ 신규채용된 경찰공무원을 해당 계급의 보직관리기준에 따라 전보하는 경우 및 이와 관련한 전보의 경우 ⑬ **감사담당**(정보담당 ×) 경찰공무원 가운데 부적격자로 인정되는 경우

	⑭ **경정 이하**의 경찰공무원을 배우자 또는 직계존속이 거주하는 시·군·자치구 지역의 경찰기관으로 전보하는 경우
전보 제한의 예외	⑮ 임신 중인 경찰공무원 또는 출산 후 1년이 지나지 않은 경찰공무원의 모성보호, 육아 등을 위하여 필요한 경우

4. 휴직 ✿✿✿

구분	직권휴직	의원휴직
의의	① 경찰공무원의 신분을 보유하면서 일정 기간 동안 담임직무의 해제 ② 제재(×) ↔ 직위해제와 유사하나 직위해제는 제재임	
성격	공무원의 신청(×), ~ 하여야 한다.	공무원의 신청(○), ~ 할 수 있다. ✎ 단, ④는 대통령령으로 정하는 특별한 사정이 없으면 휴직을 명하여야 한다.
사유	① 신체·정신상의 장애로 장기 **요양**이 필요할 때 ➡ **1년** 이내(부득이하면 **1년** 범위에서 연장) + **공무상 질병 또는 부상**은 **5년 이내**(의학적 소견 등을 고려하여 대통령령 등으로 정하는 바에 따라 **3년**의 범위에서 연장) ② 병역법에 따른 병역 복무를 마치기 위하여 징집 또는 소집된 때 ③ 천재지변이나 전시·사변, 그 밖의 사유로 생사 또는 소재가 **불명확**하게 된 때 ➡ **3개월 이내**(단, 경찰공무원의 경우 법원의 실종선고를 받는 날까지로 한다) ④ 그 밖에 법률의 규정에 따른 의무를 수행하기 위하여 직무를 이탈하게 된 때 ⑤ 공무원의 노동조합 설립 및 운영 등에 관한 법률 제7조에 따라 노동조합 전임자로 종사하게 된 때	① 국제기구, 외국 기관, 국내외의 대학·연구기관, 다른 국가기관 또는 대통령령으로 정하는 민간기업, 그 밖의 기관에 임시로 채용될 때 ➡ 채용기간(민간기업이나 그 밖의 기관은 **3년**) ② 국외 유학을 하게 된 때 ➡ **3년** 이내(단, 부득이하면 **2년** 연장) ③ 중앙인사관장기관의 장이 지정하는 연구기관이나 교육기관 등에서 연수하게 된 때 ➡ **2년** 이내 ④ 만 8세 이하 또는 초등학교 2학년 이하의 자녀를 양육하기 위하여 필요하거나 여성공무원이 임신 또는 출산하게 된 때 ➡ 자녀 **1명당 3년** 이내 ⑤ 조부모, 부모(배우자의 부모를 포함한다), 배우자, 자녀 또는 손자녀를 부양하거나 돌보기 위하여 필요한 경우. 다만, 조부모나 손자녀의 돌봄을 위하여 휴직할 수 있는 경우는 본인 외에 돌볼 사람이 없는 등 대통령령 등으로 정하는 요건을 갖춘 경우로 한정한다. ➡ **1년**(재직기간 중 **총 3년**을 넘지 못한다) ⑥ 외국에서 근무·유학 또는 연수하게 되는 배우자를 동반하게 된 때 ➡ **3년** 이내(단, 부득이하면 **2년** 연장) ⑦ 대통령령 등으로 정하는 기간 동안 재직한 공무원이 직무 관련 연구과제 수행 또는 자기개발을 위하여 학습·연구 등을 하게 된 때 ➡ **1년** 이내

참고
국가공무원법
• 공무상 질병·부상
➡ 3년 이내(2년 연장)

:두문자
직권: 1년 요양, 공무 3년
　　　불명확 3월
의원: 원칙 – 3년
　　　예외 – 2년 연수,
　　　간호 1년, 자기개발
　　　1년

기출 OX
01 경비담당 경찰공무원 가운데 부적격자로 인정된 경찰공무원 임용령상 전보제한 예외사유에 해당한다.
16. 승진　　　　( )

02 대통령령 등으로 정하는 기간 동안 재직한 공무원이 직무 관련 연구과제 수행 또는 자기개발을 위하여 학습·연구 등을 하게 된 때의 휴직기간은 2년 이내이다.
16. 승진　　　　( )

정답 01 × 02 ×

효력	① 휴직기간 중 그 사유가 소멸하면 **30일** 이내에 임용제청권자에게 신고하여야 하며, 임용권자는 <u>지체 없이</u> 복직을 <u>명하여야 한다</u>. ② 휴직기간이 끝나 공무원이 **30일** 이내에 복귀신고를 하면 당연히 복직된다.
봉급의 감액	① 휴직기간이 1년 이하 ➡ 봉급의 70% ② 휴직기간이 1년 초과 2년 이하인 경우 ➡ 봉급의 50%

5. 직위해제 ✿✿✿

의의		경찰공무원의 신분은 보유하되, 담당직위를 부여하지 **아니할 수 있다**.	
성질		① 제재적 성격의 보직의 해제 ② 직위해제는 본인의 무능력 등을 이유(귀책사유 O)로 보직을 해제하고 **복직이 보장되지 않는다**는 점에서 휴직과 구별된다. ③ 직위가 해제되면 직무에는 종사하지 못하므로 **출근의무도 없다**.	
사유	능력이 **부족**, 성적이 극히 나쁜 자	직무수행능력이 부족하거나 근무성적이 극히 나쁜 자	봉급의 80% 지급
	중징계의 징계의결이 요구 중인 자	파면·해임·강등 또는 정직에 해당하는 징계 의결이 요구 중인 자	① 봉급의 50% 지급 ② 3개월 이후: 30% 지급
	형사사건으로 **기소**된 자 (약식명령의 청구는 제외)	형사 사건으로 기소된 자(약식명령이 청구된 자는 제외한다)	
	조사나 수사 중인 자	**금품비위, 성범죄 등 대통령령으로 정하는 비위행위**로 인하여 감사원 및 검찰·경찰 등 수사기관에서 조사나 수사 중인 자로서 비위의 정도가 중대하고 이로 인하여 정상적인 업무수행을 기대하기 현저히 어려운 자	
	고위공무원단에 속하는 일반직 **공무원**이 일정 사유로 적격심사를 요구받은 자	고위공무원단에 속하는 일반직공무원으로서 제70조의2 제1항 제2호부터 제5호까지의 사유(2년 이상 최하등급 평정 등)로 적격심사를 요구받은 자	① 봉급의 70% 지급 ② 3개월 이후: 40% 지급
효력		① 직위해제의 사유가 사라지면 임용권자는 **지체 없이** 직위를 부여**하여야 한다**. ② 임용권자는 능력부족·근무성적이 극히 나쁜 자의 경우 **3개월의 범위**에서 대기를 명한다. 이 경우 능력회복이나 근무성적의 향상을 위한 교육훈련 또는 연구과제의 부여 등 필요한 조치를 하여야 한다. ③ ②의 경우 근무성적의 향상 등을 기대하기 어렵다고 인정된 때에는 징계위원회의 동의를 얻어 직권면직이 가능하다. ➡ **복직이 보장되지 아니한다**.	
경합		능력부족·근무성적이 극히 나쁜 자의 사유와 나머지 사유(수·중·기)의 사유가 경합하면 수중기의 직위해제를 하여야 한다.	
승진소요 최저근무 연수	원칙	직위해제기간은 승진소요 최저근무연수의 기간에 산입되지 아니한다.	
	예외 (산입 O)	① 중징계의 징계의결요구에 대한 관할 징계위원회가 징계하지 아니하기로 의결한 경우와 이에 따른 징계처분이 소청심사위원회 또는 법원의 판결로 취소 또는 무효로 확정된 때 ② 형사기소되어 직위해제처분하였으나 법원의 판결로 무죄로 확정된 경우	

06 경찰공무원관계의 소멸 ✿✿✿✿

:두문자

자격정지 이상의 형선고
유예
• 원칙: 퇴직사유(×)
• 예외: 성령물(○)

퇴직	당연퇴직	임용결격사유	① 대한민국 국적을 가지지 아니한 사람 ② 국적법 제11조의2 제1항에 따른 복수국적자 ③ 피성년후견인 또는 피한정후견인 ④ 파산선고를 받고 복권되지 아니한 사람은 **파산선고를 받은 사람으로서 채무자 회생 및 파산에 관한 법률에 따라 신청기한 내에 면책신청을 하지 아니하였거나 면책불허가 결정 또는 면책취소가 확정된 경우만** 해당한다. ⑤ 자격정지 이상의 형(刑)을 선고받은 사람 ⑥ 자격정지 이상의 형의 선고유예를 선고받고 그 유예기간 중에 있는 사람은 **형법 제129조부터 제132조까지, 성폭력범죄의 처벌 등에 관한 특례법 제2조, 아동·청소년의 성보호에 관한 법률 제2조 제2호 및 직무와 관련하여 형법 제355조 또는 제356조에 규정된 죄를 범한 사람으로서 자격정지 이상의 형의 선고유예를 받은 경우만** 해당한다. ⑦ 징계에 의하여 파면 또는 해임처분을 받은 사람 ⑧ 공무원의 공무원으로 재직기간 중 직무와 관련하여 형법 제355조(횡령, 배임) 및 제356조(업무상 배임, 횡령죄)에 규정된 죄를 범한 사람으로서 300만원 이상의 벌금형을 선고받고 그 형이 확정된 후 2년이 지나지 아니한 사람 ⑨ 성폭력범죄의 처벌 등에 관한 특례법 제2조에 규정된 죄를 범한 사람으로서 100만원 이상의 벌금형을 선고받고 그 형이 확정된 후 3년이 지나지 아니한 사람 ⑩ 미성년자에 대한 다음의 어느 하나에 해당하는 죄를 저질러 형 또는 치료감호가 확정된 사람(집행유예를 선고받은 후 그 집행유예기간이 경과한 사람을 포함한다) 　㉠ 성폭력범죄의 처벌 등에 관한 특례법 제2조에 따른 성폭력범죄 　㉡ 아동·청소년의 성보호에 관한 법률 제2조 제2호에 따른 아동·청소년대상 성범죄
		사망	사망한 다음 날 면직된 것으로 본다.
	정년	연령정년	경찰공무원은 **60세**가 되면 그 날이 그해의 1월~6월 사이에 있으면 6월 30일에, 그 날이 7월~12월에 있으면 12월 31일에 당연퇴직
		계급정년	① 경찰공무원의 계급정년은 다음과 같다. 　㉠ 치안감: **4년** 　㉡ 경무관: **6년** 　㉢ 총경: **11년** 　㉣ 경정: **14년** ② 징계로 인하여 강등(경감으로 강등된 경우를 포함한다)된 경찰공무원은 강등되기 전 계급 중 **가장 높은 계급**의 계급정년으로 하며, 강등되기 전 계급의 근무연수와 강등 이후의 근무연수를 합산한다. ③ **4년 연장: 수사, 정보, 외사, 안보, 자치경찰사무** 등 특수 부분의 경찰공무원은 **총경 및 경정의 경우**에는 4년의 범위에서 대통령령으로 연장할 수 있다.

:두문자

특사(4): 외·수·보·정·자

기출 OX

01 국가공무원법 제73조의3 제1항 제3호·제4호 또는 제6호에 따라 직위해제된 사람은 봉급의 50퍼센트를 지급하고, 다만, 직위해제일부터 3개월이 지나도 직위를 부여받지 못한 경우에는 그 3개월이 지난 후의 기간 중에는 봉급의 40퍼센트를 지급한다. 21. 승진 (　　)

02 경찰공무원이 재직 중 벌금 이상의 형을 선고받으면 당연퇴직된다. 18. 승진 (　　)

정답 01 × 02 ×

: 두문자

비 · 2(리)

			④ **2년 연장**: 경찰청장은 전시·사변이나 그 밖에 이에 준하는 **비상사**태에서는 2년의 범위에서 계급정년을 연장할 수 있다. **경무관 이상**의 경찰공무원은 행정안전부장관 ➜ 국무총리 ➜ 대통령의 승인을 받아야 하고, **총경·경정**의 경우 국무총리 ➜ 대통령의 승인을 받아야 한다.
면직		의원 면직	① 경찰공무원의 사의표시에 의해 경찰공무원의 신분을 소멸시키는 것 ② 서면에 의한 사직서를 **임용권자가 승인(수리)**한 때부터 소멸
	강제 면직	직권 면직	직권면직이란 법정의 사유가 발생한 경우 본인의 의사 여부에 관계없이 임용권자가 일방적으로 경찰공무원의 신분을 소멸시키는 것을 말한다.

		징계
		위원회의
		동의 ○
		(주관적
		사유)
			① 대기명령을 받은 자가 그 기간에 능력 또는 근무성적의 향상을 기대하기 어렵다고 인정된 때
			② 경찰공무원으로는 부적합할 정도로 직무수행능력이나 성실성이 현저하게 결여된 사람으로 다음의 사유에 해당된다고 인정될 때
			   ㉠ 지능저하 또는 판단력의 부족으로 경찰업무를 감당할 수 없는 경우
			   ㉡ 책임감의 결여로 직무수행에 성의가 없고 위험한 직무에 고의로 직무수행을 기피 또는 포기한 경우
			③ 직무를 수행하는 데에 위험을 일으킬 우려가 있을 정도의 성격적 또는 도덕적 결함이 있는 사람으로서 다음의 사유에 해당된 때
			   ㉠ 인격장애, 알코올·약물중독 그 밖의 정신장애로 경찰업무를 감당할 수 없는 경우
			   ㉡ 사행행위 또는 재산의 낭비로 인한 채무과다, 부정한 이성관계 등 도덕적 결함이 현저하여 타인의 비난을 받는 경우

		징계 위원회의 동의 ✕ (객관적 사유)	① 직제와 정원의 개폐 또는 예산의 감소 등에 따라 폐직 또는 과원이 되었을 때 ② 휴직기간이 끝나거나 휴직사유가 소멸된 후에도 직무에 복귀하지 아니하거나 직무를 감당할 수 없을 때 ③ 해당 경과에서 직무를 수행하는 데 필요한 자격증의 효력이 상실되거나 **면허가 취소**되어 담당 직무를 수행할 수 없게 되었을 때
		징계면직	파면과 해임
관련 판례			① **민법 제107조 비진의 의사표시에 관한 규정이 적용되지 않을 수 있다는 판례**: 이른바 1980년의 공직자숙정계획의 일환으로 일괄사표의 제출과 선별수리의 형식으로 공무원에 대한 의원면직처분이 이루어진 경우, 사직원 제출행위가 강압에 의하여 의사결정의 자유를 박탈당한 상태에서 이루어진 것이라고 할 수 없고 민법상 비진의 의사표시의 무효에 관한 규정은 사인의 공법행위에 적용되지 않는다는 등의 이유로 그 의원면직처분을 당연무효라고 할 수 없다고 할 것이다(대판 2000.11.14, 99두5481).

: 두문자

직원 미복귀
자격면허취소

기출 OX

03 징계로 인하여 경정에서 경감으로 강등된 경우 경정의 근무연수와 경감의 근무연수가 합산하여 14년이 되면 계급정년에 해당한다.
17. 경간   ( )

04 경찰청장은 전시·사변이나 그 밖에 이에 준하는 비상사태에서는 2년의 범위에서 계급정년을 연장할 수 있다. 이 경우 치안감의 경찰공무원에 대하여는 행정안전부장과 국무총리를 거쳐 대통령의 승인을 받아야 하고, 경무관·총경·경정의 경찰공무원에 대하여는 국무총리를 거쳐 대통령의 승인을 받아야 한다. 20. 승진   ( )

정답 **03** ○ **04** ✕

② 강박에 의한 공무원의 사직의 의사표시는 강박의 정도에 따라, 무효 또는 민법 제110조에 의한 취소사유로 보아야 한다는 판례: 사직서의 제출이 감사기관이나 상급관청 등의 강박에 의한 경우에는 그 정도가 **의사결정의 자유를 박탈**할 정도에 이른 것이라면 그 의사표시가 무효로 될 것이고 그렇지 않고 **의사결정의 자유를 제한**하는 정도에 그친 경우라면 그 성질에 반하지 아니하는 한 **의사표시에 관한 민법 제110조의 규정을 준용(취소사유)**하여 그 효력을 따져보아야 할 것이나, 감사담당 직원이 당해 공무원에 대한 비리를 조사하는 과정에서 사직하지 아니하면 징계파면이 될 것이고 또한 그렇게 되면 퇴직금 지급상의 불이익을 당하게 될 것이라는 등의 강경한 태도를 취하였다고 할지라도 그 취지가 단지 비리에 따른 객관적 상황을 고지하면서 사직을 **권고·종용**한 것에 지나지 않고 위 공무원이 그 비리로 인하여 징계파면이 될 경우 퇴직금 지급상의 불이익을 당하게 될 것 등 여러 사정을 고려하여 사직서를 제출한 경우라면 그 의사결정이 **의원면직처분의 효력에 영향을 미칠 하자가 있었다고는 볼 수 없다**(대판 1997.12.12, 97누13962).

③ 공무원의 사직의 의사표시는 면직처분전까지는 자유로이 취소와 철회를 할 수 있다는 판례: 공무원이 한 **사직 의사표시의 철회나 취소는 그에 터잡은 의원면직처분이 있을 때까지 할 수 있는 것**이고, 일단 면직처분이 있고 난 이후에는 철회나 취소할 여지가 없다. 다만 의원면직처분이 있기 전이라도 사직의 의사표시를 철회하는 것이 신의칙에 반한다고 인정되는 특별한 사정이 있는 경우에는 그 철회는 허용되지 아니한다고 보아야 할 것이다.다(대판 1997.12.12, 97누13962).

계급정년 정리

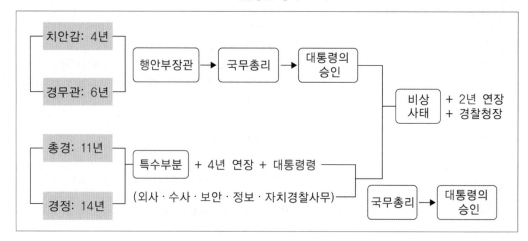

07 경찰공무원의 권리와 의무

경찰공무원의 권리·의무 개관

<table>
<tr><td rowspan="6">의무</td><td rowspan="3">국가
공무
원법</td><td>일반의무</td><td>선서의무, 성실의무</td></tr>
<tr><td>신분상 의무</td><td>**영**예제한, **집**단행동금지의무, **비**밀엄수의무, **품**위유지의무, **청**렴의무, **정**치운동금지의무</td></tr>
<tr><td>직무상 의무</td><td>**복**종의무, **직**무전념의무, **법**령준수의무, **종**교중립의무, **친**절공정의무</td></tr>
<tr><td rowspan="2">경찰
공무원법</td><td>직무상 의무</td><td>**거**짓보고 및 직무유기금지의무, **제**복착용의무, **지**휘권남용금지의무</td></tr>
<tr><td>신분상 의무</td><td>**정**치관여금지의무</td></tr>
<tr><td colspan="2">공직자윤리법</td><td>**선**물신고의무, **재**산등록의무 및 공개의무, **취**업의 제한 등</td></tr>
<tr><td></td><td colspan="2">경찰공무원
복무규정</td><td>근무시간 중 **음**주금지의무, **민**사분쟁에 부당개입금지의무, **지**정장소 외에서의 직무수행금지의무, **여**행제한의무, **신**고의무</td></tr>
<tr><td rowspan="3">권리</td><td rowspan="2">신분상
권리</td><td>일반적 권리</td><td>직무수행권, 신분 및 직위보유권, 쟁송제기권</td></tr>
<tr><td>특수한 권리</td><td>**제**복착용권, **무**기휴대 및 사용권, **장**구사용권</td></tr>
<tr><td colspan="2">재산상 권리</td><td>보수청구권, 연금청구권, 실비변상청구권, 보급품수령권, 보상청구권</td></tr>
</table>

:두문자
옆(영)·집·비·품·청·정

:두문자
복·직·법·종·친

:두문자
거·제·정·지

:두문자
선·재·취

:두문자
음·민·지·여·신

:두문자
제·무·장

1. 경찰공무원의 신분상 권리 ✦✦✦

<table>
<tr><td rowspan="4">일반적
권리</td><td>신분보유권</td><td>① 법령에 따른 사유 외에 공무원의 신분을 박탈당하지 아니할 권리
② 치안총감·치안정감·시보임용기간의 경찰공무원은 제외</td></tr>
<tr><td>직위보유권</td><td>법정사유(직위해제사유) 외에 직위를 해제당하지 않을 권리</td></tr>
<tr><td>직무집행권</td><td>자신이 담당하는 직무집행을 방해당하지 아니할 권리</td></tr>
<tr><td>쟁송제기권</td><td>① 소청 또는 행정소송을 제기할 권리
② 임용과 관련된 행정소송은 경찰청장 또는 임용권을 위임받은 수임기관을 피고로 한다.</td></tr>
<tr><td rowspan="3">특수한
권리</td><td>제복착용권</td><td>① 경찰공무원법상 권리이자 의무
② 경찰공무원의 복제에 관한 사항은 **행정안전부령**으로 정한다.</td></tr>
<tr><td>무기휴대 및
무기사용권</td><td>① 의무가 아닌 권리에만 해당된다.
② 무기**휴대**권 ➡ 경찰**공무원법** 제20조
③ 무기**사용**권 ➡ 경찰관 **직무집행법** 제10조의4</td></tr>
<tr><td>장구사용권</td><td>① 수갑·포승·경찰봉·방패 등 경찰장구를 사용할 권리
② 경찰관 직무집행법 제10조의2</td></tr>
</table>

2. 경찰공무원의 재산상 권리 ✦✦✦

<table>
<tr><td rowspan="2">보수
청구권</td><td>의의</td><td>보수란 '근로의 대가로서 봉급(본봉, 직책수당, 근속수당)과 수당을 합한 급여액'을 말한다.</td></tr>
<tr><td>법적 근거</td><td>근로법정주의의 원칙에 따라 공무원의 보수는 대통령령인 **공무원보수규정**에서 그에 대한 내용을 정하고 있다.</td></tr>
</table>

	법적 성질	보수청구권은 공법상 권리이므로 보수와 관련된 분쟁은 **행정소송법상 당사자소송**에 의해야 한다. 대법원도 "수령지체된 보수의 지급을 구하는 소송은 행정소송의 대상이지 민사소송의 대상이 아니다(대판 1991.5.10, 90다10766)."라고 판시하여 마찬가지의 입장이다.
	압류제한	공무원의 보수청구권을 임의로 양도하거나 포기할 수 없으며, 압류도 2분의 1까지만 허용된다.
	소멸시효	소멸시효에 대해서는 ① 국가재정법에 따라 **5년**이라는 견해(다수설)와 ② 민법 제163조 제1호상의 **3년**이라는 견해(대법원 판례)가 대립된다.
연금청구권	의의	공무원의 퇴직, 장해 또는 사망에 대하여 적절한 급여를 지급하고 후생복지를 지원함으로써 공무원 및 그 유족의 생활안정과 복지향상에 이바지함을 목적으로 지급하는 급여를 말한다(공무원연금법 제1조).
	소멸시효	장기급여와 단기급여 등 종류에 불문하고 **5년**
	압류제한	① 급여를 받을 권리는 **양도·압류하거나 담보로 제공할 수 없다.** ② 다만, 연금인 급여를 받을 권리는 대통령령으로 정하는 금융회사에 담보로 제공할 수 있고, 국세징수법, 지방세징수법, 그 밖의 법률에 따른 체납처분의 대상으로 할 수 있다.
	지급절차	① 인사혁신처장(기획재정부장관 ×)의 결정 ➡ ② 공무원연금관리공단이 지급
	불복절차	① **심사청구**: 급여에 관한 결정, 기여금의 징수, 그 밖에 이 법에 따른 급여에 관하여 이의가 있는 사람은 급여에 관한 결정 등이 있었던 날부터 180일, 그 사실을 안 날부터 90일 이내에 공무원 재해보상법 제52조에 따른 **공무원재해보상연금위원회**에 심사를 청구할 수 있다. ② **행정심판**: 급여에 관한 결정, 기여금의 징수, 그 밖에 이 법에 따른 급여에 관하여는 행정심판법에 따른 행정심판을 청구할 수 없다. ③ **행정소송**: 연금청구권은 공권의 성질을 가지므로 **공무원연금관리공단**을 상대로 행정소송(**항고소송**)을 제기하여 구제를 받아야 한다(대판 2010.5.27, 2008두5636).
재해보상청구권	의의	공무원이 공무로 인해 부상·질병·장해·사망에 대하여 적합한 보상을 하고, 공무상 재해를 입은 공무원의 재활 및 직무복귀를 지원하며 공무원 및 그 유족의 복지 향상에 이바지함을 목적으로 하는 급여청구권을 말한다.
	법적 근거	공무원재해보상법
	압류 제한 등	급여를 받을 권리는 **양도·압류**하거나 **담보로 제공할 수 없다**. 다만, 연금인 급여를 받을 권리는 대통령령으로 정하는 금융회사에 담보로 제공할 수 있고, 국세징수법, 지방세징수법, 그 밖의 법률에 따른 체납처분의 대상으로 할 수 있다.
	소멸시효	급여의 사유가 발생한 날부터 요양급여·재활급여·간병급여·부조급여는 **3년**간, 그 밖의 급여는 **5년**간 행사하지 아니하면 시효로 인하여 소멸한다.
	불복절차	① **심사청구**: 급여에 관한 결정, 그 밖에 이 법에 따른 급여 등에 관하여 이의가 있는 사람은 급여에 관한 결정 등이 있었던 날부터 180일, 그 사실을 안 날부터 90일 이내에 **공무원재해보상연금위원회**에 심사를 청구할 수 있다. ② **행정심판**: 급여에 관한 결정, 그 밖에 이 법에 따른 급여에 관하여는 행정심판법에 따른 행정심판을 청구할 수 없다. ③ **행정소송**: 재해보상청구권은 공권의 성질을 가지므로 **공무원연금관리공단**을 상대로 항고소송을 제기하여 구제를 받아야 한다(대판 2010.5.27, 2008두5636).

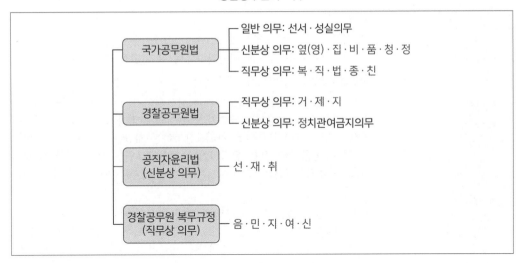

경찰공무원의 의무

국가공무원법	일반 의무: 선서·성실의무 신분상 의무: 옆(영)·집·비·품·청·정 직무상 의무: 복·직·법·종·친
경찰공무원법	직무상 의무: 거·제·지 신분상 의무: 정치관여금지의무
공직자윤리법 (신분상 의무)	선·재·취
경찰공무원 복무규정 (직무상 의무)	음·민·지·여·신

:두문자

복·직·법·종·친

참고

범죄수사규칙 제30조(경찰관서 내 이의제기) ① 경찰관은 구체적 수사와 관련된 소속 수사부서장의 지휘·감독의 적법성 또는 정당성에 이견이 있는 경우에는 해당 상관에게 별지 제6호 서식의 수사지휘에 대한 이의제기서를 작성하여 이의를 제기할 수 있다.
② 제1항의 이의제기를 받은 상관은 신속하게 이의제기에 대해 검토한 후 그 사유를 적시하여 별지 제4호 서식의 수사지휘서에 따라 재지휘를 하여야 한다.

제31조(상급경찰관서장에 대한 이의제기) ① 경찰서장은 시·도경찰청장의 구체적 수사와 관련된 지휘·감독의 적법성 또는 정당성에 이견이 있는 경우에는 직권 또는 소속 경찰관의 이의제기 신청을 받아 시·도경찰청장에게 별지 제7호 서식의 수사지휘에 대한 이의제기서(상급관서용)에 따라 이의를 제기할 수 있다. 이때 소속 경찰관의 이의제기 신청에 대한 처리 절차에 대하여는 제30조 제1항부터 제3항까지를 준용한다.
② 시·도경찰청장은 제1항에 따른 경찰서장의 이의제기에 대하여 신속하게 시·도경찰청 경찰수사 심의위원회의 의견을 들어 판단한 후 그 사유를 적시하여 별지 제5호 서식의 수사지휘서(관서간)에 따라 지휘하여야 한다.

3. 경찰공무원의 일반의무 ✦✦✦

국가 공무원법	선서의무	공무원은 **취임할 때**에 소속기관장 앞에서 선서하여야 한다. 다만, 불가피한 사유가 있으면 취임 후에 선서하게 할 수 있다.
	성실의무	① 공무원은 성실히 직무를 수행해야 한다. ② 모든 의무의 원천이 되는 공무원의 기본적 의무이다.

4. 경찰공무원의 직무상 의무 ✦✦✦✦

국가 공무원법	복종의무		① 공무원은 소속 상관의 직무상 명령에 복종하여야 한다. ② 여기서 상관은 직무상 소속 상관을 말한다. ③ 상관의 직무명령이 형식적 요건을 갖추지 못하거나 실질적 요건상 그 내용이 명백히 위법한 경우 복종의무가 없다. ➔ **무조건적인 복종을 의미하는 것은 아니다.** ④ 경찰공무원은 사건수사에 관한 지휘·감독이 적법성 또는 정당성에 대하여 이견이 있을 때에는 **이의를 제기할 수 있다(경찰법 제6조 제2항).**
	직무전념의무	직장이탈 금지의무	① 공무원은 **소속 상관의 허가** 또는 **정당한 사유**가 없으면 직장을 이탈하지 못한다. ② 수사기관이 공무원을 구속하려면 그 **소속 기관의 장**에게 미리 통보하여야 한다. 다만, 현행범은 그러하지 아니하다.
		영리업무 및 겸직금지 의무	① 공무원은 공무 외에 영리를 목적으로 하는 업무에 종사하지 못한다. ➔ **영리업무는 허가와 무관하게 금지된다.** ② 공무원은 **소속기관장**(소속 상관 ×)의 허가 없이 다른 직무를 겸할 수 없다.
	법령준수의무		모든 공무원은 법령을 준수하여 직무를 수행하여야 한다.
	종교중립의무		① 공무원은 종교에 따른 차별 없이 직무를 수행하여야 한다. ② 공무원은 소속 상관이 이에 위배되는 직무상 명령을 한 경우에는 이에 따르지 **아니할 수 있다.**

기출 OX

01 법령준수의 의무, 영리 업무종사금지, 친절공정의 의무, 종교중립의 의무는 경찰공무원의 직무상 의무에 해당한다. 13. 승진 ( )

02 복종의 의무와 관련하여, 경찰공무원법은 국가경찰공무원이 구체적 사건수사와 관련된 상관의 적법성 또는 정당성에 대하여 이견이 있을 때에는 이의를 제기할 수 있다고 규정하고 있다. 17. 경간 ( )

03 공무원은 소속 기관장의 허가 또는 정당한 사유가 없으면 직장을 이탈하지 못한다. 18. 경찰 ( )

04 경찰공무원의 기본강령으로 제1호에 경찰사명, 제2호에 경찰정신, 제3호에 규율, 제4호에 책임, 제5호에 단결, 제6호에 성실 · 청렴을 규정하고 있다. 17. 승진 ( )

05 경찰공무원은 휴무일 또는 근무시간 외에 3시간 이내에 직무에 복귀하기 어려운 지역으로 여행을 하고자 할 때에는 소속 경찰기관의 장에게 신고를 하여야 한다. 15. 경찰 ( )

경찰공무원법	친절공정의무	공무원은 국민 전체의 봉사자로서 친절하고 공정하게 직무를 수행하여야 한다.
	거짓보고금지	① 직무에 관하여 거짓으로 보고나 통보를 하여서는 아니 된다. ② 경찰공무원은 직무를 게을리하거나 유기(遺棄)해서는 아니 된다.
	제복착용의무	**경찰공무원법**상 권리이자 의무이다.
	지휘권 남용금지	전시 · 사변, 그 밖에 이에 준하는 비상사태이거나 작전수행 중인 경우 또는 많은 인명 손상이나 국가재산 손실의 우려가 있는 위급한 사태가 발생한 경우, 경찰공무원을 지휘 · 감독하는 사람은 정당한 사유 없이 그 **직무수행을 거부 또는 유기**하거나 경찰공무원을 **지정된 근무지에서 진출 · 퇴각 또는 이탈**하게 하여서는 아니 된다. ➔ 위반시 3년 이상의 금고 · 징역
경찰공무원 복무규정	기본강령	경찰공무원은 다음의 기본강령에 따라 복무하여야 한다. ① **경찰사명**: 경찰공무원은 국가와 민족을 위하여 충성과 봉사를 다하며, 국민의 생명 · 신체 및 재산을 보호하고, 공공의 안녕과 질서를 유지함을 그 사명으로 한다. ② **경찰정신**: 경찰공무원은 국민의 수임자로서 일상의 직무수행에 있어서 국민의 자유와 권리를 존중하는 호국 · 봉사 · 정의의 정신을 그 바탕으로 삼는다. ③ **규율**: 경찰공무원은 법령을 준수하고 직무상의 명령에 복종하며, 상사에 대한 존경과 부하에 대한 신애로써 규율을 지켜야 한다. ④ **단결**: 경찰공무원은 주어진 사명을 다하기 위하여 긍지를 가지고 한마음 한뜻으로 굳게 뭉쳐 임무수행에 모든 역량을 기울여야 한다. ⑤ **책임**: 경찰공무원은 창의와 노력으로써 소임을 완수하여야 하며, 직무수행의 결과에 대하여 책임을 진다. ⑥ **성실 · 청렴**: 경찰공무원은 성실하고 청렴한 생활태도로써 국민의 모범이 되어야 한다.
	근무시간 중 음주금지	경찰공무원은 근무시간 중 음주를 하여서는 아니 된다. 다만, 특별한 사정이 있는 경우에는 예외로 하되, 이 경우 주기가 있는 상태에서 직무를 수행하여서는 아니 된다.
	민사분쟁에 부당개입금지	경찰공무원은 직위 또는 직권을 이용하여 부당하게 타인의 민사분쟁에 개입하여서는 아니 된다.
	지정장소 외에서의 직무수행금지	경찰공무원은 상사의 허가를 받거나 그 명령에 의한 경우를 제외하고는 직무와 관계없는 장소에서 직무수행을 하여서는 아니 된다.
	상관에 대한 신고	경찰공무원은 신규채용 · 승진 · 전보 · 파견 · 출장 · 연가 · 교육훈련기관에의 입교 기타 신분관계 또는 근무관계 또는 근무관계의 변동이 있는 때에는 **소속 상관**에게 신고를 하여야 한다.
	여행제한	경찰공무원은 휴무일 또는 근무시간 외에 <u>2시간 이내에 직무에 복귀하기 어려운 지역</u>으로 여행을 하고자 할 때에는 <u>소속 경찰기관의 장에게 신고를 하여야</u> 한다. 다만, 치안상 특별한 사정이 있어 경찰청장, 해양경찰청장 또는 경찰기관의 장이 <u>지정하는 기간 중에는 소속 경찰기관의 장의 허가를 받아야</u> 한다.

	포상휴가	경찰기관의 장은 근무성적이 탁월하거나 다른 경찰공무원의 모범이 될 공적이 있는 경찰공무원에 대하여 **1회 10일 이내**의 포상휴가를 허가할 수 있다. 이 경우의 포상휴가기간은 연가일수에 산입하지 아니한다.
	연일 근무자 등 휴무	경찰기관의 장은 특별한 사정이 없는 한 다음과 같이 휴무를 **허가하여야 한다.** ① 연일근무자 및 공휴일근무자에 대하여는 그 다음 날 1일의 휴무 ② 당직 또는 철야근무자에 대하여는 다음 날 오후 2시를 기준으로 하여 오전 또는 오후의 휴무

5. 경찰공무원의 신분상 의무 ✦✦✦✦

(1) 국가공무원법상 의무

:두문자
옆(영)집비품청정

영예제한		공무원이 외국 정부로부터 영예나 증여를 받을 경우에는 **대통령(경찰청장 ×)의 허가**를 받아야 한다.
청렴의무		① 대외: 공무원은 직무와 관련하여 직접적이든 간접적이든 사례·증여 또는 향응을 주거나 받을 수 없다. ② 대내: 공무원은 직무상의 관계가 있든 없든 그 소속 상관에게 증여하거나 소속 공무원으로부터 증여를 받아서는 아니 된다.
비밀엄수 의무	의의	① 공무원은 재직 중은 물론 **퇴직 후에도** 직무상 알게 된 비밀을 엄수(嚴守)하여야 한다. ② 비밀이란 자신의 직무에 관한 비밀뿐만 아니라 **직무와 관련하여 알게 된 모든 비밀**을 말한다.
	비밀	① 비밀은 실질적으로 보호가치가 있는 것을 의미한다는 것이 통설과 판례이다(실질설). ② **직무와 관련**하여 알게 된 모든 비밀을 말한다.
	위반	① 재직 중 ➡ 징계책임 + 형사책임 ② 퇴직 후 ➡ 형사책임(공무상 비밀누설죄)
정치운동 금지의무	의의	헌법상 의무(헌법 제7조)임과 동시에 국가공무원법상 의무이다.
	내용	① 공무원은 정당이나 그 밖의 정치단체의 결성에 관여하거나 이에 가입할 수 없다. ② 공무원은 선거에서 특정 정당 또는 특정인을 지지 또는 반대하기 위한 다음의 행위를 하여서는 아니 된다. ⊙ 투표를 하거나 하지 아니하도록 권유 운동을 하는 것 ⓒ 서명 운동을 기도·주재하거나 권유하는 것 ⓒ 문서나 도서를 공공시설 등에 게시하거나 게시하게 하는 것 ⓔ 기부금을 모집 또는 모집하게 하거나, 공공자금을 이용 또는 이용하게 하는 것 ⓜ 타인에게 정당이나 그 밖의 정치단체에 가입하게 하거나 가입하지 아니하도록 권유 운동을 하는 것
	위반	3년 이하의 징역과 3년 이하의 자격정지, 공소시효는 10년

기출 OX

06 공무원이 외국정부로부터 증여를 받을 경우에는 소속 기관장의 허가를 받아야 한다. 18. 경찰 ( )

07 공무원은 직무와 관련하여 간접적인 사례·증여 또는 향응을 주거나 받을 수 있다. 23. 승진 ( )

08 공무원은 재직 중에 직무상 지득한 비밀을 엄수하여야 하나, 퇴직 후에는 그러한 의무가 없다. 20. 승진 ( )

정답 06 × 07 × 08 ×

집단행위 금지의무	의의	① 공무원은 노동운동이나 그 밖에 공무 외의 일을 위한 집단행위를 하여서는 아니 된다. 다만, <u>사실상 노무에 종사하는 공무원</u>은 예외로 한다. ② 사실상 노무에 종사하는 공무원으로서 <u>노동조합에 가입된 자</u>가 조합업무에 전임하려면 **소속 장관**의 허가를 받아야 한다.
	위반	① **국가공무원법**: 일반행정직 국가공무원의 경우 1년 이하의 징역 또는 1천만원 이하의 벌금 ② **경찰공무원법**: 경찰공무원의 경우 **2년 이하의 징역 또는 200만원 이하**의 벌금에 처한다.
품위유지 의무		공무원은 직무의 내외를 불문하고 그 품위가 손상되는 행위를 하여서는 아니 된다.

⊕ **PLUS** 공무원직장협의회(공무원직장협의회의 설립·운영에 관한 법률)

설립 (제2조)	① 국가기관, 지방자치단체 및 그 하부기관에 근무하는 공무원은 직장협의회(이하 '협의회'라 한다)를 설립할 수 있다. ② 협의회는 기관 단위로 설립하되, 하나의 기관에는 하나의 협의회만을 설립할 수 있다. ③ 협의회를 설립한 경우 그 대표자는 소속 기관의 장(이하 '기관장'이라 한다)에게 설립 사실을 통보하여야 한다.
가입범위 (제3조)	① 협의회에 가입할 수 있는 공무원의 범위는 다음과 같다. 　㉠ 일반직공무원 　㉡ 특정직공무원 중 다음의 어느 하나에 해당하는 공무원 　　• 외무영사직렬·외교정보기술직렬·외무공무원 　　• 경찰공무원 　　• 소방공무원 　㉢ 별정직공무원 ② ①에도 불구하고 다음의 어느 하나에 해당하는 공무원은 협의회에 가입할 수 없다. 　㉠ 업무의 주된 내용이 지휘·감독권을 행사하거나 다른 공무원의 업무를 총괄하는 업무에 종사하는 공무원 　㉡ 업무의 주된 내용이 인사, 예산, 경리, 물품출납, 비서, 기밀, 보안, 경비 및 그 밖에 이와 유사한 업무에 종사하는 공무원
기능 (제5조)	① 협의회 및 연합협의회(이하 '협의회 등'이라 한다)는 소속기관장 또는 제2조의2 제1항 각 호의 기관의 장과 다음의 사항을 협의한다. 1. 해당 기관 고유의 근무환경 개선에 관한 사항 2. 업무능률 향상에 관한 사항 3. 소속 공무원의 공무와 관련된 일반적 고충에 관한 사항 4. 소속 공무원의 모성보호 및 일과 가정생활의 양립을 지원하기 위한 사항 5. 기관 내 성희롱, 괴롭힘 예방 등에 관한 사항 6. 그 밖에 기관의 발전에 관한 사항 ② 협의회는 ①에 따른 협의를 할 때 협의회 구성원의 직급 등을 고려하여 협의회 구성원의 의사를 고루 대변할 수 있는 협의위원을 선임하여야 한다.
전임금지 (시행령 제12조)	협의회에는 협의회의 업무를 전담하는 공무원은 둘 수 없다.

: 두문자

인·산·경·물·비·밀·
경·보

(2) 경찰공무원법상 의무

정치관여 금지의무	① 경찰공무원은 정당이나 정치단체에 가입하거나 정치활동에 관여하는 행위를 하여서는 아니 된다. ② ①에서 정치활동에 관여하는 행위란 다음의 어느 하나에 해당하는 행위를 말한다. 　㉠ 정당이나 정치단체의 결성 또는 가입을 지원하거나 방해하는 행위 　㉡ 그 직위를 이용하여 특정 정당이나 특정 정치인에 대하여 지지 또는 반대 의견을 유포하거나, 그러한 여론을 조성할 목적으로 특정 정당이나 특정 정치인에 대하여 찬양하거나 비방하는 내용의 의견 또는 사실을 유포하는 행위 　㉢ 특정 정당이나 특정 정치인을 위하여 기부금 모집을 지원하거나 방해하는 행위 또는 국가 · 지방자치단체 및 공공기관의 운영에 관한 법률에 따른 공공기관의 자금을 이용하거나 이용하게 하는 행위 　㉣ 특정 정당이나 특정인의 선거운동을 하거나 선거 관련 대책회의에 관여하는 행위 　㉤ 정보통신망 이용촉진 및 정보보호 등에 관한 법률에 따른 정보통신망을 이용한 ㉠부터 ㉣까지의 규정에 해당하는 행위 　㉥ 소속 직원이나 다른 공무원에 대하여 ㉠부터 ㉤까지의 행위를 하도록 요구하거나 그 행위와 관련한 보상 또는 보복으로서 이익 또는 불이익을 주거나 이를 약속 또는 고지하는 행위 ③ **처벌**: **5년 이하**의 징역과 **5년 이하**의 자격정지에 처하고, 그 죄에 대한 공소시효의 기간은 형사소송법 제249조 제1항에도 불구하고 **10년**으로 한다.

(3) 공직자윤리법상 의무

	등록 의무자	① **총경**(자치총경을 포함한다) 이상의 경찰공무원은 **공직자윤리법**에서 정하는 바에 따라 재산을 등록하여야 한다. ② 경찰공무원 중 **경정**, 경감, 경위, **경사**와 자치경찰공무원 중 자치경정, 자치경감, 자치경위, 자치경사는 **공직자윤리법 시행령**에 따라 재산을 등록해야 한다.
재산의 등록의무	범위	① 등록의무자가 등록할 재산은 다음의 어느 하나에 해당하는 사람의 재산(소유 명의와 관계없이 사실상 소유하는 재산, 비영리법인에 출연한 재산과 외국에 있는 재산을 포함한다. 이하 같다)으로 한다. 　㉠ 본인 　㉡ 배우자(사실상의 혼인관계에 있는 사람을 **포함**한다) 　㉢ 본인의 직계존속 · 직계비속. 다만, **혼인한 직계비속인 여성과 외증조부모, 외조부모, 외손자녀 및 외증손자녀는 제외**한다. ② 등록의무자가 등록할 재산은 다음과 같다. 　㉠ **부동산에 관한 소유권** · 지상권 및 전세권 　㉡ 광업권 · 어업권 · 양식업권, 그 밖에 부동산에 관한 규정이 준용되는 권리 　㉢ 다음의 동산 · 증권 · 채권 · 채무 및 지식재산권(知識財産權) 　　ⓐ **소유자별 합계액 1천만원 이상의 현금**(수표를 포함한다) 　　ⓑ **소유자별 합계액 1천만원 이상의 예금** 　　ⓒ 소유자별 합계액 1천만원 이상의 주식 · 국채 · 공채 · 회사채 등 증권

: 두문자

법: 총경↑

령: 경사 ~ 경정

기출 OX

01 甲총경의 부친이 소유한 합계액 500만원의 현금은 「공직자윤리법」상 甲총경이 등록해야 하는 재산에 해당한다. 23. 경찰간부 (　　)

정답 01 ✕

		ⓓ **소유자별 합계액 1천만원 이상의 채권**
		ⓔ 소유자별 합계액 1천만원 이상의 채무
		ⓕ 소유자별 합계액 500만원 이상의 금 및 백금(금제품 및 백금제품을 포함한다)
		ⓖ 품목당 500만원 이상의 보석류
		ⓗ 품목당 500만원 이상의 골동품 및 예술품
		ⓘ 권당 500만원 이상의 회원권
		ⓙ 소유자별 연간 1천만원 이상의 소득이 있는 지식재산권
		ⓚ 자동차 · 건설기계 · 선박 및 항공기
		ⓛ 합명회사 · 합자회사 및 유한회사의 출자지분
		ⓜ 주식매수선택권
		ⓝ 「특정 금융거래정보의 보고 및 이용 등에 관한 법률」 제2조 제3호에 따른 가상자산(이하 "가상자산"이라 한다)
	등록기간	공직자는 등록의무자가 된 날부터 **2개월이 되는 날이 속하는 달의 말일까지** 등록의무자가 된 날 현재의 재산을 등록하여야 한다.
재산의 공개의무	공개의무	공직자윤리위원회는 **치안감 이상의 경찰공무원** 및 특별시 · 광역시 · 특별자치시 · 도 · 특별자치도의 **시 · 도경찰청장**의 재산에 관한 등록사항을 등록기간 만료 후 **1개월 이내**에 관보 또는 공보에 게재하여 공개하여야 한다.
	범위	① 본인과 배우자 ② 본인의 직계존속 · 직계비속
선물신고의무		① 공무원(지방의회의원을 포함한다) 또는 공직유관단체의 임직원은 외국으로부터 선물(대가 없이 제공되는 물품 및 그 밖에 이에 준하는 것을 말하되, **현금은 제외한다**)을 받거나 그 직무와 관련하여 외국인(외국단체를 포함한다. 이하 같다)에게 선물을 받으면 지체 없이 **소속 기관 · 단체의 장에게 신고하고 그 선물을 인도하여야 한다.** 이들의 **가족**이 외국으로부터 선물을 받거나 그 공무원이나 공직유관단체 임직원의 직무와 관련하여 외국인에게 선물을 받은 경우에도 **또한 같다.** ② 신고된 선물은 신고 즉시 국가 또는 지방자치단체에 귀속된다. ③ 신고하여야 할 선물은 미화 100달러 이상, 한화 10만원 이상인 선물로 한다.
취업제한		① 공직자[총경(자치총경을 포함한다) 이상의 경찰공무원]와 부당한 영향력 행사 가능성 및 공정한 직무수행을 저해할 가능성 등을 고려하여 국회규칙, 대법원규칙, 헌법재판소규칙, 중앙선거관리위원회규칙 또는 대통령령으로 정하는 공무원(국가경찰공무원 중 **경정, 경감, 경위, 경사**와 자치경찰공무원 중 자치경정, 자치경감, 자치경위, 자치경사)과 공직유관단체의 직원(이하 '취업심사대상자'라 한다)은 **퇴직일부터 3년간** 다음 각 호의 어느 하나에 해당하는 기관(이하 '취업심사대상기관'이라 한다)에 취업할 수 없다. 다만, **관할 공직자윤리위원회**로부터 취업심사대상자가 **퇴직 전 5년 동안** 소속하였던 부서 또는 기관의 업무와 취업심사대상기관간에 밀접한 관련성이 없다는 확인을 받거나 취업승인을 받은 때에는 취업할 수 있다. ㉠ 자본금과 연간 외형거래액(부가가치세법 제29조에 따른 공급가액을 말한다. 이하 같다)이 일정 규모 이상인 영리를 목적으로 하는 사기업체 ㉡ ㉠에 따른 사기업체의 공동이익과 상호협력 등을 위하여 설립된 법인 · 단체 ㉢ 연간 외형거래액이 일정 규모 이상인 변호사법 제40조에 따른 법무법인, 같은 법 제58조의2에 따른 법무법인(유한), 같은 법 제58조의18에 따른 법무조합, 같은 법 제89조의6 제3항에 따른 법률사무소(이하 '법무법인 등'이라 한다)

② 연간 외형거래액이 일정 규모 이상인 공인회계사법 제23조 제1항에 따른 회계법인

⑩ 연간 외형거래액이 일정 규모 이상인 세무사법 제16조의3 제1항에 따른 세무법인

ⓗ 연간 외형거래액이 일정 규모 이상인 외국법자문사법 제2조 제4호에 따른 외국법자문법률사무소 및 같은 조 제9호에 따른 합작법무법인

ⓢ 공공기관의 운영에 관한 법률 제5조 제3항 제1호 가목에 따른 시장형 공기업

◎ 안전감독업무, 인ㆍ허가 규제업무 또는 조달업무 등 대통령령으로 정하는 업무를 수행하는 공직유관단체

ⓩ 초ㆍ중등교육법 제2조 각 호 및 고등교육법 제2조 각 호에 따른 학교를 설립ㆍ경영하는 학교법인과 학교법인이 설립ㆍ경영하는 사립학교. 다만, 취업심사대상자가 대통령령으로 정하는 교원으로 취업하는 경우 해당 학교법인 또는 학교는 제외한다.

ⓧ 의료법 제3조의3에 따른 종합병원과 종합병원을 개설한 다음의 어느 하나에 해당하는 법인
  ⓐ 의료법 제33조 제2항 제3호에 따른 의료법인
  ⓑ 의료법 제33조 제2항 제4호에 따른 비영리법인

ⓔ 기본재산이 일정 규모 이상인 다음의 어느 하나에 해당하는 법인
  ⓐ 사회복지사업법 제2조 제3호에 따른 사회복지법인
  ⓑ 사회복지사업법 제2조 제4호에 따른 사회복지시설을 운영하는 가목 외의 비영리법인

ⓟ 다음의 어느 하나에 해당하는 사기업체 또는 법인ㆍ단체로서 대통령령으로 정하는 기준에 해당하는 사기업체 또는 법인ㆍ단체
  ⓐ 방위산업분야의 사기업체 또는 법인ㆍ단체
  ⓑ 식품 등 국민안전에 관련된 인증ㆍ검사 등의 업무를 수행하는 사기업체 또는 법인ㆍ단체

② 제1항 단서의 밀접한 관련성의 범위는 취업심사대상자가 **퇴직 전 5년 동안** 소속하였던 부서의 업무가 다음의 어느 하나에 해당하는 업무인 경우를 말한다.
  ㉠ 직접 또는 간접으로 보조금ㆍ장려금ㆍ조성금 등을 배정ㆍ지급하는 등 재정보조를 제공하는 업무
  ㉡ 인가ㆍ허가ㆍ면허ㆍ특허ㆍ승인 등에 직접 관계되는 업무
  ㉢ 생산방식ㆍ규격ㆍ경리 등에 대한 검사ㆍ감사에 직접 관계되는 업무
  ㉣ 조세의 조사ㆍ부과ㆍ징수에 직접 관계되는 업무
  ㉤ 공사, 용역 또는 물품구입의 계약ㆍ검사ㆍ검수에 직접 관계되는 업무
  ㉥ 법령에 근거하여 직접 감독하는 업무
  ㉦ 취업심사대상기관이 당사자이거나 직접적인 이해관계를 가지는 사건의 수사 및 심리ㆍ심판과 관계되는 업무
  ㉧ 그 밖에 국회규칙, 대법원규칙, 헌법재판소규칙, 중앙선거관리위원회규칙 또는 대통령령으로 정하는 업무

08 경찰공무원의 책임

1. 공무원의 형사상 책임

공무원의 형사상 책임이란 공무원의 의무위반행위가 일반사회법익을 침해하는 경우에 형사적인 제재의 대상이 되는 경우를 말한다. 이에는 형사벌책임과 행정벌책임이 있다.

형사벌책임	형사벌책임이란 공무원의 의무위반행위가 형법에 의하여 보장된 일반사회법익을 침해하는 경우에 과해지는 제재를 받을 지위를 말한다. 이는 다시 직무범과 준직무범으로 나눌 수 있다. 직무범은 공무원의 일정행위 자체가 곧 형사책임을 발생하는 경우이고(예 직무유기죄, 권리행사방해죄, 불법체포·불법감금죄, 공무상비밀누설죄 등), 준직무범은 일정한 행위의 행위자가 공무원의 신분을 가졌기 때문에 또는 그러한 행위가 직무집행과 관련된 것이기 때문에 형사책임을 발생하게 하는 경우(예 수뢰죄, 제3자 뇌물제공죄 등)를 말한다.
행정벌책임	공무원은 그의 의무위반행위가 행정법령에 의하여 보장되는 법익을 침해하는 경우에는 행정형벌책임을 지게 된다. 국가공무원법상의 공무원의 정치운동이나 집단행위에 대한 처벌규정이 그 예이다.

2. 공무원의 민사상 책임

공무원이 직무상의 불법행위로 개인에게 재산상의 손해를 가한 경우에 공무원이 개인에게 직접 배상책임을 지느냐에 대하여는 학설이 나뉘어 있다. 대위책임설의 입장에서는 국가 등이 개인에 대한 책임을 부담하고, 공무원에게는 고의 또는 중과실이 있는 경우에 한하여 국가 등이 구상할 수 있을 뿐이라고 보지만, 자기책임설 또는 중간설의 입장에서는 국가 등의 책임과는 별개로 공무원 자신의 민사상의 책임도 인정될 수 있다고 본다. 대법원 판례는 경찰공무원에게 **고의 또는 중대한 과실**이 있는 경우에 피해자가 당해 경찰공무원을 상대로 직접 민사상 손해배상을 청구할 수 있다고 판시하고 있다.

09 경찰공무원의 징계책임

1. 징계의 의의 및 사유 ✦✦✦✦

의의	공무원 내부의 질서유지를 위하여 특별권력주체의 포괄적 지배권에 의해 과해지는 **행정상·내부적 제재**
징계사유	① 이 법 및 이 법에 따른 명령을 위반한 경우(➡ **법령위반**) ② **직무상의 의무**(다른 법령에서 공무원의 신분으로 인하여 부과된 의무를 포함한다)를 위반하거나 **직무를 태만히 한 때** ③ 직무의 내외를 불문하고 그 체면 또는 위신을 손상하는 행위를 한 때

기출 OX
01 '직무수행 능력이 부족한 때'는 국가공무원법상 징계사유에 해당한다. 17. 경간
(　　)

정답　01 ✕

시효	시효 기간	① **징계 등 사유가 다음의 어느 하나에 해당하는 경우: 10년** ㉠ **성**매매알선 등 행위의 처벌에 관한 법률 제4조에 따른 금지행위 ㉡ 성폭력범죄의 처벌 등에 관한 특례법 제2조에 따른 **성**폭력범죄 ㉢ 아동·청소년의 성보호에 관한 법률 제2조 제2호에 따른 아동·청소년대상 **성**범죄 ㉣ 양성평등기본법 제3조 제2호에 따른 **성**희롱 ② **금품수수 및 향응수수, 공금의 횡령 및 유용의 경우 등 징계부가금의 부과사유: 5년** ③ **그 밖의 징계 등 사유에 해당하는 경우: 3년**
	시효 연장	① 감사원의 조사, 검찰·경찰, 그 밖의 수사기관에서 수사개시 통보를 받아 징계절차를 진행하지 못하여 시효기간이 지나거나 그 남은 기간이 **1개월 미만**인 경우에는 감사원의 조사, 검찰·경찰, 그 밖의 수사기관조사나 수사의 종료 통보를 받은 날부터 **1개월**이 지난 날에 끝나는 것으로 본다. ② 징계위원회의 구성·징계의결 등, 그 밖에 절차상의 흠이나 징계양정 및 징계부가금의 과다(過多)를 이유로 소청심사위원회 또는 법원에서 징계처분 등의 무효 또는 취소의 결정이나 판결을 한 경우에는 시효기간이 지나거나 그 남은 기간이 **3개월 미만**인 경우에도 그 결정 또는 판결이 확정된 날부터 **3개월** 이내에는 다시 징계의결 등을 요구할 수 있다. ③ 공무원(특수경력직공무원 및 지방공무원을 포함한다)이었던 사람이 다시 공무원으로 임용된 경우에 재임용 전에 적용된 법령에 따른 징계 사유는 그 사유가 발생한 날부터 이 법에 따른 징계사유가 발생한 것으로 본다(국가공무원법 제78조 제2항).
징계부가금		① 공무원의 징계의결을 요구하는 경우 그 징계사유가 다음의 어느 하나에 해당하는 경우에는 해당 징계 외에 다음 각 호의 행위로 취득하거나 제공한 금전 또는 재산상 이득(금전이 아닌 재산상 이득의 경우에는 금전으로 환산한 금액을 말한다)의 **5배 내의 징계부가금** 부과의결을 징계위원회에 요구하여야 한다. ㉠ 금전, 물품, 부동산, 향응 또는 그 밖에 대통령령으로 정하는 재산상 이익을 취득하거나 제공한 경우 ㉡ **다음에 해당하는 것을 횡령, 배임, 절도, 사기 또는 유용한 경우** ⓐ 국가재정법에 따른 예산 및 기금 ⓑ 지방재정법에 따른 예산 및 지방자치단체 기금관리기본법에 따른 기금 ⓒ 국고금 관리법 제2조 제1호에 따른 국고금 ⓓ 보조금 관리에 관한 법률 제2조 제1호에 따른 보조금 ⓔ 국유재산법 제2조 제1호에 따른 국유재산 및 물품관리법 제2조 제1항에 따른 물품 ⓕ 공유재산 및 물품관리법 제2조 제1호 및 제2호에 따른 공유재산 및 물품 ⓖ 그 밖에 가목부터 바목까지에 준하는 것으로서 대통령령으로 정하는 것 ② 징계위원회는 징계부가금 부과의결을 하기 전에 징계부가금 부과대상자가 위 ①의 어느 하나에 해당하는 사유로 다른 법률에 따라 형사처벌을 받거나 변상책임 등을 이행한 경우(몰수나 추징을 당한 경우를 포함한다) 또는 다른 법령에 따른 환수나 가산징수 절차에 따라 환수금이나 가산징수금을 납부한 경우에는 대통령령으로 정하는 바에 따라 조정된 범위에서 징계부가금 부과를 의결하여야 한다.

	③ 징계위원회는 징계부가금 부과의결을 한 후에 징계부가금 부과대상자가 형사처벌을 받거나 변상책임 등을 이행한 경우(몰수나 추징을 당한 경우를 포함한다) 또는 환수금이나 가산징수금을 납부한 경우에는 대통령령으로 정하는 바에 따라 이미 의결된 징계부가금의 감면 등의 조치를 하여야 한다. ④ ①에 따라 징계부가금 부과처분을 받은 사람이 납부기간 내에 그 부가금을 납부하지 아니한 때에는 처분권자(대통령이 처분권자인 경우에는 처분 제청권자)는 국세 체납처분의 예에 따라 징수할 수 있다. 다만, 체납액 징수가 사실상 곤란하다고 판단되는 경우에는 징수를 관할 세무서장에게 의뢰하여야 한다.
특징	① 재직 중 징계사유에 한하는 것이 원칙이나, **임용 전의 행위일지라도 그로 인해 공무원의 체면 또는 위신이 현재까지 손상된 경우에는 징계사유가 될 수 있다.** ② 징계사유를 저지른 공무원뿐만 아니라 그 감독자도 징계책임을 질 수 있다.
퇴직을 희망하는 공무원의 징계확인	① 임용권자 또는 임용제청권자는 공무원이 퇴직을 희망하는 경우에는 제78조 제1항에 따른 징계사유가 있는지 및 아래 ②의 어느 하나에 해당하는지 여부를 감사원과 검찰·경찰 등 조사 및 수사기관(이하 '조사 및 수사기관'이라 한다)의 장에게 확인하여야 한다. ② ①에 따른 확인 결과 퇴직을 희망하는 공무원이 **파면, 해임, 강등** 또는 **정직**에 해당하는 징계사유가 있거나 다음의 어느 하나에 해당하는 경우(㉠·㉢ 및 ㉣의 경우에는 해당 공무원이 파면·해임·강등 또는 정직의 징계에 해당한다고 판단되는 경우에 한정한다) 제78조 제4항에 따른 소속 장관 등은 지체 없이 **징계의결 등을 요구하여야 하고, 퇴직을 허용하여서는 아니 된다.** ㉠ 비위(非違)와 관련하여 형사사건으로 기소된 때 ㉡ 징계위원회에 파면·해임·강등 또는 정직에 해당하는 징계의결이 요구 중인 때 ㉢ 조사 및 수사기관에서 비위와 관련하여 조사 또는 수사 중인 때 ㉣ 각급 행정기관의 감사부서 등에서 비위와 관련하여 내부 감사 또는 조사 중인 때 ③ ②에 따라 징계의결 등을 요구한 경우 임용권자는 제73조의3 제1항 제3호에 따라 해당 공무원에게 직위를 부여하지 아니할 수 있다. ④ 관할 징계위원회는 ②에 따라 징계의결 등이 요구된 경우 **다른 징계사건에 우선하여 징계의결 등을 하여야 한다.**

2. 징계벌과 형사벌 ✿✿✿✿

구분	징계벌	형사벌
목적	공무원관계 내부의 질서유지	일반사회의 질서유지
권력적 기초	특별권력관계	일반권력관계(일반통치권)
대상	공무원법상 의무위반	반사회적 법익침해행위
고의·과실	고의·과실 불문	고의·과실을 요함
시간상 한계	퇴직 후 처벌 불가	퇴직 후에도 처벌 가능
상호관계	**병과** 징계벌과 형사벌은 그 목적과 성질이 다르므로 양자를 병과해도 일사부재리원칙에 반하는 것은 아니다.	
	수사·감사와 징계와의 관계 ① 감사원에서 조사 중인 사건에 대하여는 감사원의 조사개시 통보를 받은 날부터 징계의결의 요구나 그 밖의 징계절차를 진행하지 **못한다.** ② 검찰·경찰, 그 밖의 수사기관에서 수사 중인 사건에 대하여는 수사개시 통보를 받은 날부터 징계의결의 요구나 그 밖의 징계절차를 진행하지 아니할 수 있다. ③ 감사원과 검찰·경찰, 그 밖의 수사기관은 조사나 수사를 시작한 때와 이를 마친 때에는 10일 내에 소속 기관의 장에게 그 사실을 통보하여야 한다.	

두문자

감사: 못한다.
수사: 아니할 수 있다.

3. 징계의 종류 ✿✿✿

	구분	내용	퇴직금 및 보수제한
중징계	**배제징계** 파면	① 공무원의 신분소멸 ② 경찰공무원 결격사유(일반공무원은 5년 경과 전까지 결격사유)	① 퇴직급여제한 ➡ 재직기간 5년 미만은 **4분의 1 감액**, 5년 이상은 **2분의 1 감액** ② 퇴직수당제한 ➡ 재직기간에 상관없이 **2분의 1 감액**
	배제징계 해임	① 공무원의 신분소멸 ② 경찰공무원 결격사유(일반공무원은 3년 경과 전까지 결격사유)	① 퇴직급여제한 ➡ 원칙은 전부지급, 그러나 금품 및 향응의 수수 또는 공금의 횡령 및 유용의 경우는 재직기간 **5년 미만 8분의 1 감액**, 5년 이상 **4분의 1 감액** ② 퇴직수당제한 ➡ 원칙은 전부지급, 그러나 금품 및 향응의 수수 또는 공금의 횡령 및 유용의 경우는 재직기간과 상관없이 **4분의 1 감액**

기출 OX

01 징계란 공무원의 의무위반이 있는 경우 또는 비행이 있는 경우 공무원 내부관계의 질서유지를 위하여 특별권력관계가 아닌 일반통치권에 의해 과해지는 제재이다. 12. 경찰 ( )

02 징계벌과 형벌은 이중적 차별이 되지 않아야 하기 때문에 병과할 수 없다. 18. 경간 ( )

03 감사원에서 조사 중인 사건에 대하여는 감사원의 조사개시 통보를 받은 날부터 징계 의결의 요구나 그 밖의 징계 절차를 진행하지 아니할 수 있다. 20. 승진 ( )

04 징계의 종류에는 파면·해임·강등·정직·직위해제·감봉·견책으로 구분된다. 16. 승진 ( )

정답 01 ✕ 02 ✕ 03 ✕ 04 ✕

: 두문자

금·성·소·음

				보수
	교정 징계	강등	① 1계급 강등 + 3개월 정직 ② 18개월 동안 승진·승급제한[단, **금품수수(공금유용) + 성폭력 및 성매매(성희롱) + 소극행정 + 음주운전(측정거부)**의 징계의 경우에는 6개월 더함 ➜ 총 24개월] ③ 강등기간은 승진소요 최저근무연수 및 경력평정기간에서 제외	보수 전액 감액
		정직	① 1 ~ 3개월 정직 ② 18개월 동안 승진·승급제한[단, 금품수수(공금유용) + **성폭력 및 성매매** + (성희롱) + **소극행정** + **음주운전(측정거부)**의 징계의 경우에는 6개월 더함 ➜ 총 24개월] ③ 정직기간은 승진소요 최저근무연수 및 경력평정기간에서 제외	
경 징 계		감봉	① **1개월 ~ 3개월 보수 감액** ② 12개월 동안 승진·승급제한(단, 금품수수 등 징계의 경우에는 6개월 더함 ➜ 총 18개월) ③ 감봉기간은 승진소요 최저근무연수에서는 제외되나 경력평정기간에는 산입된다.	보수 3분의 1 감액
		견책	① 전과에 대하여 훈계하고 회개 ② 6개월간 승진·승급제한(단, 금품수수등 징계의 경우에는 6개월 더함 ➜ 총 12개월)	보수 전액 지급

4. 징계절차 ✿✿✿✿

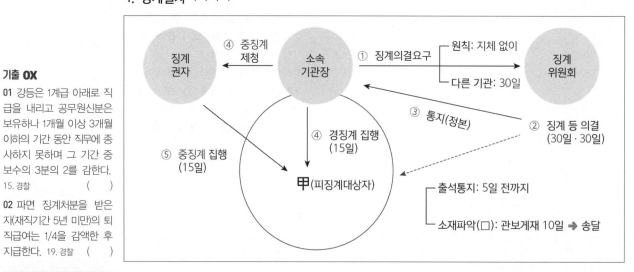

기출 OX

01 강등은 1계급 아래로 직급을 내리고 공무원신분은 보유하나 1개월 이상 3개월 이하의 기간 동안 직무에 종사하지 못하며 그 기간 중 보수의 3분의 2를 감한다. 15. 경찰 ( )

02 파면 징계처분을 받은 자(재직기간 5년 미만)의 퇴직급여는 1/4을 감액한 후 지급한다. 19. 경찰 ( )

정답 01 ✕ 02 ○

징계 의결의 요구	소속 기관 경찰공무원의 경우	① 경찰기관의 장은 소속 경찰공무원이 징계사유가 있다고 인정할 때와 징계의결 요구의 신청을 받았을 때에는 **지체 없이** 관할 징계위원회에 징계 등 의결을 요구하여야 한다. ② 경찰기관의 장은 그 소속 경찰공무원에 대한 징계 등 사건이 상급 경찰기관에 설치된 징계위원회의 관할에 속한 경우에는 그 상급 경찰기관의 장에게 징계의결서 등을 첨부하여 징계 등 의결의 요구를 신청하여야 한다. ③ 징계 등 의결요구 또는 그 신청은 중징계 또는 경징계로 구분하여 요구하거나 신청하여야 한다. 다만, 감사원장이 국가공무원법 제79조에 따른 징계의 종류를 구체적으로 지정하여 징계요구를 한 경우에는 그러하지 아니하다.
	다른 소속 경찰공무원의 경우	① 경찰기관의 장은 그 소속이 아닌 경찰공무원에게 징계사유가 있다고 인정될 때에는 해당 경찰기관의 장에게 그 사실을 증명할 만한 충분한 사유를 명확히 밝혀 통지하여야 한다. ② 징계사유를 통지받은 경찰기관의 장은 타당한 이유가 없으면 통지를 받은 날부터 **30일 이내**에 관할 징계위원회에 징계 등 의결을 요구하거나 그 상급 경찰기관의 장에게 징계 등 의결의 요구를 신청하여야 한다.
	징계부가금	금품수수 및 공금의 유용의 경우 취득하거나 제공한 금전 또는 재산상 이득의 5배 내의 징계부가금 부과의결을 징계위원회에 요구하여야 한다.
징계의결	의결기한	징계 등 의결 요구를 받은 징계위원회는 그 요구서를 받은 날부터 **30일 이내**에 징계 등에 관한 의결을 하여야 한다. 다만, 부득이한 사유가 있을 때에는 해당 징계 등 의결을 요구한 **경찰기관의 장의 승인**을 받아 **30일 이내의 범위**에서 그 기간을 연장할 수 있다.
	의결과정	① 징계위원회가 징계 등 심의대상자의 출석을 요구할 때에는 별지 제2호 서식의 출석 통지서로 하되, 징계위원회 개최일 **5일 전**까지 그 징계 등 심의 대상자에게 도달되도록 해야 한다. ② 출석 통지를 하였음에도 불구하고 징계대상자가 정당한 사유 없이 출석하지 아니하였을 때에는 그 사실을 기록에 분명히 적고 서면심사로 징계 등 의결을 할 수 있다. 다만, 징계 등 심의대상자의 소재가 분명하지 아니할 때에는 **출석 통지를 관보에 게재하고, 그 게재일(다음날 ×)부터 10일이 지나면 출석 통지가 송달된 것으로 보며**, 징계 등 의결을 할 때에는 관보 게재의 사유와 그 사실을 기록에 분명히 적어야 한다. ③ 징계의결시 징계대상자 또는 대리인에게 출석 및 의견진술기회를 부여하여야 하며, 이를 결한 경우 징계처분은 **무효**이다.
	심문과 진술권	① 징계위원회는 출석한 징계 등 심의대상자에게 징계사유에 해당하는 사실에 관한 심문을 하고 심사를 위하여 필요하다고 인정될 때에는 관계인을 출석하게 하여 심문할 수 있다. ② 징계위원회는 징계 등 심의대상자에게 진술할 수 있는 기회를 충분히 주어야 하며, 징계 등 심의대상자는 별지 제2호의2 서식의 의견서 또는 말로 자기에게 이익이 되는 사실을 진술하거나 증거를 제출할 수 있다. ③ 징계 등 심의대상자는 증인의 심문을 신청할 수 있다. 이 경우 징계위원회는 의결로써 그 채택 여부를 결정하여야 한다. ④ 징계 등 의결을 요구한 자 또는 징계 등 의결의 요구를 신청한 자는 필요하다고 인정할 때에는 징계위원회에 출석하게 하거나 서면으로 의견을 진술할 수 있다.

징계의결		⑤ 징계위원회는 필요하다고 인정할 때에는 사실 조사를 하거나 특별한 학식·경험이 있는 사람에게 검증 또는 감정을 의뢰할 수 있다.
	의결	① 징계위원회의 의결은 위원장을 포함한 위원 **과반수의 출석과 출석위원 과반수의 찬성으로 의결**하되, 의견이 나뉘어 출석위원 과반수의 찬성을 얻지 못한 경우에는 출석위원 과반수가 될 때까지 징계 등 심의대상자에게 가장 불리한 의견을 제시한 위원의 수를 그 다음으로 불리한 의견을 제시한 위원의 수에 차례로 더하여 그 의견을 합의된 의견으로 본다. ② 징계의결내용은 비공개로 한다. ③ 징계위원회는 ①에도 불구하고 다음의 어느 하나에 해당하는 사항에 대해서는 서면으로 의결할 수 있다. 서면 의결의 절차·방법 등에 관한 사항은 **경찰청장**이 정한다. ㄱ 제5조 제4항에 따른 징계위원회 관할 이송에 관한 사항 ㄴ 제11조 제1항 단서에 따른 징계 등 의결의 기한 연장에 관한 사항 ④ 징계위원회는 징계 등 의결을 하였을 때에는 지체 없이 징계 등 의결을 요구한 자에게 의결서 정본을 보내야 한다.
	원격영상회의 방식의 활용	① 징계위원회는 위원과 징계등 심의 대상자, 징계등 의결을 요구하거나 요구를 신청한 자, 증인, 관계인 등 이 영에 따라 회의에 출석하는 사람(이하 '출석자'라 한다)이 동영상과 음성이 동시에 송수신되는 장치가 갖추어진 서로 다른 장소에 출석하여 진행하는 원격영상회의 방식으로 심의·의결할 수 있다. 이 경우 징계위원회의 위원 및 출석자가 같은 회의장에 출석한 것으로 본다. ② 징계위원회는 ①에 따라 원격영상회의 방식으로 심의·의결하는 경우 위원 및 출석자의 신상정보, 회의 내용·결과 등이 유출되지 않도록 보안에 필요한 조치를 해야 한다. ③ ① 및 ②에서 규정한 사항 외에 원격영상회의의 운영에 필요한 사항은 경찰청장이 정한다.
징계의 집행	중징계	① 징계 등 의결을 요구한 자는 중징계의 징계 등 의결을 통지받았을 때에는 지체 없이 징계 등 처분 대상자의 임용권자에게 의결서 정본을 보내어 해당 징계 등 처분을 제청하여야 한다. 다만, **경무관 이상의 강등 및 정직, 경정 이상의 파면 및 해임 처분의 제청, 총경 및 경정의 강등 및 정직의 집행**은 경찰청장 또는 해양경찰청장이 한다. ② 중징계 처분의 제청을 받은 임용권자는 **15일 이내**에 의결서 사본에 별지 제4호 서식의 징계 등 처분 사유 설명서를 첨부하여 징계 등 처분 대상자에게 보내야 한다.
	경징계	징계 등 의결을 요구한 자는 경징계의 징계 등 의결을 통지받았을 때에는 통지받은 날부터 **15일 이내**에 징계 등을 집행하여야 한다.

⚖ 판례 ㅣ

1 징계심의대상자의 변호인 출석을 막았다면 절차상 하자로 취소할 수 있다는 판례

육군3사관학교의 사관생도에 대한 징계절차에서 징계심의대상자가 대리인으로 선임한 변호사가 징계위원회 심의에 출석하여 진술하려고 하였음에도, 징계권자나 그 소속 직원이 변호사가 징계위원회의 심의에 출석하는 것을 막았다면 징계위원회 심의·의결의 절차적 정당성이 상실되어 그 징계의결에 따른 징계처분은 위법하여 원칙적으로 취소되어야 한다. 다만, 징계심의대상자의 대리인이 관련된 행정절차나 소송절차에서 이미 실질적인 증거조사를 하고 의견을 진술하는 절차를 거쳐서 징계심의대상자의 방어권 행사에 실질적으로 지장이 초래되었다고 볼 수 없는 특별한 사정이 있는 경우에는, 징계권자가 징계심의대상자의 대리인에게 징계위원회에 출석하여 의견을 진술할 기회를 주지 아니하였더라도 그로 인하여 징계위원회 심의에 절차적 정당성이 상실되었다고 볼 수 없으므로 징계처분을 취소할 것은 아니다(대판 2018.3.13, 2016두33339).

2 의원면직처분 취소결정 이후에 징계처분을 하는 경우 불이익변경금지의 원칙이 적용되지 않는다는 판례

국가공무원법 제14조 제6항은 소청심사결정에서 당초의 원처분청의 징계처분보다 청구인에게 불리한 결정을 할 수 없다는 의미인데, 의원면직처분에 대하여 소청심사청구를 한 결과 소청심사위원회가 의원면직처분의 전제가 된 사의표시에 절차상 하자가 있다는 이유로 의원면직처분을 취소하는 결정을 하였다고 하더라도, 그 효력은 의원면직처분을 취소하여 당해 공무원으로 하여금 공무원으로서의 신분을 유지하게 하는 것에 그치고, 이때 당해 공무원이 국가공무원법 제78조 제1항 각 호에 정한 징계사유에 해당하는 이상 같은 항에 따라 징계권자로서는 반드시 징계절차를 열어 징계처분을 하여야 하므로, 이러한 **징계절차는 소청심사위원회의 의원면직처분취소 결정과는 별개의 절차로서 여기에 국가공무원법 제14조 제6항에 정한 불이익변경금지의 원칙이 적용될 여지는 없다**(대판 2008.10.9, 2008두11853,11860).

3 출석통지서가 아닌 구두로 출석통지를 한 것만으로는 위법하다고 할 수 없다는 판례

경찰공무원 징계령 제12조 제1항, 제13조 제2항·제3항의 각 규정은 징계대상자로 하여금 변명과 방어의 기회를 부여하는데 그 취지가 있으므로 사전에 징계대상자에게 서면에 의한 출석통지를 하지 않았더라도 징계위원회가 심의에 앞서 구두로 출석의 통지를 하고, 이에 따라 징계대상자등 이 징계위원회에 출석하여 진술과 증거제출의 기회를 부여받았다면 이로써 변명과 방어의 기회를 박탈당하였다고 보기는 어려우니 서면의 출석통지의 흠결을 가지고 동 징계처분이 위법하다고 할 수는 없다(대판 1985.1.29, 84누516).

4 수사개시통보를 하지 않은 것만으로는 징계절차가 피징계대상자의 진실기회를 침해한 절차상 위법이 있다고 볼 수 없다는 판례

국가공무원법 제83조 제3항의 규정에 의하면 수사기관은 조사나 수사를 개시한 때와 이를 종료한 때는 공무원의 소속기관의 장에게 당해사실을 통보하도록 되어 있으나 그 통보없이 징계절차를 진행하였다고 하여도 경찰공무원징계령 제12조 및 제13조에 의하여 **보장된 진술기회를 침해한 것이라고는 볼 수 없다**(대판 1985.3.26, 84누725).

5 기관이나 단체에게 수여된 표창은 경찰공무원의 임의적 징계감경사유에 해당하지 않는다는 판례

경찰공무원에 대한 징계위원회의 심의과정에 감경사유에 해당하는 공적 사항이 제시되지 아니한 경우에는 그 징계양정이 결과적으로 적정한지와 상관없이 이는 관계 법령이 정한 징계절차를 지키지 않은 것으로서 위법하다. 다만, 징계양정에서 임의적 감경사유가 되는 국무총리 이상의 표창은 징계대상자가 받은 것이어야 함은 관련 법령의 문언상 명백하고, 징계대상자가 위와 같은 표창을 받은 공적을 징계양정의 임의적 감경사유로 삼은 것은 징계의결이 요구된 사람이 국가 또는 사회에 공헌한 행적을 징계양정에 참작하려는 데 그 취지가 있으므로 징계대상자가 아니라 그가 속한 기관이나 단체에 수여된 국무총리 단체표창은 징계대상자에 대한 징계양정의 임의적 **감경사유에 해당하지 않는다**(대판 2012.10.11, 2012두13245).

기출 OX

02 징계의결이 요구된 경정 丁에게 국무총리 표창을 받은 공적이 있는 경우에 징계위원회는 징계를 감경할 수 있지만, 그 표창이 丁에게 수여된 표창이 아니라 丁이 속한 OO경찰서에 수여된 단체표창이라면 감경할 수 없다. 22. 경찰 ( )

정답 02 ○

5. 징계처분에 대한 불복 ✵✵✵✵

징계대상자의 불복	① 징계처분을 받은 자는 처분사유설명서를 받은 날로부터 **30일 이내**에 소청심사위원회에 소청심사청구를 할 수 있다. ② 소청심사를 거쳐야만 행정소송을 제기할 수 있다.	
징계권자의 재징계 요구	사유	처분권자는 다음에 해당하는 사유로 소청심사위원회 또는 법원에서 징계처분 등의 무효 또는 취소(취소명령 포함)의 결정이나 판결을 받은 경우에는 다시 징계의결 또는 징계부가금 부과의결을 요구하여야 한다. 다만, ③의 사유로 무효 또는 취소(취소명령 포함)의 결정이나 판결을 받은 감봉·견책처분에 대하여는 징계의결을 요구하지 아니할 수 있다. ① 법령의 적용, 증거 및 사실 조사에 명백한 흠이 있는 경우 ② 징계위원회의 구성 또는 징계의결 등, 그 밖에 절차상의 흠이 있는 경우 ③ 징계양정 및 징계부가금이 과다한 경우
	기간	처분권자는 징계의결 등을 요구하는 경우에는 소청심사위원회의 결정 또는 법원의 판결이 확정된 날부터 **3개월 이내**에 관할 징계위원회에 징계의결 등을 요구하여야 하며, 관할 징계위원회에서는 다른 징계사건에 우선하여 징계의결 등을 하여야 한다.

6. 징계권자 ✵✵✵✵

구분		징계권자 및 관할 징계위원회		
		경무관 이상	총경·경정	경감 이하
		국무총리소속 징계위원회	경찰공무원 징계위원회	
			중앙징계위원회	보통징계위원회
중징계	파면	**대통령** [경정 이상의 **파면**과 **해임** ➡ **경(격)·파·해**] 절차: ① 경찰청장의 제청 ➡ ② 행정안전부장관 ➡ ③ 국무총리 ➡ ④ 대통령		**소속기관 등의 장** (경찰청장이나 실제위임)
	해임			
	강등	(경무관 이상의 **강등·정직** ➡ **무·강·정**)	**경찰청장** (총경·경정의 **강등·정직** ➡ **총·경·강·정**)	
	정직			
경징계	감봉	**경찰청장** (경무관 이상의 **감봉·견책** ➡ **무·감·책**)		
	견책			

✎ 대통령 ➡ 무강정은 경(격)파해
✎ 경찰청장 ➡ 총경의 강정은 맛이 없어(무) 감책(책임을 감경)한다.
✎ 소속기관장 ➡ 그 외 나머지

7. 징계위원회 ✦✦✦✦

(1) 국무총리 소속 중앙징계위원회(국가공무원법)

소속	국무총리 소속하에 설치
관할	**경무관 이상**의 경찰공무원에 대한 징계의결

구성	① 중앙징계위원회는 위원장 1명을 포함하여 **17명 이상 33명 이하**의 공무원위원과 민간위원으로 구성한다. 이 경우 민간위원의 수는 **위원장을 제외한 위원 수의 2분의 1 이상**이어야 한다.
	② 공무원위원은 다음의 직위 중 국무총리가 정하는 직위에 근무하는 사람으로 한다.
	   ㉠ 고위공무원단 직위 중 직무분석규정 제8조 제2항에 따른 직무등급 중 가등급에 해당하는 직위
	   ㉡ ㉠에 상당하는 특정직공무원으로 보는 직위
	③ 국무총리는 다음의 어느 하나에 해당하는 사람 중에서 민간위원을 위촉한다.
	   ㉠ **법**관, **검**사 또는 **변**호사로 **10년** 이상 근무한 사람
	   ㉡ 대학에서 **법**학 또는 **행정**학을 담당하는 **부**교수 이상으로 재직 중인 사람
	   ㉢ 공무원으로서 중앙징계위원회의 위원으로 임명될 수 있는 직위에 근무하고 **퇴**직한 사람
	   ㉣ 민간부문에서 **인**사·감사업무를 담당하는 임원급 또는 이에 상응하는 직위에 근무한 경력이 있는 사람
	④ 중앙징계위원회의 위원장은 **인사혁신처장**이 된다.
	⑤ 중앙징계위원회의 회의는 **위원장과** 위원장이 회의마다 지정하는 **8명의 위원**으로 구성한다. 민간위원이 5명 이상 포함되어야 하며, 재심사를 청구한 사건이 속한 회의는 위원장을 제외한 위원의 과반수가 당초 심의·의결에 참여하지 않은 위원으로 구성되어야 한다.
	⑥ 징계사유가 다음의 어느 하나에 해당하는 징계사건이 속한 중앙징계위원회의 회의를 구성하는 경우에는 **피해자와 같은 성별의 위원이 위원장을 제외한 위원 수의 3분의 1 이상 포함**되어야 한다.
	   ㉠ 성폭력범죄의 처벌 등에 관한 특례법 제2조에 따른 성폭력범죄
	   ㉡ 양성평등기본법 제3조 제2호에 따른 성희롱

:두문자

법검변 10
행정법부 퇴·인

(2) 경찰공무원 징계위원회(경찰공무원법)

징계위원회

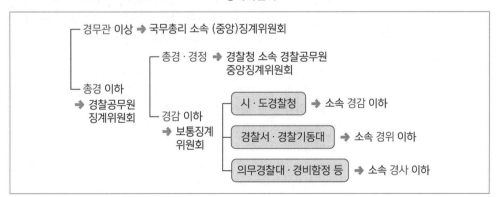

✎ 보통징계위원회 관할에서 제외되는 경우 바로 위 상급 경찰기관에 설치된 보통징계위원회에서 관할

구분	중앙징계위원회	보통징계위원회
심사대상	총경 · 경정	경감 이하
설치	경찰청 및 해양경찰청	**경찰청 · 시 · 도경찰청 · 경찰서** 또는 **경찰기동대**, 의무경찰대, 경찰대학 등 경찰청장이 지정하는 **경감 이상**의 경찰공무원을 장으로 하는 기관 ① **경정 이상**의 경찰공무원을 장으로 하는 경찰서, 경찰기동대 · 해양경찰서 등 총경 이상의 경찰공무원을 장으로 하는 경찰기관 및 정비창: 소속 **경위 이하의 경찰공무원** ② **의무경찰대** 및 경비함정 등 경찰청장 또는 해양경찰청장이 지정하는 **경감 이상의 경찰공무원을 장으로 하는 경찰기관:** 소속 **경사 이하의 경찰공무원**
관할	① 상위 계급과 하위 계급의 경찰공무원이 관련된 징계 등 사건은 **상위 계급**의 경찰공무원을 관할하는 징계위원회에서 심의 · 의결하고, 상급 경찰기관과 하급 경찰기관에 소속된 경찰공무원이 관련된 징계 등 사건은 **상급 경찰기관**에 설치된 징계위원회에서 심의 · 의결한다. ② 소속이 다른 2명 이상의 경찰공무원이 관련된 징계 등 사건으로서 관할 징계위원회가 서로 다른 경우에는 **모두를 관할하는 바로 위 상급 경찰기관에 설치된 징계위원회**에서 심의 · 의결한다. ③ ①과 ②에 따른 관할 징계위원회는 ①과 ②에도 불구하고 관련자에 대한 징계 등 사건을 분리하여 심의 · 의결하는 것이 타당하다고 인정되는 경우에는 해당 징계위원회의 의결로 관련자에 대한 징계 등 사건을 관할 징계위원회로 이송할 수 있다.	
구성	구성 인원	① 각 징계위원회는 위원장 1명을 **포함**하여 **11명 ~ 51명 이하**의 공무원위원과 민간위원으로 구성한다. ② 징계위원회가 설치된 경찰기관의 장은 위 위원 수의 2분의 1 이상을 민간위원으로 위촉해야 한다. 이 경우 특정 성별의 위원이 민간위원 수의 **10분의 6을 초과하지 않도록 해야** 한다. ③ 징계위원회의 회의는 **위원장**과 **징계위원회가 설치된 경찰기관의 장**이 회의마다 지정하는 **4명 이상 6명 이하의 위원**으로 성별을 고려하여 구성하되, 민간위원의 수는 위원장을 포함한 위원 수의 2분의 1 이상이어야 한다. ④ 징계사유가 다음의 어느 하나에 해당하는 징계사건이 속한 징계위원회의 회의를 구성하는 경우에는 **피해자와 같은 성별의 위원이 위원장을 제외한 위원 수의 3분의 1 이상 포함**되어야 한다. ⓐ 성폭력범죄의 처벌 등에 관한 특례법 제2조에 따른 성폭력범죄 ⓑ 양성평등기본법 제3조 제2호에 따른 성희롱
	공무원 위원	징계위원회가 설치된 경찰기관의 장은 징계 등 심의대상자보다 **상위 계급**인 **경위 이상**의 소속 경찰공무원 또는 상위 직급에 있는 6급 이상의 소속 공무원 중에서 징계위원회의 공무원위원을 임명한다.

민간위원	① 법관·검사 또는 변호사로 **10년** 이상 근무한 사람 ② 대학에서 경찰 관련 학문을 담당하는 정교수 이상으로 재직 중인 자 ③ **총경** 또는 **4급 이상의 공무원으로** 근무하고 **퇴직한 사람**(우측과 동일) ④ 민간부문에서 **인사·감사업무를 담당하는 임원급** 또는 이에 상응하는 직위에 근무한 경력이 있는 사람	① 법관·검사 또는 변호사로 **5년** 이상 근무한 사람 ② 대학에서 경찰 관련 학문을 담당하는 부교수 이상으로 재직 중인 사람 ③ 공무원으로 **20년 이상** 근속하고 퇴직한 사람(퇴직 전 5년부터 퇴직할 때까지 근무했던 적이 있는 경찰기관의 경우에는 퇴직일부터 **3년이 경과한 사람**을 말한다) ④ 민간부문에서 **인사·감사업무를 담당하는 임원급** 또는 이에 상응하는 직위에 근무한 경력이 있는 사람

:두문자
중앙: 총·정·열(10년)·인

:두문자
보통: 부·인·오(5)·이(20)

	위촉되는 민간위원의 임기는 **2년**으로 하며, **한 차례만 연임**할 수 있다.
위원장	① 징계위원회의 위원장은 위원 중 **최상위 계급** 또는 이에 상응하는 직급에 있거나 최상위 계급 또는 이에 상응하는 직급에 먼저 승진임용된 경찰공무원이 된다. ② 위원장은 표결권을 갖는다.
회의 참석자의 준수사항	① 징계위원회의 회의에 참석하는 사람은 다음의 물품을 소지할 수 없다. ㉠ 녹음기, 카메라, 휴대전화 등 녹음·녹화·촬영이 가능한 기기 ㉡ 흉기 등 위험한 물건 ㉢ 그 밖에 징계등 사건의 심의와 관계없는 물건 ② 징계위원회의 회의에 참석하는 사람은 다음의 행위를 해서는 안 된다. ㉠ 녹음, 녹화, 촬영 또는 중계방송 ㉡ 회의의 질서를 해치는 행위 ㉢ 다른 사람의 생명·신체·재산 등에 위해를 가하는 행위

(3) 경찰공무원 징계위원회 위원의 제척·기피·회피(경찰공무원 징계령)

위원의 제척 및 기피·회피 (제15조)	위원의 제척 (제1항)	징계위원회의 위원장 또는 위원이 다음의 어느 하나에 해당하는 경우에는 그 징계 등 사건의 심의·의결에 관여하지 못한다. ① 징계 등 심의대상자의 친족 또는 직근 상급자(징계사유가 발생한 기간 동안 직근 상급자였던 사람을 포함한다)인 경우 ② 그 **징계사유와 관계가 있는 경우** ③ 국가공무원법상 재징계 의결요구사유 중 <u>징계양정 및 징계부가금이 과다한 경우</u>로 다시 징계 등 사건의 심의·의결을 할 때 해당 징계 등 사건의 조사나 심의·의결에 관여한 경우
	위원의 기피 (제2항)	① 징계 등 심의대상자는 징계위원회의 위원장 또는 위원이 다음의 어느 하나에 해당하는 경우에는 징계위원회에 그 사실을 서면으로 밝히고 해당 위원장 또는 위원의 기피를 **신청할 수 있다.** ㉠ 위 제1항의 어느 하나에 해당하는 경우 ㉡ 불공정한 의결을 할 우려가 있다고 의심할 만한 타당한 사유가 있는 경우

		② 징계위원회는 ①에 따른 기피신청을 받은 때에는 해당 징계 등 사건을 심의하기 전에 의결로써 해당 위원장 또는 위원의 기피 여부를 결정해야 한다. 이 경우 기피신청을 받은 위원장 또는 위원은 그 의결에 참여하지 못한다.
	위원의 회피 (제4항)	징계위원회의 위원장 또는 위원은 위 제1항의 어느 하나에 해당하면 스스로 해당 징계 등 사건의 심의·의결을 회피해야 하며, 불공정한 의결을 할 우려가 있다고 의심할 만한 타당한 사유가 있는 경우에 해당하면 회피할 수 있다.

8. 징계의 양정기준(경찰공무원 징계령 세부규칙)

징계의 양정	징계위원회는 징계 등 사건을 의결할 때에는 징계 등 심의 대상자의 비위행위 당시 계급 및 직위, 비위행위가 공직 내외에 미치는 영향, 평소 행실, 공적(功績), 뉘우치는 정도나 그 밖의 정상과 징계 등 의결을 요구한 자의 의견을 <u>고려해야 한다</u>.
행위자의 징계양정 기준	징계요구권자 또는 징계위원회는 다음의 어느 하나에 해당하는 사유가 있을 때에는 징계책임을 감경하여 징계의결요구 또는 징계의결하거나 징계책임을 묻지 아니할 수 있다. ① 과실로 인하여 발생한 의무위반행위가 다른 법령에 의해 처벌사유가 되지 않고 비난가능성이 <u>없는 때</u> ② 국가 또는 공공의 이익을 증진하기 위해 성실하고 능동적으로 업무를 처리하는 과정에서 부분적인 절차상 하자 또는 비효율, 손실 등의 잘못이 발생한 때 ③ 업무매뉴얼에 규정된 직무상의 절차를 충실히 이행한 때 ④ 의무위반행위의 발생을 방지하기 위해 최선을 다하였으나 부득이한 사유로 결과가 발생하였을 때 ⑤ 발생한 의무위반행위에 대하여 자진신고하거나 사후조치에 최선을 다하여 원상회복에 크게 기여한 때 ⑥ 간첩 또는 사회이목을 집중시킨 중요사건의 범인을 검거한 공로가 있을 때 ⑦ 제8조 제3항에 따른 감경 제외대상이 아닌 의무위반행위 중 직무와 관련이 없는 사고로 인한 의무위반행위로서 사회통념에 비추어 공무원의 품위를 손상하지 아니한 때
감독자의 징계양정 기준	징계요구권자 또는 징계위원회는 감독자에게 다음의 어느 하나에 해당하는 사유가 있을 때에는 징계책임을 감경하여 징계의결요구 또는 징계의결하거나 징계책임을 묻지 아니할 수 있다. ① 부하직원의 의무위반행위를 사전에 발견하여 적법·타당하게 조치한 때 ② 부하직원의 의무위반행위가 감독자 또는 행위자의 비번일, 휴가기간, 교육기간 등에 발생하거나, 소관업무와 직접 관련 없는 등 감독자의 실질적 감독범위를 벗어났다고 인정된 때 ③ 부임기간이 1개월 미만으로 부하직원에 대한 실질적인 감독이 곤란하다고 인정된 때 ④ 교정이 불가능하다고 판단된 부하직원의 사유를 명시하여 인사상 조치(전출 등)를 상신하는 등 성실히 관리한 이후에 같은 부하직원이 의무위반행위를 야기하였을 때 ⑤ 기타 부하직원에 대하여 평소 철저한 교양감독 등 감독자로서의 임무를 성실히 수행하였다고 인정된 때

:두문자

국감장 · 차관
모공 · 포훈

징계의 감경기준	① 징계위원회는 징계의결이 요구된 자가 다음의 어느 하나에 해당하는 공적이 있는 경우 별표 9에 따라 징계를 **감경할 수 있다.** ㄱ 상훈법에 따라 훈장 또는 포장을 받은 공적 ㄴ 정부표창규정에 따라 **국무총리 이상**의 표창을 받은 공적, 다만 **경감 이하**의 경찰공무원 등은 경찰청장 또는 중앙행정기관 **차관급 이상 표창**을 받은 공적 ㄷ 모범공무원규정에 따라 모범공무원으로 선발된 공적 ② 경찰공무원 등이 징계처분 또는 징계위원회의 **권고**에 의한 **경고**를 받은 사실이 있는 경우에는 그 징계처분 또는 경고처분 전의 공적은 ①에 따른 감경대상 공적에서 **제외한다.** ③ ①에도 불구하고 의무위반행위의 내용이 다음의 어느 하나에 해당하는 경우에는 징계를 감경할 수 없다. ⓐ 국가공무원법 제78조의2 제1항 각 호의 어느 하나에 해당하는 비위 ⓑ 국가공무원법 제78조의2 제1항 각 호의 어느 하나에 해당하는 비위에 대한 신고의무를 이행하지 않은 경우 ⓒ 양성평등기본법 제3조 제2호에 따른 성희롱 ⓓ 성매매알선 등 행위의 처벌에 관한 법률 제2조 제1호의 성매매, 같은 조 제2호의 성매매 알선, 같은 조 제3호의 성매매 목적 인신매매 ⓔ 성폭력범죄의 처벌 등에 관한 특례법 제2조에 따른 성폭력범죄 ⓕ 도로교통법 제44조 제1항에 따른 음주운전 또는 같은 조 제2항에 따른 음주측정에 대한 불응 ⓖ 공직자윤리법 제22조에 따른 재산등록 및 주식의 매각 · 신탁 관련 의무위반행위 ⓗ 적극행정 운영규정 제2조 제2호에 따른 소극행정 ⓘ 부작위 또는 직무태만 ⓙ 경찰청 공무원 행동강령 제13조의3에 따른 부당한 행위 ⓚ ⓒ부터 ⓔ까지의 성 관련 비위 또는 경찰청 공무원 행동강령 제13조의3에 따른 부당한 행위를 은폐하거나 필요한 조치를 하지 않은 경우 ⓛ 형법 제124조의 불법체포 · 감금 및 제125조의 폭행 · 가혹행위 ⓜ 특정인의 공무원 채용에 대한 특혜를 요청하거나, 그 요청 등에 따라 부정한 방법으로 채용관리를 한 경우 ⓝ 부정청탁 및 금품등 수수의 금지에 관한 법률 제5조에 따른 부정청탁 ⓞ 부정청탁 및 금품등 수수의 금지에 관한 법률 제6조의 부정청탁에 따른 직무수행 ⓟ 직무상 비밀이나 미공개 정보를 이용한 부당행위 ⓠ 우월적 지위 등을 이용하여 다른 공무원 등에게 신체적 · 정신적 고통을 주는 등의 부당행위

기출 OX

03 징계위원회는 경정이하 경찰공무원이 경찰청장 이상의 표창을 받은 공적이 있는 경우 징계를 감경할 수 있다. 14. 경찰승진 (　　)

정답 **03** ✕

10 성희롱·성폭력 근절을 위한 공무원 인사관리규정(대통령령)

성희롱·성폭력 발생 사실의 신고 (제3조)	행정부 소속 국가공무원(이하 '공무원'이라 한다)은 누구나 공직 내 성희롱 또는 성폭력 발생 사실을 알게 된 경우 그 사실을 임용권자 또는 임용제청권자(이하 '임용권자 등'이라 한다)에게 **신고할 수 있다.**
사실확인을 위한 조사 (제4조)	① 임용권자 등은 제3조에 따른 신고를 받거나 공직 내 성희롱 또는 성폭력 발생 사실을 알게 된 경우에는 지체 없이 그 사실 확인을 위한 **조사를 하여야 하며,** 수사의 필요성이 있다고 인정하는 경우 **수사기관에 통보하여야 한다.** ② 임용권자 등은 ①에 따른 조사 과정에서 성희롱 또는 성폭력과 관련하여 피해를 입은 사람 또는 피해를 입었다고 주장하는 사람(이하 '피해자 등'이라 한다)이 성적 불쾌감 등을 느끼지 아니하도록 하고, 사건내용이나 신상정보의 누설 등으로 인한 피해가 발생하지 아니하도록 하여야 한다. ③ 임용권자 등은 ①에 따른 조사 기간 동안 피해자 등이 요청한 경우로서 피해자등을 보호하기 위하여 필요하다고 인정하는 경우 그 피해자 등이나 성희롱 또는 성폭력과 관련하여 가해 행위를 했다고 신고된 사람에 대하여 근무 장소의 변경, 휴가 사용 권고 등 **적절한 조치를 하여야 한다.**
피해자 또는 신고자의 보호 (제5조)	① 임용권자 등은 제4조 제1항에 따른 조사 결과 공직 내 성희롱 또는 성폭력 발생 사실이 확인되면 피해자에게 다음의 어느 하나에 해당하는 **조치를 할 수 있다.** 다만, 임용권자 등은 피해자의 의사에 반(反)하여 조치를 하여서는 아니 된다. ㉠ 공무원임용령 제41조에 따른 교육훈련 등 **파견근무** ㉡ 공무원임용령 제45조에도 불구하고 다른 직위에의 **전보** ㉢ 근무 장소의 변경, 휴가 사용 권고 및 그 밖에 임용권자 등이 필요하다고 인정하는 적절한 조치 ② 임용권자 등은 성희롱 또는 성폭력 발생사실을 신고한 사람(이하 '신고자'라 한다)이 그 신고를 이유로 집단 따돌림, 폭행 또는 폭언으로 인한 정신적·신체적 피해를 호소하는 경우에는 ①의 어느 하나에 해당하는 조치를 할 수 있다. 다만, **임용권자 등은 신고자의 의사에 반하여 조치를 하여서는 아니 된다.**
가해자에 대한 인사조치 (제6조)	임용권자 등은 제4조 제1항에 따른 조사 결과 공직 내 성희롱 또는 성폭력 발생 사실이 확인되면 가해자에게 다음의 어느 하나에 해당하는 조치를 할 수 있다. ① 국가공무원법 제73조의3에 따른 직위해제사유에 해당된다고 인정하는 경우에는 직위해제 ② 국가공무원법 제78조에 따른 징계사유에 해당된다고 인정하는 경우에는 관할 징계위원회에 징계의결 요구 ③ ②에 따른 징계의결 요구 전 승진임용 심사대상에서 제외 ④ 공무원임용령 제45조에도 불구하고 다른 직위에의 전보 ⑤ 공무원 성과평가 등에 관한 규정 제10조 제3항 또는 제16조 제1항에 따른 최하위등급 부여 ⑥ 감사·감찰·인사·교육훈련 분야 등의 보직제한

| 피해자 또는
신고자에 대한
인사상
불이익조치 금지
(제7조, 제8조) | ① 임용권자 등은 피해자 등 또는 신고자에게 그 피해 발생사실이나 신고를 이유로 다음의 인사상 불이익 조치를 하여서는 아니 된다.
　㉠ 국가공무원법에 따른 징계의결 요구 및 징계처분, 주의·경고
　㉡ 본인의 의사에 반하는 전보 조치, 직무 미부여 또는 부서 내 보직 변경
　㉢ 승진임용 심사에서의 불이익 조치
　㉣ 성과평가 및 성과연봉·성과상여금 지급 등에서의 불이익 조치
　㉤ 교육훈련 기회의 제한
　㉥ 그 밖에 피해자 등 또는 신고자의 의사에 반하는 인사상 불이익 조치
② 성희롱 또는 성폭력 발생사실과 관련하여 제7조 각 호의 인사상 불이익 조치를 받은 피해자 등이나 신고자는 **인사혁신처장에게 신고**하거나 국가공무원법 제76조의2에 따라 **고충에 대한 상담신청 또는 심사청구를 할 수 있다.**
③ 인사혁신처장은 제2항에 따른 신고를 받은 경우 인사상 불이익 조치 여부에 대하여 국가공무원법 제17조 및 인사 감사 규정에 따른 감사를 할 수 있다. 이 경우 피해자 등이 아닌 사람으로부터 제1항에 따른 신고를 받았을 때에는 피해자 등에게 그 사실을 통보하고 의견을 들어 인사상 불이익 여부에 대한 감사를 하여야 한다.
④ ③에 따라 감사를 하는 경우에 신고대상이 된 조치가 ①을 위반한 것이 아니라는 사실에 대한 입증책임은 임용권자 등이 부담한다.
⑤ 인사혁신처장은 ②에 따른 감사 결과 발견된 위법 또는 부당한 사실이 중대하고, 그 원인이 행정기관의 장(행정기관의 장이 아닌 정무직공무원을 포함한다)의 지시 등에 있다고 인정되는 경우에는 그 행정기관의 장의 임명권자·임명제청권자 및 여성가족부장관에게 관련 사실을 통보할 수 있다. |

11 경찰공무원의 권익보장

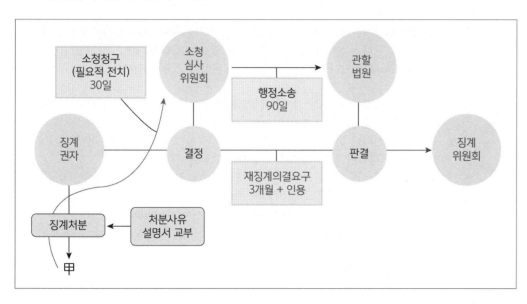

1. 처분사유설명서의 교부(사전적 구제절차) ✿✿✿

: 두문자

휴직 · 면직 · 징계

내용	① 공무원에 대하여 **징계처분** 등을 할 때나 강임 · **휴직** · **직위해제** 또는 **면직처분**을 할 때에는 그 처분권자 또는 처분제청권자는 처분사유를 적은 설명서를 교부하여야 한다. 다만, 본인의 **원에 따른** 강임 · **휴직** 또는 **면직처분은** 그러하지 아니하다. ② 처분권자는 피해자가 **요청하는 경우** 다음의 어느 하나에 해당하는 사유로 처분사유설명서를 교부할 때에는 그 징계처분결과를 피해자에게 함께 통보하여야 한다. ㉠ 「성폭력범죄의 처벌 등에 관한 특례법」 제2조에 따른 성폭력범죄 ㉡ 「양성평등기본법」 제3조 제2호에 따른 성희롱 ㉢ 직장에서의 지위나 관계 등의 우위를 이용하여 업무상 적정범위를 넘어 다른 공무원 등에게 부당한 행위를 하거나 신체적·정신적 고통을 주는 등의 행위로서 **대통령령등으로 정하는 행위**
성격	사전적 구제절차로서의 성격을 갖는다.

2. 소청심사(사후적 구제절차) ✿✿✿✿

의의	공무원의 징계처분, 그 밖에 그 의사에 반하는 불리한 처분이나 부작위에 대해 소청심사위원회에 그 구제를 청구하는 절차
성격	국가공무원에서 규정하는 특별한 행정심판 + **필수적 전치주의**
대상	① 징계처분, 휴직, 직위해제, 면직처분, 강임, 기타 본인의 의사에 반하는 불리한 처분, 거부처분이나 부작위도 포함된다. ② **의원면직처분도** 소청심사의 대상이 된다는 것이 판례의 입장이다(대판 2008.10.9, 2008두11853 · 11860).
청구기간	① 징계처분, 휴직, 직위해제, 면직처분 ➡ 처분사유설명서를 받은 날부터 **30일** ② 기타 그밖의 본인의 의사에 반하는 불리한 처분의 경우 ➡ 그 처분이 있은 것을 안 날로부터 **30일**
심사	① 소청심사위원회는 이 법에 따른 소청을 접수하면 지체 없이 심사하여야 한다. ② 소청심사위원회는 ①에 따른 심사를 할 때 필요하면 검증(檢證)·감정(鑑定), 그 밖의 사실조사를 하거나 증인을 소환하여 질문하거나 관계 서류를 제출하도록 명할 수 있다. ③ 소청심사위원회가 소청사건을 심사하기 위하여 징계 요구 기관이나 관계 기관의 소속 공무원을 증인으로 소환하면 해당 기관의 장은 이에 따라야 한다. ④ 소청심사위원회는 필요하다고 인정하면 소속 직원에게 사실조사를 하게 하거나 특별한 학식·경험이 있는 자에게 검증이나 감정을 의뢰할 수 있다. ⑤ 소청사건은 심사할 때에 소청인 또는 대리인에게 진술기회를 주어야 하고, 진술기회를 부여하지 아니한 결정은 **무효**로 한다.

소청심사 결정	원칙	① **기속력**: 소청심사위원회의 결정은 **처분 행정청을 기속**한다. ② **집행부정지의 원칙**: 소청심사의 청구로 징계처분 또는 징계부가금처분에 영향을 미치지 않는다. ③ **불이익변경금지의 원칙**: 소청심사위원회는 원징계처분보다 무거운 징계 또는 원징계부가금 부과처분보다 무거운 징계부가금을 부과하는 결정을 하지 못한다.

기출 **OX**

01 의원면직의 형식에 의한 면직은 소청심사의 대상이 아니다. 16. 승진　　(　　)

02 소청심사위원회의 취소명령 또는 변경명령 결정은 그에 따른 징계나 그 밖의 처분이 있기 전이라도 종전에 행한 징계처분에 영향을 미칠 수 있다. 19. 승진
　　　　　　　　(　　)

정답 **01** ✕ **02** ✕

	각하결정	부적법한 소청이기에 심사할 수 없다는 결정
	기각결정	심사청구가 이유 없다는 결정
구분	취소·변경 결정	① 형성결정(~한다) ➡ 취소결정·변경결정 ② 명령결정(~하라) ➡ 취소명령결정·변경명령재결 ③ 소청심사위원회의 취소명령 또는 변경명령결정은 그에 따른 징계나 그 밖의 처분이 있을 때까지는 종전에 행한 징계처분 또는 제78조의2에 따른 징계부가금(이하 '징계부가금'이라 한다) 부과처분에 **영향을 미치지 아니한다.**
	처분(명령) 결정	위법 또는 부당한 거부처분이나 부작위에 대해 처분을 할 것을 명하거나(처분명령재결), 처분(처분재결)을 하여 주는 결정
	무효 등 확인결정	처분의 효력 유무 또는 존재 여부에 대한 확인을 하여 주는 결정

3. 소청심사위원회 ✿✿✿✿

설치	인사혁신처 소청심사위원회	행정기관 소속 공무원의 징계처분, 그 밖에 그 의사에 반하는 불리한 처분이나 부작위에 대한 소청을 심사·결정하게 하기 위하여 **인사혁신처**에 소청심사위원회를 둔다.
	국회, 법원 등 소청심사위원회	국회, 법원, 헌법재판소 및 선거관리위원회 소속 공무원의 소청에 관한 사항을 심사·결정하게 하기 위하여 국회사무처, 법원행정처, 헌법재판소사무처 및 중앙선거관리위원회사무처에 각각 해당 소청심사위원회를 둔다.
법적 근거		국가공무원법
법적 성격		합의체 **행정관청**
구성	국회, 법원 등 소청심사위원회	국회, 법원, 헌법재판소 및 선거관리위원회 소속 공무원의 소청에 관한 소청심사위원회는 위원장 1명을 포함한 위원 **5명 이상 7명 이하**의 **비상임위원**으로 구성한다.
	인사혁신처 소청심사위원회 위원	인사혁신처에 설치된 소청심사위원회는 위원장 1명을 포함한 **5명 이상 7명 이하의 상임위원**과 상임위원 수의 2분의 1 이상인 **비상임위원**으로 구성한다.
	위원장	위원장은 **정무직**으로 한다(↔ 국가경찰위원회는 상임위원이 정무직).
	자격	① 법관·검사 또는 변호사의 직에 **5년 이상** 근무한 자 ② 대학에서 행정학·정치학 또는 법률학을 담당한 **부교수 이상**의 직에 **5년 이상 근무한 자** ③ **3급 이상** 공무원 또는 고위공무원단에 속하는 공무원으로 **3년 이상 근무한 자** ✎ ③은 상임위원만 가능하고 비상임위원으로 임명될 수 없다. 위원장은 상임위원이므로 ①~③ 중 자격이 있어야 한다.
	임명절차	① 인사혁신처장의 제청 ➡ ② 국무총리 ➡ ③ 대통령이 임명
	결격사유	① 국가공무원법상 결격사유에 해당하는 자 ② 정당법에 따른 정당의 당원 ③ 공직선거법에 따라 실시하는 선거에 후보자로 등록한 자

: 두문자

	상	비
법·검·변5	○	○
행정법5부	○	○
3(급)·3(년)	○	×

기출 OX

03 국회사무처, 법원행정처, 헌법재판소사무처 및 중앙선거관리위원회사무처에 설치된 소청심사위원회는 위원장 1명을 포함한 위원 5명 이상 7명 이하의 상임위원으로 구성한다. 18. 경찰 ( )

04 대학에서 행정학·정치학 또는 법률학을 담당한 부교수 이상의 직에 3년 이상 근무한 자는 위원이 될 수 있다. 18. 경찰 ( )

05 3급 이상 공무원 또는 고위공무원단에 속하는 공무원으로 3년 이상 근무한 자는 비상임위원은 될 수 있으나, 상임위원은 될 수 없다. 19. 승진 ( )

정답 03 × 04 × 05 ×

		임기	상임위원의 임기는 **3년, 한 번만 연임할 수 있다**(↔ 국가경찰위원회의 위원과 임기는 같으나 경찰위원회 위원은 연임할 수 없다).
		신분보장	소청심사위원회의 위원은 **금고 이상의 형벌**이나 **장기의 심신 쇠약**으로 직무를 수행할 수 없게 된 경우 외에는 본인의 의사에 반하여 면직되지 아니한다.
		겸직제한	위원 중 **상임위원만** 다른 직무와 겸직이 제한된다.

:두문자

소·임

의결	① 소청심사위원회는 소청심사청구를 접수한 날부터 **60일 이내**에 이에 대한 결정을 하여야 하고 불가피하다고 인정되면 **소청심사위원회의 의결로 30일**을 연장할 수 있다. ② 소청사건의 결정은 **재적위원 3분의 2 이상의 출석과 출석위원 과반수의 합의**(= 정규임용심사위원회)에 따르되, 의견이 나뉘어 출석위원 과반수의 합의에 이르지 못하였을 때에는 과반수에 이를 때까지 소청인에게 가장 불리한 의견에 차례로 유리한 의견을 더하여 그중 가장 유리한 의견을 합의된 의견으로 본다. ③ 단, **파면·해임·강등 또는 정직**에 해당하는 징계처분을 취소 또는 변경하려는 경우와 효력 유무 또는 존재 여부에 대한 확인을 하려는 경우에는 **재적위원 3분의 2 이상의 출석과 출석위원 3분의 2 이상의 합의**가 있어야 한다. 이 경우 구체적인 결정의 내용은 출석위원 과반수의 합의에 따르되, 의견이 나뉘어 출석위원 과반수의 합의에 이르지 못하였을 때에는 과반수에 이를 때까지 소청인에게 가장 불리한 의견에 차례로 유리한 의견을 더하여 그중 가장 유리한 의견을 합의된 의견으로 본다.

4. 행정소송의 제기(사후적 구제절차) ✦✦✦✦

소의 대상	행정소송은 <u>원처분주의</u>에 따라 <u>원징계처분</u>이 소송의 대상이 되는 것이 원칙이다.
제소기간	소청심사위원회 결정이 위법하거나 또는 위원회가 60일 경과해도 결정을 하지 않는 경우 소청결정서 정본을 송달받은 날부터 또는 처분설명서를 교부받은 날로부터 <u>90일 이내</u>에 행정소송을 제기할 수 있다.
피고적격	행정소송의 피고는 **경찰청장**이 되는 것이 원칙이나, 임용권을 위임한 경우에는 그 위임을 받은 **수임기관**이 피고가 된다.
필요적 행정심판	징계처분, 그 밖에 본인의 의사에 반한 불리한 처분이나 부작위에 관한 행정소송은 소청심사위원회의 심사·결정을 거치지 아니하면 제기할 수 없다.

5. 고충심사 ✦✦

의의	경찰공무원은 인사상담이나 고충의 심사를 고충심사위원회에 청구할 수 있다.
대상	인사, 관리, 신상문제 등 **직무와 관련한 모든 문제**
청구기간	청구기간의 <u>특별한 제한이 없다.</u>

기출 OX

01 소청심사위원회의 위원은 자격정지 이상의 형벌이나 장기의 심신쇠약으로 직무를 수행할 수 없게 된 경우 외에는 본인의 의사에 반하여 면직되지 아니한다.
12. 경찰 ( )

02 소청 사건의 결정은 재적위원 3분의 2 이상의 출석과 재적위원 과반수의 합의에 따르되, 의견이 나뉠 경우에는 출석위원 과반수에 이를 때까지 소청인에게 가장 불리한 의견에 차례로 유리한 의견을 더하여 그 중 가장 유리한 의견을 합의된 의견으로 본다. 14. 경찰 ( )

03 소청심사위원회에서 해임처분을 취소 또는 변경하고자 할 경우에는 재적 위원 3분의 2 이상의 출석과 출석 위원 3분의 2 이상의 합의가 있어야 한다. 22. 경찰 ( )

정답 **01** ✕ **02** ✕ **03** ○

6. 고충심사위원회 ✵✵

고충심사

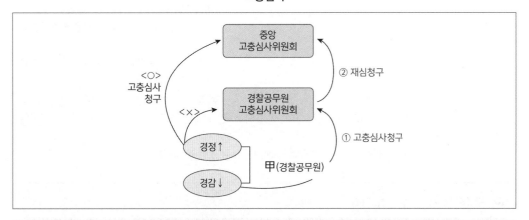

구분	중앙고충심사위원회	경찰공무원 고충심사위원회
심사대상	① **경정 이상**의 고충심사 ② 경찰공무원 고충심사위원회의 심사를 거친 재심청구	**경감 이하**의 고충심사
설치	소청심사위원회에서 중앙고충심사위원회의의 직무를 관장한다.	경찰청, 시·도자치경찰위원회, 시·도경찰청, 경찰서 기타 **경감 이상**의 경찰공무원을 장으로 하는 기관중에 설치한다.
위원	소청심사위원회와 동일	① 위원장: 설치기관 소속 공무원 중 **인사** 또는 **감사**업무를 담당하는 **과장** 또는 이에 상당하는 직위를 가진 사람 ② 위원장 1명을 포함한 **7～15명 이하**의 공무원과 민간위원으로 구성한다. 민간위원은 위원장을 **제외**한 위원 수의 **2분의 1 이상**이어야 한다. ③ 공무원위원은 청구인보다 상위계급의 소속 경찰공무원 중에서 설치기관장이 임명한다. ④ 경찰공무원고충심사위원회의 민간위원은 다음의 사람 중에서 설치기관의 장이 위촉한다. 　㉠ 경찰공무원으로 **20년 이상** 근무하고 퇴직한 사람 　㉡ 대학에서 법학·행정학·심리학·정신건강의학 또는 경찰학을 담당하는 사람으로서 **조교수 이상**으로 재직 중인 사람 　㉢ **변호사** 또는 공인노무사로 5년 이상 근무한 사람 　㉣ 의료법에 따른 **의료인** ⑤ 민간위원의 임기는 **2년**으로 하며, **한 번만 연임**할 수 있다.

:두문자
고칠(7)·시보(15)

:두문자
조변오(5)의 경이(2)

의결	3분의 2 이상의 출석과 출석위원 과반수의 합의에 따른다.	① 경찰공무원고충심사위원회의 회의는 위원장과 위원장이 회의마다 지정하는 **5명 이상 7명 이내**의 위원으로 성별을 고려하여 구성한다. 이 경우 **민간위원이 3분의 1 이상** 포함되어야 한다. ② 위원 **5명 이상**의 출석과 출석위원 과반수의 합의에 따른다.
심사	① 고충심사위원회가 청구서를 접수한 때에는 **30일** 이내에 고충심사에 대한 결정을 하여야 한다. 다만, 부득이하다고 인정되는 경우에는 고충심사위원회의 의결로 **30일**을 연장할 수 있다. ② 고충심사위원회의 처리결과에는 아무런 강제성이 없다.	

☑ SUMMARY ㅣ 위원회 정리

구분	내용	
의결정족수	원칙(재과출, 출과찬)	대부분
	재적 과반 찬성	경찰공무원 승진심사위원회 경찰공무원 인사위원회 경찰공무원 보상금 심사위원회 위원 추천 위원회
	재적 3분의 2 이상 출석 출과찬	소청심사위원회 정규임용심사위원회
	재적 과반 출석 출석 3분의2 이상의 찬성	시·도 자치경찰 위원회의 재의결
	5명 이상 출석 출과찬	국가배상심의위원회 경찰공무원 고충심사위원회

제4절 경찰작용법

01 서설

경찰발동권의 요건

기출 OX

01 경찰공무원법에 따라 '경찰공무원 고충심사위원회'의 심사를거친 재심청구와 경정 이상 경찰공무원의 인사상담 및 고충심사는 국가공무원법에 따라 설치된 중앙고충심사위원회에서 한다. 22. 승진 ( )

정답 01 ○

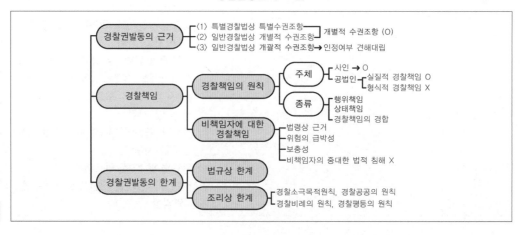

1. 경찰작용의 법적 근거(법률유보원칙) ✰✰✰

원칙	① 국민의 권익을 침해하는 경찰권발동의 법적 근거는 **개별적 수권조항**(➡ 경찰권발동을 개별·구체적으로 규정한 조항)에 의함이 원칙이다. ② 사회·과학·기술 등의 발전으로 인한 새로운 위험의 출현, 입법현실의 공백을 메우기 위해 보충적으로 개괄적 수권조항(일반적 수권조항 ➡ 경찰권 발동을 위한 개별적 수권규범이 규율하지 못하는 예외적인 위험발생사태를 대비하여, 이를 위한 보충적 근거법규로서 마련된 일반적이고 포괄적인 내용의 수권조항)의 인정 여부가 문제된다.	
개괄적 수권조항	의의	개괄적 수권조항(일반적 수권조항)이란 경찰권 발동을 위한 개별적 수권규범이 규율하지 못하는 예외적인 위험발생사태를 대비하여, 이를 위한 보충적 근거법규로서 마련된 일반적이고 포괄적인 내용의 수권조항을 말한다. 따라서 개괄적 수권조항(경찰관 직무집행법 제2조 제7호)은 개별적이고 일의적(구체적)으로 규정되어 있는 개별적 수권조항과 구별되며, 또한 개별적 수권조항이 없는 경우 보충적으로 적용된다.
	인정 여부	긍정설: ① 경찰관 직무집행법 제2조 제7호는 경찰권발동을 허용하는 **작용법상 수권규범**이다. ② 입법자가 사전에 모든 위험을 예측하여 법률로 그 요건을 규정할 수 없다. ③ 개괄적 수권조항은 보충적으로 적용되고, 경찰법상 조리상 한계가 잘 발달되어 있으므로 경찰권남용의 우려는 없다. ④ 독일에서도 학설·판례가 개괄적 수권조항을 인정한다.
		부정설: ① 법률유보의 원칙상 구체적인 개별적 수권조항에 의하고 포괄적·일반적인 수권법은 허용되지 않는다. ② 경찰관 직무집행법 제2조 제7호는 개괄적 수권조항이 아니고 경찰의 직무범위를 규정한 **조직법상의 직무규범(권한규범)**이지 수권조항이 아니다. ③ 경찰권발동의 남용을 방지하기 위해 포괄적·일반적인 수권법은 허용되지 않는다.
		판례: 판례는 청원경찰이 허가 없이 창고를 주택으로 개축하는 것을 단속한 사건에서 경찰관 직무집행법 제2조 제7호를 개괄적 수권조항으로 보는 듯한 태도이다(대판 1986.1.28, 85도2448).

2. 경찰작용의 한계(법률우위의 원칙) ✰✰✰✰

법규상 한계	① 국민의 권익을 침해하는 경찰권의 발동은 반드시 법률의 근거가 있어야 하며, 법률이 정하는 범위 내에서 이루어져야 한다. ② 성문법상 한계이다.	
조리상 한계 (불문법상, 경찰법원리상 한계)	경찰소극 목적의 원칙	① 경찰권은 적극적인 복리의 증진이 아니라 소극적인 공공의 안녕과 질서의 유지를 위해서만 발동될 수 있다는 원칙 ② 독일 Kreuzberg 판결에 의해서 확립된 원칙
	경찰공공의 원칙	경찰권의 발동은 공적 안전과 공적 질서의 유지를 위해서만 발동될 수 있는 것이며, 사적 이익만을 위해 발동될 수는 없다는 원칙
	경찰책임의 원칙	공공의 안녕이나 질서에 대한 경찰권의 발동은 우선적으로 이러한 사태의 발생에 대하여 직접적인 책임이 있는 자에 대해서만 행하여져야 한다는 원칙

경찰비례의 원칙	경찰행정의 목적과 그 목적을 실현하기 위한 수단의 사이에 합리적인 비례관계가 유지되어야 한다는 원칙
경찰평등의 원칙	경찰권의 행사에 있어 성별·종교·사회적 신분 등을 이유로 차별이 있어서는 안 된다는 원칙. 헌법상 평등의 원칙(헌법 제11조)이 경찰행정의 영역에 표현된 것

(1) 경찰비례의 원칙(과잉금지의 원칙)

의의		① 경찰행정의 목적과 그 목적을 실현하기 위한 수단의 사이에 합리적인 비례관계가 유지되어야 한다는 원칙을 말한다. ② 독일의 판례를 중심으로 발달하였으며, "경찰은 대포로 참새를 쏘아서는 안 된다."는 말은 이 원칙을 잘 표현하는 법언(특히, 상당성의 원칙)이다.
근거		① 헌법 제37조 제2항 ② 경찰관 직무집행법 제1조 제2항
내용	적합성의 원칙	달성하고자 하는 경찰행정목적이 정당하고 이를 실현하기 위한 수단이 적절해야 한다는 원칙
	필요성의 원칙	① 여러 적합한 수단 중에서도 당사자의 권리나 자유에 예측상 가장 적은 침해를 가져오는 수단을 선택하여야 한다는 원칙(최소침해의 원칙) ② 판례도 난동을 부리던 범인을 검거하면서 가스총을 근접 발사하여 범인의 눈에 맞아 실명한 사안에서 국가배상청구를 인용하였다(대판 2003. 3.14, 2002다57218).
	상당성의 원칙	① 적정한 행정목적을 위한 적합하고도 필요한 수단이 선택되었다 하더라도 그러한 수단을 통해 달성하려는 공익과 이로 인해 침해되는 사익 사이에 적절한 균형관계가 이루어져야 한다는 원칙을 말한다(협의의 비례원칙, 법익의 균형성의 원칙). ② 불법적 시위에 해당하여 그 주최 또는 참가행위가 형사처벌의 대상이 되는 것이 예상된다고 하더라도, 이와 시간적·장소적으로 근접하지 않은 다른 지역에서 그 집회·시위에 참가하기 위하여 출발 또는 이동하는 행위를 함부로 제지하는 것은 경찰관 직무집행법 제6조 제1항의 행정상 즉시강제인 경찰관의 제지의 범위를 명백히 넘어 허용될 수 없다(대판 2008.11.13, 2007도9794).
	3원칙 상호간의 관계	① 적합성의 원칙, 필요성의 원칙, 상당성의 원칙은 단계구조를 이룬다. ② 비례의 원칙을 충족하려면 세부원칙인 적합성의 원칙, 필요성의 원칙, 상당성의 원칙 모두를 충족해야 한다.

(2) 경찰공공의 원칙

의의		경찰권의 발동은 공적 안전과 공적 질서의 유지를 위해서만 발동될 수 있는 것이며, 사적 이익만을 위해 발동될 수는 없다는 원칙
내용	사생활 불가침의 원칙	① 개인의 사생활은 개인의 프라이버시에 속하는 것이므로 이 경우 경찰은 개인의 사생활에 간섭할 수 없다는 원칙 ② 사생활의 자유에 속하는 것이라도 공공의 안전이나 질서에 중대한 위해를 끼치는 경우에는 경찰권발동의 대상이 된다.

사주소 불가침의 원칙	① 사적인 주거에 대해서는 경찰권이 발동되지 않는다는 원칙 ② 사주소의 범위에는 일반적으로 주택, 사무소, 회사 등이 있으며, 대중에게 개방되어 있는 장소인 여관, 음식점, 역 등은 사주소에 포함되지 않는다. ③ 사주소 내의 행위라도 그것이 질서유지나 공공의 안전에 직접 위해를 가져오는 경우라면 경찰권이 개입될 수 있다.	
민사관계 불가침의 원칙	① 개인의 민사상의 법률관계에 대한 분쟁은 경찰권이 개입할 사항은 아니라는 원칙 ② 민사상의 법률관계라도 미성년자에 대한 술·담배 판매와 같이 공공의 안녕과 질서에 영향을 미치는 경우에는 예외적으로 경찰권 발동의 대상이 된다.	

(3) 경찰책임의 원칙

의의	① 공공의 안녕이나 질서에 대한 경찰권의 발동은 우선적으로 이러한 사태의 발생에 대하여 직접적인 책임이 있는 자에 대해서만 행하여져야 한다는 원칙 ② 경찰권발동의 상대방에 대한 원칙	
주체	① 사인(자연인, 사법상의 법인, 권리능력 없는 사단·재단)은 경찰책임을 진다. ② 공법인은 **실질적 경찰책임**은 인정된다고 본다. 공법인도 행정작용의 수행에 있어서 법률우위의 원칙상 경찰법규를 준수해야 하므로 공법인 자신에 의해 발생된 공공의 안녕과 질서에 대한 위험을 스스로 제거해야 할 의무는 인정된다. ③ 문제는 공법인이 공법작용과 관련하여 공적 안전이나 질서에 위험을 야기한 경우 경찰기관의 경찰권발동의 상대방이 되는 책임인 형식적 경찰책임을 인정할 수 있는지 여부이다. 일반적으로 공법인에게는 **형식적 경찰책임이 인정될 수 없다**고 본다.	
종류	행위책임	① **자기의 행위 또는 자기의 보호·감독하에 있는 자의 행위 또는 부작위에** 의하여 직접 발생한 위해에 대해 지는 책임이다. ② 자신의 행위뿐만 아니라 **자신의 보호·감독하에 있는 사람의 행위에 대해서도 책임**을 지며, <u>고의·과실 민법상 행위능력을 요구하지 않는다.</u>
	상태책임	① **물건 또는 동물의 소유자, 점유자 기타 이를 사실상 관리하고 있는 자가** 그 물건 또는 동물에 의해 발생한 위해에 대해 지는 책임이다. ② 소유권 유무와 관계없이 사실상 지배력만 갖으면 상태책임을 지며, 이러한 지배력에는 **위법·적법 여부를 불문한다.** ③ 소유권자와 점유권자가 서로 동일하지 아니한 경우에는 소유자가 2차적으로 경찰책임의 대상이 된다. 소유권자가 소유권을 타인에게 양도하거나 포기한 때에는 지금까지의 상태책임에서 배제된다.
특징 및 경합	특징	① 경찰책임은 객관적인 위험상황이 존재하면 인정되는 객관적·외형적 책임이다. ② 경찰책임의 상대방은 **고의·과실, 위법성 인식의 유무, 위험에 대한 인식 여부, 행위자의 행위능력, 불법행위능력, 형사책임능력, 행위자의 국적, 자연인·법인 여부, 정당한 권원** 등은 요구되지 않는다.
	경찰책임의 경합	① 혼합적 경찰책임이란 하나의 위해가 다수인의 행위나 다수인이 지배하는 물건의 상태에 의해 생겨난 경우, 즉 행위책임자가 복수이거나 상태책임자가 복수인 경우 또는 행위책임과 상태책임이 경합하여 발생되는 경우를 대상으로 하는 책임을 말한다.

② 행위책임과 상태책임이 경합하는 경우에는 **행위책임자**에게 경찰권이 발동되어야 한다. 그러나 효율적인 위험방지의 관점에서 오히려 상태책임자에게 경찰권발동이 **가장 신속하고 장해제거에 효과적이라면 상태책임자에 대해서도 행해질 수 있다.** 다수인에 대해서도 경찰권발동은 가능하다.

③ 다수의 행위책임 또는 다수의 상태책임이 경합하는 경우에는 경찰평등의 원칙상 모든 책임의 성질이 동일하므로 경찰기관은 경찰위반상태를 가장 신속하고 효과적으로 제거할 수 있는 사람에 대하여 경찰권을 발동하여야 한다.

⊕ PLUS 행위책임의 인과관계이론

직접원인설	① 행위책임에서는 어떠한 기준에 의하여 그 책임의 귀속을 결정할 지에 대해 학설상 상당인과관계설, 조건설, 직접원인설 등이 제시되고 있다. ② 그러나 위해를 직접적으로 야기시킨 자가 경찰권발동의 상대방이 된다는 경찰법상 고유한 인과관계론인 **직접원인설**이 지배적인 견해이다. 직접원인설의 판단기준의 핵심은 이른바 직접성에 있는데, 이는 그 위해에 대한 시간적 접근성과 어떠한 행위가 결정적으로 위험을 구체화시킨 것인가를 기준으로 인과관계를 판단해야 한다고 본다.
목적적 야기자론	① 직접원인설은 직접성을 판단함에 있어서 행위자의 목적성(의도성), 즉 의도적 혹은 목적적으로 타인의 경찰책임을 유발하는 자도 원인제공자로서 경찰책임을 질 수 있다는 것이다. ② **쇼윈도우사건(행위책임인정):** 통행인의 관심을 끌기 위해 쇼윈도우에 매우 고가의 상품을 전시하여 그 주위에 통행인들이 집합하여 도로교통상의 장해가 발생한 경우, 그 상점의 주인은 직접적 행위자는 아니지만 이른바 목적적 야기자로서 경찰책임을 진다고 한다. ③ **화가사건(행위책임 불인정):** 대학로 마로니에 공원에서 그림을 그리는 화가를 구경하기 위하여 통행인이 모여들어 교통상 심각한 장애가 야기된 경우, 그 화가에게 행위책임을 귀속시킬 수 없다. 화가가 그림을 그리는 것은 군중을 모이게 할 의도가 아닌 예술적 가치를 추구하는 것이 목적이기 때문이다.

기출 OX

01 경찰긴급권에 의하여 예외적으로 경찰책임이 없는 자에게 경찰권을 발동하기 위해서는 자연법적 근거에 의해 발동하여야 한다.
19. 경찰 ( )

02 A는 자신이 운영하는 옷가게에서 여자모델 B에게 수영복만을 입게 하여 쇼윈도우에 서 있도록 하였다. 지나가던 사람들이 이를 구경하기 위해 쇼윈도우 앞에 몰려들어 도로교통상의 심각한 장해가 발생하였다. 의도적 간접원인제공자이론(목적적 원인제공자책임설)을 인정한다면 A에게 경찰권을 발동하여 A로 하여금 B를 쇼윈도우에서 나가도록 하라고 할 수 있다.
22. 경찰간부 ( )

정답 **01** × **02** ○

(4) 경찰책임의 원칙의 예외(경찰긴급상태)

의의	경찰상의 위해방지나 장애제거를 위하여 당해 위해나 장애발생에 관계없는 제3자(경찰비책임자)에 대해 경찰권을 발동하는 것
법적 근거	① 반드시 법령상 근거가 있어야 함(일반법은 없고 개별법의 근거를 두고 있음) ② **조리나 자연법상 근거만으로는 발동될 수 없음**
발동 요건	① 공공의 안녕과 질서에 대한 급박한 위험 및 장해발생(**위험의 급박성**) ② 경찰책임자에게 경찰권발동을 할 수 없을 것(**보충성**) ③ 경찰비책임자(제3자)의 중대한 법익을 침해하지 않을 것 ④ 위험방지를 위해 필요한 최소한도일 것(**비례성**)
특징	엄격한 요건판단에 의해야 하며, 경찰권발동으로 발생한 손실이 보상되어야 한다.

3. 경찰(행정)개입청구권

개념			개인이 자신의 이익을 위하여 다른 제3자에 대해 행정권(경찰권)의 발동을 요구할 수 있는 실체적 공권을 말한다.
법적 성질			① 경찰행정관청에 대하여 행정권의 발동을 청구할 수 있는 실체법상 권리이다. ② 사전예방적 권리의 성격과 사후구제적 성격도 동시에 갖는다.
인정 여부			① **독일의 띠톱판결**에 의하여 경찰개입청구권이 최초로 인정됨 ② 우리나라 대법원은 **항고소송**에서는 "행정청에 대하여 제3자에 대한 조치를 요구할 수 있다는 취지의 규정이 없고, 조리상 이러한 권리가 인정된다고 볼 수도 없다."고 판시하여 행정개입청구권의 성립을 **부정**하였다(대판 1999.12.7, 97누17568). ③ 그러나 **홍제동 무장공비사건, 김신조무장공비사건**등에서 명시적으로 행정개입청구권이 있음을 적시하고 있지는 않지만 제3자의 요구에도 불구하고 경찰기관이 행정권을 발동하지 않아 손해를 받은 사건에서 국가배상청구를 긍정한 점에 미루어 **국가배상청구소송**에서는 **경찰개입청구권을 인정**하는 것으로 보인다.
성립요건	경찰개입 의무의 존재	기속행위	경찰행정관청은 특정한 처분을 하여야 할 법적 의무를 지고 있으므로 **개입의무가 당연히 인정**된다.
		재량행위	원칙상 경찰개입청구권이 인정되지 않지만 **재량권이 0으로 수축하는 경우**에는 **경찰권을 발동해야 할 의무가 발생**한다.
	사익보호성		① 경찰개입청구권이 성립하기 위해서는 경찰개입의무를 규정한 법률에서 개인의 이익을 보호법익(법률상 이익)으로 하고 있어야 한다. ② 법률이 공익을 보호하기 위하여 경찰행정권이 발동하여 간접적으로 개인이 누리는 이익을 반사적 이익이라고 하며, 이러한 반사적 이익의 경우에는 경찰개입청구권이 인정되지 않는다. ③ 오늘날 **반사적 이익의 보호법익화(반사적 이익의 공권화 추세)**에 따라 경찰개입청구권의 성립요건이 완화되고 있어 경찰개입청구권이 인정될 여지가 확대되고 있다.

기출 OX

03 경찰개입청구권은 경찰권 행사로 국민이 받는 이익이 반사적 이익인 경우에도 인정된다. 14. 승진 (   )

정답 03 ✕

02 경찰작용법 일반

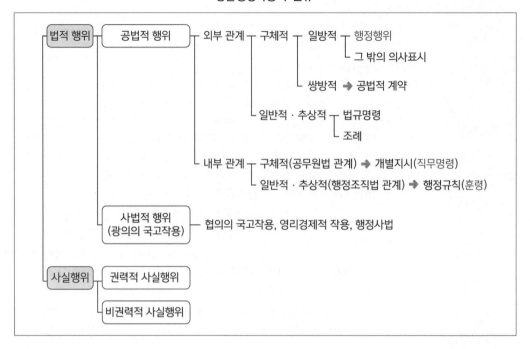

경찰행정작용의 분류

1. 행정행위

(1) 행정행위의 개념

행정청이 법 아래서 구체적 사실에 대한 법집행으로서 행하는 권력적 단독행위인 공법행위를 행정행위라 한다.

(2) 행정행위의 개념요소

행정청의 행위	국가·공공단체 및 행정권을 부여받은 사인(공무수권사인) 등의 행위가 포함되나, 입법기관이나 사법기관의 행위 및 일반사인의 행위는 이에 포함되지 않는다.
법적 행위	① 행정행위는 법적 효과를 발생·변경·소멸시키는 행위이므로, 직접적으로 법적 효과를 발생시키지 않는 사실행위는 행정행위가 아니다. 예컨대 컴퓨터에 의한 소득세액결정, 중학교배정, 입시합격자결정, 교통신호등처리 등과 같은 전산처리는 사실행위가 아니라 법적 행위로서 행정행위에 속한다. ② 특별권력관계 내부행위 중 그 구성원의 지위에 법적 효과를 일으키는 개별적 행위(예 공무원의 임명·파면·해임 등)에 대해서는 행정행위(처분)성을 인정하는 것이 오늘날의 일반적 견해이다.
공법상 행위	행정청의 법적 행위라 할지라도 물품구입·국유재산매각 등과 같은 사법행위는 행정행위가 아니다. 공법행위란 그 법률적 효과가 원칙적으로 공법적이라는 것이나, 예외적으로 사법상 효과를 발생시키는 행위는 포함될 수 있다.

기출 OX

01 특별권력관계의 내부행위는 항고소송의 대상인 처분이 될 수 없다.

14. 국가직 7급 (　)

정답 01 ✕

법집행행위	행정행위는 구체적으로 행정목적을 실현하기 위한 법집행작용이므로, 일반적·추상적 규범의 정립작용인 행정상 입법과 구별된다. 또한, 법 아래에서의 집행작용이므로 법적 통제를 받지 않는 통치행위와도 구별된다.
권력적 단독행위	행정행위는 행정청의 공권력행사작용을 의미하므로 비권력적 행위(예 공법상 계약, 공법상 합동행위)는 포함되지 않는다.

(3) 행정행위와 구별되는 개념

> **행정소송법**
> 제2조【정의】① 이 법에서 사용하는 용어의 정의는 다음과 같다.
> 1. '처분 등'이라 함은 행정청이 행하는 구체적 사실에 관한 법집행으로서의 공권력의 행사 또는 그 거부와 그 밖에 이에 준하는 행정작용(이하 '처분'이라 한다) 및 행정심판에 대한 재결을 말한다.

행정행위와 처분과의 관계

구분		학설의 내용	행정쟁송과의 관계
일원설 (실체법상 처분개념설)		① 처분 = 행정행위 + 권력적 사실행위 ② 처분의 개념적 징표로서 행정행위와 마찬가지로 ⊙ 법적 규율성 + ⓒ 직접적 외부효 요구 ③ 형식적 행정행위개념 부정론 ④ '이에 준하는 행정작용의 의미' ➡ 권력적 사실행위	① **처분개념축소론** ② **당사자소송활용론** ➡ 사실행위 등은 당사자소송을 활용하여야 한다.
이원설 (쟁송법상 처분개념설)	형식적 행정행위설 (일본)	① 처분 = 행정행위 + 형식적 행정행위 ② 처분의 개념적 징표로서 행정행위와 마찬가지로 ⊙ 법적 규율성 + ⓒ 직접적 외부효를 요구하지 않음 ③ '이에 준하는 행정작용의 의미' ➡ 형식적 행정행위 ➡ 형식적 행정행위의 개념 ➡ '행정행위는 아니지만 쟁송상 다툴 필요가 있는 의제적·기술적 의미의 행정행위(행정지도 + 보조금교부 + 공공시설의 설치행위)'	① **처분개념확대론** ② **항고쟁송중심** ③ **형식적 행정행위 긍정**
	쟁송법적 개념설 (우리나라)	① 처분 = 행정행위 + 이에 준하는 행정작용 ② 처분의 개념적 징표로서 행정행위와 마찬가지로 ⊙ 법적 규율성 + ⓒ 직접적 외부효를 요구하지 않음 ③ '이에 준하는 행정작용의 의미' ➡ 행정행위와 기본적으로 유사한 행위(➡ 권력적 사실행위 + 사실상 지배력을 미치는 비권력적 사실행위)	① **처분개념확대론** ② **항고쟁송중심** ③ **형식적 행정행위 개념 부정**
판례		대법원은 '행정청이 **공권력행사의 발동으로서 국민의 권리 및 의무에 직접적으로 어떠한 변동을 초래할 것**'을 기본적으로 요구하고 있어 원칙적으로 일원설을 취하고 있다. 그러나 최근 대법원은 처분개념의 확대화 경향에 따라 국민의 권리·의무에 관계를 갖거나 법적 불안을 초래하는 경우까지도 처분에 해당함을 인정하고 있어 처분개념은 꾸준히 확장하고 있다.	

법규명령 · 개별적 처분 · 일반처분

규율대상 관련자	구체적(konkret) 규율	추상적(abstrakt) 규율
개별적	행정행위(개별적 행정행위): 가장 기본적인 형태의 행정행위에 해당한다(예 P에 대한 소득세부과).	행정행위: 행정청이 특정인에 대해 장래의 불특정사건을 규율하기 위하여 일정한 조치를 취하도록 하는 것이다(예 P에 대하여 눈이 쌓일 때마다 그것을 제거토록 하는 명령).
일반적	행정행위(일반처분): 행정청이 불특정 다수인(일반인)에 대해 특정사안을 규율하는 경우(예 입산금지)이다.	법정립작용(법규명령): 행정행위가 될 수 없다.

법규명령 (규범)	① 법규명령은 일반적 · 추상적 규율이다(일반적이란 불특정다수인에게 적용된다는 의미이며, 추상적이란 불특정다수의 사건에 적용된다는 의미이다). ② 결국 법규명령이란 불특정다수의 사람 · 불특정다수의 사건에 적용된다는 뜻이다. ③ 이에 해당하는 것으로 법률, 행정상 입법 등을 들 수 있다.
개별적 처분	① 개별적 처분은 개별적 · 구체적 규율이다(개별적이란 특정인에게만 적용된다는 의미이며, 구체적이란 특정사건에만 적용된다는 의미이다). ② 예컨대 甲에게(불특정다수의 사람이 아닌 특정인) 노래방영업을(불특정다수의 영업이 아닌 특정 영업만) 허가하는 것은 개별적 처분이다.
일반처분	① 일반처분이란 특정사건에 대한 규율이지만 불특정다수인을 상대방으로 하여 그에 대해 법적 효과를 미치는 행정행위를 말한다. ② 예컨대 불특정다수인은 이 지역을 통행하여서는 아니 된다(모든 행위를 다 금지하는 것이 아니고 통행만 금지). 이에는 ㉠ 통행금지 또는 그 해제, ㉡ 공시지가고시, ㉢ 도시계획결정공고, ㉣ 용도지역변경금지, ㉤ 민방위경보, **주차금지 · 좌회전금지 등 교통표지**, ㉦ **교통신호기 등의 자동기기에 의한 행정결정**, ㉧ 공용개시의사표시 등이 있다. ③ **일반처분도 행정행위의 일종**으로 볼 수 있다. ④ 대법원은 시 · 도경찰청장의 횡단보도설치행위와 관련하여 "지방경찰청장이 **횡단보도를 설치**하여 보행자의 통행방법 등을 규제하는 것은 행정청이 특정사항에 대하여 의무의 부담을 명하는 행위이고, 이는 국민의 권리 · 의무에 직접 관계가 있는 행위로서 행정처분이라고 보아야 할 것이다(대판 2000.10.27, 98두8964)."라고 하여 처분성을 인정한다.

2. 행정행위의 종류

기준	분류
법에 대한 구속정도	① 기속행위: 행정청이 법의 규정에 따라서만 행하여야 하는 행정행위이다. ② 재량행위: 법령이 행정청에 대하여 선택의 여지를 주는 행정행위이다.
법률효과	① 부담적 행정행위: 상대방에게 불이익을 주는 행정행위이다. ② 수익적 행정행위: 상대방에게 이익을 주는 행정행위이다. ③ 복효적 행정행위: 하나의 행정행위가 일방에게는 이익을 주는 반면, 타방에게는 불이익을 주는 행정행위이다.

법률효과의 발생원인	① 법률행위적 행정행위: 행정청의 효과의사를 그 구성요소로 하고 이에 따라 법률 효과를 발생시키는 행정행위이다. ② 준법률행위적 행정행위: 행정청의 효과의사 이외의 정신작용을 그 구성요소로 하 고 그 효과는 법률의 규정에 의하여 발생하는 행정행위이다.
행정객체의 협력 여부	① 쌍방적 행정행위: 행정객체의 협력을 요하는 행정행위이다(예 허가, 공무원임명). ② 독립적 행정행위: 행정청이 일방적으로 행하는 행정행위이다(예 과세처분).
성립형식	① 불요식행위: 일정한 형식을 요하지 않은 행정행위로서 원칙적인 형태이다. ② 요식행위: 법령이 일정한 형식을 요하는 행정행위이다(예 납세고지서발부, 징집 영장발부, 대집행계고, 대집행영장통지, 독촉).
법률상태의 변경 여부	① 적극적 행정행위: 현재의 법률상태에 변경을 초래할 수 있는 행정행위이다(예 하 명, 허가 또는 그 취소). ② 소극적 행정행위: 현재의 법률상태에 아무런 변동을 가져오지 않은 행정행위이 다[예 각종 거부(각하)처분, 부작위].
대상을 기준	① 대인적 행정행위: 의사면허나 운전면허와 같이 개인의 능력·인격을 기준으로 행 하여지는 행정행위를 말한다. ② 대물적 행정행위: 건축물철거명령 등과 같이 물건의 객관적 사정에 착안한 행정 행위를 말한다. ✎ 대물적 행정행위와 구별되는 개념으로서 물적 행정행위를 인정하는 견해가 있다(예 주차금지구역, 공물의 공용지정, 문화재지정). ③ 혼합적 행정행위: 전당포영업허가와 같이 인적 자격요건 외에 물적 요건도 아울 러 고려하여 행하여지는 행정행위를 말한다.

(1) 기속행위와 재량행위

① **기속행위**: 기속행위란 행정법규가 어떤 요건 아래서 어떤 행위를 할 것인가(효과)에 관하여, 일의적·확정적으로 규정함으로써 행정청은 다른 행위를 하지 못하고 법규에서 정한 대로만 하여야 하는 행정행위이다. 따라서 이에 위반한 행위는 위법이 되어 사법심사의 대상이 된다.

② **재량행위**

㉠ **개념**: 재량행위란 행정법규가 행정청에게 다수의 행위 중에서 선택의 여지를 부여하고 있는 경우에 그중 하나의 행정행위를 선택할 수 있는 경우를 말한다. 따라서 이에 위반한 행위는 기속행위와는 달리 위법이 되지 않고 원칙적으로 부당함에 그치므로 사법심사의 대상이 되지 않는다. 그러나 **재량행위라도 그것이 남용되거나 일탈한 경우에는 부당을 넘어 위법이 되고 사법심사의 대상이 된다.**

㉡ **재량행위의 종류**

결정재량	재량이 인정되게 되면 행정청은 어떤 행정행위를 할 수도 있고, 안할 수도 있는 선택·결정권한이 부여되게 되는데 이를 결정재량이라 한다(예 경찰관은 범죄의 의심이 있는 자를 … 정지시켜 질문할 수 있다는 규정과 같이 행정권발동 여부에 관해 재량이 주어진 경우).
선택재량	행정청은 재량이 인정되게 되면 법규상 허용된 여러 행정행위 중 어느 것을 선택할 수 있게 되는데 이를 선택재량이라 한다. 결정재량과 선택재량을 합하여 행위재량이라고도 한다(예 운전면허를 받은 사람이 다음 각 호에 해당하는 때에는 … 운전면허를 취소하거나 1년의 범위 안에서 그 운전면허의 효력을 정지시킬 수 있다).

③ 기속행위와 재량행위의 구별필요성

행정쟁송대상 여부	㉠ 기속행위: 우리 행정심판법은 행정심판의 대상을 행정청의 '위법 또는 부당한 처분'으로 규정(제1조)하고 있는데 반하여, 행정소송법은 '위법한 처분'에 대해서만 규정(제1조)하고 있기 때문에 기속행위와 재량행위를 구별할 필요가 있다. 기속행위는 위법의 문제가 발생하므로 **행정심판과 행정소송의 대상이 된다.** ㉡ 재량행위: 재량행사의 흠이 있는 경우에는 **원칙적으로** 부당의 문제에 그치므로, 재량행위는 **행정소송의 대상에 포함되지 않고 행정심판의 대상이 될 뿐이다.**
사법심사의 방식	기속행위와 재량행위의 구별은 사법심사의 범위와 한계를 정하기 위해 필요하다. ㉠ **기속행위(전면적 사법심사):** 기속행위의 경우 법원은 행정결정의 판단과 실체적 결정 모두를 전면적으로 심사하나, ㉡ **재량행위(제한적 사법심사):** 재량행위의 경우 재량권의 일탈·남용 여부만을 제한적으로 심사하게 된다.
부관가능성 여부	통설에 의하면 재량행위에만 부관을 붙일 수 있으며, 기속행위에는 부관을 붙일 수 없다고 한다.
공권성립 여부	과거 기속행위에 있어서는 행정청은 일정한 행위를 하여야 할 의무를 지기 때문에 상대방은 그 행위를 요구할 수 있는 공권이 성립하고, 재량행위의 경우에는 공권이 성립할 수 없다고 보았다. 그러나 오늘날에는 재량행위에서도 무하자재량행사청구권, 행정개입청구권이 인정될 수 있으므로, 양자의 구별은 큰 실익이 없다고 본다.

☑ SUMMARY | 기속행위와 재량행위의 구별

구분	내용	
	기속행위	재량행위
사법심사의 방식	전면적 사법심사	제한적 사법심사
입증책임	피고 행정청	원고
공권의 성립	○	전통적 견해: × 최근: 무하자재량행사청구권 ○
부관	×(법률에 명문의 규정이 있으면 가능)	○
일부취소판결	○	×

행정행위가 재량성의 유무 및 범위와 관련하여 이른바 기속행위 내지 기속재량행위와 재량행위 내지 자유재량행위로 구분된다고 할 때, 그 구분은 당해 행위의 근거가 된 법규의 체재·형식과 문언, 당해 행위가 속하는 행정 분야의 주된 목적과 특성, 당해 행위 자체의 개별적 성질과 유형 등을 모두 고려하여 판단하여야 한다. 이렇게 구분되는 양자에 대한 사법심사는, 전자의 경우 그 법규에 대한 원칙적인 기속성으로 인하여 법원이 사실인정과 관련 법규의 해석·적용을 통하여 일정한 결론을 도출한 후 그 결론에 비추어 행정청이 한 판단의 적법 여부를 독자의 입장에서 판정하는 방식에 의하게 된다. 후자의 경우 행정청의 재량에 기한 공익판단의 여지를 감안하여 법원은 독자의 결론을 도출함이 없이 당해 행위에 재량권의 일탈·남용이 있는지 여부만을 심사하게 되고, 이러한 재량권의 일탈·남용 여부에 대한 심사는 사실오인, 비례·평등의 원칙 위배, 당해 행위의 목적 위반이나 동기의 부정 유무 등을 판단 대상으로 한다(대판 2018.10.4, 2014두37702).

④ **기속행위와 재량행위의 구별기준**

　㉠ **학설**

요건재량설	이 견해는 요건에 관해서만 재량행위를 인정하고 효과면에서는 재량이 인정되지 않는다는 입장으로 요건에 관한 내용을 기준으로 기속행위와 재량행위를 구별하는 견해이다.
효과재량설	이 견해에 의하면 요건에 관한 규정에는 재량이 인정되지 않으며, 효과규정이 정하는 바에 따라 이 사실에 상응하는 '행정행위를 할 것인지 여부'(이를 결정재량이라 함) 또는 한다면 '어떤 행위를 할 것인가의 여부'(이를 선택재량이라 함)에만 재량이 인정된다고 본다.

　㉡ **판례**

종래의 입장	판례는 "개인택시사업면허는 권리·이익을 부여하는 행위이므로 재량행위이다(대판 1993.10.12, 93누4243)."라고 판시하여 수익적 처분은 원칙적으로 재량이라고 하는 효과재량설의 입장을 취하였다.
최근 입장	그러나 근래의 판례는 '당해 행위의 근거법규의 체재·형식과 그 문언, 당해 행위가 속하는 행정분야의 주된 목적과 특성, 당해 행위의 성질과 유형 등'을 모두 고려하여 판단해야 한다는 입장이다.

　㉢ **결론(종합설):** 최근의 이론적 동향은 어느 하나의 학설에 편중하지 않고 학설과 행정법규를 종합적으로 고찰하여 양자를 개별적으로 구별해야 한다고 본다. 이에 따르면 구체적인 판단기준은 다음과 같다.

법률의 규정	법률규정이 '… 하여야 한다' 또는 '… 한다' 등의 형식을 취하면 그에 의거한 행정행위는 일반적으로 기속행위이다. 그러나 법규정이 '… 할 수 있다'는 가능규정의 표현형식을 취한 경우에는 그에 의거한 행정행위는 재량행위라 할 수 있다.
법률의 규정이 불명확한 경우	법률규정의 표현이 불명확한 경우에는 기본권보장과 관련하여 양자를 구분하는 것이 타당하다. 즉, 국민의 기본권을 제한하는 행위는 기속행위로 보아야 하며, 행정행위를 통하여 당사자에게 새로운 권리가 설정되는 의미를 갖는 경우에는 재량행위로 보아야 한다.

기속행위	재량행위
① **광천음료수 제조업허가**: 광천음료수 제조업허가는 그 성질상 일반적 금지에 대한 해제에 불과하므로 허가권자는 허가신청이 소정의 요건을 구비한 때에는 이를 반드시 허가하여야 하는 것이다(대판 1993.2.12, 92누5959).	① **입목굴채허가**: 허가관청은 국토 및 자연의 유지와 환경의 보전 등 중대한 공익상 필요가 있을 때에는 입목굴채허가를 거부할 수 있다(대판 2001.11.30, 2001두5866).
② **기부금품모집허가**: 기부금품모집행위가 기부금품모집규제법 제4조 제2항의 각 호의 사업에 해당하는 경우에는 특별한 사정이 없는 한 그 모집행위를 허가하여야 한다(대판 1999.7.23, 99두3690).	② **총포 · 도검 · 화약류 소지허가**: 총포 등 소지허가를 해야 하는 기속행위로 볼 수 없고, 관할관청에 재량권이 유보되어 있다(대판 1993.5.14, 92도2179).
③ **학교법인의 이사취임승인처분**: 이사취임승인은 학교법인의 임원선임행위를 보충하여 법률상 효력을 완성시키는 보충적 행정행위로 기속행위에 속한다(대판 1992.9.22, 92누5461).	③ **대기오염물질 총량관리사업장 설치허가 또는 변경 허가**: 대기오염물질 총량관리사업장 설치의 허가 또는 변경허가는 오염물질을 일정량을 초과하여 배출할 수 있는 특정한 권리를 설정하여 주는 행위로서 그 처분의 여부 및 내용의 결정은 행정청의 재량에 속한다(대판 2013.5.9, 2012두22799)
④ **변상금 부과처분**: 지방재정법상 변상금 부과처분은 무단점유에 대한 징벌적인 의미가 있는 것으로 법규의 규정 형식으로 보아 처분청의 재량이 허용되지 않은 기속행위이다(대판 2000.1.14, 99두9735).	④ **프로판가스 충전사업허가**: 프로판가스 충전사업허가는 공익성과 합목적성에 따라 행정청이 결정할 재량행위이다(대판 1987.11.10, 87누462). 마찬가지로 개발제한구역에서의 자동차용 액화석유가스충전사업허가는 행정청에 재량권이 부여되어 있다고 보아야 한다(대판 2016.1.28, 2015두52432)
⑤ **변상금 징수**: 국유재산의 무단점유 등에 대한 변상금 징수의 요건은 국유재산법에 명백히 규정되어 있으므로 변상금을 징수할 것인가는 처분청의 재량을 허용하지 않는 기속행위이다(대판 2000.1.28, 97누4098).	⑤ **토지형질변경 허가**: 형질변경의 허가 여부는 행정청의 재량에 속한다(대판 1999.2.23, 98두17845; 대판 2001.1.16, 99두8886 등).
⑥ **국토의 계획 및 이용에 관한 법령에서 정한 토지이용의무를 위반한 자에게 부과할 이행강제금 부과기준과 다른 이행강제금액결정**: 국토의 계획 및 이용에 관한 법률 및 국토의 계획 및 이용에 관한 법률 시행령이 정한 이행강제금의 부과기준은 단지 상한을 정한 것에 불과한 것이 아니라, 위반행위 유형별로 계산된 특정 금액을 규정한 것이므로 행정청에 이와 다른 이행강제금액을 결정할 재량권이 없다고 보아야 한다(대판 2014.11.27, 2013두8653).	⑥ **개발제한구역 내에서의 건축물의 건축허가**: 개발제한구역 내에서의 건축물의 건축 등에 대한 예외적 허가는 그 상대방에게 수익적인 것으로서 재량행위에 속한다(대판 2004.7.22, 2003두7606).
⑦ **마을버스 운수업자가 유류사용량을 실제보다 부풀려 유가보조금을 과다 지급받은 데 대한 환수처분**: 국토해양부장관 또는 시 · 도지사는 여객자동차 운수사업자가 '거짓이나 부정한 방법으로 지급받은 보조금'에 대하여 반환할 것을 명하여야 하므로 위 환수처분은 국토해양부장관 또는 시 · 도지사가 지급받은 보조금을 반환할 것을 명하여야 하는 기속행위이다(대판 2013.12.12, 2011두3388).	⑦ **주택건설사업계획의 승인**: 주택건설사업계획의 승인은 수익적 행정처분으로서 행정청의 재량행위에 속하는 것이다(대판 2007.5.10, 2005두13315).
	⑧ **택지개발예정지구 지정처분**: 택지개발예정지구 지정처분은 주택난 해소를 위한 택지를 개발 · 공급할 목적으로 주택정책상의 전문적 · 기술적 판단에 기초하여 행하는 일종의 행정계획으로서 재량행위이다(대판 1997.9.26, 96누100096).

⑧ **경찰공무원시험 부정행위자 응시자격제한:** 경찰공무원 임용령 제46조 제1항은 경찰공무원의 채용시험 또는 경찰간부후보생 공개경쟁선발시험에서 부정행위를 한 응시자에 대하여는 당해 시험을 정지 또는 무효로 하고, 그로부터 5년간 이 영에 의한 시험에 응시할 수 없도록 규정하고 있는바, 경찰공무원 임용령 제46조 제1항의 수권형식과 내용에 비추어 이는 행정청 내부의 사무처리기준을 규정한 재량준칙이 아니라 일반국민이나 법원을 구속하는 법규명령에 해당하고 따라서 위 규정에 의한 처분은 재량행위가 아닌 기속행위라 할 것이다(대판 2008.5.29, 2007두18321).

⑨ **보충역 대상자의 공익근무요원 소집:** 병역의무자가 보충역에 해당하는 이상 지방병무청장으로서는 관련 법령에 따라 병역의무자를 공익근무요원으로 소집하여야 하는 것이고, 이와 같이 보충역을 공익근무요원으로 소집함에 있어 지방병무청장에게 재량이 있다고 볼 여지는 없다(대판 2002.8.23, 2002두820).

⑩ **법정요건을 갖추지 못한 경우 귀화불허처분:** 귀화신청인이 구 국적법 제5조 각 호에서 정한 귀화요건을 갖추지 못한 경우 법무부장관은 귀화 허부에 관한 재량권을 행사할 여지 없이 귀화불허처분을 하여야 한다(대판 2018.12.13, 2016두31616).

⑪ **난민인정:** 법무부장관은 박해를 받을 충분한 근거 있는 공포로 인해 국적국의 보호를 받을 수 없거나 국적국의 보호를 원하지 않는 외국인 또는 그러한 공포로 인하여 대한민국에 입국하기 전에 거주한 국가로 돌아갈 수 없거나 돌아가기를 원하지 아니하는 무국적자인 외국에 대하여 그 신청이 있는 경우 난민협약이 정하는 난민으로 인정하여야 한다(대판 2017.12.22, 2017두51020). 즉, 난민 인정에 관한 신청을 받은 행정청은 원칙적으로 법령이 정한 난민 요건에 해당하는지를 심사하여 난민인정 여부를 결정할 수 있을 뿐이고, 이와 무관한 다른 사유만을 들어 난민인정을 거부할 수는 없다(대판 2017.12.5, 2016두42913).

⑫ **육아휴직 중 복직 요건인 '휴직사유가 없어진 때'에 해당하여 행하는 복직명령:** 국가공무원법 제73조 제2항의 문언에 비추어 복직명령은 기속행위이므로 휴직사유가 소멸하였음을 이유로 신청하는 경우 임용권자는 지체 없이 복직명령을 하여야 한다(대판 2014.6.12, 2012두4852).

⑨ **토지수용을 위한 사업인정:** 토지수용을 위한 사업인정은 단순한 확인행위가 아니라 형성행위(특허)이므로 사업인정의 여부는 행정청의 재량에 속한다 할 것이다(대판 1992.11.13, 92누596).

⑩ **개인택시 운송사업면허:** 개인택시 운송사업면허는 수익적 행정행위(특허)로서 법령에 특별한 규정이 없는 한 재량행위이고, 그 면허에 필요한 기준을 정하는 것 역시 행정청의 재량에 속하는 것이다(대판 2007.3.15, 2006두15783; 대판 2009.11.26, 2008두16087).

⑪ **여객자동차 운송사업자의 휴업허가 및 휴업허가를 위하여 필요한 기준설정:** 해당 지역에서의 현재 및 장래의 수송 수요와 공급 상황 등을 고려하여 휴업허가를 위하여 필요한 기준을 정하는 것도 역시 행정청의 재량에 속하는 것이다(대판 2018.2.28, 2017두51501).

⑫ **여객자동차 운송사업에서 운송할 여객 등에 관한 업무의 범위나 기간을 한정하는 면허의 사업계획변경에 대한 인가처분:** 면허의 사업계획변경에 대한 인가 여부는 교통수요, 운송업체의 수송능력, 공급능력 등에 관하여 기술적·전문적인 판단을 요하는 분야로서 행정청의 재량에 속한다(대판 2014.4.30, 2011두14685).

⑬ **마을버스 운송사업면허의 허용 여부 및 마을버스 한정면허 시 확정되는 마을버스 노선을 정함에 있어서 기존 일반노선버스의 노선과의 중복허용 정도에 대한 판단:** 마을버스 운송사업면허의 허용 여부는 행정청의 재량에 속하는 것이다(대판 2002.6.28, 2001두10028).

⑭ **자동차등록의 직권말소처분:** 직권말소처분을 할 수 있도록 규정한 목적은, 자동차를 효율적으로 관리하고 자동차의 성능 및 안전을 확보함으로써 공공의 복리를 증진하기 위함이므로 직권말소처분은 행정청에게 재량권이 부여되어 있는 재량행위에 속한다(대판 2013.5.9, 2010두28748).

⑮ **자동차관리사업자로 구성하는 사업자단체인 조합 또는 협회의 설립인가:** 인가권자인 국토교통부장관 또는 시·도지사는 조합 등의 사업내용이나 운영계획 등이 자동차관리사업의 건전한 발전과 질서 확립이라는 사업자단체 설립의 공익적 목적에 부합하는지 등을 함께 검토하여 설립인가 여부를 결정할 재량을 가진다(대판 2015.5.29, 2013두635).

⑬ **공무원연금법에 따른 급여제한처분 및 급여환수처분**:「공무원연금법 제65조 제1항 제1호에서 정한 사유에 해당하면 행정청은 **퇴직급여 및 퇴직수당의 감액 여부 또는 비율을 선택할 재량을 가지지 못하고** 공무원연금법 시행령 제61조 제1항 제1호에서 정한 비율대로 퇴직급여와 퇴직수당을 감액하여 지급하는 급여제한처분을 할 의무가 있는지 여부(적극) 및 같은 법 제37조 제1항 제1문에 근거한 **급여환수처분 역시 행정청이 환수 여부 또는 범위를 선택할 재량을 가지지 못하는 기속행위이다.** … 또한, 공무원연금법에 따른 급여환수·제한처분에도 '수익적 행정처분 직권취소·철회 제한 법리'가 적용되어, 급여 과오급 발생에 수급인에게 고의 또는 중과실이 없어 선행 급여결정에 관한 수급인의 신뢰에 보호가치가 있는 때에는 급여환수·제한 처분으로 달성하려는 공익과 그로 말미암아 수급인이 입게 될 불이익의 내용·정도를 형량하여 사익이 우월한 경우에는 급여환수·제한처분이 허용되지 않는다는 규범적 제한이 있을 뿐이다(대법원 2021.8.12. 선고 2020두40693 판결)」.

⑯ **도로점용허가와 그 취소 및 점용료감면**: 도로점용허가는 특정인에게 일정한 내용의 공물사용권을 설정하는 설권행위로서 재량행위라고 할 것이다(대판 2010.12.23, 2010두21204). 그리고 도로점용허가를 받은 자가 도로법 제68조의 점용료감면사유에 해당하는 경우 도로관리청은 감면 여부에 관한 재량을 갖지만, 도로관리청이 감면사유로 규정된 것 이외의 사유를 들어 점용료를 감면하는 것은 원칙적으로 허용되지 않는다(대판 2019.1.17, 2016두56721).

⑰ **공정거래위원회의 과징금 액수결정과 이에 따른 부과처분**: 공정거래위원회는 독점규제 및 공정거래에 관한 법률 위반행위에 대하여 과징금을 부과할 것인지 여부와 만일 과징금을 부과할 경우 독점규제 및 공정거래에 관한 법령이 정하고 있는 일정한 범위 안에서 과징금의 액수를 구체적으로 얼마로 정할 것인지에 관하여 재량을 가지고 있으므로, 공정거래위원회의 법 위반행위자에 대한 과징금 부과처분은 재량행위에 해당한다(대판 2018.4.24, 2016두40207).

⑱ **재외동포에 대한 사증발급**: 재외동포에 대한 사증발급은 행정청의 재량행위에 속하는 것으로서, 재외동포가 사증발급을 신청한 경우에 출입국관리법 시행령에서 정한 재외동포체류자격의 요건을 갖추었다고 해서 무조건 사증을 발급해야 하는 것은 아니다. 따라서 행정청은 재외동포체류자격의 사증을 발급하지 않을 재량을 가진다(대판 2019.7.11, 2017두38874).

⑲ **법정요건을 갖춘 경우 귀화허가**: 법무부장관은 귀화신청인이 귀화요건을 갖추었다 하더라도 귀화를 허가할 것인지 여부에 관하여 재량권을 가진다(대판 2010.10.28, 2010두6496).

⑳ **난민인정결정의 취소**: 구 출입국관리법에서 정한 사유가 있더라도, 법무부장관은 난민인정결정을 취소할 공익상의 필요와 취소로 당사자가 입을 불이익 등 여러 사정을 참작하여 취소 여부를 결정할 수 있는 재량이 있다(대판 2017.3.15, 2013두16333).

⑤ 재량권의 한계

> **행정기본법**
>
> **제21조【재량행사의 기준】** 행정청은 재량이 있는 처분을 할 때에는 관련 이익을 정당하게 형량하여야 하며, 그 재량권의 범위를 넘어서는 아니 된다.
>
> **행정소송법**
>
> **제27조【재량행사의 기준】** 행정청의 재량에 속하는 처분이라도 재량권의 한계를 넘거나 그 남용이 있는 때에는 법원은 이를 취소할 수 있다.

⊕ **PLUS 선례**

> 도로교통법 제93조 제1항은 "시·도경찰청장은 음주운전한 자에게 운전면허를 취소하거나 1년의 범위 안에서 운전면허의 효력을 정지시킬 수 있다."고 규정하고 있다.

구분	의의	사유
재량권의 일탈 (유월)	① 의의: 위 선례에서 행정청이 2년의 정지처분을 하는 것과 같이 법률이 인정하고 있지 않은 무권한의 재량권을 행사하는 것을 재량권의 일탈이라 한다. ② 효과: 이는 재량권의 외적 한계(법규상 한계)를 넘는 경우로서 위법하여 사법심사의 대상이 된다.	법률에 규정된 행위선택의 자유를 벗어나 행사된 경우
재량권의 남용	① 의의: 위 선례에서 혈중알코올 농도 0.03%인 경우 운전면허를 취소하는 것과 같이 법률이 인정하고 있지만 그것이 비례의 원칙에 위배되는 등 재량권을 과도하게 행사하는 것을 재량권의 남용이라 한다. ② 효과: 이는 재량권의 내적 한계(조리상 한계)를 넘는 경우로서 위법하여 사법심사의 대상이 된다.	재량권의 남용의 사유로 다음과 같은 것이 들어진다. ① 사실오인 ② 목적위반·동기의 부정 ③ 평등원칙위반, 비례원칙위반 등 행정법상 일반원칙 위배
재량권의 불행사	① 의의: 위 선례에서 예컨대 음주운전을 하였다는 법적 요건이 충족되었음에도 불구하고 행정조치를 하지 않는 등 재량권행사를 태만히 하거나 전혀 행사하지 않는 것을 재량권의 불행사라 한다. ② 효과: 재량권의 불행사도 위법하여 사법심사의 대상이 된다.	① 태만 또는 착오로 재량권을 전혀 행사하지 않은 경우 ② 재량권을 행사하였으나 불충분하게 행사한 경우

: 두문자

일·남·불

: 두문자

목·행·사

⚖ **판례 | 재량권을 일탈·남용한 처분은 위법**

1 사실오인

임지에서 육지로 항해 도중 심한 풍랑으로 인한 충격으로 입원하였고, 이러한 병세로 수로항행할 수 없어서 부득이 임지로 돌아가지 못했다고 해서, 정당한 사유 없이 그 직무상의 의무에 위반하거나 직무를 태만한 때에 해당한다고 할 수 없고 이를 이유로 한 면직처분은 징계의 재량범위를 벗어난 것이다(대판 1969.7.22, 69누38).

기출 OX

01 재량권의 일탈이란 재량권의 내적 한계(재량권이 부여된 내재적 목적)를 벗어난 것을 말하며, 재량권의 남용이란 재량권의 외적 한계(법적·객관적 한계)를 벗어난 것을 의미한다. 22. 경찰 ( )

02 경찰공무원이 교통법규위반 운전자에게 만원권 지폐 한 장을 두 번 접어서 면허증과 함께 달라고 한 경우에 내려진 해임처분은 징계 재량권의 일탈·남용이 아니다. 15. 경행특채 2차 ( )

정답 **01** ✕ **02** ○

2 목적의 위반·동기의 부정

학위수여규정에 의한 2종의 외국어시험에 합격하고 교육법 시행령과 위 규정에 의한 박사학위논문심사 통과자에게 정당한 이유 없이 학위수여를 부결한 행정처분은 재량권의 한계를 벗어난 위법이 있다(대판 1976.6.8, 75누63).

3 평등원칙의 위반

당직근무대기 중 심심풀이로 돈을 걸지 않고 점수따기 화투놀이를 한 사실이 징계사유에 해당한다 할지라도 징계처분으로 파면을 택한 것은 함께 화투놀이를 한 세 명은 견책에 처하기로 된 사실을 고려하면 공평의 원칙상 그 재량의 범위를 벗어난 위법한 것이다(대판 1972.12.26, 72누194).

4 비례원칙의 위반

ⅰ) 유흥장소에 미성년자를 출입시켜 주류를 제공하였다는 단 1회의 식품위생법 위반사실을 이유로, 그 제재로서 가장 중요한 영업취소로 응징한 처분은 책임에 대한 응보의 균형을 잃은 것으로서 행정행위의 재량을 심히 넘은 처분이다(대판 1977.9.13, 77누15).

ⅱ) 경찰공무원이 그 단속의 대상이 되는 신호위반자에게 먼저 적극적으로 돈을 요구하고 다른 사람이 볼 수 없도록 돈을 접어 건네주도록 전달방법을 구체적으로 알려주었으며 동승자에게 신고시 범칙금 처분을 받게 된다는 등 비위신고를 막기 위한 말까지 하고 금품을 수수한 경우, 비록 그 받은 돈이 1만원에 불과하더라도 위 금품수수행위를 징계사유로 하여 당해 경찰공무원을 해임처분한 것은 징계재량권의 일탈·남용이 아니다(대판 2006.12.21, 2006두16274).

(2) 행정행위의 내용상 분류

행정행위의 효과상 분류

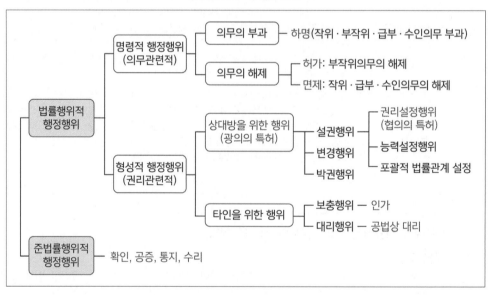

① 법률행위적 행정행위
  ㉠ 경찰하명 ☆☆☆☆

개념			ⓐ 경찰상 목적을 달성하기 위하여 일반통치권에 의거하여 국민에게 작위·부작위·수인·급부의무를 명하는 행정행위 ⓑ 명령적 행정행위(의무관련적 행정행위)
종류	법규하명과 처분하명	법규하명	ⓐ 법령의 규정만으로 일정한 경찰하명의 효과를 발생하는 것 ⓑ 일반·추상적 내용을 전제로 하며, 국민에게 새로운 의무를 부과할 수 있다는 특징이 있다.
		처분하명	ⓐ 행정행위가 있음으로써 비로소 하명의 효과가 발생하는 경우를 경찰처분이라고 한다. ⓑ 개별·구체적 내용을 전제로 하며, **국민에게 새로운 의무를 부과할 수 없다.**
	의무의 종류에 따른 종류	작위하명	적극적으로 어떠한 행위를 하도록 의무를 명하는 경찰하명(예 집회신고의무, 철거의무 등)
		부작위하명	ⓐ 어떤 행위를 하지 아니할 의무를 명하는 경찰하명[예 음주운전금지, 무면허운전금지, 마약판매금지, 인신매매금지, 공공시설에서 흡연금지, 청소년대상 주류 판매금지, 불량(부패)식품 판매금지 등] ⓑ 부작위하명은 경찰하명 중에서 가장 중요한 것
		수인하명	경찰권의 발동으로 인해 개인의 신체·재산·가택에 가하여지는 사실상의 침해를 받아들여야 할 의무를 지는 경찰하명(예 경찰의 불법시위에 대한 직접 해산을 당하는 경우)
		급부하명	금전 또는 물품의 급부의무를 과하는 경찰하명(예 조세부과처분, 통고처분, 과태료부과처분 등의 금전납부의무의 발생)
	상대방에 따른 종류	대인적 하명	ⓐ 특정인의 주관적 사정을 이유로 발해지는 경찰하명(예 운전면허의 취소·정지처분) ⓑ 하명으로 인해 발생한 의무는 **이전·승계되지 않는다.**
		대물적 하명	ⓐ 사물의 물적 사정을 이유로 발해지는 경찰하명(예 정비불량 차량의 운행금지, 주정차금지구역의 지정) ⓑ 하명으로 인해 발생한 의무는 **이전·승계된다.**
		혼합적 하명	ⓐ 대물적 하명과 대인적 하명의 성격을 동시에 갖는 경찰하명 ⓑ 하명으로 인해 발생한 의무는 **이전·승계가 제한된다.**
효과			ⓐ 상대방에게 하명의 내용을 이행하여야 할 공법상의 의무를 발생시킨다. ⓑ 경찰하명으로 인한 의무를 위반한 경우 공법상 처벌의 대상이 되지만 그 행위 자체의 **사법상의 효과는 당연히 무효가 아니라 여전히 유효**하다.
경찰하명 위반의 경우			경찰상 강제집행의 대상이 되고, 경찰벌의 대상이 된다.

ⓛ 경찰허가 ✦✦✦

개념		ⓐ **일반적·상대적 금지**를 특정한 경우에 **해제**하여 적법하게 특정한 행위를 할 수 있도록 자연적 자유를 회복시켜 주는 경찰처분 ⓑ 명령적 행정행위인지 형성적 행정행위인지 견해가 대립되나, **판례는 명령적 행정행위**로 본다.
구별개념	예외적 승인과의 구별	허가는 일반적·상대적 금지의 해제라는 점에서 억제적 금지에 대한 예외적 승인(허가)와 구별되며 금지의 해제가 허용되지 않는 절대적 금지(예 인신매매)와도 구별된다.
	경찰하명과의 구별	허가는 일반적·상대적 금지의 해제라는 점에서 작위·급부·수인의무를 해제하는 경찰면제와 구별된다.
종류	대인적 허가	사람의 능력, 지식 등 주관적 요소를 대상으로 하는 허가(예 운전면허, 의사면허, 총포류의 소지허가) ➡ 허가영업의 양도가 있는 경우 양도인의 지위가 양수인에게 **이전되지 않는다.**
	대물적 허가	물건의 내용, 상태 등 객관적 요소를 대상으로 하는 허가(예 건축허가, 자동차 검사 합격처분) ➡ 허가영업의 양도가 있는 경우 양도인의 지위가 양수인에게 **이전된다.**
	혼합적 허가	일정한 물적 요소와 인적 요소가 결합된 상태를 대상으로 하는 허가(예 총포류제조·판매의 허가, 자동차운전학원의 허가) ➡ 허가영업의 양도가 있는 경우 양도인의 지위 중 대물적 성질의 것만 양수인에게 **이전된다(일부이전).**
법적 성질		ⓐ 기속행위에 해당하는지에 대해 견해가 대립되나 **기속적 재량행위**에 해당한다고 보는 것이 통설적 견해이다. ⓑ 경찰허가는 원칙적으로 신청(출원)을 필요로 하나, 예외적으로 통행금지의 해제와 같이 신청이 없이 직권에 의해 행해지는 경우도 있다.
효과		ⓐ 법상 금지가 해제됨에 따라 일정한 행위를 할 수 있는 법적 지위가 생기며, **타법상의 제한까지 해제되는 것은 아니다.** ⓑ 경찰허가는 유효요건이 아니라 적법요건에 불과하기 때문에, **무허가영업행위는 강제집행이나 행정벌의 대상은 되지만 행위 자체의 효력은 여전히 유효하다.** ⓒ 허가를 받은 자는 일반적으로 금지되어 있는 행위를 할 수 있게 되므로 사실상 일정한 독점적 이익을 받기도 한다. 따라서 이 경우의 이익은 권리가 아닌 반사적 이익에 불과하다고 본다.

⚖️ **판례 |**

1 정당한 이유 없이 처리지연을 하지 않는 한 개정법령에 따라야 함이 원칙
　　대법원은 "개정시행된 신법령 부칙에 종전의 규정에 의한다는 취지의 경과규정을 두지 아니한 이상 당연히 허가신청 당시의 법령에 의하여 허가 여부를 판단하여야 하는 것은 아니며, 소관 행정청이 허가신청을 수리하고도 정당한 이유 없이 그 처리를 늦추어 그 사이에 법령 및 허가기준이 변경된 것이 아닌 한 새로운 법령 및 허가기준에 따라서 한 불허가처분이 위법하다고 할 수 없다(대판 1992.12, 92누13813)."고 판시하고 있다.

2 개정 법령의 적용의 경우에도 신뢰보호원칙에 의한 제한이 가능

허가요건에 관해 관계법령의 개정이 있어 개정법령에서 정한 기준에 의해 허가의 가부를 심사하는 경우에도, 개정 전 법령의 존속을 믿은 국민의 신뢰가 개정법령이 달성하고자 하는 공익상 요구보다 더 보호가치가 있다고 인정되는 경우에는 개정법령의 적용이 제한되어 개정 전 관계법령에 의해야 한다.

금지의 유형에 따른 해제방법

금지의 유형	구체적 사례	금지해제방법
국가의 개입으로부터 자유	완전한 사적 자치영역	
신고유보부 금지	출생신고, 혼인신고 등	신고
예방적 금지	음식점영업허가, 무면허운전의 금지	허가
억제적 금지	학교환경정화구역 내에서의 일정 행위, 개발제한구역 내의 건축금지	예외적 승인
절대적 금지	미성년자의 음주나 흡연 금지, 성매매 알선	

예외적 승인과 다른 개념과의 구별

구분	효과	성질	재량성
예외적 승인	억제적 금지의 해제	명령적 행정행위	재량행위
허가	예방적·상대적 금지의 해제	명령적 행정행위	기속행위
특허	권리의 설정	형성적 행정행위	재량행위
면제	부작위의무의 해제	명령적 행정행위	

⚖ 판례 | 예외적 승인에 관한 판례

1 학교환경정화구역 내의 금지행위의 해제

학교보건법 제6조 제1항 단서의 규정에 의하여 시·도교육위원회교육감 또는 교육감이 지정하는 자가 학교환경위생정화구역 안에서의 금지행위 및 시설의 해제신청에 대하여 그 행위 및 시설이 학습과 학교보건에 나쁜 영향을 주지 않는 것인지의 여부를 결정하여 그 금지행위 및 시설을 해제하거나 계속하여 금지(해제거부)하는 조치는 시·도교육위원회교육감 또는 교육감이 지정하는 자의 재량행위에 속하는 것으로서, 그것이 재량권을 일탈·남용하여 위법하다고 하기 위하여는 그 행위 및 시설의 종류나 규모, 학교에서의 거리와 위치는 물론이고, 학교의 종류와 학생 수, 학교주변의 환경, 그리고 위 행위 및 시설이 주변의 다른 행위나 시설 등과 합하여 학습과 학교보건위생 등에 미칠 영향 등의 사정과 그 행위나 시설이 금지됨으로 인하여 상대방이 입게 될 재산권 침해를 비롯한 불이익 등의 사정 등 여러 가지 사항들을 합리적으로 비교·교량하여 신중하게 판단하여야 한다(대판 1996.10.29, 96누8253).

2 개발제한구역 내의 개발행위허가

구 도시계획법 제21조와 같은 법 시행령 제20조 제1항·제2항 및 같은 법 시행규칙 제7조 제1항 제1호 (가)목 등의 규정을 종합하여 보면, 개발제한구역 안에서는 구역 지정의 목적상 건축물의 건축 등의 개발행위는 원칙적으로 금지되고, 다만 구체적인 경우에 이와 같은 구역 지정의 목적에 위배되지 아니할 경우 예외적으로 허가에 의하여 그러한 행위를 할 수 있게 되어 있음이 그 규정의 체제와 문언상 분명하고, 이러한 예외적인 건축허가는 그 상대방에게 수익적인 것에 틀림이 없으므로 그 법률적 성질은 **재량행위 내지 자유재량행위에 속하는 것이다**(대판 2003.3.28, 2002두11905).

☑ SUMMARY | (경찰상) 허가와 특허 및 인가의 비교

구분	허가	특허	인가
의의	일반적·상대적 금지를 특정한 경우에 해제하여 자연적 자유를 회복시켜 주는 행정행위	특정인에게 권리·능력·포괄적 법률관계 등을 설정하여 주는 행정행위	제3자의 법률행위를 보충하여 그 법률상 효과를 완성시켜 주는 행정행위
상대방	• 신청있는 경우: 특정인 • 신청없는 경우: **불특정 다수인**	항상 특정인 (반드시 신청을 요함)	항상 특정인 (반드시 신청을 요함)
성질	• 명령적 행정행위 • 기속행위(예외적으로 재량이 인정될 수 있다) • 쌍방적 행정행위: 신청 없이 행하여지는 경우 있음, 수정허가 가능	• 형성적 행정행위 • 재량행위 • 쌍방적 행정행위: 반드시 신청요함, **수정특허 불가**	• 형성적 행정행위(제3자를 위한 행위) • 재량행위 • 쌍방적 행정행위: 반드시 신청요함, **수정인가 불가**
대상	• 사실행위 • 법률행위: 공법행위, 사법행위	법률행위	법률행위라면 공법행위, 사법행위 모두 가능. 단, 사실행위는 제외됨
형식	법규허가는 없으며 항상 허가처분에 의함	• **법규특허** • 특허처분 모두 가능	법규인가는 없으며 항상 처분에 의함
적법요건·유효요건	• 무허가행위 그 자체는 유효 ➡ **적법요건** • 행정벌, 행정강제의 대상이 됨	• 무특허행위는 무효 ➡ **유효**(효력발생)요건 • 행정벌, 행정강제의 대상이 안됨.	• 무인가행위는 무효 ➡ **유효**(효력발생)요건 • 행정벌, 행정강제의 대상이 안됨
효과	• 금지의 해제(관계법상 금지만 해제) • 기존의 향수이익은 반사적 이익에 불과, 이익침해시 행정쟁송제기 불가 • 이전 가능(대물적 허가의 경우)	• 권리·능력 등 설정: 권리(공권·사권)발생 • 독점적 지위: 법률상 이익 침해시 행정쟁송제기 가능 • 이전 가능(일신전속적이 아닌 한)	• 타인간의 법률행위의 효력을 보충·완성(보충적 효력 ➡ 권리설정이 아님) • 이전 불가
예	① 운전면허, ② **의사면허**, ③ 건축허가, ④ 담배소매업인지정, ⑤ 통금해제, ⑥ 수출입허가, ⑦ 보도관제해제, ⑧ **일시적 도로사용허가**, ⑨ 차량검사합격처분	① 광업허가, ② 어업면허, ③ 공기업특허, ④ 공물사용권특허, ⑤ **자동차운수사업면허**, ⑥ 하천구역점용허가, ⑦ 도로점용허가, ⑧ 공용수용권설정(사업인정), ⑨ **공유수면매립면허**, ⑩ 사설철도허가, ⑪ 하천도강료징수권설정, ⑫ 도시가스사업허가, ⑬ 재개발조합설립인가, ⑭ LPG 충전소설치허가, ⑮ **행정재산의 목적 외 사용허가**, ⑯ 시외버스운송사업면허, ⑰ **귀화허가**, ⑱ 공무원의 신규임용행위, ⑲ 사증발급	① 비영리법인설립인가(학교법인 설립인가), ② 법인의 정관(변경)승인, ③ 토지거래허가, ④ **(공기업)양도양수의 인가**, ⑤ 지방채기채승인, ⑥ 특허기업의 운임 또는 요금인가, ⑦ 수도공급규정인가, ⑧ **사립학교법인의 임원선임 승인**

② 준법률행위적 행정행위
  ㉠ 확인과 공증

확인과 공증의 비교

구분	확인	공증
의의	ⓐ 특정한 사실 또는 법률관계의 존부 또는 정부에 관하여 ⓑ **다툼이 있는 경우** ⓒ 행정청이 이를 공적으로 판단 및 확정하는 행위 ➡ **판단작용**	ⓐ 특정한 사실 또는 법률관계의 존재를 ⓑ (×) ⓒ 공적으로 증명하는 행정행위 ➡ **인식작용**
종류	**재결(이의재결)**·당선인결정·**발명권 특허**, 당선자결정, 국가시험합격자결정 등	각종명부·장부·원부에의 등재(선거인명부·토지대장·하천대장·가옥대장·임야대장·광업원부에의 **등재** 등)·**증명서발급행위**(여권·특허증·면허장·비과세증명 등의 교부)
다른 성질	ⓐ 준사법적 행정행위 ⓑ 처분성 및 행정행위성이 일반적으로 긍정됨	ⓐ 처분성 및 행정행위성에 대해 견해가 대립 ⓑ 대법원은 대부분 공증의 처분성을 부인
법적 효과	ⓐ **불가변력의 인정** ⓑ 사실 및 법률관계의 공적 확정 ⓒ 기타 개별법규에 따른 법적 효과 발생	ⓐ 공적 증거력의 발생 ➡ **사실상 추정력** ⓑ 공정력이 인정되지 않음 ⓒ 기타 개별법규에 따른 법적 효과 발생

공증의 처분성을 긍정한 판례	공증의 처분성을 부정한 판례
ⓐ **지목변경신청 반려행위**: 구 지적법 제20조, 제38조 제2항의 규정은 토지소유자에게 지목변경신청권과 지목정정신청권을 부여한 것이고, 한편 지목은 토지에 대한 공법상의 규제, 개발부담금의 부과대상, 지방세의 과세대상, 공시지가의 산정, 손실보상가액의 산정 등 토지행정의 기초로서 공법상의 법률관계에 영향을 미치고, 토지소유자는 지목을 토대로 토지의 사용·수익·처분에 일정한 제한을 받게 되는 점 등을 고려하면, 지목은 토지소유권을 제대로 행사하기 위한 전제요건으로서 토지소유자의 실체적 권리관계에 밀접하게 관련되어 있으므로 지적공부소관청의 지목변경신청반려행위는 국민의 권리관계에 영향을 미치는 것으로서 항고소송의 대상이 되는 행정처분에 해당한다[대판 2004.4.22, 2003두9015(전합)].	ⓐ **자동차운전면허대장의 등재행위**: 자동차운전면허대장에 일정한 사항의 등재행위는 운전면허사무집행의 편의와 사실증명의 자료로 삼기 위한 것일 뿐, 그 등재행위로 인하여 당해 운전면허취득자에게 새로이 어떠한 권리가 부여되거나 변동 또는 상실되는 효력이 발생하는 것은 아니므로 이는 행정소송의 대상이 되는 독립한 행정처분으로 볼 수 없다 할 것이다(대판 1991.9.24, 91누1400). ⓑ 가옥대장에 일정한 사항을 등재하는 행위(대판 1990.10.23, 90누5467) ⓒ 멸실된 지적공부를 복구하거나 지적공부에 기재된 일정한 사항을 변경하는 행위(대판 1991.12.24, 91누8357)

ⓑ **토지분할신청의 거부**: 1필지의 토지를 수필로 분할하여 등기하려면 반드시 같은 법이 정하는 바에 따라 분할절차를 밟아 지적공부에 각 필지마다 등록되어야 하고, 이러한 절차를 거치지 아니하는 한 1개의 토지로서 등기의 목적이 될 수 없기 때문에, 만약 이러한 토지분할신청을 거부한다면 토지소유자는 자기소유 부분을 등기부에 표창할 수 없고 처분도 할 수 없게 된다는 점을 고려할 때, 지적소관청의 위와 같은 토지분할신청에 대한 거부행위는 국민의 권리관계에 영향을 미친다고 할 것이므로 항고소송의 대상이 되는 처분으로 보아야 한다 (대판 1993.3.23, 91누8968).

ⓒ **의료유사업자자격증 부여행위 및 건설업 면허증 및 면허수첩교부행위**: 의료법 부칙 제7조, 제59조, 동법 시행규칙 제59조 및 1973.11.9.자 보건사회부 공고 58호에 의거한 서울특별시장 또는 도지사의 의료유사업자자격증 갱신발급행위는 유사의료업자의 자격을 부여 내지 확인하는 것이 아니라 **특정한 사실 또는 법률관계의 존부를 공적으로 증명하는 소위 공증행위에 속하는 행정행위라 할 것**이다(대판 1977.5.24, 76누295).

ⓓ **토지대장상의 직권말소행위는 처분이라는 판례**: 토지대장은 토지에 대한 공법상의 규제, 개발부담금의 부과대상, 지방세의 과세대상, 공시지가의 산정, 손실보상가액의 산정 등 토지행정의 기초자료로서 공법상의 법률관계에 영향을 미칠 뿐만 아니라, 토지에 관한 소유권보존등기 또는 소유권이전등기를 신청하려면 이를 등기소에 제출해야 하는 점 등을 종합해 보면, 토지대장은 토지의 소유권을 제대로 행사하기 위한 전제요건으로서 토지 소유자의 실체적 권리관계에 밀접하게 관련되어 있으므로, 이러한 **토지대장을 직권으로 말소한 행위는 국민의 권리관계에 영향을 미치는 것으로서 항고소송의 대상이 되는 행정처분에 해당**한다(대판 2013.10.24, 2011두13286).

ⓔ **건축물대장의 용도변경신청거부행위**(대판 2009.1.30, 2007두7277)

ⓕ **건축물대장 작성신청반려행위**(대판 2009.2.12, 2007두17359)

ⓓ **토지대장상 토지소유자의 명의변경변경신청의 거부는 처분이 아니라는 판례**: 토지대장에 기재된 일정한 사항을 변경하는 행위는, 그것이 지목의 변경이나 정정 등과 같이 토지소유권 행사의 전제요건으로서 토지소유자의 실체적 권리관계에 영향을 미치는 사항에 관한 것이 아닌 한 행정사무집행의 편의와 사실증명의 자료로 삼기 위한 것일 뿐이어서, 그 소유자 명의가 변경된다고 하여도 이로 인하여 당해 토지에 대한 실체상의 권리관계에 변동을 가져올 수 없고 토지 소유권이 지적공부의 기재만에 의하여 증명되는 것도 아니다(대판 1984.4.24, 82누308; 대판 2002.4.26, 2000두7612 판결 등 참조). 따라서 소관청이 토지대장상의 소유자명의변경신청을 거부한 행위는 이를 항고소송의 대상이 되는 행정처분이라고 할 수 없다(대판 2012.1.12, 2010두12354).

ⓛ 통지

의의	① 특정인 또는 불특정다수인에 대하여 특정한 사실을 알리는 행위를 말한다. ② 행정행위로서의 통지행위는 그 자체가 독립한 행위이므로 이미 성립한 행정행위의 효력발생요건에 지나지 아니하는 표시행위(예 법령·조약의 공포, 재결의 고지, 요식행위인 문서의 교부·송달 등)와 구별하여야 한다.	
종류	의사(효과의사 이외의 의사)의 통지(처분 ○)	'앞으로 어떤 행위를 하겠다'는 것을 알리는 행위이다
	관념의 통지(처분 ✕)	'과거에 어떤 사실이 있었다'는 것을 알리는 행위이다
효과	그 구체적 내용은 각 법령의 규정에 따라 다르다. 예컨대 대집행의 계고는 대집행에 대한 수인의무를, 조세체납자에 대한 독촉은 행정주체의 체납처분의 권리를 각각 발생케 한다.	

의사의 통지와 관념의 통지의 구별

구분	의사의 통지	관념의 통지
의의	앞으로 어떤 행위를 하겠다는 것을 알리는 통지를 말한다.	과거에 어떤 사실이 있었다는 것을 알리는 통지를 말한다.
종류	대집행의 계고, 대집행의 영장통지, 납세의 독촉, 소득금액변동통지	특허출원의 공고, 귀화고시, 토지수용에 있어서 사업인정의 고시, 당연퇴직자에 대한 퇴직통보
처분인지 여부	준법률행위적 행정행위로서 **처분에 해당**	사실행위인 통지로서 **처분에 해당하지 않음**

⚖ 판례 | 통지의 처분성

1 행정대집행법상 계고는 처분에 해당된다는 판례

대집행의 계고는 다른 수단으로써 이행을 확보하기 곤란하고, 또한 그 불이행을 방치함이 심히 공익을 해하는 것으로 인정되는 경우에 행정청이 그의 우월적인 입장에서 의무자에게 대하여 상당한 이행기한을 정하고 그 기한 내에 이행을 하지 않을 경우에는 대집행을 한다는 의사를 통지하는 준법률적 행정행위라 할 것이며, 대집행의 일련의 절차의 불가결의 일부분으로 정하여진 대집행영장교부 및 대집행실행을 적법하게 하는 필요한 전제절차로서 그것이 실제적으로 명령에 의한 기존의 의무이상으로 새로운 의무를 부담시키는 것은 아니지만, 계고가 있음으로 인하여 대집행이 실행되어 상대방의 권리·의무에 변동을 가져오는 것이라 할 것이므로, 상대방은 계고절차의 단계에서 이의취소를 소구할 법률상 이익이 있다 할 것이고 계고는 행정소송법 소정처분에 포함된다(대판 1966.10.31, 66누25).

2 국가공무원법상 당연퇴직 및 정년퇴직의 인사발령은 처분에 해당되지 않는다는 판례

국가공무원법 제74조에 의하면 공무원이 소정의 정년에 달하면 그 사실에 대한 효과로서 공무담임권이 소멸되어 당연히 퇴직되고 따로 그에 대한 행정처분이 행하여져야 비로소 퇴직되는 것은 아니라 할 것이며, 피고(영주지방철도청장)의 원고에 대한 정년퇴직발령은 정년퇴직사실을 알리는 이른바 관념의 통지에 불과하므로 행정소송의 대상이 되지 아니한다(대판 1983.2.8, 81누263).

© 수리

의의	① 수리행위라 함은 행정청이 타인의 행위를 유효한 행위로서 받아들이는 행위를 말한다(예 사직원의 수리, 행정심판청구서의 수리, 소장의 수리 등). ② 여기서의 신고는 **수리를 요하는 신고의 수리행위**를 말한다. 자기완결적 사인의 공법행위의 수리행위는 사실행위에 불과하다.
효과	수리에 의하여 어떠한 효과가 발생하는가는 법률이 정하는 바에 따라 다르다. 예컨대 혼인신고의 수리는 혼인성립이라는 사법상 효과가, 소장의 수리는 법원에 심리절차개시의 의무를 지게 하는 공법상 효과가 발생한다.

3. 행정행위의 부관

부관의 종류

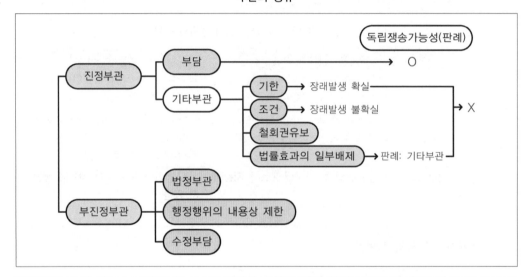

행정기본법

제17조 【부관】 ① 행정청은 처분에 재량이 있는 경우에는 부관(조건, 기한, 부담, 철회권의 유보 등을 말한다. 이하 이 조에서 같다)을 붙일 수 있다.

② 행정청은 처분에 재량이 없는 경우에는 법률에 근거가 있는 경우에 부관을 붙일 수 있다.

③ 행정청은 부관을 붙일 수 있는 처분이 다음 각 호의 어느 하나에 해당하는 경우에는 그 처분을 한 후에도 부관을 새로 붙이거나 종전의 부관을 변경할 수 있다.

1. 법률에 근거가 있는 경우
2. 당사자의 동의가 있는 경우
3. 사정이 변경되어 부관을 새로 붙이거나 종전의 부관을 변경하지 아니하면 해당 처분의 목적을 달성할 수 없다고 인정되는 경우

④ 부관은 다음 각 호의 요건에 적합하여야 한다.

1. 해당 처분의 목적에 위배되지 아니할 것
2. 해당 처분과 실질적인 관련이 있을 것
3. 해당 처분의 목적을 달성하기 위하여 필요한 최소한의 범위일 것

부관의 의의			부관이란 '행정행위의 효과를 제한 또는 보충하기 위하여 행정기관에 의하여 주된 행정행위에 부가되는 종된 의사표시(규율)'를 말한다.
부관의 종류	부진정 부관		① 법정부관: 행정행위의 효과제한이 직접 법령에 규정되어 있는 경우를 말한다. 법정부관은 부관이 아니라 법규 그 자체이다. ② 행정행위의 내용상 제한: 예컨대 영업구역의 설정과 같이 행정행위의 지역적 한계를 설정하는 등의 행정행위 일부의 내용 자체를 재차 규정하는 것을 말한다. 이 역시도 부관이 아니라 행정행위의 내용상 제한에 불과하다. ③ 수정부담: 행정행위에 부가하여 새로운 의무를 부과하는 것이 아니라 당사자가 신청한 것과 다르게 그 내용을 수정하여 허가하는 것을 말한다. 이 경우 수정부담은 상대방이 수정된 내용을 동의함으로써 완전한 효력을 발생한다.
	진정 부관	부담	① 행정행위에 부수하여 그 행정행위의 상대방에게 작위·부작위·급부·수인의무를 명하는 부관을 말한다. ② 부담은 그 자체가 하나의 행정행위이므로 **독립하여 행정쟁송의 대상이 되며, 행정강제의 대상이 된다.** ③ 부담과 정지조건의 구별이 불분명한 경우에는 최소 침해의 원칙상 **부담**으로 보아야 한다고 본다. ④ 대법원은 "행정청이 수익적 행정처분을 하면서 부가한 부담의 위법 여부는 처분 당시 법령을 기준으로 판단하여야 하고, 부담이 처분 당시 법령을 기준으로 적법하다면 처분 후 부담의 전제가 된 주된 행정처분의 근거 법령이 개정됨으로써 행정청이 더 이상 부관을 붙일 수 없게 되었다 하더라도 곧바로 위법하게 되거나 그 효력이 소멸하게 되는 것은 아니다. 또한, 부담을 부가하기 전에 상대방과 협의하여 협약의 형식으로 부담을 부가할 수 있다(대판 2009.2.12, 2005다65500)."고 판시하였다. ⑤ 대법원은 "명문의 규정이 없다 하더라도 **부담의 불이행을 이유로 주된 행정행위를 취소(철회)할 수 있다**(대판 1989.10.24, 89누2431)."고 본다. ⑥ 대법원은 "부담의 불이행은 연속된 후행처분에 대한 거부사유가 되어 명문의 근거가 없다 하여도 이를 이유로 거부하여도 위법하지 아니하다(대판 1985.2.8, 83누625)."고 본다.
		기한	행정행위의 효력의 발생 또는 소멸을 장래 도래할 것이 **확실한 사실에 의존**시키는 부관을 말한다. ① **확정기한과 불확정기한** 　㉠ 확정기한: 도래할 것이 확실함은 물론 도래하는 시기까지 확실한 기한을 말한다. 예컨대 12월 13일까지 허가한다라고 하는 경우가 이에 해당한다. 　㉡ 불확정기한: 도래할 것은 확실하나 도래하는 시기는 확실하지 않은 기한을 말한다. 예컨대 '甲이 사망할 때까지 연금을 지급한다'라고 하는 경우가 이에 해당한다.

01 공유수면매립준공인가 처분 중 매립지 일부에 대하여 한 국가 및 지방자치단체의 귀속처분은 독립하여 행정소송의 대상이 될 수 있다. 19. 서울시1회 7급　　( )

02 행정청은 처분에 재량이 있는 경우에는 법률에 근거가 없어도 부관을 붙일 수 있다. 22. 경찰간부　　( )

03 부관의 사후변경은, 법률에 명문의 규정이 있거나 그 변경이 미리 유보되어 있는 경우 또는 상대방의 동의가 있는 경우에 한하여 허용되는 것이 원칙이지만, 사정변경으로 인하여 당초에 부담을 부가한 목적을 달성할 수 없게 된 경우에도 그 목적달성에 필요한 범위 내에서 예외적으로 허용된다. 18. 서울시2회 7급, 17. 가직(하) 9급

　　　　　　　( )

		② **시기와 종기** ㉠ 시기: 기한의 도래로 행정행위가 당연히 효력을 '발생'하는 경우이다. 예컨대 5월 1일부터 허가한다는 경우가 이에 해당한다. ㉡ 종기: 기한의 도래로 행정행위가 당연히 효력을 '소멸'하는 경우이다. 예컨대 7월 31일까지 허가한다는 경우가 이에 해당한다.
	조건	① 조건이란 행정행위의 효력의 발생, 소멸을 장래 그 발생이 객관적으로 **불확실한 사실**에 의존하게 하는 부관을 말한다. ② 행정행위의 효력발생을 의존케 하면 정지조건, 소멸을 의존케 하면 해제조건이라고 한다.
	철회권유보	장래의 일정한 사유가 발생하는 경우에는 그 행정행위를 철회할 수 있는 권리를 유보하는 부관을 말한다.
	법률효과의 일부배제	① 주된 행정행위에 부가하여 그 효과발생의 일부를 배제하는 행정청의 의사표시를 말한다. ② 법률효과의 일부배제가 부관에 해당하는지 견해가 대립되나, 대법원 판례(지방국토관리청장이 일부 공유수면매립지에 대하여 한 국가 또는 직할시귀속처분)는 **기타 부관으로서 부관에 해당**한다고 본다.
부관의 한계	성립상 한계	① 재량행위: 재량행위에 대해 부관을 붙일 수 있다는 점에 대해서는 의문의 여지가 없다. ② 기속행위: 문제는 기속행위에 대해 부관을 붙일 수 있는가 여부인데, 이에 대해 판례는 "일반적으로 **기속행위나 기속적 재량행위에는 부관을 붙일 수 없고 가사 부관을 붙였다 하더라도 이는 무효의 것이다**(대판 1988.4.27, 87누1106)."라고 판시하여 기속행위에는 부관을 붙일 수 없다는 입장이다.
	시간상 한계	① 행정행위가 성립된 이후 사후부관 또는 사후변경부관을 붙일 수 있는 지 여부에 대해 견해가 대립된다. ② 판례: 대법원은 "행정처분에 이미 부담이 부가되어 있는 상태에서 그 의무의 범위 또는 내용 등을 변경하는 부관의 사후변경은, 법률에 명문의 규정이 있거나 그 변경이 미리 유보되어 있는 경우 또는 상대방의 동의가 있는 경우에 한하여 허용되는 것이 원칙이지만, **사정변경으로 인하여 당초에 부담을 부가한 목적을 달성할 수 없게 된 경우에도 그 목적달성에 필요한 범위 내에서 예외적으로 허용된다**(대판 1997.5.30, 97누2627)."고 판시하여 판례는 행정기본법 보다 사후변경의 예외의 범위를 더욱 넓게 인정하고 있다.
	일반적 한계	① **법규상 한계**: 부관은 법령에 위배되지 않는 한도에서 붙일 수 있다. 따라서 그 내용이 적법해야 하고, 형식도 법령에 위배되어서는 안 된다. ② **목적상 한계**: 부관의 내용은 관계법상의 목적을 실현하기 위한 것이므로, 당해 행정행위를 규율하는 법령 및 행정행위의 목적상 필요한 범위를 넘어서는 아니 된다.

		③ **내용상 한계**: 부관의 내용은 가능한 명확해야 하고 실행가능한 것이어야 한다. 부관의 명확성의 요청과 실현가능성의 요청은 상대방에게 법적 안정성의 차원에서 행정작용의 실효성을 담보하게 하는 기본적인 요건이다. ④ **일반원칙상 한계**: 부관은 비례의 원칙, 평등의 원칙, 부당결부금지의 원칙 등 행정법의 일반원리에 반하지 않아야 한다.
부관의 독립쟁송	학설	① 부관만의 취소를 구하는 행정쟁송이 가능한지에 대해 학설은 견해가 대립되어 있다. ② 모든 부관은 주된 행정행위와 분리가능하기 때문에 소의 이익이 있는 한 부담이든 기타 부관이든 가리지 않고 모든 부관에 대하여 독립하여 행정쟁송을 제기할 수 있다는 **모든 부관의 독립쟁송긍정설이 다수설의 입장**이다.
	판례	대법원은 "행정행위의 부담의 경우에는 다른 부관과는 달리 그 자체로서 행정쟁송의 대상이 될 수 있다(대판 1992.1.21, 91누1264)."고 판시하여 부담과 기타 부관(기한, 조건 등)을 구분하여 부담은 처분성이 긍정되므로 주된 행정행위로부터 독립하여 행정쟁송의 대상이 되나, **그 외의 부관은 독립하여 행정쟁송의 대상이 될 수 없다**고 한다.
부관의 하자와 행정행위와의 관계	무효의 하자	① 부관이 무효인 경우 하자 없는 행정행위에까지 영향을 미쳐 행정행위까지 무효가 되는지에 대해 견해가 대립된다. ⓒ 학설(중요사항기준설): 부관이 무효인 경우 행정행위는 원칙적으로 부관 없는 단순한 행정행위로서 효력을 발생하지만, 부관이 행정행위의 본질적 요소여서 그것이 없었다면 행정청이 그 행정행위를 하지 않았을 것이라고 명백히 인정될 때에는 행정행위 자체도 무효가 된다는 견해가 다수설·판례이다. ② 판례: 대법원은 중요사항기준설의 입장에서 부산시 전기료부담부 도로점용허가사건에서 "도로점용허가의 점용기간은 행정행위의 본질적 요소에 해당한다고 볼 것이어서 부관인 점용기간을 정함에 있어서 위법사유가 있다면 이로써 **도로점용허가처분 전부가 위법하게 된다**(대판 1985.7.9, 84누604)."고 판시하였다.
	취소사유의 하자	부관의 하자로 부관이 취소되기 이전에는 부관과 행정행위가 모두 유효하나 부관의 하자로 부관이 취소된 이후에는 위의 경우에 따른다.

⚖ 판례 ┃ 부관의 한계

1 **기선망어업면허를 하면서 운반선 등 부속선을 사용할 수 없도록 하는 부관은 위법하다는 판례**
   수산업법 제15조에 의하여 어업의 면허 또는 허가에 붙이는 부관은 그 성질상 허가된 어업의 본질적 효력을 해하지 않는 한도의 것이어야 하고 허가된 어업의 내용 또는 효력 등에 대하여는 행정청이 임의로 제한 또는 조건을 붙일 수 없다고 보아야 할 것이며 수산업법 시행령 제14조의4 제3항의 규정내용은 기선선망어업에는 그 어선규모의 대소를 가리지 않고 등선과 운반선을 갖출 수 있고, 또 갖추어야 하는 것이라고 해석되므로 **기선선망어업의 허가를 하면서 운반선, 등선 등 부속선을 사용할 수 없도록 제한한 부관은 그 어업허가의 목적달성을 사실상 어렵게 하여 그 본질적 효력을 해하는 것일 뿐만 아니라 위 시행령의 규정에도 어긋나는 것이며, 더욱이 어업조정이나 기타 공익상 필요하다고 인정되는 사정이 없는 이상 위법한 것이다**(대판 1990.4.27, 89누6808).

2 기부채납부관의 하자의 사법상 증여의 의사표시와의 관계

행정처분에 부담인 부관을 붙인 경우 부관의 무효화에 의하여 본체인 행정처분 자체의 효력에도 영향이 있게 될 수는 있지만, 그 처분을 받은 사람이 부담의 이행으로 사법상 매매 등의 법률행위를 한 경우에는 그 부관은 특별한 사정이 없는 한 법률행위를 하게 된 동기 내지연유로 작용하였을 뿐이므로 이는 법률행위의 취소사유가 될 수 있음은 별론으로 하고 그 법률행위 자체를 당연히 무효화하는 것은 아니다. 또한, 행정처분에 붙은 부담인 부관이 제소기간의 도과로 확정되어 이미 불가쟁력이 생겼다면 그 하자가 중대하고 명백하여 당연 무효로보아야 할 경우 외에는 누구나 그 효력을 부인할 수 없을 것이지만, 부담의 이행으로서 하게된 사법상 매매 등의 법률행위는 부담을 붙인 행정처분과는 어디까지나 별개의 법률행위이므로그 부담의 불가쟁력의 문제와는 별도로 법률행위가 사회질서 위반이나 강행규정에 위반되는지 여부 등을 따져보아 그 법률행위의 유효 여부를 판단하여야 한다(대판 2009.6.25, 2006다18174).

3 법치행정의 원리를 회피하기 위한 사법상 계약의 체결은 위법하다는 판례

공무원이 인·허가 등 수익적 행정처분을 하면서 상대방에게 그 처분과 관련하여 이른바 부관으로서 부담을 붙일 수 있다 하더라도, 그러한 부담은 법치주의와 사유재산 존중, 조세법률주의 등 헌법의 기본원리에 비추어 비례의 원칙이나 부당결부의 원칙에 위반되지 않아야만 적법한 것인바, 행정처분과 부관 사이에 실제적 관련성이 있다고 볼 수 없는 경우 공무원이 위와 같은 <u>공법상의 제한을 회피할 목적으로 행정처분의 상대방과 사이에 사법상 계약을 체결하는 형식을 취하였다면 이는 법치행정의 원리에 반하는 것으로서 위법하다</u>(대판 2009.12.10, 2007다63966).

4. 행정행위의 효력

행정행위의 효력

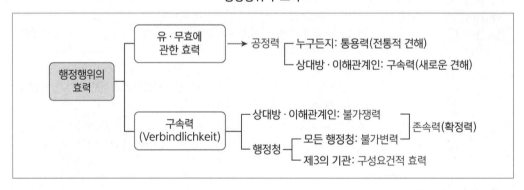

(1) 공정력(예선적 효력)

> **행정기본법**
>
> **제15조【처분의 효력】** 처분은 권한이 있는 기관이 취소 또는 철회하거나 기간의 경과 등으로 소멸되기 전까지는 유효한 것으로 통용된다. 다만, 무효인 처분은 처음부터 그 효력이 발생하지 아니한다.

의의	① 행정행위는 비록 그 성립 당시에 하자(위법·부당)가 있을지라도, 그 하자가 당연무효의 경우를 제외하고 권한 있는 기관(처분청·감독청·법원)이 취소하기 전에는, 누구라도 그 효력을 부인할 수 없는 힘을 말한다. ② 예컨대 운전면허정지처분이 일단 행해지면 비록 그것이 위법하더라도 상대방인 국민은 그 처분의 공정력 때문에 그 구속력에 복종하지 아니할 수 없고, 따라서 소정의 쟁송절차를 거쳐 그 처분이 취소될 때까지는 일단 운전을 하지 말아야 할 부작위의무를 지켜야 한다.	
근거	실정법적 근거	**행정기본법 제15조**에서 행정행위의 공정력을 직접 인정하는 명문의 규정을 두고 있다.
	이론적 근거	공정력의 근거를 행정행위의 상대방이나 제3자의 신뢰보호·행정법관계의 안정성·질서유지 또는 행정의 원활한 운영이라고 하는 행정의 정책적 이유에서 찾는 것이 일반적인 견해이다.
한계	다음과 같은 경우에는 공정력이 인정되지 않는다.	
	비권력적 행위·사법행위 등	공정력은 성질상 행정청의 일방적 의사에 의한 권력적 공법행위인 행정행위에만 인정되고 공법상 계약 또는 행정지도와 같은 행정청의 사실행위·비권력적 행위·사법행위에는 인정되지 않는다.
	무효·부존재	행정행위의 공정력은 단순·위법이어서 취소할 수 있는 경우에만 인정되며 당연무효 또는 부존재인 경우에는 인정되지 않는다는 것이 다수설·판례이다.

판례 |

1 공정력이 있는 행정행위는 취소될 때까지는 유효

행정행위는 공정력과 불가쟁력의 효력이 있어 설혹 행정행위에 하자가 있는 경우에도 그 하자가 중대하고 명백하여 당연무효로 보아야 할 사유가 있는 경우 이외에는 그 행정행위가 행정소송이나 다른 행정행위에 의하여 적법히 취소될 때까지는 단순히 취소할 수 있는 사유가 있는 것만으로는 누구나 그 효력을 부인할 수는 없고 법령에 의한 불복기간이 경과한 경우에는 당사자는 그 행정처분의 효력을 다툴 수 없다(대판 1991.4.23, 90누8756).

2 공정력 있는 행정처분에 대해서 손해배상청구 가능

계고처분이 위법임을 이유로 배상을 청구하는 취지를 인정하는 사건에 있어, 위법한 행정대집행이 완료되면 그 처분의 무효확인 또는 취소를 구할 소의 이익은 없다 하더라도, 미리 그 행정처분의 취소판결이 있어야만 그 행정처분의 위법성을 이유로 손해배상청구를 할 수 있는 것은 아니다(대판 1972.4.28, 72다337).

(2) 구성요건적 효력

공정력과 구성요건적 효력의 구별

구분	전통적 견해(판례)	새로운 견해	
		공정력	구성요건적 효력
의의	행정행위에 비록 하자가 있더라도 그것이 중대하고 명백하여 당연무효가 아닌 한 권한이 있는 기관에 의해 취소되기 전까지 **누구든지** 절차적·잠정적으로 일응 유효한 것으로 추정되는 사실상의 '통용력'으로 공정력만 인정함	상대방 또는 이해관계인은 권한있는 행정기관에 의해 취소되기 전까지 그 효력을 부인할 수 없는 **절차적 구속력**(통용력)	제3의 국가기관(처분청, 재결청, 수소법원은 제외)에 대한 **실체적 구속력**
구성요건적 효력	공정력만 인정 ➡ **구성요건적 효력을 인정하지 않음**	공정력과 구별된 **구성요건적 효력을 인정함**	
인적 범위	누구든지	상대방 및 이해관계인	제3의 국가기관 (처분청, 재결청, 수소법원은 제외)
근거	법적안정성 (행정법관계의 안정성)	법적 안정성	통일적 행정수행과 국가기관 상호간의 권한존중
선결문제	○	×	○

(3) 공정력(구성요건적 효력)과 선결문제

선결문제와 구성요건적 효력

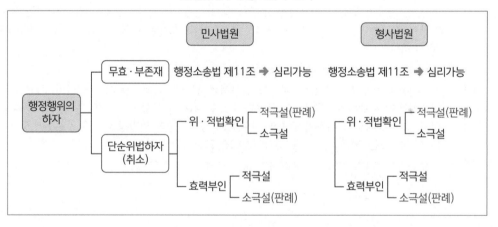

행정소송법

제11조【선결문제】① 처분등의 효력 유무 또는 존재 여부가 민사소송의 선결문제로 되어 당해 민사소송의 수소법원이 이를 심리·판단하는 경우에는 제17조, 제25조, 제26조 및 제33조의 규정을 준용한다.

법원 선결문제	민사법원	형사법원
행정행위의 위법성을 확인해야 하는 경우	① 문제점: 실무상 국가배상법청구소송은 민사소송에 의하게 된다. 이 경우 행정행위의 위법 여부가 선결문제가 되므로 수소법원인 민사법원이 당해 행정행위의 위법성 여부를 판단할 수 있는지가 문제된다. ② 학설: 학설은 국가배상사건에 있어서 수소법원은 선결문제로서 행정행위에 대한 위법성 여부를 심리·판단할 수 있다는 **적극설**이 통설적 견해이다. ③ 판례: 처분이 위법임을 이유로 배상을 청구하는 취지를 인정하는 사건에 있어, 위법한 행정대집행이 완료되면 그 처분의 무효확인 또는 취소를 구할 소의 이익은 없다 하더라도, 미리 그 행정처분의 취소판결이 있어야만 그 **행정처분의 위법성을 이유로 손해배상청구를 할 수 있는 것은 아니다**(대판 1972.4.28, 72다337).	① 문제점: 도시계획법상의 법령 등의 위반자에 대한 공사중지처분(제92조)을 위반하였다는 이유로 기소된 경우, 형사법원은 문제된 행정행위(공사중지처분)에 대한 위법 여부를 스스로 판단할 수 있는가 하는 문제이다. ② 학설: 이 문제에 대해서도 견해가 나누어 있으나 **적극설**이 다수설과 판례의 입장이다. ③ 판례: 개발제한구역 안에 건축되어 있던 비닐하우스를 매수한 자에게 구청장이 이를 철거하여 토지를 원상회복하라고 시정지시한 조치는 위법하므로 이러한 시정지시를 따르지 않았다고 하여 구 도시계획법(2000.1.28. 법률 제6243호로 전문 개정되기 전의 것) 제92조 제4호에 정한 조치명령 등 위반죄로 **처벌할 수는 없다**(대판 2004.5.14, 2001도2841).
행정행위의 효력을 부인해야 하는 경우	① 문제점: 과세처분의 무효를 이유로 납부한 세금에 대한 부당이득반환청구소송을 제기한 경우, 민사법원은 부당이득반환청구의 인용요건인 행정행위의 효력 유무를 스스로 심사할 수 있는가가 문제된다. ② 다수설과 판례: 과세처분이 당연무효이면 민사법원이 직접 무효를 심사할 수 있으나, **단순위법인 경우에는 행정행위의 효력을 부인할 수 없다**(대판 1973.7.10, 70다1439)는 입장이다.	① 문제점: 예컨대 위법사유가 있는 운전면허를 가진 자의 운전행위가 무면허운전으로 기소된 경우, 형사법원은 그 운전면허소지자를 무면허운전자로 처벌할 수 있는가 하는 문제이다. ② 통설과 판례: 위법사유가 당연무효인 경우에는 형사법원은 행정행위(운전면허처분)의 효력유무를 판단할 수 있으나, 위법사유가 당연무효가 아닌 경우, 예컨대 연령을 속여 운전면허를 발급받은 것과 같은 단순위법인 경우에는, 공정력 때문에 **형사법원은 행정행위의 관할법원에 의하여 그 행위(운전면허)가 취소되기까지는 그 효력을 부인할 수 없다**고 본다(대판 1982.6.8, 80도2646).

(4) 확정력(존속력)

행정행위의 확정력; 불가쟁력과 불가변력

구분	불가쟁력(형식적 존속력)	불가변력(실질적 존속력)
의의	'행정행위의 쟁송기간의 도과 + 쟁송수단을 모두 거친 경우에는 상대방 또는 이해관계인은 더 이상 그 행정행위의 효력을 다툴 수 없게 되는 구속력(효력)' ➡ 절차적 구속력	'행정행위가 발하여지면 일정한 경우에 행정청 스스로도 이를 취소·변경·철회할 수 없게 되는 실체적 구속력(효력)' ➡ 실체적 구속력
인적 범위	상대방 및 이해관계인	행정청(처분청 및 감독청 포함)
성질/이유	① **절차법적 효력** ② 행정법관계의 안정성 ➡ 법적 안정성	① **실체법적 효력** ② 법적 안정성
인정범위	① 범위: 무효가 아닌 **모든 행정행위** ② 사유: 쟁송기간의 도과 + 쟁송수단을 모두 거친 경우	① 범위: 무효가 아닌 **준사법적 행정행위(확인)** ② 사유: 처분발령과 동시에 인정되는 효력
효력	① 상대방 및 이해관계인: 행정행위의 효력을 다투지 못함(국배청구소송으로 위법성은 다툴 수 있음이 다수설과 판례) ② 행정청: 행정청의 직권취소 또는 철회를 막지는 못함(불가변력과 불가쟁력은 무관계)	① 상대방 및 이해관계인: 불복기간 내에 당해 행정행위의 효력을 다툴 수 있음(무관계) ② 행정청: 직권으로 취소 또는 변경 및 철회할 수 없음
양자관계 (입법론)	① 양자는 이해의 차원을 달리하므로 원칙적으로 무관계 ② 불가쟁력이 발생한 행정행위에 대해 직권취소를 구하는 독일 연방행정절차법상 재심사청구제도가 도입되었다. 행정기본법 제37조에서 이를 명문화하였으며, 2023년 3월 24일 부터 시행되고 있다.	

> **⊕ PLUS 행정기본법상 이의신청과 재심사청구**
>
> | 처분의
재심사
(제37조) | ① 당사자는 처분(제재처분 및 행정상 강제는 제외한다. 이하 이 조에서 같다)이 행정심판, 행정소송 및 그 밖의 쟁송을 통하여 다툴 수 없게 된 경우(법원의 확정판결이 있는 경우는 제외한다)라도 다음 각 호의 어느 하나에 해당하는 경우에는 해당 처분을 한 행정청에 처분을 취소·철회하거나 변경하여 줄 것을 신청할 수 있다.
　1. 처분의 근거가 된 사실관계 또는 법률관계가 추후에 당사자에게 유리하게 바뀐 경우
　2. 당사자에게 유리한 결정을 가져다주었을 새로운 증거가 있는 경우
　3. 민사소송법 제451조에 따른 재심사유에 준하는 사유가 발생한 경우 등 대통령령으로 정하는 경우
② 제1항에 따른 신청은 해당 처분의 절차, 행정심판, 행정소송 및 그 밖의 쟁송에서 당사자가 중대한 과실 없이 제1항 각 호의 사유를 주장하지 못한 경우에만 할 수 있다.
③ 제1항에 따른 신청은 당사자가 제1항 각 호의 사유를 안 날부터 60일 이내에 하여야 한다. 다만, 처분이 있은 날부터 5년이 지나면 신청할 수 없다. |
> |---|---|

	④ 제1항에 따른 신청을 받은 행정청은 특별한 사정이 없으면 신청을 받은 날부터 90일(합의제행정기관은 180일) 이내에 처분의 재심사 결과(재심사 여부와 처분의 유지·취소·철회·변경 등에 대한 결정을 포함한다)를 신청인에게 통지하여야 한다. 다만, 부득이한 사유로 90일(합의제행정기관은 180일) 이내에 통지할 수 없는 경우에는 그 기간을 만료일 다음 날부터 기산하여 90일(합의제행정기관은 180일)의 범위에서 한 차례 연장할 수 있으며, 연장 사유를 신청인에게 통지하여야 한다.
	⑤ 제4항에 따른 처분의 재심사 결과 중 처분을 유지하는 결과에 대해서는 행정심판, 행정소송 및 그 밖의 쟁송수단을 통하여 불복할 수 없다.
	⑥ 행정청의 제18조에 따른 취소와 제19조에 따른 철회는 처분의 재심사에 의하여 영향을 받지 아니한다.
	⑦ 제1항부터 제6항까지에서 규정한 사항 외에 처분의 재심사의 방법 및 절차 등에 관한 사항은 대통령령으로 정한다.
	⑧ 다음 각 호의 어느 하나에 해당하는 사항에 관하여는 이 조를 적용하지 아니한다. 1. 공무원 인사 관계 법령에 따른 징계 등 처분에 관한 사항 2. 노동위원회법 제2조의2에 따라 노동위원회의 의결을 거쳐 행하는 사항 3. 형사, 행형 및 보안처분 관계 법령에 따라 행하는 사항 4. 외국인의 출입국·난민인정·귀화·국적회복에 관한 사항 5. 과태료 부과 및 징수에 관한 사항 6. 개별 법률에서 그 적용을 배제하고 있는 경우
처분에 대한 이의신청 (제36조)	① 행정청의 처분(「행정심판법」 제3조에 따라 같은 법에 따른 행정심판의 대상이 되는 처분을 말한다. 이하 이 조에서 같다)에 이의가 있는 당사자는 처분을 받은 날부터 30일 이내에 해당 행정청에 이의신청을 할 수 있다.
	② 행정청은 제1항에 따른 이의신청을 받으면 그 신청을 받은 날부터 14일 이내에 그 이의신청에 대한 결과를 신청인에게 통지하여야 한다. 다만, 부득이한 사유로 14일 이내에 통지할 수 없는 경우에는 그 기간을 만료일 다음 날부터 기산하여 10일의 범위에서 한 차례 연장할 수 있으며, 연장 사유를 신청인에게 통지하여야 한다.
	③ 제1항에 따라 이의신청을 한 경우에도 그 이의신청과 관계없이 「행정심판법」에 따른 행정심판 또는 「행정소송법」에 따른 행정소송을 제기할 수 있다.
	④ 이의신청에 대한 결과를 통지받은 후 행정심판 또는 행정소송을 제기하려는 자는 그 결과를 통지받은 날(제2항에 따른 통지기간 내에 결과를 통지받지 못한 경우에는 같은 항에 따른 통지기간이 만료되는 날의 다음 날을 말한다)부터 90일 이내에 행정심판 또는 행정소송을 제기할 수 있다.
	⑤ 다른 법률에서 이의신청과 이에 준하는 절차에 대하여 정하고 있는 경우에도 그 법률에서 규정하지 아니한 사항에 관하여는 이 조에서 정하는 바에 따른다.
	⑥ 다음 각 호의 어느 하나에 해당하는 사항에 관하여는 이 조를 적용하지 아니한다. 1. 공무원 인사 관계 법령에 따른 징계 등 처분에 관한 사항 2. 「국가인권위원회법」 제30조에 따른 진정에 대한 국가인권위원회의 결정 3. 「노동위원회법」 제2조의2에 따라 노동위원회의 의결을 거쳐 행하는 사항 4. 형사, 행형 및 보안처분 관계 법령에 따라 행하는 사항 5. 외국인의 출입국·난민인정·귀화·국적회복에 관한 사항 6. 과태료 부과 및 징수에 관한 사항

: 두문자

공노 형과외

: 두문자

국공노 형과외

기출 OX

01 행정행위의 불가쟁력은 처분청과 관계 행정청에 대하여서만 인정되는 것이고, 행정행위의 불가변력은 상대방 및 이해관계인에 대하여만 인정되는 것이다.
16. 국가직 7급   (   )

정답 01 ✕

	처분의 재심사	처분의 이의신청
대상	행정쟁송을 통하여 다툴 수 없게 된 처분 (제재처분 및 행정상 강제는 제외)	처분(「행정심판법」 제3조에 따라 같은 법에 따른 행정심판의 대상이 되는 처분)
사유	① 처분의 근거가 된 사실관계 또는 법률관계가 추후에 당사자에게 유리하게 바뀐 경우 ② 당사자에게 유리한 결정을 가져다주었을 새로운 증거가 있는 경우 ③ 「민사소송법」 제451조에 따른 재심사유에 준하는 사유가 발생한 경우 등 대통령령으로 정하는 경우 당사자가 중대한 과실 없이 위의 사유를 주장하지 못한 경우일 것	×
청구기간	사유를 안날 60일 이내 처분이 있는 날부터 5년 이내	처분을 받은 날부터 30일 이내
제출기관	처분을 행한 행정청(처분청)	
결과통지	① 신청을 받은 날부터 90일(합의제행정기관은 180일) 이내 ② 다만, 부득이한 사유로 90일(합의제행정기관은 180일) 이내에 통지할 수 없는 경우에는 그 기간을 만료일 다음 날부터 기산하여 90일(합의제행정기관은 180일)의 범위에서 한 차례 연장	① 이의신청을 받은 날부터 14일 이내 ② 부득이한 사유로 14일 이내에 통지할 수 없는 경우에는 그 기간을 만료일 다음 날부터 기산하여 10일의 범위에서 한 차례 연장할 수 있으며, 연장 사유를 신청인에게 통지
행정쟁송	처분의 재심사 결과 중 처분을 유지하는 결과에 대해서는 행정심판, 행정소송 및 그 밖의 쟁송수단을 통하여 불복할 수 없다.	이의신청과 관계없이 행정쟁송제기 가능
다른 제도와 관계	행정청의 철회 및 직권취소는 처분의 재심사에 의하여 영향을 받지 아니한다.	다른 법률에서 규정하지 아니한 사항에 관하여는 이 조에서 정하는 바에 따른다.
적용제외	우측과 동일(② 제외) + 개별 법률에서 그 적용을 배제하고 있는 경우	① 공무원 인사 관계 법령에 따른 징계 등 처분 ② 국가인권위원회의 결정 ③ 노동위원회의 의결을 거쳐 행하는 사항 ④ 형사, 행형 및 보안처분 관계 법령에 따라 행하는 사항 ⑤ 외국인의 출입국·난민인정·귀화·국적회복에 관한 사항 ⑥ 과태료 부과 및 징수에 관한 사항

:두문자

공노 형과외

:두문자

국공노 형과외

5. 행정행위의 하자(흠)

(1) 행정행위의 하자의 유형과 효과

구분		위법성	외형	효력
행정행위의 **부존재**			×	×
행정행위의 **무효**		○		
취소할 수 있는 행정행위	**단순위법**		○	취소 전: 잠정적으로 유효 취소 후: 소급하여 효력상실
	부당	×		

(2) 행정행위의 무효와 취소의 구별

① 행정행위의 무효와 취소의 구별필요성

구분실익	취소의 경우	무효의 경우
신뢰보호의 원칙	취소할 수 있는데 불과한 경우에는 상대방의 신뢰는 보호된다.	무효인 경우에는 상대방의 신뢰를 보호할 가치가 없다.
공정력	취소할 수 있는 행정행위에만 공정력이 인정된다.	처음부터 무효인 행정행위에는 공정력이 인정되지 않는다.
선결문제	행정행위에 취소사유가 있는 경우 민사법원은 행정행위의 효력을 선결적으로 판단을 할 수 **없다.**	행정행위가 무효인 경우 민사법원은 이에 대하여 선결적 판단을 할 수 **있다.**
하자의 치유와 전환	**하자의 치유**는 원칙적으로 취소사유 있는 행정행위에 인정된다.	**하자의 전환**은 무효인 행정행위에 인정된다.
하자의 승계	선행행위에 취소사유인 흠이 있는 경우 그것이 후행행위에 승계되는지에 대해 승계되는 경우와 그렇지 않은 경우가 나뉘어 있다.	선행행위에 무효사유인 흠이 있는 경우 그 흠은 **무조건 후행행위에 승계된다.**
쟁송형태	취소할 수 있는 행정행위는 취소쟁송에 의하여서만 그 취소를 청구할 수 있다.	무효인 행정행위에 대해서는 무효등확인쟁송과 무효선언적 의미의 취소쟁송 모두 가능하다.
제소기간제한 및 불가쟁력 발생	행정심판법과 행정소송법은 일정한 기간 내에만 제기할 수 있으며 그 기간이 지나면 제기할 수 없다(➡ 불가쟁력 발생).	무효인 행정행위에 대하여는 언제든지 행정심판이나 행정소송을 제기할 수 있다(➡ 불가쟁력 발생하지 않음).
사정판결	공공복리를 위하여 취소할 수 있는 행정행위에 대하여 **사정판결을 할 수 있다.**	공공복리를 위한다고 하더라도 무효인 행정행위에 대하여는 **사정판결을 할 수 없다.**

② 행정행위의 무효와 취소의 구별기준

학설	내용
중대설	행정행위의 하자가 중대한 경우에 무효라고 보는 견해이다. 중대성을 판단하는 기준은 행정법규의 성질과 중요성을 기준으로 하여, 능력규정과 강행규정에 위반되는 행정행위는 무효이나, 명령규정과 비강행규정에 위반되는 행정행위는 취소할 수 있는 것이라고 한다. 무효사유를 넓게 인정하여 국민의 권익구제에 기여하는 장점이 있다.

중대명백설 (외견상 일견명백설)	행정행위의 하자가 중대한 법규위반이고 또한 외관상 하자가 일반인의 관점에서 명백한 것인 때에만 무효인 하자라는 견해이다.
조사의무설	이 설은 원칙적으로 중대명백설의 입장을 따르지만, 무효기준으로서 명백성의 요건을 완화하여, 하자가 외견상 한눈에 인정될 수 있는 경우는 물론이고, 그 밖에 공무원이 직무를 성실히 수행하며 당연히 요구되는 조사의무를 이행하면 당연히 잘못을 발견할 수 있는 경우에도 하자의 명백성의 요건을 충족하여 무효로 보는 견해이다.
명백성보충설 (대법원 소수의견)	중대명백설의 명백성은 법적 안정성이나 이해관계를 갖는 제3자의 신뢰보호의 요청이 있는 경우에만 요구해야 한다는 견해이다.
구체적 가치형량설	행정행위에 대하여 일반적 기준에 따라 무효사유와 취소사유를 구분하는 것에 반대하고 구체적인 사안마다 권리구제의 요청과 법적 안정성의 요청 및 제3자의 이익을 구체적·개별적으로 비교 형량하여 무효·취소 여부를 정해야 한다는 견해이다.
판례	대법원은 "행정처분이 당연무효가 되기 위하여는 그 하자가 법규의 중요한 부분을 위반한 중대한 것으로서 객관적으로 명백한 것이어야 한다."고 하여 **중대명백설의 입장**이나, 최근 대법원은 중대명백설을 유지하면서도 "**특별한 사정이 있는 경우에는 중대한 하자만으로도 당연무효에 해당한다**(대판 2009.2.12, 2008두11716)."고 하여 **명백성보충요건설의 입장**을 가미하고 있다.

> ⚖ **판례 | 명백성보충설의 태도**
>
> [1] 취득세 신고행위는 납세의무자와 과세관청 사이에 이루어지는 것으로서 취득세 신고행위의 존재를 신뢰하는 제3자의 보호가 특별히 문제되지 않아 그 **신고행위를 당연무효로 보더라도 법적 안정성이 크게 저해되지 않는** 반면, 과세요건 등에 관한 **중대한 하자**가 있고 그 법적 구제수단이 국세에 비하여 상대적으로 미비함에도 위법한 결과를 시정하지 않고 납세의무자에게 그 신고행위로 인한 불이익을 감수시키는 것이 과세행정의 안정과 그 원활한 운영의 요청을 참작하더라도 납세의무자의 권익구제 등의 측면에서 현저하게 부당하다고 볼 만한 특별한 사정이 있는 때에는 예외적으로 이와 같은 하자 있는 신고행위가 **당연무효**라고 함이 타당하다.
>
> [2] 즉, 취득세 등에 관한 이 사건 신고행위의 경우에는 그 존재를 신뢰하는 제3자의 보호가 특별히 문제되지 않아 그 신고행위를 당연무효로 보더라도 법적 안정성이 크게 저해되지 않는 것으로 보이는 점, 원고가 이 사건 부동산에 관하여 등기와 같은 소유권 취득의 형식적 요건을 갖추지 못했을 뿐만 아니라, 대금의 지급과 같은 소유권 취득의 실질적 요건도 갖추지 못함에 따라 이 사건 부동산의 취득에 기초한 이익 등을 향유한 바 없는 것으로 보이는 점, 이와 같이 지방세법에 규정된 취득이라는 과세요건이 완성되지 않는 등의 중대한 하자가 있고, 그 법적 구제수단이 국세에 비하여 상대적으로 미비함에도 불구하고, 이 사건 신고행위로 인한 불이익을 원고에게 그대로 감수시키는 것이 원고의 권익구제 등의 측면에서 현저하게 부당하다고 보이는 점, 이 사건 신고행위를 당연무효로 보더라도 과세행정의 원활한 운영에 지장이 있다고 단정하기 어려운 점 등을 종합하면, 그 하자가 중대한 이 사건 신고행위의 경우에는 이를 당연무효라고 볼 만한 특별한 사정이 있다고 할 것이다(대판 2009.2.12, 2008두11716).

기출 OX

01 위헌법률에 기한 행정처분의 집행이나 집행력을 유지하기 위한 행위는 위헌결정의 기속력에 위반되어 허용되지 않는다. 18. 경행경채
( )

02 하자 있는 법규명령의 무효이며 따라서 위헌·위법의 법규명령에 근거한 행정행위도 중대·명백설에 따라 무효가 된다. 06. 관세사
( )

정답 01 ○ 02 ✕

③ 위헌법률에 근거한 행정처분의 효력

위헌법령에 근거한 VA의 효력

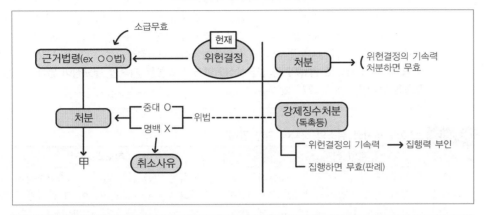

위헌결정의 소급효	대법원은 법률에 근거하여 행정처분이 발하여진 후에 헌법재판소가 그 행정처분의 근거가 된 법률을 위헌으로 결정하였다면, 위헌결정의 소급효가 일반사건에까지 미쳐 결과적으로 행정처분은 법률의 근거가 없이 행하여진 것과 마찬가지가 되어 하자가 있는 것이 된다고 한다.
위헌법령에 근거한 행정처분의 효력	대법원과 헌법재판소는 **원칙적으로 취소사유**에 해당한다고 본다.
위헌법률에 근거한 행정처분의 집행력	행정행위의 자력집행력의 근거가 되는 규정(처분의 근거법규)들까지 위헌이 된 경우에 해당 처분의 집행력이 인정될 수 있을지에 대해 견해가 대립된다. 통설과 판례는 위헌 법령에 근거해 이루어진 행정처분에 대해서는 위헌결정의 기속력에 반하므로 집행력을 부여할 수 없다고 본다. 만약 이를 집행하는 경우 그러한 처분은 **당연무효**이다.

⚖️ 판례 |

1 위헌법률에 근거한 행정처분의 효력

일반적으로 법률이 헌법에 위반된다는 사정이 헌법재판소의 위헌결정이 있기 전에는 객관적으로 명백한 것이라고 할 수는 없으므로 … 특별한 사정이 없는 한 **취소사유**에 해당한다고 본다.

2 위헌결정 이후 처분의 집행력

(1) 위헌결정 이후 처분의 집행력 부정

대법원은 "법 전부에 대한 위헌결정으로 처분의 집행력에 관한 규정도 그 효력을 상실하게 되었고, 나아가 위헌법률에 기한 행정처분의 집행이나 집행력을 유지하기 위한 행위는 위헌결정의 기속력에 위반되어 허용되지 않는다(대판 2002.8.27, 2002두2383)"고 판시하여 위헌법령에 근거해 이루어진 행정처분에 대해서는 위헌결정의 기속력에 반하므로 집행력을 부여할 수 없다는 입장으로 위헌결정 이후의 새로운 대체압류처분, 징수처분, 과세처분 등은 모두 **당연무효**라고 판시하고 있다.

기출 OX

03 과세처분 이후 조세 부과의 근거가 되었던 법률규정에 대해서만 위헌결정이 내려진 경우, 그 과세처분과는 별개의 후속 행정처분인 체납처분은 위법하다고 볼 수 없다. 21. 경행특채 (　　)

정답 03 ✕

(2) 체납처분절차 도중 위헌결정이 내려진 경우

압류의 필요적 해제사유로 '납부, 충당, 공매의 중지, 부과의 취소 기타의 사유로 압류의 필요가 없게 된 때'를 들고 있는데, 여기에서의 '기타의 사유'라 함은 납세의무가 소멸되거나 혹은 체납처분을 하여도 체납세액에 충당할 잉여가망이 없게 된 경우는 물론 과세처분 및 그 체납처분절차의 근거 법률에 대한 위헌결정으로 후속 체납처분을 진행할 수 없는 등의 사유로 압류의 근거가 상실되었거나 압류를 지속할 필요성이 없게 된 경우도 포함한다(대판 2002.8.27, 2002두2383).

판례비교 무효의 하자와 취소의 하자에 관한 판례

무효의 하자	취소의 하자
① 구 폐기물처리시설 설치촉진 및 주변지역 지원 등에 관한 법령상 입지선정위원회가 그 구성방법 및 절차에 관한 시행령의 규정에 위배하여 **군수와 주민대표가 선정·추천한 전문가를 포함시키지 않은 채 임의로 구성되어 의결을 한 경우**, 그에 터잡아 이루어진 폐기물 처리시설 입지결정처분의 하자는 무효사유에 해당한다(대판 2007.4.12, 2006두20150).	① 적법한 권한 위임 없이 세관출장소장에 의하여 행하여진 관세부과처분이 그 하자가 중대하기는 하지만 객관적으로 명백하다고 할 수 없어 당연무효는 아니다(대판 2004.11.26, 2003두2403).
② 설치승인권한을 환경관리청장에게 위임할 수 있는 근거가 없으므로, 환경관리청장의 폐기물처리시설 설치승인처분은 **권한 없는** 기관에 의한 행정처분으로서 그 하자가 중대하고 명백하여 당연무효에 해당한다(대판 2004.7.22, 2002두10704).	② 5급 이상의 국가정보원 직원에 대한 의원면직처분이 임면권자인 대통령이 아닌 국가정보원장에 의해 행해진 것으로 위법하더라도 그러한 하자가 중대한 것이라고 볼 수는 없으므로, 대통령의 내부 결재가 있었는지에 관계없이 당연무효는 아니다(대판 2007.7.26, 2005두15748).
③ 도지사의 인사교류안 작성과 그에 따른 인사교류의 권고가 전혀 이루어지지 않은 상태에서 행하여진 관할구역 내 시장의 인사교류에 관한 처분은 당연무효이다(대판 2005.6.24, 2004두10968).	③ 건설부장관이 택지개발예정지구를 지정함에 있어 미리 관계중앙행정기관의 장과 협의를 거치지 아니하였다고 하더라도 이는 취소원인이 되는 하자 정도에 불과하다(대판 2000.10.13, 99두653).
④ 시장으로부터 체납취득세에 대한 압류처분권한을 **내부위임**받은 구청장이 **자신의 이름**으로 한 압류처분은 권한 없는 자에 의하여 행하여진 위법무효의 처분이다(대판 1993.5.27, 93누6621).	④ 2 이상의 시·도에 걸친 노선업종에 있어서의 노선신설이나 변경 또는 노선과 관련되는 사업계획변경 인가처분이 미리 관계 도지사와 협의를 거치지 아니하고 행해진 경우 당연무효의 처분이라고 할 수 없다(대판 1995.11.7, 95누9730).
⑤ 권한의 범위를 넘어서는 권한유월의 행위는 무권한 행위로서 원칙적으로 무효이다(대판 1996.6.28, 96누4374).	⑤ 국방·군사시설 사업에 관한 법률 및 구 산림법에서 보전임지를 다른 용도로 이용하기 위한 사업에 대하여 승인 등 처분을 하기 전에 미리 산림청장과 **협의를 거치지 아니한 승인처분**은 취소할 수 있는 원인이 되는 하자 정도에 불과하다(대판 2006.6.30, 2005두14363).
⑥ **단속 경찰관이 자신의 명의로 운전면허행정처분 통지서**를 작성·교부하여 행한 운전면허정지처분은 권한 없는 자에 의하여 행하여진 점에서 무효의 처분에 해당한다(대판 1997.5.16, 97누2313).	⑥ 사전환경성검토협의를 할지 여부를 결정하는 절차를 생략한 채 승인 등의 처분을 한 경우, 그 하자가 객관적으로 명백하다고 할 수 없다(대판 2009.9.24, 2009두2825).

⑦ 부동산을 양도한 사실이 없음에도 세무당국이 부동산을 양도한 것으로 오인하여 양도소득세를 부과하였다면 그 부과처분은 착오에 의한 행정처분으로서 그 표시된 내용에 중대하고 명백한 하자가 있어 당연무효이다(대판 1980.12.23, 80누393).

⑧ 조세채권의 **소멸시효가 완성**되어 부과권이 소멸된 후에 부과한 과세처분은 위법한 처분으로 그 하자가 중대하고도 명백하여 무효라 할 것이다(대판 1988.3.22, 87누1018).

⑨ 납세자가 아닌 제3자의 재산을 대상으로 한 압류처분의 효력은 당연무효이다(대판 2012.4.12, 2010두4612).

⑩ 국립공원 관리청이 국립공원 집단시설지구 개발사업과 관련하여 그 시설물기본설계변경 승인처분을 함에 있어서 환경부장관과의 협의를 거친 이상 환경부장관의 환경영향평가에 대한 의견에 반하는 처분을 하였다고 하여 그 처분이 위법하다고 할 수 없다(대판 2001.7.27, 99두2970).

⑪ 환경영향평가법상 환경영향평가를 실시하여야 할 사업에 대하여 **환경영향평가를 거치지 아니하였음에도 승인 등 처분을 한 경우**, 그 처분의 하자는 당연무효이다(대판 2006.6.30, 2005두14363).

⑫ 환경영향평가의 **내용이 다소 부실하다 하더라도**, 그 부실의 정도가 환경영향평가를 하지 아니한 것과 다를 바 없는 정도의 것이 아닌 이상 그 부실로 인하여 당연히 당해 승인 등 처분이 위법하게 되는 것이 아니다(대판 2006.3.16, 2006두330).

⑬ **과세전적부심사**에 대한 결정이 있기 전이라도 과세처분을 할 수 있는 예외사유로 정하고 있다는 등의 특별한 사정이 없는 한, 과세예고 통지 후 과세전적부심사청구나 그에 대한 결정이 있기도 전에 과세처분을 하는 것은 절차상 하자가 중대하고 명백하여 무효이다(대판 2016.12.27, 2016두49228).

⑭ 면허관청이 운전면허를 취소하였다 하더라도 위 규정에 따른 적법한 통지나 공고가 없으면 그 효력을 발생할 수 없다(대판 1998.9.8, 98두9653).

⑦ 행정청이 사전에 **교통영향평가를 거치지 아니한 채 건축허가** 전까지 교통영향평가 심의필증을 교부 받을 것을 부관으로 하여 실시계획변경 및 공사시행변경 인가처분에 중대하고 명백한 흠이 있다고 할 수 없으므로 이를 무효로 보기는 어렵다(대판 2010.2.25, 2009두102).

⑧ 주민등록을 말소하는 처분을 하는 경우 최고·공고의 절차를 거치지 아니하였다 하더라도 그러한 하자는 당연무효사유에 해당하는 것이라고는 할 수 없다(대판 1994.8.26, 94누3223).

⑨ 원지적도가 없는 상태에서의 토지조서 및 물건조서의 작성, 토지소유자에 대한 불통지 및 토지소유자와의 협의 없는 수용재결의 신청 등의 하자들 역시 절차상 위법으로서 재결의 취소를 구할 수 있는 사유가 될지언정 당연무효의 사유라고 할 수는 없다(대판 1993.8.13, 93누2148).

⑩ 법률관계나 사실관계에 대하여 그 법률의 규정을 적용할 수 없다는 법리가 명백히 밝혀지지 아니하여 그 해석에 다툼의 여지가 있는 때에는 행정관청이 이를 잘못 해석하여 행정처분을 하였더라도 이는 그 처분 요건사실을 오인한 것에 불과하여 그 하자가 명백하다고 할 수 없는 것이다(대판 2007.5.10, 2005다31828).

⑪ 민간투자심의위원회는 자문기관에 불과하므로, 절차위반(일부 위원이 대리출석을 하고 서면의결을 함)은 사업시행자지정처분을 무효로 할 만한 하자라고 볼 수 없다(대판 2009.4.23, 2007두13159).

⑫ 조례제정권의 범위를 벗어나 국가사무를 대상으로 한 무효인 서울특별시행정권한위임조례의 규정에 근거하여 구청장이 건설업영업정지처분을 한 경우, 그 처분은 결과적으로 적법한 위임 없이 권한 없는 자에 의하여 행하여진 것과 마찬가지가 되어 그 하자가 중대하나 명백한 것이라고 할 수 없으므로 이로 인한 하자는 결국 당연무효사유는 아니라고 봄이 상당하다(대판 1995.7.11, 94누4615).

⑮ 국토계획법령이 정한 도시계획시설사업의 대상 토지의 소유와 동의요건을 갖추지 못하였는데도 사업시행자로 지정하였다면, 이는 국토계획법령이 정한 법규의 중요한 부분을 위반한 것으로서 그 하자가 중대하고 명백하다(대판 2017.7.11, 2016두35120).

⑯ 경찰공무원법에 규정되어 있는 경찰관임용 결격사유는 경찰관으로 임용되기 위한 절대적인 소극적 요건으로서 임용 당시 경찰관임용 결격사유가 있었다면 비록 임용권자의 과실에 의하여 임용결격자임을 밝혀내지 못하였다 하더라도 그 임용행위는 당연무효로 보아야 한다(대판 2005.7.28, 2003두469).

⑬ 행정청이 구 학교보건법 소정의 학교환경위생정화구역 내에서 금지행위 및 시설의 해제 여부에 관한 행정처분을 함에 있어 학교환경위생정화위원회의 심의를 거치도록 한 취지는 그에 관한 전문가 내지 이해관계인의 의견과 주민의 의사를 행정청의 의사결정에 반영함으로써 공익에 가장 부합하는 민주적 의사를 도출하고 행정처분의 공정성과 투명성을 확보하려는 데 있고, 나아가 그 심의의 요구가 법률에 근거하고 있을 뿐 아니라 심의에 따른 의결내용도 단순히 절차의 형식에 관련된 사항에 그치지 않고 금지행위 및 시설의 해제 여부에 관한 행정처분에 영향을 미칠 수 있는 사항에 관한 것임을 종합해 보면, **금지행위 및 시설의 해제 여부에 관한 행정처분을 하면서 절차상 위와 같은 심의를 누락한 흠**이 있다면 그와 같은 흠을 가리켜 위 행정처분의 효력에 아무런 영향을 주지 않는다거나 경미한 정도에 불과하다고 볼 수는 없으므로, 특별한 사정이 없는 한 이는 행정처분을 위법하게 하는 취소사유가 된다(대판 2007.3.15, 2006두15806).

6. 행정행위의 하자의 승계

하자승계의 의의	행정행위의 하자승계란 '두 개 이상의 행정행위가 연속적으로 행하여지는 경우 선행정행위의 하자를 이유로 후행정행위에 하자가 없더라도, 선행정행위의 하자가 승계되어 이를 이유로 후행정행위를 다툴 수 있는가에 관한 논의'를 말한다. '하자의 승계' 또는 '위법성의 승계'라고도 한다.	
전제요건	하자승계의 문제를 논의하기 위해서는 다음과 같은 요건이 전제되어야 한다. ① 선행행위와 후행행위의 법적 성질이 모두 항고쟁송의 대상인 **처분**이어야 한다. ② 선행행위가 당연무효이면 제소기간의 제한이 없으므로 이에 대해 언제든지 다툴 수 있기 때문에 하자의 승계문제는 발생하지 않는다. 따라서 선행행위의 하자는 당연무효가 아닌 **취소사유인 하자**가 존재하여야 한다. ③ 후행행위에 고유한 하자가 있다면 이를 근거로 후행행위를 다툴 수 있기 때문에 하자의 승계를 논할 실익이 없다. 따라서 **후행행위에 고유한 하자가 없어야 한다.** ④ 선행행위를 제소기간 내에 다투지 않아 **불가쟁력**이 발생하여야 한다.	
하자승계의 인정 여부	학설	① 전통적 견해: 전통적인 견해는 선행행위와 후행행위가 동일한 하나의 법적 효과의 발생을 목적으로 하는 경우에만 하자의 승계를 인정하고, 양 행위가 별개의 법적 효과 발생을 목적으로 하는 경우에는 하자의 승계를 부정해야 한다고 본다. 즉, 이 견해는 하자의 승계 여부를 판단하는 기준은 양 행위가 동일한 목적을 추구하는 일련의 절차인지 여부라고 본다.

② 새로운 견해(행정행위의 구속력이론): 하자승계문제를 불가쟁력이 발생한 선행정행위의 후행정행위에 대한 구속력(규준력 또는 구속력이라고도 한다)의 문제로 접근하여 해결해야 한다는 견해이다. 이 견해에 따르면 행정행위의 구속력이란 '행정청은 후행행정행위를 함에 있어 불가쟁력이 발생한 선행행정행위의 규율내용과 모순되는 결정을 할 수 없고, 상대방도 후행행정행위를 다툼에 있어 불가쟁력이 발생한 선행행정행위의 규율내용과 모순된 주장을 할 수 없다는 구속력'을 말한다.

판례	대법원은 "동일한 행정목적을 달성하기 위하여 단계적인 일련의 절차로 연속하여 행하여지는 **선행처분과 후행처분이 서로 결합하여 하나의 법률효과를 발생시키는 경우**, 행정처분을 전제로 하여 행하여진 후행처분도 선행처분과 같은 하자가 있는 **위법한 처분으로 보아 항고소송으로 취소를 청구할 수 있다**(대판 1993.2.9, 92누4567)."고 하여 원칙적으로 전통적 견해의 입장이다. 그러나 "선행처분과 후행처분이 **서로 독립하여 별개의 법률효과를 목적으로 하는 경우에도** 선행처분의 불가쟁력이나 구속력이 그로 인하여 불이익을 입게 되는 자에게 **수인한도를 넘는 가혹함을 가져오며, 그 결과가 당사자에게 예측가능한 것이 아닌 경우**에는 국민의 재판을 받을 권리를 보장하고 있는 헌법의 이념에 비추어 선행처분의 후행처분에 대한 구속력을 인정할 수 없다(대판 1994.1.25, 93누8542)."고 판시하여 별개의 법률효과를 발생시키는 경우라 할지라도 상대방의 예견가능성과 수인가능성을 침해하는 경우 선행처분과 후행처분 사이에 하자의 **승계**를 인정하였다.

행정행위의 하자승계 여부에 관한 판례정리

하자승계를 긍정한 경우	하자승계를 부정한 경우
① 대집행의 **계고처분 ➡ 대집행영장발부통보처분** 사이	① 도시계획시설변경 및 지적승인고시처분 ➡ 사업계획승인처분 사이의 흠의 승계
② 국립보건원장의 안경사시험합격무효처분 ➡ 보건사회부장관의 안경사면허취소처분 사이	② 병역법상 보충역편입처분 ➡ 공익근무요원 소집처분 사이의 흠의 승계
③ **표준지공시지가결정 ➡ 관할토지수용위원회의 보상액재결간의 흠의 승계**: "표준지공시지가결정은 이를 기초로 한 수용재결 등과는 별개의 독립된 처분으로서 서로 독립하여 별개의 법률효과를 목적으로 하지만, 위법한 표준지공시지가를 기초로 한 수용재결 등 후행행정처분에서 표준지공시지가결정의 위법을 주장할 수 없도록 하는 것은 수인한도를 넘는 불이익을 강요하는 것으로서 국민의 재산권과 재판받을 권리를 보장한 헌법의 이념에도 부합하는 것이 아니다. 따라서 표준지공시지가결정이 위법한 경우에는 그 자체를 행정소송의 대상이 되는 행정처분으로 보아 그 위법 여부를 다툴 수 있음은 물론, 수용보상금의 증액을 구하는 소송에서도 선행처분으로서 그 수용대상 토지가격 산정의 기초가 된 비교표준지공시지가결정의 위법을 독립한 사유로 주장할 수 있다."	③ 조세부과처분 ➡ 체납처분 사이의 흠의 승계 ④ **공무원의 직위해제처분 ➡ 면직처분** 사이: 대법원은 "이 사건 쟁송의 대상인 면직처분은 원고가 그 직위해제처분에 설사 위법사유가 있다 하더라도 그것이 당연무효사유가 아닌한 다툴 수 없는 것이고, 한편 구 경찰공무원법 제50조 제1항에 의한 직위해제처분과 같은 제3항에 의한 면직처분은 후자가 전자의 처분을 전제로 한 것이기는 하나 각각 단계적으로 별개의 법률효과를 발생하는 행정처분이어서 선행 직위해제처분의 위법사유가 면직처분에는 승계되지 아니한다 할 것이므로 선행된 직위해제처분의 위법사유를 들어 면직처분의 효력을 다툴 수는 없다 할 것이다 (대판 1984.9.11, 84누191)." ⑤ (구)토지수용법상의 사업인정 ➡ 토지수용재결 ⑥ **건축철거명령 ➡ 행정대집행계고처분** 사이

④ 귀속재산의 임대처분 ➔ 후행매각처분 사이

⑤ **개별통지를 하지 아니하고 공고·고시된 개별 공시지가결정 ➔ 양도소득세부과처분** 사이

⑥ 한지의사시험자격인정 ➔ 한지의사면허처분 사이

⑦ 강제징수의 절차로서 독촉처분 ➔ 압류처분 사이

⑧ 선행암매장분묘개장명령 ➔ 후행계고처분

⑨ 친일반민족행위자로 결정한 친일반민족행위 진상규명위원회의 최종발표와 ➔ 독립유공자 예우에 관한 법률의 적용 배제자결정: **선행처분의 하자를 이유로 후행처분의 효력을 다툴 수 없게 하는 것은 을에게 수인한도를 넘는 불이익을 주고 그 결과가 을에게 예측가능한 것이라고 할 수 없어 선행처분의 후행처분에 대한 구속력을 인정할 수 없으므로 선행처분의 위법을 이유로 후행처분의 효력을 다툴 수 있다**(대판 2013.3.14, 2012두6964).

⑦ 표준공시지가결정 ➔ 개별공시지가결정 사이

⑧ 액화석유가스판매사업허가 ➔ 사업개시신고반려처분 사이

⑨ 국제항공노선운수권배분처분 ➔ 노선면허처분 사이

⑩ **개별통지를 한 개별공시지가결정 ➔ 과세처분** 사이

⑪ 업무정지처분과 개설등록취소처분 사이: **업무정지처분의 불가쟁력이나 구속력이 그로 인하여 불이익을 입게 되는 원고에게 수인한도를 넘는 가혹함을 가져오고 그 결과가 예측가능하지 않은 경우에 해당한다고 보기 어렵다. 따라서 선행처분인 업무정지처분의 이 사건 처분에 대한 구속력이 인정된다.** 따라서, 서로 결합하여 1개의 법률효과를 완성하는 때에 해당한다고 볼 수 없다. 따라서 원고는 선행처분이 당연무효가 아닌 이상 그 하자를 이유로 후행처분인 이 사건 처분의 효력을 다툴 수 없다(대판 2019.1.31, 2017두40372).

7. 하자 있는 행정행위의 치유와 전환

(1) 하자의 치유

하자치유의 의의	행정행위의 하자치유란 '행정행위가 성립당시에 하자가 있다 하더라도 사후에 그 흠결을 보완하여 발령 당시의 하자에도 불구하고 유효한 행정행위로서 취급하는 것'을 말한다.
인정근거	행정행위의 하자치유의 이론적 근거로는 ① 행정행위에 대한 상대방의 신뢰보호, ② 행정법관계의 안정성 고려, ③ 행정행위의 불필요한 반복의 회피 등을 들 수 있다.

인정 여부	학설	① 부정설: 법치행정의 원칙과 행정관청의 신중하고 공정한 판단을 기하기 위해 행정행위의 하자치유는 부정되어야 한다는 견해이다. ② **제한적 긍정설(다수설 및 판례)**: 법치행정의 원칙과 행정결정의 공정성을 담보하기 위하여 하자치유는 부정됨이 원칙이나, 국민의 권익보호와 행정의 능률적 운영 측면을 고려하여 일정한 범위 내에서 예외적으로 허용해야 한다는 견해이다.
	판례	대법원은 "하자 있는 행정행위의 치유는 행정행위의 성질이나 법치주의의 관점에서 볼 때 **원칙적으로 허용될 수 없는 것이지만**, 행정행위의 무용한 반복을 피하고 당사자의 법적 안정성을 위해 이를 허용하는 때에도 **국민의 권리와 이익을 침해하지 않는 범위에서 구체적 사정에 따라 합목적적으로 인정해야 할 것이다**(대판 1983.7.26, 82누420)."라고 하여 제한적 긍정설의 입장이다.

인정범위 및 치유사유	인정범위	① 취소할 수 있는 흠일 것: 통설 및 판례는 하자 있는 행정행위의 치유는 '취소할 수 있는 흠 있는 행정행위'에 대해서만 인정한다. 한편, 무효인 행정행위는 취소할 수 있는 행정행위와는 달리 어떤 효력도 발생하지 않기 때문에 그의 치유는 인정할 수 없다고 해야 할 것이다. ② 경미한 흠일 것 　㉠ 절차 및 형식상 하자의 경우: 다수설은 행정행위의 흠의 치유는 행정행위의 내용·절차상의 하자 모두의 경우에 인정될 수 있으나, 주로 경미한 흠에 해당하는 절차상 하자의 경우에 인정된다고 한다. 주체상 하자는 경미한 흠이 아니므로 치유될 수 없다. 　㉡ 내용상 하자의 경우: 내용상 하자의 경우에도 하자의 치유가 인정되는지 여부가 문제되는데, 판례는 내용에 관한 하자에 대해서는 하자의 치유를 인정하는데 **부정**적인 것으로 보인다. 　㉢ 대법원은 여객자동차운송사업의 운송사업계획변경인가처분 사건에서 "이 사건처분에 관한 하자가 **행정처분의 내용에 관한 것**이고 새로운 노선면허가 이 사건 소 제기 이후에 이루어진 사정 등에 비추어 **하자의 치유를 인정치 않은 원심의 판단은 정당하다**(대판 1991.5.28, 90누1359)."고 판시한 바 있다.
	치유사유	일반적으로 치유사유로는 ① **하자의 원인된 요건의 사후보완**, ② 장기간 방치로 인한 취소권의 실효, ③ 정당한 권한을 가진 행정청의 추인이 있다. 그러나 하자의 원인이 된 요건의 사후보완만이 치유사유이고 나머지는 취소권 제한사유로서 치유사유로는 부적합하다고 봄이 일반적인 견해이다.
치유의 한계	실체적 한계 (권익보호상 한계)	① 흠 있는 행정행위의 치유는 국민의 권리와 이익을 실질적으로 침해하지 않는 범위에서만 허용된다. 이는 구체적 사정에 따라 합목적적으로 판단되어야 할 것이다. ② 판례는 경원관계에 있는 자가 제기한 허가처분의 취소소송에서 "인근주민의 동의를 받아야 하는 요건을 결여하였다가 처분 후에 동의를 받은 경우에 하자의 치유를 인정하는 것은 원고에게 불이익하게 되므로 이를 허용할 수 없다."고 판시한 바 있다(대판 1992.5.8, 91누13274).
	시간적 한계	① 문제점: 하자 있는 행정행위의 치유가 언제까지 이루어져야 하는지에 대해 견해가 대립된다. ② 학설: 이에 대해 학설은 ㉠ 행정쟁송제기 이전까지 가능하고 행정쟁송절차 도중에는 하자치유를 인정할 수 없다는 '쟁송제기이전설'과, ㉡ 행정쟁송 계속 중에도 절차의 무용한 반복을 피하기 위해 하자치유를 허용하여 쟁송절차종결 전까지 하자의 치유를 인정해야 한다는 '쟁송절차종결이전설'이 대립하고 있다. ③ 판례: 대법원은 "하자치유는 불복 여부의 결정 및 불복신청에 편의를 줄 수 있는 상당한 기간 내에 보정행위를 하여야 그 하자가 치유된다(대판 1993.7.13, 92누13981)."고 판시하여 쟁송제기이전시설로 판단된다. 그러나 징계처분의 하자의 경우에는 **징계처분과 재심절차가 본래 하나의 징계절차를 이루고 있는 것이므로 재심절차에서 그 치유가 가능하다고 본다**(대판 1999.3.26, 98두4672).

4장

02 징계처분이 중대하고 명백한 하자로 인해 당연무효의 것이라도 징계처분을 받은 원고가 이를 용인하였다면 그 하자는 치유된다.
18. 국가직 9급　　　　( )

정답 **02** ×

치유의 효과	법률에 다른 특별한 규정이 없는 한 하자치유의 효과는 행정행위의 발령 당시로 소급하여 그 효력을 유지한다고 본다.
관련 판례	① 주택재개발정비사업조합설립동의서 중 일부 동의서가 적법하지 않아 이를 제외한 나머지 동의서만으로는 도시 및 주거환경정비법 제16조 제1항에서 정한 토지 등 소유자 4분의 3 이상의 동의를 얻어야 한다는 요건을 충족하지 못하여 위법하게 되는 주택재개발정비사업조합설립인가처분에 있어서, 그 후 주택재개발정비구역 내 토지 등 소유자 318명 중 그 4분의 3을 초과하는 247명으로부터 새로 조합설립동의서를 받았으니 이 사건 처분의 흠은 치유되었다는 피고의 주장에 대하여, **흠의 치유를 인정하더라도 원고(재개발정비사업에 반대하는 자)들을 비롯한 토지 등 소유자들에게 아무런 손해가 발생하지 않는다고 단정할 수 없다는 점** 등을 이유로 하자치유를 인정할 수 없다(대판 2010. 8.26, 2010두2579). ② 선행처분인 개별공시지가결정이 위법하여 그에 기초한 개발부담금 부과처분도 위법하게 된 경우 그 하자의 치유를 인정하면 **개발부담금 납부의무자로서는 위법한 처분에 대한 가산금 납부의무를 부담하게 되는 등 불이익이 있을 수 있으므로**, 그 후 적법한 절차를 거쳐 공시된 개별공시지가결정이 종전의 위법한 공시지가결정과 그 내용이 동일하다는 사정만으로는 위법한 개별공시지가결정에 기초한 개발부담금 부과처분이 적법하게 된다고 볼 수 없다(대판 2001.6.26, 99두11592).

(2) 무효인 행정행위의 전환

전환의 의의	어떠한 행정행위가 원래 행정청이 의도했던 행정행위로서는 무효이나, 다른 행정행위로서는 성립·효력요건을 갖추고 있는 경우에는 행정청의 의도에 반하지 않는 한, 그 '다른 행정행위로서' 효력을 인정하는 것을 말한다.
전환의 요건	① 무효인 행정행위가 존재할 것 ② 무효인 행정행위가 전환될 다른 행정행위로서의 성립·발효요건을 구비하고 있을 것 ③ 무효인 행정행위와 전환될 다른 행정행위와의 사이에 목적·효과에 있어서 실질적 공통성이 있을 것 ④ 무효인 행정행위를 한 행정청의 의도에 반하지 않을 것 ⑤ 행정청이 전환을 의욕하는 것으로 인정될 것 ⑥ 국민(상대방 또는 제3자)의 권리와 이익을 침해하는 결과가 되지 않을 것 ⑦ 행위의 중복을 회피하는 의미가 있을 것
전환의 예	① 재결신청인이 사망한 경우 토지수용위원회의 재결의 효력을 상속인에 대하여 인정하는 것 ② 사자에 대한 광업허가·조세부과를 그 상속인에 대한 것으로 전환하는 것 ③ 이중의 도로부담금의 부과처분이 전의 부과처분에 대한 독촉으로 효력이 인정되는 것 ④ 과오납세액을 다른 조세채무에 충당한 행위가 무효인 경우에 환급행위로 전환하는 것 ⑤ 사망자에 대한 귀속재산의 불하처분을 상속인에 대한 처분으로 전환하는 것
전환의 구제	행정행위의 전환은 그 자체가 하나의 행정행위의 성질을 가지므로 이해관계인은 이에 대하여 행정쟁송을 제기하여 그 전환을 다툴 수 있다.

8. 행정행위의 결효

행정행위의 결효

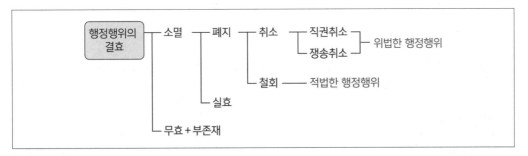

행정행위의 취소	행정행위에 하자가 있지만 그것이 '경미한' 것이므로 '일단 효력을 발생'하고 나중에 그것을 이유로 효력을 '소급적으로 소멸'시키는 것을 말한다.
행정행위의 무효	외관상으로는 행정행위가 존재하고 있음에도 불구하고 그 하자가 '중대·명백한' 것이어서 '처음부터' 당연히 '그 효력을 발생하지 않는 경우'를 말한다.
행정행위의 부존재	행정행위의 취소·무효와는 달리 행정행위의 '외관조차도 존재하지 않은 경우'를 말한다(무효의 경우는 그래도 행정행위로서의 외형은 존재하며, 다만 효력이 발생하지 않을 뿐이다).
행정행위의 철회	행정행위가 처음에는 '완전 유효·적법'하게 성립하였으나 '나중에 생긴 사유'로 인하여 그 효력을 '장래에 향하여' 소멸시키는 것을 말한다.

(1) 행정행위의 무효

> **행정기본법**
> 제15조【처분의 효력】 처분은 권한이 있는 기관이 취소 또는 철회하거나 기간의 경과 등으로 소멸되기 전까지는 유효한 것으로 통용된다. 다만, 무효인 처분은 처음부터 그 효력이 발생하지 아니한다.

주체상 하자	① **원칙적 무효**(예) 음주운전을 단속한 경찰관 명의로 행한 운전면허정지처분, 징계위원회의 의결을 거치지 않고 행한 징계처분) ② 공무원이 심신상실 중에 행한 행위와 저항할 수 없을 정도의 강박에 의하여 행한 행위는 의사능력 없이 한 행위로서 무효이다. 단, 강박이라도 단순 강박에 의한 행위는 취소사유가 된다. ③ 사기·강박·증뢰 등에 의한 행위는 취소사유이다.
절차상 하자	① **원칙적 취소** ② 법령이 일정한 행정행위에 대하여 상대방의 신청 또는 동의를 필요적 절차로 규정하고 있는 경우, 상대방의 신청 또는 동의를 거치지 않은 행위는 원칙적으로 무효이다. ③ 국가공무원법상 소청심사위원회에서 상대방의 진술기회를 부여하지 아니하는 결정은 **무효**라고 규정하고 있고, 이 규정은 징계위원회에서 의견진술의 기회를 거치지 않고 행한 징계의결에 준용하고 있다.

내용상 하자	① 불명확·불가능한 행위는 원칙적 무효 ② 법률상 실현불가능한 행위(예 인신매매업의 허가 등)는 무효 ③ 선량한 풍속, 기타 사회질서(공서양속)에 반하는 행위는 취소사유이다. ④ 이외의 경우에는 중대명백설에 따라 판단한다.
형식상 하자	① 원칙적 무효 ② 법률상 문서를 요건으로 하고 있는 행정행위가 그러한 문서에 의하지 아니한 경우, 재결서에 의하지 아니한 행정심판재결 등은 **무효**이다.

(2) 행정행위의 취소

행정기본법

제18조【위법 또는 부당한 처분의 취소】 ① 행정청은 위법 또는 부당한 처분의 전부나 일부를 소급하여 취소할 수 있다. 다만, 당사자의 신뢰를 보호할 가치가 있는 등 정당한 사유가 있는 경우에는 장래를 향하여 취소할 수 있다.
② 행정청은 제1항에 따라 당사자에게 권리나 이익을 부여하는 처분을 취소하려는 경우에는 취소로 인하여 당사자가 입게 될 불이익을 취소로 달성되는 공익과 비교·형량(衡量)하여야 한다. 다만, 다음 각 호의 어느 하나에 해당하는 경우에는 그러하지 아니하다.
1. 거짓이나 그 밖의 부정한 방법으로 처분을 받은 경우
2. 당사자가 처분의 위법성을 알고 있었거나 중대한 과실로 알지 못한 경우

① 행정행위의 취소의 의의

행정행위의 취소	㉠ 행정행위의 취소란 행정행위에 하자가 있지만 그 하자가 경미하여 부당 또는 단순·위법에 불과하므로 '일단 유효하게 효력을 발생'하지만, 나중에 정당한 권한 있는 기관에 의하여 행정행위의 하자를 이유로 그 효력이 '소급적으로 소멸'되는 경우로서 원래의 행정행위와는 독립된 별개의 행정행위를 말한다. ㉡ 따라서 행정행위의 하자가 부당이나 단순·위법을 넘어 중대·명백함으로써 처음부터 그 효력도 발생하지 않은 무효와 구별된다.
행정행위의 철회와 구별	행정행위의 취소는 성립 당시의 하자를 이유로 행정행위의 효력을 소멸시킨다는 점에서, 아무런 하자 없이 유효·적법하게 성립한 행정행위를 그 효력을 존속시킬 수 없는 새로운 사정의 발생을 이유로 소멸시키는 행위인 철회와 구별된다.

② 직권취소가 제한되는 경우

수익적 행정행위	특허·허가·인가 등 수익적 행정행위에 대하여는 기득권존중을 위하여 취소권의 행사가 제한된다(기속재량행위임).
불가변력이 발생한 행위 (준사법행위)	준사법적 행위(확인행위)에는 불가변력이 발생하므로 취소권의 행사가 제한된다(예 행정심판재결, 징발사정, 발명특허, 합격자 결정).
포괄적 신분관계설정행위	공무원임명·귀화허가와 같이 포괄적 신분관계설정행위의 경우에는 취소권의 행사가 제한된다.
실권의 법리	행정청이 취소사유가 있은 것을 안 때로부터 일정한 기간이 경과하면 취소권을 행사할 수 없게 하는 경우가 있다.
취소할 수 있는 행정행위의 하자가 치유된 경우	행정행위에 취소사유가 있더라도 그 사유가 치유된 경우에는 취소권의 행사가 제한된다.

> **⚖️판례 | 취소권은 제이익을 비교형량하여 행사**
>
> 행정행위를 한 처분청은 그 행위에 하자가 있는 경우에 별도의 법적 근거가 없더라도 스스로 이를 취소할 수 있는 것이며, 다만 그 행위가 국민에게 권리나 이익을 부여하는 이른바 수익적 행정행위인 때에는 그 행위를 취소하여야 할 공익상 필요와 그 취소로 인하여 당사자가 입을 기득권과 신뢰보호 및 법률생활안정의 침해 등 불이익을 비교형량한 후 공익상 필요가 당사자의 기득권침해 등 불이익을 정당화할 수 있을 만큼 강한 경우에 한하여 취소할 수 있다(대판 1986.2.25, 85누664).

③ 취소의 취소

> **⚖️판례 |**
>
> **1 원행정처분의 효력을 소생시키기 위해서는 취소의 취소가 아닌 다시 새로운 처분을 해야 한다는 판례**
>
> 국세기본법 제26조 제1호는 부과의 취소를 국세납부의무 소멸사유의 하나로 들고 있으나, 그 부과의 취소에 하자가 있는 경우의 부과의 취소의 취소에 대하여는 법률이 명문으로 그 취소요건이나 그에 대한 불복절차에 대하여 따로 규정을 둔 바도 없으므로, 설사 부과의 취소에 위법사유가 있다고 하더라도 당연무효가 아닌 한 일단 유효하게 성립하여 부과처분을 확정적으로 상실시키는 것이므로, 과세관청은 부과의 취소를 다시 취소함으로써 원부과처분을 소생시킬 수는 없고, 납세의무자에게 종전의 과세대상에 대한 납부의무를 지우려면 다시 법률에서 정한 부과절차에 좇아 동일한 내용의 새로운 처분을 하는 수밖에 없다(대판 1995.3.10, 94누7027).
>
> **2 수익적 행정처분의 취소의 취소로 평가되는 판례**
>
> 상공부장관 甲이 일단 취소처분을 한 후에 새로운 이해관계인이 생기기 전에 취소처분을 취소하여 그 광업권의 회복을 시켰다면 모르되 甲이 본 건 취소처분을 한 후에 丙이 본건 광구에 대하여 선출원을 적법히 함으로써 이해관계인이 생긴 이 사건에 있어서, 상공부장관 甲이 위 취소처분을 다시 취소하여, 乙 명의의 광업권을 복구시키는 조치는 丙의 선출원 권리를 침해하는 위법한 처분이라고 하지 않을 수 없을 것이므로 원판결은 정당하고, 논지 이유없다(대판 1967.10.23, 67누126).

(3) 행정행위의 철회

> **행정기본법**
>
> **제19조 【적법한 처분의 철회】** ① 행정청은 적법한 처분이 다음 각 호의 어느 하나에 해당하는 경우에는 그 처분의 전부 또는 일부를 장래를 향하여 철회할 수 있다.
> 1. 법률에서 정한 철회사유에 해당하게 된 경우
> 2. 법령 등의 변경이나 사정변경으로 처분을 더 이상 존속시킬 필요가 없게 된 경우
> 3. 중대한 공익을 위하여 필요한 경우
> ② 행정청은 제1항에 따라 처분을 철회하려는 경우에는 철회로 인하여 당사자가 입게 될 불이익을 철회로 달성되는 공익과 비교·형량하여야 한다

① 철회의 의의

의의	㉠ 행정행위의 철회라 함은 행정행위가 하자 없이 완전·유효하게 성립하였으나, 사후에 이르러, 공익상 그 효력을 더 이상 존속시킬 수 없는 '새로운 사정'이 발생하였기 때문에, 행정청이 '장래에 향하여' 직권으로 그 효력의 전부 또는 일부를 소멸시키는, 원래의 행정행위와는 별개의 독립된 행정행위를 말한다. ㉡ 철회는 학문상의 개념이며, 실정법상으로는 취소라는 용어로 표현되나 그 성질상 양자는 서로 다른 개념이다.
철회의 사유	㉠ 법령에 규정된 철회사유가 발생한 경우(도로법 제74조, 하천법 제67조) ㉡ 부관으로서 철회권이 유보된 경우에 그 이유가 발생한 경우 ㉢ 행정행위에 수반되는 법정의무 또는 부관에 의한 의무를 위반하거나 이행치 않은 경우(철회사유 중 가장 그 예가 많고 대표적이다) ㉣ 일정한 시기까지 행정행위의 내용인 권리행사 또는 사업착수가 없는 경우(판례) ㉤ 법령 등의 변경이나 사정변경으로 처분을 더 이상 존속시킬 필요가 없게 된 경우 ㉥ 중대한 공익을 위하여 필요한 경우 ㉦ 철회에 대하여 당사자의 신청 또는 동의가 있는 경우
철회의 제한	**기득권존중에 의한 제한** 대법원판례에 따르면 일단 공사가 완성되어 건축이 준공된 연후에는 건축허가를 취소(철회)할 수 없다고 한다. **불가변력에 의한 제한** 불가변력이 발생하는 행정행위에 대하여는 철회할 수 없다(행정심판의 재결, 국가시험합격자결정 등). **실권에 의한 제한** 행정기본법에 따라 실권의 법리에 위반되어서는 안 된다. **포괄적 신분관계설정행위에 의한 제한** 귀화허가·공무원임용 등은 신분관계를 설정하는 특수한 법률관계이므로 철회가 제한된다.

② 철회권자

☑️ **SUMMARY | 행정행위의 직권취소와 철회의 비교**

구분	행정행위의 직권취소	행정행위의 철회
의의	행정행위의 성립당시의 단순하자를 이유로 권한있는 행정기관이 그 효력을 소급하여 상실시키는 독립된 행정행위	흠 없이 유효하게 성립된 행정행위의 효력을 그 성립후에 발생된 새로운 사유를 이유로 장래에 향하여 그 효력의 전부 또는 일부를 소멸시키는 행위
사유	행정행위의 성립당시의 하자	행정행위 성립 이후 후발적 사유
인정이유	① 위법성의 시정 ② 행정의 법률적합성 구현	합리적인 공익유지
법적 근거	행정기본법 제18조	행정기본법 제19조
주체	① 처분청 ② 감독청 (학설상 대립이 있음)	처분청 (특별한 법률의 근거가 있으면 감독청도 가능)
법률의 근거	대법원은 "별도의 법적 근거가 없다하여도 사정변경 및 중대한 공익상 필요가 발생한 경우 취소(철회)할 수 있다(대판 1992.1.17, 91누3130)."고 판시하여 법적 근거를 요하지 않는다.	
사유	① 권한초과 ② 사기, 강박, 증수뢰 ③ 행정법의 일반원칙 위배 ④ 절차상 하자 등	① 사정변경 및 근거법령의 변경 ② 철회권이 유보된 경우 ③ 상대방의 의무위반 ④ 중요한 공익상의 필요 등
이익형량 및 신뢰보호 원칙에 의한 제한법리	1. 침익적 행정행위의 경우 ➜ 제3자의 이익을 해하지 않는 한 원칙적으로 자유롭다 2. 수익적 행정행위의 경우 다음과 같은 제한을 받는다. 　① 이익형량(비례의 원칙) 및 상대방의 신뢰 　② 실권의 법리 　③ 포괄적 신분설정행위 　④ 불가변력이 발생한 행정행위	
절차	수익적 행정행위를 철회하거나 직권취소하는 경우 행정절차법상 불이익처분절차에 따른다(사전통지(§21) ➜ 의견제출(§27) or 청문(§22 이하) ➜ 처분의 이유부기(§20))	
손실보상	원칙적으로 불가	원칙적으로 손실보상문제 발생
효과	개별법률에 따라 정하여야 하나 원칙적 소급효가 인정됨 ➜ 기존의 수익적 행정처분으로 받은 이익은 부당이득(○)	원칙적 불소급 ➜ 장래에 향하여만 효력발생 ➜ 기존의 수익적 행정처분으로 받은 이익은 부당이득(×)

4장

기출 OX

02 행정처분을 한 처분청은 그 처분의 성립에 하자가 있는 경우 이를 취소할 별도의 법적 근거가 없다고 하더라도 직권으로 취소 할 수 있다. 17. 국가직(하) 9급 (　)

03 과세관청은 과세처분의 취소를 다시 취소함으로써 이미 효력을 상실한 원부과처분을 소생시킬 수 없다. 22. 소방직 (　)

04 행정행위의 직권취소사유는 행정행위의 성립 당시에 존재하였던 하자를 말하고, 철회사유는 행정행위가 성립된 이후에 새로이 발생한 것으로서 행정행위의 효력을 존속시킬 수 없는 사유를 말한다. 13. 경행특채 (　)

정답 02 ○ 03 ○ 04 ○

9. 행정상 입법

(1) 법규명령

① **법규명령의 의의**: 법규명령이란 행정권이 정립하는 '일반적·추상적 규범'으로서 '법규의 성질'을 가지는 것을 말한다.

행정입법의 체계와 대외적 법적 구속력

형식	법규명령(법규적 사항)	행정규칙(비법규적 사항)
대통령령(시행령), 총리령 부령 (시행규칙)	㉠ 법규성 인정 ㉡ 대외적 + 직접적 + 절대적 + 법적 구속력의 긍정	㉠ 학설: 법규명령 ㉡ 판례 ┌ 대통령령 ➡ **법규명령** 　　　　└ 부령 ➡ **행정규칙**
행정규칙의 형식 (훈령·고시· 예규·지침 등)	다수설·판례: **법규명령**	㉠ 원칙: 비법규 ㉡ 예외(준법규): 자기구속의 법리 에 따라 준법규성 인정

② **법규명령의 성질**

㉠ 법규명령은 법규의 성질을 가지므로 양면적 구속력(행정주체와 일반국민 모두를 구속한다는 의미)이 발생한다.

㉡ 따라서 이에 위반하는 행위는 '위법한 행위'가 되어 처벌의 대상이 되거나, 이에 대하여 행정쟁송 또는 손해배상청구를 제기할 수 있다.

③ **법규명령의 종류**

> **헌법 제75조** 대통령은 법률에서 구체적으로 범위를 정하여 위임받은 사항과 법률을 집행하기 위하여 필요한 사항에 관하여 대통령령을 발할 수 있다.
>
> **제95조** 국무총리 또는 행정각부의 장은 소관사무에 관하여 법률이나 대통령령의 위임 또는 직권으로 총리령 또는 부령을 발할 수 있다.

㉠ **근거에 따른 분류**

헌법에 기초한 명령	긴급명령, 대통령령, 총리령, 부령, 중앙선거관리위원회규칙, 자치입법(조례·규칙)은 헌법에 근거하여 제정된다.
법률에 기초한 명령	ⓐ 헌법에는 감사원에게 규칙제정권을 인정하는 명문의 규정이 없음에도 불구하고, 감사원법 제52조에서는 감사원의 규칙제정권을 규정하고 실제로 이를 근거로 감사원규칙이 제정되어 시행되고 있다. ⓑ 그 법적 성질이 법규명령(법규명령설)인지 아니면 행정규칙(행정규칙설)인지에 관하여 견해가 대립되어 있으나 법규명령설이 다수설이다.

㉡ **내용에 따른 분류**

위임명령	위임명령이란 법률 또는 상위법령에 의해 개별적·구체적으로 위임된 사항에 관하여 발하는 명령이다. 수임된 범위 내에서는 새로운 법규사항(국민의 권리·의무에 관한 사항)을 규정할 수 있다.
집행명령	집행명령이란 법률 또는 상위법령을 현실적으로 집행하기 위하여 필요한 사항(절차·형식 등)을 규정하는 법규명령이다. 새로운 법규사항을 규정할 수 없고, 따라서 법률상 구체적인 수권을 필요로 하지 않는다.

© 법 형식에 따른 분류

긴급명령, 긴급재정· 경제명령	ⓐ 대통령은 국가비상시에 긴급명령과 긴급재정·경제명령을 발동할 수 있다. ⓑ 이는 상위법령의 개별적·구체적 위임에서가 아니라 헌법의 근거만으로 발동된다는 점에서 독립명령의 일종이다.
대통령령 (시행령)	대통령이 법률에서 구체적으로 범위를 정하여 위임받은 사항(위임명령)이나 법률을 시행하기 위하여 필요한 사항에 관하여 발하는 명령(집행명령)이다.
총리령·부령 (시행규칙)	국무총리 또는 행정각부의 장관은 상위법령의 위임 또는 직권으로 각각 총리령 또는 부령을 발할 수 있는바, 이에는 다음과 같은 문제가 있다. ⓐ 국무총리 직속기관(2처)의 부령제정권 여부: 법제처, 국가보훈처는 행정각부(예 외교통상부, 재정경제부)에 해당되지 않으므로 부령을 제정할 수 없으며, 그 소관사무에 관하여 필요한 사항은 총리령으로 발하여져야 한다(통설). ⓑ 총리령과 부령의 효력의 우열 ⑦ 총리령상위설: 국무총리는 대통령의 명을 받아 행정각부를 통할하므로 총리령은 부령보다 우월하다는 견해이다(다수설). ⑭ 동위설: 국무총리도 행정각부장관과 같이 그 소관사무를 처리하기 위하여 필요한 경우 총리령을 발하며 헌법에 총리령과 부령간의 우열규정이 없으므로, 이 양자는 동위의 효력을 갖는다는 견해이다.
중앙선거관리 위원회의 규칙	중앙선거관리위원회는 법령의 범위 안에서 선거관리·국민투표관리 또는 정당사무에 관한 규칙을 제정할 수 있다(헌법 제114조 제6항).

② 효력에 따른 분류

법률대위명령	이는 명령 중에서도 법률과 동일한 효력을 가지는 독립명령을 말하며 일반적으로 헌법적 수권이 필요하다. 우리 헌법상 긴급명령, 긴급재정·경제명령(헌법 제76조 제1항·제2항), 국제조약(헌법 제6조 제1항) 등이 이에 해당한다. 이는 법치주의에 반한다는 비판이 있다.
법률종속명령	이는 법률의 범위 내에서 제정되어 법률보다 하위의 효력을 가진 명령을 말하며 이에는 위임명령과 집행명령이 있다.

⊕ **PLUS** 규칙이라는 용어와 상관없이 법규명령에 해당하는 것

규칙이라는 용어와 상관없이 법규명령에 해당하는 것	
① 시행규칙(총리령·부령)	② 지방자치단체장의 규칙(교육감의 교육규칙 포함)
③ 중앙선거관리위원회의 규칙	④ 감사원규칙
⑤ 대법원규칙, 헌법재판소규칙	⑥ 국회규칙

④ 법규명령의 근거

위임명령과 집행명령의 비교

구분	위임명령	집행명령
근거	법령에서 위임받은 사항에 대해서만 규정이 가능하다[예 ~에 관하여 필요한 사항은 대통령령으로 정한다(이런 규정이 없으면 위임명령은 제정될 수 없다)].	법령의 위임이 없어도 직권으로 규정이 가능하다(직권명령)[예 이 법 시행에 관하여 필요한 사항은 대통령령으로 정한다(이런 규정이 없더라도 집행명령은 제정될 수 있다)].
한계	국민의 권리·의무에 관한 새로운 사항을 규정할 수 있다.	국민의 권리·의무에 관한 새로운 사항을 규정할 수 없다.

⑤ 법규명령의 한계
　㉠ 위임명령의 한계

수권상 한계	포괄적 위임금지	ⓐ 의의: 입법권의 일반적·포괄적 위임은 국회의 입법부로서의 본질적 기능을 포기하는 것이므로 인정될 수 없다는 원칙을 말한다. 따라서 위임은 개별적·구체적 수권이어야 하고, 일반적·백지적 수권은 허용되지 않는다. ⓑ 판단기준: 여기에서 구체적 위임은 ㉮ 수권규정에서 행정입법의 규율대상·범위·기준 등이 명확하고 구체적으로 한정되어야 하고(규율대상의 한정성), ㉯ 그 대상에 대하여 행정입법을 행함에 있어 행정기관을 지도 또는 제약하기 위한 목표·기준 및 고려할 요소 등을 명확하게 지시되어야 한다(기준의 명확성).
	국회전속적 입법상의 위임금지	국회는 헌법에 그의 전속적 권한으로 규정되어 있는 사항에 관한 입법권은 위임할 수 없다는 원칙을 말한다(예 헌법 제2조 제1항의 국적취득요건, 제23조 제3항의 보상기준, 제59조의 조세법률주의, 제96조의 행정기관법정주의, 제117조 제2항의 지방자치단체의 종류 등). 그러나 이러한 사항 모두를 반드시 법률로 정한다는 의미는 아니고, **일정한 사항에 대해서는 구체적으로 범위를 정하여 행정입법에 위임할 수 있다는 것이 통설**이다. 어느 사항을 위임할 것인가에 대해서는 의회입법을 통하여 규율할 본질적 사항에 대해서는 위임이 허용되지 않는다고 본다(본질사항유보설).
	벌칙규정의 위임금지	ⓐ 죄형법정주의의 원칙에 따라 특정범죄(처벌대상인 행위)의 설정과 그에 대한 형의 정도(양형)는 법률이 정하고 이를 **위임할 수 없는 것이 원칙**이지만 이를 일정한 조건하에 명령에 위임할 수 있을 것인지가 문제이다. ⓑ 다수설에 의하면 처벌대상인 '구성요건'은 구체적 기준을 정하여 위임할 수 있으며, '처벌의 정도'도 최고한도를 정하여 위임할 수 있다. 따라서 형의 종류 및 최고한도를 규정함이 없이 처벌대상을 법규명령에 위임할 수는 없다.
	재위임의 금지	법령에 의해 위임받은 사항을 전면적으로 재위임하는 것은 실질적으로 수권법의 내용을 변경하는 것이므로 허용되지 않는다. 그러나 위임받은 사항에 관한 **일반적 기준을 정한 다음, 그의 세부적 사항을 다시 하위명령에 위임하는 것은 가능하다고 본다.**
내용상 한계 (법률우위원칙)		위임명령은 법률우위원칙에 따라 상위법령의 내용을 위반해서는 안 된다.

⚖️ 판례 | 위임명령의 근거와 한계

1 법률의 위임의 근거가 없어 무효였던 법규명령이 법 개정으로 위임의 근거가 부여되면 그때부터 유효한 법규명령으로 볼 수 있으며 법규명령이 개정된 법률에 규정된 내용을 함부로 유추·확장하는 내용의 해석규정이어서 위임의 한계를 벗어난 것으로 인정될 경우, 당해 법규명령이 여전히 무효이다. 또한 **법규명령의 근거법령이 소멸된 경우에는 법규명령도 소멸함이 원칙**이나, 근거법령이 개정됨에 그친 경우에는 법규명령은 여전히 그 효력을 유지할 수 있다(대판 2017.4.20, 2015두45700).

2 대법원은 법률의 시행령이나 시행규칙은 법률에 의한 위임이 없으면 개인의 권리·의무에 관한 내용을 변경·보충하거나 법률이 규정하지 아니한 새로운 내용을 정할 수는 없는 것이므로 무효이지만, 그렇다고 하여 당연히 무효가 되는 것은 아니고 법률의 시행령이나 시행규칙의 내용이 모법의 입법 취지와 관련 조항 전체를 유기적·체계적으로 살펴보아 모법의 해석상 가능한 것을 명시한 것에 지나지 아니하거나 모법 조항의 취지에 근거하여 이를 구체화하기 위한 것인 때에는 모법의 규율 범위를 벗어난 것으로 볼 수 없으므로, **모법에 이에 관하여 직접 위임하는 규정을 두지 아니하였다고 하더라도 이를 무효라고 볼 수는 없다**(대판 2014.8.20, 2012두19526).

3 규율대상의 종류와 성격에 따라서는 요구되는 구체성의 정도 또한 달라질 수 있으나, 국민의 기본권을 제한하거나 침해할 소지가 있는 사항에 관한 위임에 있어서는 위와 같은 구체성 내지 명확성이 보다 엄격하게 요구된다(대판 2000.10.19, 98두6265).

4 법률규정은 일반성, 추상성을 가지는 것이어서 법관의 법 보충작용으로서의 해석을 통하여 의미가 구체화되고 명확해질 수 있으므로, 조세나 부담금에 관한 규정이 관련 법령의 입법 취지와 전체적 체계 및 내용 등에 비추어 그 의미가 분명해질 수 있다면 이러한 경우에도 명확성을 결여하였다고 하여 위헌이라고 할 수는 없다(대판 2017.10.12, 2015두60105).

5 의료기기 판매업자의 의료기기법 위반행위에 대하여 보건복지가족부령이 정하는 기간 이내의 범위에서 업무정지를 명할 수 있도록 규정한 의료기기법은 포괄위임금지원칙에 위배된다(헌재 2011.9.29, 2010헌가93).

6 법률이 공법적 단체 등의 정관에 자치법적 사항을 위임한 경우에는 헌법 제75조가 정하는 **포괄적인 위임입법의 금지는 원칙적으로 적용되지 않는다**고 봄이 상당하고, 그렇다 하더라도 그 사항이 국민의 권리·의무에 관련되는 것일 경우에는 적어도 국민의 권리·의무에 관한 기본적이고 본질적인 사항은 국회가 정하여야 한다(대판 2007.10.12, 2006두14476).

7 **조례에 대한 법률의 위임은 법규명령에 대한 법률의 위임과 같이 반드시 구체적으로 범위를 정하여야 할 필요가 없으며 포괄적인 것으로 족하다**(헌재 1995.4.20, 92헌마264).

8 위임받은 사항에 관하여 대강을 정하고 그 중의 특정사항을 범위를 정하여 하위법령에 다시 위임하는 경우에는 재위임이 허용된다. **이러한 법리는 조례가 지방자치법에 따라 주민의 권리제한 또는 의무부과에 관한 사항을 법률로부터 위임받은 후, 이를 다시 지방자치단체장이 정하는 '규칙'이나 '고시'등에 재위임하는 경우에도 마찬가지이다**(대판 2015.1.15, 2013두14238).

ⓒ **집행명령의 한계**: 집행명령은 위임명령과는 달리 상위법령을 시행하는 데 필요한 구체적인 절차·형식 등을 규정할 수 있을 뿐이고, 상위법령에 없는 국민의 권리·의무에 관한 새로운 법규사항에 대하여는 규정할 수 없다.

(2) 행정규칙

① **의의**: 행정규칙(행정명령 또는 행정규정이라고 부르는 견해도 있다)이란, 행정기관이 그 독립적 권한으로 정립하는 '일반적·추상적 규정'이지만 '법규의 성질을 가지지 않는 것'을 말한다. 따라서 행정규칙은 '법규'가 아니므로 법규명령과는 달리 행정주체와 국민간의 권리·의무에 관한 '외부관계'는 규율할 수 없고, 행정조직 내부 또는 공법상 특별권력관계 내부와 같은 행정 '내부관계'에 있어서의 조직과 활동을 규율할 수 있을 뿐이라고 한다.

② **행정규칙의 종류**

	조직규칙	행정기관의 설치, 내부적인 권한분배 등에 관한 사항을 정하기 위하여 발하는 행정규칙을 말한다(예 행정관청의 사무분배규정).
	근무규칙	근무규칙은 상급기관이 하급기관 및 그 구성원의 직무에 관한 사항을 계속적으로 규율하기 위하여 발하는 규칙이다(예 훈령·통첩).
	영조물 이용규칙	영조물의 관리주체가 영조물의 조직, 관리, 사용관계 등을 규율하기 위하여 발하는 규칙이다(예 국립도서관규칙).
내용상 분류	행정지도 규칙 (협의의 행정규칙)	⊙ 규범해석규칙: 법령해석상 통일을 기하기 위해서 특히 불확정개념의 적용에 있어 그 해석이나 적용방향을 정하기 위해 발해지는 행정규칙을 말한다. 이 같은 해석기준으로서의 규칙은 하급행정기관을 구속한다. ⊙ 재량준칙: 이는 하급행정기관의 행정처분에 대한 기준을 정하기 위해 발하는 행정규칙을 말한다. 재량준칙은 법령에 의해 재량권 행상의 범위가 구체적으로 정해져 있다는 점에서 그 범위가 모호한 '규범구체화행정규칙'이나 '규범해석규칙'과 구별된다. 재량준칙 자체가 직접적으로 외부적 효력을 갖지 않지만, 재량준칙에서 벗어난 행정결정은 행정의 자기구속의 법리 등을 매개로 하여 외부적 효과를 갖는다고 봄이 일반적이다(헌재 1990.9.3, 90헌마13). ⊙ 간소화규칙: 대량적 행정행위(예 과세처분)를 발하는 경우의 지침을 정해주는 행정규칙이다. ⊙ 법률대위규칙: 법적 규율이 필요함에도 불구하고 관계법령이 없거나 불충분한 경우, 그 법적 공백을 메꾸기 위해 관계법령이 정해지기까지 발하는 규칙이다.
형식상 분류	훈령	상급기관이 하급기관에 대하여 상당히 장기간에 걸쳐 그 권한의 행사를 일반적으로 지시하기 위하여 발하는 명령이다
	지시	상급기관이 직접 또는 하급기관의 문의에 의하여 개별적·구체적으로 발하는 명령이다.
	일일명령	당직·출장·특근·휴가 등 일일업무에 관한 명령이다.
	예규	법규문서 이외의 문서로서 반복적 행정사무의 기준을 제시하는 명령이다.

③ 행정규칙의 성질(학설 및 판례)

학설	내용	행정규칙에 위반한 처분의 효력
비법규설	비법규성설에 의하면, 행정규칙은 행정 내부관계에서만 효력을 발생할 뿐 일반국민에 대하여는 그 효력을 발생하지 못하는 비법규적이며, 법원의 법률적 판단을 기속하지 못하는 비재판규범성이라 한다.	행정규칙의 위반 여부는 처분의 적법 여부와 **아무런 관련이 없음**
법규설	행정규칙을 비법 내지는 비법규로 보는 전통적인 견해를 비판하면서, 이를 법 내지 법규로 파악하려는 견해를 법규성설이라 한다.	**성문법규의 위반으로 위법**
준법규설	㉠ 준법규설이란 행정규칙의 대외적·대국민적 효력에 대해서 그것을 법규에 가까운 성질로 보는 입장을 말한다. ㉡ 이 견해에 의하면 평등의 원칙(행정의 자기구속의 법리) 또는 신뢰보호의 원칙 등을 연결점으로 하여 재량준칙과 같은 행정규칙에 사실상 외부적 효력을 인정하게 된다.	㉠ 원칙은 비법규이므로 위법하지 않다. ㉡ 예외적으로 행정규칙에 따라 되풀이 시행되어 **행정관행이 이루어지게 되면 위법하다.**

판례 | 행정규칙의 법규성

1 훈령의 법규성 부인

훈령이란 행정조직 내부에 있어서 그 권한의 행사를 지휘·감독하기 위하여 발하는 행정명령으로서 훈령·예규·통첩·고시·각서 등 그 사용명칭 여하에 불구하고 공법상의 법률관계 내부에 관한 준칙 등을 정하는데 그치고 대외적으로 아무런 구속력도 갖지 못한다(대판 1983.2.22, 82누324; 대판 1983.6.14, 83누54).

2 재량준칙의 준법규성

이러한 재량준칙은 일반적으로 행정조직 내부에서만 효력을 가질 뿐 대외적인 구속력을 갖는 것은 아니므로 행정처분이 이를 위반하였다고 하여 그러한 사정만으로 곧바로 위법하게 되는 것은 아니고, 다만 그 재량준칙이 정한 바에 따라 되풀이 시행되어 행정관행이 이루어지게 되면 평등의 원칙이나 신뢰보호의 원칙에 따라 행정기관은 상대방에 대한 관계에서 그 규칙에 따라야 할 자기구속을 받게 되므로, 이러한 경우에는 특별한 사정이 없는 한 그에 반하는 처분은 평등의 원칙이나 신뢰보호의 원칙에 어긋나 재량권을 일탈·남용한 위법한 처분이 된다(대판 2013.11.14, 2011두28783).

④ 법규명령과 행정규칙의 비교

구분	법규명령	행정규칙
의의	행정권이 정립하는 일반적·추상적 규범으로서 법규성을 갖는 것	행정권이 행정의 조직과 활동에 관하여 사무처리의 지침으로서 일반적·추상적 명령
법형식	대통령령·총리령·부령 등	고시·지침·훈령 등
법적 근거	㉠ 위임명령: 상위법령상 수권을 요함 ㉡ 집행명령: 요하지 않음	상위법령의 수권을 요하지 않음

기출 OX

01 행정처분이 법규성이 없는 내부지침 등의 규정에 위배된다고 하더라도 그 이유만으로 처분이 위법하게 되는 것은 아니며, 내부지침 등에서 정한 요건에 부합한다고 하여 반드시 그 처분이 적법한 것이라고 할 수도 없다. 22. 소방 ( )

정답 01 ○

수범자	국민에게 적용됨	행정조직 및 특별행정법관계 내부에 적용
규율의 내용	국민의 권리·의무에 관한 입법사항을 정할 수 있음	㉠ 행정의 조직과 공무원의 활동 등 내부에 관한 사항만 정할 수 있음 ㉡ 국민의 권리·의무에 관한 입법사항을 정할 수 없음
법적 성질	법규성 인정	행정내부적 규율에 그침(법규성 부정)
구속력	내부적·외부적 구속력(양면적 구속력)	원칙적으로 내부적 구속력(편면적 구속력)
위반의 효과	㉠ 법규명령에 위반한 처분은 **위법 ○** ㉡ 이를 위반한 공무원은 징계책임 ○	㉠ 행정규칙에 위반한 처분은 **위법 ×** ㉡ 이를 위반한 공무원은 징계책임 ○
존재형식	조문의 형식	조문의 형식 + 구두로도 가능
공포	㉠ 특별한 규정이 없으면 공포한 날부터 **20일**이 경과함으로써 효력을 발생한다. ㉡ **국민의 권리 제한 또는 의무 부과**와 직접 관련되는 법규명령은 특별한 사유가 있는 경우를 제외하고는 공포일부터 적어도 **30일**이 경과한 날부터 시행되도록 하여야 한다.	㉠ 공포를 요하지 않음 ㉡ 하급기관에게 도달하면 효력 발생

(3) 형식과 내용이 불일치하는 행정입법

① 법규명령형식의 행정규칙

문제점	행정규칙은 일반적으로 고시·훈령·예규 등의 형식으로 정립된다. 그러나 행정규칙이 때로는 상위법령의 위임 없이 대통령령과 같은 법규명령의 형식으로 제정되는 경우도 있고, 상위법령의 수권을 받아 법규명령의 형식으로 제정되지만 행정조직 내부의 사무처리기준으로서의 성질을 갖는 경우도 있다. 이와 같이 행정규칙의 성질을 가진 규정이 대통령령·총리령·부령 속에 있는 경우, 그것이 법규명령의 성질을 가진 규정으로 변경될 수 있는지에 대해서는 견해가 나뉘어 있다.
학설	㉠ 법규명령설(형식설), ㉡ 행정규칙설(실질설) 등이 대립되나 법규명령설이 다수설의 입장이다.
판례	㉠ **'부령' 형식의 행정규칙**: 종래 부령 형식의 행정규칙에 대해 "부령의 형식을 취한다 해도, 그 규정의 성질과 내용이 행정 내부의 사무처리기준을 정한 것에 불과한 것은 **행정명령(행정규칙)에 불과하다**."고 하여 소극설을 취하여 왔다(대판 1991.11.8, 91누4973). ㉡ **'대통령령' 형식의 행정규칙**: 그러나 처분의 기준을 대통령령으로 정한 사건에서 당해 처분의 기준이 된 주택건설촉진법 시행령 제10조의3 제1항 별표는 규정형식상 대통령령이므로, 그 성질이 부령인 시행규칙이나 또는 지방자치단체의 규칙과 같이 통상적으로 행정조직 내부에 있어서의 행정명령에 지나지 않는 것이 아니라, 대외적으로 국민이나 법원을 구속하는 힘이 있는 **법규명령에 해당한다**(대판 1997.12.26, 97누15418)고 판시하여 법규명령설의 입장을 취하고 있다.

제재적 처분기준의 형식	법적 성질	판례 및 기준의 성질
시행령 (대통령령)	법규명령	① 주택건설촉진법 시행령의 영업정지기간: 확정기간 ➡ **기속행위**로 전환 ② 청소년보호법 시행령의 과징금 800만원: 최고한 도 ➡ **재량성**유지 ③ 국민건강보험법 시행령의 업무정지기간과 과징금: 최고한도 ➡ 재량성유지
시행규칙 (부령, 지방자치단체 규칙)	행정규칙	① 운전면허행정처분기준인 도로교통법 시행규칙: 시 행규칙상의 벌점기준은 **확정점수** ② 운송사업면허취소기준인 자동차운송사업면허 취소처분규칙 ③ 제재적 처분기준인 식품위생법 시행규칙

② **법규적 내용의 행정규칙(법령보충적 행정규칙)**

문제점	이는 고시·훈령 등의 행정규칙의 형식을 갖추고 있으나, 그 내용은 당해 행정입법의 근거가 되는 법령의 규정과 결합하여 법규의 내용을 보충하는 것으로서 실질에 있어서는 법규적 성질을 갖는다. 이러한 행정규칙형식의 법규명령의 법규성 유무에 대해서는 견해가 나뉘어 있다.
학설	⊙ 법규명령설(실질설): 다수의 견해는 그 실질의 내용이 법규적 사항이며, 상위 법령의 구체적 위임에 기하여 제정된다는 점에서 법규성을 인정한다. ⓒ 행정규칙설(형식설): 행정입법은 국회입법의 예외이므로 이에 법규성을 인정하기 위해서는 헌법상 명시적 근거를 요함을 이유로 법규성을 부정하는 견해이다. ⓒ 위헌무효설: 우리 헌법은 법규명령의 형식으로 대통령령·총리령·부령만을 한정적으로 인정하고 있으므로 행정규칙형식의 법규명령은 헌법에 위배된 것으로서 무효라는 견해 등이 대립된다.
판례	대법원은 실질설의 입장에서 "상급행정기관이 하급행정기관에게 대하여 업무처리지침이나 법령의 해석적용에 관한 기준을 정하여 발하는 이른바 행정규칙은 **행정기관에 법령의 구체적 내용을 보충할 권한을 부여한 법령규정의 효력에 의하여 그 내용을 보충하는 기능을 갖게 된다** 할 것이고, 따라서 이와 같은 행정규칙은 당해 법령의 위임한계를 일탈하지 아니하는 한 **그것들과 결합하여 대외적인 구속력이 있는 법규명령으로서의 효력을 갖게 된다**(대판 1998.6.9, 97누19915)."고 판시하여 행정규칙이 법령의 내용을 보충하는 기능을 하는 경우 법령의 위임한계를 벗어나지 않는 한 법령과 결합하여 대외적 구속력을 갖는다고 한다(대판 1987.9.29, 86누484; 대판 1994.2.8, 93누111).

📖 판례 |

1 법령보충적 행정규칙의 한계에 관한 판례

[1] 법령의 규정이 특정 행정기관에게 법령 내용의 구체적 사항을 정할 수 있는 권한을 부여하면서 권한행사의 절차나 방법을 특정하지 아니한 경우에는 수임 행정기관은 행정규칙이나 규정 형식으로 법령 내용이 될 사항을 구체적으로 정할 수 있다. 이 경우 행정규칙 등은 당해 법령의 위임한계를 벗어나지 않는 한 대외적 구속력이 있는 법규명령으로서 효력을 가지게 되지만, 이는 <u>행정규칙이 갖는 일반적 효력이 아니라 행정기관에 법령의 구체적 내용을 보충할 권한을 부여한 법령규정의 효력에 근거하여 예외적으로 인정되는 것</u>이다. 따라서 그 행정규칙이나 규정이 상위법령의 위임범위를 벗어난 경우에는 법규명령으로서 대외적 구속력을 인정할 여지는 없다. 이는 행정규칙이나 규정 '내용'이 위임범위를 벗어난 경우뿐 아니라 상위법령의 위임규정에서 특정하여 정한 권한행사의 '절차'나 '방식'에 위배되는 경우도 마찬가지이므로, 상위법령에서 세부사항 등을 시행규칙으로 정하도록 위임하였음에도 이를 고시 등 행정규칙으로 정하였다면 그 역시 대외적 구속력을 가지는 법규명령으로서 효력이 인정될 수 없다. [2] 그리고 어떤 고시가 위임의 한계를 준수하고 있는지를 판단할 때는 당해 법률 규정의 입법 목적과 규정 내용, 규정의 체계, 다른 규정과의 관계 등을 종합적으로 살펴야 한다. 법률의 위임 규정 자체가 그 의미 내용을 정확하게 알 수 있는 용어를 사용하여 위임의 한계를 분명히 하고 있는데도 고시에서 그 문언적 의미의 한계를 벗어났다든지, 위임 규정에서 사용하고 있는 용어의 의미를 넘어 그 범위를 확장하거나 축소함으로써 위임 내용을 구체화하는 단계를 벗어나 새로운 입법을 한 것으로 평가할 수 있다면, 이는 위임의 한계를 일탈한 것으로서 허용되지 아니한다[대판 2012.12.20, 2011두30878(전합); 대판 2019.1.31, 2017두40372].

2 법령의 위임하는 규정의 결여

농수산물품질관리법 시행규칙 제24조 제6항은 "가공품의 원산지표시에 있어서 그 표시의 위치, 글자의 크기·색도 등 표시방법에 관하여 필요한 사항은 농림부장관 또는 해양수산부장관이 정하여 고시한다."고 정하고 있는바, 이는 원산지표시의 위치, 글자의 크기·색도 등과 같은 표시방법에 관한 기술적이고 세부적인 사항만을 정하도록 위임한 것일 뿐, 원산지표시 방법에 관한 기술적인 사항이 아닌 원산지표시를 하여야 할 대상을 정하도록 위임한 것은 아니라고 해석된다(대결 2006.4.28, 2003마715).

3 법령보충적 행정규칙의 위임의 한계

헌법은 제40조에서 국회 입법의 원칙을 정하면서, 다만 헌법 제75조, 제95조 등은 법률의 위임을 받아 발할 수 있는 법규명령으로 대통령령, 총리령과 부령 등을 열거하고 있다. 헌법이 인정하고 있는 **위임입법의 형식은 예시적인 것으로** 보아야 한다. 법률이 일정한 사항을 행정규칙에 위임하더라도 그 행정규칙은 위임된 사항만을 규율할 수 있으므로 국회 입법의 원칙에 반하지 않는다. 다만 고시와 같은 행정규칙에 위임하는 것은 **전문적·기술적 사항이나 경미한 사항으로서 업무의 성질상 위임이 불가피한 사항에 한정된다** (헌재 2016.3.31, 2014헌바382). … 구 도시정비법 제11조 제1항 본문은 정비사업의 시공자 선정과정에서 공정한 경쟁이 가능하도록 하는 절차나 그에 관한 평가와 의사결정 방법 등의 세부적 내용에 관하여 국토해양부장관이 정하도록 위임하고 있는데, 이는 전문적·기술적 사항이자 경미한 사항으로서 업무의 성질상 위임이 불가피한 경우에 해당한다. 그리고 입찰의 개념이나 민사법의 일반 원리에 따른 절차 등을 고려하면, 위 규정에 따라 국토해양부장관이 규율할 내용은 경쟁입찰의 구체적 종류, 입찰공고, 응찰, 낙찰로 이어지는 세부적인 입찰절차와 일정, 의사결정 방식 등의 제한에 관한 것으로서 공정한 경쟁을 담보할 수 있는 방식이 될 것임을 충분히 예측할 수 있으므로 **포괄위임금지의 원칙에 반하지 않는다**(대판 2017.5.30, 2014다61340).

4 법령의 위임한계를 벗어난 것으로 볼 수 없다는 판례

> 행정규칙에서 사용하는 개념이 달리 해석할 여지가 있다 하더라도 행정청이 수권의 범위 내에서 법령이 위임한 취지 및 형평과 비례의 원칙에 기초하여 합목적적으로 기준을 설정하여 그 개념을 해석·적용하고 있다면, 개념이 달리 해석할 여지가 있다는 것만으로 이를 사용한 행정규칙이 법령의 위임 한계를 벗어났다고는 할 수 없다(대판 2008.4.10, 2007두4841).

(4) 행정상 입법에 대한 통제

① 정치적 통제

㉠ 국회에 의한 통제

간접적 통제	국회가 탄핵소추의결권, 해임건의권 등 일반적인 감시·비판권의 발동으로 간접적으로 행정상 입법을 통제하는 것을 말한다.
직접적 통제	ⓐ 의의: 법규명령의 성립, 발효에 대한 동의 또는 승인권을 유보하거나 일단 유효하게 성립된 법규명령의 효력을 소멸시키는 권한을 유보하는 방법에 의한 통제를 말한다[예 독일의 동의권유보·파기권유보, 영국의 의회제출절차, 미국의 입법적 거부(legislative Veto) 등]. ⓑ 현행규정: 우리 헌법은 대통령이 긴급재정·경제명령이나 긴급명령권을 행사한 때에는 지체 없이 국회에 통고하고 그 승인을 얻지 못하면 그때부터 효력을 상실하도록 하고 있다(제76조 제3항·제4항). **국회법 제98조의2**는 중앙행정기관의 장은 법률에서 위임한 사항이나 법집행에 필요한 사항을 규정한 대통령령·총리령·부령·훈령·예규·고시 등이 제정·개정 또는 폐지된 때에는 **10일 이내**에 이를 국회에 제출토록 하고, **국회 소관 상임위원회**는 위원회 또는 상설 소위원회를 정기적으로 열어 소관 중앙행정기관이 제출한 대통령령 등에 대하여 법률위반 여부를 검토하여 그것이 법률의 취지나 내용을 벗어난 경우에는 소관 행정기관의 장에게 그 내용을 통보할 수 있도록 규정하고 있다.

㉡ **민중에 의한 통제**: 행정상 입법을 제정하는 과정에서 언론매체, 청원 등 사회여론과 각종 압력단체에 의한 통제를 말한다.

② 사법적 통제

법규명령의 사법적 통제와 하자 있는 법규명령의 효력

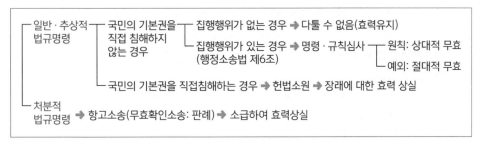

○ 법원의 명령·규칙심사권

ⓐ 간접적 재판통제(구체적 규범통제)

> **행정소송법 제6조 【명령·규칙의 위헌판결등 공고】** ① 행정소송에 대한 대법원판결에 의하여 명령·규칙이 헌법 또는 법률에 위반된다는 것이 확정된 경우에는 대법원은 지체 없이 그 사유를 **행정안전부장관**에게 통보하여야 한다.
> ② 제1항의 규정에 의한 통보를 받은 행정안전부장관은 지체 없이 이를 관보에 게재하여야 한다.

의의	구체적 규범통제란 특정한 법규명령이 구체적인 사건에 대한 재판의 전제가 된 경우에만 그 사건의 재판을 위하여 그 법규명령을 심사함을 의미한다. 우리 헌법 제107조 제2항에서는 "명령규칙 또는 처분이 헌법이나 법률에 위반되는 여부가 재판의 전제가 된 경우에는 대법원은 이를 최종적으로 심사할 권한을 갖는다."고 하여 구체적 규범통제를 따르고 있다.
대상	구체적 규범통제의 대상은 **명령·규칙**이다. 여기서 법규명령이란 위임명령과 집행명령을 불문하며, 중앙선관위규칙, 대법원규칙, 국회규칙 및 자치법규인 **조례**와 **규칙** 등이 포함된다. 문제는 행정규칙의 경우인데, **판례는 행정규칙은 법규로서의 효력이 없으므로 이에 제외된다고 보았다.**
통제의 효력	㉮ 법원에 의해서 위법(무효)으로 판정된 법규명령의 효력에 대해서는 일반적으로 무효가 된다는 견해가 있지만, 문제된 당해 사건에 한해 적용배제됨에 그치고 공식절차에 의하여 폐지되지 않는 한 형식적으로는 유효하다는 견해가 일반적인 견해이다. ㉯ 다만, 행정소송법은 명령·규칙의 위헌판결에 대한 공고규정을 두어, 명령규칙이 헌법 또는 법률에 위반되는 것이 확정된 경우 대법원은 지체 없이 그 사유를 **행정안전부장관**에게 통보하고, **행정안전부장관은 지체 없이 이를 관보에 게재**하도록 하고 있다. 이는 구체적 규범통제의 대세효(對世效)를 확보하기 위한 것으로 볼 수 있다.

ⓑ **직접적 재판통제**: 법규명령이 직접 개인의 권리를 침해하는 경우에는 당해 법규명령은 구체적 처분의 성질을 갖는 것이므로 항고소송의 대상이 될 수 있으며, 이 경우에는 직접적 재판통제가 가능하다.

> ⊕**PLUS** 고시의 성질
>
> 1. **고시의 의의**
>   고시란 행정청이 결정한 사항 및 기타 일정한 사항을 일반인에게 알리는 통지행위를 말한다.
> 2. **고시의 법적 성질**
>   • **문제점**: 고시는 행정규칙이나 일반에 공표가 되는 점에 있어서 일반적인 행정규칙과 다르며, 상위근거법령에 근거하여 제정되는 경우가 빈번하므로 특히 그 법적 성질이 문제된다.
>   • **판례의 태도**: 대법원은 어떠한 고시가 일반적·추상적 성격을 가질 때에는 법규명령 또는 행정규칙에 해당할 것이지만, 다른 집행행위의 매개 없이 그 자체로서 직접 국민의 구체적인 권리·의무나 법률관계를 규율하는 성격을 가질 때에는 행정처분에 해당한다고 하여 개별적·구체적으로 판단하고 있다.

ⓛ **헌법재판소의 명령·규칙심사권**: 헌법재판소가 명령·규칙을 심사할 수 있는가에 대하여 적극설(헌법재판소)과 소극설(대법원)이 있으나, **헌법재판소는 법규명령의 일종인 법무사법 시행규칙(대법원규칙) 제3조 제1항을 위헌결정한 바 있다**(헌재 1990.10.15, 89헌마178).

ⓒ **행정입법부작위에 대한 통제**

구분	구제수단
부작위 위법확인소송	대법원은 "행정소송은 구체적 사건에 대한 법률상 분쟁을 법에 의하여 해결함으로써 법적 안정을 기하자는 것이므로 부작위위법확인소송의 대상이 될 수 있는 것은 구체적 권리의무에 관한 분쟁이어야 하고 추상적인 법령에 관하여 제정의여부 등은 그 자체로서 국민의 구체적인 권리의무에 직접적 변동을 초래하는것이 아니어서 그 소송의 대상이 될 수 없다(대판 1992.5.8, 91누11261)."고 하여 부작위위법확인소송의 제기가능성을 **부정**한다.
헌법소원	**원칙적으로 부정**되나, ① 행정청에게 시행령을 제정할 법적 의무가 있고, ② 상당한 기간이 지났음에도 불구하고 ③ 시행령제정권이 행사되지 않았을 경우, 즉 이른바 진정입법부작위의 경우에는 헌법소원을 긍정한다(헌재 1998.7.16, 96헌마246).
국가배상	입법부가 법률로써 행정부에게 특정한 사항을 위임했음에도 불구하고 행정부가 정당한 이유 없이 이를 이행하지 않는다면 권력분립의 원칙과 법치국가 내지 법치행정의 원칙에 위배되는 것으로서 위법함과 동시에 위헌적인 것이 되는바, 구 군법무관임용법 제5조 제3항과 군법무관임용 등에 관한 법률 제6조가 군법무관의 보수를 법관 및 검사의 예에 준하도록 규정하면서 그 구체적 내용을 시행령에 위임하고 있는 이상, 위 법률의 규정들은 군법무관의 보수의 내용을 법률로써 일차적으로 형성한 것이고, 위 법률들에 의해 상당한 수준의 보수청구권이 인정되는 것이므로, 위 보수청구권은 단순한 기대이익을 넘어서는 것으로서 법률의 규정에 의해 인정된 재산권의 한 내용이 되는 것으로 봄이 상당하고, 따라서 **행정부가 정당한 이유 없이 시행령을 제정하지 않은 것은 위 보수청구권을 침해하는 불법행위에 해당한다**(대판 2007.11.29, 2006다3561).

10. 그 밖의 행정작용

(1) 공법상 계약

> **행정기본법 제27조 【공법상 계약의 체결】** ① 행정청은 법령등을 위반하지 아니하는 범위에서 행정목적을 달성하기 위하여 필요한 경우에는 공법상 법률관계에 관한 계약(이하 '공법상 계약'이라 한다)을 체결할 수 있다. 이 경우 계약의 목적 및 내용을 명확하게 적은 **계약서를 작성하여야 한다.**
> ② 행정청은 공법상 계약의 상대방을 선정하고 계약 내용을 정할 때 공법상 계약의 공공성과 제3자의 이해관계를 고려하여야 한다.

의의		공법상 계약은 당사자 사이의 반대방향의 의사의 합치에 의하여 공법상의 구체적인 법률관계의 형성·변경·소멸을 발생시키는 공법행위를 말한다.
법적 성질		공법상 계약은 ① 법률관계의 설정·변경·소멸을 규율내용으로 하며, ② 그 법적 규율은 행정법의 영역에 있어서 이루어지는 규율이고, ③ 이는 계약적 규율이다. 따라서 국민은 규율의 내용에 대해서 행정청과 대등한 법적 지위를 부여받게 된다.
다른 개념과 구별	사법상 계약과 구별	① 구별실익: 복수당사자의 의사합치라는 점에서 양자는 동일하나, 공법상 계약은 공법상의 법적 효과를 발생하나 사법상 계약은 사법상의 법률효과를 발생시키는 점에서 양자는 구별된다. ② 구별기준: 공법상 계약과 사법상 계약의 구별기준은 법규정에 특수한 법적 규율이 있는 경우에는 그 규율에 따른다. 다만, 행정주체에게 행위형식의 선택권이 주어진 경우에는 계약의 내용에 따라 정한다.
	행정행위와 구별	공법상 계약은 복수당사자 사이의 의사의 합치로 이루어진다는 점에서, 행정주체에 의하여 일방적으로 행하여지는 행정행위와 구별된다.
공법상 계약의 종류	주체에 의한 구분	① **행정주체 상호간의 공법상 계약**: 공공단체 상호간의 사무위탁(지방자치단체간의 교육사무위탁) 또는 지방자치단체 상호간의 도로·하천의 관리 및 경비부담에 관한 협의 등 ② **행정주체와 사인간의 공법상 계약**: ㉠ 공물 또는 영조물 이용관계를 위한 계약(우편이용·철도이용), ㉡ 임의적 공용부담(사유지를 공원용지로 제공하는 계약), ㉢ 행정사무의 위탁(별정우체국법 제3조에 의한 별정우체국의 지정), ㉣ 보조금지급에 관한 계약, ㉤ 전문직 공무원채용계약 등 ③ **사인 상호간의 공법상 계약**: 공무수탁사인과 다른 사인간에 계약이 이루어지는 경우로서, 토지수용에 있어서의 기업자와 토지소유자 및 관계인과의 협의 등
	성질에 따른 구분	① **대등계약**: 행정주체 상호간, 사인 상호간에 성립하는 계약으로 행정행위로는 규율할 수 없는 법률관계를 그 대상으로 한다. ② **종속계약**: 행정주체와 사인간에 성립하는 계약으로 행정행위 대신에 체결될 수 있는 경우나 행정행위와 아무런 직접적 관계를 갖지 않는 경우를 그 대상으로 한다.

공법상 계약의 특수성	실체법상 특수성	① **법적합성**: 공법상 계약은 행정작용의 한 형태이므로, 법에 적합하여야 한다. ② **계약의 강제성 · 부합계약성**: 공법상 계약은 공익적 관점에서 그 내용이 사전에 정형화되어 있는 부합계약의 형식을 취함이 보통이며, 법률상 계약체결이 강제되어 행정기관은 정당한 사유 없이 청약을 거절하지 못하는 경우도 있다(예 수도법 제18조). ③ **계약의 해제 · 변경 등**: 행정주체에게 계약내용의 변경 · 해제권이 인정되어 있다 하더라도 공법상 계약이 지니는 공공성으로 많은 제약을 받게 될 수 있다. 그러나 행정주체에게는 일반적인 변경이나 해제가 인정되지만, 상대방인 사인에게는 그와 같은 권리는 인정되지 않고 단순히 일정한 범위의 손실보상청구권을 인정하는 '공법상 계약'은 계약의 실질에 반하는 것이라고 할 수 있다.
	하자 있는 공법상 계약	① 학설: ㉠ 공법상 계약에 흠이 있는 경우에는 공법상 계약은 공정력이 없으므로 그 효과는 무효일 뿐이라는 견해와, ㉡ 무효 또는 취소의 흠이 모두 인정된다는 견해로 나누어진다. ② 판례: 대법원은 일관되게 "임용 당시 공무원임용결격사유가 있었던 자와의 공법상 계약은 당연무효로 보아야 한다(대판 1998.1.23, 97누16985)."고 하여 **무효설의 입장**이다.
	절차법적 특수성	① 강제절차: 공법상 계약의 당사자인 행정주체는 그 상대방인 사인과 대등한 지위에 있으므로 상대방의 의무불이행에 대하여 자력강제권을 갖지 못함이 원칙이다. 따라서 법원의 판결에 의하여 이행을 강제할 수밖에 없다. ② 행정절차법의 적용 여부: 공법상 계약은 처분에 해당하지 아니하므로 행정절차법상 처분절차가 적용되지 않는다. 판례도 "행정처분과 같이 **행정절차법에 의하여 근거와 이유를 제시하여야 하는 것은 아니다**(대판 2002.11.26, 2002두5948)."고 하여 적용되지 않는다고 본다. ③ 쟁송절차: 공법상 계약에 관한 분쟁은 **행정소송법상 공법상 당사자소송**에 하여야 한다.
관련 판례		① **계약직 공무원의 위촉행위**: 서울특별시립무용단 단원의 위촉은 공법상의 계약이라고 할 것이고, 따라서 그 단원의 해촉에 대하여는 공법상의 당사자소송으로 그 무효확인을 청구할 수 있다(대판 1995.12.22, 95누4636). ② **중소기업기술정보진흥원장의 협약의 해지**: 중소기업기술정보진흥원장이 甲 주식회사와 중소기업 정보화지원사업 지원대상인 사업의 지원에 관한 협약을 체결하였는데, 협약이 甲 회사에 책임이 있는 사업실패로 해지되었다는 이유로 협약에서 정한 대로 지급받은 정부지원금을 반환할 것을 통보한 사안에서, 중소기업 정보화지원사업에 따른 지원금 출연을 위하여 중소기업청장이 체결하는 협약은 공법상 대등한 당사자 사이의 의사표시의 합치로 성립하는 공법상 계약에 해당하는 점, 구 중소기업 기술혁신 촉진법 제32조 제1항은 제10조가 정한 기술혁신사업과 제11조가 정한 산학협력 지원사업에 관하여 출연한 사업비의 환수에 적용될 수 있을 뿐 이와 근거 규정을 달리하는 중소기업 정보화지원사업에 관하여 출연한 지원금에 대하여는 적용될 수 없고 달리 지원금 환수에 관한 구체적인 법령상 근거가 없는 점 등을 종합하면, 협약의 해지 및 그에 따른 환수통보는 공법상 계약에 따라 행정청이 대등한 당사자의 지위에서 하는 의사표시로 보아야 하고, 이를 행정청이 우월한 지위에서 행하는 공권력의 행사로서 행정처분에 해당한다고 볼 수는 없다(대판 2015.8.27, 2015두41449).

③ **옴부즈만 채용행위**: 옴부즈만은 토목분야와 건축분야 각 1인을 포함하여 5인 이내의 '지방계약직공무원'으로 구성하도록 되어 있는데(제3조 제2항), 위 조례와 이 사건 통보 당시 구 지방공무원법 제2조 제3항 제3호, 제3조 제1항 및 같은 법 제2조 제4항의 위임에 따른 구 지방계약직공무원 규정 제5조 등 관련 법령의 규정에 비추어 보면, 지방계약직공무원인 이 사건 옴부즈만 채용행위는 공법상 대등한 당사자 사이의 의사표시의 합치로 성립하는 공법상 계약에 해당한다. 이와 같이 이 사건 옴부즈만 채용행위가 공법상 계약에 해당하는 이상 원고의 채용계약 청약에 대응한 피고의 '승낙의 의사표시'가 대등한 당사자로서의 의사표시인 것과 마찬가지로 그 청약에 대하여 '승낙을 거절하는 의사표시' 역시 행정청이 대등한 당사자의 지위에서 하는 의사표시라고 보는 것이 타당하고, 그 채용계약에 따라 담당할 직무의 내용에 고도의 공공성이 있다거나 원고가 그 채용과정에서 최종합격자로 공고되어 채용계약 성립에 관한 강한 기대나 신뢰를 가지게 되었다는 사정만으로 이를 행정청이 우월한 지위에서 행하는 공권력의 행사로서 행정처분에 해당한다고 볼 수는 없다(대판 2014.4.24, 2013두6244).

(2) 행정상 사실행위

① 사실행위 일반

의의		행정상 사실행위란 '행정청의 행위가 일정한 법률효과를 지향하는 것이 아니라 직접적으로 어떠한 사실상 결과실현을 목적으로 하는 사실상의 행정작용'을 말한다. 경찰관의 범인체포, 불법건축물의 철거 등이 그 예이다.
사실행위의 종류	권력적 사실행위와 비권력적 사실행위	사실행위가 공권력의 행사로서 명령적·강제적 수단에 의해 이루어진 것인지의 여부에 따라 전자는 공권력의 행사로서 하는 권력적 사실행위이고, 후자는 공권력 행사와 관계없는 비권력적 사실행위를 말한다.
	내부적 사실행위와 외부적 사실행위	사실행위가 이루어지는 영역에 따라 행정조직 내부에서 이루어지는 내부적 사실행위와 대외적으로 사인과의 관계에서 이루어지는 외부적 사실행위로 구별된다. 행정상 사실행위라고 할 때에는 일반적으로 외부적 사실행위를 의미한다.
근거와 한계	근거	통설과 판례의 입장에 따라 권력적 사실행위의 경우에는 법률의 근거가 있어야 한다고 보나, 비권력적 사실행위의 경우에는 법률의 근거가 요구되지 않는다고 본다.
	한계	행정상 사실행위도 다른 행정작용과 마찬가지로 헌법 또는 관련 법령에 위배되지 않아야 하며, 비례의 원칙 및 평등의 원칙, 신뢰보호의 원칙 등의 행정법상 일반원칙의 준수도 요구된다.
권익구제	행정쟁송	㉠ **권력적 사실행위**: 권력적 사실행위는 행정쟁송법상의 처분에 해당하므로 그에 대한 행정쟁송이 가능하다. 그러나 계속성이 없는 사실행위의 경우에는 보통 단기에 집행이 종료되어 협의의 소익이 없어 각하될 가능성이 많으므로, 행정쟁송의 제기는 실효적인 권리구제수단이 되지 못한다.

	ⓒ **비권력적 사실행위**: 법적인 요소가 전혀 없는 비권력적 사실행위에 대해서도 이를 행정쟁송법상의 처분에 해당하는 것으로 볼 수 있을지에 대해 견해가 대립된다. 그러나 판례는 처분개념을 제한적으로 해석하여 단순한 사실행위에는 그 처분성을 부인하여 왔으나, 최근에는 처분개념의 확대화 경향에 따라 사실행위라 할지라도 국민의 법적 지위에 불안을 초래하거나, 권리행사에 실질적인 제한을 가져 오는 등의 경우에는 처분에 해당할 수 있다는 입장이다(대판 2019.6.27, 2018두49130).
손해배상	위법한 사실행위에 의해 국민에게 손해가 발생한 경우 국가배상법에 따라 손해배상을 받을 수 있다.
손실보상	적법한 행정상의 사실행위로 사인에게 손실이 발생한 경우, 사인에게 그 손실이 특별한 희생에 해당하는 경우에는 법률이 정하는 바에 따라 행정상 손실보상을 청구할 수 있다.
결과제거 청구권	위법한 행정상의 사실행위로 위법한 사실상태가 발생된 경우에는 적법한 상태로의 원상회복과 관련하여 결과제거청구권이 발생하는 경우가 있다. 이러한 청구권은 공법상의 당사자소송에 의해 이루어진다.

② **행정지도**

의의	'행정지도'란 행정기관이 그 소관 사무의 범위에서 일정한 행정목적을 실현하기 위하여 특정인에게 일정한 행위를 하거나 하지 아니하도록 지도, 권고, 조언 등을 하는 행정작용을 말한다.
법적 성질	⊙ **비권력적 사실행위**: 행정지도는 상대방에 대한 구속력·강제력이 없는 비권력적 작용이며, 그 자체로서 아무런 법적 효과도 발생하지 않는 사실행위이다. 따라서 상대방은 행정지도에 따를 것인지를 자신의 자유로운 의사에 기해 선택할 수 있다. ⓒ **우위성과 적극성**: 행정지도는 상대방에게 일정한 작위·부작위를 적극적으로 요청하는 의사가 존재하고(적극성), 행정기관이 상대방의 우위의 입장에서 일정한 행위를 하도록 추진한다(우위성). 따라서 상대방에 대하여 대등한 지위에서 하는 단순한 행정상의 요망은 행정지도로 볼 수 없다.
법적 근거	⊙ 일반적으로 행정지도는 상대방의 임의적·자발적 협력을 전제로 하므로 일반적으로 법적 근거가 필요하지 않다고 본다. ⓒ 그러나 사실상 강한 강제력을 갖는 행정지도는 사실상 공권력의 행사에 해당하므로 법적 근거가 필요하다는 제한적 법적 근거필요설이 타당하다.
원칙	⊙ 행정지도는 그 목적 달성에 필요한 최소한도에 그쳐야 하며(**과잉금지의 원칙**; **비례의 원칙**), 행정지도의 상대방의 의사에 반하여 부당하게 강요하여서는 아니 된다(**임의성의 원칙**). ⓒ 행정기관은 행정지도의 상대방이 행정지도에 따르지 아니하였다는 것을 이유로 불이익한 조치를 하여서는 아니 된다(**불이익조치금지의 원칙**).

방식	㉠ 행정지도를 하는 자는 그 상대방에게 그 행정지도의 취지 및 내용과 신분을 밝혀야 한다. ㉡ 행정지도가 말로 이루어지는 경우에 상대방이 서면의 교부를 요구하면 그 행정지도를 하는 자는 직무 수행에 특별한 지장이 없으면 이를 교부하여야 한다.	
의견제출	행정지도의 상대방은 해당 행정지도의 방식·내용 등에 관하여 행정기관에 의견제출을 할 수 있다.	
다수인을 대상으로 하는 행정지도	행정기관이 같은 행정목적을 실현하기 위하여 많은 상대방에게 행정지도를 하려는 경우에는 행정지도에 공통적인 내용이 되는 사항을 공표하여야 한다.	
권익구제	행정쟁송	㉠ 행정지도가 행정쟁송의 대상인 처분에 해당하는지 여부에 처분성을 부정하는 견해와 긍정하는 견해가 대립된다. ㉡ 대법원은 "알선, 권유, 사실상의 통지 등과 같이 상대방 또는 기타 관계자들의 법률상 지위에 직접적인 법률적 변동을 일으키지 아니하는 행위 등은 항고소송의 대상이 될 수 없다(대판 1995.11.21, 95누9099)."고 하여 **부정설**의 입장이다. ㉢ 그러나 헌법재판소는 "행정지도가 단순한 행정지도로서의 한계를 넘어 **규제적 또는 구속적 성격을 상당히 강하게 갖는 것으로서 헌법소원의 대상이 되는 공권력의 행사에 해당한다**(헌재 2003.6.26, 2002헌마337)."고 하여 제한적 긍정설의 입장을 취하는 것으로 보인다.
	손해배상	㉠ 행정지도에 따른 결과 상대방이 손해를 입은 경우 행정지도와 손해 사이의 인과관계가 인정될 수 있는지에 대해 견해가 대립된다. 왜냐하면 행정지도에 따를 것인지는 상대방의 자율에 맡겨져 있기 때문이다. ㉡ 대법원은 "행정지도가 그에 따를 의사가 없는 자에게 부당하게 강요하여 행정지도의 한계를 일탈한 위법한 행정지도로 행사된 경우 불법행위를 구성하고, 이로 입은 손해를 배상할 책임이 있다(대판 2008.9.25, 2006다18228)."고 판시하여 행정지도가 사실상 강제되는 경우는 인과관계를 인정할 수 있다는 입장이다.

(3) 행정의 자동화결정

> **행정기본법**
> 제20조 【자동적 처분】 행정청은 법률로 정하는 바에 따라 완전히 자동화된 시스템(인공지능 기술을 적용한 시스템을 포함한다)으로 처분을 할 수 있다. 다만, 처분에 **재량이 있는 경우**는 그러하지 아니하다.

03 행정절차법

행정절차법 개관

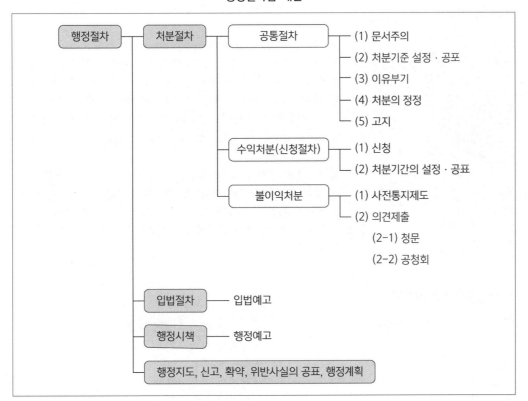

1. 행정절차의 법적 근거

헌법상 근거	① 학설: 행정절차의 헌법상 근거에 대해 **적법절차조항설**(헌법 제12조 제1항 후단)과 **헌법원리설**(민주국가원리나 법치국가원리와 같은 헌법원리 또는 인간의 존엄과 가치에 관한 헌법 제10조 등에서 찾는 견해)이 대립된다. ② 판례: 헌법재판소는 "**헌법 제12조 제3항 본문은 동조 제1항과 함께 적법절차원리의 일반조항에 해당하는 것**으로서, 형사절차상에 한정되지 아니하고 입법·행정 등 국가의 모든 공권력의 작용에는 절차상의 적법성뿐만 아니라 법률의 구체적 내용도 합리성과 정당성을 갖춘 실체적인 적법성이 있어야 한다는 적법의 원칙을 헌법의 기본원리로 명시한 것이다(헌재 1992.12.24, 92헌가8)." 라고 판시하여 적법절차조항설의 입장이다.
법률상 근거	행정절차에 관한 일반법인 행정절차법이 제정되어 있다. 우리의 행정절차법은 오랜 노력 끝에 1996년 12월 31일 공포되어, 1998년 1월부터 시행되고 있다. 또한, 정부는 행정절차에 해당하는 중요부분을 민원사무처리에 관한 법률과 행정규제기본법을 제정하여 시행 중에 있다.
적용순서	행정절차에 관한 일반법으로서의 행정절차법, 민원사무에 관한 일반법으로서의 민원사무처리에 관한 법률, 그리고 개별법률은 상호 일반법과 특별법의 관계에 있다. ① 민원사무라면 개별법률 ➡ 민원사무처리에 관한 법률 ➡ 행정절차법의 순으로 적용되고, ② 민원사무가 아니라면 개별법률 ➡ 행정절차법의 순으로 적용된다.

2. 행정절차법의 목적과 기본원칙

목적 (제1조)		이 법은 행정절차에 관한 공통적인 사항을 규정하여 국민의 행정 참여를 도모함으로써 행정의 공정성·투명성 및 신뢰성을 확보하고 국민의 권익을 보호함을 목적으로 한다.
행정절차의 기본원칙	신의성실 및 신뢰보호 (제4조)	① 행정청은 직무를 수행할 때 신의(信義)에 따라 성실히 하여야 한다. ② 행정청은 법령 등의 해석 또는 행정청의 관행이 일반적으로 국민들에게 받아들여졌을 때에는 공익 또는 제3자의 정당한 이익을 현저히 해칠 우려가 있는 경우를 제외하고는 새로운 해석 또는 관행에 따라 소급하여 불리하게 처리하여서는 아니 된다.
	투명성 (제5조)	① 행정청이 행하는 행정작용은 그 내용이 구체적이고 명확하여야 한다. ② 행정작용의 근거가 되는 법령 등의 내용이 명확하지 아니한 경우 상대방은 해당 행정청에 그 해석을 요청할 수 있으며, 해당 행정청은 특별한 사유가 없으면 그 요청에 따라야 한다. ③ 행정청은 상대방에게 행정작용과 관련된 정보를 충분히 제공하여야 한다.

3. 행정절차법의 적용범위

:두문자

입, 지, 예, 처, 신, 확, 공, 계

행정절차법 ○	행정절차법 ×
• **처**분 • **신**고 • **입**법예고 • 행정**예**고 • 행정**지**도 • **확**약 • 위반사실 등의 **공**표 • 행정**계**획	• 공법상 계약 • 행정조사 • 행정의 자동화결정 • 행정행위의 재심사 • 행정상 강제집행

원칙 (제3조 제1항)		처분, 처분, 신고, 확약, 위반사실 등의 공표, 행정계획, 행정상 입법예고, 행정예고 및 행정지도의 절차(이하 '행정절차'라 한다)에 관하여 **다른 법률에 특별한 규정이 있는 경우를 제외하고는** 이 법에서 정하는 바에 따른다.
적용 제외	행정절차법 (제3조 제2항)	이 법은 다음의 어느 하나에 해당하는 사항에 대하여는 적용하지 아니한다. ① 국회 또는 지방의회의 **의**결을 거치거나 동의 또는 승인을 받아 행하는 사항 ② 법원 또는 군사법원의 **재**판에 의하거나 그 집행으로 행하는 사항 ③ 헌법재판소의 **심**판을 거쳐 행하는 사항 ④ 각급 선거관리위원회의 **의**결을 거쳐 행하는 사항 ⑤ 감사원이 감사위원회의의 결정을 거쳐 행하는 사항 ⑥ **형사**(刑事), **행형**(行刑) 및 보안처분 관계 법령에 따라 행하는 사항 ⑦ **국**가안전보장·국방·외교 또는 통일에 관한 사항 중 행정절차를 거칠 경우 국가의 중대한 이익을 현저히 해칠 우려가 있는 사항 ⑧ **심사청구**, 해양안전심판, 조세심판, 특허심판, **행정심판**, 그 밖의 불복절차에 따른 사항

:두문자

외국인병, 재심의, 감형

기출 OX

01 행정절차법에는 행정처분절차, 행정입법절차, 행정예고절차 등에 관하여 상세한 규정을 두고 있으나, 행정지도절차에 관한 규정은 없다. 15. 경행특채 ( )

정답 01 ×

	⑨ **병역법에 따른 징집·소집, 외**국인의 출입국·난민인정·귀화, **공무원 인사 관계 법령에 따른 징계와 그 밖의 처분,** 이해 조정을 목적으로 하는 법령에 따른 알선·조정·중재(仲裁)·재정(裁定) 또는 그 밖의 처분 등 해당 행정작용의 성질상 행정절차를 거치기 곤란하거나 거칠 필요가 없다고 인정되는 사항과 행정절차에 준하는 절차를 거친 사항으로서 대통령령으로 정하는 사항
동법 시행령 (제2조)	법 제3조 제2항 제9호에서 '대통령령으로 정하는 사항'이라 함은 다음의 어느 하나에 해당하는 사항을 말한다. ① 병역법, 예비군법, 민방위기본법, 비상대비자원 관리법, 대체역의 편입 및 복무 등에 관한 법률에 따른 징집·소집·동원·훈련에 관한 사항 ② 외국인의 출입국·난민인정·귀화·국적회복에 관한 사항 ③ **공무원 인사관계법령에 의한 징계 기타 처분에 관한 사항** ④ 이해조정을 목적으로 법령에 의한 알선·조정·중재·재정 기타 처분에 관한 사항 ⑤ 조세관계법령에 의한 조세의 부과·징수에 관한 사항 ⑥ 독점규제 및 공정거래에 관한 법률, 하도급거래 공정화에 관한 법률, 약관의 규제에 관한 법률에 따라 공정거래위원회의 의결·결정을 거쳐 행하는 사항 ⑦ **국가배상법, 공익사업을 위한 토지 등의 취득 및 보상에 관한 법률에 따른 재결·결정에 관한 사항** ⑧ 학교·연수원 등에서 교육·훈련의 목적을 달성하기 위하여 학생·연수생 등을 대상으로 행하는 사항 ⑨ 사람의 학식·기능에 관한 시험·검정의 결과에 따라 행하는 사항

⚖ 판례 | 행정절차법의 적용범위

1 별정직 공무원에 대한 직권면직처분에는 행정절차법상 처분절차가 적용된다는 판례

행정절차법 제3조 제2항 제9호, 구 행정절차법 시행령 제2조 제3호의 내용을 행정의 공정성, 투명성 및 신뢰성을 확보하고 국민의 권익을 보호함을 목적으로 하는 행정절차법의 입법 목적에 비추어 보면, 공무원 인사관계 법령에 의한 처분에 관한 사항이라 하더라도 전부에 대하여 행정절차법의 적용이 배제되는 것이 아니라, 성질상 행정절차를 거치기 곤란하거나 불필요하다고 인정되는 처분이나 행정절차에 준하는 절차를 거치도록 하고 있는 처분의 경우에만 행정절차법의 적용이 배제되는 것으로 보아야 하고, 이러한 법리는 '공무원 인사관계 법령에 의한 처분'에 해당하는 별정직 공무원에 대한 직권면직처분의 경우에도 마찬가지로 적용된다(대판 2013.1.16, 2011두30687).

2 공무원의 직위해제처분에는 행정절차법상 처분절차가 적용되지 않는다는 판례

국가공무원법상 직위해제처분은 구 행정절차법 제3조 제2항 제9호, 구 행정절차법 시행령 제2조 제3호에 의하여 당해 행정작용의 성질상 행정절차를 거치기 곤란하거나 불필요하다고 인정되는 사항 또는 행정절차에 준하는 절차를 거친 사항에 해당하므로, 처분의 사전통지 및 의견청취 등에 관한 행정절차법의 규정이 별도로 적용되지 않는다(대판 2014.5.16, 2012두26180).

4. 용어정의

행정청	'행정청'이란 다음의 자를 말한다. ① 행정에 관한 의사를 결정하여 표시하는 국가 또는 지방자치단체의 기관 ② 그 밖에 법령 또는 자치법규(이하 '법령 등'이라 한다)에 따라 행정권한을 가지고 있거나 위임 또는 위탁받은 공공단체 또는 그 기관이나 사인(私人)
처분	'처분'이란 행정청이 행하는 구체적 사실에 관한 법 집행으로서의 공권력의 행사 또는 그 거부와 그 밖에 이에 준하는 행정작용(行政作用)을 말한다.

당사자 등	개념	① '당사자 등'이란 다음의 자를 말한다. 　㉠ 행정청의 처분에 대하여 직접 그 상대가 되는 당사자 　㉡ 행정청이 직권으로 또는 신청에 따라 행정절차에 참여하게 한 이해관계인 ② 다음의 어느 하나에 해당하는 자는 행정절차에서 당사자 등이 될 수 있다. 　㉠ 자연인 　㉡ 법인, 법인이 아닌 사단 또는 재단(이하 '법인 등'이라 한다) 　㉢ 그 밖에 다른 법령 등에 따라 권리ㆍ의무의 주체가 될 수 있는 자
	지위승계	① 당사자 등이 사망하였을 때의 상속인과 다른 법령 등에 따라 당사자 등의 권리 또는 이익을 승계한 자는 당사자 등의 지위를 승계한다. ② 당사자 등인 법인 등이 합병하였을 때에는 합병 후 존속하는 법인 등이나 합병 후 새로 설립된 법인 등이 당사자 등의 지위를 승계한다. ③ ① 및 ②에 따라 당사자 등의 지위를 승계한 자는 행정청에 그 사실을 통지하여야 한다. ④ 처분에 관한 권리 또는 이익을 사실상 양수한 자는 행정청의 승인을 받아 당사자 등의 지위를 승계할 수 있다. ⑤ ③에 따른 통지가 있을 때까지 사망자 또는 합병 전의 법인 등에 대하여 행정청이 한 통지는 ① 또는 ②에 따라 당사자 등의 지위를 승계한 자에게도 효력이 있다.
	대표자	① 다수의 당사자 등이 공동으로 행정절차에 관한 행위를 할 때에는 대표자를 선정할 수 있다. ② 행정청은 ①에 따라 당사자 등이 대표자를 선정하지 아니하거나 대표자가 지나치게 많아 행정절차가 지연될 우려가 있는 경우에는 그 이유를 들어 상당한 기간 내에 3인 이내의 대표자를 선정할 것을 요청할 수 있다. 이 경우 당사자 등이 그 요청에 따르지 아니하였을 때에는 행정청이 직접 대표자를 선정할 수 있다. ③ 당사자 등은 대표자를 변경하거나 해임할 수 있다. ④ 대표자는 각자 그를 대표자로 선정한 당사자 등을 위하여 행정절차에 관한 모든 행위를 할 수 있다. 다만, 행정절차를 끝맺는 행위에 대하여는 당사자 등의 동의를 받아야 한다. ⑤ 대표자가 있는 경우에는 당사자 등은 그 대표자를 통하여서만 행정절차에 관한 행위를 할 수 있다. ⑥ 다수의 대표자가 있는 경우 그중 1인에 대한 행정청의 행위는 모든 당사자 등에게 효력이 있다. 다만, 행정청의 통지는 대표자 모두에게 하여야 그 효력이 있다.

전자문서	'전자문서'란 컴퓨터 등 정보처리능력을 가진 장치에 의하여 전자적인 형태로 작성되어 송신ㆍ수신 또는 저장된 정보를 말한다.

5. 처분절차

(1) 공통절차

처분의 이유제시 (제23조)	① 행정청은 처분을 할 때에는 다음의 어느 하나에 해당하는 경우를 제외하고는 당사자에게 그 근거와 이유를 제시하여야 한다. 　㉠ 신청내용을 모두 그대로 인정하는 처분인 경우 　㉡ 단순·반복적인 처분 또는 경미한 처분으로서 당사자가 그 이유를 명백히 알 수 있는 경우 　㉢ 긴급히 처분을 할 필요가 있는 경우 ② 행정청은 ㉠ ㉡ 및 ㉢의 경우에 처분 후 당사자가 요청하는 경우에는 그 근거와 이유를 제시하여야 한다.
처분기준의 설정·공표 (제20조)	① 행정청은 필요한 처분기준을 해당 처분의 성질에 비추어 되도록 구체적으로 정하여 공표하여야 한다. 처분기준을 변경하는 경우에도 또한 같다. ② 행정기본법 제24조에 따른 인허가의제의 경우 관련 인허가 행정청은 관련 인허가의 처분기준을 주된 인허가 행정청에 제출하여야 하고, 주된 인허가 행정청은 제출받은 관련 **인허가의 처분기준을 통합하여 공표하여야 한다.** 처분기준을 변경하는 경우에도 또한 같다. ③ ①에 따른 처분기준을 공표하는 것이 해당 처분의 성질상 현저히 곤란하거나 공공의 안전 또는 복리를 현저히 해치는 것으로 인정될 만한 상당한 이유가 있는 경우에는 처분기준을 공표하지 아니할 수 있다. ④ 당사자등은 공표된 처분기준이 명확하지 아니한 경우 해당 행정청에 그 해석 또는 설명을 요청할 수 있다. 이 경우 해당 행정청은 특별한 사정이 없으면 그 요청에 따라야 한다.
처분의 방식 (제24조)	① 행정청이 처분을 할 때에는 다른 법령등에 특별한 규정이 있는 경우를 제외하고는 문서로 하여야 하며, 다음의 어느 하나에 해당하는 경우에는 전자문서로 **할 수 있다.** 　㉠ 당사자등의 동의가 있는 경우 　㉡ 당사자가 전자문서로 처분을 신청한 경우 ② ①에도 불구하고 공공의 안전 또는 복리를 위하여 긴급히 처분을 할 필요가 있거나 사안이 경미한 경우에는 말, 전화, 휴대전화를 이용한 문자 전송, 팩스 또는 전자우편 등 문서가 아닌 방법으로 처분을 할 수 있다. 이 경우 당사자가 요청하면 지체 없이 처분에 관한 문서를 주어야 한다. ③ 처분을 하는 문서에는 그 처분 행정청과 담당자의 소속·성명 및 연락처(전화번호, 팩스번호, 전자우편주소 등을 말한다)를 적어야 한다.
처분의 정정 (제25조)	행정청은 처분에 오기(誤記), 오산(誤算) 또는 그 밖에 이에 준하는 명백한 잘못이 있을 때에는 직권으로 또는 신청에 따라 지체 없이 정정하고 그 사실을 당사자에게 통지하여야 한다.
처분의 고지 (제26조)	행정청이 처분을 할 때에는 당사자에게 그 처분에 관하여 행정심판 및 행정소송을 제기할 수 있는지 여부, 그 밖에 불복을 할 수 있는지 여부, 청구절차 및 청구기간, 그 밖에 필요한 사항을 알려야 한다.

(2) 수익처분절차

처분의 신청 (제17조)	① 행정청에 처분을 구하는 신청은 문서로 하여야 한다. 다만, 다른 법령 등에 특별한 규정이 있는 경우와 행정청이 미리 다른 방법을 정하여 공시한 경우에는 그러하지 아니하다. ② ①에 따라 처분을 신청할 때 전자문서로 하는 경우에는 행정청의 컴퓨터 등에 입력된 때에 신청한 것으로 본다. ③ 행정청은 신청에 필요한 구비서류, 접수기관, 처리기간, 그 밖에 필요한 사항을 게시(인터넷 등을 통한 게시를 포함한다)하거나 이에 대한 편람을 갖추어 두고 누구나 열람할 수 있도록 하여야 한다. ④ 행정청은 신청을 받았을 때에는 다른 법령 등에 특별한 규정이 있는 경우를 제외하고는 그 접수를 보류 또는 거부하거나 부당하게 되돌려 보내서는 아니 되며, 신청을 접수한 경우에는 신청인에게 접수증을 주어야 한다. 다만, 대통령령으로 정하는 경우에는 접수증을 주지 아니할 수 있다. ⑤ 행정청은 신청에 구비서류의 미비 등 흠이 있는 경우에는 보완에 필요한 상당한 기간을 정하여 지체 없이 **신청인에게 보완을 요구하여야 한다.** ⑥ 행정청은 신청인이 ⑤에 따른 기간 내에 보완을 하지 아니하였을 때에는 그 이유를 구체적으로 밝혀 접수된 신청을 되돌려 보낼 수 있다. ⑦ 행정청은 신청인의 편의를 위하여 다른 행정청에 신청을 접수하게 할 수 있다. 이 경우 행정청은 다른 행정청에 접수할 수 있는 신청의 종류를 미리 정하여 공시하여야 한다. ⑧ 신청인은 처분이 있기 전에는 그 신청의 내용을 보완·변경하거나 취하(取下)할 수 있다. 다만, 다른 법령 등에 특별한 규정이 있거나 그 신청의 성질상 보완·변경하거나 취하할 수 없는 경우에는 그러하지 아니하다.
다수의 행정청이 관여하는 처분 (제18조)	행정청은 다수의 행정청이 관여하는 처분을 구하는 신청을 접수한 경우에는 관계 행정청과의 신속한 협조를 통하여 그 처분이 지연되지 아니하도록 하여야 한다.
처리기간의 설정·공표 (제19조)	① 행정청은 신청인의 편의를 위하여 처분의 처리기간을 종류별로 미리 정하여 공표하여야 한다. ② 행정청은 부득이한 사유로 ①에 따른 처리기간 내에 처분을 처리하기 곤란한 경우에는 해당 처분의 처리기간의 범위에서 한 번만 그 기간을 연장할 수 있다. ③ 행정청은 ②에 따라 처리기간을 연장할 때에는 처리기간의 연장사유와 처리예정기한을 지체 없이 신청인에게 통지하여야 한다. ④ 행정청이 정당한 처리기간 내에 처리하지 아니하였을 때에는 신청인은 해당 행정청 또는 그 감독 행정청에 신속한 처리를 요청할 수 있다. ⑤ ①에 따른 처리기간에 산입하지 아니하는 기간에 관하여는 대통령령으로 정한다.

신청서의 내용에 대한 검토요청은 행정절차법상 신청에 관한 규정이 적용되지 않는다는 판례

행정절차법 제17조 제3항 본문은 "행정청은 신청이 있는 때에는 다른 법령 등에 특별한 규정이 있는 경우를 제외하고는 그 접수를 보류 또는 거부하거나 부당하게 되돌려 보내서는 아니 되며, 신청을 접수한 경우에는 신청인에게 접수증을 교부하여야 한다."고 규정하고 있는바, 여기에서의 신청인의 행정청에 대한 신청의 의사표시는 명시적이고 확정적인 것이어야 한다고 할 것이므로 신청인이 신청에 앞서 **행정청의 허가업무 담당자에게 신청서의 내용에 대한 검토를 요청한 것만으로는** 다른 특별한 사정이 없는 한 명시적이고 확정적인 신청의 의사표시가 있었다고 하기 어렵다고 할 것이다(대판 2004.10.15, 2003두13243).

(3) 불이익처분절차

처분의 사전통지 (제21조)	① 행정청은 **당사자에게 의무를 부과하거나 권익을 제한하는 처분**을 하는 경우에는 미리 다음의 사항을 당사자 등에게 통지하여야 한다. 　㉠ 처분의 제목 　㉡ 당사자의 성명 또는 명칭과 주소 　㉢ 처분하려는 원인이 되는 사실과 처분의 내용 및 법적 근거 　㉣ ㉢에 대하여 의견을 제출할 수 있다는 뜻과 의견을 제출하지 아니하는 경우의 처리방법 　㉤ 의견제출기관의 명칭과 주소 　㉥ 의견제출기한 　㉦ 그 밖에 필요한 사항 ② 행정청은 청문을 하려면 청문이 시작되는 날부터 **10일 전까지** ①의 사항을 **당사자 등**에게 통지하여야 한다. 이 경우 ①, ㉣부터 ㉥까지의 사항은 청문 주재자의 소속·직위 및 성명, 청문의 일시 및 장소, 청문에 응하지 아니하는 경우의 처리방법 등 청문에 필요한 사항으로 갈음한다. ③ ①의 ㉥에 따른 기한은 의견제출에 필요한 기간을 **10일 이상**으로 고려하여 정하여야 한다. ④ 다음의 어느 하나에 해당하는 경우에는 ①에 따른 통지를 하지 아니할 수 있다. 　㉠ 공공의 안전 또는 복리를 위하여 긴급히 처분을 할 필요가 있는 경우 　㉡ 법령 등에서 요구된 자격이 없거나 없어지게 되면 반드시 일정한 처분을 하여야 하는 경우에 그 자격이 없거나 없어지게 된 사실이 법원의 재판 등에 의하여 객관적으로 증명된 경우 　㉢ 해당 처분의 성질상 의견청취가 현저히 곤란하거나 명백히 불필요하다고 인정될 만한 상당한 이유가 있는 경우 ⑤ 처분의 전제가 되는 사실이 법원의 재판 등에 의하여 객관적으로 증명된 경우 등 ④에 따른 사전 통지를 하지 아니할 수 있는 구체적인 사항은 대통령령으로 정한다. ⑥ ④에 따라 사전 통지를 하지 아니하는 경우 행정청은 처분을 할 때 당사자등에게 통지를 하지 아니한 사유를 알려야 한다. 다만, 신속한 처분이 필요한 경우에는 처분 후 그 사유를 알릴 수 있다. ⑦ ⑥에 따라 당사자 등에게 알리는 경우에는 제24조를 준용한다.

기출 OX

01 법령등에서 요구된 자격이 없거나 없어지게 되면 반드시 일정한 처분을 하여야 하는 경우에 그 자격이 없거나 없어지게 된 사실이 법원의 재판에 의하여 객관적으로 증명된 경우에는 사전통지를 생략할 수 있다.

16. 경행특채　　　( )

정답 01 ○

의견제출 (제27조)	의의	'의견제출'이란 행정청이 어떠한 행정작용을 하기 전에 당사자 등이 의견을 제시하는 절차로서 청문이나 공청회에 해당하지 아니하는 절차를 말한다.
	절차	① 행정청이 당사자에게 의무를 부과하거나 권익을 제한하는 처분을 할 때 청문 또는 공청회를 실시하지 않는 경우에는 당사자 등에게 의견제출의 기회를 주어야 한다. ② 당사자 등은 처분 전에 그 처분의 관할 행정청에 서면이나 말로 또는 정보통신망을 이용하여 의견제출을 할 수 있다. 당사자 등은 의견제출을 하는 경우 그 주장을 입증하기 위한 증거자료 등을 첨부할 수 있다. ③ 당사자 등이 정당한 이유 없이 의견제출기한까지 의견제출을 하지 아니한 경우에는 의견이 없는 것으로 본다.
	제출의견의 반영	① 행정청은 처분을 할 때에 당사자 등이 제출한 의견이 상당한 이유가 있다고 인정하는 경우에는 이를 반영하여야 한다. ② 행정청은 당사자 등이 제출한 의견을 반영하지 아니하고 처분을 한 경우 당사자 등이 처분이 있음을 안 날부터 90일 이내에 그 이유의 설명을 요청하면 서면으로 그 이유를 알려야 한다. 다만, 당사자 등이 동의하면 말, 정보통신망 또는 그 밖의 방법으로 알릴 수 있다.
	관련 판례	① **제3자효 있는 행정처분의 의견제출**: 행정절차법 제21조 제1항, 제22조 제3항 및 제2조 제4호의 각 규정에 의하면, 행정청이 당사자에게 의무를 과하거나 권익을 제한하는 처분을 함에 있어서는 당사자 등에게 처분의 사전통지를 하고 의견제출의 기회를 주어야 하며, 여기서 당사자라 함은 행정청의 처분에 대하여 직접 그 상대가 되는 자를 의미한다 할 것이고, 한편 구 식품위생법 제25조 제2항·제3항의 각 규정에 의하면, 지방세법에 의한 압류재산매각절차에 따라 영업시설의 전부를 인수함으로써 그 **영업자의 지위를 승계한 자가 관계행정청에 이를 신고하여 행정청이 이를 수리하는 경우에는 종전의 영업자에 대한 영업허가 등은 그 효력을 잃는다 할 것**인데, 위 규정들을 종합하면 위 행정청이 구 식품위생법 규정에 의하여 영업자지위승계신고를 수리하는 처분은 종전의 영업자의 권익을 제한하는 처분이라 할 것이고 따라서 **종전의 영업자는 그 처분에 대하여 직접 그 상대가 되는 자에 해당한다고 봄이 상당하므로, 행정청으로서는 위 신고를 수리하는 처분을 함에 있어서 행정절차법 규정 소정의 당사자에 해당하는 종전의 영업자에 대하여 위 규정 소정의 행정절차를 실시하고 처분을 하여야 한다**(대판 2003.2.14, 2001두7015). ② **거부처분은 불이익처분으로 볼 수 없어 사전통지의 대상이 아니라는 판례**: 신청에 따른 처분이 이루어지지 아니한 경우에는 아직 당사자에게 권익이 부과되지 아니하였으므로 특별한 사정이 없는 한 신청에 대한 거부처분이라고 하더라도 직접 당사자의 권익을 제한하는 것은 아니어서 신청에 대한 거부처분을 여기에서 말하는 '당사자의 권익을 제한하는 처분'에 해당한다고 할 수 없는 것이어서 처분의 사전통지대상이 된다고 할 수 없다(대판 2003.11.28, 2003두674).

		③ **퇴직연금의 환수결정은 의견제출절차의 대상이 아니라는 판례**: 퇴직연금의 환수결정은 당사자에게 의무를 과하는 처분이기는 하나, 관련 법령에 따라 당연히 환수금액이 정하여지는 것이므로, 퇴직연금의 환수결정에 앞서 당사자에게 의견진술의 기회를 주지 아니하여도 행정절차법 제22조 제3항이나 신의칙에 어긋나지 아니한다(대판 2000.11.28, 99두5443). ④ **도로구역의 결정고시는 불이익처분절차가 적용되지 않는다는 판례**: 행정절차법 제2조 제4호가 행정절차법의 당사자를 행정청의 처분에 대하여 직접 그 상대가 되는 당사자로 규정하고, 도로법 제25조 제3항이 도로구역을 결정하거나 변경할 경우 이를 고시에 의하도록 하면서 그 도면을 일반인이 열람할 수 있도록 한 점 등을 종합하여 보면, 도로구역을 변경한 이 사건 처분은 행정절차법 제21조 제1항의 사전통지나 제22조 제3항의 의견청취의 대상이 되는 처분은 아니라고 할 것이다(대판 2008.6.12, 2007두1767).
청문	의의	'청문'이란 행정청이 어떠한 처분을 하기 전에 당사자 등의 의견을 직접 듣고 증거를 조사하는 절차를 말한다.

	실시사유	① 행정청이 처분을 할 때 다음의 어느 하나에 해당하는 경우에는 청문을 한다.
		  ㉠ 다른 법령 등에서 청문을 하도록 규정하고 있는 경우
		  ㉡ 행정청이 필요하다고 인정하는 경우
		  ㉢ 다음의 처분을 하는 경우
		    ⓐ 인허가 등의 취소
		    ⓑ 신분·자격의 박탈
		    ⓒ 법인이나 조합 등의 설립허가의 취소
		② 청문은 당사자가 공개를 신청하거나 청문 주재자가 필요하다고 인정하는 경우 공개할 수 있다. 다만, 공익 또는 제3자의 정당한 이익을 현저히 해칠 우려가 있는 경우에는 공개하여서는 아니 된다.

	청문의 주재자	① 행정청은 소속 직원 또는 대통령령으로 정하는 자격을 가진 사람 중에서 청문 주재자를 공정하게 선정하여야 한다.
		② 행정청은 다음의 어느 하나에 해당하는 처분을 하려는 경우에는 청문 주재자를 **2명 이상**으로 선정할 수 있다. 이 경우 선정된 청문 주재자 중 **1명이 청문 주재자**를 대표한다.
		  ㉠ 다수 국민의 이해가 상충되는 처분
		  ㉡ 다수 국민에게 불편이나 부담을 주는 처분
		  ㉢ 그 밖에 전문적이고 공정한 청문을 위하여 행정청이 청문 주재자를 2명 이상으로 선정할 필요가 있다고 인정하는 처분
		③ 행정청은 청문이 시작되는 날부터 **7일 전**까지 청문 주재자에게 청문과 관련한 필요한 자료를 미리 통지하여야 한다.
		④ 청문 주재자는 독립하여 공정하게 직무를 수행하며, 그 직무 수행을 이유로 본인의 의사에 반하여 신분상 어떠한 불이익도 받지 아니한다.
		⑤ ①에 따라 대통령령으로 정하는 사람 중에서 선정된 청문 주재자는 형법이나 그 밖의 다른 법률에 따른 벌칙을 적용할 때에는 공무원으로 본다.

	⑥ 청문 주재자에게 공정한 청문 진행을 할 수 없는 사정이 있는 경우 당사자 등은 행정청에 기피신청을 할 수 있다. 이 경우 행정청은 청문을 정지하고 그 신청이 이유가 있다고 인정할 때에는 해당 청문 주재자를 지체 없이 교체하여야 한다. ⑦ 청문 주재자는 ① 또는 ②의 사유에 해당하는 경우에는 행정청의 승인을 받아 스스로 청문의 주재를 회피할 수 있다.
당사자 등 통지	행정청은 청문을 하려면 청문이 시작되는 날부터 **10일 전**까지 사전 통지의 사항의 사항을 당사자 등에게 통지하여야 한다.
청문의 진행	① 청문 주재자가 청문을 시작할 때에는 먼저 예정된 처분의 내용, 그 원인이 되는 사실 및 법적 근거 등을 설명하여야 한다. ② 당사자 등은 의견을 진술하고 증거를 제출할 수 있으며, 참고인이나 감정인 등에게 질문할 수 있다. ③ 당사자 등이 의견서를 제출한 경우에는 그 내용을 출석하여 진술한 것으로 본다. ④ 청문 주재자는 청문의 신속한 진행과 질서유지를 위하여 필요한 조치를 할 수 있다. ⑤ 청문을 계속할 경우에는 행정청은 당사자 등에게 다음 청문의 일시 및 장소를 서면으로 통지하여야 하며, 당사자 등이 동의하는 경우에는 전자문서로 통지할 수 있다. 다만, 청문에 출석한 당사자등에게는 그 청문일에 청문 주재자가 말로 통지할 수 있다. ⑥ 행정청은 직권으로 또는 당사자의 신청에 따라 여러 개의 사안을 병합하거나 분리하여 청문을 할 수 있다.
증거조사	① 청문 주재자는 직권으로 또는 당사자의 신청에 따라 필요한 조사를 할 수 있으며, 당사자 등이 주장하지 아니한 사실에 대하여도 조사할 수 있다. ② 증거조사는 다음의 어느 하나에 해당하는 방법으로 한다. 　㉠ 문서·장부·물건 등 증거자료의 수집 　㉡ 참고인·감정인 등에 대한 질문 　㉢ 검증 또는 감정·평가 　㉣ 그 밖에 필요한 조사 ③ 청문 주재자는 필요하다고 인정할 때에는 관계 행정청에 필요한 문서의 제출 또는 의견의 진술을 요구할 수 있다. 이 경우 관계 행정청은 직무 수행에 특별한 지장이 없으면 그 요구에 따라야 한다.
청문조서	① 청문 주재자는 다음의 사항이 적힌 청문조서(聽聞調書)를 작성하여야 한다. 　㉠ 제목 　㉡ 청문 주재자의 소속, 성명 등 인적사항 　㉢ 당사자 등의 주소, 성명 또는 명칭 및 출석 여부 　㉣ 청문의 일시 및 장소 　㉤ 당사자 등의 진술의 요지 및 제출된 증거 　㉥ 청문의 공개 여부 및 공개하거나 제30조 단서에 따라 공개하지 아니한 이유 　㉦ 증거조사를 한 경우에는 그 요지 및 첨부된 증거 　㉧ 그 밖에 필요한 사항 ② 당사자 등은 청문조서의 내용을 열람·확인할 수 있으며, 이의가 있을 때에는 그 정정을 요구할 수 있다.

	청문 주재자의 의견서	청문 주재자는 다음의 사항이 적힌 청문 주재자의 의견서를 작성하여야 한다. ① 청문의 제목 ② 처분의 내용, 주요 사실 또는 증거 ③ 종합의견 ④ 그 밖에 필요한 사항
	청문의 종결	① 청문 주재자는 해당 사안에 대하여 당사자 등의 의견진술, 증거조사가 충분히 이루어졌다고 인정하는 경우에는 청문을 마칠 수 있다. ② 청문 주재자는 당사자 등의 전부 또는 일부가 정당한 사유 없이 청문기일에 출석하지 아니하거나 제31조 제3항에 따른 의견서를 제출하지 아니한 경우에는 이들에게 다시 의견진술 및 증거제출의 기회를 주지 아니하고 청문을 마칠 수 있다. ③ 청문 주재자는 당사자 등의 전부 또는 일부가 정당한 사유로 청문기일에 출석하지 못하거나 제31조 제3항에 따른 의견서를 제출하지 못한 경우에는 **10일 이상의 기간을 정하여 이들에게 의견진술 및 증거제출을 요구하여야 하며, 해당 기간이 지났을 때에 청문을 마칠 수 있다.** ④ 청문 주재자는 청문을 마쳤을 때에는 청문조서, 청문 주재자의 의견서, 그 밖의 관계 서류 등을 행정청에 지체 없이 제출하여야 한다.
	청문결과의 반영과 재개	① 행정청은 처분을 할 때에 제35조 제4항에 따라 받은 청문조서, 청문 주재자의 의견서, 그 밖의 관계 서류 등을 충분히 검토하고 상당한 이유가 있다고 인정하는 경우에는 청문결과를 반영하여야 한다. ② 행정청은 청문을 마친 후 처분을 할 때까지 새로운 사정이 발견되어 청문을 재개(再開)할 필요가 있다고 인정할 때에는 제35조 제4항에 따라 받은 청문조서 등을 되돌려 보내고 청문의 재개를 명할 수 있다.
공청회	의의	'공청회'란 행정청이 공개적인 토론을 통하여 어떠한 행정작용에 대하여 당사자 등, 전문지식과 경험을 가진 사람, 그 밖의 일반인으로부터 의견을 널리 수렴하는 절차를 말한다.
	실시사유	행정청이 처분을 할 때 다음의 어느 하나에 해당하는 경우에는 공청회를 개최한다. ① 다른 법령 등에서 공청회를 개최하도록 규정하고 있는 경우 ② 해당 처분의 영향이 광범위하여 널리 의견을 수렴할 필요가 있다고 행정청이 인정하는 경우 ③ 국민생활에 큰 영향을 미치는 처분으로서 대통령령으로 정하는 처분에 대하여 대통령령으로 정하는 수 이상의 당사자 등이 공청회 개최를 요구하는 경우 | 공청회의 개최요건 (시행령 제13조의3)	⊙ '대통령령으로 정하는 처분'이란 다음의 어느 하나에 해당하는 처분을 말한다. 다만, **행정청이 해당 처분과 관련하여 이미 공청회를 개최한 경우는 제외한다.** ⓐ 국민 다수의 생명, 안전 및 건강에 큰 영향을 미치는 처분	

		ⓑ 소음 및 악취 등 국민의 일상생활과 관계되는 환경에 큰 영향을 미치는 처분
		ⓛ ⓐ에 따른 처분에 대하여 당사자 등은 그 처분 전(해당 처분에 대하여 행정청이 의견제출 기한을 정한 경우에는 그 기한까지를 말한다)에 행정청에 공청회의 개최를 요구할 수 있다.
		ⓒ 법 제22조 제2항 제3호에서 '대통령령으로 정하는 수'란 **30명**을 말한다.
	공청회 개최의 알림 (제38조)	행정청은 공청회를 개최하려는 경우에는 공청회 개최 14일 전까지 다음의 사항을 당사자 등에게 통지하고 관보, 공보, 인터넷 홈페이지 또는 일간신문 등에 공고하는 등의 방법으로 널리 알려야 한다. 다만, 공청회 개최를 알린 후 예정대로 개최하지 못하여 새로 일시 및 장소 등을 정한 경우에는 공청회 개최 7일 전까지 알려야 한다. ① 제목 ② 일시 및 장소 ③ 주요 내용 ④ 발표자에 관한 사항 ⑤ 발표신청 방법 및 신청기한 ⑥ 정보통신망을 통한 의견제출 ⑦ 그 밖에 공청회 개최에 필요한 사항

	온라인 공청회 (제38조의2)	① 행정청은 제38조에 따른 공청회와 병행하여서만 정보통신망을 이용한 공청회(이하 '온라인공청회'라 한다)를 실시할 수 있다.
		② ①에도 불구하고 다음 각 호의 어느 하나에 해당하는 경우에는 온라인공청회를 **단독으로 개최할 수 있다.**
		  ⓐ 국민의 생명·신체·재산의 보호 등 국민의 안전 또는 권익보호 등의 이유로 제38조에 따른 공청회를 개최하기 어려운 경우
		  ⓛ 제38조에 따른 공청회가 행정청이 책임질 수 없는 사유로 개최되지 못하거나 개최는 되었으나 정상적으로 진행되지 못하고 무산된 횟수가 **3회** 이상인 경우
		  ⓒ 행정청이 널리 의견을 수렴하기 위하여 온라인공청회를 단독으로 개최할 필요가 있다고 인정하는 경우. 다만, 제22조 제2항 제1호 또는 제3호에 따라 공청회를 실시하는 경우는 제외한다.
		③ 행정청은 온라인공청회를 실시하는 경우 의견제출 및 토론 참여가 가능하도록 적절한 전자적 처리능력을 갖춘 정보통신망을 구축·운영하여야 한다.
		④ 온라인공청회를 실시하는 경우에는 누구든지 정보통신망을 이용하여 의견을 제출하거나 제출된 의견 등에 대한 토론에 참여할 수 있다.
		⑤ ①부터 ④까지에서 규정한 사항 외에 온라인공청회의 실시 방법 및 절차에 관하여 필요한 사항은 대통령령으로 정한다.
		⑥ 행정청은 처분을 할 때에 공청회, 온라인공청회 및 정보통신망 등을 통하여 제시된 사실 및 의견이 상당한 이유가 있다고 인정하는 경우에는 이를 **반영하여야 한다.**

기출 OX

01 행정청은 제38조 규정에도 불구하고 공청회가 행정청이 책임질 수 없는 사유로 개최되지 못하거나 개최는 되었으나 정상적으로 진행되지 못하고 무산된 횟수가 2회 이상인 경우 온라인공청회를 단독으로 개최할 수 있다. 23. 경찰간부

( )

정답 01 ✕

	공청회의
	주재자 및
	발표자의
	선정
	(제38조의3)
		① 행정청은 해당 공청회의 사안과 관련된 분야에 전문적 지식이 있거나 그 분야에 종사한 경험이 있는 사람으로서 대통령령으로 정하는 자격을 가진 사람 중에서 공청회의 주재자를 선정한다.
		② 공청회의 발표자는 발표를 신청한 사람 중에서 행정청이 선정한다. 다만, 발표를 신청한 사람이 없거나 공청회의 공정성을 확보하기 위하여 필요하다고 인정하는 경우에는 다음의 사람 중에서 지명하거나 위촉할 수 있다.
		  ㉠ 해당 공청회의 사안과 관련된 당사자 등
		  ㉡ 해당 공청회의 사안과 관련된 분야에 전문적 지식이 있는 사람
		  ㉢ 해당 공청회의 사안과 관련된 분야에 종사한 경험이 있는 사람
		③ 행정청은 공청회의 주재자 및 발표자를 지명 또는 위촉하거나 선정할 때 공정성이 확보될 수 있도록 하여야 한다.
		④ 공청회의 주재자, 발표자, 그 밖에 자료를 제출한 전문가 등에게는 예산의 범위에서 수당 및 여비와 그 밖에 필요한 경비를 지급할 수 있다.

	공청회의 진행 (제39조)	① 공청회의 주재자는 공청회를 공정하게 진행하여야 하며, 공청회의 원활한 진행을 위하여 발표 내용을 제한할 수 있고, 질서유지를 위하여 발언 중지 및 퇴장 명령 등 행정안전부장관이 정하는 필요한 조치를 할 수 있다. ② 발표자는 공청회의 내용과 직접 관련된 사항에 대하여만 발표하여야 한다. ③ 공청회의 주재자는 발표자의 발표가 끝난 후에는 발표자 상호 간에 질의 및 답변을 할 수 있도록 하여야 하며, 방청인에게도 의견을 제시할 기회를 주어야 한다. ④ 행정청은 처분을 할 때에 공청회, 전자공청회 및 정보통신망 등을 통하여 제시된 사실 및 의견이 상당한 이유가 있다고 인정하는 경우에는 이를 반영하여야 한다.
배제 사유 등	사전통지	다음의 어느 하나에 해당하는 경우에는 사전통지를 하지 아니할 수 있다. ① 공공의 안전 또는 복리를 위하여 긴급히 처분을 할 필요가 있는 경우 ② 법령 등에서 요구된 자격이 없거나 없어지게 되면 반드시 일정한 처분을 하여야 하는 경우에 그 자격이 없거나 없어지게 된 사실이 법원의 재판 등에 의하여 객관적으로 증명된 경우 ③ 해당 처분의 성질상 의견청취가 현저히 곤란하거나 명백히 불필요하다고 인정될 만한 상당한 이유가 있는 경우
	의견청취 (의견 제출 등)	① 의견제출, 청문, 공청회는 제21조 제4항 각 호(사전통지의 배제사유)의 어느 하나에 해당하는 경우와 당사자가 의견진술의 기회를 포기한다는 뜻을 명백히 표시한 경우에는 의견청취를 하지 아니할 수 있다. ② 행정청은 청문·공청회 또는 의견제출을 거쳤을 때에는 신속히 처분하여 해당 처분이 지연되지 아니하도록 하여야 한다. ③ 행정청은 처분 후 1년 이내에 당사자 등이 요청하는 경우에는 청문·공청회 또는 의견제출을 위하여 제출받은 서류나 그 밖의 물건을 반환하여야 한다.

<table>
<tr><td rowspan="2">관련 판례</td><td>① 청문불실시의 협약이 의견청취절차의 제외사유가 될 수 없다는 판례: 행정청이 당사자와 사이에 도시계획사업의 시행과 관련한 협약을 체결하면서 관계법령 및 행정절차법에 규정된 청문의 실시 등 의견청취절차를 배제하는 조항을 두었다고 하더라도, 국민의 행정 참여를 도모함으로써 행정의 공정성·투명성 및 신뢰성을 확보하고 국민의 권익을 보호한다는 행정절차법의 목적 및 청문제도의 취지 등에 비추어 볼 때, 위와 같은 협약의 체결로 청문의 실시에 관한 규정의 적용을 배제할 수 있다고 볼만한 법령 상의 규정이 없는 한, 이러한 협약이 체결되었다고 하여 청문의 실시에 관한 규정의 적용이 배제된다거나 청문을 실시하지 않아도 되는 예외적인 경우에 해당한다고 할 수 없다(대판 2004.7.8, 2002두8350).</td></tr>
</table>

② 청문통지서의 반송 및 불출석은 청문의 불실시사유가 아니라는 판례: 행정절차법 제21조 제4항 제3호는 침해적 행정처분을 할 경우 청문을 실시하지 않을 수 있는 사유로서 '당해 처분의 성질상 의견청취가 현저히 곤란하거나 명백히 불필요하다고 인정될 만한 상당한 이유가 있는 경우'를 규정하고 있으나, 여기에서 말하는 '의견청취가 현저히 곤란하거나 명백히 불필요하다고 인정될 만한 상당한 이유가 있는지 여부'는 당해 행정처분의 성질에 비추어 판단하여야 하는 것이지, 청문통지서의 반송 여부, 청문통지의 방법 등에 의하여 판단할 것은 아니며, 또한 행정처분의 상대방이 통지된 청문일시에 불출석하였다는 이유만으로 행정청이 관계법령상 그 실시가 요구되는 청문을 실시하지 아니한 채 침해적 행정처분을 할 수는 없을 것이므로, 행정처분의 상대방에 대한 청문통지서가 반송되었다거나, 행정처분의 상대방이 청문일시에 불출석하였다는 이유로 청문을 실시하지 아니하고 한 침해적 행정처분은 위법하다고 판시하였다(대판 2001.4.13, 2000두3337).

행정절차법상 의견청취절차의 비교

구분	의견제출	청문	공청회
통지의 시기	처분 전 통지	① 청문 주재자 7일 전까지 ② 당사자 등 10일 전까지 통지	① 개최 14일 전까지 ② 다시 정하는 경우 7일 전
개시사유	① 의무를 과하거나 권익을 제한하는 처분 ② 청문 및 공청회를 개최하지 아니하는 경우	① 법령 등에서 특별히 규정하고 있는 경우 ② 행정청이 필요하다고 인정하는 경우 ③ 인·허가 등의 취소, 신분자격박탈, 법인이나 조합 등의 설립허가의 취소	① 법령 등에서 특별히 규정하고 있는 경우 ② 당해 처분의 영향이 광범위하여 널리 의견을 수렴할 필요가 있다고 행정청이 인정하는 경우 ③ 당사자 등이 공청회 개최를 요구하는 경우
생략사유	행정절차법 제21조 제4항 제1호 ~ 제3호 + 의견진술의 기회를 포기한 경우(제22조 제4항)		
문서열람청구권	○	○	×

(4) 절차상 하자 있는 행정행위의 효력

독자적 위법사유	① **독자적 위법사유 인정:** 대법원은 "지방세법 제1조 제1항 제5호, 제25조 제1항, 제190조, 같은 법 시행령 제8조의 규정을 종합하여 보면 지방세의 납세고지는 납부할 지방세의 연도와 세목, 그 부과의 근거가 되는 법률 및 당해 지방자치단체의 조례의 규정, 납세의무자의 주소, 성명, 과세표준액, 세율, 세액산출근거, 납기, 납부장소, 납부기한까지 미납한 경우에 취해질 조치 및 부과의 위법 또는 착오에 대한 구제방법 등을 기재한 납세고지서에 의하도록 되어 있으므로 그 납세고지서는 과세처분과 징수처분의 성질을 아울러 갖는 것이라 할 것이고, 따라서 위 법령의 규정들은 강행규정이라고 할 것이어서 납세고지서에 위 법령이 요구하는 사항 중 일부의 기재를 누락시킨 하자가 있는 경우에는 그 부과처분은 위법하다(대판 1986.10.28, 85누723)."라고 판시하여 독자적 위법사유를 인정한다. ② **취소사유의 하자:** 행정청이 침해적 행정처분을 함에 있어서 당사자에게 위와 같은 사전통지를 하거나 의견제출의 기회를 주지 아니하였다면 사전통지를 하지 않거나 의견제출의 기회를 주지 아니하여도 되는 예외적인 경우에 해당하지 아니하는 한 그 처분은 위법하여 **취소를 면할 수 없다**(대판 2000.11.14, 99두5870).
절차상 하자의 치유	① **청문절차상 하자의 치유를 인정한 경우**(식품위생법 시행령 제37조 제1항은 청문통지서는 청문일 7일 전에 도달되도록 하여야 한다고 규정하는데, 청문서가 청문일 5일 전에 도달된 사건): 행정청이 식품위생법상의 청문절차를 이행함에 있어 소정의 청문서 도달기간을 지키지 아니하였다면 이는 청문의 절차적 요건을 준수하지 아니한 것이므로 이를 바탕으로 한 행정처분은 일단 위법하다고 보아야 할 것이지만 이러한 청문제도의 취지는 처분으로 말미암아 받게 될 영업자에게 미리 변명과 유리한 자료를 제출할 기회를 부여함으로써 부당한 권리침해를 예방하려는 데에 있는 것임을 고려하여 볼 때, 가령 행정청이 청문서 도달기간을 다소 어겼다 하더라도 영업자가 이에 대하여 이의하지 아니한 채 스스로 청문일에 출석하여 그 의견을 진술하고 변명하는 등 방어의 기회를 충분히 가졌다면 청문서 도달기간을 준수하지 아니한 하자는 **치유되었다고 봄이 상당하다**(대판 1992.10.23, 92누2844). ② **이유부기상 하자의 치유를 부정한 경우:** 법인세부과처분에 있어 납세고지서에 과세표준, 세율, 세액의 산출근거를 기재하지 않았다가 **취소소송 계속 중에** 이르러 이를 기재한 납세고지서를 다시 송달한 것은 뒤늦은 송달로서 하자가 **치유되지 않는다**(대판 1983.7.26, 82누420). ③ **이유제시가 충분히 되어 있지 아니하였으나 그 후 처분의 이유를 충분히 알 수 있어 구제절차에 별다른 지장이 없었다면 이유제시의 하자가 안 된다는 판례:** 처분을 하면서 당사자가 그 근거를 알 수 있을 정도로 이유를 제시한 경우에는 처분의 근거와 이유를 구체적으로 명시하지 않았더라도 그로 말미암아 그 처분이 위법하다고 볼 수는 없다. 이때 '이유를 제시한 경우'는 처분서에 기재된 내용과 관계 법령 및 당해 처분에 이르기까지의 전체적인 과정 등을 종합적으로 고려하여, 처분당시 당사자가 어떠한 근거와 이유로 처분이 이루어진 것인지를 충분히 알 수 있어서 그에 불복하여 행정구제절차로 나아가는 데 별다른 지장이 없었다고 인정되는 경우를 뜻한다. 원심은, 피고 장관의 이 사건 검정도서에 대한 가격 조정 명령 중 이 사건 조항 제3호를 사유로 한 가격 조정 명령의 경우, 원고들이 스스로 적어낸 예상 발행부수와 실제 발행부수를 알고 있었고, 나아가 피고 장관이 처분을 하면서 적용한 기준부수 결정방식

기출 OX

02 기속행위의 경우에는 절차상의 하자만으로 독립된 취소사유가 될 수 없으나, 재량행위의 경우에는 절차상의 하자만으로도 독립된 취소사유가 된다(판례에 의함). 17. 지방직 9급 ( )

03 처분의 행정절차상 하자가 있을 경우 기속행위인지 재량행위인지를 불문하고 독자적 위법사유성이 인정되어 법원에 의한 취소대상이 된다. 08. 지방직 7급 ( )

정답 02 ✕ 03 ○

등 조정가격 산정방식과 내역에 관하여 충분히 알 수 있어서 그에 불복하여 행정구제절차로 나아가는 데 별다른 지장이 없었음을 이유로 행정절차법 제23조 제1항 위반의 절차상 하자가 인정되지 않는다고 판단하였다. 반면, 나머지 가격 조정 명령의 경우 그 처분서에 처분의 근거와 이유가 구체적으로 명시되어 있지 않아 원고들로서는 처분 당시 어떠한 근거와 이유로 당해 가격 조정 명령이 이루어진 것인지를 알 수 없었다고 보아 행정절차법 제23조 제1항 위반의 절차상 하자가 인정된다고 판단하였다. 앞서 본 법리와 기록에 비추어 살펴보면, 원심의 이러한 판단에 상고이유 주장과 같이 처분의 근거와 이유제시에 관한 법리를 오해한 잘못이 없다(대판 2019.11.10, 2016두44674).

6. 그 밖의 절차

(1) 행정상 입법예고

실시사유 (제41조)	① 법령 등을 제정·개정 또는 폐지(이하 '입법'이라 한다)하려는 경우에는 해당 입법안을 마련한 행정청은 이를 예고하여야 한다. 다만, 다음의 어느 하나에 해당하는 경우에는 예고를 하지 아니할 수 있다. 　㉠ 신속한 국민의 권리보호 또는 예측 곤란한 특별한 사정의 발생 등으로 입법이 긴급을 요하는 경우 　㉡ 상위 법령 등의 단순한 집행을 위한 경우 　㉢ 입법내용이 국민의 권리·의무 또는 일상생활과 관련이 없는 경우 　㉣ 단순한 표현·자구를 변경하는 경우 등 입법내용의 성질상 예고의 필요가 없거나 곤란하다고 판단되는 경우 　㉤ 예고함이 공공의 안전 또는 복리를 현저히 해칠 우려가 있는 경우 ② **법제처장**은 입법예고를 하지 아니한 법령안의 심사 요청을 받은 경우에 입법예고를 하는 것이 적당하다고 판단할 때에는 해당 행정청에 입법예고를 권고하거나 직접 예고할 수 있다. ③ 입법안을 마련한 행정청은 입법예고 후 예고내용에 국민생활과 직접 관련된 내용이 추가되는 등 대통령령으로 정하는 중요한 변경이 발생하는 경우에는 해당 부분에 대한 입법예고를 다시 하여야 한다. 다만, 제1항 각 호의 어느 하나에 해당하는 경우에는 예고를 하지 아니할 수 있다. ④ 입법예고의 기준·절차 등에 관하여 필요한 사항은 대통령령으로 정한다.
예고 방법 (제42조)	① 행정청은 입법안의 취지, 주요 내용 또는 전문(全文)을 다음의 구분에 따른 방법으로 공고하여야 하며, 추가로 인터넷, 신문 또는 방송 등을 통하여 공고할 수 있다. 　㉠ **법령의 입법안을 입법예고하는 경우**: 관보 및 법제처장이 구축·제공하는 정보시스템을 통한 공고 　㉡ **자치법규의 입법안을 입법예고하는 경우**: 공보를 통한 공고 ② 행정청은 대통령령을 입법예고하는 경우 **국회 소관 상임위원회**에 이를 제출하여야 한다. ③ 행정청은 입법예고를 할 때에 입법안과 관련이 있다고 인정되는 중앙행정기관, 지방자치단체, 그 밖의 단체 등이 예고사항을 알 수 있도록 예고사항을 통지하거나 그 밖의 방법으로 알려야 한다. ④ 행정청은 ①에 따라 예고된 입법안에 대하여 전자공청회 등을 통하여 널리 의견을 수렴할 수 있다. 이 경우 제38조의2 제2항부터 제4항까지의 규정을 준용한다.

	⑤ 행정청은 예고된 입법안의 전문에 대한 열람 또는 복사를 요청받았을 때에는 특별한 사유가 없으면 그 요청에 따라야 한다. ⑥ 행정청은 ⑤에 따른 복사에 드는 비용을 복사를 요청한 자에게 부담시킬 수 있다.
예고기간 (제43조)	입법예고기간은 예고할 때 정하되, 특별한 사정이 없으면 **40일(자치법규는 20일)** 이상으로 한다.
의견제출 및 처리 (제44조)	① 누구든지 예고된 입법안에 대하여 의견을 제출할 수 있다. ② 행정청은 의견접수기관, 의견제출기간, 그 밖에 필요한 사항을 해당 입법안을 예고할 때 함께 공고하여야 한다. ③ 행정청은 해당 입법안에 대한 의견이 제출된 경우 특별한 사유가 없으면 이를 존중하여 처리하여야 한다. ④ 행정청은 의견을 제출한 자에게 그 제출된 의견의 처리결과를 통지하여야 한다. ⑤ 제출된 의견의 처리방법 및 처리결과의 통지에 관하여는 대통령령으로 정한다.

(2) 행정예고

실시사유 (제46조)	① 행정청은 정책, 제도 및 계획(이하 '정책 등'이라 한다)을 수립·시행하거나 변경하려는 경우에는 이를 예고하여야 한다. 다만, 다음의 어느 하나에 해당하는 경우에는 예고를 하지 아니할 수 있다. 　ⓐ 신속하게 국민의 권리를 보호하여야 하거나 예측이 어려운 특별한 사정이 발생하는 등 긴급한 사유로 예고가 현저히 곤란한 경우 　ⓑ 법령 등의 단순한 집행을 위한 경우 　ⓒ 정책 등의 내용이 국민의 권리·의무 또는 일상생활과 관련이 없는 경우 　ⓓ 정책 등의 예고가 공공의 안전 또는 복리를 현저히 해칠 우려가 상당한 경우 ② ①에도 불구하고 법령 등의 입법을 포함하는 행정예고는 입법예고로 갈음할 수 있다. ③ 행정예고기간은 예고내용의 성격 등을 고려하여 정하되, 특별한 사정이 없으면 **20일 이상**으로 한다. ④ ③에도 불구하고 행정목적을 달성하기 위하여 긴급한 필요가 있는 경우에는 행정예고기간을 단축할 수 있다. 이 경우 **단축된 행정예고기간은 10일 이상으로 한다.**
예고 방법 등 (제47조)	① 행정청은 정책등안(案)의 취지, 주요 내용 등을 관보·공보나 인터넷·신문·방송 등을 통하여 공고하여야 한다. ② 행정예고의 방법, 의견제출 및 처리, 공청회 및 전자공청회에 관하여는 제38조, 제38조의2, 제38조의3, 제39조, 제39조의2, 제39조의3, 제42조(제1항·제2항 및 제4항은 제외한다), 제44조 제1항부터 제3항까지 및 제45조 제1항을 준용한다. 이 경우 '입법안'은 '정책등안'으로, '입법예고'는 '행정예고'로, '처분을 할 때'는 '정책 등을 수립·시행하거나 변경할 때'로 본다.
통계작성 및 공고 (제46조의2)	행정청은 매년 자신이 행한 행정예고의 실시 현황과 그 결과에 관한 통계를 작성하고, 이를 관보·공보 또는 인터넷 등의 방법으로 널리 공고하여야 한다.

(3) 송달

송달의 방법 (제14조)	① 송달은 우편, 교부 또는 정보통신망 이용 등의 방법으로 하되, 송달받을 자(대표자 또는 대리인을 포함한다. 이하 같다)의 주소·거소(居所)·영업소·사무소 또는 전자우편주소(이하 '주소 등'이라 한다)로 한다. 다만, 송달받을 자가 동의하는 경우에는 그를 만나는 장소에서 송달할 수 있다. ② 교부에 의한 송달은 수령확인서를 받고 문서를 교부함으로써 하며, 송달하는 장소에서 송달받을 자를 만나지 못한 경우에는 그 사무원·피용자(被傭者) 또는 동거인으로서 사리를 분별할 지능이 있는 사람(이하 이 조에서 '사무원 등'이라 한다)에게 문서를 교부할 수 있다. 다만, 문서를 송달받을 자 또는 그 사무원 등이 정당한 사유 없이 송달받기를 거부하는 때에는 그 사실을 수령확인서에 적고, 문서를 송달할 장소에 놓아둘 수 있다. ③ 정보통신망을 이용한 송달은 송달받을 자가 동의하는 경우에만 한다. 이 경우 송달받을 자는 송달받을 전자우편주소 등을 지정하여야 한다. ④ 다음의 어느 하나에 해당하는 경우에는 송달받을 자가 알기 쉽도록 관보, 공보, 게시판, 일간신문 중 하나 이상에 공고하고 인터넷에도 공고하여야 한다. 　㉠ 송달받을 자의 주소 등을 통상적인 방법으로 확인할 수 없는 경우 　㉡ 송달이 불가능한 경우 ⑤ ④에 따른 공고를 할 때에는 **민감정보 및 고유식별정보 등 송달받을 자의 개인정보를 개인정보 보호법에 따라 보호하여야 한다.** ⑥ 행정청은 송달하는 문서의 명칭, 송달받는 자의 성명 또는 명칭, 발송방법 및 발송 연월일을 확인할 수 있는 기록을 보존하여야 한다.
송달의 효력발생 (제15조)	① 송달은 다른 법령 등에 특별한 규정이 있는 경우를 제외하고는 해당 문서가 송달받을 자에게 도달됨으로써 그 효력이 발생한다. ② 제14조 제3항에 따라 정보통신망을 이용하여 전자문서로 송달하는 경우에는 송달받을 자가 지정한 컴퓨터 등에 입력된 때에 도달된 것으로 본다. ③ 제14조 제4항의 경우에는 다른 법령 등에 특별한 규정이 있는 경우를 제외하고는 공고일부터 **14일**이 지난 때에 그 효력이 발생한다. 다만, 긴급히 시행하여야 할 특별한 사유가 있어 효력발생시기를 달리 정하여 공고한 경우에는 그에 따른다.
기간 및 기한의 특례 (제16조)	① 천재지변이나 그 밖에 당사자 등에게 책임이 없는 사유로 기간 및 기한을 지킬 수 없는 경우에는 그 사유가 끝나는 날까지 기간의 진행이 정지된다. ② 외국에 거주하거나 체류하는 자에 대한 기간 및 기한은 행정청이 그 우편이나 통신에 걸리는 일수(日數)를 고려하여 정하여야 한다.

(4) 그 밖의 절차

확약 (제40조)	① 법령등에서 당사자가 신청할 수 있는 처분을 규정하고 있는 경우 행정청은 당사자의 신청에 따라 장래에 어떤 처분을 하거나 하지 아니할 것을 내용으로 하는 의사표시(이하 "확약"이라 한다)를 할 수 있다. ② 확약은 **문서**로 하여야 한다. ③ 행정청은 다른 행정청과의 협의 등의 절차를 거쳐야 하는 처분에 대하여 확약을 하려는 경우에는 확약을 하기 전에 그 절차를 거쳐야 한다. ④ 행정청은 다음의 어느 하나에 해당하는 경우에는 확약에 기속되지 아니한다. 　㉠ 확약을 한 후에 확약의 내용을 이행할 수 없을 정도로 **법령등이나 사정이 변경된 경우** 　㉡ 확약이 **위법**한 경우

	⑤ 행정청은 확약이 ④ 각 호의 어느 하나에 해당하여 확약을 이행할 수 없는 경우에는 지체 없이 당사자에게 그 사실을 통지하여야 한다.
행정계획 (제40조의2)	행정청은 행정청이 수립하는 계획 중 국민의 권리·의무에 직접 영향을 미치는 계획을 수립하거나 변경·폐지할 때에는 관련된 **여러 이익을 정당하게 형량하여야 한다.**
관할 (제6조)	① 행정청이 그 관할에 속하지 아니하는 사안을 접수하였거나 이송받은 경우에는 지체 없이 이를 관할 행정청에 이송하여야 하고 그 사실을 신청인에게 통지하여야 한다. 행정청이 접수하거나 이송받은 후 관할이 변경된 경우에도 또한 같다. ② 행정청의 관할이 분명하지 아니한 경우에는 해당 행정청을 공통으로 감독하는 상급 행정청이 그 관할을 결정하며, 공통으로 감독하는 상급 행정청이 없는 경우에는 **각 상급 행정청이 협의하여 그 관할을 결정한다.**
협조 (제7조)	행정청은 행정의 원활한 수행을 위하여 서로 협조하여야 한다.
행정응원 (제8조)	① 행정청은 다음의 어느 하나에 해당하는 경우에는 다른 행정청에 행정응원(行政應援)을 요청할 수 있다. 　㉠ 법령 등의 이유로 독자적인 직무 수행이 어려운 경우 　㉡ 인원·장비의 부족 등 사실상의 이유로 독자적인 직무 수행이 어려운 경우 　㉢ 다른 행정청에 소속되어 있는 전문기관의 협조가 필요한 경우 　㉣ 다른 행정청이 관리하고 있는 문서(전자문서를 포함한다. 이하 같다)·통계 등 행정자료가 직무 수행을 위하여 필요한 경우 　㉤ 다른 행정청의 응원을 받아 처리하는 것이 보다 능률적이고 경제적인 경우 ② ①에 따라 행정응원을 요청받은 행정청은 다음의 어느 하나에 해당하는 경우에는 응원을 거부할 수 있다. 　㉠ 다른 행정청이 보다 능률적이거나 경제적으로 응원할 수 있는 명백한 이유가 있는 경우 　㉡ 행정응원으로 인하여 고유의 직무 수행이 현저히 지장받을 것으로 인정되는 명백한 이유가 있는 경우 ③ 행정응원은 해당 직무를 직접 응원할 수 있는 행정청에 요청하여야 한다. ④ 행정응원을 요청받은 행정청은 응원을 거부하는 경우 그 사유를 응원을 요청한 행정청에 통지하여야 한다. ⑤ 행정응원을 위하여 파견된 직원은 응원을 **요청한 행정청**의 지휘·감독을 받는다. 다만, 해당 직원의 복무에 관하여 다른 법령 등에 특별한 규정이 있는 경우에는 그에 따른다. ⑥ 행정응원에 드는 비용은 응원을 요청한 행정청이 부담하며, 그 부담금액 및 부담방법은 **응원을 요청한 행정청과 응원을 하는 행정청이 협의하여 결정한다.**
비용의 부담 (제54조)	① 행정절차에 드는 비용은 행정청이 부담한다. 다만, 당사자 등이 자기를 위하여 스스로 지출한 비용은 그러하지 아니하다. ② 행정청은 행정절차의 진행에 필요한 참고인이나 감정인 등에게 예산의 범위에서 여비와 일당을 지급할 수 있다. 이에 따른 비용의 지급기준 등에 관하여는 대통령령으로 정한다.

기출 OX

01 행정응원에 소요되는 비용은 응원을 요청한 행정청이 부담하며, 그 부담금액 및 부담방법은 응원을 행하는 행정청의 결정에 의한다.
21. 소방　　　　　(　)

정답 01 ✕

온라인 정책토론 (제53조)	① 행정청은 국민에게 영향을 미치는 주요 정책 등에 대하여 국민의 다양하고 창의적인 의견을 널리 수렴하기 위하여 정보통신망을 이용한 정책토론(이하 이 조에서 '온라인 정책토론'이라 한다)을 **실시할 수 있다.** ② 행정청은 효율적인 온라인 정책토론을 위하여 과제별로 한시적인 토론 패널 을 구성하여 해당 토론에 참여시킬 수 있다. 이 경우 패널의 구성에 있어서는 공정성 및 객관성이 확보될 수 있도록 노력하여야 한다. ③ 행정청은 온라인 정책토론이 공정하고 중립적으로 운영되도록 하기 위하여 필요한 조치를 할 수 있다. ④ 토론 패널의 구성, 운영방법, 그 밖에 온라인 정책토론의 운영을 위하여 필요 한 사항은 대통령령으로 정한다.

04 경찰상 의무이행확보수단

행정의 실효성확보수단의 분류

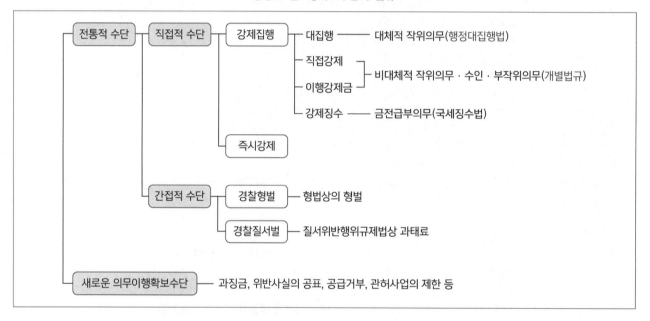

1. 의무이행확보수단의 분류 ✿✿✿

직접적 확보수단	① 경찰상 강제집행(대집행, 직접강제, 강제징수) ② 즉시강제
간접적 확보수단	① 경찰벌(경찰형벌, 경찰질서벌) ② 새로운 의무이행확보수단 ③ 이행강제금(집행벌) ← 견해대립

2. 경찰상 강제집행 일반 ✦✦✦

> **행정기본법**
>
> **제30조【행정상 강제】** ① 행정청은 행정목적을 달성하기 위하여 필요한 경우에는 법률로 정하는 바에 따라 필요한 최소한의 범위에서 다음 각 호의 어느 하나에 해당하는 조치를 할 수 있다.
> 1. **행정대집행**: 의무자가 행정상 의무(법령등에서 직접 부과하거나 행정청이 법령등에 따라 부과한 의무를 말한다. 이하 이 절에서 같다)로서 타인이 대신하여 행할 수 있는 의무를 이행하지 아니하는 경우 법률로 정하는 다른 수단으로는 그 이행을 확보하기 곤란하고 그 불이행을 방치하면 공익을 크게 해칠 것으로 인정될 때에 행정청이 의무자가 하여야 할 행위를 스스로 하거나 제3자에게 하게 하고 그 비용을 의무자로부터 징수하는 것
> 2. **이행강제금의 부과**: 의무자가 행정상 의무를 이행하지 아니하는 경우 행정청이 적절한 이행기간을 부여하고, 그 기한까지 행정상 의무를 이행하지 아니하면 금전급부의무를 부과하는 것
> 3. **직접강제**: 의무자가 행정상 의무를 이행하지 아니하는 경우 행정청이 의무자의 신체나 재산에 실력을 행사하여 그 행정상 의무의 이행이 있었던 것과 같은 상태를 실현하는 것
> 4. **강제징수**: 의무자가 행정상 의무 중 금전급부의무를 이행하지 아니하는 경우 행정청이 의무자의 재산에 실력을 행사하여 그 행정상 의무가 실현된 것과 같은 상태를 실현하는 것
> 5. **즉시강제**: 현재의 급박한 행정상의 장해를 제거하기 위한 경우로서 다음 각 목의 어느 하나에 해당하는 경우에 행정청이 곧바로 국민의 신체 또는 재산에 실력을 행사하여 행정목적을 달성하는 것
>   가. 행정청이 미리 행정상 의무 이행을 명할 시간적 여유가 없는 경우
>   나. 그 성질상 행정상 의무의 이행을 명하는 것만으로는 행정목적 달성이 곤란한 경우
> ② 행정상 강제 조치에 관하여 이 법에서 정한 사항 외에 필요한 사항은 따로 법률로 정한다.
> ③ **형사**(刑事), 행형(行刑) 및 보안처분 관계 법령에 따라 행하는 사항이나 **외**국인의 출입국·난민인정·귀화·국적회복에 관한 사항에 관하여는 이 절을 적용하지 아니한다.

:두문자
외·형

개념		경찰상 의무가 존재함에도 상대방이 이를 이행하지 않는 경우, 경찰관청이 장래를 향하여 강제적으로 의무이행을 시키거나 그와 동일한 상태를 실현시키는 작용
내용	경찰상 대집행	① 경찰상 **대체적 작위의무**를 의무자가 이행하지 아니한 경우에, 당해 행정청이 의무자가 행할 의무를 스스로 이행하거나 또는 제3자로 하여금 이를 행하게 하고 그 의무자로부터 그 비용을 징수하는 행정상의 강제집행수단(예 차량견인) ② 일반법인 행정대집행법이 존재 ③ 절차: **계고 ➔ 대집행영장통지 ➔ 실행 ➔ 비용징수**
	집행벌 (이행강제금)	① 행정상 비대체적 작위의무 또는 부작위의무를 이행하지 않는 경우, 그 의무를 간접적으로 강제하기 위하여 부과하는 금전벌 ② 일반법 없음. 개별법상의 법적 근거가 있어야 함 ③ **집행벌**은 장래에 의무이행을 확보하기 위한 강제집행수단이라는 점에서 의무이행이 있기까지 <u>반복하여 부과할 수 있으나</u>, 경찰형벌은 과거의 위반에 대한 간접적인 제재로서 <u>하나의 위반에 대하여 반복하여 부과할 수 없다.</u>
	직접강제	① 의무자가 경찰상 의무를 이행하지 아니하는 경우에 경찰기관이 직접적으로 의무자의 신체 또는 재산에 실력을 행사하여 경찰상 필요한 상태를 실현하는 강제집행의 수단(예 해산명령불응자에 대한 강제해산조치, 강제퇴거 등) ② 일반법 없음. 개별법상의 법적 근거가 있어야 함

강제징수	① 금전급부의 의무를 이행하지 않는 경우 의무불이행자의 재산에 실력을 행사하여 의무가 이행된 것과 같은 상태를 실현시키는 강제집행수단 ② 일반법인 **국세징수법**이 존재 ③ 절차: 독촉 ➡ 체납처분(압류 ➡ 매각 ➡ 청산) ➡ 체납처분의 중지 ➡ 결손처분

3. 대집행

개념		경찰상 **대체적 작위의무**를 의무자가 이행하지 아니한 경우에, 당해 행정청이 의무자가 행할 의무를 스스로 이행하거나 또는 제3자로 하여금 이를 행하게 하고 그 의무자로부터 그 비용을 징수하는 행정상의 강제집행수단(예 불법주차차량의 견인조치, 무허가건물의 철거, 불법광고물의 제거 등)
법적 근거		대집행에 관한 **일반법으로는 행정대집행법**이 있으며, 건축법 제85조, 공익사업을 위한 토지 등의 취득 및 보상에 관한 법률 제89조 등의 개별규정이 있다. 이러한 개별법이 있는 경우에는 그에 따르지만, 그 밖에는 행정대집행법에 의한다.
요건	대집행의 주체가 행할 것	대집행을 할 수 있는 자는 당해 행정청이다. 여기서 당해 행정청이라 함은 상대방에게 의무를 명한 행정청으로서 처분청을 말한다. 당해 행정청의 위임이 있으면 다른 행정청도 대집행의 주체가 될 수 있다. 그러나 행정청의 위임을 받아 대집행을 실행하는 제3자는 대집행의 주체가 아니다.
	공법상 대체적 작위의무의 불이행	① **공법상 의무**: 행정의 실효성확보수단의 하나인 대집행의 대상이 되는 의무는 공법상의 의무를 의미한다. 따라서 사법상 의무의 불이행(토지보상법상 협의에서 정한 의무)은 민사집행법상 강제집행의 대상이 될 뿐 대집행의 대상이 되지 못한다(대판 2006.10.13, 2006두7096). ② **대체적 의무**: 대집행은 타인이 대신하여 행할 수 있는 대체적 의무에 대해서만 허용되고, 비대체적 작위의무나 부작위의무 및 수인의무는 대집행의 대상이 되지 않는다. 이와 관련하여 특히 문제되는 것이 사람이 점유하고 있는 토지나 건물 등의 인도 및 명도의무나 퇴거의무이다. 이러한 의무는 그 내용에 비추어 실력으로 신체에 의한 점유 등을 풀어 이전하여야 하는 바, 대체적 작위의무에 해당하는 것이 아니므로 대집행의 대상이 되지 않는다. 판례도 "**수용대상 토지의 인도 및 명도의무는 그것을 강제적으로 실현하면서 직접적인 실력행사가 필요한 것이지 대체적 작위의무라고 볼 수 없으므로 특별한 사정이 없는 한 행정대집행법에 의한 대집행의 대상이 될 수 있는 것이 아니다**(대판 1998.10.23, 97누157)."라고 판시하였다. ③ 관계 법령상 행정대집행의 절차가 인정되어 행정청이 행정대집행의 방법으로 건물의 철거 등 대체적 작위의무의 이행을 실현할 수 있는 경우에는 따로 민사소송의 방법으로 그 의무의 이행을 구할 수 없다. 한편, **건물의 점유자가 철거의무자일 때에는 건물철거의무에 퇴거의무도 포함되어 있는 것이어서 별도로 퇴거를 명하는 집행권원이 필요하지 않다**(대판 2017.4.28, 2016다213916).

		④ **작위의무**: 대집행은 일정한 행위를 하여야 할 작위의무만을 대상으로 한다. 따라서 원칙적으로 부작위의무의 위반은 대집행의 대상이 되지 못한다. 그러나 **부작위의무의 위반으로 인하여 생긴 유형적 결과를 시정하기 위해 먼저 의무위반자에게 그 결과의 원상회복 등 대체적인 작위의무를 부과한 다음 그 의무를 이행하지 아니하는 경우에 비로소 대집행은 할 수 있다.** 이 경우 반드시 작위의무를 부과할 수 있는 **법적 근거(전환규범)**가 있어야 한다. 전환규범의 근거 없이 이루어진 전환명령은 무효라는 것이 판례의 입장이다(대판 1996.6.28, 96누4374).
	다른 수단에 의한 이행확보가 곤란할 것	대집행의 경우 당사자의 불이익을 최소화하기 위해 다른 수단에 의한 이행확보가 곤란한 경우 보충적으로 대집행에 의한 실행이 인정된다(최소침해의 원칙). 다만, 이때의 다른 수단에 행정벌이나 민사상 강제집행은 포함되지 않는다.
	의무의 불이행방치가 심히 공익을 해할 것	① 대집행은 다른 수단에 비해 개인의 자유를 침해할 위험이 크기 때문에 공익상 필요가 현저한 경우에 비로소 허용된다. 이러한 행정기관의 판단은 **재량행위**의 성질을 갖는다고 본다. ② 판례는 건축법에 위반된 무단증축에 해당되나 기존건물이 낡아 도괴될 위험이 있어 건물전체를 헐고 신축하기에 이른 것으로서 기존건물의 마당에 증축되어 기존건물과 같은 곳에 위치하고 도시미관상, 위생상 해롭지 아니한 경우 심히 공익을 해하지 아니한다고 보았으나(대판 1991.8.27, 91누5136), 철거지시를 받았음에도 공사를 강행하여 건축물을 완공한 경우와 같이 법위반의 정도가 매우 크고, 도시미관을 해치는 경우(대판 1995.6.29, 94누11354) 등에는 심히 공익을 해하는 것으로 보고 있다.
절차	대집행의 계고	① 계고란 '의무위반자에게 의무이행을 최고함과 동시에 일정한 기한까지 그 의무가 이행되지 않은 경우에는 대집행을 한다는 뜻을 문서로 통지하는 것'을 말한다. ② 계고는 개별법률에 다른 규정이 있거나(건축법 제89조), 비상시 또는 위험이 절박한 때에 있어서 계고를 할 여유가 없을 경우에는 계고를 생략할 수 있다(행정대집행법 제3조 제3항). ③ 계고는 준법률행위적 행정행위로서 통지행위에 해당하여 항고쟁송의 대상이 되는 처분이라는 것이 통설과 판례의 견해이다. 다만, 반복된 계고의 경우 **제1차의 계고만이 처분성이 긍정**되며, 제2차·제3차의 계고처분은 대집행기한의 연기 통지에 불과하므로 행정처분이 아니라는 것이 판례이다(대판 1994.10.28, 94누5144). ④ 계고의 적법요건 　㉠ 계고를 함에 있어서는 상당한 이행기간을 부여하여야 한다. 여기서 '상당한 이행기간'은 사회통념에 따라 의무이행에 소요되는 통상적인 기간을 말하는 것으로 의무의 성질, 의무자의 구체적인 사정, 당해 작위의무를 명한 행정처분에서 정한 기간 등이 고려사항이 될 것이다. 판례는 상당한 **이행기간을 정하지 않은 계고는 그 후 대집행영장통지단계에서 그 대집행시기를 늦추었다 하더라도 대집행계고는 상당한 이행기한을 정하여 한 것이 아니어서 위법하다**고 본다(대판 1990.9.14, 90누2048).

계 ➡ 통 ➡ 실 ➡ 비

기출 OX
04 부작위의무를 위반함으로써 생긴 결과를 시정하기 위한 작위의무를 명하는 행위는 행정청이 별도의 법령상의 근거 없이도 할 수 있다.
19. 지방직 7급　　( )

정답 **04** ✕

ⓒ 대집행요건이 계고시에 이미 충족되었어야 한다. 이와 관련하여 대집행의 계고와 의무를 과하는 행정처분을 결합시키는 것이 의무불이행자의 기한의 이익과 관련하여 가능한지에 대해 판례는 "한 장의 문서로써 일정한 기간 내에 철거할 것을 명령함과 동시에 대집행계고를 한 경우라도 철거명령과 계고처분은 독립하여 존재하는 것이므로, 상당한 이행기간이 부여되어 있다면 계고처분은 적법하다(대판 1992.6.12, 91누13564)."고 보아 결합가능성을 긍정한다.

ⓒ 계고처분에는 대집행할 행위의 내용과 범위가 구체적으로 특정되어야 하며, 특정되지 아니한 계고처분은 위법하게 된다. 그러나 **대집행계고서에 의하여서만 특정되어야 하는 것은 아니며, 그 처분 전후에 송달된 다른 문서나 기타 사정을 종합하여 이를 특정할 수 있으면 족하다**(대판 1996.10.11, 96누8086).

ⓔ 대집행 계고는 반드시 문서로 하여야 하며, 문서로 하지 않은 계고처분의 효력은 **당연무효**이다.

대집행영장에 의한 통지	① 의무자가 계고를 받고도 지정된 기한까지 의무를 이행하지 아니한 경우에는 당해 행정청은 대집행영장에 의하여 대집행의 시기, 대집행책임자의 성명 및 대집행비용의 개산액을 의무자에게 통지하여야 한다(행정대집행법 제3조 제2항). 영장통지도 법률에 다른 규정이 있거나 비상시 또는 위험이 절박하여 통지를 할 만한 여유가 없을 때에는 통지를 생략할 수 있다(동법 제3조 제3항). ② 대집행영장에 의한 통지도 그 성질이 **준법률행위적 행정행위**로 항고쟁송의 대상인 처분이라는 것이 통설과 판례의 태도이다.
대집행의 실행	① 대집행실행이란 '의무자가 지정된 기한까지 의무를 이행하지 않은 경우, 당해 행정청 스스로 또는 제3자로 하여금 의무자가 할 행위를 대신하는 것'을 말한다. ② 대집행실행행위는 권력적 사실행위로서 항고소송의 대상이 된다. ③ 행정청(대집행을 실행하는 제3자를 포함한다)은 해가 뜨기 전이나 해가 진 후에는 대집행을 하여서는 아니 된다. 다만, 다음의 어느 하나에 해당하는 경우에는 그러하지 아니하다(행정대집행법 제4조 제1항). 　ㄱ 의무자가 동의한 경우 　ㄴ 해가 지기 전에 대집행을 착수한 경우 　ㄷ 해가 뜬 후부터 해가 지기 전까지 대집행을 하는 경우에는 대집행의 목적 달성이 불가능한 경우 　ㄹ 그 밖에 비상시 또는 위험이 절박한 경우 ④ 행정청은 대집행을 할 때 대집행 과정에서의 안전 확보를 위하여 필요하다고 인정하는 경우 현장에 긴급 의료장비나 시설을 갖추는 등 필요한 조치를 하여야 한다(동법 제4조 제2항). ⑤ 대집행을 하기 위하여 현장에 파견되는 집행책임자는 그가 집행책임자라는 것을 표시한 증표를 휴대하여 대집행시에 이해관계인에게 제시하여야 한다(동법 제4조 제3항).

권리구제	비용의 징수	① 대집행에 소요된 비용은 납기일을 정하여 의무자에게 문서로 납부를 부과하고 납부하지 않을 경우에는 국세징수의 예에 의하여 강제징수할 수 있다. 행정청이 의무자로부터 징수하는 비용은 수수료가 아니라 대집행에 소요된 비용의 징수이다. ② 법률행위적 행정행위로서 급부하명에 해당한다.
	대집행실행 이전	① 대집행계고, 대집행영장에 의한 통지는 각각 처분의 성질을 갖는 것이므로 이를 대상으로 항고쟁송을 제기하여 다툴 수 있다. ② 대집행의 선행행위인 의무를 부과하는 행정처분과 대집행의 4단계의 절차는 상호 밀접한 관련을 갖고 있는 행위이지만 서로 독립하여 별개의 효과를 추구하는 것이어서 선행처분이 당연무효가 아닌 한 선행처분의 위법성은 승계되지 아니한다. 판례도 하자의 승계를 **부정**하고 있다(대판 1982.7.27, 81누293). 그러나 대집행계고, 영장에 의한 통지, 대집행실행, 비용징수처분 사이는 모두 대체적 작위의무의 이행을 확보하기 위하여 일련의 단계를 이루는 절차로서 연속하여 행하여지기 때문에 그들 상호간에는 선행행위의 하자나 위법성이 후행행위에도 승계된다(대판 1996.2.9, 95누12507).
	대집행실행 이후	① 대집행실행이 종료된 뒤에는 계고처분이나 영장통지 및 대집행실행의 취소나 변경을 청구하는 것은 권리보호의 이익이 없어 항고소송을 통해 다툴 수 없는 것이 보통이다(대판 1993.6.8, 93누6164). ② 따라서 대집행의 실행이 종료되어 대집행의 취소나 변경을 구할 소의 이익이 없는 경우 대집행의 위법이나 과잉집행을 이유로 국가배상법에 따른 손해배상을 청구하여야 한다.

4. 이행강제금(집행벌)

행정기본법

제31조【이행강제금의 부과】 ① 이행강제금 부과의 근거가 되는 법률에는 이행강제금에 관한 다음 각 호의 사항을 명확하게 규정하여야 한다. 다만, 제4호 또는 제5호를 규정할 경우 입법목적이나 입법취지를 훼손할 우려가 크다고 인정되는 경우로서 대통령령으로 정하는 경우는 제외한다.

1. 부과·징수 주체
2. 부과 요건
3. 부과 금액
4. 부과 금액 산정기준
5. 연간 부과 횟수나 횟수의 상한

② 행정청은 다음 각 호의 사항을 고려하여 이행강제금의 부과 금액을 **가중하거나 감경할 수 있다.**

1. 의무 불이행의 동기, 목적 및 결과
2. 의무 불이행의 정도 및 상습성
3. 그 밖에 행정목적을 달성하는 데 필요하다고 인정되는 사유

③ 행정청은 이행강제금을 부과하기 전에 미리 의무자에게 적절한 이행기간을 정하여 그 기한까지 행정상 의무를 이행하지 아니하면 이행강제금을 부과한다는 뜻을 **문서로 계고(戒告)** 하여야 한다.

④ 행정청은 의무자가 제3항에 따른 계고에서 정한 기한까지 행정상 의무를 이행하지 아니한 경우 이행강제금의 부과 금액·사유·시기를 문서로 명확하게 적어 의무자에게 통지하여야 한다.

⑤ 행정청은 의무자가 행정상 의무를 이행할 때까지 이행강제금을 반복하여 부과할 수 있다. 다만, 의무자가 의무를 이행하면 새로운 이행강제금의 부과를 즉시 **중지**하되, **이미 부과한 이행강제금은 징수하여야 한다.**

⑥ 행정청은 이행강제금을 부과받은 자가 납부기한까지 이행강제금을 내지 아니하면 국세강제징수의 예 또는 지방행정제재·부과금의 징수 등에 관한 법률에 따라 징수한다.

개념		① 이행강제금이란 '행정상 비대체적 작위의무 또는 부작위의무를 이행하지 않는 경우, 그 의무를 간접적으로 강제하기 위하여 계고로써 미리 알린 뒤 금전지급의무를 부과하는 행정상 제재금'을 말한다. ② 그러나 이행강제금은 법률의 명문의 규정이 있는 경우에는 **대체적 작위의무의 불이행의 경우에도 부과될 수 있다**(건축법 제80조).
법적 근거		이행강제금도 행정상 강제집행의 수단이므로 당연히 법적 근거가 있어야 한다. 현재 우리나라는 이행강제금에 대한 **일반법은 없고**, 단지 건축법 제80조, 농지법 제62조, 부동산 실권리자명의 등기에 관한 법률 제6조 등의 단행법에서 극히 한정적으로 인정되고 있다.
법적 성질		① 이행강제금의 부과는 금전급부의무를 부과하는 법률행위적 행정행위 중 급부하명에 속한다. 따라서 항고쟁송의 대상인 처분에 해당한다. ② 이행강제금 납부의무는 상속인 기타의 사람에게 승계될 수 없는 일신전속적인 성질의 것이므로 이미 사망한 사람에게 이행강제금을 부과하는 내용의 처분이나 결정은 **당연무효**이다(대결 2006.12.8, 2006마470).
행정벌과의 구별	성질	① 이행강제금은 장래에 의무이행을 확보하기 위한 강제집행수단으로서 의무불이행자에게 심리적 압박을 가하여 의무를 실현하게 하는 간접적 의무이행수단에 해당한다. ② 행정벌은 과거의 의무위반에 대한 제재라는 점에서 이행강제금과 구별된다.
	차이점	① 이행강제금은 의무이행이 있으면 더 이상 부과할 수 없으나, 행정벌은 사후에 의무를 이행하였다 하더라도 과거위반사실을 이유로 행정벌을 부과할 수 있다. ② 판례도 "건축법상의 이행강제금은 시정명령의 불이행이라는 과거의 위반행위에 대한 제재가 아니라, 의무자에게 시정명령을 받은 의무의 이행을 명하고 그 이행기간 안에 의무를 이행하지 않으면 이행강제금이 부과된다는 사실을 고지함으로써 의무자에게 심리적 압박을 주어 의무의 이행을 간접적으로 강제하는 행정상의 간접강제수단에 해당한다. 이러한 이행강제금의 본질상 시정명령을 받은 **의무자가 이행강제금이 부과되기 전에 그 의무를 이행한 경우에는 비록 시정명령에서 정한 기간을 지나서 이행한 경우라도 이행강제금을 부과할 수 없다**(대판 2018.1.25, 2015두35116)."고 본다. ③ 이행강제금은 장래에 의무이행을 확보하기 위한 강제집행수단이라는 점에서 의무이행이 있기까지 반복하여 부과할 수 있으나, 행정벌은 과거의 위반에 대한 간접적인 제재로서 하나의 위반에 대하여 반복하여 부과할 수 없다.

	양자의 병과	① 이행강제금은 행정벌 또는 과태료와는 그 목적이나 성질이 상이하므로 병과가 허용된다. ② 형사처벌과 건축법 제83조 제1항에 의한 시정명령 위반에 대한 이행강제금의 부과는 그 처벌 내지 제재대상이 되는 기본적 사실관계로서의 행위를 달리하며, 또한 그 보호법익과 목적에서도 차이가 있으므로 이중처벌에 해당한다고 할 수 없고, 과잉금지원칙에 반한다고 할 수도 없다(대결 2005.8.19, 2005마30).
불복절차	과징금형 (특별한 불복규정 ×)	건축법 제80조와 같이 이행강제금의 불복방법에 대하여 별도의 규정이 없는 경우에는 이행강제금부과는 항고쟁송의 대상이 되는 처분에 해당하므로, **일반적인 항고쟁송**에 따라 다툴 수 있다.
	과태료형 (특별한 불복규정 ○)	이행강제금에 대하여 불복이 있는 자는 농지법 제62조와 같이 이행강제금에 관한 불복절차에 대해 개별법률에서 특별히 정한 바가 있는 경우에는 이에 따라 다툴 수 있는데, 이행강제금에 대한 불복수단은 각 **개별법에서 비송사건절차법**에 따르도록 하는 것이 보통이다.

5. 직접강제

> **행정기본법**
> **제32조【직접강제】** ① 직접강제는 행정대집행이나 이행강제금 부과의 방법으로는 행정상 의무이행을 확보할 수 없거나 그 실현이 불가능한 경우에 실시하여야 한다.
> ② 직접강제를 실시하기 위하여 현장에 파견되는 집행책임자는 그가 집행책임자임을 표시하는 증표를 보여 주어야 한다.
> ③ 직접강제의 계고 및 통지에 관하여는 제31조 제3항 및 제4항을 준용한다.

개념	의무자가 행정상 의무를 이행하지 아니하는 경우에 행정주체가 직접적으로 의무자의 신체 또는 재산에 실력을 행사하여 행정상 필요한 상태를 실현하는 강제집행의 수단(예 외국인 강제퇴거, 불법시위에 대한 강제해산조치, 무허가영업소 강제폐쇄)
법적 근거	일반법 없음. 개별법상의 법적 근거가 있어야 함
법적 성질	① 직접강제는 행정상 강제집행작용이라는 점에서 행정상의 대집행·강제징수 및 즉시강제와 같으며 수인의무를 수반하는 권력적 사실행위이다. ② 직접강제는 대체적 작위의무뿐만 아니라 비대체적 작위의무·부작위의무·수인의무 등 일체의 의무의 불이행에 대해서 할 수 있다는 점에서 대체적 작위의무의 강제수단인 '대집행'과 구별되며, 의무불이행을 전제로 하는 점에서 그러한 전제 없이 이루어지는 즉시강제와 구별된다.
한계	행정상 직접강제는 상대방의 권익침해가능성이 매우 높기 때문에 대집행이나 이행강제의 수단이 동원될 수 없거나 더 이상 이러한 수단으로는 그 목적을 달성할 수 없는 경우에 행정청의 최후의 수단으로서 사용되는 실효성확보수단이다. 따라서 직접강제는 그 수단의 목적과 침해 사이의 엄격한 비례성이 유지되는 한도 내에서만 사용될 수 있다.
권리구제	① 직접강제에 대하여 불복이 있는 경우에 행정심판 및 항고소송을 제기할 수 있다. 다만, 직접강제가 집행 이후에 곧 종료되는 경우가 많아 권리보호이익(협의의 소익)을 결하는 경우가 많을 것이다.

	② 위법한 직접강제로 인하여 자신의 권익을 침해받아 손해가 발생한 자는 국가배상법 제2조에 따라 국가배상을 청구할 수 있다.
	③ 직접강제의 결과로 발생한 위법한 상태로 인하여 자기의 법률상 이익을 침해받고 있는 자는 공법상 결과제거청구권을 행사할 수 있다. 단, 원상회복이 실현불가능하거나 법적으로 허용되지 않는 경우 등에는 결과제거청구권을 행사할 수 없다.

6. 경찰상 강제징수

개념		금전급부의 의무를 이행하지 않는 경우 의무불이행자의 재산(**신체 ×**)에 실력을 행사하여 의무가 이행된 것과 같은 상태를 실현시키는 강제집행수단
법적 근거		일반법인 **국세징수법(국세기본법 ×)**이 존재
절차	독촉	① 관할 세무서장은 납세자가 국세를 지정납부기한까지 완납하지 아니한 경우 지정납부기한이 지난 후 **10일** 이내에 체납된 국세에 대한 독촉장을 발급하여야 한다. 이 경우 관할 세무서장은 독촉장을 발급하는 경우 독촉을 하는 날부터 **20일** 이내의 범위에서 기한을 정하여 발급한다(국세징수법 제10조). ② 독촉은 납부의무자에게 이행을 청구하고 체납처분을 할 것을 예고하는 준법률행위적 행정행위인 **통지행위**이다. ③ 독촉절차 없이 이루어진 체납처분은 학설은 무효라고 보나, 대법원은 무효로 할 만큼 중대하고도 명백한 하자라고 볼 수 없다고 하여 **취소사유**의 하자로 본다(대판 1992.3.10, 91누6030). ④ 계고와 마찬가지로 동일한 내용의 독촉이 반복된 경우 최초의 독촉만이 처분성이 인정되는 것이 판례의 입장이다. ⑤ 독촉은 이후에 행해지는 압류의 적법요건이 되며 최고기간 동안 조세채권의 소멸시효를 중단시키는 법적 효과를 갖는다.
	체납처분 — 재산압류	① 의무자가 독촉장 또는 납부최고서를 받고도 지정된 기한까지 국세와 가산금을 완납하지 않은 경우 납세자의 재산을 압류한다. 압류는 **권력적 사실행위**이다. ② 압류대상재산은 의무자의 소유로서 금전적 가치가 있고 양도성이 있는 모든 재산이다. 동산·부동산·무체재산권 등을 불문한다.
	체납처분 — 압류재산 **매각**	① 매각은 체납자의 재산을 금전으로 바꾸는 것이다. 국세징수법 통칙은 세무서장의 **매각결정을 처분**으로 보고 있다. ② 매각은 공정성을 확보하기 위하여 원칙적으로 공공기관에 의해 이루어지는 경매(공매)에 의하고, 예외적으로 경매에 의하지 않고 거래상대방을 임의로 선택하는 계약(수의계약)에 의한다. 공매는 세무서장이 하는 것을 원칙으로 한다. ③ 판례는 "성업공사(현 한국자산관리공사)의 공매결정은 성업공사가 당해 부동산을 공매하기로 한 결정 자체는 내부적인 의사결정에 불과하여 항고소송의 대상이 되는 **행정처분이라고 볼 수 없다**(대판 1998.6.26, 96누12030)."고 본다.

:두문자

독 → 압 → 매 → 청

	체납처분	④ 대법원은 "성업공사(현 한국자산관리공사)가 체납압류된 재산을 공매하는 것은 세무서장의 공매권한위임에 의한 것으로 보아야 할 것이므로, 성업공사가 한 그 공매처분에 대한 취소 등의 항고소송을 제기함에 있어서는 수임청으로서 실제로 공매를 행한 **성업공사를 피고로 하여야 하고**, 위임청인 세무서장은 피고적격이 없다(대판 1997.2.28, 96누1757)."고 판시하였다.
	청산	① 청산은 매각대금 등 체납처분절차로 획득한 금전에 대하여 조세 기타 공과금, 담보채권 및 체납자에게 배분하는 행정작용을 말한다. 체납처분절차의 최종단계에 해당된다. ② 배분순위는 강제징수비 ➡ 국세 ➡ 가산금의 순으로 한다. 배분에 있어서는 국세우선·압류우선·담보부국세 우선 등의 원칙이 채택되었다.
	체납처분의 중지와 결손처분	① 체납처분의 목적물인 총재산의 추산가액이 체납처분비에 충당하고, 나머지가 생길 여지가 없는 때에는 체납처분을 중지하여야 한다. ② 이 경우에는 결손처분을 할 수 있다. 이로써 납세의무는 소멸된다. 이 경우에 결손처분이란 구체적으로 확정된 조세채권이 일정한 사유로 인하여 징수할 수 없다고 인정되는 경우에 그 납세의무를 소멸시키는 징세관서의 처분을 말한다.
권리구제	행정쟁송	① 독촉 또는 체납처분이 위법·부당하다고 인정되는 경우에는 행정쟁송절차에 의하여 그 취소 또는 변경을 청구할 수 있다. 다만, 국세기본법은 행정쟁송절차 중 행정심판에 관하여 행정심판법의 적용을 배제하는 특칙을 두고 있으며, 행정소송에 대해서도 약간의 특칙이 규정되어 있다. ② **필요적 전치주의**: 행정소송은 행정소송법 제18조 제1항 본문, 제2항 및 제3항에도 불구하고 이 법에 따른 심사청구 또는 심판청구와 그에 대한 결정을 거치지 아니하면 제기할 수 없다(국세기본법 제56조의2). ③ 대법원은 "㉠ **공매에 의하여 재산을 매수한 자**는 공매처분의 취소를 구할 원고적격을 가지나, ㉡ 과세관청이 조세의 징수를 위하여 납세의무자 소유의 부동산을 압류한 이후에 **압류등기가 된 부동산을 양도받아 소유권이전등기를 마친 사람**은 위 압류처분에 대하여 사실상 간접적 이해관계를 가질 뿐, 법률상 직접적이고 구체적인 이익을 가지는 것은 아니어서 그 압류처분의 무효확인을 구할 당사자 적격이 없다(대판 1990.10.16, 89누5706)."고 판시하였다. ④ 대법원은 "**국세환급금 결정 및 그에 대한 신청거부결정 및 국세환급금 충당**은 국세기본법 제51조 제1항, 제52조 및 같은 법 시행령 제30조에 따른 세무서장의 국세환급금(국세환급가산금 포함)에 대한 결정은 이미 납세의무자의 환급청구권이 확정된 국세환급금에 대하여 내부적인 사무처리절차로서 과세관청의 환급절차를 규정한 것에 지나지 않고 그 규정에 의한 국세환급금의 결정에 의하여 비로소 환급청구권이 확정되는 것이 아니므로, 국세환급금결정이나 그 결정을 구하는 신청에 대한 환급거부결정 등은 **항고소송의 대상이 되는 처분이라고 볼 수 없다**(대판 1994.12.2, 92누14250)."고 판시하고 있다.

하자승계	① 조세부과처분과 독촉 또는 체납처분간에는 하자승계가 되지 않으나, ② 독촉 ➡ 체납처분(압류 ➡ 매각 ➡ 청산) ➡ 체납처분의 중지 ➡ 결손 처분 사이에는 강제징수라는 동일한 목적을 위한 단계적 절차이므로 하자가 승계된다.

7. 경찰상 즉시강제

> **행정기본법**
>
> **제33조 【즉시강제】** ① 즉시강제는 다른 수단으로는 행정목적을 달성할 수 없는 경우에만 허용되며, 이 경우에도 최소한으로만 실시하여야 한다.
>
> ② 즉시강제를 실시하기 위하여 현장에 파견되는 집행책임자는 그가 집행책임자임을 표시하는 증표를 보여 주어야 하며, 즉시강제의 이유와 내용을 고지하여야 한다.
>
> ③ 제2항에도 불구하고 집행책임자는 즉시강제를 하려는 재산의 소유자 또는 점유자를 알 수 없거나 현장에서 그 소재를 즉시 확인하기 어려운 경우에는 즉시강제를 실시한 후 집행책임자의 이름 및 그 이유와 내용을 고지할 수 있다. 다만, 다음 각 호에 해당하는 경우에는 게시판이나 인터넷 홈페이지에 게시하는 등 적절한 방법에 의한 공고로써 고지를 갈음할 수 있다.
>
> 1. 즉시강제를 실시한 후에도 재산의 소유자 또는 점유자를 알 수 없는 경우
> 2. 재산의 소유자 또는 점유자가 국외에 거주하거나 행방을 알 수 없는 경우
> 3. 그 밖에 대통령령으로 정하는 불가피한 사유로 고지할 수 없는 경우

의의		급박한 행정상의 장해를 제거할 필요가 있으나 미리 의무를 부과할 시간적 여유가 없을 때 또는 그 성질상 의무를 부과해서는 목적달성이 곤란할 경우에, 직접 국민의 신체 또는 재산에 실력을 가하여 행정상 필요한 상태를 실현하는 행정작용을 말한다.
법적 근거		행정상 즉시강제의 일반법은 없으나, 경찰상 즉시강제의 일반법으로는 경찰관직무집행법이 있다.
강제집행과 구별	차이점	강제집행은 선의무의 존재 및 그에 대한 의무의 불이행을 전제로 하여 행해지지만, 즉시강제는 이를 부과할 시간적 여유가 없으므로 의무의 불이행을 전제로 하지 않는다는 점에서 차이가 있다.
	공통점	① 행정상 목적의 실현을 확보하기 위한 수단 ② 권력적 사실행위
요건		① 행정상의 장해가 존재할 것 ② 이러한 장해가 급박하여 의무를 부과할 시간적 여유가 없거나 성질상 의무를 부과해서는 목적달성이 곤란할 것
한계	법규상 한계	법률의 근거가 필요하고, 관련법령을 위반해서는 안 된다.
	조리상 한계 / 급박성	행정상 즉시강제는 공공의 안녕과 질서에 대한 위해발생이 목전에 급박한 경우, 즉 그 위해가 현존하거나 사회통념에 비추어 위험발생이 확실한 경우에 발동되어야 한다. 이는 미국법상 '명백하고 현존하는 위험(clear and present danger)의 법리'와 유사한 것이라 할 수 있다.
	조리상 한계 / 보충성	행정상 즉시강제는 다른 수단으로는 당해 행정목적을 달성할 수 없거나 다른 위해방지조치를 취할 시간적 여유가 없는 경우이어야 한다.

	비례성	행정상 즉시강제로서의 위해방지수단은 행정기관이 의도하는 목적을 달성함에 있어 적합하고 유용한 수단이어야 한다. 또한, 이러한 목적을 달성할 수 있는 여러 수단이 있는 경우에도 행정기관은 관계자에게 최소한 침해를 가져오는 수단을 선택하여야 하고, 침해의 정도는 공익의 정도와 상당한 비례가 유지되어야 한다.
	소극성	행정상 즉시강제는 소극적으로 공공의 안녕과 질서를 유지하기 위하여 필요한 범위 내에서 이루어져야 하고, 적극적인 행정의 목적달성을 위해 발동되어서는 안 된다.
	절차상 한계	① 행정상 즉시강제의 경우 영장주의 적용 여부에 대해 ㉠ 영장필요설, ㉡ 영장불요설, ㉢ 절충설(다수설)이 견해가 대립된다. ② 판례는 "원칙적으로 사전영장이 필요하지만, 사전영장주의를 고수하다가는 **행정목적을 달성할 수 없는 지극히 예외적인 경우에는 형사절차에서와 같은 예외가 인정된다**(대판 1997.6.13, 96다56115)."고 하여 절충설의 입장이다.
권리구제	적법한 즉시강제의 경우	경찰관 직무집행법 제11조의2에 따라 적법한 경찰상 즉시강제로 인하여 손실을 입은 자는 손실보상을 청구할 수 있다.
	위법한 즉시강제의 경우	① 행정쟁송: 경찰상 즉시강제의 발동은 권력적 사실행위로서 행정쟁송의 대상인 처분에 해당한다. 그러나 즉시강제가 집행 이후에 곧 종료되는 경우가 많아 대부분 권리보호이익(협의의 소익)을 결하여 항고쟁송에 의한 구제가 가능하지 않다. ② 국가배상청구: 위법한 즉시강제로 인하여 자신의 권익을 침해받아 손해가 발생한 자는 국가배상법 제2조에 따라 국가배상을 청구할 수 있다. ③ 결과제거청구: 행정상 즉시강제의 결과로 발생한 위법한 상태로 인하여 자기의 법률상 이익을 침해받고 있는 자는 공법상 결과제거청구권을 행사할 수 있다. ④ 자력구제: 위법한 즉시강제에 대항하는 것은 정당방위로 공무집행방해죄가 성립하지 않는다.

8. 경찰벌

(1) 경찰벌의 의의

경찰벌은 '경찰법상 의무위반에 대한 제재로서 일반통치권에 의거해서 부과하는 벌'을 말한다. 이러한 경찰벌이 과해지는 비행을 '경찰범'이라고 한다.

(2) 다른 수단과의 구별

① 징계벌과의 구별

구분	징계벌	경찰벌
목적	공무원관계 내부의 질서유지	일반사회의 질서유지
권력적 기초	특별권력관계(특별행정법관계)에 기초	일반통치권에 근거
고의 및 과실	고의 또는 과실을 요하지 않음	고의 또는 과실을 요함
병과 여부	직접적인 목적과 그 성질을 달리하므로 같은 의무의 불이행에 대하여 양자의 병과가 가능	

② 이행강제금과의 구별

구분	경찰벌	이행강제금
목적	과거 의무위반에 대한 제재	과거 의무불이행에 대한 장래 의무이행확보수단
수단	형벌 또는 과태료	금전부과
부과기관	법원이 부과함이 원칙	행정청이 부과
반복부과 여부 (일사부재리원칙 적용 여부)	반복부과 불가 (일사부재리원칙 적용)	반복부과 가능 (일사부재리원칙 부적용)
불복절차	㉠ 경찰형벌(형사소송법) ㉡ 경찰질서벌(질서위반행위규제법)	㉠ 과태료형: 비송사건절차법 ㉡ 과징금형: 일반 행정쟁송절차(건축법상 이행강제금)

③ 경찰상 강제집행과의 구별

구분	경찰상 강제집행	경찰벌
대상	의무불이행에 대해 과함	의무위반에 대해 과함
성격	'**장래**'에 향하여 의무이행을 '**강제**'하기 위한 수단	'**과거**'의 의무위반에 대한 '**제재**'의 수단
공통점	경찰법상의 의무이행을 확보하기 위한 수단	
병과 여부	직접적인 목적을 달리하므로 같은 의무의 불이행에 대하여 양자의 병과가 가능	

(3) 경찰벌의 종류

구분	경찰형벌	경찰질서벌
개념 (보호법익)	**직접적인 경찰목적 및 사회공익**을 침해한 행위에 대한 제재	**간접적인 행정상 질서**에 장해를 줄 위험이 있는 행위에 대한 제재
특수성	① 원칙적으로 형법 총칙이 적용됨 ② 고의·과실, 위법성의 인식을 요함	① 원칙적으로 형법 총칙이 적용 안 됨 ② 질서위반행위규제법의 제정으로 형법 총칙에 상응하는 규정을 두고 있어, 현재에는 고의·과실과 위법성의 인식 등을 요하고 있음
과벌형태	형법상 형벌(사형·징역·금고·자격상실·자격정지·벌금·구류·과료 및 몰수)	과태료
과벌절차	① 원칙: 형사소송법 ② 예외: 통고처분 및 즉결심판	① 원칙: 비송사건절차법 ② 예외: 지방자치법 제20조, 제130조
양자의 관계	① 경찰형벌과 경찰질서벌의 병과는 일사부재리의 원칙에 반하지 않는다(**견해 대립 있음**). ② 판례는 '질서위반행위규제법' 시행 이전에 "행정질서벌인 과태료와 행정형벌은 모두 행정벌의 일종이지만, 그 성질이나 목적을 달리하는 별개의 것이므로 동일한 행정범에 대하여 양자를 병과할 수 있으며 일사부재리의 원칙이 적용되지 않는다(대판 1996.4.12, 96도158)."고 판시하여 병과를 긍정하고 있다.	

(4) 경찰형벌의 특수성

① 경찰형벌의 실체법상 특수성

법인의 책임능력	양벌규정 (○)	㉠ 형사범에 있어서 법인은 범죄능력이 없으므로 형사벌을 과할 수 없으나 행정범에 있어서는 법인의 대표자나 대리인 또는 사용인이 법인의 사무에 관하여 행정법상의 의무에 위반되는 행위를 할 때에는 그 행위자를 벌하는 이외에 법인에 대해서도 처벌하는 경우가 많다(도로교통법 제116조, 문화재보호법 제94조, 인삼산업법 제32조). ㉡ 이러한 양벌규정에 의하여 법인이 책임을 지는 경우에 있어서는 ⓐ 법인의 대표자의 행위에 대한 책임은 법인의 **자기책임**이고, 또한 ⓑ 종업원 등에 대한 주의·감독업무를 태만히 한데 대한 법인의 **과실책임**으로 볼 수 있다.
	양벌규정 (×)	㉠ 한편, 법인의 처벌에 관한 명문규정이 없는 경우에도 법인이 책임을 질 것인가에 대하여 견해가 대립되나, 통설은 법인의 처벌은 그것을 인정하는 특별한 규정이 있는 경우에만 가능하다고 본다. ㉡ 판례는 특별규정이 없는 경우에도 법인의 처벌이 가능하다고 본 경우(대판 1971.9.28, 71도1394)도 있고, 특별규정이 없는 한 처벌되지 않는다는 경우(대판 1968.2.20, 67도1683 등)도 있어 일정하지 않다.
타인의 행위에 대한 책임		㉠ 형사범에 있어서는 범죄를 범한 행위자에 대해서만 형벌을 과하지만, 행정범에 있어서는 행위자 이외의 자, 즉 법령상의 책임자에 대하여 행정벌을 과하는 경우가 많다. ㉡ 미성년자·금치산자의 위법행위에 대하여 법정대리인을 처벌하거나, 양벌규정을 두어 행위자 이외에 사업주도 처벌하는 경우 등이 그것이다. 이와 같은 타인의 행위에 대한 책임은 법정대리인이나 사업주 등의 감독불충분에 대한 **과실책임**으로 보는 것이 판례의 입장이다(대판 1969.8.26, 69도1151).

⚖ 판례 | 지방자치단체의 범죄능력에 관한 판례

1 지방자치단체는 자치사무를 수행하는 경우 양벌규정에 따라 처벌대상이 되는 법인에 해당한다.

지방자치단체가 그 고유의 자치사무를 처리하는 경우에는 지방자치단체는 국가기관의 일부가 아니라 국가기관과는 별도의 독립한 공법인이므로, 지방자치단체 소속 공무원이 지방자치단체 고유의 자치사무를 수행하던 중 도로법 제81조 내지 제85조의 규정에 의한 위반행위를 한 경우에는 지방자치단체는 도로법 제86조의 양벌규정에 따라 처벌대상이 되는 법인에 해당한다(대판 2005.11.10, 2004도2657).

2 지방자치단체는 기관위임사무를 수행하는 경우 양벌규정에 따라 처벌대상이 되는 법인에 해당하지 않는다.

지방자치단체 소속 공무원이 지정항만순찰 등의 업무를 위해 관할관청의 승인 없이 개조한 승합차를 운행함으로써 구 자동차관리법을 위반한 사안에서, 지방자치법, 구 항만법, 구 항만법 시행령 등에 비추어 위 항만순찰 등의 업무가 지방자치단체의 장이 국가로부터 위임받은 기관위임사무에 해당하여, 해당 지방자치단체가 구 자동차관리법 제83조의 양벌규정에 따른 처벌대상이 될 수 없다(대판 2009.6.11, 2008도6530).

② **경찰형벌의 과벌절차**

　　㉠ **일반과벌절차**: 경찰형벌은 원칙적으로 형사소송법의 절차에 따라 과해진다.

　　㉡ **특별과벌절차**

　　　ⓐ **통고처분**

참고

법칙금납부기한 내에는 검사가 공소제기할 수 **없다**.

의의	㉮ 행정청이 정식재판(형사소송절차)에 갈음하여 과료·벌금에 상당하는 금액의 납부를 명하는 **준사법적 행정작용**이다. ㉯ 통고처분에 의해 납부하는 범칙금은 형법상의 벌금이 아니며, **행정제재금의 성질**을 갖는다.
헌법재판소	헌법재판소는 통고처분은 적법절차원칙이나 권력분립원칙에 위배되거나, 재판청구권을 침해하는 제도가 아니라고 보아 **합헌**이라 본다.
권한자	㉮ 경범죄 처벌법과 도로교통법상 통고처분권자는 경찰서장이며, ㉯ 그 이외의 다른 법률에 따라 세무서장, 국세청장, 관세청장 등이 있다.
법칙금 납부효력	㉮ 통고처분을 받은 범칙자가 소정기간 내에 통고처분의 내용을 이행하면 확정판결과 동일한 효력이 발생하며, 일사부재리원칙이 적용된다. ㉯ 따라서, 범칙금을 납부한 사람은 그 범칙행위에 대하여 다시 벌받지 아니한다.
불이행의 효력	㉮ 통고처분을 받은 범칙자가 소정의 기간 내에 통고처분의 내용을 이행하지 않으면 당해 통고처분은 별도의 행위를 기다릴 것 없이 당연히 그 효력을 상실한다. 이후 관계행정청의 고발에 의하여 통상의 형사소송절차로 이행한다. 단, 도로교통법과 경범죄 처벌법은 형사소송절차에 앞서 즉결심판을 제기하게 된다. ㉯ 통고처분의 효력은 상실되므로 **강제집행할 수 없다**.
불복	통고처분을 받은 자는 그 처분에 이의가 있는 경우에도 **행정쟁송을 제기할 수 없다**.

　　　ⓑ **즉결심판절차**: 20만원 이하의 벌금·구류 또는 과료의 행정벌은 **경찰서장**의 청구에 의하여 지방법원 또는 지원의 순회판사에 의하여 부과하는 절차를 말한다. 이에 불복하는 피고인은 선고 고지일로부터 **7일** 이내에 정식재판을 청구할 수 있다(법원조직법 제34조, 제35조; 즉결심판에 관한 절차법 제2조, 제3조).

(5) 경찰질서벌의 특수성(질서위반행위규제법)

기출 **OX**

01 지방자치단체는 그 고유의 자치사무를 처리하는 경우 양벌규정에 의한 처벌대상이 되는 법인에 해당하지 아니한다. 12. 지방직(하) 7급
　　　　　　　( )

02 판례는 통고처분을 행정소송의 대상이 되는 행정처분이 아니라고 보고 있다.
18. 소방직 9급　　( )

정답 **01** × **02** ○

정의	'질서위반행위'란 법률(**지방자치단체의 조례를 포함**한다. 이하 같다)상의 의무를 위반하여 과태료를 부과하는 행위를 말한다. 다만, 다음의 어느 하나에 해당하는 행위를 제외한다. ① 대통령령으로 정하는 사법상·소송법상 의무를 위반하여 과태료를 부과하는 행위 ② 대통령령으로 정하는 법률에 따른 징계사유에 해당하여 과태료를 부과하는 행위

시간적 범위	① 질서위반행위의 성립과 과태료 처분은 행위시의 법률에 따른다. ② 질서위반행위 후 법률이 변경되어 그 행위가 질서위반행위에 해당하지 아니하게 되거나 과태료가 변경되기 전의 법률보다 가볍게 된 때에는 법률에 특별한 규정이 없는 한 **변경된 법률을 적용한다.** ③ 행정청의 과태료 처분이나 법원의 과태료 재판이 확정된 후 법률이 변경되어 그 행위가 질서위반행위에 해당하지 아니하게 된 때에는 변경된 법률에 특별한 규정이 없는 한 **과태료의 징수 또는 집행을 면제한다.**	
장소적 범위	① 대한민국 영역 안에서 질서위반행위를 한 자에게 적용한다. ② 대한민국 영역 밖에서 질서위반행위를 한 대한민국의 국민에게 적용한다. ③ 대한민국 영역 밖에 있는 대한민국의 **선박 또는 항공기 안에서 질서위반행위를 한 외국인에게 적용한다.**	
다른 법률과의 관계	과태료의 부과·징수, 재판 및 집행 등의 절차에 관한 다른 법률의 규정 중 이 법의 규정에 저촉되는 것은 이 법으로 정하는 바에 따른다.	
질서위반 행위의 성립	질서위반행위 법정주의	**법률에 따르지 아니하고는 어떤 행위도 질서위반행위로 과태료를 부과하지 아니한다.**
	고의 또는 과실	**고의 또는 과실이 없는 질서위반행위는 과태료를 부과하지 아니한다.**
	위법성의 착오	자신의 행위가 위법하지 아니한 것으로 오인하고 행한 질서위반행위는 그 오인에 정당한 이유가 있는 때에 한하여 과태료를 부과하지 아니한다.
	책임연령	**14세가 되지 아니한 자의 질서위반행위는 과태료를 부과하지 아니한다. 다만, 다른 법률에 특별한 규정이 있는 경우에는 그러하지 아니하다.**
	심신장애	① 심신(심신)장애로 인하여 행위의 옳고 그름을 판단할 능력이 없거나 그 판단에 따른 행위를 할 능력이 없는 자의 질서위반행위는 **과태료를 부과하지 아니한다.** ② 심신장애로 인하여 ①에 따른 능력이 미약한 자의 질서위반행위는 과태료를 감경한다. ③ 스스로 심신장애 상태를 일으켜 질서위반행위를 한 자에 대하여는 ① 및 ②을 적용하지 아니한다.
	다수인의 질서위반행위	① 2인 이상이 질서위반행위에 가담한 때에는 각자가 질서위반행위를 한 것으로 본다. ② 신분에 의하여 성립하는 질서위반행위에 신분이 없는 자가 가담한 때에는 신분이 없는 자에 대하여도 질서위반행위가 성립한다. ③ 신분에 의하여 과태료를 감경 또는 가중하거나 과태료를 부과하지 아니하는 때에는 그 신분의 효과는 신분이 없는 자에게는 미치지 아니한다.
	과태료의 시효	과태료는 행정청의 과태료 부과처분이나 법원의 과태료 재판이 확정된 후 **5년**간 징수하지 아니하거나 집행하지 아니하면 시효로 인하여 소멸한다.

과태료의 부과 및 징수	사전통지 및 의견제출	① 행정청이 질서위반행위에 대하여 과태료를 부과하고자 하는 때에는 미리 당사자(제11조 제2항에 따른 고용주 등을 포함한다. 이하 같다)에게 대통령령으로 정하는 사항을 통지하고, **10일 이상의 기간을** 정하여 의견을 제출할 기회를 주어야 한다. 이 경우 **지정된 기일까지 의견제출이 없는 경우에는 의견이 없는 것으로 본다.** ② 당사자는 의견제출기한 이내에 대통령령으로 정하는 방법에 따라 행정청에 의견을 진술하거나 필요한 자료를 제출할 수 있다. ③ 행정청은 ②에 따라 당사자가 제출한 의견에 상당한 이유가 있는 경우에는 과태료를 부과하지 아니하거나 통지한 내용을 변경할 수 있다.
	과태료의 부과	① 행정청은 제16조의 의견제출절차를 마친 후에 서면(**당사자가 동의하는 경우에는 전자문서를 포함**한다)으로 과태료를 부과하여야 한다. ② ①에 따른 서면에는 질서위반행위, 과태료 금액, 그 밖에 대통령령으로 정하는 사항을 명시하여야 한다.
	과태료부과의 제척기간	① 행정청은 질서위반행위가 종료된 날(다수인이 질서위반행위에 가담한 경우에는 최종행위가 종료된 날을 말한다)부터 **5년**이 경과한 경우에는 해당 질서위반행위에 대하여 과태료를 부과할 수 없다. ② ①에도 불구하고 행정청은 제36조 또는 제44조에 따른 법원의 결정이 있는 경우에는 그 결정이 확정된 날부터 1년이 경과하기 전까지는 과태료를 정정부과하는 등 해당 결정에 따라 필요한 처분을 할 수 있다.
	이의제기	① 행정청의 과태료 부과에 불복하는 당사자는 제17조 제1항에 따른 과태료 부과 **통지를 받은 날부터 60일 이내에** 해당 행정청에 서면으로 이의제기를 할 수 있다. ② ①에 따른 이의제기가 있는 경우에는 **행정청의 과태료 부과처분은 그 효력을 상실한다.** ③ 당사자는 행정청으로부터 법원에 통보를 하였다는 통지를 받기 전까지는 행정청에 대하여 **서면으로 이의제기를 철회할 수 있다.**
	법원에의 통보	① 제20조 제1항에 따른 이의제기를 받은 행정청은 **이의제기를 받은 날부터 14일 이내에** 이에 대한 의견 및 증빙서류를 첨부하여 관할 법원에 통보하여야 한다. 다만, 다음의 어느 하나에 해당하는 경우에는 그러하지 아니하다. ㉠ 당사자가 이의제기를 철회한 경우 ㉡ 당사자의 이의제기에 이유가 있어 과태료를 부과할 필요가 없는 것으로 인정되는 경우 ② 행정청은 사실상 또는 법률상 같은 원인으로 말미암아 다수인에게 과태료를 부과할 필요가 있는 경우에는 다수인 가운데 1인에 대한 관할권이 있는 법원에 제1항에 따른 이의제기사실을 통보할 수 있다. ③ 행정청이 ① 및 ②에 따라 관할 법원에 통보를 하거나 통보하지 아니하는 경우에는 그 사실을 즉시 당사자에게 통지하여야 한다.

수개의 질서위반 행위의 처리		① 하나의 행위가 2 이상의 질서위반행위에 해당하는 경우에는 각 질서위반행위에 대하여 정한 과태료 중 **가장 중한 과태료**를 부과한다. ② ①의 경우를 제외하고 2 이상의 질서위반행위가 경합하는 경우에는 각 질서위반행위에 대하여 정한 **과태료를 각각 부과한다**. 다만, 다른 법령(지방자치단체의 조례를 포함한다. 이하 같다)에 특별한 규정이 있는 경우에는 그 법령으로 정하는 바에 따른다.
관할법원		과태료 사건은 다른 법령에 특별한 규정이 있는 경우를 제외하고는 **당사자(행정청 ✕)의 주소지의 지방법원** 또는 그 지원의 관할로 한다.
검사에게 통지		법원은 제21조 제1항 및 제2항에 따른 행정청의 통보(14일 이내에 관할 법원에 통보)가 있는 경우 이를 **즉시 검사에게** 통지하여야 한다.
심문		① 법원은 심문기일을 열어 당사자의 진술을 들어야 한다. ② 법원은 검사의 의견을 구하여야 하고, 검사는 심문에 참여하여 의견을 진술하거나 서면으로 의견을 제출하여야 한다. ③ 법원은 당사자 및 검사에게 ①에 따른 심문기일을 통지하여야 한다.
재판		① 과태료 재판은 이유를 붙인 **결정**으로써 한다. ② 결정서의 원본에는 판사가 서명날인하여야 한다. 다만, 제20조 제1항에 따른 이의제기서 또는 조서에 재판에 관한 사항을 기재하고 판사가 이에 서명날인함으로써 원본에 갈음할 수 있다. ③ 결정서의 정본과 등본에는 법원사무관 등이 기명날인하고, 정본에는 법원인을 찍어야 한다. ④ ②의 서명날인은 기명날인으로 갈음할 수 있다.
항고		① 당사자와 검사는 과태료 재판에 대하여 **즉시항고**를 할 수 있다. 이 경우 항고는 **집행정지의 효력이 있다**. ② 검사는 필요한 경우에는 ①에 따른 즉시항고 여부에 대한 행정청의 의견을 청취할 수 있다.
비용부담		① 과태료 재판절차의 비용은 과태료에 처하는 선고가 있는 경우에는 **그 선고를 받은 자**의 부담으로 하고, **그 외의 경우에는 국고의 부담**으로 한다. ② 항고법원이 당사자의 신청을 인정하는 과태료 재판을 한 때에는 항고절차의 비용과 전심에서 당사자의 부담이 된 비용은 국고의 부담으로 한다.
과태료 재판의 집행		① 과태료 재판은 **검사의 명령으로써 집행**한다. 이 경우 그 명령은 집행력 있는 집행권원과 동일한 효력이 있다. ② 과태료 재판의 집행절차는 민사집행법에 따르거나 국세 또는 지방세 체납처분의 예에 따른다. 다만, 민사집행법에 따를 경우에는 집행을 하기 전에 과태료 재판의 송달은 하지 아니한다.

기출 OX

05 과태료 부과에 대해서는 일반적으로 질서위반행위규제법이 적용되므로 그 부과처분에 대해 불복이 있을 때에는 법원에서 비송사건절차법을 준용하여 이에 대해 재판하고 과태료 부과처분에 대해 항고소송은 원칙적으로 허용되지 않는다.
16. 국회직 8급   (   )

정답 05 ○

과태료 재판의 집행	③ 과태료 재판의 집행에 대하여는 제24조 및 제24조의2를 준용한다. 이 경우 제24조의2 제1항 및 제2항 중 "과태료 부과처분에 대하여 이의를 제기하지 아니한 채 제20조 제1항에 따른 기한이 종료한 후"는 "과태료 재판이 확정된 후"로 본다. ④ 검사는 ①부터 ③까지의 규정에 따른 과태료 재판을 집행한 경우 그 결과를 해당 행정청에 통보하여야 한다.
가산금 징수 및 체납처분	① 행정청은 당사자가 납부기한까지 과태료를 납부하지 아니한 때에는 납부기한을 경과한 날부터 체납된 과태료에 대하여 **100분의 3**에 상당하는 가산금을 징수한다. ② 체납된 과태료를 납부하지 아니한 때에는 납부기한이 경과한 날부터 매 1개월이 경과할 때마다 체납된 과태료의 **1천분의 12**에 상당하는 가산금(이하 '중가산금'이라 한다)을 ①에 따른 가산금에 가산하여 징수한다. 이 경우 중가산금을 가산하여 징수하는 기간은 60개월을 초과하지 못한다. ③ 행정청은 당사자가 제20조 제1항에 따른 기한 이내에 이의를 제기하지 아니하고 ①에 따른 가산금을 납부하지 아니한 때에는 국세 또는 지방세 체납처분의 예에 따라 징수한다.
과태료의 징수유예	① 행정청은 당사자가 다음의 어느 하나에 해당하여 과태료(체납된 과태료와 가산금, 중가산금 및 체납처분비를 포함한다)를 납부하기가 곤란하다고 인정되면 **1년의 범위**에서 대통령령(**9개월 + 3개월 연장**)으로 정하는 바에 따라 과태료의 분할납부나 납부기일의 연기(이하 '징수유예 등'이라 한다)를 결정할 수 있다. ㉠ 국민기초생활 보장법에 따른 수급권자 ㉡ 국민기초생활 보장법에 따른 차상위계층 중 다음 각 목의 대상자 ⓐ 의료급여법에 따른 수급권자 ⓑ 한부모가족지원법에 따른 지원대상자 ⓒ 자활사업 참여자 ㉢ 장애인복지법 제2조 제2항에 따른 장애인 ㉣ 본인 외에는 가족을 부양할 사람이 없는 사람 ㉤ 불의의 재난으로 피해를 당한 사람 ㉥ 납부의무자 또는 그 동거 가족이 질병이나 중상해로 1개월 이상의 장기 치료를 받아야 하는 경우 ㉦ 채무자 회생 및 파산에 관한 법률에 따른 개인회생절차개시결정자 ㉧ 고용보험법에 따른 실업급여수급자 ㉨ 그 밖에 ㉠부터 ㉧까지에 준하는 것으로서 대통령령으로 정하는 부득이한 사유가 있는 경우 ② ①에 따라 징수유예 등을 받으려는 당사자는 대통령령으로 정하는 바에 따라 이를 행정청에 신청할 수 있다.

행정질서벌과 행정형벌과의 병과가능성

대법원	헌법재판소
행정법상 질서벌인 과태료의 부과처분과 행사처벌은 그 성질이나 목적을 달리하는 별개의 것이므로, 행정법상의 질서벌인 과태료를 납부한 후 형사처벌을 한다고 하여 이를 **일사부재리의 원칙에 반하는 것이라고 할 수는 없다**(대판 2000.10.27, 2000도3874).	행정질서벌로서의 과태료는 행정상 의무의 위반에 대하여 국가가 일반통치권에 기하여 과하는 제재로서, 형벌과 목적·기능이 중복되는 면이 없지 않으므로, 동일한 행위를 대상으로 하여 형벌을 부과하면서 아울러 행정질서벌로서의 과태료까지 부과한다면, 그것은 **이중처벌금지의 기본정신에 위반되어 국가입법권의 남용으로 인정될 여지가 있음을 부정할 수 없다**(헌재 1994.6.30, 92헌바38).

기출 OX

02 과태료 처분을 받고 이를 납부한 후에 형사처벌을 한다고 하여 일사부재리원칙에 반하지 않는다는 것이 대법원의 입장이다.
15. 사회복지직 9급　　(　　)

9. 새로운 의무이행확보수단

(1) 개설

앞선 전통적인 행정의 실효성확보수단은 질적·양적으로 변화·증대하고 있는 현대행정의 현실에서 그 실효성의 면에서 한계를 나타내고 있다. 따라서 전통적인 수단을 보완·대체할 수 있는 새로운 의무이행확보수단이 마련될 필요가 있다. 이것이 행정의 새로운 의무이행확보수단의 문제이다.

(2) 주요수단

> **행정기본법**
>
> **제28조【과징금의 기준】**① 행정청은 법령등에 따른 의무를 위반한 자에 대하여 법률로 정하는 바에 따라 그 위반행위에 대한 제재로서 과징금을 부과할 수 있다.
> ② 과징금의 근거가 되는 법률에는 과징금에 관한 다음 각 호의 사항을 명확하게 규정하여야 한다.
> 1. 부과·징수 주체
> 2. 부과 사유
> 3. 상한액
> 4. 가산금을 징수하려는 경우 그 사항
> 5. 과징금 또는 가산금 체납 시 강제징수를 하려는 경우 그 사항
>
> **행정기본법**
>
> **제29조【과징금의 납부기한 연기 및 분할 납부】**과징금은 한꺼번에 납부하는 것을 원칙으로 한다. 다만, 행정청은 과징금을 부과받은 자가 다음 각 호의 어느 하나에 해당하는 사유로 과징금 전액을 한꺼번에 내기 어렵다고 인정될 때에는 그 납부기한을 연기하거나 분할 납부하게 할 수 있으며, 이 경우 필요하다고 인정하면 담보를 제공하게 할 수 있다.
> 1. 재해 등으로 재산에 현저한 손실을 입은 경우
> 2. 사업 여건의 악화로 사업이 중대한 위기에 처한 경우
> 3. 과징금을 한꺼번에 내면 자금 사정에 현저한 어려움이 예상되는 경우
> 4. 그 밖에 제1호부터 제3호까지에 준하는 경우로서 대통령령으로 정하는 사유가 있는 경우

정답 **02** ○

행정절차법

제40조3 【위반사실 등의 공표】 ① 행정청은 법령에 따른 의무를 위반한 자의 성명·법인명, 위반사실, 의무 위반을 이유로 한 처분사실 등(이하 '위반사실등'이라 한다)을 법률로 정하는 바에 따라 일반에게 공표할 수 있다.

② 행정청은 위반사실등의 공표를 하기 전에 사실과 다른 공표로 인하여 당사자의 명예·신용 등이 훼손되지 아니하도록 객관적이고 타당한 증거와 근거가 있는지를 확인하여야 한다.

③ 행정청은 위반사실등의 공표를 할 때에는 미리 당사자에게 그 사실을 통지하고 의견제출의 기회를 주어야 한다. 다만, 다음 각 호의 어느 하나에 해당하는 경우에는 그러하지 아니하다.

1. 공공의 안전 또는 복리를 위하여 긴급히 공표를 할 필요가 있는 경우
2. 해당 공표의 성질상 의견청취가 현저히 곤란하거나 명백히 불필요하다고 인정될 만한 타당한 이유가 있는 경우
3. 당사자가 의견진술의 기회를 포기한다는 뜻을 명백히 밝힌 경우

④ 제3항에 따라 의견제출의 기회를 받은 당사자는 공표 전에 관할 행정청에 서면이나 말 또는 정보통신망을 이용하여 의견을 제출할 수 있다.

⑤ 제4항에 따른 의견제출의 방법과 제출 의견의 반영 등에 관하여는 제27조 및 제27조의2를 준용한다. 이 경우 '처분'은 '위반사실등의 공표'로 본다.

⑥ 위반사실등의 공표는 관보, 공보 또는 인터넷 홈페이지 등을 통하여 한다.

⑦ 행정청은 위반사실등의 공표를 하기 전에 당사자가 공표와 관련된 의무의 이행, 원상회복, 손해배상 등의 조치를 마친 경우에는 위반사실등의 **공표를 하지 아니할 수 있다.**

⑧ 행정청은 공표된 내용이 사실과 다른 것으로 밝혀지거나 공표에 포함된 처분이 취소된 경우에는 그 내용을 정정하여, 정정한 내용을 지체 없이 해당 공표와 같은 방법으로 **공표된 기간 이상** 공표하여야 한다. 다만, 당사자가 원하지 아니하면 공표하지 아니할 수 있다.

가산금	가산금이란 국세나 지방세를 납부기한까지 납부하지 않은 경우에 국세징수법에 의해 납부기한 경과 즉시 고지세액에 가산해서 징수하는 금액(가산금)과 납부기한경과 후 일정기한까지도 납부하지 아니하는 경우에 시간 경과에 비례해서 추가적으로 가산하여 징수하는 금액(중가산금)을 말한다.
공급거부	① 공급거부는 행정법상의 의무를 위반하거나 불이행한 자에 대하여 일정한 행정상의 서비스나 재화의 공급을 거부하는 행정조치이다. 공급거부는 간접적으로 의무이행을 확보하는 수단으로 사용된다. ② 공급거부는 부담적 행정작용이므로 법적 근거를 요함은 물론이다. 실정법으로는 건축법, 공업배치 및 공장설립에 관한 법률, 대기환경보전법, 수질환경보전법 등이 있다. ③ 공급거부는 매우 강력한 새로운 행정상 의무이행확보수단이어서 생존배려행정, 복리행정을 추구하는 현대행정법의 이념에 비추어 공급행정에 있어서의 행정주체는 이용제공의무가 인정되는 것이 보통이다. 그러므로 '정당한 사유' 없이 공급거부를 할 수 없는 것이 원칙이다(수도법 24조).

		④ 공급거부에 대한 구제방법은 당해 급부가 공법적 형식으로 행해지는지, 사법적 형식으로 행해지는지에 따라 행정쟁송 또는 민사소송을 제기할 수 있다. ⑤ 판례는 **공급거부요청**은 행정상 권고에 지나지 않으므로 **처분성을 인정하지 않으나**, "종로구청장이 한 **단수처분**은 항고소송의 대상이 되는 행정처분에 해당한다(대판 1979.12.28, 79누218)."고 하여 행정청이 직접 내린 단수처분에 대하여 **처분성을 인정**하고 있다.
관허사업의 제한		① 행정법상의 의무를 위반하거나 불이행한 자에 대하여 관허사업을 제한하는 경우를 말한다. 이는 특정한 행정법상의 의무와 직접 관련이 없는 각종 인·허가의 발급을 금하거나 기존 허가 등의 취소·정지를 통하여 의무위반자나 의무불이행자의 사업수행 자체를 위협함으로써 스스로 이행하도록 하기 위한 간접적인 의무이행확보수단이다(예 조세체납자에 대한 관허사업의 제한과 위법건축물의 이용에 대한 관허사업의 제한 등). ② 국세징수법에 의하면 세무서장은 납세자가 대통령령이 정하는 사유 없이 국세를 체납한 경우에는 허가·인가·면허 및 등록과 그 갱신을 요하는 사업의 주무관서에 당해 납세자에 대하여 그 허가 등을 하지 않을 것을 요구할 수 있다(동법 제7조 제1항).
과징금	의의	① 과징금이란 '일정한 행정법상의 의무를 위반하거나 이행하지 않아 얻어진 불법적 경제적 이득을 환수하기 위하여 과하여지는 금전적 부담'이다. ② 과징금은 1980년 말 독점규제 및 공정거래에 관한 법률을 통해 처음으로 도입된 이래, 현재 석유사업법·도시가스사업법 및 주차장법 등 40여개의 법률에 규정되어 있다.
	성질	① **본래의 과징금**: 원래 과징금은 행정법상의 의무를 위반한 자에게 경제적 이익이 발생한 경우 그 이익을 박탈하여 경제적 불이익을 부과하기 위한 일종의 행정제재금을 의미하는 것이었다. 독점규제 및 공정거래에 관한 법률상 과징금이 여기에 해당한다. ② **변형된 과징금**: 그러나 근래에는 다수 국민이 이용하는 사업이나 국가·사회에 중대한 영향을 미치는 사업을 시행하는 자가 행정법규를 위반한 경우, 위반자에 대하여 의무위반을 이유로 그 인·허가사업 등을 정지해야 할 경우에도 국민에게 생활상의 불편을 줄 것을 고려하여, 이를 정지시키지 않고 사업을 계속하게 하되 사업을 계속 함으로써 얻은 이익을 박탈하는 행정제재금을 의미하는 변형된 형태의 과징금으로 많이 이해되고 있다.

구분	과태료	과징금
성질	행정벌 중 행정질서벌	급부하명(행정행위)
부과주체	행정청, 법원	행정청
금액책정기준	가벌성 정도	의무위반·불법적 행위로 인한 수익
불복	① 질서위반 행위규제법상 **특별한 불복방법** ② 대법원은 과태료부과처분에 대한 일반 행정쟁송에 의한 불복은 허용될 수 없다고 본다.	**일반 행정쟁송**
병과 여부	과태료와 과징금은 그 목적과 성질을 달리하므로 병과할 수 있음	

위 표는 "다른 개념과 구별" 항목에 해당한다.

법적 근거

원래의 과징금이건 변형된 과징금이건 당사자에 대한 금전적 부담이 되는 것이므로 개별법의 규정이 있는 경우에만 인정된다는 것은 당연하다.

권리구제

과징금의 부과는 행정행위에 해당하는 것으로 행정쟁송을 제기하여 그 취소를 구할 수 있다.

관련 판례

① 헌법재판소는 "과징금은 그 취지와 기능, 부과의 주체와 절차 등을 종합할 때 부당내부거래억지라는 행정목적을 실현하기 위하여 그 위반행위에 대하여 제재를 가하는 행정상의 제재금으로서의 기본적 성격에 부당이득환수적 요소도 부가되어 있는 것이라 할 것이고, 이를 두고 헌법 제13조 제1항에서 금지하는 국가형벌권 행사로서의 '처벌'에 해당한다고는 할 수 없으므로, 공정거래법에서 **형사처벌과 아울러 과징금의 병과를 예정하고 있더라도 이중처벌금지원칙에 위반된다고 볼 수 없으며**, 이 과징금 부과처분에 대하여 공정력과 집행력을 인정한다고 하여 이를 **확정판결 전의 형벌집행과 같은 것으로 보아 무죄추정의 원칙에 위반된다고도 할 수 없다**(헌재 2003.7.24, 2001헌가25)."고 판시하여 합헌으로 보고 있다.

② 대법원은 "부동산 실권리자명의 등기에 관한 법률 제3조 제1항, 제5조 제1항, 같은 법 시행령 제3조 제1항의 규정을 종합하면, 명의신탁자에 대하여 과징금을 부과할 것인지 여부는 기속행위에 해당한다(대판 2007.7.12, 2005두17287)."고 본다.

③ 구 청소년보호법 제40조 별표 6의 위반행위의 종별에 따른 과징금처분기준은 법규명령이기는 하나 모법의 위임규정의 내용과 취지 및 헌법상의 과잉금지의 원칙과 평등의 원칙 등에 비추어 같은 유형의 위반행위라 하더라도 그 규모나 기간·사회적 비난 정도·위반행위로 인하여 다른 법률에 의하여 처벌받은 다른 사정·행위자의 개인적 사정 및 위반행위로 얻은 불법이익의 규모 등 여러 요소를 종합적으로 고려하여 사안에 따라 적정한 과징금의 액수를 정하여야 할 것이므로 그 수액은 정액이 아니라 **최고한도액**이다(대판 2001.3.9, 99두5207).

행정상 공표	의의	행정상 공표란 행정법상의 의무위반 또는 의무불이행이 있는 경우 그 사실을 불특정 다수인이 주지할 수 있도록 알림으로써 사회적 비난이라는 간접적·심리적 강제에 의하여 행정의 실효성을 확보하려는 **간접적 강제수단**을 말한다.
	법적 성질	① 공표제도 그 자체로는 아무런 법적 효과가 발생하지 않는 **비권력적 사실행위**라고 보는 견해가 통설이다. ② 그러나 위반사실 뿐만 아니라 위반자의 명단을 함께 공표하는 이른바 **명단공표**의 경우에는 **권력적 사실행위**로서 처분으로 보는 견해가 다수설이다.
	법적 근거	① 행정상 공표는 상대방에게는 침익적·부담적 행위이므로 법적 근거를 요한다고 보는 것이 학설의 일반적 견해이다. ② 현행법상 공표에 관한 일반법은 존재하지 않는다. 다만, 몇몇의 개별법률에서 규정하고 있을 뿐이다(예 아동·청소년의 성보호에 관한 법률, 식품위생법, 공직자 윤리법 등).
	위법성 조각사유	① 판례는 명단공표도 언론이나 사인에 의한 명예훼손과 동일하게 행정기관이 공표 당시 이를 진실이라고 믿었고, 또한 그렇게 믿을 만한 상당한 이유가 있었다면 그 위법성이 조각될 수 있다고 본다. ② 다만, 여기서 '상당한 이유'의 판단에 있어서 판례는 "상당한 이유가 있는지 여부의 판단에 있어서는 실명 공표 자체가 매우 신중하게 이루어져야 한다는 요청에서 비롯되는 무거운 주의의무와 공권력을 행사하는 공표주체의 광범위한 사실조사능력, 그리고 공표된 사실이 진실하리라는 점에 대한 국민의 강한 기대와 신뢰 등에 비추어 볼 때 사인의 행위에 의한 경우보다는 훨씬 더 엄격한 기준이 요구되므로, 그 **공표사실이 의심의 여지 없이 확실히 진실이라고 믿을만한 객관적이고도 타당한 확증과 근거가 있는 경우가 아니라면 그러한 상당한 이유가 있다고 할 수 없다**(대판 1998.5.22, 97다57689)."고 판시하고 있다.
	권리구제	① 항고쟁송: 단순한 정보제공적 성질을 갖는 경우에는 의무위반자의 명예나 신용에 대한 침해가 없으므로 비권력적 사실행위로서 처분성을 인정할 수 없으나, 간접적 강제수단인 경우에는 권력적 사실행위로 보아 처분성을 인정해야 한다는 견해가 타당하다. 또한, 이 경우 공표행위가 종료된 후에도 명예 및 신용에 대한 침해에 대한 완전한 원상회복은 불가능하더라도 공표행위가 취소되면 이에 대한 정정공고와 같은 수단을 통해 부수적 이익이 구제가 될 수 있으므로 소의 이익을 인정하는 견해가 일반적이다. ② 손해배상: 공표는 국가배상법상의 '공무원의 직무의 범위'에 속하기 때문에 위법한 공표로 인하여 손해를 받은 자는 국가배상법에 따라 그 배상을 청구할 수 있다. ③ 결과제거청구: 공표로 인하여 훼손된 명예 등을 회복하기 위하여 공법상 결과제거청구권을 행사할 수 있지만 현행법상 공법상 결과제거청구권인 인정되지 않는 바 민법 제764조에 근거하여 명예회복에 적당한 처분을 구할 수 있다.

관련 판례	① 헌법재판소는 "**청소년 성매수자에 대한 신상공개**를 규정한 청소년의 성보호에 관한 법률 제20조 제2항 제1호는 이중처벌금지원칙, 과잉금지원칙, 평등원칙, 법관에 의한 재판을 받을 권리, 적법절차원칙에 위반되지 아니한다. 신상공개의 시기·기간·절차 등에 관한 사항을 대통령령에 위임한 법 제20조 제5항이 포괄위임입법금지원칙에 위반되지 아니한다(헌재 2003.6.26, 2002헌가14)."고 판시하여 합헌으로 보았다. ② 대법원은 "병무청장이 병역법 제81조의2 제1항에 따라 병역의무 기피자의 인적사항 등을 인터넷 홈페이지에 게시하는 등의 방법으로 공개한 경우, 병무청장의 **공개결정이 항고소송의 대상이 되는 행정처분**에 해당한다. … 행정처분의 무효확인 또는 취소를 구하는 소가 제소 당시에는 소의 이익이 있어 적법하였더라도, 소송 계속 중 처분청이 다툼의 대상이 되는 행정처분을 직권으로 취소하면 그 처분은 효력을 상실하여 더 이상 존재하지 않는 것이므로, 존재하지 않는 그 처분을 대상으로 한 항고소송은 원칙적으로 소의 이익이 소멸하여 부적법하다. 따라서 피고가 양심적 병역거부자인 '여호와의 증인' 신도들에 대하여 대법원의 판례변경의 취지를 존중하여 당초 처분을 직권취소한 것이므로, 동일한 소송 당사자 사이에서 당초 처분과 동일한 사유로 위법한 처분이 반복될 위험성이 있어 행정처분의 위법성 확인이나 불분명한 법률문제에 대한 해명이 필요한 경우도 아니어서, 소의 이익을 예외적으로 인정할 필요도 없다. 결국 이 사건 소는 부적법하다고 판단된다(대판 2019.6.27, 2018두49130)."고 판시하였다.

(3) 기타의 수단들

행정법상의 의무이행확보수단으로는, 그 밖에도 행정법규위반에 사용된 차량 등의 사용금지(산림법 제94조), 수익적 행정행위의 취소·정지(도시가스사업법 제9조), 국외여행의 제한(여권법 제8조 제1항 제5호; 출입국관리법 제4조 제1항 제1호) 등이 있고, 세무조사나 행정지도도 넓은 의미에서 행정의 실효성확보수단의 의미를 갖는다 할 것이다.

10. 경찰조사(행정조사기본법)

(1) 경찰조사

의의		① 경찰기관이 경찰작용을 적정하게 실행함에 있어 필요로 하는 자료, 정보 등을 수집하기 위하여 행하는 일련의 조사활동으로서, 현대국가에 있어 경찰조사의 수요는 점차 증가하고 있다. ② 경찰조사는 향후 경찰작용의 실효성확보를 위한 **준비적·보조적 수단**으로서의 의미를 가진다(예 질문, 검사, 조사목적을 위한 영업소 등에의 출입 등).
근거	강제조사	강제조사는 행정목적수행을 위해 개인의 신체나 재산에 대한 실력행사를 가하는 것이므로 **법률의 근거가 필요하다.**
	임의조사	임의조사는 조사대상자의 자발적인 협조를 얻어 실시하므로 **법률의 수권 없이도 할 수 있다**(행정조사기본법 제5조).
성질		경찰조사는 법적 효과를 직접 발생시키지 않는 사실행위이며 경찰강제에 속한다.

종류	조사대상	대인적	불심검문, 질문, 신체의 수색 등
		대물적	장부 등의 열람, 시설검사, 물품의 검사, 주거 등
		대가택적	가택출입, 전당포 영업소 조사, 물품 보관소 조사 등
한계	실체적 한계	법적 한계	권력적 조사를 할 때는 실체법적 근거를 요한다(법률유보의 원칙이 적용된다).
		조리상 한계	경찰상 조사가 법적 근거에 의해 행하여지는 때에도 보충성·비례성, 평등의 원칙 등 법의 일반원칙의 적용을 받는다.
	절차법적 한계 실력행사	증표제시	경찰상 조사를 하는 공무원은 권한을 표시하는 증표를 휴대하고 관계자에게 제시하여야 한다.
		진술거부권	경찰조사를 위한 질문에는 적용되지 않는다.
		영장주의	① 즉시강제의 경우와 마찬가지로 **절충설**(영장주의는 행정권 발동에도 일반적으로 적용되지만, 형사사법절차와 마찬가지로 행정목적 달성을 위한 합리적 이유가 있는 경우에는 예외적으로 배제될 수 있다)이 통설이다. 그러나 판례는 영장주의의 적용을 부정한다 (후술). ② 법률에 명시적 규정이 없는 경우에는 **실력으로 상대방의 저항을 배제하고 조사를 할 수 없다는 것이 통설**이다.

(2) 행정조사기본법

목적 (제1조)	이 법은 행정조사에 관한 기본원칙·행정조사의 방법 및 절차 등에 관한 공통적인 사항을 규정함으로써 행정의 공정성·투명성 및 효율성을 높이고, 국민의 권익을 보호함을 목적으로 한다.
정의 (제2조)	이 법에서 사용하는 용어의 정의는 다음과 같다. ① '행정조사'란 행정기관이 정책을 결정하거나 직무를 수행하는 데 필요한 정보나 자료를 수집하기 위하여 현장조사·문서열람·시료채취 등을 하거나 조사대상자에게 보고요구·자료제출요구 및 출석·진술요구를 행하는 활동을 말한다. ② '행정기관'이란 법령 및 조례·규칙(이하 '법령 등'이라 한다)에 따라 행정권한이 있는 기관과 그 권한을 위임 또는 위탁받은 법인·단체 또는 그 기관이나 개인을 말한다. ③ '조사원'이란 행정조사업무를 수행하는 행정기관의 공무원·직원 또는 개인을 말한다. ④ '조사대상자'란 행정조사의 대상이 되는 법인·단체 또는 그 기관이나 개인을 말한다.
적용범위 (제3조)	① 행정조사에 관하여 다른 법률에 특별한 규정이 있는 경우를 제외하고는 이 법으로 정하는 바에 따른다. ② 다음의 어느 하나에 해당하는 사항에 대하여는 이 법을 적용하지 아니한다. ㉠ 행정조사를 한다는 사실이나 조사내용이 공개될 경우 국가의 존립을 위태롭게 하거나 국가의 중대한 이익을 현저히 해칠 우려가 있는 국가안전보장·통일 및 외교에 관한 사항

기출 OX

01 행정조사기본법상 조사대상자의 자발적 협조를 얻어 조사를 실시하는 경우에는 법령의 근거를 요하지 아니하며 조직법상의 권한 범위 밖에서도 가능하다.
22. 경찰   ( )

정답 01 ✕

	© 국방 및 안전에 관한 사항 중 다음의 어느 하나에 해당하는 사항 　ⓐ 군사시설·군사기밀보호 또는 방위사업에 관한 사항 　ⓑ 병역법·예비군법·민방위기본법·비상대비에 관한 법률에 따른 　　징집·소집·동원 및 훈련에 관한 사항 © 공공기관의 정보공개에 관한 법률 제4조 제3항의 정보에 관한 사항 ② 근로기준법 제101조에 따른 근로감독관의 직무에 관한 사항 ⑩ 조세·**형사**·행형 및 보안처분에 관한 사항 ⑭ 금융감독기관의 감독·검사·조사 및 감리에 관한 사항 ⑭ 독점규제 및 공정거래에 관한 법률, 표시·광고의 공정화에 관한 법률, 하도급거래 공정화에 관한 법률, 가맹사업거래의 공정화에 관한 법률, 방문판매 등에 관한 법률, 전자상거래 등에서의 소비자보호에 관한 법률, 약관의 규제에 관한 법률 및 할부거래에 관한 법률에 따른 공정거래위원회의 법률위반행위 조사에 관한 사항
행정조사의 기본원칙 (제4조)	① 행정조사는 조사목적을 달성하는데 필요한 최소한의 범위 안에서 실시하여야 하며, 다른 목적 등을 위하여 조사권을 남용하여서는 아니 된다. ② 행정기관은 조사목적에 적합하도록 조사대상자를 선정하여 행정조사를 실시하여야 한다. ③ 행정기관은 유사하거나 동일한 사안에 대하여는 공동조사 등을 실시함으로써 행정조사가 중복되지 아니하도록 하여야 한다. ④ 행정조사는 법령 등의 위반에 대한 처벌보다는 법령 등을 준수하도록 유도하는 데 중점을 두어야 한다. ⑤ 다른 법률에 따르지 아니하고는 행정조사의 대상자 또는 행정조사의 내용을 공표하거나 직무상 알게 된 비밀을 누설하여서는 아니 된다. ⑥ 행정기관은 행정조사를 통하여 알게 된 정보를 다른 법률에 따라 내부에서 이용하거나 다른 기관에 제공하는 경우를 제외하고는 원래의 조사목적 이외의 용도로 이용하거나 타인에게 제공하여서는 아니 된다.
행정조사의 근거 (제5조)	행정기관은 법령 등에서 행정조사를 규정하고 있는 경우에 한하여 행정조사를 실시할 수 있다. 다만, **조사대상자의 자발적인 협조를 얻어 실시하는 행정조사의 경우에는 그러하지 아니하다.**
연도별 행정조사 운영계획의 수립 및 제출 (제6조)	① 행정기관의 장은 **매년 12월 말**까지 다음 연도의 행정조사운영계획을 수립하여 국무조정실장에게 제출하여야 한다. 다만, 행정조사운영계획을 제출해야 하는 행정기관의 구체적인 범위는 대통령령으로 정한다. ② 행정기관의 장이 행정조사운영계획을 수립하는 때에는 제4조에 따른 행정조사의 기본원칙에 따라야 한다. ③ ①에 따른 행정조사운영계획에는 조사의 종류·조사방법·공동조사 실시계획·중복조사 방지계획, 그 밖에 대통령령으로 정하는 사항이 포함되어야 한다. ④ 국무조정실장은 행정기관의 장이 제출한 행정조사운영계획을 검토한 후 그에 대한 보완을 요청할 수 있다. 이 경우 행정기관의 장은 특별한 사정이 없는 한 이에 응하여야 한다.

기출 OX

01 경찰작용은 행정작용의 일환이므로 경찰의 수사에도 행정조사 기본법이 적용되는 것이 원칙이다. 22. 경찰
( )

정답 01 X

출석 · 진술요구 (제9조)	① 행정기관의 장이 조사대상자의 출석 · 진술을 요구하는 때에는 다음의 사항이 기재된 출석요구서를 발송하여야 한다. 　㉠ 일시와 장소 　㉡ 출석요구의 취지 　㉢ 출석하여 진술하여야 하는 내용 　㉣ 제출자료 　㉤ 출석거부에 대한 제재(근거 법령 및 조항 포함) 　㉥ 그 밖에 당해 행정조사와 관련하여 필요한 사항 ② 조사대상자는 지정된 출석일시에 출석하는 경우 업무 또는 생활에 지장이 있는 때에는 행정기관의 장에게 출석일시를 변경하여 줄 것을 신청할 수 있으며, 변경신청을 받은 행정기관의 장은 행정조사의 목적을 달성할 수 있는 범위 안에서 출석일시를 변경할 수 있다. ③ 출석한 조사대상자가 ①에 따른 출석요구서에 기재된 내용을 이행하지 아니하여 행정조사의 목적을 달성할 수 없는 경우를 제외하고는 조사원은 조사대상자의 1회 출석으로 당해 조사를 종결하여야 한다.
시료채취 (제12조)	① 조사원이 조사목적의 달성을 위하여 시료채취를 하는 경우에는 그 시료의 소유자 및 관리자의 정상적인 경제활동을 방해하지 아니하는 범위 안에서 최소한도로 하여야 한다. ② **행정기관의 장은 ①에 따른 시료채취로 조사대상자에게 손실을 입힌 때에는 대통령령으로 정하는 절차와 방법에 따라 그 손실을 보상하여야 한다.**
공동조사 (제14조)	① 행정기관의 장은 다음의 어느 하나에 해당하는 행정조사를 하는 경우에는 **공동조사를 하여야 한다.** 　㉠ 당해 행정기관 내의 2 이상의 부서가 동일하거나 유사한 업무분야에 대하여 동일한 조사대상자에게 행정조사를 실시하는 경우 　㉡ 서로 다른 행정기관이 대통령령으로 정하는 분야에 대하여 동일한 조사대상자에게 행정조사를 실시하는 경우 ② ①의 각 내용에 따른 사항에 대하여 행정조사의 사전통지를 받은 조사대상자는 관계 행정기관의 장에게 공동조사를 실시하여 줄 것을 신청할 수 있다. 이 경우 조사대상자는 신청인의 성명 · 조사일시 · 신청이유 등이 기재된 공동조사신청서를 관계 행정기관의 장에게 제출하여야 한다. ③ ②에 따라 공동조사를 요청받은 행정기관의 장은 이에 응하여야 한다. ④ 국무조정실장은 행정기관의 장이 제6조에 따라 제출한 행정조사운영계획의 내용을 검토한 후 관계 부처의 장에게 공동조사의 실시를 요청할 수 있다. ⑤ 그 밖에 공동조사에 관하여 필요한 사항은 대통령령으로 정한다.
중복조사의 제한 (제15조)	① 제7조에 따라 정기조사 또는 수시조사를 실시한 행정기관의 장은 동일한 사안에 대하여 동일한 조사대상자를 재조사하여서는 아니 된다. 다만, 당해 행정기관이 이미 조사를 받은 조사대상자에 대하여 위법행위가 의심되는 새로운 증거를 확보한 경우에는 그러하지 아니하다. ② 행정조사를 실시할 행정기관의 장은 행정조사를 실시하기 전에 다른 행정기관에서 동일한 조사대상자에게 동일하거나 유사한 사안에 대하여 행정조사를 실시하였는지 여부를 확인할 수 있다. ③ 행정조사를 실시할 행정기관의 장이 ②에 따른 사실을 확인하기 위하여 행정조사의 결과에 대한 자료를 요청하는 경우 요청받은 행정기관의 장은 특별한 사유가 없는 한 관련 자료를 제공하여야 한다.

조사의 사전통지 (제17조)	① 행정조사를 실시하고자 하는 행정기관의 장은 제9조에 따른 출석요구서, 제10조에 따른 보고요구서·자료제출요구서 및 제11조에 따른 현장출입조사서(이하 "출석요구서등"이라 한다)를 조사개시 **7일 전까지** 조사대상자에게 **서면**으로 통지하여야 한다. 다만, 다음의 어느 하나에 해당하는 경우에는 행정조사의 개시와 동시에 출석요구서등을 조사대상자에게 제시하거나 행정조사의 목적 등을 조사대상자에게 **구두로 통지할 수 있다.** ㉠ 행정조사를 실시하기 전에 관련 사항을 미리 통지하는 때에는 증거인 멸 등으로 행정조사의 목적을 달성할 수 없다고 판단되는 경우 ㉡「통계법」제3조 제2호에 따른 지정통계의 작성을 위하여 조사하는 경우 ㉢ 제5조 단서에 따라 조사대상자의 자발적인 협조를 얻어 실시하는 행정조사의 경우 ② 행정기관의 장이 출석요구서등을 조사대상자에게 발송하는 경우 출석요구서등의 내용이 외부에 공개되지 아니하도록 필요한 조치를 하여야 한다.
의견제출 (제21조)	① 조사대상자는 제17조에 따른 사전통지의 내용에 대하여 행정기관의 장에게 의견을 제출할 수 있다. ② 행정기관의 장은 ①에 따라 조사대상자가 제출한 의견이 상당한 이유가 있다고 인정하는 경우에는 이를 행정조사에 반영하여야 한다.
조사결과의 통지 (제24조)	행정기관의 장은 법령 등에 특별한 규정이 있는 경우를 제외하고는 행정조사의 결과를 확정한 날부터 **7일 이내**에 그 결과를 조사대상자에게 통지하여야 한다.

판례 | 행정조사에 관한 판례

1 위법한 세무조사에 기초한 과세처분은 위법하다는 판례

중복조사금지의 원칙을 위반한 세무조사에 기초하여 이루어진 부가가치세부과처분은 위법하다(대판 2006.6.2, 2004두12070).

2 행정조사의 경우 원칙적으로 영장주의가 적용되지 않는다는 판례

관세법 제246조 제1항·제2항, 제257조, '국제우편물 수입통관 사무처리'(2011.9.30. 관세청고시 제2011-40호) 제1조 - 제2조 제2항, 제1조 - 제3조, 제3조 - 제6조, 구 '수출입물품 등의 분석사무 처리에 관한 시행세칙'(2013.1.4. 관세청훈령 제1507호로 개정되기 전의 것) 등과 관세법이 관세의 부과·징수와 아울러 수출입물품의 통관을 적정하게 함을 목적으로 한다는 점(관세법 제1조)에 비추어 보면, 우편물 통관검사절차에서 이루어지는 우편물의 개봉, 시료채취, 성분분석 등의 검사는 수출입물품에 대한 적정한 통관 등을 목적으로 한 **행정조사의 성격을 가지는 것으로서 수사기관의 강제처분이라고 할 수 없으므로, 압수·수색영장 없이 우편물의 개봉, 시료채취, 성분분석 등 검사가 진행되었다 하더라도 특별한 사정이 없는 한 위법하다고 볼 수 없다**(대판 2013.9.26, 2013도7718).

3 행정조사에서는 형소법상 진술거부권 고지의무 규정이 적용되지 않는다는 판례

「고용보험법」상 '실업인정대상기간 중의 취업 사실'에 대한 **행정조사 절차에는 수사절차에서의 진술거부권 고지의무에 관한 「형사소송법」 규정이 준용되지 않는다고 판단한 원심판단은 정당하다**(대판 2020.5.14, 2020두31323).

05 행정기본법

목적 (제1조)	이 법은 행정의 원칙과 기본사항을 규정하여 행정의 민주성과 적법성을 확보하고 적정성과 효율성을 향상시킴으로써 국민의 권익 보호에 이바지함을 목적으로 한다.

정의
(제2조)
	이 법에서 사용하는 용어의 뜻은 다음과 같다.
	① '법령등'이란 다음의 것을 말한다.
	   ⊙ 법령: 다음의 어느 하나에 해당하는 것
	      ⓐ 법률 및 대통령령·총리령·부령
	      ⓑ 국회규칙·대법원규칙·헌법재판소규칙·중앙선거관리위원회규칙 및 감사원규칙
	      ⓒ ⓐ 또는 ⓑ의 **위임을 받아** 중앙행정기관(정부조직법 및 그 밖의 법률에 따라 설치된 중앙행정기관을 말한다. 이하 같다)의 장이 정한 **훈령·예규 및 고시 등 행정규칙**
	   Ⓛ 자치법규: 지방자치단체의 조례 및 규칙
	② '행정청'이란 다음의 자를 말한다.
	   ⊙ 행정에 관한 의사를 결정하여 표시하는 국가 또는 지방자치단체의 기관
	   Ⓛ 그 밖에 법령등에 따라 행정에 관한 의사를 결정하여 표시하는 권한을 가지고 있거나 그 권한을 위임 또는 위탁받은 공공단체 또는 그 기관이나 사인(私人)
	③ '당사자'란 처분의 상대방을 말한다.
	④ '처분'이란 행정청이 구체적 사실에 관하여 행하는 법 집행으로서 공권력의 행사 또는 그 거부와 그 밖에 이에 준하는 행정작용을 말한다.
	⑤ **'제재처분'**이란 법령등에 따른 의무를 위반하거나 이행하지 아니하였음을 이유로 당사자에게 의무를 부과하거나 권익을 제한하는 처분을 말한다. 다만, 제30조 제1항 각 호에 따른 행정상 강제는 제외한다.

국가와 지방자치단체의 책무 (제3조)	① 국가와 지방자치단체는 국민의 삶의 질을 향상시키기 위하여 적법절차에 따라 공정하고 합리적인 행정을 수행할 책무를 진다. ② 국가와 지방자치단체는 행정의 능률과 실효성을 높이기 위하여 지속적으로 법령등과 제도를 정비·개선할 책무를 진다.
행정의 적극적 추진 (제4조)	① 행정은 공공의 이익을 위하여 **적극적으로 추진**되어야 한다. ② 국가와 지방자치단체는 소속 공무원이 공공의 이익을 위하여 **적극적으로 직무를 수행**할 수 있도록 제반 여건을 조성하고, 이와 관련된 시책 및 조치를 추진하여야 한다. ③ ① 및 ②에 따른 행정의 적극적 추진 및 적극행정 활성화를 위한 시책의 구체적인 사항 등은 대통령령으로 정한다.
다른 법률과의 관계 (제5조)	① 행정에 관하여 다른 법률에 특별한 규정이 있는 경우를 제외하고는 이 법에서 정하는 바에 따른다. ② 행정에 관한 다른 법률을 제정하거나 개정하는 경우에는 이 법의 목적과 원칙, 기준 및 취지에 부합되도록 노력하여야 한다.
행정에 관한 기간의 계산 (제6조)	① 행정에 관한 기간의 계산에 관하여는 이 법 또는 다른 법령등에 특별한 규정이 있는 경우를 제외하고는 **민법을 준용**한다. ② 법령등 또는 처분에서 **국민의 권익을 제한하거나 의무를 부과하는 경우** 권익이 제한되거나 의무가 지속되는 기간의 계산은 다음의 기준에 따른다. 다만, 다음의 기준에 따르는 것이 국민에게 불리한 경우에는 그러하지 아니하다.

	⊙ 기간을 일, 주, 월 또는 연으로 정한 경우에는 기간의 **첫날을 산입**한다. ⓒ 기간의 말일이 토요일 또는 공휴일인 경우에도 기간은 그 날로 만료한다.
법령 등 시행일의 기간 계산 (제7조)	법령등(훈령·예규·고시·지침 등을 포함한다. 이하 같다)의 시행일을 정하거 나 계산할 때에는 다음의 기준에 따른다. 1. 법령등을 공포한 날부터 시행하는 경우에는 공포한 날을 시행일로 한다. 2. 법령등을 공포한 날부터 일정 기간이 경과한 날부터 시행하는 경우 법령등 을 공포한 날을 **첫날에 산입하지 아니한다.** 3. 법령등을 공포한 날부터 일정 기간이 경과한 날부터 시행하는 경우 그 기간 의 말일이 토요일 또는 공휴일인 때에는 **그 말일로 기간이 만료**한다.
법치행정의 원칙 (제8조)	행정작용은 법률에 위반되어서는 아니 되며, **국민의 권리를 제한하거나 의무를 부 과**하는 경우와 **그 밖에 국민생활에 중요한 영향**을 미치는 경우에는 법률에 근거 하여야 한다.
평등의 원칙 (제9조)	행정청은 합리적 이유 없이 국민을 차별하여서는 아니 된다.
비례의 원칙 (제10조)	행정작용은 다음의 원칙에 따라야 한다. 1. 행정목적을 달성하는 데 유효하고 적절할 것 2. 행정목적을 달성하는 데 필요한 최소한도에 그칠 것 3. 행정작용으로 인한 국민의 이익 침해가 그 행정작용이 의도하는 공익보다 크지 아니할 것
성실의무 및 권한남용금지의 원칙(제11조)	① 행정청은 법령등에 따른 의무를 성실히 수행하여야 한다. ② 행정청은 행정권한을 남용하거나 그 권한의 범위를 넘어서는 아니 된다.
신뢰보호의 원칙 (제12조)	① 행정청은 공익 또는 제3자의 이익을 현저히 해칠 우려가 있는 경우를 제외 하고는 행정에 대한 국민의 정당하고 합리적인 신뢰를 보호하여야 한다. ② 행정청은 권한 행사의 기회가 있음에도 불구하고 장기간 권한을 행사하지 아니하여 국민이 그 권한이 행사되지 아니할 것으로 믿을 만한 정당한 사유 가 있는 경우에는 그 권한을 행사해서는 아니 된다. 다만, 공익 또는 제3자의 이익을 현저히 해칠 우려가 있는 경우는 예외로 한다.
부당결부금지의 원칙 (제13조)	행정청은 행정작용을 할 때 상대방에게 해당 행정작용과 실질적인 관련이 없는 의무를 부과해서는 아니 된다.
법 적용의 기준 (제14조)	① 새로운 법령등은 법령등에 특별한 규정이 있는 경우를 제외하고는 그 법령등 의 효력 발생 전에 완성되거나 종결된 사실관계 또는 법률관계에 대해서는 적용되 지 아니한다. ② 당사자의 **신청에 따른 처분**은 법령등에 특별한 규정이 있거나 처분 당시의 법령등을 적용하기 곤란한 특별한 사정이 있는 경우를 제외하고는 **처분 당시 의 법령등**에 따른다. ③ 법령등을 위반한 행위의 성립과 이에 대한 제재처분은 법령등에 특별한 규 정이 있는 경우를 제외하고는 **법령등을 위반한 행위 당시의 법령등**에 따른다. 다만, 법령등을 위반한 행위 후 법령등의 변경에 의하여 그 행위가 **법령등을 위반한 행위에 해당하지 아니하거나 제재처분 기준이 가벼워진 경우로서 해당 법 령등에 특별한 규정이 없는 경우에는 변경된 법령등을 적용한다.**

처분의 효력 (제15조)	처분은 권한이 있는 기관이 취소 또는 철회하거나 기간의 경과 등으로 소멸되기 전까지는 유효한 것으로 통용된다. 다만, 무효인 처분은 처음부터 그 효력이 발생하지 아니한다.
결격사유 (제16조)	① 자격이나 신분 등을 취득 또는 부여할 수 없거나 인가, 허가, 지정, 승인, 영업등록, 신고 수리 등(이하 '인허가'라 한다)을 필요로 하는 영업 또는 사업 등을 할 수 없는 사유(이하 이 조에서 '결격사유'라 한다)는 **법률로 정한다.** ② 결격사유를 규정할 때에는 다음의 기준에 따른다. 　㉠ 규정의 필요성이 분명할 것 　㉡ 필요한 항목만 최소한으로 규정할 것 　㉢ 대상이 되는 자격, 신분, 영업 또는 사업 등과 실질적인 관련이 있을 것 　㉣ 유사한 다른 제도와 균형을 이룰 것
부관 (제17조)	① 행정청은 처분에 재량이 있는 경우에는 부관(조건, 기한, 부담, 철회권의 유보 등을 말한다. 이하 이 조에서 같다)을 붙일 수 있다. ② 행정청은 처분에 재량이 없는 경우에는 법률에 근거가 있는 경우에 부관을 붙일 수 있다. ③ 행정청은 부관을 붙일 수 있는 처분이 다음의 어느 하나에 해당하는 경우에는 그 처분을 한 후에도 부관을 새로 붙이거나 종전의 부관을 변경할 수 있다. 　㉠ 법률에 근거가 있는 경우 　㉡ 당사자의 동의가 있는 경우 　㉢ 사정이 변경되어 부관을 새로 붙이거나 종전의 부관을 변경하지 아니하면 해당 처분의 목적을 달성할 수 없다고 인정되는 경우 ④ 부관은 다음의 요건에 적합하여야 한다. 　㉠ 해당 처분의 목적에 위배되지 아니할 것 　㉡ 해당 처분과 실질적인 관련이 있을 것 　㉢ 해당 처분의 목적을 달성하기 위하여 필요한 최소한의 범위일 것
위법 또는 부당한 처분의 취소 (제18조)	① 행정청은 위법 또는 부당한 처분의 전부나 일부를 소급하여 취소할 수 있다. 다만, 당사자의 신뢰를 보호할 가치가 있는 등 정당한 사유가 있는 경우에는 장래를 향하여 취소할 수 있다. ② 행정청은 ①에 따라 당사자에게 권리나 이익을 부여하는 처분을 취소하려는 경우에는 취소로 인하여 당사자가 입게 될 불이익을 취소로 달성되는 공익과 비교·형량(衡量)하여야 한다. 다만, 다음의 어느 하나에 해당하는 경우에는 그러하지 아니하다. 　㉠ 거짓이나 그 밖의 부정한 방법으로 처분을 받은 경우 　㉡ 당사자가 처분의 위법성을 알고 있었거나 중대한 과실로 알지 못한 경우
적법한 처분의 철회 (제19조)	① 행정청은 적법한 처분이 다음의 어느 하나에 해당하는 경우에는 그 처분의 전부 또는 일부를 장래를 향하여 철회할 수 있다. 　㉠ 법률에서 정한 철회 사유에 해당하게 된 경우 　㉡ 법령등의 변경이나 사정변경으로 처분을 더 이상 존속시킬 필요가 없게 된 경우 　㉢ 중대한 공익을 위하여 필요한 경우 ② 행정청은 ①에 따라 처분을 철회하려는 경우에는 철회로 인하여 당사자가 입게 될 불이익을 철회로 달성되는 공익과 비교·형량하여야 한다.

:두문자 거·위·방·국	자동적 처분 (제20조)	행정청은 법률로 정하는 바에 따라 완전히 자동화된 시스템(인공지능 기술을 적용한 시스템을 포함한다)으로 처분을 할 수 있다. 다만, **처분에 재량이 있는 경우는 그러하지 아니하다.**
	재량행사의 기준 (제21조)	행정청은 재량이 있는 처분을 할 때에는 관련 이익을 정당하게 형량하여야 하며, 그 재량권의 범위를 넘어서는 아니 된다.
	제재처분의 제척기간 (제23조)	① 행정청은 법령등의 위반행위가 종료된 날부터 5년이 지나면 해당 위반행위에 대하여 제재처분(인허가의 정지·취소·철회, 등록 말소, 영업소 폐쇄와 정지를 갈음하는 과징금 부과를 말한다. 이하 이 조에서 같다)을 할 수 없다. ② 다음의 어느 하나에 해당하는 경우에는 ①을 적용하지 아니한다. 　㉠ **거**짓이나 그 밖의 부정한 방법으로 인허가를 받거나 신고를 한 경우 　㉡ 당사자가 인허가나 신고의 **위**법성을 알고 있었거나 중대한 과실로 알지 못한 경우 　㉢ 정당한 사유 없이 행정청의 조사·출입·검사를 기피·**방**해·거부하여 제척기간이 지난 경우 　㉣ 제재처분을 하지 아니하면 **국**민의 안전·생명 또는 환경을 심각하게 해치거나 해칠 우려가 있는 경우 ③ 행정청은 ①에도 불구하고 행정심판의 재결이나 법원의 판결에 따라 제재처분이 취소·철회된 경우에는 재결이나 판결이 확정된 날부터 1년(합의제행정기관은 2년)이 지나기 전까지는 그 취지에 따른 새로운 제재처분을 할 수 있다. ④ 다른 법률에서 ① 및 ③의 기간보다 짧거나 긴 기간을 규정하고 있으면 그 법률에서 정하는 바에 따른다.
	공법상 계약의 체결 (제27조)	① 행정청은 **법령등을 위반하지 아니하는 범위에서** 행정목적을 달성하기 위하여 필요한 경우에는 공법상 법률관계에 관한 계약(이하 '공법상 계약'이라 한다)을 체결할 수 있다. 이 경우 계약의 목적 및 내용을 명확하게 적은 **계약서를 작성하여야 한다.** ② 행정청은 공법상 계약의 상대방을 선정하고 계약 내용을 정할 때 공법상 계약의 공공성과 제3자의 이해관계를 고려하여야 한다.
	과징금의 기준 (제28조)	① 행정청은 법령등에 따른 의무를 위반한 자에 대하여 법률로 정하는 바에 따라 그 위반행위에 대한 제재로서 과징금을 부과할 수 있다. ② 과징금의 근거가 되는 법률에는 과징금에 관한 다음의 사항을 명확하게 규정하여야 한다. 　㉠ 부과·징수 주체 　㉡ 부과 사유 　㉢ 상한액 　㉣ 가산금을 징수하려는 경우 그 사항 　㉤ 과징금 또는 가산금 체납 시 강제징수를 하려는 경우 그 사항
	수수료 및 사용료 (제35조)	① 행정청은 특정인을 위한 행정서비스를 제공받는 자에게 법령으로 정하는 바에 따라 수수료를 받을 수 있다. ② 행정청은 공공시설 및 재산 등의 이용 또는 사용에 대하여 사전에 공개된 금액이나 기준에 따라 사용료를 받을 수 있다. ③ ① 및 ②에도 불구하고 **지방자치단체의 경우에는 지방자치법에 따른다.**

처분의 이의신청 (제36조)	① 행정청의 처분(「행정심판법」 제3조에 따라 같은 법에 따른 **행정심판의 대상이 되는 처분**을 말한다. 이하 이 조에서 같다)에 이의가 있는 당사자는 처분을 받은 날부터 **30일 이내에 해당 행정청에 이의신청**을 할 수 있다. ② 행정청은 ①에 따른 이의신청을 받으면 그 신청을 받은 날부터 **14일 이내에** 그 이의신청에 대한 결과를 신청인에게 통지하여야 한다. 다만, **부득이한 사유로 14일 이내에 통지할 수 없는 경우**에는 그 기간을 만료일 다음 날부터 기산하여 **10일의 범위에서 한 차례 연장**할 수 있으며, 연장 사유를 신청인에게 통지하여야 한다. ③ ①에 따라 이의신청을 한 경우에도 그 이의신청과 관계없이 「행정심판법」에 따른 행정심판 또는 「행정소송법」에 따른 행정소송을 제기할 수 있다. ④ 이의신청에 대한 결과를 통지받은 후 행정심판 또는 행정소송을 제기하려는 자는 그 결과를 통지받은 날(②에 따른 통지기간 내에 결과를 통지받지 못한 경우에는 같은 항에 따른 통지기간이 만료되는 날의 다음 날을 말한다)부터 **90일 이내에 행정심판 또는 행정소송을 제기할 수 있다.** ⑤ 다른 법률에서 이의신청과 이에 준하는 절차에 대하여 정하고 있는 경우에도 그 **법률에서 규정하지 아니한 사항에 관하여는 이 조에서 정하는 바에 따른다.** ⑥ 다음의 어느 하나에 해당하는 사항에 관하여는 이 조를 적용하지 아니한다. 　㉠ 공무원 인사 관계 법령에 따른 **징계 등 처분**에 관한 사항 　㉡ 「국가인권위원회법」 제30조에 따른 진정에 대한 **국가인권위원회의 결정** 　㉢ 「노동위원회법」 제2조의2에 따라 **노동위원회의 의결**을 거쳐 행하는 사항 　㉣ **형사, 행형** 및 보안처분 관계 법령에 따라 행하는 사항 　㉤ **외국인**의 출입국·난민인정·귀화·국적회복에 관한 사항 　㉥ **과태료** 부과 및 징수에 관한 사항
행정의 입법활동 (제38조)	① 국가나 지방자치단체가 법령등을 제정·개정·폐지하고자 하거나 그와 관련된 활동(법률안의 국회 제출과 조례안의 지방의회 제출을 포함하며, 이하 이 장에서 '행정의 입법활동'이라 한다)을 할 때에는 헌법과 상위 법령을 위반해서는 아니 되며, 헌법과 법령등에서 정한 절차를 준수하여야 한다. ② 행정의 입법활동은 다음의 기준에 따라야 한다. 　㉠ 일반 국민 및 이해관계자로부터 의견을 수렴하고 관계 기관과 충분한 협의를 거쳐 책임 있게 추진되어야 한다. 　㉡ 법령등의 내용과 규정은 다른 법령등과 조화를 이루어야 하고, 법령등 상호간에 중복되거나 상충되지 아니하여야 한다. 　㉢ 법령등은 일반 국민이 그 내용을 쉽고 명확하게 이해할 수 있도록 알기 쉽게 만들어져야 한다. ③ 정부는 매년 해당 연도에 추진할 법령안 입법계획(이하 '정부입법계획'이라 한다)을 수립하여야 한다. ④ 행정의 입법활동의 절차 및 정부입법계획의 수립에 관하여 필요한 사항은 정부의 법제업무에 관한 사항을 규율하는 대통령령으로 정한다.
행정법제의 개선 (제39조)	① 정부는 권한 있는 기관에 의하여 위헌으로 결정되어 법령이 헌법에 위반되거나 법률에 위반되는 것이 명백한 경우 등 대통령령으로 정하는 경우에는 해당 **법령을 개선하여야 한다.** ② 정부는 행정 분야의 법제도 개선 및 일관된 법 적용 기준 마련 등을 위하여 필요한 경우 대통령령으로 정하는 바에 따라 관계 기관 협의 및 관계 전문가 의견 수렴을 거쳐 개선조치를 할 수 있으며, 이를 위하여 현행 법령에 관한 분석을 실시할 수 있다.

: 두문자

국공노 형과외

법령해석 (제40조)	① 누구든지 법령등의 내용에 의문이 있으면 법령을 소관하는 중앙행정기관의 장(이하 '법령소관기관'이라 한다)과 자치법규를 소관하는 지방자치단체의 장에게 법령해석을 요청할 수 있다. ② 법령소관기관과 자치법규를 소관하는 지방자치단체의 장은 각각 소관 법령 등을 헌법과 해당 법령등의 취지에 부합되게 해석 · 집행할 책임을 진다. ③ 법령소관기관이나 법령소관기관의 해석에 이의가 있는 자는 대통령령으로 정하는 바에 따라 법령해석업무를 전문으로 하는 기관에 법령해석을 요청할 수 있다. ④ 법령해석의 절차에 관하여 필요한 사항은 대통령령으로 정한다.

06 경찰관 직무집행법

1. 경찰관 직무집행법의 성격 ✦✦

(1) 경찰관 직무집행법은 경찰작용(경찰상 즉시강제)에 관한 일반법(↔ 경찰조직의 일반법은 국가경찰과 자치경찰의 조직 및 운영에 관한 법률)이다.

(2) 국민의 생명 · 신체 · 재산의 보호라는 영미법적 사고가 최초로 반영되어 있다.

(3) 경찰장구사용, 분사기 및 최루탄사용, 무기사용의 근거법(↔ 휴대의 근거법은 경찰공무원법)이기도 하다.

(4) 유치장설치의 근거법이기도 하다.

2. 경찰관 직무집행법의 연혁(주요개정) ✦✦

제정 (1953년)	경찰공무원법은 1969년, 경찰법은 1991년
1차 개정 (1981년)	① 제9조 **유치**장의 설치근거를 명시 ② 경찰**장구**의 사용, 사실확인 등을 규정
2차 개정 (1988년)	① 임시영치기간을 30일에서 **10일**로 단축 ② 임의동행시 경찰관서 유치시한을 3시간으로 규정 ③ 경찰관의 직권남용시 6월에서 **1년** 이하의 징역에 처함
3차 개정 (1989년)	최루탄의 사용조항을 신설
4차 개정 (1991년)	① 임의동행시 경찰관서 유치시한을 **6시간**으로 완화 ② 경찰장구 사용대상에 **현행범** 추가
5차 개정 (1996년)	해양수산부장관하에 **해양경찰청을 신설**하여 해양경찰에게도 동법 적용
6차 개정 (1999년)	경찰장구 · 무기 등을 포괄한 경찰**장비**에 관한 규정 신설
7차 개정 (2004년)	① 파출소를 통 · 폐합하여 **지구대** 설치 ② 정무직 공무원으로 되어 있던 경찰**위원회** 상임위원에 대한 법적 근거 마련
8차 개정 (2006년)	제주특별자치도에 시험적으로 자치경찰제도 도입

: 두문자
1차 유치장

: 두문자
2십세일년

: 두문자
최루탄 3번 던지자

: 두문자
46현행범

: 두문자
5(징어) 해양

: 두문자
장비는 6중하다

: 두문자
지구위원회 7차

: 두문자
8차 제주도

9차 개정 (2011년)	경찰의 직무의 범위(제2조)를 국가경찰의 임무(국가경찰과 자치경찰의 조직 및 운영에 관한 법률 제3조)와 일치하도록 규정	
10차 개정 (2013년)	**손실보상규정** 신설	
14차 개정 (2018년)	범죄피해자 보호규정 추가	
15차 개정 (2020년)	정보수집조항 추가	

3. 경찰관 직무집행법의 주요내용의 분류 ✦✦✦

대인적 즉시강제	① 불심검문(제3조) ② 보호조치(제4조) ③ 범죄예방 및 제지(제6조) ④ 경찰장구의 사용(제10조의2) ⑤ 분사기 등의 사용(제10조의3) ⑥ 무기의 사용(제10조의4)
대물적 즉시강제	**임시영치**(제4조 제3항)
대가택적 즉시강제	**위험방지를 위한 출입**(제7조)
대인·대물·대가택적 즉시강제	**위험발생의 방지조치**(제5조)
임의적 사실행위	① 사실확인(제8조 제1항) ② 출석요구(제8조 제2항)

4. 경찰관 직무집행법의 내용

(1) 목적 및 직무 ✦✦

목적 (제1조)	① 이 법은 국민의 자유와 권리 및 **모든 개인이 가지는 불가침의 기본적 인권**을 보호하고 사회공공의 질서를 유지하기 위한 경찰관(경찰공무원만 해당한다. 이하 같다)의 직무수행에 필요한 사항을 규정함을 목적으로 한다. ↔ 국가경찰의 민주적인 관리·운영과 효율적인 임무수행(국가경찰과 자치경찰의 조직 및 운영에 관한 법률 제1조) ② 이 법에 규정된 경찰관의 직권은 그 직무수행에 필요한 최소한도에서 행사되어야 하며 남용되어서는 아니 된다.	
직무의 범위 (제2조)	① 국민의 **생**명·신체 및 재산의 보호(영미법계 사고) ② **범**죄의 예방·진압 및 수사 ③ 범죄피해자 보호 ④ **경**비, 주요인사(人士)경호 및 대간첩·대테러 작전 수행(**청와대 경비 ✕**) ⑤ **공공안녕에 대한 위험의 예방과 대응을 위한 정보**의 수집·작성 및 배포 ⑥ **교**통 단속과 교통 위해의 방지 ⑦ **외**국 정부기관 및 국제기구와의 국제협력 ⑧ 그 밖에 공공의 안녕과 **질서유지**(대륙법계 사고)	

(2) 불심검문(제3조) ✦✦✦✦

:두문자
불·교

> **제3조【불심검문】** ① 경찰관은 다음 각 호의 어느 하나에 해당하는 사람을 정지시켜 **질문**할 수 있다.
> 1. 수상한 행동이나 그 밖의 주위 사정을 합리적으로 판단하여 볼 때 어떠한 **죄**를 범하였거나 범하려 하고 있다고 의심할 만한 상당한 이유가 있는 사람
> 2. 이미 행하여진 범죄나 행하여지려고 하는 범**죄**행위에 관한 사실을 안다고 인정되는 사람
> ② 경찰관은 제1항에 따라 같은 항 각 호의 사람을 정지시킨 장소에서 질문을 하는 것이 그 사람에게 **불리**하거나 **교통**에 방해가 된다고 인정될 때에는 질문을 하기 위하여 가까운 경찰서·지구대·파출소 또는 출장소(지방해양경찰관서를 포함하며, 이하 '경찰관서'라 한다)로 동행할 것을 요구할 수 있다. 이 경우 동행을 요구받은 사람은 그 요구를 거절할 수 있다.
> ③ 경찰관은 제1항 각 호의 어느 하나에 해당하는 사람에게 질문을 할 때에 그 사람이 **흉기**를 가지고 있는지를 조사할 수 있다.
> ④ 경찰관은 제1항이나 제2항에 따라 질문을 하거나 동행을 요구할 경우 자신의 신분을 표시하는 **증표(흉장 ×)**를 제시하면서 소속과 성명을 밝히고 질문이나 동행의 목적과 이유를 설명하여야 하며, 동행을 요구하는 경우에는 동행 장소를 밝혀야 한다.
> ⑤ 경찰관은 제2항에 따라 동행한 사람의 가족이나 친지 등에게 동행한 경찰관의 신분, 동행 장소, 동행 목적과 이유를 알리거나 본인으로 하여금 즉시 연락할 수 있는 기회를 주어야 하며, 변호인의 도움을 받을 권리가 있음을 알려야 한다.
> ⑥ 경찰관은 제2항에 따라 동행한 사람을 **6시간**을 초과하여 경찰관서에 머물게 할 수 없다.
> ⑦ 제1항부터 제3항까지의 규정에 따라 질문을 받거나 동행을 요구받은 사람은 형사소송에 관한 법률에 따르지 아니하고는 신체를 구속당하지 아니하며, 그 의사에 반하여 답변을 강요당하지 아니한다.

① 불심검문

의의	경찰관이 범죄의 예방과 범인검거를 목적으로 거동이 수상한 자를 정지시켜 직접 질문하여 조사하는 것
법적 성격	㉠ 종래(사실상)에는 경찰상 대인적 즉시강제 ㉡ 최근에는 경찰관 직무집행법상 **임의적인 경찰조사(행정조사)**
요건 (제1항)	㉠ 경찰관은 다음의 어느 하나에 해당하는 사람을 정지시켜 질문할 수 있다. 　ⓐ 수상한 행동이나 그 밖의 주위 사정을 합리적으로 판단하여 볼 때 어떠한 죄를 범하였거나 범하려 하고 있다고 의심할 만한 상당한 이유가 있는 사람 　ⓑ 이미 행하여진 범죄나 행하여지려고 하는 범죄행위에 관한 사실을 안다고 인정되는 사람 ㉡ 형사책임능력을 요하지 않으며, 전과자 및 심신상실자, 범인 이외의 제3자에 대해서도 불심검문의 대상자가 될 수 있다.
정지 및 질문	㉠ 경찰관은 주위의 사정을 합리적으로 판단하여 거동불심자라고 보이는 자를 정지시켜 질문할 수 있다. ㉡ **임의적 수단**에 의하는 것이 원칙이므로, 강제적 실력행사는 허용되지 않는다. 질문을 위한 일시정지에 그쳐야 하고 체포나 구속은 형사소송법상에 절차에 따라 행해져야 할 것이다.

기출 OX

01 경찰관 직무집행법상 경찰관 직무의 범위에 외국 정부기관 및 국제기구와의 국제협력은 규정되어 있지 않다.
15. 경찰 　　　( )

02 경찰관은 수상한 행동이나 그 밖의 주위 사정을 합리적으로 판단하여 볼 때 어떠한 죄를 범하였거나 범하려 하고 있다고 의심할 만한 상당한 이유가 있는 사람을 정지시켜 질문하여야 한다.
15. 경찰 　　　( )

정답 01 × 02 ×

	©	형사소송법상 피의자신문이 아니므로 **진술거부권을 고지할 의무는 없으며**, 불심검문에 불응하여도 처벌규정은 없다.
흉기조사	㉠	불심검문에 수반하여 흉기 기타 물건의 소지 여부를 밝히기 위하여 거동불심자가 입고 있는 옷이나 휴대품을 조사하는 것(**흉기 이외의 일반 소지품 검사에 대한 명문의 규정은 없다**)
	©	수단은 관찰과 외표검사에 한한다. 흉기조사시 영장은 불필요하다.

② 임의동행

임의동행	의의	㉠ 불심검문은 그 장소에서 행해지는 것이 원칙이나, 그 장소에서 질문을 하는 것이 당해인에게 불리하거나 교통의 방해가 된다고 인정되는 때에는 질문하기 위하여 부근의 경찰관서에 동행할 것을 요구하는 것을 말한다. © 질문을 위해, 신원확인을 위해, 효과적인 조사를 위해 ×
	동행 전	㉠ 임의동행요구는 법적 구속력이 없는 비권력적 사실행위로 당해인의 동의가 있어야 하며, 경찰관의 동행요구가 있는 경우에도 당해인은 이를 거절할 수 있고, 동행 후에도 언제든지 퇴거할 수 있다. © 동행요구시 동행거부권 고지의무는 없다.
	동행 후 사후조치	㉠ 경찰관은 동행한 사람을 6시간을 초과하여 경찰관서에 머무르게 할 수 없다. 강제성이 있으면 안 되고 동행 후에도 언제든지 퇴거할 수 있다. © 경찰관은 동행한 사람의 가족이나 친지 등에게 동행한 경찰관의 신분, 동행 장소, 동행 목적과 이유를 알리거나 본인으로 하여금 즉시 연락할 수 있는 기회를 주어야 하며, 변호인의 도움을 받을 권리가 있음을 알려야 한다.

☆ 판례 | 불심검문

1 앞을 가로막고 고지한 후 불심검문한 것은 위법하지 않다는 판례

검문 중이던 경찰관들이, 자전거를 이용한 날치기 사건 범인과 흡사한 인상착의의 피고인이 자전거를 타고 다가오는 것을 발견하고 정지를 요구하였으나 멈추지 않아, **앞을 가로막고 소속과 성명을 고지한 후 검문에 협조해 달라는 취지로 말하였음에도 불응하고 그대로 전진하자, 따라가서 재차 앞을 막고 검문에 응하라고 요구하였는데**, 이에 피고인이 경찰관들의 멱살을 잡아 밀치거나 욕설을 하는 등 항의하여 공무집행방해 등으로 기소된 사안에서, 범행의 경중, 범행과의 관련성, 상황의 긴박성, 혐의의 정도, 질문의 필요성 등에 비추어 경찰관들은 목적 달성에 필요한 최소한의 범위 내에서 사회통념상 용인될 수 있는 상당한 방법을 통하여 **경찰관 직무집행법 제3조 제1항에 규정된 자에 대해 의심되는 사항을 질문하기 위하여 정지시킨 것으로 보아야 하는데도**, 이와 달리 경찰관들의 불심검문이 위법하다고 보아 피고인에게 무죄를 선고한 원심판결에 불심검문의 내용과 한계에 관한 법리오해의 위법이 있다고 한 사례(대판 2012.9.13, 2010도6203)

2 상해사건신고를 받고 출동한 정복착용 경찰관들이 사건당사자인 피검문자의 경찰관신분 확인의 요구가 없는 상황에서 경찰공무원증 제시 없이 불심검문을 한 것은 적법하다는 판례

당시 정황상 객관적으로 **경찰관의 공무집행임을 누구나 인식할 수 있었고, 피검문자들이 경찰관에 대한 신분 확인을 요구하지 않았다면 경찰관이 신분증을 제시하지 않았더라도 불심검문은 적법한 공무집행에 해당한다**(대판 2004.10.14, 2004도4029).

기출 OX

03 경찰관은 질문을 하거나 임의동행을 요구할 경우 자신의 신분을 표시하는 증표를 제시하면서 소속과 성명을 밝혀야 한다. 이때 증표는 경찰공무원증뿐만 아니라 흉장도 포함된다. 19. 경찰
( )

04 경찰관이 불심검문 시 흉기조사뿐 아니라, 흉기 이외의 일반소지품 조사도 할 수 있다고 규정하고 있다. 19. 경찰
( )

05 인근 경찰관서로 임의동행시 가족 등에게 연락할 기회를 부여했다면 불심검문에 의한 임의동행은 체포가 아니므로 변호인의 도움을 받을 권리가 있음을 고지하지 않아도 된다. 19. 승진
( )

정답 03 × 04 × 05 ×

3 상대방이 검문하는 사람이 경찰관이고 그 이유도 충분히 알 수 있었다면 신분증을 제시하지 않았다 하더라도 위법한 불심검문이 아니라는 판례

경찰관 직무집행법(이하 '법'이라 한다) 제3조 제4항은 경찰관이 불심검문을 하고자 할 때에는 자신의 신분을 표시하는 증표를 제시하여야 한다고 규정하고, 경찰관 직무집행법 시행령 제5조는 위법에서 규정한 신분을 표시하는 증표는 경찰관의 공무원증이라고 규정하고 있는데, 불심검문을 하게 된 경위, 불심검문 당시의 현장상황과 검문을 하는 경찰관들의 복장, 피고인이 공무원증 제시나 신분 확인을 요구하였는지 여부 등을 종합적으로 고려하여, 검문하는 사람이 경찰관이고 검문하는 이유가 범죄행위에 관한 것임을 피고인이 충분히 알고 있었다고 보이는 경우에는 신분증을 제시하지 않았다고 하여 그 불심검문이 위법한 공무집행이라고 할 수 없다(대판 2014.12.11, 2014도7976).

4 불심검문대상자에게 형소법상 체포나 구속에 이를 정도의 혐의가 있을 것은 요하지 않는다는 판례

경찰관 직무집행법(이하 '법'이라고 한다)의 목적, 법 제1조 제1항, 제2항, 제3조 제1항·제2항·제3항·제7항의 내용 및 체계 등을 종합하면, 경찰관이 법 제3조 제1항에 규정된 대상자(이하 '불심검문 대상자'라 한다) 해당 여부를 판단할 때에는 불심검문 당시의 구체적 상황은 물론 사전에 얻은 정보나 전문적 지식 등에 기초하여 불심검문 대상자인지를 객관적·합리적인 기준에 따라 판단하여야 하나, **반드시 불심검문 대상자에게 형사소송법상 체포나 구속에 이를 정도의 혐의가 있을 것을 요한다고 할 수는 없다**(대판 2014.2.27, 2011도13999).

(3) 보호조치 등(제4조) ☆☆☆☆

제4조 【보호조치 등】 ① 경찰관은 수상한 행동이나 그 밖의 주위 사정을 합리적으로 판단해 볼 때 다음 각 호의 어느 하나에 해당하는 것이 명백하고 **응급구호가 필요하다고 믿을 만한 상당한 이유가 있는 사람**(이하 '구호대상자'라 한다)을 발견하였을 때에는 보건의료기관이나 공공구호기관에 긴급구호를 요청하거나 경찰관서에 보호하는 등 **적절한 조치를 할 수 있다.**
1. **정신착란**을 일으키거나 술에 취하여 자신 또는 다른 사람의 생명·신체·재산에 위해를 끼칠 우려가 있는 사람
2. **자살**을 시도하는 사람
3. **미아, 병자, 부상자** 등으로서 적당한 보호자가 없으며 응급구호가 필요하다고 인정되는 사람. **다만, 본인이 구호를 거절하는 경우는 제외한다.**
② 제1항에 따라 긴급구호를 요청받은 보건의료기관이나 공공구호기관은 정당한 이유 없이 긴급구호를 거절할 수 없다.
③ 경찰관은 제1항의 조치를 하는 경우에 구호대상자가 휴대하고 있는 무기·흉기 등 위험을 일으킬 수 있는 것으로 인정되는 물건을 경찰관서에 임시로 영치하여 놓을 수 있다.
④ 경찰관은 제1항의 조치를 하였을 때에는 **지체 없이** 구호대상자의 가족, 친지 또는 그 밖의 연고자에게 그 사실을 알려야 하며, 연고자가 발견되지 아니할 때에는 구호대상자를 적당한 공공보건의료기관이나 공공구호기관에 즉시 인계하여야 한다.
⑤ 경찰관은 제4항에 따라 구호대상자를 공공보건의료기관이나 공공구호기관에 인계하였을 때에는 즉시 그 사실을 소속 경찰서장이나 해양경찰서장에게 보고하여야 한다.
⑥ 제5항에 따라 보고를 받은 소속 경찰서장이나 해양경찰서장은 대통령령으로 정하는 바에 따라 구호대상자를 인계한 사실을 지체 없이 해당 공공보건의료기관 또는 공공구호기관의 장 및 그 감독행정청에 통보하여야 한다.
⑦ 제1항에 따라 구호대상자를 경찰관서에서 보호하는 기간은 **24시간**을 초과할 수 없고, 제3항에 따라 물건을 경찰관서에 임시로 영치하는 기간은 **10일**을 초과할 수 없다.

① 보호조치

의의	경찰관이 긴급구호를 요하는 자를 발견, 관계 기관에 긴급구호를 요청하거나 경찰관서에 일시적으로 보호하여 구호의 방법을 강구하는 조치로서 경찰상 **대인적 즉시강제**의 성질을 갖는다.	
대상자 **(구호대상자)**	강제보호 대상자	㉠ **정신착란자** ㉡ **주취자** ㉢ **자살시도자**
	임의보호 대상자	㉠ **미아**(가출인은 포함 ×) ㉡ **병자** ㉢ **부상자**
구호기관	㉠ **긴급구호를 요청받은 보건의료기관이나 공공구호기관은 정당한 이유 없이 긴급구호를 거절할 수 없다.** ㉡ 단, 거절하는 경우 경찰관 직무집행법상 처벌규정은 없다. 응급의료에 관한 법률에 따른 처벌대상이 될 뿐이다.	
통지	㉠ 경찰관이 보호조치를 하였을 때에는 지체 없이 **가족, 친지 또는 그 밖의 연고자에게 그 사실을 알려야 하며, 연고자가 발견되지 아니할 때에는 구호대상자를 적당한 공공보건의료기관이나 공공구호기관에 즉시 인계하여야 한다.** ㉡ 구호대상자를 경찰관서에 보호하는 기간은 24시간을 초과할 수 없다.	

② 임시영치

의의	경찰관은 보호조치를 하는 경우에 구호대상자가 휴대하고 있는 무기·흉기 등 위험을 일으킬 수 있는 것으로 인정되는 물건을 경찰관서에 임시로 영치하여 놓을 수 있다.
법적 성질	대물적 즉시강제
임시영치기간	물건을 경찰관서에 임시로 영치하는 기간은 **10일**을 초과할 수 없다.

> **두문자**
>
> 강제: 정·주·자
> 임의: 미·병·부

> ⚖️ **판례 | 보호조치대상자의 판단기준**
>
> 경찰관 직무집행법 제4조 제1항 제1호(이하 '이 사건 조항'이라 한다)에서 규정하는 술에 취한 상태로 인하여 자기 또는 타인의 생명·신체와 재산에 위해를 미칠 우려가 있는 피구호자에 대한 보호조치는 경찰 행정상 즉시강제에 해당하므로, 그 조치가 불가피한 최소한도 내에서만 행사되도록 발동·행사 요건을 신중하고 엄격하게 해석하여야 한다. 따라서 이 사건 조항의 **'술에 취한 상태'란 피구호자가 술에 만취하여 정상적인 판단능력이나 의사능력을 상실할 정도에 이른 것을 말하고**, 이 사건 조항에 따른 보호조치를 필요로 하는 피구호자에 해당하는지는 구체적인 상황을 고려하여 경찰관 평균인을 기준으로 판단하되, 그 판단은 보호조치의 취지와 목적에 비추어 현저하게 불합리하여서는 아니 되며, 피구호자의 가족 등에게 피구호자를 인계할 수 있다면 특별한 사정이 없는 한 경찰관서에서 피구호자를 보호하는 것은 허용되지 않는다(대판 2012.12.13, 2012도11162).

(4) 위험발생의 방지 등(제5조) ✿✿✿✿

> **제5조 【위험발생의 방지 등】** ① 경찰관은 사람의 생명 또는 신체에 위해를 끼치거나 재산에 중대한 손해를 끼칠 우려가 있는 천재, 사변, 인공구조물의 파손이나 붕괴, 교통사고, 위험물의 폭발, 위험한 동물 등의 출현, 극도의 혼잡, 그 밖의 위험한 사태가 있을 때에는 다음 각 호의 조치를 할 수 있다.
> 1. 그 장소에 모인 사람, 사물의 관리자, 그 밖의 관계인에게 필요한 **경고**를 하는 것
> 2. 매우 긴급한 경우에는 위해를 입을 우려가 있는 사람을 필요한 한도에서 **억류하거나 피난**시키는 것
> 3. 그 장소에 있는 사람, 사물의 관리자, 그 밖의 관계인에게 **위해를 방지하기 위하여 필요하다고 인정되는 조치를 하게 하거나 직접 그 조치를 하는 것**
> ② **경찰관서의 장**은 대간첩 작전의 수행이나 소요사태의 진압을 위하여 필요하다고 인정되는 상당한 이유가 있을 때에는 대간첩 작전지역이나 경찰관서 · 무기고 등 **국가중요시설(다중이용시설 ×)**에 대한 접근 또는 통행을 제한하거나 금지할 수 있다.
> ③ 경찰관은 제1항의 조치를 하였을 때에는 지체 없이 그 사실을 소속 경찰관서의 장에게 **보고하여야 한다.**
> ④ 제2항의 조치를 하거나 제3항의 보고를 받은 경찰관서의 장은 관계 기관의 협조를 구하는 등 적절한 조치를 하여야 한다.

:두문자

경고: 모 · 사 · 관
위해방지: 있 · 사 · 관

경고	① 장소에 **모인** 사람, ② **사물의 관리자**, ③ 그 밖의 **관계인**
억류 · 피난	위해를 입을 우려가 있는 자
위해방지조치	① 장소에 **있는** 사람, ② **사물의 관리자**, ③ 그 밖의 **관계인**
접근 또는 통행의 제한 및 금지	**경찰관서의 장**은 대간첩 작전의 수행이나 소요사태의 진압을 위하여 필요하다고 인정되는 상당한 이유가 있을 때에는 대간첩 작전지역이나 경찰관서 · 무기고 등 국가중요시설에 대한 접근 또는 통행을 제한하거나 금지할 수 있다.
관련 판례	① 경찰관 직무집행법 제5조는 경찰관은 인명 또는 신체에 위해를 미치거나 재산에 중대한 손해를 끼칠 우려가 있는 위험한 사태가 있을 때에는 그 각 호의 조치를 취할 수 있다고 규정하여 **형식상 경찰관에게 재량에 의한 직무수행권한을 부여한 것처럼 되어 있으나, 경찰관에게 그러한 권한을 부여한 취지와 목적에 비추어 볼 때 구체적인 사정에 따라 경찰관이 그 권한을 행사하여 필요한 조치를 취하지 아니하는 것이 현저하게 불합리하다고 인정되는 경우에는 그러한 권한의 불행사는 직무상의 의무를 위반한 것이 되어 위법**하게 된다. ② 경찰관이 농민들의 시위를 진압하고 시위과정에 도로상에 방치된 트랙터 1대에 대하여 이를 도로 밖으로 옮기거나 후방에 안전표지판을 설치하는 것과 같은 위험발생방지조치를 취하지 아니한 채 그대로 방치하고 철수하여 버린 결과, 야간에 그 도로를 진행하던 운전자가 위 방치된 트랙터를 피하려다가 다른 트랙터에 부딪혀 상해를 입은 사안에서 국가배상책임을 인정한 사례(대판 1998.8.25, 98다16890)

(5) 범죄의 예방과 제지(제6조) ✦✦✦

> **제6조【범죄의 예방과 제지】** 경찰관은 범죄행위가 목전에 행하여지려고 하고 있다고 인정될 때에는 이를 예방하기 위하여 관계인에게 필요한 **경고**를 하고, 그 행위로 인하여 사람의 생명·신체에 위해를 끼치거나 재산에 중대한 손해를 끼칠 우려가 있는 긴급한 경우에는 그 행위를 제지할 수 있다.

🔨 판례 ┃ 범죄의 예방과 제지

1 인근소란행위를 단속하기 위하여 전기차단기를 내린 사건

경찰관 직무집행법 제6조는 경찰관의 제지에 관한 부분은 범죄 예방을 위한 경찰 행정상 즉시강제, 즉 눈앞의 급박한 경찰상 장해를 제거할 필요가 있고 의무를 명할 시간적 여유가 없거나 의무를 명하는 방법으로는 그 목적을 달성하기 어려운 상황에서 의무불이행을 전제로 하지 않고 경찰이 직접 실력을 행사하여 경찰상 필요한 상태를 실현하는 권력적 사실행위에 관한 근거조항이다. 경찰관 직무집행법 제6조에 따른 경찰관의 제지 조치가 적법한 직무집행으로 평가되기 위해서는, 형사처벌의 대상이 되는 행위가 눈앞에서 막 이루어지려고 하는 것이 객관적으로 인정될 수 있는 상황이고, 그 행위를 당장 제지하지 않으면 곧 인명·신체에 위해를 미치거나 재산에 중대한 손해를 끼칠 우려가 있는 상황이어서, 직접 제지하는 방법 외에는 위와 같은 결과를 막을 수 없는 절박한 사태이어야 한다. 다만, **경찰관의 제지 조치가 적법한지는 제지 조치 당시의 구체적 상황을 기초로 판단하여야 하고 사후적으로 순수한 객관적 기준에서 판단할 것은 아니다.** 피고인은 평소 집에서 심한 고성과 욕설, 시끄러운 음악 소리 등으로 이웃 주민들로부터 수회에 걸쳐 112신고가 있어 왔던 사람인데, 피고인의 집이 소란스럽다는 112신고를 받고 출동한 경찰관 甲, 乙이 인터폰으로 문을 열어달라고 하였으나 욕설을 하였고, 경찰관들이 피고인을 만나기 위해 전기차단기를 내리자 화가 나 식칼을 들고 나와 욕설을 하면서 경찰관들을 향해 찌를 듯이 협박함으로써 甲, 乙의 112신고 업무 처리에 관한 직무집행을 방해하였다고 하여 특수공무집행방해로 기소된 사안에서, 피고인의 행위를 제지하고 수사하는 것은 경찰관의 직무상 권한이자 의무라고 볼 수 있으므로, 위와 같은 상황에서 甲과 乙이 <u>피고인의 집으로 통하는 전기를 일시적으로 차단한 것은 피고인을 집 밖으로 나오도록 유도한 것으로서, 피고인의 범죄행위를 진압·예방하고 수사하기 위해 필요하고도 적절한 조치로 보인다</u>(대판 2018.12.13, 2016도19417).

2 경찰관이 불허된 기자회견을 막기 위해 농성장소를 둘러 싸 농성장소의 진입을 막은 행위는 적법하다는 판례

경찰관 직무집행법 제6조 제1항은 "경찰관은 범죄행위가 목전에 행하여지려고 하고 있다고 인정될 때에는 이를 예방하기 위하여 관계인에게 필요한 경고를 발하고, 그 행위로 인하여 인명·신체에 위해를 미치거나 재산에 중대한 손해를 끼칠 우려가 있어 긴급을 요하는 경우에는 그 행위를 제지할 수 있다."라고 정하고 있다. 위 조항 중 경찰관의 제지에 관한 부분은 범죄의 예방을 위한 경찰 행정상 즉시강제, 즉 눈앞의 급박한 경찰상 장해를 제거하여야 할 필요가 있고 의무를 명할 시간적 여유가 없거나 의무를 명하는 방법으로는 그 목적을 달성하기 어려운 상황에서 의무불이행을 전제로 하지 않고 경찰이 직접 실력을 행사하여 경찰상 필요한 상태를 실현하는 권력적 사실행위에 관한 근거조항이다. … 피고인들을 포함한 '갑 주식회사 희생자 추모와 해고자 복직을 위한 범국민대책위원회'(이하 '대책위'라 한다)가 덕수궁 대한문 화단 앞 인도(이하 '농성 장소'라 한다)를 불법적으로 점거한 뒤 천막·분향소 등을 설치하고 농성을 계속하다가 관할 구청이 행정대집행으로 농성 장소에 있던 물건을 치웠음에도 대책위 관계자들이 이에 대한

기출 OX

01 경찰관은 범죄행위가 목전에 행하여지려고 하고 있다고 인정될 때에는 이를 예방하기 위하여 관계인에게 필요한 경고를 하고 즉시 그 행위를 제지할 수 있다.
19. 승진　　　　　( )

02 경찰관은 미아를 인수할 보호자의 여부, 유실물을 인수할 권리자의 여부 또는 사고로 인한 사상자를 확인하기 위하거나 형사처분을 위한 교통사고조사상의 사실을 확인하기 위하여 필요한 때에는 관계인에게 출석을 요하는 사유·일시 및 장소를 명확히 한 출석요구서에 의하여 경찰관서에 출석할 것을 요구할 수 있다.
13. 경찰　　　　　( )

정답 **01** ✕ **02** ✕

항의의 일환으로 기자회견 명목의 집회를 개최하려고 하자, 출동한 경찰 병력이 농성 장소를 둘러싼 채 대책위 관계자들의 농성 장소 진입을 제지하는 과정에서 피고인들이 경찰관을 밀치는 등으로 공무집행을 방해하였다는 내용으로 기소된 사안에서, 경찰 병력이 행정대집행 직후 대책위가 또다시 같은 장소를 점거하고 물건을 다시 비치하는 것을 막기 위해 농성 장소를 미리 둘러싼 뒤 대책위가 같은 장소에서 기자회견 명목의 집회를 개최하려는 것을 불허하면서 소극적으로 제지한 것은 구 경찰관 직무집행법 제6조 제1항의 범죄행위 예방을 위한 **경찰 행정상 즉시강제로서 적법한 공무집행에 해당**하고, 피고인 등 대책위 관계자들이 이와 같이 직무집행 중인 경찰 병력을 밀치는 등 유형력을 행사한 행위는 공무집행방해죄에 해당한다는 이유로, 이와 달리 경찰의 농성 장소에 대한 점거와 대책위의 집회 개최를 제지한 직무집행이 '위법한 공무집행'이라고 본 원심판단에 법리오해의 잘못이 있다(대판 2021.10.14, 2018도2993).

3 전투경찰대원들이 조합원들을 둘러싸고 이동하지 못하게 가둔 행위는 형사소송법상 체포에 해당된다는 판례

○○자동차 주식회사 △△공장을 점거하여 농성 중이던 □□□□노동조합 ○○자동차 지부 조합원인 공소외 1 등이 2009.6.26. 경찰과 부식 반입 문제를 협의하거나 기자회견장 촬영을 위해 공장 밖으로 나오자, 전투경찰대원들은 '고착관리'라는 명목으로 위 공소외 1 등 6명의 조합원을 방패로 에워싸 이동하지 못하게 하였다. 위 조합원들이 어떠한 범죄행위를 목전에서 저지르려고 하거나 이들의 행위로 인하여 인명·신체에 위해를 미치거나 재산에 중대한 손해를 끼칠 우려 등 긴급한 사정이 있는 경우가 아닌데도 방패를 든 전투경찰대원들이 위 조합원들을 둘러싸고 이동하지 못하게 가둔 행위는 구 경찰관 직무집행법 제6조 제1항에 근거한 제지 조치라고 볼 수 없고, 이는 형사소송법상 체포에 해당한다(대판 2017.3.15, 2013도2168).

(6) 위험방지를 위한 출입(제7조) ✿✿✿✿

제7조【위험방지를 위한 출입】 ① 경찰관은 제5조 제1항·제2항 및 제6조에 따른 위험한 사태가 발생하여 사람의 생명·신체 또는 재산에 대한 위해가 임박한 때에 그 위해를 방지하거나 피해자를 구조하기 위하여 부득이하다고 인정하면 합리적으로 판단하여 필요한 한도에서 다른 사람의 토지·건물·배 또는 차에 **출입할 수 있다.**

② 흥행장(興行場), 여관, 음식점, 역, 그 밖에 많은 사람이 출입하는 장소의 관리자나 그에 준하는 관계인은 경찰관이 범죄나 사람의 생명·신체·재산에 대한 위해를 예방하기 위하여 해당 장소의 영업시간이나 해당 장소가 일반인에게 **공개된 시간**에 그 장소에 출입하겠다고 요구하면 **정당한 이유 없이 그 요구를 거절할 수 없다.**

③ 경찰관은 대간첩 작전 수행에 필요할 때에는 작전지역에서 제2항에 따른 장소를 검색할 수 있다.

④ 경찰관은 제1항부터 제3항까지의 규정에 따라 필요한 장소에 출입할 때에는 그 신분을 표시하는 **증표를 제시**하여야 하며, 함부로 관계인이 하는 정당한 업무를 방해해서는 아니 된다.

긴급출입 (제1항)	요건	① 위험사태가 발생하였을 것 ② 위해가 절박할 것 ③ 그 위해를 방지하거나 피해자를 구조하기 위하여 부득이할 것
	장소	다른 사람의 토지·건물·배 또는 차(사주소)
	동의	관리자의 동의를 요하지 않는다.
	시간	예방출입과 달리 **시간상 제한이 없다.**
예방출입 (제2항)	의의	경찰관이 범죄의 예방 또는 인명·신체와 재산에 대한 위해예방을 목적으로 흥행장·여관·음식점·역 기타 다수인이 출입하는 장소에 출입하는 것
	특징	① 대가택적 즉시강제 ② 범죄수사를 위한 목적이 아니므로 영장을 요하지 않는다.
	장소	흥행장·여관·음식점·역 기타 다수인이 출입하는 장소, 즉 경찰상 **공개된 장소**
	시간	영업시간 또는 공개시간 중에만 허용된다.
	목적	범죄예방 및 사람의 생명·신체·재산에 대한 위해를 예방
	동의	관리자의 동의가 있어야 함(임의성). 다만, 관리자는 정당한 이유 없이 출입을 거절할 수 없다.
대간첩작전 지역에서 검색 (긴급검색) (제3항)		① 대간첩작전수행의 필요에 의하여 작전지역 안에 있는 흥행장·여관·음식점·역 기타 다수인이 출입하는 장소 안을 검색하는 것 ② 예방출입과는 달리 **시간제한을 받지 않는다.**

➕ PLUS 위험방지를 위한 출입(제7조)

구분	긴급출입(제1항)	예방출입(제2항)	대간첩 긴급검색(제3항)
출입장소	타인의 토지, 건물, 배, 차 등	공개된 장소	
출입시간	주야 불문	영업·공개된 시간	주야 불문
관리자의 동의	불요(×)	필요(○) 정당한 이유 없이 요구를 거절할 수 없다.	불요(×)
공통점	① 경찰상 대가택적 즉시강제 ② 영장불요 ③ 경찰관은 출입할 때 그 신분을 표시하는 증표를 제시하여야 하며, 함부로 관계인이 하는 정당한 업무를 방해해서는 아니 된다.		

(7) 사실의 확인 등(제8조) ✦✦✦✦

> 제8조【사실의 확인 등】 ① **경찰관서의 장**은 직무수행에 필요하다고 인정되는 상당한 이유가 있을 때에는 국가기관이나 공사(公私)단체 등에 직무수행에 관련된 사실을 **조회할 수 있다.** 다만, 긴급한 경우에는 소속 경찰관으로 하여금 현장에 나가 해당 기관 또는 단체의 장의 협조를 받아 그 사실을 확인하게 할 수 있다.
>
> ② 경찰관은 다음 각 호의 직무를 수행하기 위하여 필요하면 관계인에게 출석하여야 하는 사유·일시 및 장소를 명확히 적은 출석 요구서를 보내 경찰관서에 **출석할 것을 요구할 수 있다.**
> 1. **미**아를 인수할 보호자 확인
> 2. **유**실물을 인수할 권리자 확인
> 3. **사**고로 인한 사상자 확인
> 4. 행정처분을 위한 **교**통사고 조사에 필요한 사실 확인(**형사처분 ×**)

:두문자

미·유·사·교

(8) 정보의 수집(제8조의2)

> 제8조의2【정보의 수집 등】 ① 경찰관은 범죄·재난·공공갈등 등 **공공안녕(공공의 질서 ×)**에 대한 위험의 예방과 대응을 위한 정보의 수집·작성·배포와 이에 수반되는 사실의 확인을 **할 수 있다.**
>
> ② 제1항에 따른 정보의 구체적인 범위와 처리기준, 정보의 수집·작성·배포에 수반되는 사실의 확인절차와 한계는 대통령령으로 정한다.

경찰관의 정보수집 및 처리 등에 관한 규정(대통령령)

목적 (제1조)	이 영은 경찰관 직무집행법 제8조의2에 따라 경찰관이 수집·작성·배포할 수 있는 공공안녕에 대한 위험의 예방과 대응을 위한 정보의 구체적인 범위와 처리 기준, 정보의 수집·작성·배포에 수반되는 사실의 확인 절차 및 한계에 관하여 규정함을 목적으로 한다.
정보활동의 기본원칙 등 (제2조)	① 공공안녕에 대한 위험의 예방과 대응을 위한 정보의 수집·작성·배포와 이에 수반되는 사실의 확인을 위해 경찰관이 수행하는 활동(이하 '정보활동'이라 한다)은 **국민의 자유와 권리를 보호하는 것을 목적으로 해야 하며, 필요 최소한의 범위**에 그쳐야 한다. ② 경찰관은 정보활동과 관련하여 다음의 행위를 해서는 안 된다. 　㉠ 정치에 관여하기 위해 정보를 수집·작성·배포하는 행위 　㉡ 법령의 직무범위를 벗어나 개인의 동향 등을 파악하기 위해 사생활에 관한 정보를 수집·작성·배포하는 행위 　㉢ 상대방의 명시적 의사에 반해 자료 제출이나 의견 표명을 강요하는 행위 　㉣ 부당한 민원이나 청탁을 직무 관련자에게 전달하는 행위 　㉤ 직무상 알게 된 정보를 누설하거나 개인의 이익을 위해 사용하는 행위 　㉥ 직무와 무관한 비공식적 직함을 사용하는 행위 ③ **경찰청장** 또는 해양경찰청장은 정보활동이 적법하게 이루어지도록 현장점검·교육 강화 방안 등을 수립·시행해야 한다.

수집 등 대상정보의 구체적인 범위 (제3조)	경찰관이 경찰관 직무집행법(이하 '법'이라 한다) 제8조의2 제1항에 따라 수집·작성·배포할 수 있는 정보의 구체적인 범위는 다음과 같다. ① 범죄의 예방과 대응에 필요한 정보(**범죄수사에 관한 정보 ×**) ② 형의 집행 및 수용자의 처우에 관한 법률 제126조의2 또는 보호관찰 등에 관한 법률 제55조의3에 따라 통보되는 정보의 대상자인 수형자·가석방자의 재범방지 및 피해자의 보호에 필요한 정보 ③ 국가중요시설의 안전 및 주요 인사(人士)의 보호에 필요한 정보 ④ 방첩·대테러활동 등 국가안전을 위한 활동에 필요한 정보 ⑤ 재난·안전사고 등으로부터 국민안전을 확보하기 위한 정보 ⑥ 집회·시위 등으로 인한 공공갈등과 다중운집에 따른 질서 및 안전 유지에 필요한 정보 ⑦ 국민의 생명·신체·재산의 보호와 공공안녕에 대한 위험의 예방과 대응을 위한 정책에 관한 정보[해당 정책의 입안·집행·평가를 위해 객관적이고 필요한 사항에 관한 정보로 한정하며, 이와 직접적·구체적으로 관련이 없는 **사생활·신조(信條) 등에 관한 정보는 제외**한다] ⑧ 도로 교통의 위해(危害) 방지·제거 및 원활한 소통 확보를 위한 정보 ⑨ 보안업무규정 제45조 제1항에 따라 경찰청장이 위탁받은 신원조사 또는 공공기관의 정보공개에 관한 법률 제2조 제3호에 따른 공공기관의 장이 법령에 근거하여 요청한 사실의 확인을 위한 정보 ⑩ 그 밖에 ①부터 ⑨까지에서 규정한 사항에 준하는 정보

정보의 수집 및 사실의 확인절차 (제4조)	① 경찰관은 법 제8조의2 제1항에 따라 정보를 수집하거나 정보의 수집·작성·배포에 수반되는 사실을 확인하려는 경우에는 **상대방에게 자신의 신분을 밝히고 정보 수집 또는 사실 확인의 목적을 설명해야 한다.** 이 경우 **강제적인 방법을 사용해서는 안 된다.**
	② ①의 전단에도 불구하고 다음의 어느 하나에 해당하는 경우에는 같은 항 전단에서 규정한 절차를 생략할 수 있다.
	  ㉠ 국민의 생명·신체의 안전이나 국가안보에 긴박한 위험이 발생할 우려가 있는 경우
	  ㉡ 범죄의 대응을 위한 정보활동에 현저한 지장을 초래할 우려가 있는 경우
	③ 경찰관은 정보를 제공하거나 사실을 확인해 준 자가 신분이나 처우와 관련하여 불이익을 받지 않도록 비밀유지 등 필요한 조치를 해야 한다.

정보수집 등을 위한 출입의 한계 (제5조)	경찰관은 다음의 장소에 상시적으로 출입해서는 안 되며, 정보활동을 위해 필요한 경우에 한정하여 일시적으로만 출입해야 한다. ① **언**론·교육·**종교**·시민사회 단체 등 **민**간단체 ② **민**간기업 ③ **정**당의 사무소
정보의 작성 (제6조)	경찰관은 수집한 정보를 작성할 때 객관적 사실에 기초해 중립적으로 작성해야 하며, 정치에 관여하는 등 특정한 목적을 가지고 그 내용을 왜곡해서는 안 된다.
수집·작성한 정보의 처리 (제7조)	① 경찰관은 수집·작성한 정보를 그 목적 외의 용도로 사용해서는 안 된다. ② 경찰관은 공공안녕에 대한 위험의 예방과 대응을 위해 필요한 경우에는 수집·작성한 정보를 관계 기관 등에 **통보할 수 있다.** ③ 경찰관은 수집·작성한 정보가 그 목적이 달성되어 불필요하게 되었을 때에는 지체 없이 그 정보를 폐기해야 한다. 다만, 다른 법령에 따라 보존해야 하는 경우는 제외한다.

: 두문자

언·민·정·종교

기출 OX

01 경찰관은 언론·교육·종교·시민사회 단체 등 민간단체, 지방자치단체, 정당의 사무소에 상시적으로 출입해서는 안 되며 정보활동을 위해 필요한 경우에 한정하여 일시적으로만 출입해야 한다고 규정되어 있다.
24. 경찰승진   ( )

정답 **01** ×

위험한 지시의 금지 및 거부 (제8조)	① 누구든지 정보활동과 관련하여 경찰관에게 이 영과 그 밖의 법령에 반하여 지시해서는 안 된다. ② 경찰관은 **명백히 위법한 지시**라고 판단되는 경우에는 **그 집행을 거부할 수 있다.** ③ 경찰관은 명백히 위법한 지시를 거부했다는 이유로 인사·직무 등과 관련한 어떠한 불이익도 받지 않는다.

(9) 국제협력(제8조의3) ✌✌

> 제8조의3 【국제협력】 경찰청장 또는 해양경찰청장은 이 법에 따른 경찰관의 직무수행을 위하여 외국 정부기관, 국제기구 등과 자료 교환, 국제협력 활동 등을 할 수 있다.

(10) 유치장(제9조) ✌✌✌

> 제9조 【유치장】 법률에서 정한 절차에 따라 체포·구속된 사람 또는 신체의 자유를 제한하는 판결이나 처분을 받은 사람을 수용하기 위하여 **경찰서**와 해양경찰서에 유치장을 둔다(시·도경찰청 또는 지구대 ×).

(11) 경찰장비의 사용(제10조) ✌✌✌✌

위해성 경찰장비의 도입

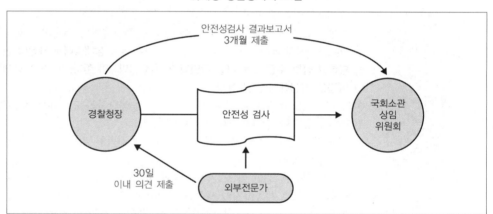

기출 OX

01 경찰서 및 지구대, 지방해양경찰관서에 법률이 정한 절차에 따라 체포·구속되거나 신체의 자유를 제한하는 판결 또는 처분을 받은 자를 수용하기 위하여 유치장을 둔다. 13. 경찰 (   )

02 경찰청장은 위해성 장비를 새로 도입하려는 경우에는 대통령령으로 정하는 바에 따라 안전성 검사를 실시하여 그 안전성 검사의 결과보고서를 경찰위원회에 제출하여야 한다. 이 경우 안전성 검사에는 외부 전문가를 참여시켜야 한다. 18. 경찰 (   )

정답 **01** × **02** ×

> 제10조 【경찰장비의 사용 등】 ① 경찰관은 직무수행 중 **경찰장비를 사용할 수 있다.** 다만, 사람의 생명이나 신체(재산 ×)에 위해를 끼칠 수 있는 경찰장비(이하 이 조에서 '위해성 경찰장비'라 한다)를 사용할 때에는 필요한 안전교육과 안전검사를 받은 후 사용하여야 한다.
> ② 제1항 본문에서 '경찰장비'란 무기, 경찰장구(警察裝具), 경찰착용 기록장치, 최루제(催涙劑)와 그 발사장치, 살수차, 감식기구(鑑識機具), 해안 감시기구, 통신기기, 차량·선박·항공기 등 경찰이 직무를 수행할 때 필요한 장치와 기구를 말한다.
> ③ 경찰관은 경찰장비를 함부로 개조하거나 경찰장비에 임의의 장비를 부착하여 일반적인 사용법과 달리 사용함으로써 다른 사람의 생명·신체에 위해를 끼쳐서는 아니 된다.
> ④ 위해성 경찰장비는 필요한 최소한도에서 사용하여야 한다.
> ⑤ **경찰청장**은 위해성 경찰장비를 새로 도입하려는 경우에는 **대통령령**으로 정하는 바에 따라 안전성 검사를 실시하여 그 안전성 검사의 결과보고서를 국회 소관 상임위원회에 제출하여야 한다. 이 경우 안전성 검사에는 **외부 전문가를 참여시켜야 한다.**
> ⑥ 위해성 경찰장비의 종류 및 그 사용기준, 안전교육·안전검사의 기준 등은 대통령령으로 정한다.

구분		경찰장구	분사기 · 최루탄	무기의 사용	
				위해수반 ✕	위해수반 ○
사용 요건	경직법	① **현행범**이나 사형 · 무기 또는 **장기 3년 이상**의 징역이나 금고에 해당하는 죄를 범한 범인의 체포 또는 도주 방지 ② 자신이나 다른 사람의 **생명 · 신체**의 방어 및 보호(재산 ✕) ③ 공무집행에 대한 항거 제지	① **범인**의 **체포** 또는 범인의 **도주 방지** ② 불법집회 · 시위로 인한 자신이나 다른 사람의 생명 · 신체와 **재산** 및 **공공시설 안전**에 대한 현저한 위해의 발생 억제	① 범인의 체포, 범인의 도주 방지 ② 자신이나 다른 사람의 생명 · 신체의 방어 및 보호 ③ 공무집행에 대한 항거 제지	① 형법상 정당방위, 긴급피난(자구행위 ✕) ② 사형 · 무기 또는 **장기 3년 이상**의 징역이나 금고에 해당하는 죄를 범하거나 범하였다고 의심할 만한 충분한 이유가 있는 사람이 경찰관의 직무집행에 항거하거나 도주하려고 할 때 ③ **체포 · 구속영장과 압수 · 수색영장**을 집행하는 과정에서 경찰관의 직무집행에 항거하거나 도주하려고 할 때 ④ **제3자**가 ② 또는 ③에 해당하는 사람을 도주시키려고 경찰관에게 항거할 때 ⑤ 무기 · 흉기 등 위험한 물건을 지니고 경찰관으로부터 **3회 이상 물건을 버리라는 명령이나 항복하라는 명령을 받고도 따르지 아니하면서 계속 항거**할 때 ⑥ 대간첩 작전 수행 과정에서 무장간첩이 항복하라는 경찰관의 명령을 받고도 따르지 아니할 때
	위해성 경찰 장비 규정	① 원칙: 불법집회 · 시위로 인한 자신이나 다른 사람의 생명 · 신체와 재산 및 공공시설 안전에 위험을 방지하기 위해 사용할 수 없다. ② 예외: 그러나 위의 경우를 위해 최소한의 범위 안에서 **경찰봉 · 호신용경봉**은 사용할 수 있다.	① 원칙: 공무집행에 대한 항거 제지를 위해 사용할 수 없다. ② 예외: 그러나 공무집행에 대한 항거의 억제를 위해 최소한의 범위 안에서 **가스발사총**은 사용할 수 있다.		
한계	비례 원칙	○ (적합성, 필요성, 상당성)			
	보충성	✕		위해수반 무기사용 중 ② ~ ⑤의 경우에만 보충성 ○ (다른수단이 없는 경우)	

4장

기출 OX

03 분사기 및 최루탄은 공무집행에 대한 항거의 제지를 위해서 사용할 수 있다.
16. 경찰　　　( )

정답 03 ✕

① 경찰장구의 사용(제10조의2) ✦✦✦✦

:두문자
중범죄자·체도방향

> **제10조의2 【경찰장구의 사용】** ① 경찰관은 다음 각 호의 직무를 수행하기 위하여 필요하다고 인정되는 상당한 이유가 있을 때에는 그 사태를 합리적으로 판단하여 필요한 한도에서 경찰장구를 사용할 수 있다.
> 1. 현행범이나 사형·무기 또는 장기 3년 이상의 징역이나 금고에 해당하는 죄를 범한 범인의 **체포** 또는 **도주** 방지
> 2. 자신이나 다른 사람의 생명·신체의 **방어 및 보호**(재산 ×)
> 3. 공무집행에 대한 **항거**(抗拒) 제지
>
> ② 제1항에서 '경찰장구'란 경찰관이 휴대하여 범인 검거와 범죄 진압 등의 직무수행에 사용하는 **수갑, 포승**(捕繩), 경찰봉, **방패** 등을 말한다.

:두문자
수·포·봉·방패

② 분사기 및 최루탄의 사용(제10조의3) ✦✦✦✦

:두문자
체도집시

> **제10조의3 【분사기 등의 사용】** 경찰관은 다음 각 호의 직무를 수행하기 위하여 부득이한 경우에는 현장책임자가 판단하여 필요한 최소한의 범위에서 분사기(총포·도검·화약류 등의 안전관리에 관한 법률에 따른 분사기를 말하며, 그에 사용하는 최루 등의 작용제를 포함한다. 이하 같다) 또는 최루탄을 사용할 수 있다.
> 1. **범인의 체포 또는 범인의 도주 방지**
> 2. 불법집회·**시위**로 인한 자신이나 다른 사람의 생명·신체와 **재산** 및 **공공시설 안전**에 대한 현저한 위해의 발생 억제

③ 무기의 사용(제10조의4) ✦✦✦✦

:두문자
범인·체도방항

> **제10조의4 【무기의 사용】** ① 경찰관은 **범인의 체포**, 범인의 도주 방지, 자신이나 다른 사람의 생명·신체의 **방어 및 보호**, 공무집행에 대한 **항거**의 제지를 위하여 필요하다고 인정되는 상당한 이유가 있을 때에는 그 사태를 합리적으로 판단하여 필요한 한도에서 무기를 사용할 수 있다. 다만, 다음 각 호의 어느 하나에 해당할 때를 제외하고는 사람에게 위해를 끼쳐서는 아니 된다.
> 1. 형법에 규정된 정당**방**위와 긴급**피**난에 해당할 때(자구행위 ×)
> 2. 다음 각 목의 어느 하나에 해당하는 때에 그 행위를 방지하거나 그 행위자를 체포하기 위하여 **무기를 사용하지 아니하고는 다른 수단이 없다고 인정되는 상당한 이유가 있을 때**
>   가. **사형·무기 또는 장기 3년 이상**의 징역이나 금고에 해당하는 죄를 범하거나 범하였다고 의심할 만한 충분한 이유가 있는 사람이 **경찰관의 직무집행에 항거하거나 도주하려고 할 때**
>   나. 체포·구속**영장**과 압수·수색영장을 집행하는 과정에서 경찰관의 직무집행에 항거하거나 도주하려고 할 때
>   다. **제3자**가 가목 또는 나목에 해당하는 사람을 도주시키려고 경찰관에게 항거할 때
>   라. 범인이나 소요를 일으킨 사람이 **무기·흉기** 등 위험한 물건을 지니고 경찰관으로부터 **3회 이상** 물건을 버리라는 명령이나 항복하라는 명령을 받고도 따르지 아니하면서 계속 **항거**할 때
> 3. 대**간첩** 작전 수행 과정에서 무장간첩이 항복하라는 경찰관의 명령을 받고도 따르지 아니할 때
>
> ② 제1항에서 '무기'란 사람의 생명이나 신체에 위해를 끼칠 수 있도록 제작된 권총·소총·도검 등을 말한다.

:두문자
• 보충성(○): 중범죄자·영삼(3)·무3항
• 보충성(×): 피방간

기출 OX

01 무기라 함은 인명 또는 신체에 위해를 가할 수 있도록 제작된 권총·소총·도검·경찰봉·최루탄 등을 말한다. 13. 경찰 ( )

정답 01 ×

③ 대간첩 · 대테러 작전 등 국가안전에 관련되는 작전을 수행할 때에는 개인화기 외에 공용화기를 사용할 수 있다.

무기 사용과 경찰관의 책임		㉠ 불법행위에 따른 형사책임은 사회의 법질서를 위반한 행위에 대한 책임을 묻는 것으로서 행위자에 대한 공적인 제재(형벌)를 그 내용으로 함에 비하여, 민사책임은 타인의 법익을 침해한 데 대하여 행위자의 개인적 책임을 묻는 것으로서 피해자에게 발생한 손해의 전보를 그 내용으로 하는 것이고, 손해배상제도는 손해의 공평 · 타당한 부담을 그 지도원리로 하는 것이므로, 형사상 범죄를 구성하지 아니하는 침해행위라고 하더라도 그것이 민사상 불법행위를 구성하는지 여부는 형사책임과 별개의 관점에서 검토하여야 한다. ㉡ 경찰관이 범인을 제압하는 과정에서 총기를 사용하여 범인을 사망에 이르게 한 사안에서, 경찰관이 총기사용에 이르게 된 동기나 목적, 경위 등을 고려하여 **형사사건에서 무죄판결이 확정되었더라도 당해 경찰관의 과실의 내용과 그로 인하여 발생한 결과의 중대함에 비추어 민사상 불법행위책임을 인정한 사례**(대판 2008.2.1, 2006다6713)
무기 사용에 관한 판례	무기 사용의 한계를 위반한 판례	㉠ 경찰관이 길이 40cm 가량의 칼로 반복적으로 위협하며 도주하는 차량 절도 혐의자를 추적하던 중, 도주하기 위하여 등을 돌린 혐의자의 몸쪽을 향하여 약 2m 거리에서 실탄을 발사하여 혐의자를 복부관통상으로 사망케 하였다 하더라도 경찰관의 총기사용은 사회통념상 허용범위를 벗어난 것으로 **위법하다**(대판 1999.3.23, 98다63445). ㉡ 타인의 집 대문 앞에 은신하고 있다가 경찰관의 명령에 따라 순순히 손을 들고 나오면서 그대로 도주하는 범인을 경찰관이 뒤따라 추격하면서 등 부위에 권총을 발사하여 사망케 한 경우, 위와 같은 총기사용은 현재의 부당한 침해를 방지하거나 현재의 위난을 피하기 위한 **상당성 있는 행위라고 볼 수 없다**(대판 2004.3.25, 2003도3842). ㉢ 야간에 술이 취한 상태에서 병원에 있던 과도로 대형 유리창문을 쳐 깨뜨리고 자신의 복부에 칼을 대고 할복자살하겠다고 난동을 부린 피해자가 출동한 2명의 경찰관들에게 칼을 들고 항거하였다고 하여도 위 경찰관 등이 공포를 발사하거나 소지한 가스총과 경찰봉을 사용하여 위 망인의 항거를 억제할 시간적 여유와 보충적 수단이 있었다고 보여지고, 또 부득이 총을 발사할 수밖에 없었다고 하더라도 하체 부위를 향하여 발사함으로써 그 위해를 최소한도로 줄일 여지가 있었다고 보여지므로, 칼빈소총을 1회 발사하여 피해자의 왼쪽 가슴아래 부위를 관통하여 사망케 한 경찰관의 총기사용행위는 경찰관 직무집행법 소정의 **총기사용 한계를 벗어난 것이다**(대판 1991.9.10, 91다19913). ㉣ 50cc 소형 오토바이 1대를 절취하여 운전 중인 15 ~ 16세의 절도 혐의자 3인이 경찰관의 검문에 불응하며 도주하자, 경찰관이 체포목적으로 오토바이의 바퀴를 조준하여 실탄을 발사하였으나 오토바이에 타고 있던 1인이 총상을 입게 된 경우, 제반 사정에 비추어 경찰관의 총기사용이 사회통념상 허용범위를 벗어나 위법하다(대판 2004.5.13, 2003다57956).

(12) 경찰작용기록장치의 사용(제10조의5) ✿✿✿

> **제10조의5【경찰작용기록장치의 사용】** ① 경찰관은 다음 각 호의 어느 하나에 해당하는 직무 수행을 위하여 필요한 경우에는 필요한 최소한의 범위에서 경찰착용기록장치를 사용할 수 있다.
> 1. 경찰관이 「형사소송법」 제200조의2, 제200조의3, 제201조 또는 제212조에 따라 피의자를 체포 또는 구속하는 경우
> 2. 범죄 수사를 위하여 필요한 경우로서 다음 각 목의 요건을 모두 갖춘 경우
>   가. 범행 중이거나 범행 직전 또는 직후일 것
>   나. 증거보전의 필요성 및 긴급성이 있을 것
> 3. 제5조 제1항에 따른 인공구조물의 파손이나 붕괴 등의 위험한 사태가 발생한 경우
> 4. 경찰착용기록장치에 기록되는 대상자(이하 이 조에서 "기록대상자"라 한다)로부터 그 기록의 요청 또는 동의를 받은 경우
> 5. 제4조 제1항 각 호에 해당하는 것이 명백하고 응급구호가 필요하다고 믿을 만한 상당한 이유가 있는 경우
> 6. 제6조에 따라 사람의 생명·신체에 위해를 끼치거나 재산에 중대한 손해를 끼칠 우려가 있는 범죄행위를 긴급하게 예방 및 제지하는 경우
> 7. 경찰관이 「해양경비법」 제12조 또는 제13조에 따라 해상검문검색 또는 추적·나포하는 경우
> 8. 경찰관이 「수상에서의 수색·구조 등에 관한 법률」에 따라 같은 법 제2조 제4호의 수난구호 업무 시 수색 또는 구조를 하는 경우
> 9. 그 밖에 제1호부터 제8호까지에 준하는 경우로서 대통령령으로 정하는 경우
> ② 이 법에서 "경찰착용기록장치"란 경찰관이 신체에 착용 또는 휴대하여 직무수행 과정을 근거리에서 영상·음성으로 기록할 수 있는 기록장치 또는 그 밖에 이와 유사한 기능을 갖춘 기계장치를 말한다.

(13) 경찰작용기록장치의 사용 고지 등(제10조의6) ✿✿✿

> **제10조의6【경찰작용기록장치의 사용 고지 등】** ① 경찰관이 경찰착용기록장치를 사용하여 기록하는 경우로서 이동형 영상정보처리기기로 사람 또는 그 사람과 관련된 사물의 영상을 촬영하는 때에는 불빛, 소리, 안내판 등 대통령령으로 정하는 바에 따라 **촬영 사실을 표시하고 알려야 한다.**
> ② 제1항에도 불구하고 제10조의5 제1항 각 호에 따른 경우로서 불가피하게 고지가 곤란한 경우에는 제3항에 따라 영상음성기록을 전송·저장하는 때에 그 고지를 못한 사유를 기록하는 것으로 대체할 수 있다.
> ③ 경찰착용기록장치로 기록을 마친 영상음성기록은 지체 없이 제10조의7에 따른 영상음성기록정보 관리체계를 이용하여 영상음성기록정보 데이터베이스에 전송·저장하도록 하여야 하며, 영상음성기록을 임의로 편집·복사하거나 삭제하여서는 아니 된다.
> ④ 그 밖에 경찰착용기록장치의 사용기준 및 관리 등에 필요한 사항은 대통령령으로 정한다.

(14) 영상음성기록정보 관리체계의 구축 · 운영(제10조의7) ✦✦✦

> 제10조의7【영상음성기록정보 관리체계의 구축 · 운영】경찰청장 및 해양경찰청장은 경찰착용기록장치로 기록한 영상 · 음성을 저장하고 데이터베이스로 관리하는 영상음성기록정보 관리체계를 구축 · 운영**하여야 한다.**

(15) 사용기록보관(제11조) ✦✦✦

> 제11조【사용기록의 보관】제10조 제2항에 따른 살수차, 제10조의3에 따른 분사기, 최루탄 또는 제10조의4에 따른 무기를 사용하는 경우(경찰장구 ×) 그 책임자(사용자 ×)는 사용 일시 · 장소 · 대상, 현장책임자, 종류, 수량 등을 기록하여 보관하여야 한다.

⊕ PLUS 사용기록 보관

경찰관 직무집행법	위해성 경찰장비 사용기준 등에 관한 규정 (대통령령)
제11조【사용기록의 보관】제10조 제2항에 따른 살수차, 제10조의3에 따른 분사기, 최루탄 또는 제10조의4에 따른 무기를 사용하는 경우 그 책임자(사용자×)는 사용 일시 · 장소 · 대상, 현장책임자, 종류, 수량 등을 기록하여 보관하여야 한다.	제20조【사용기록의 보관 등】① 제2조 제2호부터 제4호까지의 위해성 경찰장비(제4호의 경우에는 살수차만 해당한다)를 사용하는 경우 그 현장책임자 또는 사용자는 별지 서식의 사용보고서를 작성하여 직근상급 감독자에게 보고하고, 직근상급 감독자는 이를 3년간 보관하여야 한다. ② 제1항의 규정에 의하여 제2조 제2호의 무기 사용 보고를 받은 직근상급 감독자는 지체 없이 지휘계통을 거쳐 경찰청장 또는 해양경찰청장에게 보고하여야 한다.

(16) 소송지원(제11조의4) ✦✦✦

> 제11조의4【소송지원】**경찰청장**과 해양경찰청장은 경찰관이 제2조 각 호에 따른 직무의 수행으로 인하여 민 · 형사상 책임과 관련된 소송을 수행할 경우 변호인 선임 등 소송 수행에 필요한 지원을 **할 수 있다.**

(17) 직무수행으로 인한 형의 감면(제11조의5) ✦✦✦

> 제11조의5【직무수행으로 인한 형의 감면】 다음 각 호의 범죄가 행하여지려고 하거나 행하여지고 있어 타인의 생명 · 신체에 대한 위해 발생의 우려가 명백하고 긴급한 상황에서, 경찰관이 그 위해를 예방하거나 진압하기 위한 행위 또는 범인의 검거 과정에서 경찰관을 향한 직접적인 유형력 행사에 대응하는 행위를 하여 그로 인하여 타인에게 피해가 발생한 경우, 그 경찰관의 직무수행이 불가피한 것이고 필요한 최소한의 범위에서 이루어졌으며 해당 경찰관에게 고의 또는 중대한 과실이 없는 때에는 그 정상을 참작하여 형을 감경하거나 면제할 수 있다.
> 1. 형법 제2편 제24장 **살인의 죄**, 제25장 **상해와 폭행의 죄**, 제32장 강간과 추행의 죄 중 **강간에 관한 범죄**, 제38장 절도와 강도의 죄 중 **강도에 관한 범죄** 및 이에 대하여 다른 법률에 따라 가중처벌하는 범죄
> 2. 가정폭력범죄의 처벌 등에 관한 특례법에 따른 **가정폭력범죄**, 아동학대범죄의 처벌 등에 관한 특례법에 따른 **아동학대범죄**

(18) 벌칙(제12조) ✦✦✦

> 제12조【벌칙】이 법에 규정된 경찰관의 의무를 위반하거나 직권을 남용하여 다른 사람에게 해를 끼친 사람은 **1년 이하의 징역이나 금고** 또는 **300만원** 이하의 벌금에 처한다.

5. 위해성 경찰장비의 사용기준 등에 관한 규정(약칭: 위해성경찰장비규정) ✦✦✦✦

：두문자

수·포·봉·방·전

：두문자

차에 물석다

목적 (제1조)		이 영은 경찰관 직무집행법 제10조에 따라 경찰공무원이 직무를 수행할 때 사용할 수 있는 사람의 생명이나 신체에 위해를 끼칠 수 있는 경찰장비의 종류·사용기준 및 안전관리 등에 관한 사항을 규정함을 목적으로 한다.
위해성경찰장비의 종류 (제2조)	경찰장구	**수갑·포승(捕繩)**·호송용포승·경찰**봉**·호신용경봉·**전자충격기**·**방**패 및 전자방패
	무기	권총·소총·기관총(기관단총을 포함한다. 이하 같다)·산탄총·유탄발사기·박격포·3인치포·함포·**크레모아**·수류탄·폭약류 및 도검
	분사기· 최루탄 등	근접분사기·가스분사기·**가스발사총**(고무탄 발사겸용을 **포함**한다. 이하 같다) 및 최루탄(그 발사장치를 포함한다. 이하 같다)
	기타 장비	가스차·살수차·특수진압**차**·**물포**·**석궁**·**다목적발사기** 및 도주차량차단장비
영장집행 등에 따른 수갑 등의 사용기준 (제4조)		경찰관(경찰공무원으로 한정한다. 이하 같다)은 체포·구속영장을 집행하거나 신체의 자유를 제한하는 판결 또는 처분을 받은 자를 법률이 정한 절차에 따라 호송하거나 수용하기 위하여 필요한 때에는 최소한의 범위 안에서 수갑·포승 또는 호송용포승을 사용할 수 있다.
자살방지 등을 위한 수갑 등의 사용기준 및 사용보고 (제5조)		경찰관은 범인·술에 취한 사람 또는 정신착란자의 자살 또는 자해기도를 방지하기 위하여 필요한 때에는 수갑·포승 또는 호송용포승을 사용할 수 있다. 이 경우 경찰관은 소속 국가경찰관서의 장(경찰청장·해양경찰청장·시·도경찰청장·지방해양경찰청장·경찰서장 또는 해양경찰서장 기타 경무관·총경·경정 또는 경감을 장으로 하는 국가경찰관서의 장을 말한다. 이하 같다)에게 그 사실을 보고해야 한다.
불법집행 등에서의 경찰봉·호신경봉의 사용기준 (제6조)		경찰관은 불법집회·시위로 인하여 발생할 수 있는 타인 또는 경찰관의 생명·신체의 위해와 재산·공공시설의 위험을 방지하기 위하여 필요한 때에는 최소한의 범위 안에서 경찰봉 또는 호신용경봉을 사용할 수 있다.
경찰봉·호신경봉의 사용시 주의사항 (제7조)		경찰관이 경찰봉 또는 호신용경봉을 사용하는 때에는 인명 또는 신체에 대한 위해를 최소화하도록 주의하여야 한다.
전자충격기 등의 사용제한 (제8조)		① 경찰관은 **14세 미만**의 자 또는 **임산부**에 대하여 전자충격기 또는 전자방패를 사용하여서는 아니 된다. ② 경찰관은 전극침(電極針) 발사장치가 있는 전자충격기를 사용하는 경우 상대방의 **얼굴**을 향하여 전극침을 발사하여서는 아니 된다.
총기사용의 경고 (제9조)		경찰관은 법 제10조의4에 따라 사람을 향하여 권총 또는 소총을 발사하고자 하는 때에는 미리 구두 또는 공포탄에 의한 사격으로 상대방에게 경고하여야 한다. 다만, 다음의 어느 하나에 해당하는 경우로서 부득이한 때에는 경고하지 아니할 수 있다. ① 경찰관을 급습하거나 타인의 생명·신체에 대한 중대한 위험을 야기하는 범행이 목전에 실행되고 있는 등 상황이 급박하여 특히 경고할 시간적 여유가 없는 경우 ② 인질·간첩 또는 테러사건에 있어서 은밀히 작전을 수행하는 경우

：두문자

충격: 열사임·얼굴
예외(×)

기출 OX

01 경찰관은 총기 또는 폭발물을 가지고 대항하는 경우를 제외하고는 14세 이하의 자 또는 임산부에 대하여 전자충격기를 사용하여서는 아니 된다. 18. 경찰
( )

정답 01 ×

권총 또는 소총의 사용제한 (제10조)	① 경찰관은 법 제10조의4의 규정에 의하여 권총 또는 소총을 사용하는 경우에 있어서 범죄와 무관한 다중의 생명·신체에 위해를 가할 우려가 있는 때에는 이를 사용하여서는 아니 된다. 다만, 권총 또는 소총을 사용하지 아니하고는 타인 또는 경찰관의 생명·신체에 대한 중대한 위험을 방지할 수 없다고 인정되는 때에는 필요한 최소한의 범위 안에서 이를 사용할 수 있다. ② 경찰관은 **총기 또는 폭발물을 가지고 대항하는 경우를 제외하고는 14세 미만**의 자 또는 **임산부**에 대하여 권총 또는 소총을 발사하여서는 아니 된다.
동물의 사살 (제11조)	경찰관은 공공의 안전을 위협하는 동물을 사살하기 위하여 부득이한 때에는 권총 또는 소총을 사용할 수 있다.
가스발사총 등의 사용제한 (제12조)	① 경찰관은 범인의 체포 또는 도주방지, 타인 또는 경찰관의 생명·신체에 대한 **방호, 공무집행에 대한 항거의 억제**를 위하여 필요한 때에는 최소한의 범위 안에서 가스발사총을 사용할 수 있다. 이 경우 경찰관은 **1m 이내의 거리**에서 상대방의 얼굴을 향하여 이를 발사하여서는 아니 된다. ② 경찰관은 최루탄발사기로 최루탄을 발사하는 경우 30도 이상의 발사각을 유지하여야 하고, 가스차·살수차 또는 특수진압차의 최루탄발사대로 최루탄을 발사하는 경우에는 15도 이상의 발사각을 유지하여야 한다.
가스차·특수진압차·물포의 사용기준 (제13조)	① 경찰관은 불법집회·시위 또는 소요사태로 인하여 발생할 수 있는 타인 또는 경찰관의 생명·신체의 위해와 재산·공공시설의 위험을 억제하기 위하여 부득이한 경우에는 현장책임자의 판단에 의하여 필요한 최소한의 범위에서 가스차를 사용할 수 있다. ② 경찰관은 소요사태의 진압, 대간첩·대테러작전의 수행을 위하여 부득이한 경우에는 필요한 최소한의 범위 안에서 특수진압차를 사용할 수 있다. ③ 경찰관은 불법해상시위를 해산시키거나 선박운항정지(정선)명령에 불응하고 도주하는 선박을 정지시키기 위하여 부득이한 경우에는 현장책임자의 판단에 의하여 필요한 최소한의 범위 안에서 경비함정의 물포를 사용할 수 있다. 다만, **사람을 향하여 직접 물포를 발사해서는 아니 된다.**
살수차의 사용기준 (제13조의2)	① 경찰관은 다음의 어느 하나에 해당하여 <u>살수차 외의 경찰장비로는 그 위험을 제거·완화시키는 것이 현저히 곤란한 경우</u>에는 **시·도경찰청장**의 명령에 따라 살수차를 배치·사용할 수 있다. 　㉠ 소요사태로 인해 타인의 법익이나 공공의 안녕질서에 대한 직접적인 위험이 명백하게 초래되는 경우 　㉡ 통합방위법 제21조 제4항에 따라 지정된 국가중요시설에 대한 직접적인 공격행위로 인해 해당 시설이 파괴되거나 기능이 정지되는 등 급박한 위험이 발생하는 경우 ② 경찰관은 ①에 따라 살수차를 사용하는 경우 별표 3의 살수거리별 수압기준에 따라 살수해야 한다. 이 경우 사람의 생명 또는 신체에 치명적인 위해를 가하지 않도록 필요한 최소한의 범위에서 살수해야 한다. ③ 경찰관은 ②에 따라 살수하는 것으로 ①의 각 내용의 어느 하나에 해당하는 위험을 제거·완화시키는 것이 곤란하다고 판단하는 경우에는 **시·도경찰청장**의 명령에 따라 필요한 최소한의 범위에서 최루액을 혼합하여 살수할 수 있다. 이 경우 최루액의 혼합 살수절차 및 방법은 **경찰청장**이 정한다.

기출 OX

02 경찰관은 최루탄발사기로 최루탄을 발사하는 경우 15도 이상의 발사각을 유지하여야 하고, 가스차·살수차 또는 특수진압차의 최루탄발사대로 최루탄을 발사하는 경우에는 30도 이상의 발사각을 유지하여야 한다. 19. 경간　( )

03 경찰관은 불법집회·시위 또는 소요사태로 인하여 발생할 수 있는 타인 또는 경찰관의 생명·신체의 위해와 재산·공공시설의 위험을 억제하기 위하여 부득이한 경우에는 시·도경찰청장의 명령에 따라 필요한 최소한의 범위에서 가스차를 사용할 수 있다. 20. 경찰　( )

정답 02 X 03 X

석궁의 사용기준 (제14조)	경찰관은 총기·폭발물 기타 위험물로 무장한 범인 또는 인질범의 체포, 대간첩·대테러작전 등 국가안전에 관련되는 작전을 은밀히 수행하거나 총기를 사용할 경우에는 화재·폭발의 위험이 있는 등 부득이한 때에 한하여 현장책임자의 판단에 의하여 필요한 최소한의 범위 안에서 석궁을 사용할 수 있다.
다목적발사기의 사용기준 (제15조)	경찰관은 인질범의 체포 또는 대간첩·대테러작전 등 국가안전에 관련되는 작전을 수행하거나 공공시설의 안전에 대한 현저한 위해의 발생을 방지하기 위하여 필요한 때에는 최소한의 범위 안에서 다목적발사기를 사용할 수 있다.
도주차량차단 장비의 사용기준 (제16조)	① 경찰관은 무면허운전이나 음주운전 기타 범죄에 이용하였다고 의심할 만한 차량 또는 수배 중인 차량이 정당한 검문에 불응하고 도주하거나 차량으로 직무집행 중인 경찰관에게 위해를 가한 후 도주하려는 경우에는 도주차량차단장비를 사용할 수 있다. ② 도주차량차단장비를 운용하는 경찰관은 검문 또는 단속장소의 전방에 동 장비의 운용 중임을 알리는 안내표지판을 설치하고 기타 필요한 안전조치를 취하여야 한다.
위해성 경찰장비 사용을 위한 안전교육 (제17조)	직무수행 중 위해성 경찰장비를 사용하는 경찰관은 (별표 1의 기준에 따라) 위해성 경찰장비 사용을 위한 안전교육을 받아야 한다.
위해성 경찰장비에 대한 안전검사 (제18조)	위해성 경찰장비를 사용하는 경찰관이 소속한 **국가경찰관서의 장**은 소속 경찰관이 사용할 위해성 경찰장비에 대한 안전검사를 실시하여야 한다.
신규 도입 장비의 안전성검사 (제18조의2)	① 경찰청장은 위해성 경찰장비를 새로 도입하려는 경우에는 법 제10조 제5항에 따라 안전성 검사를 실시하여 새로 도입하려는 장비(이하 이 조에서 '신규 도입 장비'라 한다)가 사람의 생명이나 신체에 미치는 영향을 평가하여야 한다(제1항). ② 법 제10조 제5항 후단에 따라 안전성 검사에 참여한 외부 전문가는 안전성 검사가 끝난 후 **30일 이내**에 신규 도입 장비의 안전성 여부에 대한 의견을 **경찰청장**에게 제출하여야 한다(제3항). ③ **경찰청장**은 신규 도입 장비에 대한 안전성 검사를 실시한 후 **3개월 이내**에 제4항 각 호의 내용이 포함된 안전성 검사 결과보고서를 **국회 소관 상임위원회**에 제출하여야 한다(제4항).
위해성 경찰장비의 개조 등 (제19조)	**국가경찰관서의 장**은 폐기대상인 위해성 경찰장비 또는 성능이 저하된 위해성 경찰장비를 개조할 수 있으며, 소속경찰관으로 하여금 이를 본래의 용법에 준하여 사용하게 할 수 있다.
사용기록의 보관 등 (제20조)	① 제2조 제2호부터 제4호까지의 위해성 경찰장비(제4호의 경우에는 살수차만 해당한다)를 사용하는 경우 그 현장책임자 또는 사용자는 별지 서식의 사용보고서를 작성하여 직근상급 감독자에게 보고하고, 직근상급 감독자는 이를 **3년간** 보관하여야 한다(**경찰장구 ×**). ② ①의 규정에 의하여 제2조 제2호의 무기 사용보고를 받은 직근상급 감독자는 지체 없이 지휘계통을 거쳐 **경찰청장** 또는 해양경찰청장에게 보고하여야 한다.
부상자에 대한 긴급조치 (제21조)	경찰관이 위해성 경찰장비를 사용하여 부상자가 발생한 경우에는 즉시 구호, 그 밖에 필요한 긴급조치를 하여야 한다.

기출 OX

01 위해성경찰장비를 새로 도입하려는 경우에 안전성 검사에 참여한 외부 전문가는 안전성 검사가 끝난 후 3개월 이내에 신규 도입 장비의 안전성 검사 결과보고서를 국회 소관 상임위원회에 제출하여야 한다. 19. 승진
( )

정답 01 ×

6. 손실보상(경찰관 직무집행법 제11조의2) ✦✦✦✦

(1) 손실보상의 내용

의의	국가는 경찰관의 **적법한 직무집행**으로 인하여 손실을 입은 자에 대하여 정당한 보상을 하여야 한다.	
대상	책임이 없는 자	손실발생의 원인에 대하여 **책임이 없는 자**가 생명·신체 또는 재산상의 손실을 입은 경우(손실발생의 원인에 대하여 책임이 없는 자가 경찰관의 직무집행에 자발적으로 협조하거나 물건을 제공하여 생명·신체 또는 재산상의 손실을 입은 경우를 **포함**한다)
	책임이 있는 자	손실발생의 원인에 대하여 **책임이 있는 자**가 자신의 책임에 상응하는 정도를 초과하는 생명·신체 또는 재산상의 손실을 입은 경우
청구기한	보상을 청구할 수 있는 권리는 손실이 있음을 <u>안 날부터 3년</u>, 손실이 발생한 날부터 **5년**간 행사하지 아니하면 시효의 완성으로 소멸한다.	
보상금환수 (법 제11조의2)	① 경찰청장 또는 시·도경찰청장은 손실보상심의위원회의 심의·의결에 따라 보상금을 지급하고, 거짓 또는 부정한 방법으로 보상금을 받은 사람에 대하여는 해당 보상금을 환수하여야 한다(법 제11조의2 제4항). ② 경찰청장 또는 시·도경찰청장은 보상금을 반환하여야 할 사람이 대통령령으로 정한 기한까지 그 금액을 납부하지 아니한 때에는 국세 체납처분의 예에 따라 징수할 수 있다(법 제11조의2 제7항). ③ 경찰청장 또는 시·도경찰청장은 법 제11조의2 제4항에 따라 보상금을 환수하려는 경우에는 위원회의 심의·의결에 따라 환수 여부 및 환수금액을 결정하고, 거짓 또는 부정한 방법으로 보상금을 받은 사람에게 다음의 내용을 서면으로 통지해야 한다(시행령 제17조의2 제1항). 　㉠ 환수사유 　㉡ 환수금액 　㉢ 납부기한 　㉣ 납부기관 ④ 법 제11조의2 제6항에서 "대통령령으로 정한 기한"이란 ③에 따른 통지일부터 **40일 이내**의 범위에서 경찰청장 또는 시·도경찰청장이 정하는 기한을 말한다(시행령 제17조의2 제2항). ⑤ ③ 및 ④에서 규정한 사항 외에 보상금 환수절차에 관하여 필요한 사항은 **경찰청장**이 정한다(시행령 제17조의2 제3항).	
보상금의 지급 (시행령 제10조)	① 경찰관의 적법한 직무집행으로 인하여 발생한 손실을 보상받으려는 사람은 별지 제4호 서식의 보상금 지급 청구서에 손실내용과 손실금액을 증명할 수 있는 서류를 첨부하여 손실보상청구 사건 발생지를 관할하는 <u>국가경찰관서의 장</u>에게 제출하여야 한다. ② ①에 따라 보상금 지급 청구서를 받은 국가경찰관서의 장은 해당 청구서를 제11조 제1항에 따른 손실보상청구 사건을 심의할 손실보상심의위원회가 설치된 경찰청, 해양경찰청, 시·도경찰청 및 지방해양경찰청의 장(이하 '경찰청장 등'이라 한다)에게 보내야 한다(경찰서 ✕). ③ 경찰청장 등은 결정일부터 **10일** 이내에 다음의 구분에 따른 통지서에 결정 내용을 적어서 청구인에게 통지하여야 한다. 　㉠ 보상금을 지급하기로 결정한 경우: 별지 제5호 서식의 보상금 지급 청구 승인 통지서	

기출 OX

02 국가는 손실발생의 원인에 대하여 책임이 있는 자가 자신의 책임에 상응하는 정도를 초과하는 생명·신체 또는 재산상 손실을 입은 경우 보상을 하지 않을 수 있다. 20. 경찰 ( )

03 손실보상을 청구할 수 있는 권리는 손실이 있음을 안 날부터 5년, 손실이 발생한 날부터 3년간 행사하지 아니하면 시효의 완성으로 소멸한다. 20. 승진 ( )

정답 02 ✕ 03 ✕

보상금의 지급 (시행령 제10조)	○ 보상금 지급 청구를 각하하거나 보상금을 지급하지 아니하기로 결정한 경우: 별지 제6호 서식의 보상금 지급 청구 기각·각하 통지서 ④ 보상금이 지급된 경우 손실보상심의위원회는 **대통령령**으로 정하는 바에 따라 **국** **가경찰위원회에 심사자료와 결과를 보고하여야 한다.** 이 경우 국가경찰위원회는 손 실보상의 적법성 및 적정성 확인을 위하여 필요한 자료의 제출을 요구할 수 있다. ⑤ 보상금은 다른 법률에 특별한 규정이 있는 경우를 제외하고는 **현금으로 지급** 하여야 한다. ⑥ 보상금은 **일시불로 지급**하되, 예산 부족 등의 사유로 일시금으로 지급할 수 없 는 특별한 사정이 있는 경우에는 청구인의 동의를 받아 분할하여 지급할 수 있다. ⑦ 보상금을 지급받은 사람은 보상금을 지급받은 원인과 동일한 원인으로 인한 부상이 악화되거나 새로 발견되어 다음의 어느 하나에 해당하는 경우에는 보 상금의 추가 지급을 청구할 수 있다. 이 경우 보상금 지급 청구, 보상금액 결 정, 보상금 지급 결정에 대한 통지, 보상금 지급 방법 등에 관하여는 ①부터 ⑤까지의 규정을 준용한다. ㉠ 별표 제2호에 따른 부상등급이 변경된 경우(부상등급 외의 부상에서 제1급 부터 제8급까지의 등급으로 변경된 경우를 포함한다) ㉡ 별표 제2호에 따른 부상등급 외의 부상에 대해 부상등급의 변경은 없으나 보상금의 추가 지급이 필요한 경우 ⑧ ①부터 ⑥까지에서 규정한 사항 외에 손실보상의 청구 및 지급에 필요한 사항 은 경찰청장 또는 해양경찰청장이 정한다.
국가경찰 위원회의 보고 등	① 법 제11조의2 제5항에 따라 위원회(경찰청 및 시·도경찰청에 설치된 위원회만 해당한다. 이하 이 조에서 같다)는 보상금 지급과 관련된 심사자료와 결과를 **반기별**로 국가경찰위원회에 보고해야 한다. ② 국가경찰위원회는 필요하다고 인정하는 때에는 수시로 보상금 지급과 관련된 심사자료와 결과에 대한 보고를 위원회에 요청할 수 있다. 이 경우 위원회는 그 요청에 따라야 한다.
손실보상의 기준	① 법 제11조의2 제1항에 따라 손실보상을 할 때 물건을 멸실·훼손한 경우에는 다음의 기준에 따라 보상한다. ㉠ 손실을 입은 물건을 수리할 수 있는 경우: **수리비에 상당하는 금액** ㉡ 손실을 입은 물건을 수리할 수 없는 경우: **손실을 입은 당시**의 해당 물건의 교환 가액 ㉢ 영업자가 손실을 입은 물건의 수리나 교환으로 인하여 영업을 계속할 수 없는 경우: 영업을 계속할 수 없는 기간 중 영업상 이익에 상당하는 금액 ② 물건의 멸실·훼손으로 인한 손실 외의 재산상 손실에 대해서는 **직무집행과 상** **당한 인과관계가 있는 범위**에서 보상한다. ③ 법 제11조의2 제1항에 따라 손실보상을 할 때 생명·신체상의 손실의 경우에 는 별표의 기준에 따라 보상한다. ④ 법 제11조의2 제1항에 따라 보상금을 지급받을 사람이 동일한 원인으로 다른 법령에 따라 보상금 등을 지급받은 경우 그 보상금 등에 상당하는 금액을 제 외하고 보상금을 지급한다.

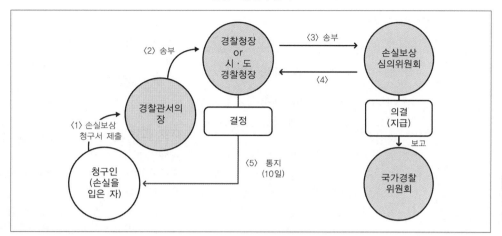

손실보상청구절차

〈2〉 송부

경찰청장
or
시·도
경찰청장

〈3〉 송부

손실보상
심의위원회

〈4〉

경찰관서의
장

결정

의결
(지급)

보고

〈1〉 손실보상
청구서 제출

국가경찰
위원회

청구인
(손실을
입은 자)

〈5〉 통지
(10일)

:두문자

판·검·변·오(5)
행정법 5부

(2) 손실보상심의위원회 ☆☆☆

설치 및 구성	① 경찰공무원의 직무집행으로 인하여 발생한 손실보상청구 사건을 심의하기 위하여 **경찰청**, 해양경찰청, **시·도경찰청** 및 지방해양경찰청에 손실보상심의위원회(이하 '위원회'라 한다)를 설치한다. ② 위원회는 위원장 1명을 포함한 5명 이상 7명 이하의 위원으로 구성한다. ③ 위원회의 위원은 소속 경찰공무원과 다음의 어느 하나에 해당하는 사람 중에서 경찰청장 등이 위촉하거나 임명한다. 이 경우 위원의 과반수 이상은 경찰공무원이 아닌 사람으로 하여야 한다. 　㉠ **판사·검사** 또는 **변호사로 5년** 이상 근무한 사람 　㉡ 고등교육법 제2조에 따른 학교에서 **법학** 또는 **행정학**을 가르치는 **부교수** 이상으로 **5년** 이상 재직한 사람 　㉢ 경찰 업무와 손실보상에 관하여 학식과 경험이 풍부한 사람 ④ 위촉위원의 임기는 **2년**으로 한다. ⑤ 위원회의 사무를 처리하기 위하여 위원회에 간사 1명을 두되, 간사는 소속 경찰공무원 중에서 경찰청장 등이 지명한다.
위원장	① 위원장은 위원 중에서 **호선(互選)**한다. ② 위원장은 위원회를 대표하며, 위원회의 업무를 총괄한다. ③ 위원장이 부득이한 사유로 직무를 수행할 수 없는 때에는 위원장이 미리 지명한 위원이 그 직무를 대행한다.
위원회의 운영	① 위원장은 위원회의 회의를 소집하고, 그 의장이 된다. ② 위원회의 회의는 재적위원 과반수의 출석으로 개의하고, 출석위원 과반수의 찬성으로 의결한다. ③ 위원회는 심의를 위하여 필요한 경우에는 관계 공무원이나 관계 기관에 사실조사나 자료의 제출 등을 요구할 수 있으며, 관계 전문가에게 필요한 정보의 제공이나 의견의 진술 등을 요청할 수 있다.
비밀누설 금지	위원회의 회의에 참석한 사람은 직무상 알게 된 비밀을 누설해서는 아니 된다.
기타	제11조부터 제16조까지에서 규정한 사항 외에 위원회의 운영 등에 필요한 사항은 **경찰청장** 또는 해양경찰청장이 정한다.

7. 범인검거 등 공로자 보상금지급(제11조의3) ☆☆☆

(1) 지급대상자 및 손실보상과 비교

: 두문자

법: 신인공
령: 정증보

구분	손실보상	범인검거 등 공로자 보상
재량 여부	국가는 정당한 보상을 지급**하여야 한다.**	경찰청장, 시·도경찰청장, 경찰서장은 보상금을 **지급할 수 있다.**
지급 대상자	① 위 손실발생의 원인에 대하여 책임이 없는 자가 생명·신체 또는 재산상의 손실을 입은 경우 ② 손실발생의 원인에 대하여 책임이 있는 자가 자신의 책임에 상응하는 정도를 초과하는 생명·신체 또는 재산상의 손실을 입은 경우	① 범인 또는 범인의 소재를 **신**고하여 검거하게 한 사람 ② 범인을 검거하여 경찰공무원에게 **인**도한 사람 ③ 테러범죄의 예방활동에 현저한 **공**로가 있는 사람 ④ 시행령 ➡ ㉠ 범인의 신원을 특정할 수 있는 **정**보를 제공한 사람, ㉡ 범죄사실을 입증하는 **증**거물을 제출한 사람, ㉢ 그 밖에 범인 검거와 관련하여 경찰 수사 활동에 협조한 사람 중 보상금 지급 대상자에 해당한다고 **보**상금심사위원회가 인정하는 사람
최고금액	×	**최고액은 5억원**
필요한 사항	대통령령	대통령령, 경찰청 고시
공통점	colspan① 위원회의 심사·의결에 따라 보상금을 지급한다. ② 거짓 또는 부정한 방법으로 보상금을 받은 사람에 대하여는 보상금을 환수한다. ③ 보상금을 반환하여야 할 사람이 지정된 기한까지 납부하지 아니하면 국세 체납처분의 예에 따라 강제징수할 수 있다.	

(2) 보상금심사위원회(시행령 제19조)

: 두문자

승인보추

구분	손실보상심의위원회	보상금심사위원회
설치	**경찰청, 시·도경찰청**(경찰서 ×)	**경찰청, 시·도경찰청, 경찰서**
구성	① 위원장 포함 **5명 ~ 7명 이하** ② 경찰공무원이 아닌 사람을 과반수 이상으로 하여야 한다.	① 위원장 포함 **5명 이내** ② 소속 경찰공무원 중에서 임명
위원장	① 위원 중에 호선 ② 부득이한 사유로 직무를 수행할 수 없을 때 위원장이 미리 지명한 위원이 직무를 대행	위원장은 경찰청 소속 **과장급 이상**의 경찰공무원 중에서 **경찰청장 등**이 임명
의결	재적위원 과반수의 출석으로 개의, 출석위원 과반수의 찬성으로 의결	**재적위원 과반수의 찬성으로 의결**

기출 OX

01 경찰공무원의 직무집행으로 인하여 발생한 손실보상청구 사건을 심의하기 위하여 경찰청, 시·도경찰청 및 경찰서에 손실보상심의위원회를 설치한다. 17. 경찰 ( )

02 손실보상심의위원회의 위원은 소속 경찰공무원과 ⅰ) 판사·검사 또는 변호사로 5년 이상 재직한 사람, ⅱ) 고등교육법 제2조에 따른 학교에서 법학 또는 행정학을 가르치는 정교수 이상으로 5년 이상 재직한 사람, ⅲ) 경찰업무와 손실보상에 관하여 학식과 경험이 풍부한 사람 중에서 경찰청장 등이 위촉하거나 임명한다. 19. 경간 ( )

정답 01 × 02 ×

(3) 지급기준[범인검거 등 공로자 보상에 관한 규정(경찰청 고시)]

지급기준	100만원	사형, 무기징역 또는 무기금고, 장기 **10년 이상의 징역 또는 금고**에 해당하는 범죄
	50만원	**장기 10년 미만의 징역 또는 금고**에 해당하는 범죄
	30만원	장기 5년 미만의 징역 또는 금고, 장기 10년 이상의 자격정지 또는 벌금형
이중지급 제한		① 동일한 사람에게 지급결정일을 기준으로 **연간 5회를 초과**하여 보상금을 지급할 수 없다. ② 보상금 지급 심사·의결을 거쳐 지급이 이루어진 이후에는 동일한 사건에 대하여 보상금을 지급할 수 없다.
배분 지급		범인·검거 등 공로자가 2명 이상인 경우에는 각자의 공로, 당사자간의 분배 합의 등을 감안해서 배분하여 지급할 수 있다.

07 경찰물리력 행사의 기준과 방법에 관한 규칙 ✦✦

목적 (1.1)	이 규칙은 경찰관이 물리력 사용시 준수하여야 할 기본원칙, 물리력 사용의 정도, 각 물리력 수단의 사용 한계 및 유의사항을 규정함으로써 **국민과 경찰관의 생명·신체를 보호**하고 **인권을 보장**하며 **경찰 법집행의 정당성을 확보**하는 데에 그 목적이 있다.
경찰 물리력의 정의 (1.2)	경찰 물리력이란 범죄의 예방과 제지, 범인 체포 또는 도주 방지, 자신이나 다른 사람의 생명·신체 방어 및 보호, 공무집행에 대한 항거 제지 등 경찰목적을 달성하기 위해 경찰권발동의 대상자(이하 '대상자')에 대해 행해지는 **일체의 신체적·도구적 접촉**(경찰관의 현장 임장, 언어적 통제 등 직접적인 신체 접촉 전 단계의 행위들도 **포함**한다)을 말한다.
경찰 물리력 사용의 3대원칙 (1.3)	경찰관은 경찰목적을 실현함에 있어 적합하고 필요하며 상당한 수단을 선택함으로써 그 목적과 수단 사이에 합리적인 비례관계가 유지되도록 하여야 하며, 특히 물리력을 사용할 필요가 있는 경우 다음 원칙을 준수하여야 한다. ① **객관적 합리성의 원칙**: 경찰관은 자신이 처해 있는 사실과 상황에 비추어 합리적인 현장 경찰관의 관점에서 가장 적절한 물리력을 사용하여야 하며, 이를 위해 범죄의 종류, 피해의 경중, 위해의 급박성, 저항의 강약, 대상자와 경찰관의 수, 대상자가 소지한 무기의 종류 및 무기 사용의 태양, 대상자의 신체 및 건강 상태, 도주 여부, 현장주변의 상황 등을 종합적으로 고려하여야 한다. ② **대상자 행위와 물리력간 상응의 원칙**: 경찰관은 대상자의 행위에 따른 위해의 수준을 계속 평가·판단하여 필요최소한의 수준으로 물리력을 높이거나 낮추어서 사용하여야 한다. ③ **위해감소노력 우선의 원칙**: 경찰관은 현장상황이 안전하고 시간적 여유가 있는 경우에는 대상자가 야기하는 위해 수준을 떨어뜨려 보다 덜 위험한 물리력을 통해 상황을 종결시킬 수 있도록 노력하여야 한다. 다만, 이러한 노력이 오히려 상황을 악화시킬 가능성이 있거나 급박한 경우에는 이 원칙을 적용하지 않을 수 있다.
경찰 물리력 사용시 유의사항 (1.4)	① 경찰관은 경찰청이 공인한 물리력 수단을 사용하여야 한다. ② 경찰관은 성별, 장애, 인종, 종교 및 성정체성 등에 대한 선입견을 가지고 차별적으로 물리력을 사용하여서는 아니 된다. ③ 경찰관은 대상자의 신체 및 건강상태, 장애유형 등을 고려하여 물리력을 사용하여야 한다. ④ 경찰관은 이미 경찰목적을 달성하여 더 이상 물리력을 사용할 필요가 없는 경우에는 물리력 사용을 즉시 중단하여야 한다.

⑤ 경찰관은 대상자를 징벌하거나 복수할 목적으로 물리력을 사용하여서는 아니 된다.
⑥ 경찰관은 오직 상황의 빠른 종결이나, 직무수행의 편의를 위한 목적으로 물리력을 사용하여서는 아니 된다.

기출 OX

01 폭력적 공격 – 대상자가 경찰관 또는 제3자에 대해 사망 또는 심각한 부상을 초래할 수 있는 행위를 하는 상태를 말한다. 흉기(칼·도끼·낫 등)를 이용하여 경찰관, 제3자에 대해 위력을 행사하고 있거나 위해 발생이 임박한 경우, 경찰관이나 제3자의 목을 세게 조르거나 무차별 폭행하는 등 생명·신체에 대해 중대한 위해가 발생할 정도의 위험한 폭력을 행사하는 경우가 이에 해당한다. 24. 경찰승진 (   )

02 「경찰 물리력 행사의 기준과 방법에 관한 규칙」에서 정하는 대상의 행위에 따른 경찰관의 대응 수준 중 손바닥, 주먹, 발 등 신체부위를 이용한 가격, 경찰봉으로 중요부위가 아닌 신체부위를 찌르거나 가격, 분사기 사용은 중위험 물리력에 해당한다. 23. 경찰 (   )

정답 01 X   02 X

경찰 물리력 사용의 정도 (제2장)	순응	① 대상자가 경찰관의 지시, 통제에 따르는 상태를 말한다. 다만, 대상자가 경찰관의 요구에 즉각 응하지 않고 약간의 시간만 지체하는 경우는 '순응'으로 본다. ② 협조적 통제: '순응' 이상의 상태인 대상자에 대해 사용할 수 있는 물리력 수준으로서, 대상자의 협조를 유도하거나 협조에 따른 물리력을 말한다. 그 종류는 다음과 같다. ㉠ 현장 임장: 경찰관이 대상자에게 접근하여 자신의 소속, 신분과 함께 임장의 목적과 취지를 밝혀 그에 따르도록 하는 것 ㉡ 언어적 통제: 경찰관이 대상자에게 특정 행위를 유도하거나 합법적인 명령을 발하기 위해 말이나 행동으로 하는 대화, 설득, 지시, 경고 등을 말하며 대상자의 어깨를 다독이거나 손을 잡아 주는 등의 가벼운 신체적 접촉도 포함한다. ㉢ 체포 등을 위한 수갑 사용 ㉣ 안내·체포 등에 수반한 신체적 물리력
	소극적 저항	① 대상자가 경찰관의 지시, 통제를 따르지 않고 비협조적이지만 경찰관 또는 제3자에 대해 직접적인 위해를 가하지 않는 상태를 말한다. ② 접촉통제: '소극적 저항' 이상의 상태인 대상자에 대해 사용할 수 있는 물리력 수준으로서, 대상자 신체 접촉을 통해 경찰목적 달성을 강제하지만 신체적 부상을 야기할 가능성은 극히 낮은 물리력을 말한다. ㉠ 신체 일부 잡기·밀기·잡아끌기, 쥐기·누르기·비틀기 ㉡ 경찰봉 양 끝 또는 방패를 잡고 대상자의 신체에 안전하게 밀착한 상태에서 대상자를 특정 방향으로 밀거나 잡아당기기
	적극적 저항	① 대상자가 자신에 대한 경찰관의 체포·연행 등 정당한 공무집행을 방해하지만 경찰관 또는 제3자에 대해 위해 수준이 낮은 행위만을 하는 상태를 말한다. ② 저위험물리력: 적극적 저항' 이상의 상태인 대상자에 대해 사용할 수 있는 물리력 수준으로서, 대상자가 통증을 느낄 수 있으나 신체적 부상을 당할 가능성은 낮은 물리력을 말한다. 그 종류는 다음과 같다. ㉠ 목을 압박하여 제압하거나 관절을 꺾는 방법, 팔·다리를 이용해 움직이지 못하도록 조르는 방법, 다리를 걸거나 들쳐 매는 등 균형을 무너뜨려 넘어뜨리는 방법, 대상자가 넘어진 상태에서 움직이지 못하게 위에서 눌러 제압하는 방법 ㉡ 분사기 사용(다른 저위험 물리력 이하의 수단으로 제압이 어렵고, 경찰관이나 대상자의 부상 등의 방지를 위해 필요한 경우)
	폭력적 공격	① 대상자가 경찰관 또는 제3자에 대해 신체적 위해를 가하는 상태를 말한다. ② 중위험물리력: '폭력적 공격' 이상의 상태의 대상자에 대해 사용할 수 있는 물리력 수준으로서, 대상자에게 신체적 부상을 입힐 수 있으나 생명·신체에 대한 중대한 위해 발생 가능성은 낮은 물리력을 말한다. 그 종류는 다음과 같다. ㉠ 손바닥, 주먹, 발 등 신체부위를 이용한 가격 ㉡ 경찰봉으로 중요부위가 아닌 신체 부위를 찌르거나 가격

		ⓒ 방패로 강하게 압박하거나 세게 미는 행위
		ⓔ 전자충격기 사용
치명적 공격		① 대상자가 경찰관 또는 제3자에 대해 사망 또는 심각한 부상을 초래할 수 있는 행위를 하는 상태를 말한다. ② **고위험 물리력**: '치명적 공격' 상태의 대상자로 인해 경찰관 또는 제3자의 생명·신체에 급박하고 중대한 위해가 초래될 가능성이 있는 경우 최후의 수단으로 사용할 수 있는 물리력 수준으로서, 대상자의 사망 또는 심각한 부상을 초래할 수 있는 물리력을 말한다. 그 종류는 다음과 같다. ㉠ 권총 등 총기류 사용 ㉡ 경찰봉, 방패, 신체적 물리력으로 대상자의 신체 중요 부위 또는 급소 부위 가격, 대상자의 목을 강하게 조르거나 신체를 강한 힘으로 압박하는 행위

경찰물리력행사기준

	순응	소극적 저항	적극적 저항	폭력적 공격	치명적 공격
대상자 행위	① 경찰관의 지시·통제에 따르는 상태 ② 경찰관의 요구에 시간만 지체하는 경우도 포함	① 경찰관의 지시·통제를 따르지 않고 비협조적이지만 ② 경찰관 또는 제3자에 대해 직접적인 위해를 가하지 않는 상태	① 경찰관의 정당한 공무집행을 방해하지만 ② 위해 수준이 낮은 행위만을 하는 상태	경찰관이나 제3자에 대해 신체적 위해를 가하는 상태	경찰관이나 제3자에 대해 사망 또는 심각한 부상을 초래할 수 있는 상태
경찰대응 수준	**협조적 통제** 현장임장 언어적 통제	**접촉 통제** 신체접촉(○) 부상(극히 ↓)	**저위험 물리력** 통증(○) 부상(↓)	**중위험 물리력** 부상(○) 중대한 위해(↓)	**고위험 물리력** 심각한 부상(○) 사망(○)
신체적 물리력	가벼운 접촉	잡기, 밀기, 끌기, 쥐기, 누르기, 비틀기	목 압박, **넘어**뜨리기, 관절 **꺾기**, **조르기**, 눌러 **제압**	손바닥, 주먹, 발 등으로 **가격**	모든 신체부위 가격 가능(머리는 지양), 중요부위 가격, 급소 가격, 목 조르기, 강하게 압박
경찰봉 방패	×	밀거나 잡아당기기		• 경찰봉: 중요부위가 아닌 가격 • 방패: **세게** 밀기	
분사기	×	×		○	
전자충격기	×	×	×	○	○
권총 (총기류)	×	×	×	×	○
수갑		○			

:두문자
순소적폭치

:두문자
허(협)접저중고

:두문자
제 넘꺽조

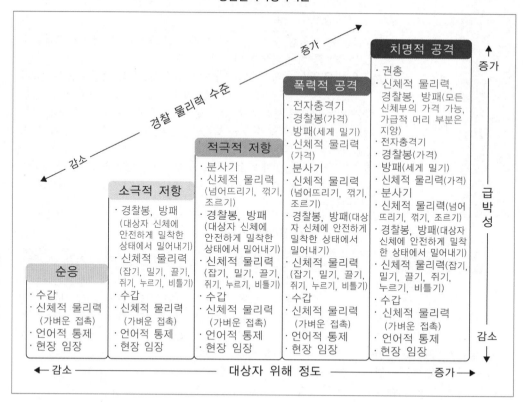

경찰물리력행사기준

08 경찰구제법

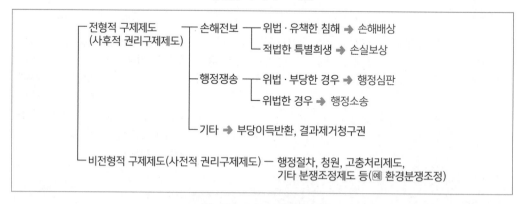

경찰상 구제제도 개관

행정상 권리구제수단의 유형

구분	적용법률	구제의 내용	담당기관
이의신청(본래)	일반법률(○) **(행정기본법)**	행정청의 행위의 시정	처분청

		일반법률(○) (행정심판법)	**위법·부당**한 처분의 시정	행정심판 위원회
행정 쟁송	행정심판			
	행정소송	일반법률(○) (행정소송법)	**위법한 처분** 등의 시정	법원
손해 전보	손해배상 (위법 + 유책)	일반법률(○) (국가배상법)	**금전배상** (위법한 행위의 시정 ×)	법원 또는 배상심의회
	손실보상 (적법 + 특별희생)	일반법률(×) ※ **개별법률의 근거를 요함**	**금전보상** (적법한 행위의 시정 ×)	손실보상심의 위원회 또는 법원
원상 회복 수단	결과제거청구 (물건 등)	일반법률(×) 판례는 민법에 근거해 인정	**위법**한 법률관계의 **원상회복**(금전은 제외)	법원
	부당이득반환청구 (금전)		법률상 원인 없이 제공된 **금전의 반환**	

1. 경찰상 손해전보

행정상 손해배상과 손실보상 비교

구분		손해배상	손실보상
	본질	**위법**한 행정작용에 대한 구제	**적법**한 행정작용에 대한 구제
	기초이념 및 책임	**개인주의**에 입각한 도의적 과실 책임 주의에 기초	**단체주의**에 입각한 사회적 공평부담 사상과 무과실책임주의에 기초
	법적 근거	① 헌법 제29조 ② 일반법인 국가배상법	① 헌법 제23조 ② 일반법은 없음
	청구권의 성질	① 다수설: 공권 ② 판례: 사권	① 다수설: 공권 ② 판례: 공권
	양도·압류	일부(생명·신체 침해) 양도·압류 금지	양도·압류 가능
차이점	청구권의 발생원인	① **위법·유책**(고의·과실)한 공무원 의 직무상 행위(**과실책임**) ② 공공영조물의 설치·관리상의 하 자(**무과실책임**)	**적법**한 침해에 의해 가하여진 특별 한 희생에 대한 보상
	보상기준	가해행위와 상당인과관계가 있는 모 든 손해	**정당한 보상**이 원칙
	보상내용	생명·신체·재산적·정신적 손해 등	재산적 손해에 한정
	전보방법	금전배상원칙	원칙적으로 금전보상, 예외적으로 채 권·대토보상
	청구절차	배상심의회의 결정(임의절차) ➡ 법원	협의 ➡ 재결 ➡ 행정소송
	책임자	국가배상법: 국가·지방자치단체	사업시행자(국가·공공단체·공무수 탁사인)
공통점		행정작용으로 인한 개인의 권리침해를 구제하기 위하여 손해나 손실을 보 전하는 사후적 구제제도	

2. 경찰상 손해배상

(1) 국가배상의 법적 근거

> **헌법 제29조** ① 공무원의 직무상 불법행위로 손해를 받은 국민은 법률이 정하는 바에 의하여 국가 또는 공공단체에 정당한 배상을 청구할 수 있다. 이 경우 공무원 자신의 책임은 면제되지 아니한다.
>
> ② 군인·군무원·경찰공무원 기타 법률이 정하는 자가 전투·훈련 등 직무집행과 관련하여 받은 손해에 대하여는 법률이 정하는 보상 외에 국가 또는 공공단체에 공무원의 직무상 불법행위로 인한 배상은 청구할 수 없다.
>
> **국가배상법**
>
> **제2조 【배상책임】** ① 국가나 지방자치단체는 공무원 또는 공무를 위탁받은 사인(이하 '공무원'이라 한다)이 직무를 집행하면서 고의 또는 과실로 법령을 위반하여 타인에게 손해를 입히거나, 자동차손해배상 보장법에 따라 손해배상의 책임이 있을 때에는 이 법에 따라 그 손해를 배상하여야 한다. 다만, 군인·군무원·경찰공무원 또는 예비군대원이 전투·훈련 등 직무 집행과 관련하여 전사(戰死)·순직(殉職)하거나 공상(公傷)을 입은 경우에 본인이나 그 유족이 다른 법령에 따라 재해보상금·유족연금·상이연금 등의 보상을 지급받을 수 있을 때에는 이 법 및 민법에 따른 손해배상을 청구할 수 없다.

헌법과 국가배상법의 비교

구분	헌법	국가배상법
배상주체	국가 및 공공단체	국가 및 지방자치단체 (영조물법인 등 기타 공법상 법인 제외)
영조물책임에 관한 규정	×	○
구상권에 관한 규정	'공무원의 책임이 면제되지 않는다'고만 규정	고의·중과실이 있으면 구상 가능
이중배상금지 대상자	군인, 군무원, 경찰공무원	군인, 군무원, 경찰공무원 + **예비군대원**

(2) 공무원의 직무상 불법행위로 인한 손해배상

① 성립요건

기출 OX

01 서울특별시 강서구 교통할아버지 사건과 같은 경우 공무를 위탁받아 수행하는 일반사인(私人)은 국가배상법 제2조 제1항에 따른 공무원이 될 수 없다.

12. 국가직 9급　　　(　　)

정답　01 ×

공무원 등	의의	㉠ 국가배상법상 '공무원'이란 최광의로 파악하여 '국가공무원법 및 지방공무원법상의 공무원뿐만 아니라 널리 공무를 위탁받아 그에 종사하는 모든 자'를 포함한다(기능적 공무원개념). 통설과 판례의 입장이다. ㉡ 2009년 법 개정을 통해 '공무를 위탁받은 사인'의 위법행위로 인한 손해에 대해서도 국가배상법에 따라 국가 등이 배상하여야 한다는 점을 명시하여 행정보조자 뿐만 아니라 공무수탁사인까지도 국가배상법상 공무원에 포함된다.
	관련 판례 긍정	ⓐ 강제집행을 하는 집행관(집달관)(대판 1966.7.26, 66다854) ⓑ 소집 중인 향토예비군(대판 1970.5.26, 70다471) ⓒ 미군부대의 카투사(대판 1969.2.18, 68다2346) ⓓ **시청소차량 운전원**(대판 1980.9.24, 80다1051) ⓔ 통장(전입신고서에 확인인을 찍는 행위)(대판 1991.7.9, 91다5570)

		ⓕ 지방자치단체로부터 어린이보호 등의 공무를 위탁받아 집행하는 **교통할아버지**(대판 2001.1.5, 98다39060) ⓖ 육군 병기기계공작창 내규에 의하여 채용되어 군무수행을 위하여 채용된 자(대판 1970.11.24, 70다2253) ⓗ **국가나 지방자치단체**에 소속된 청원경찰(대판 1993.7.13, 92다47564) ⓘ 전투경찰(대판 1995.11.10, 95다23897) ⓙ 국회의원(대판 1997.6.13, 96다56115) ⓚ 법관(대판 2001.10.12, 2001다47290) ⓛ 검사(대판 2002.2.22, 2001다23447) ⓜ 헌법재판소 재판관(대판 2003.7.11, 99다24218) ⓝ 조세원천징수자 ⓞ 각종 위원회의 위원 ⓟ 공탁공무원(대판 2002.8.27, 2001다73107) ⓠ 소방원(대판 1970.5.12, 70다347) ⓡ 국가공무원의 임용령에 의하여 출제를 위촉받은 시험위원 ⓢ 별정우체국장 ⓣ **수산청장으로부터 뱀장어에 대한 수출추천업무를 위탁받은 수산업협동조합**(대판 2003.11.14, 2002다55304) ⓤ **대집행을 실제 수행한 한국토지공사직원과 철거용역회사 및 그 대표자**
	부정	ⓐ 의용소방대원(대판 1978.7.11, 78다584) ⓑ 시영버스운전사(대판 1970.11.24, 70다1148) ⓒ **법령에 의해 대집행권한**을 위탁받은 한국토지공사(현 한국토지주택공사)
직무를 집행하는 경우	범위	ⓐ 국가배상법 제2조 제1항상 직무를 어느 범위까지 볼 것인지에 대해 견해가 대립된다.

<table>
<tr><td rowspan="2">구분</td><td colspan="2">공법상 작용</td><td rowspan="2">사법상 작용</td></tr>
<tr><td>권력작용</td><td>비권력작용</td></tr>
<tr><td>협의설</td><td>○</td><td colspan="2" style="text-align:center">×</td></tr>
<tr><td>광의설</td><td colspan="2" style="text-align:center">○</td><td>×</td></tr>
<tr><td>최광의설</td><td colspan="3" style="text-align:center">○</td></tr>
<tr><td>판례
(광의설)</td><td colspan="3">국가배상청구의 요건인 '공무원의 직무'에는 권력적 작용만이 아니라 비권력적 작용도 포함되며 단지 행정주체가 사경제주체로서 하는 활동만 제외된다(대판 2001.1.5, 98다39060).</td></tr>
</table>

ⓛ 공무원의 직무행위에는 **입법**, **사법**, 행정작용 및 법적 행위, 사실행위, 비권력적 행위, 작위, **부작위** 등이 모두 포함된다. 판례는 공무원이 일정한 행위를 해야 되는데 직무유기로 인해 개인에게 손해가 발생한 경우에는 그러한 부작위 행위도 직무행위로 보아 손해배상을 인정하였다.

ⓒ 그러나 대법원은 "법관의 재판에 법령의 규정을 따르지 아니한 잘못이 있다 하더라도 이로써 바로 그 재판상 직무행위가 국가배상법 제2조 제1항에서 말하는 위법한 행위로 되어 국가의 손해배상책임이 발생하는 것은 아니고, 당해 **법관이 위법 또는 부당한 목적을 가지고 재판을 하는 등 법관이 그에게 부여된 권한의 취지에 명백히 어긋나게 이를 행사하였다고 인정할만한 특별한 사정이**

기출 OX

02 의용소방대원, 시청소차량 운전원, 시영버스운전사는 국가배상법 제2조의 공무원에 해당하지 않는다.
17. 서울시 7급　　( )

03 국가배상법이 정한 손해배상청구의 요건인 '공무원의 직무'에는 권력적 작용뿐만 아니라 비권력적 작용과 단순한 사경제의 주체로서 하는 작용도 포함된다.
17. 사회복지직 9급　　( )

정답 **02** × **03** ×

있어야 위법한 행위가 되어 국가배상책임이 인정된다고 할 것인바, 압수수색할 물건의 기재가 누락된 압수수색영장을 발부한 법관이 위법·부당한 목적을 가지고 있었다거나 법이 직무수행상 준수할 것을 요구하고 있는 기준을 현저히 위반하였다는 등의 자료를 찾아볼 수 없다면 그와 같은 압수수색영장의 발부행위는 불법행위를 구성하지 않는다(대판 2001.10.12, 2001다47290)."고 판시하여 **법관의 직무행위에 관한 국가배상책임은 예외적으로 특별한 사정이 있는 경우에 한해 인정할 수 있다는 입장**이다.

ⓔ 판례는 "검사의 공소권행사가 당시의 정황에 비추어 경험칙이나 논리상 도저히 합리성을 긍정할 수 없는 정도에 이른 경우에만 그 위법성을 인정할 수 있다(대판 2002.2.22, 2001다23447)."고 한다.

ⓜ 대법원은 입법상 불법에 대해 우리 헌법이 채택하고 있는 의회민주주의하에서 국회는 다원적 의견이나 각가지 이익을 반영시킨 토론과정을 거쳐 다수결의 원리에 따라 통일적인 국가의사를 형성하는 역할을 담당하는 국가기관으로써 그 과정에 참여한 국회의원은 입법에 관하여 원칙적으로 국민 전체에 대한 관계에서 정치적 책임을 질 뿐 국민 개개인의 권리에 대응하여 법적 의무를 지는 것은 아니므로, 국회의원의 입법행위는 그 **입법내용이 헌법의 문언에 명백히 위반됨에도 불구하고 국회가 굳이 당해 입법을 한 것과 같은 특수한 경우**가 아닌 한 국가배상법 제2조 제1항 소정의 위법행위에 해당된다고 볼 수 없다(대판 1997.6.13, 96다56115).

판단기준		㉠ 직무행위의 판단기준에 대해 ⓐ 외형설과 ⓑ 실질적 관련설이 대립된다. ⓛ 통설과 판례는 행위의 **외관을 객관적으로 관찰**하여 공무원의 직무행위로 보일 때에는 행위자의 **주관적 의사에 관계없이** 비록 그것이 실질적으로 직무집행행위가 아니라 해도 그 행위를 공무원의 직무행위라고 보는 **외형설**이다. ⓒ 직무행위와 관련된 '부수적 행위'뿐 아니라, 직무행위의 외관을 띠고 있는 '직무 아닌 행위'에 대해서도 손해배상을 인정하고 있다. ⓓ 실질적으로 공무집행행위가 아니라는 사정을 피해자가 알았더라도 무방하다. ⓜ 대법원은 "외형적 직무관련성이 없더라도 당해 직무와 실질적 관련성이 있다면 그 직무관련성을 인정할 수 있다(대판 1995.4.21, 93다14240)."고 하여 외형설 뿐만 아니라 실질적 관련설을 보충적으로 취한 판례도 있다.
관련 판례	긍정	㉠ 군인의 훈련휴식 중 꿩사냥 ⓛ 비번 중인 공무원이 불심검문을 가장하여 금품을 강탈한 행위 ⓒ 공무원이 자기의 **개인 차량**을 운전하여 출장을 갔다가 **퇴근**시간이 되어 자기 집으로 돌아오는 중에 교통사고를 일으킨 경우 ⓔ 수사 도중의 고문행위 ⓜ 시위진압 도중 전경이 조경수를 짓밟는 행위 ⓗ 직무와 관련된 수뢰행위[인사업무담당 공무원이 다른 공무원의 공무원증 등을 위조한 행위에 대하여 실질적으로는 직무행위에 속하지 아니한다 할지라도 외관상으로 직무집행 관련성을 인정(대판 2005.1.14, 2004다26805)]

		⊗ 출·퇴근시에 통근차로 출·퇴근하면서 사고를 낸 경우 ◎ **상관명령에 의한 상관의 이삿짐의 운반** ⊗ 학군단소속차량의 장례식 참가차 운행 ⊛ 지프 운전병이 상관을 귀대시키고 오던 중 친지와 음주 후 그에게 대리운전을 시키려다 발생한 사고 ㋕ 군인의 사전훈련지역 정찰행위
	부정	㉠ 수차례 외상 술값 독촉을 받은 불쾌감으로 격분하여 총기탈취, 자물쇠파손, 실탄절취 후 민간주점 주인을 살인한 행위 ㉡ 상급자로부터 구타당한 것에 원한을 품고 보초근무 중 근무장소를 이탈하여 **절취한 총탄**으로 저지른 살인 ㉢ **부대이탈** 후 민간인 사살 ㉣ **불법휴대** 카빈총으로 보리밭의 꿩사격 ㉤ 공무원이 근무지로 **출근**하기 위하여 **자기 소유의 자동차**를 운행하다가 자신의 과실로 교통사고를 일으킨 경우 ㉥ **퇴근 후 음주난동 행위, 휴가 중의 폭력행위** ㉦ 공무원이 **관용차를 사용**으로 운전하다 타인에게 상해를 입힌 경우
고의 또는 과실	의의	㉠ 고의란 일정한 위법행위의 발생가능성을 인식하고 그 결과를 적극적으로 인용한 경우를 말하고, 과실이란 공무원이 직무를 수행함에 있어서 당해 직무를 담당하는 공무원이 통상적으로 갖추어야 할 주의의무를 게을리한 경우를 말한다(주의의무위반). ㉡ 판례는 '공무원이 그 직무를 수행함에 있어 당해 직무를 담당하는 평균인이 보통 갖추어야 할 주의의무를 게을한 것'이라고 하여 가해공무원의 주관적 인식상태에 따라 판단하되, 이러한 공무원의 주의의무를 동일직종에 근무하는 평균적 공무원의 주의의무로 끌어 올려 추상적 경과실의 입장을 취하고 있다(대판 1987.9.22, 87다카1164). ㉢ 그러나 판례는 **반드시 가해공무원이 특정되어 있어야 할 것은 요구하지 아니한다**(대판 1987.9.22, 87다카1164).
	과실의 객관화	㉠ **조직과실이론**: 조직과실 이론이란 공무원의 지위에 있는 누군가의 행위로 인하여 손해가 발생한 것이 인정되면 불법행위자를 특정할 수 없더라도 국가배상책임을 인정하는 이론이다. ㉡ **위법성과 과실의 상대화 경향**: 국가배상법상의 과실개념을 넓게 해석하여 국가작용이 정상적인 수준에 미달하는 상태 또는 공무원의 위법행위로 인한 국가작용의 흠으로 보는 견해이다.
	법령해석 과실	㉠ **관계법령의 해석이 확립되기 전**에는 "행정청이 관계법령의 해석이 확립되기 전에 어느 한 설을 취하여 업무를 처리한 것이 결과적으로 위법하게 되어 그 법령의 부당집행이라는 결과를 빚었다고 하더라도 처분 당시 그와 같은 처리방법 이상의 것을 성실한 평균적 공무원에게 기대하기 어려웠던 경우라면 특별한 사정이 없는 한 이를 두고 공무원의 과실로 인한 것이라고 볼 수는 없기 때문이다."라고 하여 원칙적으로 법령해석과실을 부정하며,

		ⓛ **관계법령이 확립된 이후**에는 "법령에 대한 해석이 복잡·미묘하여 워낙 어렵고, 이에 대한 학설·판례조차 귀일(일치)되어 있지 않는 등의 특별한 사정이 없는 한 일반적으로 공무원이 관계법규를 알지 못하거나 필요한 지식을 갖추지 못하고 법규의 해석을 그르쳐 행정처분을 하였다면 그가 법률전문가가 아닌 행정직공무원이라고 하여 과실이 없다고는 할 수 없다(대판 1995.10.13, 95다32747)."고 하여 공무원의 법령해석과실을 원칙적으로 인정하고 있다.
법령위반	관련 판례	ⓐ 대법원은 "행정법규가 행정청으로서 지켜야 할 일정한 준칙을 규정함에 불과하고, … 어느 행정처분을 할 것인가에 관하여 행정청 내부에 일응의 기준을 정해 둔 경우 그 기준에 따른 행정처분을 하였다면 이에 관여한 **공무원에게 그 직무상의 과실이 있다고 할 수 없다**(대판 2002.5.10, 2001다62312)."고 하여, 재량의 하자로 인하여 직무행위가 위법하다고 하더라도 행정규칙에 따른 처분이라면 공무원의 과실을 인정할 수 없다고 본다.
		ⓛ 대법원은 "어떠한 행정처분이 후에 항고소송에서 취소되었다고 할지라도 그 기판력에 의하여 당해 행정처분이 곧바로 공무원의 고의 또는 과실로 인한 것으로서 **불법행위를 구성한다고 단정할 수는 없다**(대판 2005.5.12, 99다70600)."고 한다.
		ⓒ 형벌에 관한 법령이 헌법재판소의 위헌결정으로 소급하여 효력을 상실하였거나 법원에서 위헌·무효로 선언된 경우, 그 법령이 위헌으로 선언되기 전에 그 법령에 기초하여 수사가 개시되어 공소가 제기되고 유죄판결이 선고되었더라도, 그러한 사정만으로 수사기관의 직무행위나 법관의 재판상 직무행위가 국가배상법 제2조 제1항에서 말하는 **공무원의 고의 또는 과실에 의한 불법행위에 해당하여 국가의 손해배상책임이 발생한다고 볼 수는 없다**(대판 2014.10.27, 2013다217962).
	법령의 범위	ⓐ 국가배상법상 법령에 대해 ⓐ 성문법과 불문법을 포함한 모든 법규로 이해하는 협의설과, ⓑ 법령위반이란 성문법과 불문법 등 엄격한 의미에서의 법령뿐 아니라 **권리남용금지, 신의성실의 원칙, 공서양속 등도 포함된다**고 보는 **광의설**이 대립된다.
		ⓛ 판례는 법령의 범위를 구체적으로 언급하지는 않았지만 "국민의 생명·신체·재산 등을 보호하기 위해서는 국가가 초법규적으로 그 위험배제에 나서야 한다."고 판시하여 광의설의 입장인 것으로 보인다.
	판단기준	ⓐ 학설: 이에 대해 학설은 다음과 같이 견해가 대립된다.

구분	내용	비고
행위불법설	협의의 행위 불법설	국가배상법상의 위법성을 항고소송에서와 같이 국가작용 자체의 행위규범의 위반으로 이해하는 견해	ⓐ 국가배상법상 위법 = 항고소송의 위법 ⓛ **전부기판력긍정설**

			광의의 행위 불법설	국가작용 자체의 위법뿐만 아니라 **공무원의 직무상의 일반적 손해방지의무**와의 관계에서의 행위의 형태도 위법성판단의 대상이 된다는 견해	⑤ **국가배상법상 위법 > 항고소송의 위법** ⑥ **제한적기판력긍정설**
			결과불법설	국가배상법상의 위법을 민법상 불법행위책임과 마찬가지로 침해행위의 결과가 **시민법원리상 수인한도** 내에 있는 것인지에 따라 판단해야 한다는 견해	⑤ **국가배상법상 위법 ≠ 항고소송의 위법** ⑥ **전부기판력부정설**
			상대적 위법성설	국가배상법상의 위법성은 행위자체의 적법·위법뿐만 아니라 피침해이익의 성격과 침해의 정도 및 가해행위의 형태 등을 종합적으로 고려하여 행위가 **객관적으로 정당성**을 결한 경우를 의미한다고 보는 견해이다.	

ⓒ 판례: 판례의 주류적인 입장은 "행정처분이 객관적 정당성을 상실하였다고 인정될 정도에 이른 경우에 국가배상법 제2조 소정의 국가배상책임의 요건을 충족하였다고 봄이 상당하다."고 판시하여 상대적 위법성설의 입장이나, "공무원의 직무집행이 법령이 정한 요건과 절차에 따라 이루어진 것이라면 특별한 사정이 없는 한 이는 법령에 적합한 것이고 그 과정에서 개인의 권리가 침해되는 일이 생긴다고 하여 그 법령적합성이 곧바로 부정되는 것은 아니다."라고 하여 **결과불법설을 포기하고 행위불법설의 입장을 취하는 경우**도 있다.

타인의 손해발생	타인	⑤ 타인이란 가해자인 공무원 및 그의 직무상의 위법행위에 가세한 자 이외의 모든 사람을 가리킨다. ⑥ 자연인·법인을 모두 포함하며 공무원도 피해자의 입장이 될 수 있다. 다만, 군인·군무원·경찰공무원·향토예비군대원 등에 대해서는 특례규정이 있다.
	손해	손해란 가해행위로 인하여 발생한 일체의 손해를 의미한다. 적극적 손해·소극적 손해이든 재산·생명·신체·정신적 손해이든 불문한다.
인과관계		국가배상책임이 성립하려면 공무원의 가해행위로 손해가 발생하여야 하며, 가해행위와 손해 사이에 상당인과관계가 있어야 한다.
관련 판례		① **민원인에게 자세한 안내와 배려를 하지 않는 것만으로는 국가배상법상 법령위반이라 볼 수 없다는 판례**: 국가배상법에 따른 손해배상책임을 부담시키기 위한 전제로서, 공무원이 행한 행정처분이 위법하다고 하기 위하여서는 법령을 위반하는 등으로 그 행정처분을 하였음이 인정되어야 하므로, 수익적 행정처분인 허가 등을 신청한 사안에서 그 행정처분을 통하여 달성하고자

하는 **신청인의 목적 등을 자세하게 살펴 그 목적 달성에 필요한 안내나 배려 등을 하지 않았다는 사정만으로 직무집행에 있어 위법한 행위를 한 것이라고 보아서는 아니 된다**(대판 2018.10.25, 2013다44720).

② **헌법재판소가 청구기간 내에 지기된 헌법소원심판청구를 청구기간을 오인하여 각하결정한 경우 국가배상책임이 인정될 수 있다는 판례:** 재판에 대하여 따로 불복절차 또는 시정절차가 마련되어 있는 경우에는 재판의 결과로 불이익 내지 손해를 입었다고 여기는 사람은 그 절차에 따라 자신의 권리 내지 이익을 회복하도록 함이 법이 예정하는 바이므로, 불복에 의한 시정을 구할 수 없었던 것 자체가 법관이나 다른 공무원의 귀책사유로 인한 것이라거나 그와 같은 시정을 구할 수 없었던 부득이한 사정이 있었다는 등의 특별한 사정이 없는 한, 스스로 그와 같은 시정을 구하지 아니한 결과 권리 내지 이익을 회복하지 못한 사람은 원칙적으로 국가배상에 의한 권리구제를 받을 수 없다고 봄이 상당하다고 하겠으나, **재판에 대하여 불복절차 내지 시정절차 자체가 없는 경우에는 부당한 재판으로 인하여 불이익 내지 손해를 입은 사람은 국가배상 이외의 방법으로는 자신의 권리 내지 이익을 회복할 방법이 없으므로, 이와 같은 경우에는 배상책임의 요건이 충족되는 한 국가배상책임을 인정하지 않을 수 없다.** 헌법소원심판을 청구한 자로서는 헌법재판소 재판관이 일자 계산을 정확하게 하여 본안판단을 할 것으로 기대하는 것이 당연하고, 따라서 헌법재판소 재판관의 위법한 직무집행의 결과 잘못된 각하결정을 함으로써 청구인으로 하여금 본안판단을 받을 기회를 상실하게 한 이상, 설령 **본안판단을 하였더라도 어차피 청구가 기각되었을 것이라는 사정이 있다고 하더라도 잘못된 판단으로 인하여 헌법소원심판 청구인의 위와 같은 합리적인 기대를 침해한 것이고 이러한 기대는 인격적 이익으로서 보호할 가치가 있다고 할 것이므로 그 침해로 인한 정신상 고통에 대하여는 위자료를 지급할 의무가 있다**(대판 2003.7.11, 99다24218).

③ **위헌인 긴급조치 제9호로 인한 피해자들에 대한 국가배상책임을 인정한 판례:** 평상시의 헌법질서에 따른 권력행사 방법으로는 대처할 수 없는 중대한 위기상황이 발생한 경우 이를 수습함으로써 국가의 존립을 보장하기 위하여 행사하는 국가긴급권에 관한 대통령의 결단은 존중되어야 한다. 그러나 이러한 국가긴급권은 국가가 중대한 위기에 처하였을 때 그 위기의 직접적 원인을 제거하는 데 필수불가결한 최소한도에 그쳐야 한다. 국가긴급권의 행사는 헌법상 발동 요건과 한계에 부합하여야 하고, 이 점에서 유신헌법 제53조에 규정된 긴급조치권 역시 예외가 될 수 없다. 기본권 보장의 최후 보루인 법원으로서는 마땅히 긴급조치 제9호에 대하여 사법심사권을 행사함으로써, 대통령의 긴급조치권 행사로 국민의 기본권이 침해되고 나아가 헌법의 근본이념인 자유민주적 기본질서가 부정되는 사태가 발생하지 않도록 그 책무를 다하여야 한다. 이는 긴급조치 제9호의 발령행위가 불법행위를 구성하여 국가배상책임이 성립하는지를 판단하는 경우에도 마찬가지이다. **대통령의 긴급조치권 행사가 고도의 정치성을 띤 국가행위라는 사정만으로 사법심사 대상에서 제외된다고 보아 국가배상책임을 부정해서는 안 된다.** … 긴급조치 제9호의 발령부터 적용·집행에 이르는 일련의 국가작용은, 전체적으로 보아 공무원이 직무를 집행하면서 객관적 주의의무를 소홀히 하여 그 직무행위가 객관적 정당성을상실한 것으로서 위법하다고 평가되고, 긴급조치 제9호의 적용·집행으로 강제수사를 받거나 유죄판결을 선고받고 복역함으로써 개별 국민이 입은 손해에 대해서는 국가배상책임이 인정될 수 있다[대판 2022.8.30, 2018다212610(전합)].

② 부작위의 경우

부작위의 법령위반

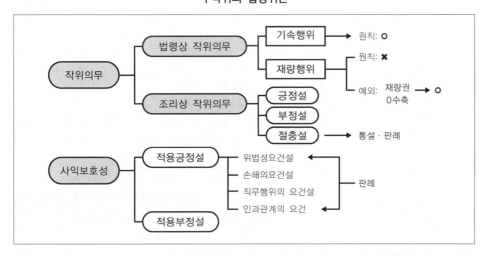

| 작위의무의 발생 | 법령상 작위의무 | | ⊙ **작위의무에 관한 규정이 기속행위로 규정되어 있는 경우**: 관련 법령상 행정처분권한발동 여부가 기속행위로 규정되어 있으면 이에 근거하여 작위의무가 도출될 수 있고, 이러한 의무를 위반한 부작위는 위법하게 된다.
ⓒ **작위의무에 관한 규정이 재량행위로 규정되어 있는 경우**: 관련 법령상 행정권의 발동 여부가 재량행위로 규정되어 있는 경우 원칙적으로 작위의무가 인정될 수 없으나, 재량권이 0으로 수축되어 당해 행정권을 발동하지 않으면 안 되는 경우에는 작위의무가 인정되어 이 경우의 부작위는 위법한 것이 된다.
ⓒ 판례도 "구 소방법은 화재를 예방·경계·진압하고 재난·재해 및 그 밖의 위급한 상황에서의 구조·구급활동을 통하여 국민의 생명·신체 및 재산을 보호함으로써 공공의 안녕질서의 유지와 복리증진에 이바지함을 목적으로 하여 제정된 법으로서, 소방법의 규정들은 단순히 전체로서의 공공 일반의 안전을 도모하기 위한 것에서 더 나아가 국민 개개인의 인명과 재화의 안전보장을 목적으로 하여 둔 것이므로, 소방공무원이 소방법 규정에서 정하여진 직무상의 의무를 게을리한 경우 그 의무 위반이 직무에 충실한 보통 일반의 공무원을 표준으로 할 때 객관적 정당성을 상실하였다고 인정될 정도에 이른 경우에는 국가배상법 제2조에서 말하는 위법의 요건을 충족하게 된다. 그리고 소방공무원의 행정권한 행사가 관계 법률의 규정 형식상 소방공무원의 재량에 맡겨져 있다고 하더라도 소방공무원에게 그러한 권한을 부여한 취지와 목적에 비추어 볼 때 구체적인 상황 아래에서 소방공무원이 그 권한을 행사하지 않은 것이 현저하게 합리성을 잃어 사회적 타당성이 없는 경우에는 소방공무원의 직무상 의무를 위반한 것으로서 위법하게 된다(대판 2008.4.10, 2005다48994)."고 판시하여 재량권의 0으로의 수축이론을 채용하고 있다. |
| | 조리상 작위의무 | 학설 | ⊙ 법령상 작위의무가 존재하지 않는 경우 피해자의 권익구제를 위하여 조리에 의한 작위의무를 인정할 수 있는지 여부가 법률에 의한 행정의 원리와 관련하여 문제된다. |

기출 OX

01 공무원의 부작위로 인한 국가배상책임이 인정되기 위해서는 형식적 의미의 법률에 의한 공무원의 작위의무가 존재하여야 한다.
13. 서울시 7급　　( )

정답 01 ×

		ⓒ 이에 대해 학설은 ⓐ 법률에 의한 행정의 원칙에 비추어 법률상의 근거를 결하는 작위의무를 인정할 수 없다는 부정설, ⓑ 피해자구제라는 목적을 위해 국가배상책임은 민법상 불법행위책임과 같은 성질로 볼 필요가 있고, 이에 따라 공서양속·조리·건전한 사회통념상의 작위의무를 인정할 수 있다는 긍정설, ⓒ 작위의무는 반드시 실정법규에 근거해야 하는 것은 아니지만 단순히 조리나 사회상규로부터 법적 작위의무를 인정하는 것은 타당치 않고 행정 각 분야에서의 객관적 법질서 및 법익의 종류, 그 침해의 정도 등을 구체적으로 고려해서 판단해야 한다는 절충설의 대립이 있다.
	판례	대법원은 "국민의 생명과 재산을 보호해야 한다는 국가의 임무에 비추어 **일정한 경우에는 형식적 의미의 법령에 근거가 없더라도 위험방지의 작위의무를 인정할 수 있다**(대판 2005.6.10, 2002다53995)."고 하여 제한적인 범위 내에서 조리상 작위의무를 인정하고 있다.
사익 보호성	학설	ⓐ 부작위로 인한 손해배상청구의 경우에는 국가배상청구권이 무제한적으로 확대될 수 있으므로, 그에 대한 제한법리로서 처분의 근거법률 또는 관계법령이 공익뿐만 아니라 국민의 사익도 아울러 보호함을 목적으로 해야 한다는 사익보호성(반사적 이익론)을 적용할 수 있을지에 대해 견해가 대립된다. ⓒ 적용부정설과 적용긍정설이 대립되나, 행정소송에서의 사익보호성(반사적 이익론)이 공무원의 부작위로 인한 국가배상문제에 그대로 적용된다는 견해가 다수설의 태도이다.
	판례	ⓐ 판례는 "공무원이 직무를 수행하면서 그 근거되는 법령의 규정에 따라 구체적으로 의무를 부여받았어도 그것이 국민의 이익과는 관계없이 **순전히 행정기관 내부의 질서를 유지하기 위한 것이거나, 또는 국민의 이익과 관련된 것이라도 직접 국민 개개인의 이익을 위한 것이 아니라 전체적으로 공공일반의 이익을 도모하기 위한 것이라면, 그 의무에 위반하여 국민에게 손해를 가하여도 국가 또는 지방자치단체는 배상책임을 부담하지 아니한다**(대판 2001.10.23, 99다36280)."고 하여 직무의 사익보호성을 요구하고 있다. ⓒ 다만, 사익보호성을 인과관계의 문제로 판단한 예(대판 2010.9.9, 2008다77795)도 있고 위법성의 문제로 판단한 예(대판 1993.2.12, 91다43466)도 있어 판례가 어떠한 요건으로 요구하는지는 불분명하다.
	관련 판례 / 긍정	ⓐ **오동도 태풍피해사건**: 당직근무자가 재해지침에 따른 조치를 취하지 아니하고 만연히 철수하라는 방송만을 함으로써, 피해자들이 차량을 타고 나오다 파도가 차량을 덮치는 바람에 바닷물로 추락하여 사망하였다면, 당직근무자의 지침에 위배하여 차량의 통제를 하지 아니한 과실과 사고 사이에는 상당인과관계가 있다(대판 1997.9.9, 97다12907). ⓒ **극동호 화재침몰사건**: 선박안전법이나 유선 및 도선업법의 각 규정은 공공의 안전 외에 일반인의 인명과 재화의 안전보장도 그 목적으로 하는 것이라고 할 것이므로, 국가 소속 선박 검사관이나 시 소속 공무원들이 직무상 의무를 위반하여 시설이 불량한 선박에 대하여 선박검사 증서를 발급

하고, 해당 법규에 규정된 조치를 취함이 없이 계속 운항하게 함으로써 화재사고가 발생한 것이라면, 화재사고와 공무원들의 직무상 의무위반행위와의 사이에는 상당인과관계가 있다(대판 1993.2.12, 91다43466).

© **경기 헌병대 영창탈영사건**: 군행형법과 군행형법 시행령이 군교도소나 미결수용실에 대한 경계 감호를 위하여 관련 공무원에게 각종 직무상의 의무를 부과하고 있는 것은, 일차적으로는 그 수용자들을 격리보호하고 교정교화함으로써 공공 일반의 이익을 도모하고 교도소 등의 내부 질서를 유지하기 위한 것이라 할 것이지만, 부수적으로는 그 수용자들이 탈주한 경우에 그 도주과정에서 일어날 수 있는 2차적 범죄행위로부터 일반 국민의 인명과 재화를 보호하고자 하는 목적도 있다고 할 것이므로, 국가공무원들이 위와 같은 직무상의 의무를 위반한 결과 수용자들이 탈주함으로써 일반 국민에게 손해를 입히는 사건이 발생하였다면, 국가는 그로 인하여 피해자들이 입은 손해를 배상할 책임이 있다(대판 2003.2.14, 2002다62678).

부정

㉠ **삼풍백화점사건**: … 건축법령상의 각종 제한 등은 공공의 이익과 질서유지라는 측면 이외에 개인의 안전과 이익을 도모하기 위한 측면도 있으나, 그렇다고 하더라도 위 공무원들의 직무위반행위와 이 사건 붕괴사고 사이에 상당인과관계가 있다고 보기 어렵다(대판 1999.12.21, 98다29797).

㉡ **진주시 노래방사건**: 구 풍속영업의 규제에 관한 법률(1999.3.31. 법률 제5942호로 개정되기 전의 것) 제5조에서 다른 법률에 의한 허가·인가·등록 또는 신고대상이 아닌 풍속영업을 영위하고자 하는 자로 하여금 대통령령이 정하는 바에 의하여 경찰서장에게 신고하도록 한 규정의 취지는 선량한 풍속을 해하거나 청소년의 건전한 육성을 저해하는 행위 등을 규제하여 미풍양속의 보존과 청소년 보호에 이바지하려는 데 있는 것이므로(제1조), 위 법률에서 요구되는 풍속영업의 신고 및 이에 대한 수리행위는 오로지 공공 일반의 이익을 위한 것으로 볼 것이고, 부수적으로라도 사회구성원의 개인의 안전과 이익, 특히 사적인 거래의 안전을 보호하기 위한 것이라고 볼 수는 없다(대판 2001.4.13, 2000다34891).

㉢ **낙동강 상수원 수질사건**: 상수원수 2급에 미달하는 상수원수는 고도의 정수처리 후 사용하여야 한다는 환경정책기본법령상의 의무 역시 위에서 본 수질기준 유지의무와 같은 성질의 것이므로, 지방자치단체가 상수원수의 수질기준에 미달하는 하천수를 취수하거나 상수원수 3급 이하의 하천수를 취수하여 고도의 정수처리가 아닌 일반적 정수처리 후 수돗물을 생산·공급하였다고 하더라도, 그렇게 공급된 수돗물이 음용수 기준에 적합하고 몸에 해로운 물질이 포함되어 있지 아니한 이상, 지방자치단체의 위와 같은 수돗물 생산·공급행위가 국민에 대한 불법행위가 되지 아니한다(대판 2001.10.23, 99다36280).

③ 국가배상책임의 성질과 가해공무원의 배상책임

> **헌법 제29조** ① 공무원의 직무상 불법행위로 손해를 받은 국민은 법률이 정하는 바에 의하여 국가 또는 공공단체에 정당한 배상을 청구할 수 있다. 이 경우 공무원 자신의 책임은 면제되지 아니한다.
> ② **군인·군무원·경찰공무원** 기타 법률이 정하는 자가 **전투·훈련 등** 직무집행과 관련하여 받은 손해에 대하여는 법률이 정하는 보상 외에 국가 또는 공공단체에 공무원의 직무상 불법행위로 인한 배상은 청구할 수 없다.
>
> **국가배상법**
>
> **제2조【배상책임】** ② 제1항 본문의 경우에 공무원에게 **고의 또는 중대한 과실**이 있으면 국가나 지방자치단체는 그 공무원에게 구상(求償)할 수 있다.

국가배상책임의 성질과 선택적 청구

구분	대위책임설	자기책임설	절충설(판례) [과실의 중첩이론]
본질 및 성질	㉠ **공무원개인책임** ㉡ 피해자보호와 직무의 소극성을 막기 위해 국가가 공무원을 대신하여 대위책임을 짐 ㉢ 주관적 과실	㉠ **국가기관책임**(공무원의 주관적 책임요구) ㉡ 위험책임: 공무원의 직무집행은 국민에 대한 손해발생내포, 국가가 자기책임(무과실책임) ➡ 실정법과의 충돌 ㉢ 객관적 과실	㉠ 고의 + 중과실(A) ┌ 대외: 자기책임 └ 대내: 대위책임 ㉡ 경과실(B) ➡ 자기책임 ; 프랑스법상 과실의 중첩이론의 영향
[대외] 선택적 청구 (헌법 제29조)	**[선택적 청구권 부정]** ㉠ 연혁(국왕은 잘못 ×) ㉡ 국민보호에 문제 없음 ㉢ 공무원의 직무의욕보호 ㉣ 헌법 제29조는 대내적 책임을 의미(대외적 민사책임 부정; 공무원의 구체적 책임은 입법재량)	**[선택적 청구권 긍정]** ㉠ 국가책임과 자기책임은 별도로 존재 ㉡ 헌법 제29조는 대외적 책임만을 의미(대외적 민사책임 긍정) ㉢ 공무원의 책임의식을 강화	**[A만 긍정]** ㉠ 고의 + 중과실(A) ➡ 대외관계로 자기책임하에 긍정 ㉡ 경과실(B) ➡ 부정 (➡ 공무원의 업무의욕 저하와 소신 있는 행정을 위해 부정함)
[대내] 구상권 국가배상법 제2조 제2항	**[대내적 구상권 긍정]** ㉠ 국가배상법규정은 입법정책적 규정 ㉡ 공무원에 대한 국가의 구상권의 범위는 공무원 개인책임의 범위문제로서 입법재량사항 ㉢ 구상권의 성질은 부당이득반환청구권	**[대내적 구상권 설명 불가]** ㉠ 자기책임설에 의할 경우 논리적으로는 구상권의 부인이 타당 ㉡ 그러나 구상권을 긍정하게 된다면 구상권의 성질은 채무불이행책임에 따른 손해배상책임의 성격으로 봄 ㉢ 국가배상법 설명 불가	**[A만 긍정]** ㉠ 고의 + 중과실(A) ➡ 구상권행사 긍정 ㉡ 경과실(B) ➡ 구상권행사 부정 ㉢ 국가는 피해자에 대해서만 자기책임을 지고 공무원과의 관계에서는 자기책임을 지지 않음

판례

⊙ 판례는 "공무원이 직무수행 중 불법행위로 타인에게 손해를 입힌 경우에 국가 등이 국가배상책임을 부담하는 외에 공무원 개인도 **고의 또는 중과실**이 있는 경우에는 **불법행위로 인한 손해배상책임을 진다고 할 것이지만**, 공무원에게 **경과실뿐인 경우에는 공무원 개인은 손해배상책임을 부담하지 아니한다**고 해석하는 것이 헌법 제29조 제1항 본문과 단서 및 국가배상법 제2조의 입법취지에 조화되는 올바른 해석이다[대판 1996.2.15, 95다38677(전합)]."라고 판시하여, 절충설적인 입장을 취하고 있다.

⊙ 대법원은 "당해 공무원의 직무내용, 당해 불법행위의 상황, 손해발생에 대한 당해 공무원의 기여정도, 당해 공무원의 평소 근무태도, 불법행위의 예방이나 손실분산에 관한 국가 또는 지방자치단체의 배려의 정도 등 제반사정을 참작하여 손해의 공평한 분담이라는 견지에서 **신의칙상 상당하다고 인정되는 한도 내에서만 당해 공무원에 대하여 구상권을 행사할 수 있다.**"고 판시하여 구체적 사정에 따라 구상권의 범위를 정해야 한다는 입장이다(대판 1991.5.10, 91다6764). 판례는 국가 등이 피해자에게 지급한 배상금과 법률에 의해 정해지는 그의 **이자만이 구상권의 대상이 된다고 보며, 소송비용은 구상할 수 없다고 본다.**

⊙ **경과실의 경우 공무원이 피해자에게 배상을 해준 경우 국가에 대해 구상권을 갖는다는 판례**: 공무원이 직무수행 중 불법행위로 타인에게 손해를 입힌 경우에 국가 등이 국가배상책임을 부담하는 외에 공무원 개인도 고의 또는 중과실이 있는 경우에는 불법행위로 인한 손해배상책임을 지고, 공무원에게 경과실이 있을 뿐인 경우에는 공무원 개인은 손해배상책임을 부담하지 아니한다. 이처럼 경과실이 있는 공무원이 피해자에 대하여 손해배상책임을 부담하지 아니함에도 피해자에게 손해를 배상하였다면 그것은 채무자 아닌 사람이 타인의 채무를 변제한 경우에 해당하고, 이는 민법 제469조의 '제3자의 변제' 또는 민법 제744조의 '도의관념에 적합한 비채변제'에 해당하여 피해자는 공무원에 대하여 이를 반환할 의무가 없고, 그에 따라 피해자의 **국가에 대한 손해배상청구권이 소멸하여 국가는 자신의 출연 없이 채무를 면하게 되므로, 피해자에게 손해를 직접 배상한 경과실이 있는 공무원은 특별한 사정이 없는 한 국가에 대하여 국가의 피해자에 대한 손해배상책임의 범위 내에서 공무원이 변제한 금액에 관하여 구상권을 취득한다고 봄이 타당하다**(대법원 2014.12.24, 선고 2014두9349 판결).

④ 이중배상금지

> **헌법 제29조** ② 군인·군무원·경찰공무원 기타 법률이 정하는 자가 전투·훈련 등 직무집행과 관련하여 받은 손해에 대하여는 법률이 정하는 보상 외에 국가 또는 공공단체에 공무원의 직무상 불법행위로 인한 배상은 청구할 수 없다.
>
> **국가배상법**
>
> **제2조【배상책임】** ① 국가나 지방자치단체는 공무원 또는 공무를 위탁받은 사인(이하 '공무원'이라 한다)이 직무를 집행하면서 고의 또는 과실로 법령을 위반하여 타인에게 손해를 입히거나, 자동차손해배상 보장법에 따라 손해배상의 책임이 있을 때에는 이 법에 따라 그 손해를 배상하여야 한다. 다만, 군인·군무원·경찰공무원 또는 예비군대원이 전투·훈련 등 직무 집행과 관련하여 전사(戰死)·순직(殉職)하거나 공상(公傷)을 입은 경우에 본인이나 그 유족이 다른 법령에 따라 재해보상금·유족연금·상이연금 등의 보상을 지급받을 수 있을 때에는 이 법 및 민법에 따른 손해배상을 청구할 수 없다.

기출 OX

02 판례는 이중배상에서 배제되는 자는 전투경찰순경과 공익근무요원 등이라고 보았다. 09. 지방직(하) 7급

( )

정답 02 ✕

의의	헌법 제29조 제2항과 국가배상법 제2조 제1항 단서는 군인·군무원·경찰공무원 등이 전투·훈련 등 직무집행과 관련하여 공상을 입은 경우 본인이나 유족이 다른 법령에 따라 재해보상금·유족연금 및 상이연금 등의 보상을 지급받을 수 있을 때에는 국가배상청구를 금지하고 있다.
적용범위	⊙ 2005년 국가배상법 개정의 취지: 전투·훈련 등과 관련된 직무의 경우에만 국가나 지방자치단체를 상대로 한 손해배상청구를 제한하여, 전투·훈련 외의 일반직무로 인한 순직·공상의 경우에는 손해배상청구가 가능하도록 하였고, '국방 또는 치안유지의 목적상 사용하는 시설 및 자동차·함선·항공기·기타 운반기구 안에서'를 삭제하여 전투·훈련 등 직무집행과 관련된 경우가 아닌 경우에는 법 해석상 실질적인 배상이 가능하도록 하여 부분적으로 경찰공무원의 보상체계를 개선하려는 데 있다. ⓛ 대법원 판례: 현행 국가배상법은 구 국가배상법 제2조 제1항 단서 중 '군인·군무원·경찰공무원 또는 향토예비군대원이 전투·훈련·기타 직무집행과 관련하거나'를 '군인·군무원·경찰공무원 또는 향토예비군대원이 전투·훈련 등 직무집행과 관련하여'로 개정하였다. 이에 대해 현행 국가배상법상 이중배상금지규정은 군인·군무원·경찰공무원 등이 전투·훈련 등 직무집행과 관련하여 공상을 입은 경우에 한하여 적용되는 바, 이러한 '전투·훈련 등 직무집행'에 국가배상법의 개정에도 불구하고 경찰공무원 등의 일반 직무집행이 여전히 포함되는지에 대해 견해가 대립되나, 대법원은 "국가배상법 제2조 제1항 단서의 면책조항은 구 국가배상법(2005.7.13. 법률 제7584호로 개정되기 전의 것) 제2조 제1항 단서의 면책조항과 마찬가지로 전투·훈련 또는 이에 준하는 직무집행뿐만 아니라 **'일반 직무집행'에 관하여도 국가나 지방자치단체의 배상책임을 제한하는 것이라고 해석함이 상당하다**(대판 2011.3.10, 2010다85942)."고 판시하여 일반 직무집행의 경우에도 이중배상규정이 적용된다는 입장이다.
공동불법행위와 사인의 구상권행사시 이중배상금지의 적용 여부	⊙ 국가배상법 제2조 제1항 단서가 적용되는 공무원의 직무상 불법행위로 인하여 피해를 입은 군인 등에 대하여 공동불법행위를 한 사인이 자신의 귀책사유를 넘어서 배상을 한 경우에, 사인은 국가 등에게 국가 등의 귀책비율에 따른 구상권을 행사할 수 있을지 여부가 문제되는지에 대해 헌법재판소와 대법원의 견해가 다르다. ⓛ 종래의 대법원(부정설): 종래의 대법원은 "공동불법행위자인 사인이 다른 공동불법행위자인 군인 등의 부담부분에 관하여 국가에 대하여 구상권을 행사하는 것은 허용되지 않는다."는 입장으로 일관하여 왔다. ⓒ 헌법재판소의 입장(긍정설): 헌법재판소는 국가배상법 제2조 제1항 단서 헌법소원사건에서 "공동불법행위자인 군인의 부담부분에 관하여 국가에 대하여 구상권을 행사하는 것을 허용하지 않는다고 해석한다면, 이는 헌법 제11조, 제29조, 제23조 제1항 및 제37조 제2항에 위반된다(헌재 1994.12.29, 93헌바21)."고 판시하여 한정위헌결정을 하였다. 따라서 헌법재판소의 결정에 의하면 공동불법행위자인 군인의 부담부분에 관하여 국가 등에 대하여 사인의 구상권을 행사하는 것은 허용된다.

	㉣ **변경된 대법원**: 그 뒤 헌법재판소의 한정위헌결정이 있은 이후 대법원은 2001년 전원합의체의 판결을 통해 종전 판결을 변경하여, "공동불법행위자 등이 부진정연대채무자로서 각자 피해자의 손해 전부를 배상할 의무를 부담하는 공동불법행위의 일반적인 경우와는 달리 예외적으로 민간인은 피해 군인 등에 대하여 그 손해 중 국가 등이 민간인에 대한 구상의무를 부담한다면 그 내부적인 관계에서 부담하여야 할 부분을 제외한 나머지 자신의 부담부분에 한하여 손해배상의무를 부담한다[대판 2001.2.15, 96다42420(전합)]."고 판시하여, 민법상 부진정연대채무의 법리에 대한 예외를 인정함으로써 여전히 국가에 대한 구상을 부정하고 있다.
관련 판례	㉠ **전투경찰순경**은 국가배상법상 제2조 제1항 단서의 경찰공무원에 해당한다.
	㉡ **공익근무요원**이 국가배상법 제2조 제1항 단서의 규정에 의하여 국가배상법상 손해배상청구가 제한되는 군인·군무원·경찰공무원 또는 향토예비군대원에 해당한다고 할 수 없다(대판 1997.3.28, 97다4036).
	㉢ 현역병으로 입영하여 소정의 군사교육을 마치고 **전임되어 법무부장관에 의하여 경비교도로 임용된 자**는 군인으로서의 신분을 상실하고 새로이 경비교도로서의 신분을 취득하게 되었다 할 것이므로, 경비교도로 근무중 공무수행과 관련하여 사망한 자에 대하여 국가유공자예우등에 관한법률 제4조 제1항 제5호 소정의 순직군경에 해당한다 하여 국가유공자로 결정하고 사망급여금 등이 지급되었다 하더라도 그러한 사실 때문에 신분이 군인 또는 경찰공무원으로 되는 것은 아니다(대판 1993. 4.9, 92다43395)
	㉣ 경찰서지서의 숙직실은 국가배상법 제2조 제1항 단서에서 말하는 전투·훈련에 관련된 시설이라고 볼 수 없으므로 위 숙직실에서 순직한 경찰공무원의 유족들은 국가배상법 제2조 제1항 본문에 의하여 국가배상법 및 민법의 규정에 의한 손해배상을 청구할 권리가 있다[대판 1979.1.30, 77다2389(전합)].
	㉤ 전투경찰대원이 국민학교 교정에서 다중범죄진압훈련을 일단 마치고 점심을 먹기 위하여 근무하던 파출소를 향하여 걸어가다가 경찰서소속 대형버스에 충격되어 사망하였다면 망인이 그와 같은 경위로 도로상을 걷는 것이 진압훈련과정의 일부라고 할 수 없고, 또 그가 경찰관전투복을 착용하고 있었고 전투경찰이 치안업무의 보조를 그 임무로 하고 있더라도 국가배상법 제2조 제1항 단서에서 말하는 전투, 훈련 기타 직무집행과 관련하여 사망한 것이라고 단정하기 어렵다(대판 1989.4.11, 88다카4222).

⑤ 배상청구의 절차 및 시효 등

배상청구절차	㉠ 국가배상청구절차에 관하여 과거 결정전치주의가 적용됨에 따라 배상심의회의 결정을 거치지 않고서는 법원에 손해배상청구소송을 제기할 수 없었다.
	㉡ 이러한 결정전치주의에 대해서 끊임없이 위헌론이 제기되어 왔고, 이에 2000년 12월 29일 국가배상법 개정법률에 따라 배상심의회의 배상신청은 임의적 사항으로 개정되었다(동법 제9조). 따라서 국가배상법상 손해배상의 청구는 행정절차에 의한 배상결정절차와 바로 정식소송을 통한 사법절차로 나누어지게 되었고, 결국 양자는 피해자의 선택사항이 되었다.

국가배상심의회

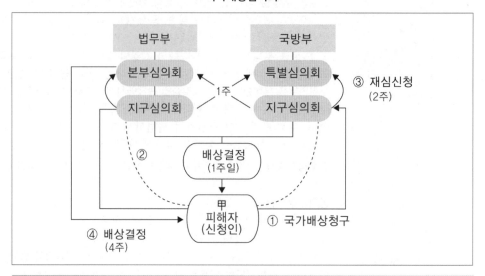

배상심의회	심의회의 구성	㉠ 국가나 지방자치단체에 대한 배상신청사건을 심의하기 위하여 **법무부**에 본부심의회를 둔다. 다만, 군인이나 군무원이 타인에게 입힌 손해에 대한 배상신청사건을 심의하기 위하여 **국방부**에 특별심의회를 둔다. ㉡ 본부심의회와 특별심의회는 대통령령으로 정하는 바에 따라 지구심의회(地區審議會)를 둔다. ㉢ 본부심의회와 특별심의회와 지구심의회는 법무부장관의 지휘를 받아야 한다.

구분	본부심의회	특별심의회
위원장	법무부**차관**	국방부**차관**
위원	**6인** (법무부장관 임명)	**6인** (국방부장관 임명)
임기	**2년**, 두차례 연임	
구성	소속공무원, 법관, 변호사, 의사(군의관 포함) 각 **1인**을 위원으로 두어야 한다.	

	심의회의 권한	㉠ 본부심의회와 특별심의회는 다음의 사항을 심의·처리한다. ⓐ 제13조 제6항에 따라 지구심의회로부터 송부받은 사건 ⓑ 제15조의2에 따른 재심신청사건 ⓒ 그 밖에 법령에 따라 그 소관에 속하는 사항 ㉡ 각 지구심의회는 그 관할에 속하는 국가나 지방자치단체에 대한 배상신청사건을 심의·처리한다.
	배상신청	㉠ 이 법에 따라 배상금을 지급받으려는 자는 그 주소지·소재지 또는 배상원인 발생지를 관할하는 지구심의회에 배상신청을 하여야 한다. ㉡ 손해배상의 원인을 발생하게 한 공무원의 소속 기관의 장은 피해자나 유족을 위하여 신청을 권장하여야 한다.

		ⓒ 심의회의 위원장은 배상신청이 부적법하지만 보정(補正)할 수 있다고 인정하는 경우에는 상당한 기간을 정하여 보정을 요구하여야 한다. ⓔ 보정을 하였을 때에는 처음부터 적법하게 배상신청을 한 것으로 본다. ⓜ 보정기간은 배상결정기간에 산입하지 아니한다. ⓗ 심의회는 배상결정을 하면 그 결정을 한 날부터 **1주일 이내**에 그 결정정본(決定正本)을 신청인에게 송달하여야 한다.
	의결	ⓐ 위원장은 심의회의 회의를 소집하고, 그 의장이 된다. ⓑ 회의는 위원장을 포함한 **재적위원 과반수의 출석과 출석위원 3분의 2 이상의 찬성**으로 의결한다.
	재심신청	ⓐ 지구심의회에서 배상신청이 기각(일부기각된 경우를 포함한다) 또는 각하된 신청인은 결정정본이 송달된 날부터 **2주일 이내**에 그 심의회를 거쳐 본부심의회나 특별심의회에 재심(再審)을 신청할 수 있다. ⓑ 재심신청을 받은 지구심의회는 **1주일 이내**에 배상신청기록 일체를 본부심의회나 특별심의회에 송부하여야 한다. ⓒ 본부심의회나 특별심의회는 신청에 대하여 심의를 거쳐 **4주일 이내**에 다시 배상결정을 하여야 한다. ⓓ 본부심의회나 특별심의회는 배상신청을 각하한 지구심의회의 결정이 법령에 위반되면 사건을 그 지구심의회에 환송(還送)할 수 있다. ⓔ 본부심의회나 특별심의회는 배상신청이 각하된 신청인이 잘못된 부분을 보정하여 재심신청을 하면 사건을 해당 지구심의회에 환송할 수 있다.
시효		ⓐ 국가배상법 제8조에 따라 국가나 지방자치단체의 손해배상책임에 관하여는 이 법에 규정된 사항 외에는 민법에 따른다. 다만, 민법 외의 법률에 다른 규정이 있을 때에는 그 규정에 따른다. ⓑ 따라서 민법에 따라 국가배상청구권의 시효는 손해 및 그 가해자를 안 날로부터 **3년**, 손해 및 가해자를 알지 못한 경우에는 국가재정법에 따라 **5년**간 행사하지 아니하면 시효로 소멸한다.
외국인에 대한 책임		ⓐ 국가배상법은 외국인이 피해자인 경우에는 해당 국가와 상호 보증이 있을 때에만 적용한다. ⓑ 상호 보증은 외국의 법령, 판례 및 관례 등에 의하여 발생요건을 비교하여 인정되면 충분하고 **반드시 당사국과의 조약이 체결되어 있을 필요는 없으며**, 당해 외국에서 구체적으로 우리나라 국민에게 국가배상청구를 인정한 사례가 없더라도 실제로 인정될 것이라고 기대할 수 있는 상태이면 충분하다(대판 2015.6.11, 2013다208388).
양도 및 압류 제한		**생명·신체의 침해로 인한 국가배상**을 받을 권리는 양도하거나 압류하지 못한다.

배상의 기준	국가배상법 제3조	㉠ 제2조 제1항을 적용할 때 타인을 사망하게 한 경우(타인의 신체에 해를 입혀 그로 인하여 사망하게 한 경우를 포함한다) 피해자의 상속인(이하 '유족'이라 한다)에게 다음의 기준에 따라 배상한다. 　ⓐ 사망 당시(신체에 해를 입고 그로 인하여 사망한 경우에는 신체에 해를 입은 당시를 말한다)의 월급액이나 월실수입액(月實收入額) 또는 평균임금에 장래의 취업가능기간을 곱한 금액의 유족배상(遺族賠償) 　ⓑ 대통령령으로 정하는 장례비 ㉡ 제2조 제1항을 적용할 때 타인의 신체에 해를 입힌 경우에는 피해자에게 다음의 기준에 따라 배상한다. 　ⓐ 필요한 요양을 하거나 이를 대신할 요양비 　ⓑ ⓐ의 요양으로 인하여 월급액이나 월실수입액 또는 평균임금의 수입에 손실이 있는 경우에는 요양기간 중 그 손실액의 휴업배상(休業賠償) 　ⓒ 피해자가 완치 후 신체에 장해(障害)가 있는 경우에는 그 장해로 인한 노동력 상실 정도에 따라 피해를 입은 당시의 월급액이나 월실수입액 또는 평균임금에 장래의 취업가능기간을 곱한 금액의 장해배상(障害賠償) ㉢ 제2조 제1항을 적용할 때 타인의 물건을 멸실·훼손한 경우에는 피해자에게 다음 각 호의 기준에 따라 배상한다. 　ⓐ 피해를 입은 당시의 그 물건의 교환가액 또는 필요한 수리를 하거나 이를 대신할 수리비 　ⓑ 제1호의 수리로 인하여 수입에 손실이 있는 경우에는 수리기간 중 그 손실액의 휴업배상 ㉣ 생명·신체에 대한 침해와 물건의 멸실·훼손으로 인한 손해 외의 손해는 불법행위와 **상당한 인과관계**가 있는 범위에서 배상한다. ㉤ 사망하거나 신체의 해를 입은 피해자의 직계존속(直系尊屬)·직계비속(直系卑屬) 및 배우자, 신체의 해나 그 밖의 해를 입은 피해자에게는 대통령령으로 정하는 기준 내에서 피해자의 사회적 지위, 과실(過失)의 정도, 생계 상태, 손해배상액 등을 고려하여 그 정신적 고통에 대한 **위자료를 배상하여야 한다.** ㉥ 국가배상법 제3조 제4항에는 생명·신체침해로 인한 위자료 청구권을 규정하고 재산상 피해에 관하여서는 규정을 하고 있지 아니함은 소론과 같으나 이것이 반드시 국가배상법에서 **재산상 피해로 인한 위자료 청구권을 인정하지 아니하는 취지로는 볼 수 없고** 따라서 같은 법 제8조, 민법 제751조, 제750조의 규정에 의하여 피해자나 그 배우자는 재산상 손해로 인한 위자료 청구권을 보유한다고 볼 것이니 원심이 이와 같은 취지로 판단한 것은 정당하고 이를 논난하는 상고 논지는 채용할 수 없다(대판 1969.4.22, 69다266). ㉦ 국가배상법 제5조 제1항의 영조물의 설치·관리상의 하자로 인한 손해가 발생한 경우 같은 법 제3조 제1항 내지 제5항의 해석상 피해자의 위자료 청구권이 반드시 배제되지 아니한다(대판 1990.11.13, 90다카25604).

배상기준의 성격	기준액설 (다수설과 판례)	민법상의 불법행위책임과 달리 국가의 배상책임만을 특별히 법으로 한정함은 형평에 어긋나므로, 이는 단순히 하나의 기준에 불과하고 구체적 사안에 따라서는 배상액을 증액할 수 있다는 견해이다.
	한정액설	배상기준을 배상액의 상한을 규정한 것으로 보는 견해이다. 그 논거로는 동조가 배상의 기준을 법으로 정하고 있는 취지는 배상의 범위를 객관적으로 명확히 하여 당사자 사이의 분쟁의 소지를 없애기 위한 것이라는 점을 들고 있다.

(3) 영조물의 설치·관리상 하자로 인한 손해배상

> **국가배상법**
>
> **제5조【공공시설 등의 하자로 인한 책임】** ① 도로·하천, 그 밖의 공공의 영조물(營造物)의 설치나 관리에 하자(瑕疵)가 있기 때문에 타인에게 손해를 발생하게 하였을 때에는 국가나 지방자치단체는 그 손해를 배상하여야 한다. 이 경우 제2조 제1항 단서, 제3조 및 제3조의2를 준용한다.
> ② 제1항을 적용할 때 손해의 원인에 대하여 책임을 질 자가 따로 있으면 국가나 지방자치단체는 그 자에게 구상할 수 있다.

영조물의 설치·관리상 하자(판례)

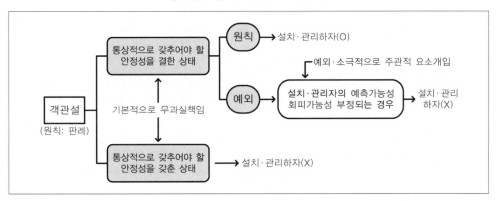

① 성립요건

공공의 영조물	의의	㉠ 여기서 영조물이란 그 문언에도 불구하고 **강학상의 공물**, 즉 행정주체가 직접 공익목적을 달성하기 위하여 제공된 물건으로서 도로 등 인공공물뿐만 아니라 하천 등 자연공물을 포함한다. ㉡ 대법원도 역시 "국가배상법 제5조 제1항 소정의 공공의 영조물이라 함은 국가 또는 지방자치단체에 의하여 특정 공공의 목적에 공여된 유체물 내지 물적 설비를 말하며, 국가 또는 지방자치단체가 소유권, 임차권, 그 밖의 권한에 기하여 관리하고 있는 경우뿐만 아니라 **사실상의 관리를 하고 있는 경우도 포함된다**(대판 1998.10.23, 98다17381)."라고 하여 같은 입장이다.

판례	긍정	㉠ 철도건널목 자동경보기 ㉡ 매향리사격장 ㉢ 도로의 맨홀 ㉣ 제방과 하천부지 ㉤ 저수지, 육교, 도로 ㉥ 홍수조절용 다목적 댐 ㉦ 공중화장실 ㉧ 교통신호기 ㉨ 경찰견, 경찰마, 군견 ㉩ 경찰관의 권총	
	부정	㉠ 공용개시 없이 사실상 군민의 통행에 제공되고 있는 도로 ㉡ 아직 완성되지 않아 일반공중의 이용에 제공되지 않은 옹벽 ㉢ 종합운동장 예정부지에 한국모터스포츠연맹이 설치하고 있던 자동차 경주에 필요한 방호벽 ㉣ 직접 공공목적에 제공되지 않는 일반재산(국유임야, 국유림) ㉤ 폐차처분한 관용차량	

설치 또는 관리상 하자가 있을 것 — 학설

㉠ 학설상 이에 대한 판단기준에 대해 객관설, 주관설, 절충설, 위법무과실책임설 등이 대된다.

구분	내용	비고
객관설	영조물이 통상적으로 갖추어야 할 안전성을 결한 상태로서 관리 또는 설치 공무원의 고의·과실은 영조물의 설치나 관리의 하자로 인한 국가 또는 지방자치단체의 책임에 있어서 요구되지 않는다고 본다.	ⓐ 물적 상태책임 ⓑ **무과실책임**
주관설	영조물의 설치 및 관리자의 영조물에 대한 안전확보의무 내지 사고방지의무위반에 기인하는 인적 행위책임으로 보아 설치 및 관리자의 주관적 귀책사유가 있어야 하는 것으로 보는 견해이다.	ⓐ 인적 행위책임 ⓑ **과실책임**
위법 무과실 책임설	국가배상법 제5조의 책임을 영조물의 설치 및 관리자의 객관적인 안전관리의무 위반을 의미하는 행위책임으로 보면서도 고의·과실을 요하지 않는 위법·무과실책임이라고 보는 견해이다.	ⓐ 인적 행위책임 ⓑ **무과실책임**

| | 절충설 | 하자의 유무를 판단함에 있어 영조물 자체의 객관적 하자뿐만 아니라 관리자의 안전관리의무 위반이라는 주관적 요소도 함께 고려해야 한다는 견해이다. | ⓐ 물적 위험상태 또는
ⓑ 인적 행위책임 (과실책임) |

ⓒ 객관설이 다수설의 견해이다.

판례

㉠ 대법원은 국가배상법 제5조 제1항에서 규정한 영조물의 설치나 관리의 하자를 '영조물이 그 용도에 따라 **통상 갖추어야 할 안전성을 갖추지 못한 상태**에 있음'을 말한다고 하여 기본적으로 객관설의 입장에 있다(대판 2001.7.27, 2000다56822).

㉡ 다만, '객관적으로 보아 시간적·장소적으로 영조물의 기능상 결함으로 인한 손해발생의 예견가능성과 회피가능성이 없는 경우, 즉 그 영조물의 결함이 영조물의 설치관리자의 관리행위가 미칠 수 없는 상황 아래에 있는 경우'는 영조물의 설치·관리상의 하자를 인정할 수 없다고 보고 있는 점에서 객관설 이외에 **예견가능성과 회피가능성을 고려하는 입장**이라고 할 수 있다(대판 2001.7.27, 2000다56822).

㉢ **가변차로 신호등 오작동사건**: 가변차로에 설치된 신호등의 용도와 오작동시에 발생하는 사고의 위험성과 심각성을 감안할 때, 만일 가변차로에 설치된 두 개의 신호기에서 서로 모순되는 신호가 들어오는 고장을 예방할 방법이 없음에도 그와 같은 신호기를 설치하여 그와 같은 고장을 발생하게 한 것이라면, 그 고장이 자연재해 등 외부요인에 의한 불가항력에 기인한 것이 아닌 한 그 자체로 설치·관리자의 방호조치의무를 다하지 못한 것으로서 신호등이 그 용도에 따라 통상 갖추어야 할 안전성을 갖추지 못한 상태에 있었다고 할 것이고, 따라서 설령 적정전압보다 낮은 저전압이 원인이 되어 위와 같은 오작동이 발생하였고 그 고장은 현재의 기술수준상 부득이한 것이라고 가정하더라도 그와 같은 사정만으로 손해발생의 예견가능성이나 회피가능성이 없어 영조물의 하자를 인정할 수 없는 경우라고 단정할 수 없다(대판 2001.7.27, 2000다56822).

㉣ **U자형 쇠파이프사건사고**: 발생 33분 내지 22분 전에 사고장소를 통과하였으나 쇠파이프를 발견하지 못하였다고 하더라도 더 짧은 간격으로 순찰하면서 낙하물을 제거하는 것은 현실적으로 불가능하다(대판 1997.4.22, 97다3194).

㉤ **중앙분리대 충돌사건**: 트럭의 앞바퀴가 고속도로상에 떨어져 있는 타이어에 걸려 중앙분리대를 넘어가 맞은편에서 오던 트럭과 충돌하여 트럭 운전수가 사망하였는데, 위 타이어가 사고지점 고속 도로상에 떨어진 것이 사고가 발생하기 10분 내지 15분 전이었다면, 도로의 설치 또는 관리상의 하자를 인정할 수 없다(대판 1992.9.14, 92다3243).

			ⓗ **김포공항사건**: 국가배상법 제5조 제1항에 정하여진 '영조물의 설치 또는 관리의 하자'라 함은 공공의 목적에 공여된 영조물이 그 용도에 따라 갖추어야 할 안전성을 갖추지 못한 상태에 있음을 말하고, 안전성을 갖추지 못한 상태, 즉 타인에게 위해를 끼칠 위험성이 있는 상태라 함은 당해 영조물을 구성하는 물적 시설 그 자체에 있는 물리적·외형적 흠결이나 불비로 인하여 그 이용자에게 위해를 끼칠 위험성이 있는 경우뿐만 아니라, 그 영조물이 공공의 목적에 이용됨에 있어 그 이용상태 및 정도가 일정한 한도를 초과하여 제3자에게 사회통념상 수인할 것이 기대되는 한도를 넘는 피해를 입히는 경우까지 포함된다고 보아야 한다. … 소음 등을 포함한 공해 등의 위험지역으로 이주하여 들어가서 거주하는 경우와 같이 위험의 존재를 인식하면서 그로 인한 피해를 용인하며 접근한 것으로 볼 수 있는 경우에, 그 피해가 직접 생명이나 신체에 관련된 것이 아니라 정신적 고통이나 생활방해의 정도에 그치고 그 침해행위에 고도의 공공성이 인정되는 때에는, 위험에 접근한 후 실제로 입은 피해 정도가 위험에 접근할 당시에 인식하고 있었던 위험의 정도를 초과하는 것이거나 위험에 접근한 후에 그 위험이 특별히 증대하였다는 등의 특별한 사정이 없는 한 가해자의 면책을 인정하여야 하는 경우도 있을 수 있을 것이나, 일반인이 공해 등의 위험지역으로 이주하여 거주하는 경우라고 하더라도 위험에 접근할 당시에 그러한 위험이 존재하는 사실을 정확하게 알 수 없는 경우가 많고, 그 밖에 위험에 접근하게 된 경위와 동기 등의 여러 가지 사정을 종합하여 그와 같은 **위험의 존재를 인식하면서 굳이 위험으로 인한 피해를 용인하였다고 볼 수 없는 경우에는 손해배상액의 산정에 있어 형평의 원칙상 과실상계에 준하여 감액사유로 고려하는 것이 상당하다**(대판 2005.1.27, 2003다49566). ⓘ 대법원은 도로에서 유입되는 소음 때문에 인근 주택 거주자에게 사회통념상 수인한도를 넘는 침해가 있는지 여부를 판단하는 경우, 주택법상 주택건설기준보다 **환경정책기본법상 환경기준을 우선 고려하여야 한다**고 본다(대판 2008.8.21, 2008다9358·9365).
면책사유	불가항력적 사유	긍정 (학설과 예외적 판례)	ⓐ 통설은 공공의 영조물이 당시의 과학기술수준에 비추어 갖추어야 할 안전성을 갖추었음에도 불구하고 천재지변에 의해 손해가 발생한 경우, 국가의 배상책임은 불가항력적 사유로 면책된다고 본다. ⓑ 대법원은 1998년 중랑천범람사건에서 사고제방은 100년 발생빈도 계획홍수위보다 30cm가 더 높았던 점, 당시 상류지역 강수량은 600년 내지 1000년 발생빈도의 호우였다는 점을 들어 불가항력적인 재해를 인정하였다(대판 2003.10.23, 2001다48057).

	부정 (판례의 원칙)	⊙ **46번 경춘국도 집중호우사건**: 산비탈부분이 1991.7.25. 내린 약 308.5mm의 집중호우에 견디지 못하고 위 도로 위로 무너져 내려 차량의 통행을 방해함으로써 이 사건 사고가 일어난 사실을 인정할 수 있으므로, 이 사건 사고는 피고의 위 도로의 설치 또는 관리상의 하자로 인하여 일어난 것이라고 보아야 하고, 매년 비가 많이 오는 장마철을 겪고 있는 우리나라와 같은 기후의 여건하에서 위와 같은 집중호우가 내렸다고 하여 전혀 예측할 수 없는 천재지변이라고 보기는 어렵다(대판 1993.6.8, 93다11678). ⊙ **청원군 제방도로 유실사건**: 집중호우로 제방도로가 유실되면서 그곳을 걸어가던 보행자가 강물에 휩쓸려 익사한 경우, 사고 당일의 집중호우가 50년 빈도의 최대강우량에 해당한다는 사실만으로 불가항력에 기인한 것으로 볼 수 없으므로 제방도로의 설치·관리상의 하자가 인정된다(대판 2000.5.26, 99다53247).
	재정적 제약	⊙ 영조물의 안전성 확보를 위한 재정부족(예산부족)으로 설치·관리에 하자가 생긴 경우에 면책사유가 될 수 있는지 문제된다. ⊙ 판례는 "예산부족이 안전성을 요구하는데 대한 정도문제로서 참작사유에는 해당할지언정 안전성을 결정지을 절대적 요건에는 해당하지 아니한다(대판 1967.2.21, 66다1723)."고 판시하여 면책사유부정설의 입장이다.
타인의 손해 발생		손해란 가해행위로 인하여 발생한 일체의 손해를 의미한다. 적극적·소극적 손해이든 재산·생명·신체·정신적 손해이든 불문한다.
인과관계		국가배상책임이 성립하려면 공무원의 가해행위로 손해가 발생하여야 하며, 가해행위와 손해 사이에 상당인과관계가 있어야 한다.

② **배상책임의 주체**

> **국가배상법**
>
> **제6조【비용부담자 등의 책임】** ① 제2조, 제3조 및 제5조에 따라 국가나 지방자치단체가 손해를 배상할 책임이 있는 경우에 공무원의 선임·감독 또는 영조물의 설치·관리를 맡은 자와 공무원의 봉급·급여, 그 밖의 비용 또는 영조물의 설치·관리비용을 부담하는 자가 동일하지 아니하면 그 비용을 부담하는 자**도** 손해를 배상하여야 한다.
>
> ② 제1항의 경우에 손해를 배상한 자는 내부관계에서 그 손해를 배상할 책임이 있는 자에게 구상할 수 있다.

기출 OX

01 예산부족 등 설치·관리자의 재정사정은 배상책임 판단에 있어 참작사유는 될 수 있으나 안전성을 결정지을 절대적 요건은 아니다.
16. 국가직 9급 ( )

정답 01 ○

대외적 배상책임자 (제6조 제1항)	사무귀속 주체자	㉠ 일반적으로 국가배상법 제6조 제1항의 '공무원의 선임·감독 또는 영조물의 설치·관리를 맡은 자'란 사무의 귀속주체 또는 영조물의 관리주체를 의미한다. ㉡ 즉, 국가사무에 있어서는 국가가, 자치사무에 있어서는 지방자치단체가 배상책임을 진다는 것이다. 기관위임사무의 경우에는 국가 또는 위임 지방자치단체로 봄에 의문이 없다. 다만, 단체위임사무의 경우에는 견해가 대립이 있으나 법령의 규정에 의하여 수임 지방자치단체의 사무가 되었으므로 지방자치단체가 사무의 귀속주체·영조물의 관리주체가 된다고 본다.
	비용부담자 판례	국가배상법 제6조 제1항의 '공무원의 봉급·급여 기타의 비용 또는 영조물의 설치·관리의 비용을 부담하는 자', 즉 비용부담자란 대외적으로 비용을 지출하는 자(**형식적 비용부담자**)를 의미하는지, 내부적인 관계에서 궁극적으로 이를 부담하는 자(**실질적 비용부담자**)를 의미하는지에 대해 견해가 대립되나, 대법원 판례는 양자 모두 해당된다(대판 1994.12.9, 94다38137)."라고 판시하여 병합설의 입장이다.
대내적 배상책임자 (제6조 제2항)	의의	제1항의 경우에 손해를 배상한 자는 내부관계에서 그 손해를 배상할 책임이 있는 자에게 구상할 수 있다.
	궁극적 배상책임자	㉠ 관리주체설(사무귀속주체설): '책임의 원칙'상 손해를 방지할 수 있는 위치에 있는 관리주체측의 잘못이 있음으로 인하여 손해가 발생한 것이 되므로, 관리책임의 주체(사무귀속주체)가 최종적인 책임자라고 보는 견해이다. ㉡ (실질적) 비용부담주체설: 사무 또는 영조물의 관리비용에는 손해배상금도 포함된다는 점을 논거로 당해 사무의 비용을 부담하는 자가 최종적인 책임자라고 보는 견해이다. ㉢ 기여도설: 실제 사안에서 손해발생에 기여한 정도를 기준으로 배상책임의 부담자를 결정해야 한다는 견해이다. ㉣ 종합설: 동법 제6조 제2항상의 궁극적 배상책임자는 어느 한 유형으로 한정할 필요는 없고, 손해발생의 기여도·비용부담의 비용 등 개별·구체적인 모든 사정을 반영하여 해결해야 한다는 견해이다.
	판례	㉠ **종합설을 취한 판례:** 대법원은 원래 광역시가 점유·관리하던 일반국도 중 일부 구간의 포장공사를 국가가 대행하여 광역시에 도로의 관리를 이관하기 전에 교통사고가 발생한 사안에서 "광역시는 그 도로의 점유자 및 관리자, 도로법 제56조, 제55조, 도로법 시행령 제30조에 의한 도로관리비용 등의 부담자로서의 책임이 있고, 국가는 그 도로의 점유자 및 관리자, 관리사무귀속자, 포장공사비용 부담자로서의 책임이 있다고 할 것이며, 이와 같이 광역시와 국가 모두가 도로의 점유자 및 관리자, 비용부담자로서의 책임을 중첩적으로 지는 경우에는, 광역시와 국가 모두가 국가배상법 제6조 제2항 소정의 궁극적으로 손해를 배상할 책임이 있는 자라고 할 것이고, 결국 **광역시와 국가의 내부적인 부담 부분은 그 도로의 인계·인수 경위, 사고의 발생 경위, 광역시와 국가의 그 도로에 관한 분담비용 등 제반 사정을 종합하여 결정함이 상당하다**(대판 1998.7.10, 96다42819)."고 판시하여, 종합설의 입장을 취한 바 있다.

ⓒ **사무귀속주체설을 취한 판례**: 대법원은 대전광역시장이 충남지방경찰청장에게 대전시내 횡단보도의 신호기의 관리권한을 위임하였는데 이러한 신호기의 고장으로 교통사고가 발생한 사안에서 "행정권한이 기관위임된 경우 권한을 위임받은 기관은 권한을 위임한 기관이 속하는 지방자치단체의 산하 행정기관의 지위에서 그 사무를 처리하는 것이므로 사무귀속의 주체가 달라진다고 할 수 없고, 따라서 권한을 위임받은 기관 소속의 공무원이 위임사무처리에 있어 고의 또는 과실로 타인에게 손해를 가하였거나 위임사무로 설치·관리하는 영조물의 하자로 타인에게 손해를 발생하게 한 경우에는 권한을 위임한 관청이 소속된 지방자치단체가 국가배상법 제2조 또는 제5조에 의한 배상책임을 부담하고, 권한을 위임받은 관청이 속하는 지방자치단체 또는 국가가 국가배상법 제2조 또는 제5조에 의한 배상책임을 부담하는 것이 아니므로, 이 사건의 경우 **국가배상법 제2조 또는 제5조에 의한 배상책임을 부담하는 것은 충남지방경찰청장이 소속된 피고가 아니라, 그 권한을 위임한 대전광역시장이 소속된 대전광역시라고 할 것이다**(대판 1999.6.25, 99다11120)."라고 판시하여 관리주체(사무귀속주체설)의 입장을 취한 경우도 있다.

3. 경찰상 손실보상

(1) 서설

의의	행정상 손실보상이란 공공필요에 의한 적법한 공권력행사로 개인의 재산권에 가해진 특별한 손실에 대하여 사유재산보장과 공평부담의 견지에서 행하는 재산적·조절적 보상을 말한다.
법적 성질	① 학설: 행정상 손실보상청구권의 법적 성질에 대해서 ① 손실보상의 원인행위가 공법적인 것이므로 공권으로 보아 행정소송을 제기해야 한다는 견해와, ⓒ 손실보상의 원인은 공법적이나 그 효과로서의 손실보상은 사법적인 것으로 보아 사권설(민사소송설)이 대립한다. ② 판례

<table>
<tr><th colspan="2">구분</th><th>내용</th><th>비고</th></tr>
<tr><td colspan="2">불복절차에 대한 특별규정</td><td>법령에서 행정청의 처분으로 보상액을 결정하도록 규정하고 있으면서 그 불복절차에 대하여 특별한 규정을 두고 있는 경우에는 그에 따른다.</td><td>ⓧ 형식적 당사자소송
ⓒ 공익사업을 위한 토지 등의 취득 및 보상에 관한 법률</td></tr>
<tr><td rowspan="1">불복절차 특별규정 (×)</td><td>행정청의 보상금 결정</td><td>법령에서 행정청의 처분으로 보상액을 결정하도록 규정하고 있으면서 그 불복절차에 대하여 특별한 규정을 두고 있지 않은 경우에는 행정청의 보상금결정처분을 대상으로 항고소송을 제기하여야 한다.</td><td>ⓧ 항고소송
ⓒ 경찰관 직무집행법</td></tr>
</table>

		법령에 의해 직접 발생	법령에 의해 직접 손실보상청구권이 발생하고 그 불복절차에 대하여 특별한 규정을 두고 있지 않은 경우 그 권리는 사법상 권리로서 민사소송절차에 의한다고 한다. 다만, 최근에는 하천법상 권리와 관련된 손실보상청구권에 대해서 행정법상 당사자소송으로 보아야 한다고 판시하여 공권으로 본 바 있다 (대판 2006.5.18, 2004다6207).	⊙ 실질적 당사자소송 ⓒ 도로법
근거	이론적 근거	학설은 ① 기득권의 침해에는 그 경제적 가치에 의한 보상을 해야 한다는 **기득권설**, ② 국가가 은혜적으로 부여하는 것이라는 **은혜설**, ③ 모든 재산권의 침해를 공용징수로 설명하려는 **공용수용설**, ④ 특정인에 가해진 특별한 희생은 이를 전체의 부담으로 보상하는 것이 정의와 공평의 요구에 합당하다는 **특별희생설** 등이 대립하고 있다. 특별희생설이 일반적 견해이며 타당하다.	
	법적 근거	① **헌법상 근거**: 헌법 제23조 제3항은 국민의 재산권보장을 규정함과 동시에 "공공필요에 의한 재산권의 수용·사용 또는 제한 및 그에 대한 보상은 법률로써 하되, 정당한 보상을 지급하여야 한다."고 규정하여 사인의 재산권을 공공필요에 의하여 수용·사용·제한하는 경우에는 정당한 보상이 필요하다는 것을 명시하고 있다. ② **법률적 근거**: 손실보상에 관한 법률로 토지 등의 수용분야에 적용되는 공익사업을 위한 토지 등의 취득 및 보상에 관한 법률을 들 수 있다. 그 밖에도 개별법으로 **소방기본법**, 하천법 등에서 공공필요에 의한 재산권의 침해에 대한 보상규정을 두고 있다.	

(2) 성립요건

:두문자

공·적·재·특·보

공공의 필요	재산권의 수용·사용·제한은 공공의 필요를 실현시키기 위한 것이어야 한다. 이러한 공공필요의 요건이 존재하는지 여부를 판단하는 데는 비례의 원칙이 그 기준이 된다.
적법한 공권력행사	공공의 필요에 의한 공용침해행위는 형식적 법률에 의한 적법한 공권력행사에 의한 것이어야 한다. 이는 손실보상과 손해배상을 가르는 가장 중요한 기준이 된다.
재산권에 대한 의도적 침해	① 여기의 재산권이란 모든 재산적 가치가 있는 법적 지위를 말하며, 민법상 재산권보다 넓은 개념이다. 즉, 소유권·물권·점유권·저작권 등 사법상의 권리뿐만 아니라 재산적 가치가 있는 모든 공법상의 권리를 포함한다. ② 침해의 유형에는 수용·사용·제한이 있다. 수용이란 국가 등이 사인의 재산권을 강제적으로 취득하는 것을 말하고, 사용이란 수용에 이르지 않는 일시적 사용을 말하며, 제한이란 수용에 이르지 않되 소유자 등에 의한 사용·수익을 제한하는 것을 말한다. ③ 헌법 제23조 제3항에 따라 보상이 주어지는 침해는 행정청의 의도되고 적법한 침해이어야 한다.

특별한 희생	학설	① 형식설(개별행위설): 평등의 원칙을 형식적으로 해석하여 재산권의 침해를 받는 자가 특정되어 있는가의 여부에 따라 판단한다. 즉, 공권력의 주체가 개별행위에 의하여 특정인에게 특별한 손실을 가한 경우에는 보상을 요하는 특별한 희생에 해당하지만, 동일한 상황에 있는 모든 사람이 동일한 방식으로 재산권이 제한되는 경우에는 사회적 제약에 해당한다는 것이다. ② 실질설: 당해 침해행위의 성질과 정도를 기준으로 구별하는 견해로, 여기에는 ㉠ 보호할 만한 가치가 있는 재산권에 대한 침해만을 보상을 요하는 특별한 희생으로 보는 '**보호가치설**', ㉡ 재산권의 본질인 배타적 지배권을 침해하는 행위는 사회적 제약을 넘는 특별한 희생이라고 보는 '**수인한도설**', ㉢ 사적 효용을 침해하는 행위는 보상을 요하는 특별한 희생에 해당한다고 보는 '**사적 효용설**', ㉣ 종래 이용목적에 위배되는 공용침해는 특별한 희생에 해당한다는 '**목적위배설**' 등이 있다. ③ 통설은 위 모든 학설을 종합적으로 고려하여 판단하여야 한다는 입장이다.
	판례	① **대법원**은 구 도시계획법 제21조 제1항의 개발제한구역지정과 관련하여 "공공복리에 적합한 합리적인 제한으로서, 그 제한으로 인한 토지소유자의 불이익은 공공복리를 위하여 감수하지 아니하면 안 될 정도의 것이라며 특별한 희생은 아니다."라고 판시하여 실질적 기준설 중 수인한도설에 가까운 입장이다. ② **헌법재판소**는 "도시계획법 제21조를 통하여 국민의 재산권을 비례의 원칙에 부합하게 합헌적으로 제한하기 위해서는, 수인의 한계를 넘어 가혹한 부담이 발생하는 예외적인 경우에는 이를 완화하는 보상규정을 두어야 한다."고 하여 분리이론에 입각한 입장이다.
보상규정의 존재	문제점	행정상 손실보상이 가능하기 위해서는 법률에 보상규정이 있어야 한다. 그러나 보상규정이 없는 경우에는 손실보상청구를 할 수 없는지에 대해 견해의 대립이 있다. 이것은 결국 보상규정이 없는 법률에 의해 특별한 희생이 발생한 경우 헌법규정을 근거로 직접 보상을 청구할 수 있는지의 문제가 된다.
	학설	① 방침규정설: 헌법 제23조 제3항은 규범적 효력이 없고 단지 입법자에 대한 입법방침에 불과하므로 개별법에 재산권에 대한 특별희생을 야기하는 제한을 정하면서도 보상규정을 두지 않은 경우에는 그로 인한 손실을 수인할 수밖에 없다는 견해이다. ② 직접효력설: 헌법 제23조 제3항은 국민에 대해서도 직접적인 규범적 효력을 가지므로 개별법률에 손실보상규정이 없다면 헌법 제23조 제3항을 직접적인 근거로 하여 손실보상을 청구할 수 있다는 견해이다. ③ 위헌·무효설: 헌법 제23조 제3항은 법률로서 정당한 보상을 지급하여야 한다고 규정하고 있으므로 법률에 재산권을 침해하는 규정은 있으나 보상규정을 두지 아니한 경우에 그 법률은 위헌무효이고, 이러한 위헌무효인 법률에 근거한 행정처분은 위법하게 되므로 손실보상을 청구할 수는 없으나 국가배상법에 따른 손해배상청구 또는 행정소송을 통해 구제를 받아야 한다는 견해이다.

		④ **유추적용설**: 개별법률에 손실보상규정이 없는 경우에는 보상에 관해 규정하고 있는 관계규정을 유추하고, 유추할 수 있는 관계규정이 없다면 결국 헌법 제23조 제3항을 유추적용하여 손실보상을 청구할 수 있다는 견해이다.
	판례	① **대법원**은 관계 보상법령을 유추적용을 해야 한다는 입장이며(대판 1999.11.23, 98다11529), ② **헌법재판소**는 구 도시계획법 제21조가 수용에 대한 보상규정을 두지 않은 것이 헌법에 위반되는지 문제된 사안에서 보상규정을 두지 않은 것은 위헌이라고 하면서 토지소유자는 입법이 있기 전까지는 보상청구를 할 수 없다고 한 바 있다(헌재 1998.12.24, 89헌바214).

(3) 손실보상의 내용

정당보상의 의미	학설	① 헌법은 법률에 의한 정당한 보상을 규정하고 있다. 여기서 정당한 보상의 의미에 대해 견해가 대립하고 있다. ② 이에 대해 학설은 ⊙ 침해당한 피수용재산이 갖는 재산적 가치를 완전하게 보상하여야 한다는 '**완전보상설**', ⓒ 재산권의 사회적 제약 내지 사회적 구속성, 재산권의 공공복리적합의무의 관점에서 재산권침해행위의 공공성에 비추어 사회국가원리에 따른 적정한 보상이면 족하다고 보는 '**상당보상설**'의 대립이 있다.
	판례	대법원과 헌법재판소는 정당한 보상이란 원칙적으로 피수용재산의 객관적 재산가치를 **완전하게 보상하여야 한다는 완전보상**을 뜻한다고 보고 있다(대판 1989.9.29, 89누2776; 헌재 1991.2.11, 90헌바17).
토지보상법상 손실보상의 원칙	사전 보상원칙	사업시행자는 해당 공익사업을 위한 공사에 착수하기 이전에 토지소유자와 관계인에게 보상액 전액을 지급하여야 한다.
	현금보상 원칙	손실보상은 다른 법률에 특별한 규정이 있는 경우를 제외하고는 현금으로 지급하여야 한다.
	개인별 보상원칙	손실보상은 토지소유자나 관계인에게 개인별로 하여야 한다. 다만, 개인별로 보상액을 산정할 수 없을 때에는 그러하지 아니하다.
	일괄보상	사업시행자는 동일한 사업지역에 보상시기를 달리하는 동일인 소유의 토지 등이 여러 개 있는 경우 토지소유자나 관계인이 요구할 때에는 한꺼번에 보상금을 지급하도록 하여야 한다.
	개발이익 배제의 원칙	① 개발이익이란 '공익사업의 시행으로 인하여 토지소유자의 노력과 관계없이 정상지가 이상의 상승분을 초과하여 증가된 부분'을 말하며 불로소득의 성질을 갖는다. ② 토지보상법 제67조 제2항은 "보상액산정에 있어서 공익사업으로 인하여 토지 등의 가격변동이 있으면 고려하지 않는다."고 규정하여 이를 명문화하고 있다.

	③ 대법원과 헌법재판소는 "**당해 공익사업의 시행으로** 지가가 상승하여 발생하는 개발이익은 사업시행자의 투자에 의한 것으로서 피수용자인 토지소유자의 노력이나 자본에 의하여 발생하는 것이 아니어서 피수용 토지가 수용 당시 갖는 객관적 가치에 포함된다고 볼 수 없고, 따라서 그 성질상 완전보상의 범위에 포함되는 피수용자의 손실이라고 볼 수 없으므로, 공익사업법 제67조 제2항은 헌법이 규정한 정당보상의 원칙에 어긋나는 것이라고 할 수 없다."고 판시하면서도 "**당해 공공사업과는 관계없는 다른 사업의 시행으로 인한 개발이익은 이를 배제하지 아니한 가격으로 평가하여야 한**다(헌재 2011.8.30, 2009헌바245)."고 판시하고 있다.
공시지가 기준보상 원칙	① 협의 또는 재결에 의하여 취득하는 토지에 대하여 부동산가격공시법상 공시지가를 기준으로 하여 보상하여야 한다. ② 일반적으로 시가에 미치지 못하는 공시지가기준보상이 완전보상 관점에서 위헌인지 여부가 문제되는데, 헌법재판소는 "공시지가에 의하여 보상액을 산정하도록 되어 있는 구 토지수용법 제46조 제2항과 지가공시법 제10조 제1항 제1호는 완전보상원칙을 선언한 헌법 제23조 제3항에 위배되지 아니한다."고 판시하여 **합헌**으로 판시하였다.
사업 시행자 보상원칙	공익사업에 필요한 토지 등의 취득 또는 사용으로 인하여 토지소유자나 관계인이 입은 손실은 **사업시행자**가 보상하여야 한다.
사업시행 이익과 상계금지	사업시행자는 동일한 소유자에게 속하는 일단의 토지의 일부를 취득하거나 사용하는 경우 해당 공익사업의 시행으로 인하여 잔여지의 가격이 증가하거나 그 밖의 이익이 발생한 경우에도 그 이익을 그 취득 또는 사용으로 인한 손실과 **상계(相計)할 수 없다.**
생활보상 원칙	① 생활보상이란 '재산권침해로 인하여 생활근거를 상실하게 되는 재산권의 피수용자 등에 대하여 생존배려적인 측면에서 생활재건에 필요한 정도의 보상을 해주는 것'을 말한다. ② 이주대책이란 '공익사업의 시행으로 인하여 주거용 건축물을 제공함에 따라 생활의 근거를 상실하게 되는 자(이주대책대상자)에 대하여 사업시행자가 종전과 같은 생활상태를 유지할 수 있도록 대지를 조성해주거나, 주택을 건설하여 공급하여 주는 것'을 말한다. ③ 대법원 전원합의체(94년)판결은 이러한 이주대책을 '이주자들에 대하여 종전의 생활상태를 원상으로 회복시키면서 동시에 **인간다운 생활을 보장하여 주기 위한** 이른바 생활보상의 일환으로 국가의 적극적이고 정책적인 배려에 의하여 마련된 제도'라고 판시하여 헌법 제34조설의 입장을 취한다. ④ 이에 대해 헌법재판소는 "이주대책의 실시 여부는 입법자의 입법정책적 재량의 영역에 속하므로 공익사업을 위한 토지 등의 취득 및 보상에 관한 법률 시행령 제40조 제3항 제3호가 이주대책의 대상자에서 세입자를 제외하고 있는 것이 세입자의 재산권을 침해하는 것이라 볼 수 없다."고 판시하여 합헌설의 입장이다.

⑤ 대법원은 "토지보상법규정은 사업시행자에게 이주대책의 수립실시의무를 부과하고 있다."고 판시하여 강행규정설의 입장인 것으로 보인다. 또한, 대법원은 "이주대책은 공익사업의 시행에 필요한 토지 등을 제공함으로 인하여 생활의 근거를 상실하게 되는 이주대책대상자들에게 종전 생활상태를 원상으로 회복시키면서 동시에 인간다운 생활을 보장하여 주기 위하여 마련된 제도이므로, 사업시행자의 이주대책 수립·실시의무를 정하고 있는 같은 법 제78조 제1항은 물론 이주대책의 내용에 관하여 규정하고 있는 같은 조 제4항 본문 역시 당사자의 합의 또는 사업시행자의 재량에 의하여 적용을 배제할 수 없는 **강행법규**이다(대판 2012.12.13, 2010두12842)."고 판시하여 이주대책에 관한 규정은 강행규정으로 보고 있다.

판례 | 생활대책과 이주대책

1 생활대책대상자에서 제외 또는 선정을 거부하는 조치도 항고소송의 대상인 처분이된다는 판례

공익사업을 위한 토지 등의 취득 및 보상에 관한 법률은 제78조 제1항에서 "사업시행자는 공익사업의 시행으로 인하여 주거용 건축물을 제공함에 따라 생활의 근거를 상실하게 되는 자(이하 '이주대책대상자'라 한다)를 위하여 대통령령으로 정하는 바에 따라 이주대책을 수립·실시하거나 이주정착금을 지급하여야 한다."고 규정하고 있을 뿐, 생활대책용지의 공급과 같이 공익사업 시행 이전과 같은 경제수준을 유지할 수 있도록 하는 내용의 생활대책에 관한 분명한 근거 규정을 두고 있지는 않으나, 사업시행자 스스로 공익사업의 원활한 시행을 위하여 필요하다고 인정함으로써 생활대책을 수립·실시할 수 있도록 하는 내부규정을 두고 있고 내부규정에 따라 생활대책대상자 선정기준을 마련하여 생활대책을 수립·실시하는 경우에는, 이러한 생활대책 역시 "공공필요에 의한 재산권의 수용·사용 또는 제한 및 그에 대한 보상은 법률로써 하되, 정당한 보상을 지급하여야 한다."고 규정하고 있는 헌법 제23조 제3항에 따른 정당한 보상에 포함되는 것으로 보아야 한다. 따라서 이러한 생활대책대상자 선정기준에 해당하는 자는 사업시행자에게 생활대책대상자 선정 여부의 확인·결정을 신청할 수 있는 권리를 가지는 것이어서, 만일 사업시행자가 그러한 자를 생활대책대상자에서 제외하거나 선정을 거부하면, 이러한 생활대책대상자 선정기준에 해당하는 자는 사업시행자를 상대로 항고소송을 제기할 수 있다고 보는 것이 타당하다(대판 2011.10.13, 2008두17905).

2 이주대책의 내용결정에서는 선택재량을 갖는다는 판례

사업시행자가 이주대책 수립 등의 시행 범위를 넓힌 경우에, 그 내용은 법이 정한 이주대책대상자에 관한 것과 그 밖의 이해관계인에 관한 것으로 구분되고, 그 밖의 이해관계인에 관한 이주대책 수립 등은 법적 의무가 없는 시혜적인 것이다. 따라서 시혜적으로 시행되는 이주대책 수립 등의 경우에 대상자의 범위나 그들에 대한 이주대책 수립 등의 내용을 어떻게 정할 것인지에 관하여는 사업시행자에게 폭넓은 재량이 있다. 그리고 이주대책의 내용으로서 사업시행자가 이주정착지(이주대책의 실시로 건설하는 주택단지를 포함한다)에 대한 도로·급수시설·배수시설 그 밖의 공공시설 등 통상적인 수준의 생활기본시설을 설치하고 비용을 부담하도록 강제한 공익사업법 제78조 제4항은 법이 정한 이주대책대상자를 대상으로 하여 특별히 규정된 것이므로, 이를 넘어서서 그 규정이 시혜적인 이주대책대상자에게까지 적용된다고 볼 수 없다(대판 2015.7.23, 2012두22911).

생활보상과 이주대책의 헌법상 근거

구분	생활보상	이주대책
대법원	헌법 제34조 헌법 제23조 제3장	• 다수의견: 헌법 제 34조 • 소수의견: 헌법 제23조 제3항 + 제34조
헌법재판소	헌법 제34조	

4. 행정소송

(1) 행정소송의 한계

개괄주의	① 우리 행정소송법은 행정소송사항에 관하여 '일체의 공법상 분쟁'을 그 대상으로 하는 개괄주의를 취하고 있다(행정소송법 제1조, 제4조, 제19조). ② 따라서 행정소송에는 법원이 하는 사법작용이라는 점에서 일정한 한계가 인정될 뿐이다.	
권력분립상 한계	통치행위	① 통치행위가 사법심사의 대상이 될 수 있는지와 관련하여 학설상 긍정설과 부정설의 대립이 있고, 대법원은 대통령의 비상계엄 선포행위에 대해 사법권의 내재적 한계설에 입각하여 사법심사의 대상이 되지 않는다고 판시한 바 있으며(대판 1979.12.7, 79초70), ② 헌법재판소는 대통령의 긴급재정경제명령에 관한 헌법소원에서 통치행위의 개념을 인정하면서도 통치행위가 국민의 기본권침해와 직접 관련된 경우에는 헌법소원의 대상이 된다고 판시한 바 있다(헌재 1996.2.29, 93헌마186).
	의무이행 소송	① 의무이행소송이란 '당사자의 행정행위의 신청에 대하여 행정청이 거부하거나 부작위로 대응하는 경우에, 법원의 판결에 의하여 행정청으로 하여금 일정한 처분을 하도록 청구하는 행정소송'을 말한다. ② 판례는 "현행 행정소송법상 행정청으로 하여금 일정한 행정처분을 하도록 명하는 이행판결을 구하는 소송이나 법원으로 하여금 행정청이 일정한 행정처분을 행한 것과 같은 효과가 있는 행정처분을 직접 행하도록 하는 형성판결을 구하는 소송은 **허용되지 아니한다**(대판 1997.9.30, 97누3200)."라고 판시하여 **부정설**의 입장을 취하고 있다.
	예방적 금지소송	① 예방적 금지소송 또는 예방적 부작위청구소송이란 '행정청이 장래 행할 것으로 예상되는 부담적 처분을 하지 말 것을 구하는 내용의 행정소송'을 말한다. ② 판례는 "건축건물의 준공처분을 하여서는 아니 된다는 내용의 부작위를 구하는 청구는 **행정소송에서 허용되지 아니하는 것이므로 부적법**하다(대판 1987.3.24, 86누182)."라고 판시하여 **부정**하고 있다.
헌법 명문상 한계	국회의 자율권을 존중하기 위하여 국회의원의 자격심사와 징계처분 그리고 제명처분에 대해서는 법원에 제소할 수 없다(헌법 제64조, 법원조직법 제2조). 다만, **지방의회의원에 대한 징계의결은 행정처분의 일종으로서 항고소송의 대상이 된다**는 것이 통설과 판례의 입장이다.	

⊕ PLUS 통치행위에 관한 판례

법원	사례	
	긍정	부정
대법원	• 대통령의 계엄선포행위[대판 1997.4.17, 96도3376(전합)] • 군사시설보호구역의 설정 및 변경(대판 1983.12.7, 79초70) • 남북정상회담의 개최(대판 2004.3.26, 2003도7878) • 대통령의 특별사면행위(대판 2018.5.15, 2016두57984)	• 계엄선포에 따른 집행행위 및 포고령 등[대판 1997.4.17, 96도3376(전합)] • 대북송금행위(대판 2004.3.26, 2003도7878) • (구) 유신헌법상 긴급조치 제1호(대판 2010.12.16, 2010도5986) • 대통령의 서훈취소행위(대판 2015.4.23, 2012두26920)
헌법 재판소	• 긴급재정·경제명령(헌재결 1996.2.29, 93헌마186) • 대통령의 이라크 파병결정(헌재결 2004.4.29, 2003헌마814) • 대통령의 사면권(헌재결 2000.6.1, 97헌바74) • 지방자치단체장의 선거일 불공고행위(헌재결 1994.8.31, 92헌마126)	• 한미연합군사훈련(헌재결 2009.5.28, 2007헌마369) • 신행정수도건설이나 수도 이전의 문제 및 이를 국민투표에 붙일지 여부(헌재결 2004.10.21, 2004헌마554)

(2) 행정소송의 종류

행정소송의 종류

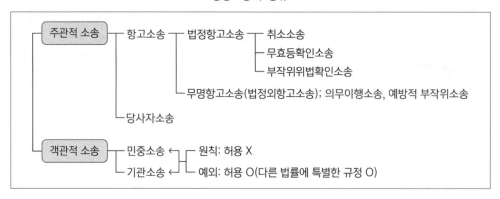

주관소송	항고소송	취소소송	① 행정청의 위법한 처분 등의 취소·변경을 구하는 소송 ② **형성소송**
		무효등확인소송	① 행정청의 처분 등의 효력유무 또는 존재 여부를 확인하는 소송 ② 확인소송
		부작위위법확인소송	① 행정청의 부작위가 위법함을 확인하는 소송 ② 소극적 확인소송
	당사자소송		행정청의 처분 등을 원인으로 하는 법률관계에 관한 소송, 그 밖에 공법상 법률관계에 관한 소송으로서 그 법률관계의 한쪽 당사자를 피고로 하는 소송

: 두문자

항·당·민·기

: 두문자

취·무·부

기출 OX

01 행정소송법상 행정청이 일정한 처분을 하지 못하도록 그 부작위를 구하는 청구는 허용되지 않는 부적법한 소송이다. 15. 지방직 9급
( )

02 행정소송법 제3조에서는 행정소송을 항고소송, 기관소송, 당사자소송, 예방적 금지소송으로 구분한다.
16. 경행경채 ( )

03 행정소송법 제3조에서는 행정소송을 취소소송, 당사자소송, 민중소송, 기관소송으로 구분한다.
12. 지방직 9급 ( )

정답 01 ○ 02 × 03 ×

	민중소송	① 국가 또는 공공단체의 기관이 법률에 위반되는 행위를 한 경우에 직접 **자기의 법률상 이익과 관계없이** 그 시정을 구하기 위하여 제기하는 소송(예 공직선거법상의 선거·당선소송, 국민투표법상의 국민투표에 관한 소송, 주민투표법상의 주민투표에 관한 소송, 지방자치법상 주민소송)
객관소송		② 다른 법률에서 이를 허용하는 특별한 법률의 규정이 있어야 제기할 수 있다.
	기관소송	① 국가 또는 공공단체의 행정기관 상호간에 그 권한의 존부 또는 권한행사에 관하여 분쟁이 있을 때 이에 대하여 제기하는 소송(예 지방자치단체장이 지방의회를 상대로 소송을 제기하는 경우 등) ② 헌법재판소의 전속관할에 속하는 사항은 제외된다. ③ 다른 법률에서 이를 허용하는 특별한 법률의 규정이 있어야 제기할 수 있다.

(3) 행정소송의 절차 개관

(4) 취소소송

① 취소소송의 제소요건

취소소송의 제소요건

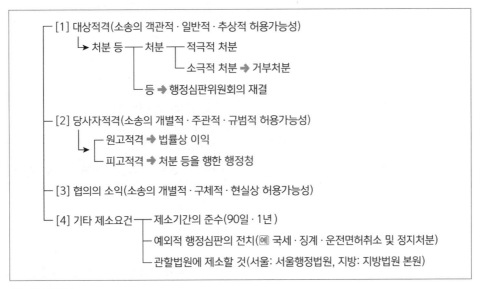

- [1] 대상적격(소송의 객관적·일반적·추상적 허용가능성)
  - └→ 처분 등 ─ 처분 ─ 적극적 처분
    - └ 소극적 처분 → 거부처분
  - └ 등 → 행정심판위원회의 재결
- [2] 당사자적격(소송의 개별적·주관적·규범적 허용가능성)
  - └→ 원고적격 → 법률상 이익
  - └ 피고적격 → 처분 등을 행한 행정청
- [3] 협의의 소익(소송의 개별적·구체적·현실상 허용가능성)
- [4] 기타 제소요건 ─ 제소기간의 준수(90일·1년)
  - ─ 예외적 행정심판의 전치(예 국세·징계·운전면허취소 및 정지처분)
  - └ 관할법원에 제소할 것(서울: 서울행정법원, 지방: 지방법원 본원)

㉠ 대상적격

> **행정소송법**
>
> **제2조 【정의】** ① 이 법에서 사용하는 용어의 정의는 다음과 같다.
> 1. '처분 등'이라 함은 행정청이 행하는 구체적 사실에 관한 법집행으로서의 공권력의 행사 또는 그 거부와 그 밖에 이에 준하는 행정작용(이하 '처분'이라 한다) 및 행정심판에 대한 재결을 말한다.
>
> **제19조 【취소소송의 대상】** 취소소송은 처분 등을 대상으로 한다. 다만, 재결취소소송의 경우에는 재결 자체에 고유한 위법이 있음을 이유로 하는 경우에 한한다.

처분	(작위) 처분	처분과 행정행위 와의 관계	ⓐ 이에 대해 학설은 실체법상 처분개념설(일원론)과 쟁송법상 처분개념설(이원설)이 대립한다. ⓑ 대법원은 '처분이란 행정주체의 구체적 사실행위에 대한 공권력행사의 일환으로서, 국민의 권리·의무에 직접적으로 영향을 미치는 행위'라고 판시하여 기본적으로 실체법적 개념설(일원론)의 입장이었다(대판 1993.12.10, 93누12619 등). 그러나 대법원은 국민의 권리구제의 확대와 더불어 꾸준히 처분의 개념을 확장하여 **국민의 권리·의무에 직접적 영향을 미치지 않는다 하더라도 국민에 대한 법적 불안과 분쟁의 조기의 해결을 위해 그 이해관계인이 장차 입을 수 있는 불이익 등을 고려하여 과거 처분으로 보지 않았던 행정청의 행위들에 대해서 처분임을 인정**(대판 2010.11.18, 2008두167 등)하고 있어 쟁송법적 개념설(이원론)의 입장도 견지하고 있다.
		처분의 요건	ⓐ **행정청의 행위**: 일반적으로 '행정청'이라 함은, 국가 또는 지방자치단체의 행정에 관한 의사를 결정하고 이를 외부에 표시할 수 있는 권한을 가진 행정기관을 말한다. 여기에 행정소송법 제2조 2항에 따라 국가·지방자치단체 이외에도 법령에 의하여 행정권한의 위임 또는 위탁을 받은 행정기관·공공단체 및 그 기관 또는 사인이 포함된다. ⓑ **구체적 사실에 관한 행위** ⓒ **법집행행위** ⓓ **공권력행사로서의 행위**
		적용범위	ⓐ 취소소송 ⓑ 무효등확인소송
	거부처분	성립요건	ⓐ **신청한 행위가 공권력행사에 해당할 것**: 행정청의 거부행위가 처분성을 갖기 위해서는 우선 그 신청한 행위가 공권력의 행사 또는 이에 준하는 행정작용이어야 한다. 따라서 일반재산의 매각·임대요청의 거부는 국가의 사경제적 행위에 대한 거부로서 처분성이 인정되지 않는다. ⓑ **거부행위가 신청인의 법률관계에 영향을 미치는 거부일 것**: 거부행위는 국민의 권리·의무에 직접적으로 어떠한 변동을 미치는 것이어야 한다. 따라서 지적공부 등 각종 장부에 대한 등재행위는 신청인의 권리·의무에 아무런 영향을 미치지 아니하므로 처분성이 인정되지 않는다. ⓒ **국민에게 법규상 또는 조리상 신청권이 있을 것**: 거부처분의 성립요건으로 ㉮ 신청권이 필요하다는 견해와, ㉯ 신청권이 필요하지 않다는 견해가 대립되지만, 대법원은 신청권이 있어야 거부가 처분이 된다는 입장으로 검사임용신청에 대한 응답요구권을 긍정하여 검사임용거부를 처분으로 보았다(대판 1991.2.12, 90누5825).

	신청권 긍정	ⓐ 건축허가를 신청하려는 자의 건축계획심의신청권 ⓑ 수변구역 매수신청권 ⓒ 문화재보호구역 내 토지 소유자의 문화재보호구역 지정해제 신청에 대한 행정청의 거부행위(대판 2004.4.27, 2003두8821) ⓓ 문화재청장이, 국가지정문화재의 보호구역에 인접한 나대지에 건물을 신축하기 위하여 국가지정문화재 현상변경신청을 하였으나 이를 허가하지 않겠다는 불허가처분의 경우(대판 2006.5.12, 2004두9920) ⓔ **기간제 조교수의 재임용신청의 거부**의 경우[대판 2004.4.22, 2000두7735(전합)] ⓕ 유일한 면접대상자로 선정된 임용지원자에 대한 교원신규채용중단의 경우(대판 2004.6.11, 2001두7053) ⓖ 조리상 신청권에 근거하여 검사임용신청에 대한 응답요구권(대판 1991.2.12, 90누5825) ⓗ 건축주가 건축허가를 받은 뒤 건축주의 귀책사유로 토지사용권을 상실한 경우, 토지소유자의 건축허가 철회신청의 거부(대판 1991.2.12, 90누5825) ⓘ 도시계획구역 내 토지소유자의 도시계획입안신청권 ⓙ **3급 승진대상자로 결정된 공무원의 3급 승진임용신청권** ⓚ 토지보상법상 이주대책대상자선정신청 및 분양신청에 대한 거부행위의 경우 ⓛ **교육부장관의 임용제청의 제외행위는 처분에 해당한다는 판례**: 대학의 장 임용에 관하여 교육부장관의 임용제청권을 인정한 취지는 대학의 자율성과 대통령의 실질적인 임용권 행사를 조화시키기 위하여 대통령의 최종적인 임용권 행사에 앞서 해당 대학의 추천을 받은 총장 후보자들의 적격성을 일차적으로 심사하여 대통령의 임용권 행사가 적정하게 이루어질 수 있도록 보좌하기 위한 것이다. 교육부장관의 임용제청권 행사는 이러한 제도의 취지에 따라 이루어져야 하며, 해당 대학의 추천을 받은 총장 후보자는 교육부장관으로부터 정당한 심사를 받게 될 것으로 절차적 기대를 하게 된다. 그런데 교육부장관이 자의적인 이유로 해당 대학에서 추천한 복수의 총장 후보자들 전부 또는 일부를 임용 제청하지 않는 경우에는 대통령에 의한 심사와 임용을 받을 기회를 박탈하는 효과가 있으므로, 이를 항고소송의 대상이 되는 처분으로 보지 않는다면, 달리 이에 대하여는 불복하여 침해된 권리 또는 법률상 이익을 구제받을 방법이 없다. 따라서 교육부장관이 대학에서 추천한 복수의 총장 후보자들 전부 또는 일부를 임용제청에서 제외하는 행위는 제외된 후보자들에 대한 불이익처분으로서 항고소송의 대상이 되는 처분에 해당한다고 보아야 한다(대판 2018.6.15, 2015두50092).

	신청권 부정	ⓐ **도시관리계획 변경 및 폐지신청의 거부** ⓑ 국·공립대학교원 임용지원자의 임용 여부에 대한 응답신청 ⓒ 제3자에 대한 건축허가와 준공검사의 취소신청 및 제3자 소유의 건축물에 대한 철거명령신청 ⓓ 원과세처분에 대한 경정청구에 대한 거부의 경우 ⓔ 개별공시지가결정 및 개별공시지가 정정신청의 거부(대판 1998.2.24, 96누5612) ⓕ 산림법령상 산림훼손 용도변경신청에 아무런 규정을 두고 있지 않음을 이유로 **산림훼손용도변경신청에 대한 거부**는 처분성이 없다는 판례
등 (재결)	원처분 주의 (특별한 규정 ×)	ⓐ **원처분주의**란 '원처분과 재결에 대하여 항고소송의 대상으로서 다같이 소송을 제기할 수 있으나 원처분의 위법은 원처분에 대한 항고소송에서만, 재결에 대한 위법은 재결의 고유한 하자에 대한 항고소송에서만 주장할 수 있는 입법주의'를 말한다. ⓑ **'재결 자체의 고유한 위법'**이란 원처분에는 존재하지 아니하고 재결에만 존재하는 재결의 주체·절차·형식·내용상의 위법을 말한다. ⓒ 대법원은 "재결자체의 고유한 위법"은 재결취소소송의 본안판단문제로서 이를 결하였을 경우 **기각판결(각하판결 ×)**을 하여야 한다(대판 99두10292). ⓓ **각하재결의 경우:** 행정심판청구가 부적법하지 않음에도 부적법각하한 경우 재결 자체의 고유한 위법이 있음을 이유로 재결에 대한 취소소송의 제기가 가능하다는 것이 다수설과 판례의 입장이다. ⓔ **본안재결 중 기각재결의 경우:** 원처분과 동일한 이유의 기각재결은 ㉮ 원칙적으로 재결자체의 고유한 하자에 해당한다고 볼 수 없으나, ㉯ 예외적으로 행정심판청구가 부적법하여 각하재결을 하여야 함에도 불구하고 기각재결을 하는 경우 또는 인용재결을 하여야 함에도 사정재결로 기각재결을 한 경우에는 고유한 하자가 될 수 있다고 본다. ⓕ **복효적 행정처분의 인용재결:** 복효적 행정처분에 의해 비로소 권익을 침해당한 자가 행정심판위원회의 **인용재결**에 대해 제기하는 항고소송이 재결자체의 고유한 위법을 다투는 행정소송법 제19조 단서에 의한 취소소송의 대상이 된다는 것이 통설과 판례이다. ⓖ **명령재결(이행재결)의 경우:** 대법원은 "재결청이 취소심판의 청구가 이유 있다고 인정하여 처분청에게 처분의 취소를 명하면 처분청으로서는 그 재결의 취지에 따라 처분을 취소하여야 하지만, 그렇다고 하여 그 재결의 취지에 따른 취소처분이 위법할 경우 그 취소처분의 상대방이 이를 항고소송으로 다툴 수 없는 것은 아니다(대판 1993.9.28, 92누15093)."고 하여 **후속처분과 명령재결 모두 취소소송의 대상이 된다**는 입장이다.

	ⓗ **변경재결**: 대법원은 변경재결의 경우 "수정된 원처분의 취소를 구하는 방식을 취해야지, 위원회를 피고로 수정재결의 취소를 구해서는 아니 된다."고 판시하여 **변경된 원처분설**의 입장인 것으로 보인다.
재결주의 (특별한 규정 O)	ⓐ 재결주의란 '원처분에 대해서는 제소가 불가능하고 재결에 대해서만 항고소송의 대상이 되며, 다만 재결의 위법사유뿐만 아니라 원처분의 위법사유도 아울러 주장할 수 있다는 원칙'을 의미한다. ⓑ 현행법상 재결주의를 인정하는 특별규정은 **감사원의 변상판정에 대한 재심의 판정**(감사원법 제40조)와 **노동위원회의 처분에 대한 중앙노동위원회의 재심의판정**(노동위원회법 제27조)이다.

처분에 관한 판례

처분성이 인정된 예	처분성이 부정된 예
① **국가인권위원회의 성희롱결정 및 시정조치권고**	① **받아오던 퇴직연금** 중 일부에 대한 지급거부
② **민주화운동관련자** 명예회복 또는 보상의 결정	② 어업권면허에 선행하는 우선순위결정(확약)
③ **동일한 내용의 신청에 대한 반복된 거부처분**	③ 혁신도시 최종입지선정행위
④ 보건복지부 고시인 약제급여·비급여목록 및 급여상한금액표	④ 공매통지
⑤ 정보통신윤리위원회가 특정 인터넷사이트를 청소년유해매체물로 결정한 행위	⑤ 공중보건의사 채용계약 해지의 의사표시
⑥ 공설화장장 설치	⑥ 대학입시기본계획 내의 내신성적산정지침
⑦ 건축물대장 작성신청 반려행위, 토지대장 직권말소, 지목변경 거부	⑦ 농어촌도로기본계획
⑧ 농지개량조합의 직원에 대한 징계처분	⑧ 국립공원경계표지의 설치
⑨ **인사기록카드에 기록**되는 행정규칙에 따른 '**불문경고조치**'	⑨ 자동차운전면허대장상 일정한 사항의 등재행위
⑩ **세무조사결정**	⑩ **국가공무원법상 당연퇴직의 통보**
⑪ 건축신고의 거부(자기완결적 신고의 거부이지만 처분성 인정)	⑪ 부가가치세법상의 사업자등록 직권말소행위
⑫ 금융기관의 임원에 대한 금융감독원장의 문책경고	⑫ 4대강 살리기 마스터플랜
⑬ 친일반민족행위자재조사위원회의 재산조사개시결정	⑬ 각 군 참모총장의 수당지급대상자 추천행위
⑭ 방산물자 지정취소	⑭ 한국조폐공사직원의 파면행위(사법상의 행위)
⑮ 건축법상 이행강제금 납부의 최초 독촉	⑮ 행정소송 이외의 특별불복절차가 마련된 처분(비송사건절차법에 따라 부과되는 과태료부과처분·통고처분, 검사의 불기소처분 또는 공소제기·형집행정지취소처분)
⑯ 공정거래위원회의 '표준약관 사용권장행위'	⑯ 금융감독원장이 종합금융주식회사의 전 대표이사에게 '문책경고장(상당)'을 보낸 행위(관련 법령의 개정으로 처분으로 볼 여지가 있게 되었음)
⑰ 지방계약직공무원에 대한 **보수의 삭감**	⑰ 해양수산부장관의 항만 명칭결정
⑱ 재활용자원화시설의 민간위탁대상자 선정행위	⑱ 입찰보증금의 국고귀속조치
	⑲ 당해 공무원에 대한 소속장관의 **단순경고**

⑲ **지방경찰청장의 횡단보도설치행위**
⑳ 지방의회의 의장선거, 지방의회의 장에 대한 불신임의결, 지방의회의원에 대한 징계의결
㉑ 세무서장의 위임을 받은 성업공사가 한 공매처분
㉒ 행정청(정부)이 행하는 입찰참가자격 제한조치
㉓ 원자력법에 따른 부지사전승인
㉔ **표준공시지가결정, 개별공시지가결정**
㉕ 감액되고 남은 당초처분(감액경정의 경우)
㉖ **증액경정처분**(증액경정의 경우)
㉗ 항공노선에 대한 운수권배분처분
㉘ 과세관청의 **소득금액변동통지**
㉙ **토지거래허가구역의 지정**
㉚ **검사명령**: 일반적으로 처분이 주체 내용 절차와 형식의 요건을 모두 갖추고 외부에 표시된 경우에는 처분의 존재가 인정된다. 행정의사가 외부에 표시되어 행정청이 자유롭게 취소 철회할 수 없는 구속을 받게 되는 시점에 처분이 성립하고, 그 성립 여부는 행정청이 행정의사를 공식적인 방법으로 외부에 표시하였는지를 기준으로 판단해야 한다(대판 2021.12.16, 2019두45944). 화약류 안정도시험 대상자가 총포 화약안전기술협회로부터 안정도시험을 받지 않는 경우, **경찰청장 또는 지방경찰청장이 일정 기한 내에 안정도시험을 받으라는 검사명령이 항고소송의 대상이 되는 '처분'에 해당한다**(대판 2021.12.30, 2018다241458).
㉛ **검사에 대한 경고조치는 처분이라는 판례**: 검사에 대하여 하는 '경고조치'는 일정한 서식에 따라 검사에게 개별 통지를 하고 이의신청을 할 수 있으며, 검사가 검찰총장의 경고를 받으면 1년 이상 감찰관리 대상자로 선정되어 특별관리를 받을 수 있고, 경고를 받은 사실이 인사자료로 활용되어 복무평정, 직무성과금 지급, 승진 전보인사에서도 불이익을 받게 될 가능성이 높아지며, 향후 다른 징계사유로 징계처분을 받게 될 경우에 징계양정에서 불이익을 받게 될 가능성이 높아지므로, 검사의 권리 의무에 영향을 미치는 행위로서 항고소송의 대상이 되는 처분이라고 보아야 한다(대판 2021.2.10, 2020두47564).

⑳ 병역법상 징병검사시 군의관의 신체등위 판정행위
㉑ 제3자에 대한 건축허가 준공검사의 취소 또는 제3자 소유의 건축물에 대한철거신청에 대한 거부
㉒ 경제기획원장관의 정부투자기관에 대한 예산 편성지침
㉓ 성업공사의 공매결정, 공매통지, 재공매결정 및 재공매통지
㉔ 금융감독위원회의 부실금융기관에 대한 파산신청
㉕ **고충심사결정**
㉖ 위법건축물에 대한 단전기·단전화요청
㉗ 교통법규위반에 대한 운전면허행정처분 처리대장에의 **벌점기재행위**
㉘ 정부투자기관(한국전력공사, 한국토지주택공사, 수도권매립지관리공사 등)의 부정당업자에 대한 입찰참가자격 제한조치
㉙ 공정거래위원회의 고발조치 및 고발의결
㉚ 대학입시기본계획 내의 예산편성지침 통보
㉛ **검사의 공소제기**
㉜ 서울특별시 지하철공사의 임직원에 대한 징계

ⓛ 원고적격

행정소송법

제12조【원고적격】 취소소송은 처분 등의 취소를 구할 법률상 이익이 있는 자가 제기할 수 있다. 처분 등의 효과가 기간의 경과, 처분 등의 집행 그 밖의 사유로 인하여 소멸된 뒤에도 그 처분 등의 취소로 인하여 회복되는 법률상 이익이 있는 자의 경우에는 또한 같다.

의의		ⓐ 원고적격이란 '구체적인 사건에서 행정소송을 제기할 수 있는 법률상 자격 및 권한'을 말한다. ⓑ 원고적격은 남소를 방지하고 소송경제를 도모하기 위해 인정된 소송요건이다.
법률의 범위	학설	ⓐ 당해 처분의 근거가 되는 법률의 규정과 취지만을 고려해야 한다는 견해, ⓑ 근거 법률의 규정과 취지 이외에도 관련 법령의 취지를 아울러 고려해야 한다는 견해, ⓒ 근거 법률의 규정과 취지, 관련 법령의 취지 이외에도 헌법상의 기본권규정도 고려해야 한다는 견해가 있으나 마지막 견해가 일반적인 견해이다.
	판례	ⓐ 대법원은 "법률상 이익이란 당해 처분의 근거법규(관련 법규를 포함한다) 및 일련의 단계적인 근거법규에 의해 명시적으로 보호받는 이익 및 근거법규 및 관련 법규의 합리적 해석상 보호되는 개별·직접·구체적 이익을 포함한다(대판 2005.5.12, 2004두14229)."라고 하여 관련법규까지 고려하고 있다. ⓑ 반면, 헌법재판소는 "청구인의 기본권인 경쟁의 자유가 바로 행정청의 지정행위의 취소를 구할 법률상 이익이 된다(헌재 1998.4.30, 97헌마147)."고 판시하여 헌법상 기본권규정도 고려하는 입장이다.
이익의 판단기준	학설	ⓐ **법률상 보호이익구제설**: 법률상 이익이란 '법률에 의해 보호되는 이익', 즉 "처분의 근거법규 및 관련 법규의 목적론적 해석에 따라 보호되는 개별·직접·구체적인 이익을 갖는 자만이 원고적격을 갖는다."는 견해이다. 우리나라 통설과 판례의 입장이다. ⓑ 그 외에도 권리구제설, 적법성 보장설 등 여러 견해가 대립된다.
	판례	판례는 "법률상 이익이란 당해 처분의 근거법규에 의하여 보호되지는 아니하나 당해 처분의 행정목적을 달성하기 위한 일련의 단계적인 관련 처분들의 근거법규에 의하여 명시적으로 보호받는 법률상 이익, 당해 처분의 근거법규 또는 관련 법규에서 명시적으로 당해 이익을 보호하는 명문의 규정이 없더라도 근거법규 및 관련 법규의 합리적 해석상 그 법규에서 행정청을 제약하는 이유가 순수한 공익의 보호만이 아닌 개별적·직접적·구체적 이익을 보호하는 취지가 포함되어 있다고 해석되는 경우까지를 말한다(대판 1994.4.12, 93누24247)."라고 판시하여, 법률상 보호이익구제설을 취하고 있다.

취소소송에서의 원고적격의 인정 여부에 관한 판례

원고적격이 인정된 예	원고적격이 부인된 예
① 연탄공장건축허가처분에 대한 인근주민 ② 공설화장장과 관련하여 매장 및 묘지에 관한 법률에 의해 보호되는 이익이 있는 인근주민 ③ LPG 자동차충전소설치예정지 인근주민 ④ 국립공원 용화집단시설지구 예정지의 **환경영향평가 대상의 지역주민** ⑤ 환경영향평가 대상지역 밖의 주민이라 할지라도 공유수면매립면허처분 등으로 인하여 그 처분 전과 비교하여 수인한도를 넘는 환경피해를 받거나 받을 우려가 있는 인근주민(**환경영향평가 대상지역에 있는 취수장으로부터 수돗물을 공급받는 자**) ⑥ **특허사업자**(자동차운송사업자, 선박운항사업자, 광업권자) ⑦ 주유소신규영업허가취소에서 이익을 얻는 인근주민 ⑧ 도시 및 주거환경정비법상 조합설립추진위원회의 구성에 동의하지 않은 정비구역 내의 토지 등 소유자 ⑨ 환경정책기본법령상 사전환경성검토협의 대상 지역 내에 포함될 개연성이 충분하다고 보이는 주민 ⑩ 도시계획사업 실시계획 인가처분에 대한 취소소송을 다투는 토지소유자 ⑪ **환경영향평가 대상지역 안에서 농경활동을 하는 자 등** ⑫ **경원관계에서 허가 등을 받지 못한 타방** ⑬ 일정규모 이상의 폐기물처리시설설치 예정지역의 인근주민 ⑭ **제약회사의 약제상한금액고시의 취소소송** ⑮ 취임승인이 취소된 학교법인의 정식이사의 취임승인취소처분 및 임시이사 선임처분에 대한 취소소송 ⑯ 시민단체의 정보공개거부에 대한 취소청구 ⑰ **기존업자의 담배소매인지정처분에 대한 취소소송** ⑱ 채석허가 양수인의 채석허가를 취소하는 처분의 취소소송	① 문화재지정지역의 인근주민 ② 공유수면매립면허처분에 대해 환경영향평가 대상지역 밖에 거주하는 주민(**단, 환경이익침해를 입증한 경우에는 원고적격 인정**) ③ 도로의 **일반이용자의 도로의 공용폐지처분**에 대한 취소소송 ④ 횡단보도설치행위에 대해 **지하상가주민들이** 제기한 취소소송 ⑤ 일반적 시민생활에서 도로를 이용하는 시민 ⑥ **허가사업자**(양곡가공업자, 숙박업자, 석탄가공업자, 한의사, 석유판매업자) ⑦ 보건복지부 고시인 건강보험요양급여행의 그 상대가치점수 개정의 취소를 구하는 **사단법인 대한의사협회** ⑧ 개발제한구역 중 일부 취락을 개발제한구역에서 해제하는 내용의 도시관리계획변경결정에 대하여, 개발제한구역 해제대상에서 누락된 토지의 소유자 ⑨ **법인의 주주**가 법인에 대한 행정처분(운송사업양도·양수신고수리처분) 이후의 주식 양수인인주주의 동 처분에 대한 취소소송 ⑩ 환경상 이익을 일시적으로 향유하는 자(환경영향평가 대상지역 안의 토지를 방목하는 자 등)

© **협의의 소익**

의의	ⓐ 협의의 소익이란 '원고의 소송상 청구에 대하여 본안판결을 구하는 것을 정당화시킬 수 있는 구체적 실익 내지 현실상 필요성'을 말한다. ⓑ 협의의 소의 이익은 판결의 실효성을 담보하고 소송경제의 차원에서 필요한 것이지만 국민의 재판청구권의 제한이라는 문제점도 동시에 발생한다.	
협의의 소익이 부정된 판례	처분의 효력 상실	ⓐ 처분의 효력기간이 정해져 있는 경우 그 기간이 경과한 경우(원칙) ⓑ 제재적 처분이 후행처분의 가중요건이더라도 기간의 경과로 실제로 가중된 제재처분을 받을 우려가 없게 된 경우 ⓒ 1차 직위해제처분에 대한 취소소송 도중 다른 사유로 동일한 공무원에게 2차 직위해제처분이 내려진 경우 ⓓ 토지를 수용당한 후 20년이 넘도록 수용재결의 실효를 주장하지 아니한 채 보상요구를 한 적도 없다가 수용보상금 중 극히 일부가 미지급되었음을 이유로 수용재결의 실효를 주장하는 경우
	원상 회복의 불능	ⓐ **행정대집행이 완료된 경우** ⓑ 인접건물이 건축공사완료 후 준공검사를 받은 경우 인접건물 소유자가 건물준공처분의 무효확인이나 취소를 구하는 경우 ⓒ 군의회를 상대로 의원제명처분 취소를 구하는 임기 만료된 지방의회의원(지방의회의 의원직이 **명예직일 당시**) ⓓ 현역병입영대상자가 그 병역처분의 취소를 구하는 소의 계속 중 모병에 응하여 현역병으로 자진 입대한 경우 ⓔ 도지사가 도에서 설치·운영하는 진주지방의료원을 폐업하는 내용의 조례를 공포하고 이를 다투는 무효확인소송에서 도지사의 폐업결정은 행정청이 행하는 구체적 사실에 관한 법집행으로서의 공권력 행사로서 입원환자들과 소속 직원들의 권리·의무에 직접 영향을 미치는 것이므로 항고소송의 대상에 해당하지만, 폐업결정 후 환자들이 이송되고, 의료진들도 재취업을 한 상태에서 진주지방의료원을 폐업 전의 상태로 되돌리는 원상회복은 불가능하므로 이에 대한 취소를 구할 소의 이익을 인정하기 어렵다(대판 2016.8.30, 2015두60617). ⓕ **정보공개거부처분 취소소송 도중 공공기관의 해당 정보를 폐기처분한 경우**
	목적의 실현	ⓐ 시험 불합격처분취소를 구하는 소의 계속 중 새로 실시된 시험(사법시험, 치과의사국가시험)에 합격한 경우 ⓑ 병역거부대상명단공개결정에 대한 취소소송 도중 행정청이 직권으로 이를 취소한 경우 ⓒ 절차상 또는 형식상 하자로 무효인 행정처분에 대하여 행정청이 적법한 절차 또는 형식을 갖추어 동일한 행정처분을 한 경우에 종전의 무효인 행정처분

ⓐ **제재적 처분이 후행처분의 가중요건인 경우**(가중적 제재처분에 관한 규정이 법률, 법규명령, 행정규칙에 있는지 불문)

ⓑ **직위해제처분 이후 해임처분의 경우:** 직위해제처분은 근로자로서의 지위를 그대로 존속시키면서, 다만 그 직위만을 부여하지 아니하는 처분이므로 만일 어떤 사유에 기하여 근로자를 직위해제한 후 그 직위해제 사유와 동일한 사유를 이유로 징계처분을 하였다면 뒤에 이루어진 징계처분에 의하여 그 전에 있었던 직위해제처분은 그 효력을 상실한다. 여기서 직위해제처분이 효력을 상실한다는 것은 직위해제처분이 소급적으로 소멸하여 처음부터 직위해제처분이 없었던 것과 같은 상태로 되는 것이 아니라 사후적으로 그 효력이 소멸한다는 의미이다. 따라서 직위해제처분에 기하여 발생한 효과는 당해 직위해제처분이 실효되더라도 소급하여 소멸하는 것이 아니므로, 인사규정 등에서 직위해제처분에 따른 효과로 승진·승급에 제한을 가하는 등의 법률상 불이익을 규정하고 있는 경우에는 직위해제처분을 받은 근로자는 이러한 법률상 불이익을 제거하기 위하여 그 **실효된 직위해제처분에 대한 구제를 신청할 이익**이 있다.

ⓒ 파면 처분 후 당연퇴직되더라도 급여청구에 관계한 이익이 있는 경우

ⓓ **공무원이 징계사유에 해당하여 감봉처분을 받고 자진사퇴한 후 감봉처분에 대한 취소소송을 제기한 경우**

ⓔ 현역입영대상자의 경우 입영 후 현역병입영통지처분의 취소를 구하는 경우

ⓕ 고등학교 퇴학처분 후 검정고시에 합격한 경우

ⓖ 지방의회의원이 제명의결 취소소송 계속 중 의원의 임기가 만료된 사안에서 제명의결의 취소로 의원의 지위를 회복할 수는 없다 하더라도 제명의결시부터 임기만료일까지의 기간에 대한 **월정수당의 지급을 구할 수 있는 경우**의 지방의회의원

ⓗ 수형자의 영치품에 대한 사용신청 불허처분 후 수형자가 다른 교도소로 이송된 경우 영치품 사용신청 불허처분의 취소를 구할 법률상 이익이 있다는 판례(대판 2008.2.14, 2007두13203)

ⓘ 건축허가취소처분을 받은 건축물 소유자가 건축물 완공 후에도 취소처분의 취소를 구할 법률상 이익: 건축허가를 받아 건축물을 완공하였더라도 건축허가가 취소되면 그 건축물은 철거 등 시정명령의 대상이 되고 이를 이행하지 않은 건축주 등은 건축법 제80조에 따른 이행강제금 부과처분이나 행정대집행법 제2조에 따른 행정대집행을 받게 되며, 나아가 건축법 제79조 제2항에 의하여 다른 법령상의 인·허가 등을 받지 못하게 되는 등의 불이익을 입게 된다. 따라서 건축허가취소처분을 받은 건축물 소유자는 그 건축물이 완공된 후에도 여전히 위 취소처분의 취소를 구할 법률상 이익을 가진다고 보아야 한다(대판 2015.11.12, 2015두47195).

협의의 소익이 인정된 판례

ㄹ **피고적격**

구분	피고적격
처분청이 대통령	ⓐ 소속장관 ⓑ 소방공무원의 임용권행사 또는 경찰공무원의 임용권행사의 경우에는 소방청장, **경찰청장**
대법원장, 국회의장, 헌법재판소장	각각 법원행정처장, 국회사무총장, 헌법재판소사무처장
처분 후 권한이 승계된 경우	권한을 승계한 행정청
처분 후 처분청이 없게 된 경우	그 사무가 귀속되는 국가 또는 공공단체
합의제 행정청의 의결의 경우	합의제 행정청(단, 중앙노동위원회는 중앙노동위원회위원장)
권한이 위임·위탁된 경우	권한의 위임 또는 위탁받은 수임청 또는 수탁청
내부위임의 경우	ⓐ 원칙: **위임청** ⓑ 예외: 단, 자신의 단독명의로 권한을 행사한 경우는 실제로 처분을 한 **수임청** ➜ 이 경우 판례는 권한이 없는 자의 처분으로 당연무효로 봄
권한의 대리의 경우	ⓐ 원칙: **피대리관청** ⓑ 예외: 단, 자신의 단독명의로 권한을 행사한 경우는 실제로 처분을 한 **대리기관**

기출 OX

03 대리권을 수여받은 데 불과하여 자신의 명의로는 처분할 권한이 없는 행정청이 그 대리관계를 밝히지 않고 그 자신의 명의로 행정처분을 하였다면 처분명의자인 당해 행정청이 항고소송의 피고가 되어야 하는 것이 원칙이다. 08. 지방직 9급
( )

ⓒ 예외의 예외: 대리권을 수여받은 데 불과하여 그 자신의 명의로는 행정처분을 할 권한이 없는 행정청의 경우 대리관계를 밝힘이 없이 그 자신의 명의로 행정처분을 하였다면 그에 대하여는 처분명의자인 당해 행정청이 항고소송의 피고가 되어야 하는 것이 원칙이지만, 비록 대리관계를 명시적으로 밝히지는 아니하였다 하더라도 처분명의자가 피대리행정청 산하의 행정기관으로서 실제로 피대리행정청으로부터 대리권한을 수여받아 피대리 행정청을 대리한다는 의사로 행정처분을 하였고 처분명의자는 물론 그 상대방도 그 행정처분이 피대리행정청을 대리하여 한 것임을 알고서 이를 받아들인 예외적인 경우에는 **피대리행정청**이 피고가 되어야 한다(대결 2006.2.23, 2005부4).

처분청과 통지한 자가 다른 경우	처분청
처분적 조례의 경우	조례가 처분성이 인정되어 항고소송의 대상이 되는 경우에는 조례를 공포한 **지방자치단체의 장**이 피고가 되고, 교육·학예에 관한 조례는 **시·도교육감**이 피고가 된다.
지방의회의결의 경우	징계의결·불신임의결·의장선거의 취소소송 등에서는 **지방의회**가 행정청으로서 피고가 된다.

ⓜ 제소기간

> **행정소송법**
>
> 제20조 【제소기간】 ① 취소소송은 처분 등이 있음을 안 날부터 90일 이내에 제기하여야 한다. 다만, 제18조 제1항 단서에 규정한 경우와 그 밖에 행정심판청구를 할 수 있는 경우 또는 행정청이 행정심판청구를 할 수 있다고 잘못 알린 경우에 행정심판청구가 있은 때의 기간은 재결서의 정본을 송달받은 날부터 기산한다.
> ② 취소소송은 처분 등이 있은 날부터 1년(제1항 단서의 경우는 재결이 있은 날부터 1년)을 경과하면 이를 제기하지 못한다. 다만, 정당한 사유가 있는 때에는 그러하지 아니하다.
> ③ 제1항의 규정에 의한 기간은 불변기간으로 한다.

의의		ⓐ 제소기간이란 '처분의 상대방 등이 소송을 제기할 수 있는 시간적 간격'을 말한다.
		ⓑ 처분 등의 효력을 오랫동안 불안정한 상태에 두게 될 때 야기되는 행정법관계의 불안정성을 없애기 위해서 인정된 소송요건이다. 개별법에서도 제소기간에 대한 특별규정을 두고 있다.
행정심판의 재결의 거치지 않는 경우	처분이 송달된 경우	ⓐ 행정심판을 거치지 않고 바로 취소소송을 제기하는 경우에는 처분이 있음을 안 날로부터 90일 이내에 제기해야 한다(행정소송법 제20조 제1항 본문).
		ⓑ 여기에서 처분 등이 있음을 안 날이란 '당해 처분이 있었다는 사실을 현실적으로 안 날'을 말한다(대판 1991.6.28, 90누6521). 처분이 있음을 안 날은 처분의 통지가 상대방에게 도달한 때에 처분이 알았다고 추정하게 된다. 이 기간은 불변기간이다(행정소송법 제20조 제3항).

참고
• 행정소송법
  안 날: 90일
  있은 날: 1년
• 행정심판법
  안 날: 90일
  있은 날: 180일

처분이 공고 및 고시된 경우	ⓐ **불특정 다수인에게 공고한 경우**: 대법원은 이해관계를 가진 자가 현실적으로 고시 또는 공고사실을 현실적으로 알았는지와 상관없이 통상 고시 또는 공고가 효력을 발생하는 날에 처분이 있음을 알았다고 보아야 한다고 본다(대법원은 사무관리규정 제8조 제2항에 따라 특별한 사정이 없는 한 공고일로부터 5일이 경과한 날에 처분의 효력이 발생한다고 본다). ⓑ **특정인에 대한 처분을 주소불명 등의 이유로 송달할 수 없어 공고한 경우**: 이 경우 대법원은 공고가 효력을 발생하는 날이 아니라 상대방이 처분이 있었다는 사실을 현실적으로 안 날에 처분이 있음을 알았다고 보아야 한다는 입장이다.	
처분이 있음을 알지 못한 경우	ⓐ 원칙: 처분이 있음을 알지 못한 경우에는 처분이 있은 날로부터 **1년**을 경과하면 취소소송을 제기하지 못한다. 여기에서 처분이 있은 날이라 함은 '처분이 효력을 발생한 날'을 의미한다. ⓑ 예외: '정당한 사유'가 있는 경우에는 1년이 경과하더라도 소송을 제기할 수 있는 바, 이때 정당한 사유란 '제소기간 내에 소를 제기하지 못함을 정당화할 만한 객관적인 사유'를 의미한다. 정당한 사유의 존부판단은 개별·구체적으로 사회통념에 따라 판단하여야 한다고 본다. ⓒ 안 날과 있은 날과의 관계는 이 두 기간은 선택적인 것이 아니라 **둘 중 어느 한 기간이 경과하면 제소기간이 만료된다.**	
행정심판의 재결을 거친 경우	ⓐ 행정심판을 제기한 경우에는 재결서의 정본을 송달받은 날로부터 90일이 제소기간이 된다. 이 기간은 불변기간이다(행정소송법 제20조 제3항). ⓑ 그러나 이 경우 행정심판의 제기는 청구기간 내에 청구된 **적법한 행정심판에 한정된다.**	

ⓑ 행정심판전치주의

행정소송법

제18조【행정심판과의 관계】 ① 취소소송은 법령의 규정에 의하여 당해 처분에 대한 행정심판을 제기할 수 있는 경우에도 이를 거치지 아니하고 제기할 수 있다. 다만, 다른 법률에 당해 처분에 대한 행정심판의 재결을 거치지 아니하면 취소소송을 제기할 수 없다는 규정이 있는 때에는 그러하지 아니하다.
② 제1항 단서의 경우에도 다음 각 호의 1에 해당하는 사유가 있는 때에는 행정심판의 재결을 거치지 아니하고 취소소송을 제기할 수 있다.
1. 행정심판청구가 있은 날로부터 60일이 지나도 재결이 없는 때
2. 처분의 집행 또는 절차의 속행으로 생길 중대한 손해를 예방하여야 할 긴급한 필요가 있는 때
3. 법령의 규정에 의한 행정심판기관이 의결 또는 재결을 하지 못할 사유가 있는 때
4. 그 밖의 정당한 사유가 있는 때
③ 제1항 단서의 경우에 다음 각 호의 1에 해당하는 사유가 있는 때에는 행정심판을 제기함이 없이 취소소송을 제기할 수 있다.
1. 동종사건에 관하여 이미 행정심판의 기각재결이 있은 때
2. 서로 내용상 관련되는 처분 또는 같은 목적을 위하여 단계적으로 진행되는 처분 중 어느 하나가 이미 행정심판의 재결을 거친 때

기출 OX

01 무효인 처분에 대하여 무효선언을 구하는 취소소송을 제기하는 경우 제소기간을 준수하여야 한다.
15. 사회복지직 9급　　( )

정답 01 ○

3. 행정청이 사실심의 변론종결 후 소송의 대상인 처분을 변경하여 당해 변경된 처분에 관하여 소를 제기하는 때
4. 처분을 행한 행정청이 행정심판을 거칠 필요가 없다고 잘못 알린 때
④ 제2항 및 제3항의 규정에 의한 사유는 이를 소명하여야 한다.

행정심판 임의주의		행정소송을 제기함에 있어 행정심판을 거치지 않고도 행정소송을 제기할 수 있는 제도를 말한다.
행정심판 필수적 전치주의 (예외)	다른 법률의 규정	ⓐ 국가공무원법과 지방공무원법상의 공무원에 대한 **징계 및 기타 불이익처분의 경우**(국가공무원법 제16조), ⓑ **국세기본법상 국세**에 대한 과세부과처분의 경우(국세기본법 제56조 제2항), ⓒ **도로교통법상 운전면허정지 및 취소처분의 경우**(도로교통법 제142조), ⓓ 노조법상 지방노동위원회의 구제명령의 경우(근로기준법 제31조)에 예외적 행정심판전치를 규정하고 있다.
	무효선언적 취소소송의 경우	ⓐ 무효선언적 의미의 취소소송의 경우나 취소를 구하는 의미에서의 무효확인소송에서도 예외적 행정심판전치주의가 제소요건으로 요구되는지에 대해 견해가 대립된다. ⓑ 대법원은 "처분의 당연무효를 선언하는 의미에서의 취소를 구하는 행정소송을 제기한 경우에도 **심판전치주의가 적용된다.**"고 판시하여 긍정설의 입장이다.
	2단계 이상의 행정심판	관계 법령이 하나의 처분에 대해 2단계 이상의 행정심판절차를 규정하고 있는 경우(예 하나의 처분에 대하여 이의신청과 심사청구 등과 같이 둘 이상의 행정심판절차를 규정한 경우)에 당해 절차를 모두 거치게 한다면 제소자에게 과도한 부담을 초래할 수 있으므로, 그중의 하나만 거치면 심판전치주의의 요건은 충족된다고 보는 것이 다수의 견해이다.
	필수적 행정심판 전치주의의 적용 예외	ⓐ **행정심판제기는 하되 재결을 거칠 필요가 없는 경우** ㉮ 행정심판청구가 있은 날로부터 60일이 지나도 재결이 없는 때 ㉯ 처분의 집행 또는 절차의 속행으로 생길 중대한 손해를 예방하여야 할 긴급한 필요가 있는 때 ㉰ 법령의 규정에 의한 행정심판기관이 의결 또는 재결을 하지 못할 사유가 있는 때 ㉱ 그 밖의 정당한 사유가 있는 때 ⓑ **행정심판을 제기함이 없이 취소소송을 제기할 수 있는 경우** ㉮ 동종사건에 관하여 이미 행정심판의 기각재결이 있은 때 ㉯ 서로 내용상 관련되는 처분 또는 같은 목적을 위하여 단계적으로 진행되는 처분 중 어느 하나가 이미 행정심판의 재결을 거친 때 ㉰ 행정청이 사실심의 변론종결 후 소송의 대상인 처분을 변경하여 당해 변경된 처분에 관하여 소를 제기하는 때 ㉱ 처분을 행한 행정청이 행정심판을 거칠 필요가 없다고 잘못 알린 때

ⓢ 관할법원에 제소

> **행정소송법**
>
> **제9조【재판관할】** ① 취소소송의 제1심관할법원은 피고의 소재지를 관할하는 행정법원으로 한다.
>
> ② 제1항에도 불구하고 다음 각 호의 어느 하나에 해당하는 피고에 대하여 취소소송을 제기하는 경우에는 **대법원소재지를 관할하는 행정법원에 제기할 수 있다.**
>
> 1. 중앙행정기관, 중앙행정기관의 부속기관과 합의제행정기관 또는 그 장
> 2. 국가의 사무를 위임 또는 위탁받은 공공단체 또는 그 장
>
> ③ 토지의 수용 기타 부동산 또는 특정의 장소에 관계되는 처분등에 대한 취소소송은 그 부동산 또는 장소의 소재지를 관할하는 행정법원에 이를 제기할 수 있다.

② 가구제

가구제(보전청구)

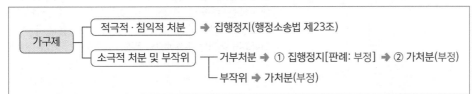

㉠ 집행정지

> **행정소송법**
>
> **제23조【집행정지】** ① 취소소송의 제기는 처분 등의 효력이나 그 집행 또는 절차의 속행에 영향을 주지 아니한다.
>
> ② 취소소송이 제기된 경우에 처분 등이나 그 집행 또는 절차의 속행으로 인하여 생길 회복하기 어려운 손해를 예방하기 위하여 긴급한 필요가 있다고 인정할 때에는 본안이 계속되고 있는 법원은 당사자의 신청 또는 직권에 의하여 처분 등의 효력이나 그 집행 또는 절차의 속행의 전부 또는 일부의 정지(이하 '집행정지'라 한다)를 결정할 수 있다. 다만, 처분의 효력정지는 처분 등의 집행 또는 절차의 속행을 정지함으로써 목적을 달성할 수 있는 경우에는 허용되지 아니한다.
>
> ③ 집행정지는 공공복리에 중대한 영향을 미칠 우려가 있을 때에는 허용되지 아니한다.
>
> ④ 제2항의 규정에 의한 집행정지의 결정을 신청함에 있어서는 그 이유에 대한 소명이 있어야 한다.
>
> ⑤ 제2항의 규정에 의한 집행정지의 결정 또는 기각의 결정에 대하여는 즉시항고할 수 있다. 이 경우 집행정지의 결정에 대한 **즉시항고에는 결정의 집행을 정지하는 효력이 없다.**
>
> ⑥ 제30조 제1항의 규정은 제2항의 규정에 의한 집행정지의 결정에 이를 준용한다.

		@ 집행부지의 원칙: 취소소송을 제기하더라도 처분의 효력은 정지되지 않음이 원칙인데 이것이 집행부정지원칙이라고 한다.
의의		ⓑ 예외적 집행정지: 취소소송이 제기된 경우에 처분 등이나 그 집행 또는 절차의 속행으로 인하여 생길 회복하기 어려운 손해를 예방하기 위하여 긴급한 필요가 있다고 인정할 때 법원은 당사자의 신청이나 직권에 의하여 집행정지결정을 할 수 있다.
법적 성질		@ 집행정지결정은 사법작용이며 행정소송상 소극적 가구제의 성격을 가진다.
		ⓑ 적용범위: 집행정지는 무효등확인소송에는 준용이 되나, **부작위위법소송**에는 적용이 없다.
요건	**적극적 요건**	@ **적법한 본안소송의 계속**
		ⓑ **집행정지의 대상인 처분 등이 존재**: 처분이 아니거나 부작위는 집행정지가 허용되지 않는다. 따라서 취소소송이나 무효등 확인소송인 경우에만 적용되고 부작위위법확인소송의 경우에는 허용되지 않는다. 또한, 거부처분은 처분은 존재하지만 집행정지의 실익이 없으므로 허용되지 않는다.
		ⓒ **회복하기 어려운 손해예방의 필요**: 회복하기 어려운 손해란 금전으로 보상할 수 없는 손해를 의미한다. 금전으로 보상할 수 없는 손해란 금전보상이 불가능한 경우뿐만 아니라 금전보상으로는 사회관념상 행정처분을 받은 당사자가 참고 견딜 수 없거나 참고 견디기가 현저히 곤란한 유·무형의 손해를 말한다.

긍정한 판례	부정한 판례
㉮ 현역병입영처분의 효력이 정지되지 아니하면 다시 현역병으로 복무하지 않을 수 없는 경우	㉮ 과세처분의 납부로 인하여 입은 손해
㉯ **상고심에 계속 중인 형사피고인을 안양교도소로부터 진주교도소로 이송하는 경우**	㉯ 영업허가취소처분의 효력이 정지되지 않는다면 업소경영에 타격을 입게 되는 사정
㉰ 예산회계법에 의한 부정사업자 입찰자격정지처분으로 인해 본안소송이 종결될 때까지 국가기관 등의 입찰에 참가하지 못하게 됨으로 인하여 입은 손해	㉰ 수용재결처분으로 인한 손해
	㉱ 면허취소처분의 집행으로 인하여 면허취소된 택시의 운행수입의 감소에 따라 택시 운송업자가 입게 될 손해
㉱ 시의회로부터 제명을 당한 시의원이 제명의결에 대한 효력정지신청을 한 경우	㉲ 유흥접객영업허가의 취소처분으로 5,000여만원의 시설비를 회수하지 못하게 된다면 생계까지 위협받게 되는 결과가 초래될 수 있다는 등의 사정의 경우
㉲ **과징금납부명령으로 인해 사업자가 중대한 경영상의 위기를 맞게 될 것으로 보이는 경우**	

		@ **긴급한 필요**: 본안소송에 대한 판결을 기다릴 여유가 없음을 의미한다.

기출 OX

01 집행정지결정에 의하여 효력이 정지되는 처분이 당사자의 신청을 거부하는 것을 내용으로 하는 경우에는 당사자의 권익을 구제하는 데 아무런 보탬이 없어 이에 대한 효력정지는 허용되지 않는다는 것이 판례의 입장이다. 18. 국가직 7급 (   )

정답 01 ○

	소극적 요건	ⓐ **공공복리에 중대한 영향을 줄 우려가 없을 것**: 이는 당사자의 권리보호보다 공익을 우선하는 것으로서, 이때에는 공익을 우선해야 할 사정과 당사자의 권리보호의 필요성의 정도를 상호 엄격히 비교형량하여야 한다. 이에 대한 소명책임은 피신청인에게 있다. ⓑ **본안청구가 이유 없음이 명백하지 아니할 것**: 행정소송법상 명문의 규정이 없으나 판례는 "효력정지나 집행정지는 신청인이 본안소송에서 승소판결을 받을 때까지 그 지위를 보호함과 동시에 후에 받을 승소판결을 무의미하게 하는 것을 방지하려는 것이어서 본안소송에서 처분의 취소가능성이 없음에도 처분의 효력이나 집행의 정지를 인정한다는 것은 제도의 취지에 반하므로 효력정지나 집행정지사건 자체에 의하여도 신청인의 본안청구가 이유 없음이 명백하지 않아야 한다는 것도 효력정지나 집행정지의 요건에 포함시켜야 한다(대판 1997.4.28, 96두75)."고 판시하여, 적극설의 입장이다.
절차		본안이 계속된 법원에서 당사자의 신청 또는 직권에 의해 결정한다.
대상		ⓐ **거부처분**: 거부처분에 대해 집행정지가 인정될 수 있을지에 대해 견해가 대립되나, 대법원은 "거부처분은 효력이 정지된다 하더라도 그 처분이 없었던 것과 같은 상태를 만드는 것에 지나지 아니하는 것이고 그 이상으로 행정청에 대하여 어떠한 처분을 명하는 등 적극적인 상태를 만드는 것이 아니므로, **거부처분에 의하여 생길 회복할 수 없는 손해를 피하는데 아무런 보탬도 되지 아니하니 거부처분의 효력을 정지할 필요성이 없다**(대판 1991.5.2, 91두15)."는 이유로 거부처분에 대한 집행정지를 신청의 이익의 흠결로 부정하고 있다. ⓑ **부관**: 원칙적으로 인정될 수 없지만 부담의 경우에는 집행정지가 가능하다.
내용		ⓐ **처분의 효력정지**: 처분의 효력정지란 처분의 내용에 따르는 구속력·공정력·집행력 등을 정지함으로써 당사자에 대한 효과에 있어서 당해 처분이 잠정적으로 존재하지 않는 상태로 두는 것을 말한다. 그 효과 면에서 다른 집행정지결정 내용 중 가장 강력한 것이므로, 처분의 집행정지나 절차의 속행정지를 통하여 그 목적을 달성할 수 있는 경우에는 허용되지 않는다(효력정지의 보충성). ⓑ **처분의 집행정지**: 처분의 집행정지란 처분이 가지는 효력은 유지하면서 이를 실현하기 위한 집행력의 행사만을 정지하는 것이다. 강제출국명령을 받은 당사자에 대해 잠정적으로 강제출국하지 않도록 하는 경우를 들 수 있다. ⓒ **절차의 속행정지**: 이는 소송의 대상인 처분의 효력은 유지하면서 당해 처분의 후속절차를 잠정적으로 정지하게 하는 것을 말한다. 예컨대, 행정대집행절차의 경우에 후속적인 절차를 정지하는 것이 이에 해당한다.

효력	ⓐ **형성력**: 처분 등의 효력정지결정이 있으면 행정처분이 없었던 것과 같은 상태를 실현하는 것이므로, 그 범위 안에서 형성력을 가진다고 볼 수 있다. 복효적 행정행위의 경우 집행정지의 결정은 제3자에 대하여도 효력이 있다. 한편, 집행정지결정은 원칙적으로 장래에 향하여 발생한다. ⓑ **기속력**: 법원에 의해 집행정지결정이 내려지면 당사자인 행정청과 그 밖의 관계행정청을 기속한다. 따라서 행정청은 동일내용의 새로운 처분을 할 수 없고 만약 이러한 처분을 하였다면 이러한 처분은 당연무효이다. ⓒ **시간적 효력**: 집행정지결정의 효력은 별도로 시간적인 범위에 대해 특별히 정하고 있지 않는 한 당해 소송의 판결이 확정될 때까지 발생하게 된다. ⓓ **대인적 효력**: 집행정지결정의 효력은 제3자에게도 미친다.

ⓛ **가처분**

의의	ⓐ 가처분이란 '금전 이외의 특정한 급부를 목적으로 하는 청구권의 집행보전을 도모하거나 다툼이 있는 권리관계에 관하여 잠정적으로 임시의 지위를 정하는 것을 목적으로 하는 가구제제도'이다. ⓑ 행정소송법의 규정은 없고, 민사집행법 제300조에서 규정을 두고 있다.
항고소송에서 가처분의 인정 여부	ⓐ 행정소송법에는 가처분에 관한 명문의 규정이 없다. 따라서 민사집행법상의 가처분제도를 항고소송에 준용할 수 있는지가 문제된다. ⓑ 이에 대해 학설은 견해가 대립되나 대법원은 "항고소송에 대하여는 민사소송법 중 가처분에 관한 규정이 적용된다고 인정할 수 없다(대결 1961.11.20, 4292행항2)."고 판시하여, **부정설**의 입장이다.
당사자 소송에서 가처분의 인정 여부	도시 및 주거환경정비법상 행정주체인 주택재건축정비사업조합을 상대로 관리처분계획안에 대한 조합 총회결의의 효력을 다투는 소송은 행정처분에 이르는 절차적 요건의 존부나 효력 유무에 관한 소송으로서 소송결과에 따라 행정처분의 위법 여부에 직접 영향을 미치는 공법상 법률관계에 관한 것이므로, 이는 행정소송법상 당사자소송에 해당한다. 그리고 이러한 당사자소송에 대하여는 행정소송법 제23조 제2항의 집행정지에 관한 규정이 준용되지 아니하므로(행정소송법 제44조 제1항 참조), 이를 본안으로 하는 **가처분에 대하여는 행정소송법 제8조 제2항에 따라 민사집행법상 가처분에 관한 규정이 준용되어야 한다**(대결 2015.8.21, 2015무26).

③ **소변경**

> **행정소송법**
>
> **제21조【소의 변경】** ① 법원은 취소소송을 당해 처분 등에 관계되는 사무가 귀속하는 국가 또는 공공단체에 대한 당사자소송 또는 취소소송 외의 항고소송으로 변경하는 것이 상당하다고 인정할 때에는 청구의 기초에 변경이 없는 한 사실심의 변론종결시까지 원고의 신청에 의하여 결정으로써 소의 변경을 허가할 수 있다.
> ② 제1항의 규정에 의한 허가를 하는 경우 피고를 달리하게 될 때에는 법원은 새로이 피고로 될 자의 의견을 들어야 한다.
> ③ 제1항의 규정에 의한 허가결정에 대하여는 즉시항고할 수 있다.
> ④ 제1항의 규정에 의한 허가결정에 대하여는 제14조 제2항·제4항 및 제5항의 규정을 준용한다.

제22조【처분변경으로 인한 소의 변경】 ① 법원은 행정청이 소송의 대상인 처분을 소가 제기된 후 변경한 때에는 원고의 신청에 의하여 결정으로써 청구의 취지 또는 원인의 변경을 허가할 수 있다.

② 제1항의 규정에 의한 신청은 처분의 변경이 있음을 안 날로부터 60일 이내에 하여야 한다.

③ 제1항의 규정에 의하여 변경되는 청구는 제18조 제1항 단서의 규정에 의한 요건을 갖춘 것으로 본다.

④ 법원의 심리범위

> **행정소송법**
>
> **제26조【직권심리】** 법원은 **필요하다고 인정할 때**에는 직권으로 증거조사를 할 수 있고, 당사자가 주장하지 아니한 사실에 대하여도 판단할 수 있다.

⑤ 판결의 종류

취소판결의 종류

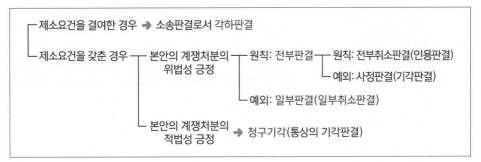

> **행정소송법**
>
> **제28조【사정판결】** ① 원고의 청구가 이유있다고 인정하는 경우에도 처분등을 취소하는 것이 현저히 공공복리에 적합하지 아니하다고 인정하는 때에는 법원은 원고의 청구를 **기각할 수 있다.** 이 경우 법원은 그 판결의 **주문**에서 그 처분등이 위법함을 명시하여야 한다.
>
> ② 법원이 제1항의 규정에 의한 판결을 함에 있어서는 미리 원고가 그로 인하여 입게 될 손해의 정도와 배상방법 그 밖의 사정을 **조사하여야 한다.**
>
> ③ 원고는 피고인 행정청이 속하는 **국가 또는 공공단체를 상대로** 손해배상, 제해시설의 설치 그 밖에 적당한 구제방법의 청구를 당해 취소소송등이 계속된 법원에 병합하여 제기할 수 있다.

기출 OX

01 (행정소송법 제8조 제2항은 "행정소송에 관하여 이 법에 특별한 규정이 없는 사항에 대하여는 법원조직법과 민사소송법 및 민사집행법의 규정을 준용한다."고 규정한다) 민사소송법상 가처분은 항고소송에서 허용된다. 17. 사회복지직 9급

( )

정답 01 ×

각하판결			요건심리 결과 취소소송의 제기가 요건을 갖추지 못한 부적법한 것인 때에는 법원이 취소소송을 받아들일 수 없다는 판결을 말한다.
본안 심리	기각 판결		원처분이 적법·타당하고 심판청구가 이유 없다고 인정할 때에는 그 심판청구를 기각한다.
		사정 판결	㉠ 원고의 청구가 이유 있다고 인정하는 경우에도 처분 등을 취소하는 것이 현저히 공공복리에 적합하지 아니하다고 인정하는 때에는 법원은 원고의 청구를 기각할 수 있다. 이 경우 **법원은 그 판결의 주문에서 그 처분 등이 위법함을 명시하여야 한다.** ㉡ 대법원은 "사정판결제도가 위법한 처분으로 법률상 이익을 침해당한 자의 기본권을 침해하고, 법치행정에 반하는 위헌적인 제도라고 할 것은 아니다(대판 2009.12.10, 2009두8359)."고 판시하여 합헌으로 보았다. ㉢ 사정판결을 하기 위해서는 ⓐ 원고의 청구가 이유 있다고 인정될 것(처분의 위법성 판단은 처분시를 기준으로 한다), ⓑ 처분 등의 취소가 현저히 공공복리에 적합하지 아니할 것(공공복리에 반하는지 여부는 판결시, 즉 **사실심변론종결시**를 기준으로 판단하여야 한다), ⓒ 피고인 행정기관의 신청이 있을 것[판례는 **행정소송법 제26조 해석에 따라 소송상 일건기록에 현출된 한도내에서는 법원의 직권에 의한 사정판결도 가능하다고 본다**(대판 1991.5.28, 90누1359)]의 요건을 갖추어야 한다. ㉣ 법원은 사정판결을 함에 있어서는 미리 원고가 그로 인하여 입게 될 손해의 정도와 배상방법 그 밖의 사정을 조사하여야 한다. ㉤ 원고는 피고인 행정청이 속하는 국가 또는 공공단체를 상대로 손해배상, 제해시설의 설치 그 밖에 적당한 구제방법의 청구를 당해 취소소송 등이 계속된 법원에 병합하여 제기할 수 있다. ㉥ 취소소송에서는 적용되고, 부작위위법확인소송에서는 적용되지 않는다. 무효등확인소송에서는 대법원이 "당연무효의 행정처분을 소송목적물로 하는 행정소송에서는 존치시킬 효력이 있는 행정행위가 없기 때문에 행정소송법 제28조 소정의 사정판결을 할 수 없다(대판 1996.3.22, 95누5509)."라고 판시하여, **부정설**의 입장이다.
	인용 판결	의의	본안심리 결과 원고의 청구가 이유 있다고 인정하여 청구의 취지를 받아들이는 내용의 판결을 말한다.
		종류	㉠ 전부취소판결: 원고의 청구가 이유 있다고 인정할 때는 처분 등을 전부취소하는 판결을 말한다. ㉡ 일부취소판결: '원고의 청구 중 일부분에만 위법이 있는 경우 법원이 그 일부에 대하여만 인용(취소)판결을 하는 것'을 말한다.

⑥ (취소)판결의 효력

취소판결의 효력

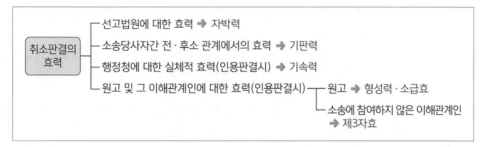

㉠ 기판력

의의	ⓐ 기판력이란 행정소송의 대상인 소송물에 관한 법원의 판단이 내려져서 이 판단이 형식적 확정력을 갖게 된 경우에는, 법원은 동일한 소송물에 있어서 종전의 판단에 모순·저촉되는 판단을 할 수 없으며, 소송의 당사자 및 그의 승계인들도 그에 반하는 주장을 하여 다투는 것이 허용되지 않는 효력을 말한다. ⓑ 기판력은 소송절차의 반복과 모순된 재판의 방지라는 법적 안정성의 요청에 따라 인정되는 효력이다. ⓒ 기판력은 **인용판결과 기각판결의 경우 모두 인정**된다.
인정 범위	주관적 범위
	객관적 범위
	시간적 범위
판례	ⓐ 취소소송(전소)의 (확정)기각판결 ➡ 무효확인소송(후소)의 경우: 전소인 취소소송에서 기각판결이 선고되어 확정되었다면, 당해 처분이 적법하다는 점에 대해 후소인 무효등확인소송에도 미치게 되므로 후소인 무효확인소송에서는 기판력이 미쳐 인용판결을 할 수 없다. ⓑ 무효확인소송(전소)의 (확정)기각판결 ➡ 취소소송(후소)의 경우: 그러나 전소인 무효등확인소송에서의 기각판결이 선고되어 확정되었더라도, 이는 처분이 무효가 아니라는 점, 즉 유효하다는 점에 대해서만 기판력이 발생하므로 당해 처분에 대한 취소를 구하는 소송을 다시 제기할 수 있다.

인정 범위의 각 설명:
- 주관적 범위: 기판력은 당해 소송의 당사자 및 당사자와 동일시할 수 있는 자에게만 미치고, 제3자에게는 미치지 않는다.
- 객관적 범위: 취소소송의 판결의 기판력은 민사소송과 마찬가지로 **판결주문** 중에 표시된 소송물에 대한 판단에 대해서만 발생하는 것이 원칙이다.
- 시간적 범위: 기판력은 **사실심변론의 종결시**를 표준으로 하여 발생한다. 즉, 당사자는 **사실심의 변론종결시**까지 소송자료를 제출할 수 있고, 종국판결도 그때까지 발생한 자료를 기초로 하여 행하는 것이므로, 그 시점을 기점으로 기판력이 발생하게 된다.

ⓛ **기속력**

> **행정소송법**
>
> **제30조【취소판결 등의 기속력】** ① 처분 등을 취소하는 확정판결은 그 사건에 관하여 당사자인 행정청과 그 밖의 관계행정청을 기속한다.
> ② 판결에 의하여 취소되는 처분이 당사자의 신청을 거부하는 것을 내용으로 하는 경우에는 그 처분을 행한 행정청은 판결의 취지에 따라 다시 이전의 신청에 대한 처분을 하여야 한다.
> ③ 제2항의 규정은 신청에 따른 처분이 절차의 위법을 이유로 취소되는 경우에 준용한다.
>
> **제34조【거부처분취소판결의 간접강제】** ① 행정청이 제30조 제2항의 규정에 의한 처분을 하지 아니하는 때에는 제1심수소법원은 당사자의 신청에 의하여 결정으로써 상당한 기간을 정하고 행정청이 그 기간 내에 이행하지 아니하는 때에는 그 지연기간에 따라 일정한 배상을 할 것을 명하거나 즉시 손해배상을 할 것을 명할 수 있다.
> ② 제33조와 민사집행법 제262조의 규정은 제1항의 경우에 준용한다.

의의		ⓐ 판결의 기속력이란 '처분이나 재결을 취소하는 확정판결이 내려진 경우 그 내용에 따라 당사자인 행정청과 관계행정청에게 판결의 취지에 따라 행동할 의무를 지우는 효력'을 말한다. ⓑ 행정소송법 제30조에서 규정하고 있고, 이를 무효등확인소송과 부작위위법확인소송 및 **당사자소송**에 준용하고 있다(행정소송법 제38조 제1항·제2항, 제44조 제1항).
인정범위	주관적 범위	기속력은 당사자인 행정청뿐만 아니라 그 밖의 관계행정청에도 미친다. 여기에서 관계행정청은 처분청과 같은 조직에 속하는 행정청뿐만 아니라 취소된 처분 등과 관련이 있는 모든 행정청을 가리킨다.
	객관적 범위	ⓐ 기속력은 취소판결 등의 실효성을 도모하기 위하여 인정된 효력이므로, 판결주문 및 그 이유에 적시된 위법사유와 그 위법사유와 기본적 사실관계의 동일성이 인정되는 범위까지 미친다. ⓑ 전제로 된 요건사실의 인정과 효력의 판단에만 미치고, 판결의 결론과 관계없이 생각하는 대로 거리낌 없이 하는 의논이나 간접사실의 판단에는 미치지 않는다.
	시간적 범위	기속력은 처분시설에 따라 **처분 당시 이전**까지의 위법사유에 대해서만 미친다. 따라서 처분 이후에 발생한 새로운 법령 및 사실사태의 변동을 이유로 동일한 내용의 처분을 다시 하는 것은 기속력에 반하지 않는다.
내용	반복 금지효	취소판결이 확정되면 관계행정청이 동일한 사실관계 아래에서 동일한 당사자에 대하여 종전과 동일한 내용의 처분 등을 반복할 수 없다는 효력을 말한다(행정소송법 제30조 제1항).

내용	재처분 의무	ⓐ **거부처분취소판결에 따르는 재처분의무**: 행정소송법 제30조 제2항은 거부처분취소판결이 확정된 경우에 그 실효성을 확보하기 위하여 행정청의 재처분의무를 규정하고 있다. 즉, 거부처분에 대한 취소판결이 확정된 경우에는 그 처분을 행한 행정청은 원고의 새로운 신청을 기다리지 않고 판결의 취지에 따라 다시 이전의 신청에 대한 처분을 하여야 한다. ⓑ **행정소송법 제30조 제3항의 재처분의무**: 신청에 따른 처분, 즉 인용처분이 제3자의 제소에 의하여 절차상 하자가 있음을 이유로 취소된 경우에는 판결의 취지에 따라 적법한 절차에 의하여 신청에 대한 처분을 다시 하여야 한다(행정소송법 제30조 제3항).
	원상회복 의무	ⓐ 취소판결이 확정되면 행정청은 취소된 처분에 의해 초래된 위법상태를 제거하여 원상회복할 의무를 진다. ⓑ 취소판결의 기속력에 원상회복의무가 포함되는지 여부에 대해 견해가 대립되나, 긍정하는 것이 통설과 판례의 태도이다.
위반 효과		ⓐ 취소판결로 인해 취소된 처분과 동일한 사실관계에 있는데도 행정청이 종전과 동일한 내용의 처분을 다시 발령한 경우에 그 처분의 효력은 당연무효라고 보는 것이 통설과 판례의 입장이다. ⓑ 대법원은 **거부처분 이후 판결시 이전의 법령개정의 경우** "거부처분 후에 법령이 개정·시행된 경우에는 개정된 법령 및 허가기준을 새로운 사유로 들어 다시 이전의 신청에 대한 거부처분을 할 수 있으며 그러한 처분도 행정소송법 제30조 제2항에 규정된 재처분에 해당된다(대판 1998.1.7, 97두22)."고 판시하고 있다. ⓒ **개정법령에서 경과규정을 둔 경우** 판례에 따르며 "종전의 개정 전 법령에 따라 재처분이 이루어져야 할 것이므로 새로운 개정법령에 따라 거부처분한 것은 취소판결의 기속력에 저촉되는 것으로서 그 하자가 중대하고 **명백하여 당연무효**라 할 것이다(대결 2002.12.11, 2002무22)."라고 판시하고 있다.
간접강제		ⓐ 행정소송법은 "행정청이 취소판결의 취지에 따른 처분을 하지 아니하는 경우에는, 제1심 수소법원은 당사자의 신청에 의하여 결정으로써 처분을 하여야 할 상당한 기간을 정하고 행정청이 그 기간 내에 처분을 하지 아니하는 때에는 그 지연기간에 따라 일정한 배상을 할 것을 명하거나 즉시 손해배상을 할 것을 명할 수 있다."고 규정하여 취소판결의 기속력으로서 재처분의무의 실효성을 담보하기 위한 간접강제제도를 채택하고 있다(동법 제34조 제1항). ⓑ 간접강제의 인용요건: 제1심 수소법원이 승소한 원고의 간접강제의 신청이 있는 경우 ⓘ 거부처분취소판결 또는 부작위법확인판결이 확정되었음에도 불구하고, ⓘⓘ 피고인 행정청이 행정소송법 제30조 제2항에 따른 재처분의무를 다하지 아니하는 경우 인용결정을 하여야 한다. 대법원은 "거부처분에 대한 취소의 확정판결이 있음에도 행정청이 아무런 재처분을 하지 아니하거나, 재처분을 하였다 하더라도 그것이 종전 거부처분에 대한 취소의 확정판결의 기속력에 반하는 등으로 당연무효라면 이는 아무런 재처분을 하지 아니한 때와 마찬가지라 할 것이므로 이러한 경우에는 위 규정에 의한 간접강제신청에 필요한 요건을 갖춘 것으로 보아야 할 것이다(대결 2002.12.11, 2002무22)."라고 판시하고 있다.

ⓒ 제1심 수소법원의 간접강제결정에도 불구하고 피고인 행정청이 간접
강제결정문에서 정한 이행기간이 지나도록 재처분의무를 다하지 아니한
경우에는 지정된 이행기간의 익일로부터 도과된 기간에 대해 지연배상금
을 추심함으로써 심리적 강제를 통한 재처분의무를 간접강제하게 된다.
ⓓ 부작위위법확인소송에서는 준용되나, 거부처분에 대한 **무효확인소송에
서는 적용될 여지가 없다는 것이** 판례의 태도이다.

기속력과 기판력의 차이점

구분	기판력	기속력
성질	소송법상 구속력	실체법상 구속력
인정 범위	인용·기각판결 모두에 인정	인용판결에만 인정됨
인적 범위	당사자와 후소법원	관계행정청
시간적 범위	사실심변론종결시	처분시(거부처분의 경우에는 학설이 대립함)
객관적 범위	판결주문에 표시된 계쟁처분의 위법 또는 적법성 일반	판결주문과 판결이유 중에 설시된 개개의 위법사유

ⓒ **형성력(제3자에 대한 효력)**

행정소송법

제29조【취소판결 등의 효력】 ① 처분 등을 취소하는 확정판결은 제3자에 대하여도
효력이 있다.
② 제1항의 규정은 제23조의 규정에 의한 집행정지의 결정 또는 제24조의 규정에
의한 그 집행정지결정의 취소결정에 준용한다.

의의	ⓐ 판결의 형성력이란 판결의 취지에 따라 법률관계의 발생·변경·소멸을 가져오는 효력을 말한다. ⓑ 취소판결이 확정되면, 이러한 판결의 형성력은 행정소송법 제29조 제1항은 "처분 등을 취소하는 확정판결은 제3자에 대하여도 효력이 있다."고 규정하여, 취소판결의 형성력이 제3자에 대하여도 미친다는 것을 명시하였다.	
제3자의 보호	취소판결의 확정 이전 (소송참가)	ⓐ 법원은 소송의 결과에 따라 권리 또는 이익의 침해를 받을 제3자가 있는 경우에는 당사자 또는 제3자의 신청 또는 직권에 의하여 결정으로써 그 제3자를 소송에 참가시킬 수 있다. ⓑ 법원이 결정을 하고자 할 때에는 미리 당사자 및 제3자의 의견을 들어야 한다. ⓒ 신청을 한 제3자는 그 신청을 각하한 결정에 대하여 즉시항고할 수 있다. ⓓ 소송에 참가한 제3자에 대하여는 민사소송법 제67조의 규정을 준용한다.

취소판결 확정 이후 (재심청구)	ⓐ 처분 등을 취소하는 판결에 의하여 권리 또는 이익의 침해를 받은 제3자는 자기에게 책임 없는 사유로 소송에 참가하지 못함으로써 판결의 결과에 영향을 미칠 공격 또는 방어 방법을 제출하지 못한 때에는 이를 이유로 확정된 종국판결에 대하여 재심의 청구를 할 수 있다. ⓑ 청구는 확정판결이 있음을 **안 날로부터 30일 이내**, 판결이 **확정된 날로부터 1년 이내**에 제기하여야 한다. ⓒ 기간은 불변기간으로 한다.

(6) 무효등확인소송

제소요건	가구제	본안판단
① 대상: 처분 등 ② 원고적격: 법률상 이익 ③ 피고적격: 처분청 ④ 협의의 소익 　㉠ 즉시확정이익설(보충성) 　**㉡ 즉시확정이익부정설(판례)**	집행정지(〇) 가처분(×)	① 위법 + 중대·명백 ② 중대·명백은 **원고입증** ③ 기속력·기판력·제3자효(〇) ④ **제34조 간접강제(×)**

의의		무효등확인소송이란 행정청의 처분 등의 효력 유무 또는 존재 여부를 확인하는 소송을 말한다.
종류		① 적극적 확인소송: 유효확인소송, 처분 등의 존재확인소송 ② 소극적 확인소송: 무효확인소송, 부존재확인소송, 실효확인소송
제소 요건	대상 적격 등	① 무효등확인소송도 취소소송의 경우와 마찬가지로 처분 등을 대상으로 한다. ② 무효등확인소송도 취소소송과 마찬가지로 원고적격과 피고적격에 관한 내용이 준용된다.
	협의의 소익	① 무효등확인소송은 처분 등의 효력의 유무 또는 존재 여부의 확인을 구할 법률상 이익이 있는 자가 제기할 수 있다(행정소송법 제35조). ② 여기서 '확인을 구할 법률상 이익'의 의미와 관련하여 무효등확인소송에서도 민사소송에서의 확인의 이익이 요구되는지, 그리고 무효등확인소송이 보충적으로 적용되는 것인지가 문제된다. ③ 종래 판례는 무효등확인소송을 보충적인 소송으로 보아 즉시확정의 이익을 요구하여 왔다(대판 1988.3.8, 87누133). 그러나 최근 전원합의체판결을 통하여 "행정처분의 근거 법률에 의하여 보호되는 직접적이고 구체적인 이익이 있는 경우에는 행정소송법 제35조에 규정된 '무효확인을 구할 법률상 이익'이 있다고 보아야 하고, 이와 별도로 **무효확인소송의 보충성이 요구되는 것은 아니므로 행정처분의 무효를 전제로 한 직접적인 구제수단이 있는지 여부를 따질 필요가 없다고 해석함이 상당하다.**"고 하여 무효등확인소송에서 즉시확정의 이익이 요구되지 않는다는 입장으로 변경하였다(대판 2008.3.20, 2007두6342).
	기타 제소 요건	무효등확인소송에는 당연무효의 성질상 제소기간이나 행정심판전치주의가 적용될 여지가 없다.

(7) 부작위위법확인소송

제소요건	가구제	본안판단
① 대상: 부작위 ② 원고적격 　㉠ 신청 　㉡ **법규·조리상 신청권** ③ 피고적격: 부작위청 ④ 협의의 소익 ⑤ 제소기간 　㉠ 원칙: × 　㉡ 예외: 행정심판 ➡ **정본송달 90일** ⑥ 행정심판전치(필수)	집행정지(×) 가처분(×)	부작위의 위법 ➡ **법규·조리상 신청권(절차심리설)**

의의		① 부작위위법확인소송이란 '행정청의 부작위가 위법임을 확인하는 소송'을 말한다. ② 부작위위법확인소송은 소극적 확인소송으로서의 성질을 갖는다.
제소 요건	대상 적격	① 부작위란 '행정청이 당사자의 신청에 대하여 상당한 기간 내에 일정한 처분을 하여야 할 법률상 의무가 있음에도 불구하고 이를 하지 아니하는 것'을 말한다(행정소송법 제2조 제1항 제2호). ② 부작위의 성립요건: ㉠ 당사자의 신청이 있을 것, ㉡ 일정한 처분을 하여야 할 법률상 의무가 있을 것, ㉢ 상당한 기간의 경과, ㉣ 처분의 부존재의 요건을 갖추어야 한다. ③ 부작위가 성립하기 위해서는 당사자의 신청과 관련하여 신청인에게 일정한 법규상 혹은 조리상 신청권이 있어야 하는지에 대해서 학설상 견해의 대립이 있으나, 판례는 일관되게 "부작위위법확인소송의 대상이 되는 부작위처분이 되기 위해서는 법규상·조리상의 신청권이 존재해야 하고 단지 행정청의 직권발동을 촉구하는 데 불과한 신청에 대한 무응답은 이에 해당하지 않는다(대판 1999.12.7, 97누17568)."고 판시하여 **적극설**의 입장이다.
	원고 적격	① 부작위위법확인소송의 원고적격은 처분의 신청을 한 자로서 부작위의 위법의 확인을 구할 법률상 이익이 있는 자만이 가진다(행정소송법 제36조). 이와 관련하여 '신청을 한 자로서 법률상 이익이 있는 자'의 의미와 관련하여 처분의 신청을 한 사실만으로 충분한지 아니면 이와 더불어 법규상 혹은 조리상 신청권이 있어야 하는지에 대해 견해가 대립된다. ② 판례는 "법규상 또는 조리상 권리를 갖고 있지 아니한 경우에는 원고적격이 없거나 항고소송의 대상인 위법한 부작위라고 볼 수 없다(대판 1999.12.7, 97누17568)."고 판시함으로써, **원고적격과 대상적격의 두 요건으로** 보고 있다.
	피고 적격	피고는 부작위를 한 행정청이 된다.

	협의의 소익	부작위위법확인소송의 협의의 소익에 관한 명문의 규정은 없으나 확인소송의 본질상 확인의 이익, 즉 부작위가 위법하다는 확인을 구할 이익이 있어야 한다. 따라서 부작위위법확인소송의 계속 도중 부작위상태가 해소되거나, 부작위위법확인판결을 받는다 하더라도 원고의 법률상 지위를 침해하는 불안 내지 위험의 회복을 기대할 수 없는 경우에는 소의 이익이 없어 **각하된다**(대판 1991.11.8, 90누9391).
	제소 기간	부작위위법확인소송에 대해서는 부작위의 성질상 원칙적으로 제소기간이 인정될 수 없다(그러나 행정소송법 명문의 규정상 준용됨). 그러나 부작위에 대해서도 행정심판으로서 의무이행심판을 제기할 수 있으므로 이러한 경우에는 **행정심판의 재결서의 정본을 송달받은 날로부터 90일 이내에 소송을 제기하여야 한다.**
	행정 심판 전치	취소소송에 관한 행정심판전치주의 규정은 부작위위법확인소송에도 준용된다. 따라서 다른 법률에 특별한 규정이 없는 이상 행정심판을 거치지 않고도 부작위위법확인소송을 제기할 수 있다.
위법 판단 기준시		① 부작위위법확인소송에 있어서의 위법판단의 기준시를 어느 때로 하느냐에 관하여 ㉠ 소제기시설과, ㉡ 판결시설(구두변론종결시)로 나뉘어 있으나, 판결시설이 타당하다. ② 대법원도 부작위위법확인소송은 취소소송과는 달리 위법판단의 기준시점은 처분시가 아니라 **판결시**의 법령 및 사실상태를 기초로 하여야 한다고 본다.
심리 범위		① 부작위위법확인의 소가 제기된 경우 법원의 심리범위가 부작위의 위법 여부에 한정되는지 아니면 실체적인 내용도 포함하는지에 대해 학설상 견해가 대립된다. ② 판례는 "부작위위법확인의 소는 행정청이 국민의 법규상 또는 조리상의 권리에 기한 신청에 대하여 상당한 기간 내에 그 신청을 인용하는 적극적 처분을 하거나 또는 각하 내지 기각하는 등의 소극적 처분을 하여야 할 법률상의 응답의무가 있음에도 불구하고 이를 하지 아니하는 경우 판결시를 기준으로 그 부작위의 위법함을 확인함으로써 행정청의 응답을 신속하게 하여 부작위 내지 무응답이라고 하는 소극적인 위법상태를 제거하는 것을 목적으로 하는 것이고, 나아가 당해 판결의 구속력에 의하여 행정청에게 처분 등을 하게 하고, 다시 당해 처분 등에 대하여 불복이 있는 때에는 그 처분 등을 다투게 함으로써 최종적으로는 국민의 권리·이익을 보호하려는 제도이다(대판 1992.7.28, 91누7361)."라고 판시하여, **절차적 심리설**을 취하고 있다.

(8) 당사자소송

> **행정소송법**
>
> **제3조 【행정소송의 종류】** 행정소송은 다음의 네가지로 구분한다.
> 2. 당사자소송: 행정청의 처분 등을 원인으로 하는 법률관계에 관한 소송 그 밖에 공법상의 법률관계에 관한 소송으로서 그 법률관계의 한쪽 당사자를 피고로 하는 소송

의의	① 실질적 당사자소송이란 '대등당사자 사이의 공법상의 권리관계에 관한 소송으로서 통상의 당사자소송'을 말한다. ② 실질적 당사자소송은 원고의 청구에 따라 '확인소송 또는 이행소송'의 성질을 갖는다.	
대상	당사자소송의 대상은 ① 처분 등을 원인으로 하는 법률관계 또는 ② 처분 등을 원인으로 하지 않는 공법상 법률관계이다.	
원고 적격	항고소송과는 달리 당사자소송의 원고적격에 관한 규정은 없으므로 민사소송법상의 원고적격에 관한 규정이 준용된다. 따라서 '이행소송의 경우 취소소송의 원고적격을 준용하고 확인소송의 경우 즉시확정의 이익으로 판단한다고 봄이 일반적인 입장이다.	
피고 적격	**국가** 또는 **공공단체**, 또는 **그 밖의 권리주체로서 공무수탁사인**이 피고이다.	
재판 관할	당사자소송의 재판관할에 관하여서는 취소소송에 관한 규정이 준용된다(제40조, 제9조).	
제소 기간	① 당사자소송은 다른 법령에 특별한 규정이 없는 한 제소기간의 제한이 없다. ② 당사자소송에 관하여 법령에 제소기간이 정하여져 있는 때에는 그 기간은 불변기간으로 한다.	
가구제	행정소송법에서는 당사자소송에 관한 특별한 가구제에 관한 규정을 두고 있지 않으므로, 행정소송법 제8조 제2항에 따라 민사집행법 제300조의 가처분 규정을 준용하여 당사자소송에서는 **가처분에 의한 가구제가 허용**된다. 대법원도 마찬가지의 입장이다.	
준용 규정	① 당사자소송도 취소소송에 관한 규정이 광범위하게 준용된다(제44조 제1항). ② 그러나 피고적격, 소송대상, 행정심판전치주의, 제소기간, 집행정지, 사정판결, 제3자의 재심청구 등에 관한 규정은 당사자소송의 성격상 준용되지 않는다.	

당사자소송의 대상

당사자 소송	공법상 계약에 관한 소송	① 전문직공무원(서울대공전술연구소 연구원) **채용계약해지의 의사표시**(대판 1993.9.14, 92누4611) ② 서울특별시립무용단단원의 위촉과 해촉(대판 1995.12.22, 95누4636) ③ 광주광역시립합창단원 재위촉거부(대판 2001.12.11, 2001두7794) ④ 공중보건의사전문직공무원 채용계약해지의 의사표시(대판 1996.5.31, 95누10617)
	공법상의 신분·지위 등의 확인소송	① **공무원**(국공립학교 학생, 국가유공자)**의 지위확인소송**(대판 1998.10.23, 98두12932) ② 농지개량조합직원의 지위확인소송(대판 1977.7.26, 76다3022) ③ 재개발조합을 상대로 한 조합원의 조합원지위확인소송(그러나 관리처분계획 또는 그 내용인 분양거부처분 등에 관하여는 경우에는 항고소송에 의한다(대판 1996.2.15, 94다31235). ④ 영관생계보조기금권리자확인소송(대판 1991.1.25, 90누3041) ⑤ 태극무공훈장을 수여받은 자임의 확인을 구하는 소송(대판 1990.10.23, 90누4440) ⑥ 텔레비전방송수신료 통합징수권한부존재확인(대판 2008.7.24, 2007다25261)

		⑦ **주택재건축정비사업조합을 상대로 관리처분계획안**(사업시행계획안)**에 대한 조합총회결의의 효력을 다투는 소송**[대판 2009.9.17, 2007다2428(전합)]
	공법상 금전지급 청구소송	① 석탄산업법에 의한 석탄가격 안정지원금 지급청구소송(석탄산업지원금청구소송)(대판 1997.5.30, 95다28960) ② 석탄산업법상 재해위로금지급의 청구(폐광산에서 업무상 재해를 입은 근로자에게 지급되는 재해위로금청구)(대판 1999.1.26, 98두12598) ③ 광주민주화운동관련자 보상 등에 관한 법률상 보상금지급 청구소송(대판 1992.12.24, 92누3335) ④ 공무원연금법상 유족부조금청구소송(대판 1970.10.30, 70다833) ⑤ **공무원연금법령 개정으로 퇴직연금 중 일부금액의 지급이 정지되어서 미지급된 퇴직연금의 지급을 구하는 소송**(대판 2004.12.24, 2003두15195) ⑥ 사실상 유치원 교사의 업무를 담당하여 온 유치원 교사의 자격이 있는 자의 수령지체된 보수의 지급을 구하는 소송(대판 1991.5.10, 90다10766) ⑦ 사업시행자가 환매권자를 상대로 하는 환매가격의 증감에 관한 소송(대판 2002.6.14, 2001다24112) ⑧ 하천법상 보상금청구소송[대판 2006.5.18, 2004다6207(전합)] ⑨ 수도료부과처분의 무효로 인한 채무부존재확인소송(대판 1977.2.22, 76다2517) ⑩ 토지수용보상금 증감청구소송(대판 1991.11.26, 91누285) ⑪ 납세의무부존재확인의 소(대판 2000.9.8, 99두2765), 조세채무부존재확인소송 ⑫ 항만공사시행자인 비관리청의 항만시설 무상사용기간의 산정기준이 되는 총사업비산정에 관한 소송(대판 2001.9.4, 99두10148) ⑬ 토지취득보상법에 의한 주거이전비 보상청구(대판 2008.5.29, 2007다8129) ⑭ 지방자치단체가 보조금지급결정시 일정 기한 내에 보조금을 반환하도록 하는 부담을 붙인 경우 지방자치단체의 보조금반환청구(대판 2011.6.9, 2011다2951)
항고소송		① 민주화운동 관련자 명예회복 및 보상 등에 관한 법률에 따른 보상금 지급을 구하는 소송 ② **공무원연금관리공단의 급여결정** ③ 도시 및 주거환경정비법상의 주택재건축정비사업조합이 수립한 관리처분계획에 대하여 관할 행정청의 인가·고시가 있은 경우 관리처분계획에 대한 소송 ④ 의료보호법상 진료기관의 보호비용청구에 대해 보호기관이 심사 결과 진료비 지급을 거절한 경우 ⑤ 특수임무수행자 및 그 유족으로서 보상금 등을 지급받고자 하는 자의 신청에 대하여 위원회가 대상자에 해당하지 않는다는 이유로 기각하는 결정

당사자소송과 항고소송의 비교

구분	항고소송	당사자소송
소의 대상	행정청의 처분 등과 부작위	처분 등으로 인한 공법상 법률관계
성질	행정청의 우월적 지위를 전제함	행정청의 대등한 지위를 전제로 함
원고적격	행정소송법 제12조(법률상 이익이 있는 자)	특별한 규정 없음(권리보호의 이익)
피고적격	처분청 등	국가 또는 공공단체
종류	① 취소소송 ② 무효등확인소송 ③ 부작위위법확인소송	① 공법상 법률관계에 대한 소송 ② 처분 등으로 인한 법률관계에 관한 소송
제소기간	규정(제한) 있음(90일, 1년)	규정 없음(특별한 규정이 없는 한 제소기간의 제한이 없음)
전심절차	임의적 행정심판전치주의가 적용됨	행정심판전치주의가 적용되지 않음
가집행선고	집행정지선고 가능	가처분선고 가능
판결의 효력	전면적 기속력(행정소송법 제30조)	일반적 기속력만 인정 (행정소송법 제30조 제1항)

행정소송법의 규정 적용

구분	취소소송	무효등확인소송	부작위위법확인	당사자소송
재판관할(제9조)	○	○	○	○
피고적격(제13조)	○	○	○	×
피고의 경정(제14조)	○	○	○	○
공동소송(제15조)	○	○	○	○
소송참가(제16조, 제17조)	○	○	○	○
행정심판전치주의(제18조)	○	×	○	×
취소소송의 대상(제19조)	○	○	○	×
제소기간의 제한(제20조)	○	×	제20조 제2항은 준용 안 됨	×
소의 변경(제21조, 제22조)	○	○	제22조는 준용 안 됨	○
집행부정지원칙(제23조)	○	○	×	×
행정심판기록제출명령(제25조)	○	○	○	○
직권심리(제26조)	○	○	○	○
사정판결(제28조)	○	×	×	×
확정판결의 대세적 효력(제29조)	○	○	○	×
판결의 기속력(제30조)	○	○	○	○
제3자의 재심청구(제31조)	○	○	○	×
간접강제(제34조)	○	×	○	×

: 두문자

- 무효등확인소송: 강제전사
- 부작위위법확인소송: 집사소
- 당사자소송: 강제전사, 3대, 재집피

기출 OX

01 무효등확인소송에는 취소소송의 제소기간에 관한 규정이 준용되지 않는다.
22. 국가직 7급　(　)

정답　01 ○

5. 행정심판

(1) 행정심판과 행정소송의 비교

> **행정심판법**
>
> **제4조【특별행정심판 등】** ① 사안(事案)의 전문성과 특수성을 살리기 위하여 특히 필요한 경우 외에는 이 법에 따른 행정심판을 갈음하는 특별한 행정불복절차(이하 "특별행정심판"이라 한다)나 이 법에 따른 행정심판 절차에 대한 특례를 다른 법률로 정할 수 **없다.**
> ② 다른 법률에서 특별행정심판이나 이 법에 따른 행정심판 절차에 대한 특례를 정한 경우에도 그 법률에서 규정하지 아니한 사항에 관하여는 이 법에서 정하는 바에 따른다.
> ③ 관계 행정기관의 장이 특별행정심판 또는 이 법에 따른 행정심판 절차에 대한 특례를 신설하거나 변경하는 법령을 제정·개정할 때에는 미리 **중앙행정심판위원회와 협의**하여야 한다.

구분	행정심판(행정심판법)	행정소송(행정소송법)
성질	약식쟁송	정식쟁송
목적	**행정통제 중심**(권리구제의 기능도 수행)	**권리구제 중심**(부수적으로 행정통제)
판정기관	행정심판위원회	(행정)법원
종류	① 항고심판(취소심판, 무효등확인심판, **의무이행심판**)만 인정 ② 당사자심판 ×	① 항고소송(취소소송, 무효등확인소송, **부작위위법확인소송**) ② 당사자소송, 민중소송, 기관소송
심리절차	① 서면심리 또는 구술심리 ② **비공개원칙**	① 구두변론 ② **공개원칙**
쟁송대상	위법(법률문제) 또는 **부당한 처분**	위법(법률문제)한 **처분 등** + (공법상) 법률관계
쟁송기간	① 처분이 있음을 **알게 된 날부터 90일** ② 처분이 있었던 날(있은 날)부터 180일	① 처분이 있음을 **안 날** 또는 재결서의 정본을 **송달받은 날부터 90일** ② 처분 등이 있은 날로부터 **1년**
직접처분 (강제)	○	×

(2) 행정심판의 청구

① 행정심판의 종류

행정심판의 종류

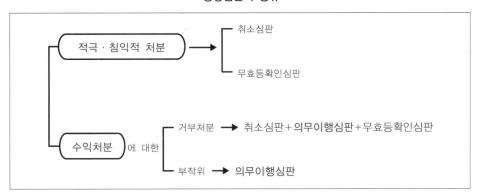

행정심판의 의의	행정심판이란 위법 또는 부당한 처분으로 인해 권리가 침해된 당사자가 행정기관에 대해 그 시정을 구하는 모든 쟁송절차를 말한다.	
행정심판의 종류	취소심판	행정청의 위법 또는 부당한 처분을 취소하거나 변경하는 행정심판
	무효등확인심판	행정청의 처분의 효력 유무 또는 존재 여부를 확인하는 행정심판
	의무이행심판	당사자의 신청에 대한 행정청의 위법 또는 부당한 거부처분이나 부작위에 대하여 일정한 처분을 하도록 하는 행정심판

② 행정심판의 청구요건

행정심판의 대상 (제3조)	⊙ 행정청의 처분 또는 부작위에 대하여는 다른 법률에 특별한 규정이 있는 경우 외에는 이 법에 따라 행정심판을 청구할 수 있다. ⓒ **대통령의 처분 또는 부작위**에 대하여는 다른 법률에서 행정심판을 청구할 수 있도록 정한 경우 외에는 행정심판을 청구할 수 없다.
청구인적격 (제13조)	⊙ 취소심판은 처분의 취소 또는 변경을 구할 법률상 이익이 있는 자가 청구할 수 있다. 처분의 효과가 기간의 경과, 처분의 집행, 그 밖의 사유로 소멸된 뒤에도 그 처분의 취소로 회복되는 법률상 이익이 있는 자의 경우에도 또한 같다. ⓒ 무효등확인심판은 처분의 효력 유무 또는 존재 여부의 확인을 구할 법률상 이익이 있는 자가 청구할 수 있다. ⓒ 의무이행심판은 처분을 신청한 자로서 행정청의 거부처분 또는 부작위에 대하여 일정한 처분을 구할 법률상 이익이 있는 자가 청구할 수 있다.
법인이 아닌 사단 또는 재단의 청구인능력 (제14조)	법인이 아닌 사단 또는 재단으로서 대표자나 관리인이 정하여져 있는 경우에는 그 사단이나 재단의 이름으로 심판청구를 할 수 있다.
피청구인의 적격 및 경정 (제17조)	⊙ 행정심판은 처분을 한 행정청(의무이행심판의 경우에는 청구인의 신청을 받은 행정청)을 피청구인으로 하여 청구하여야 한다. 다만, 심판청구의 대상과 관계되는 권한이 다른 행정청에 승계된 경우에는 권한을 승계한 행정청을 피청구인으로 하여야 한다. ⓒ 청구인이 피청구인을 잘못 지정한 경우에는 위원회는 직권으로 또는 당사자의 신청에 의하여 결정으로써 피청구인을 경정(更正)할 수 있다. ⓒ 위원회는 ⓒ에 따라 피청구인을 경정하는 결정을 하면 결정서 정본을 당사자(종전의 피청구인과 새로운 피청구인을 포함한다. 이하 ⓔ에서 같다)에게 송달하여야 한다. ⓔ ⓒ에 따른 결정이 있으면 종전의 피청구인에 대한 심판청구는 취하되고 종전의 피청구인에 대한 행정심판이 청구된 때에 새로운 피청구인에 대한 행정심판이 청구된 것으로 본다. ⓜ 위원회는 행정심판이 청구된 후에 ⊙ 단서의 사유가 발생하면 직권으로 또는 당사자의 신청에 의하여 결정으로써 피청구인을 경정한다. 이 경우에는 ⓒ과 ⓔ을 준용한다. ⓗ 당사자는 ⓒ 또는 ⓜ에 따른 위원회의 결정에 대하여 결정서 정본을 받은 날부터 **7일 이내**에 위원회에 이의신청을 할 수 있다.

국선대리인 (제18조의2)	⊙ 청구인이 경제적 능력으로 인해 대리인을 선임할 수 없는 경우에는 위원회에 국선대리인을 선임하여 줄 것을 신청할 수 있다. ⊙ 위원회는 ⊙의 신청에 따른 국선대리인 선정 여부에 대한 결정을 하고, 지체 없이 청구인에게 그 결과를 통지하여야 한다. 이 경우 위원회는 심판청구가 명백히 부적법하거나 이유 없는 경우 또는 권리의 남용이라고 인정되는 경우에는 국선대리인을 선정하지 아니할 수 있다. © 국선대리인 신청절차, 국선대리인 지원요건, 국선대리인의 자격 · 보수 등 국선대리인 운영에 필요한 사항은 국회규칙, 대법원규칙, 헌법재판소규칙, 중앙선거관리위원회규칙 또는 대통령령으로 정한다.
심판청구서의 제출 (제23조)	⊙ 행정심판을 청구하려는 자는 제28조에 따라 심판청구서를 작성하여 피청구인이나 위원회에 제출하여야 한다. 이 경우 피청구인의 수만큼 심판청구서 부본을 함께 제출하여야 한다. ⊙ 행정청이 제58조에 따른 고지를 하지 아니하거나 잘못 고지하여 청구인이 심판청구서를 다른 행정기관에 제출한 경우에는 그 행정기관은 그 심판청구서를 지체 없이 정당한 권한이 있는 피청구인에게 보내야 한다. © ⊙에 따라 심판청구서를 보낸 행정기관은 지체 없이 그 사실을 청구인에게 알려야 한다. ② 제27조에 따른 심판청구기간을 계산할 때에는 ⊙에 따른 피청구인이나 위원회 또는 ⊙에 따른 행정기관에 심판청구서가 제출되었을 때에 행정심판이 청구된 것으로 본다.
심판청구의 기간 (제27조)	⊙ 행정심판은 처분이 있음을 알게 된 날부터 90일 이내에 청구하여야 한다. ⊙ 청구인이 천재지변, 전쟁, 사변(事變), 그 밖의 불가항력으로 인하여 ⊙에서 정한 기간에 심판청구를 할 수 없었을 때에는 그 사유가 소멸한 날부터 14일 이내에 행정심판을 청구할 수 있다. 다만, 국외에서 행정심판을 청구하는 경우에는 그 기간을 30일로 한다. © 행정심판은 처분이 있었던 날부터 180일이 지나면 청구하지 못한다. 다만, 정당한 사유가 있는 경우에는 그러하지 아니하다. ② ⊙과 ⊙의 기간은 불변기간(不變期間)으로 한다. ⑩ 행정청이 심판청구기간을 ⊙에 규정된 기간보다 긴 기간으로 잘못 알린 경우 그 잘못 알린 기간에 심판청구가 있으면 그 행정심판은 ⊙에 규정된 기간에 청구된 것으로 본다. ⑪ 행정청이 심판청구기간을 알리지 아니한 경우에는 ©에 규정된 기간에 심판청구를 할 수 있다. ⓧ ⊙부터 ⑪까지의 규정은 무효등확인심판청구와 부작위에 대한 의무이행심판청구에는 적용하지 아니한다.

(3) 행정심판(행정심판위원회)

① 행정심판위원회의 의의와 성격

의의	행정심판위원회는 '행정심판의 청구를 심리·재결하기 위하여 일정한 행정기관 소속하에 설치한 행정기관'을 말한다.
법적 성격	행정심판위원회는 ⊙ 심리기관으로서의 성격과 ⓒ 재결기관으로서의 성격을 갖는 동시에 ⓒ 합의제행정기관이자 ⓔ 독립기관(준제3기관)으로서의 성격을 갖는다.

② 행정심판위원회의 종류와 관할

행정심판기관의 종류와 관할

구분	관할
중앙행정 심판위원회 (제6조 제2항)	⊙ 국무총리나 행정 각 부 장관, ⓒ 특별시장·광역시장·도지사·특별자치도지사(교육감을 포함) 또는 특별시·광역시·도·특별자치도의 의회의 처분 또는 부작위에 대한 심판청구는 국민권익위원회에 중앙행정심판위원회에서 재결한다(예 행정안전부장관의 처분이나 부작위의 경우).
처분청소속 행정심판위원회 (제6조 제1항)	감사원, 국가정보원장, 국회사무총장·법원행정처장·헌법재판소사무처장 및 중앙선거관리위원회사무총장 등의 처분 또는 부작위에 대한 심판청구는 해당 행정청 소속으로 행정심판위원회에서 재결한다(예 국회사무총장의 처분이나 부작위에 대한 국회행정심판위원회).
직근상급청소속 행정심판위원회 (동조 제4항)	법무부 및 대검찰청 소속 특별지방행정기관의 장의 처분 또는 부작위에 대한 심판청구에 대하여는 중앙신판위원회가 행정심판위원회가 아닌 해당 행정청의 직근 상급행정기관에 두는 행정심판위원회에서 심리·재결한다.
시·도지사소속 행정심판위원회 (동조 제3항)	⊙ 시·도 소속의 행정청, ⓒ 시·도의 관할구역에 있는 시·군·자치구의 장, 소속 행정청 또는 시·군·자치구의 의회, ⓒ 시·도의 관할구역에 있는 둘 이상의 지방자치단체·공공법인 등이 공동으로 설립한 행정청의 처분 또는 부작위에 대한 심판청구를 심리·재결하기 위하여 각각 특별시장·광역시장·도지사·제주특별자치도지사 소속으로 행정심판위원회를 둔다(예 종로구청장의 처분이나 부작위에 대한 서울특별시장 소속 행정심판위원회).
특수 행정심판위원회	행정심판에 있어 심리·재결에 객관적인 공정성을 확보하기 위하여, 개별법에서 당해 행정청이나 행정감독기관이 아닌 특별한 제3기관을 설치하여 행정심판기관으로 하는 경우(예 국세심판원과 소청심사위원회)

③ 행정심판위원회의 구성

행정심판위원회의 구성 및 회의(제7조)

구분	각급 행정심판위원회	중앙행정심판위원회
구성	위원장 1명을 포함하여 **50명 이내**의 위원으로 구성한다.	⊙ 위원장 1명을 포함하여 **70명 이내**의 위원으로 구성하되, ⓒ 위원 중 **상임위원은 4명 이내**로 한다.
위원장	행정심판위원회가 소속된 행정청(시·도지사 소속으로 두는 행정심판위원회의 경우에는 **공무원이 아닌 위원을 위원장으로 정할 수 있다**)이 된다.	위원장: 국민권익위원회의 **부위원장** 중 1명

위원장의 직무대행	㉠ 위원장이 사전에 지명한 위원 ㉡ 직무등급이 높은 자 > 재직기간이 긴 자 > 연장자 순	㉠ 상임위원 ㉡ 상임으로 재직한 기간이 긴 위원 > 연장자 순
위원의 자격	㉠ 변호사 자격을 취득한 후 **5년 이상**의 실무 경험이 있는 사람 ㉡ 고등교육법 제2조 제1호부터 제6호까지의 규정에 따른 학교에서 **조교수 이상**으로 재직하거나 재직하였던 사람 ㉢ 행정기관의 **4급 이상** 공무원이었거나 고위공무원단에 속하는 공무원이었던 사람 ㉣ 박사학위를 취득한 후 해당 분야에서 **5년 이상** 근무한 경험이 있는 사람 ㉤ 그 밖에 행정심판과 관련된 분야의 지식과 경험이 풍부한 사람	㉠ 중앙행정심판위원회의 **상임위원**은 일반직공무원으로서 국가공무원법 제26조의5에 따른 임기제공무원으로 임명하되, 3급 이상 공무원 또는 고위공무원단에 속하는 일반직공무원으로 3년 이상 근무한 사람이나 그 밖에 행정심판에 관한 지식과 경험이 풍부한 사람 중에서 **중앙행정심판위원회 위원장의 제청으로 국무총리를 거쳐 대통령이 임명**한다. ㉡ 중앙행정심판위원회의 **비상임위원**은 제7조 제4항(좌동)의 어느 하나에 해당하는 사람 중에서 **중앙행정심판위원회 위원장의 제청으로 국무총리가 성별을 고려하여 위촉**한다.
회의	㉠ **총9명**: 위원장과 위원장이 회의마다 지정하는 8명의 위원 ㉡ **위촉위원은 6명 이상으로 하되, 위원장이 공무원이 아닌 경우에는 5명 이상으로 구성**한다.	㉠ 위원장, 상임위원 및 위원장이 회의마다 지정하는 비상임위원을 포함하여 **총 9명**으로 구성한다. ㉡ 자동차운전면허 행정처분에 관한 사건을 심리·의결하게 하기 위하여 **4명의 위원으로 구성하는 소위원회**를 둘 수 있다.
의결	구성원 과반수의 출석과 출석위원 과반수의 찬성으로 의결한다.	구성원 과반수의 출석과 출석위원 과반수의 찬성으로 의결한다.
임기	㉠ 소속 공무원인 위원: 재직하는 동안 ㉡ 위촉된 임원: 임기 **2년, 2차에 한하여 연임 가능**	㉠ 상임위원: 임기 **3년, 1차에 한하여 연임 가능** ㉡ 비상임위원: 임기 **2년, 2차에 한하여 연임 가능**

(4) 행정심판의 가구제

집행정지 (제30조)	① 심판청구는 처분의 효력이나 그 집행 또는 절차의 속행(續行)에 영향을 주지 아니한다. ② 위원회는 처분, 처분의 집행 또는 절차의 속행 때문에 **중대한 손해**가 생기는 것을 예방할 필요성이 긴급하다고 인정할 때에는 직권으로 또는 당사자의 신청에 의하여 처분의 효력, 처분의 집행 또는 절차의 속행의 전부 또는 일부의 정지(이하 '집행정지'라 한다)를 결정할 수 있다. 다만, 처분의 효력정지는 처분의 집행 또는 절차의 속행을 정지함으로써 그 목적을 달성할 수 있을 때에는 허용되지 아니한다. ③ 집행정지는 공공복리에 중대한 영향을 미칠 우려가 있을 때에는 허용되지 아니한다.

	④ 위원회는 집행정지를 결정한 후에 집행정지가 공공복리에 중대한 영향을 미치거나 그 정지사유가 없어진 경우에는 직권으로 또는 당사자의 신청에 의하여 집행정지 결정을 취소할 수 있다. ⑤ 집행정지신청은 심판청구와 동시에 또는 심판청구에 대한 제7조 제6항 또는 제8조 제7항에 따른 위원회나 소위원회의 의결이 있기 전까지, 집행정지 결정의 취소신청은 심판청구에 대한 제7조 제6항 또는 제8조 제7항에 따른 위원회나 소위원회의 의결이 있기 전까지 신청의 취지와 원인을 적은 서면을 위원회에 제출하여야 한다. 다만, 심판청구서를 피청구인에게 제출한 경우로서 심판청구와 동시에 집행정지신청을 할 때에는 심판청구서 사본과 접수증명서를 함께 제출하여야 한다. ⑥ ②과 ④에도 불구하고 위원회의 심리·결정을 기다릴 경우 중대한 손해가 생길 우려가 있다고 인정되면 위원장은 직권으로 위원회의 심리·결정을 갈음하는 결정을 할 수 있다. 이 경우 위원장은 지체 없이 위원회에 그 사실을 보고하고 추인(追認)을 받아야 하며, 위원회의 추인을 받지 못하면 위원장은 집행정지 또는 집행정지 취소에 관한 결정을 취소하여야 한다. ⑦ 위원회는 집행정지 또는 집행정지의 취소에 관하여 심리·결정하면 지체 없이 당사자에게 결정서 정본을 송달하여야 한다.
임시처분 (제31조)	① 위원회는 처분 또는 부작위가 위법·부당하다고 상당히 의심되는 경우로서 처분 또는 부작위 때문에 당사자가 받을 우려가 있는 중대한 불이익이나 당사자에게 생길 급박한 위험을 막기 위하여 임시지위를 정하여야 할 필요가 있는 경우에는 직권으로 또는 당사자의 신청에 의하여 임시처분을 결정할 수 있다. ② ①에 따른 임시처분에 관하여는 제30조 제3항부터 제7항까지를 준용한다. 이 경우 같은 조 제6항 전단 중 '중대한 손해가 생길 우려'는 '중대한 불이익이나 급박한 위험이 생길 우려'로 본다. ③ ①에 따른 임시처분은 제30조 제2항에 따른 집행정지로 목적을 달성할 수 있는 경우에는 허용되지 아니한다.

(5) 행정심판의 재결

① 재결의 종류

각하재결	각하재결은 심판청구의 요건심리의 결과, 요건흠결이 있는 경우 부적법한 청구라 하여 본안심리를 거절하는 재결을 말한다.
기각재결	기각재결은 본안심리의 결과, 심판청구가 이유 없다고 하여 청구를 배척하고, 원처분을 시인하는 재결이다.
인용재결	㉠ 위원회는 취소심판의 청구가 이유가 있다고 인정하면 처분을 취소 또는 다른 처분으로 변경하거나 처분을 다른 처분으로 변경할 것을 피청구인에게 명한다. ㉡ 위원회는 무효등확인심판의 청구가 이유가 있다고 인정하면 처분의 효력 유무 또는 처분의 존재 여부를 확인한다. ㉢ 위원회는 의무이행심판의 청구가 이유가 있다고 인정하면 지체 없이 신청에 따른 처분을 하거나 처분을 할 것을 피청구인에게 명한다.

사정재결 (제44조)	⊙ 위원회는 심판청구가 이유가 있다고 인정하는 경우에도 이를 인용(認容)하는 것이 공공복리에 크게 위배된다고 인정하면 그 심판청구를 **기각하는 재결을 할 수 있다.** 이 경우 위원회는 재결의 주문(主文)에서 그 처분 또는 부작위가 위법하거나 부당하다는 것을 구체적으로 밝혀야 한다. ⓒ 위원회는 ⊙에 따른 재결을 할 때에는 청구인에 대하여 상당한 구제방법을 취하거나 상당한 구제방법을 취할 것을 피청구인에게 명할 수 있다. ⓒ ⊙과 ⓒ는 무효등확인심판에는 적용하지 아니한다.

사정재결과 사정판결의 비교

구분	사정재결	사정판결
요건	① 처분 또는 부작위의 위법·부당 ② 인용이 공공복리 크게 위배	① 처분의 위법 ② 취소가 현저히 공공복리에 적합하지 아니한 경우
구제조치	위원회는 상당한 구제방법을 취할 것을 피청구인에게 명할 수 있다.	법원에 손해배상, 제해시설의 설치 그 밖에 적당한 구제방법을 청구할 수 있다.
적용범위	① 취소심판(○) ② **의무이행심판(○)** ③ **무효등확인심판(×)**	① 취소소송(○) ② **부작위위법확인소송(×)** ③ 무효등확인소송(×)

② 재결의 절차와 방식

재결기간 (제45조)	⊙ 재결은 제23조에 따라 피청구인 또는 위원회가 심판청구서를 받은 날부터 **60일** 이내에 하여야 한다. 다만, 부득이한 사정이 있는 경우에는 위원장이 직권으로 **30일**을 연장할 수 있다. ⓒ 위원장은 ⊙ 단서에 따라 재결기간을 연장할 경우에는 재결기간이 끝나기 **7일** 전까지 당사자에게 알려야 한다.
재결의 방식 (제46조)	⊙ 재결은 **서면**으로 한다. ⓒ ⊙에 따른 재결서에는 다음의 사항이 포함되어야 한다. 　ⓐ 사건번호와 사건명 　ⓑ 당사자·대표자 또는 대리인의 이름과 주소 　ⓒ 주문 　ⓓ 청구의 취지 　ⓔ 이유 　ⓕ 재결한 날짜 ⓒ 재결서에 적는 이유에는 주문 내용이 정당하다는 것을 인정할 수 있는 정도의 판단을 표시하여야 한다.
재결의 범위 (제47조)	⊙ 위원회는 심판청구의 대상이 되는 처분 또는 부작위 외의 사항에 대하여는 재결하지 못한다. ⓒ 위원회는 심판청구의 대상이 되는 처분보다 청구인에게 불리한 재결을 하지 못한다.
재결의 송달과 효력 발생 (제48조)	⊙ 위원회는 지체 없이 **당사자**에게 재결서의 **정본**을 송달하여야 한다. 이 경우 중앙행정심판위원회는 재결 결과를 소관 중앙행정기관의 장에게도 알려야 한다. ⓒ 재결은 청구인에게 ⊙ 전단에 따라 **송달되었을 때**에 그 효력이 생긴다. ⓒ 위원회는 재결서의 **등본**을 지체 없이 **참가인**에게 송달하여야 한다. ⓔ 처분의 상대방이 아닌 제3자가 심판청구를 한 경우 위원회는 재결서의 등본을 지체 없이 피청구인을 거쳐 처분의 상대방에게 송달하여야 한다.

기출 OX
01 사정재결은 인용재결의 일종이다. 22. 경찰 （　　）

정답 01 ×

③ 재결의 효력

불가쟁력	㉠ 재결은 재심판청구금지원칙에 따라 재차 행정심판을 청구할 수 없다. ㉡ 재결에 위법이 있는 경우에 한해 재결에 대해 행정소송의 제기가 가능하지만, 이 경우에도 제소기간이 경과하면 더 이상 효력을 다툴 수 없게 된다.
불가변력	재결은 준사법적 행정행위로서 다른 행정행위와 달리 쟁송절차를 거쳐 행해지는 판단행위이므로, 일단 재결이 행해지면 그것이 위법·부당하더라도 행정심판위원회 스스로 이를 취소·변경할 수 **없다.**
형성력	㉠ 처분을 취소하는 재결이 있으면 당해 처분은 행정청의 별도의 처분이 없더라도 처분시에 소급하여 효력이 소멸되어 처음부터 존재하지 않은 것으로 되는 효력을 말한다. ㉡ 형성력은 대세적 효력(제3자효)이 인정된다.
기판력(×)	㉠ 기판력은 판결에 부여되는 효력이므로 행정심판의 재결에 대해서는 기판력이 인정되지 않는다. ㉡ 대법원도 "일반적으로 행정처분이나 행정심판재결이 불복기간의 경과로 인하여 확정될 경우, 그 확정력은 그 처분으로 인하여 법률상 이익을 침해받은 자가 당해 처분이나 재결의 효력을 더 이상 다툴 수 없다는 의미일 뿐, 더 나아가 판결에 있어서와 같은 **기판력이 인정되는 것은 아니어서 그 처분의 기초가 된 사실관계나 법률적 판단이 확정되고 당사자들이나 법원이 이에 기속되어 모순되는 주장이나 판단을 할 수 없게 되는 것은 아니다**(대판 2000.4.25, 2000다2023)라고 본다.

기속력 (강제력)	의의	심판청구를 인용하는 재결은 피청구인과 그 밖의 관계 행정청을 기속한다. 기속이란 당해 심판청구의 당사자 및 기타 관계 행정청이 그 재결의 취지에 따르도록 구속하는 효력을 의미한다(제49조).
	내용	㉠ 심판청구를 인용하는 재결은 피청구인과 그 밖의 관계 행정청을 기속(羈束)한다. ㉡ 재결에 의하여 취소되거나 무효 또는 부존재로 확인되는 처분이 당사자의 신청을 거부하는 것을 내용으로 하는 경우에는 그 처분을 한 행정청은 재결의 취지에 따라 다시 이전의 신청에 대한 처분을 하여야 한다. ㉢ 당사자의 신청을 거부하거나 부작위로 방치한 처분의 이행을 명하는 재결이 있으면 행정청은 지체 없이 이전의 신청에 대하여 재결의 취지에 따라 처분을 하여야 한다. ㉣ 신청에 따른 처분이 절차의 위법 또는 부당을 이유로 재결로써 취소된 경우에는 ㉡을 준용한다. ㉤ 법령의 규정에 따라 공고하거나 고시한 처분이 재결로써 취소되거나 변경되면 처분을 한 행정청은 지체 없이 그 처분이 취소 또는 변경되었다는 것을 공고하거나 고시하여야 한다.

	직접 처분	⑦ 위원회는 피청구인이 제49조 제3항에도 불구하고 처분을 하지 아니하는 경우에는 당사자가 신청하면 기간을 정하여 서면으로 시정을 명하고 그 기간에 이행하지 아니하면 직접 처분을 할 수 있다. 다만, 그 처분의 성질이나 그 밖의 불가피한 사유로 위원회가 직접 처분을 할 수 없는 경우에는 그러하지 아니하다. ⑥ 위원회는 ① 본문에 따라 직접 처분을 하였을 때에는 그 사실을 해당 행정청에 통보하여야 하며, 그 통보를 받은 행정청은 위원회가 한 처분을 자기가 한 처분으로 보아 관계 법령에 따라 관리 · 감독 등 필요한 조치를 하여야 한다.
재처분 의무 이행 확보	간접 강제	⑦ 위원회는 피청구인이 제49조 제2항(제49조 제4항에서 준용하는 경우를 포함한다) 또는 제3항에 따른 처분을 하지 아니하면 청구인의 신청에 의하여 결정으로 상당한 기간을 정하고 피청구인이 그 기간 내에 이행하지 아니하는 경우에는 그 지연기간에 따라 일정한 배상을 하도록 명하거나 즉시 배상을 할 것을 명할 수 있다. ⑥ 위원회는 사정의 변경이 있는 경우에는 당사자의 신청에 의하여 ①에 따른 결정의 내용을 변경할 수 있다. ⑥ 위원회는 ① 또는 ②에 따른 결정을 하기 전에 신청 상대방의 의견을 들어야 한다. ② 청구인은 제1항 또는 ②에 따른 결정에 불복하는 경우 그 결정에 대하여 행정소송을 제기할 수 있다. ⑩ ① 또는 ②에 따른 결정의 효력은 피청구인인 행정청이 소속된 국가 · 지방자치단체 또는 공공단체에 미치며, 결정서 정본은 ④에 따른 소송제기와 관계없이 민사집행법에 따른 강제집행에 관하여는 집행권원과 같은 효력을 가진다. 이 경우 집행문은 위원장의 명에 따라 위원회가 소속된 행정청 소속 공무원이 부여한다. ⑭ 간접강제결정에 기초한 강제집행에 관하여 이 법에 특별한 규정이 없는 사항에 대하여는 민사집행법의 규정을 준용한다. 다만, 민사집행법 제33조(집행문부여의 소), 제34조(집행문부여 등에 관한 이의신청), 제44조(청구에 관한 이의의 소) 및 제45조(집행문부여에 대한 이의의 소)에서 관할 법원은 피청구인의 소재지를 관할하는 행정법원으로 한다.
범위		⑦ 기속력은 피청구인인 행정청뿐 아니라 그 밖의 모든 관계행정청에 미친다. ⑥ 재결의 기속력은 인용재결에 대한 효력이며 각하재결, 기각재결에는 인정되지 않는다.

기속력(재처분의무)와 직접처분 및 간접강제와의 관계

구분		재처분의무	직접처분	간접강제
거부처분	취소재결	○	×	○
	무효등확인재결			
의무이행심판	처분명령재결 (~하라)	○	○	
	처분재결 (~한다)	×	×	×

(6) 행정심판의 고지

① 서설

의의	행정심판의 고지란 '행정청이 처분을 함에 있어서 상대방 또는 이해관계인에게 당해 처분에 대한 행정심판청구의 가능성, 심판청구절차 및 청구기간을 알려주는 제도'를 말한다.
필요성	고지제도는 행정의 민주화 및 행정의 신중·적정·합리화를 도모하고 행정심판청구의 기회를 실질적으로 보장하여 줌으로써 개인의 권익보호에 기여한다.
법적 성질	고지는 **사실행위**이다. 따라서 행정행위가 아니므로 행정쟁송의 대상이 되지 않는다. 행정심판법상 고지규정의 성질에 관해 훈시규정이라는 견해와 강행규정이라는 견해가 있으나, **강행규정**이라고 봄이 통설의 입장이다.

② 고지의 종류

구분	직권에 의한 고지	청구에 의한 고지
대상	처분(다른 법률에 의한 처분도 포함)	처분
내용	심판제기 가능 여부, 심판청구절차, 청구기간	행정심판의 대상이 되는 처분인지의 여부, 소관 행정심판위원회, 청구기간
상대방	처분의 상대방	청구권자(이해관계인)
방법	명문규정 없음(단, 처분시에 서면으로 하는 것이 바람직하다는 견해 있음)	명문규정 없음. 이해관계인이 서면으로 요구한 경우에는 서면으로 해야 함
시기	명문규정 없음(단, 처분시에 하는 것이 바람직하다는 견해 있음)	지체 없이 하여야 함

③ 불고지 또는 오고지의 효과

불고지의 효과	제출기관	불고지로 청구인이 심판청구서를 잘못 제출한 때에는 정당한 권한 있는 행정처에 송부하고 그 사실을 청구인에게 알려야 한다.
	청구기간	행정청이 심판청구기간을 알리지 아니한 경우에는 처분이 있은 날로부터 180일 기간에 심판청구를 할 수 있다.
오고지의 효과	제출기관	오고지로 심판청구서를 잘못 제출한 때에는 정당한 권한 있는 행정청에 송부하고 그 사실을 청구인에게 알려야 한다.
	청구기간	㉠ 법률에 규정된 고지기간보다 길게 고지한 경우: 그 고지된 청구기간 내에 청구가 있으면 적법한 청구로 본다. ㉡ 법률에 규정된 고지기간보다 짧게 고지한 경우: 법적 효과를 가질 수 없으므로 법정기간 내에 제기하면 된다.

관련 판례	① **재결에는 기판력이 인정되지 않는다는 판례**: 행정심판의 재결은 피청구인인 행정청을 기속하는 효력을 가지므로 재결청이 취소심판의 청구가 이유 있다고 인정하여 처분청에 처분을 취소할 것을 명하면 처분청으로서는 재결의 취지에 따라 처분을 취소하여야 하지만, 나아가 **재결에 판결에서와 같은 기판력이 인정되는 것은 아니어서** 재결이 확정된 경우에도 처분의 기초가 된 사실관계나 법률적 판단이 확정되고 당사자들이나 법원이 이에 기속되어 모순되는 주장이나 판단을 할 수 없게 되는 것은 아니다(대판 2015.11.27, 2013다6759). ② **행정심판의 불고지만으로는 처분에 아무런 하자를 수반하지 않는다는 판례**: 자동차운수사업법 제31조 등의 규정에 의한 사업면허의 취소 등의 처분에 관한 규칙(교통부령) 제7조 제3항의 고지절차에 관한 규정은 행정처분의 상대방이 그 처분에 대한 행정심판의 절차를 밟는데 있어 편의를 제공하려는데 있으며 처분청이 위 규정에 따른 고지의무를 이행하지 아니하였다고 하더라도 경우에 따라서는 행정심판의 제기기간이 연장될 수 있는 것에 그치고 이로 인하여 심판의 대상이 되는 **행정처분에 어떤 하자가 수반된다고 할 수 없다**(대판 1987.11.24, 87누529). ③ **행정소송의 불고지나 오고지의 경우 행정심판법의 관련규정을 준용할 수 없다는 판례**: 행정청이 법정 심판청구기간보다 긴 기간으로 잘못 알린 경우에 그 잘못 알린 기간 내에 심판청구가 있으면 그 심판청구는 법정 심판청구기간 내에 제기된 것으로 본다는 취지의 행정심판법 제18조 제5항의 규정은 행정심판 제기에 관하여 적용되는 규정이지, **행정소송 제기에도 당연히 적용되는 규정이라고 할 수는 없다**(대판 2001.5.8, 2000두6916 판결).

(7) 행정심판의 그 밖의 절차

행정심판 재청구의 금지 (제51조)	심판청구에 대한 재결이 있으면 그 재결 및 같은 처분 또는 부작위에 대하여 다시 행정심판을 청구할 수 없다.
증거서류 등의 반환 (제55조)	위원회는 재결을 한 후 증거서류 등의 반환신청을 받으면 신청인이 제출한 문서·장부·물건이나 그 밖의 증거자료의 원본(原本)을 지체 없이 제출자에게 반환하여야 한다.
주소 등 송달장소 변경의 신고의무 (제56조)	당사자, 대리인, 참가인 등은 주소나 사무소 또는 송달장소를 바꾸면 그 사실을 바로 위원회에 서면으로 또는 전자정보처리조직을 통하여 신고하여야 한다. 제54조 제2항에 따른 전자우편주소 등을 바꾼 경우에도 또한 같다.
서류의 송달 (제57조)	이 법에 따른 서류의 송달에 관하여는 민사소송법 중 송달에 관한 규정을 준용한다.
불합리한 법령 등의 개선 (제59조)	① **중앙행정심판위원회**는 심판청구를 심리·재결할 때에 처분 또는 부작위의 근거가 되는 명령 등(대통령령·총리령·부령·훈령·예규·고시·조례·규칙 등을 말한다. 이하 같다)이 법령에 근거가 없거나 상위 법령에 위배되거나 국민에게 과도한 부담을 주는 등 크게 불합리하면 관계 행정기관에 그 명령 등의 개정·폐지 등 적절한 시정조치를 요청할 수 있다. 이 경우 중앙행정심판위원회는 시정조치를 요청한 사실을 **법제처장**에게 통보하여야 한다. ② ①에 따른 요청을 받은 관계 행정기관은 정당한 사유가 없으면 이에 따라야 한다.

제5장 / 경찰관리

제1절 경찰조직관리

01 경찰조직의 이념

국가경찰과 자치경찰의 조직 및 운영에 관한 법률 제1조는 "국가경찰의 **민주적인 관리·운영과 효율적인 임무수행**을 위하여 국가경찰의 기본조직 및 직무범위와 그 밖에 필요한 사항을 규정함을 목적으로 한다."고 규정하여 경찰조직의 민주적인 관리와 운영 및 효율적인 임무수행을 그 이념으로 하고 있다.

02 경찰조직편성의 관리 ❀❀❀

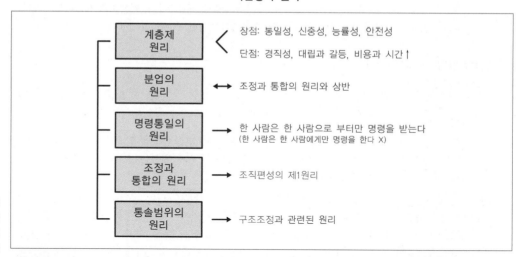

조직편성의 원리

기출 OX

01 계층제 원리의 경우 '경찰업무 처리의 신중성'이라는 측면에서 문제점이 제기된다. 13. 승진 ( )

02 조직목적수행을 위한 구성원의 임무를 책임과 난이도에 따라 상하로 나누어 배치하는 것은 명령통일의 원리이다. 13. 승진 ( )

03 조직의 구조, 보상체계, 인사 등의 제도개선과 조직원의 행태를 합리적으로 개선하는 것은 갈등의 단기적인 대응방안이다. 18. 경찰 ( )

정답 01 ✕ 02 ✕ 03 ✕

	개념	구성원의 임무를 책임과 난이도에 따라 상하로 나누어 배치하고, 상위로 갈수록 권한과 책임이 무거운 임무를 수행하도록 조직을 편성하는 것
계층제 원리	장점	① 조직의 **일체감과 통일성**을 확보하여 업무처리의 **신중**을 기할 수 있다. ② 경찰행정의 **능률성**과 안정성을 확보한다. ③ 권한의 범위 **책임을 명확**하게 확보할 수 있다. ④ **의사소통, 업무분담, 내부통제**의 확보수단이 된다. ⑤ 사기고취의 통로가 된다. ⑥ 횡적 갈등의 해결이 용이하다.

	단점	① 조직의 **경직성**으로 인해 신기술 및 지식 등의 도입이 곤란하다. ② 환경변화에 신축적으로 대응하기 어렵다. ③ 계층제의 권위와 잦은 **대립과 갈등**을 초래할 수 있다. ④ 많은 계층일수록 비용과 업무처리기간이 지연될 수 있다. ⑤ 종적 갈등의 조정 및 해결이 곤란하다.
분업의 원리	개념	한 사람에게 하나의 업무를 부담하게 하여야 한다는 원리 ↔ 조정과 통합의 원리
	장점	① 업무의 효율성을 높여 기술과 노하우가 생기고 전문적으로 업무를 수행할 수 있도록 한다. ② 업무의 전문화를 통해 업무습득에 걸리는 시간을 단축할 수 있다.
	단점	① 반복적 업무로 인한 구성원의 흥미상실 ② 구성원의 **부품화**(소외감) ③ 다른 업무에 대한 이해가 부족하여 업무관계의 예측성이 저하된다. ④ 분업의 정도가 높아질수록 조정과 통합이 어려워져 **조직할거주의가 초래될 수 있다.**
	해결 방안	지나친 전문화로 인해 문제가 발생할 경우, 조정의 원리를 통하여 해결
명령 통일의 원리	개념	지시는 한 사람만이 할 수 있고, 보고도 한 사람에게만 해야 한다는 조직편성의 원리
	필요성	업무수행의 혼선을 방지하여 신속한 의사결정을 하도록 한다.
	문제점	명령권자의 부재시 업무가 마비될 수 있다. ➡ **권한의 위임(위탁 ✕)과 대리**를 활용하여 문제점을 극복해야 한다.
조정과 통합의 원리	개념	① 구성원의 행동이 통일을 기할 수 있도록 조직 및 구성원을 질서 있게 배열하여 전체적 관점에서 조직의 목표를 효율적으로 달성하려는 원리 ② 조직편성의 **제1의 원리이자 최종적 원리**(J. Mooney)
	필요성	구성원의 행동을 통일하여 조직의 목표를 효과적으로 달성할 수 있다.
	갈등의 조정과 통합 — 단기적 해결방안	① 세분화된 업무처리에 기인하면 업무처리과정의 통합과 대화채널을 확보할 수 있다. ② 한정된 예산과 인력에 기인하면 가능하면 예산과 인력을 확보하고, 업무의 우선순위를 관리자에게 지정하도록 한다. ③ 최후적으로 상관의 명령에 의해 해결한다. ④ 문제해결이 어려운 경우 관리자가 갈등을 초래할 수 있는 결정을 보류·회피하는 것도 가능하다.
	갈등의 조정과 통합 — 장기적 해결방안	조직의 구조, 보상체계, 인사 등의 제도개선과 조직원의 행태를 합리적으로 개선
통솔 범위의 원리	개념	① 통솔범위란 한 사람의 상관이 직접관리·통솔할 수 있는 부하직원의 합리적인 수 ② 적정한 부하의 수를 관리하는 것이므로 효율성의 원칙과 구조조정과 관련된 원리이다.
	통솔 범위의 결정 요건 — 직무의 성질	복잡하고 전문화된 직무보다 단순한 직무의 경우 통솔범위가 넓어진다.
	통솔 범위의 결정 요건 — 계층의 수	계층의 수가 많으면 많을수록 통솔범위는 좁아진다.

기출 OX

04 통솔범위는 신설부서보다는 오래된 부서, 지리적으로 근접한 부서보다는 분산된 부서, 복잡한 업무보다는 단순한 업무의 경우에 넓어진다. 19. 경찰 （　）

05 통솔범위의 원리에서 통솔범위는 계층 수, 업무의 복잡성, 조직 규모의 크기와 반비례 관계이다. 20. 경찰 （　）

06 정책결정이 일정한 규칙에 따라 이루어지는 것이 아니라 문제, 해결책, 선택기회, 참여자의 네 요소가 뒤죽박죽으로 움직이다가 어떤 계기로 만나게 될 때 이루어진다고 보는 정책결정모델을 카오스모델이라고 한다. 22. 경간 （　）

정답 **04** ✕ **05** ○ **06** ✕

조직의 크기	조직의 규모가 클수록 통솔범위는 좁아진다.
작업의 조건	위기상황일 경우보다 정상적인 상황일수록 통솔범위는 좁아진다.
시간적 요인	신설 부서보다는 오래된 부서의 경우에 통솔범위는 넓어질 수 있다.
구성원의 능력	부하직원의 능력과 의욕 등이 높아질수록, 관리자의 능력이 높으면 높을수록 통솔범위는 넓어진다.
공간적 요인	① 지리적으로 분산된 부서보다는 근접한 부서의 통솔범위가 넓어진다. ② 교통의 발달도 통솔범위가 넓어지는 요인이 된다.
계층의 상하	하위계층으로 갈수록 통솔범위가 넓어질 수 있다. 단, **청사의 크기나 조직 전체의 인원수는 통솔범위의 원리와 관련이 없다.**

⊕ PLUS 의사결정의 모델

합리모델	정책결정자가 고도의 합리성을 기반으로 최선의 대안을 결정한다.
만족모델	현실적으로 정책결정자는 최선의 합리성을 추구하는 것이 아니라 제한된 합리성을 기반으로 시간적·공간적·재정적 측면에서 여러 요인을 고려하여 주관적으로 만족스러운 수준에서 대안을 결정한다.
점증모델	정책결정시 정치적 합리성을 기반으로 기존 정책의 문제점을 부분적으로 수정하거ㅏ 약간의 향상을 가져오는 결정
혼합탐사모델	합리모델과 점증모델을 절충한 혼합형, 점증모델의 단점을 합리모델과의 통합을 통해서 보완하기 위해서 주장, 기본적 결정은 합리모델을 따르고, 기본적 결정에 따른 세부적인 결정은 점증모델을 따른다.
최적모델	합리모델의 비현실성과 점증모델의 보수성을 극복하기 위하여 이상주의(직관, 판단력, 초합리성)와 현실주의(경제적 합리성)의 통합을 시도, 기존의 정책을 바탕으로 이루어지는 점증주의 성향을 비판하면서, 새로운 결정을 내릴때마다 정책방향도 다시 검토할 것을 주장
쓰레기통모델	정책결정이 일정한 규칙에 따라 이루어지는 것이 아니라, 문제, 해결책, 선택기회, 참여자의 네 요소가 쓰레기통 속에서와 같이 뒤죽박죽으로 움직이다가 어떤 계기로 서로 만나게 될 때 이루어진다고 보는 이론
사이버네틱스 모델	설정된 목표를 달성하기 위해 정보분석과 환류과정을 통해 자신의 행동을 스스로 조정해 나간다고 가정하는 모델
엘리트모델	정책결정이 통치엘리트의 가치나 이해관계에 의해 결정, 소수의 권력자만이 정책을 배분할 수 있고 대중은 이에 영향을 받는다.

01 인사행정 2대 제도 ✿✿✿

구분	엽관주의	실적주의
개념	공무원의 임명을 **정당에 대한 충성도와 공헌도**에 따라 행하는 것	공무원 **개인의 자격·능력·실적** 등을 기준으로 임용하는 것
발달과정	미국의 자유민주정치 발전과정에서 도입	엽관주의의 폐해를 시정하기 위하여 1870년대 영국에서 시작되었으며 미국에서는 1883년 펜들턴법 제정되며 시작
장점	① 정당이념의 철저한 실현 ➡ 정당정치 발전 ② 관직의 특권화를 배제하고 관직의 침체를 방지할 수 있음 ③ 정치가를 통한 관료에 대한 강력한 통제＋민주통제의 강화 및 행정의 민주화	① 정치적 중립과 부패방지에 기여 ② 공무원의 신분보장으로 행정의 계속성 및 안정성 확보가 용이 ③ 공직으로의 진입에 있어 기회균등의 실현
단점	① 정치의 부패화 초래(매관매직) ② 비전문가가 공직의 장으로 임용되어 행정의 무질서 및 비능율성이 조장 ③ 국민이 아닌 정당에 더 헌신 가능 ④ 잦은 교체로 인한 행정의 계속성과 안정성이 저해 ⑤ 공원의 신분보장이 미흡	① 관료의 특권화 및 보수화될 우려가 높음 ② 행정의 민주적 통제가 어려워짐 ③ 정당정치의 실현이 곤란 ④ 인사행정의 지나친 비융통성·소극화·형식화 가능성이 높음
우리나라	우리나라는 **실적주의**를 주로 하고, 엽관주의 요소가 가미되어 있음	

02 공직분류방식 ✿✿✿✿

구분	계급제	직위분류제
의의	① 사람 중심의 분류방법으로 공무원의 자격 및 신분을 중심으로 공직을 분류하는 방법 ② 보통 계급의 수가 적고 계급간에 차별이 심함	① 직무 중심의 분류방법으로 직무의 종류, 책임도, 그 난이도에 따라 공직을 분류하는 방법 ② 직위분류제 시행에 있어서는 **직무분석과 직무평가의 충실한 수행이 중요함**
채택국가	독일, 프랑스, 일본 등	1909년 미국 시카고에서 처음 실시
분류방법	인간 중심의 분류방법	직무 중심의 분류방법
목적	**일반 행정가의 확보**	**전문 행정가의 확보**
보수	① 보수제도의 합리적 기준 제시 × ② **생활급제**(동일계급에 동일보수의 원칙)	① 보수제도의 합리적 기준 제시 ○ ② **직무급제**(동일직무에 동일보수)
인사행정	인사행정의 합리적 기준을 제시 ×	인사행정의 합리적 기준을 제시 ○
충원방식	**폐쇄형**	**개방형**

기관간 협조	타 기관과의 협조가 용이	타 기관과의 협조가 곤란
인사배치	신축적·유동적 인사관리	비신축적·유동적 인사관리
권한과 책임	권한과 책임의 한계 불명확	권한과 책임의 한계가 명확
신분보장	**신분보장이 용이** → 직업공무원제 확립 용이	**신분보장이 곤란** → 직업공무원제 확립 곤란
외부환경 변화의 대응	외부환경변화에 대응력이 약함	외부환경변화에 대응력이 강함
양자의 관계	① 양자는 상호배타적인 관계가 아니라 **상호보완적 관계**에 있다. ② 직업공무원제는 직위분류제보다 **계급제가 더 유리하다.** ③ 우리나라는 **계급제를 원칙**으로 하고, 직위분류제적 요소가 가미되어 있다.	

03 경찰직업공무원 ✿✿✿

개념	우수한 젊은 인재들을 공직에 유치하고, 그들이 공직에 근무하는 것을 명예로 인식하고 정년 퇴임시까지 장기간에 걸쳐 성실하게 근무하도록 조직·운영되는 제도를 의미한다.
특징	① 엽관주의보다 실적주의가 직업공무원제로 발전되어 가는 기반이 되지만, 실적주의가 바로 직업공무원 제도를 의미하는 것은 아니다. ② 직위분류제보다 계급제(일반행정가, 폐쇄형)가 직업공무원제도의 정착에 더 유리하다.
장점	① 강력한 **신분보장** ② 행정의 안정성·계속성·독립성·중립성 확보가 용이하다. ③ 정치적 중립에 기여
단점	① 행정통제 및 행정책임확보가 어렵다. ② 젊은 인재의 채용을 위한 연령제한으로 공직 임용의 기회균등을 저해한다. ③ 관료의 특권화 및 보수화될 우려가 높다.

⊕ PLUS 경찰공무원의 근무성적평정

근무성적의 평정 (경찰공무원 승진임용 규정 제7조)	① 총경 이하에 대하여 매년 근무성적을 평정하여 승진 등 인사관리에 반영하여야 한다. ② 근무성적평정요소(총경의 근무성적은 제2평정요소로만 평정) ㉠ 제1평정요소(객관요소): 경찰업무 발전기여도, 포상실적, 기타 행정안전부령으로 정한 평정요소 ㉡ 제2평정요소(주관요소): 근무실적, 직무수행능력, 직무수행태도 ③ 제2평정요소 분포비율: 수(20%), 우(40%), 양(30%), 가(10%) ④ "가"에 해당하는 사람이 없는 경우에는 "양"의 비율에 가산하여 적용한다. ⑤ 제11조 제2항 단서에 해당하는 경찰공무원(자격증소지자 특채채용, 고시합격자를 경정 이하의 계급으로 신규채용)과 경찰서 수사과에서 고소·고발 등에 대한 조사업무를 직접 처리하는 경위 계급의 경찰공무원을 평정할 때에는 제3항의 비율을 적용하지 아니할 수 있다. ⑥ 근무성적의 총평정점은 50점을 만점으로 한다.
평정결과	① 근무성적 평정 결과는 공개하지 아니한다. 다만, 경찰청장은 근무성적 평정이 완료되면 평정 대상 경찰공무원에게 해당 근무성적 평정 결과를 통보할 수 있다. ② 경찰청장은 평정완료 후 대상자에게 다음의 사항을 통보할 수 있다. ㉠ 제1평정요소에 대한 평정점(경정 이하) ㉡ 제2평정요소에 대한 평정점의 분포비율에 따른 등급 ㉢ 그 밖에 경찰청장이 통보가 필요하다고 인정하는 사항

근무성적 평정의 예외	① 휴직·직위해제 등의 사유로 해당 연도의 평정기관에서 6개월 이상 근무하지 아니한 경찰공무원에 대해서는 근무성적을 평정하지 아니한다. ② 교육훈련 외의 사유로 국가기관, 지방자치단체 또는 인사혁신처장이 지정하는 기관에 2개월 이상 파견근무하게 된 경찰공무원에 대해서는 파견받은 기관의 의견을 고려하여 근무성적을 평정하여야 한다. ③ 평정대상자인 경찰공무원이 전보된 경우에는 그 경찰공무원의 근무성적 평정표를 전보된 기관에 이관하여야 한다. 다만, 평정기관을 달리하는 기관으로 전보된 후 2개월 이내에 정기평정을 할 때에는 전출기관에서 전출 전까지의 근무기간에 대한 근무성적을 평정하여 이관하여야 하며, 전입기관에서는 받은 평정 결과를 고려하여 평정하여야 한다. ④ 정기평정 이후에 신규채용되거나 승진임용된 경찰공무원에 대해서는 2개월이 지난 후부터 근무성적을 평정하여야 한다.		
평정시기	① 근무성적평정은 10월 31일 기준으로 연 1회 실시한다. ② 당해계급의 경력평정은 12월 31일 기준으로 하되 연 1회 실시한다. 총경과 경정은 10월 31일 기준		
근무성적 평정자	① 근무성적 평정자는 3명으로 하되, 제1차 평정자는 평정대상자의 바로 위 감독자가 되고, 제2차 평정자는 제1차 평정자의 바로 위 감독자가 되며, 제3차 평정자는 제2차평정자의 바로 위 감독자가 된다. ② ①에도 불구하고 경찰청장은 평정자를 특정하기가 곤란하다고 인정하는 경우에는 따로 평정자를 지정할 수 있다.		

구분		내용
근무성적평정 방법	총경	① 평정요소: 제2평정요소(50점) ② 근무성적평정자: 제1평정자 ➡ 20점 평정 　　　　　　　　　　제2·3평정자 ➡ 각각 15점 평정
	경정 이하	① 평정요소: 제1평정요소(30점) 　　　　　　　제2평정요소(20점) ② 근무성적평정자 　ㄱ 제1평정요소: 제1평정자가 30점 평정 　ㄴ 제2평정요소: 제1평정자가 10점 평정 　　　　　　　　　제2·3평정자가 각각 5점 평정

04 사기관리

1. Maslow의 5단계 인간의 기본욕구 ✿✿✿✿

구분	내용	충족방안
자기실현 욕구	자기발전, 자기완성의 욕구 및 성취감 충족	공정한 **승**진, 공무원 **단**체의 활동
존경욕구	타인의 인정, 존중, 신망을 받으려는 욕구	**제**안제도, **참**여확대, **포**상, 권한의 **위**임
사회적 욕구 (애정욕구)	동료, 상사, 조직 전체에 대한 친근감이나 귀속감을 충족	**인**간관계의 개선, **고**충처리상담
안전욕구	공무원의 현재 및 장래의 신분이나 생활에 대한 불안감을 해소하려는 욕구	**신**분보장, **연**금제도
생리적 욕구	의·식·주·건강 등 기본적 욕구(가장 강한 욕구)	적정**보**수제도, 휴**양**제도

2. D. McGregor의 인간관리론 ✦✦

구분	X이론	Y이론
인간관	① 전통적인 인간관에 입각 ② "인간은 원래 일하기 싫어하여 게으르고 책임을 회피하려고 하며, 지시나 감독을 선호한다."는 인간관에서 출발	① X이론과는 상반된 인간관에서 출발 ② "인간은 일을 자연스러운 것으로 받아들이며, 자신의 자아를 실현하는 즐거움과 만족의 원칙이 될 수 있다. 또한 자신에게 주어진 책임을 회피하려는 것은 인간의 본성이 아니며, 기꺼이 책임을 수용하고 감수하려 한다."는 인간관에서 출발
리더쉽	명령하고 지시하는 권위주의적 리더쉽	의사결정에 적극적으로 참여시키는 민주적 리더쉽
동기부여 이론	① 사람들이 목표를 달성하게 하기 위해서는 통제·강압·처벌이 필요하다. ② 철저한 관리와 감독이 중요하다. ③ 금전적 보상이나 제재로 동기를 부여하여야 한다.	① 금전적 보상이 동기부여가 된다는 것을 부정하지는 않지만, 인간은 의사결정능력을 보유하고 있고 이를 통해 문제를 해결하고자 하는 의지를 가지고 있으므로, **의사결정 과정에 일선경찰관들의 참여를 확대**하여야 한다고 본다. ② 인간은 근본적으로 업무에 대한 의욕을 가지고 있기 때문에 이러한 의욕을 강화시키기 위해 **금전적 보상과 포상제도를 강화**할 필요가 있다.

3. Alderfer의 ERG이론

의의		알더퍼는 매슬로우의 5단계 욕구이론을 현실적인 측면에 초점을 맞추어 E(존재, Existence), R(관계, Relationship), G(성장, Growth)의 3단계로 분류했다.
Maslow와의 관계	공통점	① 인간의 욕구를 계층적 단계로 인식하였다. ② 개인차를 인지하지 못하고 획일적으로 욕구를 설정하였다.
	차이점	① 욕구 중복현상: 매슬로우는 하나의 욕구로 하나의 행동이 유발된다고 보았지만 알더퍼는 두 가지 이상의 욕구가 한가지 행동을 유발한다고 보았다. ② 욕구의 퇴행성 제시: 매슬로우는 저차원적인 욕구가 충족되면 고차원적인 욕구로만 진행된다고 하였지만, 알더퍼는 고차원적인 욕구가 좌절되면 고차원적인 욕구를 계속 충족시키려 하지 않고 하위단계 욕구에 집중할 수도 있다고 하였다.

기출 OX

01 McGregor의 X이론에 따르면 인간은 근본적으로 업무에 대한 의욕을 가지고 있기 때문에 이러한 의욕을 강화시키기 위해 금전적 보상과 포상제도를 강화하였다.
20. 경찰 ( )

정답 01 ✕

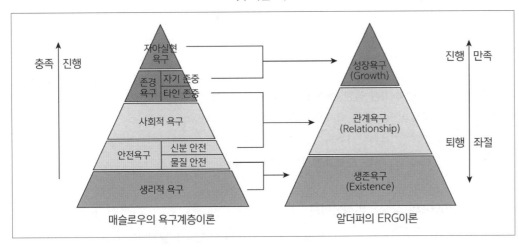

욕구이론 비교

매슬로우의 욕구계층이론 / 알더퍼의 ERG이론

4. Herzberg의 동기 · 위생이론(2요소이론)

Herzberg의 동기 · 위생이론

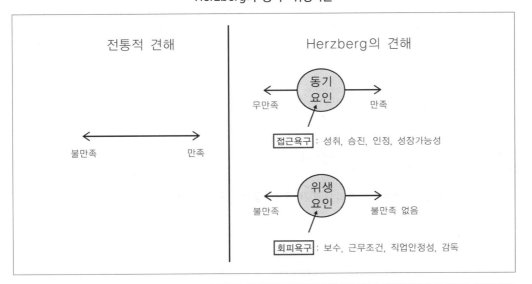

구분	동기(만족)요인	위생(불만)요인
인간의 요구	① **접근욕구** ② 무만족 ⟷ 만족(사기고취)	① **회피욕구** ② 불만족 ⟷ 무만족
성격	직무와 관련된 **심리적 요인**	직무 외적 · **환경적 요인**
예	① 성취감, 인정, 직무에 대한 보람 ② 책임감, 승진, 승급	① 근무환경, **보수**, **지위** ② 조직의 정책과 방침, 관리 · 감독, 상사와의 관계 및 동료와의 관계 등 대인관계
양자관계	① 이 두 요인은 상호 독립되어 있다. ② 공무원의 사기고취를 위해서는 동기요인을 강화시켜야 한다.	

: 두문자

위생요인: 대 · 보 · 위

5. McClelland의 성취동기이론

의의	① 맥클리랜드는 매슬로우와 다르게 모든 사람이 동일한 욕구와 계층을 갖고 있는 것이 아니라 사회문화와 상호작용하는 과정에서 학습되므로 개인마다 욕구의 계층에 차이가 있다고 보았다. ② 인간의 욕구를 성취욕구, 친교(친화)욕구, 권력욕구로 분류하고 **성취욕구가 높은 사람이 가장 강한 수준의 동기를 갖고 직무를 수행한다**고 보았다.	
욕구의 종류	성취욕구	일정한 목표를 설정하면 이를 달성하려는 욕구
	친교욕구	다른 사람과 활발히 소통하고자 하는 욕구
	권력욕구	다른 사람들에게 영향력을 행사하려는 욕구

6. Chris Argyris의 성숙 - 미성숙이론

의의	① 아지리스는 인간이 **미성숙 단계에서 성숙의 단계로 발전한다**고 보고, 조직은 인간의 이러한 변화과정에 맞게 작업환경을 제시해 주어야만 개인과 조직간의 갈등이 줄어든다고 보았다. ② 인간의 퍼스낼리티는 미성숙 상태로부터 성숙 상태로 변화하며, **조직의 구성원을 성숙한 인간으로 관리하여야 한다고 주장**한다. 아지리스는 이러한 인간의 미성숙 상태에서의 정체를 방지하기 위한 방안으로서 직무확대, 참여적, 현실중심적 리더십, 직원중심적 리더십을 강조하고 있다.
미성숙인 ➡ 성숙인	① 수동적 ➡ 능동적 ② 의존적 행동 ➡ 독립적 행동 ③ 단기적 안목 ➡ 장기적 안목 ④ 자아의식 결여 ➡ 자아인식과 자아통제 ⑤ 복종상태 ➡ 평등 또는 우월한 상태 ⑥ 단순한 행동 ➡ 다양하고 복잡한 행동
동기부여	인간을 수동적으로 만드는 고전적 관리전략은 미성숙상태를 야기하기 때문에, **일에 대한 성장이나 성숙의 기회가 목표달성에 강력한 동기부여**가 된다고 보았다.

기출 OX

01 맥클리랜드(McClelland) - 개인마다 욕구의 계층은 차이가 있다고 보았으며 인간의 욕구를 성취 욕구, 자아실현 욕구, 권력 욕구로 구분하였다. 23. 경찰간부
( )

02 아지리스(Argyris)는 인간의 개인적 성격과 성격의 성숙과정을 '미성숙에서 성숙으로'라고 보고, 관리자는 조직 구성원을 최대의 성숙 상태로 실현시켜야 한다고 하였다. 22. 경찰 ( )

정답 **01** × **02** ○

7. 브룸(Vroom)의 기대이론

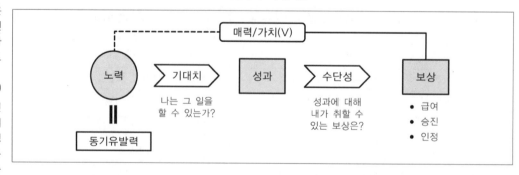

Vroom의 기대이론

의의	① 브룸의 기대이론(expectancy theory)은 개인의 동기는 그 자신의 노력이 어떤 성과를 가져오리라는 기대와, 그러한 성과가 보상을 가져다 주리라는 수단성에 대한 기대감의 복합적 함수에 의해 결정된다고 보았다. ② 기대이론을 VIE이론이라 부르기도 하는데, 이는 곧 사람의 동기를 유발하는 데 미치는 요인이 **가치**(V: valence)와 **수단성**(I: instrumentality)과 **기대**(E: expectation), 이 세 가지라는 것이다. 즉, 사람이 조직 내에서 어떠한 행위 또는 일을 수행할 것인가의 여부를 결정하는 데는 그 일이 가져다 줄 가치와 그 일을 함으로써 기대하는 가치가 달성될 가능성, 그리고 자신의 일처리능력에 대한 평가가 복합적으로 작용한다는 것이다.
종류	기대감(E: expectation) · 자신의 노력이 일정한 성과를 달성한다는 기대 수단성(I: instrumentality) · 행위의 결과가 보상을 초래할 가능성 가치((V: valence) · 행위의 결과로 얻게 되는 보상에 부여하는 **가치**
한계	동기부여과정은 잘 설명하지만, 동기부여방안을 구체적으로 제시하지 못하였다.

⊕ PLUS 내용이론과 과정이론

내용이론 (What)	의의	내용이론은 인간의 특정 욕구가 동기부여를 한다고 보는 이론
	내용	Maslow의 인간욕구 5단계설, 앨더퍼(Alderfer)의 ERG이론 허즈버그(Herzberg)의 동기위생요인이론 맥클랜드(McClelland)의 성취욕구(동기)이론 맥그리저(McGregor)의 X이론·Y이론 아지리스의 성숙-미성숙이론, E. Schein의 인간관이론 등
과정이론 (How)	의의	인간의 특정 욕구가 직접적으로 동기부여하는 것이 아니라 욕구와는 별도의 다양한 요인들이 동기부여 과정에 작용한다는 이론이다.
	내용	포터&롤러(Porter & Lawler)의 업적만족이론 브룸(Vroom)의 기대이론 아담스(Adams)의 공정성이론 로크의 목표설정이론 등

:두문자
만기공표

제3절 경찰예산관리

01 예산의 의의

예산이란 일정기간 동안의 국가의 수입과 지출의 예정적 계획을 말한다.

02 예산의 분류 ✿✿✿✿

일반회계·특별회계 (성질에 따른 분류)	일반회계	① 국가활동 전반에 관한 세입·세출에 관한 회계 ② 경찰예산의 대부분은 일반회계이다.
	특별회계	① 특정한 사업을 운영하기 위하여 특정한 세입으로 특정한 세출을 충당하며 일반회계와 구분하여 경리하는 회계 ② 점점 증가하는 추세이다. ③ 특별회계는 원칙적으로 소관부서가 관리하며 기획재정부의 직접적인 통제를 받지 않는다.
예산과정상 분류	본예산	국회의 의결을 얻어 확정·성립된 예산
	수정예산	① 국회에 제출한 후 정부의 예산안을 부득이한 사유로 수정한 예산 ② **국무회의의 심의**를 거쳐 **대통령의 승인**을 얻어 수정예산안을 국회에 제출할 수 있다.
	추가경정 예산	국회에서 예산이 성립된 후에 경비부족 등의 사유로 예산금액을 추가 또는 변경시킨 예산
	준예산	① 회개연도가 개시될 때까지 예산안이 성립되지 못할 경우 전년도 예산에 준하여 집행할 수 있는 예산 ② 국회에서 예산안이 확정될 때까지 다음의 목적을 위한 경비는 전년도 예산에 준하여 지출할 수 있다. 　㉠ 헌법이나 법률에 의해 설치된 기관 또는 시설의 유지·운영 　㉡ 법률상 지출의무의 이행(공무원의 보수 등) 　㉢ 이미 예산으로 승인된 **사업의 계속비**(명시이월비, 예비비신규사업비 ×)

03 예산의 편성의 종류 ✿✿✿✿

품목별 예산제도 (LIBS)	개념	① 지출대상에 따라 세출예산을 인건비·시설비 등으로 구분하는 방법 ② 현재 우리나라의 일반적인 예산편성의 방식
	장점	① 회계책임 소재가 명확하다. ② 예산의 집행과 **통제가 용이**하므로 예산남용을 줄일 수 있다. ③ 인사행정에 유용한 정보자료의 제공이 가능하다.
	단점	① 계획과 지출의 불일치가 발생할 수 있다. ② 예산의 탄력적·신축적 운영이 불가능하다(재량범위가 축소). ③ 목표가 제시되지 않아 **기능의 중복을 피할 수 없어** 효율성 산출이 곤란하다.

성과주의 예산제도 (PBS)	개념	① 경비지출에 의한 성과와 실적에 그 역점을 두어 사업계획별로 예산을 편성하는 제도 ② 단위원가 × 업무량 = 예산액
	장점	① 예산집행의 신축성이 부여될 수 있다. ② 사업별 예산이 측정되므로 **정부정책수립 및 예산심의가 용이**하다. ③ 경찰활동에 대한 이해가 가능하다. ④ 합리적으로 예산을 배분할 수 있다.
	단점	① 업무측정 단위와 단위원가의 계산이 곤란하다. ② 예산의 집행에 대한 통제가 용이하지 않다. ③ 인건비 등의 불용비용, 경직성경비 등을 반영하기 어렵다.
계획예산 제도 (PPBS)	개념	① 장기적인 기획과 단기적인 예산을 프로그램적 규정에 의해 혼합한 예산제도 ② 프로그램예산제도라고 함
	특징	계획기능을 중시하는 예산제도
0기준 예산제도 (ZBB)	개념	전년도의 예산편성에 구애되지 않고 '영의 수준'에서 우선순위를 새롭게 결정하고 그에 따라 예산을 책정하는 방법
	필요성	감축관리에 유용하며, 작은 정부시대에 각광을 받는 예산제도
	기능	점증적 예산액책정의 폐단을 시정할 수 있다.
일몰법	개념	특정한 사업에 대하여 일정기간이 경과하면 자동적으로 폐지되는 **법률**
	특징	법률이므로 **입법부**가 정한 기간이 지나면 자동으로 예산집행도 중지된다.
자본예산 (CBS)	경상지출 · 자본지출	정부예산을 경상지출과 자본지출로 나누어 ① 경상지출은 경상수입으로 충당시켜 균형을 이루도록 하고, ② 자본지출은 적자재정과 공채발행으로 수입이 충당케 함으로써 불균형 예산을 편성하는 제도이다.

품목별 예산제도와 성과주의 예산제도의 비교

품목별 예산제도(LIBS)	성과주의 예산제도(PBS)
In-put 중심(지출)	Out-put 중심(성과)
통제 지향적	관리 지향적
미시적 예산 편성	거시적 예산 편성
지출대상별 편성	세부사업별 편성
행정부의 재량범위 축소	재량범위 확대
회계 책임 명확화	불분명
예산집행의 비신축성	신축성(자원의 합리적 배분)

04 예산의 과정 ☆☆☆☆

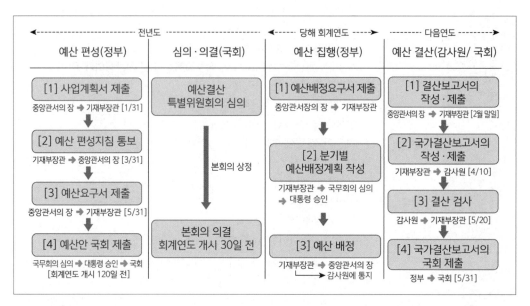

	사업계획서 제출 (1월 31일)	각 중앙관서의 장(경찰청장)은 **매년 1월 31일까지** 당해(다음 ×) 회계연도부터 5회계연도 이상의 기간 동안의 신규사업 및 기획재정부장관이 정하는 주요 계속사업에 대한 중기사업계획서를 기획재정부장관에게 제출하여야 한나.
예산안 편성	예산안 편성지침 (3월 31일)	① 기획재정부장관은 <u>국무회의의 심의</u>를 거쳐 <u>대통령의 승인</u>을 얻은 다음 연도의 예산안 편성지침을 **매년 3월 31일까지** 각 중앙관서의 장에게 통보하여야 한다. ② 기획재정부장관은 제29조 제1항의 규정에 따라 각 중앙관서의 장에게 통보한 예산안편성지침을 **국회 예산결산특별위원회**에 보고하여야 한다.
	예산요구서 제출 (5월 31일)	각 중앙관서의 장(경찰청장)은 예산안 편성지침에 따라 그 소관에 속하는 다음 연도의 세입세출예산 · 계속비 · 명시이월비 및 국고채무부담행위 요구서(이하 '예산요구서')를 작성하여 **매년 5월 31일까지** 기획재정부장관에게 제출하여야 한다.
	예산안 국회 제출 (120일 전)	정부는 예산안을 편성하여 국무회의의 심의를 거친 후 대통령의 승인을 얻은 예산안을 회계연도 개시 **120일 전**까지 **국회**에 제출하여야 한다.
국회의 예산안 심리 · 의결	개념	예산안 심의를 위한 예산결산특별위원회가 구성되어, 예산안을 심의하고 국회 본회의의 의결을 거친다.
	기한	예산안은 **회계연도 개시 30일 전까지** 본회의의 의결을 거침으로써 확정된다.
예산집행	예산 배정요구서 제출	각 중앙관서의 장(경찰청장)은 <u>예산이 확정된 후</u> 사업운영계획 및 이에 따른 세입세출예산 · 계속비와 국고채무부담행위를 포함한 예산배정요구서를 기획재정부장관에게 제출하여야 한다.
	예산의 배정	① 기획재정부장관은 예산배정요구서에 따라 분기별 예산배정계획을 작성하여 **국무회의의 심의**를 거친 후 **대통령의 승인**을 받아야 한다. ② 기획재정부장관은 각 중앙관서의 장에게 예산을 배정한 때에는 **감사원**에 통지하여야 한다.

		③ 기획재정부장관은 필요한 때에는 대통령령이 정하는 바에 따라 회계연도 개시 전에 예산을 배정할 수 있다(긴급배정).
		④ 경찰청장은 세출예산이 정한 목적 외에 경비를 사용할 수 없다.
		⑤ **국회를 통과하여 예산이 확정되었더라도 해당예산이 배정되지 않은 상태에서는 지출원인행위 및 지출행위를 할 수 없다.**
	예산의 재배정	① 각 중앙관서의 장은 국고금 관리법 제22조 제1항에 따른 재무관으로 하여금 지출원인행위를 하게 할 때에는 제43조에 따라 배정된 세출예산의 범위 안에서 재무관별로 세출예산재배정계획서를 작성하고 이에 따라 세출예산을 재배정(**기획재정부장관이 각 중앙관서의 장에게 배정한 예산을 각 중앙관서의 장이 재무관별로 다시 배정하는 것**을 말한다. 이하 같다)하여야 한다.
		② 각 중앙관서의 장은 예산집행에 필요하다고 인정할 때에는 제1항에 따라 작성한 세출예산재배정계획서를 변경할 수 있고 이에 따라 세출예산을 재배정하여야 한다.
		③ 각 중앙관서의 장은 제1항 및 제2항에 따라 세출예산을 재배정한 때에는 이를 국고금 관리법 제22조 제1항에 따른 **지출관과 기획재정부장관**에게 통지하여야 한다.
예산의 결산	결산보고서 제출	각 중앙관서의 장은 회계연도마다 작성한 결산보고서를 **다음 연도 2월 말일까지** 기획재정부장관에게 제출하여야 한다.
	국가결산보고서 제출	기획재정부장관은 회계연도마다 작성하여 대통령의 승인을 받은 국가결산보고서를 다음 연도 **4월 10일까지 감사원**에 제출하여야 한다.
	결산검사	감사원은 다음 연도 **5월 20일**까지 기획재정부장관에게 송부하여야 한다.
	국가결산보고서 제출	정부는 국가결산보고서를 **5월 31일**까지 국회에 제출하여야 한다.

05 예산의 이용과 전용 ✿✿✿✿

구분	장	관	항	세항	목
	예산의 이용			예산의 전용	
의의	장·관·항간의 상호 이용			세항 또는 목의 금액을 전용	
허용 여부	① 원칙: **허용 ×** ② 예외: **허용 ○**			**허용 ○**	
절차	중앙관서의 장은 **국회의 의결**을 얻은 때에 **기획재정부장관의 승인**을 얻어 예산을 이용할 수 있다.			중앙관서의 장은 **기획재정부장관의 승인**을 얻어 예산의 금액을 전용할 수 있다.	

기출 OX

04 예산이 확정되면 해당 예산이 배정되지 않은 상태라도 지출원인 행위를 할 수 있다. 20. 승진 ( )

05 경찰청장은 예산이 정한 각 기관간 또는 각 장관항간에 상호 이용할 수 있는 것이 원칙이다. 20. 승진 ( )

정답 **04** × **05** ×

제4절 장비관리

01 장비관리의 의의

장비관리란 경찰업무를 수행하는데 필요한 물품을 취득하여 효율적으로 보관하고 이를 적절하게 사용하도록 합리적으로 처분하는 과정을 말한다.

02 경찰장비관리규칙 ✵✵✵

1. 무기·탄약의 회수 및 보관

:두문자

강제: 중·사

:두문자

임의: 불고문형감경

:두문자

술·상·사

기출 OX

01 경찰기관의 장은 직무상의 비위 등으로 인하여 징계 대상이 된 자에 대해서는 무기·탄약을 회수할 수 있다. 18. 승진 ( )

02 경찰기관의 장은 무기를 휴대한 자 중에서 정신건강상 문제가 우려되어 치료가 필요한 자에게 대여한 무기·탄약을 즉시 회수하여야 한다. 20. 승진 ( )

03 무기고와 탄약고는 통합설치하여야 하며 가능한 본청사와 격리된 독립 건물로 하여야 한다. 16. 승진 ( )

정답 **01** ✕ **02** ✕ **03** ✕

무기·탄약 회수자	강제회수 대상자	경찰기관의 장은 무기를 휴대한 자 중에서 다음 각 호에 해당하는 자가 발생한 때에는 즉시 대여한 무기·탄약을 **회수해야 한다**. 다만, 대상자가 **이의신청을 하거나 소속 부서장이 무기 소지 적격 여부에 대해 심의를 요청하는 경우**에는 무기 소지 적격 심의위원회의 심의를 거쳐 대여한 무기·탄약의 회수 여부를 결정한다. ① 직무상의 비위 등으로 인하여 **중징계 의결 요구**된 된 자 ② **사의**를 표명한 자
	임의회수 대상자	경찰기관의 장은 무기를 휴대한 자 중에서 다음에 해당하는 자가 있을 때에는 심의위원회의 심의를 거쳐 대여한 무기·탄약을 **회수할 수 있다**. 다만, 심의위원회를 개최할 시간적 여유가 없거나 사고 방지 등을 위해 신속한 회수가 필요하다고 인정되는 경우에는 대여한 무기·탄약을 즉시 회수할 수 있으며, **회수한 날부터 7일 이내에 심의위원회**를 개최하여 회수의 타당성을 심의하고 계속 회수 여부를 결정한다. ① 직무상의 비위 등으로 인하여 **감찰조사**의 대상이 되거나 **경징계의결 요구** 또는 경징계 처분 중인 자 ② **형사사건**의 수사 대상이 된 자 ③ 경찰공무원 직무적성검사 결과 **고위험군**에 해당되는 자 ④ 정신건강상 **문제**가 우려되어 치료가 필요한 자 ⑤ 정서적 **불안** 상태로 인하여 무기 소지가 적합하지 않은 자로서 소속 부서장의 요청이 있는 자 ⑥ 그 밖에 경찰기관의 장이 무기 소지 적격 여부에 대해 심의를 요청하는 자
무기·탄약의 강제보관		경찰기관의 장은 무기를 휴대한 자 중에서 다음 각 호에 해당하는 경우에는 대여한 무기·탄약을 무기고에 보관하도록 하여야 한다. ① **술자리** 또는 연회장소에 출입할 경우 ② **상사**의 **사무실**을 출입할 경우 ③ 기타 정황을 판단하여 필요하다고 인정되는 경우

2. 무기·탄약의 관리

무기·탄약고의 관리상 주의사항	① 탄약고는 무기고와 **분리**되어야 하며 가능한 본 청사와 격리된 독립 건물로 하여야 한다. ② 무기고와 탄약고의 환기통 등에는 손이 들어가지 않도록 쇠창살 시설을 하고, 출입문은 2중으로 하여 각 1개소 이상씩 자물쇠를 설치하여야 한다. ③ 무기·탄약고 비상벨은 상황실과 숙직실 등 초동조치 가능장소와 연결하고, 외곽에는 철조망장치와 조명등 및 순찰함을 설치하여야 한다.

		④ 탄약고 내에는 전기시설을 하여서는 아니 되며, 조명은 건전지 등으로 하고 방화시설을 완비하여야 한다. 단, 방폭설비를 갖춘 경우 전기시설을 설치할 수 있다. ⑤ 무기고와 탄약고의 열쇠는 **관리 책임자**가 보관한다.
집중 무기고	의의	개인화기와 공용화기를 집중보관 · 관리하기 위하여 각 경찰기관에 설치된 시설
	관리상 주의사항	집중무기 · 탄약고의 경우 일과시간의 경우 무기 **관리부서의 장**(정보화장비과장, 운영지원과장, 총무과장, 경찰서 경무과장 등), 일과시간 후 또는 토요일 · 공휴일의 경우 **당직 업무(청사방호) 책임자**(상황관리관 등 당직근무자)가 보관 · 관리한다. 다만, 휴가, 비번 등으로 관리책임자 공백시는 별도 관리책임자를 지정하여야 한다.
간이 무기고	의의	집중무기고로부터 무기 · 탄약의 일부를 대여받아 별도로 보관 · 관리하는 시설
	설치	간이무기고는 근무자가 **24시간 상주**하는 지구대, 파출소, 상황실 및 112타격대(이하 '지구대 및 상황실 등'이라 한다) 등 경찰기관의 장이 필요하다고 인정하는 상당한 이유가 있는 장소에 설치할 수 있다.
무기 · 탄약 취급상의 안전관리		① 경찰관은 권총 · 소총 등 총기를 휴대 · 사용하는 경우 다음의 안전수칙을 준수하여야 한다. ㉠ 권총 　ⓐ 총구는 공중 또는 지면(안전지역)을 향한다. 　ⓑ 실탄 장전시 반드시 안전장치(방아쇠울에 설치 · 사용)를 장착한다. 　ⓒ 1탄은 공포탄, 2탄 이하는 실탄을 장전한다. 다만, 대간첩작전, 살인 · 강도 등 중요범인이나 무기 · 흉기 등을 사용하는 **범인의 체포 및 위해의 방호를 위하여 불가피한 경우에 1탄부터 실탄을 장전할 수 있다.** 　ⓓ 조준시는 대퇴부 이하를 향한다. ㉡ **소총, 기관총, 유탄발사기** 　ⓐ 실탄은 분리 휴대한다. 　ⓑ 실탄 장전시 조정간을 안전위치로 한다. 　ⓒ 사용 후 보관시 약실과 총강을 점검한다. 　ⓓ 노리쇠 뭉치나 구성품은 다른 총기의 부품과 교환하지 않도록 한다. 　ⓔ 공포 탄약은 총구에서 6m 이내의 사람을 향해 사격해서는 아니 된다. ㉢ **수류탄, 탄약류** 　ⓐ 수류탄을 투척할 경우 항상 철모를 착용한다. 　ⓑ 실탄 및 폭발류 등을 임의로 변형해서는 아니 된다. 　ⓒ 수류탄 등은 투척준비가 될 때까지는 안전핀을 뽑아서는 아니 된다. 　ⓓ 마찰 및 충격을 가해서는 아니 된다. 　ⓔ 불발탄 발생시 폭발물처리반에 인계하여야 한다. ㉣ **석궁** 　ⓐ 사격 목적 이외에 화살을 장전하지 않도록 한다. 　ⓑ 화살의 장착유무를 막론하고 사격목표 이외에 겨냥하지 않도록 한다. 　ⓒ 석궁을 놓아둘 때에는 반드시 장전을 해제하여야 한다. 　ⓓ 화살의 방향은 언제나 지면을 향해야 한다. 　ⓔ 공중을 향해 사격하지 않는다. ㉤ **다목적 발사기** 　ⓐ 휴대시 안전자물쇠 안전위치를 확인하여야 한다. 　ⓑ 안전위치에서 격발 여부를 확인하여야 한다. 　ⓒ 안전자물쇠가 안전위치임을 확인한 뒤에 실탄을 장전한다.

ⓑ **물발사분쇄기**
ⓐ 특별한 경우를 제외하고는 폭발물처리 목적에만 사용하여야 한다.
ⓑ 보호벽을 설치하고 사용하여야 한다.
② 총기 손질시는 총구를 공중 또는 지면을 향하여 검사 총을 실시하여야 한다.
③ 무기 · 탄약고 출입시는 화재요인이 되는 성냥 · 라이터 등을 휴대하여서는 아니 된다.
④ 무기 · 과속운행과 흡연을 하여서는 아니 된다.
⑤ 개인이 휴대 운반시에는 견고한 운반 전용대를 이용하여야 하며, 승차시에는 분실 등 제반사고 예방을 위하여 항상 몸에 지니도록 하고, 다른 업무를 병행하여서는 아니 된다.

3. 차량관리

:두문자

전 · 지 · 업 · 순 · 특

:두문자

• 소요계획 ➡ 3월
• 교체계획 ➡ 11월

차량의 구분	① 차량의 차종은 승용 · 승합 · 화물 · 특수용으로 구분하고, 차형은 차종별로 대형 · 중형 · 소형 · 경형 · 다목적형으로 구분한다. ② 차량은 용도별로 **전용 · 지휘용 · 업무용 · 순찰용 · 특수용**(경비 · 작전 · 피의자호송 · 과학수사 · 구급 · 식당 · 위생 · 견인, 특수진압차, 사다리차, 폭발물검색차)으로 구분한다(**수사용 ×**).
차량소요 계획	부속기관 및 시 · 도경찰청의 장은 다음 년도에 소속 기관의 차량정수를 증감시킬 필요가 있을 때에는 **매년 3월 말까지** 다음 년도 차량정수 소요계획을 **경찰청장**에게 제출하여야 한다.
차량의 교체	부속기관 및 시 · 도경찰청은 소속 기관 차량 중 다음 년도 교체대상 차량을 **매년 11월 말**까지 **경찰청장**에게 보고하여야 한다.
교체 차량의 불용처리	① 차량교체를 위한 불용대상 차량은 부속기관 및 지방경찰청에 배정되는 수량의 범위 내에서 내용연수 경과 여부 등 **차량사용기간(주행거리 X)을 최우선적으로 고려**하여 선정한다. ② 사용기간이 동일한 경우에는 주행거리와 차량의 노후상태, 사용부서 등을 종합적으로 검토하여 예산낭비 요인이 없도록 신중하게 선정한다. ③ 단순한 내용연수 경과를 이유로 일괄교체 또는 불용처분하는 것을 지양하고 성능이 양호하여 운행가능한 차량은 교체순위에 불구하고 **연장 사용할 수 있다.** ④ 불용처분된 차량은 부속기관 및 시 · 도경찰청별로 실정에 맞게 **공개매각을 원칙**으로 하되, 공개매각이 불가능한 때에는 폐차처분을 할 수 있다. 다만, 매각을 할 때에는 경찰표시도색을 제거하는 등 필요한 조치를 하여야 한다.
차량의 집중관리	① 각 경찰기관의 업무용 차량은 운전요원의 부족 등 불가피한 사유가 없는 한 **집중관리를 원칙**으로 한다. 다만, **지휘용 차량은 업무의 특성을 고려하여 지정 활용할 수 있다.** ② 차량열쇠는 지정된 열쇠함에 집중보관 및 관리하고, 예비열쇠의 확보 등을 위한 무단 복제와 운전원의 임의 소지 및 보관을 금한다. ③ 집중관리대상 차량 및 운전자는 관리 주무부서 소속으로 한다.
관리책임	① 차량을 배정받은 **각 경찰기관의 장**은 차량에 대한 관리사항을 수시 확인하여 항상 적정하게 유지되도록 하여야 한다. ② 경찰기관의 장은 차량이 책임 있게 관리되도록 차량별 관리담당자를 지정하여야 한다. ③ 차량운행시 책임자는 **1차 운전자, 2차 선임탑승자(사용자), 3차 경찰기관의 장**이 된다.
운전원 교육 및 출동태세	① 차량을 배정받은 경찰기관의 장은 안전운행을 위한 자체계획을 수립하여 교육을 실시하여야 한다. ② 전 · 의경 신임운전요원은 **4주 이상** 운전교육을 실시한 후에 운행하도록 하여야 한다. ③ 112타격대 기타 작전용 차량 등 긴급출동차량에 대하여는 사전에 철저한 정비와 운전원 확보를 통해 출동에 차질 없도록 대비하여야 한다.

기출 OX

01 차량교체를 위한 불용 대상차량은 부속기관 및 시 · 도경찰청에 배정되는 수량의 범위 내에서 내용연수 경과 여부 등 주행거리를 최우선적으로 고려하여 선정한다.
14. 승진 ( )

정답 01 X

제5절 보안관리

01 보안의 의의

보안이란 국가의 안전보장을 위하여 국가가 보호를 필요로 하는 비밀이나 문서, 자재, 시설 및 지역 등을 보호하는 소극적 예방활동과 국가안전보장을 해치고자 하는 간첩, 태업이나 전복으로 국가를 위태롭게 하는 불순분자를 탐지·조사·체포하는 등의 적극적 예방활동을 말한다.

02 보안업무의 원칙 ✿✿✿✿

알 사람만 알아야 한다는 원칙	① 보안의 가장 기본적이며 중요한 원칙 ② 보안의 대상이 되는 사실을 전파할 때 전파가 꼭 필요한가, 사용자가 반드시 전달받아야 하며 필요한 것인가 검토해야 한다는 원칙 ③ **한정의 원칙, 필요성의 원칙**
부분화의 원칙	한번에 다량의 비밀이나 정보가 유출되지 않도록 하여야 한다는 원칙
보안과 업무효율 조화의 원칙	보안과 업무효율은 반비례관계가 있으므로 양자의 적절한 조화를 유지하는 방법을 강구해야 한다는 원칙

: 두문자

알·부·보

03 보안업무규정

1. 비밀의 구분 ✿✿✿✿

비밀의 의의	그 내용이 누설될 경우 국가정보원법 제4조 제1항 제2호에 따른 국가 기밀로서 이 영에 따라 비밀로 분류된 것을 말한다.	
비밀 ○	Ⅰ급	누설될 경우 대한민국과 **외교관계가 단절**되고 **전쟁**을 일으키며, 국가의 방위계획·정보활동 및 국가방위에 반드시 필요한 과학과 기술의 개발을 위태롭게 하는 등의 우려가 있는 비밀
	Ⅱ급	누설될 경우 국가안전보장에 **막대한 지장**을 끼칠 우려가 있는 비밀
	Ⅲ급	누설될 경우 국가안전보장에 **해**를 끼칠 우려가 있는 비밀
비밀 × (대외비)	① 공공기관의 정보공개에 관한 법률상 비공개대상 정보 중 **직무수행상 특별히 보호가 필요한 사항** ② 대외비는 비밀은 아니지만 비밀에 준하여 취급한다. ③ 대외비는 **보안업무규정 시행규칙**에서 규정되고 있다.	
비밀의 분류	① 비밀취급인가를 받은 사람은 인가받은 비밀 및 그 이하 등급 비밀의 분류권을 가진다. ② 같은 등급 이상의 비밀취급인가를 받은 사람 중 직속 상급직위에 있는 사람은 그 하급 직위에 있는 사람이 분류한 비밀등급을 조정할 수 있다. ③ **비밀을 생산하거나 관리하는 사람**은 비밀의 작성을 완료하거나 비밀을 접수하는 즉시 그 비밀을 분류하거나 재분류할 책임이 있다.	

: 두문자

Ⅱ막/해삼(Ⅲ)

기출 OX

02 알 사람만 알아야 하는 원칙, 보안과 능률의 원칙, 독립분류의 원칙은 보안업무의 원칙이다. 08. 경찰
( )

03 비밀이란 그 내용이 누설될 경우 국가안전보장에 해를 끼칠 우려가 있는 국가 기밀로서 그 중요성과 가치에 따라 Ⅰ급, Ⅱ급, Ⅲ급 비밀, 대외비로 구분된다.
19. 승진 ( )

04 비밀의 등급은 보안과에서 일괄 결정한다. 15. 승진
( )

정답 02 × 03 × 04 ×

2. 비밀분류의 원칙 ✿✿✿✿

: 두문자
과독외

과도·과소분류 금지의 원칙	비밀은 적절히 보호할 수 있는 **최저등급으로 분류**하되, **과도하거나 과소하게 분류해서는 아니 된다.**
독립분류의 원칙	비밀은 그 자체의 내용과 가치의 정도에 따라 분류하여야 하며, **다른 비밀과 관련하여 분류해서는 아니 된다.**
외국비밀 존중의 원칙	외국 정부나 국제기구로부터 접수한 비밀은 그 **생산기관**이 필요로 하는 정도로 보호할 수 있도록 분류하여야 한다.

3. 비밀의 취급 ✿✿✿

비밀취급의 인가권자	Ⅱ·Ⅲ급비밀 취급인가권자	① 경찰청장, ② 경찰대학장, ③ 경찰교육원장, ④ 중앙경찰학교장, ⑤ 경찰수사연수원장, ⑥ 경찰병원장, ⑦ 시·도경찰청장(경찰청 생활안전국장 ×)
	인가권의 위임	① 시·도경찰청장은 **경찰서장, 기동대장**에게 Ⅱ급 및 Ⅲ급비밀취급인가권을 위임한다. 이 경우 **경정 이상의 경찰공무원을 장으로 하는 경찰기관의 장**에게도 Ⅱ급 및 Ⅲ급비밀취급인가권을 위임할 수 있다. ② Ⅱ급 및 Ⅲ급비밀취급인가권을 위임받은 기관의 장은 이를 다시 위임할 수 없다.
특별인가		① **모든 경찰공무원**(전투경찰순경을 **포함**한다)은 임용과 동시에 Ⅲ급비밀취급권을 가진다. ② 다음의 근무지는 그 보직발령과 **동시에** Ⅱ**급비밀취급권**을 인가받은 것으로 본다. ㉠ **경비, 경호, 작전, 항공, 정보통신** 담당부서(기동대, 전경대의 경우는 행정부서에 한함) ㉡ **정보, 보안, 외사**부서 ㉢ **감찰, 감사** 담당부서 ㉣ **치**안상황실, **발**간실, 문서수**발**실 ㉤ 경찰청 각 과의 서무담당자 및 비밀을 관리하는 **보안업무 담당자** ㉥ 부속기관, 시·도경찰청, 경찰서 각 과의 서무담당자 및 비밀을 관리하는 **보안업무 담당자** ③ 특별인가를 받은 자에 대해 별도로 비밀취급인가증을 발급하지 않는다. 다만, 업무상 필요한 경우에는 발급할 수 있다.
비밀의 보관		① 비밀은 **일반문서나 암호자재와 혼합하여 보관하여서는 아니 된다.** ② Ⅰ급비밀은 반드시 **금고**에 보관하여야 하며, 다른 비밀과 혼합하여 보관하여서는 아니 된다. ③ Ⅱ급비밀 및 Ⅲ급비밀은 금고 또는 이중 철제캐비닛 등 잠금장치가 있는 안전한 용기에 보관하여야 하며, 보관책임자가 Ⅱ급비밀취급인가를 받은 때에는 Ⅱ급비밀과 Ⅲ급비밀을 같은 용기에 혼합하여 보관할 수 있다. ④ 보관용기에 넣을 수 없는 비밀은 **제한구역 또는 통제구역**에 보관하는 등 그 내용이 노출되지 아니하도록 특별한 보호대책을 마련하여야 한다. ⑤ 비밀의 보관용기 외부에는 비밀의 보관을 알리거나 나타내는 어떠한 표시도 해서는 아니 된다.

: 두문자

특수
경작
정보외
감시밀

기출 OX

01 비밀은 적절히 보호할 수 있는 최고등급으로 분류하되, 과도하거나 과소하게 분류해서는 아니 된다.
16. 경찰　　( )

02 외국 정부나 국제기구로부터 접수한 비밀은 그 생산기관이 필요로 하는 정도로 보호할 수 있도록 분류하여야 한다. 19. 경간　( )

03 특수경과 중 정보통신·항공경과는 보직발령과 동시에 Ⅱ급비밀취급권을 가지나, 운전경과는 Ⅲ급비밀취급권을 가진다. 13. 승진
( )

04 보관용기에 넣을 수 없는 비밀은 제한지역 또는 통제구역에 보관하는 등 그 내용이 노출되지 아니하도록 특별한 보호대책을 마련하여야 한다. 19. 승진 ( )

정답 **01** × **02** ○ **03** ○
04 ×

4. 비밀의 관리 ✿✿✿

비밀관리 기록부	① 각급 기관의 장은 비밀의 작성·분류·접수·발송 및 취급 등에 필요한 모든 관리 사항을 기록하기 위하여 비밀관리기록부를 작성하여 갖추어 두어야 한다. 다만, **Ⅰ급비밀관리기록부는 따로 작성하여 갖추어 두어야 하며**, 암호자재는 암호자재 관리 기록부로 관리한다. ② 모든 비밀에는 작성 및 접수순서에 따라 관리번호를 부여한다. ③ 서약서철, 비밀접수증철, 비밀관리기록부, 비밀접수 및 발송대장, 비밀열람기록전, 비밀대출부, 배부처, 암호자재 관리기록부는 해당 비밀의 보호기간이 만료된 후 **5년간**, 암호자재 관리기록부 등은 해당 암호자재 반납 또는 파기 후 **5년간** 각각 보존하여야 한다. ④ 위의 보관기간이 지나면 해당 자료는 공공기록물 관리에 관한 법률에 따른 기록 물관리기관으로 이관해야 한다.
비밀의 복제·복사 제한	① 비밀의 일부 또는 전부나 암호자재에 대해서는 모사·타자·인쇄·조각·녹음· 촬영·인화·확대 등 그 원형을 재현하는 행위를 할 수 없다. 다만, 다음의 구분에 따른 비밀의 경우에는 그러하지 아니하다. ㉠ Ⅰ급비밀: 그 **생산자의 허가를 받은 경우** ㉡ Ⅱ급비밀 및 Ⅲ급비밀: 그 **생산자가 특정한 제한을 하지 아니한 것**으로서 해당 **등급 의 비밀취급인가를 받은 사람이 공용(共用)으로 사용하는 경우** ㉢ 전자적 방법으로 관리되는 비밀: **해당 비밀을 보관하기 위한 용도**인 경우 ② 각급기관의 장은 보안업무의 효율적인 수행을 위하여 필요하다고 인정되는 경우에 는 해당 비밀의 보존기간 내에서 ① 단서에 따라 그 사본을 제작하여 보관할 수 있다.
비밀의 대출 및 열람	① 비밀보관책임자는 보관비밀을 대출하는 때에는 별지 제15호 서식의 비밀대출부에 관련 사항을 기록·유지한다. ② 개별 비밀에 대한 열람자 범위를 파악하기 위하여 각각의 비밀문서 끝 부분에 별 지 제16호 서식의 비밀열람기록전을 첨부한다. 이 경우 문서 형태 외의 비밀에 대 한 열람기록은 따로 비밀열람기록전(철)을 비치하고 기록·유지한다. ③ ②에 따른 비밀열람기록전은 그 비밀의 생산기관이 첨부하며, 비밀을 파기하는 때에는 비밀에서 분리하여 따로 철하여 보관하여야 한다. ④ 비밀열람자는 비밀을 열람하기에 앞서 비밀열람기록전에 정해진 사항을 기재하 고 서명 또는 날인한 후 비밀을 열람하여야 한다. ⑤ 비밀의 발간업무에 종사하는 사람은 작업일지에 작업에 관한 사항을 기록·보관 해야 한다. 이 경우 작업일지는 비밀열람기록전을 갈음하는 것으로 본다.
암호자재 제작·공급	① 국가정보원장은 암호자재를 제작하여 필요한 기관에 공급한다. 다만, 국가정보원 장이 필요하다고 인정하는 암호자재의 경우 그 암호자재를 사용하는 기관은 국가 정보원장이 인가하는 암호체계의 범위에서 암호자재를 제작할 수 있다. ② 암호자재를 사용하는 기관의 장은 사용기간이 끝난 암호자재를 지체 없이 그 **제 작기관의 장**에게 반납하여야 한다.
비밀의 공개	① 중앙행정기관의 장은 다음의 어느 하나에 해당하는 사유가 있을 때에는 그가 생산 한 비밀을 보안심사위원회의 심의를 거쳐 공개할 수 있다. 다만, Ⅰ급비밀의 공개에 관하여는 국가정보원장과 미리 협의하여야 한다. ㉠ 국가안전보장을 위하여 국민에게 긴급히 알려야 할 필요가 있다고 판단될 때 ㉡ 공개함으로써 국가안전보장 또는 국가이익에 현저한 도움이 된다고 판단될 때 ② 공무원 또는 공무원이었던 사람은 **법률에서 정하는 경우를 제외하고**는 소속 기관의 장이나 소속되었던 **기관의 장의 승인** 없이 비밀을 공개해서는 아니 된다.

비밀의 열람	① 비밀은 해당 등급의 비밀취급인가를 받은 사람 중 그 비밀과 업무상 직접 관계가 있는 사람만 열람할 수 있다. ② 비밀취급 인가를 받지 아니한 사람에게 비밀을 열람하거나 취급하게 할 때에는 **국가정보원장이 정하는 바에 따라** 소속 기관의 장(비밀이 군사와 관련된 사항인 경우에는 국방부장관)이 미리 열람자의 인적사항과 열람하려는 비밀의 내용 등을 확인하고 열람시 비밀 보호에 필요한 자체 보안대책을 마련하는 등의 보안조치를 하여야 한다. 다만, Ⅰ급 비밀의 보안조치에 관하여는 **국가정보원장과 미리 협의**하여야 한다.	
비밀의 반출·이관	① 비밀은 보관하고 있는 시설 밖으로 반출해서는 아니 된다. 다만, 공무상 반출이 필요할 때에는 소속 기관의 장의 승인을 받아야 한다. ② 각급기관의 장은 **연 2회 비밀 소유 현황을 조사**하여 **국가정보원장**에게 통보하여야 한다. ③ ②에 따라 조사 및 통보된 비밀 소유 현황은 공개하지 않는다.	

5. 보호지역 ✿✿✿

보호지역	보호지역의 설치권자	국가보안시설 혹은 보호장비를 관리하는 기관 등의 장과 각급 기관의 장은 이것들을 보호하기 위하여 보호지역을 정할 수 있다.	
	설정기준	시설의 중요도 및 취약성	
	보호지역의 출입통제	보호지역에 접근하거나 출입하려는 사람은 각급기관의 장 또는 관리기관 등의 장의 **승인**을 받아야 한다.	
	제한지역	비밀 또는 국·공유재산의 보호를 위하여 울타리 또는 방호·경비인력에 의하여 일반인의 출입에 대한 **감시**가 필요한 지역	경찰서 전역
	제한구역	비인가자가 비밀, 주요시설 및 Ⅲ급비밀 소통용 암호자재에 접근하는 것을 방지하기 위하여 **안내**를 받아 출입하여야 하는 구역	① 전자교환기(통합장비)실, 정보통신실 ② 발간실(경찰기관) ③ 송신 및 중계소, 정보통신 관제센터 ④ 과학수사센터 ⑤ 경찰청 및 시·도경찰청 항공대 ⑥ 작전·경호·정보·보안업무 담당부서 전역
	통제구역	보안상 매우 중요한 구역으로서 비인가자의 출입이 **금지**되는 구역	① **암호취급소**, **암호장비관리실** ② 종합**상황**실 ③ 종합조회**처리**실 ④ 정보**상황**실, 정보보안**기록**실 ⑤ 치안**상황**실 ⑥ **무기**장, **무기**고, 탄약고 ⑦ **비밀**발간실

6. 신원조사 ☆☆☆☆

의의	국가정보원장은 국가보안을 위하여 국가에 대한 **충**성심 · **신**뢰성을 조사하기 위하여 신원조사를 한다(**청렴도 ×**).
실시사유	**관계 기관의 장**은 다음(아래의 조사대상자)에 해당하는 사람에 대하여 국가정보원장에게 신원조사를 **요청해야 한다**.
조사대상자	① **공무원 임용 예정자(국가안전보장에 한정된 국가기밀을 취급하는 직위에 임용될 예정인 사람으로 한정한다)** ② **비밀취급인가 예정자** ③ 국가보안시설 · 보호장비를 관리하는 기관 등의 장(해당 국가보안시설 등의 관리업무를 수행하는 소속 직원을 포함한다) ④ 그 밖에 다른 법령에서 정하는 사람이나 각급 기관의 장이 국가안전보장을 위하여 필요하다고 인정하는 사람
조사결과 처리	① 국가정보원장은 신원조사 결과 국가안전보장에 해를 끼칠 정보가 있음이 확인된 사람에 대해서는 **관계 기관의 장**에게 그 사실을 통보하여야 한다. ② ①에 따라 통보를 받은 관계 기관의 장은 신원조사 결과에 따라 필요한 보안대책을 마련하여야 한다. ③ 국가정보원장은 특별한 사유가 없는 한 신원조사의 요청을 받은 날부터 **30일** 내에 별지 제23호 서식 또는 별지 제24호 서식의 신원조사회보서의 양식에 따라 조사결과를 작성하여 요청기관에 통보해야 한다. ④ ③에 따라 통보를 받은 요청기관의 장은 신원조사 결과 국가안보상 유해한 사항이 발견된 사람을 중요 보직에 임용하려는 경우에는 필요한 보안대책을 미리 마련해야 한다. ⑤ 국방부장관 및 경찰청장은 신원조사를 실시한 경우 그 신원조사의 **월별통계**를 **국가정보원장**에게 통보해야 한다. ⑥ 국가정보원장은 국방부장관 및 경찰청장이 위탁받은 신원조사에 관한 업무처리와 관련하여 그 기준 · 방법 및 절차 등의 조정이 필요하다고 인정하는 경우에는 관련 협의 또는 조치를 할 수 있다. ⑦ 관계 기관의 장은 소속 공무원 또는 임직원 등이 신원조사 대상에 해당하는지 여부를 판단하기 위해 필요한 경우 **국가정보원장에게 관련 협의를 요청할 수 있다**.
권한의 위탁	국가정보원장은 제36조에 따른 신원조사와 관련한 권한의 일부를 국방부장관과 **경찰청장**에게 위탁할 수 있다.

:두문자
충 · 신

제6절 문서관리와 적극행정

01 문서관리(행정 효율과 협업 촉진에 관한 규정)

공문서의 종류	① **법규문서:** 헌법 · 법률 · 대통령령 · 총리령 · 부령 · 조례 · 규칙 등에 관한 문서를 말함 ② **지시문서:** 훈령 · 지시 · 예규 · 일일명령 등 행정기관이 그 하급기관이나 소속 공무원에 대하여 일정한 사항을 **지시**하는 문서를 말함 ③ **공고문서: 고시** · 공고 등 행정기관이 일정한 사항을 일반에게 알리는 문서를 말함

기출 OX

04 '일반문서'란 민원인이 행정기관에 허가, 인가, 그 밖의 처분 등 특정한 행위를 요구하는 문서와 그에 대한 처리문서를 말한다. 22. 경찰 ( )

정답 04 ×

	④ **비치문서**: 행정기관이 일정한 사항을 기록하여 행정기관 내부에 **비치**하면서 업무에 활용하는 대장, 카드 등의 문서를 말함
	⑤ **민원문서**: **민원인**이 행정기관에 허가, 인가, 그 밖의 처분 등 특정한 행위를 요구하는 문서와 그에 대한 처리문서를 말함
	⑥ **일반문서**: 이상의 문서에 속하지 아니하는 모든 문서를 말함
문서의 성립	① 문서는 결재권자가 해당 문서에 서명(전자이미지서명, 전자문자서명 및 행정전자 서명을 포함함)의 방식으로 결재함으로써 성립함 ② 문서는 수신자에게 도달(전자문서의 경우는 수신자가 관리하거나 지정한 전자적 시스템 등에 입력되는 것을 말함)됨으로써 효력을 발생함 ③ 공고문서는 그 문서에서 효력발생 시기를 구체적으로 밝히고 있지 않으면 그 고시 또는 공고 등이 있은 날부터 **5일**이 경과한 때에 효력이 발생함
공문서 작성의 일반원칙	① 문서는 국어기본법 제3조 제3호에 따른 어문규범에 맞게 한글로 작성하되, 뜻을 정확하게 전달하기 위하여 필요한 경우에는 괄호 안에 한자나 그 밖의 외국어를 함께 적을 수 있으며, 특별한 사유가 없으면 가로로 씀 ② 문서의 내용은 간결하고 명확하게 표현하고 일반화되지 않은 약어와 전문용어 등의 사용을 피하여 이해하기 쉽게 작성하여야 함 ③ 문서에는 음성정보나 영상정보 등이 수록되거나 연계된 바코드 등을 표기할 수 있음 ④ 공문서의 내용을 둘 이상의 항목으로 구분할 필요가 있으면 그 항목을 순서(항목 구분이 숫자인 경우에는 오름차순, 한글인 경우에는 가나다순을 말함)대로 표시하되, 상위 항목부터 하위 항목까지 1, 가, 1), 가), (1), (가), ①, ㉮의 형태로 표시함 ⑤ 문서에 금액을 표시할 때에는 행정 효율과 협업 촉진에 관한 규정에 따라 아라비아 숫자로 쓰되, 숫자 다음에 괄호를 하고 다음과 같이 한글로 적어야 함 예 금 113,560원(금 일십일만삼천오백육십원) ⑥ 문서에 쓰는 숫자는 특별한 사유가 없으면 아라비아 숫자를 씀 ⑦ 문서에 쓰는 날짜는 숫자로 표기하되, 연·월·일의 글자는 생략하고 그 자리에 온점을 찍어 표시하며, 시·분은 24시각제에 따라 숫자로 표기하되, 시·분의 글자는 생략하고 그 사이에 쌍점을 찍어 구분함. 다만, 특별한 사유가 있으면 다른 방법으로 표시할 수 있음 ⑧ 문서 작성에 사용하는 용지는 특별한 사유가 없으면 가로 210mm, 세로 297mm의 직사각형 용지로 함 ⑨ 끝 표시 　㉠ 본문의 내용(본문에 붙임이 있는 경우에는 붙임을 말한다)의 마지막 글자에서 한 글자 띄우고 '끝' 표시를 한다. 다만, 본문의 내용이나 붙임에 적은 사항이 오른쪽 한계선에 닿은 경우에는 다음 줄의 왼쪽 한계선에서 한 글자 띄우고 '끝' 표시를 한다. 　㉡ 본문의 내용이 표 형식으로 끝나는 경우에는 표의 마지막 칸까지 작성되면 표 아래 왼쪽 한계선에서 한 글자를 띄운 후 '끝' 표시를 하고, 표의 중간까지만 작성된 경우에는 '끝' 표시를 하지 않고 마지막으로 작성된 칸의 다음 칸에 '이하 빈칸'으로 표시한다.
기안자 등의 표시	① 기안문에는 발의자와 보고자의 직위나 직급의 앞 또는 위에 발의자는 ★표시를, 보고자는 ⊙표시를 함 ② 기안문에 첨부되는 계산서·통계표·도표 등 작성상의 책임을 밝힐 필요가 있다고 인정되는 첨부물에는 작성자를 표시하여야 함

	③ 기안자, 검토자 또는 협조자는 기안문의 해당란에 직위나 직급을 표시하고 서명하되, 검토자나 협조자가 영 제9조 제3항 또는 제4항에 따라 다른 의견을 표시하는 경우에는 직위나 직급 다음에 '(의견 있음)'이라고 표시하여야 함 ④ 총괄책임자는 총괄책임자가 총괄하는 단위업무를 분담하는 사람이 기안한 경우 그 기안문을 검토하고 검토자란에 서명을 하되, 다른 의견이 있으면 직위나 직급 다음에 '(의견 있음)'이라고 표시하고 기안문 또는 별지에 그 의견을 표시할 수 있음. 다만, 총괄책임자가 출장 등의 사유로 검토할 수 없는 등 부득이한 경우에는 검토를 생략할 수 있으며 서명란에 출장 등 검토할 수 없는 사유를 적어야 함.
문서의 결제	① 결재권자의 서명란에는 서명날짜를 함께 표시함 ② 위임전결하는 경우에는 전결하는 사람의 서명란에 '전결' 표시를 한 후 서명하여야 함 ③ 대결(代決)하는 경우에는 대결하는 사람의 서명란에 '대결' 표시를 하고 서명하되, 위임전결사항을 대결하는 경우에는 전결하는 사람의 서명란에 '전결' 표시를 한 후 대결하는 사람의 서명란에 '대결' 표시를 하고 서명하여야 함 ④ 위 '②', '③'의 경우에는 '서명' 또는 '전결' 표시를 하지 아니하는 사람의 서명란은 만들지 아니함

02 적극행정과 소극행정

1. 적극행정

적극행정의 의의	① 적극행정은 공무원이 불합리한 규제의 개선 등 공공의 이익을 위하여 **창의성**과 **전문성(민주성 ×)**을 바탕으로 적극적으로 업무를 처리하는 행위를 의미함 ② 법령의 규정

적극행정 운영규정 (제2조)	'적극행정'이란 공무원이 불합리한 규제를 개선하는 등 공공의 이익을 위하여 창의성과 전문성을 바탕으로 적극적으로 업무를 처리하는 행위를 말한다.
공무원 징계령 시행규칙	㉠ 불합리한 규제의 개선 등 공공의 이익을 위한 정책, 국가적으로 이익이 되고 국민생활에 편익을 주는 정책 또는 소관 법령의 입법목적을 달성하기 위하여 필수적인 정책 등을 수립·집행하거나, 정책 목표의 달성을 위하여 업무처리 절차·방식을 창의적으로 개선하는 등 성실하고 능동적으로 업무를 처리(하략) ㉡ 국가의 이익이나 국민생활에 큰 피해가 예견되어 이를 방지하기 위하여 정책을 적극적으로 수립·집행(하략)
경찰청 적극행정 면책제도 운영규정	'적극행정'이란, 경찰청 소속 공무원 등이 국가 또는 공공의 이익을 증진하기 위해 성실하고 능동적으로 업무를 처리하는 행위를 말한다.

기출 OX

01 적극행정 운영규정상 "적극행정"이란, 공무원이 불합리한 규제를 개선하는 등 공공의 이익을 위해 창의성과 신속성을 바탕으로 적극적으로 업무를 처리하는 행위를 말한다. 23. 승진 ( )

정답 01 ×

:두문자 공적고중	적극행정 운영규정 (대통령령)상 적극행정의 판단기준	① **공공의 이익 증진을 위한 행위**: 업무의 목적과 처리 방법이 국민편익 증진, 국민불편 해소, 경제 활성화, 행정효율 향상 등 공공의 이익을 증진하기 위해서 하는 행위를 의미. 또한, 사적인 이해관계가 없어야 한다. ② **창의성과 전문성을 바탕으로 한 행위** ③ 적극적인 행위: 평균적인 공무원에게 통상적으로 요구되는 정도의 노력이나 주의의무 이상을 기울여 업무를 처리하는 행위를 의미하며, 업무에 대한 열의를 바탕으로 주도적으로 문제를 해결하는 자세의 의미도 함께 담고 있어야 한다. ④ **행위의 결과가 아닌 행위 자체가 판단 기준**: 적극행정은 행위 자체에 초점을 두며, 업무처리로 인해 긍정적인 효과가 발생해야만 적극행정에 해당되는 것은 아니다. 공공의 이익을 증진하기 위하여 적극적으로 최선의 노력을 다하면 적극행정에 해당한다.
	적극행정의 대상과 범위	① 대상: 공공 재화와 서비스의 제공, 규제혁신 등 정부의 정책, 공무원이 직무를 수행하는 모든 방식과 행위를 대상으로 함 ② 범위: 적극행정이 특정 분야의 정책이나 특정한 업무처리 방식을 지칭하는 것은 아니다.
	적극행정의 유형	① 행태적 측면: 통상적으로 요구되는 정도의 노력이나 주의의무 이상을 기울여 맡은 바 임무를 최선을 다해 수행하는 행위 ② 규정의 해석·적용 측면: 불합리한 규정과 절차, 관행을 스스로 개선하는 행위
	적극행정의 보호 — 도입 배경	① 창의적이고 적극적으로 일하는 태도의 필요 ② 관행적·소극적인 업무행태를 탈피하고, 감사나 징계에 대한 두려워 적극행정에 나서지 못함에 따른 적극행정에 대한 감사면책과 징계면제를 규정할 필요가 있게 되었다.
	적극행정 징계면제	다음과 같은 요건이 충족된 적극행정에 대해서는 징계를 면제한다. ① **공공의 이익 증진을 위한 행위** ② **업무의 적극적 처리** ③ **고의 또는 중과실이 없을 것**(고의 또는 중과실이 없음을 추정하는 요건은 '공무원 징계령 시행규칙 제3조의2 제2항'에서 징계 등 혐의자와 비위 관련 직무 사이에 사적인 이해관계가 없을 것. 대상 업무를 처리하면서 중대한 절차상의 하자가 없었을 것으로 규정)
	사전컨설팅 징계면제	① 사전컨설팅이란 적극행정을 추진하는 과정에서 불명확한 법령 등 의사결정에 어려움을 야기하는 요인이 있어 감사원이나 자체감사기구에 의견을 구하는 경우 그에 대하여 의견을 제시하여 주는 제도를 말한다. ② 사전컨설팅 의견대로 업무를 처리한 경우에는 징계를 면제한다. 다만, **대상 업무와 관련하여 사적인 이해관계가 있거나, 감사원이나 자체감사기구가 의견을 제시하기 위해 판단에 필요한 정보를 충분히 제공하지 않은 경우에는 징계를 면하지 않는다.** **경찰청 적극행정 면책제도 운영규정 제15조【사전컨설팅 감사의 대상】①** 사전컨설팅 대상 기관등의 장은 다음 각 호의 어느 하나에 해당하는 업무를 수행하기 전에 감사관에게 사전컨설팅 감사를 신청할 수 있다. 1. 인가·허가·승인 등 규제관련 업무

	2. 법령·행정규칙 등의 해석에 대한 이견 등으로 인하여 능동적인 업무처리가 곤란한 경우 3. 그 밖에 적극행정 추진을 위해 감사관이 필요하다고 인정하는 경우 ② 행정심판, 소송, 수사 또는 타 기관에서 감사 중인 사항, 타 법령에서 정하고 있는 재심의 절차를 거친 사항 등은 사전컨설팅 감사 대상에서 제외한다.
적극행정 지원위원회 징계면제	① 공무원의 적극행정 의사결정을 지원하기 위해 각 기관별로 적극행정 지원위원회를 두도록 하고 있다. ② 경찰청은 **규제심사위원회**에서 병행하도록 규정되어 있음 　㉠ 공무원 단독 또는 부서 자체적으로 판단하기 어려운 사안에 대해 공무원은 적극행정 지원위원회에 해당 업무의 처리방향 등에 관한 의견의 제시를 요청할 수 있다. 　㉡ 공무원은 인가·허가·등록·신고 등과 관련한 규제나 **불명확한 법령 등**으로 인해 업무를 적극적으로 추진하기 곤란한 경우에는 위원회에 직접 해당 업무의 처리 방향 등에 관한 의견의 제시를 요청할 수 있으며, 그 의견대로 업무를 처리한 경우에는 징계를 면제한다. 다만, **대상 업무와 관련하여 사적인 이해관계가 있거나, 위원회가 의견을 제시하기 위해 판단에 필요한 정보를 충분히 제공하지 않은 경우에는 징계를 면제하지 않는다.**
고도의 정책사항 담당자 징계면제	① 실무직 공무원이 적극행정에 나설 수 있도록 고도의 정책사항에 대해 실무직 공무원들을 보호해주는 제도가 필요하다. ② 이에 따라 국정과제 등 주요 정책결정으로 확정된 사항, 다수부처 연관과제로 정책 조정을 거쳐 결정된 사항 등 '정책결정사항 중 중요사항(고도의 정책사항)'을 추진하는 과정에서 발생한 결과에 대해서 실무직(담당자)의 **고의나 중대한 과실이 없는 경우**에는 문책기준에서 제외하고 있다(공무원 징계령 시행규칙 별표2에 규정).

2. 소극행정

징계대상으로서의 소극행정	① 소극행정이란 공무원이 부작위 또는 직무태만 등 소극적 업무행태로 국민의 권익을 침해하거나 국가재정상 손실을 발생하게 하는 행위를 의미한다. ② 여기에서 부작위란 공무원이 상당한 기간 내에 이행해야 할 직무상 이에 이행해야 할 직무상 의무가 있는데도 이를 이행하지 아니하는 것을 의미한다. ③ 직무태만은 통상적으로 요구되는 정도의 노력이나 주의의무를 기울이지 않고, 업무를 부실·부당하게 처리하는 것을 의미
소극행정의 유형	㉠ **적당편의**: 문제해결을 위해 노력하지 않고, 적당히 형식만 갖추어 부실하게 처리하는 행태 ㉡ **업무해태**: 합리적인 이유없이 주어진 업무를 게을리 하여 불이행하는 행태 ㉢ **탁상행정**: 법령이나 지침 등의 변화에도 불구하고 과거 규정에 따라 업무를 처리하거나, 기존의 불합리한 업무관행을 그대로 답습하는 행태 ㉣ **기타 관 중심 행정**: 직무권한을 이용하여 부당하게 업무를 처리하거나, 국민편익을 위해서가 아닌 자신과 소속 기관의 이익을 위해 자의적으로 처리하는 행태(다만, 하나의 업무행태가 두 가지 이상의 유형에 해당될 수 있음. 예를 들어 민원 신청에 대해 불필요한 서류를 지속적으로 요구하며 처리를 하지 않는 경우 '업무해태'로 볼 수 있고, '기타 관 중심 행정'으로도 볼 수 있음)

3. 적극행정 운영규정(대통령령)

정의 (제2조)	① "적극행정"이란 공무원이 불합리한 규제를 개선하는 등 공공의 이익을 위해 창의성과 전문성을 바탕으로 적극적으로 업무를 처리하는 행위를 말한다. ② "소극행정"이란 공무원이 부작위 또는 직무태만 등 소극적 업무행태로 국민의 권익을 침해하거나 국가 재정상 손실을 발생하게 하는 행위를 말한다. ③ "중앙행정기관"이란 「정부조직법」 제2조 제2항에 따른 중앙행정기관 및 국무조정실을 말한다.
징계요구 면책 (제16조)	① 공무원이 적극행정을 추진한 결과에 대해 그의 행위에 고의 또는 중대한 과실이 없는 경우에는 「감사원법」 제34조의3 및 「공공감사에 관한 법률」 제23조의2에 따라 징계 요구 또는 문책 요구 등 책임을 묻지 않는다. ② 공무원이 사전컨설팅 의견대로 업무를 처리한 경우에는 제1항에 따른 면책 요건을 충족한 것으로 추정한다. 다만, 공무원과 대상 업무 사이에 **사적인 이해관계가 있거나 감사원이나 감사기구의 장이 사전컨설팅을 하는 데 필요한 정보를 충분히 제공하지 않은 경우에는 그렇지 않다.** ③ 공무원이 제13조에 따라 위원회가 제시한 의견대로 업무를 처리한 경우에는 「공공감사에 관한 법률」 제23조의2에 따른 면책 요건을 충족한 것으로 추정한다. 다만, 해당 공무원과 대상 업무 사이에 **사적인 이해관계가 있거나 위원회가 심의하는 데 필요한 정보를 충분히 제공하지 않은 경우에는 그렇지 않다.** ④ 위원회는 공무원이 적극행정을 추진한 결과에 대해 「감사원법」에 따른 감사원 감사를 받게 되는 경우에는 해당 공무원의 요청에 따라 감사원에 같은 법 제34조의3에 따른 면책을 건의할 수 있다.
적극행정 추진 공무원에 대한 지원 (제18조)	① 중앙행정기관의 장은 「국가를 당사자로 하는 소송에 관한 법률 시행령」 제12조 제1항에 따라 구상권행사 여부에 대한 의견을 제출할 때에는 해당 공무원의 적극행정 추진에 따른 결과인지 여부를 **명시해야 한다.** ② 중앙행정기관의 장은 공무원(제2호의 경우에는 퇴직한 공무원을 포함한다)이 다음의 어느 하나에 해당하는 경우에는 변호사 등 법률전문가의 도움을 받을 수 있도록 필요한 **지원을 해야 한다.** 　㉠ 징계의결등의 요구를 받아 제17조에 따른 징계등 면제 요건 충족 여부 등에 대해 소명이 필요한 경우 　㉡ 적극행정 추진에 따른 행위로 형사 고소·고발 등을 당해 기소 전 수사 단계에 있는 경우 ③ 중앙행정기관의 장은 소속 공무원(퇴직한 공무원을 포함한다)이 적극행정 추진으로 인해 민사상 책임과 관련된 소송을 수행할 경우에는 소송대리인 선임 등 소송수행에 필요한 **지원을 해야 한다.** ④ ② 및 ③에 따른 지원의 내용, 절차 및 방법 등에 필요한 세부 사항은 **인사혁신처장**이 정한다. ⑤ 「공무원 징계령」 제7조 제1항에 따라 징계의결등의 요구권을 가진 사람(특정직공무원의 경우에는 해당 징계 관련 법령에 따라 징계의결등 요구권을 가진 사람을 말하며, 이하 "징계의결등 요구권자"라 한다)은 공무원 징계의결등 요구서 사본을 징계등 혐의자에게 송부하는 경우로서 징계의결등의 대상 행위가 적극적인 규제개선을 위한 직무집행으로 인해 발생한 경우에는 「중소기업기본법」 제23조 제4항에 따라 중소기업 옴부즈만이 징계 감경 또는 면제를 건의할 수 있다는 사실을 징계등 혐의자에게 **안내해야 한다.**

소극 행정의 신고 (제18조의3)	① 누구든지 공무원의 소극행정을 **소속 중앙행정기관의 장**이나 ③에 따른 **소극행정 신고센터**에 신고할 수 있다. ② 중앙행정기관의 장은 ①에 따른 신고의 내용에 상당한 이유가 있다고 인정되는 경우에는 사실관계 확인을 위한 조사를 하여 신속한 업무처리를 하는 등 적절한 조치를 하고, 그 처리결과를 신고인에게 알려야 한다. ③ **국민권익위원회**는 중앙행정기관 소속 공무원의 소극행정 예방 및 근절을 위해 소극행정 신고센터를 운영하고, 중앙행정기관의 장에게 ①에 따른 신고사항에 대해 적절한 조치를 하도록 권고할 수 있다. ④ ③에 따른 소극행정 신고센터의 운영과 신고사항의 처리 절차 등에 관한 세부 사항은 국민권익위원회가 정한다.

4. 경찰청 적극행정 면책제도 운영규정(경찰청 훈령)

용어 정의 (제2조)	① "적극행정"이란, 경찰청 및 그 소속기관의 공무원 또는 산하단체의 임·직원(이하 "경찰청 소속 공무원 등"이라 한다)이 국가 또는 공공의 이익을 증진하기 위해 성실하고 능동적으로 업무를 처리하는 행위를 말한다. ② "면책"이란, 적극행정 과정에서 발생한 부분적인 절차상 하자 또는 비효율, 손실 등과 관련하여 그 업무를 처리한 경찰청 소속 공무원 등에 대하여 다음의 어느 하나에 해당하는 책임을 묻지 않거나 감면하는 것을 말한다. 　㉠ 「경찰청 감사규칙」 제10조 제1호부터 제3호까지 및 제6호 　㉡ 「경찰공무원 징계령」에 따른 징계 및 징계부가금 ③ "감사 책임자"란, 현장에서 감사활동을 지휘하는 자를 말하여 감사단장 등 현장 지휘자가 없을 경우에는 감사담당관 또는 감찰담당관을 말한다. ④ "**사전컨설팅 감사**"란 불합리한 제도 등으로 인해 적극적인 업무 수행이 어려운 경우, 해당 업무의 수행에 앞서 업무 처리 방향 등에 대하여 미리 감사의견을 듣고 이를 업무처리에 반영하여 적극행정을 추진하는 것을 말한다. ⑤ "사전컨설팅 대상 기관 및 대상 부서의 장"이란 각 **시·도경찰청장, 부속기관의 장, 산하 공직유관단체의 장 및 경찰청 관·국의 장**을 말한다.
면책 대상자 (제4조)	이 규정에 의한 면책은 경찰청 및 그 소속기관의 공무원 또는 산하단체의 임·직원 등에게 적용된다.
적극행정 면책요건 (제5조)	① 자체 감사를 받는 사람이 적극행정면책을 받기 위해서는 다음의 요건을 모두 갖추어야 한다. 　㉠ 감사를 받는 사람의 업무처리가 불합리한 규제의 개선, 공익사업의 추진 등 **공공의 이익**을 위한 것일 것 　㉡ 감사를 받는 사람이 대상 업무를 **적극적으로 처리한 결과**일 것 　㉢ 감사를 받는 사람의 행위에 **고의나 중대한 과실이 없을 것** ② ①, ㉢의 요건을 적용하는 경우 자체감사를 받는 사람이 다음의 요건을 모두 갖추어 업무를 처리한 것으로 인정되는 경우에는 그 행위에 고의나 중대한 과실이 없는 경우에 해당하는 것으로 추정한다. 　㉠ 자체감사를 받는 사람과 대상 업무 사이에 **사적인 이해관계가 없을 것** 　㉡ 대상 업무를 처리하면서 **중대한 절차상의 하자가 없었을 것**

면책 대상제외 (제6조)	제5조에도 불구하고 업무처리과정에서 기본적으로 지켜야 할 의무를 다하지 않았거나 다음에 해당하는 경우에는 **면책대상에서 제외한다.** ① 금품을 수수한 경우 ② 고의·중과실, 무사안일 및 업무태만의 경우 ③ 자의적인 법 해석 및 집행으로 법령의 본질적인 사항을 위반한 경우 ④ 위법·부당한 민원을 수용한 특혜성 업무처리를 한 경우 ⑤ 그 밖에 위 내용에 준하는 위법·부당한 행위를 한 경우
면책심사 신청 (제10조)	① 감사 대상자가 면책심사를 받을 경우에는 면책사유에 해당하는 증빙자료를 구비하여 감사 책임자에게 면책심사를 신청할 수 있다. ② 감사대상기관의 장 또는 감사대상자의 소속 부서장이 감사를 받은 소속 직원 중에서 특별히 면책조치가 필요할 경우에는 면책사유에 해당하는 증빙자료를 구비하여 감사 책임자에게 면책심사를 신청할 수 있다. ③ ① 및 ②에 따른 면책심사 신청은 별지 제3호 서식에 의하여 해당 감사결과에 따른 징계의결 요구 또는 징계 이외의 불이익 처분이 이루어지기 이전에 하여야 한다. ④ 감사 책임자는 '적극행정 면책심사 신청서'를 접수한 경우에는 별지 제4호 서식의 '면책검토서'를 작성하여 위원회에 심사를 요구하여야 한다. 다만, 면책심사 신청인(이하 "신청인"이라 한다)의 비위내용이 불이익한 처분 및 처분요구 사유에 해당하지 않는 경우에는 위원회에 심사를 요구하지 아니하고, 그 사유를 명시하여 신청인에게 통보하여야 한다. ⑤ 감사 책임자는 감사결과 감사 대상자를 면책조치 할 필요성이 있다고 판단될 때에는 ① 또는 ②에 따른 **면책 신청이 없는 경우에도 위원회에 면책심사를 요구할 수 있다.**
사전컨설팅 감사의 원칙 (제14조)	사전컨설팅 대상 기관 및 대상 부서의 장(이하 "사전컨설팅 대상 기관등의 장"이라 한다)은 불합리한 제도 등으로 인하여 공공의 이익이 훼손되는 일이 없도록 사전컨설팅 감사를 적극 활용하여야 한다.
사전컨설팅감사의 대상 (제15조)	① 사전컨설팅 대상 기관등의 장은 다음의 어느 하나에 해당하는 업무를 수행하기 전에 감사관에게 사전컨설팅 감사를 신청할 수 있다. 　㉠ 인가·허가·승인 등 규제관련 업무 　㉡ 법령·행정규칙 등의 해석에 대한 이견 등으로 인하여 능동적인 업무처리가 곤란한 경우 　㉢ 그 밖에 적극행정 추진을 위해 감사관이 필요하다고 인정하는 경우 ② **행정심판, 소송, 수사 또는 타 기관에서 감사 중인 사항, 타 법령에서 정하고 있는 재심의 절차를 거친 사항 등은 사전컨설팅 감사 대상에서 제외**한다.
사전컨설팅 감사의 신청 (제16조)	① 사전컨설팅 대상 기관등의 장은 사전컨설팅 감사가 필요하다고 인정되는 경우 충분한 자체 검토를 거친 후 별지 제6호 서식에 따른 신청서를 작성하여 **감사관**에게 제출할 수 있다. ② 산하 공직유관단체의 장이 감사관에게 사전컨설팅을 신청하는 경우에는 자체감사기구의 장의 의견 및 관련 자료를 첨부하여야 한다.
사전컨설팅 감사의 심사기준 (제17조)	① 감사관은 제16조에 따른 사전컨설팅 감사 신청서가 다음의 요건을 모두 충족한 경우에 처리한다. 　㉠ 업무처리의 목적이 공공의 이익을 위한 경우로서 관련 공무원 등의 사적 이익 취득이나 특정인에 대한 특혜 부여 등의 비위가 없을 것

	ⓒ 법령상의 의무 이행, 정부정책의 수립이나 집행, 국민 편익 증진 등을 위해 모든 여건에 비추어 해당 업무를 추진 · 처리해야 할 필요성과 타당성이 있을 것
	② 감사관은 ①에도 불구하고 관련 공무원 등이 업무처리 과정에서 기본적으로 지켜야 할 의무를 다하지 않았거나 다음의 어느 하나에 해당하는 경우에는 사전컨설팅 감사 신청서를 **반려하여야 한다.**
	  ⓐ 금품수수, 고의 · 중과실, 무사안일 및 직무태만의 경우
	  ⓑ 자의적인 법 해석 및 집행으로 법령의 본질적인 사항에 위배되는 경우
	  ⓒ 위법 · 부당한 민원을 수용한 특혜성 업무처리의 경우
	  ⓓ 관련 법령 등에 명확하게 규정되어 있는데도 단순 민원해소 등을 위해 소극행정 · 책임회피 수단으로 신청하는 경우
	  ⓔ 그 밖에 위 각 호에 준하는 위법 · 부당한 행위

사전컨설팅 감사의 실시 (제18조)	① 사전컨설팅 감사는 서면감사를 원칙으로 하되, 현지 확인 등 실지감사를 함께 할 수 있다. ② 감사관은 필요하다고 인정되는 경우 관련 기관 및 직원에 대하여 출석 및 진술, 의문사항에 대한 질의 · 확인 및 필요한 자료의 제출을 요청할 수 있다. 이 경우 관련 기관 및 직원은 특별한 사정이 없으면 감사관의 요청에 따라야 한다. ③ 감사관은 사전컨설팅 감사의 내용이 국민생활에 미치는 영향이 크거나 다수의 이해관계자와 관련된 사항 등에 해당되어 신중한 검토가 필요하다고 판단되는 경우에는 「경찰청 규제심사위원회 운영규칙」 제2조에 따른 **규제심사위원회 자문 또는 외부전문가의 자문을 거칠 수 있다.**
사전컨설팅 감사 결과의 처리 (제19조)	① 감사관은 사전컨설팅 감사 접수일로부터 30일 이내에 별지 제7호 서식에 따른 사전컨설팅 감사 의견서를 작성하여 신청서를 제출한 사전컨설팅 대상 기관등의 장에게 통보하여야 한다. 다만, 사안이 복잡하거나 신중한 처리 등을 위하여 필요한 경우 그 사유를 소명하여 기간을 연장할 수 있다. ② ①에 따라 사전컨설팅 감사 의견서를 통보받은 사전컨설팅 대상 기관등의 장은 특별한 사정이 없으면 사전컨설팅 감사 의견을 반영하여 해당 업무를 처리하여야 한다.
사전컨설팅 감사의 효력 (제20조)	① 감사관은 제19조 제2항에 따라 사전컨설팅 감사 의견을 반영하여 적극행정을 추진한 결과에 대하여 자체감사규정에 따른 감사 시 책임을 묻지 아니한다. ② 감사관은 사전컨설팅 감사 신청서를 검토한 결과 불합리한 제도 등의 개선이 필요하다고 판단되는 경우, 소관 기관 또는 부서에 제도 개선 등 필요한 조치를 요청할 수 있다.

03 경찰청의 적극행정의 실행계획

적극행정의 추진방향		① **적극행정 공무원 면책 강화**: 격월회의 개최, 안건을 발굴하는 관서·부서에 대한 인센티브 부여, 위원회가 제시한 의견대로 업무를 처리한 경우 징계의결 등 면제 ② **평가 및 보상체계 강화**: 인센티브 강화, 조직문화 개선 ③ 국민체감도 제고 시 인식과 행태 개선을 위한 교육, 국민 참여와 소통 개선, 소극행정 점검
적극행정 지원위원회		① **경찰청 규제심사위원회**
	설치	경찰청 소관 규제의 신설 또는 강화 및 적극행정 정책의 수립·추진에 관한 사항에 대한 자체심사 업무를 수행하기 위하여 경찰청에 규제심사위원회를 둔다.
	위원장	① 공동위원장 1인은 **경찰청 차장**이 되고, **다른 공동위원장 1인은 민간위원 중**에서 위원들이 **호선**한다. ② 위원장은 위원회를 대표하며 위원회의 업무를 총괄한다. ③ 위원장이 모두 사고가 있을 때에는 위원장이 미리 지명한 위원이 그 직무를 대행한다.
	구성	① 위원회는 공동위원장 **2인을 포함**한 **15인 이내**의 위원으로 구성하되, 전체위원 중 **민간위원을 과반수 이상**으로 한다. ② 민간위원은 경찰청 소관 규제업무와 관련된 지식과 경험이 풍부한 인사 중에서 전문분야 및 여성비율 등을 고려하여 경찰청장이 위촉한다. ③ 정부위원은 **경찰청 국장급 공무원** 중에서 경찰청장이 지명한다. ④ 공직선거법에 따라 실시하는 **선거**에 후보자(예비후보자 포함)로 등록한 사람, 공직선거법에 따른 선거사무관계자 및 선거에 의하여 취임한 **공무원**, 정당법에 따른 정**당**의 당원은 위원이 될 수 없다.
	임기	① 민간위원의 임기는 **2년**으로 하며 연임할 수 있다. ② 결원에 의하여 새로 위촉되는 민간위원의 임기는 전임 위원의 **잔임기간**으로 한다.
	운영	① 위원회는 안건이 있는 경우 경찰청장 또는 위원장의 요청에 의하여 회의를 개최한다. ② 위원회의 회의는 재적위원 과반수의 출석과 출석위원 과반수의 찬성으로 의결한다. ③ 위원회는 심사를 위하여 필요한 경우 경찰청 소속 공무원으로 하여금 출석하여 의견을 진술하게 하거나 자료의 제출을 요구할 수 있다. ④ 위원회의 운영 및 사무처리를 위해 규제개혁법무담당관과 혁신기획조정담당관을 간사로 두고, 규제심사 관련 위원회의 운영 및 사무는 규제개혁법무담당관, 적극행정 관련 위원회의 운영 및 사무는 혁신기획조정담당관이 각각 처리한다.

:두문자

공·선·당

기출 OX

01 「적극행정 운영규정」 제 18조의3은 "누구든지 공무원의 소극행정을 국가인권위원회가 운영하는 소극행정 신고센터에 신고할 수 있다."고 규정하고 있다.
23. 경찰 ( )

정답 01 ✕

② 국민생활에 영향이 큰 현안에 대해 개인·부서 단위에서 의사결정이 어려운 경우, 적극행정 지원위원회에 조속히 상정, 위원회에서는 법리적 해석뿐만 아니라 정책 수혜자(국민)의 관점에서 합목적적으로 판단하여 해결방안 적극 검토

　　ⓘ **사전컨설팅**: 적극행정 추진 과정에 감사기구에 의견을 구하여 감사기구의 컨설팅대로 업무 처리시 면책

　　ⓛ **공무원 책임보험**: 직무로 인해 민·형사상 피소된 공무원을 지원하기 위해 공무원 책임보험 도입(20.1월)

　　ⓒ **경찰 법률보험**: 공무원 책임보험으로 보장되지 않는 사안은 법률보험 지원을 통해 보호체계를 더욱 공고히 구축

제6장 / 경찰통제와 홍보

제1절 경찰통제

01 경찰통제의 유형 ✦✦✦

사전통제와 사후통제	사전통제	① 행정절차법상 절차(의견제출, 청문, 공청회 등)적 통제 ② 국회의 <u>입법권 및 예산심의권</u>
	사후통제	① 사법부에 의한 사법심사(행정소송) ② 국회의 <u>예산결산권, 국정감사·조사권</u> ③ 행정부 내의 행정심판·징계책임 ④ 상급기관의 하급기관에 대한 감시권

민주적 통제와 사법적 통제	민주적 통제
	(영미법계)
		① 경찰조직의 민주성을 확보하기 위하여 시민이 직접 또는 그 대표기관을 통한 참여와 감시를 하는 시스템
		② 경찰위원회, 경찰책임자의 선거제, 자치경찰제도 등이 이에 해당한다.
		③ 우리나라의 제도
		  ㉠ 경찰위원회제도(국가경찰위원회)
		  ㉡ 국민감사청구제도: **18세 이상의 국민**은 공공기관의 사무처리가 법령위반 또는 부패행위로 인하여 공익을 현저히 해하는 경우 <u>300인 이상</u>의 연서로 <u>감사원</u>에 감사를 청구할 수 있다.
		  ㉢ 자치경찰제도

	사법적 통제 (대륙법계)	① 경찰기관의 활동에 대해 법원이 사법심사를 통해 통제하는 방식 ② 행정소송법상 **행정소송(행정쟁송 ✕)**과 국가배상법상 **국가배상청구**
내부통제와 외부통제	내부적 통제	**청문감사관 제도** 경찰청에 감사관을, 시·도경찰청에는 청문감사인권담당관을, 경찰서에는 청문감사인권관을 두고 있다.
		훈령권·직무명령 상급기관의 훈령권 및 직무명령을 통해 하급기관의 위법 또는 부당한 권한행사를 시정할 수 있다.
		재결권 상급기관의 하급기관의 위법 또는 부당한 처분에 대해 통제할 수 있다.
	경찰 외부적 통제	**국회에 의한 통제** 국회의 입법권, 예산의 심의 및 의결, 예산결산권, 경찰청장에 대한 탄핵소추의결, 국정조사·감사권 등
		사법부에 의한 통제 법원의 사법심사(행정소송과 헌법소원)
		행정부에 의한 통제 ① **대통령**에 의한 통제(경찰청장 임명권 등) ② **감사원**에 의한 통제(예산결산확인 등) ③ **행정안전부장관**에 의한 통제(경찰청장과 경찰위원회 위원의 임명제청권 등) ④ **중앙행정심판위원회**에 의한 통제 ⑤ (국가)**경찰위원회**에 의한 통제

⑥ 소청심사위원회에 의한 통제
⑦ 국가정보원, 국방부(대간첩작전), 검찰(수사)에 의한 통제
⑧ 국가인권위원회, 국민권익위원회에 의한 통제

02 공공기관의 정보공개에 관한 법률 ✿✿✿✿

1. 정보공개제도의 의의

정보공개제도는 국민이 국가가 보유한 정보에 접근하여 그것을 이용하기 위해, 국민이 정부에게 보유한 정보에 대한 공개를 청구할 수 있는 권리를 보장하고 국가는 정보공개의 의무를 지는 제도를 말한다. 이러한 정보공개제도는 정보화사회에 있어서 가장 중요한 국민의 권리인 알 권리의 실현을 위한 독자적인 제도로 인식되고 있다.

2. 정보공개의 법적 근거

(1) 헌법상 근거

헌법재판소는 '알 권리는 **헌법 제21조의 언론의 자유에 당연히 포함되는 바**, 이는 국민의 정부에 대한 일반적 정보공개를 구할 권리라고 할 것이며, 서류에 대한 열람, 복사민원의 처리는 법률의 제정이 없더라도 불가능한 것은 아니라고 할 것'이라 하여(헌재 1989.9.4, 88헌마22), 표현의 자유에서 찾고 있다.

(2) 법률상 근거

정보공개에 관한 일반법으로 공공기관의 정보공개에 관한 법률(이하 '정보공개법')이 제정되어 시행되고 있다. 정보공개법은 지방자치단체도 동법에 반하지 않는 한도 내에서 독자적으로 정보공개조례를 제정할 수 있다고 규정하고 있다.

정보공개청구절차

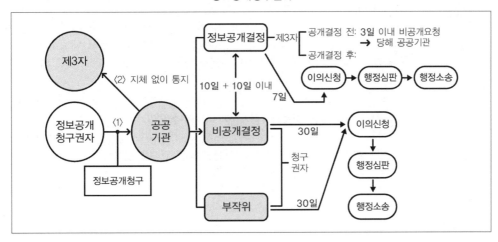

3. 정보공개법의 주요내용

정보공개 청구권자	① **모든 국민**은 정보의 공개를 청구할 권리를 가진다. ② **외국인**의 정보공개청구에 관하여는 대통령령으로 정한다	
정의	정보	'정보'란 공공기관이 직무상 작성 또는 취득하여 관리하고 있는 문서(전자문서를 포함한다. 이하 같다) 및 전자매체를 비롯한 모든 형태의 매체 등에 기록된 사항을 말한다.
	공공기관	① 국가기관 　㉠ 국회, 법원, 헌법재판소, 중앙선거관리위원회 　㉡ 중앙행정기관(대통령 소속 기관과 국무총리 소속 기관을 포함한다) 및 그 소속 기관 　㉢ 행정기관 소속 위원회의 설치·운영에 관한 법률에 따른 위원회 ② 지방자치단체 ③ 공공기관의 운영에 관한 법률 제2조에 따른 공공기관 ④ 그 밖에 대통령령으로 정하는 기관(사립학교도 포함) ⑤ 지방공기업법에 따른 지방공사 및 지방공단
정보공개 원칙	공공기관이 보유·관리하는 정보는 국민의 알 권리 보장 등을 위하여 이 법에서 정하는 바에 따라 **적극적으로 공개하여야 한다.**	
공공기관 담당자의 의무 (신설)	① 공공기관은 소속 공무원 또는 임직원 전체를 대상으로 국회규칙·대법원규칙·헌법재판소규칙·중앙선거관리위원회규칙 및 대통령령으로 정하는 바에 따라 이 법 및 정보공개제도 운영에 관한 교육을 실시하여야 한다. ② 공공기관의 정보공개 담당자(정부공개청구대상 정부와 관련된 업무 담당자를 포함한다)는 정보공개업무를 성실하게 수행하여야 하며, 공개 여부의 자의적인 결정, 고의적인 처리 지연 또는 위법한 공개 거부 및 회피 등 부당한 행위를 하여서는 아니 된다. ➔ 그러나 **벌칙규정은 ✕**	
적용범위	① 정보의 공개에 관하여는 다른 법률에 특별한 규정이 있는 경우를 제외하고는 이 법에서 정하는 바에 따른다. ② 지방자치단체는 그 소관 사무에 관하여 법령의 범위에서 정보공개에 관한 조례를 정할 수 있다. ③ 국가안전보장에 관련되는 정보 및 보안업무를 관장하는 기관에서 국가안전보장과 관련된 정보의 분석을 목적으로 수집하거나 작성한 정보에 대해서는 이 법을 적용하지 아니한다. 다만, 정보목록의 작성·비치 및 공개에 대해서는 그러하지 아니한다.	
공개 및 비공개 대상 정보	① 공공기관이 보유·관리하는 정보는 공개대상이 된다. 다만, 다음의 사유에 해당하는 정보(**비공개대상 정보**)는 **공개하지 아니할 수 있다.** 　㉠ 다른 법률 또는 법률에서 위임한 명령(국회규칙·대법원규칙·헌법재판소규칙·중앙선거관리위원회규칙·대통령령 및 조례로 한정한다)에 따라 비밀이나 비공개사항으로 규정된 정보 　㉡ 국가안전보장·국방·통일·외교관계 등에 관한 사항으로서 공개될 경우 국가의 중대한 이익을 현저히 해칠 우려가 있다고 인정되는 정보 　㉢ 공개될 경우 국민의 생명·신체 및 재산의 보호에 현저한 지장을 초래할 우려가 있다고 인정되는 정보 　㉣ **진행 중인** 재판에 관련된 정보와 범죄의 예방, 수사, 공소의 제기 및 유지, 형의 집행, 교정(矯正), 보안처분에 관한 사항으로서 공개될 경우 그 직무수행을 현저히 곤란하게 하거나 형사피고인의 공정한 재판을 받을 권리를 침해한다고 인정할 만한 상당한 이유가 있는 정보	

ⓜ 감사·감독·검사·시험·규제·입찰계약·기술개발·인사관리에 관한 사항이나 의사결정과정 또는 내부검토과정에 있는 사항 등으로서 공개될 경우 업무의 공정한 수행이나 연구·개발에 현저한 지장을 초래한다고 인정할 만한 상당한 이유가 있는 정보. 다만, 의사결정과정 또는 내부검토과정을 이유로 비공개할 경우에는 의사결정과정 및 내부검토과정이 종료되면 청구인에게 이를 통지하여야 한다.

ⓑ 해당 정보에 포함되어 있는 성명·주민등록번호 등 개인에 관한 사항으로서 공개될 경우 사생활의 비밀 또는 자유를 침해할 우려가 있다고 인정되는 정보. 다만, 다음에 열거한 개인에 관한 정보는 제외한다.
  ⓐ 법령에서 정하는 바에 따라 열람할 수 있는 정보
  ⓑ 공공기관이 공표를 목적으로 작성하거나 취득한 정보로서 사생활의 비밀 또는 자유를 부당하게 침해하지 아니하는 정보
  ⓒ 공공기관이 작성하거나 취득한 정보로서 공개하는 것이 공익이나 개인의 권리 구제를 위하여 필요하다고 인정되는 정보
  ⓓ 직무를 수행한 공무원의 성명·직위
  ⓔ 공개하는 것이 공익을 위하여 필요한 경우로서 법령에 따라 국가 또는 지방자치단체가 업무의 일부를 위탁 또는 위촉한 개인의 성명·직업

ⓢ 법인·단체 또는 개인(이하 '법인 등'이라 한다)의 경영상·영업상 비밀에 관한 사항으로서 공개될 경우 법인 등의 정당한 이익을 현저히 해칠 우려가 있다고 인정되는 정보. 다만, 다음에 열거한 정보는 제외한다.
  ⓐ 사업활동에 의하여 발생하는 위해(危害)로부터 사람의 생명·신체 또는 건강을 보호하기 위하여 공개할 필요가 있는 정보
  ⓑ 위법·부당한 사업활동으로부터 국민의 재산 또는 생활을 보호하기 위하여 공개할 필요가 있는 정보

ⓞ 공개될 경우 부동산 투기, 매점매석 등으로 특정인에게 이익 또는 불이익을 줄 우려가 있다고 인정되는 정보

② 공공기관은 위 ①의 어느 하나에 해당하는 정보가 기간의 경과 등으로 인하여 **비공개의 필요성이 없어진 경우에는 그 정보를 공개대상으로 하여야 한다.**

정보공개 청구의 방법	정보의 공개를 청구하는 자는 해당 정보를 보유하거나 관리하고 있는 공공기관에 다음의 사항을 적은 정보공개청구서를 제출하거나 말로써 정보의 공개를 청구할 수 있다. ① 청구인의 성명·주민등록번호·주소 및 연락처(전화번호·전자우편주소 등을 말한다) ② 공개를 청구하는 정보의 내용 및 공개방법
정보공개 여부의 결정	① 공공기관은 정보공개의 청구를 받으면 그 청구를 받은 날부터 **10일 이내**에 공개 여부를 결정하여야 한다. ② 공공기관은 부득이한 사유로 제1항에 따른 기간 이내에 공개 여부를 결정할 수 없을 때에는 그 기간이 끝나는 날의 **다음 날부터** 기산하여 **10일의 범위**에서 공개 여부 결정기간을 연장할 수 있다. 이 경우 공공기관은 연장된 사실과 연장사유를 청구인에게 지체 없이 문서로 통지하여야 한다. ③ 공공기관은 공개청구된 공개대상 정보의 전부 또는 일부가 **제3자와 관련이 있다고 인정할 때**에는 그 사실을 **제3자에게 지체 없이 통지**하여야 하며, 필요한 경우에는 그의 의견을 들을 수 있다. ④ 공공기관은 다른 공공기관이 보유·관리하는 정보의 공개청구를 받았을 때에는 지체 없이 이를 소관 기관으로 이송하여야 하며, 이송한 후에는 지체 없이 소관 기관 및 이송사유 등을 분명히 밝혀 청구인에게 문서로 통지하여야 한다.

	⑤ 공공기관은 정보공개청구가 다음의 어느 하나에 해당하는 경우로서 민원 처리에 관한 법률에 따른 민원으로 처리할 수 있는 경우에는 민원으로 처리할 수 있다. ㉠ 공개청구된 정보가 공공기관이 보유·관리하지 아니하는 정보인 경우 ㉡ 공개청구의 내용이 진정·질의 등으로 이 법에 따른 정보공개청구로 보기 어려운 경우
반복청구의 처리 (제11조의2 신설)	① 공공기관은 제11조에도 불구하고 제10조 제1항 및 제2항에 따른 정보공개청구가 다음의 어느 하나에 해당하는 경우에는 정보공개청구대상 정보의 성격, 종전 청구와의 내용적 유사성·관련성, 종전 청구와 동일한 답변을 할 수밖에 없는 사정 등을 종합적으로 고려하여 해당 청구를 종결 처리할 수 있다. 이 경우 종결 처리 사실을 청구인에게 알려야 한다. ㉠ 정보공개를 청구하여 정보공개 여부에 대한 결정의 통지를 받은 자가 정당한 사유 없이 해당 정보의 공개를 다시 청구하는 경우 ㉡ 정보공개청구가 제11조 제5항에 따라 민원으로 처리되었으나 다시 같은 청구를 하는 경우 ② 공공기관은 제11조에도 불구하고 제10조 제1항 및 제2항에 따른 정보공개청구가 다음의 어느 하나에 해당하는 경우에는 다음 각 호의 구분에 따라 안내하고, 해당 청구를 종결 처리할 수 있다. ㉠ 제7조 제1항에 따른 정보 등 공개를 목적으로 작성되어 이미 정보통신망 등을 통하여 공개된 정보를 청구하는 경우: 해당 정보의 소재(所在)를 안내 ㉡ 다른 법령이나 사회통념상 청구인의 여건 등에 비추어 수령할 수 없는 방법으로 정보공개 청구를 하는 경우: 수령이 가능한 방법으로 청구하도록 안내
부분공개	공개청구한 정보가 비공개대상 정보와 공개 가능한 부분이 혼합되어 있는 경우로서 공개 청구의 취지에 어긋나지 아니하는 범위에서 두 부분을 분리할 수 있는 경우에는 비공개대상 정보에 해당하는 부분을 제외하고 공개하여야 한다.
비용부담	① 정보의 공개 및 우송 등에 드는 비용은 실비의 범위에서 **청구인**이 부담한다. ② 공개를 청구하는 정보의 사용 목적이 공공복리의 유지·증진을 위하여 필요하다고 인정되는 경우에는 비용을 감면할 수 있다.
공개실시	공공기관은 공개 결정일과 공개 실시일 사이에 **최소한 30일의 간격**을 두어야 한다.
정보의 전자적 공개	① 공공기관은 전자적 형태로 보유·관리하는 정보에 대하여 청구인이 전자적 형태로 공개하여 줄 것을 요청하는 경우에는 그 정보의 성질상 현저히 곤란한 경우를 제외하고는 청구인의 요청에 따라야 한다. ② 공공기관은 전자적 형태로 보유·관리하지 아니하는 정보에 대하여 청구인이 전자적 형태로 공개하여 줄 것을 요청한 경우에는 정상적인 업무수행에 현저한 지장을 초래하거나 그 정보의 성질이 훼손될 우려가 없으면 그 정보를 전자적 형태로 변환하여 공개할 수 있다.

정보공개 관련 판례

비공개대상 정보	공개대상 정보
① 의사결정과정에 제공된 회의 관련 자료나 의사결정과정이 기록된 **회의록** 등은 의사결정과정에 있는 사항에 준하는 사항으로서 비공개대상 정보에 포함될 수 있다.	① 사법시험 2차 시험의 답안지 열람은 시험업무의 수행에 현저한 지장을 초래한다고 볼 수 없다.

② 보안관찰법 소정의 **보안관찰 관련 통계자료**는 공개될 경우 국가의 중대한 이익을 해할 우려가 있는 정보에 해당된다.

③ 시험문항에 대한 채점위원별 채점결과는 비공개대상 정보이다.

④ 문제은행 출제방식을 채택하고 있는 치과의사 국가시험의 문제지와 정답지는 공공기관의 정보공개에 관한 법률상 비공개대상 정보에 해당한다.

⑤ 재산등록의무자의 **재산등록사항**, 공판개정 전 소송에 관한 서류, 중앙 및 지방환경위원회의 조정절차, 개인·법인이나 단체의 비밀에 속하는 사항은 비공개대상 정보에 해당한다.

⑥ 대북한 관련 정보수집·분석자료, 전군 주둔지휘관의 회의록·비밀외교협정관련문서, 기타 조세정책의 기획입안서류

⑦ **범죄의 피의자, 참고인 또는 통보자 명단, 개인의 납세실적**: 정보공개법 제9조 제1항 제6호 본문의 규정에 따라 비공개대상이 되는 정보에는 구 공공기관의 정보공개에 관한 법률의 이름·주민등록번호 등 정보 형식이나 유형을 기준으로 비공개대상 정보에 해당하는지를 판단하는 '개인식별정보' 뿐만 아니라 그 외에 정보의 내용을 구체적으로 살펴 '개인에 관한 사항의 공개로 개인의 내밀한 내용의 비밀 등이 알려지게 되고, 그 결과 인격적·정신적 내면생활에 지장을 초래하거나 자유로운 사생활을 영위할 수 없게 될 위험성이 있는 정보'도 포함된다고 새겨야 한다. 따라서 불기소처분기록 중 **피의자신문조서** 등에 기재된 피의자 등의 인적사항 이외의 진술내용 역시 개인의 사생활의 비밀 또는 자유를 침해할 우려가 인정되는 경우 정보공개법 제9조 제1항 제6호 본문 소정의 비공개대상에 해당한다 [대판 2012.6.18, 2011두2361(전합)].

⑧ 전주교도소사건에서는 **교도소의 물품관리상황, 신문구독현황, 병원비내역** 등은 4호의 교정사항에 해당하지만 직무수행을 곤란하게 하지 않으므로 공개정보라고 판시하였다.

⑨ 고양시 학교환경정화위원회 **회의록**은 의사결정과정은 아니나 이에 준하는 것으로서 공개될 경우에 업무의 공정한 수행에 지장을 초래하므로 비공개정보라고 판시하였다.

② **교육공무원 승진규정**은 공공기관의 정보공개에 관한 법률 제9조 제1항 제1호에서 말하는 법률이 위임한 명령에 해당하지 아니하므로 위 규정을 근거로 정보공개청구를 거부하는 것은 잘못이다(교육공무원 근무평정).

③ **검찰보존사무규칙(법무부령)** 제22조의 성질은 행정기관 내부의 사무처리준칙이므로 같은 규칙상의 열람·등사의 제한이 정보 공개에 관한 법률상의 '다른 법률 또는 법률에 의한 명령에 의하여 비공개사항으로 규정'된 경우에 해당하지 않는다.

④ **대한주택공사의 아파트분양원가** 산출내역에 관한 정보는 비공개대상 정보에 해당하지 않는다.

⑤ 한국방송공사의 '수시집행 접대성 경비의 건별 집행서류 일체'에 관한 정보는 비공개대상 정보가 아니다.

⑥ 산림 복구설계승인 및 복구준공통보에 대한 이해관계의 취소신청

⑦ 회의록이라 하더라도 지방자치단체가 대외적으로 이미 공개한 것이라면 공개대상 정보가 된다(대판 2000.5.30, 99추85).

⑧ 수사기록 중 의견서, 보고문서, 메모, 법률검토 등은 공개됨으로써 수사기관의 직무수행을 현저히 곤란하게 한다고 인정할 만한 상당한 이유가 없다면 공개대상정보이나, 그러한 이유가 있다면 비공개대상정보이다(대판 2017.9.7, 2017두4458).

⑩ 지방자치단체의 업무추진비 세부항목별 집행내역 및 그에 관한 증빙서류에 포함된 개인에 관한 정보는 '공개하는 것이 공익을 위하여 필요하다고 인정되는 정보'에 해당하지 않는다.

⑪ 법인 등이 거래하는 **금융기관의 계좌번호**에 관한 정보는 비공개대상 정보에 해당한다.

⑫ 비공개사유로서 '법인 등의 경영·영업상 비밀'은 타인에게 알려지지 아니함이 유리한 사업활동 등에 관한 일체의 정보' 또는 '사업활동에 관한 일체의 비밀사항'으로 해석함이 상당하다.

4. 정보공개청구에 대한 불복방법

제3자의 불복수단	정보공개결정이 있기 이전 (제3자의 비공개요청)	공개청구된 사실을 통지받은 제3자는 **그 통지를 받은 날부터 3일 이내**에 해당 공공기관에 대하여 자신과 관련된 정보를 공개하지 아니할 것을 요청할 수 있다.
	정보공개결정이 있은 이후	제3자의 비공개요청에도 불구하고 공공기관이 공개결정을 할 때에는 제3자는 해당 공공기관에 공개결정통지를 받은 날로부터 7일 이내에 문서로 이의신청을 하거나 **행정심판 또는 행정소송**을 제기할 수 있다.
청구인의 불복수단	이의신청	① 청구인이 정보공개와 관련한 공공기관의 비공개결정 또는 부분공개결정에 대하여 불복이 있거나 정보공개청구 후 20일이 경과하도록 정보공개결정이 없는 때에는 공공기관으로부터 정보공개 여부의 결정 통지를 받은 날 또는 정보공개청구 후 20일이 경과한 날부터 **30일 이내**에 해당 **공공기관**에 **문서**로 **이의신청**을 할 수 있다. ② 국가기관 등은 이의신청이 있는 경우에는 심의회를 개최하여야 한다. 다만, 다음의 어느 하나에 해당하는 경우에는 개최하지 아니할 수 있다. ㉠ 심의회의 심의를 이미 거친 사항 ㉡ 단순·반복적인 청구 ㉢ 법령에 따라 비밀로 규정된 정보에 대한 청구 ③ 공공기관은 이의신청을 받은 날부터 **7일 이내**에 그 이의신청에 대하여 결정하고 그 결과를 청구인에게 지체 없이 문서로 통지하여야 한다. 다만, 부득이한 사유로 정하여진 기간 이내에 결정할 수 없을 때에는 그 기간이 끝나는 날의 **다음 날부터** 기산하여 7일의 범위에서 연장할 수 있으며, 연장사유를 청구인에게 통지하여야 한다.
	행정심판	① 청구인이 정보공개와 관련한 공공기관의 결정에 대하여 불복이 있거나 정보공개청구 후 20일이 경과하도록 정보공개결정이 없는 때에는 행정심판법에서 정하는 바에 따라 행정심판을 청구할 수 있다. ② 청구인은 **이의신청절차를 거치지 아니하고 행정심판을 청구**할 수 있다.

	③ 행정심판위원회의 위원 중 정보공개 여부의 결정에 관한 행정심판에 관여하는 위원은 재직 중은 물론 퇴직 후에도 그 직무상 알게 된 비밀을 누설하여서는 아니 된다.
행정소송	① 청구인이 정보공개와 관련한 공공기관의 결정에 대하여 불복이 있거나 정보공개청구 후 20일이 경과하도록 정보공개결정이 없는 때에는 행정소송법에서 정하는 바에 따라 행정소송을 제기할 수 있다. ② 재판장은 필요하다고 인정하면 당사자를 참여시키지 아니하고 제출된 공개청구정보를 비공개로 열람·심사할 수 있다.

⚖️ 판례 | 정보공개법에 관한 판례

1 정보공개청구권

공공기관의 정보공개에 관한 법률은 "모든 국민은 정보의 공개를 청구할 권리를 가진다."고 규정하고 있는데, 여기에서 말하는 국민에는 자연인은 물론 법인, 권리능력 없는 사단·재단도 포함되고, 법인, 권리능력 없는 사단·재단 등의 경우에는 설립목적을 불문하며, 한편 정보공개청구권은 법률상 보호되는 구체적인 권리이므로 청구인이 공공기관에 대하여 정보공개를 청구하였다가 거부처분을 받은 것 자체가 법률상 이익의 침해에 해당한다(대판 2003. 12.12, 2003두8050).

2 일부취소가 가능한 경우 및 분리가능성의 의미

법원이 행정기관의 정보공개거부처분의 위법 여부를 심리한 결과 공개를 거부한 정보에 비공개대상 정보에 해당하는 부분과 공개가 가능한 부분이 혼합되어 있고 공개청구의 취지에 어긋나지 아니하는 범위 안에서 두 부분을 분리할 수 있음을 인정할 수 있을 때에는 청구취지의 변경이 없더라도 공개가 가능한 정보에 관한 부분만의 일부취소를 명할 수 있다 할 것이고, 공개청구의 취지에 어긋나지 아니하는 범위 안에서 비공개대상 정보에 해당하는 부분과 공개가 가능한 부분을 분리할 수 있다고 함은, 이 두 부분이 물리적으로 분리가능한 경우를 의미하는 것이 아니고 당해 정보의 공개방법 및 절차에 비추어 당해 정보에서 비공개대상 정보에 관련된 기술 등을 제외 내지 삭제하고 그 나머지 정보만을 공개하는 것이 가능하고 나머지 부분의 정보만으로도 공개의 가치가 있는 경우를 의미한다고 해석하여야 한다(대판 2004.12.9, 2003두12707).

3 정보의 보유·관리 여부의 입증책임

정보공개제도는 공공기관이 보유·관리하는 정보를 그 상태대로 공개하는 제도로서 공개를 구하는 정보를 공공기관이 보유·관리하고 있을 상당한 개연성이 있다는 점에 대하여 원칙적으로 공개청구자에게 증명책임이 있다고 할 것이지만, 공개를 구하는 정보를 공공기관이 한 때 보유·관리하였으나 후에 그 정보가 담긴 문서 등이 폐기되어 존재하지 않게 된 것이라면 그 정보를 더 이상 보유·관리하고 있지 아니하다는 점에 대한 증명책임은 공공기관에게 있다(대판 2004.12.9, 2003두12707).

4 제3자의 비공개요청만으로 정보공개법상 비공개대상 정보에 해당하게 되는지 여부

제3자와 관련이 있는 정보라고 하더라도 당해 공공기관이 이를 보유·관리하고 있는 이상 정보공개법 제9조 제1항 단서 각 호의 비공개사유에 해당하지 아니하면 정보공개의 대상이 되는 정보에 해당한다고 보아야 할 것이다. … 제3자의 비공개요청이 있다는 사유만으로 정보공개법상 정보의 비공개사유에 해당한다고 볼 수 없다(대판 2008.9.25, 2008두8680).

5 정보공개의 방법에 대해서도 법령상 신청권이 있다는 판례

공공기관의 정보공개에 관한 법률은, 정보의 공개를 청구하는 이(이하 '청구인'이라고 한다)가 정보공개방법도 아울러 지정하여 정보공개를 청구할 수 있도록 하고 있고, 전자적 형태의 정보를 전자적으로 공개하여 줄 것을 요청한 경우에는 공공기관은 원칙적으로 요청에 응할 의무가 있고, 나아가 비전자적 형태의 정보에 관해서도 전자적 형태로 공개하여 줄 것을 요청하면 재량판단에 따라 전자적 형태로 변환하여 공개할 수 있도록 하고 있다. 이는 정보의 효율적 활용을 도모하고 청구인의 편의를 제고함으로써 구 정보공개법의 목적인 국민의 알권리를 충실하게 보장하려는 것이므로, 청구인에게는 특정한 공개방법을 지정하여 정보공개를 청구할 수 있는 법령상 신청권이 있다. 따라서 공공기관이 공개청구의 대상이 된 정보를 공개는 하되, 청구인이 신청한 공개방법 이외의 방법으로 공개하기로 하는 결정을 하였다면, 이는 정보공개청구 중 정보공개방법에 관한 부분에 대하여 일부 거부처분을 한 것이고, 청구인은 그에 대하여 항고소송으로 다툴 수 있다(대판 2016.11.10, 2016두44674).

6 공무원을 괴롭힐 목적으로 정보공개청구를 하는 것은 정보공개청구권의 행사를 인정할 수 없다는 판례

일반적인 정보공개청구권의 의미와 성질, 구 공공기관의 정보공개에 관한 법률 제3조, 제5조 제1항, 제6조의 규정 내용과 입법 목적, 정보공개법이 정보공개청구권의 행사와 관련하여 정보의 사용 목적이나 정보에 접근하려는 이유에 관한 어떠한 제한을 두고 있지 아니한 점 등을 고려하면, 국민의 정보공개청구는 정보공개법 제9조에 정한 비공개대상 정보에 해당하지 아니하는 한 원칙적으로 폭넓게 허용되어야 하지만, 실제로는 해당 정보를 취득 또는 활용할 의사가 전혀 없이 정보공개제도를 이용하여 사회통념상 용인될 수 없는 부당한 이득을 얻으려 하거나, 오로지 공공기관의 담당공무원을 괴롭힐 목적으로 정보공개청구를 하는 경우처럼 권리의 남용에 해당하는 것이 명백한 경우에는 정보공개청구권의 행사를 허용하지 아니하는 것이 옳다(대판 2014.12.24, 2014두9349).

5. 정보공개위원회

설치	정보공개에 관한 정책 수립 및 제도 개선에 관한 사항 등을 심의 · 조정하기 위하여 **행정안전부장관** 소속으로 정보공개위원회를 둔다.
구성	① 위원회는 위원장과 부위원장 각 1명을 포함한 **11명**의 위원으로 구성한다. ② 위원회의 위원은 다음의 사람이 된다. 이 경우 위원장을 포함한 **7명**은 공무원이 아닌 사람으로 위촉하여야 한다. 　㉠ 대통령령으로 정하는 관계 중앙행정기관의 차관급 공무원이나 고위공무원단에 속하는 일반직공무원 　㉡ 정보공개에 관하여 학식과 경험이 풍부한 사람으로서 **행정안전부장관**이 위촉하는 사람 　㉢ 시민단체(비영리민간단체 지원법 제2조에 따른 비영리민간단체를 말한다)에서 추천한 사람으로서 **행정안전부장관**이 위촉하는 사람 ③ 위원장 · 부위원장 및 위원(제2항 제1호의 위원은 제외한다)의 임기는 2년으로 하며, **연임할 수 있다.** ④ 위원장 · 부위원장 및 위원은 정보공개업무와 관련하여 알게 된 정보를 누설하거나 그 정보를 이용하여 본인 또는 타인에게 이익 또는 불이익을 주는 행위를 하여서는 아니 된다.

제도총괄	① **행정안전부장관**은 이 법에 따른 정보공개제도의 정책수립 및 제도개선사항 등에 관한 기획·총괄 업무를 관장한다. ② **행정안전부장관**은 위원회가 정보공개제도의 효율적 운영을 위하여 필요하다고 요청하면 공공기관(국회·법원·헌법재판소 및 중앙선거관리위원회는 **제외**한다)의 정보공개제도 운영실태를 평가할 수 있다. ③ **행정안전부장관**은 전년도의 정보공개 운영에 관한 보고서를 매년 정기국회 개회 전까지 국회에 제출하여야 한다.

6. 정보공개심의회

설치	국가기관, 지방자치단체, 공공기관의 운영에 관한 법률 제5조에 따른 공기업 및 준정부기관, 지방공기업법에 따른 지방공사 및 지방공단(이하 '국가기관 등'이라 한다)은 제11조에 따른 정보공개 여부 등을 심의하기 위하여 정보공개심의회(이하 '심의회'라 한다)를 설치·운영한다. 이 경우 국가기관 등의 규모와 업무성격, 지리적 여건, 청구인의 편의 등을 고려하여 소속 상급기관(지방공사·지방공단의 경우에는 해당 지방공사·지방공단을 설립한 지방자치단체를 말한다)에서 협의를 거쳐 심의회를 통합하여 설치·운영할 수 있다.
구성	① 심의회는 위원장 1명을 포함하여 **5명 이상 7명 이하**의 위원으로 구성한다. ② 심의회의 위원은 소속 공무원, 임직원 또는 외부 전문가로 지명하거나 위촉하되, 그 중 **3분의 2**는 해당 국가기관 등의 업무 또는 정보공개의 업무에 관한 지식을 가진 외부 전문가로 위촉하여야 한다. 다만, 제9조 제1항 제2호 및 제4호에 해당하는 업무를 주로 하는 국가기관은 그 국가기관의 장이 외부 전문가의 위촉 비율을 따로 정하되, 최소한 **3분의 1 이상**은 **외부 전문가**로 위촉하여야 한다. ③ 심의회의 위원장은 위원 중에서 국가기관 등의 장이 지명하거나 위촉한다. ④ 심의회의 위원에 대해서는 비밀누설금지, 벌칙을 적용할 때에는 공무원으로 의제하는 규정을 준용한다. ⑤ 심의회의 운영과 기능 등에 관하여 필요한 사항은 국회규칙·대법원규칙·헌법재판소규칙·중앙선거관리위원회규칙 및 대통령령으로 정한다.

⊕ PLUS 개인정보보호법의 주요내용

정의 (제2조)	① "개인정보"란 살아 있는 개인에 관한 정보로서 다음 각 목의 어느 하나에 해당하는 정보를 말한다. 　가. 성명, 주민등록번호 및 영상 등을 통하여 개인을 알아볼 수 있는 정보 　나. 해당 정보만으로는 특정 개인을 알아볼 수 없더라도 다른 정보와 쉽게 결합하여 알아볼 수 있는 정보. 이 경우 쉽게 결합할 수 있는지 여부는 다른 정보의 입수 가능성 등 개인을 알아보는 데 소요되는 시간, 비용, 기술 등을 합리적으로 고려하여야 한다. 　다. 가목 또는 나목을 제1호의2에 따라 가명처리함으로써 원래의 상태로 복원하기 위한 추가 정보의 사용·결합 없이는 특정 개인을 알아볼 수 없는 정보(이하 "가명정보"라 한다) ①의2. "가명처리"란 개인정보의 일부를 삭제하거나 일부 또는 전부를 대체하는 등의 방법으로 추가 정보가 없이는 특정 개인을 알아볼 수 없도록 처리하는 것을 말한다. ② "처리"란 개인정보의 수집, 생성, 연계, 연동, 기록, 저장, 보유, 가공, 편집, 검색, 출력, 정정(訂正), 복구, 이용, 제공, 공개, 파기(破棄), 그 밖에 이와 유사한 행위를 말한다. ③ "정보주체"란 처리되는 정보에 의하여 알아볼 수 있는 사람으로서 그 정보의 주체가 되는 사람을 말한다.

④ "개인정보파일"이란 개인정보를 쉽게 검색할 수 있도록 일정한 규칙에 따라 체계적으로 배열하거나 구성한 개인정보의 집합물(集合物)을 말한다.

⑤ "개인정보처리자"란 업무를 목적으로 개인정보파일을 운용하기 위하여 스스로 또는 다른 사람을 통하여 개인정보를 처리하는 공공기관, 법인, 단체 및 개인 등을 말한다.

⑥ "공공기관"이란 다음 각 목의 기관을 말한다.

    가. 국회, 법원, 헌법재판소, 중앙선거관리위원회의 행정사무를 처리하는 기관, 중앙행정기관(대통령 소속 기관과 국무총리 소속 기관을 포함한다) 및 그 소속 기관, 지방자치단체

    나. 그 밖의 국가기관 및 공공단체 중 대통령령으로 정하는 기관

⑦ "영상정보처리기기"란 일정한 공간에 지속적으로 설치되어 사람 또는 사물의 영상 등을 촬영하거나 이를 유·무선망을 통하여 전송하는 장치로서 대통령령으로 정하는 장치를 말한다.

⑧ "과학적 연구"란 기술의 개발과 실증, 기초연구, 응용연구 및 민간 투자 연구 등 과학적 방법을 적용하는 연구를 말한다.

영상정보 처리제한 등 (제25조)

① 누구든지 다음 각 호의 경우를 제외하고는 공개된 장소에 영상정보처리기기를 설치·운영하여서는 아니 된다.

    1. 법령에서 구체적으로 허용하고 있는 경우

    2. 범죄의 예방 및 수사를 위하여 필요한 경우

    3. 시설안전 및 화재 예방을 위하여 필요한 경우

    4. 교통단속을 위하여 필요한 경우

    5. 교통정보의 수집·분석 및 제공을 위하여 필요한 경우

② 누구든지 불특정 다수가 이용하는 목욕실, 화장실, 발한실(發汗室), 탈의실 등 개인의 사생활을 현저히 침해할 우려가 있는 장소의 내부를 볼 수 있도록 영상정보처리기기를 설치·운영하여서는 아니 된다. 다만, 교도소, 정신보건 시설 등 법령에 근거하여 사람을 구금하거나 보호하는 시설로서 대통령령으로 정하는 시설에 대하여는 그러하지 아니하다.

③ 제1항 각 호에 따라 영상정보처리기기를 설치·운영하려는 공공기관의 장과 제2항 단서에 따라 영상정보처리기기를 설치·운영하려는 자는 공청회·설명회의 개최 등 대통령령으로 정하는 절차를 거쳐 관계 전문가 및 이해관계인의 의견을 수렴하여야 한다.

④ 제1항 각 호에 따라 영상정보처리기기를 설치·운영하는 자(이하 "영상정보처리기기운영자"라 한다)는 정보주체가 쉽게 인식할 수 있도록 다음 각 호의 사항이 포함된 안내판을 설치하는 등 필요한 조치를 하여야 한다. 다만, 「군사기지 및 군사시설 보호법」 제2조 제2호에 따른 군사시설, 「통합방위법」 제2조 제13호에 따른 국가중요시설, 그 밖에 대통령령으로 정하는 시설에 대하여는 그러하지 아니하다.

    1. 설치 목적 및 장소

    2. 촬영 범위 및 시간

    3. 관리책임자 성명 및 연락처

    4. 그 밖에 대통령령으로 정하는 사항

⑤ 영상정보처리기기운영자는 영상정보처리기기의 설치 목적과 다른 목적으로 영상정보처리기기를 임의로 조작하거나 다른 곳을 비춰서는 아니 되며, 녹음기능은 사용할 수 없다.

⑥ 영상정보처리기기운영자는 개인정보가 분실·도난·유출·위조·변조 또는 훼손되지 아니하도록 제29조에 따라 안전성 확보에 필요한 조치를 하여야 한다.

03 경찰감찰규칙(경찰청훈령) ✿✿✿

경찰감찰규칙

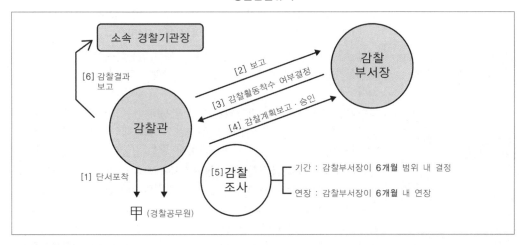

목적 (제1조)	이 규칙은 경찰청 및 그 소속 기관(이하 '경찰기관'이라 한다)에 소속하는 경찰공무원, 별정·일반직 공무원, 의무경찰 등(이하 '소속 공무원'이라 한다)의 공직기강 확립과 경찰행정의 적정성 확보를 위한 감찰에 필요한 사항을 규정함을 목적으로 한다.	
감찰관	감찰관 선발 (제6조)	경찰기관의 장은 ① 감찰관 보직공모에 응모한 지원자 및 ② **3인 이상의 동료**로부터 추천받은 자를 대상으로 적격심사를 거쳐 감찰관을 선발한다.
	감찰관의 결격사유 (제5조)	다음의 어느 하나에 해당하는 사람은 감찰관이 될 수 없다. ① 직무와 관련한 **금품** 및 향응 수수, 공금횡령·유용, **성**폭력범죄의 처벌 등에 관한 특례법에 따른 성폭력범죄로 징계처분을 받은 사람 ② 제1호 이외의 사유로 징계처분을 받아 말소기간이 경과하지 아니한 사람 ③ 질병 등으로 감찰관으로서의 업무수행이 어려운 사람 ④ 기타 감찰관으로서 적합하지 아니하다고 판단되는 사람
	감찰관의 신분보장 (제7조)	① 경찰기관의 장은 감찰관이 제5조에 따른 결격사유에 해당되는 것으로 밝혀졌을 경우와 다음의 어느 하나에 해당하는 경우를 제외하고는 **2년 이내**에 본인의 의사에 반하여 전보하여서는 아니 된다. 다만, 승진 등 인사관리상 필요한 경우에는 그러하지 아니하다. ㉠ **징계**사유가 있는 경우 ㉡ **형사**사건에 계류된 경우 ㉢ 질병 등으로 감찰업무를 수행할 수 없거나 직무수행능력이 현저히 **부족**하다고 판단되는 경우 ㉣ 고압·권위적인 감찰활동을 반복하여 **물의**를 야기한 경우 ② 경찰기관의 장은 1년 이상 성실히 근무한 감찰관에 대해서는 희망부서를 고려하여 전보한다.
	감찰관 적격심사 (제8조)	경찰기관의 장은 소속 감찰관에 대하여 감찰관 보직 후 **2년마다** 적격심사를 실시하여 인사에 반영하여야 한다.

:두문자

금성징계·말소 ×

:두문자

징계형사물부

	감찰관의 징계 (제40조)	① 경찰기관의 장은 감찰관이 이 규칙에 위배하여 직무를 태만히 하거나 권한을 남용한 경우 및 직무상 취득한 비밀을 누설한 경우에는 해당 사건의 담당 감찰관 교체, 징계요구 등의 조치를 한다. ② 감찰관의 의무위반행위에 대해서는 경찰공무원 징계령 세부시행규칙의 징계양정에 정한 기준보다 가중하여 **징계조치한다.**
감찰 활동	감찰활동의 관할 (제12조)	감찰관은 소속 경찰기관의 관할 구역 안에서 활동하여야 한다. 다만, 상급 경찰기관의 장의 지시가 있는 경우에는 관할 구역 밖에서도 활동할 수 있다.
	특별감찰 (제13조)	경찰기관의 장은 의무위반행위가 자주 발생하거나 그 발생 가능성이 높다고 인정되는 시기, 업무분야 및 경찰관서 등에 대하여는 일정 기간 동안 전반적인 조직관리 및 업무추진실태 등을 집중 점검할 수 있다.
	교류감찰 (제14조)	경찰기관의 장은 **상급 경찰기관의 장의 지시**에 따라 소속 감찰관으로 하여금 일정 기간 동안 다른 경찰기관 소속 직원의 복무실태, 업무추진실태 등을 점검하게 할 수 있다.
	감찰활동의 착수 (제15조)	감찰관은 소속공무원의 의무위반행위에 관한 단서(현장인지, 진정ㆍ탄원 등을 포함한다)를 수집ㆍ접수한 경우 소속 경찰기관의 **감찰부서장**에게 **보고하여야 한다.**
	감찰계획의 수립 (제16조)	① 감찰관은 감찰활동에 착수할 때에는 감찰기간과 대상, 중점감찰사항 등을 포함한 감찰계획을 소속 경찰기관의 감찰부서장에게 **보고하여 승인**을 받아야 한다. ② 감찰관은 사전에 계획하고 보고한 범위에 한하여 감찰활동을 수행하여야 한다. ③ 감찰기간은 **6개월의 범위** 내에서 감찰부서장이 정한다. ④ 감찰관은 계속 감찰활동이 필요한 경우 그 사유를 소명하여 소속 경찰기관의 감찰부서장의 승인을 받아 **6개월의 범위** 내에서 감찰기간을 연장할 수 있다.
	자료제출 요구 등 (제17조)	① 감찰관은 직무상 다음의 요구를 할 수 있다. 다만, ㉡ 및 ㉢의 경우에는 **필요 최소한의 범위 내에서 요구하여야 한다.** 　㉠ 조사를 위한 출석 　㉡ 질문에 대한 답변 및 진술서 제출 　㉢ 증거품 등 자료 제출 　㉣ 현지조사의 협조 ② 소속공무원은 감찰관으로부터 ①에 따른 요구를 받은 때에는 정당한 사유가 없는 한 그 요구에 응하여야 한다. ③ 감찰관은 직무수행 중 알게 된 정보나 제출받은 자료를 감찰 목적 외의 용도로 이용할 수 없다.
	감찰활동 결과의 보고 및 처리 (제19조)	① 감찰관은 감찰활동결과 소속공무원의 의무위반행위, 불합리한 제도ㆍ관행, 선행ㆍ수범 직원 등을 발견한 경우 이를 **소속 경찰기관의 장**에게 보고하여야 한다. ② 경찰기관의 장은 ①의 결과에 대하여 문책 요구, 시정ㆍ개선, 포상 등 필요한 조치를 하여야 한다.

:두문자

고지대상: 진참동요

감찰조사 및 처리	출석요구 (제25조)	① 감찰관은 감찰조사를 위해서 조사대상자의 출석을 요구할 때에는 조사기일 **3일 전까지** 별지 제5호 서식의 출석요구서 또는 구두로 조사일시, 의무위반행위사실 요지 등을 통지하여야 한다. 다만, 사안이 급박한 경우 또는 조사대상자의 요청이 있는 경우에는 즉시 조사에 착수할 수 있다. ② ①의 경우 조사일시 등을 정할 때에는 조사대상자의 의사를 존중하여야 한다.
	변호인의 선임 (제26조)	① 조사대상자는 변호사를 변호인으로 선임할 수 있다. 다만, 감찰부서장의 승인을 받은 경우에는 변호사가 아닌 사람을 특별변호인으로 선임할 수 있다. ② ①에 따라 조사대상자의 변호인으로 선임된 사람은 그 위임장을 미리 감찰관에게 제출하여야 한다.
	조사대상자의 진술거부권 (제27조)	① 조사대상자는 진술하지 아니하거나 개개의 질문에 대하여 진술을 거부할 수 있다. ② 감찰관은 조사대상자에게 ①과 같이 진술을 거부할 수 있음을 사전에 **고지하여야 한다.**

	조사참여 (제28조)	① 감찰관은 조사대상자가 다음의 사항을 신청할 경우 이에 해당하는 사람을 참여하게 하거나 동석하도록 하여야 한다.
		 ㉠ 다음의 사람의 참여
		  ⓐ 다른 감찰관
		  ⓑ 변호인
		 ㉡ 다음의 사람의 동석
		  ⓐ 조사대상자의 동료공무원
		  ⓑ 조사대상자의 직계친족, 배우자, 가족 등 조사대상자의 심리적 안정과 원활한 의사소통에 도움을 줄 수 있는 자
		② 감찰관은 다음의 사유가 발생한 경우에는 참여자의 참여를 제한하거나 동석자의 퇴거를 요구할 수 있다
		 ㉠ 참여자 또는 동석자가 조사과정에 부당하게 개입하거나 조사를 제지·중단시키는 경우
		 ㉡ 참여자 또는 동석자가 조사대상자에게 특정한 답변을 유도하거나 진술 번복을 유도하는 경우
		 ㉢ 그 밖의 참여자 또는 동석자의 언동 등으로 조사에 지장을 초래하는 경우

	감찰조사 전 고지(제29조)	① 감찰관은 감찰조사를 실시하기 전에 조사대상자에게 의무위반행위사실의 요지를 알려야 한다. ② 감찰관은 조사대상자에게 동석 또는 참석를 신청할 수 있다는 사실을 **고지하여야 한다.**
	영상녹화 (제30조)	감찰관은 조사대상자가 영상녹화를 요청하는 경우에는 그 조사과정을 영상녹화하여야 한다.
	심야조사의 금지 (제32조)	① 감찰관은 **심야(자정부터 오전 6시까지를 말한다)**에 조사를 하여서는 아니 된다. ② ①에도 불구하고 감찰관은 조사대상자 또는 그 변호인의 별지 제6호 서식에 의한 심야조사요청이 있는 경우(동의 ×)에는 예외적으로 심야조사를 할 수 있다. 이 경우 심야조사의 사유를 조서에 명확히 기재하여야 한다.

제3편 총론

6장

기출 OX

01 감찰관은 감찰조사를 위해서 조사대상자의 출석을 요구할 때에는 조사기일 2일 전까지 별지 제5호 서식의 출석요구서 또는 구두로 조사일시, 의무위반행위사실 요지 등을 통지하여야 한다. 18. 승진 ( )

02 감찰관은 조사대상자에게 진술을 거부할 수 있음을 사전에 고지할 수 있다. 18. 승진 ( )

정답 **01** × **02** ×

휴식시간 부여 (제33조)	① 감찰관은 조사에 장시간이 소요되는 경우 특별한 사정이 없는 한 조사 도중에 최소한 **2시간마다 10분** 이상의 휴식시간을 부여하여 조사대상자가 피로를 회복할 수 있도록 노력하여야 한다. ② 감찰관은 조사대상자가 조사 도중에 휴식시간을 요청하는 때에는 조사에 소요된 시간, 조사대상자의 건강상태 등을 고려하여 적정하다고 판단될 경우 휴식시간을 부여하여야 한다. ③ 감찰관은 조사 중인 조사대상자의 건강상태에 이상 징후가 발견되면 의사의 진료를 받게 하거나 휴식을 취하게 하는 등 필요한 조치를 취하여야 한다.	
감찰조사 후 처리 (제34조)	① 감찰관은 감찰조사를 종료한 때에는 소속 경찰기관의 장에게 별지 제7호 서식의 진술조서, 증빙자료 등과 함께 감찰조사결과를 보고하여야 한다. ② ①의 경우 감찰관은 조사대상자에게 감찰조사결과 요지를 서면 또는 전화, 문자메시지(SMS) 전송 등의 방법으로 통지하여야 한다. ③ 감찰관은 조사한 의무위반행위사건이 소속 경찰기관의 징계관할이 아닌 때에는 관할 경찰기관으로 이송하여야 한다. ④ 의무위반행위사건을 이송받은 경찰기관의 감찰부서장은 필요시 해당 사건에 대하여 추가 조사 등을 실시할 수 있다.	
민원사건의 처리 (제35조)	① 감찰관은 소속 공무원의 의무위반사실에 대한 민원을 접수한 경우 **접수일로부터 2개월 내에 신속히 처리하여야 한다.** 다만, 부득이한 사유로 민원을 기한 내에 처리할 수 없을 때에는 **소속 경찰기관의 감찰부서장에게 보고**하여 그 처리기간을 연장할 수 있다. ② 민원사건을 배당받은 감찰관은 민원인, 피민원인 등 관련자에 대한 감찰조사 등을 거쳐 사실관계를 명확히 하여야 한다.	
기관통보 사건의 처리 (제36조)	① 감찰관은 다른 경찰기관 또는 검찰, 감사원 등 다른 행정기관으로부터 통보받은 소속 공무원의 의무위반행위에 대해서는 **통보받은 날로부터 1개월 이내에 신속히 처리하여야 한다.** ② 감찰관은 검찰·경찰, 그 밖의 수사기관으로부터 수사개시 통보를 받은 경우에는 징계의결요구권자의 결재를 받아 해당 기관으로부터 수사결과의 통보를 받을 때까지 감찰조사, 징계의결요구 등의 절차를 진행하지 아니 할 수 있다.	
감찰처분 심의회 (제37조)	① 감찰부서장은 다음의 사항을 심의하기 위하여 감찰처분심의회(이하 '처분심의회'라고 한다)를 설치·운영할 수 있다. ㉠ 감찰결과 처리 및 양정과 관련한 사항 ㉡ 감찰결과에 대한 이의신청 처리와 관련한 사항 ㉢ 감찰결과의 공개와 관련한 사항 ㉣ 감찰관 기피신청과 관련한 사항 ② 처분심의회는 위원장을 포함한 3명 이상 7명 이하의 위원으로 구성하며, 위원장은 감찰부서장이 되고 위원은 감찰부서장이 소속 공무원 중에서 지명하거나 학식과 경험을 고루 갖춘 해당 분야의 외부전문가 중에서 위촉할 수 있다.	

	① 제34조 제2항에 따른 통지를 받은 조사대상자는 그 통지를 받은 날 부터 **10일** 이내에 **감찰을 주관한 경찰기관의 장**에게 이의신청을 할 수 있다. 다만, 감찰결과 징계요구된 사건에 대해서는 **징계위원회에서의 의견진술 등의 절차**로 이의신청을 갈음할 수 있다.
감찰결과에 대한 이의신청 (제38조)	② ①의 이의신청을 접수한 경찰기관의 장은 처분심의회의 심의를 거쳐 이의 신청이 이유 없다고 인정될 때에는 이를 기각하고 이유 있다고 인정될 때에는 그 감찰조사결과를 취소하거나 변경하여야 한다.
감찰결과의 공개 (제39조)	① 감찰결과는 원칙적으로 공개하지 아니한다. 다만, 유사한 비위의 재발을 방지하기 위하여 다음의 경우에는 감찰결과 요지를 공개할 수 있다. ㉠ **중대한 비위행위**(금품·향응수수, 공금횡령·유용, 정보유출, 독직 폭행, 음주운전 등) ㉡ **언론 등 사회적 관심이 집중되어 사생활 보호의 이익보다 국민의 알 권리 충족 등 공공의 이익이 현저하게 크다고 판단되는 사안** ② 감찰결과의 공개 여부는 경찰기관의 장이 처분심의회의 의견을 들어 최종 결정한다.
감찰활동 방해에 대한 징계	경찰기관의 장은 조사대상자가 정당한 이유 없이 출석 거부, 현지조사 불응, 협박 등의 방법으로 감찰조사를 방해하는 경우에는 **징계요구 등의 조치**를 할 수 있다.

04 경찰인권보호규칙(경찰청훈령) ✿✿✿

1. 경찰인권위원회

설치	경찰 활동 전반에 걸친 민주적 통제를 구현하여 경찰력 오·남용을 예방하고, 경찰 행정의 인권지향성을 높여 인권을 존중하는 경찰 활동을 정립하기 위해 **경찰청장** 및 **시·도경찰청장**의 자문기구로서 각각 **경찰청** 인권위원회, **시·도경찰청** 인권위원회(이하 '위원회'라 한다)를 설치하여 운영한다.
구성	① 위원회는 위원장 1명을 포함 **7명~13명 이하**의 위원으로 구성한다. 이때, **특정 성별이 전체 위원 수의 10분의 6을 초과하지 아니해야 한다.** ② 위원장은 위원회에서 호선하며, 위원은 당연직 위원과 위촉위원으로 구분한다. ③ 당연직 위원은 경찰청은 **감사관**, 시·도경찰청은 **청문감사인권담당관**으로 한다. ④ 위촉 위원은 인권 분야에 전문적인 지식과 경험이 있고 아래의 어느 하나에 해당하는 사람 중에서 경찰청장 또는 시·도경찰청장(이하 '청장'이라 한다)이 위촉한다. 이때, 아래에 해당하는 사람이 반드시 **1명 이상 포함**되어야 한다. ㉠ 판사·검사 또는 변호사로 **3년 이상**의 경력이 있는 사람 ㉡ 초·중등교육법 제2조 제1호부터 제4호, 고등교육법 제2조 제1호부터 제6호까지의 규정에 따른 학교에서 **교원 또는 교직원으로 3년 이상** 근무한 경력이 있는 사람 ㉢ 비영리민간단체지원법 제2조 제1호부터 제3호, 제5호부터 제6호까지의 규정에 따른 단체에서 인권 분야에 **3년 이상** 활동한 경력이 있거나 그러한 단체로부터 인권위원으로 위촉되기에 적합하다고 추천을 받은 사람 ㉣ 그 밖에 사회적 약자 등 다양한 사회 구성원의 목소리를 반영할 수 있는 사람

	임기	① 위원장과 위촉위원의 임기는 위촉된 날로부터 **2년**으로 하며 위원장의 직은 연임할 수 없고, 위촉위원은 **두 차례만 연임할 수 있다**. ② 위촉위원에 결원이 생긴 경우 새로 위촉할 수 있고, 이 경우 새로 위촉된 위원의 임기는 위촉된 날부터 기산한다.
	직무대행	① 위원장은 위원회를 대표하며, 위원회의 업무를 총괄한다. ② 위원장이 일시적인 사유로 그 직무를 수행할 수 없을 경우에는 위원 중에서 **위촉 일자가 빠른 순**으로 그 직무를 대행한다. 다만, 위촉 일자가 같을 때에는 **연장자 순**으로 대행한다.
:두문자 당경선후 3년 (공직자만 3년이 붙는다)	위원의 결격사유 (제6조)	① 다음의 어느 하나에 해당하는 사람은 위원이 될 수 없다. 　㉠ 「공직선거법」에 따라 실시하는 선거에 **후보자**(예비후보자 포함)로 등록한 사람 　㉡ 「공직선거법」에 따라 실시하는 **선거**에 의하여 취임한 공무원이거나 그 직에서 퇴직한 날부터 **3년**이 지나지 아니한 사람 　㉢ **경찰**의 직에 있거나 그 직에서 퇴직한 날부터 **3년**이 지나지 아니한 사람 　㉣ 「공직선거법」에 따른 선거사무관계자 및 「정당법」에 따른 정당의 당원 ② 위촉 위원이 ①의 어느 하나에 해당하게 된 때에는 당연히 퇴직한다.
:두문자 관청의 손삼(3)	위원의 해촉 (제8조))	다음의 어느 하나에 해당하는 경우에는 청장은 **위원회의 의견을 들어** 위원을 해촉할 수 있다. 　㉠ 입건 전 조사·수사 중인 사건에 **청탁** 또는 경찰 인사에 **관여**하는 행위를 하거나 기타 직무 관련 비위사실이 있는 경우 　㉡ 위원회의 명예를 실추시키거나 위원으로서의 품위를 **손상**시키는 행위를 한 경우 　㉢ 특별한 사유 없이 연속으로 **정기회의**에 **3회** 불참 등 직무를 태만히 한 경우 　㉣ 위원 스스로 직무를 수행하는 것이 곤란하다고 **의사**를 밝힌 경우 　㉤ 그 밖에 부득이한 사유로 업무를 수행할 수 없는 경우
	회의	① 위원회의 회의는 정기회의와 임시회의로 구분하며, 재적위원 **과반수**의 출석으로 개의(開議)하고, 출석위원 **과반수**의 찬성으로 의결한다. ② 정기회의는 경찰청은 **월 1회**, 시·도경찰청은 **분기 1회** 개최한다. ③ 임시회의는 위원장이 필요하다고 인정하거나 **청장** 또는 **재적위원 3분의 1 이상이 소집을 요구**하는 경우 위원장이 소집한다.

2. 인권침해사건의 조사·처리

용어정의 (제2조)	경찰관 등	'경찰관 등'이란 경찰청과 그 소속 기관의 경찰공무원, 일반직공무원, 무기계약근로자 및 기간제근로자, 의무경찰을 의미한다.
	인권침해	'인권침해'란 경찰관 등이 직무를 수행하는 과정에서 모든 사람에게 보장된 인권을 침해하는 것을 말한다.
	조사 담당자	'조사담당자'란 인권침해를 내용으로 하는 진정을 조사하고 이에 따른 구제 업무 등을 수행하는 경찰청과 그 소속 기관에 근무하는 공무원을 말한다.
인권교육 계획의 수립 (제18조의 2)		① **경찰청장**은 경찰관 등(경찰공무원으로 신규 임용될 사람을 포함한다)이 근무하는 동안 지속적·체계적으로 교육을 받을 수 있도록 **3년 단위**로 다음의 사항을 포함한 **인권교육종합계획**을 수립하여 시행해야 한다. 　㉠ 경찰 인권교육의 기본방향과 추진목표 　㉡ 인권교육 전문강사 양성 및 지원 　㉢ 경찰 인권교육 실태조사·평가

		ⓔ 교육기관 및 대상별 인권교육 실시 ⓜ 그 밖에 경찰관등의 인권 보호와 향상을 위하여 필요한 사항 ② **경찰관서의 장**은 ①을 반영하여 **매년** 인권교육 계획을 수립하여 시행하여야 한다.	
교육시기 및 교육기간 (제20조의 2)		경찰관 등에 대한 인권교육은 교육대상에 따라 다음과 같이 실시해야 한다. ① 신규 임용예정 경찰관 등: 각 교육기관 교육기간 중 5시간 이상 ② 경찰관서의 장(지역경찰관서의 장과 기동부대의 장을 포함한다) 및 각 경찰관서 재직 경찰관 등: 연 6시간 이상 ③ 교육기관에 입교한 경찰관 등: 보수·직무교육 등 교육과정 중 1시간 이상 ④ 인권 강사 경찰관 등: 연 40시간 이상	: 두문자 인사(40)/신호(5)/연육(6) 교일(1)
경찰 인권정책 기본계획 (제18조)		① 경찰청장은 국민의 인권보호와 증진을 위하여 경찰 인권정책 기본계획(이하 '기본계획'이라 한다)을 5년마다 수립해야 한다. ② 기본계획에는 다음의 사항이 포함돼야 한다. ⓒ 경찰 인권정책의 기본방향과 추진목표 ⓛ 추진목표별 세부과제 및 실행계획 ⓒ 인권취약계층에 대한 인권보호 방안 ⓔ 인권에 관한 교육 및 홍보 등 인권의식 향상을 위한 시책 ⓜ 인권보호 및 증진에 관한 협력체계 구축 방안 ⓗ 그 밖에 국민의 인권보호 및 증진에 필요한 사항	**기출 OX** **03** 경찰청장은 위원회의 위원이 특별한 사유 없이 연속적으로 임시회의에 2회 불참 등 직무를 태만히 한 경우 직권으로 위원을 해촉할 수 있다. 23. 경찰 ( ) **04** 위촉위원 중 「공직선거법」에 따라 실시하는 선거에 의하여 취임한 공무원이거나 그 직에서 퇴직한 날부터 5년이 지나지 아니한 사람은 결격사유에 해당한다. 23. 경찰 ( )
인권영향 평가 (제4장)	인권영향 평가의 실시 (제21조)	① **경찰청장**은 인권침해를 예방하고, 인권친화적인 치안 행정이 구현되도록 다음의 사항에 대하여 인권영향평가를 실시하여야 한다. ⓒ 제·개정하려는 법령 및 행정규칙 ⓛ 국민의 인권에 영향을 미치는 정책 및 계획 ⓒ 참가인원, 내용, 동원 경력의 규모, 배치 장비 등을 고려하여 인권침해 가능성이 높다고 판단되는 집회 및 시위 ② ①에도 불구하고 다음의 어느 하나에 해당하는 경우 평가대상에서 제외한다. ⓒ 제·개정하려는 법령 및 행정규칙의 내용이 경미한 경우 ⓛ 사전에 청문, 공청회 등 의견 청취 절차를 거친 정책 및 계획	
	인권영향 평가의 절차 (제23조)	① 경찰청장은 다음의 구분에 따른 기한 내에 인권영향평가를 실시하여야 한다. ⓒ 제·개정하려는 법령 및 행정규칙: 해당 안건을 국가경찰위원회에 상정하기 60일 이전 ⓛ 국민의 인권에 영향을 미치는 정책 및 계획: 해당 사안이 확정되기 이전 ⓒ 참가인원, 내용, 동원 경력의 규모, 배치 장비 등을 고려하여 인권침해 가능성이 높다고 판단되는 집회 및 시위: 집회 및 시위 종료일로부터 30일 이전 ② ①에도 불구하고 ① 각 사항의 기한에 평가를 실시할 수 없는 부득이한 사유가 발생한 경우에는 기한에 관계없이 평가를 실시할 수 있다. ③ 경찰청장은 인권영향평가를 실시하는 경우에 경찰청 인권위원회에 자문할 수 있다. ④ 경찰청장은 ③에 따라 경찰청 인권위원회가 제시한 의견을 존중하여야 한다. ⑤ 인권보호담당관은 **반기 1회 이상** 인권영향평가의 이행 여부를 점검하고, 이를 경찰청 인권위원회에 제출하여야 한다.	: 두문자 삼(3)육(6) 반점평가

정답 03 ✕ 04 ✕

진정의 접수 (제29조)	① 인권침해 진정은 문서(우편·팩스 및 컴퓨터 통신에 의한 것을 포함한다. 이하 같다)나 전화 또는 구두로 접수받으며, 담당 부서는 **경찰청 인권보호담당관실**로 한다. ② 경찰청 인권보호담당관실은 진정이 제기되지 아니하였더라도 경찰청장이 직접 조사를 명하거나 중대하고 긴급한 조치가 필요하다고 판단한 사안 또는 인권침해의 단서가 되는 사실을 알게 되었을 경우에는 직접 조사할 수 있다.
조사중지 (제35조)	① 조사담당자는 인권침해 사건을 조사하는 과정에서 다음의 어느 하나에 해당하는 사유로 사건 조사를 진행할 수 없는 경우에는 조사를 **중지할 수 있다. 다만, 확인된 인권침해 사실에 대한 구제 절차는 계속하여 이행할 수 있다.** ㉠ 진정인이나 피해자의 소재를 알 수 없는 경우 ㉡ 사건 해결과 진상 규명에 핵심적인 중요 참고인의 소재를 알 수 없는 경우 ㉢ 그 밖에 ㉠ 또는 ㉡과 유사한 사정으로 더 이상 사건 조사를 진행할 수 없는 경우 ㉣ **감사원의 조사, 경찰·검찰 등 수사기관에서 조사 또는 수사가 개시된 경우** ② 조사중지사유가 해소된 경우에는 조사담당자는 별지 제4호 서식의 사건 표지에 새롭게 사건을 재개한 사유를 적고 즉시 조사를 다시 시작하여야 한다.
진정의 취소 (제36조)	① 진정인은 진정을 취소하려는 경우에는 그 뜻을 분명히 밝힌 취소장(전자우편 등 전자문서 형식의 취소장을 포함한다. 이하 같다)을 제출하여야 한다. 다만, 진정인이 경찰관 등에게 구두로 진정의 취소의사를 표시하는 경우에는 직원 등이 대신 작성하여 진정인의 서명이나 날인을 받은 취소조서를 취소장으로 갈음할 수 있으며, 전화로 진정취소 의사를 밝힌 경우에는 담당 직원의 전화통화보고서를 취소장으로 갈음할 수 있다. ② 진정인 또는 피해자가 유치인이거나 기타 시설 수용자인 경우에 진정을 취소하거나 조사를 원하지 않는다는 뜻을 표시하려면 진정인 또는 피해자가 취소장을 작성하고 서명 및 날인(손도장을 포함한다)하여 제출하여야 한다.
물건등의 보관 등 (제32조)	① 조사담당자는 사건조사과정에서 진정인·피진정인 또는 참고인 등이 임의로 제출한 물건 중 사건조사에 필요한 물건은 보관할 수 있다. ② 조사담당자는 ①에 따라 제출받은 물건의 목록을 작성하여 제출자에게 내주고 사건기록에 그 물건 등의 번호·명칭 및 내용, 제출자 및 소유자의 성명과 주소를 적고 서명 또는 기명날인하게 하여야 한다. ③ 조사담당자는 제출받은 물건에 사건번호와 표제, 제출자 성명, 물건 번호, 보관자 성명 등을 적은 표지를 붙인 후 봉투에 넣거나 포장하여 안전하게 보관하여야 한다. ④ 조사담당자는 제출자가 보관 중인 물건의 반환을 요구하는 경우에는 반환하여야 하며, 다음의 어느 하나에 해당하는 경우에는 제출자가 요구하지 않더라도 반환할 수 있다. ㉠ 진정인이 진정을 취소한 사건에서 진정인이 제출한 물건이 있는 경우 ㉡ 사건이 종결되어 더 이상 보관할 필요가 없는 경우 ㉢ 그 밖에 물건을 계속 보관하는 것이 적절하지 않은 경우
진상조사단	진상 조사단의 구성 (제42조)	① 경찰청장은 경찰의 법 집행과정에서 사람의 사망 또는 중상해 그 밖에 사유로 인하여 중대한 인권침해의 의심이 있는 경우 이를 조사하기 위하여 진상조사단을 구성할 수 있다. 이 경우에 경찰청 인권위원회는 진상조사단 구성에 대하여 권고 또는 의견표명을 할 수 있다. ② 진상조사단은 경찰청 차장 직속으로 두고 진상조사팀, 실무지원팀, 민간조사자문단으로 구성하여 운영한다. ③ 단장은 경찰청 소속 **경무관급** 공무원 중에서 **국가경찰위원회의 추천**을 받아 **경찰청장**이 임명한다. ④ 단장은 진상조사단의 업무를 총괄하고 팀장 및 팀원을 지휘·감독한다.

	진상 조사팀의 구성 및 임무 (제43조)	① 팀장은 경찰청 소속 총경급 중에서 단장의 의견을 들어 경찰청장이 임명한다. ② 팀원은 인권·감찰·감사·수사 등의 분야에서 조사경험이 있는 경찰관과 국민권익위원회 등에서 파견받은 조사관으로 구성하되, 팀원 수는 대상사건의 관련자 수와 조사범위 등을 고려하여 단장이 정한다. ③ 진상조사팀은 관련자 및 사실관계를 조사하고 증거를 수집한다.
	실무 지원팀의 구성 및 임무 (제44조)	① 팀장은 경찰청 인권보호담당관으로 하고, 팀원은 경찰청 인권보호담당관실 소속 직원으로 한다. ② 실무지원팀은 진상조사단의 원활한 운영을 위하여 진상조사단 및 진상조사팀의 업무를 지원한다.
	민간조사 자문단의 구성 및 임무 (제45조)	① 민간조사자문단은 '인권분야 전문가 인력풀'에 포함된 사람 중에서 경찰청 인권위원회의 심의를 거쳐 경찰청장이 위촉한다. ② ①의 '인권분야 전문가 인력풀'은 인권 분야에 전문적인 지식과 경험이 있고 아래에 해당하는 사람 중에서 경찰청장이 구성한다. 　㉠ 사회학·법학 등 인권분야에 관한 박사학위를 가진 사람 　㉡ 판사·검사 또는 변호사로 3년 이상의 경력이 있는 사람 　㉢ 그 밖에 조사대상 사건에 대해 전문성이 있다고 인정되는 사람 ③ 위촉 단원의 결격, 해촉 및 제척·기피·회피에 관하여는 제6조, 제8조, 제9조의 규정을 준용한다. ④ 민간조사자문단은 조사팀의 조사현장에 참여할 수 있으며, 조사과정을 모니터링하고 조사팀의 조사활동 및 그 결과에 대하여 의견을 제시할 수 있다. ⑤ ④의 조사활동 등에 참여한 자문단원에게는 예산의 범위 안에서 수당 또는 여비를 지급할 수 있다.
인권침해 사건의 처리	진정의 각하 (제29조)	① 경찰청 및 그 소속 기관의 장은 다음의 어느 하나에 해당할 경우에는 그 진정을 각하할 수 있다. 　㉠ 진정내용이 인권침해에 해당하지 아니하는 것이 명백한 경우 　㉡ 진정내용이 명백히 사실이 아니거나 이유가 없다고 인정되는 경우 　㉢ 피해자가 아닌 사람이 한 진정으로서 피해자가 조사를 원하지 않는다는 의사표시를 명백하게 한 경우 　㉣ 진정의 원인이 된 사실이 공소시효, 징계시효 및 민사상 시효 등이 모두 완성된 경우 　㉤ 진정의 원인이 된 사실에 관하여 법원이나 헌법재판소의 재판, 수사기관의 수사 또는 그 밖에 법률에 따른 권리 구제절차가 진행 중이거나 종결된 경우(기간의 경과 등 형식요건을 제대로 갖추지 못하여 종결된 경우는 제외한다) 　㉥ 진정이 익명(匿名)이나 가명(假名)으로 제출된 경우 　㉦ 진정인이 진정을 취소한 경우 　㉧ 기각 또는 각하된 진정과 동일한 내용으로 다시 진정한 경우 　㉨ 진정 내용이 추상적이거나 관계자를 근거 없이 비방하는 등 업무를 방해할 의도로 진정한 것으로 판단되는 경우 　㉩ 진정의 취지가 그 진정의 원인이 된 사실에 관한 법원의 확정판결이나 헌법재판소의 결정에 반대되는 경우 　㉪ 국가인권위원회에서 진정서의 내용과 같은 사실을 이미 조사 중이거나 조사한 사실이 확인된 경우(진정인의 진정 취소를 이유로 각하 처리된 사건은 제외한다)

		② ①의 각 내용의 어느 하나에 해당하더라도 인권침해를 방지하고 제도 개선을 위한 사실관계 확인을 위하여 조사가 필요한 경우에는 각하하지 아니할 수 있다. ③ 진정에 대해 조사를 시작한 후에도 ①의 각 내용의 어느 하나의 사유가 확인된 경우 해당 진정을 각하할 수 있다.
:두문자 3불 ➡ 기각 ┌ 불가능 ├ 불필요 └ 불침해	진정의 기각 (제37조)	경찰청 및 그 소속 기관의 장은 진정내용을 **조사한 결과** 다음의 어느 하나에 해당하는 경우에는 그 진정을 기각할 수 있다. ① 진정내용이 **사실이 아니거나 사실 여부를 확인하는 것이 불가능**한 경우 ② 진정내용이 **이미 피해회복이 이루어지는 등 따로 구제조치가 필요하지 아니하다고 인정되는 경우** ③ **진정내용은 사실이나 인권침해에 해당하지 아니하는 경우**
	인용 및 구제조치 (제38조)	① 경찰청 및 그 소속 기관의 장은 조사 결과 인권침해사실이 인정되는 경우 다음의 조치를 하거나 관련 부서에 그 조치를 하도록 지시할 수 있다. 　㉠ 조사결과 인권침해행위의 내용이 범죄행위에 해당하고 형사처벌이 필요하다고 인정되는 경우 고발 또는 수사의뢰 　㉡ 인권침해행위 중지 및 기타 적절한 조치 　㉢ 피해자의 권리구제를 위하여 필요하다고 인정되는 경우 국가배상이나 법률구조 등 안내 　㉣ 인권침해행위를 한 당사자나 책임자에 대한 관계 법령에 따른 징계의결 요구 　㉤ 인권침해사실과 관련된 제도 개선 ② 경찰청 및 그 소속 기관의 장은 인권침헤의 의심이 있고, 이를 방치하면 회복하기 어려운 피해가 발생할 우려가 있다고 인정할 경우 다음의 조치를 하거나 관련 부서에 그 조치를 하도록 지시할 수 있다. 　㉠ 의료·식사 및 옷 등의 제공 　㉡ 유치장소의 변경 　㉢ 인권침해 행위의 즉시 중지 명령 　㉣ 인권침해 행위를 일으키고 있다고 판단되는 경찰관 등의 그 직무로부터의 배제 　㉤ 그 밖에 피해자의 생명과 신체의 안전을 위하여 필요한 사항 ③ ① 및 ②의 각 사항의 조치는 함께 할 수 있다. ④ 경찰청 및 그 소속 기관의 장은 ①의 각 조치를 하기 전에 피진정인 및 관련 부서의 장에게 의견을 진술하거나 필요한 자료를 제출할 기회를 주어야 한다. ⑤ 경찰청 및 그 소속 기관의 장으로부터 ①의 ㉠, ㉣ 또는 ㉤ 또는 ②의 각 조치를 지시받은 해당 부서의 장은 즉시 지시 내용을 이행하고, 결과를 보고하여야 한다.

05 경찰청 감사 규칙(경찰청 훈령) ✿✿

감사대상 기관 (제3조)	① 경찰청장의 감사대상 기관은 다음과 같다. 　㉠ 경찰청과 그 소속 기관 직제에 따른 경찰청 및 그 소속 기관 　㉡ 공공기관 운영에 관한 법률에 따라 경찰청 소관으로 지정·고시된 공공기관 　㉢ 법령에 의하여 경찰청장이 기관 임원의 임명·승인, 정관의 승인, 감독 등을 하는 　　법인 또는 단체 　㉣ 행정안전부 및 그 소속청 비영리법인의 설립 및 감독에 관한 규칙에 따라 　　경찰청장이 주무관청이 되는 비영리법인 　㉤ ㉠부터 ㉣까지의 감사대상 기관으로부터 보조금 등 예산지원을 받는 법인 　　또는 단체 ② 감사는 감사대상 기관의 바로 위 감독관청이 실시하는 것을 원칙으로 하되, 필요 한 경우에는 경찰청에서 직접 실시할 수 있다.
감사의 종류와 주기 (제4조)	① 감사의 종류는 **종합감사, 특정감사**, 재무감사, **성과감사**, 복무감사, **일상감사**로 구 분한다. ② 종합감사의 주기는 **1년에서 3년까지** 하되 치안수요 등을 고려하여 조정 실시한 다. 다만, 직전 또는 당해연도에 감사원 등 다른 감사기관이 감사를 실시한(실시 예 정인 경우를 포함한다) 감사대상 기관에 대해서는 감사의 일부 또는 전부를 실시하 지 아니할 수 있다. ③ 일상감사의 대상·기준 및 절차 등에 관한 세부사항은 경찰청장이 따로 정한다.
감사계획의 수립 (제5조)	① 경찰청 감사관(이하 '감사관'이라 한다)은 감사계획수립에 필요한 경우 시·도 자치경찰위원회 및 시·도경찰청장과 감사일정을 협의하여야 한다. ② 감사관은 매년 **2월 말까지** 연간 감사계획을 수립하여 감사대상 기관에 통보한다.
감사단의 편성 (제6조)	① 감사관은 감사목적을 달성하고 감사성과를 확보할 수 있도록 감사담당자의 전 문지식 및 실무경험 등을 고려하여 감사단을 편성할 수 있고 개인별 감사사무 분장을 정하여야 한다. ② 감사관은 ①에 따라 감사단을 편성하고자 할 때에는 감사담당자 중에서 감사단 장을 지정하여 감사단을 지휘·감독하도록 하여야 한다. ③ 감사관은 전문지식 또는 실무경험이 필요하다고 인정되는 업무에 대한 감사를 할 경우에는 업무담당자나 외부전문가를 감사에 참여시킬 수 있다.
감사담당자 등의 제외 등 (제7조)	① 감사담당자 등(감사관 및 감사담당자를 말한다)은 다음의 어느 하나에 해당하 여 감사수행의 독립성을 유지하기 어렵다고 판단될 때에는 **감사관은 경찰청장에 게, 감사담당자는 감사관에게 지체 없이 보고하여야 한다.** 　㉠ 본인 또는 본인의 친족(민법 제777조에 따른 친족을 말한다. 이하 같다)이 　　감사대상이 되는 기관·부서·업무와 관련이 있는 사람과 개인적인 연고나 　　이해관계 등이 있어 공정한 감사수행에 영향을 미칠 우려가 있는 경우 　㉡ 본인 또는 본인의 친족이 감사대상이 되는 기관·부서·업무와 관련된 주요 　　의사결정과정에 직·간접적으로 관여한 경우 　㉢ 그 밖에 공정한 감사수행이 어려운 특별한 사정이 있는 경우 ② 경찰청장 또는 감사관은 ①에 따른 보고를 받거나 감사담당자 등이 ①의 어느 하나에 해당한다고 인정하는 경우에는 해당 감사담당자 등을 감사에서 제외하 는 등 **적정한 조치를 하여야 한다.**

:두문자

일·무·특·종·성

:두문자 통·실·종·결	감사의 절차 (제9조)	감사는 다음의 순서로 진행함을 원칙으로 하되 감사관 또는 감사단장이 감사의 종류 및 현지실정에 따라 조정할 수 있다. ① 감사개요 **통보**: 감사관 또는 감사단장은 감사대상기관의 장에게 감사계획의 개요를 통보한다. ② 감사의 **실시**: 감사담당자는 개인별 감사사무분장에 따라 감사를 실시한다. ③ 감사의 **종결**: 감사관 또는 감사단장은 감사기간 내에 감사를 종결하여야 한다. 다만, 감사목적의 달성을 위하여 필요한 경우 감사기간을 연장할 수 있다. ④ 감사**결**과의 설명: 감사관 또는 감사단장은 감사의 목적을 달성하기 위하여 필요한 경우 감사대상기관 또는 부서를 대상으로 주요 감사결과를 설명하고 이에 대한 의견을 들을 수 있다.
:두문자 ┌ **원**(상)시(정) ├ **대**(안)**권**(고) ├ **모**(순)**개**(선) └ **경미경고**(주의)	감사결과의 처리기준 등 (제10조)	감사관은 감사결과를 다음의 기준에 따라 **처리하여야 한다.** ① 징계 또는 문책 요구: 국가공무원법과 그 밖의 법령에 규정된 징계 또는 문책사유에 해당하거나 정당한 사유 없이 자체감사를 거부하거나 자료의 제출을 게을리한 경우 ② 시정 요구: 감사결과 위법 또는 부당하다고 인정되는 사실이 있어 추징·회수·환급·추급 또는 **원상복구** 등이 필요하다고 인정되는 경우 ③ **경고**·주의 요구: 감사결과 위법 또는 부당하다고 인정되는 사실이 있으나 그 정도가 징계 또는 문책사유에 이르지 아니할 정도로 **경미**하거나, 감사대상 기관 또는 부서에 대한 제재가 필요한 경우 ④ **개선** 요구: 감사결과 법령상·제도상 또는 행정상 **모순**이 있거나 그 밖에 개선할 사항이 있다고 인정되는 경우 ⑤ **권고**: 감사결과 문제점이 인정되는 사실이 있어 그 **대안**을 제시하고 감사대상 기관의 장 등으로 하여금 개선방안을 마련하도록 할 필요가 있는 경우 ⑥ 통보: 감사결과 비위 사실이나 위법 또는 부당하다고 인정되는 사실이 있으나 ①부터 ⑤까지의 요구를 하기에 부적합하여 감사대상 기관 또는 부서에서 자율적으로 처리할 필요가 있다고 인정되는 경우 ⑦ 변상명령: 회계관계직원 등의 책임에 관한 법률이 정하는 바에 따라 변상책임이 있는 경우 ⑧ 고발: 감사결과 범죄 혐의가 있다고 인정되는 경우 ⑨ 현지조치: 감사결과 경미한 지적사항으로서 **현지**에서 즉시 시정·개선조치가 필요한 경우
	감사결과의 보고 (제12조)	감사관은 감사가 종료된 후 다음의 사항을 포함한 감사결과보고서를 작성하여 **경찰청장에게 보고하여야 한다.** ① 감사목적 및 범위, 감사기간 등 감사실시개요 ② 제10조의 처리기준에 따른 감사결과 처분요구 및 조치사항 ③ 감사결과에 대한 감사대상 기관 또는 부서의 변명 또는 반론 ④ 그 밖에 보고할 필요가 인정되는 사항
	감사결과의 통보 및 처리 (제13조)	① 경찰청장은 보고받은 감사결과를 감사대상 기관의 장에게 통보하여야한다. ② 감사결과를 통보받은 감사대상 기관의 장은 정당한 사유가 없으면 감사결과의 조치사항을 이행하고 **30일 이내에 그 이행결과를 경찰청장에게 통보하여야 한다.**
	감사의뢰의 처리 (제14조)	① 경찰청장은 시·도자치경찰위원회로부터 국가경찰과 자치경찰의 조직 및 운영에 관한 법률 제24조 제1항 제7호에 따라 다음의 어느 하나에 해당하는 경우에 대해 감사의뢰를 받은 경우, 특별한 사정이 없는 한 감사를 실시한다. ㉠ 다수의 시·도에 걸쳐 동일한 기준으로 감사가 필요한 경우

	© 국가경찰사무와 자치경찰사무의 구분이 모호하여 자치경찰사무만을 감사하기가 어려운 경우 ② 경찰청장은 ①에 따라 감사의뢰를 받은 경우 그에 따른 조치결과를 시·도자치경찰위원회에 통보하여야 한다.
시·도경찰청 장의 감사 (제15조)	① 시·도경찰청장은 제5조 제2항에 준하여 연간 감사계획을 수립하여 감사관에게 통보하여야 한다. ② 시·도경찰청장은 ①에 따른 연간 감사계획에 포함되지 않은 감사를 실시하고자 할 때에는 감사계획을 수립하여 감사실시 **예정일 전 15일까지** 감사관에게 통보하여야 한다. ③ 시·도경찰청장은 부득이한 사정으로 인하여 예정된 감사를 실시하기 어려운 때에는 다음의 기준에 따라 변경된 감사계획을 감사관에게 통보하여야 한다. ㉠ ①에 따른 감사를 실시하기 어려운 때에는 감사실시 예정일 전 15일까지 ㉡ ②의 규정에 따른 감사를 실시하기 어려운 때에는 감사실시 예정일 전 7일까지 ④ 감사관은 ① 내지 ③에 따라 통보받은 감사계획을 수정할 필요가 있다고 판단되는 경우에는 일정 등을 조정하여 시·도경찰청장에게 통보한다. ⑤ 시·도경찰청장이 ① 또는 ②에 따른 감사를 실시한 때에는 감사종료 후 **30일 이내**에 다음의 사항을 기재한 감사결과보고서를 경찰청장에게 제출하여야 한다. ㉠ 중요감사내용 및 조치사항 ㉡ 개선·건의사항 ㉢ 그 밖에 특별히 기재할 사항
상호협조 (제16조)	① 경찰청장은 중복감사를 방지하고 국가경찰사무와 자치경찰사무의 감사가 유기적으로 연계되고 균형이 이루어지도록 시·도자치경찰위원회와 상호 협조하여야 한다. ② 경찰청장은 감사대상기관의 수감부담을 줄이고 감사업무의 효율화를 위해 시·도경찰청 또는 시·도자치경찰위원회와 같은 기간 동안 함께 감사를 실시할 수 있다.

06 부패방지 및 국민권익위원회의 설치와 운영에 관한 법률 ✗

목적 (제1조)	이 법은 국민권익위원회를 설치하여 고충민원의 처리와 이에 관련된 불합리한 행정제도를 개선하고, 부패의 발생을 예방하며 부패행위를 효율적으로 규제함으로써 국민의 기본적 권익을 보호하고 행정의 적정성을 확보하며 청렴한 공직 및 사회풍토의 확립에 이바지함을 그 목적으로 한다.
국민권익 위원회의 설치 (제11조)	① 고충민원의 처리와 이에 관련된 불합리한 행정제도를 개선하고, 부패의 발생을 예방하며 부패행위를 효율적으로 규제하도록 하기 위하여 **국무총리 소속으로** 국민권익위원회(이하 '위원회'라 한다)를 둔다. ② 위원회는 정부조직법 제2조에 따른 중앙행정기관으로서 그 권한에 속하는 사무를 독립적으로 수행한다.

위원회의 구성 (제13조)	① 위원회는 위원장 1명을 포함한 **15명의 위원**(부위원장 3명과 상임위원 3명을 포함한다)으로 구성한다. ② 위원장, 부위원장과 위원은 고충민원과 부패방지에 관한 업무를 공정하고 독립적으로 수행할 수 있다고 인정되는 자로서 다음의 어느 하나에 해당하는 자 중에서 임명 또는 위촉한다. 　㉠ 대학이나 공인된 연구기관에서 부교수 이상 또는 이에 상당하는 직에 8년 이상 있거나 있었던 자 　㉡ 판사·검사 또는 변호사의 직에 10년 이상 있거나 있었던 자 　㉢ 3급 이상 공무원 또는 고위공무원단에 속하는 공무원의 직에 있거나 있었던 자 　㉣ 건축사·세무사·공인회계사·기술사·변리사의 자격을 소지하고 해당 직종에서 10년 이상 있거나 있었던 자 　㉤ 제33조 제1항에 따라 시민고충처리위원회 위원으로 위촉되어 그 직에 4년 이상 있었던 자 　㉥ 그 밖에 사회적 신망이 높고 행정에 관한 식견과 경험이 있는 자로서 시민사회단체로부터 추천을 받은 자 ③ 위원장 및 부위원장은 국무총리의 제청으로 대통령이 임명하고, 상임위원은 위원장의 제청으로 대통령이 임명하며, 상임이 아닌 위원은 대통령이 임명 또는 위촉한다. 이 경우 상임이 아닌 위원 중 3명은 국회가, 3명은 대법원장이 각각 추천하는 자를 임명 또는 위촉한다. ④ 위원장과 부위원장은 각각 **정무직**으로 보하고, 상임위원은 고위공무원단에 속하는 일반직공무원으로서 국가공무원법 제26조의5에 따른 임기제공무원으로 보한다. ⑤ 위원이 궐위된 때에는 지체 없이 새로운 위원을 임명 또는 위촉하여야 한다. 이 경우 후임으로 임명 또는 위촉된 위원의 임기는 새로이 개시된다.
부패행위의 신고 (제55조)	누구든지 부패행위를 알게 된 때에는 이를 위원회에 신고할 수 있다.
공직자의 부패행위 신고의무 (제56조)	공직자는 그 직무를 행함에 있어 다른 공직자가 부패행위를 한 사실을 알게 되었거나 부패행위를 강요 또는 제의받은 경우에는 지체 없이 이를 수사기관·감사원 또는 위원회에 신고**하여야 한다.**
신고자의 성실의무 (제57조)	부패행위 신고를 한 자(이하 이 장에서 '신고자'라 한다)가 신고의 내용이 허위라는 사실을 알았거나 알 수 있었음에도 불구하고 신고한 경우에는 이 법의 보호를 받지 못한다.
신고의 방법 (제58조)	신고를 하려는 자는 본인의 인적사항과 신고취지 및 이유를 기재한 기명의 문서로써 하여야 하며, 신고대상과 부패행위의 증거 등을 함께 제시하여야 한다.
신고의 처리 (제59조)	① 위원회는 접수된 신고사항에 대하여 신고자를 상대로 다음의 사항을 확인할 수 있다. 　㉠ 신고자의 인적사항, 신고의 경위 및 취지 등 신고내용의 특정에 필요한 사항 　㉡ 신고내용이 제29조 제2항 각 호의 어느 하나에 해당하는지의 여부에 관한 사항 ② 위원회는 ①의 사항에 대한 진위 여부를 확인하는데 필요한 범위에서 신고자에게 필요한 자료의 제출을 요구할 수 있다. ③ 위원회는 접수된 신고사항에 대하여 감사·수사 또는 조사가 필요한 경우 이를 감사원, 수사기관 또는 해당 공공기관의 감독기관(감독기관이 없는 경우에는 해당 공공기관을 말한다. 이하 '조사기관'이라 한다)에 이첩하여야 한다. 다만, 신고가 다음의 어느 하나에 해당하는 경우에는 이를 조사기관에 이첩하지 아니하고 종결할 수 있다.

	㉠ 신고의 내용이 명백히 거짓인 경우
	㉡ 신고자의 인적사항을 알 수 없는 경우
	㉢ 신고자가 신고서나 증명자료 등에 대한 보완요청을 2회 이상 받고도 위원회가 정하는 보완요청기간 내에 보완하지 아니한 경우
	㉣ 신고에 대한 처리결과를 통지받은 사항에 대하여 정당한 사유 없이 다시 신고 한 경우
	㉤ 신고의 내용이 언론매체 등을 통하여 공개된 내용에 해당하고 공개된 내용 외 에 새로운 증거가 없는 경우
	㉥ 다른 법령에 따라 해당 부패행위에 대한 감사·수사 또는 조사가 시작되었거나 이미 끝난 경우
	㉦ 그 밖에 부패행위에 대한 감사·수사 또는 조사가 필요하지 아니한 경우로서 대 통령령으로 정하는 경우
	④ 위원회에 신고가 접수된 당해 부패행위의 혐의대상자가 다음 각 호에 해당하는 고 위공직자(경무관급 이상의 경찰공무원)로서 부패혐의의 내용이 형사처벌을 위한 수 사 및 공소제기의 필요성이 있는 경우에는 위원회의 명의로 검찰, 수사처, 경찰 등 관할 수사기관에 고발을 하여야 한다.
	⑤ ④에 따라 고발한 경우 관할 수사기관은 수사결과를 위원회에 통보하여야 한다. 위 원회가 고발한 사건이 이미 수사 중이거나 수사 중인 사건과 관련된 사건인 경우에 도 또한 같다.
	⑥ 위원회는 접수된 신고사항을 그 접수일부터 60일 이내에 처리하여야 한다. 이 경우 위 ①의 ㉠에 따른 사항을 확인하기 위한 보완 등이 필요하다고 인정되는 경우에는 그 기간을 30일 이내에서 연장할 수 있다.
조사결과의 처리 (제60조)	① 조사기관은 신고를 이첩받은 날부터 **60일 이내**에 감사·수사 또는 조사를 종결하여 야 한다. 다만, 정당한 사유가 있는 경우에는 그 기간을 연장할 수 있으며, 위원회에 그 연장사유 및 연장기간을 통보하여야 한다.
	② 신고를 이첩받은 조사기관은 감사·수사 또는 조사결과를 감사·수사 또는 조사 종 료 후 10일 이내에 위원회에 통보하여야 한다. 이 경우 위원회는 통보를 받은 즉시 신고자에게 감사·수사 또는 조사결과의 요지를 통지하여야 한다.
	③ 위원회는 필요하다고 인정하는 경우 조사기관에 대하여 ②의 통보내용에 대한 설 명을 요구할 수 있다.
	④ 위원회는 조사기관의 감사·수사 또는 조사가 충분하지 아니하다고 인정되는 경우 에는 감사·수사 또는 조사결과를 통보받은 날부터 **30일 이내**에 새로운 증거자료 의 제출 등 합리적인 이유를 들어 조사기관에 대하여 재조사를 요구할 수 있다. ② 후단에 따른 통지를 받은 신고자는 위원회에 대하여 감사·수사 또는 조사결과에 대한 이의를 신청할 수 있다.
	⑤ 재조사를 요구받은 조사기관은 재조사를 종료한 날부터 **7일 이내**에 그 결과를 위원 회에 통보하여야 한다. 이 경우 위원회는 통보를 받은 즉시 신고자에게 재조사결과 의 요지를 통지하여야 한다.
감사청구권 (제72조)	① **18세 이상**의 국민은 공공기관의 사무처리가 법령위반 또는 부패행위로 인하여 공익 을 현저히 해하는 경우 대통령령으로 정하는 **일정한 수(300인) 이상**의 국민의 연서 로 감사원에 감사를 청구할 수 있다. 다만, 국회·법원·헌법재판소·선거관리위원회 또는 감사원의 사무에 대하여는 국회의장·대법원장·헌법재판소장·중앙선거관리 위원회 위원장 또는 감사원장(이하 '당해 기관의 장'이라 한다)에게 감사를 청구하 여야 한다.

: 두문자
안전재사중

② ①에도 불구하고 다음의 어느 하나에 해당하는 사항은 감사청구의 대상에서 제외한다.
　㉠ 국가의 기밀 및 **안전**보장에 관한 사항
　㉡ 수사 · **재판** 및 형집행(보안처분 · 보안관찰처분 · 보호처분 · 보호관찰처분 · 보호감호처분 · 치료감호처분 · 사회봉사명령을 포함한다)에 관한 사항
　㉢ 사적인 권리관계 또는 개인의 **사**생활에 관한 사항
　㉣ 다른 기관에서 감사하였거나 감사 **중**인 사항. 다만, 다른 기관에서 감사한 사항이라도 새로운 사항이 발견되거나 중요사항이 감사에서 누락된 경우에는 그러하지 아니하다.
　㉤ 그 밖에 감사를 실시하는 것이 적절하지 아니한 정당한 사유가 있는 경우로서 대통령령이 정하는 사항
③ ①에도 불구하고 지방자치단체와 그 장의 권한에 속하는 사무의 처리에 대한 감사청구는 지방자치법 제21조에 따른다.

제2절 경찰홍보

01 경찰홍보의 유형 ✦✦

협의의 홍보 (Public Relations: PR)		인쇄매체 등 각종 대중매체를 통해 개인이나 단체의 긍정적인 점을 일방적으로 알리는 활동(적극적 홍보활동)
언론관계 (Press Relations)		대중매체 보도를 돕기 위해 사건 · 사고에 대한 기자들의 질의 · 질문에 응답하는 대응적이고 소극적인 홍보활동
대중매체 관계 (Media Relations)	의의	신문 · 방송 등 대중매체와 긴밀한 협조관계를 구축하여 대중매체에서 원하는 바를 충족시켜주는 것과 동시에 경찰의 긍정적 측면 널리 알리는 활동
	R. Mark	'단란하고 행복스럽지 않지만 오래 지속되는 **결혼생활**'
	G. Crandon	경찰과 대중매체는 상호 필요성 때문에 **공생**관계로 발전
	R. Ericson	경찰과 대중매체는 서로 연합하여 그 사회의 일탈에 대한 개념을 규정하며, 도덕성과 정의를 규정짓는 사회적 **엘**리트 집단을 구성
기업이미지식 경찰홍보		① 포돌이 · 포순이(캐릭터 등)와 같이 조직의 이미지를 향상시키고 국민들에게 친근하게 다가서려는 홍보활동 ② 국민의 지지도를 향상시켜 경찰목적을 달성하려는 종합적 · 계획적 홍보활동

: 두문자
결혼마크
씨 · 공(생)

: 두문자
E · 엘

02 언론피해에 대한 구제방안(언론중재 및 피해구제 등에 관한 법률) ✿✿✿✿

언론피해에 대한 구제절차

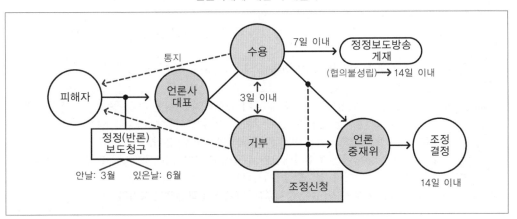

의의	정정보도	사실에 관한 보도가 전부 또는 일부 **진실하지 아니한 경우** 진실에 부합되게 고쳐서 보도하는 것
	반론보도	사실적 주장에 관한 보도내용이 **진실 여부에 관계없이** 그와 대립되는 반박자의 주장을 보도하는 것
청구요건		① 피해를 입은 자는 해당 언론보도 등이 있음을 **안 날부터 3개월** 이내에, 언론보도가 있은 후 **6개월 이내**에 언론사 등에게 그 언론보도 등의 내용에 관한 정정보도 및 반론보도를 청구할 수 있다. ② 정정보도 및 반론청구에는 언론사 등의 **고의·과실이나 위법성을 필요로 하지 아니한다.**
행사		① 피해자는 언론사 등의 대표자에게 **서면으로** 정정보도 및 반론보도청구 ② 언론사 등의 대표자는 **3일 이내**에 그 수용 여부에 대한 통지를 청구인에게 발송하여야 한다. ③ 언론사 등이 청구를 수용할 때에는 지체 없이 피해자 또는 그 대리인과 정정보도의 내용·크기 등에 관하여 **협의한 후**, 그 **청구를 받은 날부터 7일 내**에 정정보도문 및 반론보도문을 방송하거나 게재하여야 한다. ④ 다음의 어느 하나에 해당하는 사유가 있는 경우에는 언론사 등은 정정보도청구를 거부할 수 있다. 　㉠ 피해자가 정정보도청구권을 행사할 정당한 이익이 없는 경우 　㉡ 청구된 정정보도의 내용이 명백히 사실과 다른 경우 　㉢ 청구된 정정보도의 내용이 명백히 위법한 내용인 경우 　㉣ 정정보도의 청구가 상업적인 광고만을 목적으로 하는 경우 　㉤ 청구된 정정보도의 내용이 국가·지방자치단체 또는 공공단체의 **공개회의(비공개회의 ✕)**와 법원의 공개재판절차의 사실보도에 관한 것인 경우

기출 OX

01 사실적 주장에 관한 언론보도등이 진실하지 아니함으로 인하여 피해를 입은 자는 해당 언론보도등이 있음을 안 날부터 6개월이내에 언론사등에게 그 언론보도등의 내용에 관한 정정보도를 청구할 수 있다.
19. 경찰　　　　( )

02 정정보도의 청구가 공익적인 광고만을 목적으로 하는 경우 언론사는 정정보도청구를 거부할 수 있다.
20. 경간　　　　( )

03 청구된 정정보도의 내용이 국가지방자치단체 또는 공공단체의 공개회의와 법원의 비공개재판절차의 사실보도에 관한 것인 경우 언론사는 정정보도 청구를 거부할 수 있다. 20. 간부
　　　　　　( )

정답 **01** ✕ **02** ✕ **03** ✕

조정	① 정정보도청구 등과 관련하여 분쟁이 있는 경우 피해자 또는 언론사 등은 서면 또는 구술이나 전자문서 등으로 중재위원회에 조정을 신청할 수 있다. ② 피해자는 언론보도 등에 의한 피해의 배상에 대하여 3개월 또는 6개월의 기간 이내에 중재위원회에 조정을 신청할 수 있다. ③ 조정신청은 피해자와 언론사 등 사이에 **협의가 불성립된 날부터 14일 이내**에 하여야 한다. ④ 조정은 **신청 접수일부터 14일 이내**에 하여야 하며, 중재부의 장은 조정신청을 접수하였을 때에는 지체 없이 조정기일을 정하여 당사자에게 출석을 요구하여야 한다. ⑤ 출석요구를 받은 신청인이 **2회**에 걸쳐 출석하지 아니한 경우에는 **조정신청을 취하한 것으로 보며**, 피신청 언론사 등이 **2회**에 걸쳐 출석하지 아니한 경우에는 조정신청 취지에 따라 정정보도 등을 이행하기로 합의한 것으로 본다. ⑥ 조정기일에 중재위원은 조정대상인 분쟁에 관한 사실관계와 법률관계를 당사자들에게 설명·조언하거나 절충안을 제시하는 등 합의를 권유할 수 있다. ⑦ 조정은 **비공개**가 원칙이며, **중재결정은 확정판결과 동일한 효력이 있다.**

03 언론중재위원회 ✿✿✿

:두문자

법·변·언(10년)

:두문자

임기3년: 경국소언

의의	언론 등의 보도 또는 매개로 인한 분쟁·조정·중재 및 침해사항 심의를 위하여 언론중재위원회를 둔다.
구성	① 중재위원회는 **40명 이상 90명 이내**의 중재위원으로 구성하며, 중재위원은 다음의 사람 중에서 **문화체육관광부장관이 위촉한다.** 이 경우 ㉠부터 ㉢까지의 위원은 각각 중재위원 정수의 5분의 1 이상이 되어야 한다. 　㉠ **법관**의 자격이 있는 사람 중에서 법원행정처장이 추천한 사람 　㉡ **변호사**의 자격이 있는 사람 중에서 변호사법 제78조에 따른 대한변호사협회의 장이 추천한 사람 　㉢ **언론사**의 취재·보도업무에 **10년** 이상 종사한 사람 　㉣ 그 밖에 언론에 관하여 학식과 경험이 풍부한 사람 ② 중재위원회에 위원장 1명과 2명 이내의 부위원장 및 2명 이내의 감사를 두며, 각각 중재위원 중에서 **호선(互選)**한다. ③ 위원장·부위원장·감사 및 중재위원의 임기는 각각 **3년**으로 하며, **한 차례만** 연임할 수 있다. ④ 위원장은 중재위원회를 대표하고 중재위원회의 업무를 총괄한다. ⑤ 부위원장은 위원장을 보좌하며, 위원장이 부득이한 사유로 직무를 수행할 수 없을 때에는 중재위원회규칙으로 정하는 바에 따라 그 직무를 대행한다.
직권 조정 결정	① 당사자 사이에 합의(제19조 제3항에 따라 합의한 것으로 보는 경우를 포함한다)가 이루어지지 아니한 경우 또는 신청인의 주장이 이유 있다고 판단되는 경우 중재부는 당사자들의 이익이나 그 밖의 모든 사정을 고려하여 신청취지에 반하지 아니하는 한도에서 직권으로 조정을 갈음하는 결정(이하 "직권조정결정"이라 한다)을 할 수 있다. 이 경우 그 결정은 제19조 제2항에도 불구하고 조정신청 접수일부터 **21일 이내**에 하여야 한다. ② 직권조정결정서에는 주문(主文)과 결정 이유를 적고 이에 관여한 중재위원 전원이 서명·날인하여야 하며, 그 정본을 지체 없이 당사자에게 송달하여야 한다.

기출 **OX**

01 중재위원회는 40명 이상 90명 이내의 중재위원으로 구성한다. 16. 경찰

(　)

02 위원장·부위원장·감사 및 중재위원의 임기는 각각 2년으로 하며, 한 차례만 연임할 수 있다. 19. 경간

(　)

정답 **01** ○ **02** ✕

③ 직권조정결정에 불복하는 자는 결정 정본을 송달받은 날부터 **7일** 이내에 불복 사유를 명시하여 서면으로 중재부에 이의신청을 할 수 있다. 이 경우 그 결정은 효력을 상실한다.

④ 제3항에 따라 직권조정결정에 관하여 이의신청이 있는 경우에는 그 이의신청이 있은 때에 제26조 제1항에 따른 소(訴)가 제기된 것으로 보며, 피해자를 원고로 하고 상대방인 언론사등을 피고로 한다.

| 회의 | 중재부는 중재부의 장을 포함한 **과반수의 출석과 출석위원 과반수의 찬성**으로 의결한다. |

⚖ 판례 | 정정보도청구

1 언론보도의 진실성은 중요한 부분이 객관적 사실과 합치되면 족하다는 판례

언론중재 및 피해구제 등에 관한 법률 제14조 제1항은 "사실적 주장에 관한 언론보도가 진실하지 아니함으로 인하여 피해를 입은 자는 당해 언론보도가 있음을 안 날부터 3월 이내에 그 보도내용에 관한 정정보도를 언론사에 청구할 수 있다."고 규정하고 있으므로, 위 법에 의한 정정보도를 청구하기 위하여는 당해 언론보도가 사실적 주장에 관한 것으로서 진실하지 아니함을 요한다고 할 것인바, 여기에서 <u>언론보도의 진실성이란 그 내용 전체의 취지를 살펴볼 때 중요한 부분이 객관적 사실과 합치되는 사실이라는 의미로서 세부에 있어 진실과 약간 차이가 나거나 다소 과장된 표현이 있더라도 무방하고, 또한 복잡한 사실관계를 알기 쉽게 단순하게 만드는 과정에서 일부 특정한 사실관계를 압축, 강조하거나 대중의 흥미를 끌기 위하여 실제 사실관계에 장식을 가하는 과정에서 다소의 수사적 과장이 있더라도 전체적인 맥락에서 보아 보도내용의 중요부분이 진실에 합치한다면 그 보도의 진실성은 인정된다</u>고 보아야 할 것이다(대판 2007.9.6, 2007다2275).

2 정정보도청구에서 언론보도가 진실하지 아니하다는 증명책임은 정정보도청구인(피해자)에게 있다는 판례

언론중재 및 피해구제 등에 관한 법률(이하 '언론중재법'이라고 한다) 제14조에 의하여 사실적 주장에 관한 언론보도 등의 내용에 관한 정정보도를 청구하는 **피해자**는 그 언론보도 등이 진실하지 아니하다는 데 대한 증명책임을 부담한다. 정정보도청구는 사실적 주장에 관한 언론보도가 진실하지 아니한 경우에 허용되므로 그 청구의 당부를 판단하려면 원고가 정정보도청구의 대상으로 삼은 원보도가 사실적 주장에 관한 것인지 단순한 의견표명인지를 먼저 가려보아야 한다. 여기에서 사실적 주장이란 가치판단이나 평가를 내용으로 하는 의견표명에 대치되는 개념으로서 증거에 의하여 그 존재 여부를 판단할 수 있는 사실관계에 관한 주장을 말한다. 이러한 개념이 반드시 명확한 것은 아니다. 언론보도는 대개 사실적 주장과 의견표명이 혼재하는 형식으로 이루어지는 것이어서 구별기준 자체가 일의적이라고 할 수 없고, 양자를 구별할 때에는 당해 원보도의 객관적인 내용과 아울러 일반의 시청자가 보통의 주의로 원보도를 접하는 방법을 전제로, 사용된 어휘의 통상적인 의미, 전체적인 흐름, 문구의 연결방법뿐만 아니라 당해 원보도가 게재한 문맥의 보다 넓은 의미나 배경이 되는 사회적 흐름 및 시청자에게 주는 전체적인 인상도 함께 고려하여야 한다[대판 2011.9.2, 2009다52649(전합)].

제7장 / 한국경찰의 역사와 비교경찰론

제1절 갑오개혁 이전 한국의 경찰제도 ✿✿

1894년 갑오개혁(甲午改革) 이전의 경찰제도는 전근대적인 경찰제도로서 경찰과 다른 국가 기능이 분화되지 못하였고, 일반적인 국가기능에 통합되어 그 작용이 이루어졌다는 특징을 갖는다.

01 고대의 경찰제도

고조선의 팔조금법		팔조금법의 내용으로 **살인죄, 상해죄, 절도죄** 등이 존재하였다(손괴죄 ×).
부족국가	부여	① 일책십이법(一責十二法)을 통해 절도죄를 범한 자에게 물건값의 12배를 배상하게 하였다. ② 영고라는 제천행사를 열 때 죄수를 석방하기도 하였다.
	고구려	① 중범죄자에 대해 제가회의를 통해 사형 여부를 결정했고 ㄱ 가족을 노비로 삼았다. ② 일책십이법(一責十二法)을 통해 절도죄를 범한 자에게 물건값의 12배를 배상하게 하였다.
	동예	① 살인자는 사형에 처하였다. ② **책화제도**를 통해 각 읍락의 경계를 침범한 자에 대해서는 노예나 우마로 배상케 하였다.
	삼한	천군이 다스리는 **소도**라는 군장의 통치력이 미치지 못하는 일종의 치외법권지역으로, 범죄자가 소도로 도주하더라도 체포할 수 없었다.

02 삼국시대

고구려	① 지방을 5부로 나누어 욕살이라는 관리를 두어 경찰권을 행사하도록 하였다. ② 경찰제도와 군사제도가 분리되지 못하였다.
백제	① 수도를 5부로 나누어 달솔이라는 관료가 통치하도록 하였고, 지방은 5방으로 편제하고 방령이 치안을 유지하였다. ② 관인수재죄(官人受財罪)를 통해 공무원의 범죄를 최초로 다스렸다.
신라	① 지방을 5주로 나누어 군주가 군사업무와 경찰업무를 담당하였다. ② 화랑제도를 통해 수도와 지방의 치안을 담당하게 하였다.

03 통일신라시대

경찰제도	① 중앙은 이방부(범죄의 수사와 집행)와 사정부(풍속경찰)로 나누어 편제하였다. ② 지방은 9주와 5소경으로 나누어, 지방관리인 총관(9주)과 사신(5소경)을 두었다.
범죄와 형벌	① 왕권을 보호하기 위한 범죄: 모반죄, 모대역죄, 지역사불고언죄(知逆事不告言罪) ② 관리들의 직무 관련 범죄: 불휼국사죄(不恤國事罪), 배공영사죄(背公營私罪)

04 고려시대

경찰제도	① 중앙은 어사대(관료에 대한 비위감찰과 풍속경찰)와 금오위(수도경찰, 포도·금란)가 경찰권업무를 수행하였다. ② 지방은 현위를 수장으로 하는 위아라는 기관을 두어 지방의 비행 및 범죄의 방지나 질서유지임무를 담당하게 하였다.
특징	경찰임무가 다른 행정업무와 분리되지 못하였고 군사경찰제도의 성격이 강한 시기였다.

05 조선시대

중앙경찰	① 중앙은 의금부(왕족범죄, 특별범죄)와 사헌부(풍속경찰)가 경찰권을 담당했다. ② 한성부는 수도의 일반행정뿐만 아니라 경찰행정도 담당하였다.
지방경찰	관찰사(8도)를 두어 행정사무와 사법사무를 동시에 관장하였다.
포도청	① 우리나라 최초의 전문적·독립적인 경찰기관이다. ② **성종 2년**(1471년) **포도장제에서 기원**하며 **중종 치세기**에 이르러 **포도청으로** 개칭되었다. ③ 관비인 **다모(茶母)**가 여성범죄나 양반가의 수색을 담당하였다.
암행어사	초기에는 정보경찰활동을 주로 수행하였으나, 이후 지방관리에 대한 감찰이나 민생을 암암리에 조사하여 국왕에게 보고하는 감독·감찰기관으로서의 업무도 동시에 수행하였다.

⊕ PLUS 포도청(捕盜廳)

1. 포도청은 좌·우 포도청으로 구분하여 좌포도청은 한양의 동·남·중부와 경기좌도를, 우포도청이 한양서·북부와 경기우도를 관할(전국관할 ✕)하였고, 도적검거와 야간순찰을 실시하였다.
2. 여자관비로서 양반집 수색과 여자도적 검거를 위해 두었던 다모(茶母)가 있었다.
3. 갑오개혁으로 경무청관제직장이 제정되어 한성부에 경무청이 설치되면서 폐지되었다.

제2절 갑오개혁 이후 한국의 경찰제도

한국의 경찰제도는 1894년 갑오개혁(甲午改革) 이후 근대적 경찰제도의 기틀이 마련되기 시작하였다. 이 시기 이후부터 경찰에 관한 조직법과 작용법이 마련되고 경찰이라는 명칭을 사용하기 시작하였으며, 제복을 착용하는 등의 근대적 경찰제도가 시행되었다.

01 갑오개혁 이후 일제강점기 이전의 경찰제도 ☆☆☆☆

1. 전개과정

전개과정

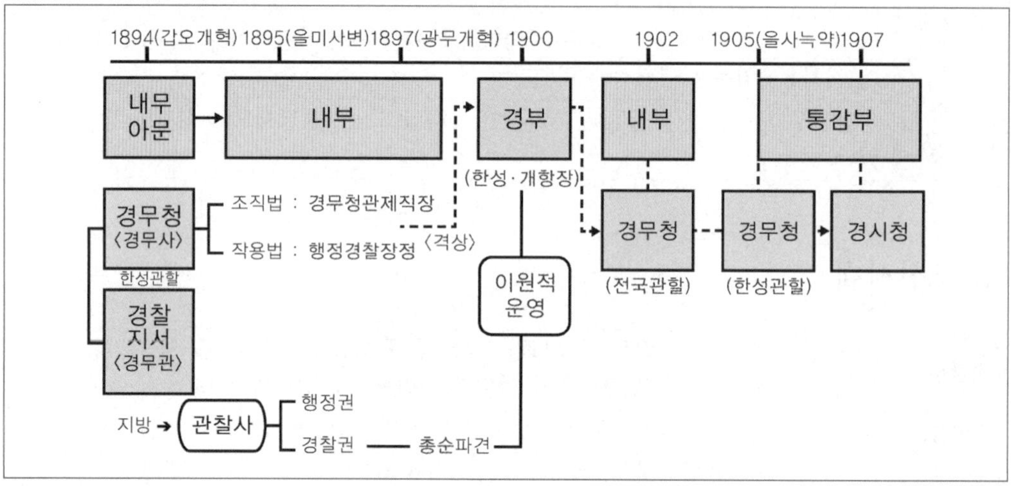

(구) 경무청 (1894년)	경무청 창설 (경무청 관제직장)	① 1894년 좌우포도청을 폐지하고 내무아문 소속으로 **경무사**를 수장으로 하는 **경무청**을 창설하였다. ② 각아문관제에서 처음으로 '경찰'이라는 용어를 사용하였으며, 경찰을 법무아문 소속으로 창설할 것을 정하였다가 창설 당시 내무아문 소속으로 변경하였다. ③ 우리나라 최초의 경찰조직법인 **경무청관제직장**에서는 경무청은 **한성부 내(전국 관할 ×)** 일체의 경찰사무와 감옥사무를 총괄하였으며, 한성부 내에 **경무관**을 장으로 하는 **경찰지서**를 설치하였다.
	행정 경찰장정	① 우리나라 최초의 경찰작용법이다. ② 경찰의 업무범위를 시장·영업·소방·전염병 예방·소독·가축위생 및 신문·도서에 관한 사무까지 **광범위하고 포괄적**으로 규정하였다. ③ 경찰업무와 일반행정업무가 분화되지 못하였다.
내부 (1895년)		① 각아문관제를 폐지하고 내부관제가 선포되면서 내무아문이 **내부**로 개칭되어 경무청은 내부 소속으로 변경되었다. ② **1896년 지방경찰규칙**을 제정하여 지방경찰의 작용법적 근거를 마련하였다.

기출 OX

01 1894년 갑오경장 이후 한성부의 종전 좌우포도청을 합하여 경무청을 창설하였는데, 초기에는 외무아문 소속이었다. 08. 경찰 ( )

02 한국 경찰 최초의 조직법은 행정경찰장정이고, 한국 경찰 최초의 작용법은 경무청관제직장이다. 16. 경간 ( )

정답 01 × 02 ×

경부 (1900년)	① 1897년 광무개혁의 일환으로 1900년 경부관제를 선포하고, 경찰업무를 내부에 독립시켜 경부를 창설하였다. ② **이원적 경찰체제**: 한성과 각 개항시장의 경찰업무와 감옥 사무는 경부에서 통할하였고, 지방은 관찰사 밑에 **총순**을 파견하여 관찰사를 보좌하여 치안업무를 담당하게 하였다. ③ 궁내 경찰서와 한성부 내 5개 경찰서, 3개 분서를 지휘·감독하는 **경무감독소**(경부감독소 ×)를 두었다.
경무청복귀 (1902년)	① 경부경찰체제의 실패 이후 내부 소속의 경무청을 다시 설치하였다. ② 새로운 경무청은 **전국의 경찰업무와 감옥업무를 관장**했다는 점에서 1894년 갑오개혁 당시에 창설되었던 경무청과 차이가 있으며, 지금의 경찰청의 원형이라 할 수 있다. ③ 경무청의 장인 경무사가 국내 일체의 경찰사무를 관리하게 되었다.
통감부와 경시청체제 (1905년)	① 1905년 을사늑약의 체결로 **통감부하에 경무청(한성부 관할)**으로 축소되었다. ② 경찰이 담당하던 감옥에 관한 사무를 법부로 이관하였다. ③ 이후 **1907년 경시청체제**가 출범하였다.

⊕ PLUS 한국근대경찰의 인물

박영효	① 일본 근대경찰 시찰 후 1883년 한성판윤에 부임한 박영효는 한성부에 순경부(巡警部)를 두면서 최초로 '순경'이란 용어를 사용하였으나, 수구파의 반대에 부딪쳐 광주유수로 좌천되면서 실효를 거두지 못하였다. ② 김옥균·박영효 등 급진개화파는 혁신정강 제8조 "순사제도를 시급히 설치하여 도적을 방지할 것"으로 경찰제도 구체화하였으나, 실패로 구체화되지 못하였다.
유길준	① 한국 근대경찰의 아버지라 불리운다. ② 유길준은서유견문 "제10편 순찰의 규제"에서 근대적 경찰제도를 소개하며 경찰제도 개혁 주장하였다. ③ 김옥균·박영효가 일본을 근대화의 모델로 삼았다면, 유길준은 영국·미국의 제도를 바탕으로 경찰개혁을 주장하였다. ④ 유길준은 경찰의 기본업무라고 할 수 있는 치안과 함께 인민의 건강을 위한 위생을 강조하였다. ⑤ 유길준은 경찰제도를 행정경찰과 사법경찰로 구분할 것을 주장하였다.

2. 을사늑약 이후 한국경찰권의 상실과정

경찰사무에 관한 취극서 (1908년)	**재한국 일본인**에 대한 경찰사무의 지휘·감독권을 일본관헌의 지휘·감독을 받아 일본계 한국경찰관이 행사하도록 위양
재한국 외국인민에 대한 경찰에 관한 한일협정 (1909년)	**재한국 외국인**에 대한 경찰사무의 지휘·감독권을 일본관헌의 지휘·감독을 받아 일본계 한국경찰관이 행사하도록 위양
한국사법 및 감옥 사무위탁에 관한 각서 (1909년)	한국경찰의 **사법과 감옥** 사무를 일본에게 위탁
한국 경찰사무 위탁에 관한각서 (1910년)	한국경찰의 사무를 완전히 일본에게 위탁

기출 OX

03 1900년대의 경부경찰체제는 1905년 을사보호조약까지 지속되었다. 08. 경찰
( )

04 구한말 일본의 한국 경찰권 강탈의 과정은 '재한국 외국인민에 대한 경찰에 관한 한일협정' ➜ '경찰사무에 관한 취극서' ➜ '한국사법 및 감옥사무위탁에 관한 각서' ➜ '한국경찰사무위탁에 관한 각서'의 순서로 진행되었다. 12. 경찰 ( )

정답 03 × 04 ×

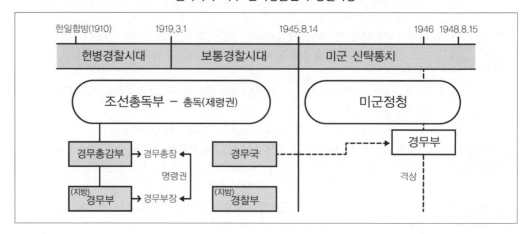

을사늑약 이후 한국경찰권의 상실과정

02 일제강점기의 경찰제도(1910 ~ 1945) ✿✿✿✿

구분	헌병경찰시대 (1910 ~ 1919.3.1.)		보통경찰시대 (1919.3.1. ~ 1945.8.15.)
특징	① **조선주차헌병조령(1910)**에 의해 헌병이 경찰직무를 수행하게 되었다. 헌병경찰은 헌병의 신분을 유지한 채 경찰직무 수행을 가능하게 하였다. ② 헌병경찰과 보통경찰로 경찰조직이 이원화되었다.		① 3·1운동의 계기로 헌병경찰제도에서 보통경찰제도로 전환되었다. ② 조선총독부히에 경무총감부를 폐지하고 그 대신에 **경무국**을 설치하였다.
경찰조직과 임무	헌병 경찰	① 헌병경찰은 **첩보의 수집, 의병토벌** 뿐만 아니라 민사소송의 조정, 국경세관업무 등 **광범위한 영역**에 걸쳐 **경찰권을 막강**하게 행사하였다. ② 헌병경찰은 주로 군사상 필요한 지역, 의병활동 지역 등에 배치되었다.	① 경찰의 조직은 축소되었으나, 헌병이 담당하던 임무를 보통경찰이 그대로 담당하게 되면서 **직무와 권한에는 기본적인 변화는 없었다.** ② 경무총감부와 경무부를 폐지하고, 총독부 직속으로 경무국장을 수장으로 하는 **경무국**을 신설하여 전국의 경찰사무와 위생사무를 관장하게 하였다.
	보통 경찰	① 보통경찰은 총독부 산하에 **경무총감부**를, 각 도에는 **경무부**를 설치하여 경무총감의 지휘를 받도록 하였다. ② 보통경찰은 **개항장**이나 **도시 등**에 배치되었다.	

| 치안입법 | 보안법, 집회단속에 관한 법률, 신문지법, 출판법 | ① 3·1운동을 계기로 **우리나라에서** 정치범처벌법이 제정되었다.
② **일본에서 1925년 제정된 치안유지법**을 우리나라에 그대로 적용하였다.
③ 1941년 예비검속법을 통해 탄압적 지배체제는 더욱 강화되었다. | **: 두문자**
보 · 집 · 신 · 출

: 두문자
정 ➡ 치 ➡ 예 |
| 식민시기의 경찰의 특징 | ① 일제 강점기의 경찰은 일본 식민지배의 중추기관이었고, 조선총독부의 **총독**에게 주어진 **제령권**(경찰권 행사의 법적 근거를 제정할 수 있는 일종의 입법권)과 경무총장 및 경무부장 등에게 주어진 **명령권**을 통하여 각종 전제주의적 · 제국주의적 경찰권의 행사가 가능하였다.
② 경찰의 직무범위가 광범위하여 외사경찰 · 사상경찰 · 경제경찰까지 폭넓게 확대되었다. | |

03 임시정부시대의 경찰제도

1. 임시정부경찰의 역사적 의의 및 평가

역사적 의의	① 1919년 3·1운동 이후 대한민국 임시헌장(헌법)에서 '민주공화제'를 선포하였다. ② 임시정부경찰은 우리 역사상 최초의 민주공화제의 경찰이므로 **민주경찰의 효시**라 할 수 있다.
평가	① 임시정부경찰은 임시정부의 법령에 의하여 설치된 정식 치안조직이었다. ② 현행 헌법은 "임시정부의 법통을 계승한다."라고 하고 있는 만큼 임시정부경찰은 오늘날 한국경찰의 뿌리라고 할 수 있다. ③ 대한민국 임시정부의 독립전쟁 최전선에서 한국광복군이 역할을 했다면, 정부 수호 · 국민 보호의 최일선을 담당한 것은 임시정부경찰이었다. 따라서 임시정부경찰은 임시정부를 수호하고 일제의 밀정을 방지하는 임무를 통해서, 임시정부의 항일투쟁을 수행하였다.

2. 임시정부경찰 조직

(1) 상해시기(1919 ~ 1932)

해외	경무국	① 1919년 4월 25일 '대한민국 임시정부 장정'(이하 장정) 공포로 임시정부 경찰조직인 경무국 직제와 분장사무가 처음으로 규정되었다. ② 1919년 8월 12일에 **초대 경무국장**으로 **백범 김구** 선생이 임명되면서 경무국의 구성과 활동이 본격적으로 시작되었다. ③ 대한민국 임시정부 장정에서 경무국의 소관 사무는 행정경찰에 관한 사항, 고등경찰에 관한 사항, 도서출판 및 저작권에 관한 사항, 일체 위생에 관한 사항 등으로 규정되었다. ④ 임시정부경찰 운영을 위해 **정식예산이 편성**되었고, **규정에 의해 소정의 월급이 지급**되었다.
	의경대	① 임시정부는 '임시 거류민단제'를 통해 교민들의 자치제도를 공인하였고, 교민단체는 '의경대 조례'를 통해 자치경찰조직인 의경대를 조직하였다. ② 김구 선생이 중심이 되어 1923년 12월 17일 대한교민단 산하에 별도의 경찰조직인 의경대를 창설하였고, 1932년에는 직접 의경대장을 맡기도 하였다.

		③ 의경대는 교민사회에 침투한 일제의 밀정을 색출하고 친일파를 처단하는 역할을 맡았으며, 그밖에 교민사회의 질서유지, 호구조사, 민단세 징수, 풍기단속 등의 업무를 수행하였다.
		④ 의경대는 1932년 윤봉길 의사 의거로 일제의 탄압이 심해진 후 수난의 이동시기를 겪던 1936년 사실상 와해되었다.
국내	연통제 (경무사)	① 상해 임시정부는 지역적 한계를 극복하고 국내와 연계하여 연락·정보수집·선전활동 및 정부 재정 확보 등을 수행하기 위해 연통제를 실시하였다. ② 국내 각 도 단위 지방행정기관으로 독판부를 설치하였으며, 독판부 산하 경찰기구로 **경무사**를 두었다. 부·군 단위 지방행정기관으로는 부서·군청이 있었고 산하 경찰기구로 경무과를 두었다. ③ 각 독판부·부서·군청 및 경무사·경무과 소속의 경감과 경호원이 경찰업무를 수행하였다. ④ 1920년 9월에 회령의 연통기관이 일제 경찰에게 발각되는 등 일제의 감시와 탄압이 심해지면서 1921년 이후 점차 와해되었다.

(2) 중경시기(1940 ~ 1945)

경무과	① 1943년 '대한민국 잠행관제'에 따라 경무과가 만들어졌다. ② 경무과는 내무부 하부조직으로 일반 경찰사무, 인구조사, 징병 및 징발, 국내 정보 및 적정보수집 등의 업무를 수행하였다.
경위대	① 중경시기 임시정부는 대일전쟁을 추구하며 체제를 정비하는 가운데 자체적으로 정부를 수호할 수 있도록 **1941년 내무부 직속으로 경찰 조직인 경위대를 설치**하고, 그 규칙으로 경위대 규정을 따로 두었다. ② 경위대 주요 임무는 **임시정부 청사를 경비**하고, 임시정부 요인을 보호하는 것으로서, 군사조직이 아닌 경찰조직으로서 임시정부 수호의 최일선을 담당하였다. ③ 통상 경위대장은 **경무과장이 겸임**하였다.

3. 주요인물

김구	① 초대 경무국장 백범 김구 선생은 경찰을 지휘하며 임시정부 수호를 책임졌고, 그 결과 임시정부의 성공적 정착에 이바지했다. ② 백범 김구 선생을 측근에서 보좌한 것은 임시정부경찰의 경위대로서, 백범 김구 선생과 임시정부경찰의 인연은 역사적 운명을 함께 했다.
나석주	임시정부 경무국 경호원 및 의경대원으로 활동하면서 1926년 12월 식민수탈의 심장인 **식산은행과 동양척식회사에 폭탄을 투척**하였다.
김석	의경대원으로 활동하면서 **윤봉길 의사를 배후 지원**하였는데, 윤봉길 의사는 1932년 4월 29일 상해 홍구 공원에서 열린 일왕의 생일축하 기념식장에 폭탄을 던졌다.
김용원	1921년에는 김구 선생의 뒤를 이어 **제2대 경무국장**을 역임하였다. 1924년 지병으로 귀국 후, 군자 금 모금, 병보석과 체포를 반복하다 옥고 후유증으로 1934년 순국하였다.
김철	**의경대 심판을 역임**하였으며 1932년 11월 30일 상하이 프랑스조계에 잠입하였다가 일제 경찰에 체포되어 감금당하였고, 이후 석방되었으나 1934년 6월 29일 고문 후유증으로 생애를 마감하였다.

04 미군정기의 경찰제도(1945 ~ 1948.8.15.) ✵✵✵✵

경찰제도의 일재답습	① 미군정의 실시와 구 관리의 현직유지가 선포되면서 조선총독부의 경무국체제가 그 대로 유지되었다. ② 1946년 국방사령부와 같은 직급인 **경무부**로 승격되었다. ③ 고등경찰이 폐지되고, 경제경찰업무 등이 경찰의 임무에서 제외되는 등 경찰제도에 대한 정비가 이루어졌으나, 경찰제도의 개혁과 일제 식민지시대의 친일세력은 청산되지 아니하였다.
비경찰화	① 1945년 위생사무를 위생국으로 이관하는 등 경찰활동을 축소하였다. ② 1945년 「예비검속법」, 「출판법」 등을, **1948년 「보안법」**을 폐지하여 일제강점기시대의 악법을 순차적으로 정리하고 경제경찰업무, 고등경찰·경찰사법권 등을 폐지하는 등 경찰활동을 축소하였다.
영미법적 요소의 도입	① **정보과(사찰과)를 신설**하였다. 정보과의 신설은 비경찰화와 무관하다. ② 여성과 **14세 미만**의 소년보호를 담당하는 여자경찰제도를 신설(1946)하였다. ③ 중앙경찰위원회(6인의 위원)를 신설(1947)하였다. ④ 경찰이 **독자적인 수사권**을 행사하였다. ⑤ 경찰의 민주적 요소가 도입되었으나, 성공을 거두지는 못하였다.

일제강점기 이후의 한국경찰의 역사

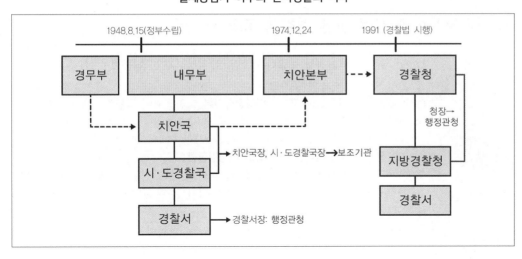

05 현대경찰제도(1948.8.15.~) ✵✵✵✵

치안국 (1948년)	치안국 축소	① 최초의 독립국가로서 자주적인 입장에서 경찰을 운용 ② 기존의 경무부를 내무부소속하에 **치안국**으로 축소
	특징	① 치안국장이나 시·도경찰국장은 **관청이 아닌 보조기관**에 불과 ② 경찰서장만 유일하게 행정관청으로서의 지위를 갖음 ③ 경찰병원 설치(1949년) ④ 경찰관 직무집행법 제정(1953년) ⑤ 해양경찰대(1953년) ⑥ 국립과학수사연구소(1955년) ⑦ 해외주재관제도(1966년)

기출 OX

01 비경찰화 작용의 일환으로 위생사무를 위생국으로 이관하였고, 정보경찰과 고등경찰을 폐지하였다.
14. 경찰 ( )

02 1947년 5인의 위원으로 구성된 중앙경찰위원회가 설치되어 경찰의 민주화 개혁에 성공하였다. 15. 경간
( )

정답 01 × 02 ×

	⑧ 전투경찰대창설(1968년) ⑨ 경찰공무원법(1969년)
치안본부 (1974년)	① 1974년 문세광 사건을 계기로 치안국의 조직을 확대하여 **치안본부(보조기관)**로 개편 ② 경찰대학이 개교(1981년) ③ 소방업무가 **민방위본부로 이관**(1975년)
경찰법 제정 (1991년)	① 1991년 경찰법의 제정으로 내무부 치안본부가 **경찰청**으로 승격 ② 경찰청장과 지방경찰청장도 보조기관에서 **독립된 경찰관청**으로 승격 ③ 경찰위원회와 치안행정협의회를 신설 ④ **1996년** 8월에 해양경찰청을 해양수산부로 이관 ⑤ 경찰서에 청문감사관제 도입**(1999년)** ⑥ 사이버테러대응센터 신설(2000년) ⑦ 2005년 경찰병원을 책임운영기관화(특별회계)하였음 ⑧ **2006년** 제주자치경찰제의 출범
자치경찰제 도입 (2021년)	① 국가공무원 체제로 일원화 자치경찰제 도입 ② 국가수사본부 설치 ③ 시 · 도자치경찰위원회 도입

06 한국경찰사에 길이 빛날 경찰의 표상 ☆☆☆☆

백범 김구	1919년 중국 상하이에서 수립한 대한민국 임시정부의 **초대 경무국장**
안맥결 (총경)	① 도산 안창호 선생의 조카딸 ② 1946년 5월 미군정하 **제1기 여자경찰간부**로 임용되어 국립경찰에 투신하였고 1952년부터 2년간 서울여자경찰서장을 역임하며 풍속 · 소년 · 여성보호업무를 담당함(여자경찰제도는 당시 권위적인 사회 속에서 선진적이고 민주적인 제도였음) ➜ **독립운동가 출신 최초 여성경찰관** ③ 1957년 국립경찰전문학교 교수로 발령 받아 후배 경찰교육에 힘쓰다 1961년 5 · 16군사정변이 일어나자 군사정권에 협력할 수 없다며 사표를 제출함 ④ 2018년 독립유공자 등록
문형순 (경감)	① 제주 4 · 3사건 당시 제주 대정읍 하모리에서 검거된 좌익총책의 명단에 연루된 100여명의 주민들이 처형위기에 처하자 당시 모슬포서장 문형순은 조남수 목사의 선처 청원을 받아들여 이들에게 자수토록 하고, 1949년 초에 자신의 결정으로 전원을 훈방함➜ **민주경찰** · **인권경찰**의 표상 ② 2018년 경찰영웅으로 선정됨
안종삼	① 구례경찰서장 재직 당시 1950년 7월 24일 전쟁발발로 예비검속 된 보도연맹원들에 대한 총살 명령이 내려오자 480명의 예비검속자 앞에서 "내가 죽더라도 방면하겠으니 국가를 위해 충성해 달라"고 연설한 후 전원을 방면하여 구명하였다. ➜ **인권경찰**의 표상 ② 한국의 쉰들러, 구례경찰서에 동상제작
노종해	① 1950년 6월 25일 양구경찰서 내평지서장 경감으로 재직 중이면서 불과 10여명의 인력으로 춘천으로 가는 길목을 지키고 북한군 1만 명의 진격을 1시간 이상 지연시킨 후 전사하였다(내평전투). ➜ **호국경찰**의 표상 ② 2014년 호국영웅으로 선정

기출 OX

01 법률 제1호인 정부조직법에서 기존의 경무부를 내무부의 일국인 치안국에서 인수하도록 함으로써 경찰조직은 부에서 국으로 격하되었는데, '국'체제는 치안본부 개편(1975) 후 1991년 경찰청(내부무 외청)이 독립할 때까지 유지되었다. 14. 경간 ( )

02 1969년 1월 7일 경찰법이 처음으로 제정되어 그동안 국가공무원법에 의거하던 경찰공무원을 특별법으로 규율하게 되었다. 20. 경간 ( )

03 1991년 경찰법 제정 이전에 경찰청장만이 경찰에서 유일한 행정관청의 지위를 가지고 있었다. 12. 경찰 ( )

정답 01 ○ 02 × 03 ×

최규식(경무관), 정종수(경사)	**1968년 1.21무장공비침투사건** 당시 군 방어선이 뚫린 상황에서 격투 끝에 청와대를 사수하였으며, 순국으로 대한민국을 지켜내고 조국의 발전을 가능하게 한 영웅적인 사례로 평가받고 있음 ➡ **호국경찰**의 표상
차일혁(경무관)	남부군 사령관 이현상을 사살하는 등 빨치산 토벌 주역이며, 공비들의 근거지가 될 수 있는 사찰을 불태우라는 상부의 명령에 대해 현명하게 대처하여 화엄사(구례), 선운사(고창), 백양사(장성) 등 여러 사찰과 문화재를 보호함 ➡ **호국경찰, 문화경찰, 인본경찰**의 표상
안병하(치안감), 이준규(총경)	5 · 18광주 민주화운동 당시 전남도경국장(안병하)으로서 목포경찰서장(이준규)으로 재임하면서, 과격한 진압을 지시했던 군과 달리 '분산되는 자는 너무 추격하지 말 것, 부상자 발생치 않도록 할 것' 등과 '연행과정에서 학생의 피해가 없도록 유의하라'고 지시하였다. 신군부의 명령을 어겼다는 이유로 직위해제를 당함 ➡ **민주경찰 · 인권경찰**의 표상
김해수 (경감)	① 1948년 경찰간부후보생 3기로 입직하였다. ② 6 · 25전쟁 참전 용사. 영월발전소 탈환작전을 지휘하였으며, 작전 중 전사하였다. ③ 2016년 4월의 호국인물
박재표 (경위)	1956년 8월 13일 제2대 지방의원 선거 당시 정읍 소성지서에서 순경으로 근무하던 중 투표함을 바꿔치기 하는 부정선거를 목격하고 이를 기자회견을 통해 세상에 알리는 양심적 행동을 하였다.
최중락 (총경)	① MBC 드라마 수사반장의 실제모델 ② 치안국 포도왕(검거왕)으로 선정되었고 재직 중 1,300여명의 범인을 검거하는 등 수사경찰의 상징적인 존재 ➡ **수사경찰의 표상** ③ 2019년 경찰영웅으로 선정됨

07 한국경찰제도의 연혁

	1945	미군정청 산하에 **경무국** 설치(1945.10.21.)
미군정기	1946	경무국을 경무부로 승격
	1946	최초로 **여자경찰관** 채용
	1947	**중앙국가경찰위원회** 설치(6인)
치안국 시기	1948	내무부장관 산하에 **치안국** 설치
	1949	**경찰병원** 설치
	1953	**경찰관 직무집행법** 제정(1953.12.14.)
	1953	해양경찰대 발족(1953.12.23.)
	1954	경범죄 처벌법 제정
	1955	**국립과학수사연구소** 설치
	1966	경찰관 **해외주재관제도** 신설(1966.7.1.)
	1966	**경찰윤리헌장** 선포(1966.7.12.)
	1968	시 · 도에 전투경찰대, 기동타격대, 향토예비군 발족
	1969	**경찰공무원법** 제정(경정 · 경장 2계급 신설, 2급지 서장을 경감에서 경정으로 격상)
	1970	전투경찰대 설치법

기출 OX

03 1968년 '무장공비 침투사건(1 · 21 사태)' 당시 종로경찰서 지하문검문소에서 무장공비를 온몸으로 막아내고 순국한 최규식 경무관과 정종수 경사는 호국경찰, 인본경찰, 문화경찰의 표상이다.
20. 경찰　　　　( )

04 정종수는 남부근 사령관 이현상을 사살하는 등 빨치산 토벌의 주역이었다.
18. 승진　　　　( )

05 나석주는 임시정부 경무국 경호원 및 의경대원으로 활동하였고 1926년 12월 식민수탈의 심장인 식산은행과 동양척식회사에 폭판을 투척하였다. 20. 경찰 ( )

정답 **03** ✕ **04** ✕ **05** ○

치안본부 시기	1974	내무부 치안국을 **치안본부**로 개편
	1975	소방업무가 **민방위본부로 이관**
	1976	정풍운동
	1979	경찰대학 설치법 제정·공포 ➡ **1981년 개교**
	1990	범죄와의 전쟁 선포(1990.10.13.)
경찰청 시기	1991	① **경찰법** 제정으로 치안본부가 **경찰청으로 승격** ② 경찰헌장 제정, 국가경찰위원회와 치안행정협의회 설치
	1996	해양경찰청을 해양수산부로 이관
	1999	경찰서에 청문감사관제 도입
	2000	**사이버테러대응센터** 신설
	2004	기존 파출소를 지구대·파출소 체제로 개편
	2005	경찰청 생활안전국에 **여성청소년과 신설**
	2005	경찰병원을 책임운영기관화(**특별회계**)
	2006	경찰청 외사관리관을 외사국으로 확대개편
	2006	제주특별자치도 자치경찰 출범
	2006	① 경찰청 수사국 내에 인권보호센터 신설 ② 제주지방경찰청장을 치안감 급으로 격상
	2012	① 시·도지사 소속으로 2개의 지방경찰청을 설치할 수 있도록 함 ② 경찰서장을 경무관·총경·경정으로 보하도록 함
	2013	① 4대 사회악(성폭력, 학교폭력, 가정폭력, 불량식품) 근절 전담부대 발대식 ② 전국지방경찰청 여성청소년과 신설 ③ 착한운전 마일리지 시행
	2014	정부조직법 개정으로 안전행정부장관 소속의 경찰청이 행정자치부장관 소속으로 변경
	2017	① 정부조직법 개정으로 행정자치부장관 소속의 경찰청이 행정안전부장관 소속으로 변경 ② 국민안전처장관 소속이었던 소방이 행정안전부장관 소속의 소방청으로 변경

제3절 비교(외국)경찰론

01 비교경찰일반론

1. 토마스 바커의 3가지 경찰모델

토마스 바커의 3가지 Model

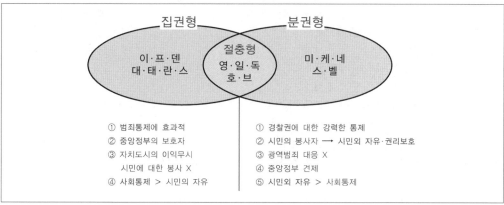

① 범죄통제에 효과적
② 중앙정부의 보호자
③ 자치도시의 이익무시
  시민에 대한 봉사 X
④ 사회통제 > 시민의 자유

① 경찰권에 대한 강력한 통제
② 시민의 봉사자 → 시민외 자유·권리보호
③ 광역범죄 대응 X
④ 중앙정부 견제
⑤ 시민외 자유 > 사회통제

구분	분권형 모델 (지방분권화 모델)	집권형 모델 (중앙집권화 모델)	절충형 모델 (이원적 모델)
의의	① 다수의 지방자치정부가 경찰에 대한 통제권한을 갖는다. ② 경찰권한의 남용을 통제하기 위하여 경찰력의 행사에 많은 제한을 가하므로 시민의 자유를 보호하는 측면을 강조한다. ③ 그러나 상당한 수준의 범죄를 감수하게 되는 모델이다.	① 중앙정부가 경찰력을 직접 통제하는 체제이다. ② 사회통제를 시민의 자유나 권리보다 더 중시한다. ③ 전체주의 국가에서만 나타나는 것은 아니며, 민주주의와 반드시 대립되는 것도 아니다.	① 중앙정부와 지방정부가 경찰에 대한 통제권한을 공유하는 모델이다. ② 효과적이고 통일적인 경찰서비스를 제공하는 국가경찰제도의 장점을 살리면서 경찰권의 남용도 억제할 수 있는 제도이다.
특징	① 법에 의한 **경찰권의 강력한 통제** ② 경찰력에 대한 책임을 **지방정부가 진다.** ③ 다양한 경찰기관들이 경찰력을 행사한다.	① 강력한 관료제와 중앙집권화된 정부형태 ② 경찰은 지방정부의 봉사자가 아니라 중앙정부의 보호자로서 기능한다.	영국의 경우 County and Borough Police Act(1956년)의 제정을 통해 전국적인 평준화에 대한 모델을 제공하고 있다.
장점	① **시민의 자유와 권리의 보장에 기여한다.** ② 중앙정부의 권한남용을 견제할 수 있다.	① **범죄통제에 효과적으로 대처할 수 있다.** ② 강력하고 효과적인 경찰력을 동원할 수 있다.	① 집권적인 경찰체제와 분권적 경찰체제의 타협의 산물로서 각 유형의 단점을 보완한다. ② 경찰기관들의 통일적인 경찰업무 수행이 가능하다.

			③ 중앙정부의 역할을 통해 경찰서비스의 열악화와 부패를 방지할 수 있다.
단점	① 국제범죄 및 광역범죄에 대한 대처능력이 떨어진다. ② 다수의 경찰기관간의 관할분쟁, 할거주의, 통일적 기준의 미비 등으로 비효율적·비능률적으로 운영되기 쉽다. ③ 중앙(연방)정부와 지방(주)정부간의 통일적인 경찰활동을 위한 기본적 구조를 만들어 내기 어렵다.	자치도시들의 이익이 무시될 수 있다. ➡ 일부 자치도시에서는 이에 대한 불만으로 자치경찰제를 창설하려는 경향이 있다.	① 범죄통제와 시민의 자유 보호간의 균형을 유지하기 어렵다. ② 경찰에 대한 시민의 요구가 다양해지는 사회에서 양질의 경찰서비스를 제공해 주기 어렵다.
해당국가	**미국**, **캐**나다, **네**덜란드, **스**위스, **벨**기에	**프랑스**, **이탈리아**, **덴**마크, **스웨덴**, **이스라엘**, **태국**, **대만**, **핀란드** 등	**영국**, **독일**, **일본**, 호주, 브라질

2. 경찰조직의 일원주의와 이원주의

일원주의	① 행정경찰과 사법경찰을 조직상 통합하여 행정경찰기관이 사법경찰의 기능을 함께 행사하는 제도를 말한다. ② 프랑스, 스페인, 일본 등이 이에 해당한다.
이원주의	① 행정경찰과 사법경찰을 조직상 분리하여 행정경찰기관과 분리된 사법경찰기관을 두는 제도를 말한다. ② 독일, 미국, 영국 등이 이에 해당한다.

02 영국경찰

1. 영국경찰의 역사

(1) 고대경찰(집단안전체제)

배경	① 5세기 앵글로색슨족이 영국에 정착하여 마을을 형성하게 되고 별도의 경찰조직 없이 지역마다 치안을 유지하였다. ② 9세기에 알프레드 대왕이 모든 가구를 10호반으로 묶어 모든 성인남자(12세 이상)에게 치안의무를 부과하였다.
조직	① 10가구씩 묶어 10호반(십인조: tything)을 이루고 이 10호반의 성인 남자들이 돌아가며 치안을 유지하였다. ② 10호반은 이웃 10호반과 치안협력의무가 생기면서 100호반(백인조)으로 발전하였다. ③ 100호반 주민 중 자경대장을 선출하였고 범죄자 추적·체포, 말과 무기 관리의 임무를 맡았다. ④ 이후 100호반들의 집합체인 샤이어(shire)가 생겨났고 그 장인 샤이어 리브(shire reeve)는 해당 지역의 **경찰관과 판사의 역할**을 하였다.

(2) 중세경찰

원체스터법령 (1285년)	① 에드워드 1세의 원체스터법령은 1829년 수도경찰법이 제정될 때까지 600여 년 동안 경찰활동을 규율하였다. ② 중소도시에 경찰관임무를 보좌하는 야경인(watchman)제도를 도입하고 콘 스터블(constable)은 범법자를 체포하여 재판에 회부하는 것이며 야경인을 지휘하며 치안을 유지하였다. ③ **치안조력제도**(Hue and cry)를 통해 시민에게 범인 추격과 체포를 강제할 수 있었다. ④ 범죄대처를 강화하기 위해 15세 ~ 60세 사이의 남자는 계급에 따라 장비를 보유할 수 있도록 하였다.
교구경찰 (14C ~ 17C)	① 10인조 제도가 약화되면서 교구(Parish)경찰로 대체되어 교구경찰을 중심으 로 경찰활동이 이루어졌다. ② 교구경찰은 실업자들이 낮은 보수를 받고 준영구적으로 경찰직을 수행하게 되면서 17C 말에 와서 교구경찰은 몰락하게 되었다.

(3) 근대경찰

배경	① 산업혁명 이후 런던의 폭발적인 인구증가로 범죄와 무질서가 증가하면서 기 존 비공식적 사회통제기능이 약화되어 경찰조직의 정비가 요구되었다. ② 분립되었던 경찰조직을 통합하여 1829년 수도경찰청을 창설하면서 근대경 찰이 시작되게 되었다.
수도경찰청의 창설	① 1829년 '근대경찰의 아버지'로 불리는 로버트 필 경이 '앵글로색슨의 전통인 공동체 치안원칙으로 돌아가자'라는 모토하에 지역공동체의 비용으로 운영 되는 경찰조직체 창설을 제의하였고 의회의 승인을 얻었다. ② 내무부장관이 직접관장하는 경찰조직을 런던에 두는 수도경찰청법을 제정 하고 이 법에 의해 영국 최초의 근대경찰조직인 수도경찰청이 창설되었다.
로버트 필 (Robert Peel)의 12가지 경찰개혁안	① 경찰은 안정되고, 능률적이고, **군대식으로 조직화되어야 한다.** ② 경찰은 정부의 통제하에 있어야 한다. ➡ **최초 수도경찰은 국가경찰** ③ **경찰의 능률성은 범죄의 부재(absence of crime)에 의해 가장 잘 나타날 것이다.** ④ 범죄발생사항은 반드시 전파되어야 한다(모방범죄를 막기 위하여 전파되어 서는 안 된다 ×). ⑤ 시간과 지역에 따른 경찰력의 배치가 필요하다. ⑥ 자기감정을 조절할 줄 아는 것이 가장 중요한 경찰관의 자질이다. ⑦ 단정한 외모가 시민의 존중을 산다. ⑧ 적임자를 선발하여 **적절한 훈련**을 시키는 것이 능률성의 근간이다. ⑨ 공공의 안전을 위해 모든 경찰관에게는 식별할 수 있도록 번호가 부여되어 야 한다. ⑩ 경찰본부는 시내중심지에 위치하여야 하며, 주민의 접근이 용이해야 한다. ⑪ 경찰은 반드시 **시보기간**을 거친 후에 채용되어야 한다. ⑫ 경찰은 항상 기록을 남겨 차후 경찰력 배치를 위한 기준으로 삼아야 한다.
로버트 필의 업무지침	① 경찰은 군대의 폭압이나 엄한 법적 처벌이 이루어지지 않도록, **미연에 범죄 와 무질서를 방지하기 위해 노력해야 한다.** ② 경찰의 임무를 수행하기 위해 필요한 힘은 **시민의 지지와 승인 및 존중**에 전 적으로 의존한다는 것을 결코 잊어서는 안 된다.

참고
로버트 필의 개혁안은 범
죄의 예방을 강조하였고,
범죄에 대한 신속한 대응
을 강조한 것은 **아니다.**

기출 OX

01 런던수도경찰청을 창시
(1829년)한 로버트 필 경(Sr.
Robert Peel)은 경찰조직을
운영하기 위하여 제시한 기
본적인 원칙으로 "경찰은 정
부의 통제하에 있어야 한다",
"범죄발생 사항은 반드시 전
파되어야 한다" 등의 12개의
개혁안을 발표하였다.
22. 경찰 ( )

정답 **01** ○

		③ 경찰에 대한 시민의 지지와 승인 및 존중을 확보한다는 것은 법을 지키는 경찰의 업무에 대한 **시민의 적극적인 협력 확보**를 의미한다는 것을 인식해야 한다.
		④ 시민의 협력을 확보하는 만큼 경찰 목적 달성을 위한 강제와 물리력 사용의 필요성이 감소한다는 점을 명심해야 한다.
		⑤ 시민의 지지와 승인은 결코 여론에 영합해서 얻어지는 것이 아니라, 지속적으로 공정하고 결코 치우침 없는 법집행을 통해서 확보된다. 즉, 절대적으로 중립적인 정책, 부나 사회적 지위 등 어떤 것에도 상관없는 모든 시민에게 동등한 대우, 언제나 예의와 친절 및 건강한 유머를 견지하는 태도, 그리고 생명을 지키고 보호하기 위해 자신을 희생할 준비를 통해 얻어지는 것이다.
		⑥ 경찰 물리력은 반드시 자발적 협력을 구하는 설득과 조언과 경고가 통하지 않을 때에만 사용해야 하며, 그때에도 필요 최소한 정도에 그쳐야 한다.
		⑦ 언제나 경찰이 곧 시민이고 시민이 곧 경찰이라는 인식을 바탕으로 경찰 – 시민간 협력관계를 유지해야 한다. 경찰은 공동체의 복지와 존립의 이익을 위해 봉사하는 임무를 수행하기 위해 보수를 받는 공동체의 일원일 뿐이다.
		⑧ 언제나 경찰은 법을 집행하는 역할이란 점을 잊어서는 안 되며, 유무죄를 판단해 단죄하는 사법부의 권한을 행사하는 것처럼 보여서는 안 된다.
전국 경찰 표준화 작업	도시자치법 (1835년)	① 지방자치단체에 경찰위원회(Wátch Committee)가 발족하였다. ② 이로 인해 전국 경찰의 표준화 작업이 이루어졌다.
	지방경찰법(1839년)	1천명당 1인의 경찰관 임용하도록 하였다.
	지방 및 자치구 경찰법 (1856년)	자치경찰에 대한 내무부장관의 감독권과 통제권을 강화하였다.

(4) 현대경찰

경찰법제정 (1964년)	① 경찰법 제정으로 당시 183개의 지방경찰청들을 52개로 통폐합하였다. ② 경찰관리 운영면에서 내무부장관, 지방경찰위원회, 지방경찰청장간의 3원체계가 성립하였다.
국립범죄 정보국 (1992년)	① 국립범죄정보국(NCIS; National Criminal Intelligence Service)을 내무부장관의 직속 경찰기관으로 창설하여 범죄정보의 수집, 분석, 배포 등의 업무를 수행하게 하였다. ② 1997년 경찰법으로 자체 수사기능을 보유하도록 하였다.
국립범죄 수사국 (1998년)	① 1997년 경찰법에 의해 국립범죄수사국(NCS; National Crime Squad Service)이 창설되었다. ② 국립범죄수사국 수사대는 기존 광역수사대를 일원화하여 범죄와 조직범죄, 국제범죄에 대한 수사를 담당하였다.
경찰개혁법 (2002년)	지방경찰위원회 및 지방경찰청장에 대한 내무부장관의 권한강화를 통한 중앙집권화를 강화하였다.
중대조직 범죄청 (2006년)	NCIS와 NCS를 통합하여 마약과 불법입국과 관련한 조직범죄에 대응하기 위한 중대조직범죄청((SOCA; Serious and Oranised Crime Agency)을 창설하였다.
국가범죄청 (2013년)	① 2010년 당시 내무부장관인 테레사 메이가 제안하여 2013년 국가범죄청(NCA; National Crime Agency)이 창설되었다. ② 내무부 산하의 수사기관으로 내무부 지원을 받지만 내무부로 독립하여 활동한다.

2. 영국경찰의 조직

(1) 국가범죄청

국가범죄청	① 영국 **내무부**(Home Office) 산하 **수사기관**으로, 2013년 10월 7일 창설되어 기존의 조직 범죄수사청(Serious Organised Crime Agency)과 아동착취 및 온라인 아동 범죄 대응센터(Child Exploitation and Online Protection Centre)를 흡수하여 창설하였다. ② 마약밀매, 약물범죄, 아동범죄, 조직범죄, 인신매매, 대테러범죄 등 전국적·국제적 범죄를 다룬다. ③ **강력범죄에 대한 정보수집 및 수사권과 체포권을 직접행사**할 수 있으며, 지방경찰의 활동을 지원하는 범죄정보기관의 성격을 갖는다.

(2) 잉글랜드·웨일즈의 경찰기관

수도경찰청	① 1829년 내무부장관 관리하의 특수한 경찰의 형태로 로버트 필 경에 의해 창설된 경찰청이다. ② 수도치안의 중요성으로 인해 내무부장관이 경찰위원회의 역할을 수행하여 지역주민의 통제가 배제되었으나 2000년부터 시장의 직선과 대런던 의회 구성 및 경찰위원회 창설로 자치경찰화되었다. ③ 수도경찰청장은 전국의 고위경찰간부 또는 민간인 중에서 내무부장관의 추천으로 **국왕이 임명**한다. ④ 수도경찰청장은 내무부장관의 관리를 제외하고는 독립한 지위를 갖는다.
런던시 경찰청	① 런던시는 런던특별시의 중심에 위치하고 있으며 수도경찰청인 런던경찰청과 **독립한 독자적 자치경찰**이다. ② 런던시 경찰청 소속하의 경찰은 수도경찰청 관할 내에서는 직무를 수행할 수 없다. ③ 경찰청장은 **런던시 의회가 국왕의 승인을 얻어 임명한다.** ④ 경찰청장은 지휘를 받는 모든 경찰관에 대한 임명권과 징계권을 갖는다.
지방자치경찰	① **북아일랜드**와 **수도경찰청**과 같은 특수한 경우를 제외하고 모든 지역의 경찰행정은 지방자치단체가 하는 **자치경찰체제**이다. ② 2011년 경찰개혁 및 사회책임법을 제정하여 **3원체제를 4원체제로 변경**하고 지역치안위원장 및 지역치안평의회 제도로서 지역주민에 대한 책임성을 강화하면서 자치경찰의 성격을 **강화(약화 ✕)** 하였다. ③ 지역치안평의회, 지역치안위원장, 내무부장관, 지방경찰청장의 4원체제로 경찰을 관리·운영하고 상호견제와 균형을 통해 민주성과 효율성을 기한다.

영국지방경찰 모델의 변화

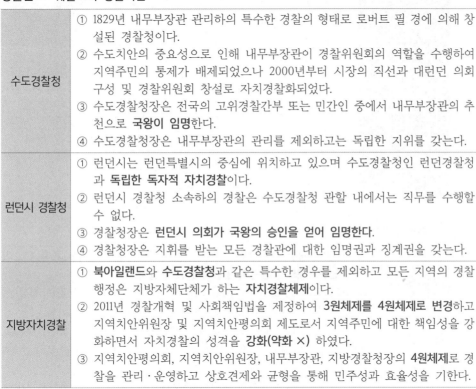

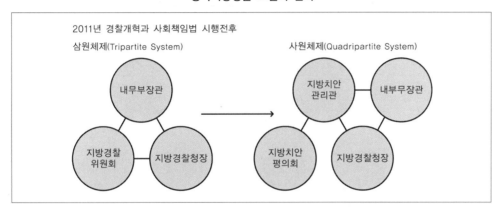

영국 자치경찰의 4원체제

지역치안 관리관 (지역치안 위원장)	① 지역주민들의 선거에 의하여 선출되며, 해당 지역의 치안문제에 대한 전반적인 권한과 책임을 가진다. ② 임무 ㉠ 지역실정에 맞는 치안에 대한 계획(Police and Crime Plan)을 수립·시행 ㉡ 지방경찰청장 및 차장의 임명 및 해임권 행사 ㉢ 지방경찰의 예산 및 재정 총괄권을 가진다.
지역치안평의회	① 지역치안 관리관에 대한 견제역할을 담당하며, 시민들과 지방의회 의원들로 구성 ② 임무 ㉠ 지역치안 관리관을 출석하게 하여 치안문제들에 대해 질의하고 답변요구 ㉡ 지역경찰의 예산지출에 대한 감사권 행사 ㉢ 지역치안 관리관이 작성하는 지역치안계획을 검토 ㉣ 지역치안 관리관의 지방경찰청장 임명과 관련하여 인사청문회 개최 ㉤ 지역치안 관리관의 직권남용에 대한 조사의뢰와 주민소환투표 실시
내무부장관	① 국가적인 조직범죄에 대한 대응을 위하여 지방경찰에 대한 임무 부여 및 조정 하는 역할을 담당한다. ② 이를 위하여 국립범죄청을 두고, 내무부장관은 지방경찰청장 중에서 1명을 국 립범죄청장에 임명한다. ③ 전략적 경찰활동 요구조건을 작성하고 배포한다. ④ 지방경찰의 예산의 2분의 1을 부담하며 이에 대한 감사를 행한다.
지방경찰청장	① 지역치안 위원장 밑에 지방경찰청장이 지방경찰을 독자적으로 운영한다. ② 지방경찰에 대한 독립적인 지휘 및 통제권을 행사한다. ③ 지방경찰청 차장 이외이 모든 경찰에 대한 인사권을 행사한다. ④ 일상적인 예산운용권을 가지고 있다.

(3) 스코트랜드와 북아일랜드

스코트랜드	① 스코트랜드 경찰은 보안관이 전통적인 지방판사로서 세력을 계속 갖고 있으 며, **치안판사제도가 충분히 발달되어 있지 않다.** ② 스코트랜드의 최대도시인 글래스고루에 위치한 스트래치크리드 경찰청 1개 의 청이 사실상의 본부 경찰청 역할을 하고 있다.
북아일랜드	① 북아일랜드는 아일랜드 독립 후에도 영국령으로 있으면서 신구교도간의 분 쟁이 계속 지속되고 있고 아일랜드공화국군의 각종테러로 인해 치안유지에 어려움이 많다. ② 내무부장관 직속의 **강력한 국가경찰체제**로 헌병대 조직을 취하고 있다. ③ 일반경찰업무와 무장반란과 폭동업무를 함께하는 헌병대조직을 가지고 있다.

3. 영국의 형사사법제도

잉글랜드와 웨일즈	① 1985년 범죄기소법(Prosecution of offences)에 따라 국립검찰청(CPS)을 창설하였다.
	② 경찰이 대부분의 범죄에 대해 기소권을 행사하였고 일부 중요사건에 대해서만 제한적으로 내무부 소속의 기소를 담당했으나, 법 제정 이후 검찰은 독립적으로 모든 형사사건의 기소를 담당한다.
	③ 경찰은 **영장청구권**과 **수사종결권**을 보유하며 기소 여부에 대한 1차적 결정권을 갖고 검찰은 경찰 기소사건에 대한 공소유지권과 2차적 기소결정권을 갖는다.
	④ 경찰은 수사의 주재자로서 원칙적으로 모든 범죄 수사를 담당하며 검사와 상호 **협력관계**를 유지하는 **독립적 관계**이다.
스코트랜드와 북아일랜드	① 검사는 수사의 주재자, 경찰은 수사보조자이며 상호 **명령복종관계**이다.
	② 스코트랜드 **경찰은 기소권이 없고** 북아일랜드 경찰은 경미사건에 대한 약식기소권만 있다.

03 미국경찰

1. 미국경찰의 역사

(1) 식민지시대 경찰

경찰제도	① 독립 이전의 미국은 치안유지를 위해 영국식 치안제도(보안관, 치안관)을 도입하면서 발전되었다.
	② 도시지역에는 치안관(constable), 남부 농촌지역에는 **보안관(sheriff) 배치**, **치안관(constable)**이 임명되었는데 이것이 미국 최초의 경찰이다.
야경제도	① 초기에는 인디언 공격 등 외부 침입을 막기 위해 영국식 **야경인(night watch)제도**가 도입되었다.
	② 1658년 뉴욕에서는 예비범죄자에게 경고하는 임무를 포함하는 딱딱이 감시인(rattle watch)이, 1700년 필라델피아에서 야간감시인(night watch), 필라델피아에서 최초의 주간감시인(day watch) 등장하였다.

(2) 근대경찰

주경찰의 창설	① 19세기 초 지나친 지방분권화와 엽관주의의 폐해로 경찰의 비전문화, 부패와 비능률이 만연하면서 경찰개혁의 필요성이 대두되었다.
	② 1823년 미국 역사상 **최초의 주 경찰인 텍사스 레인저**가 창설되었다.
	③ 1905년 **최초의 근대적·조직적인 주 경찰인 펜실베니아 주 경찰대**가 창설되었다.
	④ 1905년 펜실베니아주의 주경찰조직은 점차 확대되어 오늘날 하와이를 제외한 49개의 주가 보유하게 되었다.
연방경찰의 창설	① 화폐위조 등 연방차원에서 대응이 필요한 범죄가 증가하면서 연방경찰의 필요성이 대두되었다.
	② 연방경찰은 각 주(州) 사이의 통상규제, 위조화폐, 도량형의 표준화, 우편업무를 원활하게 하기 위한 목적과 연방수사 및 보호기관의 필요성으로 설립히였다.
	③ 1789년 워싱턴대통령이 설치한 **연방보안관(U.S.Marshall)이 미국 최초의 연방경찰**이다.

(3) 20세기 초 경찰의 개혁

근대적 경찰개혁	① 도시화 · 산업화 · 인구증가 문제로 기존의 경찰제도로는 범죄에 대처하기 어려워져 1830년대 이후 대도시에서 경찰개혁이 시작되었다. ② 1838년 보스턴시 경찰은 **오늘날 도시경찰, 최초의 제복경찰의 효시가 되었다.** ③ 1844년 뉴욕시 경찰 ④ 1833, 1848년 필라델피아 경찰
경찰전문화	① 리처드 실버스타(Richard Sylvester), 어거스트 볼머(August Vollmer)에 의해 정치와 경찰의 분리를 목표로한 경찰의 전문화운동이 시작되었다. ② **경찰전문화 개혁**의 주요내용은 경험 있는 자의 등용, 집권적인 지휘 · 통제, 경찰관의 수준향상, 경찰업무에 과학기술의 도입, 특수분야의 발전, 사명감의 고취 등이 있었다.
워커샴 위원회	① 1929년 후버 대통령이 경찰전문화를 위해 Wichersham 위원회가 개최되었다. ② 리처드 실베스타, 어거스트 볼머는 경찰지휘, 통제력의 집중화, 경찰인사 기준의 제고 및 전문화된 업무단위 편성을 주장하는 등 경찰의 전문화운동을 전개하였다. ③ 보고서의 제14권 '경찰편'은 주로 볼머가 집필하였으며 경찰의 전문직화를 재차 강조하였다. ④ 위 보고서에는 경찰부패 원인의 하나인 **정치적 간섭의 제거**, 경찰관리자는 경찰실무경험이 있는 유능한 인재로 임명하고 명백한 이유 없이 해고하지 말 것, 경찰관채용기준을 명확히 하여 성적우수, 신체건강, 적정연령자를 채용할 것, 봉급, 근무시간, 휴가제도, 재해보상 등 **근무조건의 개선 및 확립**, 교양의 충실, 통신수단의 정비, 방범활동의 강화와 **여자경찰관 채용** 등이 제시되었다.
O.W. willson의 경찰개혁	① 경찰 조직구조의 개편, 무선통신을 통한 경찰업무의 혁신, 순찰차의 효율적 운용, 담당구역의 정기적인 변경 등을 강조하였다. ② 기존의 2인 1조의 순찰에서 **1인 1차의 순찰**로 전화할 것을 주장하였다.

2. 경찰조직

(1) 연방경찰

관할	① 연방경찰은 연방법을 집행하며 **주법이나 지방자치법은 집행이 불가하다.** ② 연방경찰의 권한은 국가적 범죄와 주간의 범죄에 한정된다. ③ 국가적 범죄로는 밀수, 유가증권위조, 우편물 약탈, 대통령 암살 등 연방정부의 기능에 대하여 직접적으로 유해하거나 파괴하는 범죄가 대표적이다. ④ 주간의 범죄는 특정범죄의 다른 주로의 이송, 도난자동차, 기타도난품의 다른 주로의 운송, 우편이용범죄 등이 대표적이다.
특징	① 업무가 특정한 분야에 한정된다. ② 분권지향적인 미국에 맞지 않게 연방경찰의 확대는 권력의 남용우려가 크고, 신속한 범죄에 대한 대처가 어렵다.

(2) 법무부 소속의 연방법집행기관

연방 범죄수사국 (FBI)	① 법무부 소속으로 현재 본부는 워싱턴 D.C.에 두고 있다. ② 1942년 FBI국장 후버는 기관의 규모 축소, FBI학교 설립, 범죄자료 수집·분석을 위한 연구소 설치 등 개혁을 추진하였다. ③ 제2차 세계대전을 계기로 루스벨트 대통령의 명령에 따라 태업, 전복, 간첩행위자, 공산주의자 검거·예방을 하는 **수사기관인 동시에 정보기관활동도** 하게 되었다. ④ **연방범죄수사, 국내공안정보수집**, 특정공무원 신원조사, 범죄감식·범죄통계 작성, 지방경찰직원 교육훈련 등이 주 임무이다.
마약단속국 (DEA)	① 마약 관련 기관 및 사무의 중복으로 인한 비능률을 해소하고자 각 부의 마약단속관계기관을 통합하여 탄생하였다. ② 마약이나 규제약물의 국내 또는 국제시장으로 나가는 것을 방지하며, 마약류를 마약 및 사용이 통제되는 약품관련법을 집행한다.
연방보안관 (U.S. Marshall)	① 1789년 워싱턴(G.washington) 대통령이 처음 13개주에 각 1명씩 임명한 이래 현재 전구에 95명의 연방 보안관이 배치되어 있다. ② 주요임무는 은행강도·유괴·마약등 국가범죄의 범인 체포 및 호송 관할법원의 **법정관리와 법정경비**, 체포영장·소환장의 집행, 연방범죄피의자의 호송, **증인의 신변안전**도모, 지역적 소요의 진압 등이다.
알콜·담배· 총기· 폭발물 국 (ATF)	① 알콜·담배·총기 및 폭발물 국(ATF; Bureau of Alcohol, Tobacco, Firearms and Explosives)은 미국 법무부 산하 법집행기관으로 1972년 설립되었으며 2003년 미합중국 국토안보부의 창설 이후 재무부에서 소속이 변경되었다. ② 주 업무는 방화 및 폭탄 테러를 포함한 총기와 폭발물의 불법사용, 불법소지, 불법제조의 단속 및 예방과 술·담배의 밀수와 탈세 단속 등이다.

(3) 국토안보부 소속 연방법집행기관

국토안보부 창설		① 테러로 인한 공격과 자연 재해로부터 미국 국토의 안전을 지키기 위해 2003년 '국토안보법'에 의해 설치된 미국 연방정부의 중앙행정기관이며 미국의 국가안보를 총괄하는 기구이다. ② 직속기관으로 비밀국, 해안경비대, 세관국경보호국, 이민 및 세관집행국, 교통안전청이 있다.
소속 법집행기관	비밀국 (SS; Secret Service)	**대통령을 비롯한 요인 경호, 위조지폐단속, 신용카드사기, 컴퓨터범죄**, 기타국가안전과 관련된 사안을 담당한다.
	해안경비대 (USCG; United States Coast Guard)	해양에서의 **인명구조부터 환자수송과 국경지역, 해양에서의 밀입국자 수색과 체포, 범죄자 추적, 마약단속, 밀수단속** 등의 상당히 위험한 고강도의 임무를 수행한다.
	세관국경 보호국	미국 시민 및 영주권자, 그리고 미국을 방문하는 외국인에 대한 **출입국관리**, 그리고 **세관에 대한 업무**를 수행한다.
	이민·세관 집행국(ICE)	미국국경, 공항, 항구 등을 통해 들어오는 **불법입국자와 밀수 등을 단속**한다.
	교통안전청	9·11테러 이후 여객기 등의 운행 안전 필요성이 대두되어 설립되었으며 주로 공항 등에서 **보안검색임무**를 담당한다.

기출 OX

01 윌슨(O. W. Wilson)은 1인 순찰제의 효과성에 관한 체계적인 연구를 수행했다.
23. 경찰간부 ( )

02 루즈벨트(F. D. Roosevelt) 대통령의 지시로 1903년 최초의 연방수사 기구가 재무부에 창설되었다.
23. 경찰간부 ( )

정답 **01** ○ **02** ✕

(4) 주 경찰

주 경찰의 역할	① 주 경찰은 주 전체를 담당하고 있다. 미국의 50개의 주들은 각각 주 경찰을 두고 있고 임무도 주마다 차이가 있다. ✎ 주경찰은 헌법상 경찰권이 없으므로 주정부가 지방경찰에게 경찰권을 위임하여 행사한다. 그러나 지방경찰에 대한 지휘·통제를 하는 것은 아니며, 주경찰과 지방경찰은 상호독립적이며, 기능적으로 서로 보완하고 있다. ② 셰리프(sheriff)와 시경찰(city police)의 역할이 강조되는 주에서는 일반 그들로 인한 2중치안장치가 되어 있기 때문에, 주 경찰들은 주로 State Patrol 임무로 과속차량 적발, 도주차량 추적, 고속도로주변 범죄 감시 등 임무에 치중한다. ③ 이외에 주 경찰들은 State Police로서 주 전체에서 벌어지는 각종 범죄들은 담당한다. 대표적인 곳으로는 뉴욕, 매사츄세츠, 코네티컷, 하와이, 알레스카 주 경찰 등이며 단순 고속도로 순찰 이외 치안담당, 순찰 대테러 임무, 탈주자 수색 및 추적 등 다양한 임무를 수행한다.

3. 지방경찰

군 보안관 (county Sheriff)	① **하와이, 로드아일랜드주**를 제외하고, 주민들이 자발적으로 만든 조직으로 출발한 군 보안관(Sheriff)은 카운티 주민들이 **직접 투표**로 카운티 국장을 선출하며 카운티 내의 치안활동을 한다. ② **알래스카 주**와 **하와이 주** 그리고 **코네티컷 주**에는 행정구역분류상 카운티가 없기 때문에 셰리프가 존재하지 않는다. ③ 셰리프는 법원과 구치소의 치안유지, 범죄인 이송, **순찰, 범죄수사** 등의 업무를 맡고 있다. LA 군 보안관을 그 예로 경찰과 같이 교통위반단속을 할 수 있고 일부 셰리프국은 검시소를 운영하기도 한다. 시 경찰을 운영할 수 없는 작은 규모의 시 정부와 계약을 맺고 치안유지임무를 대행하기도 한다.
도시 경찰 (city)	① 도시경찰은 지방자치도시인 시(city), 법인격을 가진 타운(incorporated town), 빌리지(village)또는 버로우(borough)의 경찰을 총칭하며, **자치제경찰이므로 상부기관의 통제를 받지 않는다.** ② 도시 경찰은 경찰서의 규모와 인력면에서 뉴욕경찰(38,000명)과 같이 3만명을 넘는가 하면 10명 미만의 경찰관으로 구성된 작은 경찰서까지 다양하다. ③ 도시 경찰은 미국 법집행기관 중 규모가 가장 크고 중요하며 법집행의 범위가 넓어 일반 범죄예방순찰, 교통단속, 범죄수사 등 폭넓은 활동을 하고 있다. ④ 경찰책임자는 일반적으로 **시장**에 의해 임명되고 시장에 대해서만 책임을 지기 때문에 군보안관보다 독립적이지 못한 면이 있다.

4. 미국의 형사사법제도

사법경찰	① 독립된 수사의 주체로 **수사권을 보유**하며 경찰이 기소·불기소에 관한 결정을 해서 기소 가치가 있는 사건만 검찰에 송치하고 기소 불가능하거나 가치가 없다고 인정되는 사건의 경우는 사건을 종결할 수 있는 **독자적인 수사종결권을 갖는다.** ② 경찰이 수사과정에서 검사에게 조언을 구하거나 체포영장의 검토를 받는 등 경찰과 검사는 기소를 위한 **상호신뢰 및 협력관계**를 유지한다.

검사의 지위	① 검찰은 연방감찰과 지방검찰이 있으며, 경찰이 수사를 종결하여 송치한 사건에 대해서만 검사가 기소 여부를 결정하고 소추절차를 진행하는 소송절차상 역할만 수행한다.
	② 수사는 경찰의 주임무나 주에 따라 조직범죄·경제범죄·공직자부정 등 특수범죄에 대해서는 검사가 직접 수사를 할 수 있기도 한다.
	③ 검사는 송치사건에 대한 기소거부권, 보완수사요구권, 중요피의자에 대한 체포거부권 등 제한된 범위 안에서 경찰을 통제한다.

04 독일경찰

1. 독일경찰의 역사

어원	① '경찰'이라는 단어는 본래 그리스의 politeia에서 유래된 것으로 국가의 헌법, 국가기능의 공동행사, 국가기능의 공동작용 등을 의미하였다.
	② 고대로마에서 politia는 공화국의 헌법과 그것을 수행하는 일반적인 행정활동 또는 이상적 상태로 이해되었다.
중세	① 경찰권은 교회행정을 제외한 속세에서의 개인의 복리를 도모하기 위한 모든 권한을 의미하였다.
	② 16C 당시 경찰의 임무범위에는 생존 배려적 또는 복지증진의 의미가 포함되었다. 15C ~ 17C 경찰의 개념은 '공동체의 질서 있는 상태'로 이해되었다.
절대주의	① 원래의 경찰개념과 복지충족 속에서 국가기능의 분화가 일어나면서 군사행정·재무행정·사법행정 등이 내무행정과 분리 되면서 내무행정이 독자적 업무영역을 갖게 되었다.
	② 당시경찰권은 법적근거 없이 행사되었고 절대왕권의 집행을 위한 수단으로 활용되었다.
	③ 18C까지 이어진 경찰개념은 '공동체의 이상적인 질서상태', 즉 공공의 안녕질서와 복리를 위한 모든 내무행정을 뜻하는 것이었다.
근대 법치국가시대 (18세기 후반) 이후	① 18C 말에 들어서면서 계몽주의와 자연법론의 영향으로 자유주의적 법치국가의 관념이 대두되었고 계몽사상가들은 광의의 실질적 의미의 경찰개념과 광범위한 군주의 경찰권에 대한 반론을 제기하게 되었다.
	② 국법학자인 J.S. Pűetner는 "경찰의 직무는 급박한 위험의 방지한다; 공공의 복리증진은 경찰의 본래 직무가 아니다."라고 천명하였다.
	③ 1794년 프로이센제국의 일반주법에 "공공의 평온과 안전, 질서의 유지와 공동체 또는 개별 시민들이 직면하는 위험의 방지를 위해 필요한 공공의 조직은 경찰관청이다."라고 명문화하였지만, 19c에 이르기까지 경찰의 업무영역에 복지사무가 여전히 남아 있었기 때문에 별다른 변화가 없었다.
	④ 1882년 크로이츠베르크판결을 계기로 경찰작용영역에서 복지행정적요소가 제외되고, 경찰의 임무영역이 소극적 위험방지에 한정되었다.
20세기 이후	① 1931년 6월 1일 프로이센 경찰행정법은 법치국가적 경찰법을 확립하는 계기가 되었다.
	② 동 경찰행정법 제14조는 위험방지에 관한 일반조항적 의미를 가진 경찰개념에 근거를 둔 실질적 경찰권을 규정하였다. "경찰관청은 유효한 법의 영역 안에서 의무에 합당한 재량에 따라 일반적 또는 개별적 위험요소에 의해 공공의 안녕과 질서가 위협받는 경우에는 이를 방지하기 위해 필요한 조치를 취할 권한을 갖는다."

③ 오랜기간 유지해온 지방자치적·법치주의적 경찰제도는 1933년 이후 나치정권의 영향으로 파괴되면서 **중앙집권적 경찰제도**가 되었고, 권력유지를 위한 도구인 **정치경찰(게슈타포)**의 등장과 경찰에 대한 법적 통제가 사라졌다.

④ 독일의 2차 대전에서의 패전 이후 점령국 경찰제도의 영향을 받아 **비경찰화**를 추진하게 되었다.

⑤ 1949년 「기본법」의 제정으로 대부분의 주에서 주단위 **국가경찰제도**를 채택하였다.

2. 경찰조직

(1) 연방경찰기관

연방경찰청 (Bundes Polizei)	① 9.11테러사건을 계기로 국경수비대가 연방경찰청으로 개칭되었다. ② 연방경찰청 본부는 포츠단에 소재하고 있으며 독일 전역을 8개의 권역으로 나누고, 9개의 관구 경찰국과 1개의 특별작전국, 1개의 기동경찰국, 77개소의 지구경찰서를 각각 설치·운용해 오고 있다. ③ **해상경비**, 여권통제, 난민법집행, 재해경비, 철도경비, 다중범죄진압, 국제항공경비, **대테러업무(연방경찰특공대 Grenzschutzgruppe 9; GSG-9)**, 주경찰지원, 요인경호 및 지원, 연방헌법보호청업무지원, 연방헌법기관경비, **국제경찰지원**, 핵폐기물수송경비, **대규모 국제행사장 경비**, **형사범수사 및 질서위반범 추적** 등 다양한 역할과 임무를 수행하고 있다.
연방범죄 수사청 (BKA; bundes kiriminal amt)	① **연방내무부 산하의 외청**이다. ② 청장은 **내무부장관의 추천**에 의해 **연방내각에서 임명되는 정무직 공무원**이다. ③ 국가적 법익침해사건, 국제적 범죄, 조직범죄, 마약, 폭발물관련, 화폐위조사건, 무기밀매, 요인암살기도 행위 등에 대한 관할권을 갖는다. ④ 연방범죄수사청설치법에 따라 각 주의 내무부산하에 주범죄수사국이 설치되어 있다. ⑤ 연방범죄수사청은 청장을 정점으로 1차장, 2차장을 두고 있으며 연방범죄 수사청 산하에 보안수사국, 중범죄 및 조직범죄 수사국, 요인경호국 등이 있다.
연방헌법보호청 (BFV; Das Bundessamt för Verfassungss chutz)	① 연방헌법의 기본질서를 파괴하는 행위에 대한 **정보수집업무를 담당하는 기관이며 집행기관은 갖지 않고 있다.** ② **반국가사범의 위법한 행위에 대한 정보를 경찰당국에 이첩하고 수사는 경찰이 한다.** ③ 좌익테러, 군대 내의 극좌테러분자, 연방헌법의 기본질서를 파괴할 위험성을 갖고 있는 이념단체, 정당, 이와 관련된 국제조직, 극우세력, 신나치추종세력 및 조직원, 이와 관련된 단체 출판물, 내적 안전을 위협하는 극단적인 외국인 관련 사항, 외국첩보기관의 스파이에 대한 업무 등을 담당하고 있다. ④ 각 주에는 내무부산하에 부 헌법보호청이 설치되어 **연방과 주정부간의 협력체제를 유지**하고 있다. ⑤ 한국 국정원의 반국가사범에 대한 **수사권 같은 권한은 부여되어 있지 않다.**

(2) 주 경찰

일반 조직		① 각 주의 최상급 경찰관청은 **주의 내무부장관**이다. ② 각 내무부에는 경찰담당국(주경찰청)이 설치되어 있고, 도 단위에도 경찰담당부서(지방경찰청)가 설치되어 있지만 집행기관의 역할을 하지는 않으며 하급관서에 대한 인사, 예산, 지원, 감독, 통제업무를 하고 있다. ③ 일반적으로 도(道) 단위에는 지방경찰청, 시(市)·군(郡) 단위에는 경찰서, 읍·면·동 단위에는 지구대가 설치되어 있다.
오늘날의 경찰개념	일반예방 경찰	제복을 착용하는 예방경찰로서 치안경찰이라고도 하며 범죄예방을 위한 기동 및 도보순찰, 교통위반단속, 사고처리 등 전문경찰 분야인 수사·정보·보안업무 등을 제외한 **일반적인 경찰임무를 수행**한다.
	수사경찰	각종 **범죄의 수사 및 예방활동, 형사소추**에 관련된 임무를 수행한다.
	기동경찰	**대규모시위, 각종 행사에서의 경비임무와 대형사고 및 자연재해 등의 처리업무를 지원**한다.
	수상경찰	항만, 하천, 호수를 중심으로 **수로, 해로상의 안전유지업무를 수행**하는 기관으로 해난사고의 예방·조사, 내수면 및 해양환경오염 방지 및 단속, 기타 주정부 및 연방정부의 위임사무를 임무로 한다.

3. 독일의 수사구조

검사	① 검사는 수사의 주재자로서 수사권과 기소권 및 경찰에 대한 감독권을 갖는다. ② 권력에 대한 집중·남용을 방지하기 위한 장치로 검찰에서는 집행권한을 분리하고 경찰에게서는 주체적 결정을 할 수 있는 머리의 기능을 분리하여 **검찰은 '손 없는 머리'**라고 불리우고 **경찰은 '머리 없는 손'**의 기능 등으로 불리우고 있다.
경찰	① 경찰에게는 독자적 수사개시권과 의무가 있어 실제로 모든 영역에 있어 수사의 개시와 집행은 경찰이 담당하고 있다. ② 긴급한 증거보전 및 신속한 조사를 한 후에는 지체 없이 검찰에 송부해야 한다. ③ 수사와 관련하여 집행기관이 없는 검찰보다 경찰이 수사에 있어 우위를 점하고 있고 법관 이외의 신문조서는 증거능력을 인정하지 않는 이유에서 검사는 피의자를 신문 하지 않기 때문에 실질적인 **수사의 주도권은 경찰**에게 있다.
양자의 관계	검사와 경찰은 **상명하복의 관계**에 있고 **검사가 수사의 주재자**이며 경찰은 보조자에 해당한다.

05 프랑스경찰

1. 역사

중세 이전	파리에는 **국왕**이 임명하는 **프레보(prevot)**가 치안 및 재판을 담당(행정경찰과 사법경찰의 분리 ✕)하였고, 시민들은 야경대를 조직하여 운영하였다.
중세 ~ 프링스혁명	① 파리와 같은 대도시에서 전염병에 대한 대응이 중요시되던 가운데 기존 봉건영주에게 집중된 사법제도의 비효율성이 대두되었다. 왕권강화를 위해 사법부를 분리하고 봉건영주에게 있던 경찰권을 왕에게 귀속시키기 위한 방책으로 1667년 **경찰대신을 파리에 창설**했다.

혁명 이후 (1799 ~)	② 1789년 프랑스혁명이 일어나 왕권강화를 위해 설치한 경찰대신을 폐지하고 1790년 지방자치단체장이 경찰대신의 역할을 맡도록 하여 지방경찰체제를 수립했다. ③ 1796년에는 혁명정부에 반발하는 세력에 대항하기 위해 경찰장관을 임명하였다. ① 1800년 나폴레옹은 내무부에 **파리경찰청을 창설**하고 파리경찰청장이 행정·사법·정보·경찰의 모든 권한을 갖고 반정부사태에 대비체제를 갖추었다. ② 지방에는 인구 5,000명 이상의 자치단체에 경찰서를 설치하고, 인구가 10,000명을 넘어가면 경찰서를 추가 설치하였는데, 인구가 5,000명 이하인 자치단체일 경우에는 군이 치안을 담당하도록 하였다. ③ 경찰서장은 중앙에서 임명하였고 지역의 모든 치안을 담당하게 하여 강력한 중앙집권적 국가경찰체제를 구축했다. ④ 1815년 국가경찰체제는 다시 왕정으로 복귀하였고 **경찰권은 지방정부에 이양**했다. **파리경찰청은 그대로 유지**가 되었는데 청장은 왕의 신임에 의해 임명되었다. ⑤ 1829년 **세계 최초의 제복경찰관이 파리에서 등장**하였다. ⑥ 1855년 혁명과 쿠테타를 억제하기 위하여 인구 40,000명 이상의 도시에 지방경찰청을 설치한다. ⑦ 1884년 지방자치단체장과 중앙정부가 경찰권을 갖게 되었다. 인구 5,000명 이하 자치단체는 자치단체장이, 인구 5,000명 ~ 40,000명 이상의 경우 내무부장관이 임명하는 경찰서장이 권한을 행사하도록 하였다.
근대 프랑스경찰	① 1941년 4월 자치경찰을 폐지하여 인구 1만명 이상 도시에 국립경찰을 배치하였고, 국립경찰은 내무부 산하에 현재의 '경찰총국(DGPN: Direction Générale de la police Nationale)' 창설로 '중앙집권적 국가경찰체제'를 확립하였다. ② 1966년 **내무부의 치안본부와 파리경찰청을 통합**하여 경찰청이 창설되었다. ③ 2009년 8월, 군경찰에 관한 법률 및 방위법 개정에 따라 군경찰 조직(DGGN; Diretion Générale de la Gendarmerie Nationale)과 예산을 국방부 장관에서 내무부장관 산하로 이전함으로써 국립 경찰 및 **국립 군경찰의 조직·지휘를 내무부장관으로 일원화**하였다.

2. 경찰조직

(1) 국가경찰

① 국립경찰

국립경찰청	㉠ 경찰청장은 국무회의에서 임명하고, 내무부장관의 직접적인 지휘를 받는다. ㉡ 파리경찰청을 포함한 전국 국가경찰업무의 지시 및 조정을 담당하고 파리경찰청의 권한을 제외한 전국을 담당한다.
지방경찰	㉠ 인구 **2만명 이상**의 코뮌에 배치되고 도지사가 경찰업무를 관장한다. ㉡ 우리나라와 같은 별도의 독립된 지방경찰청은 없으며, 중앙 조직인 국립 경찰총국(DGPN)의 각 기능별 지방 분소를 각 도(Département) 또는 광역도(Région)에 설치, 운영하고 있다.
파리 지방경찰청	㉠ 경찰청장은 내무부장관의 추천으로 대통령이 임명한다. ㉡ 파리경찰청장은 국립경찰이면서도 **경찰총국장의 지휘를 받지 않는** 독자적 권한을 갖으며, **내무부 장관의 직접 지휘** 아래, 수도 파리시를 비롯해 주변 3개 데파트망의 치안과 행정을 담당하고 있다.

	© 파리지역은 국립경찰과 군인경찰이 중복 배치가 되는데. 역사적인 이유도 있지만 상호견제를 통한 정확하고 상세한 정보수집 체계를 유지하기 위한 목적이 있다.

② 군경찰

임무	국립경찰이 배치되는 않는 인구 20,000명 미만의 코뮌에서 경찰과 동일한 임무를 수행한다. ➡ 군경찰의 임무	
	사법경찰 임무	범죄 위반행위를 적발하고, 범죄자를 색출·검거하여 사법조사
	행정경찰 임무	공공의 안녕과 질서유지, 교통 소통과 교통법규 위반자 단속, 해상과 산악구조 활동
	국방임무	주둔 부대 내외 헌병 활동 및 대테러활동 등 군인으로서 국방임무 수행
특별조직	㉠ 공화국 경비대(Garde républicaine): 엘리제궁, 총리실, 국회 등 주요 국가시설경비 임무 ㉡ **군경찰 특공대(GIGN)**: 테러 진압, 인질·납치 등 중요 범죄 진압 담당	

3. 자치경찰

조직	① 자치경찰은 헌법 및 지방자치단체법, 국내안전법 등을 바탕으로 **일부 꼬뮌 단위에 제한적으로 설치·시행되고 있다.** ② 자치경찰의 설치는 자치단체장의 고유권한으로 자유롭게 설치할 수 있도록 하는 대신 5인 미만의 자치경찰의 구성은 협의 없이 자치단체장의 결정으로 설치하고, 5인 이상일 경우에는 도의 치안을 책임지는 도지사와 협약을 체결하도록 하였다.
임무	① 자치경찰은 국가경찰의 권한을 침해하지 않는 범위 내에서 공공질서, 공공안녕, 공공안전, 공중위생의 확보 등 **극히 지역적인 경찰사무**를 수행한다. ② 시장(Maire)은 형사소송법상 '사법경찰관'의 자격을 갖고 있으며, 자치경찰은 '사법경찰리보'의 자격을 보유하여 사법경찰의 보조자로서 제한된 사법경찰권 행사가 가능하다.

4. 형사사법제도

검사	검찰이 **법원의 하부조직**으로 되어 있고, 검찰은 **소추권과 일부수사권**을 행사하며 재판과 **대부분의 수사는 모두 법원의 권한**에 속한다.
경찰	① 사법경찰은 법무장관의 관할이며 검사와 예심판사가 사법경찰사무를 담당하고 있다. ② 사법경찰은 형사법에 따른 위반행위 확인, 증거수집, 범인 수사를 주된 업무로 하고 있다. ③ 사법경찰이 수사를 할 때에는 **수사(예심)판사** 또는 **검사의 지휘·지시**를 받도록 되어 있으나, 경찰의 독자적 수사개시권을 법률로 인정하고 있다. ④ 검사는 중대범죄에만 일부 개입하고 있으며, **실제 대부분의 범죄는 경찰이 독자적인 수사를 하고 있다.**

특징	① **범죄피해자가 수사판사나 재판법원에 직접 소추할 수 있어 검사의 기소독점주의를 인정하지 않는다.** ② 경찰의 초동수사권은 인정되며 수사판사가 강제수사권자, 검사는 임의수사 및 기소권자가 된다. ③ **예심제도**: 경미한 형사사건은 검사의 1차 수사로서 종결하지만, 사안이 중대하거나 복잡한 사건은 예심판사가 재수사하는 2원적 수사체계를 가지고 있다.

06 일본경찰

1. 역사

명치유신 ~ 미군정 이전	병부성시대 (1869년 ~ 1872년)	① 메이지 신정부는 주변 번에서 차출한 군사들로 번병과 부병을 조직하였다. **번병과 부병은 수도인 동경의 치안을 담당하게 하고 부병과 헌병이 지방의 치안을 담당**하였다(군과 경찰의 통합적 운용). ② **병부성을 신설**하고 동경부 내의 순찰과 치안을 담당하기 위해 배치된 2,500여명의 부병을 소속시켰다.
	사법성시대 (1872 ~ 1873)	① 1871년 4월 근대적 경찰인 사법성을 설치하였다. ② 1872년 **동경부에 3,000명으로 구성된 나졸을 설치**하였다. ③ 1983년 8월에 사법성에 경보료(警保寮)가 신설되었고 나졸은 **사법성의 경보료에 흡수되어 전국의 경찰업무를 통괄하는 국가기관**으로서의 위치가 부여되었다.
	내무성시대 (1873 ~ 1945)	① 1873년 내무성이 설치되어 **행정경찰과 사법경찰의 분리**가 추진되었으며, '경찰'이라는 용어가 처음 등장하였다. ② 1874년 사법성 관할에 있던 경보료를 내무성의 관할로 옮겨 온 후 수도 경찰기관으로 **도쿄 경시청(東京警視庁)을 창설**하였고 종래의 나졸의 명칭은 순사가 되었다. ② 사법성시대 사법경찰 중심에서 내무성의 행정경찰 중심으로 전환되었고 내무성 지휘하에 전국 경찰을 통일시켜 나갔다.
미군정시대 (1945 ~ 1952년)		① 1945년 일본의 2차대전 패전으로 연합군 주도하에 경찰개혁이 단행되었고 미국의 영향으로 민주적 · 지방분권적 경찰체제를 갖추게 되었다. ② 검사의 독점적 수사권이 철폐되고 경찰과 검사는 상호대등한 관계로 규정되는 등 영미법계 요소가 도입되었다. ③ 비경찰화가 추진되었다.

2. 경찰법

(1) 구(舊) 경찰법시대

의의	① 1947년 경찰제도개혁을 위한 민주적인 경찰조직의 기본법이다. ② 법제정은 전제적인 군국주의에서 민주국가로 전환하는 민주경찰제도가 합리되는 계기가 되었다.
내용	① 국민의 생명 · 신체 · 재산을 보호하고 범죄수사와 피의자체포 및 공안의 유지를 경찰의 임무로 규정하였다. ② 경찰관리기관으로 국가공안위원회와 도도부현공안위원회를 두도록 하여 민주적인 경찰 관리의 기반이 되었다.

		③ 시(市)와 인구 5천명 이상의 정·촌에 자체부담으로 자치경찰을 두어 내각 총리대신 관할의 국가지방경찰과 시정촌 자치경찰의 2원적 구조를 가진 경찰제도를 시행하게 되었다. ④ 국가비상시 국가공안위원회의 권고를 조건으로 내각총리대신에게 국가비상사태의 포고와 전경찰을 통제하는 권한을 인정한다.
	단점	① 현실적인 기반을 고려하지 않고 극단적인 분권주의를 취하여 치안유지라는 목표를 희생하게 되었다. ② 정부의 자치경찰에 대한 냉대정책으로 자치경찰의 사기가 저하되고, 자치경찰에 대한 국고 보조금의 부족으로 경찰운영을 후원회 기부에 의존하면서 지역인사들과 유착이 심화되었다.

(2) 신(新) 경찰법시대

	의의	① 1954년 6월 신경찰법이 공포되었다. 기존의 자치제경찰과 국가지방경찰제도를 폐지하면서 도도부현 경찰제도와 통일적인 국가적 경찰행정을 하는 국가경찰의 절충적 제도의 기틀이 마련되었다. ② 경찰의 민주화와 능률화, 국가적 성격과 자치적 성격의 절충화, 정치적 중립과 책임의 명확화가 이뤄졌다.
	내용	① 경찰업무범위를 종래와 같이 경찰 본래의 임무에 한정하여 민주화하였다. ② 경찰의 운영단위를 시·정·촌에서 도도부현으로 격상하고 경찰조직을 도도부현으로 일원화하여 능률화를 이루었다. ③ 중앙과 지방의 공안위원회제도를 유지함으로서 국가의 책임이 명확해졌고 정치적 중립을 이루었다. ④ 중앙의 경찰기관에서 국가가 책임을 분담할 특정사항을 관장하도록 하고, 국가공안위원회의 위원장을 국무대신으로 함으로서 치안행정책임의 명확성을 기하였다.

3. 경찰의 조직

(1) 일본경찰의 조직체계

국가경찰	경찰청	① 경찰청은 내각총리대신의 소할인 **국가공안위원회에 설치**되고 그 관리하에 경찰사무를 관장한다. ② 국가공안위원회는 경찰예산, 경찰교양, 경찰통신, 범죄감식, 경찰장비, 황궁경찰 등의 경찰청의 소장사무에 대해서 경찰청을 관리한다. ③ 경찰청장은 행정관청의 지위를 가지며, **경찰청장은 장관으로서 국가공안위원회가 내각총리대신의 동의를 받아 임명한다.** ④ 경찰청장관은 경찰청 소관사무에 한하여 도도부현 경찰을 지휘·감독할 수 있다.
	관구경찰국	① 지방자치제의 경찰행정에 관한 전국적 조정을 위해 설치한 경찰청의 지방기관이다. ② 국가경찰의 지방조직으로서 **도쿄도와 북해도**를 제외한 **전국에 6개의 관구경찰국**을 두고 있다. ③ 관구경찰국장은 소장사무의 범위 내에서는 부현경찰을 지휘·감독할 수 있다.

참고

현재 시코쿠 관구경찰국이 조코쿠 관구경찰국으로 병합되면서 기존의 7개의 관구경찰국이 6개로 변경되었다.

자치경찰	자치경찰 개설	① 일본의 자치경찰은 도(都) 경찰, 도(道) 경찰, 부(府) 경찰, 현(縣) 경찰로 구분된다. ② 동경도에는 경시청이, 도부현에는 각각 도(道), 부, 현(縣) 경찰본부가 있다. ③ 도도부현경찰은 도도부현 지사 소할인 **도도부현 공안위원회에 소속**되고, 그 관리하에 경찰사무를 관장한다. ④ 도도부현지사는 경찰에 대한 실질적인 지휘·감독권이 없지만 경찰서 설치권, 공안위원회 위원임면권을 통해 간접적으로 영향력을 행사하고 있다. ⑤ 도도부현경찰의 경비부담은 자치경찰적 성격과 국가적 성격이 혼재되어 있다. 경시 이하 경찰관의 봉급은 도도부현이 부담(지방공무원)하고, 경시정 이상 경찰관의 봉급은 국가가 부담(국가공무원)한다.
	동경도 경시청	① **경시청**은 동경도 경찰의 본부이며 해당 공안위원회의 관리하의 실시기관이다. 도 경찰의 사무를 관리하고 위원회를 보조하며 위원회의 서무업무를 처리한다. ② 경시청의 경시총감은 **국가공안위원회**가 도 공안위원회의 동의와 내각총리 대신의 승인을 얻어 임명한다. ③ 경시청장은 도(都) 공안위원회의 관리를 받아 경찰사무를 총괄하고 소속 경찰관을 지휘·감독한다.
	도부현 경찰본부	① 도부현 경찰본부장은 **국가공안위원회**가 도부현 공안위원회의 동의를 얻어 임명한다. ② 경찰본부장은 도(道), 부, 현(縣) 공안위원회의 관리를 받아 경찰사무를 총괄하고 소속 경찰관을 지휘·감독한다.

(2) 국가공안위원회

의의		경찰행정의 민주적 관리와 경찰 운영의 관료화와 독선방지 및 경찰의 정치적 중립유지를 위해 국가공안위원회와 도도부현 공안위원회를 두었다.
국가 공안위원회	소할	내각총리대신
	구성	① 위원장은 자치성장관이 겸임하는 국무대신으로 한다. ② 위원은 임명 전 5년간 경찰 또는 검찰경력이 없는 자 중에서 내각총리대신이 의회의 동의를 얻어 **5명의 위원**으로 구성한다.
	권한	① 국가공안위원회 규칙제정권과 경찰청장관 임면권 ② 대규모 재해와 관련된 사항 및 소요사태 등 ③ 경찰행정의 조정 및 경찰비리에 대한 감찰활동 등
	운영	① 위원장은 회의만을 주재하고 위원으로서의 **의결권은 없다.** ② 총리의 하부기관이나 총리의 지휘·감독은 받지 않는다.
도도부현 공안위원회	소할	도도부현 경찰의 관리기관으로 도도부현 지사의 소할하에 도도부현 공안위원회를 설치하였다.
	위원	① 위원은 지사가 도도부현 의회의 동의를 얻어 임명한다. ② 도도부현지사는 도도부현 공안위원회에 대한 지휘·감독권이 없어 정치적 중립성을 보장한다.

4. 일본의 사법제도와 수사구조

일본의 수사구조

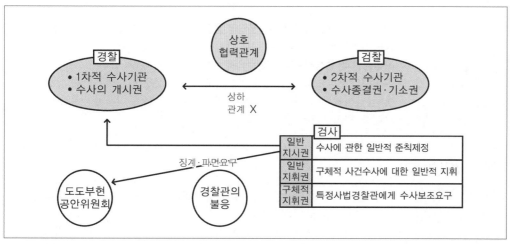

특징	① 검사와 경찰의 관계에서 일본은 **대륙법계와 영미법계의 절충적 시스템**을 가지고 있다. ② 사법경찰직원과 검찰은 각각 **상호 대등한 협력관계**에 있는 독립된 수사기관이 되었다.
사법경찰	① 독자적 수사권을 가진 **제1차적 수사기관**이지만 일반적으로 **수사의 개시·진행권만 보유**하고 수사종결권은 검사에게만 있다. ② 경부이상 체포 및 **압수·수색·검증영장청구권**을 포함한 강제처분권을 갖는다. 사법경찰은 **공소에 관해서는 검사의 지시·지휘를 따라야 하고**, 경찰의 수사결과는 검찰에게 전건 송치하는 것을 원칙으로 하며, 특히 **수사종결권과 구류청구권·구속영장청구권은 검사에게만 인정**되고 있다. ③ 일본 형소법은 **경찰과 검찰을 각자 독립된 수사기관으로 규정**하면서 "검찰과 사법경찰직원은 수사에 관하여 서로 협력해야 한다"고 규정함으로써 **양자의 관계를 상호대등·협조관계로 명문화**하고 있다.
검사	① 독자적 수사권을 가진 **제2차적 수사기관**이다. ② 검사는 사법경찰에게 부여되어 있는 수사권한 일체에 더하여 **소추권(기소권)**, **보충·보정권**, 구류청구권, **수사종결권**을 가지고 있다. ③ 검사는 수사의 효율화, 적정한 공소제기를 위해 **일정한 범위 내에서 경찰에 대한 일반적(개별·구체적 ×) 지시 및 지휘권**을 가지고 있다. 이는 수사의 효율성 강화와 공소유지에 부합하는 수사를 위한 **기능적인 상호협력의 개념**이다. ④ 검사는 사법경찰직원이 정당한 이유 없이 검사의 지휘에 따르지 않을 경우 공안위원회에 대해 징계 또는 파면을 청구할 수 있다.

07 중국의 경찰

1. 중국 경찰제도의 특징

특징	① 경찰체제는 **중앙집권과 지방분권의 결합체제**로서, 각 지방의 공안기관은 중앙과 지방정부로부터 이중의 지휘·관리를 받는다. ② **사법경찰과 행정경찰의 일원주의**를 택하고 있다. ③ 지방경찰조직으로는 인민경찰이 있고 인민무장경찰대(국가안전·보위 임무를 담당하는 무장부대), 일반 국민의 민간 조직인 주민자치방위조직이 치안유지를 하고 있다.

2. 중국 경찰의 조직

국무원 공안부	① 국무원 공안부는 전국의 치안활동을 지도·감독하는 기관으로 우리나라의 경찰청에 해당하는 기관이다. ② 국무원 아래에 전국 공안업무를 지도·관할하는 국가의 치안 보위 및 수사기관이다. ③ 국무원 공안부는 국무원 소속으로 행정조직상 **보조기관**에 해당한다. ④ 공안부장은 장관급이며, 국무원의 구성원이며 국무총리의 제청으로 전국인민대표회의에서 결정되고 파면권은 전국인민대표회의에 있다.
지방 공안기관	① 국무원 공안부의 하부 지방조직인 공안청(공안부)은 우리나라의 시·도경찰청에 해당한다. ② 기본적으로 공안부 - 성과 자치구 별로 **공안청**(직할시는 공안국) - 주요 대도시나 소도시는 시 또는 현 공안국 - 공안파출소의 4단계로 구분되어 있다.
인민 무장경찰대	① 국가안전·보위 임무를 담당하는 무장부대이며 우리나라의 전투경찰대에 해당한다. ② 인민해방군 소속이며 인민해방군 중앙경호국이라고도 한다.
국가안전부	① 국가의 안전을 확보하고 대간첩업무를 강화하기 위해서 1983년에 창설되었다. ② 우리나라의 국가정보원에 해당하는 기관이다.

3. 경찰의 수사

사법경찰	① 원칙적으로 수사의 주재자로서 특별한 규정이 없는 경우 독자적수사권을 갖는다(**모든 범죄수사권** ✕). ② 수사, 구치, 예비심사의 권한과 체포해야 할 피의자 피고인이 도주중인 경우에는 경찰이 지명수배영장을 발부할 수 있다.
검사	① 예외적인 수사의 주재자이며 공소제기자로서의 역할을 수행하고 경찰에 대한 법률적 감독권을 행사한다. ② 검찰이 자신이 직접 수사하는 경우에도 체포 및 구속의 집행권은 없으며, 공소기관에게 통보하여 집행하도록 되어 있다.

⊕ PLUS 외국경찰 판례

블랑코 판결(프) (Blanco, 1873)	블랑코라는 소년이 국영담배공장 운반차에 사고를 당한 사안에서 국가배상책임을 최초로 인정, 관할을 행정재판소라는 판결
에스코베도(미) (Escobedo, 1964)	피고인 에스코베도와 변호인의 **접견교통권**을 침해하여 얻은 자백의 증거능력 부정
미란다(미) (Miranda, 1966)	변호인 선임권, 진술거부권 등 권리 고지 없이 얻은 자백의 증거능력 부정
띠톱판결(독) (1960)	띠톱에서 발생하는 먼지와 소음에 대해 조치를 취해달라는 민원에 대하며, 행정청의 재량권이 0으로 수축되어 행정개입청구권이 인정된다는 판결
맵 판결 (Mapp, 1961)	위법수집증거(별건수사를 통해 수집된 증거) 배제법칙이 확립된 판결

기출 OX

01 국가배상이 인정된 최초의 판결은 에스코베도(Escobedo) 판결이다. 22. 경찰간부

( )

정답 01 ×

제7장 한국경찰의 역사와 비교경찰론 **481**

제2편 각론

제1장 / 생활안전경찰

제1절 범죄예방론

01 범죄원인론

1. 범죄의 개념

범죄의 개념	형식적 의미	범죄란 실정법(형법)에 위배되는 행위
	실질적 의미	범죄란 사회적 행동규범에 위배되는 행위, 즉 반사회적 행위의 일체
	자연적 의미	① 자연범: 시간과 문화를 초월하여 범죄로 인정되는 행위 ② 법정범: 국가가 범죄로 규정함으로써 범죄가 되는 것

2. J. Sheley의 범죄의 4요소론 ✿✿✿

:두문자
술회자동

:두문자
범대감

범죄의 4요소 (J. Sheley)	① 범행의 **기술** ② 사회적 제재로부터의 **자유** ③ 범행의 **기회** ④ 범행의 **동기**
일상활동이론의 범죄의 3요소	① (잠재적) **범죄**자(동기를 가진 가해자) ② 범행**대상**(잠재적 피해자) ③ 보호자(**감시**자)의 부재
4요소의 성격	J. Sheley의 범죄의 4가지 요소는 범행의 필요조건이지만 충분조건은 되지 못한다.

범죄원인론

구분	범죄원인	범죄예방책
고대	×	인과응보
중세	귀신론, 시죄법	기도
고전주의 범죄학(18C)	• **비결정론** ➡ 자유의지를 갖은 합리적 존재 • **범죄행위연구** • 범죄는 개인적 책임	• 강력한 형벌(**억제이론**) (형벌 > 범죄로 인한 이득) • **일반**예방주의
실증주의 범죄학(19C)	• **결정론적 인간관** • **범죄인에 대한 과학적 연구** • 범죄는 **사회적 책임**	• **치료와 갱생**이론 • **특별**예방주의
사회학적 범죄학(20C)	• 사회구조 이론 • 사회과정이론	• 사회발전이론 • **사회환경개선**

기출 OX

01 실리(J. F. Shelev)는 범행의 가시성(Visibility), 범죄의 기술(Skill), 사회적 제재로부터의 자유(Freedom criminal constraints), 범행의 기회(Opportunity) 등을 범죄의 4대 요소로 주장했다.
13·15. 경찰   (   )

정답 01 ✕

3. 고전주의 범죄학(18C) ✮✮✮✮✮

의의	① 모든 인간은 **자유의지를 가진 합리적 존재** ② 범죄를 발생시키는 외부환경은 무시하고 그 **결과(범죄행위)만을 범죄원인**으로 연구 ③ **강력한 형벌**과 제재를 통해 범죄를 효과적으로 예방할 수 있음
주요학자	① 베까리아(죄와 형벌의 균형론) ② 벤담(공리주의)
특징	① **의사비결정론**: 인간은 자유의지를 가진 합리적 존재 ② 범죄의 외생변수, 동기는 고려하지 않는다. ③ **일반예방주의**: 잠재적 범죄인인 일반인에 의한 범죄예방을 강조 ④ 범죄는 사회적 책임이 아니라 **개인적 책임**

4. 실증주의 범죄학(19C) ✮✮✮✮✮

의의	범죄의 원인은 **생물학적·심리학적·사회적 요인**에 의해 결정된다고 봄
주요학자	① 롬브로조(범죄인) ➡ 생래적 범죄인론 주장 ② 페리(범죄사회학) ➡ 범죄인의 발전을 설명한 범죄포화법칙 주장 ③ 가로팔로(범죄학) ➡ 범죄를 자연범과 법정범으로 구별
특징	① **결정론적 인간관**: 인간의 자유의지를 부정 ② 범죄행위가 아니라 범죄인에 대한 과학적인 연구방법을 추구 ③ **특별예방주의**: 범죄자에 대한 치료와 갱생을 범죄예방의 최우선으로 봄 ④ 범죄는 **사회적 책임**

5. 사회학적 범죄학 ✮✮✮✮✮

범죄원인이론의 구분

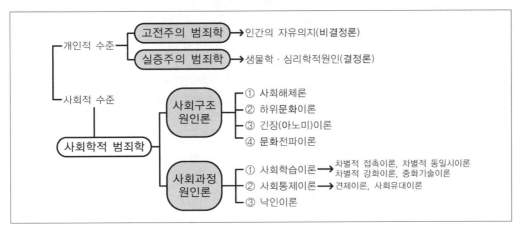

:두문자

아·사·문·화

기출 OX

02 억제이론은 인간의 자유의지를 인정하지 않는 결정론적 인간관에 바탕을 두고 특별예방효과에 중점을 둔다.
17. 경찰　　　　( )

03 치료 및 갱생 이론은 결정론적 인간관에 기초하여 범죄자에 대한 치료 내지 갱생으로 범죄를 예방하고자 한다. 17. 경찰　( )

정답　**02** ✕ **03** ○

: 두문자

사회구조이론
→ 사회해체, 문화전파, 아노미, 하위문화이론
→ 아 · 사 · 문화

: 두문자

사회과정이론
→ 차별적 접촉 · 동일시, 차별적 강화이론, 중화기술이론, 견제이론, 사회유대이론, 낙인이론

	학자	Shaw(쇼)와 Macay(맥케이)
사회해체 이론	내용	① 빈민(slum) 지역에서 범죄 발생률이 높은 것은 도시의 산업화 · 공업화 과정에서 **지역사회의 제도나 규범 등이 극도로 해체**되기 때문이며, 이 지역에서는 비행적 전통과 가치관이 사회통제를 약화시켜서 일탈이 야기된다고 보았다. ② 이러한 지역은 사회구성원이 바뀌더라도 비행발생률은 변하지 않는다고 보았다.
	학자	Shaw(쇼)와 Macay(맥케이)
문화전파 이론	내용	① 범죄를 부추기는 고유한 문화가 다음 세대에 전달되어 범죄가 지속적으로 발생한다는 이론이다. ② **범죄에 대한 구조적 · 문화적 유인**에 대한 **자기통제의 상실**을 범죄의 원인으로 파악한다.
	학자	서덜랜드(Sutherland)와 크레시(Cressey)
차별적 접촉이론	내용	① 특정 개인이 범죄문화에 접촉 · 참가 · 동조함에 의해 범죄행동이 학습되어 범죄가 발생한다는 이론이다. ② 범죄에 유인되는 물리적 환경을 범죄원인으로 보며, 범죄행위의 학습은 정상적인 학습으로 본다.
	학자	글레이저(D. Glaser)
차별적 동일시이론	내용	① 서덜랜드의 접촉 대신 동일화라는 개념, 즉 **반법률적 행위를 범죄인과 자신을 동일시**하여 범죄가 발생한다고 보는 이론이다. ② 청소년들이 영화의 주인공을 모방하고 자신과 동일시하면서 범죄를 학습한다고 보았다.
	학자	버제스와 에이커스(Burgess, Akers)
차별적 강화이론	내용	① 범행의 결과 자신에게 **보상**이 된다면 범죄행위를 계속하게 된다. ② 청소년의 비행행위는 처벌이 없거나 칭찬받게 되면 반복적으로 저질러진다.
아노미 이론	뒤르껭의 아노미 이론 / 학자	뒤르껭(Durkeim)
	뒤르껭의 아노미 이론 / 내용	① 뒤르껭(Durkeim)의 '자살론' ② 사회규범이 붕괴되어 규범에 대한 억제력의 상실상태를 아노미상태라 하면서 이러한 **무규범상태**에서 범죄가 발생한다고 보았다. ③ 범죄는 아노미상태에서 **불가피하게 발생**할 수밖에 없다고 본다.
	머튼의 아노미 (긴장) 이론 / 학자	머튼(R. Merton)
	머튼의 아노미 (긴장) 이론 / 내용	① R. Merton은 사회적 성공이라는 목표를 누구나 갖고 있지만 이러한 목표와 그 목표를 이루기 위한 수단과의 간극이 커지면서 아노미조건이 유발되어 **분노와 좌절이라는 긴장이 초래**되고, 그 목적을 달성하기 위한 수단으로서 범죄를 선택한다고 보았다. ② 머튼의 아노미이론(긴장이론)은 뒤르껭의 아노미이론을 기초로 한 것이지만, 아노미현상이 발생하는 원인을 다르게 보았다.

: 두문자

뒤질래

기출 OX

01 문화적 전파이론은 범죄란 특정 개인이 범죄문화에 참가 · 동조함에 의해 정상적으로 학습된 행위로 본다. 10. 경찰 ( )

02 사회학습이론 중 Burgess & Akers의 차별적 강화이론에 의하면 청소년들이 영화의 주인공을 모방하고 자신과 동일시 하면서 범죄를 학습한다고 한다. 20. 경찰간부 ( )

정답 01 × 02 ×

하위 문화이론	비행하위 이론	학자	코헨(Cohen)
		내용	① 하류계층의 청소년들이 목표와 수단의 괴리로 인해 중류계층에 대한 저항으로 비행을 저지르며, 목표달성의 어려움을 극복하기 위해 자신들만의 **하위문화(부정성, 악의성, 단기적 쾌락)**를 만들게 되며 범죄를 저지른다고 본다. ② 중산층이나 상류층 출신들이 저지르는 비행이나 범죄는 설명하지 못한다.
	하층계급 문화이론	학자	밀러(Miller)
		내용	① 하층계급문화 속에서 살고 있는 이들이 **추구하는 관심사**(강인함, 말썽, 흥분추구 등)가 범죄의 원인이라고 설명한다. ② 범죄는 하위문화의 가치와 규범이 정상적으로 반영된 것이라고 보았다.
중화기술 이론		학자	마차(Matza)와 사이크스(Sykes)
		내용	① 인간 내면의 합법적 규범이나 가치관을 중화시킴(비난에 대한 의식적 합리화 내지는 정당화)으로써 범죄에 이른다고 설명한다. ② **중화기술의 5가지 기술** 　㉠ 책임의 부정 ➡ 자기 잘못을 외부요인으로 전가시키는 것(가난이 죄다) 　㉡ 피해발생의 부정 ➡ 피해를 본 사람이 없음(대마초) 　㉢ 피해자의 부정 ➡ 피해자는 마땅히 처벌을 받아야 할 사람 　㉣ 비난자에 대한 비난 ➡ 자신을 비난한 사람의 약점과 비행을 지적 　㉤ 충성심에의 호소 ➡ 보다 높은 가치에 기초하여 범행을 합리화
사회적 통제이론	견제 이론	학자	레클레스(Reckless)
		내용	① 자아관념이론을 발전시킨 **강력한 내면적 통제**를 강조한다. ② **좋은 자아관념**은 주변의 범죄환경에도 불구하고 비행행위에 가담하지 않도록 하는 중요한 요소이다.
	동조성 전념이론	학자	필리아빈(Briar & Piliavin)
		내용	인간은 관습적 목표를 지향하려는 노력으로 목표달성행위를 전념시킴으로서 **인간의 잠재적 범행능력을 통제**하여 상황적 일탈을 감소시킨다는 이론이다.
	사회유대 이론	학자	허쉬(T. Hirschi)
		내용	① **사회적 유대가 약화**되면서 일탈행위가 범죄로 나아간다는 이론이다. ② 비행을 억제하는 사회적 결속요소로 **애착(Attachment), 참여(Involvement), 전념(헌신; Commitment), 신념(Belief)**을 제시한다.
낙인이론		학자	탄넨바움(Tannenbaum), 레머트(Lemert)
		내용	① 범죄자의 범죄행위의 질적인 측면이 아니라 사회들이 가지고 있는 그 행위에 대한 인식을 강조한다. ② 탄넨바움(Tannenbaum)은 낙인을 '악의 극화'라고 표현하였다. ③ 레머트(Lemert)는 **1차적 일탈**(일시적 일탈)과 **2차적 일탈**(지속적 일탈)로 구분하여 설명하였다. ④ 낙인이론은 범죄원인보다는 범죄 그 자체가 어떻게 형성되는가에 더 관심이 있다.

기출 OX

03 Hirschi는 범죄의 원인은 사회적인 유대가 약화되어 통제되지 않기 때문이라고 보고, 비행을 통제할 수 있는 사회적 통제의 결속을 애착, 전념, 기회, 참여라고 하였다. 20. 경찰간부 　(　)

04 Matza & Sykes에 따르면, 청소년은 비행 과정에서 '책임의 회피', '피해자의 부정', '피해 발생의 부인', '비난자에 대한 비난', '충성심에의 호소'등 5가지 중화기술을 통해 규범, 가치관 등을 중화시킨다. 21. 경찰승진
　(　)

：두문자

전 · 애 · 참 · 신

정답 03 ✕ 04 ○

02 범죄예방론

1. 전통적 범죄예방론(인과응보 → 억제이론 → 치료와 갱생이론 → 사회발전이론) ✿✿✿

억제이론 (고전주의)	내용	① 18C 고전주의 범죄학에 기초한다. ② 엄격한 형벌과 제재를 통해 범죄의지를 억제할 것을 주장한다. ③ 범죄에 대한 **신속·확실·엄격(신중 ✕)한 처벌을 강조**한다. ④ **일반예방주의**: 잠재적 범죄인인 일반인에 의한 범죄예방을 강조한다. ⑤ 범죄는 사회적 책임이 아니라 개인적 책임이다.
	비판	① 범죄의사가 없는 충동적 범죄행위에는 적용되지 않는다. ② 일반인은 어떠한 범죄를 저지르면 어떠한 처벌을 받을 것이라는 것을 현실적으로 인지하지 못한다.
치료·갱생 이론 (실증주의)	내용	① 19C 실증주의 범죄학에 기초 ② **의사결정론**의 입장에서 범죄는 개인이 아닌 **사회적 책임**이다. ③ **특별예방주의**: 범죄자에 대한 **치료와 갱생**을 범죄예방의 최우선으로 본다.
	비판	① 치료와 갱생에는 비용이 많이 든다. ② 특별예방효과에만 중점을 두므로 일반예방효과에는 한계가 있다.
사회발전 이론 (사회학적 범죄학)	내용	① 20C 사회학적 범죄학에 기초한다. ② 범죄는 사회적 구조와 환경에서 비롯된 것이므로 **사회환경을 개선**해야 범죄가 예방된다고 본다. ③ **결정론적 인간관**에 근거하며, 사회적 유대를 강화시켜 범죄를 예방하려 한다.
	비판	① 사회적 구조나 환경을 개선하는데는 막대한 인적·물적 자원이 든다. ② 사회적 환경을 개선할 능력이 있는지가 문제되고 사회를 실험체로 보는 문제가 있다.

기출 OX

01 상황적 범죄예방 이론의 일종인 합리적 선택 이론은 억제 이론과 같이 인간의 자유의지를 전제로, 범죄자는 비용과 이익을 계산하여 자신에게 유리한 경우에 범죄를 저지른다고 한다.
10. 경찰승진 ( )

02 합리적 선택 이론에서는 인간의 자유의지를 인정하는 결정론적 인간관에 입각하여 범죄자는 비용과 이익을 계산하고 자신에게 유리한 경우에 범죄를 행한다고 본다. 13. 경찰 ( )

:두문자
범대감

:두문자
가가용접

정답 01 ○ 02 ✕

2. 현대적 범죄예방론 ✿✿✿✿

상황적 범죄예방 이론	의의	범죄기회 및 범죄를 통한 이익을 감소시켜 범죄를 예방하려는 이론
	합리적 선택이론	① 인간의 자유의지를 강조하는 비결정론적 인간관에 기초하여 범죄는 비용과 그 이익을 계산하여 자신에게 유리한 경우 범죄를 결정한다고 본다. → **신고전주의 범죄학**(Clarke, Cornish) ② 범죄는 **체포의 위험성**과 **처벌의 확실성**을 통해 예방할 수 있다.
	일상활동 이론	① 모든 인간은 범죄환경과 기회가 주어지면 범죄를 저지를 수 있는 **잠재적 범죄자**로 본다(Cohen, Felson). ② 범죄현상에 대한 추상적·거시적 분석보다 **구체적·미시적 범죄분석**을 강조한다. ③ **범죄발생의 3요소**: (잠재적) **범죄자**(동기를 가진 가해자) + 범행**대상**(잠재적 피해자) + 보호자(**감**시자)의 부재 ④ VIVA모델: 범죄자가 범죄를 결정함에 고려하는 4가지 요소 → ㉠ **대상의 가치(Value)** + ㉡ **이동의 용이성(Inertia)** + ㉢ **가시성(Visibility)** + ㉣ **접근성(Access)**
	범죄패턴 이론	① 범죄에는 일정한 장소적 패턴이 있다. ② **범행지역을 예측**(지리적 프로파일링), **연쇄범죄의 해결**에 기여한다.

	생태학적 이론		① 오스카 뉴먼의 방어공간이론을 기초로 주택건설과정에서 범죄예방을 고려할 것을 주장 ➡ 환경설계를 통한 범죄예방기법(CPTED) ② **방어공간이론(뉴먼)**: CCTV, 가로등 설치와 같이 지역주민들이 거주하는 공간을 스스로 통제할 수 있도록 거주환경에 대한 실제적·상징적 방어물이나 감시기회 등을 강화한 공간을 방어공간이라 하고, 주민들이 그들이 살고 있는 **지역이나 장소를 자신들의 영역이라 생각하고 감시를 게을리하지 않으면 어떤 지역이나 장소든 범죄로부터 안전할 수 있다**고 주장하였다. ③ 범죄취약요인 중 **범죄환경의 요소의 제거**를 통해 범죄를 예방할 수 있다고 보았다.
	비판		① **풍선효과(전이효과)**: 범죄의 기회를 줄인다고 해도 전체 범죄는 줄지 않고 다른 곳으로 전이될 뿐이다. ② **인권침해**: 모든 국민을 잠재적 범죄인으로 보기 때문에 과도하게 통제를 강화하여 인권이나 기본권이 침해될 가능성이 크다.
환경설계를 통한 범죄예방 (CPTED)	의의		① 주거 및 도시지역의 환경설계를 통해 범죄기회를 차단하고자 하는 상황적 범죄예방이론의 하위이론 ② 뉴먼(Newman)의 방어공간이론을 기초로 제프리(Jeffery)가 처음으로 정립한 이론
	내용	자연적 감시	건축물이나 시설물 등의 설계시 **가시권을 최대로 확보**하여 외부침입이나 범죄에 대한 감시기능을 확대하려는 원리(예 건물의 배치 및 조명·조경)
		자연적 접근의 통제	일정한 지역에 접근하는 사람들을 **정해진 공간으로 유도**하거나 출입하는 사람들을 통제하도록 설계하여 접근에 대한 심리적 부담을 증대시켜 범죄를 예방하는 원리(예 통행로의 설계, 차단기, 잠금장치, 방범창의 설치, 출입구의 최소화)
		영역성의 강화	**사적 공간**에 대한 경계선을 표시하여 거주자들의 책임의식과 소유의식을 증대함으로써 외부침입에 대한 불법사실을 인식시켜 범죄기회를 차단하는 원리(예 울타리, 펜스의 설치, 사적·공적 공간의 구분)
		활동성의 강화	공공장소에 대한 주민들의 활발한 사용을 유도하여 **'거리의 눈'**을 활용하여 자연적 감시와 접근통제의 기능을 확대하려는 이론(예 놀이터·공원의 설치, 체육시설의 접근성과 이용의 증대, 벤치·정자의 위치 및 활용성에 대한 설계)
		유지관리	시설물이나 공공장소를 처음 설계한대로 **지속적으로 이용될 수 있도록 관리**함으로써 범죄예방을 위한 환경설계의 장기적이고 지속적인 효과를 유지하는 원리(예 시설물의 파손에 대한 즉시 보수, 청결유지, **조명·조경의 관리** 등)
집합효율성 이론	학자		로버트 샘슨(R. Sampson)
	내용		① 지역주민들이 범죄문제를 해결하기 위하여 **상호간 신뢰 또는 연대감을 강화**하고 적극적 참여하는 것이 중요하다는 이론 ➡ **비공식적인 사회통제 강조** ② 비판: 공식적 사회통제(경찰 등 법집행기관)의 중요기능을 간과하게 된다.

기출 OX

03 '영역성의 강화'는 지역사회의 설계시 주민들이 모여서 상호의견을 교환하고 유대감을 증대할 수 있는 공공장소 설치하고 이용하도록 함으로써 거리의 눈을 활용한 자연적 감시와 접근통제의 기능을 확대하는 원리이다. 15. 경찰 ( )

04 '유지관리'는 처음 설계된 대로 혹은 개선된 의도대로 기능을 지속적으로 유지하도록 관리함으로써 범죄예방을 위한 환경설계의 장기적이고 지속적 효과를 유지하는 원리이다. 종류로는 파손의 즉시 수리, 잠금장치, 조명·조경의 관리 등이 있다. 21. 경찰간부 ( )

정답 03 X 04 X

⊕PLUS 오스카 뉴먼(Newman)의 방어공간의 구성요소

영역성 (territoriality)	1. 지역에 대한 소유의식은 일상적이지 않은 일이 있을 때 주민으로 하여금 행동을 취하도록 자극함 2. 거주자들 사이의 소유에 대한 태도를 자극하기 위한 주거건물 안팎의 공적 공간의 세분화와 구획작업(직선형 주택배치, 위계적 주택배치, 가로폐쇄 등)
자연적 감시 (natural surveillance)	1. 특별한 장치의 도움 없이 실내와 실외의 활동을 관찰할 수 있는 능력임 2. 거주자들이 주거환경의 공동지역을 자연스럽게 감시할 수 있도록 아파트 창문위치선정이나 건축물 배치
이미지 (image)	1. 범죄의 주된 목표라는 이미지를 갖지 않도록 하며, 범행을 하기 쉬운 대상이라는 느낌을 주지않도록 설계 2. 지역의 외관이 다른 지역과 고립되어 있지 않고 보호되고 있으며, 주민의 적극적 행동의지를 보여줌
환경(milieu)	안전하다고 생각되는 도시지역에 주거지역 선정

⊕PLUS 멘델스존의 범죄피해자의 유형

완전히 책임이 없는 피해자	영아 살해에 있어서의 영아, 약취유인된 영아
책임이 조금 있는 피해자	낙태한 여성, 인공유산을 시도하다 사망한 임산부
가해자와 동일한 정도의 책임이 있는 자	자살한 사람, 촉탁살인에 의한 피살자, 동반자살 피해자, 자살미수 피해자 등
가해자 보다 더 책임이 있는 피해자	폭행당한 패륜아, 자신의 부주의로 인한 피해자
가장 책임이 많은 피해자	정당방위의 대상이 된 피해자, 무고죄의 허위로 신고된 피해자

3. 현대적 범죄예방모델

제프리의 범죄예방모델 (C.R Jeffery)			① 범죄억제 모델: 형벌과 제재를 통한 범죄억제 ➡ 고전주의 ② 사회복귀 모델: 범죄자의 치료와 갱생을 통한 사회복귀 ➡ 실증주의 ③ 범죄예방 모델: 사회의 물리적 환경 개선을 통한 범죄예방 ➡ 사회학적 범죄학
미국 범죄예방 연구소			범죄예방에 대해 범죄 기회를 감소시키는 사전활동과 범죄에 관련된 **환경적 기회를 제거**하는 **직접적(간접적 ✕)인 통제활동**으로 보고 있다.
랩(Lab)의 범죄예방			① 범죄예방에 대한 **통계적 측면**과 **심리적 측면**을 동시에 고려하였다. ② 범죄예방에 대해 실제의 범죄발생과 범죄에 대한 **일반대중의 두려움을 줄이는 사전활동(사후활동 ✕)**으로 보고 있다.
브린팅햄과 파우스트	1차 예방 (일반인)	내용	물리적 환경 중에서 범죄원인이 되는 조건들을 개선시키는 데 초점을 맞추는 것으로 일반대중을 대상으로 한다.
		예	이웃감시, CCTV설치, 민간경비, 비상벨 설치, 방범교육 등
		전략	① 물리적 환경 개선 – 범죄의 기회를 제거 ② 경제 및 사회조건 개선 – 범죄발생 원인에 영향을 미치는 요인 제거

2차 예방 (우범자, 우범지역)	내용	사전에 **잠재적 범죄자**를 발견하고 기회를 차단하여 범죄를 예방하는 방법으로 우범자 · 우범지역에 초점을 둔다.	
	예	우범지역을 단속하여 잠재적인 범죄자가 범죄를 저지르지 못하도록 하는 것	
	전략	잠재적 범죄자를 초기에 발견하여 개입	
3차 예방 (범죄자)	내용	재범을 막기 위해 체포, 구속 등을 통하여 실제 범죄자가 더 이상 범죄를 저지르지 못하도록 하는 것을 말한다.	
	예	지역사회의 교정 프로그램	
	전략	상습범 대책, 재범억제 전략	

기출 **OX**

01 화이트칼라범죄는 직업 활동과 관련하여 높은 지위를 가지고 있는 사람에 의해 저질러지는 범죄로서, 일반적으로 살인 · 강도 · 강간범죄는 화이트칼라범죄로 분류된다. 23. 경찰　(　　)

⊕ PLUS 화이트칼라범죄

의의	① 화이트칼라범죄(White Collar Crime)란 "사회적으로 높은 지위와 명망을 갖고 있는 사람이 직업상의 직무수행과정에서 범하는 범죄"로서 흔히 상류계층에 속하고 있는 사람이 그의 직무와 관련된 범죄를 말한다. ② 1939년 서덜랜드(Edwin H. Sutherland)에 의해 처음 주장되었다.
예	① 화이트칼라 범죄는 (폰지)사기, 횡령, 배임, 내부거래, 탈세, 뇌물, 주가조작, 자금세탁 등이 여기에 해당한다. ② 일반적으로 살인·강도·강간범죄는 화이트칼라범죄로 분류되지 않는다.
특징	① 화이트칼라범죄는 상류계층의 경제범죄에 대한 사회적 심각성을 연구하는 과정에서 등장한 개념이다. ② 우리나라에서는 화이트칼라 범죄라는 표현보다는 기업범죄나 회사범죄 등의 표현이 더 일반적으로 사용되고 있다. 우리나라의 기업범죄는 비즈니스 범죄(Business Crime)라고 하여 기업이 저지르는 범죄라기보다 기업인이 기업을 이용하여 저지르는 범죄로서 대부분 기업은 그 범죄의 피해자라고 할 수 있는 경우가 더 많다. 기업의 스파이활동이 대표적인 예라고 볼 수 있다.

제2절 지역사회경찰

01 전통적인 경찰활동과 지역사회 경찰활동 ☆☆☆

1. 의의

개념	지역사회경찰활동(Community Policing)이란 지역사회의 모든 분야와 협력하여 범죄발생을 예방하고 범죄로부터의 피해를 줄이는 것을 목표로 하는 경찰활동을 말한다.
학자	윌슨(Wilson)과 조지 켈링(George L. Kelling)

02 지역사회 경찰활동은 폭넓은 지역문제를 해결하는 것 보다는 범죄를 해결하는 것이다. 15. 경찰　(　　)

정답 **01** ✕ **02** ✕

2. 전통적 경찰활동과 지역사회 경찰활동의 차이

구분	전통적 경찰활동	지역사회 경찰활동
모델	Crime Fighter	Problem Solver
주체	경찰만	경찰 ⇄ 시민
역할	범죄해결사	지역사회의 문제해결자
평가방식	범인검거율(**사후통제**)	무질서의 감소율(**사전통제**)
대상	범죄	범죄 + α (지역사회문제)
효율성	경찰의 반응시간	주민의 협조정도
순찰	자동차 순찰	도보 순찰
특성	집권화 + 엄격한 법집행	분권화 + 경찰관 개인의 능력 강조
타 공공기관과의 관계	**갈등관계**	**협력구조**
서비스요청에 대한 경찰의 반응자세	해야 할 경찰업무가 없는 경우에만 대응할 수 있다.	경찰업무의 중요한 기능이자 기회이다.
경찰 전문주의	심각한 범죄에 대한 신속하고 효과적인 대응	지역사회와의 밀접한 상호작용
언론접촉 부서의 역할	경찰관들에 대한 **비판적 여론을 차단**하는 것	지역사회와의 **원활한 소통창구**
중요한 정보	범죄사건에 대한 정보로 특정범죄 또는 일련의 **범죄와 관련되는 정부**	**범죄자에 대한 정보**로 개인 또는 집단의 활동에 관한 정보
경찰책임의 핵심적인 특징	규칙과 규정에 따라 활동하고 정책이나 법에 대해 책임이 있다.	조직의 가치를 바꾸거나 향상시키는 것

02 지역사회경찰활동의 프로그램 ✸✸✸✸

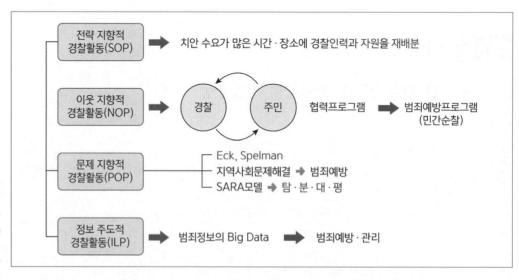

기출 OX

01 문제지향적 경찰활동은 지역사회 문제해결을 위해 SARA모형이 강조되며 이는 조사(Scanning) – 평가(Assessment) – 대응(Response) – 분석(Analysis)으로 진행되는 문제해결 단계를 제시한다.
20. 경찰간부 ( )

정답 01 ✕

전략 지향적 경찰활동 (SOP)		① 경찰활동과 관련하여 전통적인 관행과 절차를 이용하여 확인된 문제 지역에 대해 경찰의 인력과 자원을 재분배하는 것을 말한다. ② 치안수요가 많은 시간대나 장소에 많은 경찰력을 배치하는 방식으로 최소한의 자원을 투입하여 최대한의 범죄나 무질서를 예방하는 효과를 거두는 활동을 강조한다.
이웃 지향적 경찰활동 (NOP)		① 지역사회의 진정한 의미를 파악하기 위해서 경찰과 주민 사이의 의사소통 라인을 개설하고 공동체의식을 조장하기 위한 일체의 협력프로그램을 말한다. ② 우범지대에 거주하는 시민들과의 범죄예방 프로그램을 마련하고, 불량청소년 집단이 범죄를 저지르지 않도록 시민들과 함께 대응전략을 마련하거나 거주자들에게 지역에 관한 정보를 제공하며, 주민들은 **민간순찰**을 실시하는 것 등이 이에 해당한다. ③ 경찰의 범죄예방활동뿐만 아니라 경찰의 민원인에 대한 친절한 서비스 대응이나 행정서비스의 강화 등과 같은 대시민 서비스까지도 이에 포함된다.
문제 지향적 경찰활동 (POP)	개념	① 범죄해결에 초점을 맞추는 것이 아니라 지역사회 내에서 무엇이 범죄와 사회무질서의 원인인가를 파악하고 그 문제들의 해결책들을 마련하려는 경찰활동을 말한다. ② 문제지향적 경찰활동의 개념은 1970년 후반 골드쉬타인(Goldstein)에 의하여 제기되었으나, 실제 상황에서의 개념은 에크(Eck)과 쉬펠만(Spelman)에 의한 'SARA'모델에 의하여 구체화되고 있다.
	'SARA' 모델	① **탐색(조사; Scanning)**: 문제를 발견하고 확인하는 과정, 경찰과 시민의 관심사항이 되는 지역사회에서 발생하는 **일련의 지속적 유사한 사건(일회적 중대범죄×)**을 탐색하는 단계를 말한다. ② **문제의 분석(Analysis)**: 적시된 문제에 대한 정보와 자료를 수집하고 분석하는 단계이다. 경찰제작 기록뿐만 아니라 다양한 분야에서 수집되어야 하고, 분석기초는 육하원칙에 의거해 문제가 발생하는 때와 장소를 확인, 지역사회 타 기관의 정책과 제도 등 문제발생 원인 촉진결과의 요소 확인, 관련 기관의 대응과 그 효과를 점검하는 단계를 말한다. ③ **대응(Response)**: 분석단계를 통해 얻어진 정보를 통해 해결책을 활용하여 그 해결을 시도하는 단계를 말한다. 대응과정에서는 시민, 지역사회, 기업, 다른 공안부서 및 기타 관련 기관과의 협조를 통해 문제를 완전 해소하거나 해결 가능수준으로 축소를 시도하는 단계이다. 형법의 적용은 여러 대응 수단 중 하나에 불과하다. ④ **평가(Assessment)**: 문제해결과정에서의 최후 단계로 경찰대응의 영향과 효과성을 평가하여 앞으로 이와 유사한 문제 발생시 보다 발전된 전략을 활용하기 위한 기틀을 마련한다.
	특징	① 일선경찰관에게 문제해결 권한과 필요한 시간을 부여하고 범죄분석 자료를 제공한다. ② 문제들에 대한 효과적인 대응전략을 마련하면서 필요한 경우 경찰과 지역사회가 협력할 수 있는 대응전략들에 보다 높은 가치를 부여하며, 종종 지역사회경찰활동 등과 병행되어 실시되곤 한다.
정보 주도적 경찰활동 (ILP)		① 범죄자의 활동, 조직범죄집단, 중범죄자 등에 대한 관리, 예방 등에 초점을 두고 증가되는 범죄를 감소시키기 위해 범죄정보를 통합한 법집행 위주의 경찰활동을 말한다. ② 동일한 범죄사건에 대한 증가를 막기 위해 관련 사건들의 비교분석을 통해 **동일 범죄피해사건 데이터베이스**를 활용한 적극적 법집행을 강조한다. ③ 그러나 비범죄적 행위, 즉 단순한 반사회적 일탈행위나 비행 등에 대해서는 정보수집 및 분석을 하지 않는 것을 기본원칙으로 한다. ④ 이러한 정보주도적 경찰활동에 대해서는 치안정보수집을 빙자하여 국가의 사찰 및 국민의 프라이버시 침해 등의 오남용의 우려가 높다는 지적이 있다.

:두문자

탐 · 분 · 대 · 평

기출 OX

02 지역사회경찰활동은 범죄가 자주 발생하는 지점에 경찰력을 집중적으로 배치하여 범죄예방효과를 극대화하는 데 중점을 둔다.
23. 경찰　　　(　　)

정답 02 ✕

03 지역경찰의 조직 및 구성(지역경찰의 조직 및 운영에 관한 규칙) ✮✮✮

지역경찰관서의 조직

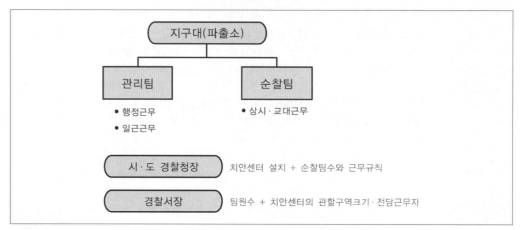

참고			
	지구대 (파출소)	출장소	치안 센터
지역경찰 관서	○	×	×
경찰관서 (경직법)	○	○	×
설치	시·도 경찰 청장 (경찰청 장의 승인)	좌동 (경찰 청장 사후 보고)	좌동

기출 OX

01 지역경찰관서란 경찰법 제17조 및 경찰청과 그 소속기관 직제 제44조에 규정된 지구대, 파출소 및 치안센터를 말한다. 10. 경찰 (   )

02 경찰서장은 인구, 면적, 교통·지리적 여건 등을 고려하여 경찰서의 관할 구역을 나누어 지역경찰관서를 설치한다. 16. 경찰간부
(   )

03 관리팀 및 순찰팀의 인원은 지역 치안수요 및 인력여건 등을 고려하여 경찰서장이 결정한다. 14. 경찰
(   )

정답 **01** × **02** × **03** ○

지역 경찰관서	설치 및 폐지	① **시·도경찰청장**은 인구, 면적, 행정구역, 교통·지리적 여건, 각종 사건사고 발생 등을 고려하여 경찰서의 관할 구역을 나누어 **지역경찰관서(지구대, 파출소)**를 설치한다(**치안센터 ×**). ② 시·도경찰청장은 경찰청장의 승인을 얻어 지구대 또는 파출소를 둘 수 있다. ③ **시·도경찰청장**이 지구대 또는 파출소를 **폐지**하거나 명칭, 위치 및 관할 구역을 **변경**하였을 때에는 경찰청장에게 보고하여야 한다.
	지역경찰 관서장	① 시·도경찰청장 및 경찰서장이 지구대장·파출소장을 보할 때에는 **시·도자치경찰위원회의 의견**을 사전에 들어야 한다. ② 지역경찰관서장의 계급은 다음과 같다. {표: 경찰청과 그 소속기관 조직 및 정원관리 규칙(제10조 제2항) | 지구대장은 경정 또는 경감, 파출소장은 **경정·경감** 또는 **경위**로 한다.}
	지휘 및 감독	① 경찰서장: 지역경찰관서의 **운영**에 관하여 총괄 지휘·감독 ② 경찰서 각 과장 등 부서장: 각 부서의 소관업무와 관련된 지역경찰의 업무에 관하여 경찰서장을 보좌 ③ 지역경찰관서장: 지역경찰관서의 시설·장비·예산 및 소속 지역경찰의 근무에 관한 제반사항을 지휘·감독 ④ 순찰팀장: **근무시간 중 소속 지역경찰**을 지휘·감독
	하부조직	① 지역경찰관서에는 **관리팀**과 상시·교대근무로 운영하는 복수의 순찰팀을 둔다. ② 관리팀 및 순찰팀의 **인원**은 지역 치안수요 및 인력여건 등을 고려하여 **경찰서장**이 결정한다. {관리팀: 관리팀은 문서의 접수 및 처리, 시설 및 장비의 관리, 예산의 집행 등 지역경찰관서의 **행정업무**를 담당한다.} {순찰팀: ① 순찰팀은 범죄예방 순찰, 각종 사건사고에 대한 초동조치 등 현장 치안활동을 담당하며, 팀장은 **경감** 또는 **경위**로 보한다. ② **순찰팀의 수**는 지역 치안수요 및 인력여건 등을 고려하여 **시·도경찰청장**이 결정한다.}

	설치 및 관할	① **시·도경찰청장**은 지역치안을 효율적으로 수행하기 위하여 지역경찰관서장 소속하에 치안센터를 설치할 수 있다. ② 치안센터는 지역경찰관서장의 소속하에 두며, 치안센터의 인원, 장비, 예산 등은 지역경찰관서에서 통합 관리한다. ③ 치안센터 **관할 구역의 크기**는 설치목적, 배치 인원 및 장비, 교통·지리적 요건 등을 고려하여 **경찰서장**이 정한다.
	운영시간	① 치안센터는 **24시간** 상시 운영을 원칙으로 한다. ② 경찰서장은 지역 치안여건 및 인원여건을 고려, 운영시간을 탄력적으로 조정할 수 있다.
	근무자의 배치	① 치안센터 운영시간에는 치안센터 관할 구역에 근무자를 배치함을 원칙으로 한다. ② 경찰서장은 치안센터의 종류 및 지리적 여건 등을 고려하여 필요한 경우 치안센터에 전담근무자를 배치할 수 있다.
치안 센터	치안 센터의 종류	**검문소형** ① 검문소형 치안센터는 적의 침투 예상로 또는 주요 간선도로의 취약요소 등에 교통통제 요소 등을 고려하여 설치한다. ② 검문소형 치안센터 근무자의 임무는 다음과 같다. 　㉠ 거점 형성에 의한 지역 경계 　㉡ 불순분자 색출 및 제 경찰사범의 단속 및 검거 　㉢ 관할 내 각종 사건·사고 발생시 초동조치
		출장소형 ① 출장소형 치안센터(직주일체형으로 운영할 수 있다)는 지역 치안활동의 효율성 및 주민 편의 등을 고려하여 필요한 지역에 설치한다. ② 직주일체형 치안센터에 배치된 근무자는 근무 종료 후(**휴무일은 제외된다**)에도 관할구역 내에 위치하며 지역경찰관서와 연락체계를 유지하여야 한다. ③ 경찰서장은 도서, 접적지역 등 지리적 여건상 필요한 경우에는 출장소형 치안센터에 **검문소형 치안센터의 임무를 병행토록** 할 수 있다.

지역경찰관서장과 순찰팀장의 임무 ✦✦✦✦

구분	지역경찰관서장	순찰팀장
임무	① 관내 치안상황의 **분석** 및 대책 수립 ② 지역경찰관서의 시설·예산·장비의 **관리** ③ 소속 지역경찰의 근무와 관련된 **제반사항**에 대한 지휘 및 감독 ④ 경찰 중요 시책의 **홍보** 및 협력치안활동	① 근무교대시 주요 취급사항 및 장비 등의 인수인계 **확인** ② 관리팀원 및 순찰팀원에 대한 **일일근무** 지정 및 지휘·감독 ③ 관내 중요 사건 발생시 **현장** 지휘 ④ 지역경찰관서장 부재시 업무 **대행** ⑤ 순찰팀원의 업무역량 향상을 위한 **교육**

:두문자

분홍관제

:두문자

일일·교대·확·장

기출 OX

04 관리팀원 및 순찰팀원에 대한 일일근무 지정 및 지휘·감독은 순찰팀장의 직무로 명시되어 있다. 18. 경찰
( )

05 관리팀은 일근근무, 순찰팀장 및 순찰팀원은 상시·교대근무를 원칙으로 한다. 14. 경찰 ( )

정답 04 ○ 05 ○

04 지역경찰의 근무형태 및 종류 ☆☆☆☆

:두문자

항(행)상순경대기

근무형태 및 시간		① 지역경찰관서장은 **일근근무**를 원칙으로 한다. ② 관리팀은 **일근근무**를 원칙으로 한다. ③ 순찰팀장 및 순찰팀원은 상시 · 교대근무를 원칙으로 하며, 근무교대시간 및 휴게시간, 휴무횟수 등 구체적인 사항은 국가공무원 복무규정 및 경찰기관 상시근무 공무원의 근무시간 등에 관한 규칙이 규정한 범위 안에서 **시 · 도경찰청장**이 정한다. ④ 치안센터 전담근무자의 근무형태 및 근무시간은 치안센터의 종류 및 운영시간 등을 고려하여 ①부터 ③까지의 규정을 준용하여 **경찰서장**이 정한다.
근무의 종류	행정근무	① 문서의 접수 및 처리 ② 시설 · 장비의 **관리 및 예산의 집행**(작동 여부확인은 상황근무) ③ 각종 현황, 통계, 자료, 부책 관리 ④ 기타 행정업무 및 지역경찰관서장이 지시한 업무 ⑤ 지역경찰은 근무 중 주요사항을 별지 제2호 서식의 근무일지(을지)에 기재하여야 한다. 근무일지는 **3년간** 보관한다.
	상황근무	① 시설 및 장비의 **작동** 여부 확인 ② 방문민원 및 각종 **신고**사건의 접수 및 처리 ③ **요**보호자 또는 피의자에 대한 보호 · 감시 ④ **중**요 사건 · 사고 발생시 보고 및 전파 ⑤ 기타 필요한 문서의 작성
	순찰근무	① 순찰근무는 그 수단에 따라 112 순찰, 방범오토바이 순찰, 자전거 순찰 및 도보 순찰 등으로 구분한다. ② 112 순찰근무 및 야간 순찰근무는 반드시 **2인 이상 합동**으로 지정하여야 한다. ③ 순찰근무를 지정받은 지역경찰은 지정된 근무구역에서 다음의 업무를 수행한다. 　㉠ 주민여론 및 범죄첩보 수집 　㉡ 각종 사건사고 발생시 초동조치 및 보고, 전파 　㉢ 범죄예방 및 위험발생 방지활동 　㉣ 범법자의 단속 및 검거 　㉤ **경찰방문 및 방범진단** 　㉥ 통행인 및 차량에 대한 **검문검색** 등
	경계근무	① 경계근무는 반드시 **2인 이상 합동**으로 지정하여야 한다. ② 경계근무를 지정받은 지역경찰은 지정된 장소에서 다음의 업무를 수행한다. 　㉠ **범법자 등**을 단속 · 검거하기 위한 통행인 및 차량, 선박 등에 대한 검문검색 및 후속조치 　㉡ **비상 및 작전사태 등** 발생시 차량, 선박 등의 통행 통제
	대기근무	① 대기근무는 경찰기관 상시근무 공무원의 근무시간 등에 관한 규칙 제2조 제6호의 '대기'를 뜻한다. ② 대기근무의 장소는 **지역경찰관서 및 치안센터 내로** 한다. 단, 식사시간을 대기근무로 지정한 경우에는 식사 장소를 대기근무 장소로 지정할 수 있다. ③ 대기근무를 지정받은 지역경찰은 지정된 장소에서 휴식을 취하되, 무전기를 청취하며 **10분 이내** 출동이 가능한 상태를 유지하여야 한다.
	기타근무	① 기타근무는 치안상황에 효과적으로 대응하기 위하여 지역경찰 관리자가 지정하는 근무로써 위에서 규정한 근무에 해당하지 않는 형태의 근무를 말한다. ② 기타근무의 근무내용 및 방법 등은 지역경찰관리자가 정한다.

:두문자

신작중요

근무내용의 변경	관리팀원 및 순찰팀원이 물품구입, 등서 등 기타 사유로 지정된 근무종류 및 근무구역 등을 변경하고자 할 때에는 **순찰팀장**에게 보고하여야 한다.
정원관리	① 경찰서장은 지역경찰관서의 관할면적, 치안수요 등을 고려하여 지역경찰관서에 적정한 인원을 배치하여야 한다. ② 경찰서장은 지역경찰의 정원을 다른 부서에 우선하여 충원하여야 한다. ③ 시·도경찰청장은 소속 지방경찰청의 지역경찰 정원 충원 현황을 연 **2회 이상** 점검하고 현원이 정원에 미달할 경우, 지역경찰 정원충원 대책을 수립, 시행하여야 한다.

⊕ PLUS 경찰기관 상시근무 공무원의 근무시간 등에 관한 규칙

정의 (제2조)	이 규칙에서 사용하는 용어는 다음과 같다. 1. "상시근무"라 함은 일상적으로 24시간 계속하여 대응·처리해야 하는 업무를 수행하거나 긴급하고 중대한 치안상황에 대비하기 위하여 야간, 토요일 및 공휴일에 관계없이 상시적으로 업무를 수행하는 근무형태를 말한다. 2. "교대근무"라 함은 근무조를 나누어 일정한 계획에 의한 반복주기에 따라 교대로 업무를 수행하는 근무형태를 말한다. 3. "휴무"라 함은 근무일에 해당함에도 불구하고 누적된 피로 회복 등 건강유지를 위하여 일정시간 동안 근무에서 벗어나 자유롭게 쉬는 것을 말한다. 4. "비번"이라 함은 교대근무자가 일정한 계획에 따라 다음 근무시작 전까지 자유롭게 쉬는 것을 말한다. 5. "휴게시간"이라 함은 근무도중 자유롭게 쉬는 시간을 말하며 식사시간을 포함한다. 6. "대기"라 함은 신고사건 출동 등 치안상황에 대응하기 위하여 일정시간 지정된 장소에서 근무태세를 갖추고 있는 형태의 근무를 말한다.
근무시간 (제3조)	① 경찰기관에서 상시근무를 하는 공무원의 근무시간은 휴게시간을 제외하고 주 40시간을 원칙으로 한다. ② 근무시간의 전부 또는 일부를 경찰관서의 외부에서 근무함으로써 근무시간을 산정하기 어려운 때에는 근무명령에 의하여 지정된 근무시간동안 근무한 것으로 본다.
휴게시간 (제4조)	① 각급 경찰기관의 장은 근무시간이 8시간인 경우에는 1시간 이상의 휴게시간을 근무시간 도중에 주어야 한다. 이 경우 1시간 이상을 일괄하여 주거나 30분씩 나누어 줄 수 있다. ② 각급 경찰기관의 장은 지정된 휴게시간이라 할지라도 업무수행상 부득이 하다고 인정할 때에는 제1항의 규정에 의한 휴게시간을 주지 아니하거나 감축하거나 또는 대기근무를 대체하여 지정할 수 있다.
시간외 근무 및 보상 (제5조)	① 각급 경찰기관의 장은 공무를 수행하기 위해 상당하고 충분한 이유가 있는 경우에 한하여 제3조의 규정에 의한 근무시간 외의 시간에 근무(이하 "시간외근무"라 한다)할 것을 명할 수 있다. ② 각급 경찰기관의 장은 제1항의 규정에 의하여 시간외근무를 명한 때에는 예산의 범위내에서 그에 상응한 수당을 지급하여야 한다 ③ 각급 경찰기관의 장은 제2항의 규정에 의한 수당을 지급하지 못한 때에는 시간외근무 시간을 누산하여 그 만큼의 휴무를 부여하여야 한다. 이 경우 정상적인 기관운영을 위하여 휴무 실시시기를 적절히 조정할 수 있다. ④ 제3항의 규정에 의한 휴무를 부여하기 위해 시간외근무 시간을 누산할 때는 근무시간별로 지급할 초과근무수당에 상응한 시간만큼 가산하여야 한다.

05 순찰 ✦✦

순찰의 개념	순찰이란 지역경찰관이 경찰임무의 수행과 관내 정황을 파악하기 위하여 일정한 지역을 순회시찰하는 근무를 말한다.		
순찰의 기능	C.D. Hale		① 범죄예방과 범인검거 ② 법집행과 질서유지 ③ **대민서비스 제공** ④ 교통지도단속
	S. Walker		① 범죄의 억제 ② 공공 안전감의 증진 ③ **대민서비스 제공**
순찰 노선에 따른 종류	정선 순찰	내용	① 관할 구역 전부에 미칠 수 있도록 <u>사전에 정해진 노선을 규칙적으로 순찰하는 방법</u> ② 인간에 대한 불신을 바탕
		장점	**감독과 통제가 용이**하다.
		단점	① 범죄예방효과가 낮아질 수 있다. ② 근무자의 자율성이 약화되고 책임회피식 순찰이 될 위험이 높다.
	난선 순찰	내용	임의적으로 순찰지역이나 노선을 선정하고, <u>불규칙적으로 순찰하는</u> 방법
		장점	**범죄예방의 효과가 증대**
		단점	근무자의 태만과 소홀을 조장할 우려가 높고, 이에 대한 통제가 어렵다.
	요점 순찰	내용	순찰구역 내의 **중요지점을 지정**하여 순찰자가 반드시 그 곳을 통과하며, **지정된 요점과 요점 사이에서는 난선순찰방식에 따라 순찰**하는 방법
		특징	① 정선순찰과 난선순찰의 장점을 살리고 단점도 보완되도록 양자를 절충한 방식이다. ② 중요요점에만 순찰함이 놓이게 되므로 순찰함이 정선순찰에 비해 적게 소요된다.
	자율 순찰 (구역 순찰)	내용	관할 지역을 몇 개의 소구역으로 나누고 지정된 개인별 담당구역을 요점순찰하는 방법
		특징	① <u>인간에 대한 신뢰와 자율성을 바탕</u>으로 창의적으로 임무를 수행하는 방법 ② 구역순찰과 자율순찰을 결합한 순찰방식 ③ 현 경찰의 순찰제도
순찰 효과 연구 (미국)	뉴욕경찰의 25구역 순찰 실험 (1954 ~ 1966)		① 순찰의 효과를 과학적으로 측정하고자 했던 최초의 연구이다. ② 뉴욕의 범죄다발지역인 맨해튼 동부 25구역에서 4개월간 순찰근무 경찰관의 수를 두 배로 증원하여 배치하여 순찰을 실시한 결과 **범죄가 감소한다는 상관관계**를 밝혀내었다.
	캔자스(Kansas)시 예방순찰 실험 (1972)		차량순찰을 증가해도 **범죄는 감소하지 않고**, 일상적인 순찰을 생략해도 범죄는 증가하지 않았으며 대부분의 시민들은 순찰 수준의 변화조차 인식하지 못하였다.

| | 뉴왁
(Newark)시
도보순찰 실험
(1978~1979) | ① 도보순찰을 증가하여도 **범죄발생은 감소되지 않으나**, 다른 지역 주민들에 비해 주민들은 자신들의 구역 내에서 범죄가 줄어들고 있다고 생각하였다.
② 도보순찰은 주민과 경찰 모두에게 **심리적으로 긍정적인 효과**가 있었음을 입증하였다. |
| | 플린트(Flint)
도보순찰 실험
(1979) | ① 도보순찰의 **심리적 효과를 긍정**한 사례이다.
② 실험기간 동안 도보순찰과 자동차순찰로 다양하게 나누어 실시한 결과 실험기간 중 일부 실험 지역에서 범죄발생 건수가 증가했음에도 불구하고, 도보순찰 결과 시민들은 더 안전하다고 느끼고 있음이 밝혀졌다. |

06 경비업법 ✿✿✿

1. 용어의 정의

경비업	시설경비업무	경비를 필요로 하는 **시설 및 장소**(이하 '경비대상시설'이라 한다)에서의 도난·화재 그 밖의 혼잡 등으로 인한 위험발생을 방지하는 업무
	호송경비 업무	운반 중에 있는 **현금·유가증권·귀금속·상품** 그 밖의 물건에 대하여 도난·화재 등 위험발생을 방지하는 업무
	신변보호 업무	**사람의 생명이나 신체**에 대한 위해의 발생을 방지하고 그 신변을 보호하는 업무
	기계경비 업무	**경비대상시설에 설치한 기기**에 의하여 감지·송신된 정보를 그 경비대상시설 외의 장소에 설치한 **관제시설의 기기로 수신**하여 도난·화재 등 위험발생을 방지하는 업무
	특수경비업무	**공항(항공기를 포함한다)** 등 대통령령이 정하는 국가중요시설(이하 '국가중요시설'이라 한다)의 경비 및 도난·화재 그 밖의 위험발생을 방지하는 업무
경비 지도사 및 경비원	경비지도사	경비원을 지도·감독 및 교육하는 자를 말하며 일반경비지도사와 기계경비지도사로 구분
	경비원 (의의)	경비업의 허가를 받은 법인(이하 '경비업자'라 한다)이 채용한 고용인으로서 아래의 어느 하나에 해당하는 자
	경비원 (종류)	① **일반경비원**: 시설경비업~기계경비업의 경비업무를 수행하는 자 ② **특수경비원**: 특수경비업의 경비업무를 수행하는 자
집단 민원 현장		'집단민원현장'이란 다음의 장소를 말한다(집회·시위장소 ×). ① 노동조합 및 노동관계조정법에 따라 노동관계 당사자가 노동쟁의 조정신청을 한 사업장 또는 쟁의행위가 발생한 사업장 ② 도시 및 주거환경정비법에 따른 정비사업과 관련하여 이해대립이 있어 다툼이 있는 장소 ③ 특정 시설물의 설치와 관련하여 민원이 있는 장소 ④ 주주총회와 관련하여 이해대립이 있어 다툼이 있는 장소 ⑤ 건물·토지 등 부동산 및 동산에 대한 소유권·운영권·관리권·점유권 등 법적 권리에 대한 이해대립이 있어 다툼이 있는 장소 ⑥ **100명 이상**의 사람이 모이는 국제·문화·예술·체육 행사장 ⑦ 행정대집행법에 따라 대집행을 하는 장소

2. 경비업의 허가 등

경비업		경비업은 **법인**이 아니면 영위할 수 없다.

경비업의 허가와 신고	경비업의 허가	① 경비업을 영위하고자 하는 법인은 도급받아 행하고자 하는 경비업무를 특정하여 그 법인의 주사무소의 소재지를 관할하는 **시·도경찰청장의 허가**를 받아야 한다. 도급받아 행하고자 하는 **경비업무를 변경**하는 경우에도 또한 같다.
		② ①에 따른 허가를 받고자 하는 법인은 다음의 요건을 갖추어야 한다.
		  ⊙ 대통령령으로 정하는 **1억원 이상의 자본금의 보유**
		  ⓛ 다음의 경비인력요건
		    ⓐ 시설경비업무: **경비원 10명 이상 및 경비지도사 1명 이상**
		    ⓑ 시설경비업무 외의 경비업무: 대통령령으로 정하는 경비인력
		  ⓒ ⓛ의 경비인력을 교육할 수 있는 교육장을 포함하여 대통령령으로 정하는 시설과 장비의 보유
		  ⓔ 그 밖에 경비업무 수행을 위하여 대통령령으로 정하는 사항

	경비업의 신고사항	경비업의 허가를 받은 법인은 다음의 어느 하나에 해당하는 때에는 **시·도경찰청장에게 신고**하여야 한다. ① 영업을 폐업하거나 휴업한 때 ② 법인의 명칭이나 대표자·임원을 변경한 때 ③ 법인의 주사무소나 출장소를 신설·이전 또는 폐지한 때 ④ 기계경비업무의 수행을 위한 관제시설을 신설·이전 또는 폐지한 때 ⑤ 특수경비업무를 개시하거나 종료한 때 ⑥ 그 밖에 대통령령이 정하는 중요사항을 변경한 때
	허가의 제한	① 누구든지 허가를 받은 경비업체와 **동일한 명칭**으로 경비업 허가를 받을 수 없다. ② 제19조 제1항 제2호 및 제7호의 사유로 경비업체의 허가가 취소된 경우 허가가 취소된 날부터 10년이 지나지 아니한 때에는 누구든지 허가가 취소된 경비업체와 동일한 명칭으로 제4조 제1항에 따른 허가를 받을 수 없다. ③ 제19조 제1항 제2호 및 제7호의 사유로 허가가 취소된 법인은 법인명 또는 임원의 변경에도 불구하고 허가가 취소된 날부터 5년이 지나지 아니한 때에는 제4조 제1항에 따른 허가를 받을 수 없다.
	허가의 유효기간	① 경비업 허가의 유효기간은 허가받은 날부터(**다음 날×**) **5년**으로 한다. ② 유효기간 만료후 계속하여 경비업을 하려면 행정안전부령에 따라 갱신허가를 받아야 한다.
결격사유	경비지도사 및 일반경비원의 결격사유	다음의 어느 하나에 해당하는 자는 경비지도사 또는 일반경비원이 될 수 없다. ① **만 18세 미만인 사람** 또는 피성년후견인 ② 파산선고를 받고 복권되지 아니한 자 ③ 금고 이상의 실형의 선고를 받고 그 집행이 종료(집행이 종료된 것으로 보는 경우를 포함한다)되거나 집행이 면제된 날부터 5년이 지나지 아니한 자 ④ 금고 이상의 형의 집행유예선고를 받고 그 유예기간 중에 있는 자

기출 OX

01 경비업법 제4조 제1항의 규정에 의한 경비업 허가의 유효기간은 허가받은 다음 날부터 5년으로 한다.
18. 경찰 ( )

정답 01 ✕

⑤ 다음의 어느 하나에 해당하는 죄를 범하여 벌금형을 선고받은 날부터 10년이 지나지 아니하거나 금고 이상의 형을 선고받고 그 집행이 종료된(종료된 것으로 보는 경우를 포함한다) 날 또는 집행이 유예·면제된 날부터 10년이 지나지 아니한 자
　　㉠ 형법 제114조의 죄
　　㉡ 폭력행위 등 처벌에 관한 법률 제4조의 죄
　　㉢ 형법 제297조, 제297조의2, 제298조부터 제301조까지, 제301조의2, 제302조, 제303조, 제305조, 제305조의2의 죄
　　㉣ 성폭력범죄의 처벌 등에 관한 특례법 제3조부터 제11조까지 및 제15조(제3조부터 제9조까지의 미수범만 해당한다)의 죄
　　㉤ 아동·청소년의 성보호에 관한 법률 제7조 및 제8조의 죄
　　㉥ ㉢부터 ㉤까지의 죄로서 다른 법률에 따라 가중처벌되는 죄
⑥ 다음의 어느 하나에 해당하는 죄를 범하여 벌금형을 선고받은 날부터 5년이 지나지 아니하거나 금고 이상의 형을 선고받고 그 집행이 유예된 날부터 5년이 지나지 아니한 자
　　㉠ 형법 제329조부터 제331조까지, 제331조의2 및 제332조부터 제343조까지의 죄
　　㉡ ㉠의 죄로서 다른 법률에 따라 가중처벌되는 죄
⑦ ⑤의 ㉢부터 ㉥까지의 어느 하나에 해당하는 죄를 범하여 치료감호를 선고받고 그 집행이 종료된 날 또는 집행이 면제된 날부터 10년이 지나지 아니한 자 또는 ⑥의 어느 하나에 해당하는 죄를 범하여 치료감호를 선고받고 그 집행이 면제된 날부터 5년이 지나지 아니한 자
⑧ 이 법이나 이 법에 따른 명령을 위반하여 벌금형을 선고받은 날부터 5년이 지나지 아니하거나 금고 이상의 형을 선고받고 그 집행이 유예된 날부터 5년이 지나지 아니한 자

특수경비원의 결격사유	① **만 18세 미만이거나 60세 이상인 사람** 또는 피성년후견인 ② 심신상실자, 알코올 중독자 등 대통령령으로 정하는 정신적 제약이 있는 자 ③ 경비업법 제10조 제1항 제2호부터 제8호까지의 어느 하나에 해당하는 자 ④ 금고 이상의 형의 선고유예를 받고 그 유예기간 중에 있는 자 ⑤ 행정안전부령으로 정하는 <u>신체조건에 미달되는 자</u>(시력 0.2 이상 또는 교정시력 0.8 이상)
경비업자의 의무	① 경비업자는 경비대상시설의 소유자 또는 관리자(이하 '시설주'라 한다)의 관리권의 범위 안에서 경비업무를 수행하여야 하며, 다른 사람의 자유와 권리를 침해하거나 그의 정당한 활동에 간섭하여서는 아니 된다. ② 경비업자는 경비업무를 성실하게 수행하여야 하고, 도급을 의뢰받은 경비업무가 위법 또는 부당한 것일 때에는 이를 거부하여야 한다. ③ 경비업자는 불공정한 계약으로 경비원의 권익을 침해하거나 경비업의 건전한 육성과 발전을 해치는 행위를 하여서는 아니 된다. ④ 경비업자의 임·직원이거나 임·직원이었던 자는 다른 법률에 특별한 규정이 있는 경우를 제외하고는 그 직무상 알게 된 비밀을 누설하거나 다른 사람에게 제공하여 이용하도록 하는 등 부당한 목적을 위하여 사용하여서는 아니 된다. ⑤ 경비업자는 허가받은 경비업무 외의 업무에 경비원을 종사하게 하여서는 아니 된다. ⑥ **경비업자는 집단민원현장에 경비원을 배치하는 때에는 경비지도사를 선임하고 그 장소에 배치하여 행정안전부령으로 정하는 바에 따라 경비원을 지도·감독하게 하여야 한다.**

정답 02 ✕

		⑦ 특수경비업무를 수행하는 경비업자(이하 '특수경비업자'라 한다)는 특수경비업무의 개시신고를 하는 때에는 국가중요시설에 대한 특수경비업무의 수행이 중단되는 경우 시설주의 동의를 얻어 다른 특수경비업자중에서 경비업무를 대행할 자(이하 '경비대행업자'라 한다)를 지정하여 허가관청에 신고하여야 한다. 경비대행업자의 지정을 변경하는 경우에도 또한 같다. ⑧ 특수경비업자는 국가중요시설에 대한 특수경비업무를 중단하게 되는 경우에는 미리 이를 ⑦의 규정에 의한 경비대행업자에게 통보하여야 하며, 경비대행업자는 통보받은 즉시 그 경비업무를 인수하여야 한다. 이 경우 ⑦의 규정은 경비대행업자에 대하여 이를 준용한다. ⑨ 특수경비업자는 이 법에 의한 경비업과 경비장비의 제조·설비·판매업, 네트워크를 활용한 정보산업, 시설물 유지관리업 및 경비원 교육업 등 대통령령이 정하는 경비관련업 외의 영업을 하여서는 아니된다.

특수 경비원의 무기사용 및 의무	무기사용	① **시·도경찰청장**은 국가중요시설에 대한 경비업무의 수행을 위하여 필요하다고 인정하는 때에는 시설주의 신청에 의하여 무기를 구입한다. 이 경우 **시설주는 그 무기의 구입대금을 지불하고, 구입한 무기를 국가에 기부채납하여야 한다.**
		② 시·도경찰청장은 국가중요시설에 대한 경비업무의 수행을 위하여 필요하다고 인정하는 때에는 관할 경찰관서장으로 하여금 시설주의 신청에 의하여 시설주로부터 국가에 기부채납된 무기를 대여하게 하고, 시설주는 이를 특수경비원으로 하여금 휴대하게 할 수 있다. 이 경우 특수경비원은 정당한 사유 없이 무기를 소지하고 배치된 경비구역을 벗어나서는 아니 된다.
		③ 시설주가 대여받은 무기에 대하여 시설주 및 관할 경찰관서장은 무기의 관리책임을 지고, 관할 경찰관서장은 시설주 및 특수경비원의 무기관리상황을 대통령령이 정하는 바에 따라 지도·감독하여야 한다.
		④ 특수경비원은 국가중요시설의 경비를 위하여 무기를 사용하지 아니하고는 다른 수단이 없다고 인정되는 때에는 필요한 한도 안에서 무기를 사용할 수 있다. 다만, 다음의 어느 하나에 해당하는 때를 제외하고는 사람에게 위해를 끼쳐서는 아니 된다.
		  ㉠ 무기 또는 폭발물을 소지하고 국가중요시설에 침입한 자가 특수경비원으로부터 3회 이상 투기 또는 투항을 요구받고도 이에 불응하면서 계속 항거하는 경우 이를 억제하기 위하여 무기를 사용하지 아니하고는 다른 수단이 없다고 인정되는 때
		  ㉡ 국가중요시설에 침입한 무장간첩이 특수경비원으로부터 투항을 요구받고도 이에 불응한 때

	특수경비원의 의무	① **복종의무**: 특수경비원은 직무를 수행함에 있어 시설주·관할 경찰관서장 및 소속 상사의 직무상 명령에 복종하여야 한다. ② **경비구역 이탈금지의무**: 특수경비원은 소속 상사의 허가 또는 정당한 사유없이 경비구역을 벗어나서는 아니 된다. ③ **쟁의행위금지의무**: 특수경비원은 파업·태업 그 밖에 경비업무의 정상적인 운영을 저해하는 일체의 쟁의행위를 하여서는 아니 된다. ④ **무기의 안전사용수칙**: 특수경비원이 무기를 휴대하고 경비업무를 수행하는 때에는 다음의 어느 하나에 정하는 무기의 안전사용수칙을 지켜야 한다. ㉠ 특수경비원은 사람을 향하여 권총 또는 소총을 발사하고자 하는 때에는 미리 구두 또는 공포탄에 의한 사격으로 상대방에게 경고하여야 한다. 다만, 다음의 어느 하나에 해당하는 경우로서 부득이한 때에는 경고하지 아니할 수 있다.

	ⓐ 특수경비원을 급습하거나 타인의 생명·신체에 대한 중대한 위험을 야기하는 범행이 목전에 실행되고 있는 등 상황이 급박하여 경고할 시간적 여유가 없는 경우 ⓑ 인질·간첩 또는 테러사건에 있어서 은밀히 작전을 수행하는 경우 ⓒ 특수경비원은 무기를 사용하는 경우에 있어서 범죄와 무관한 다중의 생명·신체에 위해를 가할 우려가 있는 때에는 이를 사용하여서는 아니 된다. 다만, 무기를 사용하지 아니하고는 타인 또는 특수경비원의 생명·신체에 대한 중대한 위협을 방지할 수 없다고 인정되는 때에는 필요한 최소한의 범위 안에서 이를 사용할 수 있다. ⓒ 특수경비원은 총기 또는 폭발물을 가지고 대항하는 경우를 제외하고는 14세 미만의 자 또는 임산부에 대하여는 권총 또는 소총을 발사하여서는 아니 된다.

07 유실물법 ✾✾✾

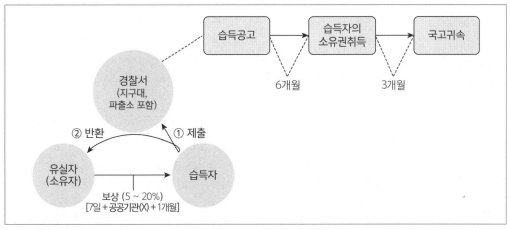

습득물의 조치 (제1조)	타인이 유실한 물건을 습득한 자는 이를 신속하게 유실자 또는 소유자, 그 밖에 물건회복의 청구권을 가진 자에게 반환하거나 경찰서(지구대·파출소 등 소속 경찰관서를 포함한다)에 제출하여야 한다.
보관방법 (제2조)	① 경찰서장 또는 자치경찰단을 설치한 제주특별자치도지사는 보관한 물건이 멸실되거나 훼손될 우려가 있을 때 또는 보관에 과다한 비용이나 불편이 수반될 때에는 대통령령으로 정하는 방법으로 이를 매각할 수 있다. ② 매각에 드는 비용은 매각대금에서 충당한다. ③ 매각비용을 공제한 매각대금의 남은 금액은 습득물로 간주하여 보관한다.
습득공고 (시행령 제3조)	습득물을 제출받은 경찰서장은 제출받은 습득물을 반환받을 자를 알 수 없어 공고할 때에는 그 습득물을 제출받은 날부터 다음의 어느 하나에 해당하는 날까지 유실물에 관한 정보를 제공하는 인터넷 사이트에 해당 습득물에 관한 정보를 게시하여야 한다. ① 습득물의 유실자 또는 소유자, 그 밖에 물건회복의 청구권을 가진 자(이하 '청구권자'라 한다) 또는 습득자가 습득물을 찾아간 날 ② 습득물이 법 제15조에 따라 국고 또는 제주특별자치도의 금고에 귀속하게 된 날

비용부담 (제3조)	습득물의 보관비, 공고비, 그 밖에 필요한 비용은 물건을 반환받는 자나 물건의 소유권을 취득하여 이를 인도받는 자가 부담하되, 민법 제321조부터 제328조까지의 규정을 적용한다.
보상금 및 보상청구권 (제4조 및 제6조)	① 물건을 반환받는 자는 물건가액의 **100분의 5 이상 100분의 20 이하**의 범위에서 보상금을 습득자에게 지급하여야 한다. **다만, 국가 · 지방자치단체와 그 밖에 대통령령으로 정하는 공공기관은 보상금을 청구할 수 없다.** ② 보상금은 물건을 반환한 후 **1개월**이 지나면 청구할 수 없다.
습득자의 권리포기 (제7조)	습득자는 미리 신고하여 습득물에 관한 모든 권리를 포기하고 의무를 지지 아니할 수 있다.
유실자의 권리포기 (제8조)	① 물건을 반환받을 자는 그 권리를 포기하고 제3조의 비용과 제4조의 보상금 지급의 의무를 지지 아니할 수 있다. ② 물건을 반환받을 각 권리자가 그 권리를 포기한 경우에는 습득자가 그 물건의 소유권을 취득한다. 다만, 습득자는 그 취득권을 포기하고 ①의 예에 따를 수 있다. ③ 법률에 따라 소유 또는 소지가 금지된 물건의 습득자는 소유권을 취득할 수 없다. 다만, 행정기관의 허가 또는 적법한 처분에 따라 그 소유 또는 소지가 예외적으로 허용되는 물건의 경우에는 그 습득자나 그 밖의 청구권자는 제14조에 따른 기간 내에 허가 또는 적법한 처분을 받아 소유하거나 소지할 수 있다.
습득자의 권리상실 (제9조)	습득물이나 그 밖에 이 법의 규정을 준용하는 물건을 횡령함으로써 처벌을 받은 자 및 습득일부터 **7일 이내**에 이 법의 절차를 밟지 아니한 자는 비용과 보상금을 받을 권리 및 습득물의 소유권을 취득할 권리를 상실한다.
습득자의 소유권취득	유실물은 법률에 정한 바에 의하여 습득물을 공고하였음에도 불구하고 **6개월 내**에 그 소유권자가 권리를 주장하지 아니하면 **습득자가 그 소유권을 취득한다.**
습득자의 소유권 상실 (제14조)	물건의 소유권을 취득한 자가 그 취득한 날부터 **3개월** 이내에 물건을 경찰서 또는 자치경찰단으로부터 받아가지 아니할 때에는 그 소유권을 상실한다.
습득물의 국고귀속 (제15조)	이 법의 규정에 따라 경찰서 또는 자치경찰단이 보관한 물건으로서 교부받을 자가 없는 경우에는 그 소유권은 **국고 또는 제주특별자치도의 금고**에 귀속한다.
선박, 차량, 건축물 등에서의 습득 (제10조)	① 관리자가 있는 선박, 차량, 건축물, 그 밖에 일반인의 통행을 금지한 구내에서 타인의 물건을 습득한 자는 그 물건을 관리자에게 인계하여야 한다. ② 제1항의 경우에는 선박, 차량, 건축물 등의 점유자를 습득자로 한다. ③ 이 조의 경우에 보상금은 제2항의 점유자와 실제로 물건을 습득한 자가 반씩 나누어야 한다. ④ 소유권을 취득하는 경우에는 습득자와 사실상의 습득자는 반씩 나누어 그 소유권을 취득한다. 이 경우 습득물은 제2항에 따른 습득자에게 인도한다.
장물의 습득 (제11조)	범죄자가 놓고 간 것으로 인정되는 물건을 습득한 자는 신속히 그 물건을 경찰서에 제출하여야 한다.
준유실물 (제12조)	① **착오로 점유한 물건**, 타인이 놓고 간 물건이나 일실한 가축에 관하여는 이 법 및 민법 제253조를 준용한다. ➜ 유기 및 유실동물은 **동물보호법이 적용됨**에 따라 **유실물법이 적용되지 않는다.** ② **착오로 점유한 물건**에 대하여는 제3조의 비용과 제4조의 보상금을 청구할 수 없다.

제3절 생활질서업무

01 풍속영업의 규제에 관한 법률 ✿✿✿

풍속영업의 범위	① 게임산업진흥에 관한 법률 제2조 제6호에 따른 **게임제공업** 및 같은 법 제2조 제8호에 따른 **복합유통게임제공업** ② 영화 및 비디오물의 진흥에 관한 법률 제2조 제16호 가목에 따른 **비디오물감상실업** ③ 음악산업진흥에 관한 법률 제2조 제13호에 따른 **노래연습장업** ④ 공중위생관리법 제2조 제1항 제2호부터 제4호까지의 규정에 따른 **숙박업, 목욕장업, 이용업** 중 대통령령으로 정하는 것 ⑤ 식품위생법 제36조 제1항 제3호에 따른 식품접객업 중 대통령령으로 정하는 것 **(유흥주점, 단란주점)** ⑥ 체육시설의 설치·이용에 관한 법률 제10조 제1항 제2호에 따른 **무도학원업** 및 **무도장업** ⑦ 그 밖에 선량한 풍속을 해치거나 청소년의 건전한 성장을 저해할 우려가 있는 영업으로 대통령령으로 정하는 것 ➡ 청소년 출입·고용금지업소에서의 영업(**경마·경륜장** 등)
풍속영업자의 범위	풍속영업을 하는 자(**허가나 인가를 받지 아니하거나 등록이나 신고를 하지 아니하고 풍속영업을 하는 자를 포함한다.** 이하 '풍속영업자'라 한다)
풍속영업자의 준수사항	① 성매매알선 등 행위의 처벌에 관한 법률 제2조 제1항 제2호에 따른 **성매매알선 등 행위** ② **음란행위**를 하게 하거나 이를 알선 또는 제공하는 행위 ③ 음란한 문서·도화·영화·음반·비디오물, 그 밖의 음란한 물건에 대한 다음의 행위 　㉠ 반포·판매·대여하거나 이를 하게 하는 행위 　㉡ 관람·열람하게 하는 행위 　㉢ 반포·판매·대여·관람·열람의 목적으로 진열하거나 보관하는 행위 ④ 도박이나 그 밖의 **사행행위**를 하게 하는 행위
관련 판례	① 외국의 음란한 위성방송프로그램을 시청하게 한 행위 ➡ **풍속영업의 규제에 관한 법률 위반에 해당**한다(대판 2008.8.21, 2008도3975). ② **풍속영업자의 준수사항은 실제 운영되고 있는 영업이 기준이라는 판례**: 허가를 받은 유흥주점이 실제영업은 노래연습장인 경우 유흥주점영업에 따른 영업자 준수사항을 지켜야 할 의무는 없다(대판 1997.9.30, 97도1873). ③ 풍속영업자가 여관에서 친구들과 일시 오락 정도에 불과한 도박을 한 경우, 형법상 도박죄는 성립하지 아니하고 풍속영업의 규제에 관한 법률 위반죄의 구성요건에는 해당하나 사회상규에 위배되지 않는 행위로서 위법성이 조각된다고 한 사례: 풍속영업자가 풍속영업소에서 도박을 하게 한 때에는 그것이 일시 오락 정도에 불과하여 형법상 도박죄로 처벌할 수 없는 경우에도 풍속영업자의 준수사항 위반을 처벌하는 풍속영업의 규제에 관한 법률 제10조 제1항, 제3조 제3호의 구성요건 해당성이 있다고 할 것이나, 어떤 행위가 법규정의 문언상 일단 범죄구성요건에 해당된다고 보이는 경우에도, 그것이 정상적인 생활형태의 하나로서 역사적으로 생성된 사회생활 질서의 범위 안에 있는 것이라고 생각되는 경우에는 사회상규에 위배되지 아니하는 행위로서 그 위법성이 조각되어 처벌할 수 없다(대판 2004.4.9, 2003도6351).

티켓다방, 미용업, 농어촌민박 등은 풍속영업이 아니다.

④ 유흥주점 여종업원들이 웃옷을 벗고 브래지어만 착용하거나 치마를 허벅지가 다 드러나도록 걷어 올리고 가슴이 보일 정도로 어깨끈을 밑으로 내린 채 손님을 접대한 사안에서, 위 종업원들의 행위와 노출 정도가 형사법상 규제의 대상으로 삼을 만큼 사회적으로 유해한 영향을 끼칠 위험성이 있다고 평가할 수 있을 정도로 노골적인 방법에 의하여 성적 부위를 노출하거나 성적 행위를 표현한 것이라고 단정하기에 부족하다는 이유로, 구 풍속영업의 규제에 관한 법률 제3조 제1호에 정한 '음란행위'에 해당한다고 볼 수 **없다**(대판 2009.2.26, 2006도3119).

02 성매매알선 등 행위의 처벌에 관한 법률 ✄✄

용어정의 (제2조)	성매매	'성매매'란 **불특정인을** 상대로 금품이나 그 밖의 재산상의 이익을 수수(收受)하거나 수수하기로 약속하고 다음의 어느 하나에 해당하는 행위를 하거나 그 상대방이 되는 것을 말한다. ① **성교행위** ② 구강, 항문 등 신체의 일부 또는 도구를 이용한 **유사 성교행위**
	성매매알선 등 행위	'성매매알선 등 행위'란 다음의 어느 하나에 해당하는 행위를 하는 것을 말한다. ① 성매매를 **알선, 권유, 유인 또는 강요하는 행위** ② 성매매의 **장소를 제공하는 행위** ③ **성매매에 제공되는 사실을 알면서** 자금, 토지 또는 건물을 제공하는 행위
	성매매 피해자	'성매매피해자'란 다음의 어느 하나에 해당하는 사람을 말한다. ① 위계, 위력, 그 밖에 이에 준하는 방법으로 **성매매를 강요당한 사람** ② 업무관계, 고용관계, 그 밖의 관계로 인하여 보호 또는 감독하는 사람에 의하여 마약류관리에 관한 법률 제2조에 따른 마약·향정신성의약품 또는 대마(이하 '**마약 등**'이라 한다)에 **중독되어 성매매를 한 사람** ③ **미성년자**, 사물을 변별하거나 의사를 결정할 능력이 없거나 미약한 사람 또는 대통령령으로 정하는 **중대한 장애가 있는 사람**으로서 성매매를 하도록 알선·유인된 사람 ④ 성매매 목적의 **인신매매를 당한 사람**
금지행위 (제4조)		누구든지 다음의 어느 하나에 해당하는 행위를 하여서는 아니 된다. ① 성매매 ② 성매매알선 등 행위 ③ 성매매 목적의 인신매매 ④ 성을 파는 행위를 하게 할 목적으로 다른 사람을 **고용·모집**하거나 성매매가 행하여진다는 사실을 알고 직업을 **소개·알선하는 행위** ⑤ ①·② 및 ④의 행위 및 그 행위가 행하여지는 **업소에 대한 광고행위**
관련 판례		① 성매매알선 등 행위의 처벌에 관한 법률상 '성매매알선 등 행위'에 해당하기 위해서는 실제 성교에 이르렀는지 여부는 불문한다(대판 2011.8.25, 2010도6297). ② 성매매알선 등 행위의 처벌에 관한 법률 제2조 제1항 제2호는 '성매매알선 등 행위'로 가목에서 '성매매를 알선·권유·유인 또는 강요하는 행위'를, 다목에서 '성매매에 제공되는 사실을 알면서 자금·토지 또는 건물을 제공하는 행위'를 규정하는 한편, 구 성매매알선 등 처벌법 제19조는 '영업으로 성매매알선 등 행위를 한 자'에 대한 처벌을 규정하고 있는데, 성매매알선행위와 건물제공행위의 경우 비록

	처벌규정은 동일하지만, 범행방법 등의 기본적 사실관계가 상이할 뿐 아니라 주체도 다르다고 보아야 한다. 또한, 수개의 행위태양이 동일한 법익을 침해하는 일련의 행위로서 각 행위간 필연적 관련성이 당연히 예상되는 경우에는 포괄일죄의 관계에 있다고 볼 수 있지만, 건물제공행위와 성매매알선행위의 경우 성매매알선행위가 건물제공행위의 필연적 결과라거나 반대로 건물제공행위가 성매매알선행위에 수반되는 필연적 수단이라고도 볼 수 없다. 따라서 '영업으로 성매매를 알선한 행위'와 '영업으로 성매매에 제공되는 건물을 제공하는 행위'는 당해 행위 사이에서 **각각 포괄일죄를 구성할 뿐, 서로 독립된 가벌적 행위로서 별개의 죄를 구성한다**고 보아야 한다(대판 2011.5.26, 2010도6090).
처벌의 특례 (제6조)	① 성매매피해자의 성매매는 처벌하지 아니한다. ② 검사 또는 사법경찰관은 수사 과정에서 피의자 또는 참고인이 성매매피해자에 해당된다고 볼만한 상당한 이유가 있을 때에는 지체 없이 법정대리인, 친족 또는 변호인에게 통지하고 신변보호, 수사의 비공개, 친족 또는 지원시설, 성매매 피해 상담소에의 인계 등 그 보호에 필요한 조치를 하여야 한다. 다만, 피의자 또는 참고인의 사생활보호 등 부득이한 사유가 있는 경우에는 통지하지 아니할 수 있다.
신고의무자 (제7조)	성매매방지 및 피해자보호 등에 관한 법률 제5조 제1항에 따른 지원시설 및 같은 법 제10조에 따른 **성매매피해 상담소의 장이나 종사자**가 업무와 관련하여 성매매 피해사실을 알게 되었을 때에는 지체 없이 <u>수사기관에 신고하여야 한다</u>.
신뢰관계 있는 사람의 동석	① 법원은 신고자등을 증인으로 신문할 때에는 직권으로 또는 본인·법정대리인이나 검사의 신청에 의하여 신뢰관계에 있는 사람을 **동석하게 할 수 있다**. ② 수사기관은 신고자등을 조사할 때에는 직권으로 또는 본인·법정대리인의 신청에 의하여 신뢰관계에 있는 사람을 **동석하게 할 수 있다**. ③ 법원 또는 수사기관은 미성년자, 사물을 변별하거나 의사를 결정할 능력이 없거나 미약한 사람 또는 대통령령으로 정하는 중대한 장애가 있는 사람에 대하여 ① 및 ②에 따른 신청을 받은 경우에는 재판이나 수사에 지장을 줄 우려가 있는 등 특별한 사유가 없으면 신뢰관계에 있는 사람을 **동석하게 하여야 한다**. ④ ①부터 ③까지의 규정에 따라 신문이나 조사에 동석하는 사람은 진술을 대리하거나 유도하는 등의 행위로 수사나 재판에 부당한 영향을 끼쳐서는 아니 된다.
채권무효 (제10조)	성매매알선 등 행위를 한 사람이 그 행위와 관련하여 성을 파는 행위를 하였거나 할 사람에게 가지는 채권은 <u>그 계약의 형식이나 명목에 관계없이 **무효**로 한다</u>. 그 채권을 양도하거나 그 채무를 인수한 경우에도 또한 같다.
형의 감면 (제26조)	이 법에 규정된 죄를 범한 사람이 수사기관에 신고하거나 자수한 경우에는 <u>형을 감경하거나 면제할 수 있다</u>. ➡ **임의적 감면**

기출 OX

01 성매매알선 등 행위의 처벌에 관한 법률에 규정된 죄를 범한 사람이 수사기관에 신고하거나 자수한 경우에는 형을 감경하거나 면제해야 한다. 15. 경찰 (　　)

정답 01 ✕

03 사행행위 등 규제 및 처벌 특례법 ☆☆

용어정의 (제2조)	사행행위	'사행행위'란 여러 사람으로부터 재물이나 재산상의 이익(이하 '재물 등'이라 한다)을 모아 우연적 방법으로 득실을 결정하여 재산상의 이익이나 손실을 주는 행위를 말한다.
	사행행위 영업	'사행행위영업'이란 다음의 어느 하나에 해당하는 영업을 말한다. ① 복권발행업 ② 현상업: 특정한 설문 또는 예측에 대하여 그 답을 제시하거나 예측이 적중하면 이익을 준다는 조건으로 응모자로부터 재물 등을 모아 그 정답자나 적중자의 전부 또는 일부에게 재산상의 이익을 주고 다른 참가자에게 손실을 주는 행위를 하는 영업 ③ 그 밖의 사행행위업: 영리를 목적으로 회전판돌리기, 추첨, 경품(景品) 등 사행심을 유발할 우려가 있는 기구 또는 방법 등을 이용하는 영업 ✎ 카지노업은 관광진흥법상 관광사업의 종류에 해당한다.
사행행위 영업의 허가	허가권자	① 원칙 ➜ **시 · 도경찰청장** ② 예외 ➜ ㉠ 영업의 대상 범위가 둘 이상의 지방자치단체에 걸치는 경우, ㉡ 국가기관이나 지방자치단체가 사행행위영업을 하려면 **경찰청장**의 허가 또는 승인을 받아야 한다.
	허가요건	경찰청장이나 시 · 도경찰청장은 사행행위영업의 허가신청을 받으면 다음의 어느 하나에 해당하는 경우에만 그 영업을 허가할 수 있다. ① **공공복리의 증진**을 위하여 특별히 필요하다고 인정되는 경우 ② **상품을 판매 · 선전**하기 위하여 특별히 필요하다고 인정되는 경우 ③ **관광 진흥과 관광객 유치**를 위하여 특별히 필요하다고 인정되는 경우
	영업허가의 유효기간	영업허가의 유효기간은 사행행위영업의 종류별로 대통령령으로 정하되, 3년을 초과할 수 없다.
사행기구의 제조 · 판매		① 사행기구 제조업을 하려는 자 또는 사행기구 판매업을 하려는 자는 **경찰청장**의 허가를 받아야 한다. ② 사행기구 제조업자는 사행기구 판매업의 허가를 받은 것으로 본다.

04 경범죄 처벌법 ☆☆☆☆

1. 목적

목적	① 이 법은 경범죄의 종류 및 처벌에 필요한 사항을 정함으로써 국민의 자유와 권리를 보호하고 사회공공의 질서유지에 이바지함을 목적으로 한다. ② 이 법을 적용할 때에는 국민의 권리를 부당하게 침해하지 아니하도록 세심한 주의를 기울여야 하며, 본래의 목적에서 벗어나 다른 목적을 위하여 적용하여서는 아니 된다.

2. 이론 및 특징

이론 (깨진 유리창 이론)	의의	직접적인 피해자가 없는 경미한 질서 위반행위를 계속 방치할 경우 사회 전체의 무질서로 확대될 우려가 있으므로 **경미한 불법·무질서에 대해서도 엄격한 단속을 해야 한다는 이론**
	학자	제임스 윌슨(James Q. Wilson)과 조지 켈링(George L. Kelling)
	특징	① 사소한 불법무질서에 대해서도 관용을 베풀지 않는 정책 ➜ **무관용의 원칙** ② 무관용의 원칙에 따라 지역주민들이 어지럽혀진 주변환경을 신속히 회복한다면 범죄와 무질서 예방에 큰 효과를 갖게 된다. ➜ **무관용 원칙과 집합효율성의 강화**가 범죄를 예방하는데 중요한 역할
	비판	경미한 비행자에 대한 무관용 개입은 낙인효과를 유발할 수 있다.
이 법의 성격		① 경범죄 처벌법은 광의의 형법이며, **형법의 보충법**이다. ② 형사실체법이나 통고처분과 같은 절차법적 내용도 일부 규정하고 있다.
처벌특례		① **미수범처벌규정이 없다.** ② 죄를 짓도록 시키거나(**교사범**) 도와준 사람(**방조범**)도 죄를 지은 사람에 준하여 벌한다. ③ 경범죄로 사람을 벌할 때에는 그 사정과 형편을 헤아려서 그 **형을 면제하거나 구류와 과료를 함께 과할 수 있다.** ➜ **형의 가중 또는 감경(×)**

3. 경범죄의 종류(제3조)

구분	경범죄의 내용	통고처분	현행범 체포
10만원 이하 벌금·구류·과료 (제3조 제1항)	① 빈집 등에의 침입 ② 관명사칭 등 ③ 물품강매·호객행위 ④ 노상방뇨 ⑤ 장난전화 등 **40가지**	○	**주거가 불분명**한 경우에만 현행범 체포가능
20만원 이하 벌금·구류·과료 (제3조 제2항)	① 업무**방해** ② 거짓 **광고** ③ 암**표**매매 ④ **출**판물의 부당게재 등		
60만원 이하 벌금·구류·과료 (제3조 제3항)	① 관공서에서의 **주취소란** ② 거짓**신고**	×	주거 불분명 상관 없이 현행범 체포가능

:두문자
방광표출

:두문자
주신

⚖️ 판례 | 경범죄 처벌법

1 **버스정류장 등지에서 소매치기할 생각으로 은밀히 성명불상자들의 뒤를 따라 다닌 경우, 경범죄 처벌법 제1조 제24호에 해당하지 않는다는 판례**

경범죄 처벌법 제1조 제24호는 '정당한 이유 없이 길을 막거나 시비를 걸거나 주위에 모여들거나 뒤따르거나 또는 몹시 거칠게 겁을 주는 말 또는 행동으로 다른 사람을 불안하게 하거나 귀찮고 불쾌하게 한 사람'을 벌하도록 규정하고 있는바, 정당한 이유 없이 다른 사람의 뒤를 따르는 등의 행위가 위 조항의 처벌대상이 되려면 단순히 뒤를 따르는 등의 행위를 하였다는 것만으로는 부족하고 그러한 행위로 인하여 상대방이 불안감이나 귀찮고 불쾌한 감정을 느끼거나 객관적으로 보아 그러한 감정을 느끼게 할 정도의 것이어야 한다(대판 1999. 8.24, 99도2034).

2 **지하철 전동차 구내에서 한 선교행위를 경범죄 처벌법상 인근소란행위로 보기 어렵다는 판례**

헌법 제20조 제1항이 보장하는 종교의 자유에는 자기가 신봉하는 종교를 선전하고 새로운 신자를 규합하기 위한 선교의 자유가 포함되고, 공공장소 등에서 자신의 종교를 선전할 목적으로 타인에게 그 교리를 전파하는 것 자체는 이러한 선교의 자유의 한 내용을 당연히 이루는 것이라고 볼 것이며, 따라서 헌법이 보장하고 있는 이러한 종교의 자유의 허용범위와 내용에 더하여 경범죄 처벌법의 적용에 있어서 국민의 권리를 부당하게 침해하지 아니하도록 세심한 주의를 기울여야 한다는 경범죄 처벌법 제4조 소정의 입법정신을 아울러 고려할 때, 불가불 타인의 주목을 끌고 자신의 주장을 전파하기 위하여 목소리나 각종 음향기구를 사용하여 이루어지는 선교행위가 경범죄 처벌법 제1조 제26호 소정의 인근소란행위의 구성요건에 해당되어 형사처벌의 대상이 된다고 판단하기 위해서는 당해 선교행위가 이루어진 구체적인 시기와 장소, 선교의 대상자, 선교행위의 개별적인 내용과 방법 등 제반 정황을 송합하여 그러한 행위가 통상 선교의 범위를 일탈하여 다른 법익의 침해에 이를 정도가 된 것인지 여부 등 법익간의 비교교량을 통하여 사안별로 엄격하게 판단해야 한다(대판 2003.10.9, 2003도4148).

3 **구내식당에서 식사를 하기 위해 새치기한 것은 경범죄 처벌법상 새치기에 해당하지 않는다는 판례**

구내식당에서 식사를 하기 위해 새치기를 한 경우는 경범죄 처벌법에 제1조 제48호의 새치기에 해당하지 않는다. 경범죄 처벌법에 제1조 제48호는 흥행장, 경기장 등에서 표를 사기 위해 사람들이 줄을 서고 있을 때에 새치기 하거나 그 줄의 질서를 어지럽힌 사람을 말한다(대판 1968.1.24, 68도7419).

4. 통고처분

<table>
<tr>
<td rowspan="2">범칙행위
및
범칙자</td>
<td>범칙행위</td>
<td>'범칙행위'란 10만원 이하 벌금·구류·과료 및 20만원 이하 벌금·구류·과료에 처하는 행위의 어느 하나에 해당하는 위반행위를 말한다.</td>
</tr>
<tr>
<td>범칙자
(제6조)</td>
<td>'범칙자'란 범칙행위를 한 사람으로서 다음의 어느 하나에 해당하지 아니하는 사람을 말한다.
① 범칙행위를 **상습**적으로 하는 사람
② 죄를 지은 동기나 수단 및 결과를 헤아려볼 때 **구류**처분을 하는 것이 적절하다고 인정되는 사람
③ **피해자**가 있는 행위를 한 사람
④ **18세** 미만인 사람</td>
</tr>
</table>

:두문자
18/피/구/상

통고처분의 제외 (제7조)	경찰서장, 해양경찰서장, 제주특별자치도지사 또는 철도특별사법경찰대장은 범칙자로 인정되는 사람에 대하여 그 이유를 명백히 나타낸 서면으로 범칙금을 부과하고 이를 납부할 것을 통고할 수 있다. 다만, 다음의 어느 하나에 해당하는 사람에게는 통고하지 아니한다. ① 통고처분서 받기를 **거부한** 사람 ② **주거 또는 신원이 확실하지 아니한** 사람 ③ 그 밖에 통고처분을 하기가 **매우 어려운 사람**	: 두문자 주신 거부 매우 어려운 사람

범칙금 납부 (제8조, 제9조)	1차 납부	① 통고처분서를 받은 사람은 통고처분서를 받은 날부터 **10일** 이내에 **경찰청장·해양경찰청장** 또는 철도특별사법경찰대장이 지정한 은행, 그 지점 등에 범칙금을 납부하여야 한다. ② 다만, 천재지변이나 그 밖의 부득이한 사유로 말미암아 그 기간 내에 범칙금을 납부할 수 없을 때에는 그 부득이한 사유가 없어지게 된 날부터 **5일** 이내에 납부하여야 한다
	2차 납부	1차 납부기간에 범칙금을 납부하지 아니한 사람은 납부기간의 **마지막 날의 다음 날**부터 **20일** 이내에 통고받은 범칙금에 그 금액의 100분의 20을 더한 금액을 납부하여야 한다.
	신용카드 납부	① 범칙금은 제8조에 따른 납부 방법 외에 대통령령으로 정하는 범칙금 납부대행기관을 통하여 신용카드, 직불카드 등(이하 '신용카드 등'이라 한다)으로 낼 수 있다. 이 경우 '범칙금 납부대행기관'이란 정보통신망을 이용하여 신용카드 등에 의한 결제를 수행하는 기관으로서 대통령령으로 정하는 바에 따라 범칙금 납부대행기관으로 지정받은 자를 말한다. ② ①에 따라 신용카드 등으로 내는 경우에는 범칙금 납부대행기관의 승인일을 납부일로 본다. ③ 범칙금 납부대행기관은 납부자로부터 신용카드 등에 의한 과태료 납부대행 용역의 대가로 대통령령으로 정하는 바에 따라 납부대행 수수료를 받을 수 있다.
	납부효과	범칙금을 납부한 사람은 **그 범칙행위에 대하여 다시 처벌받지 아니한다.**
	즉결심판의 청구	즉결심판 청구 전	① 경찰서장은 다음의 어느 하나에 해당하는 사람에 대하여는 지체 없이 즉결심판을 청구하여야 한다. ㉠ **통고처분의 제외대상자의** 어느 하나에 해당하는 사람 ㉡ **납부기간에 범칙금을 납부하지 아니한 사람** ② 즉결심판이 청구되기 전까지 통고받은 범칙금에 그 금액의 **100분의 50을 더한 금액**을 납부한 사람에 대하여는 경찰서장이 즉결심판을 청구할 수 없다.
		즉결심판 청구 후~ 선고 전	즉결심판이 청구된 피고인이 통고받은 범칙금에 그 금액의 **100분의 50을 더한 금액**을 납부하고 그 증명서류를 즉결심판 선고 전까지 제출하였을 때에는 경찰서장은 그 피고인에 대한 즉결심판청구를 취소하여야 한다.

기출 OX

01 경범죄 처벌법상의 범칙금 통고처분서를 받은 사람은 통고처분서를 받은 날로부터 10일 이내에 범칙금을 납부하여야 한다. 16. 경찰
( )

02 해양경찰서장을 제외한 경찰서장, 제주특별자치도지사 또는 철도특별사법경찰대장은 범칙자로 인정되는 사람에 대하여 그 이유를 명백히 나타낸 서면으로 범칙금을 부과하고 이를 납부할 것을 통고할 수 있다. 22. 경찰간부
( )

03 범칙금 납부 기한 내 범칙금을 납부하지 않아 즉결심판이 청구된 피고인이 통고받은 범칙금에 그 금액의 100분의 50을 더한 금액을 납부하고 그 증명서류를 즉결심판 선고 전까지 제출하였을 때에는 경찰청장, 해양경찰청장, 제주특별자치도지사는 그 피고인에 대한 즉결심판 청구를 취소할 수 있다. 22. 경찰간부
( )

정답 **01** ○ **02** ✕ **03** ✕

5. 즉결심판(즉결심판에 관한 절차법)

즉결심판청구

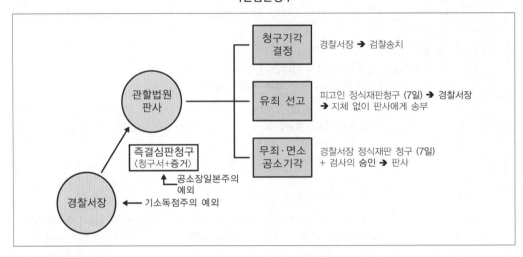

목적 (제11조)	이 법은 범증이 명백하고 죄질이 경미한 범죄사건을 신속·적정한 절차로 심판하기 위하여 즉결심판에 관한 절차를 정함을 목적으로 한다.
대상 (제12조)	지방법원, 지원 또는 시·군법원의 판사는 즉결심판절차에 의하여 피고인에게 **20만원 이하의 벌금, 구류 또는 과료**에 처할 수 있다.
즉결심판청구 (제13조)	① 즉결심판은 관할 경찰서장 또는 관할 해양경찰서장(이하 '경찰서장'이라 한다)이 관할 법원에 이를 청구한다. ② 즉결심판을 청구할 때에는 사전에 피고인에게 즉결심판의 절차를 이해하는 데 필요한 사항을 서면 또는 구두로 알려주어야 한다.
서류·증거물의 제출 (제14조)	경찰서장은 즉결심판의 청구와 동시에 즉결심판을 함에 필요한 서류 또는 증거물을 판사에게 **제출하여야 한다.**
청구의 기각 (제15조)	① 판사는 사건이 **즉결심판을 할 수 없거나** 즉결심판절차에 의하여 심판함이 **적당하지 아니하다고 인정할 때**에는 결정으로 즉결심판의 청구를 기각하여야 한다. ② ①의 결정이 있는 때에는 경찰서장은 지체 없이 사건을 **관할 지방검찰청 또는 지청의 장**에게 송치하여야 한다.
개정 (제7조)	즉결심판절차에 의한 심리와 재판의 선고는 **공개된 법정**에서 행하되, 그 법정은 **경찰관서(해양경찰관서를 포함한다) 외**의 장소에 설치되어야 한다.
피고인의 출석 (제8조)	① 피고인이 기일에 출석하지 아니한 때에는 이 법 또는 다른 법률에 특별한 규정이 있는 경우를 제외하고는 개정할 수 없다. ② **벌금** 또는 **과료**를 선고하는 경우에는 피고인이 출석하지 아니하더라도 심판할 수 있다. ③ 피고인 또는 즉결심판출석통지서를 받은 자(피고인 등)는 법원에 불출석심판을 청구할 수 있고, 법원이 이를 허가한 때에는 피고인이 출석하지 아니하더라도 심판할 수 있다.
즉결심판의 선고 (제11조)	① 즉결심판으로 유죄를 선고할 때에는 형, 범죄사실과 적용법조를 명시하고 피고인은 **7일 이내**에 정식재판을 청구할 수 있다는 것을 고지하여야 한다. ② 판사는 사건이 무죄·면소 또는 공소기각을 함이 명백하다고 인정할 때에는 이를 선고·고지할 수 있다.

즉결심판서 등의 보존 (제13조)	즉결심판의 판결이 확정된 때에는 즉결심판서 및 관계서류와 증거는 **관할경찰서** 또는 지방해양경찰관서가 이를 보존한다.	
정식재판의 청구 (제14조)	피고인의 청구	① 정식재판을 청구하고자 하는 피고인은 즉결심판의 선고·고지를 받은 날부터 **7일** 이내에 정식재판청구서를 경찰서장에게 제출하여야 한다. ② 정식재판청구서를 받은 경찰서장은 지체 없이 **판사**에게 이를 송부하여야 한다.
	경찰서장의 청구	① 경찰서장은 ㉠ **무죄**, ㉡ **면소** 또는 ㉢ **공소기각**의 선고·고지를 한 날부터 **7일** 이내에 정식재판을 청구할 수 있다. ② 이 경우 경찰서장은 관할 지방검찰청 또는 지청의 **검사의 승인**을 얻어 정식재판청구서를 **판사**에게 제출하여야 한다. ③ 판사는 정식재판청구서를 받은 날로부터 **7일** 이내에 경찰서장에게 정식재판청구서를첨부한 사건기록과 증거물을 송부하고, 경찰서장은 **지체 없이** 관할지방검찰청 또는 지청의 장에게 이를 송부하여야 하며, 그 검찰청 또는 지청의 장은 **지체 없이** 관할법원에 **송부하여야 한다**.
	즉결심판의 효력	① **즉결심판**은 정식재판의 청구에 의한 판결이 있는 때에는 그 효력을 잃는다. ② 즉결심판은 정식재판의 청구기간의 경과, 정식재판청구권의 포기 또는 그 청구의 취하에 의하여 확정판결과 동일한 효력이 생긴다. 정식재판청구를 기각하는 재판이 확정된 때에도 같다.
유치명령 등 (제17조)	① 판사는 **구류**의 선고를 받은 피고인이 일정한 주소가 없거나 또는 도망할 염려가 있을 때에는 **5일**을 초과하지 아니하는 기간 경찰서유치장(지방해양경찰관서의 유치장을 포함한다. 이하 같다)에 유치할 것을 명령할 수 있다. 다만, 이 기간은 선고기간을 초과할 수 없다. ② 집행된 유치기간은 본형의 집행에 산입한다.	

05 총포·도검·화약류 등 안전관리에 관한 법률 ✿✿

용어의 정의 (제2조)	총포	'총포'란 권총, 소총, 기관총, 포, 엽총, 금속성 탄알이나 가스 등을 쏠 수 있는 장약총포, 공기총(가스를 이용하는 것을 **포함**한다. 이하 같다) 및 총포신·기관부 등 그 부품(이하 '부품'이라 한다)으로서 대통령령으로 정하는 것을 말한다.
	도검	① '도검'이란 칼날의 길이가 15cm 이상인 칼·검·창·치도·비수 등으로서 성질상 흉기로 쓰이는 것과 칼날의 길이가 15cm 미만이라 할지라도 흉기로 사용될 위험성이 뚜렷한 것 중에서 대통령령으로 정하는 것을 말한다. ② 대통령령: 재크나이프(칼날의 길이가 6cm 이상의 것에 한한다), 비출나이프(칼날의 길이가 5.5cm 이상이고, 45도 이상 자동으로 펴지는 장치가 있는 것에 한한다), 그 밖의 6cm 이상의 칼날이 있는 것으로서 흉기로 사용될 위험성이 뚜렷이 있는 도검
	화약류	'화약류'란 화약, 폭약 및 화공품(화약 및 폭약을 써서 만든 공작물을 말한다. 이하 같다)을 말한다.

적용범위 **(제3조)**		군수용으로 제조·판매·수출·수입 또는 관리되는 총포·도검·화약류·분사기·전자충격기·석궁에 대해서는 **이 법을 적용하지 아니한다.**	
허가 **(제4조 ~** **제9조)**	판매업	시·도경찰청장의 허가를 받아야 한다.	
	수출입 허가	① **총포·화약류:** 경찰청장의 허가 ② **도검·분사기·전자충격기·석궁:** 시·도경찰청장의 허가	
	제조업 허가 소지허가	허가권자	① **총포·화약류:** 경찰청장의 허가 ② **도검·분사기·전자충격기·석궁:** 시·도경찰청장의 허가
		제조업자의 결격사유	다음의 어느 하나에 해당하는 자는 총포·도검·화약류·분사기·전자충격기·석궁 제조업의 허가를 받을 수 없다. ① 금고 이상의 **실형**을 선고받고 그 집행이 끝나거나 집행을 받지 아니하기로 확정된 후 **3년**이 지나지 아니한 자 ② 금고 이상의 형의 **집행유예**를 선고받고 그 유예기간이 끝난 날부터 **1년**이 지나지 아니한 자 ③ 심신상실자, 마약·대마·향정신성의약품 또는 알코올 중독자, 그 밖에 이에 준하는 **정신장애인** ④ **20세 미만인 자** ⑤ 피성년후견인 및 피한정후견인 ⑥ 파산선고를 받고 복권되지 아니한 자 ⑦ 제45조 제1항에 따라 허가가 취소(이 조 제4호부터 제6호까지의 어느 하나에 해당하여 허가가 취소된 경우는 제외한다)된 후 **3년**이 지나지 아니한 자 ⑧ 임원 중에 ①부터 ⑦까지의 어느 하나에 해당하는 자가 있는 법인 또는 단체
		허가권자	① **총포:** 시·도경찰청장의 허가 ✎ 엽기: 엽총, 공기총 / 가스: 가스발사총 / 마산: 마취총, 산업용총 / 살구: 도살총, 구난구명총 ➡ 경찰서장 ② **화약류·도검·분사기·전자충격기·석궁:** 경찰서장의 허가
		결격사유	다음의 어느 하나에 해당하는 자는 총포·도검·화약류·분사기·전자충격기·석궁의 소지허가를 받을 수 없다. ① **20세 미만인 자.** 다만, 대한체육회장이나 특별시·광역시·특별자치시·도 또는 특별자치도의 체육회장이 추천한 선수 또는 후보자가 사격경기용 총을 소지하려는 경우는 제외한다. ② 심신상실자, 마약·대마·향정신성의약품 또는 알코올 중독자, **정신질환자 또는 뇌전증 환자**로서 대통령령으로 정하는 사람 ③ 금고 이상의 **실형**을 선고받고 그 집행이 끝나거나(집행이 끝난 것으로 보는 경우를 포함) 면제된 날부터 **5년**이 지나지 아니한 자 ④ **이 법**을 위반하여 **벌금형**을 선고받고 **5년**이 지나지 아니한 자 ⑤ 특정강력범죄의 처벌에 관한 특례법 제2조 제1항 각 호의 어느 하나에 해당하는 특정강력범죄를 범하여 벌금형의 선고 또는 징역 이상의 형의 집행유예를 선고받고 그 유예기간이 끝난 날부터 5년이 지나지 아니한 자 ⑥ **이 법**을 위반하여 금고 이상의 형의 **집행유예**를 선고받고 그 유예기간이 끝난 날부터 **3년**이 지나지 아니한 자

:두문자

엽기·가스·마산·살구

		⑦ 다음의 어느 하나에 해당하는 죄를 범하여 벌금형을 선고받고 5년이 지나지 아니하거나 금고 이상의 형의 집행유예를 선고받고 그 유예기간이 끝난 날부터 5년이 지나지 아니한 사람 ㉠ 형법 제114조의 죄 ㉡ 형법 제257조 제1항·제2항, 제260조 및 제261조의 죄 ㉢ 아동·청소년의 성보호에 관한 법률 제7조 및 제8조의 죄 ⑧ 도로교통법 제148조의2의 죄(이하 '음주운전 등'이라 한다)로 벌금 이상의 형을 선고받은 날부터 5년 이내에 다시 음주운전 등으로 벌금 이상의 형을 선고받고 그 집행이 종료(집행이 종료된 것으로 보는 경우를 포함)되거나 집행이 면제된 날부터 5년이 지나지 아니한 사람 ⑨ 제45조 또는 제46조 제1항에 따라 허가가 취소된 후 1년이 지나지 아니한 자
	허가의 갱신	제12조에 따라 총포의 소지허가를 받은 자는 허가를 받은 날부터 **3년마다** 이를 갱신하여야 한다.
화약류의 사용허가 (제18조)		화약류를 발파하거나 연소시키려는 자는 행정안전부령으로 정하는 바에 따라 화약류의 사용장소를 관할하는 **경찰서장**의 화약류 사용허가를 받아야 한다. 다만, 광업법에 따라 광물을 채굴하는 자와 그 밖에 대통령령으로 정하는 자는 그러하지 아니하다.
화약류의 운반신고 (제26조)		화약류를 운반하려는 사람은 운반개시 **1시간 전**까지 **발송지**를 관할하는 **경찰서장**에게 **신고**하여야 한다. 다만, 대통령령으로 정하는 수량 이하의 화약류를 운반하는 경우에는 그러하지 아니하다.
발견·습득신고 (제23조)		누구든지 유실(遺失)·매몰(埋沒) 또는 정당하게 관리되고 있지 아니하는 총포·도검·화약류·분사기·전자충격기·석궁이라고 인정되는 물건을 발견하거나 습득하였을 때에는 **24시간 이내**에 가까운 경찰관서에 **신고**하여야 하며, 경찰공무원(의무경찰을 포함한다)의 지시 없이 이를 만지거나 옮기거나 두들기거나 해체하여서는 아니 된다.

총포·도검 등의 허가권자

구분	판매업허가	제조업허가	수출입허가	소지허가
총포	시·도 경찰청장	경찰청장		① 원칙: 시·도경찰청장 ② 예외(엽총, 공기총, 가스발사총, 마취총, 산업용총, 도살총, 구난구명총): 경찰서장
화약류				
도검, 석궁, 분사기, 전자충격기		시·도경찰청장		경찰서장

06 아동·청소년보호

1. 청소년 보호법 ✔✔

청소년 (제2조)	'청소년'이란 **만 19세 미만인 사람**을 말한다. 다만, 만 19세가 되는 해의 1월 1일을 맞이한 사람은 제외한다.
유해행위의 금지 (제28조)	누구든지 청소년에게 다음의 어느 하나에 해당하는 행위를 하여서는 아니 된다. ① 영리를 목적으로 청소년으로 하여금 신체적인 접촉 또는 은밀한 부분의 노출 등 성적 접대행위를 하게 하거나 이러한 행위를 알선·매개하는 행위 ② 영리를 목적으로 청소년으로 하여금 손님과 함께 술을 마시거나 노래 또는 춤 등으로 손님의 유흥을 돋우는 **접객행위**를 하게 하거나 이러한 행위를 알선·매개하는 행위 ③ 영리나 흥행을 목적으로 청소년에게 **음란한 행위**를 하게 하는 행위 ④ 영리나 흥행을 목적으로 청소년의 장애나 기형 등의 모습을 일반인들에게 관람시키는 행위 ⑤ 청소년에게 구걸을 시키거나 **청소년을 이용하여 구걸하는 행위** ⑥ **청소년을 학대하는 행위** ⑦ 영리를 목적으로 청소년으로 하여금 거리에서 손님을 유인하는 행위를 하게 하는 행위 ⑧ **청소년을 남녀 혼숙**하게 하는 등 풍기를 문란하게 하는 영업행위를 하거나 이를 목적으로 장소를 제공하는 행위 ⑨ 주로 차 종류를 조리·판매하는 업소에서 청소년으로 하여금 영업장을 벗어나 차 종류를 배달하는 행위를 하게 하거나 이를 조장하거나 묵인하는 행위
채권의 효력 (제32조)	위 유해행위금지에 따른 행위를 한 자가 그 행위와 관련하여 청소년에 대하여 가지는 채권은 그 계약의 형식이나 명목에 관계없이 **무효**로 한다.
관련 판례	① **청소년 보호법의 위반**: 위와 같은 위 법의 입법 취지와 목적 및 규정 내용 등에 비추어 볼 때, 18세 미만의 청소년에게 술을 판매함에 있어서 가사 그의 민법상 법정대리인의 동의를 받았다고 하더라도 그러한 사정만으로 위 행위가 정당화될 수는 없다(대판 1999.7.13, 99도2151). ② **청소년의 나이**: 청소년 보호법의 입법 목적 등에 비추어 볼 때, 이 때의 연령은 호적 등 공부상의 나이가 아니라 실제의 나이를 기준으로 하여야 한다(대구지방법원 2009.9.11, 2009노1765). ③ **청소년유해업소의 판단**: … **실제로 이루어지고 있는 영업행위를 기준으로** 하도록 규정하고 있으므로, … 주간에는 주로 음식류를 조리·판매하고 야간에는 주로 주류를 조리·판매하는 형태도 있을 수 있는데, 이러한 경우 음식류의 조리·판매보다는 주로 주류를 조리·판매하는 **야간의 영업형태에 있어서의 그 업소는 위 청소년 보호법의 입법취지에 비추어 볼 때 청소년 보호법상의 청소년고용금지업소에 해당한다**(대판 2004. 2.12, 2003도6282).

⊕ PLUS 경찰기관 상시근무 공무원의 근무시간 등에 관한 규칙

청소년출입 고용금지업소 (여가부 고시; (2023.5.28.)	1. 시설형태 가. 밀실이나 밀폐된 공간 또는 칸막이 등으로 구획하거나 이와 유사한 시설 　단, 장소 제공을 주된 목적으로 하는 영업(예 룸카페 등)의 경우 아래 ①에서 ④까지 　를 모두 충족한 시설은 제외한다. 　① (벽면) 통로에 접한 1면은 바닥으로부터 1.3m이상부터 2m 이하의 부분에 대해 　전체가 투명(창 또는 개방, 개별실을 구획하는 좌에서 우까지 전체 면에 적용하 　되, 건축물의 구조상 주요한 기둥 등 안전확보에 필요한 면적은 제외함)하여야 함 　② (출입문) 출입문 바닥에서 1.3m 높이 부분부터 출입문 상단까지 전체가 투명(창 　또는 개방)하여야 함 　③ (잠금장치) 없어야 함 　④ (가림막) ①벽면과 ②출입문의 투명창 일부 또는 전체에 커튼류, 블라인드류, 가림 　막, 반투명·불투명 시트지 등 어떠한 것 설치되어 있거나 가려져 있지 않아야 함 2. 설비유형 가. 화장실, 욕조 등 별도의 시설을 설치한 것 나. 침구, 침대 또는 침대형태로 변형이 가능한 의자·소파 등을 비치한 것 3. 영업형태 가. 입맞춤, 애무, 퇴폐적 안마, 나체쇼 등 신체적 접촉이 이루어지거나 성관련 신체부위 　를 노출하거나 성행위 또는 유사성행위가 이루어질 우려가 있는 영업 나. 성인용 영상물 또는 게임물, 사행성 게임물 등 주로 성인용 매체물이 유통될 우려가 　있는 영업 다. 성인용 인형(리얼돌) 또는 자위행위 기구 등 성관련 기구를 이용할 수 있는 영업 　[영업 예시] 키스방, 대딸방, 전립선마사지, 유리방, 성인PC방, 휴게텔, 인형체험방 등

청소년유해업소 ☆☆☆☆

청소년출입·고용금지업소	청소년고용금지업소
① 게임산업진흥에 관한 법률에 따른 **일반게임제공업** 및 **복합유통게임제공업** 중 대통령령으로 정하는 것 ② 사행행위 등 규제 및 처벌 특례법에 따른 **사행행위영업** ③ 식품위생법에 따른 **유흥주점영업** 및 **단란주점영업** ④ 영화 및 비디오물의 진흥에 관한 법률 제2조 제16호에 따른 **비디오물감상실업**·제한관람가비디오물소극장업 및 **복합영상물제공업** ⑤ 음악산업진흥에 관한 법률에 따른 **노래연습장업** 중 대통령령으로 정하는 것 ⑥ 체육시설의 설치·이용에 관한 법률에 따른 **무도학원업** 및 **무도장업**	① 게임산업진흥에 관한 법률에 따른 청소년게임제공업 및 인터넷컴퓨터게임시설제공업 ② 공중위생관리법에 따른 숙박업, 목욕장업, 이용업 중 대통령령으로 정하는 것 ③ 식품위생법에 따른 식품접객업 중 대통령령으로 정하는 것(티켓다방, 주로 주류의 조리·판매를 목적으로 하는 소주방·호프·카페 등) ④ 영화 및 비디오물의 진흥에 관한 법률에 따른 비디오물소극장업 ⑤ 화학물질관리법에 따른 유해화학물질 영업. 다만, 유해화학물질 사용과 직접 관련이 없는 영업으로서 대통령령으로 정하는 영업은 제외한다. ⑥ 회비 등을 받거나 유료로 만화를 빌려 주는 만화대여업

: 두문자

전경 / 유비 / 일사단 / 복무 / 성적 노래

⑦ **전기통신설비**를 갖추고 불특정한 사람들 사이의 **음성대화 또는 화상대화**를 매개하는 것을 주된 목적으로 하는 영업. 다만, 전기통신사업법 등 다른 법률에 따라 통신을 매개하는 영업은 제외한다.

⑧ 불특정한 사람 사이의 신체적인 접촉 또는 은밀한 부분의 노출 등 **성적** 행위가 이루어지거나 이와 유사한 행위가 이루어질 우려가 있는 서비스를 제공하는 영업으로서 청소년보호위원회가 결정하고 여성가족부장관이 고시한 것, 청소년유해매체물 및 청소년유해약물 등을 제작·생산·유통하는 영업 등 청소년의 출입과 고용이 청소년에게 유해하다고 인정되는 영업으로서 대통령령으로 정하는 기준에 따라 청소년보호위원회가 결정하고 여성가족부장관이 고시한 것(최근 여성가족부장관의 고시로 밀폐된 모텔형식의 '**룸카페**'가 고시됨)

⑨ **경마장과 경륜·경정장**의 장외매장

⑦ 청소년유해매체물 및 청소년유해약물 등을 제작·생산·유통하는 영업 등 청소년의 고용이 청소년에게 유해하다고 인정되는 영업으로서 대통령령으로 정하는 기준에 따라 청소년보호위원회가 결정하고 여성가족부장관이 고시한 것. 다만, 전기통신사업 등 다른 법률에 따라 통신을 매개하는 영업은 제외한다.

2. 아동·청소년의 성보호에 관한 법률 ✿✿✿✿

용어의 정의	아동·청소년	'아동·청소년'이란 19세 미만의 자를 말한다. 다만, 19세에 도달하는 연도의 1월 1일을 맞이한 자는 제외한다.
	아동·청소년성착취물	'아동·청소년성착취물'이란 아동·청소년 또는 아동·청소년으로 명백하게 인식될 수 있는 사람이나 표현물이 등장하여 제4호 각 목의 어느 하나에 해당하는 행위를 하거나 그 밖의 성적 행위를 하는 내용을 표현하는 것으로서 필름·비디오물·게임물 또는 컴퓨터나 그 밖의 통신매체를 통한 화상·영상 등의 형태로 된 것을 말한다.
	아동·청소년의 성을 사는 행위	'아동·청소년의 성을 사는 행위'란 아동·청소년, 아동·청소년의 성(性)을 사는 행위를 알선한 자 또는 아동·청소년을 실질적으로 보호·감독하는 자 등에게 금품이나 그 밖의 재산상 이익, 직무·편의제공 등 **대가를 제공**하거나 약속하고 다음의 어느 하나에 해당하는 행위를 **아동·청소년을 대상**으로 하거나 아동·청소년으로 하여금 하게 하는 것을 말한다. ① 성교행위 ② 구강·항문 등 신체의 일부나 도구를 이용한 유사 성교행위 ③ 신체의 전부 또는 일부를 접촉·노출하는 행위로서 일반인의 성적 수치심이나 혐오감을 일으키는 행위 ④ 자위행위
성범죄의 처벌	미수범 처벌 ○	① 아동·청소년에 대한 **강간·강제추행** 등 ② 아동·청소년에 대한 **매매행위** ③ 아동·청소년성착취물을 **제작·수입** 또는 **수출**

		④ 아동 · 청소년에 대한 **강요행위** 　㉠ 폭행이나 협박으로 아동 · 청소년으로 하여금 아동 · 청소년의 **성을 사는 행위의 상대방**이 되게 한 자 　㉡ 선불금, 그 밖의 채무를 이용하는 등의 방법으로 아동 · 청소년을 곤경에 빠뜨리거나 위계 또는 위력으로 아동 · 청소년으로 하여금 아동 · 청소년의 **성을 사는 행위의 상대방**이 되게 한 자 　㉢ 업무 · 고용이나 그 밖의 관계로 자신의 보호 또는 감독을 받는 것을 이용하여 아동 · 청소년으로 하여금 아동 · 청소년의 **성을 사는 행위의 상대방**이 되게 한 자 　㉣ 영업으로 아동 · 청소년을 아동 · 청소년의 **성을 사는 행위의 상대방**이 되도록 유인 · 권유한 자
	미수범 처벌 ×	① 아동 · 청소년의 성을 사는 행위 ② 아동 · 청소년의 성을 사는 행위의 상대방이 되도록 유인 · 권유하는 행위 ③ 아동 · 청소년의 성을 사는 행위의 알선영업행위 ④ 영리를 목적으로 아동 · 청소년성착취물을 판매 · 대여 · 배포 · 제공하거나 이를 목적으로 소지 · 운반 · 광고 · 소개하거나 공연히 전시 또는 상영 ⑤ 피해자 등에 대한 강요행위
특례 규정	아동 · 청소년의 성을 사는 행위 (제13조)	① 아동 · 청소년의 성을 사는 행위를 한 자는 1년 이상 10년 이하의 징역 또는 2천만원 이상 5천만원 이하의 벌금에 처한다. ② 아동 · 청소년의 성을 사기 위하여 아동 · 청소년을 유인하거나 성을 팔도록 권유한 자는 3년 이하의 징역 또는 3천만원 이하의 벌금에 처한다. ③ **16세 미만**의 아동 · 청소년 및 장애 아동 · 청소년을 대상으로 제1항 또는 제2항의 죄를 범한 경우에는 그 죄에 정한 **형의 2분의 1까지 가중처벌한다.**
	형법상 처벌특례 (제18조, 제19조)	① 제34조 제2항 각 호의 기관 · 시설 또는 단체의 장과 그 종사자가 자기의 보호 · 감독 또는 진료를 받는 아동 · 청소년을 대상으로 성범죄를 범한 경우에는 **그 죄에 정한 형의 2분의 1까지 가중처벌한다.** ② (형법상 감경규정에 관한 특례) 음주 또는 약물로 인한 심신장애상태에서 아동 · 청소년대상 성폭력범죄를 범한 때에는 **형법 제10조 제1항 · 제2항 및 제11조를 적용하지 아니할 수 있다.**
	공소 시효의 특례 (제20조)	① 아동 · 청소년대상 성범죄의 공소시효는 형사소송법 제252조 제1항에도 불구하고 해당 성범죄로 피해를 당한 아동 · 청소년이 성년에 달한 날부터 진행한다. ② **아동 · 청소년에 대한 강간 · 강제추행 등의 죄(제7조)**는 디엔에이(DNA)증거 등 그 죄를 증명할 수 있는 과학적인 증거가 있는 때에는 공소시효가 **10년 연장**된다. ③ **13세 미만의 사람 및 신체적인 또는 정신적인 장애가 있는 아동 · 청소년(사람 ×)**에 대하여 다음의 죄를 범한 경우에는 제1항과 제2항에도 불구하고 형사소송법 제249조부터 제253조까지 및 군사법원법 제291조부터 제295조까지에 규정된 공소시효를 적용하지 아니한다. 　㉠ 형법 제297조(강간), 제298조(강제추행), 제299조(준강간, 준강제추행), 제301조(강간 등 상해 · 치상), 제301조의2(강간 등 살인 · 치사) 또는 **제305조(미성년자에 대한 간음, 추행)의 죄** 　㉡ 제9조(강간 등 상해 · 치상) 및 제10조(강간 등 살인, 치사)의 죄 　㉢ 성폭력범죄의 처벌 등에 관한 특례법 제6조 제2항, 제7조 제2항 · 제5항, 제8조, 제9조의 죄

: 두문자

성착취물(제수수)
강매강요

참고
강요행위에는 '성을 사는 행위의 상대방'이란 말이 들어간다.

기출 OX

05 아동 · 청소년 성착취물을 제작 · 수입 또는 수출한 자(동법 제11조 제1항)에 대하여 미수범 처벌 규정을 두고 있다. 17. 경찰 　( )

06 아동 · 청소년의 성을 사기 위하여 아동 · 청소년을 유인하거나 성을 팔도록 권유한 자(동법 제13조 제2항)의 경우 미수범 처벌규정이 없다. 17. 경찰 　( )

07 음주 또는 약물로 인한 심신장애 상태에서 아동 · 청소년대상 성폭력범죄를 범한 때에는 형법 제10조 제1항 · 제2항 및 제11조(심신장애자 · 농아자 감면규정)를 적용하지 아니한다. 17. 경찰 　( )

08 영리를 목적으로 청소년으로 하여금 손님과 함께 술을 마시거나 노래 또는 춤 등으로 손님의 유흥을 돋우는 접객행위를 하게 하는 행위도 '아동 · 청소년의 성보호에 관한 법률'에서의 단속 대상이다. 11. 경찰 　( )

정답 　05 ○　06 ○　07 ×
08 ×

	④ 다음의 죄를 범한 경우에는 ①과 ②에도 불구하고 형사소송법 제249조부터 제253조까지 및 군사법원법 제291조부터 제295조까지에 규정된 **공소시효를 적용하지 아니한다.** ㉠ 형법 제301조의2(강간 등 살인·치사)의 죄**(강간 등 살인**에 한정한다) ㉡ 제10조 제1항(강간 등 살인에 한함) 및 제11조 제1항(**아동·청소년 성착취물의 제작, 수입, 수출**)의 죄 ㉢ 성폭력범죄의 처벌 등에 관한 특례법 제9조 제1항의 죄
수사 및 재판절차 에서의 배려 (제25조)	① 수사기관과 법원 및 소송관계인은 아동·청소년대상 성범죄를 당한 피해자의 나이, 심리 상태 또는 후유장애의 유무 등을 신중하게 고려하여 조사 및 심리·재판 과정에서 피해자의 인격이나 명예가 손상되거나 사적인 비밀이 침해되지 아니하도록 주의하여야 한다. ② 수사기관과 법원은 아동·청소년대상 성범죄의 피해자를 조사하거나 심리·재판할 때 피해자가 편안한 상태에서 진술할 수 있는 환경을 조성하여야 하며, 조사 및 심리·재판 횟수는 필요한 범위에서 최소한으로 하여야 한다. ③ 수사기관과 법원은 ②에 따른 조사나 심리·재판을 할 때 피해아동·청소년이 13세 미만이거나 신체적인 또는 정신적인 장애로 의사소통이나 의사표현에 어려움이 있는 경우 조력을 위하여 성폭력범죄의 처벌 등에 관한 특례법 제36조부터 제39조(진술조력인과 진술조력의무)까지를 준용한다. 이 경우 '성폭력범죄'는 '아동·청소년대상 성범죄'로, '피해자'는 '피해아동·청소년'으로 본다.
형벌과 수강명령 등의 병과 (제21조)	① 법원은 아동·청소년대상 성범죄를 범한 소년법 제2조의 소년에 대하여 형의 선고를 유예하는 경우에는 <u>반드시 보호관찰을 명하여야 한다.</u> ② 법원은 아동·청소년대상 성범죄를 범한 자에 대하여 유죄판결을 선고하거나 약식명령을 고지하는 경우에는 **500시간의 범위**에서 재범예방에 필요한 수강명령 또는 성폭력 치료프로그램의 이수명령(이하 '이수명령'이라 한다)을 **병과하여야 한다.** 다만, 수강명령 또는 이수명령을 부과할 수 없는 특별한 사정이 있는 경우에는 그러하지 아니하다.
친권상실 청구 (제23조)	① 아동·청소년대상 성범죄 사건을 수사하는 검사는 그 사건의 가해자가 피해아동·청소년의 **친권자나 후견인인 경우**에 법원에 민법 제924조의 친권상실선고 또는 같은 법 제940조의 후견인 변경결정을 청구하여야 한다. 다만, 친권상실선고 또는 후견인 변경결정을 하여서는 아니 될 특별한 사정이 있는 경우에는 그러하지 아니하다. ② 아동보호전문기관, 성폭력피해자보호시설, 청소년상담복지센터 및 청소년쉼터의 기관·시설 또는 단체의 장은 검사에게 ①의 청구를 하도록 요청할 수 있다. 이 경우 청구를 요청받은 검사는 요청받은 날부터 **30일** 내에 해당 기관·시설 또는 단체의 장에게 그 처리 결과를 통보하여야 한다. ③ ②에 따라 처리결과를 통보받은 기관·시설 또는 단체의 장은 그 처리 결과에 대하여 이의가 있을 경우 통보받은 날부터 **30일** 내에 직접 법원에 ①의 청구를 할 수 있다.

신뢰관계에 있는 사람의 동석 (제28조)		① 법원은 아동·청소년대상 성범죄의 피해자를 증인으로 신문하는 경우에 검사, 피해자 또는 법정대리인이 신청하는 경우에는 재판에 지장을 줄 우려가 있는 등 **부득이한 경우가 아니면 피해자와 신뢰관계에 있는 사람을 동석하게 하여야 한다.** ② ①은 수사기관이 ①의 피해자를 조사하는 경우에 관하여 준용한다. ③ ① 및 ②의 경우 법원과 수사기관은 피해자와 신뢰관계에 있는 사람이 피해자에게 불리하거나 피해자가 원하지 아니하는 경우에는 동석하게 하여서는 아니 된다.
영상물의 촬영·보존 등 (제26조)		① 아동·청소년대상 성범죄 피해자의 진술내용과 조사과정은 비디오녹화기 등 영상물 녹화장치로 촬영·보존하여야 한다. ② ①에 따른 영상물 녹화는 피해자 또는 법정대리인이 이를 원하지 아니하는 의사를 표시한 때에는 촬영을 하여서는 아니 된다. 다만, 가해자가 친권자 중 일방인 경우는 그러하지 아니하다. ③ 위의 촬영한 영상물에 수록된 피해자의 진술은 공판준비기일 또는 공판기일에 **피해자** 또는 **조사과정에 동석하였던 신뢰관계에 있는 자**의 진술에 의하여 그 성립의 진정함이 인정된 때에는 증거로 할 수 있다. ④ ①에 따른 영상물 녹화는 조사의 개시부터 종료까지의 전 과정 및 객관적 정황을 녹화하여야 하고, 녹화가 완료된 때에는 지체 없이 그 원본을 피해자 또는 변호사 앞에서 봉인하고 피해자로 하여금 기명날인 또는 서명하게 하여야 한다. ⑤ 검사 또는 사법경찰관은 피해자가 제1항의 녹화장소에 도착한 시각, 녹화를 시작하고 마친 시각, 그 밖에 녹화과정의 진행경과를 확인하기 위하여 필요한 사항을 조서 또는 별도의 서면에 기록한 후 수사기록에 편철하여야 한다. ⑥ 검사 또는 사법경찰관은 피해자 또는 법정대리인이 신청하는 경우에는 영상물 촬영과정에서 작성한 조서의 사본을 신청인에게 교부하거나 영상물을 재생하여 시청하게 하여야 한다. ⑦ 누구든지 ①에 따라 촬영한 영상물을 수사 및 재판의 용도 외에 다른 목적으로 사용하여서는 아니 된다.
신상정보 등록제도	등록 정보의 제출	등록대상자는 판결이 확정된 날로부터 30일 이내에 신상정보를 자신의 주소지를 관할하는 **경찰관서의 장**에게 제출하여야 한다.
	정보의 등록	**법무부장관**은 제43조 제5항·제6항 및 제43조의2 제3항에 따라 송달받은 정보와 다음의 등록대상자 정보를 등록하여야 한다. ① 등록대상 성범죄 경력정보 ② 성범죄 전과사실(죄명, 횟수) ③ 특정 범죄자에 대한 보호관찰 및 전자장치 부착 등에 관한 법률에 따른 전자장치 부착 여부
	등록정보 공개	① 등록정보의 공개 및 고지는 **여성가족부장관**이 집행한다. ② 법무부장관은 등록정보의 고지에 필요한 정보를 여성가족부장관에게 송부하여야 한다.

아동·청소년성착취물 관련 범죄 실태조사		① **여성가족부장관**은 아동·청소년성착취물과 관련한 범죄 예방과 재발 방지 등을 위하여 정기적으로 아동·청소년성착취물 관련 범죄에 대한 **실태조사를 하여야 한다.** ② ①에 따른 실태조사의 주기, 방법과 내용 등에 관하여 필요한 사항은 **여성가족부령**으로 정한다.
취업 제한	의의	법원은 아동·청소년대상 성범죄 또는 성인대상 성범죄로 형 또는 치료감호를 선고하는 경우에는 판결(약식명령을 포함한다)로 그 형 또는 치료감호의 전부 또는 일부의 집행을 종료하거나 집행이 유예·면제된 날부터 일정기간 (이하 '취업제한기간'이라 한다) 동안 취업 또는 사실상 노무를 제공할 수 없도록 하는 명령(이하 '취업제한명령'이라 한다)을 성범죄 사건의 판결과 동시에 선고하여야 한다. 다만, ① 재범의 위험성이 현저히 낮은 경우, ② 그 밖에 취업을 제한하여서는 아니 되는 특별한 사정이 있다고 판단하는 경우에는 그러하지 아니한다.
	제한기간	취업명령의 취업제한기간은 **10년**을 초과하지 못한다.
성범죄의 경력자 점검·확인 (제14조)		① 여성가족부장관 또는 관계 중앙행정기관의 장은 다음의 구분에 따라 성범죄로 취업제한 명령을 선고받은 자가 아동·청소년 관련기관 등을 운영하거나 아동·청소년 관련기관 등에 취업 또는 사실상 노무를 제공하고 있는지를 직접 또는 관계 기관 조회 등의 방법으로 **연 1회 이상** 점검·확인하여야 한다. 　㉠ 교육부장관: 제56조 제1항 제2호의 기관 중 「고등교육법」 제2조의 학교 … 　㉫ **경찰청장**: 제56조 제1항 제14호의 **경비업을 행하는 법인** ② 시·도지사 또는 시장·군수·구청장은 성범죄로 취업제한 명령을 선고받은 자가 다음의 아동·청소년 관련기관 등을 운영하거나 아동·청소년 관련기관 등에 취업 또는 사실상 노무를 제공하고 있는지를 직접 또는 관계 기관 조회 등의 방법으로 **연 1회 이상** 점검·확인하여야 한다. 다만, 제2항에 해당하는 아동·청소년 관련기관 등의 경우에는 그러하지 아니하다. ③ ① 각 호 및 ②에 따른 중앙행정기관의 장, 시·도지사, 시장·군수·구청장 또는 교육감은 ①부터 ④까지의 규정에 따른 점검·확인을 위하여 필요한 경우에는 아동·청소년 관련기관등의 장 또는 관련 감독기관에 해당 자료의 제출을 요구할 수 있다. ④ 여성가족부장관, 관계 중앙행정기관의 장, 시·도지사, 시장·군수·구청장 또는 교육감은 ①부터 ④까지의 규정에 따른 점검·확인 결과를 대통령령으로 정하는 바에 따라 인터넷 홈페이지 등을 이용하여 **공개하여야 한다.**

아청법상 처벌규정

무기·5년 ↑	① 아동·청소년 **성착취물 제작**·수입·수출(판매·대여 ×) ② 강간죄 ③ 인신매매, 국내외 이송	미수처벌
5년 ↑	아동·청소에게 폭행, 협박, 선불금, 위계·위력, 고용, 보호, 영업 등으로 성을 사는 행위의 상대방이 되게 한 자(팔도록 강요)	
7년 ↑	**영업으로 아동·청소년 성매매 알선**·장소·자금·토지·건물 제공	
7년 ↓	피해자·보호자에 대한 **합의 강요**	
1년 ↑	아동·청소년 성착취물 구입, 알면서 소지·시청한 경우	
1년 ~ 10년 2천 ~ 5천만원	아동·청소년 성매수자(16세 미만에 대한 성매수는 2분의 1까지 가중한다)	

⊕PLUS 신분 비공개수사

의의 (제25조의2)	① 사법경찰관리는 디지털 성범죄에 대하여 신분을 비공개하고 범죄현장(정보통신망을 포함한다) 또는 범인으로 추정되는 자들에게 접근하여 범죄행위의 증거 및 자료 등을 수집(이하 '신분비공개수사'라 한다)할 수 있다. ② 사법경찰관리는 디지털 성범죄를 계획 또는 실행하고 있거나 실행하였다고 의심할 만한 충분한 이유가 있고, 다른 방법으로는 그 범죄의 실행을 저지하거나 범인의 체포 또는 증거의 수집이 어려운 경우에 한정하여 수사 목적을 달성하기 위하여 부득이한 때에는 다음의 행위(이하 '신분위장수사'라 한다)를 할 수 있다. ㉠ 신분을 위장하기 위한 문서, 도화 및 전자기록 등의 작성, 변경 또는 행사 ㉡ 위장 신분을 사용한 계약·거래 ㉢ 아동·청소년성착취물 또는 성폭력범죄의 처벌 등에 관한 특례법 제14조 제2항의 촬영물 또는 복제물(복제물의 복제물을 포함한다)의 소지, 판매 또는 광고
디지털 성범죄	① 아동·청소년성착취물을 제작·수입 또는 수출한 자는 무기징역 또는 5년 이상의 유기징역에 처한다. ② 아동·청소년에 대한 성착취 목적 대화를 지속적 또는 반복적으로 하거나 그러한 대화에 지속적 또는 반복적으로 참여시키는 행위 또는 이를 하도록 유인·권유하는 행위 ③ 아동·청소년에 대한 성폭력범죄의 처벌 등에 관한 특례법 제14조 제2항 및 제3항의 죄(카메라등을 이용한 촬영죄)
수사절차 (제25조의3)	① 사법경찰관리가 신분비공개수사를 진행하고자 할 때에는 사전에 상급 경찰관서 수사부서의 장의 승인을 받아야 한다. 이 경우 그 수사기간은 3개월을 초과할 수 없다. ② 사법경찰관리는 신분위장수사를 하려는 경우에는 검사에게 신분위장수사에 대한 허가를 신청하고, 검사는 법원에 그 허가를 청구한다. ③ 법원은 ②의 신청이 이유 있다고 인정하는 경우에는 신분위장수사를 허가하고, 이를 증명하는 서류(이하 '허가서'라 한다)를 신청인에게 발부한다. ④ 신분위장수사의 기간은 3개월을 초과할 수 없으며, 그 수사기간 중 수사의 목적이 달성되었을 경우에는 즉시 종료하여야 한다. ⑤ 제25조의2 제2항의 요건이 존속하여 그 수사기간을 연장할 필요가 있는 경우에는 사법경찰관리는 소명자료를 첨부하여 3개월의 범위에서 수사기간의 연장을 검사에게 신청하고, 검사는 법원에 그 연장을 청구한다. 이 경우 신분위장수사의 총 기간은 1년을 초과할 수 없다.
긴급신분 위장수사 (제25조의4)	① 사법경찰관리는 제25조의2 제2항의 요건을 구비하고, 제25조의3에 따른 절차를 거칠 수 없는 긴급을 요하는 때에는 법원의 허가 없이 신분위장수사를 할 수 있다. ② 사법경찰관리는 ①에 따른 신분위장수사 개시 후 지체 없이 검사에게 허가를 신청하여야 하고, 사법경찰관리는 48시간 이내에 법원의 허가를 받지 못한 때에는 즉시 신분위장수사를 중지하여야 한다.

통제 (제25조의6)	① 국가경찰과 자치경찰의 조직 및 운영에 관한 법률 제16조 제1항에 따른 국가수사본부장은 신분비공개수사가 종료된 즉시 대통령령으로 정하는 바에 따라 국가경찰위원회에 수사 관련 자료를 보고하여야 한다. ② 국가수사본부장은 대통령령으로 정하는 바에 따라 국회 소관 상임위원회에 신분비공개수사 관련 자료를 반기별로 보고하여야 한다.

⊕ PLUS 신분비공개수사

	요건	개시	기간	통제
신분비공개 수사	① 디지털 성범죄 ② ~ 할 수 있다.	상급 경찰관서 수사부서장의 승인	3개월 초과× (단, 신분위장수사의 경우만 3개월 범위 내 연장 가능, But 1년 초과×)	국수본부장 – 국·경·위 보고 – 국회 소관상임위 보고(반기별)
신분위장 수사	① 디지털 성범죄 ② 충분한 이유 ③ 보충성 (다른 방법×) ④ 수사목적을 위해 부득이한 경우	① 원칙(사전허가) = 사·경 ⇨ 검사 ⇨ 법원의 허가 ② 예외(사후허가) = 절차동일 ⇨ 48시 간 이내× ⇨ 수사 중지		×

3. 소년경찰 ✦✦

소년법

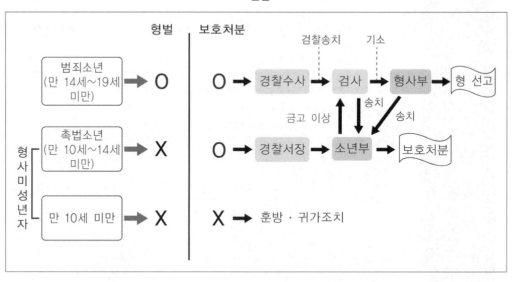

용어의 정의	소년		19세 미만인 자를 사람을 말한다.
	비행소년	범죄 소년	죄를 범한 소년
		촉법 소년	형벌 법령에 저촉되는 행위를 한 **10세 이상 14세 미만인 소년**
		우범 소년	다음에 해당하는 사유가 있고 그의 성격이나 환경에 비추어 앞으로 형벌 법령에 저촉되는 행위를 할 우려가 있는 **10세 이상인 소년** ① 집단적으로 몰려다니며 주위 사람들에게 불안감을 조성하는 성벽(性癖)이 있는 것 ② 정당한 이유 없이 가출하는 것 ③ 술을 마시고 소란을 피우거나 유해환경에 접하는 성벽이 있는 것
소년 사건의 처리	경찰서장의 송치		① 범죄소년, 촉법소년, 우범소년의 어느 하나에 해당하는 소년은 소년부의 보호사건으로 심리한다. ② 촉법소년 및 우범소년에 해당하는 소년이 있을 때에는 **경찰서장**은 직접 관할 소년부에 송치하여야 한다. ③ 소년부는 조사 또는 심리한 결과 **금고 이상의 형**에 해당하는 범죄 사실이 발견된 경우 그 동기와 죄질이 형사처분을 할 필요가 있다고 인정하면 결정으로써 사건을 관할 지방법원에 대응한 검찰청 검사에게 **송치하여야 한다**. ④ 범죄소년, 촉법소년, 우범소년 중 어느 하나에 해당하는 소년을 발견한 보호자 또는 학교·사회복리시설·보호관찰소(보호관찰지소를 포함한다. 이하 같다)의 장은 이를 관할 소년부에 통고할 수 있다.
	검사의 송치		① 검사는 소년에 대한 피의사건을 수사한 결과 보호처분에 해당하는 사유가 있다고 인정한 경우에는 사건을 관할 소년부에 송치하여야 한다. ② 소년부는 ①에 따라 송치된 사건을 조사 또는 심리한 결과 그 동기와 죄질이 금고 이상의 형사처분을 할 필요가 있다고 인정할 때에는 결정으로써 해당 검찰청 검사에게 **송치할 수 있다**. ③ ②에 따라 송치한 사건은 다시 소년부에 송치할 수 없다.
	법원의 송치		법원은 소년에 대한 피고사건을 심리한 결과 보호처분에 해당할 사유가 있다고 인정하면 결정으로써 사건을 관할 소년부에 송치하여야 한다.
	사형 및 무기형		죄를 범할 당시 18세 미만인 소년에 대하여 사형 또는 무기형(無期刑)으로 처할 경우에는 **15년의 유기징역**으로 한다.
소년형사 절차의 특례	환형처분의 금지		18세 미만인 소년에게는 형법 제70조에 따른 **유치선고**를 하지 못한다. 다만, 판결선고 전 구속되었거나 제18조 제1항 제3호의 조치가 있었을 때에는 그 구속 또는 위탁의 기간에 해당하는 기간은 노역장에 유치된 것으로 보아 형법 제57조를 적용할 수 있다.
	자유형 집행의 분리		징역 또는 금고를 선고받은 소년에 대하여는 특별히 설치된 교도소 또는 일반 교도소 안에 **특별히 분리된 장소에서 그 형을 집행한다**. 다만, 소년이 형의 집행 중에 **23세**가 되면 일반 교도소에서 집행할 수 있다.
	보호처분과 형집행		보호처분이 계속 중일 때에 징역, 금고 또는 구류를 선고받은 소년에 대하여는 먼저 그 형을 집행한다.

			① 소년이 법정형으로 **장기 2년 이상의 유기형**에 해당하는 죄를 범한 경우에는 그 형의 범위에서 장기와 단기를 정하여 선고한다. 다만, 장기는 **10년**, 단기는 **5년**을 초과하지 못한다.
	상대적 부정기형		② 소년의 특성에 비추어 상당하다고 인정되는 때에는 그 형을 감경할 수 있다. ③ 형의 집행유예나 선고유예를 선고할 때에는 ①을 적용하지 아니한다. ④ 소년에 대한 부정기형을 집행하는 기관의 장은 형의 단기가 지난 소년범의 행형성적이 양호하고 교정의 목적을 달성하였다고 인정되는 경우에는 관할 검찰청 검사의 지휘에 따라 그 형의 집행을 종료시킬 수 있다.

4. 실종아동 등 가출인업무 ✧✧✧✧

(1) 실종아동 등의 보호 및 지원에 관한 법률

용어의 정의	아동 등	다음 어느 하나에 해당하는 사람을 말한다. ① **실종 당시 18세 미만인 아동** ② 장애인복지법 제2조의 장애인 중 **지적장애인, 자폐성장애인 또는 정신장애인** ③ 치매관리법 제2조 제2호의 **치매환자**
	실종 아동 등	약취(略取) · 유인(誘引) 또는 유기(遺棄)되거나 사고를 당하거나 가출하거나 길을 잃는 등의 사유로 인하여 보호자로부터 이탈(離脫)된 아동 등을 말한다.
	보호자	친권자, 후견인이나 그 밖에 다른 법률에 따라 아동 등을 보호하거나 부양할 의무가 있는 사람을 말한다. 다만, <u>보호시설의 장 또는 종사자는 제외한다.</u>
	보호시설	사회복지사업법 제2조 제4호에 따른 **사회복지시설 및 인가 · 신고 등이 없이 아동 등을 보호하는 시설**로서 사회복지시설에 준하는 시설을 말한다.
신고 의무 등		① 다음의 어느 하나에 해당하는 사람은 그 직무를 수행하면서 실종아동 등임을 알게 되었을 때에는 제3조 제2항 제1호에 따라 경찰청장이 구축하여 운영하는 신고체계(이하 '경찰신고체계'라 한다)로 지체 없이 **신고하여야 한다.** ㉠ 보호시설의 장 또는 그 종사자 ㉡ 아동복지법 제13조에 따른 아동복지전담공무원 ㉢ 청소년 보호법 제35조에 따른 청소년 보호 · 재활센터의 장 또는 그 종사자 ㉣ 사회복지사업법 제14조에 따른 사회복지전담공무원 ㉤ 의료법 제3조에 따른 의료기관의 장 또는 의료인 ㉥ **업무 · 고용 등의 관계로** 사실상 아동 등을 보호 · 감독하는 사람 ② 지방자치단체의 장이 관계 법률에 따라 아동 등을 보호조치할 때에는 아동 등의 신상을 기록한 신고접수서를 작성하여 경찰신고체계로 제출하여야 한다.
미신고 보호행위 금지		누구든지 정당한 사유 없이 실종아동 등을 경찰관서의 장에게 신고하지 아니하고 보호할 수 없다. ➡ **위반시 5년 이하의 징역 또는 5천만원 이하의 벌금**

수색 또는 수사의 실시	① 경찰관서의 장은 실종아동 등의 발생 신고를 접수하면 **지체 없이** 수색 또는 수사의 실시 여부를 결정하여야 한다. ② 경찰관서의 장은 실종아동 등(**범죄로 인한 경우를 제외한다**)의 조속한 발견을 위하여 필요한 때에는 다음의 어느 하나에 해당하는 자에게 실종아동 등의 위치 확인에 필요한 위치정보의 보호 및 이용 등에 관한 법률 제2조 제2호에 따른 개인위치정보, 인터넷주소자원에 관한 법률 제2조 제1호에 따른 인터넷주소 및 통신비밀보호법 제2조 제11호 마목 · 사목에 따른 통신사실확인자료(이하 '개인위치정보 등'이라 한다)의 제공을 요청할 수 있다. 이 경우 경찰관서의 장의 요청을 받은 자는 통신비밀보호법 제3조에도 불구하고 **정당한 사유가 없으면 이에 따라야 한다.** 　㉠ 위치정보의 보호 및 이용 등에 관한 법률 제5조 제7항에 따른 개인위치정보 사업자 　㉡ 정보통신망 이용촉진 및 정보보호 등에 관한 법률 제2조 제1항 제3호에 따른 정보통신서비스 제공자 중에서 대통령령으로 정하는 기준을 충족하는 제공자 　㉢ 정보통신망 이용촉진 및 정보보호 등에 관한 법률 제23조의3에 따른 본인확인기관 　㉣ 개인정보 보호법 제24조의2에 따른 주민등록번호 대체가입수단 제공기관 ③ ②의 요청을 받은 자는 그 실종아동 등의 동의 없이 개인위치정보 등을 수집할 수 있으며, 실종아동 등의 동의가 없음을 이유로 경찰관서의 장의 요청을 거부하여서는 아니 된다. ④ 경찰관서와 경찰관서에 종사하거나 종사하였던 자는 실종아동 등을 찾기 위한 목적으로 제공받은 개인위치정보 등을 실종아동 등을 찾기 위한 목적 외의 용도로 이용하여서는 아니 되며, 목적을 달성하였을 때에는 지체 없이 파기하여야 한다.
공개 수색 · 수사 체계의 구축 · 운영 (제9조의 2)	① 경찰청장은 실종아동 등의 조속한 발견과 복귀를 위하여 실종아동 등의 공개 수색 · 수사 체계를 구축 · 운영할 수 있다. ② 경찰청장은 ①에 따른 공개 수색 · 수사를 위하여 필요하면 실종아동등의 보호자의 동의를 받아 다음의 조치를 요청할 수 있다. 이 경우 경찰청장은 실종아동 등의 발견 및 복귀를 위하여 **필요한 최소한의 정보를 제공하여야 한다.** 　㉠ 전기통신사업법 제2조 제8호에 따른 전기통신사업자 중 대통령령으로 정하는 주요 전기통신사업자에 대한 필요한 정보의 문자나 음성 등 송신 　㉡ 정보통신망 이용촉진 및 정보보호 등에 관한 법률 제2조 제1항 제3호에 따른 정보통신서비스 제공자 중 대통령령으로 정하는 주요 정보통신서비스 제공자에 대한 필요한 정보의 인터넷 홈페이지 등 게시 　㉢ 방송법 제2조 제3호에 따른 방송사업자에 대한 필요한 정보의 방송 ③ ②에 따른 요청을 받은 전기통신사업자, 정보통신서비스 제공자 및 방송사업자는 **정당한 사유가 없으면 요청에 따라야 한다.** ④ ①부터 ③까지의 규정에 따른 공개 수색 · 수사 체계 및 절차 등에 관하여 필요한 사항은 대통령령으로 정한다.
출입조사 등 (제10조)	① **경찰청장이나 지방자치단체의 장**은 실종아동등의 발견을 위하여 필요하면 관계인에 대하여 필요한 보고 또는 자료제출을 명하거나 소속 공무원으로 하여금 관계 장소에 출입하여 관계인이나 아동등에 대하여 필요한 조사 또는 질문을 하게 할 수 있다. ② **경찰청장이나 지방자치단체의 장**은 ①에 따른 출입 · 조사를 실시할 때 정당한 이유가 있는 경우 소속 공무원으로 하여금 실종아동 등의 가족 등을 동반하게 할 수 있다. ③ ①에 따라 출입 · 조사 또는 질문을 하려는 관계공무원은 그 권한을 표시하는 증표를 지니고 이를 관계인 등에게 내보여야 한다.

(2) 실종아동 등 및 가출인 업무처리규칙

:두문자

신사팔(48)

:두문자

가신당

용어의 정의	실종아동 등	법 제2조 제2호에 따른 사유로 인하여 보호자로부터 이탈된 아동 등을 말한다.
	찾는 실종아동 등	보호자가 찾고 있는 실종아동 등을 말한다.
	보호 실종아동 등	보호자가 확인되지 않아 경찰관이 보호하고 있는 실종아동 등을 말한다.
	장기 실종아동 등	보호자로부터 **신고를 접수한 지 48시간**이 경과한 후에도 발견되지 않은 찾는 실종아동 등을 말한다.
	가출인	**신고 당시 보호자로부터 이탈된 18세 이상의 사람**을 말한다.
	발생지	실종아동 등 및 가출인이 실종·가출 전 최종적으로 목격되었거나 목격되었을 것으로 추정하여 **신고자 등이 진술한 장소**를 말하며, ① 신고자 등이 최종 목격 장소를 진술하지 못하거나, ② 목격되었을 것으로 추정되는 장소가 대중교통시설 등일 경우 또는 ③ 실종·가출 발생 후 1개월이 경과한 때에는 실종아동 등 및 가출인의 **실종 전 최종 주거지**를 말한다.
	발견지	실종아동 등 또는 가출인을 **발견하여 보호 중인 장소**를 말하며, 발견한 장소와 보호 중인 장소가 서로 다른 경우에는 **보호 중인 장소**를 말한다.
	국가경찰 수사범죄	자치경찰사무와 시·도자치경찰위원회의 조직 및 운영 등에 관한 규정 제3조 제1호부터 제5호(학교폭력 등 소년범죄, 가정폭력 및 아동학대 범죄, 교통사고 및 교통 관련 범죄, 형법 제245조의 공연음란죄 및 성폭력범죄의 처벌 등에 관한 특례법 제12조의 싱직 목직을 위한 다중이용장소 침입행위, 경범죄 및 기초질서 관련 범죄)범죄까지 또는 제6호 나목의 범죄(실종아동등의 보호 및 지원에 관한 법률 제17조 및 제18조의 범죄)가 아닌 범죄를 말한다.

:두문자

실/가/무

정보 시스템의 운영	실종아동 등 프로파일링 시스템	운영	① 경찰청 **생활안전국장**은 정보시스템으로 실종아동등 프로파일링시스템 및 실종아동찾기센터 홈페이지(이하 '인터넷 안전드림'이라 한다)를 운영한다. ② 실종아동 등 프로파일링시스템은 **경찰관서 내에서만** 사용할 수 있도록 제한하고, 인터넷 안전드림은 누구든 사용할 수 있도록 공개하는 등 분리하여 운영한다. 다만, 자료의 전송 등을 위해 필요한 경우 상호 연계할 수 있다.
		입력 대상자	① 실종아동 등 프로파일링시스템에 입력하는 대상은 다음과 같다. ㉠ **실종아동 등** ㉡ **가출인** ㉢ 보호시설 입소자 중 보호자가 확인되지 않는 사람(이하 **'보호시설 무연고자'**라 한다) ② 경찰관서의 장은 실종아동 등 또는 가출인에 대한 신고를 접수한 후 신고대상자가 다음의 어느 하나에 해당하는 경우에는 신고내용을 실종아동 등 프로파일링시스템에 입력하지 않을 수 있다. ㉠ **채무관계 해결, 형사사건** 당사자 소재 확인 등 실종아동 등 및 가출인 발견 외 **다른 목적으로 신고된 사람** ㉡ 수사기관으로부터 **지명수배 또는 지명통보된 사람**

기출 **OX**

01 실종아동등 및 가출인 업무처리 규칙상 '장기실종아동 등'이란, 보호자로부터 신고를 접수한지 24시간이 경과하도록 발견하지 못한 찾는 실종아동 등을 말한다.
14. 경찰승진 　　( )

정답 **01** ✕

		ⓒ 허위로 신고된 사람 ⓔ 보호자가 **가출시 동행한 아동 등** ⓜ 그 밖에 신고내용을 종합하였을 때 명백히 제1항에 따른 입력 대상이 아니라고 판단되는 사람
	자료의 보존 기간	실종아동 등 프로파일링시스템에 등록된 자료의 보존기간은 다음과 같다. 다만, 대상자가 사망하거나, 보호자가 삭제를 요구한 경우는 즉시 삭제하여야 한다. ① 발견된 18세 미만 아동 및 가출인: 수배 해제 후로부터 **5년간 보관** ② 발견된 지적·자폐성·정신장애인 등 및 치매환자: 수배 해제 후로부터 **10년간 보관** ③ 미발견자: 소재 발견시까지 보관 ④ 보호시설 무연고자: **본인 요청시**
인터넷 안전드림	운영	① 인터넷 안전드림은 **누구든 사용할 수 있도록 공개**하는 등 분리하여 운영한다. ② 인터넷 안전드림은 실종아동 등의 신고 또는 예방·홍보 등과 관련된 정보를 제공한다.
	입력 대상자	① 실종아동 등 ② 보호시설의 무연고자 ➡ 경찰관서의 장은 **본인 또는 보호자의 동의를 받아** 인터넷 안전드림에 공개할 수 있다.
	자료의 삭제 등	① 경찰관서의 장은 본인 또는 보호자의 동의를 받아 실종아동등 프로파일링시스템에서 데이터베이스로 관리하는 실종아동등 및 보호시설 무연고자 자료를 인터넷 안전드림에 공개할 수 있다. ② 경찰관서의 장은 다음의 어느 하나에 해당하는 때에는 지체 없이 인터넷 안전드림에 공개된 자료를 **삭제하여야 한다.** 　ⓐ 찾는실종아동등을 발견한 때 　ⓑ 보호실종아동등 또는 보호시설 무연고자의 보호자를 확인한 때 　ⓒ 본인 또는 보호자가 공개된 자료의 삭제를 요청하는 때
신고시 조치	실종아동 등의 신고	① 실종아동 등 신고는 **관할에 관계 없이** 실종아동찾기센터, 각 시·도 경찰청 및 경찰서에서 전화, 서면, 구술 등의 방법으로 접수하며, 신고를 접수한 경찰관은 범죄와의 관련 여부 등을 확인해야 한다. ② 경찰청 실종아동찾기센터는 실종아동 등에 대한 신고를 접수하거나, 신고 접수에 대한 보고를 받은 때에는 즉시 실종아동 등 프로파일링시스템에 입력, 관할 경찰관서를 지정하는 등 필요한 조치를 하여야 한다. 이 경우 관할 경찰관서는 발생지 관할 경찰관서 등 실종아동 등을 신속히 발견할 수 있는 관서로 지정해야 한다. ③ 경찰관서의 장은 실종아동 등에 대하여 제18조의 현장 탐문 및 수색 후 그 결과를 즉시 보호자에게 통보하여야 한다. 이후에는 실종아동 등 프로파일링시스템에 **등록한 날로부터 1개월까지는 15일에 1회, 1개월이 경과한 후부터는 분기별 1회** 보호자에게 추적 진행사항을 통보한다.

		④ 실종아동등 또는 가출인에 대한 신고를 접수하거나 실종아동등 프로파일링시스템에 신고내용이 입력되어 있는 것을 확인한 경찰관은 보호자가 요청하는 경우에는 신고접수증을 발급할 수 있다.
	가출인의 신고	① 가출인 신고는 **관할에 관계없이 접수**하여야 하며, 신고를 접수한 경찰관은 범죄와 관련 여부를 확인하여야 한다. ② 경찰서장은 가출인에 대한 신고를 접수한 때에는 정보시스템의 자료 조회, 신고자의 진술을 청취하는 방법 등으로 가출인을 발견하기 위한 조치를 하여야 하며, 가출인을 발견하지 못한 경우에는 즉시 실종아동 등 프로파일링시스템에 가출인에 대한 사항을 입력한다. ③ 가출인 사건을 관할하는 경찰서장은 정보시스템 자료의 조회, 다른 자료와의 대조, 주변인물과의 연락 등 가출인을 발견하기 위해 지속적으로 추적하고, 실종아동 등 프로파일링시스템에 등록한 날로부터 **반기별 1회** 보호자에게 귀가 여부를 확인한다. ④ 경찰서장은 가출인을 발견한 때에는 등록을 해제하고, 해당 가출인을 발견한 경찰서와 관할하는 경찰서가 다른 경우에는 발견 사실을 관할 경찰서장에게 지체 없이 알려야 한다. ⑤ 경찰서장은 가출인을 발견한 경우에는 가출신고가 되어 있음을 고지하고, 보호자에게 통보한다. 다만, 가출인이 거부하는 때에는 보호자에게 가출인의 소재를 알 수 있는 사항을 통보하여서는 아니 된다.
수배의 해제 (제8조 제3항 · 제4항)		① 경찰관서의 장은 다음의 어느 하나에 해당하는 경우에는 수정 · 해제자료를 작성하여 실종아동 등 프로파일링시스템에 등록된 자료를 **해제하여야 한다**. 다만, ⑩에 해당하는 경우에는 **해세 요성 사유의 진위 여부를 확인안 후 해세한다.** ㉠ 찾는실종아동 등 및 가출인의 소재를 발견한 경우 ㉡ 보호실종아동 등의 신원을 확인하거나 보호자를 확인한 경우 ㉢ 허위 또는 오인신고인 경우 ㉣ 지명수배 또는 지명통보 대상자임을 확인한 경우 ㉤ 보호자가 해제를 요청한 경우 ② 실종아동 등에 대한 해제는 실종아동찾기센터에서 하며, 시 · 도경찰청장 및 경찰서장이 해제하려면 실종아동찾기센터로 요청하여야 한다.
현장 탐문수색 (제18조)		① 찾는실종아동 등 및 가출인발생신고를 접수 또는 이첩받은 발생지 관할 경찰서장은 즉시 현장출동 경찰관을 지정하여 탐문 · 수색하도록 하여야 한다. 다만, 경찰관서장이 판단하여 수색의 실익이 없거나 현저히 곤란한 경우에는 탐문 · 수색을 생략하거나 중단할 수 있다. ② 경찰서장은 ①의 규정에 따라 현장을 탐문 · 수색한 결과, 정밀수색이 필요하다고 인정될 경우에는 추가로 필요한 경찰관 등을 출동시킬 수 있다. ③ 현장출동 경찰관은 ①의 규정에 따라 현장을 탐문 · 수색한 결과에 대해 필요한 보고서를 작성하여 실종아동 등 프로파일링시스템에 등록하고 경찰서장에게 보고하여야 한다.

5. 성폭력범죄의 처벌 등에 관한 특례법 ✔✔✔

성폭력 범죄	미수범 처벌 (○)	① 특수강도강간 등 ② 특수강간 등 ③ 친족관계에 의한 강간 등 ④ 장애인에 대한 강간·강제추행 등 ⑤ 13세 미만의 미성년자에 대한 강간·강제추행 등 ✎ 13세 미만의 사람에 대한 단순간음은 제외된다. ⑥ 강간 등 상해치상, 강간 등 살인·치사 ⑦ 카메라 등을 이용한 촬영 ⑧ 허위영상물 등의 반포 등 ⑨ 촬영물 등을 이용한 협박·강요
	미수범 처벌 (×)	① **업**무상 위력 등에 의한 **추**행 ② **공**중 밀집 장소에서의 **추**행 ③ 성적 목적을 위한 **다**중이용장소 침입행위 ④ **통**신매체를 이용한 음란행위
카메라 등을 이용한 촬영 (제14조)		① 카메라나 그 밖에 이와 유사한 기능을 갖춘 기계장치를 이용하여 성적 욕망 또는 수치심을 유발할 수 있는 사람의 신체를 촬영대상자의 의사에 반하여 촬영한 자는 7년 이하의 징역 또는 5천만원 이하의 벌금에 처한다. ② ①에 따른 촬영물 또는 복제물(복제물의 복제물을 포함한다. 이하 같다)을 반포·판매·임대·제공 또는 공공연하게 전시·상영(이하 '반포 등'이라 한다)한 자 또는 ①의 촬영이 촬영 당시에는 촬영대상자의 의사에 반하지 아니한 경우(**자신의 신체를 직접 촬영한 경우를 포함한다**)에도 사후에 그 촬영물 또는 복제물을 촬영대상자의 의사에 반하여 반포 등을 한 자는 7년 이하의 징역 또는 5천만원 이하의 벌금에 처한다. ③ 영리를 목적으로 촬영대상자의 의사에 반하여 정보통신망 이용촉진 및 정보보호 등에 관한 법률 제2조 제1항 제1호의 정보통신망(이하 '정보통신망'이라 한다)을 이용하여 ②의 죄를 범한 자는 3년 이상의 유기징역에 처한다. ④ ① 또는 ②의 **촬영물 또는 복제물을 소지·구입·저장 또는 시청한 자**는 3년 이하의 징역 또는 3천만원 이하의 벌금에 처한다. ⑤ **상습**으로 ①부터 ③까지의 죄를 범한 때에는 그 죄에 정한 **형의 2분의 1까지 가중한다.**
허위영상물 등의 반포 등 (제14조의2)		① 반포 등을 할 목적으로 사람의 얼굴·신체 또는 음성을 대상으로 한 촬영물·영상물 또는 음성물(이하 이 조에서 '영상물 등'이라 한다)을 영상물 등의 대상자의 의사에 반하여 성적 욕망 또는 수치심을 유발할 수 있는 형태로 편집·합성 또는 가공(이하 '편집 등'이라 한다)한 자는 5년 이하의 징역 또는 5천만원 이하의 벌금에 처한다. ② ①에 따른 편집물·합성물·가공물(이하 '편집물 등'이라 한다) 또는 복제물(복제물의 복제물을 포함한다. 이하 같다)을 반포 등을 한 자 또는 ①의 편집 등을 할 당시에는 영상물 등의 대상자의 의사에 반하지 아니한 경우에도 사후에 그 편집물 등 또는 복제물을 영상물 등의 대상자의 의사에 반하여 반포 등을 한 자는 5년 이하의 징역 또는 5천만원 이하의 벌금에 처한다. ③ 영리를 목적으로 영상물 등의 대상자의 의사에 반하여 정보통신망을 이용하여 ②의 죄를 범한 자는 7년 이하의 징역에 처한다. ④ 상습으로 ①부터 ③까지의 죄를 범한 때에는 그 죄에 정한 **형의 2분의 1까지 가중한다.**

: 두문자

업추·**공**추·**통**다

촬영물 등을 이용한 협박·강요 (제14조의3)		① 성적 욕망 또는 수치심을 유발할 수 있는 촬영물 또는 복제물(복제물의 복제물을 포함한다)을 이용하여 사람을 협박한 자는 1년 이상의 유기징역에 처한다. ② ①에 따른 협박으로 사람의 권리행사를 방해하거나 의무 없는 일을 하게 한 자는 3년 이상의 유기징역에 처한다. ③ **상습**으로 ① 및 ②의 죄를 범한 경우에는 그 죄에 정한 **형의 2분의 1까지 가중한다.**
형벌과 수강명령 등의 병과 (제16조)		① 법원이 성폭력범죄를 범한 사람에 대하여 형의 선고를 유예하는 경우에는 1년 동안 보호관찰을 받을 것을 명할 수 있다. 다만, 성폭력범죄를 범한 소년법 제2조에 따른 **소년**에 대하여 형의 선고를 유예하는 경우에는 반드시 보호관찰을 명하여야 한다. ② 법원은 성폭력범죄를 범한 자에 대하여 유죄판결(선고유예는 제외한다)을 선고하거나 약식명령을 고지하는 경우에는 500시간의 범위에서 재범예방에 필요한 수강명령 또는 성폭력 치료프로그램의 이수명령(이하 '이수명령'이라 한다)을 병과하여야 한다. 다만, 수강명령 또는 이수명령을 부과할 수 없는 특별한 사정이 있는 경우에는 그러하지 아니하다.
고소 제한에 대한 예외 (제18조)		성폭력범죄에 대하여는 형사소송법 제224조(고소의 제한) 및 군사법원법 제266조에도 불구하고 **자기 또는 배우자의 직계존속을 고소할 수 있다.**
형법상 감경규정의 특례 (제20조)		음주 또는 약물로 인한 심신장애 상태에서 성폭력범죄(제2조 제1항 제1호의 죄는 제외한다)를 범한 때에는 **형법 제10조 제1항·제2항 및 제11조를 적용하지 아니할 수 있다** (~ 하여야 한다 ×).
공소시효에 관한 특례 (제21조)	미성년자에 대한 특례	미성년자에 대한 성폭력범죄의 공소시효는 형사소송법 제252조 제1항 및 군사법원법 제294조 제1항에도 불구하고 해당 성폭력범죄로 피해를 당한 **미성년자가 성년에 달한 날부터 진행**한다.
	공소시효 연장	형법 제297조(강간), 제297조의2(유사강간), 제298조(강제추행), 제299조(준강간, 준강제추행), 제300조(미수범), 제301조(강간 등 상해·치상), 제301조의2(강간 등 살인·치사), 제302조(미성년자 등에 대한 간음), 제303조(업무상 위력 등에 의한 간음) 및 제305조(미성년자에 대한 간음, 추행)의 죄 및 제339조(강도·강간)의 죄 및 제342조(제339조의 미수범으로 한정한다)의 죄와 이 법 제3조 ~ 제9조의 죄까지의 죄는 디엔에이(DNA)증거 등 그 죄를 증명할 수 있는 과학적인 증거가 있는 때에는 **공소시효가 10년 연장된다.**
	공소시효의 배제	① **13세 미만의 사람** 및 **신체적인 또는 정신적인 장애가 있는 사람**에 대하여 다음의 죄를 범한 경우에는 형사소송법 제249조부터 제253조까지 및 군사법원법 제291조부터 제295조까지에 규정된 공소시효를 적용하지 아니한다. 　㉠ 형법 제297조(강간), 제298조(강제추행), 제299조(준강간, 준강제추행), 제301조(강간 등 상해·치상), 제301조의2(강간 등 살인·치사) 또는 제305조(미성년자에 대한 간음·추행죄)의 죄 　㉡ 제6조 제2항, 제7조 제2항·제5항, 제8조, 제9조의 죄 　㉢ 아동·청소년의 성보호에 관한 법률 제9조 또는 제10조의 죄 ② 다음의 죄를 범한 경우에는 형사소송법 제249조부터 제253조까지 및 군사법원법 제291조부터 제295조까지에 규정된 공소시효를 적용하지 아니한다. 　㉠ 형법 제301조의2(강간 등 살인·치사)의 죄(강간 등 살인에 한정한다) 　㉡ 제9조 제1항의 죄(강간 등 살인·치사)

	© 아동·청소년의 성보호에 관한 법률 제10조 제1항의 죄 ② 군형법 제92조의8의 죄(강간 등 살인에 한정한다)
성폭력 범죄의 피해자에 대한 전담조사제 (제26조)	① 검찰총장은 각 지방검찰청 검사장으로 하여금 성폭력범죄 전담 검사를 지정하도 록 하여 특별한 사정이 없으면 이들로 하여금 피해자를 조사하게 하여야 한다. ② 경찰청장은 각 경찰서장으로 하여금 **성폭력범죄 전담 사법경찰관**을 지정하도록 하 여 특별한 사정이 없으면 이들로 하여금 피해자를 조사하게 하여야 한다. ③ 국가는 제1항의 검사 및 제2항의 사법경찰관에게 성폭력범죄의 수사에 필요한 전 문지식과 피해자보호를 위한 수사방법 및 수사절차, 아동 심리 및 아동·장애인 조사 면담기법 등에 관한 교육을 실시하여야 한다. ④ 성폭력범죄를 전담하여 조사하는 제1항의 검사 및 제2항의 사법경찰관은 **19세 미** **만인 피해자나 신체적인 또는 정신적인 장애로 사물을 변별하거나 의사를 결정할 능력** **이 미약한 피해자**(이하 "**19세미만피해자등**"이라 한다)를 조사할 때에는 피해자의 나이, 인지적 발달 단계, 심리 상태, 장애 정도 등을 종합적으로 고려하여야 한다.
성폭력범죄 피해자에 대한 변호사 선임의 특례 (제27조)	① 성폭력범죄의 피해자 및 그 법정대리인(이하 "피해자등"이라 한다)은 형사절차상 입을 수 있는 피해를 방어하고 법률적 조력을 보장하기 위하여 변호사를 선임할 수 있다. ② 제1항에 따른 변호사는 검사 또는 사법경찰관의 피해자등에 대한 조사에 참여하 여 의견을 진술할 수 있다. 다만, 조사 도중에는 **검사 또는 사법경찰관의 승인**을 받 아 의견을 진술할 수 있다. ③ 제1항에 따른 변호사는 피의자에 대한 구속 전 피의자심문, 증거보전절차, 공판준 비기일 및 공판절차에 출석하여 의견을 진술할 수 있다. 이 경우 필요한 절차에 관한 구체적 사항은 대법원규칙으로 정한다. ④ 제1항에 따른 변호사는 증거보전 후 관계 서류나 증거물, 소송계속 중의 관계 서 류나 증거물을 열람하거나 등사할 수 있다. ⑤ 제1항에 따른 변호사는 형사절차에서 피해자등의 대리가 허용될 수 있는 모든 소 송행위에 대한 포괄적인 대리권을 가진다. ⑥ **검사(또는 사법경찰관×)**는 피해자에게 변호사가 없는 경우 국선변호사를 선정하 여 형사절차에서 피해자의 권익을 보호할 수 있다. 다만, **19세 미만 피해자등에게** **변호사가 없는 경우에는 국선변호사를 선정하여야 한다.**
수사 및 재판절차 에서의 배려 (제29조)	① 수사기관과 법원 및 소송관계인은 성폭력범죄를 당한 피해자의 나이, 심리 상태 또는 후유장애의 유무 등을 신중하게 고려하여 조사 및 심리·재판 과정에서 피 해자의 인격이나 명예가 손상되거나 사적인 비밀이 침해되지 아니하도록 주의하 여야 한다. ② 수사기관과 법원은 성폭력범죄의 피해자를 조사하거나 심리·재판할 때 피해자 가 편안한 상태에서 진술할 수 있는 환경을 조성하여야 하며, 조사 및 심리·재판 횟수는 필요한 범위에서 **최소한(1회 ×)**으로 하여야 한다. ③ 수사기관과 법원은 조사 및 심리·재판 과정에서 19세 미만 피해자등의 최상의 이익을 고려하여 다음 각 호에 따른 보호조치를 하도록 **노력하여야 한다.** 　1. 19세 미만 피해자등의 진술을 듣는 절차가 타당한 이유 없이 지연되지 아니하 　　도록 할 것 　2. 19세 미만 피해자등의 진술을 위하여 아동 등에게 친화적으로 설계된 장소에 　　서 피해자 조사 및 증인신문을 할 것 　3. 19세 미만 피해자등이 피의자 또는 피고인과 접촉하거나 마주치지 아니하도록 　　할 것

	4. 19세 미만 피해자등에게 조사 및 심리·재판 과정에 대하여 명확하고 충분히 설명할 것 5. 그 밖에 조사 및 심리·재판 과정에서 19세 미만 피해자등의 보호 및 지원 등을 위하여 필요한 조치를 할 것
영상물의 촬영·보존 등 (제30조)	① 검사 또는 사법경찰관은 **19세 미만 피해자등**의 진술 내용과 조사 과정을 영상녹화장치로 녹화(녹음이 포함된 것을 말하며, 이하 "영상녹화"라 한다)하고, 그 영상녹화물을 보존**하여야 한다.** ② 검사 또는 사법경찰관은 19세 미만 피해자등을 조사하기 전에 다음 각 호의 사실을 피해자의 나이, 인지적 발달 단계, 심리 상태, 장애 정도 등을 고려한 적절한 방식으로 피해자에게 설명하여야 한다. 　1. 조사 과정이 영상녹화된다는 사실 　2. 영상녹화된 영상녹화물이 증거로 사용될 수 있다는 사실 ③ 제1항에도 불구하고 19세 미만 피해자등 또는 그 법정대리인(법정대리인이 가해자이거나 가해자의 배우자인 경우는 **제외**한다)이 이를 원하지 아니하는 의사를 표시하는 경우에는 **영상녹화를 하여서는 아니 된다.** ④ 검사 또는 사법경찰관은 제1항에 따른 영상녹화를 마쳤을 때에는 지체 없이 피해자 또는 변호사 앞에서 봉인하고 피해자로 하여금 기명날인 또는 서명하게 하여야 한다. ⑤ 검사 또는 사법경찰관은 제1항에 따른 영상녹화 과정의 진행 경과를 조서(별도의 서면을 포함한다. 이하 같다)에 기록한 후 수사기록에 편철하여야 한다. ⑥ 제5항에 따라 영상녹화 과정의 진행 경과를 기록할 때에는 다음 각 호의 사항을 구체적으로 적어야 한다. 　1. 피해자가 영상녹화 장소에 도착한 시각 　2. 영상녹화를 시작하고 마친 시각 　3. 그 밖에 영상녹화 과정의 진행경과를 확인하기 위하여 필요한 사항 ⑦ 검사 또는 사법경찰관은 19세 미만 피해자등이나 그 법정대리인이 신청하는 경우에는 영상녹화 과정에서 작성한 조서의 사본 또는 영상녹화물에 녹음된 내용을 옮겨 적은 녹취서의 사본을 신청인에게 발급하거나 영상녹화물을 재생하여 시청하게 하여야 한다. ⑧ 누구든지 제1항에 따라 영상녹화한 영상녹화물을 수사 및 재판의 용도 외에 다른 목적으로 사용하여서는 아니된다.
영상 녹화물의 증거능력 특례 (제30조의2)	① 제30조 제1항에 따라 19세 미만 피해자등의 진술이 영상녹화된 영상녹화물은 같은 조 제4항부터 제6항까지에서 정한 절차와 방식에 따라 영상녹화된 것으로서 다음 각 호의 어느 하나의 경우에 **증거로 할 수 있다.** 　1. 증거보전기일, 공판준비기일 또는 공판기일에 그 내용에 대하여 피의자, 피고인 또는 변호인이 피해자를 신문할 수 있었던 경우. 다만, **증거보전기일에서의 신문의 경우 법원이 피의자나 피고인의 방어권이 보장된 상태에서 피해자에 대한 반대신문이 충분히 이루어졌다고 인정하는 경우로 한정한다.** 　2. 19세 미만 피해자등이 다음 각 목의 어느 하나에 해당하는 사유로 공판준비기일 또는 공판기일에 출석하여 진술할 수 없는 경우. 다만, **영상녹화된 진술 및 영상녹화가 특별히 신빙(信憑)할 수 있는 상태에서 이루어졌음이 증명된 경우로 한정한다.**

	가. **사망** 나. **외**국 거주 다. 신체적, 정신적 질병 · **장**애 라. 소재불명 마. 그 밖에 이에 준하는 경우 (※ 외사소장) ② 법원은 제1항 **제2호**에 따라 증거능력이 있는 영상녹화물을 유죄의 증거로 할지를 결정할 때에는 피고인과의 관계, 범행의 내용, 피해자의 나이, 심신의 상태, 피해자가 증언으로 인하여 겪을 수 있는 심리적 외상, 영상녹화물에 수록된 19세 미만 피해자등의 진술 내용 및 진술 태도 등을 고려하여야 한다. 이 경우 법원은 전문심리위원 또는 제33조에 따른 전문가의 **의견을 들어야 한다.**	
심리의 비공개 (제31조)	① 성폭력범죄에 대한 심리는 그 피해자의 사생활을 보호하기 위하여 결정으로써 공개하지 아니할 수 있다. ② 증인으로 소환받은 성폭력범죄의 피해자와 그 가족은 사생활보호 등의 사유로 증인신문의 비공개를 신청할 수 있다.	
전문가의 의견조회 (제33조)	① 법원은 정신건강의학과의사, 심리학자, 사회복지학자, 그 밖의 관련 전문가로부터 행위자 또는 피해자의 정신 · 심리 상태에 대한 진단 소견 및 피해자의 진술내용에 관한 의견을 조회할 수 있다. ② 법원은 성폭력범죄를 조사 · 심리할 때에는 ①에 따른 의견 조회의 결과를 고려하여야 한다. ③ 법원은 법원행정처장이 정하는 관련 전문가 후보자 중에서 ①에 따른 전문가를 지정하여야 한다. ④ ①부터 ③까지의 규정은 수사기관이 성폭력범죄를 수사하는 경우에 준용한다. 다만, 피해자가 13세 미만이거나 신체적인 또는 정신적인 장애로 사물을 변별하거나 의사를 결정할 능력이 미약한 경우에는 관련 전문가에게 피해자의 정신 · 심리 상태에 대한 진단 소견 및 진술내용에 관한 의견을 **조회하여야 한다.**	
신뢰관계에 있는 사람의 동석 (제34조)	① 법원은 다음 각 호의 어느 하나에 해당하는 피해자를 증인으로 신문하는 경우에 검사, 피해자 또는 그 법정대리인이 신청할 때에는 재판에 지장을 줄 우려가 있는 등 부득이한 경우가 아니면 피해자와 신뢰관계에 있는 사람을 **동석하게 하여야 한다.** 1. 제3조부터 제8조까지, 제10조, 제14조, 제14조의2, 제14조의3, 제15조(제9조의 미수범은 **제외**한다) 및 제15조의2에 따른 범죄의 피해자 2. 19세 미만 피해자등 ② 제1항은 수사기관이 같은 항 각 호의 피해자를 조사하는 경우에 관하여 준용한다. ③ 제1항 및 제2항의 경우 법원과 수사기관은 피해자와 신뢰관계에 있는 사람이 피해자에게 불리하거나 피해자가 원하지 아니하는 경우에는 동석하게 하여서는 아니 된다.	
진술 조력인	진술 조력인의 양성 (제35조)	① **법무부장관**은 의사소통 및 의사표현에 어려움이 있는 성폭력범죄의 피해자에 대한 형사사법절차에서의 조력을 위하여 진술조력인을 양성하여야 한다. ② 진술조력인은 정신건강의학, 심리학, 사회복지학, 교육학 등 아동 · 장애인의 심리나 의사소통 관련 전문지식이 있거나 관련 분야에서 상당 기간 종사한 사람으로 법무부장관이 정하는 교육을 이수하여야 한다. 진술조력인의 자격, 양성 및 배치 등에 관하여 필요한 사항은 **법무부령**으로 정한다. ③ 법무부장관은 ①에 따라 양성한 진술조력인 명부를 작성하여야 한다.

진술 조력인	진술 조력인의 수사과정 참여 (제36조)	① 검사 또는 사법경찰관은 성폭력범죄의 피해자가 **19세 미만 피해자등인 경우** 형사사법절차에서의 조력과 원활한 조사를 위하여 직권이나 피해자, 그 법정대리인 또는 변호사의 신청에 따라 진술조력인으로 하여금 조사과정에 참여하여 의사소통을 중개하거나 보조하게 할 수 있다. 다만, **피해자 또는 그 법정대리인이 이를 원하지 아니하는 의사를 표시한 경우에는 그러하지 아니하다.** ② 검사 또는 사법경찰관은 ①의 피해자를 조사하기 전에 피해자, 법정대리인 또는 변호사에게 진술조력인에 의한 의사소통 중개나 보조를 신청할 수 있음을 고지하여야 한다. ③ 진술조력인은 조사 전에 피해자를 면담하여 진술조력인 조력 필요성에 관하여 평가한 의견을 수사기관에 제출할 수 있다.
	진술조력인의 재판과정 참여 (제37조)	① 법원은 성폭력범죄의 피해자가 **19세 미만 피해자등인 경우** 재판과정에서의 조력과 원활한 증인 신문을 위하여 직권 또는 검사, 피해자, 그 법정대리인 및 변호사의 신청에 의한 결정으로 진술조력인으로 하여금 증인 신문에 참여하여 중개하거나 보조하게 할 수 있다. ② 법원은 증인이 제1항에 해당하는 경우에는 신문 전에 피해자, 법정대리인 및 변호사에게 진술조력인에 의한 의사소통 중개나 보조를 신청할 수 있음을 고지하여야 한다. ③ 진술조력인의 소송절차 참여에 관한 구체적 절차와 방법은 대법원규칙으로 정한다.
	진술 조력인의 자격과 취소 (제35조의2, 제35조의3)	① 다음의 어느 하나에 해당하는 사람은 진술조력인이 될 수 없다(제35조의2). ㉠ 피성년후견인 ㉡ 금고 이상의 실형을 선고받고 그 집행이 종료(집행이 종료된 것으로 보는 경우를 포함한다)되거나 집행이 면제된 날부터 5년이 지나지 아니한 사람 ㉢ 금고 이상의 형의 집행을 유예받고 그 유예기간이 완료된 날부터 2년이 지나지 아니한 사람 ㉣ 금고 이상의 형의 선고를 유예받고 그 유예기간 중에 있는 사람 ㉤ ㉡부터 ㉣까지의 규정에도 불구하고 다음의 어느 하나에 해당하는 범죄를 저지른 사람으로서 형 또는 치료감호를 선고받고 확정된 후 그 형 또는 치료감호의 전부 또는 일부의 집행이 끝나거나(집행이 끝난 것으로 보는 경우를 포함한다) 집행이 유예·면제된 날부터 10년이 지나지 아니한 사람 ⓐ 제2조에 따른 성폭력범죄 ⓑ 아동·청소년의 성보호에 관한 법률 제2조 제2호에 따른 아동·청소년대상 성범죄 ⓒ 아동학대범죄의 처벌 등에 관한 특례법 제2조 제4호에 따른 아동학대범죄 ⓓ 장애인복지법 제86조, 제86조의2 및 제87조의 죄 ㉥ 제35조의3(이 조 제1호에 해당하게 되어 제35조의3 제1항 제2호에 따라 진술조력인의 자격이 취소된 경우는 제외한다)에 따라 진술조력인 자격이 취소된 후 3년이 지나지 아니한 사람

② 법무부장관은 진술조력인 자격을 가진 사람이 다음의 어느 하나에 해당하는 경우에는 그 자격을 취소할 수 있다. 다만, ⊙ 또는 ⓒ에 해당하는 경우에는 그 자격을 **취소하여야 한다**(제35조의3 제1항).
　⊙ 거짓이나 그 밖의 부정한 방법으로 자격을 취득한 사실이 드러난 경우
　ⓒ 제35조의2 각 호의 결격사유 중 어느 하나에 해당하게 된 경우
　ⓒ 제38조에 따른 진술조력인의 의무를 위반한 경우
　ⓔ 고의나 중대한 과실로 업무 수행에 중대한 지장이 발생하게 된 경우
　ⓜ 진술조력인의 업무 수행과 관련하여 부당한 금품을 수령하는 등 부정한 행위를 한 경우
　ⓗ 정당한 사유 없이 법무부령으로 정하는 교육을 이수하지 않은 경우
　ⓢ 그 밖에 진술조력인의 업무를 수행할 수 없는 중대한 사유가 발생한 경우
③ 법무부장관은 ②에 따라 진술조력인 자격을 취소하려는 경우에는 해당 진술조력인에게 자격 취소 예정인 사실과 그 사유를 통보하여야 한다. 이 경우 통보를 받은 진술조력인은 법무부에 출석하여 소명(疏明)하거나 소명에 관한 의견서를 제출할 수 있다(제35조의3 제2항).
④ 법무부장관은 ③ 후단에 따라 진술조력인이 소명하거나 소명에 관한 의견서를 제출한 경우 진술조력인 자격 취소 여부를 결정하기 위하여 **외부 전문가의 의견을 들을 수 있다**(제35조의3 제3항).
⑤ 법무부장관은 ②에 따라 진술조력인 자격을 취소한 경우에는 즉시 그 사람에게 진술조력인 자격 취소의 사실 및 그 사유를 서면으로 알려주어야 한다(제35조의3 제4항).
⑥ ②에 따라 진술조력인 자격이 취소된 사람의 자격증 반납에 관해서는 **법무부령으로** 정한다(제35조의3 제5항).

19세 미만 피해자등에 대한 증인신문을 위한 공판준비 절차 (제40조의2)	① 법원은 19세 미만 피해자등을 증인으로 신문하려는 경우에는 19세 미만 피해자등의 보호와 원활한 심리를 위하여 필요한 경우 검사, 피고인 또는 변호인의 의견을 들어 사건을 공판준비절차에 부칠 수 있다. ② 법원은 제1항에 따라 공판준비절차에 부치는 경우 증인신문을 위한 심리계획을 수립하기 위하여 공판준비기일을 지정하여야 한다. ③ 법원은 제2항에 따라 지정한 공판준비기일에 증인신문을 중개하거나 보조할 진술조력인을 출석하게 할 수 있다. ④ 19세 미만 피해자등의 변호사는 제2항에 따라 지정된 공판준비기일에 출석할 수 있다. ⑤ 법원은 제1항에 따른 공판준비절차에서 검사, 피고인 또는 변호인에게 신문할 사항을 기재한 서면을 법원에 미리 제출하게 할 수 있다. 다만, 제출한 신문사항은 증인신문을 하기 전까지는 열람·복사 등을 통하여 상대방에게 공개하지 아니한다. ⑥ 법원은 제2항에 따라 지정된 공판준비기일에서 검사, 피고인, 변호인, 19세 미만 피해자등의 변호사 및 진술조력인에게 신문사항과 신문방법 등에 관한 의견을 구할 수 있다.

19세 미만 피해자등의 증인신문 장소 등에 대한 특례 (제40조의3)		① 법원은 19세 미만 피해자등을 증인으로 신문하는 경우 사전에 피해자에게 「형사소송법」 제165조의2제1항에 따라 비디오 등 중계장치에 의한 중계시설을 통하여 신문할 수 있음을 고지하여야 한다. ② 19세 미만 피해자등은 제1항의 중계시설을 통하여 증인신문을 진행할지 여부 및 증인으로 출석할 장소에 관하여 법원에 의견을 진술할 수 있다. ③ 제1항에 따른 중계시설을 통하여 19세 미만 피해자등을 증인으로 신문하는 경우 그 중계시설은 특별한 사정이 없으면 제30조 제1항에 따른 영상녹화가 이루어진 장소로 한다. 다만, 피해자가 다른 장소를 원하는 의사를 표시하거나, 제30조 제1항에 따른 영상녹화가 이루어진 장소가 경찰서 등 수사기관의 시설인 경우에는 법원이 중계시설을 지정할 수 있다.
증거보전의 특례 (제41조)		① 피해자나 그 법정대리인 또는 **사법경찰관**은 피해자가 공판기일에 출석하여 증언하는 것에 현저히 곤란한 사정이 있을 때에는 그 사유를 소명하여 제30조에 따라 영상녹화된 영상녹화물 또는 그 밖의 다른 증거에 대하여 해당 성폭력범죄를 수사하는 **검사에게** 「형사소송법」 제184조(증거보전의 청구와 그 절차)제1항에 따른 증거보전의 청구를 할 것을 요청할 수 있다. 이 경우 **피해자가 19세 미만 피해자등인 경우**에는 공판기일에 출석하여 증언하는 것에 현저히 곤란한 사정이 있는 것으로 본다. ② 제1항의 요청을 받은 검사는 그 요청이 타당하다고 인정할 때에는 증거보전의 청구를 할 수 있다. 다만, 19세 미만 피해자등이나 그 법정대리인이 제1항의 요청을 하는 경우에는 특별한 사정이 없는 한 「형사소송법」 제184조 제1항에 따라 관할 지방법원 판사에게 증거보전을 청구하여야 한다.
신상정보 등록 · 공개	등록대상자	제2조 제1항 제3호 · 제4호, 같은 조 제2항(제1항 제3호 · 제4호에 한정한다), 제3조부터 제15조까지의 범죄 및 아동 · 청소년의 성보호에 관한 법률 제2조 제2호 가목 · 라목의 범죄(이하 '등록대상 성범죄'라 한다)로 **유죄판결이나 약식명령이 확정된 자** 또는 같은 법 제49조 제1항 제4호에 따라 공개명령이 확정된 자는 신상정보 등록대상자(이하 '등록대상자'라 한다)가 된다. 다만, 제12조, 제13조의 범죄 및 아동 · 청소년의 성보호에 관한 법률 제11조 제3항 및 제5항의 범죄로 벌금형을 선고받은 자는 제외한다.
	신상정보의 제출의무	등록대상자는 제42조 제1항의 판결이 확정된 날부터 **30일 이내**에 '기본신상정보'를 자신의 주소지를 관할하는 **경찰관서의 장**(이하 '관할 경찰관서의 장'이라 한다)에게 제출하여야 한다. 다만, 등록대상자가 교정시설 또는 치료감호시설에 수용된 경우에는 그 교정시설의 장 또는 치료감호시설의 장(이하 **'교정시설등의 장'**이라 한다)에게 기본신상정보를 제출함으로써 이를 갈음할 수 있다.
	출입국시 신고의무	① 등록대상자가 **6개월 이상** 국외에 체류하기 위하여 출국하는 경우에는 미리 **관할 경찰관서의 장**에게 체류국가 및 체류기간 등을 신고하여야 한다. ② ①에 따라 신고한 등록대상자가 입국하였을 때에는 특별한 사정이 없으면 **14일 이내**에 관할 경찰관서의 장에게 입국 사실을 신고하여야 한다. ①에 따른 신고를 하지 아니하고 출국하여 6개월 이상 국외에 체류한 등록대상자가 입국하였을 때에도 또한 같다.

등록정보의 관리	① **법무부장관**은 제43조 제5항·제6항 및 제43조의2 제3항에 따라 송달받은 정보와 다음의 등록대상자 정보를 등록하여야 한다. ㉠ 등록대상 성범죄 경력정보 ㉡ 성범죄 전과사실(죄명, 횟수) ㉢ 전자장치 부착 등에 관한 법률에 따른 전자장치 부착 여부 ② 법무부장관은 제44조 제1항 또는 제4항에 따라 기본신상정보를 최초로 등록한 날(이하 '최초등록일'이라 한다)부터 다음의 구분에 따른 기간(이하 '등록기간'이라 한다) 동안 등록정보를 보존·관리하여야 한다. 다만, 법원이 등록기간을 정한 경우에는 그 기간 동안 등록정보를 보존·관리하여야 한다. ㉠ 신상정보 등록의 원인이 된 성범죄로 사형, 무기징역·무기금고형 또는 10년 초과의 징역·금고형을 선고받은 사람: **30년** ㉡ 신상정보 등록의 원인이 된 성범죄로 3년 초과 10년 이하의 징역·금고형을 선고받은 사람: **20년** ㉢ 신상정보 등록의 원인이 된 성범죄로 3년 이하의 징역·금고형을 선고받은 사람 또는 아동·청소년의 성보호에 관한 법률 제49조 제1항 제4호에 따라 공개명령이 확정된 사람: **15년** ㉣ 신상정보 등록의 원인이 된 성범죄로 벌금형을 선고받은 사람: **10년**
신상정보 등록의 면제	① 신상정보 등록의 원인이 된 성범죄로 형의 선고를 유예받은 사람이 **선고유예를 받은 날부터 2년이 경과**하여 형법 제60조에 따라 **면소된 것으로 간주되면 신상정보 등록을 면제한다.** ② 등록대상자는 다음의 구분에 따른 기간(교정시설 또는 치료감호시설에 수용된 기간은 제외한다)이 경과한 경우에는 법무부령으로 정하는 신청서를 법무부장관에게 제출하여 신상정보 등록의 면제를 신청할 수 있다. ㉠ 제45조 제1항에 따른 등록기간이 30년인 등록대상자: 최초등록일부터 20년 ㉡ 제45조 제1항에 따른 등록기간이 20년인 등록대상자: 최초등록일부터 15년 ㉢ 제45조 제1항에 따른 등록기간이 15년인 등록대상자: 최초등록일부터 10년 ㉣ 제45조 제1항에 따른 등록기간이 10년인 등록대상자: 최초등록일부터 7년
등록정보의 공개 및 고지	① 법무부장관은 등록정보의 공개 및 고지에 필요한 정보를 여성가족부장관에게 송부하여야 한다. ② 등록정보의 공개 및 고지는 **여성가족부장관**이 집행한다.

01 성폭력범죄의 처벌 등에 관한 특례법상 등록대상자가 6개월 이상 국외에 체류하기 위하여 출국하는 경우에도 미리 관할 경찰관서의 장에게 허가를 받아야 한다. 18. 경찰 (　　)

02 성폭력범죄의 처벌 등에 관한 특례법상 신상정보 등록의 원인이 된 성범죄로 형의 선고를 유예받은 사람이 선고유예를 받은 날부터 2년이 경과하여 형법 제60조에 따라 면소된 것으로 간주되면 신상정보 등록을 면제한다. 18. 경찰 (　　)

03 성폭력범죄의 처벌 등에 관한 특례법상 등록대상자의 신상정보의 등록·보존 및 관리 업무에 종사하거나 종사하였던 자는 직무상 알게 된 등록정보를 누설하여서는 아니 된다. 18. 경찰 (　　)

정답 01 X 02 O 03 O

⊕ PLUS 특정중대범죄 피의자 등 신상정보 공개에 관한 법률

정의 (제2조)	이 법에서 "특정중대범죄"란 다음 각 호의 어느 하나에 해당하는 죄를 말한다. 1. 「형법」 제2편제1장 내란의 죄 및 같은 편 제2장 외환의 죄 2. 「형법」 제114조(범죄단체 등의 조직)의 죄 3. 「형법」 제119조(폭발물 사용)의 죄 4. 「형법」 제164조(현주건조물 등 방화)제2항의 죄 5. 「형법」 제2편제25장 상해와 폭행의 죄 중 제258조(중상해, 존속중상해), 제258조의2(특수상해), 제259조(상해치사) 및 제262조(폭행치사상)의 죄. 다만, 제262조(폭행치사상)의 죄의 경우 중상해 또는 사망에 이른 경우에 한정한다. 6. 「특정강력범죄의 처벌에 관한 특례법」 제2조의 특정강력범죄 7. 「성폭력범죄의 처벌 등에 관한 특례법」 제2조의 성폭력범죄 8. 「아동·청소년의 성보호에 관한 법률」 제2조 제2호의 아동·청소년대상 성범죄. 다만, 같은 법 제13조(아동청소년의 성을 사는 행위), 제14조 제3항(성을 사는 행위의 유인 및 권유), 제15조 제2항·제3항(영업으로 성을 사는 행위의 유인 및 권유) 및 제15조의2의 죄(아동청소년 성착취 목적 대화)는 제외한다. 9. 「마약류 관리에 관한 법률」 제58조의 죄. 다만, 같은 조 제4항의 죄는 제외한다. 10. 「마약류 불법거래 방지에 관한 특례법」 제6조 및 제9조 제1항의 죄 11. 제1호부터 제10호까지의 죄로서 다른 법률에 따라 가중처벌되는 죄
다른 법률과의 관계 (제3조)	수사 및 재판 단계에서 신상정보의 공개에 대하여는 다른 법률의 규정에도 불구하고 이 법을 우선 적용한다.

피의자의
신상정보
공개
(제4조)
	① 검사와 사법경찰관은 다음 각 호의 요건을 모두 갖춘 특정중대범죄사건의 피의자의 얼굴, 성명 및 나이(이하 "신상정보"라 한다)를 공개할 수 있다. 다만, 피의자가 미성년자인 경우에는 공개하지 아니한다.
	  1. 범행수단이 잔인하고 중대한 피해가 발생하였을 것(제2조 제3호부터 제6호까지의 죄에 한정한다 → 3. 폭발물 사용의 죄, 4. 현주건조물 등 방화죄, 5. 상해와 폭행의 죄, 6. 특정강력범죄)
	  2. 피의자가 그 죄를 범하였다고 믿을 만한 충분한 증거가 있을 것
	  3. 국민의 알권리 보장, 피의자의 재범 방지 및 범죄예방 등 오로지 공공의 이익을 위하여 필요할 것
	② 검사와 사법경찰관은 제1항에 따라 신상정보 공개를 결정할 때에는 범죄의 중대성, 범행 후 정황, 피해자 보호 필요성, 피해자(피해자가 사망한 경우 피해자의 유족을 포함한다)의 의사 등을 종합적으로 고려하여야 한다.
	③ 검사와 사법경찰관은 제1항에 따라 신상정보를 공개할 때에는 피의자의 인권을 고려하여 신중하게 결정하고 이를 남용하여서는 아니 된다.
	④ 제1항에 따라 공개하는 피의자의 얼굴은 특별한 사정이 없으면 공개 결정일 전후 30일 이내의 모습으로 한다. 이 경우 검사와 사법경찰관은 다른 법령에 따라 적법하게 수집·보관하고 있는 사진, 영상물 등이 있는 때에는 이를 활용하여 공개할 수 있다.
	⑤ 검사와 사법경찰관은 제1항에 따라 피의자의 얼굴을 공개하기 위하여 필요한 경우 피의자를 식별할 수 있도록 피의자의 얼굴을 촬영할 수 있다. 이 경우 피의자는 이에 따라야 한다.
	⑥ 검사와 사법경찰관은 제1항에 따라 피의자의 신상정보 공개를 결정하기 전에 피의자에게 의견을 진술할 기회를 주어야 한다. 다만, 신상정보공개심의위원회에서 피의자의 의견을 청취한 경우에는 이를 생략할 수 있다.
	⑦ 검사와 사법경찰관은 피의자에게 신상정보 공개를 통지한 날부터 5일 이상의 유예기간을 두고 신상정보를 공개하여야 한다. 다만, 피의자가 신상정보 공개 결정에 대하여 서면으로 이의 없음을 표시한 때에는 유예기간을 두지 아니할 수 있다.
	⑧ 검사와 사법경찰관은 정보통신망을 이용하여 그 신상정보를 30일간 공개한다.
	⑨ 신상정보의 공개 등에 관한 절차와 방법 등 그 밖에 필요한 사항은 대통령령으로 정한다.

:두문자
방폭특강

:두문자
성충중공

피고인의 신상정보 공개 (제5조)	① 검사는 공소제기 시까지 특정중대범죄사건이 아니었으나 재판 과정에서 특정중대범죄사건으로 공소사실이 변경된 사건의 피고인으로서 제4조 제1항 각 호의 요건을 모두 갖춘 피고인에 대하여 피고인의 현재지 또는 최후 거주지를 관할하는 법원에 신상정보의 공개를 청구할 수 있다. 다만, 피고인이 미성년자인 경우는 제외한다. ② 제1항에 따른 청구는 해당 특정중대범죄 피고사건의 항소심 변론종결 시까지 하여야 한다. ③ 제1항에 따른 청구에 관하여는 해당 특정중대범죄 피고사건을 심리하는 재판부가 아닌 별도의 재판부에서 결정한다. ④ 법원은 피고인의 신상정보 공개 여부를 결정하기 위하여 필요하다고 인정하는 때에는 검사, 피고인, 그 밖의 참고인으로부터 의견을 들을 수 있다. ⑤ 제1항에 따른 청구를 받은 법원은 청구의 허부에 관한 결정을 하여야 한다. ⑥ 제5항의 결정에 대하여는 즉시항고를 할 수 있다. ⑦ 법원의 신상정보 공개 결정은 검사가 집행하고, 이에 대하여는 제4조 제4항·제5항·제8항·제9항을 준용한다.
신상정보 공개심의 위원회	① 검찰총장 및 경찰청장은 제4조에 따른 신상정보 공개 여부에 관한 사항을 심의하기 위하여 신상정보공개심의위원회를 둘 수 있다. ② 신상정보공개심의위원회는 위원장을 포함하여 10인 이내의 위원으로 구성한다. ③ 신상정보공개심의위원회는 신상정보 공개 여부에 관한 사항을 심의할 때 피의자에게 의견을 진술할 기회를 주어야 한다. ④ 신상정보공개심의위원회 위원 또는 위원이었던 사람은 심의 과정에서 알게 된 비밀을 외부에 공개하거나 누설하여서는 아니 된다. ⑤ 신상정보공개심의위원회의 구성 및 운영 등에 관한 구체적인 사항은 검찰총장 및 경찰청장이 정한다.

6. 가정폭력범죄의 처벌 등에 관한 특례법 ✦✦✦✦

가폭법 용어 정의

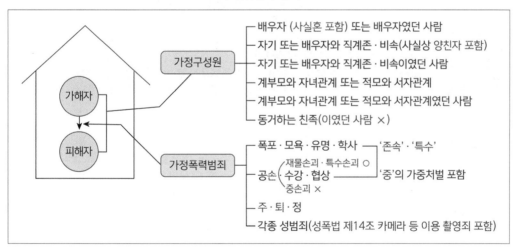

	가정폭력	가정구성원 사이의 신체적, 정신적 또는 **재산상 피해**를 수반하는 행위를 말한다.
	가정구성원	① 배우자(**사실상 혼인관계에 있는 사람을 포함**한다. 이하 같다) 또는 배우자였던 사람 ② 자기 또는 배우자와 직계존비속관계(사실상의 양친자관계를 포함한다. 이하 같다)에 있거나 있었던 사람 ③ **계부모와 자녀의 관계** 또는 **적모(嫡母)와 서자(庶子)의 관계**에 있거나 있었던 사람 ④ **동거하는 친족**
용어의 정의	가정폭력 범죄 ○	① **폭행죄**[형법 제260조(폭행, 존속폭행) 제1항 · 제2항, 제261조(특수폭행) 및 제264조(상습범)의 죄] ② 체포 · 감금죄[형법 제276조(체포, 감금, 존속체포, 존속감금), 제277조(중체포, 중감금, 존속중체포, 존속중감금), 제278조(특수체포, 특수감금), 제279조(상습범) 및 제280조(미수범)의 죄] ③ **모욕죄**(형법 제311조) ④ **유기죄**[형법 제271조(유기, 존속유기) 제1항 · 제2항, 제272조(영아유기), 제273조(학대, 존속학대)] ⑤ **명예훼손죄**[형법 제307조(명예훼손), 제308조(사자의 명예훼손), 제309조(출판물 등에 의한 명예훼손)] ⑥ **학대죄**(형법 제273조) ⑦ 아동혹**사죄**(형법 제274조) ⑧ **공갈죄**[형법 제350조(공갈), 제350조의2(특수공갈) 및 제352조(미수범)(제350조, 제350조의2의 죄에만 해당한다)의 죄] ⑨ **손괴죄**[형법 제366조(재물손괴 등), 제369조(특수손괴) 제1항의 죄] ➡ 단, **중손괴죄는 제외된다.** ⑩ 주거 · **신체** 수색죄(형법 제321조) ⑪ **강요죄**[형법 제324조(강요) 및 제324조의5(미수범)(제324조의 죄에만 해당한다)] ⑫ **협박죄**[형법 제283조(협박, 존속협박) 제1항 · 제2항, 제284조(특수협박), 제285조(상습범)(제283조의 죄에만 해당한다) 및 제286조(미수범)의 죄] ⑬ **상해죄**[형법 제257조(상해, 존속상해), 제258조(중상해, 존속중상해), 제258조의2(특수상해)], ➡ 이상의 죄는 '존속' 및 '특수' 및 '중'으로 가중처벌되는 경우도 포함된다. ⑭ **주거침입죄 및 퇴거불응죄**(형법 제2편 제36장 주거침입의 죄) ⑮ 정보통신망 이용촉진 및 정보보호 등에 관한 법률 제74조 제1항 제3호의 죄(**정**보통신망을 이용하여 공포심이나 불안감을 유발하는 부호 · 문언 · 음향 · 화상 또는 영상을 반복적으로 상대방에게 도달하게 한 자) ⑯ **각종 성범죄**[형법 제297조(강간), 제297조의2(유사강간), 제298조(강제추행), 제299조(준강간, 준강제추행), 제300조(미수범), 제301조(강간 등 상해 · 치상), 제301조의2(강간 등 살인 · 치사), 제302조(미성년자 등에 대한 간음), 제305조(미성년자에 대한 간음, 추행), 제305조의2(상습범)(제297조, 제297조의2, 제298조부터 제300조까지의 죄에 한한다)의 죄 + 성폭력범죄의 처벌 등에 관한 특례법 제14조(카메라 등을 이용한 촬영) 및 제15조(미수범)(제14조의 죄에만 해당한다)의 죄]

	×	살인죄, 강도죄, 절도죄, 사기죄, 횡령·배임죄, 약취·유인죄, 업무방해죄, 상해치사죄, 폭행치사상, 유기치사상, 체포감금치사상죄, 인질강요죄, **중손괴죄**
	피해자	가정폭력범죄로 인하여 **직접적으로** 피해를 입은 사람을 말한다.
	아동	아동복지법 제3조 제1호에 따른 아동(18세 미만인 사람)을 말한다.
신고의무	신고할 수 있는 자	**누구든지** 가정폭력범죄를 알게 된 경우에는 수사기관에 신고할 수 있다.
	신고의무자	① 다음의 어느 하나에 해당하는 사람이 직무를 수행하면서 가정폭력범죄를 알게 된 경우에는 정당한 사유가 없으면 즉시 수사기관에 신고하여야 한다. 　㉠ 아동의 교육과 보호를 담당하는 기관의 종사자와 그 기관장 　㉡ 아동, **60세 이상의 노인**, 그 밖에 정상적인 판단능력이 결여된 사람의 치료 등을 담당하는 의료인 및 의료기관의 장 　㉢ 노인복지법에 따른 노인복지시설, 아동복지법에 따른 아동복지시설, 장애인복지법에 따른 장애인복지시설의 종사자와 그 기관장 　㉣ 다문화가족지원법에 따른 다문화가족지원센터의 전문인력과 그 장 　㉤ 결혼중개업의 관리에 관한 법률에 따른 국제결혼중개업자와 그 종사자 　㉥ 소방기본법에 따른 구조대·구급대의 대원 　㉦ 사회복지사업법에 따른 사회복지 전담공무원 　㉧ 건강가정기본법에 따른 건강가정지원센터의 종사자와 그 센터의 장 ② 아동복지법에 따른 아동상담소, 가정폭력방지 및 피해자보호 등에 관한 법률에 따른 가정폭력 관련 상담소 및 보호시설, 성폭력방지 및 피해자보호 등에 관한 법률에 따른 성폭력피해상담소 및 보호시설(이하 '상담소 등'이라 한다)에 근무하는 상담원과 그 기관장은 피해자 또는 피해자의 법정대리인 등과의 상담을 통하여 가정폭력범죄를 알게 된 경우에는 가정폭력피해자의 **명시적인 반대의견이 없으면 즉시 신고하여야 한다.**
고소특례	원칙	피해자 또는 그 법정대리인
	특례	① 피해자 또는 그 법정대리인은 가정폭력행위자를 고소할 수 있다. 피해자의 법정대리인이 가정폭력행위자인 경우 또는 가정폭력행위자와 공동으로 가정폭력범죄를 범한 경우에는 피해자의 친족이 고소할 수 있다. ② 피해자는 형사소송법 제224조에도 불구하고 가정폭력행위자가 자기 또는 배우자의 직계존속인 경우에도 고소할 수 있다. 법정대리인이 고소하는 경우에도 또한 같다. ③ 피해자에게 고소할 법정대리인이나 친족이 없는 경우에 이해관계인이 신청하면 검사는 10일 이내에 고소할 수 있는 사람을 지정하여야 한다.
다른 법률과의 관계		가정폭력범죄에 대하여는 이 법을 우선 적용한다. 다만, **아동학대범죄에 대하여는 아동학대범죄의 처벌 등에 관한 특례법을 우선 적용한다.**

기출 OX

04 가정폭력범죄의 처벌 등에 관한 특례법상 피해자 또는 그 법정대리인은 가정폭력행위자를 고소할 수 있다. 피해자의 법정대리인이 가정폭력행위자인 경우 또는 가정폭력행위자와 공동으로 가정폭력범죄를 범한 경우에는 피해자의 친족이 고소할 수 없다. 15. 경찰

(　)

정답 04 ×

:두문자 제·인·통·고	사법 경찰관의 사건송치	사법경찰관은 가정폭력범죄를 신속히 수사하여 사건을 검사에게 송치하여야 한다. 이 경우 사법경찰관은 해당 사건을 가정보호사건으로 처리하는 것이 적절한지에 관한 의견을 제시할 수 있다.	
	응급조치	절차	진행 중인 가정폭력범죄에 대하여 신고를 받은 사법경찰관리는 즉시 현장에 나가서 다음 내용의 조치를 **하여야 한다.**
		내용	① 폭력행위의 **제지**, 가정폭력행위자·피해자의 **분리** ② 형사소송법 제212조에 따른 현행범인의 체포 등 범죄수사 ③ 피해자를 가정폭력 관련 **상담소 또는 보호시설로 인도**(피해자가 동의한 경우만 해당한다) ④ 긴급치료가 필요한 피해자를 **의료기관으로 인도** ⑤ 폭력행위 재발시 제8조에 따라 임시조치를 신청할 수 있음을 **통보** ⑥ 제55조의2에 따른 피해자보호명령 또는 신변안전조치를 청구할 수 있음을 **고지**
:두문자 격·주·통·위·유	임시조치	신청	① 검사는 **가정폭력범죄가 재발될 우려가 있다고 인정하는 경우**에는 직권으로 또는 사법경찰관의 신청에 의하여 법원에 아래의 임시조치의 내용 중 ①~③의 임시조치를 청구할 수 있다. ② 법원은 가정폭력행위자가 법원에 인치된 때부터 **24시간 이내에** 아래의 임시조치 여부를 결정하여야 한다.
		내용	① 피해자 또는 가정구성원의 주거 또는 점유하는 방실로부터의 **퇴거 등 격리** ② 피해자 또는 가정구성원이나 그 **주거·직장 등에서 100m 이내의 접근 금지** ③ 피해자 또는 가정구성원에 대한 전기**통신**기본법 제2조 제1호의 **전기통신을 이용한 접근 금지** ④ 의료기관이나 그 밖의 **요양소에의 위탁** ➡ 신청(×) ⑤ 국가경찰관서의 **유치장 또는 구치소에의 유치** ⑥ 상담소 등에의 상담**위탁**
		절차	① 동행영장에 의하여 동행한 가정폭력행위자 또는 인도된 가정폭력행위자에 대하여는 가정폭력행위자가 법원에 인치된 때부터 **24시간** 이내에 내용의 임시조치 여부를 결정하여야 한다. ② 법원은 임시조치를 결정한 경우에는 검사와 피해자에게 통지하여야 한다. ③ 법원은 임시조치 중 요양소에의 위탁 및 유치장 또는 구치소에의 유치 조치를 한 경우에는 그 사실을 가정폭력행위자의 보조인이 있는 경우에는 보조인에게, 보조인이 없는 경우에는 법정대리인 또는 가정폭력행위자가 지정한 사람에게 통지하여야 한다. 이 경우 국가경찰관서의 유치장 또는 구치소에의 유치 조치를 하였을 때에는 가정폭력행위자에게 변호사 등 보조인을 선임할 수 있으며 이 법에 따른 가정법원 본원합의부에 항고를 제기할 수 있음을 **고지하여야 한다.** ④ 임시조치의 내용 중 ①~③의 임시조치기간은 **2개월**, ④~⑥까지의 임시조치기간은 **1개월**을 초과할 수 없다. 다만, 피해자의 보호를 위하여 그 기간을 연장할 필요가 있다고 인정하는 경우에는 결정으로 ①~③의 임시조치는 두 차례만, ④~⑥은 한 차례만 각 기간의 범위에서 연장할 수 있다.

		⑤ 의료기관이나 그 밖의 요양소에의 위탁을 하는 경우에는 의료기관 등의 장에게 가정폭력행위자를 보호하는 데에 필요한 사항을 부과할 수 있다. ⑥ 민간이 운영하는 의료기관 등에 위탁하려는 경우에는 ⑥에 따라 부과할 사항을 그 의료기관 등의 장에게 미리 고지하고 동의를 받아야 한다. ⑦ 상담소 등에의 상담위탁에 따른 상담을 한 상담소 등의 장은 그 결과보고서를 판사와 검사에게 제출하여야 한다. ⑧ 판사는 임시조치의 결정을 한 경우에는 가정보호사건조사관, 법원공무원, 사법경찰관리 또는 구치소 소속 교정직공무원으로 하여금 집행하게 할 수 있다. ⑨ 가정폭력행위자, 그 법정대리인이나 보조인은 임시조치결정의 취소 또는 그 종류의 변경을 신청할 수 있다. ⑩ 판사는 직권으로 또는 ⑩에 따른 신청에 정당한 이유가 있다고 인정하는 경우에는 결정으로 해당 임시조치를 취소하거나 그 종류를 변경할 수 있다. ⑪ 임시조치에 따른 위탁의 대상이 되는 의료기관, 요양소 및 상담소 등의 기준과 그 밖에 필요한 사항은 **대법원규칙**으로 정한다.
긴급 임시조치	신청	① 사법경찰관은 응급조치에도 불구하고 **가정폭력범죄가 재발될 우려가** 있고, **긴급을 요하여** 법원의 임시조치결정을 받을 수 없을 때에는 직권 또는 피해자나 그 법정대리인의 신청에 의하여 임시조치의 내용 중 ①~③의 어느 하나에 해당하는 조치(이하 '긴급임시조치'라 한다)를 할 수 있다. ② 사법경찰관이 긴급임시조치를 한 때에는 지체 없이 검사에게 임시조치를 신청하고, 신청받은 검사는 법원에 긴급임시조치를 한 때부터 **48시간 이내**에 임시조치를 청구하여야 한다. ③ 검사가 임시조치를 청구하지 아니하거나 법원이 임시조치의 결정을 하지 아니한 때에는 즉시 긴급임시조치를 취소하여야 한다.
	내용	① 피해자 또는 가정구성원의 주거 또는 점유하는 방실로부터의 **퇴거 등 격리** ② 피해자 또는 가정구성원이나 그 **주거·직장** 등에서 **100m 이내의 접근 금지** ③ 피해자 또는 가정구성원에 대한 전기통신기본법 제2조 제1호의 **전기통신을 이용한 접근 금지**
가정 보호사건의 처리		① 검사는 가정폭력범죄로서 사건의 성질·동기 및 결과, 가정폭력행위자의 성행 등을 고려하여 이 법에 따른 보호처분을 하는 것이 적절하다고 인정하는 경우에는 가정보호사건으로 처리할 수 있다. 이 경우 **검사는 피해자의 의사를 존중하여야 한다.** ② 다음의 경우에는 ①을 적용할 수 있다. 　㉠ 피해자의 고소가 있어야 공소를 제기할 수 있는 가정폭력범죄에서 고소가 없거나 취소된 경우 　㉡ 피해자의 명시적인 의사에 반하여 공소를 제기할 수 없는 가정폭력범죄에서 피해자가 처벌을 희망하지 아니한다는 명시적 의사표시를 하였거나 처벌을 희망하는 의사표시를 철회한 경우

보호처분의 효력	보호처분이 확정된 경우에는 그 가정폭력행위자에 대하여 **같은 범죄사실로 다시 공소를 제기할 수 없다**. 다만, 제46조에 따라 송치된 경우에는 그러하지 아니하다.
상담조건부 기소유예	검사는 가정폭력사건을 수사한 결과 가정폭력행위자의 성행 교정을 위하여 필요하다고 인정하는 경우에는 상담조건부 기소유예를 할 수 있다.
공소시효의 정지와 효력	① 가정폭력범죄에 대한 공소시효는 해당 가정보호사건이 **법원에 송치된 때부터** 시효 진행이 정지된다. 다만, 다음의 어느 하나에 해당하는 경우에는 그 때부터 진행된다. 　ⓐ 해당 가정보호사건에 대한 제37조 제1항의 처분을 하지 아니한다는 결정(제1호의 사유에 따른 결정만 해당한다)이 확정된 때 　ⓑ 해당 가정보호사건이 제27조 제2항, 제37조 제2항 및 제46조에 따라 송치된 때 ② 공범 중 1명에 대한 ①의 시효정지는 다른 공범자에게도 효력을 미친다.
형벌과 수강 명령과의 병과 (제3조의2)	① 법원은 가정폭력행위자에 대하여 유죄판결(선고유예는 **제외**한다)을 선고하거나 약식명령을 고지하는 경우에는 **200시간의 범위**에서 재범예방에 필요한 수강명령(보호관찰 등에 관한 법률에 따른 수강명령을 말한다. 이하 같다) 또는 가정폭력 치료프로그램의 이수명령(이하 '이수명령'이라 한다)을 **병과할 수 있다**. ② 가정폭력행위자에 대하여 ①의 수강명령은 형의 집행을 유예할 경우에 그 집행유예기간 내에서 병과하고, 이수명령은 징역형의 실형 또는 벌금형을 선고하거나 약식명령을 고지할 경우에 병과한다. ③ 법원이 가정폭력행위자에 대하여 형의 집행을 유예하는 경우에는 ①에 따른 수강명령 외에 그 집행유예기간 내에서 보호관찰 또는 사회봉사 중 하나 이상의 처분을 병과할 수 있다. ④ ①에 따른 수강명령 또는 이수명령은 형의 집행을 유예할 경우에는 그 집행유예기간 내에, 징역형의 실형을 선고할 경우에는 형기 내에, 벌금형을 선고하거나 약식명령을 고지할 경우에는 형 확정일부터 6개월 이내에 각각 집행한다. ⑤ ①에 따른 수강명령 또는 이수명령이 형의 집행유예 또는 벌금형과 병과된 경우에는 보호관찰소의 장이 집행하고, 징역형의 실형과 병과된 경우에는 교정시설의 장이 집행한다. 다만, 징역형의 실형과 병과된 이수명령을 모두 이행하기 전에 석방 또는 가석방되거나 미결구금일수 산입 등의 사유로 형을 집행할 수 없게 된 경우에는 보호관찰소의 장이 남은 이수명령을 집행한다. ⑥ ①에 따른 수강명령 또는 이수명령은 다음의 내용으로 한다. 　ⓐ 가정폭력 행동의 진단·상담 　ⓑ 가정구성원으로서의 기본 소양을 갖추게 하기 위한 교육 　ⓒ 그 밖에 가정폭력행위자의 재범예방을 위하여 필요한 사항 ⑦ 형벌과 병과하는 보호관찰, 사회봉사, 수강명령 및 이수명령에 관하여 이 법에서 규정한 사항 외에는 보호관찰 등에 관한 법률을 준용한다.

⚖ 판례 |

피해자가 양해 내지 승낙했더라도 임시처분을 위반한 경우 가정폭력처벌특례법 위반죄의 구성요건에 해당한다는 판례

피고인이 접근금지, 문언송신금지 등을 명한 임시보호명령을 위반하여 피해자의 주거지에 접근하고 문자메시지를 보낸 사안에서, 임시보호명령을 위반한 주거지 접근이나 문자메시지 송신을 피해자가 양해 내지 승낙했더라도 가정폭력범죄의 처벌 등에 관한 특례법 위반죄의 구성요건에 해당하고 형법 제20조의 정당행위로 볼 수 없다는 이유로 가정폭력범죄의 처벌 등에 관한 특례법 위반죄를 인정한 원심판결을 정당하다(대판 2022.1.14, 2021도14015).

가정폭력범죄 처리절차

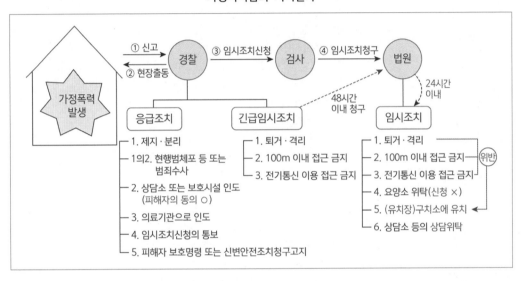

7. 아동학대범죄의 처벌 등에 관한 특례법 ✧✧✧✧

아동학대 범죄

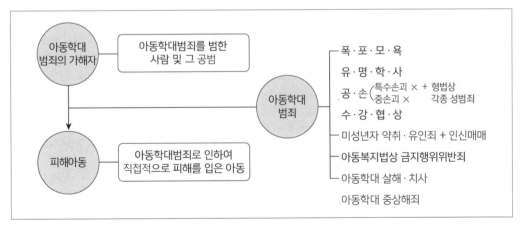

	아동		아동복지법 제3조 제1호에 따른 아동(**18세 미만인 사람**)을 말한다.
용어정의	아동학대 범죄	○	① **폭행죄**[형법 제260조(폭행) 제1항, 제261조(특수폭행) 및 제262조(폭행치사상)(상해에 이르게 한 때에만 해당한다)의 죄] ② **체포 · 감금죄**[형법 제276조(체포, 감금) 제1항, 제277조(중체포, 중감금) 제1항, 제278조(특수체포, 특수감금), 제280조(미수범) 및 제281조(체포 · 감금 등의 치사상)(상해에 이르게 한 때에만 해당한다)의 죄] ③ **모욕죄**(형법 제311조) ④ **유기죄**[형법 제271조(유기) 제1항, 제272조(영아유기) 및 제275조(유기 등 치사상)(상해에 이르게 한 때에만 해당한다)] ⑤ **명예훼손죄**[형법 제307조(명예훼손), 제309조(출판물 등에 의한 명예훼손)] ⑥ **학대죄**(형법 제273조) ⑦ 아동혹사죄(형법 제274조) ⑧ **공갈죄**[형법 제350조(공갈), 제350조의2(특수공갈) 및 제352조(미수범)(제350조, 제350조의2의 죄에만 해당한다)의 죄] ⑨ 재물**손**괴죄(형법 제366조) ➡ 단, **중손괴죄와 특수손괴죄는 제외된다.** ⑩ 주거 · 신체 **수**색죄(형법 제321조) ⑪ **강요죄**[형법 제324조(강요) 및 제324조의5(미수범)] ⑫ **협박죄**[형법 제283조(협박) 제1항, 제284조(특수협박) 및 제286조(미수범)의 죄] ⑬ **상**해죄[형법 제257조(상해) 제1항 · 제3항, 제258조의2(특수상해)제1항(제257조 제1항의 죄에만 해당한다)] ⑭ **미성년자약취 · 유인죄, 인신매매**[형법 제287조(미성년자 약취, 유인), 제288조(추행 등 목적 약취, 유인 등), 제289조(인신매매) 및 제290조(약취, 유인, 매매, 이송 등 상해 · 치상)의 죄] ⑮ 아동복지법 제71조 제1항 각 호의 죄(제3호의 죄는 제외한다) ⑯ 아동학대살해 · 치사 및 중상해[이 법 제4조(아동학대살해 · 치사), 제5조(아동학대중상해) 및 제6조(상습범)의 죄] ⑰ **각종 성범죄**[형법 제2편 제32장 강간과 추행의 죄 중 제297조(강간), 제297조의2(유사강간), 제298조(강제추행), 제299조(준강간, 준강제추행), 제300조(미수범), 제301조(강간 등 상해 · 치상), 제301조의2(강간 등 살인 · 치사), 제302조(미성년자등에 대한 간음), 제303조(업무상 위력 등에 의한 간음) 및 제305조(미성년자에 대한 간음, 추행)의 죄] ✎ [가정폭력범죄(폭포 · 모욕 · 유명 · 학사 · 공손 · 수강 · 협상 - 직계존속에 관한 죄 제외)] + 미성년자 약취 · 유인죄 및 인신매매 + 최근 정인이법에 따라 이 법의 아동학대살해 · 치사 및 중상해 추가
		×	직계존속에 관한 죄, **주거침입죄 및 퇴거불응죄**, 절도죄, 사기죄, 횡령 · 배임죄, **업무방해죄**, 인질강요죄, **중손괴죄와 특수손괴죄**
	피해아동		아동학대범죄로 인하여 **직접적**으로 피해를 입은 아동을 말한다.

이 법의 적용범위	아동학대범죄에 대하여는 이 법을 우선 적용한다. 다만, 성폭력범죄의 처벌 등에 관한 특례법, 아동·청소년의 성보호에 관한 법률에서 가중처벌되는 경우에는 그 법에서 정한 바에 따른다.
고소 제한에 대한 예외	① 피해아동은 형사소송법 제224조에도 불구하고 아동학대행위자가 자기 또는 배우자의 직계존속인 경우에도 고소할 수 있다. 법정대리인이 고소하는 경우에도 또한 같다. ② 피해아동에게 고소할 법정대리인이나 친족이 없는 경우에 이해관계인이 신청하면 검사는 10일 이내에 고소할 수 있는 사람을 지정하여야 한다.
친권상실	① 아동학대행위자가 제5조 또는 제6조의 범죄를 저지른 때에는 검사는 그 사건의 아동학대행위자가 피해아동의 친권자나 후견인인 경우에 법원에 민법 제924조의 친권상실의 선고 또는 같은 법 제940조의 후견인의 변경 심판을 청구하여야 한다. 다만, 친권상실의 선고 또는 후견인의 변경 심판을 하여서는 아니 될 특별한 사정이 있는 경우에는 그러하지 아니하다. ② 검사가 ①에 따른 청구를 하지 아니한 때에는 특별시장·광역시장·특별자치시장·도지사·특별자치도지사(이하 '시·도지사'라 한다) 또는 시장·군수·구청장(자치구의 구청장을 말한다. 이하 같다)은 검사에게 ①의 청구를 하도록 요청할 수 있다. 이 경우 청구를 요청받은 검사는 요청받은 날부터 30일 내에 그 처리결과를 시·도지사 또는 시장·군수·구청장에게 통보하여야 한다. ③ ②의 후단에 따라 처리결과를 통보받은 시·도지사 또는 시장·군수·구청장은 그 처리결과에 대하여 이의가 있을 경우 통보받은 날부터 30일 내에 직접 법원에 ①의 청구를 할 수 있다.
가중처벌	**아동학대 신고의무자**가 보호하는 아동에 대하여 아동학대범죄를 범한 때에는 **그 죄에 정한 형의 2분의 1까지 가중한다.**

신고	신고할 수 있는 자	누구든지 아동학대범죄를 알게 된 경우나 그 의심이 있는 경우에는 특별시·광역시·특별자치시·도·특별자치도(이하 '시·도'라 한다), **시·군·구**(자치구를 말한다. 이하 같다) 또는 **수사기관**에 신고할 수 있다.
	신고 의무자	① 피해아동이 보호자의 학대를 당연하게 받아들이고 이를 학대로 인식하지 못하는 **미인지성(은폐성 ✕)** 때문에 아동학대신고의무자를 광범위하게 규정하고 있다. ② 다음의 어느 하나에 해당하는 사람이 직무를 수행하면서 아동학대범죄를 알게 된 경우나 그 의심이 있는 경우에는 시·도, 시·군·구 또는 수사기관에 즉시 신고하여야 한다. 1. 「아동복지법」 제10조의2에 따른 아동권리보장원 및 가정위탁지원센터의 장과 그 종사자 2. 아동복지시설의 장과 그 종사자(아동보호전문기관의 장과 그 종사자는 제외한다) 3. 「아동복지법」 제13조에 따른 아동복지전담공무원 4. 가정폭력 관련 상담소 및 가정폭력피해자 보호시설의 장과 그 종사자 5. 「건강가정기본법」 제35조에 따른 건강가정지원센터의 장과 그 종사자 6. 「다문화가족지원법」 제12조에 따른 다문화가족지원센터의 장과 그 종사자 7. 사회복지전담공무원 및 「사회복지사업법」상 사회복지시설의 장과 그 종사자 8. 「성매매특별법」에 따른 성매매피해상담소의 장과 그 종사자

제·인·격

기출 OX

02 아동학대범죄의 처벌 등에 관한 특례법상 응급조치는 48시간을 넘을 수 없다. 15. 경찰, 16. 경찰간부 ( )

03 아동학대범죄의 처벌 등에 관한 특례법상 피해아동에 대한 응급조치의 내용 중 '피해아동을 아동학대 관련 보호시설로 인도'하는 조치를 하는 때에는 피해아동 및 보호자의 동의를 받아야 한다. 20. 경찰승진 ( )

정답 02 ✕ 03 ✕

<table>
<tr>
<td></td>
<td>
9. 성폭력피해상담소, 성폭력피해자보호시설, 성폭력피해자통합지원 센터의 장과 그 종사자

10. 「119구조ㆍ구급에 관한 법률」 제2조 제4호에 따른 119구급대의 대원

11. 「응급의료에 관한 법률」 제2조 제7호에 따른 응급의료기관등에 종 사하는 응급구조사

12. 「영유아보육법」상 육아종합지원센터의 장과 그 종사자 및 어린이 집의 원장 등 보육교직원

13. 「유아교육법」 제2조 제2호에 따른 유치원의 장과 그 종사자

14. 아동보호전문기관의 장과 그 종사자

15. 「의료법」 제3조 제1항에 따른 의료기관의 장과 그 의료기관에 종사 하는 의료인 및 의료기사

16. 장애인복지시설의 장과 그 종사자로서 시설에서 장애아동에 대한 상담ㆍ치료ㆍ훈련 또는 요양 업무를 수행하는 사람

17. 정신의료기관, 정신요양시설 및 정신재활시설의 장과 그 종사자

18. 「청소년기본법」상 청소년시설 및 청소년단체의 장과 그 종사자

19. 「청소년 보호법」 제35조에 따른 청소년 보호ㆍ재활센터의 장과 그 종사자

20. 「초ㆍ중등교육법」 제2조에 따른 학교의 장과 그 종사자

21. 「한부모가족지원법」 제19조에 따른 한부모가족복지시설의 장과 그 종사자

22. 학원의 운영자ㆍ강사ㆍ직원 및 교습소의 교습자ㆍ직원

23. 「아이돌봄 지원법」 제2조 제4호에 따른 아이돌보미

24. 「아동복지법」 제37조에 따른 취약계층 아동에 대한 통합서비스지 원 수행인력

25. 「입양특례법」 제20조에 따른 입양기관의 장과 그 종사자

26. **한국보육진흥원의 장과 그 종사자로서 어린이집 평가 업무를 수행하는 사람**

③ 누구든지 ① 및 ②에 따른 신고인의 인적 사항 또는 신고인임을 미루 어 알 수 있는 사실을 다른 사람에게 알려주거나 공개 또는 보도하여 서는 아니 된다.

④ ②에 따른 신고가 있는 경우 시ㆍ도, 시ㆍ군ㆍ구 또는 수사기관은 **정당 한 사유가 없으면 즉시 조사 또는 수사에 착수하여야 한다.**
</td>
</tr>
<tr>
<td>피해아동에 대한 응급조치</td>
<td>
① 현장에 출동하거나 아동학대범죄현장을 발견한 경우 또는 학대현장 이외의 장소에 서 학대피해가 확인되고 재학대의 위험이 급박ㆍ현저한 경우, 사법경찰관리 또는 아동학대전담공무원은 피해아동, 피해아동의 형제자매인 아동 및 피해아동과 동거 하는 아동(이하 '피해아동 등'이라 한다)의 보호를 위하여 즉시 다음의 조치(이하 '응급조치'라 한다)를 하여야 한다. 이 경우 ©의 조치를 하는 때에는 **피해아동 등의 이익을 최우선으로 고려**하여야 하며, 피해아동 등을 보호하여야 할 필요가 있는 등 특별한 사정이 있는 경우를 제외하고는 피해아동 등의 의사를 존중하여야 한다.

㉠ 아동학대범죄행위의 **제지**

㉡ 아동학대행위자를 피해아동 등으로부터 **격리**

㉢ 피해아동 등을 아동학대 관련 **보호시설로 인도**

㉣ 긴급치료가 필요한 피해아동을 **의료기관으로 인도**
</td>
</tr>
</table>

② 사법경찰관리나 아동학대전담공무원은 ①의 ⓒ 및 ⓔ 규정에 따라 피해아동 등을 분리·인도하여 보호하는 경우 **지체 없이** 피해아동 등을 인도받은 보호시설·의료시설을 관할하는 시·도지사 또는 시장·군수·구청장에게 그 사실을 **통보하여야 한다.**

③ ①의 ⓒ부터 ⓔ까지의 규정에 따른 응급조치는 **72시간을 넘을 수 없다.** 다만, 본문의 기간에 공휴일이나 토요일이 포함되는 경우로서 피해아동 등의 보호를 위하여 필요하다고 인정되는 경우에는 48시간의 범위에서 그 기간을 연장할 수 있다.

④ ③에도 불구하고 검사가 제15조 제2항에 따라 임시조치를 법원에 청구한 경우에는 법원의 임시조치 결정시까지 응급조치 기간이 연장된다.

⑤ 사법경찰관리 또는 아동학대전담공무원이 ①에 따라 응급조치를 한 경우에는 즉시 **응급조치결과보고서를 작성하여야 한다.** 이 경우 사법경찰관리가 응급조치를 한 경우에는 관할 경찰관서의 장이 시·도지사 또는 시장·군수·구청장에게, 아동학대전담공무원이 응급조치를 한 경우에는 소속 시·도지사 또는 시장·군수·구청장이 관할 경찰관서의 장에게 작성된 **응급조치결과보고서를 지체 없이 송부하여야 한다.**

⑥ ⑤에 따른 응급조치결과보고서에는 피해사실의 요지, 응급조치가 필요한 사유, 응급조치의 내용 등을 기재하여야 한다.

⑦ 누구든지 아동학대전담공무원이나 사법경찰관리가 ①에 따른 업무를 수행할 때에 폭행·협박이나 응급조치를 저지하는 등 그 업무 수행을 방해하는 행위를 하여서는 아니 된다.

⑧ 사법경찰관리는 ①의 ⓒ 또는 ⓒ의 조치를 위하여 다른 사람의 토지·건물·배 또는 차에 출입할 수 있다.

법원의 임시조치	청구	① 검사는 아동학대범죄가 재발될 우려가 있다고 인정하는 경우에는 직권으로 또는 사법경찰관이나 보호관찰관의 신청에 따라 응급조치가 있었던 때부터 **72시간** 이내에, 긴급임시조치가 있었던 때부터 **48시간 이내에** 법원에 임시조치를 청구할 수 있다. ② 피해아동 등, 그 법정대리인, 변호사, 시·도지사, 시장·군수·구청장 또는 아동보호전문기관의 장은 검사 또는 사법경찰관에게 ①에 따른 임시조치의 청구 또는 그 신청을 요청하거나 이에 관하여 의견을 진술할 수 있다. ③ 판사는 피해아동등에 대하여 제12조 제1항 제2호부터 제4호까지의 규정에 따른 응급조치가 행하여진 경우에는 임시조치가 청구된 때로부터 **24시간** 이내에 임시조치 여부를 결정하여야 한다. ④ 임시조치기간은 2개월을 초과할 수 없다. 다만, 피해아동등의 보호를 위하여 그 기간을 연장할 필요가 있다고 인정하는 경우에는 결정으로 제1항 제1호부터 제3호까지의 규정에 따른 임시조치(퇴거등 격리, 접근금지)는 **두 차례만**, 같은 항 제4호부터 제7호까지의 규정에 따른 임시조치는 **한 차례만** 각 기간의 범위에서 연장할 수 있다. ⑤ 의료기관이나 요양시설에의 위탁을 하는 경우에는 의료기관 등의 장에게 아동학대행위자를 보호하는 데에 필요한 사항을 부과할 수 있다. ⑥ ⑤에 따라 민간이 운영하는 의료기관 등에 아동학대행위자를 위탁하려는 경우에는 제5항에 따라 부과할 사항을 그 의료기관 등의 장에게 미리 고지하고 동의를 받아야 한다. ⑦ 법원은 임시조치를 결정한 경우에는 검사, 피해아동등, 그 법정대리인, 변호사, 시·도지사 또는 시장·군수·구청장 및 피해아동등을 보호하고 있는 기관의 장에게 통지하여야 한다.

:두문자 격·주·통·위·유 + 친권제한·정지		⑧ 아동보호전문기관 등에 따른 상담 및 교육을 행한 아동보호전문기관의 장 등은 그 결과보고서를 판사와 검사에게 제출하여야 한다. ⑨ 제1항 각 호의 위탁 대상이 되는 상담소, 의료기관, 요양시설 등의 기준과 위탁의 절차 및 제7항에 따른 통지의 절차 등 그 밖에 필요한 사항은 **대법원규칙**으로 정한다.
	내용	① 피해아동 등 또는 가정구성원의 주거로부터 **퇴거 등 격리** ② 피해아동 등 또는 가정구성원의 **주거**, 학교 또는 보호시설 등에서 **100m 이내의 접근 금지** ③ 피해아동 등 또는 가정구성원에 대한 전기통신기본법 제2조 제1호의 **전기통신을 이용한 접근 금지** ④ 친권 또는 후견인 **권한 행사의 제한 또는 정지** ⑤ 아동보호전문기관 등에의 **상담 및 교육 위탁** ⑥ 의료기관이나 그 밖의 **요양시설에의 위탁** ⑦ 경찰관서의 **유치장 또는 구치소에의 유치**
:두문자 격·주·통	청구	① 사법경찰관이 긴급임시조치를 하였거나 시·도지사 또는 시장·군수·구청장으로부터 응급조치가 행하여졌다는 통지를 받은 때에는 지체 없이 검사에게 임시조치의 청구를 신청하여야 한다. ② ①의 신청을 받은 검사는 임시조치를 청구하는 때에는 긴급임시조치가 있었던 때부터 **48시간** 이내에 하여야 한다. ③ 사법경찰관은 검사가 ②에 따라 임시조치를 청구하지 아니하거나 법원이 임시조치의 결정을 하지 아니한 때에는 즉시 그 긴급임시조치를 **취소하여야 한다.**
	내용	① 피해아동 등 또는 가정구성원의 주거로부터 **퇴거 등 격리** ② 피해아동 등 또는 가정구성원의 **주거**, 학교 또는 보호시설 등에서 **100m 이내의 접근 금지** ③ 피해아동 등 또는 가정구성원에 대한 전기통신기본법 제2조 제1호의 **전기통신을 이용한 접근 금지**
긴급 임시조치	절차	① **사법경찰관**은 제12조 제1항에 따른 응급조치에도 불구하고 아동학대범죄가 재발될 우려가 있고, 긴급을 요하여 제19조 제1항에 따른 법원의 임시조치 결정을 받을 수 없을 때에는 직권이나 피해아동등, 그 법정대리인(아동학대행위자를 제외한다. 이하 같다), 변호사(제16조에 따른 변호사를 말한다. 제48조 및 제49조를 제외하고는 이하 같다), 시·도지사, 시장·군수·구청장 또는 아동보호전문기관의 장의 신청에 따라 제19조 제1항 제1호부터 제3호까지의 어느 하나에 해당하는 **조치를 할 수 있다.** ② **사법경찰관**은 ①에 따른 조치(이하 "긴급임시조치"라 한다)를 한 경우에는 즉시 긴급임시조치결정서를 작성하여야 하고, 그 내용을 **시·도지사 또는 시장·군수·구청장에게 지체 없이 통지하여야 한다.** ③ ②에 따른 긴급임시조치결정서에는 범죄사실의 요지, 긴급임시조치가 필요한 사유, 긴급임시조치의 내용 등을 기재하여야 한다.
	비용부담	① 임시조치 또는 보호처분을 받은 **아동학대행위자**는 위탁 또는 보호처분에 필요한 비용을 부담한다. 다만, 아동학대행위자가 지급할 능력이 없는 경우에는 국가가 부담할 수 있다. ② 판사는 아동학대행위자에게 ①의 본문에 따른 비용의 예납을 명할 수 있다.

가정폭력범죄와 아동학대범죄

	가정폭력범죄	아동학대범죄
○	※ 폭포 · 모욕 · 유명 · 학사 · 공손 · 수강 · 협상 · 주퇴정 + 성범죄 ① 폭행죄, ② 체포 · 감금죄, ③ 모욕죄, ④ 유기죄, ⑤ 명예훼손죄(사자의 명예훼손, 출판물등에 의한 명예훼손), ⑥ 학대죄, ⑦ 아동혹사죄, ⑧ 공갈죄, ⑨ 재물손괴죄와 **특수손괴죄**(➜ 단, 중손괴죄는 제외된다), ⑩ 주거 · 신체수색죄, ⑪ 강요죄, ⑫ 협박죄, ⑬ 상해죄(➜ 이상의 죄는 '존속' 및 '특수' 및 '중'으로가중처벌되는 경우도 포함), ⑭ 주거침입죄 및 퇴거불응죄, ⑮ 정보통신망 이용촉진 및 정보보호 등에 관한 법률상 정보통신망을 이용하여 공포심이나 불안감을 유발하는 부호 · 문언 · 음향 · 화상 또는 영상을 반복적으로 상대방에게 도달하게 한 자, ⑯ **형법상 각종 성범죄** + 성폭력범죄의 처벌 등에 관한 특례법 제14조(카메라 등을 이용한 촬영)	[가정폭력범죄(폭포 · 모욕 · 유명 · 학사 · 공손 · 수강 · 협상 · **형법상 성범죄 − 직계존속에 관한 죄 제외)**] + 미성년자 약취 · 유인죄 + 인신매매 + 아동복지법 제71조 제1항 각 호의 죄 + **아동학대살해**(사형, 무기 또는 7년 이상의 징역) **및 치사**(무기 또는 5년 이상의 징역) + **아동학대중상해**(3년 이상의 징역)
×	살인죄, 강도죄, 절도죄, 사기죄, 횡령 · 배임죄, 약취 · 유인죄, 업무방해죄, 상해치사죄, 폭행치사상, 유기치사상, 체포감금치사상죄, 인질강요죄, **중손괴죄**	사기죄, 횡령 · 배임죄, 성폭력범죄의 처벌 등에 관한 특례법 제14조(카메라 등을 이용한 촬영). **중손괴죄와 특수손괴죄, 정보통신망 이용죄**

아동학대사건 처리절차

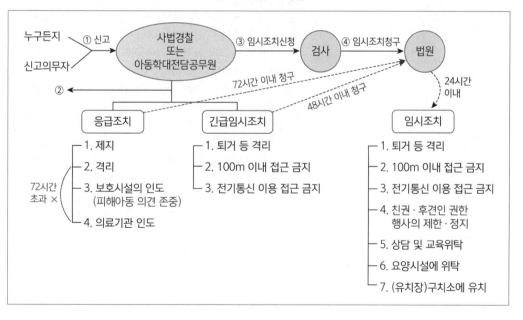

8. 스토킹처벌법

스토킹 처벌법

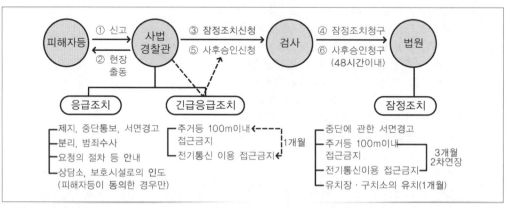

목적 (제1조)		이 법은 스토킹범죄의 처벌 및 그 절차에 관한 특례와 스토킹범죄 피해자에 대한 보호절차를 규정함으로써 피해자를 보호하고 건강한 사회질서의 확립에 이바지함을 목적으로 한다.
용어 정의 (제2조)	스토킹 행위	① 상대방의 의사에 반(反)하여 ② 정당한 이유 없이 ③ 다음의 어느 하나에 해당하는 행위를 하여 **상대방에게 불안감 또는 공포심을 일으키는 것**을 말한다. 　㉠ 상대방 또는 그의 동거인, 가족(이하 "상대방등"이라 한다)에게 **접근하거나** 따라다니거나 **진로를 막아서는 행위** 　㉡ 상대방등의 주거, 직장, 학교, 그 밖에 일상적으로 생활하는 장소(이하 "주거등"이라 한다) 또는 그 부근에서 **기다리거나 지켜보는 행위** 　㉢ 상대방등에게 우편·전화·팩스 또는 「정보통신망 이용촉진 및 정보보호 등에 관한 법률」 제2조 제1항 제1호의 정보통신망(이하 "정보통신망"이라 한다)을 이용하여 물건이나 글·말·부호·음향·그림·영상·화상(이하 "물건등"이라 한다)을 도달하게 하거나 정보통신망을 이용하는 프로그램 또는 전화의 기능에 의하여 글·말·부호·음향·그림·영상·화상이 상대방등에게 나타나게 하는 행위 　㉣ 상대방등에게 직접 또는 제3자를 통하여 물건등을 도달하게 하거나 주거등 또는 그 부근에 물건등을 두는 행위 　㉤ 상대방등의 주거등 또는 그 부근에 놓여져 있는 물건등을 훼손하는 행위

		⊎ 상대방등의 다음의 어느 하나에 해당하는 정보를 정보통신망을 이용하여 제3자에게 제공하거나 배포 또는 게시하는 행위 ⓐ 「개인정보 보호법」 제2조 제1호의 개인정보 ⓑ 「위치정보의 보호 및 이용 등에 관한 법률」 제2조 제2호의 개인위치정보 ⓒ ⓐ 또는 ⓑ의 정보를 편집·합성 또는 가공한 정보(해당 정보주체를 식별할 수 있는 경우로 한정한다) ⓢ 정보통신망을 통하여 상대방등의 이름, 명칭, 사진, 영상 또는 신분에 관한 정보를 이용하여 **자신이 상대방등인 것처럼 가장하는** 행위
	스토킹범죄	**지속적 또는 반복적**으로 스토킹행위를 하는 것을 말한다.
	피해자	스토킹범죄로 **직접**적인 피해를 입은 사람을 말한다.
	피해자 등	피해자 및 스토킹행위의 **상대방**을 말한다.
응급조치 (제3조)	사법경찰관리는 진행 중인 스토킹행위에 대하여 신고를 받은 경우 즉시 현장에 나가 다음의 조치를 **하여야 한다.** ① 스토킹행위의 **제**지, 향후 스토킹행위의 중단 **통**보 및 스토킹행위를 지속적 또는 반복적으로 할 경우 처벌 서면**경**고 ② 스토킹행위자와 피해자등의 **분**리 및 범죄수사 ③ 피해자등에 대한 긴급응급조치 및 잠정조치 요청의 절차 등 **안**내 ④ 스토킹 피해 관련 상담소 또는 보호시설로의 피해자등 **인도(피해자등이 동의한 경우만 해당한다)**	:두문자 인제안경분수통
긴급응급 조치 (제4조)	① 사법경찰관은 스토킹행위 신고와 관련하여 스토킹행위가 지속적 또는 반복적으로 행하여질 우려가 있고 스토킹범죄의 예방을 위하여 긴급을 요하는 경우 스토킹행위자에게 **직권**으로 또는 스토킹행위의 상대방 등이나 그 법정대리인 또는 스토킹행위를 신고한 사람의 **요청**에 의하여 다음에 따른 조치를 **할 수 있다.** ㉠ 스토킹행위의 상대방 등이나 그 **주**거등으로부터 100미터 이내의 접근 금지 ㉡ 스토킹행위의 상대방 등에 대한 전기통신기본법 제2조 제1호의 전기**통**신을 이용한 접근 금지 ② 사법경찰관은 ①에 따른 조치(이하 '긴급응급조치'라 한다)를 하였을 때에는 즉시 스토킹행위의 요지, 긴급응급조치가 필요한 사유, 긴급응급조치의 내용 등이 포함된 긴급**응급조치결정서를 작성하여야 한다.**	:두문자 주통
긴급응급 조치의 승인신청 (제5조)	① 사법경찰관은 긴급응급조치를 하였을 때에는 **지체 없이 검사에게** 해당 긴급응급조치에 대한 **사후승인**을 지방법원 판사에게 청구하여 줄 것을 **신청하여야 한다.** ② ①의 신청을 받은 검사는 긴급응급조치가 있었던 때부터 **48시간 이내에** 지방법원 판사에게 해당 긴급응급조치에 대한 사후승인을 청구한다. 이 경우 제4조 제2항에 따라 작성된 **긴급응급조치결정서를 첨부하여야 한다.** ③ 지방법원 판사는 스토킹행위가 지속적 또는 반복적으로 행하여지는 것을 예방하기 위하여 필요하다고 인정하는 경우에는 제2항에 따라 청구된 긴급응급조치를 **승인할 수 있다.** ④ 사법경찰관은 검사가 ②에 따라 긴급응급조치에 대한 사후승인을 청구하지 아니하거나 지방법원 판사가 ②의 청구에 대하여 사후승인을 하지 아니한 때에는 즉시 그 긴급응급조치를 **취소하여야 한다.**	

긴급응급 조치의 통지 (제6조)	① 사법경찰관은 긴급응급조치를 하는 경우에는 스토킹행위의 **상대방 등이나 그 법정대리인에게 통지하여야 한다.** ② 사법경찰관은 긴급응급조치를 하는 경우에는 해당 긴급응급조치의 대상자(이하 '긴급응급조치대상자'라 한다)에게 **조치의 내용 및 불복방법 등을 고지하여야 한다.**
긴급응급 조치의 변경 (세7조)	① 긴급응급조치대상자나 그 법정대리인은 긴급응급조치의 취소 또는 그 종류의 변경을 사법경찰관에게 신청할 수 있다. ② 스토킹행위의 상대방 등이나 그 법정대리인은 제4조 제1항 제1호의 긴급응급조치가 있은 후 스토킹행위의 상대방 등이 주거등을 옮긴 경우에는 사법경찰관에게 긴급응급조치의 변경을 신청할 수 있다. ③ 스토킹행위의 상대방 등이나 그 법정대리인은 긴급응급조치가 필요하지 아니한 경우에는 사법경찰관에게 해당 긴급응급조치의 취소를 신청할 수 있다. ④ **사법경찰관**은 정당한 이유가 있다고 인정하는 경우에는 직권으로 또는 ①부터 ③까지의 규정에 따른 신청에 의하여 해당 **긴급응급조치를 취소할 수 있고, 지방법원 판사의 승인을 받아 긴급응급조치의 종류를 변경할 수 있다.** ⑤ 사법경찰관은 ④에 따라 긴급응급조치를 취소하거나 그 종류를 변경하였을 때에는 스토킹행위의 상대방등 및 긴급응급조치대상자 등에게 다음 각 호의 구분에 따라 통지 또는 고지하여야 한다. 1. 스토킹행위의 상대방등이나 그 법정대리인: 취소 또는 변경의 취지 통지 2. 긴급응급조치대상자: 취소 또는 변경된 조치의 내용 및 불복방법 등 고지 ⑥ 긴급응급조치(제4항에 따라 그 종류를 변경한 경우를 포함한다. 이하 이 항에서 같다)는 다음 각 호의 어느 하나에 해당하는 때에 그 효력을 상실한다. 1. 긴급응급조치에서 정한 기간이 지난 때 2. 법원이 긴급응급조치대상자에게 다음 각 목의 결정을 한 때(**스토킹행위의 상대방과 같은 사람을 피해자로 하는 경우로 한정한다)** 　가. 제4조 제1항 제1호의 긴급응급조치에 따른 스토킹행위의 상대방 **등**과 같은 사람을 **피해자 또는 그의 동거인, 가족**으로 하는 제9조 제1항 제2호에 따른 조치의 결정 　나. 제4조 제1항 제1호의 긴급응급조치에 따른 주거등과 같은 장소를 **피해자 또는 그의 동거인, 가족**의 주거등으로 하는 제9조 제1항 제2호에 따른 조치의 결정 　다. 제4조 제1항 제2호의 긴급응급조치에 따른 스토킹행위의 상대방 **등**과 같은 사람을 **피해자 또는 그의 동거인, 가족**으로 하는 제9조 제1항 제3호에 따른 조치의 결정
잠정조치의 청구 (제8조)	① 검사는 스토킹범죄가 **재발될 우려**가 있다고 인정하면 직권 또는 사법경찰관의 신청에 따라 법원에 제9조 제1항 각 호의 조치를 **청구할 수 있다.** ② 피해자 또는 그 법정대리인은 검사 또는 사법경찰관에게 ①에 따른 조치의 청구 또는 그 **신청을 요청하거나, 이에 관하여 의견을 진술**할 수 있다. ③ 사법경찰관은 제2항에 따른 신청 요청을 받고도 제1항에 따른 신청을 하지 아니하는 경우에는 검사에게 그 사유를 보고하여야 하고, **피해자 또는 그 법정대리인에게 그 사실을 지체 없이 알려야 한다.** ④ 검사는 제2항에 따른 청구 요청을 받고도 제1항에 따른 청구를 하지 아니하는 경우에는 피해자 또는 그 법정대리인에게 그 사실을 지체 없이 알려야 한다.

기출 OX

01 법원은 스토킹범죄의 원활한 조사 · 심리 또는 피해자 보호를 위하여 잠정조치가 필요하다고 인정하는 경우에는 결정으로 스토킹행위자를 경찰서의 유치장 또는 구치소에 1개월을 초과하지 않는 범위에서 유치할 수 있다. 다만 법원은 피해자의 보호를 위하여 그 기간을 연장할 필요가 있다고 인정하는 경우에는 결정으로 2개월의 범위에서 연장할 수 있다. 22. 경찰 (　　)

02 법원은 스토킹범죄의 원활한 조사 · 심리 또는 피해자 보호를 위하여 필요하다고 인정하는 경우에는 결정으로 스토킹행위자에게 피해자 또는 그의 동거인 가족에 대한 「전기통신기본법」 제2조 제1호의 전기통신을 이용한 접근 금지조치를 할 수 있다. 24. 경찰승진
(　　)

정답 01 × 02 ○

잠정조치 및 불이행 (제9조, 제20조)	① **법원**은 스토킹범죄의 원활한 조사·심리 또는 피해자 보호를 위하여 필요하다고 인정하는 경우에는 결정으로 스토킹행위자에게 다음 각 호의 어느 하나에 해당하는 조치(이하 "잠정조치"라 한다)를 **할 수 있다.** 1. 피해자에 대한 스토킹범죄 중단에 관한 **서면 경고** 2. **피해자 또는 그의 동거인, 가족**이나 그 **주거등**으로부터 100미터 이내의 접근 금지 3. **피해자 또는 그의 동거인, 가족**에 대한 「전기통신기본법」 제2조 제1호의 전기통신을 이용한 접근 금지 3의2. **「전자장치 부착 등에 관한 법률」 제2조 제4호의 위치추적 전자장치(이하 "전자장치"라 한다)의** 부착 4. 국가경찰관서의 유치장 또는 구치소에의 **유치** ⑤ 법원은 잠정조치를 결정한 경우에는 검사와 **피해자 또는 그의 동거인, 가족,** 그 **법정대리인**에게 통지하여야 한다. ⑦ 제1항 제2호·제3호 및 제3호의2에 따른 잠정조치기간은 **3개월**, 같은 항 제4호에 따른 잠정조치기간은 1개월을 초과할 수 없다. 다만, 법원은 피해자의 보호를 위하여 그 기간을 연장할 필요가 있다고 인정하는 경우에는 결정으로 제1항 제2호·제3호 및 제3호의2에 따른 잠정조치에 대하여 두 차례에 한정하여 **각 3개월**의 범위에서 연장할 수 있다.
잠정조치의 집행 (제10조)	① 법원은 잠정조치 결정을 한 경우에는 법원공무원, 사법경찰관리 또는 구치소 소속 교정직공무원으로 하여금 집행하게 할 수 있다. ② ①에 따라 잠정조치 결정을 집행하는 사람은 스토킹행위자에게 잠정조치의 내용, 불복방법 등을 고지하여야 한다. ③ 피해자 또는 그의 동거인, 가족, 그 법정대리인은 제9조 제1항 제2호의 잠정조치 결정이 있은 후 피해자 또는 그의 동거인, 가족, 그 법정대리인이 주거등을 옮긴 경우에는 법원에 잠정조치 결정의 변경을 신청할 수 있다. ④ 제3항의 신청에 따른 변경 결정의 스토킹행위자에 대한 고지에 관하여는 제2항을 준용한다.
잠정조치의 변경 (제11조)	① 스토킹행위자나 그 법정대리인은 잠정조치 결정의 취소 또는 그 종류의 변경을 법원에 신청할 수 있다. ② 검사는 수사 또는 공판과정에서 잠정조치가 계속 필요하다고 인정하는 경우에는 **직권이나 사법경찰관의 신청에 따라** 법원에 해당 잠정조치기간의 연장 또는 그 종류의 변경을 청구할 수 있고, 잠정조치가 필요하지 아니하다고 인정하는 경우에는 **직권이나 사법경찰관의 신청에 따라** 법원에 해당 잠정조치의 취소를 청구할 수 있다. ④ 법원은 제3항에 따라 잠정조치의 취소, 기간의 연장 또는 그 종류의 변경을 하였을 때에는 검사와 피해자 및 스토킹행위자 등에게 다음 각 호의 구분에 따라 통지 또는 고지하여야 한다.**(신설)** 1. 검사, 피해자 또는 그의 동거인, 가족, 그 법정대리인: 취소, 연장 또는 변경의 취지 통지 2. 스토킹행위자: 취소, 연장 또는 변경된 조치의 내용 및 불복방법 등 고지 3. 제9조 제4항 각 호의 구분에 따른 사람: 제9조 제1항 제4호에 따른 잠정조치를 한 사실 ⑤ 잠정조치 결정(제3항에 따라 잠정조치기간을 연장하거나 그 종류를 변경하는 결정을 포함한다. 이하 제12조 및 제14조에서 같다)은 스토킹행위자에 대해 **검사가 불기소처분을 한 때 또는 사법경찰관이 불송치결정을 한 때에 그 효력을 상실한다.**

：두문자

전경·주유통

피해자등의 신원과 사생활 비밀 누설 금지 (제17조의3)	① 다음 각 호의 어느 하나에 해당하는 업무를 담당하거나 그에 관여하는 공무원 또는 그 직에 있었던 사람은 피해자등의 주소, 성명, 나이, 직업, 학교, 용모, 인적사항, 사진 등 피해자등을 특정하여 파악할 수 있게 하는 정보 또는 피해자등의 사생활에 관한 비밀을 공개하거나 다른 사람에게 누설하여서는 아니 된다. 　1. 제3조에 따른 조치에 관한 업무 　2. 긴급응급조치의 신청, 청구, 승인, 집행 또는 취소 · 변경에 관한 업무 　3. 잠정조치의 신청, 청구, 결정, 집행 또는 취소 · 기간연장 · 변경에 관한 업무 　4. 스토킹범죄의 수사 또는 재판에 관한 업무 ② 누구든지 피해자등의 동의를 받지 아니하고 피해자등의 주소, 성명, 나이, 직업, 학교, 용모, 인적 사항, 사진 등 피해자등을 특정하여 파악할 수 있게 하는 정보를 신문 등 인쇄물에 싣거나 「방송법」 제2조 제1호에 따른 방송 또는 정보통신망을 통하여 공개하여서는 아니 된다. ③ 위 ①항과 ②항을 위반한 경우 ⇨ **3년 이하의 징역 또는 3천만원 이하의 벌금**
피해자에 대한 변호사 선임의 특례 (제17조의4)	① 피해자 및 그 법정대리인은 형사절차상 입을 수 있는 피해를 방어하고 법률적 조력을 보장받기 위하여 변호사를 선임할 수 있다. ② 제1항에 따라 선임된 변호사(이하 이 조에서 "변호사"라 한다)는 검사 또는 사법경찰관의 피해자 및 그 법정대리인에 대한 조사에 참여하여 의견을 진술할 수 있다. 다만, 조사 도중에는 검사 또는 사법경찰관의 승인을 받아 의견을 진술할 수 있다. ③ 변호사는 피의자에 대한 구속 전 피의자심문, 증거보전절차, 공판준비기일 및 공판절차에 출석하여 의견을 진술할 수 있다. 이 경우 필요한 절차에 관한 구체적 사항은 **대법원규칙**으로 정한다. ④ 변호사는 증거보전 후 관계 서류나 증거물, 소송계속 중의 관계 서류나 증거물을 열람하거나 복사할 수 있다. ⑤ 변호사는 형사절차에서 피해자 및 법정대리인의 대리가 허용될 수 있는 모든 소송행위에 대한 포괄적인 대리권을 가진다. ⑥ 검사는 피해자에게 변호사가 없는 경우 국선변호사를 선정하여 형사절차에서 피해자의 권익을 보호할 수 있다.
피해자에 대한 전담조사제 (제17조)	① 검찰총장은 각 지방검찰청 검사장에게 스토킹범죄 전담 검사를 지정하도록 하여 특별한 사정이 없으면 스토킹범죄 전담 검사가 피해자를 조사하게 하여야 한다. ② 경찰관서의 장(국가수사본부장, 시 · 도경찰청장 및 경찰서장을 의미한다. 이하 같다)은 스토킹범죄 전담 사법경찰관을 지정하여 특별한 사정이 없으면 스토킹범죄 전담 사법경찰관이 **피해자를 조사하게 하여야 한다.** ③ 검찰총장 및 경찰관서의 장은 ①의 스토킹범죄 전담 검사 및 ②의 스토킹범죄 전담 사법경찰관에게 스토킹범죄의 수사에 필요한 전문지식과 피해자 보호를 위한 수사방법 및 수사절차 등에 관한 **교육을 실시하여야 한다.**
스토킹 범죄 (제18조)	① 스토킹범죄를 저지른 사람은 **3년 이하**의 징역 또는 **3천만원** 이하의 벌금에 처한다. ② 흉기 또는 그 밖의 위험한 물건을 휴대하거나 이용하여 스토킹범죄를 저지른 사람은 **5년 이하**의 징역 또는 **5천만원** 이하의 벌금에 처한다. ③ ①의 죄는 피해자가 구체적으로 밝힌 **의사에 반하여 공소를 제기할 수 없다.**

판례 | 스토킹범죄 및 스토킹행위는 위험범에 해당한다는 판례

[1] 스토킹범죄의 처벌 등에 관한 법률(이하 '스토킹처벌법'이라 한다)의 문언, 입법 목적 등을 종합하면, 피고인이 전화를 걸어 피해자의 휴대전화에 벨소리가 울리게 하거나 부재중 전화 문구 등이 표시되도록 하여 **상대방에게 불안감이나 공포심을 일으키는 행위는 실제 전화통화가 이루어졌는지와 상관없이 스토킹처벌법 제2조 제1호 (다)목에서 정한 스토킹행위에 해당한다**(대판 2023.9.27. 선고 2023도6411).

[2] 스토킹행위를 전제로 하는 스토킹범죄는 행위자의 어떠한 행위를 매개로 이를 인식한 상대방에게 불안감 또는 공포심을 일으킴으로써 그의 자유로운 의사결정의 자유 및 생활형성의 자유와 평온이 침해되는 것을 막고 이를 보호법익으로 하는 위험범이라고 볼 수 있으므로, 구 스토킹범죄의 처벌 등에 관한 법률(2023. 7. 11. 법률 제19518호로 개정되기 전의 것, 이하 '구 스토킹처벌법'이라 한다) 제2조 제1호 각 목의 행위가 객관적·일반적으로 볼 때 이를 인식한 상대방으로 하여금 불안감 또는 공포심을 일으키기에 충분한 정도라고 평가될 수 있다면 현실적으로 상대방이 불안감 내지 공포심을 갖게 되었는지 여부와 관계없이 '스토킹행위'에 해당하고, 나아가 그와 같은 일련의 스토킹행위가 지속되거나 반복되면 '스토킹범죄'가 성립한다. 이때 구 스토킹처벌법 제2조 제1호 각 목의 행위가 객관적·일반적으로 볼 때 상대방으로 하여금 불안감 또는 공포심을 일으키기에 충분한 정도인지는 행위자와 상대방의 관계·지위·성향, 행위에 이르게 된 경위, 행위 태양, 행위자와 상대방의 언동, 주변의 상황 등 행위 전후의 여러 사정을 종합하여 객관적으로 판단하여야 한다(대법원 2023.5.18. 선고 2022도12037).

판례 | 잠정조치의 기간만료 후 검사가 다시 새로운 잠정조치를 청구하여 재잠정조치결정을 할 수 있다는 판례

스토킹처벌법의 입법 목적, 스토킹처벌법의 규정 체계, 스토킹행위와 스토킹범죄의 특성, 스토킹처벌법 규정 내용 등을 종합하면, 스토킹처벌법상 잠정조치에 관한 규정은 다음과 같이 해석된다. ① 기간이 정하여져 있으나 연장이 가능한 접근금지 잠정조치(스토킹처벌법 제9조 제1항 제2호의 100m 이내 접근금지, 제3호의 전기통신을 이용한 접근금지) 결정은 특별한 사정이 없는 한 그 기간의 연장결정 없이 기간이 만료되면 효력을 상실하고, 그 이후에는 해당 잠정조치 기간을 연장하는 결정을 할 수 없다. ② 그러나 검사는 기간이 만료된 접근금지 잠정조치를 청구했을 때와 동일한 스토킹범죄사실과 스토킹범죄 재발 우려를 이유로 제8조 제1항에 의하여 다시 새로운 잠정조치를 청구할 수 있고, 법원도 제9조 제1항에 의하여 피해자 보호 등을 위하여 필요하다고 인정하면 다시 새로운 접근금지 잠정조치 결정을 할 수 있다. 다만 접근금지 잠정조치 기간 연장과의 균형을 위해 기존에 내려진 잠정조치 결정 당시 스토킹범죄사실과 동일한 스토킹범죄사실만을 이유로 한 새로운 접근금지 잠정조치 결정은 각 2개월의 범위에서 두 차례에 한정해서만 추가로 가능하다. 법원은 스토킹범죄가 재발할 우려가 있고, 피해자 보호를 위하여 새로운 잠정조치를 명할 필요가 있는지 구체적으로 심리·판단하여야 한다(대법원 2023.2.23.자 2022모2092).

목적 (제1조)	이 법은 스토킹을 예방하고 피해자를 보호·지원함으로써 인권증진에 이바지함을 목적으로 한다.
정의 (제2조)	이 법에서 사용하는 용어의 뜻은 다음과 같다. 1. "스토킹"이란 「스토킹범죄의 처벌 등에 관한 법률」 제2조 제1호에 따른 스토킹행위 및 같은 조 제2호에 따른 스토킹범죄를 말한다. 2. "스토킹행위자"란 스토킹을 한 사람을 말한다. 3. "피해자"란 스토킹으로 직접적인 피해를 입은 사람을 말한다.
국가 등의 책무 (제3조)	① 국가와 지방자치단체는 스토킹의 예방·방지와 피해자의 보호·지원을 위하여 다음 각 호의 조치를 하여야 한다. 1. 스토킹 신고체계의 구축·운영 2. 스토킹 예방·방지를 위한 조사·연구·교육 및 홍보 3. 피해자를 보호·지원하기 위한 시설의 설치·운영 4. 피해자에 대한 법률구조와 주거 지원 및 취업 등 자립 지원 서비스의 제공 5. 피해자의 신체적·정신적 회복을 위하여 필요한 상담·치료회복프로그램 제공 6. 피해자에 대한 보호·지원을 원활히 하기 위한 관련 기관 간 협력체계의 구축·운영 7. 스토킹의 예방·방지와 피해자의 보호·지원을 위한 관계 법령의 정비와 각종 정책의 수립·시행 및 평가 8. 피해자의 안전확보를 위한 신변 노출 방지와 보호·지원 체계의 구축 9. 피해자 지원 기관 및 시설 종사자의 신변보호를 위한 안전대책 마련 ② 국가와 지방자치단체는 제1항에 따른 책무를 다하기 위하여 이에 따른 예산상의 조치를 하여야 한다.
스토킹 실태조사 (제4조)	① 여성가족부장관은 3년마다 스토킹에 대한 실태조사를 실시하여 그 결과를 발표하고, 이를 스토킹 방지를 위한 정책수립의 기초자료로 활용하여야 한다. ② 제1항에 따른 실태조사의 내용과 방법 등에 관하여 필요한 사항은 대통령령으로 정한다.
스토킹 예방교육 등 (제5조)	① 국가기관, 지방자치단체, 「초·중등교육법」에 따른 각급 학교 및 대통령령으로 정하는 공공단체의 장은 스토킹의 예방과 방지를 위하여 필요한 교육을 실시할 수 있다. 다만, 수사기관의 장은 사건 담당자 등 업무 관련자를 대상으로 필요한 교육을 실시하여야 한다. ② 제1항에 따라 스토킹 예방교육을 실시하는 경우 「가정폭력방지 및 피해자보호 등에 관한 법률」 제4조의3에 따른 가정폭력 예방교육, 「성매매방지 및 피해자보호 등에 관한 법률」 제5조에 따른 성매매 예방교육, 「성폭력방지 및 피해자보호 등에 관한 법률」 제5조에 따른 성교육 및 성폭력 예방교육, 「양성평등기본법」 제31조에 따른 성희롱 예방교육 등을 성평등 관점에서 통합하여 실시할 수 있다. ③ 국가기관, 지방자치단체의 장 및 대통령령으로 정하는 공공단체의 장은 스토킹 방지를 위한 자체 예방지침 마련, 사건 발생 시 재발방지대책 수립·시행 등 필요한 대책을 마련하여야 한다. ④ 「양성평등기본법」 제3조 제3호에 따른 사용자는 스토킹 예방교육을 실시하는 등 직장 내 스토킹 예방을 위한 노력을 하여야 한다. ⑤ 여성가족부장관은 제1항에 따른 교육의 확산을 위하여 교육에 필요한 자료 또는 프로그램을 개발·보급하여야 한다. ⑥ 제3항에 따른 재발방지대책에 포함되어야 할 사항은 대통령령으로 정한다..
피해자 등에 대한 불이익 조치금지 (제6조)	① 피해자 또는 스토킹 사실을 신고한 자를 고용하고 있는 자는 피해자 또는 스토킹 사실을 신고한 자에게 스토킹으로 피해를 입은 것 또는 신고를 한 것을 이유로 다음 각 호의 어느 하나에 해당하는 불이익조치를 하여서는 아니 된다. 1. 파면, 해임, 해고, 그 밖에 신분상실에 해당하는 신분상의 불이익조치 2. 징계, 정직, 감봉, 강등, 승진 제한, 그 밖에 부당한 인사조치 3. 전보, 전근, 직무 미부여, 직무 재배치, 그 밖에 본인의 의사에 반하는 인사조치 4. 성과평가 또는 동료평가 등에서 차별이나 그에 따른 임금 또는 상여금 등의 차별 지급

	5. 직업능력 개발 및 향상을 위한 교육훈련 기회의 제한, 예산 또는 인력 등 가용자원의 제한 또는 제거, 보안정보 또는 비밀정보 사용의 정지 또는 취급자격의 취소, 그 밖에 근무조건 등에 부정적 영향을 미치는 차별 또는 조치 6. 주의 대상자 명단 작성 또는 그 명단의 공개, 집단 따돌림, 폭행 또는 폭언 등 정신적·신체적 손상을 가져오는 행위 또는 그 행위의 발생을 방치하는 행위 7. 직무에 대한 부당한 감사 또는 조사나 그 결과의 공개 8. 그 밖에 본인의 의사에 반하는 불이익조치 ② 피해자를 고용하고 있는 자는 피해자의 요청이 있으면 업무 연락처 및 근무 장소의 변경, 배치 전환 등의 적절한 조치를 할 수 있다.
취학지원 (제7조)	① 국가나 지방자치단체는 피해자나 그 가족구성원(이하 "피해자등"이라 한다)이 「초·중등교육법」에 따른 각급 학교의 학생인 경우로서 주소지 외의 지역에서 취학(입학·재입학·전학 및 편입학을 포함한다. 이하 같다)할 필요가 있는 경우에는 그 취학이 원활히 이루어지도록 지원하여야 한다. ② 제1항에 따른 취학 지원에 필요한 사항은 대통령령으로 정한다.
지원시설의 설치 (제8조)	① 국가나 지방자치단체는 피해자등의 보호·지원과 효과적인 피해 방지를 위하여 피해자 지원시설(이하 "지원시설"이라 한다)을 설치·운영할 수 있다. ② 여성가족부장관이나 지방자치단체의 장은 지원시설의 설치·운영 업무를 대통령령으로 정하는 기관 또는 단체에 위탁할 수 있다. ③ 여성가족부장관이나 지방자치단체의 장은 제2항에 따라 지원시설의 설치·운영 업무를 위탁하는 경우에는 그에 필요한 경비를 지원할 수 있다. ④ 제1항에 따른 지원시설의 설치·운영 기준 등에 필요한 사항은 대통령령으로 정한다.
지원시설의 업무 (제9조)	지원시설은 다음 각 호의 업무를 수행한다. 1. 스토킹 신고 접수와 이에 관한 상담 2. 피해자등의 신체적·정신적 안정과 일상생활 복귀 지원 3. 피해자등의 보호와 임시거소의 제공 및 숙식 제공 4. 직업훈련 및 취업정보의 제공 5. 피해자등의 질병치료와 건강관리를 위하여 의료기관에 인도하는 등의 의료 지원 6. 스토킹행위자에 대한 고소와 피해배상청구 등 사법처리 절차에 관하여 「법률구조법」 제8조에 따른 대한법률구조공단 등 관계 기관에 대한 협조 및 지원 요청 7. 수사·재판 과정에 필요한 지원 8. 스토킹의 예방·방지를 위한 홍보 및 교육 9. 스토킹과 스토킹 피해에 관한 조사·연구 10. 다른 법률에 따라 지원시설에 위탁된 업무 11. 그 밖에 피해자등을 보호·지원하기 위하여 대통령령으로 정하는 업무
종사자 등의 자격기준 (제10조)	① 다음 각 호의 어느 하나에 해당하는 사람은 지원시설의 장 또는 종사자가 될 수 없다. 1. 미성년자, 피성년후견인 또는 피한정후견인 2. 금고 이상의 실형을 선고받고 그 집행이 끝나지(집행이 끝난 것으로 보는 경우를 포함한다) 아니하거나 집행이 면제되지 아니한 사람 3. 금고 이상의 형의 집행유예를 선고받고 그 유예기간 중에 있는 사람 4. 「스토킹범죄의 처벌 등에 관한 법률」 제18조의 죄를 범하여 형을 선고받고 그 형의 전부 또는 일부의 집행이 종료되거나 집행이 유예·면제된 날부터 10년이 지나지 아니한 사람 ② 지원시설에서 종사하려는 사람은 전문 지식이나 경력 등 대통령령으로 정하는 자격기준을 갖추어야 한다.
교육의 실시 (제11조)	① 여성가족부장관이나 지방자치단체의 장은 지원시설 종사자의 자질을 향상시키기 위하여 필요한 교육을 실시하여야 한다. ② 여성가족부장관이나 지방자치단체의 장은 대통령령으로 정하는 전문기관으로 하여금 제1항에 따른 교육 업무를 수행하게 할 수 있다. ③ 제1항에 따른 교육의 시간·방법 및 내용 등에 관하여 필요한 사항은 대통령령으로 정한다.

피해자등 의사존중 의무 (제12조)	지원시설의 장과 종사자는 피해자등이 분명히 밝힌 의사에 반하여 제9조에 따른 업무를 하여서는 아니 된다.
경찰관서의 협조 (제13조)	① 지원시설의 장은 스토킹행위자로부터 피해자등을 긴급히 구조할 필요가 있을 때에는 경찰관서(지구대·파출소 및 출장소를 포함한다)의 장에게 그 소속 직원의 동행을 요청할 수 있다. ② 제1항에 따른 요청을 받은 경찰관서의 장은 특별한 사유가 없으면 그 요청에 따라야 한다.
사법경찰 관리의 현장출동등 (제14조)	① 사법경찰관리는 스토킹의 신고가 접수된 때에는 지체 없이 신고된 현장에 출동하여야 한다. ② 제1항에 따라 출동한 사법경찰관리는 신고된 현장 또는 사건조사를 위한 관련 장소에 출입하여 관계인에 대하여 조사를 하거나 질문을 할 수 있다. ③ 제2항에 따라 출입, 조사 또는 질문을 하는 사법경찰관리는 그 권한을 표시하는 증표를 지니고 이를 관계인에게 내보여야 한다. ④ 제2항에 따라 조사 또는 질문을 하는 사법경찰관리는 피해자·신고자·목격자 등이 자유롭게 진술할 수 있도록 스토킹행위자로부터 분리된 곳에서 조사하는 등 필요한 조치를 하여야 한다. ⑤ 누구든지 정당한 사유 없이 제2항에 따른 사법경찰관리의 현장조사를 거부하는 등 그 업무수행을 방해하는 행위를 하여서는 아니 된다.
비밀유지의 의무 (제15조)	지원시설의 장 또는 종사자이거나 지원시설의 장이었던 자 또는 종사자이었던 자는 그 직무상 알게 된 비밀을 누설하여서는 아니 된다.
벌칙 (제16조)	① 제6조 제1항을 위반하여 신고자 또는 피해자에게 해고나 그 밖의 불이익조치를 한 자는 3년 이하의 징역 또는 3천만원 이하의 벌금에 처한다. ② 제15조에 따른 비밀 유지의 의무를 위반한 자는 1년 이하의 징역 또는 1천만원 이하의 벌금에 처한다.

⊕ PLUS 가폭법 아동학대법 스토킹처벌법 비교

		가폭법	아동학대법	스토킹처벌법
응급 조치	내용	① 제지, 분리, 현행범인의 체포 등 범죄수사 ② 피해자를 가정폭력 관련 상담소 또는 보호시설로 인도(피해자가 동의한 경우만) ③ 피해자를 의료기관으로 인도 ④ 폭력행위 재발 시 임시조치를 신청할 수 있음을 통보 ⑤ 피해자보호명령 또는 신변안전조치를 청구할 수 있음을 고지	① 아동학대범죄 행위의 제지 ② 아동학대행위자를 피해아동등으로부터 격리 ③ 피해아동등을 아동학대 관련 보호시설로 인도(피해아동등의 이익을 최우선으로 고려 및 의사를 존중) ④ 긴급치료가 필요한 피해아동을 의료기관으로 인도	① 제지, 향후 스토킹행위의 중단 통보 및 스토킹행위를 지속적 또는 반복적으로 할 경우 처벌 서면경고 ② 스토킹행위자와 피해자등의 분리 및 범죄수사 ③ 피해자등에 대한 긴급응급조치 및 잠정조치 요청의 절차 등 안내 ④ 스토킹 피해 관련 상담소 또는 보호시설로의 피해자등 인도(피해자등이 동의한 경우)
	절차	사법경찰관이 즉시 응급조치	① 사법경찰관리 또는 아동학대전담공무원이 즉시 응급조치결과보고서를 작성 ② 사법경찰관이 한 경우: 관할 경찰관서의 장이 시장 등에게	사법경찰관이 즉시 응급조치

562 해커스경찰 police.Hackers.com

			③ 아동학대전담공무원이 한 경우: 시장등이 관할 경찰관서의 장에게 각각 작성된 응급조치결과보고서를 지체 없이 송부	
	재량성	~ 하여야 한다.		
긴급 임시 조치 (긴급 응급 조치)	내용	① 퇴거 등 격리 ② 주거·직장 등에서 100미터 이내의 접근 금지 ③ 전기통신을 이용한 접근 금지	① 주거로부터 퇴거 등 격리 ② 주거, 학교 또는 보호시설 등에서 100미터 이내의 접근 금지 ③ 전기통신을 이용한 접근 금지	① 주거등으로부터 100미터 이내의 접근 금지 ② 전기통신을 이용한 접근 금지
	절차	① 사법경찰관은 즉시 긴급임시조치결정서를 작성 ② 사법경찰관은 지체 없이 검사에게 임시조치를 신청하고, 신청받은 검사는 긴급임시조치를 한 때부터 48시간 이내에 임시조치를 청구	① 사법경찰관은 즉시 긴급임시조치결정서를 작성 ⇨ 그 내용을 시장 등에게 지체 없이 통지 ② 사법경찰관이 응급조치(격+인만), 긴급임시조치를 하였거나 시장 등으로부터 이것들(격인, 긴급임시조치)이 행하여졌다는 통지를 받은 때에는 지체 없이 검사에게 임시조치의 청구를 신청하여야 한다. ③ 검사는 긴급임시조치를 한 때부터 48시간 이내에 임시조치를 청구	① 사법경찰관은 즉시 긴급응급조치결정서를 작성 ② 사법경찰관은 스토킹행위의 상대방등이나 그 법정대리인에게 통지 ③ 사법경찰관은 지체 없이 검사에게 해당 긴급응급조치에 대한 사후승인을 지방법원 판사에게 청구하여 줄 것을 신청 ④ 신청을 받은 검사는 긴급응급조치가 있었던 때부터 48시간 이내에 지방법원 판사에게 해당 긴급응급조치에 대한 사후승인을 청구
	재량성	~ 할 수 있다.		
임시 조치 (잠정 조치)	내용	① 퇴거 등 격리 ② 주거·직장 등에서 100미터 이내의 접근 금지 ③ 전기통신을 이용한 접근 금지 ④ 의료기관이나 그 밖의 요양소에의 위탁 ⑤ 국가경찰관서의 유치장 또는 구치소에의 유치 ⑥ 상담소등에의 상담위탁	① 주거로부터 퇴거 등 격리 ② 주거, 학교 또는 보호시설 등에서 100미터 이내의 접근 금지 ③ 전기통신을 이용한 접근 금지 ④ 친권 또는 후견인 권한 행사의 제한 또는 정지 ⑤ 아동보호전문기관 등에의 상담 및 교육 위탁 ⑥ 의료기관이나 그 밖의 요양시설에의 위탁 ⑦ 경찰관서의 유치장 또는 구치소에의 유치	① 피해자에 대한 스토킹범죄 중단에 관한 서면 경고 ② 그 주거등으로부터 100미터 이내의 접근 금지 ③ 위치추적 전자장치의 부착 ④ 전기통신을 이용한 접근 금지 ⑤ 국가경찰관서의 유치장 또는 구치소의 유치
	절차	① 검사는 직권으로 또는 사법경찰관의 신청에 의하여 격주통만 임시조치를 청구 ② 검사는 가정폭력행위자가 격주통의 임시조치를 위반 ⇨ 직권으로 또는 사법경찰관의 신청에 의하여 법원에 위유청구	① 검사는 직권으로 또는 사법경찰관이나 보호관찰관의 신청에 따라 법원에 임시조치를 청구 ⇨ 검사는 응급조치의 경우 72시간, 긴급임시조치의 경우 48시간 이내에 청구	① 검사는 직권 또는 사법경찰관의 신청에 따라 법원에 잠정조치를 청구 ② 피해자 또는 그 법정대리인은 검사 또는 사법경찰관에게 제1항에 따른 조치의 청구 또는 그 신청을 요청하거나, 이에 관하여 의견을 진술할 수 있다.

③ 법원은 검사와 피해자에게 통지하여야 한다. ④ 가정폭력행위자가 법원에 인치된 때부터 24시간 이내에 결정	② 법원은 임시조치를 결정한 경우에는 검사, 피해아동 등, 그 법정대리인, 변호사, 시·도지사 또는 시장·군수·구청장 및 피해아동등을 보호하고 있는 기관의 장에게 통지하여야 한다. ③ 판사는 임시조치가 청구된 때로부터 24시간 이내에 임시조치 여부를 결정	③ 법원은 잠정조치를 결정한 경우에는 검사와 피해자 또는 그의 동거인, 가족, 그 법정대리인에게 통지하여야 한다.
재량성	~ 할 수 있다.	

⊕ PLUS 스토킹처벌법 벌칙규정

5년 이하의 징역 또는 5천만원 이하의 벌금	흉기 또는 그 밖의 위험한 물건을 휴대하거나 이용하여 스토킹범죄를 저지른 사람
3년 이하의 징역 또는 3천만원 이하의 벌금	① 잠정조치의 전자장치의 효용을 해치는 행위를 한 사람 ② 피해자등의 사생활에 관한 비밀을 공개하거나 다른 사람에게 누설한 사람 ③ 스토킹범죄를 저지른 사람
2년 이하의 징역 또는 2천만원 이하의 벌금	잠정조치(주·통만)를 이행하지 아니한 사람
1년 이하의 징역 또는 1천만원 이하의 벌금	긴급응급조치(검사가 제5조 제2항에 따른 긴급응급조치에 대한 사후승인을 청구하지 아니하거나 지방법원 판사가 같은 조 제3항에 따른 승인을 하지 아니한 경우는 제외한다)를 이행하지 아니한 사람
수강명령의 병과	① 법원은 스토킹범죄를 저지른 사람에 대하여 유죄판결(선고유예는 제외한다)을 선고하거나 약식명령을 고지하는 경우에는 200시간의 범위에서 다음 각 호의 구분에 따라 재범 예방에 필요한 수강명령(「보호관찰 등에 관한 법률」에 따른 수강명령을 말한다. 이하 같다) 또는 스토킹 치료프로그램의 이수명령(이하 "이수명령"이라 한다)을 병과할 수 있다. 1. 수강명령: 형의 집행을 유예할 경우에 그 집행유예기간 내에서 병과 2. 이수명령: 벌금형 또는 징역형의 실형을 선고하거나 약식명령을 고지할 경우에 병과 ② 법원은 스토킹범죄를 저지른 사람에 대하여 형의 집행을 유예하는 경우에는 제1항에 따른 수강명령 외에 그 집행유예기간 내에서 보호관찰 또는 사회봉사 중 하나 이상의 처분을 병과할 수 있다.

police.Hackers.com

제2장 / 수사경찰

01 범죄수사의 원칙 ✤

:두문자 공·보·신	

수사의 3대원칙	① 신속착수의 원칙 ② 공중협력의 원칙 ③ 현장보존의 원칙
수사의 기본원칙	① 강제수사 법정주의 ② 영장주의 ③ 자기부죄강요금지의 원칙 ④ 제출인 환부의 원칙 ⑤ 수사비공개의 원칙 ⑥ 수사비례의 원칙 ⑦ 임의수사의 원칙
수사실행의 5원칙	① 수사자료 **완전수집**의 원칙: 모든 수사자료를 수사관이 **완전히 수집**해야 한다는 원칙 ② 수사자료 감식검토의 원칙: 수집된 자료는 **과학적 지식과 시설을 최대한 활용**, 면밀히 감식·검토해야 하며 상식으로 판단하면 안 된다는 원칙 ③ 적절한 추리의 원칙: 수집된 자료를 기초로 **합리적인 판단**을 해야 한다는 원칙 ④ 수사의 검증적 원칙: 여러 가지 추측 중에서 추측 하나 하나를 **모든 각도에서 검토**해야 한다는 원칙을 말한다. 검증적 수사의 원칙에서는 **수사사항의 결정 ➡ 수사방법의 결정 ➡** 수사실행이라는 순서에 따라 검토한다. ⑤ **사실판단 증명**의 원칙: 수사관의 판단을 주관적인 판단에 그치지 말고 누가 판단해도 그 판단이 진실이라는 것을 **객관적으로 증명**해야 한다는 원칙

:두문자
완전·감·추·검·사

02 범죄피해자 보호법 ✤✤✤

목적 (제1조)	이 법은 범죄피해자 보호·지원의 기본 정책 등을 정하고 타인의 범죄행위로 인하여 **생명·신체(재산 ✕)**에 피해를 받은 사람을 구조함으로써 범죄피해자의 복지 증진에 기여함을 목적으로 한다.
용어정의 (제3조)	① 이 법에서 사용하는 용어의 뜻은 다음과 같다. 　㉠ '범죄피해자'란 타인의 범죄행위로 피해를 당한 사람과 **그 배우자(사실상의 혼인관계를 포함한다), 직계친족 및 형제자매**를 말한다. 　㉡ '범죄피해자 보호·지원'이란 범죄피해자의 손실 복구, 정당한 권리 행사 및 복지 증진에 기여하는 행위를 말한다. 다만, 수사·변호 또는 재판에 부당한 영향을 미치는 행위는 포함되지 아니한다. 　㉢ '범죄피해자 지원법인'이란 범죄피해자 보호·지원을 주된 목적으로 설립된 비영리법인을 말한다. 　㉣ '구조대상 범죄피해'란 대한민국의 영역 안에서 또는 대한민국의 영역 밖에 있는 대한민국의 선박이나 항공기 안에서 행하여진 사람의 생명 또는 신체를 해치는 죄에 해당하는 행위(형법 제9조, 제10조 제1항, 제12조, 제22조 제1항에 따라

	처벌되지 아니하는 행위를 포함하며, 같은 법 제20조 또는 제21조 제1항에 따라 처벌되지 아니하는 행위 및 과실에 의한 행위는 제외한다)로 인하여 사망하거나 장해 또는 중상해(상해 ×)를 입은 것을 말한다. ⓜ '장해'란 범죄행위로 입은 부상이나 질병이 치료(그 증상이 고정된 때를 포함한다)된 후에 남은 신체의 장해로서 대통령령으로 정하는 경우를 말한다. ⓗ '중상해'란 범죄행위로 인하여 신체나 그 생리적 기능에 손상을 입은 것으로서 대통령령으로 정하는 경우를 말한다. ② ①의 ㉠에 해당하는 사람 외에 범죄피해방지 및 범죄피해자 구조활동으로 피해를 당한 사람도 범죄피해자로 본다.
지방자치 단체의 책무 (제5조)	**지방자치단체(국가 또는 경찰청 ×)**는 범죄피해자 보호·지원을 위하여 적극적으로 노력하고, 국가의 범죄피해자 보호·지원 시책이 원활하게 시행되도록 협력하여야 한다.
형사절차 참여 보장 등 (제8조)	① 국가는 범죄피해자가 해당 사건과 관련하여 수사담당자와 상담하거나 재판절차에 참여하여 진술하는 등 형사절차상의 권리를 행사할 수 있도록 보장하여야 한다. ② 국가는 범죄피해자가 요청하면 가해자에 대한 수사결과, 공판기일, 재판결과, 형 집행 및 보호관찰 집행상황 등 형사절차 관련 정보를 대통령령으로 정하는 바에 따라 제공할 수 있다.
사생활의 평온과 신변의 보호 등 (제9조)	① **국가 및 지방자치단체는** 범죄피해자의 명예와 사생활의 평온을 보호하기 위하여 필요한 조치를 하여야 한다. ② **국가 및 지방자치단체는** 범죄피해자가 형사소송절차에서 한 진술이나 증언과 관련하여 보복을 당할 우려가 있는 등 범죄피해자를 보호할 필요가 있을 경우에는 적절한 조치를 마련하여야 한다.
기본계획 수립 (제12조)	**법무부장관은** 제15조에 따른 범죄피해자 보호위원회의 심의를 거쳐 범죄피해자 보호·지원에 관한 기본계획(이하 '기본계획'이라 한다)을 5년마다 수립하여야 한다.
범죄피해자 보호위원회 (제15조)	① 범죄피해자 보호·지원에 관한 기본계획 및 주요 사항 등을 심의하기 위하여 법무부장관 소속으로 범죄피해자보호위원회(이하 '보호위원회'라 한다)를 둔다. ② 보호위원회는 다음의 사항을 심의한다. 　㉠ 기본계획 및 시행계획에 관한 사항 　㉡ 범죄피해자 보호·지원을 위한 주요 정책의 수립·조정에 관한 사항 　㉢ 범죄피해자 보호·지원 단체에 대한 지원·감독에 관한 사항 　㉣ 그 밖에 위원장이 심의를 요청한 사항 ③ 보호위원회는 위원장을 포함하여 20명 이내의 위원으로 구성한다.
구조금의 지급요건 (제16조)	국가는 구조대상 범죄피해를 받은 사람(이하 '구조피해자'라 한다)이 다음의 어느 하나에 해당하면 구조피해자 또는 그 유족에게 범죄피해 구조금(이하 '구조금'이라 한다)을 지급한다. ① 구조피해자가 피해의 전부 또는 일부를 배상받지 못하는 경우 ② 자기 또는 타인의 형사사건의 수사 또는 재판에서 고소·고발 등 수사단서를 제공하거나 진술, 증언 또는 자료제출을 하다가 구조피해자가 된 경우
구조금의 종류 등 (제17조)	① 구조금은 유족구조금·장해구조금 및 중상해구조금으로 구분하며, **일시금으로** 지급한다. ② 유족구조금은 구조피해자가 사망하였을 때 제18조에 따라 맨 앞의 순위인 유족에게 지급한다. 다만, 순위가 같은 유족이 2명 이상이면 똑같이 나누어 지급한다. ③ 장해구조금 및 중상해구조금은 해당 구조피해자에게 지급한다.

유족의 범위 및 순위 (제18조)	① 유족구조금을 지급받을 수 있는 유족은 다음의 어느 하나에 해당하는 사람으로 한다.
	⊙ 배우자(사실상 혼인관계를 **포함**한다) 및 구조피해자의 사망 당시 구조피해자의 수입으로 생계를 유지하고 있는 구조피해자의 자녀
	ⓛ 구조피해자의 사망 당시 구조피해자의 수입으로 생계를 유지하고 있는 구조피해자의 부모, 손자·손녀, 조부모 및 형제자매
	ⓒ ⊙ 및 ⓛ에 해당하지 아니하는 구조피해자의 자녀, 부모, 손자·손녀, 조부모 및 형제자매
	② ①에 따른 유족의 범위에서 태아는 <u>구조피해자가 사망할 때 이미 출생한 것으로 본다.</u>
	③ 유족구조금을 받을 유족의 순위는 ①의 각 열거한 순서로 하고, ⓛ 및 ⓒ에 열거한 사람 사이에서는 해당 각 열거한 순서로 하며, 부모의 경우에는 **양부모를 선순위**로 하고 친부모를 후순위로 한다.
	④ 유족이 다음의 어느 하나에 해당하면 유족구조금을 받을 수 있는 유족으로 보지 아니한다.
	⊙ 구조피해자를 고의로 사망하게 한 경우
	ⓛ 구조피해자가 사망하기 전에 그가 사망하면 유족구조금을 받을 수 있는 선순위 또는 같은 순위의 유족이 될 사람을 고의로 사망하게 한 경우
	ⓒ 구조피해자가 사망한 후 유족구조금을 받을 수 있는 선순위 또는 같은 순위의 유족을 고의로 사망하게 한 경우
구조금을 지급하지 아니할 수 있는 경우 (제19조)	① 범죄행위 당시 구조피해자와 가해자 사이에 다음의 어느 하나에 해당하는 친족관계가 있는 경우에는 구조금을 지급하지 아니한다.
	⊙ **부부**(사실상의 혼인관계를 포함한다)
	ⓛ **직계혈족**
	ⓒ **4촌 이내의 친족**
	ⓔ **동거친족**
	② 범죄행위 당시 구조피해자와 가해자 사이에 ①의 어느 하나에 해당하지 아니하는 친족관계가 있는 경우에는 구조금의 **일부**를 지급하지 **아니한다.**
	③ 구조피해자가 다음의 어느 하나에 해당하는 행위를 한 때에는 구조금을 지급하지 아니한다.
	⊙ 해당 범죄행위를 교사 또는 방조하는 행위
	ⓛ **과도한** 폭행·협박 또는 중대한 모욕 등 해당 범죄행위를 유발하는 행위
	ⓒ 해당 범죄행위와 관련하여 현저하게 부정한 행위
	ⓔ 해당 범죄행위를 용인하는 행위
	ⓜ 집단적 또는 상습적으로 불법행위를 행할 우려가 있는 조직에 속하는 행위(다만, 그 조직에 속하고 있는 것이 해당 범죄피해를 당한 것과 관련이 없다고 인정되는 경우는 제외한다)
	ⓗ 범죄행위에 대한 보복으로 가해자 또는 그 친족이나 그 밖에 가해자와 밀접한 관계가 있는 사람의 생명을 해치거나 신체를 중대하게 침해하는 행위
	④ 구조피해자가 다음의 어느 하나에 해당하는 행위를 한 때에는 구조금의 **일부**를 지급하지 **아니한다.**
	⊙ 폭행·협박 또는 모욕 등 해당 범죄행위를 유발하는 행위
	ⓛ 해당 범죄피해의 발생 또는 증대에 가공(加功)한 부주의한 행위 또는 부적절한 행위

	⑤ 구조피해자 또는 그 유족과 가해자 사이의 관계, 그 밖의 사정을 고려하여 구조금의 전부 또는 일부를 지급하는 것이 사회통념에 위배된다고 인정될 때에는 구조금의 전부 또는 일부를 지급하지 아니할 수 있다. ⑥ ①부터 ⑤까지의 규정에도 불구하고 구조금의 실질적인 수혜자가 가해자로 귀착될 우려가 없는 경우 등 구조금을 지급하지 아니하는 것이 사회통념에 위배된다고 인정할 만한 특별한 사정이 있는 경우에는 구조금의 전부 또는 일부를 지급할 수 있다.	
외국인에 대한 구조 (제23조)	이 법은 외국인이 구조피해자이거나 유족인 경우에는 해당 국가의 **상호보증**이 있는 경우에만 적용한다.	
구조금의 지급신청 (제25조)	① 구조금을 받으려는 사람은 법무부령으로 정하는 바에 따라 그 주소지, 거주지 또는 범죄 발생지를 관할하는 **지구심의회**에 신청하여야 한다. ② ①에 따른 신청은 해당 구조대상 범죄피해의 발생을 **안 날부터 3년**이 지나거나 해당 구조대상 범죄피해가 **발생한 날부터 10년**이 지나면 할 수 없다.	
구조금의 환수 (제30조)	① 국가는 이 법에 따라 구조금을 받은 사람이 다음의 어느 하나에 해당하면 지구심의회 또는 본부심의회의 결정을 거쳐 그가 받은 구조금의 **전부 또는 일부를 환수할 수 있다.** ㉠ 거짓이나 그 밖의 부정한 방법으로 구조금을 받은 경우 ㉡ 구조금을 받은 후 제19조에 규정된 사유가 발견된 경우 ㉢ 구조금이 잘못 지급된 경우 ② 국가가 ①에 따라 환수를 할 때에는 국세징수의 예에 따르고, 그 환수의 우선순위는 국세 및 지방세 다음으로 한다.	
소멸시효 (제31조)	구조금을 받을 권리는 그 구조결정이 해당 신청인에게 송달된 날부터 **2년간** 행사하지 아니하면 시효로 인하여 소멸된다.	
구조금 수급권의 보호 (제32조)	구조금을 받을 권리는 **양도하거나 담보로 제공하거나 압류할 수 없다.**	

03 마약범죄의 수사 ✤✤✤

1. 마약류의 분류(마약류 관리에 관한 법률)

	천연마약	천연마약에는 **양귀**비(Opium Poppy), 생**아편**(Opium), **모르핀**, **코데인**(메틸모르핀; Codeine), 테바인, 하이드로모르핀, **코카**인, 크랙(Crack) 등이 있다.	**:두문자** **양귀·아파·모르인**
마약	한외마약	① 일반의약품에다가 마약성분이 **미세**하게 혼합된 약물인데 **신체적 혹은 정신적 의존성을 일으킬 염려는 없는 것**으로서, 감기약 등에 활용되는 합법의약품이다. 마약성분을 갖고 있으나 다른 약들과 혼합되어 마약으로 다시 제조하거나 제제할 수 없고, 그것에 의하여 신체적 또는 정신적 의존성을 일으키지 아니하는 것으로서 **총리령**으로 정하는 것이다. ② **코데**날, **코데**잘, **코데**솔, 유코데, 세코날 등이 있다.	**:두문자** **한외마약: 총리·코**
	합성마약	① **화학적으로 합성된 마약**이다. ② 페치딘계, 메사돈계, 프로폭시펜, 아미노부텐, 모리피난, 벤조모르핀 등이 있다.	

	반합성 마약	① **천연마약을 합성하여 조제된 것**으로 진통·진정제로서 의료에 사용되는 의료용 마약물질이다. ② **헤로인**(Heroin), 히드로모르핀, 옥시**코돈**, 하이드로폰 등이 있다.
향정신성 의약품	억제제	① 인체 내에서 중추신경계의 기능을 억제하여 안정감을 주는 중추신경 진정제이다. ② 바르비탈염류제, 벤조디아제핀(benzodiazepine), 알프라졸람이 있다.
	각성제	① 각성제는 중추신경계를 자극하여 그 기능을 강화하는 기능을 갖는 것으로 교감신경계를 흥분시키는 정신흥분제이다. 졸음 개선, 주의력결핍 과잉행동장애 치료, 기면증 치료 등에 사용된다. ② **엑스터시, 메스암페타민(히로뽕)**, 암페타민류가 있다.
	마취제	① **케타민** ② **미다졸람**: 중추신경 억제작용이 있으며, 진통작용이 거의 없지만 망각효과가 뛰어나다. 불안과 두려움을 줄여주는 효과도 있다. ③ **프로포폴**(propopol)
	환각제	① 환각제는 중추신경계에 작용하여 환각을 일으키는 약물이다. ② **엘에스디(LSD), 메스카린(페이요트), 사일로사이빈** 등이 있다.
대마		① 대마초, 마리화나, 대마수지(해쉬쉬): 대마꽃대의 진액으로 만든 것을 말한다. ② 다만, 대마초[칸나비스 사티바 엘(Cannabis sativa L)을 말한다. 이하 같다]의 종자(種子)·뿌리 및 성숙한 대마초의 줄기와 그 제품은 **제외한다.**

: 두문자

케미졸라프로

2. 주요 향정신성의약품

메스암 페타민 (히로뽕· 필론폰)	① 강한 각성작용으로 의식이 뚜렷해지고 잠이 오지 않으며 피로감이 없어짐 ② 음료에 섞어 먹고, **코로 흡입**하거나 정맥주사를 함 ③ 처음에는 '술깨는 약'이나 '피로회복제', '체중조절약' 등을 가장하여 유통됨 ④ 식욕감퇴, 환시나 환청, 단기기억 상실, 편집증세, 과민반응, 피해망상증 등이 일어남
GHB ('물뽕')	① 무색·무취·**짠맛**을 나는 액체로 소다수 등의 음료에 타서 복용 ② **데이트 강간 약물** ③ 사용 15분 후 효과가 나타나며, 복용 후 3시간 지속 ④ 근육강화, 호르몬 분비효과
LSD	① 곡물의 곰팡이, 보리 맥각에서 추출한 물질을 인공적으로 합성시켜 만들어 낸 것으로 무색·무취·**무미** ② 각설탕, 과자, 빵 등에 첨가시켜 먹거나 찍어 먹으며, 우편·종이 등의 표면에 묻혔다가 뜯어서 입에 넣는 방법으로 복용 ③ 가장 강력한 환각현상, 즉 '플래쉬백' 현상을 일으키기도 함 ④ 동공확대, 심박동 및 혈압**상승**, 수전증
러미나 (텍스트로 메트로판)	① 진해거담제로서 의사의 처방전으로 약국에서 구입이 가능 ② 청소년들이 소주에 타서 마시기도 하는데 이를 '**정글쥬스**'라고 함 ③ 강한 중추신경 억제성 진해 작용이 있어 도취감, 환각작용을 일으키나 **의존성과 독성은 거의 없음** ④ 코데인 대용으로 널리 시판

: 두문자

짠뽕

: 두문자

미나리쥬스

기출 OX

01 GHB는 사용 후 통상적으로 15분 후에 효과가 발현되고 그 효과는 3시간 정도 지속되며 무색, 무취, 무미의 액체로 유럽 등지에서 데이트 강간약물로도 불린다. 24. 경찰승진 ( )

02 LSD는 각성제 중 가장 강력한 효과를 나타낸다. 17. 경찰승진 ( )

03 향정신성의약품 중 덱스트로 메트로판은 강한 중추신경 억제성 진해작용이 있으며 의존성과 독성이 강하다. 13. 경찰승진 ( )

정답 **01** × **02** × **03** ×

엑스터시 (MDMA)	① 독일에서 식욕감퇴제로 개발된 것으로 기분이 좋아지는 약 ② 포옹마약(Hug Drug), **클럽마약**, 도리도리 등으로 지칭 ③ 복용하면 신체접촉 욕구가 강하게 발생	
S정 (카리소프 로돌)	① 중추신경계에 작용하여 근육 이완의 효과가 있는 근골격계 질환 치료제 ② 과다복용시 인사불성, 호흡저하, 혼수쇼크, 사망에 이를 수 있음 ③ 금단증상으로 온몸이 뻣뻣해지고 뒤틀리며 꼬부라지는 소리 등을 하게 됨	**: 두문자** stop정
케타민	① **동물마취제**로 개발 ② 가루로 만들어 코로 흡입하거나 액상담배와 섞어 흡연도 가능하며, 술에 몰래 타 성범죄마약으로 약용되기도 한다.	
프로포폴 (propopol)	① 정맥으로 투여하는 **수면마취제**다. ② 건강한 성인이라면 프로포폴을 투여해도 간에서 대사돼 체내에 남지 않고 소변으로 모두 빠져 나온다. 다른 마취제와 달리 오심, 구토 증상이 없어 환자와 의사 모두 부담 없이 사용할 수 있다.	
야바	① '미친 약'이라는 뜻을 가진 암페타민계 합성마약 ② 태국 등 동남아시아 지역에 주로 생산되어 유흥업소 종사자, 육체노동자·운전기사 등을 중심으로 급속히 확산 ③ 의약품으로 가장하기 쉬워 밀반입이 유용하고, 밀가루에 필로폰을 혼합하여 **순도가 낮음**	**: 두문자** 야한바
메스카린	선인장인 **페이요트**에서 추출하여 합성한 향정신성의약품	
사이 로시빈	환각버섯 혹은 매직머쉬룸이라 칭하는 버섯에서 추출한 합성마약을 사일로신, 사이로 시빈이라 함	

⊕ PLUS 112신고의 운영 및 처리에 관한 법률

정의 (제2조)	이 법에서 사용하는 용어의 뜻은 다음과 같다. 1. "112"란 「전기통신사업법」 제48조에 따른 전기통신번호자원 관리계획에 따라 부여하는 특수번호인 112를 말한다. 2. "112신고"란 범죄나 각종 사건·사고 등 위급한 상황이 발생하였거나 발생할 것이 예상될 때 그 피해자 또는 이를 인지한 사람이 112를 이용한 음성, 문자 신고와 그 밖의 인터넷, 영상, 스마트기기 등을 통하여 신고하는 것을 말한다.
국가의 책무 (제3조)	① 국가는 112신고의 신속하고 효과적인 처리 및 대응을 위한 체계를 구축하여야 한다. ② 국가는 112신고의 공동대응을 위하여 관계 기관 간 협력체계를 구축·운영하여야 한다. ③ 국가는 누구든지 장애·언어, 그 밖의 이유로 112신고를 이용하는 데 불이익을 받지 아니하도록 접근성을 보장하여야 한다.
국민의 권리와 의무 (제4조)	① 누구든지 범죄나 각종 사건·사고 등 위급한 상황이 발생하였거나 발생할 것이 예상되는 경우 112신고를 이용하여 국가로부터 신속한 대응을 요청할 권리를 가진다. ② 누구든지 범죄나 각종 사건·사고 등 위급한 상황에 대응하기 위한 목적 외의 다른 목적으로 112신고를 하거나 이를 거짓으로 꾸며 112신고를 하여서는 아니 된다.
다른 법률과의 관계 (제5조)	112신고의 운영 및 처리에 관하여 다른 법률에 특별한 규정이 있는 경우를 제외하고는 이 법에 따른다.
112치안종합 상황실의 설치·운영 (제6조)	① 경찰청장, 시·도경찰청장 및 경찰서장(이하 "경찰청장등"이라 한다)은 112신고의 신속한 접수·처리와 이를 위한 112신고 정보의 분석·판단·전파와 공유·이관, 상황관리, 현장 지휘·조정·통제 및 공동대응 등의 업무를 수행하기 위하여 112치안종합상황실을 설치·운영하여야 한다. ② 112치안종합상황실의 설치·운영을 위하여 그 밖에 필요한 사항은 대통령령으로 정한다.

112신고의 접수 등 (제7조)	① 경찰청장등은 112신고를 받으면 「국가경찰과 자치경찰의 조직 및 운영에 관한 법률」 제 4조 제1항에 따른 경찰사무의 구분이나 현장 출동이 필요한 지역의 관할에 관계없이 해 당 112신고를 신속하게 접수하여 처리하여야 한다. ② 누구든지 정당한 사유 없이 위계·위력·폭행 또는 협박 등으로 제1항에 따른 112신고 접수·처리 업무를 방해하여서는 아니 된다. ③ 제1항에 따른 112신고의 접수 및 처리에 필요한 사항은 대통령령으로 정한다.
112신고에 대한 조치 (제8조)	① 경찰청장등은 제7조 제1항에 따라 112신고가 접수된 때에는 경찰관을 현장에 신속하게 출동시켜 위험 발생의 방지, 범죄의 예방·진압, 구호대상자의 구조 등 필요한 조치를 하 게 하여야 한다. ② 제1항에 따라 필요한 조치를 한 경찰관은 해당 112신고와 관련하여 범죄의 혐의가 있다 고 인정할 만한 상당한 이유가 있어 계속 수사할 필요가 있는 경우 지체 없이 해당 수사 기관에 인계하여야 한다. ③ 경찰관은 제1항에 따른 필요한 조치를 할 때 사람의 생명·신체 또는 재산에 대한 급박 한 위해가 발생할 우려가 있는 경우에는 그 위해를 방지하거나 피해자를 구조하기 위하 여 부득이하다고 인정하면 합리적으로 판단하여 필요한 한도에서 다른 사람의 토지·건 물 또는 그 밖의 물건을 일시사용, 사용의 제한 또는 처분을 하거나 다른 사람의 토지· 건물·배 또는 차에 출입할 수 있다. ④ 경찰청장등은 112신고를 처리하는 과정에서 재난·재해, 범죄 또는 그 밖의 위급한 상 황이 발생하여 사람의 생명·신체를 위험하게 할 것으로 인정할 때에는 일정한 구역을 정하여 그 구역에 있는 사람에게 그 구역 밖으로 피난할 것을 명할 수 있다. ⑤ 경찰관은 제3항에 따라 출입 등 조치를 할 때에는 그 신분을 표시하는 증표를 제시하여 야 하며, 소속과 성명을 밝히고 조치의 목적과 이유를 설명하여야 한다. ⑥ 국가는 제1항, 제3항 또는 제4항에 따른 조치나 명령으로 손실을 입은 자가 있는 경우에 는 「경찰관 직무집행법」 제11조의2에 따라 그 손실을 보상하여야 한다.
공동대응 또는 협력 (제9조)	① 경찰청장등은 112신고 처리에 있어 다른 기관과의 공동대응 또는 협력이 필요한 경우에 는 관계 기관에 이를 요청할 수 있다. 이 경우 요청을 받은 기관의 장은 특별한 사유가 없으면 이에 따라야 한다. ② 제1항에 따라 공동대응 또는 협력을 요청받은 관계 기관은 신속하고 안전하게 위험 발생 의 방지, 범죄의 예방·진압, 구호대상자의 구조 등 필요한 조치를 하여야 한다. ③ 제2항에 따라 필요한 조치를 한 관계 기관은 해당 112신고와 관련하여 범죄의 혐의가 있다고 인정할 만한 상당한 이유가 있어 계속 수사할 필요가 있다고 판단되는 경우 지체 없이 해당 수사기관에 인계하여야 한다. ④ 제1항부터 제3항까지에 따른 공동대응·협력 요청, 관계 기관의 조치, 수사기관 인계 및 그 밖에 필요한 사항은 대통령령으로 정한다.
112신고자에 대한 보호 등 (제10조)	① 국가는 112신고를 처리할 때 112신고를 한 사람(이하 "112신고자"라 한다)이 범죄(이 미 행하여졌거나 진행 중인 범죄와 눈앞에서 행하여지려고 하고 있다고 인정되는 범죄를 포함한다. 이하 같다) 피해자, 범죄를 목격한 사람, 그 밖에 각종 사건·사고 등 위급한 상황에서 구조를 요청한 사람에 해당하는 경우 그 신고자를 보호하여야 한다. ② 경찰청장등은 다음 각 호의 어느 하나에 해당하는 경우를 제외하고 112신고에 사용된 전화번호, 112신고자의 이름·주소·성별·나이·음성과 그 밖에 112신고자를 특정하 거나 유추하는 데 사용될 수 있는 일체의 정보(이하 "112신고자 정보"라 한다)를 수집· 이용 또는 제공하여서는 아니 된다. 1. 112신고의 처리를 위하여 112신고자 정보를 활용하는 경우 2. 112신고자가 동의하는 경우 3. 이 법 또는 다른 법률에 특별한 규정이 있는 경우 ③ 누구든지 제2항에 따른 112신고자 정보를 112신고 접수·처리 이외의 목적에 이용하여 서는 아니 된다. ⇨ 이를 위반한 자는 5년 이하의 징역 또는 5천만원 이하의 벌금 ④ 제2항 각 호에 따라 수집·이용 또는 제공하는 112신고자 정보는 해당 업무를 수행하기 위하여 필요한 최소한의 범위에 그쳐야 한다.

출동현장의 촬영·관리 (제11조)	① 경찰청장등은 112신고를 처리할 때 112치안종합상황실에서 출동 현장의 상황 등을 실시간으로 확인하고 지휘하기 위한 목적으로 순찰차 등에 영상촬영장치를 설치하여 출동 현장을 촬영할 수 있다. ② 제1항에 따라 수집된 영상정보의 보관·이용·폐기의 기간·방법·절차, 그 밖에 필요한 사항은 대통령령으로 정한다. ③ 제1항에 따라 촬영된 영상정보의 보호 및 관리에 관한 사항은 이 법에서 정한 것을 제외하고는 「개인정보 보호법」에 따른다.
112시스템의 구축·운영	제13조(112시스템의 구축·운영) ① 경찰청장은 112신고의 접수·처리, 112신고 정보의 공유·이관 및 공동대응 등에 필요한 정보시스템(이하 "112시스템"이라 한다)을 구축·운영하여야 한다. ② 제1항에 따른 112시스템의 구축·운영에 필요한 사항은 대통령령으로 정한다.
112신고자 포상 (제16조)	① 경찰청장등은 112신고를 통하여 범죄를 예방하고 다른 사람의 생명·신체 및 재산을 보호하는 데 기여한 공이 큰 112신고자에 대하여 포상을 하거나 예산의 범위에서 포상금을 지급할 수 있다. ② 제1항에 따른 포상 및 포상금의 지급 대상·기준·방법 및 절차 등에 관한 구체적인 사항은 대통령령으로 정한다.
공동대응 또는 협력 (제9조)	① 경찰청장등은 112신고 처리에 있어 다른 기관과의 공동대응 또는 협력이 필요한 경우에는 관계 기관에 이를 요청할 수 있다. 이 경우 요청을 받은 기관의 장은 특별한 사유가 없으면 이에 따라야 한다. ② 제1항에 따라 공동대응 또는 협력을 요청받은 관계 기관은 신속하고 안전하게 위험 발생의 방지, 범죄의 예방·진압, 구호대상자의 구조 등 필요한 조치를 하여야 한다. ③ 제2항에 따라 필요한 조치를 한 관계 기관은 해당 112신고와 관련하여 범죄의 혐의가 있다고 인정할 만한 상당한 이유가 있어 계속 수사할 필요가 있다고 판단되는 경우 지체 없이 해당 수사기관에 인계하여야 한다. ④ 제1항부터 제3항까지에 따른 공동대응·협력 요청, 관계 기관의 조치, 수사기관 인계 및 그 밖에 필요한 사항은 대통령령으로 정한다.
112신고자에 대한 보호 등 (제10조)	① 국가는 112신고를 처리할 때 112신고를 한 사람(이하 "112신고자"라 한다)이 범죄(이미 행하여졌거나 진행 중인 범죄와 눈앞에서 행하여지려고 하고 있다고 인정되는 범죄를 포함한다. 이하 같다) 피해자, 범죄를 목격한 사람, 그 밖에 각종 사건·사고 등 위급한 상황에서 구조를 요청한 사람에 해당하는 경우 그 신고자를 보호하여야 한다. ② 경찰청장등은 다음 각 호의 어느 하나에 해당하는 경우를 제외하고 112신고에 사용된 전화번호, 112신고자의 이름·주소·성별·나이·음성과 그 밖에 112신고자를 특정하거나 유추하는 데 사용될 수 있는 일체의 정보(이하 "112신고자 정보"라 한다)를 수집·이용 또는 제공하여서는 아니 된다. 1. 112신고의 처리를 위하여 112신고자 정보를 활용하는 경우 2. 112신고자가 동의하는 경우 3. 이 법 또는 다른 법률에 특별한 규정이 있는 경우 ③ 누구든지 제2항에 따른 112신고자 정보를 112신고 접수·처리 이외의 목적에 이용하여서는 아니 된다. ⇨ 이를 위반한 자는 5년 이하의 징역 또는 5천만원 이하의 벌금 ④ 제2항 각 호에 따라 수집·이용 또는 제공하는 112신고자 정보는 해당 업무를 수행하기 위하여 필요한 최소한의 범위에 그쳐야 한다.
출동현장의 촬영·관리 (제11조)	① 경찰청장등은 112신고를 처리할 때 112치안종합상황실에서 출동 현장의 상황 등을 실시간으로 확인하고 지휘하기 위한 목적으로 순찰차 등에 영상촬영장치를 설치하여 출동 현장을 촬영할 수 있다. ② 제1항에 따라 수집된 영상정보의 보관·이용·폐기의 기간·방법·절차, 그 밖에 필요한 사항은 대통령령으로 정한다. ③ 제1항에 따라 촬영된 영상정보의 보호 및 관리에 관한 사항은 이 법에서 정한 것을 제외하고는 「개인정보 보호법」에 따른다.
112시스템의 구축·운영	제13조(112시스템의 구축·운영) ① 경찰청장은 112신고의 접수·처리, 112신고 정보의 공유·이관 및 공동대응 등에 필요한 정보시스템(이하 "112시스템"이라 한다)을 구축·운영하여야 한다. ② 제1항에 따른 112시스템의 구축·운영에 필요한 사항은 대통령령으로 정한다.

112신고자 포상 (제16조)	① 경찰청장등은 112신고를 통하여 범죄를 예방하고 다른 사람의 생명·신체 및 재산을 보호하는 데 기여한 공이 큰 112신고자에 대하여 포상을 하거나 예산의 범위에서 포상금을 지급할 수 있다. ② 제1항에 따른 포상 및 포상금의 지급 대상·기준·방법 및 절차 등에 관한 구체적인 사항은 대통령령으로 정한다.

⊕ PLUS 112종합상황실 운영 및 신고처리 규칙

목적 (제1조)	이 규칙은 112치안종합상황실의 운영 및 신고처리 등에 관한 기본적인 사항을 규정하여 범죄 등으로부터 신속하게 국민의 생명과 재산을 보호함을 목적으로 한다.
적용범위 (제2조)	이 규칙은 각 경찰관서의 112치안종합상황실의 운영 및 112신고의 처리에 관하여 우선 적용하며, 이 규칙에서 정하지 않은 사항은 동 사항과 관련된 다른 규칙 등에 따른다.
정의 (제3조)	① '112신고'란 범죄피해자 또는 범죄를 인지한 자가 유·무선전화, 문자메시지 등 다양한 통신수단을 활용하여 특수전화번호인 112로 신속한 경찰력의 발동을 요청하는 것을 말한다. ② '112신고처리'란 112신고의 목적 달성을 위하여 이루어지는 접수·지령·현장출동·현장조치·종결 등 일련의 처리과정을 말한다. ③ '112치안종합상황실'이란 112신고 및 치안상황의 즉응·적정 처리를 위해 시·도경찰청 또는 경찰서에 설치·운영하는 부서를 말한다. ④ '112시스템'이란 112신고의 접수·지령·전파 및 순찰차 배치에 활용하는 전산 시스템을 말한다. ⑤ '접수'란 112신고 등을 받아 사건의 내용을 확인하고, 112시스템에 신고내용을 입력하여 처리에 착수하는 것을 말한다. ⑥ '지령'이란 전산망 또는 무선망을 통해 112신고사항을 출동요소에 전파하여 처리토록 하는 것을 말한다. ⑦ '출동요소'란 112순찰차, 형사기동대차, 교통순찰차, 고속도로순찰차, 지구대·파출소의 근무자 및 인접 경찰관서의 근무자 등을 말한다. ⑧ '112요원'이란 112치안종합상황실에 근무하는 112신고 및 치안상황 처리 업무에 종사하는 자를 말한다. ⑨ "긴급신고대응기관"이란 긴급신고전화를 국민, 기관내의 각 부서, 소속기관 및 그 산하기관 등에 전달할 책임이 있는 다음 각 목의 기관 및 부서를 말한다. 　가. 경찰청 　나. 소방청 　다. 해양경찰청 　라. 시·도경찰청 112치안종합상황실 　마. 시·도 소방본부 119종합상황실 　바. 지방 해양경찰관서 종합상황실
112 종합 상황실의 운영 (제4조)	112신고를 포함한 각종 상황에 효율적이고 효과적인 대응을 위해 각 시·도경찰청 및 경찰서에 112치안종합상황실을 설치하여 24시간 운영한다.
기능 (제5조)	112치안종합상황실은 다음의 업무를 수행한다. ① 112신고의 접수와 지령 ② 각종 치안상황의 신속·정확한 파악·전파 및 초동조치 지휘 ③ 112신고 및 치안상황에 대한 기록유지 ④ 112신고 관련 각종 통계의 작성·분석 및 보고
근무자 선발 원칙 및 근무기간 (제6조)	① 시·도경찰청장 및 경찰서장은 112요원을 배치할 때에는 관할구역 내 지리감각, 언어 능력 및 상황 대처능력이 뛰어난 경찰공무원을 선발·배치하여야 한다. ② 112요원의 근무기간은 2년 이상으로 한다. ③ 시·도경찰청장 및 경찰서장은 보임·전출입 등 인사시 112요원의 장기근무를 유도하기 위해 노력하여야 한다.

근무방법 등 (제7조)	① 112요원은 4개조로 나누어 교대 근무를 실시하는 것을 원칙으로 한다. 다만, 인력 상황에 따라 3개조로 할 수 있다. ② 시·도경찰청장 및 경찰서장은 근무수행에 지장이 없는 범위 내에서 경찰기관 상시근무 공무원의 근무시간 등에 관한 규칙 제4조에 따라 112요원에 대한 휴게를 지정하여야 한다. ③ 시·도경찰청장 및 경찰서장은 인력운영, 긴급사건에 대한 즉응태세 유지 등을 위해 필요시 경찰기관 상시근무 공무원의 근무시간 등에 관한 규칙 제2조 제6호에 따라 112요원에 대한 대기근무를 지정할 수 있다. ④ ③의 대기근무로 지정된 112요원은 지정된 장소에서 무전기를 청취하며 즉응태세를 유지하여야 한다. ⑤ 112요원은 근무복을 착용하는 것을 원칙으로 하며, 시·도경찰청장 또는 경찰서장은 상황에 따라 다른 복장의 착용을 지시할 수 있다.
신고의 접수 (제8조)	① 112신고는 현장출동이 필요한 지역의 관할과 관계없이 신고를 받은 112종합상황실에서 접수한다. ② 국민이 112신고 이외 경찰관서별 일반전화 또는 직접 방문 등으로 경찰관의 현장출동을 필요로 하는 사건의 신고를 한 경우 해당 신고를 받은 자가 접수한다. 이 때 접수한 자는 112시스템에 신고내용을 입력하여야 한다. ③ 112신고자가 그 처리 결과를 통보받고자 희망하는 경우에는 신고처리 종료 후 그 결과를 통보하여야 한다.

112신고의 분류 및 현장출동 (제9조, 13조)	① 112요원은 초기 신고내용을 최대한 합리적으로 판단하여 112신고를 분류하여 업무처리를 한다. ② 접수자는 신고내용을 토대로 사건의 긴급성과 출동필요성에 따라 다음 각 호와 같이 112신고의 대응코드를 분류한다.

Code 0	code 1 신고 중 이동성 범죄, 강력범죄 현행범인 등 실시간 전파가 필요한 경우	code 2 신고, code 3 신고의 처리 및 다른 업무에 우선하여 최우선하여 현장에 출동해야 한다.
Code 1	생명·신체에 대한 위험 발생이 임박, 진행 중, 직후인 경우 또는 현행범인인 경우	
Code 2	생명·신체에 대한 잠재적 위험이 있는 경우 또는 범죄예방 등을 위해 필요한 경우	code 0 신고, code 1 신고의 처리 및 다른 중요한 업무에 지장을 초래하지 않는 범위 내에서 현장에 출동해야 한다.
Code 3	즉각적인 현장조치는 불필요하나 수사, 전문상담 등이 필요한 경우	당일 근무시간 내에 현장에 출동해야 한다.
Code 4	긴급성이 없는 민원·상담 신고	

③ 접수자는 불완전 신고로 인해 정확한 신고내용을 파악하기 힘든 경우라도 신속한 처리를 위해 우선 임의의 코드로 분류하여 하달 할 수 있다.
④ 시·도경찰청·경찰서 지령자 및 현장 출동 경찰관은 접수자가 제2항부터 제3항과 같이 코드를 분류한 경우라도 추가 사실을 확인하여 코드를 변경할 수 있다.
⑤ 출동을 하는 출동요소는 소관업무나 관할 등을 이유로 출동을 거부하거나 지연 출동해서는 아니된다.
⑥ 모든 출동요소는 사건 장소와의 거리, 사건의 유형 등을 고려하여 신고 대응에 가장 적합한 상태에 있다고 판단될 경우 별도의 출동 지령이 없더라도 스스로 출동의사를 밝히고 출동하는 등 112신고에 적극적으로 대응하여야 한다.

지령 (제10조)	① 112요원은 접수한 신고 내용이 code 0 신고부터 code 3 신고의 유형에 해당하는 경우에는 1개 이상의 출동요소에 출동장소, 신고내용, 신고유형 등을 고지하고 처리하도록 지령해야 한다. ② 112요원은 접수한 신고의 내용이 code 4 신고의 유형에 해당하는 경우에는 출동요소에 지령하지 않고 자체 종결하거나, 소관기관이나 담당 부서에 신고내용을 통보하여 처리하도록 조치해야 한다.

이첩 (제11조)	① 112요원은 다른 관할 지역에서의 출동조치가 필요한 112신고를 접수한 때에는 지체 없이 관할 112종합상황실에 통보한다. ② 제1항의 통보를 받은 관할 112종합상황실에서는 이첩된 112신고를 제8조에 따라 접수된 것과 동일하게 처리한다. ③ 제1항의 통보는 112시스템에 의한 방법, 전화·팩스에 의한 방법 등을 포함한다. 다만, 전화·팩스에 의한 방법으로 통보한 경우에는 112시스템에 추후 입력하는 방식으로 별도 기록을 유지하여야 한다.
공조 (제12조)	① 112요원은 접수한 신고의 처리와 관련하여 다른 관할 지역에서의 공조 출동 등 별도 조치가 필요한 경우에는 협조가 필요한 사항 등을 적시하여 관할 112종합상황실에 공조를 요청할 수 있다. ② 제1항의 공조 요청을 받은 관할 112종합상황실에서는 요청받은 사항에 대해 조치를 취하고 그 결과를 통보하여야 한다. 이때 통보의 방법은 제11조 제3항의 규정을 따른다.
신고의 이관 공동대응 등 (제13조)	① 112요원은 다른 긴급신고대응기관(이하 "긴급기관"이라 한다)의 출동조치가 필요한 신고를 접수한 때에는 지체 없이 해당 긴급기관에 신고를 이관한다. ② 112요원은 다른 긴급기관의 공동대응이 필요한 신고를 접수한 때에는 지체 없이 해당 긴급기관에 공동대응 요청해야 한다. ③ 다른 긴급기관의 공동대응 요청을 받은 112요원은 요청받은 사항에 대해 출동요소를 현장 출동하여 조치하고, 그 결과를 요청기관에 통보하여야 한다. 다만, 사건종료 또는 상황변화로 인하여 공동대응 요청기관의 공동대응 요청이 철회된 경우에는 그러하지 아니하다.
현장보고 (제14조)	① 112신고의 처리와 관련하여 출동요소는 다음의 기준에 따라 현장상황을 112종합상황실로 보고하여야 한다. 　㉠ 최초보고: 출동요소가 112신고 현장에 도착한 즉시 도착 사실과 함께 간략한 현장의 상황을 보고 　㉡ 수시보고: 현장 상황에 변화가 발생하거나 현장조치에 지원이 필요한 경우 수시로 보고 　㉢ 종결보고: 현장 초동조치가 종결된 경우 확인된 사건의 진상, 사건의 처리내용 및 결과 등을 상세히 보고 ② ①에도 불구하고 현장 상황이 급박하여 신속한 현장 조치가 필요한 경우 우선 조치 후 보고할 수 있다
현장조치 (제15조)	① 출동요소가 112신고를 현장조치할 때에는 다음의 사항을 준수하여야 한다. 　㉠ 신고사건은 내용에 따라 경찰관 직무집행법 등 관련 법령 및 규정에 따라 엄정하게 처리 　㉡ 돌발상황에 대비하여 철저한 현장 경계 　㉢ 다수의 경찰공무원이 필요하다고 판단되는 경우 112종합상황실에 지원요청 또는 인접 출동요소에 직접 지원요청 　㉣ 구급차·소방차 등의 지원이 필요한 사안은 즉시 직접 또는 112종합상황실에 유·무선 보고하여 해당기관에 통보 ② 출동요소는 위 ①의 ㉢에 따른 112종합상황실의 지원지시 또는 다른 출동요소의 지원요청을 받은 경우 특별한 사유가 없는 한 신속히 현장으로 출동하여야 하며, 긴급한 경우 지원요청이 없더라도 현장조치중인 출동요소를 지원하여야 한다.
광역사건의 처리 (제16조)	① 112요원은 광역성·이동성 범죄와 같이 동시에 여러 장소로 현장출동이 필요한 112신고가 접수된 경우 복수의 출동요소에 지령할 수 있다. ② 제1항의 112신고가 인근 지역까지 수배·차단·검문을 필요로 하는 경우 상급관서의 112종합상황실에 보고해야 하며, 보고를 받은 상급관서는 그 내용을 판단하여 수배·차단·검문 확대 대상구역을 정하여 조치하여야 한다. ③ ②에 따른 수배·차단·검문을 할 때에는 지속적으로 대상을 추적하고, 상황이 종료된 때에는 수배·차단·검문을 해제한다.

기출 OX

01 112신고 접수 및 무선지령내용 녹음자료는 24시간 녹음하고 2개월간 보존한다.
24. 경찰승진　　(　　)

02 접수자는 신고내용을 토대로 강력범죄 현행범인 등 실시간 전파가 필요한 경우에는 112신고의 대응코드 중 code 1 신고로 분류한다.
24. 경찰승진　　(　　)

03 접수자는 불완전 신고로 인해 정확한 신고내용을 파악하기 힘든 경우라도 신속한 처리를 위해 우선 임의의 코드로 분류하여 하달할 수 있다. 24. 경찰승진　　(　　)

정답　**01** ✕　**02** ✕　**03** ○

112신고 처리의 종결 (제17조)	112요원은 다음의 경우 112신고처리를 종결할 수 있다. 다만, 타 부서의 계속적 조치가 필요한 경우 해당부서에 사건을 인계한 이후 종결하여야 한다. ① 사건이 해결된 경우 ② 신고자가 신고를 취소한 경우. 다만, 신고자와 취소자가 동일인인지 여부 및 취소의 사유 등을 파악하여 신고취소의 진의 여부를 확인하여야 한다. ③ 추가적 수사의 필요 등으로 사건 해결에 장시간이 소요되어 해당 부서로 인계하여 처리하는 것이 효과적인 경우 ④ 허위·오인으로 인한 신고 또는 경찰 소관이 아닌 내용의 사건으로 확인된 경우 ⑤ 현장에 출동하였으나 사건 내용을 확인할 수 없으며, 사건이 실제 발생하였다는 사실도 확인되지 않는 경우 ⑥ 그 밖에 상황관리관, 112종합상황실(팀)장이 초동조치가 종결된 것으로 판단하는 경우
신고처리시 유의사항 (제18조)	112신고를 접수·지령 및 처리를 하는 자는 다음의 사항에 유의하여야 한다. ① 무선통신은 음어 또는 약호사용을 원칙으로 하며 통신보안에 저촉되는 행위를 하여서는 아니된다. ② 지령은 정확하고 간결하게 하여야 하며, 무선망의 순위를 고려하여 타 무선망에 장애가 되지 않도록 유의하여야 한다. ③ 누구든지 법률에 특별히 규정한 것을 제외하고는 교신의 직접 대상이 아닌 자가 타인의 교신내용을 무단 수신 또는 발신하거나 지득한 내용을 누설하여서는 아니된다.
교육 (제19조)	① 시·도경찰청장 또는 경찰서장은 112요원의 자질향상과 상황처리 능력 배양을 위해 112요원으로 전입한 자에 대하여 이 규칙 등 관계 규정, 음어 또는 약호사용 요령 및 112신고 및 상황 처리 업무수행에 필요한 전반적인 교육을 실시하여야 한다. ② 시·도경찰청장 또는 경찰서장은 관계 규정 또는 상황처리 요령 등이 개정·변경된 경우에는 수시로 근무중인 112요원에 대하여 개정·변경된 사항을 교육하여야 한다. ③ 112치안종합상황실(팀)장은 112요원의 직무수행 능력향상을 위하여 일일교양 및 지도감독을 철저히 하여야 한다.
장비의 관리 (제20조)	① 112치안종합상황실(팀)장은 무선장비 등 각종 112운영장비가 적정하게 운영되도록 최선을 다하여야 한다. ② 112치안종합상황실(팀)장은 무선망의 고장 또는 교신장애가 발생한 때에는 다음의 기준에 따라 조치하여야 하며, 조치 의뢰를 받은 정보통신 기능에서는 다른 업무에 우선하여 처리하여야 한다. ㉠ 중단 없는 무선망 소통을 위해 우선 자서망 등을 활용하여 우회소통 유지 ㉡ 고장 발생 즉시 정보통신 담당 부서에 수리를 의뢰 ㉢ 무선설비의 자체수리가 불가능할 경우 상급관서에 보고하여 지휘를 받아 조치
자료취급 및 보안 (제22조 ~ 제25조)	① 시·도경찰청장 및 경찰서장은 112신고 통계를 분석하고 이를 치안시책에 반영하도록 노력하여야 한다. ② 112치안종합상황실 자료의 보존기간은 다음의 기준에 따른다. ㉠ 112신고 접수처리 입력자료는 1년간 보존 ㉡ 112신고 접수 및 무선지령내용 녹음자료는 24시간 녹음하고 3개월간 보존 ㉢ 그 밖에 문서 및 일지는 공공기관의 기록물 관리에 관한 법률에서 정하는 바에 따라 보존 ③ 시·도경찰청장 또는 경찰서장은 문서 및 녹음자료의 보존기간을 연장할 특별한 사유가 있는 경우에는 ①에도 불구하고 보존기간을 연장하여 특별 관리할 수 있다. ④ 누구든지 정당한 이유없이 112신고 및 상황처리와 관련하여 지득한 정보를 타인에게 누설하여서는 아니된다. ⑤ 112치안종합상황실은 보안업무규정 시행 세부규칙 제48조 제3항에 따라 제한구역으로 설정하여 출입자 명부를 비치하고 고정출입자 이외의 출입상황을 기록 유지하여야 한다. ⑥ 경찰관서장은 비인가자의 출입을 방지하기 위하여 필요한 경우 112치안종합상황실 입구 또는 주위에 근무자를 배치할 수 있다.

제3장 / 교통경찰

01 도로교통법

1. 용어의 정의(제2조) ✡✡✡

도로	① 도로법에 따른 도로 ② 유료도로법에 따른 유료도로 ③ 농어촌도로 정비법에 따른 농어촌도로 ④ 그 밖에 현실적으로 불특정 다수의 사람 또는 차마(車馬)가 통행할 수 있도록 공개된 장소로서 안전하고 원활한 교통을 확보할 필요가 있는 장소 <table><tr><td>도로로 본 판례</td><td>도로로 보지 않은 판례</td></tr><tr><td>① 춘천시청 내 광장 주차장 ② 인천항 내 도로, 부두, 야적장 ③ 공장 내 마당 ④ 사도법상 사도(私道) ⑤ 휴게소 ⑥ 울산 현대조선소 구내 ⑦ 누구나 출입이 허용되는 아파트 단지 내의 도로</td><td>① 대형건물의 주차장, 노상주차장, 경찰서 주차장 ② 광주고속버스터미널 내 ③ 여관 앞 공터 ④ 자동차 간이정비소 ⑤ 대학교 구내, 교정, 역 구내 ⑥ 소년원의 경내 ⑦ 일반인의 출입이 통제되는 아파트 단지 내의 도로</td></tr></table>
자동차전용도로	자동차만 다닐 수 있도록 설치된 도로를 말한다.
고속도로	자동차의 고속 운행에만 사용하기 위하여 지정된 도로를 말한다.
차도	연석선(차도와 보도를 구분하는 돌 등으로 이어진 선을 말한다. 이하 같다), 안전표지 또는 그와 비슷한 인공구조물을 이용하여 경계를 표시하여 모든 차가 통행할 수 있도록 설치된 도로의 부분을 말한다.
중앙선	차마의 통행 방향을 명확하게 구분하기 위하여 도로에 황색 실선(實線)이나 황색 점선 등의 안전표지로 표시한 선 또는 중앙분리대나 울타리 등으로 설치한 시설물을 말한다. 다만, 제14조 제1항 후단에 따라 가변차로가 설치된 경우에는 신호기가 지시하는 진행방향의 가장 왼쪽에 있는 황색 점선을 말한다.
차로	차마가 한 줄로 도로의 정하여진 부분을 통행하도록 차선으로 구분한 차도의 부분을 말한다.
차선	차로와 차로를 구분하기 위하여 그 경계지점을 안전표지로 표시한 선을 말한다.
자율주행 시스템	자율주행자동차 상용화 촉진 및 지원에 관한 법률 제2조 제1항 제2호에 따른 자율주행시스템을 말한다. 이 경우 그 종류는 완전 자율주행시스템, 부분 자율주행시스템 등 행정안전부령으로 정하는 바에 따라 세분할 수 있다.
자율주행 자동차	자동차관리법 제2조 제1호의3에 따른 자율주행자동차로서 자율주행시스템을 갖추고 있는 자동차를 말한다.

자전거도로		안전표지, 위험방지용 울타리나 그와 비슷한 인공구조물로 경계를 표시하여 자전거 및 개인형 이동장치가 통행할 수 있도록 설치된 자전거 이용 활성화에 관한 법률 제3조 각 호의 도로를 말한다.	
자전거횡단보도		자전거 및 개인형 이동장치가 일반도로를 횡단할 수 있도록 안전표지로 표시한 도로의 부분을 말한다.	
보도		"보도"(步道)란 연석선, 안전표지나 그와 비슷한 인공구조물로 경계를 표시하여 보행자(유모차, 보행보조용 의자차, 노약자용 보행기 등 행정안전부령으로 정하는 기구·장치를 이용하여 통행하는 사람 및 제21호의3에 따른 **실외이동로봇을 포함**한다. 이하 같다)가 통행할 수 있도록 한 도로의 부분을 말한다.	
길가장자리구역		**보도와 차도가 구분되지 아니한 도로**에서 보행자의 안전을 확보하기 위하여 안전표지 등으로 경계를 표시한 도로의 가장자리 부분을 말한다.	
교차로		'십'자로, 'T'자로나 그 밖에 둘 이상의 도로(보도와 차도가 구분되어 있는 도로에서는 차도를 말한다)가 교차하는 부분을 말한다.	
차마	차	자동차 등	자동차	① 승용자동차(10인 이하) ② 승합자동차(11인 이상) ③ 화물자동차 ④ 특수자동차 ⑤ 이륜자동차(원동기장치자전거 제외, **배기량125CC 초과**) ⑥ 건설기계관리법 제26조 제1항 단서에 따른 건설기계 → **덤프트럭**, 아스팔트살포기, 노상안정기, 콘크리트믹서트럭, 콘크리트펌프, 트럭적재식천공기, 도로보수트럭, **3t 미만의 지게차**, 콘크리트믹서트레일러, 아스팔트콘크리트재생기
			원동기장치자전거(등)	① 자동차관리법 제3조에 따른 이륜자동차 가운데 배기량 **125CC 이하**(전기를 동력으로 하는 경우에는 최고정격출력 11kWh 이하)의 이륜자동차 ② 그 밖에 배기량 125cc 이하(전기를 동력으로 하는 경우에는 최고정격출력 11킬로와트 이하)의 원동기를 단 차(「자전거 이용 활성화에 관한 법률」제2조 제1호의2에 따른 **전기자전거** 및 제21호의3에 따른 **실외이동로봇은 제외**한다)
		건설기계		① **굴삭기, 기중기, 불도저** 등 ② 자동차에 포함되지 않는 건설기계로서 건설기계관리법상 건설기계조종사 면허가 있어야 도로에서 운전이 가능하다.
		자전거		자전거 이용 활성화에 관한 법률 제2조 제1호 및 제1호의2에 따른 자전거 및 전기자전거를 말한다.
		그 밖의 차		사람 또는 가축의 힘이나 그 밖의 동력(動力)으로 도로에서 운전되는 것. 다만, 철길이나 가설(架設)된 선을 이용하여 운전되는 것, 유모차, 보행보조용 의자차, 노약자용 보행기, 제21호의3에 따른 **실외이동로봇** 등 행정안전부령으로 정하는 기구·장치는 제외한다.
	마	교통이나 운수에 사용되는 가축을 말한다.		

: 두문자 소 · 구 · 혈	긴급자동차	다음의 자동차로서 그 **본래의 긴급한 용도**로 사용되고 있는 자동차를 말한다. ① **소방차** ② **구급차** ③ **혈액 공급차량** ④ 그 밖에 대통령령으로 정하는 자동차

	개인형
	이동장치
		① 원동기장치자전거(배기량 125cc 이하) 중 '**시속 25km 이상**으로 운동할 경우 전동기가 작동하지 아니하고 차체 중량이 **30kg 미만**인 것'으로 **행정안전부령**으로 정하는 것을 말한다.
		  ㉠ 전동킥보드
		  ㉡ 전동이륜평행차
		  ㉢ 전동기의 동력만으로 움직일 수 있는 자전거
		② 개인형 이동장치(Personal Mobility)에는 전동킥보드, 전기자전거 등이 해당하고, 이러한 이동 장치는 그동안 소형 오토바이와 같은 원동기 자전거로 분류되어 차도로만 운행할 수 있었으나, 개정된 도로교통법에 따라 주행방법과 안전 의무는 자전거와 비슷한데 자전거 전용도로 운행을 원칙으로 하고, 불가피한 경우에는 차도 우측 주행도 가능하게 한다.
		③ 인도주행은 금지되고 어린이의 보호자는 만 13세 미만의 어린이가 도로에서 개인형 이동장치를 운전하게 하여서는 아니 된다. ➡ 위반시 보호자에게 과태료 10만원
		④ 그러나 2021년 5월 13일부터 개인형 이동장치도 **원동기장치자전거면허**가 있어야 탑승하도록 요구하면서, 만 16세 미만의 사람은 이용할 수 없도록 하였다.

	실외이동로봇	"실외이동로봇"이란 「지능형 로봇 개발 및 보급 촉진법」 제2조 제1호에 따른 지능형 로봇 중 **행정안전부령**으로 정하는 것을 말한다.
	자전거 등	자전거와 개인형 이동장치를 말한다.
	어린이 통학버스	다음의 시설 가운데 어린이(**13세 미만인 사람**을 말한다. 이하 같다)를 교육 대상으로 하는 시설에서 어린이의 통학 등에 이용되는 자동차와 여객자동차 운수사업법 제4조 제3항에 따른 여객자동차운송사업의 한정면허를 받아 어린이를 여객대상으로 하여 운행되는 운송사업용 자동차를 말한다. ① 유아교육법에 따른 유치원 및 유아교육진흥원, 초 · 중등교육법에 따른 초등학교, 특수학교, 대안학교 및 외국인학교 ② 영유아보육법에 따른 어린이집 ③ 학원의 설립 · 운영 및 과외교습에 관한 법률에 따라 설립된 학원 및 교습소 ④ 체육시설의 설치 · 이용에 관한 법률에 따라 설립된 체육시설
	정차	운전자가 **5분을 초과하지 아니하고 차를 정지시키는 것**으로서 주차 외의 정지 상태를 말한다.
	주차	운전자가 승객을 기다리거나 화물을 싣거나 차가 고장나거나 그 밖의 사유로 차를 계속 정지상태에 두는 것 또는 운전자가 차에서 떠나서 즉시 그 차를 운전할 수 없는 상태에 두는 것을 말한다.
: 두문자 음도약	운전	도로(**음주운전금지** · 사고 후 **도주금지** · **약물** 및 과로운전금지의 경우에는 도로 외의 곳을 포함한다)에서 차마 또는 노면전차를 그 본래의 사용방법에 따라 사용하는 것(조종을 포함한다)을 말한다.

초보운전자	처음 운전면허를 받은 날(처음 운전면허를 받은 날부터 2년이 지나기 전에 운전면허의 취소처분을 받은 경우에는 그 후 다시 운전면허를 받은 날을 말한다)부터 2년이 지나지 아니한 사람을 말한다. 이 경우 원동기장치자전거면허만 받은 사람이 원동기장치자전거면허 외의 운전면허를 받은 경우에는 처음 운전면허를 받은 것으로 본다.
서행	운전자가 차 또는 노면전차를 즉시 정지시킬 수 있는 정도의 느린 속도로 진행하는 것을 말한다.
앞지르기	차의 운전자가 앞서가는 다른 차의 옆을 지나서 그 차의 앞으로 나가는 것을 말한다.
일시정지	차 또는 노면전차의 운전자가 그 차 또는 노면전차의 바퀴를 일시적으로 완전히 정지시키는 것을 말한다.
회전교차로	교차로 중 차마가 원형의 교통섬(차마의 안전하고 원활한 교통처리나 보행자 도로횡단의 안전을 확보하기 위하여 교차로 또는 차도의 분기점 등에 설치하는 섬 모양의 시설을 말한다)을 중심으로 반시계방향으로 통행하도록 한 원형의 도로를 말한다.
보행자 전용도로	보행자만 다닐 수 있도록 안전표지나 그와 비슷한 인공구조물로 표시한 도로를 말한다.
보행자우선 도로	보행안전 및 편의증진에 관한 법률 제2조 제3호에 따른 보행자우선도로를 말한다.
모범운전자	제146조에 따라 무사고운전자 또는 유공운전자의 표시장을 받거나 2년 이상 사업용 자동차 운전에 종사하면서 교통사고를 일으킨 전력이 없는 사람으로서 경찰청장이 정하는 바에 따라 선발되어 교통안전 봉사활동에 종사하는 사람을 말한다.
유아	6세 미만의 어린이
어린이	13세 미만인 사람
노인	65세 이상인 사람

도로교통법상 자동차 등과 자전거 등

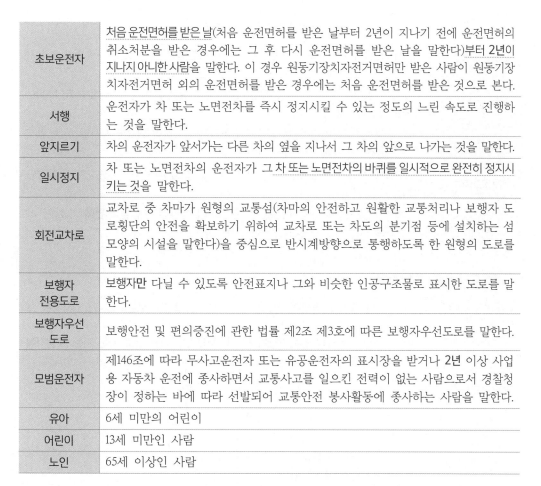
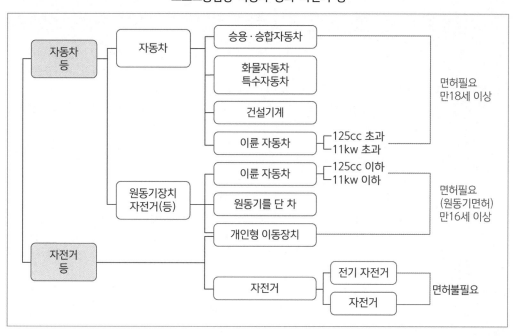

: 두문자

노조의 제시

	주의표지	도로상태가 **위험**하거나 도로 또는 그 부근에 **위험물**이 있는 경우에 필요한 안전조치를 할 수 있도록 이를 도로사용자에게 알리는 표지
	규제표지	도로교통의 안전을 위하여 각종 **제한·금지 등의 규제**를 하는 경우에 이를 도로사용자에게 알리는 표지
	지시표지	도로의 통행방법·통행구분 등 **도로교통의 안전을 위하여 필요한 지시**를 하는 경우에 도로사용자가 이에 따르도록 알리는 표지
	보조표지	주의표지·규제표지 또는 지시표지의 주기능을 **보충**하여 도로사용자에게 알리는 표지
	노면표지	도로교통의 안전을 위하여 각종 주의·규제·지시 등의 내용을 **노면에** 기호·문자 또는 선으로 도로사용자에게 알리는 표지

2. 보행자의 통행방법 ✦✦

보행자	개념	① 도로 위를 걷는 사람을 의미하며, 유모차나 보행보조용 의자차도 보행자에 포함된다. ② **손수레나 원동기장치자전거, 자전거는 이를 끌고 가는 자는 보행자에 포함**되지만, 이를 타고 도로를 횡단하는 자는 보행자에 포함되지 않는다.
	보행자가 아닌 사람	① 손수레, 원동기장치자전거, 자전거를 타고 횡단하는 자 ② 횡단보도에 누워 있거나 엎드려 있는 자 ③ 횡단보도 내에서 교통정리를 하고 있는 자 ④ 횡단보도 내에서 택시를 잡는 중인 자 ⑤ 횡단보도 내에서 적재물 하역작업을 하는 자
보행자의 통행 (제8조)		① 보행자는 보도와 차도가 구분된 도로에서는 언제나 보도로 통행하여야 한다. 다만, 차도를 횡단하는 경우, 도로공사 등으로 보도의 통행이 금지된 경우나 그 밖의 부득이한 경우에는 그러하지 아니하다. ② 보행자는 보도와 차도가 구분되지 아니한 도로 중 중앙선이 있는 도로(일방통행인 경우에는 차선으로 구분된 도로를 포함한다)에서는 길가장자리 또는 길가장자리구역으로 통행하여야 한다. ③ 보행자는 다음의 어느 하나에 해당하는 곳에서는 도로의 전 부분으로 통행할 수 있다. 이 경우 보행자는 고의로 차마의 진행을 방해하여서는 아니 된다. 　㉠ 보도와 차도가 구분되지 아니한 도로 중 중앙선이 없는 도로(일방통행인 경우에는 차선으로 구분되지 아니한 도로에 한정한다. 이하 같다) 　㉡ 보행자우선도로 ④ 보행자는 보도에서는 우측통행을 원칙으로 한다.
회전교차로의 통행방법 (제25조의2)		① 모든 차의 운전자는 회전교차로에서는 **반시계방향**으로 통행하여야 한다. ② 모든 차의 운전자는 회전교차로에 진입하려는 경우에는 **서행하거나 일시정지**하여야 하며, 이미 진행하고 있는 다른 차가 있는 때에는 그 차에 진로를 양보하여야 한다. ③ ① 및 ②에 따라 회전교차로 통행을 위하여 손이나 방향지시기 또는 등화로써 신호를 하는 차가 있는 경우 그 뒤차의 운전자는 신호를 한 앞차의 진행을 방해하여서는 아니 된다.

보행자 우선도로 (제25조의2)	시·도경찰청장이나 경찰서장은 보행자우선도로에서 보행자를 보호하기 위하여 필요하다고 인정하는 경우에는 차마의 통행속도를 **시속 20킬로미터** 이내로 제한할 수 있다.
보행자의 보호 (제27조)	① 모든 차 또는 노면전차의 운전자는 보행자(제13조의2 제6항에 따라 자전거등에서 내려서 자전거등을 끌거나 들고 통행하는 자전거등의 운전자를 포함한다)가 횡단보도를 통행하고 있거나 통행하려고 하는 때에는 보행자의 횡단을 방해하거나 위험을 주지 아니하도록 그 횡단보도 앞(정지선이 설치되어 있는 곳에서는 그 정지선을 말한다)에서 일시정지하여야 한다. ② 모든 차 또는 노면전차의 운전자는 교통정리를 하고 있는 교차로에서 좌회전이나 우회전을 하려는 경우에는 신호기 또는 경찰공무원등의 신호나 지시에 따라 도로를 횡단하는 보행자의 통행을 방해하여서는 아니 된다. ③ 모든 차의 운전자는 교통정리를 하고 있지 아니하는 교차로 또는 그 부근의 도로를 횡단하는 보행자의 통행을 방해하여서는 아니 된다. ④ 모든 차의 운전자는 도로에 설치된 안전지대에 보행자가 있는 경우와 차로가 설치되지 아니한 좁은 도로에서 보행자의 옆을 지나는 경우에는 안전한 거리를 두고 서행하여야 한다. ⑤ 모든 차 또는 노면전차의 운전자는 보행자가 제10조 제3항에 따라 횡단보도가 설치되어 있지 아니한 도로를 횡단하고 있을 때에는 안전거리를 두고 일시정지하여 보행자가 안전하게 횡단할 수 있도록 하여야 한다. ⑥ 모든 차의 운전자는 다음의 어느 하나에 해당하는 곳에서 보행자의 옆을 지나는 경우에는 안전한 거리를 두고 서행하여야 하며, 보행자의 통행에 방해가 될 때에는 서행하거나 일시정지하여 보행자가 안전하게 통행할 수 있도록 하여야 한다. ㉠ 보도와 차도가 구분되지 아니한 도로 중 중앙선이 없는 도로 ㉡ 보행자우선도로 ㉢ 도로 외의 곳 ⑦ 모든 차 또는 노면전차의 운전자는 제12조 제1항에 따른 어린이 보호구역 내에 설치된 횡단보도 중 신호기가 설치되지 아니한 횡단보도 앞(정지선이 설치된 경우에는 그 정지선을 말한다)에서는 보행자의 횡단 여부와 관계없이 일시정지하여야 한다.
도로의 횡단 (제16조)	① **시·도경찰청장**은 도로를 횡단하는 보행자의 안전을 위하여 행정안전부령으로 정하는 기준에 따라 횡단보도를 설치할 수 있다. ② 보행자는 ①에 따른 횡단보도, 지하도, 육교나 그 밖의 도로 횡단시설이 설치되어 있는 도로에서는 그 곳으로 횡단하여야 한다. 다만, 지하도나 육교 등의 도로 횡단시설을 이용할 수 없는 지체장애인의 경우에는 다른 교통에 방해가 되지 아니하는 방법으로 도로 횡단시설을 이용하지 아니하고 도로를 횡단할 수 있다. ③ 보행자는 ①에 따른 횡단보도가 설치되어 있지 아니한 도로에서는 <u>가장 짧은 거리로 횡단하여야 한다.</u>
신호 또는 지시에 따를 의무 (제15조)	① 도로를 통행하는 보행자, 차마 또는 노면전차의 운전자는 교통안전시설이 표시하는 신호 또는 지시와 다음의 어느 하나에 해당하는 사람이 하는 신호 또는 지시를 따라야 한다. ㉠ 교통정리를 하는 경찰공무원(의무경찰을 포함) 및 제주특별자치도의 자치경찰공무원

	ⓒ 경찰공무원(자치경찰공무원을 포함한다. 이하 같다)을 보조하는 사람으로서 **모범운전자**, 부대의 이동을 유도하는 **군사경찰**, 소방차·구급차를 유도하는 **소방공무원**(이하 '경찰보조자'라 한다) ② 도로를 통행하는 보행자, 차마 또는 노면전차의 운전자는 ①에 따른 교통안전시설이 표시하는 신호 또는 지시와 교통정리를 하는 경찰공무원 또는 경찰보조자(이하 '경찰공무원 등'이라 한다)의 <u>신호 또는 지시가 서로 다른 경우에는 경찰공무원 등의 신호 또는 지시에 따라야 한다.</u>
어린이 등에 대한 보호 (제11조)	① 어린이의 보호자는 교통이 빈번한 도로에서 어린이를 놀게 하여서는 아니 되며, **영유아(6세 미만인 사람**을 말한다. 이하 같다)의 보호자는 교통이 빈번한 도로에서 영유아가 혼자 보행하게 하여서는 아니 된다. ② 앞을 보지 못하는 사람(이에 준하는 사람을 포함한다. 이하 같다)의 보호자는 그 사람이 도로를 보행할 때에는 흰색 지팡이를 갖고 다니도록 하거나 앞을 보지 못하는 사람에게 길을 안내하는 개로서 행정안전부령으로 정하는 개(이하 '장애인보조견'이라 한다)를 동반하도록 하는 등 필요한 조치를 하여야 한다.
어린이 보호구역의 지정 및 관리 (제12조)	① **시장 등**은 교통사고의 위험으로부터 어린이를 보호하기 위하여 필요하다고 인정하는 경우에는 다음의 해당하는 시설이나 장소의 주변도로 가운데 일정 구간(보호구역 지정대상시설의 주 출입문을 중심으로 **300m 이내 도로 중 일정 구간, 필요한 경우 500m 이내도 지정 가능**)을 어린이 보호구역으로 지정하여 자동차 등과 노면전차의 **통행속도를 시속 30km 이내로 제한할 수 있다.** ⓐ 유아교육법 제2조에 따른 유치원, 초·중등교육법 제38조 및 제55조에 따른 초등학교 또는 특수학교 ⓑ 영유아보육법 제10조에 따른 어린이집 가운데 행정안전부령으로 정하는 어린이집 ⓒ 학원의 설립·운영 및 과외교습에 관한 법률 제2조에 따른 학원 가운데 행정안전부령으로 정하는 학원 ⓓ 외국교육기관 중 유치원·초등학교 교과과정이 있는 학교 **어린이 보호구역안에서의 시·도경찰청장이나 경찰서장의 조치** (아래 표) ② 차마 또는 노면전차의 운전자는 어린이 보호구역에서 ①에 따른 조치를 준수하고 어린이의 안전에 유의하면서 운행하여야 한다. ③ **시·도경찰청장, 경찰서장 또는 시장 등**은 ②를 위반하는 행위 등의 단속을 위하여 어린이 보호구역의 도로 중에서 **행정안전부령으로 정하는 곳에 우선적으로 제4조의2에 따른 무인 교통단속용 장비를 설치하여야 한다.**

어린이 보호구역안에서의 시·도경찰청장이나 경찰서장의 조치

어린이·노인 및 장애인 보호구역의 지정 및 관리에 관한 규칙	① 시·도경찰청장이나 경찰서장은 도로교통법에 따라 보호구역에서 구간별·시간대별로 다음 각 호의 조치를 할 수 있다. 1. 차마의 **통행을 금지**하거나 제한하는 것 2. 차마의 **정차나 주차를 금지**하는 것 3. 운행속도를 시속 **30킬로미터 이내로 제한**하는 것 4. **이면도로**(도시지역에 있어서 **간선도로가 아닌** 도로로서 일반의 교통에 사용되는 도로를 말한다)를 일방통행로로 지정·운영하는 것 ② 시·도경찰청장이나 경찰서장이 제1항에 따른 조치를 하려는 경우에는 그 뜻을 표시하는 안전표지를 설치하여야 한다.

:두문자

정주통
이면·30

기출 OX

01 어린이 노인 및 장애인 보호구역의 지정 및 관리에 관한 규칙상 시도경찰청장이나 경찰서장은 도로교통법 제12조 제항 또는 제12조의2 제1항에 따라 보호구역에서 구간별 시간대별 도시지역의 간선로도를 일방통행로로 지정을 할 수 있다.
22. 경찰승진　　　( )

정답 01 ✕

	④ 시장 등은 ①에 따라 지정한 어린이 보호구역에 어린이의 안전을 위하여 다음 각 호에 따른 시설 또는 장비를 **우선적으로 설치하거나 관할 도로관리청에 해당 시설 또는 장비의 설치를 요청하여야 한다.** ⓐ 어린이 보호구역으로 지정한 시설의 주 출입문과 가장 가까운 거리에 있는 간선도로상 횡단보도의 신호기 ⓑ 속도 제한 및 횡단보도에 관한 안전표지 ⓒ 도로법 제2조 제2호에 따른 도로의 부속물 중 과속방지시설 및 차마의 미끄럼을 방지하기 위한 시설 ⓓ 그 밖에 교육부, 행정안전부 및 국토교통부의 공동부령으로 정하는 시설 또는 장비
보호구역 통합관리시스템 구축·운영 등 (제12조의3)	① **경찰청장**은 제12조에 따른 어린이 보호구역과 제12조의2에 따른 노인 및 장애인 보호구역에 대한 정보를 수집·관리 및 공개하기 위하여 보호구역 통합관리시스템을 구축·운영하여야 한다. ② **경찰청장**은 ①에 따라 구축된 보호구역 통합관리시스템의 운영에 필요한 정보를 시장등에게 요청할 수 있으며, 요청을 받은 시장등은 정당한 사유가 없으면 그 요청에 따라야 한다. ③ ① 및 ②에 따른 보호구역 통합관리시스템의 구축·운영, 정보 요청 등에 필요한 사항은 교육부, 행정안전부, 보건복지부 및 국토교통부의 공동부령으로 정한다.
보호구역에 대한 실태조사 (제12조의4)	① **시장등**은 제12조에 따른 어린이 보호구역과 제12조의2에 따른 노인 및 장애인 보호구역에서 발생한 교통사고 현황 등 교통환경에 대한 실태조사를 **연 1회 이상** 실시하고, 그 결과를 보호구역의 지정·해제 및 관리에 반영하여야 한다. ② ①에 따른 실태조사의 대상 및 방법 등에 필요한 사항은 교육부, 행정안전부, 보건복지부 및 국토교통부의 공동부령으로 정한다. ③ 시장등은 ①에 따른 실태조사 업무의 일부를 대통령령으로 정하는 바에 따라 도로교통공단 또는 교통 관련 전문기관에 위탁할 수 있다.

3. 차마 및 자전거의 통행방법 ✭✭✭

차마의 통행 (제13조)	① 차마의 운전자는 보도와 차도가 구분된 도로에서는 차도로 통행하여야 한다. 다만, 도로 외의 곳으로 출입할 때에는 보도를 횡단하여 통행할 수 있다. ② ①의 단서의 경우 차마의 운전자는 보도를 횡단하기 **직전에 일시정지**하여 좌측과 우측 부분 등을 살핀 후 보행자의 통행을 방해하지 아니하도록 횡단하여야 한다. ③ 차마의 운전자는 도로(보도와 차도가 구분된 도로에서는 차도를 말한다)의 중앙 우측 부분을 통행하여야 한다.
자전거 등 통행방법 특례 및 준수사항 (제13조의2)	① 자전거 등의 운전자는 자전거도로(제15조 제1항에 따라 자전거만 통행할 수 있도록 설치된 전용차로를 포함한다. 이하 이 조에서 같다)가 따로 있는 곳에서는 그 자전거도로로 **통행하여야 한다.** ② 자전거 등의 운전자는 자전거도로가 설치되지 아니한 곳에서는 도로 우측 가장자리에 붙어서 통행하여야 한다. ③ 자전거 등의 운전자는 길가장자리구역(안전표지로 자전거 등의 통행을 금지한 구간은 제외한다)을 **통행할 수 있다.** 이 경우 자전거 등의 운전자는 보행자의 통행에 방해가 될 때에는 서행하거나 일시정지하여야 한다.

기출 OX

02 자전거의 운전자가 횡단보도를 이용하여 도로를 횡단할 때에는 보행자의 통행에 방해가 되지 않도록 서행하여야 한다. 13. 경찰
( )

03 차마의 운전자는 길가의 건물이나 주차장 등에서 보도를 지나 도로에 들어갈 때에는 일단 서행하면서 안전 여부를 확인하여야 한다.
14. 경찰승진 ( )

정답 02 ✕ 03 ✕

	④ 자전거 등의 운전자는 ① 및 제13조 제1항에도 불구하고 다음의 어느 하나에 해당하는 경우에는 보도를 통행할 수 있다. 이 경우 자전거 등의 운전자는 보도 중앙으로부터 차도 쪽 또는 안전표지로 지정된 곳으로 서행하여야 하며, 보행자의 통행에 방해가 될 때에는 일시정지하여야 한다. 　　㉠ 어린이, 노인, 그 밖에 행정안전부령으로 정하는 신체장애인이 자전거를 운전하는 경우. 다만, 자전거 이용 활성화에 관한 법률 제2조 제1호의2에 따른 전기자전거의 원동기를 끄지 아니하고 운전하는 경우는 제외한다. 　　㉡ 안전표지로 자전거 등의 통행이 허용된 경우 　　㉢ 도로의 파손, 도로공사나 그 밖의 장애 등으로 도로를 통행할 수 없는 경우 ⑤ 자전거 등의 운전자는 안전표지로 통행이 허용된 경우를 제외하고는 **2대 이상이 나란히 차도를 통행하여서는 아니 된다.** ⑥ 자전거 등의 운전자가 횡단보도를 이용하여 도로를 횡단할 때에는 자전거 등에서 내려서 자전거 등을 **끌거나 들고 보행하여야 한다.** ⑦ 자전거 등의 운전자는 자전거도로 및 도로법에 따른 도로를 운전할 때에는 행정안전부령으로 정하는 인명보호 장구를 착용하여야 하며, 동승자에게도 이를 착용하도록 하여야 한다. ⑧ 자전거 등의 운전자는 약물의 영향과 그 밖의 사유로 정상적으로 운전하지 못할 우려가 있는 상태에서 자전거 등을 운전하여서는 아니 된다. ⑨ 자전거 등의 운전자는 밤에 도로를 통행하는 때에는 전조등과 미등을 켜거나 야광띠 등 발광장치를 착용하여야 한다. ⑩ 개인형 이동장치의 운전자는 행정안전부령으로 정하는 승차정원을 초과하여 동승자를 태우고 개인형 이동장치를 운전하여서는 아니 된다

: 두문자

약 · 주 · 무 ➡ 10년

개인형 이동장치에 대한 특례	① 개인형 이동장치는 원동기장치자전거면허 이상의 운전면허가 있어야 운전이 가능하다. ② 개인형 이동장치는 자전거와 동일하게 '자전거도로' 통행이 원칙이며 보도 통행이 불가능하다. ③ 개인형 이동장치의 운전자는 행정안전부령으로 정하는 승차정원(전동킥보드 및 전동이륜평행차의 경우 **1명**, 전동기의 동력만으로 움직일 수 있는 자전거의 경우 **2명**)을 초과하여 동승자를 태우고 개인형 이동장치를 운전하여서는 아니 된다. ④ 개인형 이동장치의 운전자는 행정안전부령으로 정하는 인명보호 장구(안전모)를 착용하여야 한다. ⑤ 어린이의 보호자는 도로에서 어린이가 개인형 이동장치를 운전하게 하여서는 아니 된다. ⑥ 주요범칙금과 과태료는 다음과 같다.

위반사유	범칙금
무면허	10만원
음주운전	
약물운전	
음주운전 측정거부	13만원
안전모 미착용	2만원
신호위반, 중앙선침범, 보도주행시	3만원
13세 미만의 어린이가 운전시 ➡ 보호자 처벌	과태료 10만원

차로 및 전용차로의 설치 (제61조)	전용차로	① **시장 등**은 원활한 교통을 확보하기 위하여 특히 필요한 경우에는 시·도경찰청장이나 경찰서장과 협의하여 도로에 전용차로(차의 종류나 승차 인원에 따라 지정된 차만 통행할 수 있는 차로를 말한다. 이하 같다)를 설치할 수 있다. ② **경찰청장**은 고속도로의 원활한 소통을 위하여 특히 필요한 경우에는 고속도로에 전용차로를 설치할 수 있다.
	차로의 설치	**시·도경찰청장**은 차로와 자전거횡단도를 설치할 수 있다.
	자전거횡단도의 설치	
속도제한 (제17조)		① 자동차 등과 노면전차의 도로 통행 속도는 행정안전부령으로 정한다. ② 경찰청장이나 시·도경찰청장은 도로에서 일어나는 위험을 방지하고 교통의 안전과 원활한 소통을 확보하기 위하여 필요하다고 인정하는 경우에는 다음의 구분에 따라 구역이나 구간을 지정하여 ①에 따라 정한 속도를 제한할 수 있다. ㉠ 경찰청장: 고속도로 ㉡ 시·도경찰청장: 고속도로를 제외한 도로
무인교통단속용 장비의 설치 및 관리 (제4조의2)		① 시·도경찰청장, 경찰서장 또는 시장등은 이 법을 위반한 사실을 기록·증명하기 위하여 무인(無人) 교통단속용 장비를 설치·관리할 수 있다. ② 무인 교통단속용 장비의 설치·관리기준, 그 밖에 필요한 사항은 **행정안전부령**으로 정한다. ③ 무인 교통단속용 장비의 철거 또는 원상회복 등에 관하여는 제3조 제4항부터 제6항까지의 규정을 준용한다. 이 경우 "교통안전시설"은 "무인 교통단속용 장비"로 본다.
진로 양보의 의무 (제19조)		모든 차(긴급자동차는 제외한다)의 운전자는 뒤에서 따라오는 차보다 느린 속도로 가려는 경우에는 도로의 <u>우측 가장자리로 피하여 진로를 양보</u>하여야 한다. 다만, 통행 구분이 설치된 도로의 경우에는 그러하지 아니하다.
앞지르기	방법 (제21조)	① 모든 차의 운전자는 다른 차를 앞지르려면 앞차의 **좌측으로 통행**하여야 한다. ② 자전거 등의 운전자는 서행하거나 정지한 다른 차를 앞지르려면 ①에도 불구하고 **앞차의 우측으로 통행할 수 있다.** 이 경우 자전거 등의 운전자는 정지한 차에서 승차하거나 하차하는 사람의 안전에 유의하여 서행하거나 필요한 경우 일시정지하여야 한다. ③ ①과 ②의 경우 앞지르려고 하는 모든 차의 운전자는 반대방향의 교통과 앞차 앞쪽의 교통에도 주의를 충분히 기울여야 하며, 앞차의 속도·진로와 그 밖의 도로상황에 따라 방향지시기·등화 또는 경음기를 사용하는 등 안전한 속도와 방법으로 앞지르기를 하여야 한다. ④ 모든 차의 운전자는 ①부터 ③까지 또는 제60조 제2항에 따른 방법으로 앞지르기를 하는 차가 있을 때에는 속도를 높여 경쟁하거나 그 차의 앞을 가로막는 등의 방법으로 앞지르기를 방해하여서는 아니 된다.
	금지시기 (제22조)	모든 차의 운전자는 다음의 어느 하나에 해당하는 경우에는 앞차를 앞지르지 못한다. ① 앞차의 좌측에 다른 차가 앞차와 나란히 가고 있는 경우 ② 앞차가 다른 차를 앞지르고 있거나 앞지르려고 하는 경우

: 두문자 터다교		금지장소 (제22조)	모든 차의 운전자는 다음의 어느 하나에 해당하는 곳에서는 다른 차를 앞지르지 못한다. ① **교차로** ② **터널** 안 ③ **다리** 위 ④ 도로의 구부러진 곳, 비탈길의 고갯마루 부근 또는 가파른 비탈길의 내리막 등 시·도경찰청장이 도로에서의 위험을 방지하고 교통의 안전과 원활한 소통을 확보하기 위하여 필요하다고 인정하는 곳으로서 안전표지로 지정한 곳
: 두문자 교차 · 고개 · 내리구	서행과 일시정지 (제31조)	서행	모든 차 또는 노면전차의 운전자는 다음의 어느 하나에 해당하는 곳에서는 서행하여야 한다. ① 교통정리를 하고 있지 아니하는 **교차로** ② 도로가 **구부러진** 부근 ③ 비탈길의 **고갯마루** 부근 ④ 가파른 비탈길의 **내리막** ⑤ 시·도경찰청장이 도로에서의 위험을 방지하고 교통의 안전과 원활한 소통을 확보하기 위하여 필요하다고 인정하여 안전표지로 지정한 곳
		일시정지	모든 차 또는 노면전차의 운전자는 다음의 어느 하나에 해당하는 곳에서는 일시정지하여야 한다. ① 교통정리를 하고 있지 아니하고 좌우를 확인할 수 없거나 교통이 빈번한 교자로 ② 보행자가 횡단보도를 통행하고 있는 때 ③ 보도의 횡단 ④ 철길건널목의 통과 ⑤ 적색등화 점멸시 ⑥ 보행자가 횡단보도가 설치되어 있지 아니한 도로를 횡단하고 있는 때 ⑦ 교차로 또는 그 부근에서 긴급자동차가 접근할 때 ⑧ 어린이가 보호자 없이, 앞을 보지 못하는 사람이 또는 지체장애인이나 노인 등이 도로를 횡단하고 있는 경우 ⑨ 시·도경찰청장이 도로에서의 위험을 방지하고 교통의 안전과 원활한 소통을 확보하기 위하여 필요하다고 인정하여 안전표지로 지정한 곳

기출 OX

01 가파른 비탈길의 오르막에서는 서행하여야 한다.
14. 경찰승진　　（　　）

정답 | 01 ✕

4. 긴급자동차 ✦✦✦

긴급자동차의 종류 (제2조)	도로교통법	① 소방차 ② 구급차 ③ 혈액 공급차량 ④ 그 밖에 대통령령으로 정하는 자동차	**:두문자** 경·범·군·보·고
	도로교통법 시행령	① **경찰용 자동차** 중 **범죄수사**, **교통단속**, 그 밖의 긴급한 경찰업무 수행에 사용되는 자동차 ② 국군 및 주한 국제연합군용 자동차 중 **군** 내부의 질서 유지나 부대의 질서 있는 이동을 유도하는 데 사용되는 자동차 ③ 수사기관의 자동차 중 **범죄수사**를 위하여 사용되는 자동차 ④ **교도소**, 소년교도소 또는 구치소, 소년원 또는 소년분류심사원, 보호관찰소의 자동차 중 도주자의 체포 또는 수용자, **보호관찰** 대상자의 호송·경비를 위하여 사용되는 자동차 ⑤ 국내외 요인에 대한 경호업무 수행에 공무로 사용되는 자동차	
	도로교통법 시행령 중 사용하는 사람 또는 기관의 신청에 의해 **시·도 경찰청장**이 지정한 경우	① 전기사업, 가스사업, 그 밖의 공익사업을 하는 기관에서 위험 방지를 위한 응급작업에 사용되는 자동차 ② 민방위업무를 수행하는 기관에서 긴급예방 또는 복구를 위한 출동에 사용되는 자동차 ③ 도로관리를 위하여 사용되는 자동차 중 도로상의 위험을 방지하기 위한 응급작업에 사용되거나 운행이 제한되는 자동차를 단속하기 위하여 사용되는 자동차 ④ 전신·전화의 수리공사 등 응급작업에 사용되는 자동차 ⑤ 긴급한 우편물의 운송에 사용되는 자동차 ⑥ 전파감시업무에 사용되는 자동차	
	긴급자동차에 준하여 취급하는 자동차	① 경찰용 긴급자동차에 의하여 유도되고 있는 자동차 ② 국군 및 주한 국제연합군용의 긴급자동차에 의하여 유도되고 있는 국군 및 주한 국제연합군의 자동차 ③ 생명이 위급한 환자 또는 부상자나 수혈을 위한 혈액을 운송 중인 자동차	
긴급자동차의 우선통행 (제29조)		① 긴급자동차는 긴급하고 부득이한 경우에는 도로의 중앙이나 좌측 부분을 통행할 수 있다. ② 긴급자동차는 이 법이나 이 법에 따른 명령에 따라 정지하여야 하는 경우에도 불구하고 긴급하고 부득이한 경우에는 정지하지 아니할 수 있다. ③ 긴급자동차의 운전자는 ①이나 ②의 경우에 교통안전에 특히 주의하면서 통행하여야 한다. ④ 교차로나 그 부근에서 긴급자동차가 접근하는 경우에는 차마와 노면전차의 운전자는 교차로를 피하여 일시정지하여야 한다. ⑤ 모든 차와 노면전차의 운전자는 ④에 따른 곳 외의 곳에서 긴급자동차가 접근한 경우에는 긴급자동차가 우선통행할 수 있도록 진로를 양보하여야 한다.	

- 모든 긴급자동차의 특례
  ➡ 앞 · 속 · 끼
- 혈액소급 · 경찰차 ➡
  앞 · 속 · 끼 + 신 · 중 ·
  보안 · 앞 · 방 · 행(횡) ·
  정주고

| 긴급자동차에 대한 특례 (제30조) | 긴급자동차에 대하여는 다음의 사항을 적용하지 아니한다. 다만, ④부터 ⑫까지의 사항은 긴급자동차 중 **소방차, 구급차, 혈액공급차, 대통령령으로 정하는 경찰용 자동차**에 대해서만 적용하지 아니한다.
① 제17조에 따른 자동차 등의 **속도 제한**. 다만, 제17조에 따라 긴급자동차에 대하여 속도를 제한한 경우에는 같은 조의 규정을 적용한다.
② 제22조에 따른 **앞지르기의 금지(시기 및 장소)** ➡ 앞지르기 방법은 적용된다.
③ 제23조에 따른 **끼어들기의 금지**
④ 제5조에 따른 **신호위반**
⑤ 제13조 제1항에 따른 **보도침범**
⑥ 제13조 제3항에 따른 **중앙선 침범**
⑦ 제18조에 따른 **횡단 등의 금지**
⑧ 제19조에 따른 **안전거리 확보 등**
⑨ 제21조 제1항에 따른 **앞지르기 방법 등**
⑩ 제32조에 따른 **정차 및 주차의 금지**
⑪ 제33조에 따른 **주차금지**
⑫ 제66조에 따른 **고장 등의 조치** |

긴급자동차 특례

일반 긴급자동차	• **속도** 제한 • **앞지르기**의 금지(시기 · **장소**) • **끼어들기**의 금지	일반 긴급자동차는 **앞시장 속끼**만 적용배제
소방차 구급차 혈액공급차 경찰자	일반긴급자동차의 특례와 다음의 특례가 더 인정된다. • **신호위반** • **중앙선** 침범 • **보도침범** • **안전거리** 확보 등 • **앞지르기** 방법 등 • **횡단** 등의 금지 • **정차** 및 주차의 금지 • **주차금지** • **고장** 등의 조치	**앞시장속끼 +** **신중보안 앞방행(횡) 정주고** ※ "**앞지르기 방법 위반**"에 대한 특례는 **혈액소급** 및 **경찰차**에만 적용

기출 OX

01 긴급자동차는 교차로에서의 우선통행권을 갖고, 긴급하고 부득이한 경우에는 도로의 우측 부분을 통행할 수 있다. 14. 경찰승진 (   )

02 긴급자동차는 자동차 등의 속도제한, 앞지르기의 방법, 끼어들기의 금지의 적용을 받지 않는다. 다만, 본래의 긴급한 용도로 사용 중인 때에 한한다. 14. 경찰승진 (   )

03 긴급자동차를 운전하는 사람을 대상으로 실시하는 정기 교통안전교육은 2년마다 2시간 이상 실시한다.
20. 경찰승진 (   )

정답 01 × 02 × 03 ×

| 고속도로 등에서의 주 · 정차금지 특례 (제64조) | 자동차의 운전자는 고속도로 등에서 차를 정차하거나 주차시켜서는 아니 된다. 다만, 다음의 어느 하나에 해당하는 경우에는 그러하지 아니하다.
① 법령의 규정 또는 경찰공무원(자치경찰공무원은 제외한다)의 지시에 따르거나 위험을 방지하기 위하여 일시 정차 또는 주차시키는 경우
② 정차 또는 주차할 수 있도록 안전표지를 설치한 곳이나 정류장에서 정차 또는 주차시키는 경우
③ 고장이나 그 밖의 부득이한 사유로 길가장자리구역(갓길을 포함한다)에 정차 또는 주차시키는 경우
④ 통행료를 내기 위하여 통행료를 받는 곳에서 정차하는 경우
⑤ 도로의 관리자가 고속도로 등을 보수 · 유지 또는 순회하기 위하여 정차 또는 주차시키는 경우
⑥ **경찰용 긴급자동차가 고속도로 등에서 범죄수사, 교통단속이나 그 밖의 경찰임무를 수행하기 위하여 정차 또는 주차시키는 경우** |

	⑦ 소방차가 고속도로 등에서 화재진압 및 인명 구조·구급 등 소방활동, 소방지원활동 및 생활안전활동을 수행하기 위하여 정차 또는 주차시키는 경우 ⑧ 경찰용 긴급자동차 및 소방차를 제외한 긴급자동차가 사용 목적을 달성하기 위하여 정차 또는 주차시키는 경우 ⑨ 교통이 밀리거나 그 밖의 부득이한 사유로 움직일 수 없을 때에 고속도로 등의 차로에 일시 정차 또는 주차시키는 경우
형의 감면	긴급자동차의 운전자가 그 차를 본래의 긴급한 용도로 운행하는 중에 교통사고를 일으킨 경우에는 그 긴급활동의 시급성과 불가피성 등 정상을 참작하여 제151조 또는 교통사고처리 특례법 제3조 제1항에 따른 **형을 감경하거나 면제할 수 있다.**

5. 주·정차금지와 주차금지장소(제3조) ✾✾✾✾

정차 및 주차의 금지	주차금지의 장소
① 교차로·**횡단보도**·건널목이나 보도와 차도가 구분된 도로의 보도(주차장법에 따라 차도와 보도에 걸쳐서 설치된 노상주차장은 제외한다) ② 교차로의 가장자리나 도로의 모퉁이로부터 **5m 이내**인 곳 ③ 안전지대가 설치된 도로에서는 그 안전지대의 사방으로부터 각각 **10m 이내**인 곳 ④ 버스여객자동차의 **정류지임**을 표시하는 기둥이나 표지판 또는 선이 설치된 곳으로부터 **10m 이내인 곳**. 다만, 버스여객자동차의 운전자가 그 버스여객자동차의 운행시간 중에 운행노선에 따르는 정류장에서 승객을 태우거나 내리기 위하여 차를 정차하거나 주차하는 경우에는 그러하지 아니하다. ⑤ 건널목의 가장자리 또는 **횡**단보도로부터 **10m 이내**인 곳 ⑥ **소**방용수시설 또는 비상소화장치가 설치된 곳으로부터 **5m 이내**인 곳 ⑦ **소**방시설로서 대통령령으로 정하는 시설이 설치된 곳 ⑧ 시·도경찰청장이 도로에서의 위험을 방지하고 교통의 안전과 원활한 소통을 확보하기 위하여 필요하다고 인정하여 지정한 곳 ⑨ 시장 등이 지정한 **어린이 보호구역**	① **터**널 안 및 **다**리 위 ② 다음의 곳으로부터 **5m 이내**인 곳 ㉠ **도**로공사를 하고 있는 경우에는 그 공사 구역의 양쪽 가장자리 ㉡ **다**중이용업소의 안전관리에 관한 특별법에 따른 다중이용업소의 영업장이 속한 건축물로 소방본부장의 요청에 의하여 시·도경찰청장이 지정한 곳 ③ 시·도경찰청장이 도로에서의 위험을 방지하고 교통의 안전과 원활한 소통을 확보하기 위하여 필요하다고 인정하여 지정한 곳

:두문자
주차금지: 터다5도중

:두문자
주·정차금지: 5소모
어린이안정환(횡)슛(10)

기출 OX
04 도로공사를 하고 있는 경우 그 공사 구역의 양쪽 가장자리로부터 5m 이내인 곳은 주정차금지장소에 해당한다. 14. 경찰승진 (   )

정답 **04** ✕

6. 무면허운전(제43조) ✦✦✦

무면허운전 등의 금지		누구든지 제80조에 따라 시·도경찰청장으로부터 운전면허를 받지 아니하거나 운전면허의 효력이 정지된 경우에는 자동차 등을 운전하여서는 아니 된다.
무면허 운전의 요건	무면허운전	① 면허를 받지 않고 운전한 경우 ② 유효기간이 지난 면허증으로 운전한 경우 ③ 면허증의 취소처분을 받은 자가 운전한 경우 ④ 면허정지기간 중에 운전한 경우 ⑤ 외국인으로 국제운전면허 없이 운전한 경우 ⑥ 운전면허시험 합격 후 면허증 교부 전에 운전한 경우 ⑦ 면허종별을 위반하여 운전한 경우
	장소적 요건	무면허운전은 **도로가 아닌 곳**에서는 성립하지 않는다.
	차의 요건	**자동차 등**을 운전한 경우이여야 한다.
관련 판례		① 무면허운전으로 인한 도로교통법위반죄에 있어서는 **어느 날에 운전을 시작하여 다음 날까지 동일한 기회에 일련의 과정에서 계속 운전을 한 경우 등 특별한 경우를 제외**하고는 사회통념상 운전한 날을 기준으로 **운전한 날마다 1개의 운전행위가 있다**고 보는 것이 상당하므로 운전한 날마다 무면허운전으로 인한 도로교통법위반의 1죄가 성립한다고 보아야 할 것이고, 비록 계속적으로 무면허운전을 할 의사를 가지고 여러 날에 걸쳐 무면허운전행위를 반복하였다 하더라도 이를 포괄하여 일죄로 볼 수는 없다(대판 2002.7.23, 2001도6281). ② 연습운전면허를 받은 사람이 도로에서 주행연습을 하는 때에 지켜야 할 준수사항을 규정하면서 제1호에서 운전면허를 받은 날부터 2년이 경과한 사람과 함께 타서 그의 지도를 받아야 한다고 규정하고 있는바, 연습운전면허를 받은 사람이 도로에서 주행연습을 함에 있어서 위와 같은 준수사항을 지키지 않았다고 하더라도 준수사항을 지키지 않은 데에 따른 제재를 가할 수 있음은 별론으로 하고 그 운전을 **무면허운전이라고 할 수는 없다**(대판 2001.4.10, 2000도5540). ③ 행정청의 자동차 운전면허 취소처분이 직권으로 또는 행정쟁송절차에 의하여 취소되면, **운전면허 취소처분은 그 처분 시에 소급하여 효력을 잃고 운전면허 취소처분에 복종할 의무가 원래부터 없었음이 확정되므로, 운전면허 취소처분을 받은 사람이 운전면허 취소처분이 취소되기 전에 자동차를 운전한 행위는 도로교통법에 규정된 무면허운전의 죄에 해당하지 아니한다.** 위와 같은 관련 규정 및 법리, 헌법 제12조가 정한 적법절차의 원리, 형벌의 보충성 원칙을 고려하면, **자동차 운전면허 취소처분을 받은 사람이 자동차를 운전하였으나 운전면허 취소처분의 원인이 된 교통사고 또는 법규위반에 대하여 범죄사실의 증명이 없는 때에 해당한다는 이유로 무죄판결이 확정된 경우에는 그 취소처분이 취소되지 않았더라도 도로교통법에 규정된 무면허운전의 죄로 처벌할 수는 없다고 보아야 한다**(대판 2021.9.16, 2019도11826).

기출 OX

01 무면허운전으로 인한 도로교통법위반죄에 있어서는 어느 날에 운전을 시작하여 다음날까지 동일한 기회에 일련의 과정에서 계속 운전을 한 경우 등 특별한 경우를 제외하고는 사회통념상 운전한 날을 기준으로 운전한 날미다 1개의 운전행위가 있다고 보는 것은 상당하지 않다. 15. 경찰 (   )

7. 음주운전 및 그 처벌(제44조) ✦✦✦✦

주취운전 금지	누구든지 술에 취한 상태에서 자동차 등(건설기계관리법 제26조 제1항 단서에 따른 건설기계 외의 건설기계를 포함한다. 이하 이 조, 제45조, 제47조, 제93조 제1항 제1호부터 제4호까지 및 제148조의2에서 같다), 노면전차 또는 자전거를 운전하여서는 아니 된다(제44조 제1항).

정답 **01** ✕

주취운전의 요건	주취운전	① 술에 취한 상태의 기준은 운전자의 **혈중알코올농도가 0.03% 이상**인 경우 ② 경찰공무원은 교통의 안전과 위험방지를 위하여 필요하다고 인정하거나 제44조 제1항을 위반하여 술에 취한 상태에서 자동차 등, 노면전차 또는 자전거를 운전하였다고 인정할 만한 상당한 이유가 있는 경우에는 운전자가 술에 취하였는지를 **호흡조사로 측정할 수 있다.** 이 경우 운전자는 경찰공무원의 측정에 응하여야 한다. ③ ②에 따른 측정 결과에 불복하는 운전자에 대하여는 그 운전자의 동의를 받아 혈액 채취 등의 방법으로 다시 측정할 수 있다. ④ 음주측정시에 사용하는 불대는 1인 1개가 아닌 **1회 1개를 원칙**으로 한다.
	장소적 요건	**도로가 아닌 곳에서도 성립할 수 있다(요건 ×).**
	차의 요건	① **자동차 등 + 건설기계 + 노면전차 + 자전거 등** ② **경운기나 트랙터, 우마차, 트랙터 등**은 자동차 등에 해당하지 아니하므로 주취운전에 해당하지 않는다. ③ 제44조 제1항을 위반하여 술에 취한 상태에서 자전거 등을 운전한 사람은 도로교통법 제156조 제11호에 의해 20만원 이하의 벌금이나 구류 또는 과료(科料)에 처한다. ➔ 자전거 음주운전: 범칙금 3만원, 자전거 운전자의 음주 호흡조사 측정 불응: 범칙금 10만원[도로교통법 시행령[별표 8] 범칙행위 및 범칙금액(운전자) 64의2, 64의3] ④ 모든 건설기계는 음주운전이 금지된다. ↔ 건설기계관리법 제26조 제1항의 단서의 규정에 의한 건설기계에 한함 ×
관련 판례		① 특별한 이유 없이 호흡측정기에 의한 측정에 불응하는 운전자에게 경찰이 혈액채취에 의한 측정방법이 있음 고지하고 선택 여부 물어야 할 의무는 **없다**(대판 2002.10.25, 2002도4220). ② 호흡측정과 혈액측정치가 불일치할 경우 혈액측정치가 우선되어야 한다(대판 2006.11.23, 2005도7034). ③ 음주측정 요구 전 음주감지기 시험에서 음주반응이 나왔더라도 그것만으로 바로 운전자가 술에 취한 상태에 있다고 인정할 만한 상당한 이유가 있다고 볼 수 없다(대판 2003.1.24, 2002도6632). ④ 운전은 **고의의 운전행위만을 의미**한다. 따라서 술 취한 사람이 자동차 안에서 잠 자다가 추위를 느껴 시동을 걸었고, 실수로 제동장치를 건드려 자동차가 움직였더라도 음주운전은 아니다(대판 2004.4.23, 2004도1109). ⑤ 물로 입 안을 헹굴 기회를 달라는 피고인의 요구를 무시한 채 호흡측정기로 측정한 혈중알코올 농도 수치가 0.05%로 나타난 사안에서, 피고인이 당시 혈중알코올 농도 0.05% 이상의 **술에 취한 상태에서 운전하였다고 단정할 수 없다**(대판 2006.11.23, 2005도7034). ⑥ 피고인의 음주와 음주운전을 목격한 참고인이 있는 상황에서 경찰관이 음주 및 음주운전 종료로부터 **약 5시간 후** 집에서 자고 있는 피고인을 연행하여 음주측정을 요구한 데에 대하여 **피고인이 불응한 경우, 도로교통법상의 음주측정불응죄가 성립한다**(대판 2001.8.24, 2000도6026). ⑦ 무면허인데다가 술이 취한 상태에서 오토바이를 운전하였다는 것은 위의 관점에서 분명히 1개의 운전행위라 할 것이고 이 행위에 의하여 도로교통법 제111조 제2호, 제40조와 제109조 제2호, 제41조 제1항의 각 죄에 동시에 해당하는 것이니 두 죄는 형법 제40조의 **상상적 경합관계에 있다**고 할 것이다(대판 1987.2.24, 86도2731).

⑧ 음주운전과 관련한 도로교통법 위반죄의 범죄수사를 위하여 미성년자인 피의자의 혈액채취가 필요한 경우에도 피의자에게 의사능력이 있다면 피의자 **본인만이 혈액채취에 관한 유효한 동의를 할 수 있고**, 피의자에게 의사능력이 없는 경우에도 명문의 규정이 없는 이상 법정대리인이 피의자를 대리하여 동의할 수는 없다(대판 2014.11.13, 2013도1228).

⑨ 구 도로교통법 제2조 제24호는 "운전이라 함은 도로에서 차마를 그 본래의 사용방법에 따라 사용하는 것(조종을 포함한다)을 말한다."라고 규정하여 도로교통법상 '운전'에는 도로 외의 곳에서 한 운전은 포함되지 않는 것으로 보았다. 위 규정은 2010.7.23. 법률 제10382호로 개정되면서 "운전이라 함은 도로(제44조, 제45조, 제54조 제1항, 제148조 및 제148조의2에 한하여 도로 외의 곳을 포함한다)에서 차마를 그 본래의 사용방법에 따라 사용하는 것(조종을 포함한다)을 말한다."라고 규정하여, 음주운전에 관한 금지규정인 같은 법 제44조 및 음주운전·음주측정거부 등에 관한 형사처벌 규정인 같은 법 제148조의2의 '운전'에는 도로 외의 곳에서 한 운전도 포함되게 되었다. 이후 2011.6.8. 법률 제10790호로 개정되어 조문의 위치가 제2조 제26호로 바뀌면서 "운전이란 도로(제44조, 제45조, 제54조 제1항, 제148조 및 제148조의2의 경우에는 도로 외의 곳을 포함한다)에서 차마를 그 본래의 사용방법에 따라 사용하는 것(조종을 포함한다)을 말한다."라고 그 표현이 다듬어졌다. 위 괄호의 예외 규정에는 음주운전·음주측정거부 등에 관한 형사처벌 규정인 도로교통법 제148조의2가 포함되어 있으나, **행정제재처분인 운전면허 취소·정지의 근거 규정인 도로교통법 제93조는 포함되어 있지 않기 때문에 도로 외의 곳에서의 음주운전·음주측정거부 등에 대해서는 형사처벌만 가능하고 운전면허의 취소·정지 처분은 부과할 수 없다**(대판 2021.12.10, 2018두42771).

처벌

① 제44조 제1항 또는 제2항을 위반(자동차등 또는 노면전차를 운전한 경우로 한정한다. 다만, 개인형 이동장치를 운전한 경우는 **제외**한다. 이하 이 조에서 같다)하여 **벌금 이상의 형**을 선고받고 그 형이 확정된 날부터 **10년 내**에 다시 같은 조 제1항 또는 제2항을 위반한 사람(형이 실효된 사람도 **포함**한다)은 다음의 구분에 따라 처벌한다.

② 처벌기준

위반행위	1차 위반	2차 위반	행정처분
혈중알코올농도 0.2% 이상	2년 ~ 5년 이하의 징역 1 ~ 2천만원 이하의 벌금	2년 ~ 6년 이하의 징역 1 ~ 3천만원 이하의 벌금	면허취소
음주측정거부	1년 ~ 5년 이하의 징역 500만원 ~ 2천만원 이하의 벌금	1년 ~ 6년 이하의 징역 500만원 ~ 3천만원 이하의 벌금	면허취소
혈중알코올농도 0.08% 이상 ~ 0.2% 미만	1년 ~ 2년 이하의 징역 500만원 ~ 1천만원 이하의 벌금	1년 ~ 5년 이하의 징역 500만원 ~ 2천만원 이하의 벌금	면허취소
혈중알코올농도 0.03% 이상 ~ 0.08% 미만	1년 이하의 징역 500만원 이하의 벌금	1년 ~ 5년 이하의 징역 500만원 ~ 2천만원 이하의 벌금	운전면허 정지
자전거 등의 주취운전 및 음주측정거부	20만원 이하의 벌금이나 구류 또는 과료		PM만 운전면허 정지 또는 취소

8. 운전자의 준수사항 ✿✿✿

<table>
<tr>
<td rowspan="1">모든
운전자의
준수사항</td>
<td>

① 물이 고인 곳을 운행할 때에는 고인 물을 튀게 하여 다른 사람에게 피해를 주는 일이 없도록 할 것

② 다음의 어느 하나에 해당하는 경우에는 일시정지할 것

  ㉠ 어린이가 보호자 없이 도로를 횡단할 때, 어린이가 도로에서 앉아 있거나 서 있을 때 또는 어린이가 도로에서 놀이를 할 때 등 어린이에 대한 교통사고의 위험이 있는 것을 발견한 경우

  ㉡ 앞을 보지 못하는 사람이 흰색 지팡이를 가지거나 장애인보조견을 동반하는 등의 조치를 하고 도로를 횡단하고 있는 경우

  ㉢ 지하도나 육교 등 도로 횡단시설을 이용할 수 없는 지체장애인이나 노인 등이 도로를 횡단하고 있는 경우

③ 자동차의 앞면 창유리와 운전석 좌우 옆면 창유리의 가시광선(可視光線)의 투과율이 대통령령으로 정하는 기준보다 낮아 교통안전 등에 지장을 줄 수 있는 차를 운전하지 아니할 것. 다만, 요인(要人) 경호용, 구급용 및 장의용(葬儀用) 자동차는 제외한다.

④ 교통단속용 장비의 기능을 방해하는 장치를 한 차나 그 밖에 안전운전에 지장을 줄 수 있는 것으로서 행정안전부령으로 정하는 기준에 적합하지 아니한 장치를 한 차를 운전하지 아니할 것. 다만, 자율주행자동차의 신기술 개발을 위한 장치를 장착하는 경우에는 그러하지 아니하다.

⑤ 도로에서 자동차 등(개인형 이동장치는 제외한다. 이하 같다) 또는 노면전차를 세워둔 채 시비·다툼 등의 행위를 하여 다른 차마의 통행을 방해하지 아니할 것

⑥ 운전자가 차 또는 노면전차를 떠나는 경우에는 교통사고를 방지하고 다른 사람이 함부로 운전하지 못하도록 필요한 조치를 할 것

⑦ 운전자는 안전을 확인하지 아니하고 차 또는 노면전차의 문을 열거나 내려서는 아니 되며, 동승자가 교통의 위험을 일으키지 아니하도록 필요한 조치를 할 것

⑧ 운전자는 정당한 사유 없이 다음의 어느 하나에 해당하는 행위를 하여 다른 사람에게 <u>피해를 주는 소음을 발생시키지 아니할 것</u>

  ㉠ 자동차 등을 급히 출발시키거나 속도를 급격히 높이는 행위

  ㉡ 자동차 등의 원동기 동력을 차의 바퀴에 전달시키지 아니하고 원동기의 회전수를 증가시키는 행위

  ㉢ 반복적이거나 연속적으로 경음기를 울리는 행위

⑨ 운전자는 승객이 차 안에서 안전운전에 현저히 장해가 될 정도로 춤을 추는 등 소란행위를 하도록 내버려두고 차를 운행하지 아니할 것

⑩ 운전자는 자동차 등 또는 노면전차의 운전 중에는 휴대용 전화(자동차용 전화를 포함한다)를 사용하지 아니할 것. 다만, 다음의 어느 하나에 해당하는 경우에는 그러하지 아니하다.

  ㉠ **자동차 등 또는 노면전차가 정지하고 있는 경우**

  ㉡ **긴급자동차를 운전하는 경우**

  ㉢ **각종 범죄 및 재해 신고 등 긴급한 필요가 있는 경우**

  ㉣ **안전운전에 장애를 주지 아니하는 장치로서 대통령령으로 정하는 장치를 이용하는 경우**

⑪ 자동차 등 또는 노면전차의 운전 중에는 방송 등 영상물을 수신하거나 재생하는 장치(운전자가 휴대하는 것을 포함하며, 이하 '영상표시장치'라 한다)를 통하여 운전자가 운전 중 볼 수 있는 위치에 영상이 표시되지 아니하도록 할 것. 다만, 다음의 어느 하나에 해당하는 경우에는 그러하지 아니하다.

  ㉠ 자동차 등 또는 노면전차가 정지하고 있는 경우

</td>
</tr>
</table>

		ⓛ 지리안내 영상 또는 교통정보안내 영상, 국가비상사태·재난상황 등 긴급한 상황을 안내하는 영상, 운전을 할 때 자동차 등 또는 노면전차의 좌우 또는 전후방을 볼 수 있도록 도움을 주는 영상이 자동차 등 또는 노면전차에 장착하거나 거치하여 놓은 영상표시장치에 표시된 경우 ⑫ 자동차 등 또는 노면전차의 운전 중에는 영상표시장치를 조작하지 아니할 것. 다만, 다음의 어느 하나에 해당하는 경우에는 그러하지 아니하다. ㉠ 자동차 등과 노면전차가 정지하고 있는 경우 ㉡ 노면전차 운전자가 운전에 필요한 영상표시장치를 조작하는 경우 ⑬ 운전자는 자동차의 화물 적재함에 사람을 태우고 운행하지 아니할 것 ⑭ 그 밖에 시·도경찰청장이 교통안전과 교통질서 유지에 필요하다고 인정하여 지정·공고한 사항에 따를 것
특정 운전자의 준수사항	자동차	자동차(이륜자동차는 제외한다)의 운전자는 자동차를 운전할 때에는 좌석안전띠를 매어야 하며, 모든 좌석의 동승자에게도 좌석안전띠를 매도록 하여야 한다. 다만, 질병 등으로 인하여 좌석안전띠를 매는 것이 곤란하거나 행정안전부령으로 정하는 사유가 있는 경우에는 그러하지 아니하다.
	이륜자동차와 원동기장치자전거	이륜자동차와 원동기장치자전거(개인형 이동장치는 **제외**한다)의 운전자는 행정안전부령으로 정하는 인명보호 장구를 착용하고 운행하여야 하며, 동승자에게도 착용하도록 하여야 한다.
	자전거 등	① 자전거 등의 운전자는 자전거도로 및 도로법에 따른 도로를 운전할 때에는 행정안전부령으로 정하는 인명보호 장구를 착용하여야 하며, 동승자에게도 이를 착용하도록 하여야 한다. ② 자전거 등의 운전자는 행정안전부령으로 정하는 크기와 구조를 갖추지 아니하여 교통안전에 위험을 초래할 수 있는 자전거 등을 운전하여서는 아니 된다. ③ 자전거 등의 운전자는 약물의 영향과 그 밖의 사유로 정상적으로 운전하지 못할 우려가 있는 상태에서 자전거 등을 운전하여서는 아니 된다. ④ 자전거 등의 운전자는 **밤에 도로를 통행하는 때에는 전조등과 미등을 켜거나 야광띠 등 발광장치를 착용하여야 한다.** ⑤ 개인형 이동장치의 운전자는 행정안전부령으로 정하는 **승차정원을 초과하여 동승자를 태우고 개인형 이동장치를 운전하여서는 아니 된다.**
	고령운전자 표시 (제7조의2)	① 국가 또는 지방자치단체는 고령운전자의 안전운전 및 교통사고 예방을 위하여 **행정안전부령**으로 정하는 바에 따라 고령운전자가 운전하는 차임을 나타내는 표지(이하 "고령운전자 표지"라 한다)를 제작하여 배부할 수 있다. ② 고령운전자(**75세 이상**)는 다른 차의 운전자가 쉽게 식별할 수 있도록 차에 고령운전자 표지를 **부착하고 운전할 수 있다.**
	실외이동로봇 운용자의 의무 (제8조의2)	① 실외이동로봇을 운용하는 사람(실외이동로봇을 조작·관리하는 사람을 포함하며, 이하 "실외이동로봇 운용자"라 한다)은 실외이동로봇의 운용 장치와 그 밖의 장치를 정확하게 조작하여야 한다. ② 실외이동로봇 운용자는 실외이동로봇의 운용 장치를 도로의 교통상황과 실외이동로봇의 구조 및 성능에 따라 차, 노면전차 또는 다른 사람에게 위험과 장해를 주는 방법으로 운용하여서는 아니 된다.

자율주행 자동차 운전자의 준수사항 등 (제50조의2)	① 행정안전부령으로 정하는 완전 자율주행시스템에 해당하지 아니하 는 자율주행시스템을 갖춘 자동차의 운전자는 **자율주행시스템의 직 접 운전 요구에 지체 없이 대응하여 조향장치, 제동장치 및 그 밖의 장 치를 직접 조작하여 운전하여야 한다.** ② 운전자가 자율주행시스템을 사용하여 운전하는 경우에는 제49조 제1항 제10호(**휴대용전화사용금지의무**), 제11호(**영상표시장치 표시금지 의무**) 및 제11호의2(**영상표시장치 조작금지의무**)의 규정을 적용하지 아니한다.

9. 어린이통학버스 ✿✿✿

어린이통학버스의 특별보호	① 어린이통학버스가 도로에 정차하여 어린이나 영유아가 타고 내리는 중임을 표시하는 점멸등 등의 장치를 작동 중일 때에는 어린이통학버스가 정차한 차로와 그 차로의 바로 옆 차로로 통행하는 차의 운전자는 어린이통학버스에 이르 기 전에 일시정지하여 안전을 확인한 후 서행하여야 한다. ② ①의 경우 중앙선이 설치되지 아니한 도로와 편도 1차로인 도로에서는 반대방향 에서 진행하는 차의 운전자도 어린이통학버스에 이르기 전에 일시정지하여 안 전을 확인한 후 서행하여야 한다. ③ 모든 차의 운전자는 어린이나 영유아를 태우고 있다는 표시를 한 상태로 도 로를 통행하는 어린이통학버스를 앞지르지 못한다.
어린이통학버스의 신고 등	① 어린이통학버스(여객자동차 운수사업법 제4조 제3항에 따른 한정면허를 받 아 어린이를 여객대상으로 하여 운행되는 운송사업용 자동차는 제외한다) 를 운영하려는 자는 행정안전부령으로 정하는 바에 따라 미리 관할 경찰서장 에게 **신고하고 신고증명서를 발급받아야 한다.** ② 어린이통학버스를 운영하는 자는 어린이통학버스 안에 ①에 따라 발급받은 신고증명서를 항상 갖추어 두어야 한다. ③ 어린이통학버스로 사용할 수 있는 자동차는 행정안전부령으로 정하는 자동 차로 한정한다. 이 경우 그 자동차는 도색·표지, 보험가입, 소유 관계 등 대 통령령으로 정하는 요건을 갖추어야 한다. ④ 누구든지 ①에 따른 신고를 하지 아니하거나 여객자동차 운수사업법 제4조 제3항에 따라 어린이를 여객대상으로 하는 한정면허를 받지 아니하고 어린 이통학버스와 비슷한 도색 및 표지를 하거나 이러한 도색 및 표지를 한 자 동차를 운전하여서는 아니 된다.
어린이통학버스 운전자 및 운영자 등의 의무	① 어린이통학버스를 운전하는 사람은 어린이나 영유아가 타고 내리는 경우에만 제 51조 제1항에 따른 점멸등 등의 장치를 작동하여야 하며, 어린이나 영유아를 태 우고 운행 중인 경우에만 제51조 제3항에 따른 표시를 하여야 한다. ② 어린이통학버스를 운전하는 사람은 어린이나 영유아가 어린이통학버스를 탈 때에는 승차한 모든 어린이나 영유아가 좌석안전띠(어린이나 영유아의 신체 구조에 따라 적합하게 조절될 수 있는 안전띠를 말한다)를 매도록 한 후에 출 발하여야 하며, 내릴 때에는 보도나 길가장자리구역 등 자동차로부터 안전한 장소 에 도착한 것을 확인한 후에 출발하여야 한다. 다만, 좌석안전띠 착용과 관련하 여 질병 등으로 인하여 좌석안전띠를 매는 것이 곤란하거나 행정안전부령 으로 정하는 사유가 있는 경우에는 그러하지 아니하다.

	③ 어린이통학버스를 운영하는 자는 어린이통학버스에 어린이나 영유아를 태울 때에는 성년인 사람 중 어린이통학버스를 운영하는 자가 지명한 보호자를 함께 태우고 운행하여야 하며, 동승한 보호자는 어린이나 영유아가 승차 또는 하차하는 때에는 자동차에서 내려서 어린이나 영유아가 안전하게 승하차하는 것을 확인하고 운행 중에는 어린이나 영유아가 좌석에 앉아 좌석 안전띠를 매고 있도록 하는 등 어린이 보호에 필요한 조치를 하여야 한다. ④ 어린이통학버스를 운전하는 사람은 어린이통학버스 운행을 마친 후 어린이나 영유아가 모두 하차하였는지를 확인하여야 한다. ⑤ 어린이통학버스를 운전하는 사람이 ④에 따라 어린이나 영유아의 하차 여부를 확인할 때에는 행정안전부령으로 정하는 어린이나 영유아의 하차를 확인할 수 있는 장치(이하 '어린이 하차확인장치'라 한다)를 작동하여야 한다. ⑥ 어린이통학버스를 운영하는 자는 ③에 따라 보호자를 함께 태우고 운행하는 경우에는 행정안전부령으로 정하는 보호자 동승을 표시하는 표지(이하 '보호자 동승표지'라 한다)를 부착할 수 있으며, 누구든지 보호자를 함께 태우지 아니하고 운행하는 경우에는 보호자 동승표지를 부착하여서는 아니 된다. ⑦ 어린이통학버스를 운영하는 자는 좌석안전띠 착용 및 보호자 동승 확인 기록(이하 '안전운행기록'이라 한다)을 작성·보관하고 매 분기 어린이통학버스를 운영하는 시설을 감독하는 주무기관의 장에게 안전운행기록을 제출하여야 한다.
보호자가 동승하지 아니한 어린이통학버스 운전자의 의무	유아교육진흥원·대안학교·외국어학교, 같은 호 다목의 교습소 및 같은 호 마목부터 차목끼지의 시설에서 어린이의 승차 또는 하차를 도와주는 보호자를 태우지 아니한 어린이통학버스를 운전하는 사람은 어린이가 승차 또는 하차하는 때에 자동차에서 내려서 어린이나 영유아가 안전하게 승하차하는 것을 확인하여야 한다.

10. 사고발생시의 조치의무 ✦✦✦

: 두문자

긴급·우편·부

기출 OX

01 어린이통학버스가 도로에 정차하여 점멸등 등 어린이가 타고 내리는 중임을 표시하는 장치를 가동 중인 때에는 중앙선이 설치되지 아니한 도로의 반대 방향에서 진행하는 차의 운전자는 어린이통학버스에 이르기 전에 서행하여야 한다.

14. 경찰승진   (   )

정답 01 ✕

교통사고 후 조치의무	차 또는 노면전차의 운전 등 교통으로 인하여 사람을 사상하거나 물건을 손괴(이하 '교통사고'라 한다)한 경우에는 그 차 또는 노면전차의 운전자나 그 밖의 승무원(이하 '운전자 등'이라 한다)은 즉시 정차하여 다음의 조치를 하여야 한다. ① 사상자를 구호하는 등 필요한 조치 ② 피해자에게 인적사항(성명·전화번호·주소 등을 말한다) 제공
신고의무	교통사고의 경우 그 차 또는 노면전차의 운전자 등은 경찰공무원이 현장에 있을 때에는 그 경찰공무원에게, 경찰공무원이 현장에 없을 때에는 가장 가까운 국가경찰관서(지구대, 파출소 및 출장소를 포함한다)에 사고가 일어난 곳, 사상자 수 및 부상 정도, 손괴한 물건 및 손괴 정도, 그 밖의 조치사항 등을 지체 없이 신고하여야 한다. 다만, 차 또는 노면전차만 손괴된 것이 분명하고 도로에서의 위험방지와 원활한 소통을 위하여 필요한 조치를 한 경우에는 그러하지 아니하다.
예외	**긴급자동차, 부상자를 운반 중인 차, 우편물자동차** 및 노면전차 등의 운전자는 긴급한 경우에는 동승자 등으로 하여금 사고 후 조치나 신고를 하게 하고 운전을 계속할 수 있다.

① 도로교통법 제50조 제1항이 교통사고를 일으킨 때에는 운전자 등은 곧 정차하여 사상자를 구호하는 등 필요한 조치를 취하여야 한다고 규정하고 있는바, 그 사고가 중대하여 사고현장에서 구호조치 등을 취하지 않으면 안 될 상황이라면 운전자 등은 바로 그 사고현장에 정차하여 응급조치 등을 취하여야 할 것이나, 경미한 교통사고로서 바로 그 사고현장에서 구호조치 등을 취하지 않으면 안 될 정도가 아니고 또는 사고장소가 차량의 왕래가 많은 등 오히려 그 자리에서 어떠한 조치를 취하는 것이 교통에 방해가 되는 등의 사정이 있을 때에는 구태여 사고현장에서 응급조치 등을 취하지 않고 한적한 곳에 인도하여 그 곳에서 필요한 조치를 취할 수도 있다고 보아야 할 것이며, 피고인이 피해자를 한적한 곳에 유도할 의사나 목적을 가지고 깜빡이등을 켜고 시속 10km의 저속으로 운전하는 등으로 자동차를 운전하여 갔다면 특정범죄 가중처벌 등에 관한 법률 제5조의3이 규정하는 '도주'의 의사가 있다거나 '도주한 때'에 해당한다고 할 수 없다(대판 1994.6.14, 94도460).

② 도로교통법 제50조 제1항·제2항의 구호조치의무 및 신고의무는 교통사고의 결과가 피해자의 구호 및 교통질서의 회복을 위한 조치가 필요한 상황인 이상 그 의무는 교통사고를 발생시킨 당해 차량의 운전자에게 그 사고발생에 있어서 **고의·과실 혹은 유책·위법의 유무에 관계없이 부과된 의무**라고 해석함이 상당할 것이므로, 당해 사고에 있어 귀책사유가 없는 경우에도 위 의무가 없다 할 수 없고, 또 위 의무는 신고의무에만 한정되는 것이 아니므로 타인에게 신고를 부탁하고 현장을 이탈하였다고 하여 위 의무를 다한 것이라고 말할 수는 없다(대판 2002.5.24, 2000도1731).

③ 음주로 인한 **특정범죄 가중처벌 등에 관한 법률 위반(위험운전치사상)죄**와 **도로교통법 위반(음주운전)죄**는 입법 취지와 보호법익 및 적용영역을 달리하는 별개의 범죄이므로, 양 죄가 모두 성립하는 경우 두 죄는 **실체적 경합관계**에 있다(대판 2008.11.13, 2008도7143).

④ 특정범죄 가중처벌 등에 관한 법률 제5조의3 제1항에서 말하는 '도주'라 함은 사고운전자가 사고로 인하여 피해자가 사상을 당한 사실을 인식하고도 피해자를 구호하는 등 도로교통법 제50조 제1항에 규정된 의무를 이행하기 이전에 사고현장을 이탈하여 **사고야기자로서 확정될 수 없는 상태를 초래하는 경우를 가리킨다.** 교통사고를 일으킨 다음 피해자를 병원에 후송하기는 하였으나 조사경찰관에게 자신을 목격자라고 하면서 참고인 조사를 받고 귀가한 경우 특정범죄 가중처벌 등에 관한 법률 제5조의3 제1항 소정의 **'도주'에 해당**한다(대판 1999.11.12, 99도3140).

⑤ **사고 운전자가 교통사고 현장에서 동승자로 하여금 사고차량의 운전자라고 허위 신고하도록 하였더라도** 사고 직후 사고 장소를 이탈하지 아니한 채 보험회사에 사고 접수를 하고, 경찰관에게 위 차량이 가해차량임을 밝히며 경찰관의 요구에 따라 동승자와 함께 조사를 받은 후 이틀 후 자진하여 경찰에 출두하여 자수한 경우, 특정범죄 가중처벌 등에 관한 법률 제5조의3 제1항에 정한 **도주한 때에 해당하지 않는다**(대판 2009.6.11, 2008도8627).

⑥ 교통사고 피해자가 2주간의 치료를 요하는 경추부 염좌 등의 **경미한 상해**를 입었다는 사정만으로 사고 당시 피해자를 구호할 필요가 없었다고 단정하기는 곤란하다고 보아, 특정범죄 가중처벌 등에 관한 법률 제5조의3 **'치상 후 도주죄'의 성립이 인정**된다(대판 2008.7.10, 2008도1339).

관련 판례

11. 과로 및 약물운전금지 ✷✷✷

과로한 때 등의 운전금지	자동차 등(개인형 이동장치는 **제외**한다) 또는 노면전차의 운전자는 제44조에 따른 술에 취한 상태 외에 과로, 질병 또는 약물(마약, 대마 및 향정신성의약품과 그 밖에 행정안전부령으로 정하는 것을 말한다. 이하 같다)의 영향과 그 밖의 사유로 정상적으로 운전하지 못할 우려가 있는 상태에서 자동차 등 또는 노면전차를 운전하여서는 아니 된다.
관련 판례	도로교통법 제150조 제1호에 '제45조의 규정을 위반하여 약물로 인하여 정상적으로 운전하지 못할 우려가 있는 상태에서 자동차 등을 운전한 사람'을 처벌하도록 규정하고 있고, 같은 법 제45조에 "자동차 등의 운전자는 제44조의 규정에 의한 술에 취한 상태 외에 과로·질병 또는 약물(마약·대마 및 향정신성의약품과 그 밖에 행정안전부령이 정하는 것을 말한다)의 영향과 그 밖의 사유로 인하여 정상적으로 운전하지 못할 우려가 있는 상태에서 자동차 등을 운전하여서는 아니 된다."라고 규정하고 있다. 위 규정의 법문상 필로폰을 투약한 상태에서 운전하였다고 하여 바로 처벌할 수 있는 것은 아니고 그로 인하여 정상적으로 운전하지 못할 우려가 있는 상태에서 자동차 등을 운전한 경우에만 처벌할 수 있다고 보아야 하나, 위 법 위반죄는 이른바 **위태범**으로서 약물 등의 영향으로 인하여 '정상적으로 운전하지 못할 우려가 있는 상태'에서 운전을 하면 바로 성립하고, **현실적으로 '정상적으로 운전하지 못할 상태'에 이르러야만 하는 것은 아니다**(대판 2010.12.23, 2010도11272).

12. 공동위험행위 및 난폭운전금지 ✷✷✷

공동위험행위의 금지	① 자동차 등(개인형 이동장치는 제외한다. 이하 이 조에서 같다)의 운전자는 도로에서 2명 이상이 공동으로 2대 이상의 자동차등을 정당한 사유 없이 앞뒤로 또는 좌우로 줄지어 통행하면서 다른 사람에게 위해(危害)를 끼치거나 교통상의 위험을 발생하게 하여서는 아니 된다. ② 자동차 등의 동승자는 ①에 따른 공동 위험행위를 주도하여서는 아니 된다.
난폭운전 금지	자동차등(개인형 이동장치는 제외한다)의 운전자는 다음 중 둘 이상의 행위를 연달아 하거나, 하나의 행위를 지속 또는 반복하여 다른 사람에게 위협 또는 위해를 가하거나 교통상의 위험을 발생하게 하여서는 아니 된다. ① 제5조에 따른 신호 또는 지시 위반 ② 제13조 제3항에 따른 중앙선 침범 ③ 제17조 제3항에 따른 속도의 위반 ④ 제18조 제1항에 따른 횡단·유턴·후진 금지 위반 ⑤ 제19조에 따른 안전거리 미확보, 진로변경 금지 위반, 급제동 금지 위반 ⑥ 제21조 제1항·제3항 및 제4항에 따른 앞지르기 방법 또는 앞지르기의 방해금지 위반 ⑦ 제49조 제1항 제8호에 따른 정당한 사유 없는 소음 발생 ⑧ 제60조 제2항에 따른 고속도로에서의 앞지르기 방법 위반 ⑨ 제62조에 따른 고속도로 등에서의 횡단·유턴·후진 금지 위반

13. 운전면허 ✦✦✦✦

제1종	대형면허	① 승용자동차 ② 승합자동차 ③ 화물자동차 ④ 건설기계 　㉠ 덤프트럭, 아스팔트살포기, 노상안정기 　㉡ 콘크리트믹서트럭, 콘크리트펌프, 천공기(트럭 적재식) 　㉢ 콘크리트믹서트레일러, 아스팔트콘크리트재생기 　㉣ 도로보수트럭, 3t 미만의 지게차 ⑤ 특수자동차[**대형견인차, 소형견인차 및 구난차**(이하 '**구난차 등**'이라 한다)는 제외한다] ⑥ 원동기장치자전거	
	보통면허	① 승용자동차 ② 승차정원 **15명 이하**의 승합자동차 ③ 적재중량 **12t 미만**의 화물자동차 ④ 건설기계(도로를 운행하는 **3t 미만**의 지게차로 한정한다) ⑤ 총 중량 **10t 미만**의 특수자동차(**구난차 등은 제외**) ⑥ 원동기장치자전거	
	소형면허	① 3륜화물자동차 ② 3륜승용자동차 ③ 원동기장치자전거	
	특수면허	대형견인차	① 견인형 특수자동차 ② 제2종 보통면허로 운전할 수 있는 차량
		소형견인차	① 총 중량 3.5t 이하의 견인형 특수자동차 ② 제2종 보통면허로 운전할 수 있는 차량
		구난차	① 구난형 특수자동차 ② 제2종 보통면허로 운전할 수 있는 차량
제2종	보통면허	① 승용자동차 ② 승차정원 **10명 이하**의 승합자동차 ③ 적재중량 **4t 이하**의 화물자동차 ④ 총 중량 **3.5t 이하**의 특수자동차(구난차 등은 제외) ⑤ 원동기장치자전거	
	소형면허	① 이륜자동차(측차부를 포함한다) ② 원동기장치자전거	
	원동기장치 자전거면허	① 원동기장치자전거(125cc를 초과하는 이륜자동차는 2종 소형면허를 취득해야 한다) ② 개인형 이동장치	
연습면허	제1종 보통	① **승**용자동차 ② 승차정원 15명 이하의 승**합**자동차 ③ 적재중량 12t 미만의 **화**물자동차	
	제2종 보통	① **승**용자동차 ② 승차정원 10명 이하의 승**합**자동차 ③ 적재중량 4t 이하의 **화**물자동차	

:두문자

1종 면허 ➡ **특대보소**

:두문자

시보(15)라고
시비(12)거네
열(10)통터져
삼(3)지창으로
➡ 승합차만 이하

:두문자

삼(3)오(5)님
식(10)사(4)하세요
➡ 모두 이하

:두문자

연습면허 ➡ **승합화**

기출 OX

02 제2종 보통면허로 승차정원 12명인 승합자동차를 운전할 수 있다. 14. 경찰승진
(　　)

03 제1종 보통면허로 총 중량 10톤 미만의 특수자동차(구난차 등을 포함한다)를 운전할 수 있다. 16. 경찰
(　　)

정답　02 ✕　03 ✕

14. 자동차를 개조한 경우 운전면허 적용기준 ✕

형식변경	차종변경 또는 승차정원 (적재중량) 증가	변경 **이후** 기준 예 승차인원 15인승 승합차(1종 보통면허) ➡ 승합차 20인승(1종 대형면허)로 변경하거나 승합자동차를 도로보수트럭으로 개조한 경우 ➡ 변경 이후인 1종 대형면허 적용
	승차정원 (적재중량) 감소 (차종변경 ✕)	변경 **이전** 기준 예 승차인원 20인승 승합차(1종 대형면허) ➡ 차종 변경 없이 15인승 승합차(1종 보통면허)로 변경한 경우 ➡ 변경 이전인 1종 대형면허 적용
구조 또는 장치 변경		변경승인 **이전** 기준

⊕ PLUS 교통안전교육

교육 대상자	교육시간	교육과목 및 내용	교육방법
긴급자동차의 운전업무에 종사하는 사람	3년마다 2시간 (신규 3시간)	• 긴급자동차 관련 도로교통법령에 관한 내용 • 주요 긴급자동차 교통사고 사례 • 교통사고 예방 및 방어운전 • 긴급자동차 운전자의 마음가짐 • 긴급자동차의 주요 특성	강의 · 시청각 · 영화상영 등
75세 이상인 사람	2시간	• 신체 노화와 안전운전 • 약물과 안전운전 • 인지능력 자가진단 및 그 결과에 따른 안진운전 요령 • 교통관련 법령의 이해 • 고령 운전자 교통사고 실태	강의 · 시청각 · 인지능력 자가진단 등
운전면허를 신규로 받으려는 사람	1시간	• 교통환경의 이해와 운전자의 기본예절 • 도로교통법령의 이해 • 안전운전 기초이론 • 위험예측과 방어운전 • 교통사고의 예방과 처리 • 어린이 · 장애인 및 노인의 교통사고 예방 • 긴급자동차에 길 터주기 요령 • 친환경 경제운전의 이해 • 전 좌석 안전띠 착용 등 자동차안전의 이해	시청각

15. 운전면허의 결격사유와 결격기간 등 ✿✿✿✿

운전면허의 결격사유

운전면허의 종류		결격사유		
제1종	대형면허	① 19세 미만인 사람 ② 운전경험(이륜자동차 제외)이 1년 미만인 사람	① 듣지 못하는 사람 ② 앞을 보지 못하는 사람 ③ 한쪽 눈만 보지 못하는 사람	① 정신질환자 또는 뇌전증 환자로서 대통령령으로 정하는 사람 ② 양쪽 팔의 팔꿈치관절 이상을 잃은 사람이나 양쪽 팔을 전혀 쓸 수 없는 사람 ③ 마약·대마·향정신성의약품 또는 알코올 중독자로서 대통령령으로 정하는 사람 ④ 외국인 중 외국인등록(외국인 등록이 면제된 사람은 제외)을 하지 아니하거나 국내 거소신고를 하지 아니한 사람
제1종	특수면허			
제2종	보통면허	18세 미만인 사람	앞을 보지 못하는 사람	
제2종	소형면허			
제2종	보통면허			
제2종	소형면허			
제2종	원동기장치 자전거면허	16세 미만인 사람		
제3종	제1종 보통	18세 미만인 사람		
제3종	제2종 보통			

발급권자	자동차 등을 운전하려는 사람은 시·도경찰청장으로부터 운전면허를 받아야 한다. 다만, 제2조 제19호 나목의 원동기를 단 차 중 교통약자의 이동편의 증진법 제2조 제1호에 따른 교통약자가 최고속도 시속 20킬로미터 이하로만 운행될 수 있는 차를 운전하는 경우에는 그러하지 아니하다.
효력발생시기	운전면허의 효력은 본인 또는 대리인이 <u>운전면허증을 발급받은 때부터</u> 발생한다.
부정행위자	① 경찰청장은 제106조에 따른 전문학원의 강사자격시험 및 제107조에 따른 기능검정원 자격시험에서, 시·도경찰청장 또는 도로교통공단은 제83조에 따른 운전면허시험에서 부정행위를 한 사람에 대하여는 해당 시험을 각각 무효로 처리한다. ② 제1항에 따라 시험이 무효로 처리된 사람은 그 처분이 있은 날부터 2년간 해당 시험에 응시하지 못한다.
운전면허 취득의 결격사유	① 18세 미만(원동기장치자전거의 경우에는 16세 미만)인 사람 ② 교통상의 위험과 장해를 일으킬 수 있는 정신질환자 또는 뇌전증 환자로서 대통령령으로 정하는 사람 ③ 듣지 못하는 사람(제1종 운전면허 중 대형면허·특수면허만 해당한다), 앞을 보지 못하는 사람(한쪽 눈만 보지 못하는 사람의 경우에는 제1종 운전면허 중 대형면허·특수면허만 해당한다)이나 그 밖에 대통령령으로 정하는 신체장애인 ④ 양쪽 팔의 팔꿈치관절 이상을 잃은 사람이나 양쪽 팔을 전혀 쓸 수 없는 사람. 다만, 본인의 신체장애 정도에 적합하게 제작된 자동차를 이용하여 정상적인 운전을 할 수 있는 경우에는 그러하지 아니하다. ⑤ 교통상의 위험과 장해를 일으킬 수 있는 마약·대마·향정신성의약품 또는 알코올 중독자로서 대통령령으로 정하는 사람 ⑥ 제1종 대형면허 또는 제1종 특수면허를 받으려는 경우로서 19세 미만이거나 자동차(이륜자동차는 제외한다)의 운전경험이 1년 미만인 사람 ⑦ 대한민국의 국적을 가지지 아니한 사람 중 출입국관리법 제31조에 따라 외국인등록을 하지 아니한 사람(외국인등록이 면제된 사람은 제외한다)이나 재외동포의 출입국과 법적 지위에 관한 법률 제6조 제1항에 따라 국내거소신고를 하지 아니한 사람

기출 OX

01 18세 이하(원동기장치자전거의 경우에는 16세 이하)인 사람은 운전면허를 받을 수 없다. 12. 경찰 (   )

정답 01 ×

결격기간	5년	① 무면허운전(음주운전·과로 등 운전·공동 위험행위 포함) + 인피사고 + 구호조치 및 신고의무 불이행 ② 음주운전 + 사망에 이르게 한 경우
	4년	무면허운전(음주운전·과로 등 운전·공동 위험행위 포함) 이외의 사유 + 인피사고 + 구호조치 및 신고의무 불이행
	3년	① 음주운전(측정거부 포함) + 2회 이상 교통사고 ② 자동차 등을 이용한 범죄 또는 다른 사람의 자동차 등을 절도 + 무면허운전
	2년	① 무면허운전(면허정지기간 중 운전 포함) 3회 이상 ② 음주운전(측정거부 포함) 2회 이상(무면허운전을 함께 한 경우 포함) ③ 음주운전(측정거부 포함) + 교통사고(1회) ④ 공동위험행위 2회 이상 ⑤ 운전면허를 받을 수 없는 사람이 운전면허를 받거나 운전면허효력의 정지기간 중 운전면허증 또는 운전면허증에 갈음하는 증명서를 교부받은 사실이 드러난 때 ⑥ 다른 사람의 자동차 등을 훔치거나 빼앗은 자 ⑦ 다른 사람이 부정하게 운전면허를 받도록 하기 위하여 운전면허 시험에 대신 응시한 경우
	1년 (6개월)	① 무면허운전 1회 ② 공동위험행위 1회 ➡ 원동기장치전거의 경우도 1년 ③ 자동차 등을 범죄의 도구나 장소로 이용하여 국가보안법이나 형법상 범죄를 범한 경우 ④ 거짓이나 그 밖의 부정한 수단으로 운전면허를 받은 경우 ⑤ 기타사유(음주운전 1회, 벌점초과 또는 교통사고 운전면허취소처분 등 기타사유) ✎ ②의 경우를 제외하고 나머지의 경우 원동기장치자전거는 6개월
	즉시	적성검사를 받지 아니하거나 적성검사에 불합격하여 운전면허가 취소된 경우
	예외	위의 경우에도 **벌금 미만**의 형이 확정되거나 선고유예의 판결이 확정된 경우 또는 기소유예나 소년법 제32조에 따른 **보호처분**의 결정이 있는 경우에는 각 호에 규정된 기간 내라도 운전면허를 받을 수 있다.
관련 판례		도로교통법 제44조 제1항은 술에 취한 상태에서 자동차 등의 운전을 금지하고, 법 제148조의2 제1항 제1호는 '제44조 제1항을 2회 이상 위반한 사람'으로서 다시 같은 조 제1항을 위반하여 술에 취한 상태에서 자동차 등을 운전한 사람을 1년 이상 3년 이하의 징역이나 500만원 이상 1천만원 이하의 벌금에 처한다고 정하고 있다. 이 사건 조항은 행위주체를 단순히 2회 이상 음주운전 금지규정을 위반한 사람으로 정하고 있고, 이러한 음주운전 금지규정 위반으로 형을 선고받거나 유죄의 확정판결을 받은 경우 등으로 한정하고 있지 않다. 이것은 음주운전 금지규정을 반복적으로 위반하는 사람의 반규범적 속성, 즉 교통법규에 대한 준법정신이나 안전의식의 현저한 부족 등을 양형에 반영하여 반복된 음주운전에 대한 처벌을 강화하고, 음주운전으로 발생할 국민의 생명·신체에 대한 위험을 예방하며 교통질서를 확립하기 위한 것으로 볼 수 있다. 위와 같은 이 사건 조항의 문언 내용과 입법 취지 등을 종합하면, 이 사건 조항 중 '음주운전을 2회 이상한 사람'은 문언 그대로 2회 이상 음주운전 금지규정을 위반하여 음주운전을 하였던 사실이 인정되는 사람으로 해석해야 하고, 그에 대한 형의 선고나 유죄의 확정판결 등이 있어야만 하는 것은 아니다(대판 2018.12.27, 2018도6870).

운전면허증의 반납	① 운전면허증을 받은 사람이 다음의 어느 하나에 해당하면 그 사유가 발생한 날부터 **7일** 이내(제4호 및 제5호의 경우 새로운 운전면허증을 받기 위하여 운전면허증을 제출한 때)에 주소지를 관할하는 시·도경찰청장에게 운전면허증을 반납하여야 한다. ㄱ 운전면허 취소처분을 받은 경우 ㄴ 운전면허효력 정지처분을 받은 경우 ㄷ 운전면허증을 잃어버리고 다시 발급받은 후 그 잃어버린 운전면허증을 찾은 경우 ㄹ 연습운전면허증을 받은 사람이 제1종 보통면허증 또는 제2종 보통면허증을 받은 경우 ㅁ 운전면허증 갱신을 받은 경우 ② 경찰공무원은 ①을 위반하여 운전면허증을 반납하지 아니한 사람이 소지한 운전면허증을 직접 회수할 수 있다. ③ 시·도경찰청장이 ①의 ㄴ에 따라 운전면허증을 반납받았거나 ②에 따라 ①의 ㄴ에 해당하는 사람으로부터 운전면허증을 회수하였을 때에는 이를 보관하였다가 정지기간이 끝난 즉시 돌려주어야 한다.

16. 운전면허증의 갱신과 정기 적성검사 등 ✿✿✿✿

운전면허증의 갱신기간	운전면허를 받은 사람은 다음의 구분에 따른 기간 이내에 대통령령으로 정하는 바에 따라 시·도경찰청장으로부터 운전면허증을 갱신하여 발급받아야 한다. ① 최초의 운전면허증 갱신기간은 제83조 제1항 또는 제2항에 따른 <u>운전면허시험에 합격한 날부터 기산</u>하여 **10년**이 되는 날이 속하는 해의 <u>1월 1일부터 12월 31일까지</u> ② 운전면허시험 합격일 또는 갱신기간에 65세 이상 75세 미만인 사람: **5년**이 되는 날이 속하는 해의 <u>1월 1일부터 12월 31일까지</u> ③ 75세 이상인 사람, 한쪽 눈만 보지 못하는 사람: **3년**이 되는 날이 속하는 해의 1월 1일부터 12월 31일까지
정기적성검사	다음의 어느 하나에 해당하는 사람은 위의 운전면허증 갱신기간에 대통령령으로 정하는 바에 따라 도로교통공단이 실시하는 정기(定期)적성검사(適性檢査)를 받아야 한다. ① 제1종 운전면허를 받은 사람 ② 제2종 운전면허를 받은 사람 중 운전면허증 **갱신기간에 70세 이상인 사람**
수시적성검사	제1종 운전면허 또는 제2종 운전면허를 받은 사람(제96조 제1항에 따른 국제운전면허증을 받은 사람을 포함한다)이 안전운전에 **장애가 되는 후천적 신체장애** 등 대통령령으로 정하는 사유에 해당되는 경우에는 도로교통공단이 실시하는 수시(隨時)적성검사를 받아야 한다.

기출 OX

02 도로교통법상 운전면허증 소지자가 면허증 반납사유 발생시 그 반납기간은 반납사유가 발생한 날로부터 7일 이내이다. 16. 경찰승진

( )

정답 02 ○

17. 연습운전면허 ✦✦✦

연습운전면허의 효력	① 연습운전면허는 그 면허를 받은 날부터 1년 동안 효력을 가진다. ② 다만, 연습운전면허를 받은 날부터 1년 이전이라도 연습운전면허를 받은 사람이 제1종 보통면허 또는 제2종 보통면허를 받은 경우 연습운전면허는 그 효력을 잃는다.
준수사항	① 운전면허(연습하고자 하는 자동차를 운전할 수 있는 운전면허에 한한다)를 받은 날부터 **2년이 경과된 사람**(소지하고 있는 운전면허의 효력이 정지기간 중인 사람을 제외한다)과 함께 승차하여 그 사람의 지도를 받아야 한다. ② 여객자동차 운수사업법 또는 화물자동차 운수사업법에 따른 사업용 자동차를 운전하는 등 주행연습 외의 목적으로 운전하여서는 아니 된다. ③ 주행연습 중이라는 사실을 다른 차의 운전자가 알 수 있도록 연습 중인 자동차에 별표 21의 표지를 붙여야 한다.
연습면허의 취소 등	① 시·도경찰청장은 연습운전면허를 발급받은 사람이 **운전 중 고의 또는 과실로** 교통사고를 일으키거나 이 법이나 이 법에 따른 명령 또는 처분을 위반한 경우에는 연습운전면허를 취소하여야 한다. 다만, 본인에게 귀책사유(歸責事由)가 없는 경우 등 대통령령으로 정하는 경우에는 그러하지 아니하다. ㉠ 도로교통공단에서 도로주행시험을 담당하는 사람, 자동차운전학원의 강사, 전문학원의 강사 또는 기능검정원(技能檢正員)의 지시에 따라 운전하던 중 교통사고를 일으킨 경우 ㉡ 도로가 아닌 곳에서 교통사고를 일으킨 경우 ㉢ 교통사고를 일으켰으나 물적 피해만 발생한 경우 ② 연습운전면허의 경우에는 벌점의 부과, 연습면허의 정지는 인정되지 않는다.

18. 국제운전면허 ✦✦✦

국제운전면허

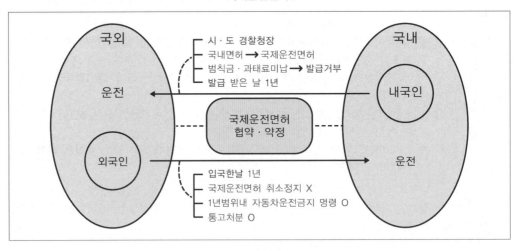

국내에서 발급되는 국제운전면허	국내운전면허 와의 관계 (상호인정 외국면허 포함)	① 운전면허를 받은 사람이 국외에서 운전을 하기 위하여 도로교 통에 관한 협약에 따른 국제운전면허증 또는 상호인정 외국면 허증을 발급받으려면 시·도경찰청장에게 신청하여야 한다. ② ①에 따른 국제운전면허증은 이를 발급받은 사람의 **국내운전면** **허의 효력이 없어지거나 취소된 때에는 그 효력을 잃는다.** ③ ①에 따른 국제운전면허증을 발급받은 사람의 국내운전면허의 효력이 정지된 때에는 그 정지기간 동안 그 효력이 정지된다. ④ 국내면허에 대한 범칙금이나 과태료 미납시 국제운전면허 발급거 부가 가능하다. ⑤ 국제운전면허는 다음의 어느 하나에 해당하는 협약, 협정 또는 약정을 체결한 국가간에만 통용된다. 　㉠ 1949년 제네바에서 체결된 도로교통에 관한 협약 　㉡ 1968년 비엔나에서 체결된 도로교통에 관한 협약 　㉢ 우리나라와 외국간에 국제운전면허를 상호 인정하는 협약, 　　협정 또는 약정
	유효기간	국제운전면허증의 유효기간은 **발급받은 날부터 1년**으로 한다.
외국기관에서 발급되는 국제운전면허	효력	국제운전면허증의 유효기간은 **입국한 날부터 1년**으로 하며, 국제운 전면허증에 기재된 차종 운전만 가능하다.
	면허취소 또는 정지	① 시·도경찰청장은 국내 도로교통법 위반으로 국제운전면허에 대 면허취소 또는 정지처분은 할 수 없다. ② 그러나 시·도경찰청장은 1년을 넘지 않는 범위에서 국제운전면 허증에 의한 자동차 등의 운전을 금지할 수 있다.
	통고처분	국제운전면허소지자도 범칙자에 해당되므로 도로교통법상 통고처 분은 가능하다.
	사업용 자동차의 운전 금지	국제운전면허증을 외국에서 발급받은 사람은 여객자동차 운수사업 법 또는 화물자동차 운수사업법에 따른 **사업용 자동차를 운전할 수 없** 다. 다만, 여객자동차 운수사업법에 따른 **대여사업용 자동차를 임차** **(賃借)하여 운전하는 경우에는 그러하지 아니하다.**

19. 임시운전증명서 ✋✋✋

임시운전 증명서의 발급	시·도경찰청장은 다음의 어느 하나의 경우에 해당하는 사람이 임시운전증명서 발급을 신청하면 행정안전부령으로 정하는 바에 따라 임시운전증명서를 발급할 수 있다. 다만, ②의 경우에는 소지하고 있는 운전면허증에 행정안전부령으로 정하 는 사항을 기재하여 발급함으로써 임시운전증명서 발급을 갈음할 수 있다. ① 운전면허증을 받은 사람이 제86조에 따른 재발급신청을 한 경우 ② 정기 적성검사 또는 운전면허증 갱신 발급 신청을 하거나 수시 적성검사를 신청한 경우 ③ 운전면허의 취소처분 또는 정지처분대상자가 운전면허증을 제출한 경우
유효기간	임시운전증명서의 유효기간은 **20일 이내**로 하되, 법 제93조에 따른 운전면허의 취소 또는 정지처분대상자의 경우에는 **40일 이내**로 할 수 있다. 다만, **경찰서장이** 필요하다고 인정하는 경우에는 그 유효기간을 **1회에 한하여 20일의 범위**에서 연장 할 수 있다.

기출 OX

01 국제운전면허는 모든 국
가에게 통용된다.

18. 경찰간부　　　　（　　）

정답　01 ✕

20. 운전면허의 취소·정지 ✿✿✿✿

도로교통법상 필수적 운전면허취소 사유	① 음주운전 또는 음주측정을 거부한 사람이 다시 제44조 제1항을 위반하여 운전면허 정지사유에 해당된 경우 ② 술에 취한 상태에 있다고 인정할 만한 상당한 이유가 있음에도 불구하고 경찰공무원의 측정에 응하지 아니한 경우 ③ 운전면허를 받을 수 없는 사람이 운전면허를 받거나 거짓이나 그 밖의 부정한 수단으로 운전면허를 받은 경우 또는 운전면허효력의 정지기간 중 운전면허증 또는 운전면허증을 갈음하는 증명서를 발급받은 사실이 드러난 경우 ④ 적성검사를 받지 아니하거나 그 적성검사에 불합격한 경우 ⑤ 자동차관리법에 따라 등록되지 아니하거나 임시운행허가를 받지 아니한 자동차(이륜자동차는 제외한다)를 운전한 경우 ⑥ 이 법에 따른 교통단속임무를 수행하는 경찰공무원 등 및 시·군공무원을 폭행한 경우 ⑦ 제1종 보통면허 및 제2종 보통면허를 받기 전에 연습운전면허의 취소사유가 있었던 경우 ⑧ 다른 법률에 따라 관계 행정기관의 장이 운전면허의 취소처분 또는 정지처분을 요청한 경우 ⑨ 운전면허를 받은 사람이 자신의 **운전면허를 실효(失效)시킬 목적으로 시·도경찰청장에게 자진하여 운전면허를 반납하는 경우**. 다만, 실효시키려는 운전면허가 취소처분 또는 정지처분의 대상이거나 효력정지기간 중인 경우는 제외한다.

벌점	① 벌점·누산점수 초과로 인한 면허취소

기간	벌점 또는 누산점수
1년간	121점 이상
2년간	201점 이상
3년간	271점 이상

② 벌점·누산점수 초과로 인한 면허정지
→ 운전면허 정지처분은 1회의 위반·사고로 인한 벌점 또는 **처분벌점이 40점 이상**이 된 때부터 결정하여 집행하되, **원칙적으로 1점을 1일로 계산**하여 집행한다.
③ 음주운전으로 운전면허 취소처분 또는 정지처분의 감경기준
  ㉠ 감경대상: ⓐ **운전이 가족의 생계를 유지할 중요한 수단인 사람**, ⓑ **모범운전자로서 처분 당시 3년 이상** 교통봉사활동에 종사하고 있는 사람, ⓒ 교통사고를 일으키고 도주한 운전자를 검거하여 **경찰서장 이상의 표창을 받은 사람**
  ㉡ 감경대상자의 예외사유
    ⓐ 혈중알코올농도가 **0.1%를 초과**하여 운전한 경우
    ⓑ 음주운전 중 **인적 피해 교통사고**를 일으킨 경우
    ⓒ 경찰관의 **음주측정요구에 불응**하거나 **도주한 때** 또는 단속경찰관을 폭행한 경우
    ⓓ 과거 **5년 이내**에 **3회 이상**의 **인적 피해 교통사고의 전력**이 있는 경우
    ⓔ 과거 **5년 이내**에 **음주운전의 전력**이 있는 경우

④ 교통사고를 일으킨 때 벌점의 기준

구분 및 벌점		내용	
인적 피해 교통사고	90점	사망 1명마다	사고발생시부터 **72시간** 이내에 사망한 때
	15점	중상 1명마다	**3주 이상**의 치료를 요하는 의사의 진단이 있는 사고
	5점	경상 1명마다	**3주 미만 5일 이상**의 치료를 요하는 의사의 진단이 있는 사고
	2점	부상신고 1명마다	**5일 미만**의 치료를 요하는 의사의 진단이 있는 사고
교통 사고 조치불이행	15점	물적 피해 교통사고 + 도주한 경우	
	30점	교통사고 + 사상자를 구호하는 조치를 하지 아니하였으나 그 후 **3시간 이내**에 **자진신고를 한 때**	
	60점	교통사고 + 사상자를 구호하는 조치를 하지 아니하였으나 그 후 **3시간 이후 48시간** 이내에 자진신고를 한 때	

불복방법	이의신청	운전면허의 취소처분 또는 정지처분이나 연습운전면허 취소처분에 대하여 이의(異議)가 있는 사람은 그 **처분을 받은 날부터 60일 이내**에 행정안전부령으로 정하는 바에 따라 시·도경찰청장에게 이의를 신청할 수 있다.
	행정심판	① 이의를 신청한 사람은 그 이의신청과 관계없이 행정심판법에 따른 행정심판을 청구할 수 있다. 이 경우 이의를 신청하여 그 결과를 통보받은 사람은 **통보받은 날부터 90일 이내**에 행정심판법에 따른 행정심판을 청구할 수 있다. ② 필수적 전치주의: 행정소송은 행정심판의 재결을 거치지 아니하면 제기할 수 없다.
	행정소송	행정심판의 재결서정본을 송달받은 날로부터 **90일** 이내에 관할법원에 행정소송을 제기할 수 있다.

운전면허 행정처분의 불복

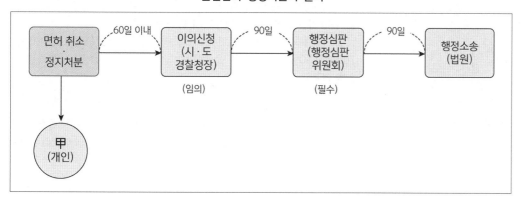

21. 범칙행위의 처리에 관한 특례 ✧✧✧

:두문자
경범죄 처벌법 18/피/구/상

	범칙행위	도로교통법 제156조 및 제157조 각 호의 죄에 해당하는 위반행위(20만 원 이하 벌금·구류·과료에 처하는 범죄행위)를 말한다.
범칙행위 및 범칙자	범칙자	범칙행위를 한 사람으로서 다음의 어느 하나에 해당하지 아니하는 사람을 말한다. ① 범칙행위 당시 제92조 제1항에 따른 **운전면허증 등 또는 이를 갈음하는 증명서를 제시하지 못하거나** 경찰공무원의 운전자 **신원 및 운전면허 확인을 위한 질문에 응하지 아니한 운전자** ② **범칙행위로 교통사고를 일으킨 사람.** 다만, 교통사고처리 특례법 제3조 제2항 및 제4조에 따라 업무상과실치상죄·중과실치상죄 또는 이 법 제151조의 죄에 대한 벌을 받지 아니하게 된 사람은 제외한다.
통고처분의 제외		**경찰서장**이나 제주특별자치도지사는 범칙자로 인정하는 사람에 대하여는 이유를 분명하게 밝힌 범칙금 납부통고서로 범칙금을 낼 것을 통고할 수 있다. 다만, 다음의 어느 하나에 해당하는 사람에 대하여는 그러하지 아니하다. ① 성명이나 주소가 확실하지 아니한 사람 ② 달아날 우려가 있는 사람 ③ 범칙금 납부통고서 받기를 거부한 사람
범칙금 납부	1차 납부	① 통고처분서를 받은 사람은 통고처분서를 받은 날부터 **10일** 이내에 범칙금을 납부하여야 한다. ② 다만, 천재지변이나 그 밖의 부득이한 사유로 말미암아 그 기간 내에 범칙금을 납부할 수 없을 때에는 그 부득이한 사유가 없어지게 된 날부터 **5일** 이내에 납부하여야 한다.
	2차 납부	1차 납부기간에 범칙금을 납부하지 아니한 사람은 납부기간의 마지막 날의 다음 날부터 20일 이내에 통고받은 범칙금에 그 금액의 100분의 20을 더한 금액을 납부하여야 한다.
	납부효과	범칙금을 납부한 사람은 그 범칙행위에 대하여 다시 처벌받지 아니한다.
즉결심판의 청구	즉결심판 청구 전	① 경찰서장은 다음의 어느 하나에 해당하는 사람에 대하여는 지체 없이 즉결심판을 청구하여야 한다. ㉠ **통고처분의 제외대상자**의 어느 하나에 해당하는 사람 ㉡ **납부기간에 범칙금을 납부하지 아니한 사람** ② 다만, 즉결심판이 청구되기 전까지 통고받은 범칙금에 그 금액의 **100분의 50을 더한 금액**을 납부한 사람에 대하여는 **경찰서장이 즉결심판을 청구할 수 없다.**
	즉결심판 청구 후 ~ 선고 전	즉결심판이 청구된 피고인이 통고받은 범칙금에 그 금액의 100분의 50을 더한 금액을 납부하고 그 증명서류를 즉결심판 선고 전까지 제출하였을 때에는 경찰서장은 그 피고인에 대한 **즉결심판청구를 취소하여야** 한다.

:두문자
성주 / 딸(달) / 거부

기출 OX

01 통고처분서를 받기 거부한 자에 대해서는 즉결심판을 청구할 수 있다.
10. 경찰 ( )

정답 01 ✕

도로교통법과 경범죄 처벌법상 범칙금

구분	도로교통법	경범죄 처벌법
범칙행위	20만원 이하 벌금, 구류, 과료에 처하는 범죄행위	
범칙자	① 범칙행위 당시 제92조 제1항에 따른 운전면허증 등 또는 이를 갈음하는 증명서를 제시하지 못한 사람 ② 경찰공무원의 운전자 신원 및 운전면허 확인을 위한 질문에 응하지 아니한 운전자 ③ 범칙행위로 교통사고를 일으킨 사람. 다만, 교통사고처리 특례법 제3조 제2항 및 제4조에 따라 업무상과실치상죄·중과실치상죄 또는 이 법 제151조의 죄에 대한 벌을 받지 아니하게 된 사람은 제외한다.	① 범칙행위를 상습적으로 하는 사람 ② 죄를 지은 동기나 수단 및 결과를 헤아려볼 때 구류처분을 하는 것이 적절하다고 인정되는 사람 ③ 피해자가 있는 행위를 한 사람 ④ 18세 미만인 사람
통고처분의 제외	① 성명이나 주소가 확실하지 아니한 사람 ② 달아날 우려가 있는 사람 ③ 범칙금 납부통고서 받기를 거부한 사람	① 통고처분서 받기를 거부한 사람 ② 주거 또는 신원이 확실하지 아니한 사람 ③ 그 밖에 통고처분을 하기가 매우 어려운 사람

⚖️ 판례 ┃ 범칙금판례

피고인이 신호를 위반하여 교통사고를 일으켜 상대방 차량의 운전자를 치상한 사안에서 경찰서장으로부터 위 신호위반을 이유로 한 통고처분을 받고 범칙금을 납부하였다 하더라도 피고인을 교통사고처리 특례법 위반죄(업무상 과실치상)으로 처벌할 수 있는지 여부가 문제된 사안

[1] 범칙금의 통고 및 납부 등에 관한 규정들의 내용과 취지 등에 비추어 볼 때, 범칙자가 경찰서장으로부터 범칙행위를 하였음을 이유로 범칙금의 통고를 받고 납부기간 내에 그 범칙금을 납부한 경우 범칙금의 납부에 확정판결에 준하는 효력이 인정됨에 따라 다시 벌받지 아니하게 되는 행위사실은 범칙금 통고의 이유에 기재된 당해 범칙행위 자체 및 그 범칙행위와 동일성이 인정되는 범칙행위에 한정된다고 해석함이 상당하다.

[2] 교통사고처리 특례법 제3조 제2항 단서 각 호에서 규정한 예외사유에 해당하는 신호위반 등의 범칙행위와 같은 법 제3조 제1항 위반죄는 그 행위의 성격 및 내용이나 죄질, 피해법익 등에 현저한 차이가 있어 동일성이 인정되지 않는 별개의 범죄행위라고 보아야 할 것이므로, 교통사고처리 특례법 제3조 제2항 단서 각 호의 예외사유에 해당하는 신호위반 등의 범칙행위로 교통사고를 일으킨 사람이 통고처분을 받아 범칙금을 납부하였다고 하더라도, 업무상과실치상죄 또는 중과실치상죄에 대하여 같은 법 제3조 제1항 위반죄로 처벌하는 것이 도로교통법 제119조 제3항에서 금지하는 이중처벌에 해당한다고 볼 수 없다(대판 2007.4.12, 2006도4322).

02 교통사고처리 특례법 ✰✰✰✰

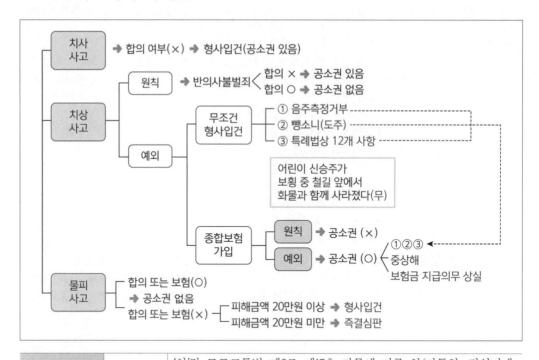

	'차'에 의한 사고	'차'란 도로교통법 제2조 제17호 가목에 따른 차(자동차, 건설기계, 원동기장치자전거, 자전거, 사람 또는 가축의 힘이나 그 밖의 동력으로 도로에서 운전되는 것)와 건설기계관리법 제2조 제1항 제1호에 따른 건설기계를 말한다(기차, 전동차, 항공기, 선박, 케이블카, 유모차, 보행보조용 의자차 등은 제외된다).
교통사고의 구성요건 (제2조)	'교통'으로 인한 사고	① 차를 **본래의 사용방법에 따라 사용하는 것**을 말하며, 차의 운행과 밀접하게 관련된 부수적인 행위도 포함되며, 차량에 적재된 화물 등 차량과 밀접하게 연결된 부분에 의한 사고도 포함된다. ② 교통사고처리 특례법상 사고는 도로뿐 아니라 **도로 이외의 장소**에서의 사고도 포함된다. ③ **관련 판례:** 교통사고처리 특례법 제2조 제2호에서 '교통사고'란 차의 교통으로 인하여 사람을 사상하거나 물건을 손괴하는 것을 말한다고 규정하고 있는바, 교통사고를 일으킨 운전자에 대한 형사처벌의 특례를 정하는 것을 주된 목적으로 하는 교통사고처리 특례법의 입법 취지와 자동차 운행으로 인한 피해자의 보호를 주된 목적으로 하는 자동차손해배상 보장법의 입법 취지가 서로 다른 점, '교통'이란 원칙적으로 사람 또는 물건의 이동이나 운송을 전제로 하는 용어인 점 등에 비추어 보면, 교통사고처리 특례법 제2조 제2호에 정한 '교통'은 자동차손해배상 보장법 제2조 제2호에 정한 '운행'보다 제한적으로 해석하여야 한다. **화물차를 주차하고 적재함에 적재된 토마토 상자를 운반하던 중 적재된 상자 일부가 떨어지면서 지나가던 피해자에게 상해를 입힌 경우, 교통사고처리 특례법에 정한 '교통사고'에 해당하지 않아** 업무상과실치상죄가 성립한다(대판 2009.7.9, 2009도2390).

	피해의 발생	① 타인에 대한 생명, 신체 및 재산에 대한 것이어야 한다. ② 재물은 유형적 재물만을 의미하며 정신적 손해 등 무형적인 피해는 제외된다.
	업무상 과실	이 법은 업무상 과실 또는 중대한 과실로 교통사고를 일으킨 운전자에 관한 형사처벌 등의 특례를 정함으로써 교통사고로 인한 피해의 신속한 회복을 촉진하고 국민생활의 편익을 증진함을 목적으로 한다. ➡ 고의범이나 무과실범에는 원칙적으로 적용되지 않는다.
대물사고의 처리	합의성립	교통사고처리 특례법 제3조 제2항에 따라 공소권 없음
	합의불성립	도로교통법 제151조를 적용하여 형사입건
대인사고의 처리 (제3조)	치사사건	교통사고처리 특례법 제3조 제2항에 따라 형사입건

대인사고의 처리 (제3조)	치상사고	원칙 (반의사 불벌죄)	① 합의 성립 ➡ 교통사고처리 특례법 제3조 제2항에 따라 공소권 없음 ② 합의 불성립 ➡ 같은 조항에 따라 공소권 있음
		예외 (합의 여부와 관계없이 공소권 ○)	① **구호조치 불이행 + 도주, 미신고** ② **음주측정거부** ③ **교통사고처리 특례법상 12개의 특례사항** 　㉠ 도로교통법 제5조에 따른 신호기가 표시하는 **신호** 또는 교통정리를 하는 경찰공무원 등의 신호를 위반하거나 통행금지 또는 일시정지를 내용으로 하는 안전표지가 표시하는 지시를 위반하여 운전한 경우 　㉡ 도로교통법 제13조 제3항을 위반하여 **중**앙선을 침범하거나 같은 법 제62조를 위반하여 횡단, 유턴 또는 후진한 경우 　㉢ 도로교통법 제17조 제1항 또는 제2항에 따른 **과속** 제한위반(시속 **20km 초과**)하여 운전한 경우 　㉣ 도로교통법 제21조 제1항, 제22조, 제23조에 따른 **앞**지르기의 방법·금지시기·금지장소 또는 끼어들기의 금지를 위반하거나 같은 법 제60조 제2항에 따른 고속도로에서의 앞지르기 방법을 위반하여 운전한 경우 　㉤ 도로교통법 제24조에 따른 **철길**건널목 통과방법을 위반하여 운전한 경우 　㉥ 도로교통법 제27조 제1항에 따른 **횡단보도에서의** 보행자 보호의무를 위반하여 운전한 경우 　㉦ **무면허** 　㉧ 도로교통법 제44조 제1항을 위반하여 술에 취한 상태에서 운전을 하거나 같은 법 제45조를 위반하여 약물의 영향으로 정상적으로 운전하지 못할 우려가 있는 상태에서 운전한 경우 ➡ **주취 및 약물운전** 　㉨ 도로교통법 제13조 제1항을 위반하여 보도(步道)가 설치된 도로의 보도를 침범하거나 같은 법 제13조 제2항에 따른 보도 횡단방법을 위반하여 운전한 경우

			㊅ 도로교통법 제39조 제3항에 따른 **승**객의 추락 방지의무를 위반하여 운전한 경우 ㋺ 도로교통법 제12조 제3항에 따른 **어린이** 보호구역에서 같은 조 제1항에 따른 조치를 준수하고 어린이의 안전에 유의하면서 운전하여야 할 의무를 위반하여 어린이의 신체를 상해(傷害)에 이르게 한 경우 ㋧ 도로교통법 제39조 제4항을 위반하여 자동차의 **화물**이 떨어지지 아니하도록 필요한 조치를 하지 아니하고 운전한 경우
도주·미신고의 처리	도주한 경우	대인사고 (특가법)	특정범죄 가중처벌 등에 관한 법률 제5조의3【도주차량 운전자의 가중처벌】① 도로교통법 제2조에 규정된 자동차·원동기장치자전거의 교통으로 인하여 형법 제268조의 죄를 범한 해당 차량의 운전자(이하 '사고운전자'라 한다)가 피해자를 구호(救護)하는 등 도로교통법 제54조 제1항에 따른 조치를 하지 아니하고 도주한 경우에는 다음 각 호의 구분에 따라 가중처벌한다. 1. 피해자를 사망에 이르게 하고 도주하거나, 도주 후에 피해자가 사망한 경우에는 무기 또는 5년 이상의 징역에 처한다. 2. 피해자를 상해에 이르게 한 경우에는 1년 이상의 유기징역 또는 500만원 이상 3천만원 이하의 벌금에 처한다.
		대물사고	도로교통법 제148조를 적용하여 공소권 있음
	미신고		도로교통법 제154조를 적용하여 공소권 있음
보험가입된 경우의 특례	원칙		교통사고처리 특례법 제4조 제1항 본문에 따라 공소권 없음
	예외 (공소권 ○)		교통사고를 일으킨 차가 보험업법 제4조, 제126조, 제127조 및 제128조, 여객자동차 운수사업법 제60조, 제61조 또는 화물자동차 운수사업법 제51조에 따른 보험 또는 공제에 가입된 경우에는 제3조 제2항 본문에 규정된 죄를 범한 차의 운전자에 대하여 공소를 제기할 수 없다. 다만, 다음의 어느 하나에 해당하는 경우에는 그러하지 아니하다. ① **구호조치 불이행 + 도주, 미신고** ② **음주측정거부** ③ **교통사고처리 특례법상 12개의 특례사항** ④ **중상해**: 피해자가 신체의 상해로 인하여 생명에 대한 위험이 발생하거나 **불구, 불치** 또는 난치의 **질병**이 생긴 경우 ⑤ **보험금 지급의무의 상실**: 보험계약 또는 공제계약이 무효로 되거나 해지되거나 계약상의 면책 규정 등으로 인하여 보험회사, 공제조합 또는 공제사업자의 **보험금 또는 공제금 지급의무가 없어진 경우**

03 특정범죄 가중처벌 등에 관한 법률의 가중처벌 ✿✿✿

구분	교통사고	교통사고 + 도주 · 음주 · 약물 · 어린이
인피사고	교통사고 처리 특례법	① **특정범죄 가중처벌 등에 관한 법률**에 따라 가중처벌된다. ② 음주운전 + 인피사고(동법 제5조의11 도주차량 운전자의 가중처벌): 음주 또는 약물의 영향으로 정상적인 운전이 곤란한 상태에서 자동차를 운전하여 사람을 **상해**에 이르게 한 사람은 1년 이상 15년 이하의 징역 또는 1천만원 이상 3천만원 이하의 벌금에 처하고, **사망**에 이르게 한 사람은 무기 또는 3년 이상의 징역에 처한다. ③ **인피사고 + 도주**: 특정범죄 가중처벌 등에 관한 법률 제5조의3(도주차량 운전자의 가중처벌) 　㉠ 피해자를 사망에 이르게 하고 도주하거나, 도주 후에 피해자가 사망한 경우에는 무기 또는 5년 이상의 징역에 처한다. 　㉡ 피해자를 상해에 이르게 한 경우에는 1년 이상의 유기징역 또는 500만원 이상 3천만원 이하의 벌금에 처한다. ④ **음주운전 + 인피사고 + 도주의 경우**: 음주운전으로 인피사고를 낸 뒤 도주한 경우 동법 제5조의3으로 처벌되고 제5조의11(위험운전 등 치사상)은 적용되지 않는다. ⑤ **인피사고(어린이) + 어린이보호구역(제5조의13 어린이 보호구역에서 어린이 치사상의 가중처벌)**: 자동차의 운전자가 도로교통법 제12조 제3항에 따른 어린이 보호구역에서 같은 조 제1항에 따른 조치를 준수하고 어린이의 안전에 유의하면서 운전하여야 할 의무를 위반하여 어린이(13세 미만인 사람)에게 교통사고처리 특례법 제3조 제1항의 죄를 범한 경우에는 다음의 구분에 따라 가중처벌한다. 　㉠ 어린이를 **사망**에 이르게 한 경우에는 무기 또는 3년 이상의 징역에 처한다. 　㉡ 어린이를 **상해**에 이르게 한 경우에는 1년 이상 15년 이하의 징역 또는 500만원 이상 3천만원 이하의 벌금에 처한다.
물피사고 + 도주		도로교통법

04 교통사고처리 특례 예외와 판례 ✿✿✿✿

신호위반 · 지시위반	범위	① 신호기의 신호와 경찰공무원 등의 지시신호 모두를 포함한다. ② 안전표지(주의 · 규제 · 지시 · 보조 · 노면표지)도 포함된다.
	관련 판례	① 횡단보도상의 신호기는 횡단보도를 통행하고자 하는 보행자에 대한 횡단보행자용 신호기이지 차량의 운행용 신호기라고는 풀이되지 아니하므로, 횡단보행자용 신호기의 신호가 **보행자 통행신호인 녹색**으로 되었을 때 차량운전자가 그 신호를 따라 횡단보도 위를 보행하는 자를 충격하였을 경우에는 교통사고처리 특례법 제3조 제2항 단서 제6호의 보행자 보호의무를 위반한 때에 해당함은 별문제로 하고 이를 같은 조항 단서 제1호의 **신호기의 신호에 위반하여 운전한 때에 해당한다고 할 수 없다**(대판 1988.8.23, 88도632).

		② 자동차 운전자인 피고인이, 교차로와 연접한 횡단보도에 차량보조등은 설치되지 않았으나 **보행등이 녹색**이고, **교차로의 차량신호등은 적색**인데도 횡단보도를 통과하여 교차로를 우회하다가 신호에 따라 진행하던 자전거를 들이받아 운전자에게 상해를 입힌 사안에서, 교통사고처리 특례법 제3조 제1항, 제2항 단서 제1호의 '신호위반'으로 인한 업무상과실치상죄가 성립한다(대판 2011.7.28, 2009도8222).
		③ 택시 운전자인 피고인이 교차로에서 적색등화에 우회전하다가 신호에 따라 진행하던 피해자 운전의 승용차를 충격하여 그에게 상해를 입혔다고 하여 구 교통사고처리 특례법 위반으로 기소된 사안에서, 위 사고가 같은 법 제3조 제2항 단서 제1호에서 정한 '**신호위반**'으로 인한 사고에 **해당하지 아니한다**(대판 2011.7.28, 2011도3970).
		④ **군부대장**이 도로교통법상 설치권한이 있는 자나 그 위임을 받은 자가 설치한 것이 아니므로 교통사고처리 특례법 제3조 제2항 단서 제1호에서 규정하는 **도로교통법 제5조의 규정에 의한 안전표지라고 할 수 없고**, 위 흰색 실선이 도로교통법 시행규칙에 규정된 시·도지사가 설치하는 안전표지와 동일한 외관을 갖추고 있고, 자동차를 운전 중 이를 침범하여 교통사고를 일으킨 피고인이 소속 군인으로서 이를 준수하여야 할 의무가 있다고 하여 달리 볼 것은 아니다(대판 1991.5.28, 91도159).
		⑤ 동승자가 교통사고 후 운전자와 공모하여 도주행위에 가담한 경우, 특정범죄 가중처벌 등에 관한 법률 위반(**도주차량**)죄의 공동정범으로 처벌할 수 없다(대판 2007.7.26, 2007도2919).
중앙선침범	범위	① 차로의 넓이는 문제되지 않으며, **차체의 어느 일부라도 중앙선을 침범하면 중앙선침범사고가 성립한다**.
		② **부득이한 사유가 없이** 중앙선을 침범한 경우만 해당된다(**무과실의 배제**). 따라서 빗길, 빙판길, 눈길에서 미끄러지거나 장애물을 피하기 위해 중앙선을 침범하여 발생한 사고는 배제된다.
		③ **고속도로, 자동차 전용도로에서 횡단·유턴·후진 중 발생한 사고도 중앙선침범과 동일하게 처리된다**(일반도로 ×).
	관련 판례	① **건설회사**가 고속도로 건설공사와 관련하여 지방도의 확장공사를 위하여 우회도로를 개설하면서 기존의 도로와 우회도로가 연결되는 부분에 설치한 황색 점선이 도로교통법상 설치권한이 있는 자나 그 위임을 받은 자가 설치한 것이 아니라면 이것을 가리켜 교통사고처리 특례법 제3조 제2항 단서 제2호에서 규정하는 중앙선이라고 할 수 없다(대판 2003.6.27, 2003도1895).
		② 피고인 운전차량에게 들이받힌 차량이 중앙선을 넘으면서 마주오던 차량들과 충격하여 일어난 사고가 중앙선침범사고로 볼 수 없다(대판 1998.7.28, 98도832).
		③ 비오는 날 포장도로상을 운행하는 차량이 전방에 고인 빗물을 피하기 위하여 차선을 변경하다가 차가 빗길에 미끄러지면서 중앙선을 침범한 경우는 그 고인 빗물이 차량운행에 지장을 주는 **장애물이라고 할 수 없고** 가사 장애물이라 하더라도 이를 피하기 위하여 다른 적절한 조치를 취할 겨를이 없었다고도 할 수 없으며 또 빗길이라 하더라도 과속상태에서 핸들을 급히 꺾지 않는 한 단순한 차선변경에 의하여서는 차량이 운전자의 의사에 반하여 그 진로를 이탈할 정도로 미끄러질 수는 없는 것이어서 그 중앙선 침범이 운전자가 지배할 수 없는 외부적 여건으로 말미암아

		어쩔 수 없었던 것이라고 할 수 없으므로 그 **중앙선침범사고라 할 수 있다**(대판 1988.3.22, 87도2171). ④ 교통사고처리 특례법 제3조 제2항 단서 제2호의 규정에 의하면 도로교통법 제13조 제2항의 규정에 위반하여 차선이 설치된 **도로의 중앙선을 침범한 경우라 함은 사고차량의 중앙선침범행위가 교통사고 발생의 직접적 원인이 된 경우**를 말하고 교통사고 발생장소가 중앙선을 넘어선 지점에 있는 모든 경우를 가리키는 것은 아니라 할 것이므로 급브레이크를 밟은 과실로 자동차가 미끄러져 중앙선을 넘어 도로 언덕 아래에 굴러 떨어져 전복되게 하여 그 충격으로 치상케 한 경우에는 위 중앙선 침범행위가 위 사고발생의 직접적 원인이 되었다고는 할 수 없어 비록 위 사고장소가 중앙선을 넘어선 지점이라 하여도 위 특례법 제3조 제2항 단서 제2호를 적용할 수 없다(대판 1985.5.14, 85도384). ⑤ 중앙선이 표시되어 있지 아니한 비포장도로라고 하더라도 승용차가 넉넉히 서로 마주보고 진행할 수 있는 정도의 너비가 되는 도로를 정상적으로 진행하고 있는 자동차의 운전자로서는, 특별한 사정이 없는 한 마주 오는 차도 교통법규를 지켜 도로의 중앙으로부터 우측부분을 통행할 것으로 신뢰하는 것이 보통이므로, 마주 오는 차가 도로의 중앙이나 좌측부분으로 진행하여 올 것까지 예상하여 특별한 조치를 강구하여야 할 업무상 주의의무는 없는 것이 원칙이다(대판 1992.7.28, 92도1137).
횡단보도사고 (보행자보호 의무위반)	범위	① 손수레, 자전거, 오토바이를 타고 횡단하는 자는 보행자가 아니지만 끌고 가는 자는 보행자에 해당한다. ② 자동차가 이미 횡단보도에 진입하여 통행하고 있는데 뒤늦게 횡단보도 뛰어든 보행자가 이미 통행하고 있는 자동차의 측면과 부딪힌 경우 운전자의 무과실로 교통사고처리 특례법 위반은 아니다.
	관련 판례	① 피고인이 자동차를 운전하다 횡단보도를 걷던 보행자 甲을 들이받아 그 충격으로 횡단보도 밖에서 甲과 동행하던 피해자 乙이 밀려 넘어져 상해를 입은 사안에서, 위 사고는 피고인이 횡단보도 보행자 甲에 대하여 구 도로교통법 제27조 제1항에 따른 주의의무를 위반하여 운전한 업무상 과실로 야기되었고, 乙의 상해는 이를 직접적인 원인으로 하여 발생하였다는 이유로, 피고인의 행위가 구 교통사고처리 특례법 제3조 제2항 단서 제6호에서 정한 **횡단보도 보행자 보호의무의 위반행위에 해당**한다고 한 사례(대판 2011.4.28, 2009도12671) ② 교통사고처리 특례법 제3조 제2항 제6호, 도로교통법 제5조 제1항, 제27조 제1항 및 도로교통법 시행규칙 제6조 제2항 [별표 2] 등의 규정들을 종합하면, 보행신호등의 녹색등화 점멸신호는 보행자가 준수하여야 할 횡단보도의 통행에 관한 신호일 뿐이어서, 보행신호등의 수범자가 아닌 차의 운전자가 부담하는 보행자보호의무의 존부에 관하여 어떠한 영향을 미칠 수 없다. 이에 더하여 보행자보호의무에 관한 법률규정의 입법 취지가 차를 운전하여 횡단보도를 지나는 운전자의 보행자에 대한 주의의무를 강화하여 횡단보도를 통행하는 보행자의 생명·신체의 안전을 두텁게 보호하려는 데 있는 것임을 감안하면, 보행신호등의 녹색등화의 점멸신호 전에 횡단을 시작하였는지 여부를 가리지 아니하고 **보행신호등의 녹색등화가 점멸하고 있는 동안에 횡단보도를 통행하는 모든 보행자는 도로교통법 제27조 제1항에서 정한 횡단보도에서의 보행자보호의무의 대상이 된다**(대판 2009.5.14, 2007도9598).

③ 피해자가 **보행신호등의 녹색등화가 점멸되고 있는 상태에서 횡단보도를 횡단하기 시작하여 횡단을 완료하기 전에 보행신호등이 적색등화로 변경된 후** 차량신호등의 녹색등화에 따라서 직진하던 피고인 운전차량에 충격된 경우에, 피해자는 신호기가 설치된 횡단보도에서 녹색등화의 점멸신호에 위반하여 횡단보도를 통행하고 있었던 것이어서 횡단보도를 통행 중인 보행자라고 보기는 어렵다고 할 것이므로, 피고인에게 운전자로서 사고발생방지에 관한 업무상 주의의무위반의 과실이 있음은 별론으로 하고 도로교통법 제24조 제1항 소정의 보행자보호의무를 위반한 잘못이 있다고는 할 수 없다(대판 2001.10.9, 2001도2939).

④ **횡단보도에 보행자를 위한 보행등이 설치되어 있지 않다고 하더라도 횡단보도표시가 되어 있는 이상 그 횡단보도는 도로교통법에서 말하는 횡단보도에 해당**하므로, 이러한 횡단보도를 진행하는 차량의 운전자가 도로교통법 제24조 제1항의 규정에 의한 횡단보도에서의 보행자보호의무를 위반하여 교통사고를 낸 경우에는 교통사고처리 특례법 제3조 제2항 단서 제6호 소정의 **횡단보도에서의 보행자보호의무 위반의 책임을 지게 되는 것**이며, 비록 그 횡단보도가 교차로에 인접하여 설치되어 있고 그 교차로의 차량신호등이 차량진행신호였다고 하더라도 이러한 경우 그 차량신호등은 교차로를 진행할 수 있다는 것에 불과하지, 보행등이 설치되어 있지 아니한 횡단보도를 통행하는 보행자에 대한 보행자보호의무를 다하지 아니하여도 된다는 것을 의미하는 것은 아니므로 달리 볼 것은 아니다(대판 2003.10.23, 2003도3529).

⑤ 횡단보도의 표지판이나 신호대가 설치되어 있지는 않으나 **도로의 바닥에 페인트로 횡단보도표시를 하여 놓은 곳**으로서 피고인이 진행하는 반대 차선쪽은 오래되어 거의 지워진 상태이긴 하나 피고인이 운행하는 차선쪽은 횡단보도인 점을 식별할 수 있을 만큼 그 표시가 되어 있는 곳에서 교통사고가 난 경우에는 교통사고가 도로교통법상 횡단보도상에서 일어난 것으로 인정된다(대판 1990.8.10, 90도1116).

⑥ 시·도지사가 설치한 횡단보도에 횡단보행자용 신호기가 설치되어 있는 경우에는, 횡단보도 표지판이 설치되어 있지 않더라도 횡단보행표시만 설치되어 있으면, 도로교통법 시행규칙 제9조 소정의 횡단보도의 설치기준에 적합한 횡단보도가 설치되었다고 보아야 할 것임은 물론, **횡단보행자용 신호기가 고장이 나서 신호등의 등화가 하루쯤 점멸되지 않는 상태에 있더라도,** 그 횡단보도는 교통사고처리 특례법 제3조 제2항 단서 제6호 소정의 '도로교통법 제48조 제3호의 규정에 의한 횡단보도'라고 인정하여야 할 것이다(대판 1990.2.9, 89도1696).

⑦ 교통이 빈번한 간선도로에서 횡단보도의 보행자 신호등이 적색으로 표시된 경우, 자동차운전자에게 보행자가 동 적색신호를 무시하고 갑자기 뛰어나오리라는 것까지 미리 예견하여 운전하여야 할 업무상의 주의의무까지는 없다(대판 1985.11.12, 85도1893).

과속사고	① **과속사고는 제한속도를 20km/h를 초과**하여 발생한 사고를 말한다.
	② 교통사고처리 특례법상 음주운전과 과속이 경합할 경우 과속사고로 처리하며 음주행위는 따로 도로교통법을 적용하여 처벌한다.
	③ 중앙선침범과 과속이 경합할 경우 중앙선침범으로 처벌한다.

기출 OX

01 제한속도를 시속 10Km 초과하여 운전한 경우 교통사고처리 특례법 제3조 2항 각 호에 규정된 12개 예외 항목에 해당한다. 18. 경찰
( )

정답 01 ✕

앞지르기	① 앞지르기 방법, 금지시기, 금지장소 위반 ② 끼어들기 금지 위반 ③ **고속도로에서는 앞지르기 방법 위반**만 해당된다.
철길건널목 통과방법 위반	운전자는 도로교통법에 규정되어 있는 철길건널목 통과방법을 준수하여야 한다.
무면허운전	**범위** ① 면허를 받지 않고 운전한 경우 ② 유효기간이 지난 면허증으로 운전한 경우 ③ 면허증의 취소처분을 받은 자가 운전한 경우 ④ 면허정지기간 중에 운전한 경우 ➡ 2019년 12월 24일 도로교통법 개정으로 원동기장치자전거도 정지기간 중 운전하면 무면허운전죄가 성립하게 된다. ⑤ 외국인으로 국제운전면허 없이 운전한 경우 ⑥ 운전면허시험 합격 후 면허증 교부전에 운전한 경우 ⑦ 면허종별을 위반하여 운전한 경우
	장소적 요건 무면허운전은 <u>**도로가 아닌 곳에서는 성립하지 않는다.**</u>
주취 · 약물운전 중 사고	① 혈중알코올농도가 **0.03% 이상**인 상태로 운전 ② 술에 취한 상태에서 자동차 등을 운전한 경우를 의미 ③ 음주측정불응죄도 포함
보도침범 및 통행방법위반	피고인이 자동차를 운전하다 횡단보도를 걷던 보행자 甲을 들이받아 그 충격으로 횡단보도 밖에서 甲과 동행하던 피해자 乙이 밀려 넘어져 상해를 입은 사안에서, 위 행위가 구 교통사고처리 특례법 제3조 제2항 단서 제6호의 사유에 해당한다.
승객추락 방지의무 위반	① 교통사고처리 특례법 제3조 제2항 단서 제10호는 '도로교통법 제35조 제2항의 규정에 의한 승객의 추락방지의무를 위반하여 운전한 경우'라고 규정함으로써 그 대상을 '승객'이라고 명시하고 있고, 도로교통법 제35조 제2항 역시 "모든 차의 운전자는 '운전 중' 타고 있는 사람 또는 타고 내리는 사람이 떨어지지 아니하도록 하기 위하여 문을 정확히 여닫는 등 필요한 조치를 취하여야 한다."라고 규정하고 있는 점에 비추어 보면, 위 특례법 제3조 제2항 단서 제10호 소정의 의무는 그것이 **주된 것이든 부수적인 것이든 사람의 운송에 공하는 차의 운전자가 그 승객에 대하여 부담하는 의무라고 보는 것이 상당하다.** 화물차 적재함에서 작업하던 피해자가 차에서 내린 것을 확인하지 않은 채 출발함으로써 피해자가 추락하여 상해를 입게 된 경우, 교통사고처리 특례법 제3조 제2항 단서 제10호 소정의 의무를 위반하여 운전한 경우에 **해당하지 않는다**(대판 2000.2.22, 99도3716). ② 차의 운전자가 문을 여닫는 과정에서 발생한 일체의 주의의무를 위반한 경우를 의미하는 것은 아니므로, **승객이 차에서 내려 도로상에 발을 딛고 선 뒤에 일어난 사고는 승객의 추락방지의무를 위반하여 운전함으로써 일어난 사고에 해당하지 아니한다**(대판 1997.6.13, 96도3266). ③ 골프 카트는 안전벨트나 골프 카트 좌우에 문 등이 없고 개방되어 있어 승객이 떨어져 사고를 당할 위험이 커, 골프 카트 운전업무에 종사하는 자로서는 골프 카트 출발 전에는 승객들에게 안전 손잡이를 잡도록 고지하고 승객이 안전 손잡이를 잡은 것을 확인하고 출발하여야 하고, 우회전이나 좌회전을 하는 경우에도 골프 카트의 좌우가 개방되어 있어 승객들이 떨어져서 다칠 우려가 있으므로 충분히 서행하면서 안전하게 좌회전이나 우회전을 하여야 할 업무상 주의의무가 있다. 골프장의 경기보조원인 피고인이 골프 카트에 피해자 등 승객들을 태우고

		진행하기 전에 안전 손잡이를 잡도록 고지하지도 않고, 또한 **승객들이 안전 손잡이를 잡았는지 확인하지도 않은 상태**에서 만연히 출발하였으며, 각도 70°가 넘는 우로 굽은 길을 속도를 충분히 줄이지 않고 급하게 우회전한 업무상 과실로, 피해자를 골프카트에서 떨어지게 하여 두개골골절, 지주막하출혈 등의 상해를 입게 하였다(대판 2010. 7.22, 2010도1911).
	어린이 보호구역에서 위반사고	어린이보호구역에서 교통법규를 준수하고 어린이 안전에 유의하면서 운전하여야 할 의무를 위반하여 어린이의 신체를 상해에 이르게 한 경우를 말한다.
	화물추락 방지의무 위반사고	승차 또는 적재의 방법과 제한을 위반하여 자동차의 화물이 떨어지지 아니하도록 필요한 조치를 하지 아니하고 운전한 경우를 말한다.

05 교통사고조사규칙 ✨✨

용어의 정의	대형사고	**3명 이상이 사망**(교통사고 발생일부터 **30일 이내**에 사망한 것을 말한다)하거나 **20명 이상의 사상자**가 발생한 사고를 말한다.
	교통조사관	교통사고를 조사하여 검찰에 송치하는 등 교통사고 조사업무를 처리하는 경찰공무원을 말한다.
	충돌	차가 반대방향 또는 측방에서 진입하여 그 차의 정면으로 다른 차의 정면 또는 측면을 충격한 것을 말한다.
	추돌	2대 이상의 차가 동일방향으로 주행 중 뒷차가 앞차의 후면을 충격한 것을 말한다.
	접촉	차가 추월, 교행 등을 하려다가 차의 좌우측면을 서로 스친 것을 말한다.
	전도	차가 주행 중 도로 또는 도로 이외의 장소에 차체의 측면이 지면에 접하고 있는 상태(좌측면이 지면에 접해 있으면 좌전도, 우측면이 지면에 접해 있으면 우전도)를 말한다.
	전복	차가 주행 중 도로 또는 도로 이외의 장소에 뒤집혀 넘어진 것을 말한다.
	추락	차가 도로변 절벽 또는 교량 등 높은 곳에서 떨어진 것을 말한다.
	뺑소니	교통사고를 야기한 차의 운전자가 피해자를 구호하는 등 도로교통법 제54조 제1항의 규정에 따른 조치를 취하지 아니하고 도주한 것을 말한다.
교통사고시 노면에 나타나는 현상	스키드마크 (Skid mark)	차의 급제동으로 인하여 타이어의 회전이 정지된 상태에서 노면에 미끄러져 생긴 타이어 마모흔적 또는 활주흔적을 말한다.
	요마크 (Yaw mark)	급핸들 등으로 인하여 차의 바퀴가 돌면서 차축과 평행하게 옆으로 미끄러진 타이어의 마모흔적을 말한다(빗살무늬 흔적).
	가속 스카프	바퀴에 동력이 전달되면서 도로표면에 스핀이나 슬립이 발생되어 나타나는 흔적이다.
	타이어에 새겨진 흔적 (Imprint)	눈, 모래, 자갈, 진흙 및 잔디와 같은 노면 위를 타이어가 미끄러짐 없이 굴러가면서 노면상에 타이어 접지면의 무늬모양이 그대로 새겨져 남은 흔적을 말한다.

교통사고시 노면에 패인 흔적	칩(Chip)	차량과 차량의 최대접촉시 앞숙임현상에 의해 차량 바닥면의 돌출된 구조물이 노면과 강하게 충돌되어 생성되는 흔적으로 호미로 판 것처럼 **짧고 깊게 패인 흔적**으로 충돌지점을 판단하는데 기준이 되는 흔적이다.
	찹(Chap)	차량과 차량의 최대접촉 이후에 최종 정지위치로 이동되는 과정에서 차량 바닥면의 돌출된 구조물이 노면과 충격되어 생성되는 흔적으로 칩보다 **얕고 넓게 패인 흔적**이다.
	그루브 (Groove)	칩과 찹의 복합적인 형태로 차량부품의 돌출한 부분이 노면에 끌리면서 발생하는 흔적이다.
교통 사고의 수		① 교통조사관은 교통사고와 관련된 차가 2대 이하인 경우로서 충돌, 추돌, 접촉 등 사고의 원인이 된 행위가 하나인 경우 1건의 사고로 처리한다. ② 교통조사관은 교통사고와 관련된 차가 3대 이상인 경우로서 하나의 원인행위로 인하여 시간·장소적으로 밀접한 연속선상에서 발생한 경우 1건으로 처리하고, 그 이외에는 수 건(數 件)으로 처리한다.
안전사고 등		① 교통조사관은 다음의 어느 하나에 해당하는 사고의 경우에는 교통사고로 처리하지 아니하고 **업무 주무기능에 인계하여야 한다.** ㉠ 자살·자해행위로 인정되는 경우 ㉡ 확정적 고의에 의하여 타인을 사상하거나 물건을 손괴한 경우 ㉢ 낙하물에 의하여 차량 탑승자가 사상하였거나 물건이 손괴된 경우 ㉣ 축대, 절개지 등이 무너져 차량 탑승자가 사상하였거나 물건이 손괴된 경우 ㉤ 사람이 건물, 육교 등에서 추락하여 진행 중인 차량과 충돌 또는 접촉하여 사상한 경우 ㉥ 그 밖의 차의 교통으로 발생하였다고 인정되지 아니한 안전사고의 경우 ② 교통조사관은 ①의 어느 하나에 해당하는 사고의 경우라도 **운전자가 이를 피할 수 있었던 경우에는 교통사고로 처리하여야 한다.**

제4장 / 경비경찰

01 경비경찰의 의의

경비경찰이란 공공의 안녕과 질서를 파괴하는 경비사태가 발생하거나 발생할 우려가 있을 때 또는 공공의 안녕과 질서를 해치는 개인적·집단적 불법행위 또는 인위적이거나 자연적인 혼잡재난 등이 있을 때 이를 예방·경계·진압하는 **복합적인 경찰활동**이다.

02 경비경찰의 대상과 특성 ✡✡✡

대상	개인적·단체적 불법행위	치안경비	공안을 해하는 다중범죄(조직된 군중) 등 집단적인 범죄사태가 발생하거나 발생할 우려가 있는 경우 적절한 조치로 사태를 경계·예방·진압하는 활동
		특수경비 (대테러경비)	총포·폭발물 등에 의한 인질난동·살상 등 사회이목을 집중시키는 중요사건을 경계·예방·진압하는 활동
		경호경비	국내외 요인의 신변을 보호하는 경비활동
		중요시설경비	국가적으로 중대한 영향을 미치는 국가산업시설, 국가행정시설을 방호하기 위한 경비활동
	인위적·자연적 재해	행사안전경비 (혼잡경비)	기념행사·경기대회 등에 수반되는 미조직된 군중에 의하여 발생하는 자연적·인위적인 혼란상태를 경계·예방·진압하는 활동
		재난(재해)경비	천재·지변 등의 자연적·인위적인 돌발사태로 인하여 인명 또는 재산상 피해가 야기될 경우 이를 경계·예방·진압하는 활동
특성	즉응적 활동 (즉시적 활동)		① 경비경찰은 긴급을 요하고, 국가와 사회에 중대한 영향을 미치므로 **신속한 처리가 요망**된다. 따라서 특정한 기한 없이 경비사태가 발생하면 **즉시 신속하게 대응하고 종료되면 해당 업무도 동시에 종료**되는 특성을 갖는다. ② 이를 위해 선조치·후보고의 원칙, 112타격대, 치안상황실 등이 운영된다.
	복합기능적 활동		경비경찰활동은 **사후진압활동과 사전예방활동 모두를 포괄**하는 개념이다.
	현상유지적 활동		① 경비경찰활동은 정태적·소극적인 질서유지가 아니라, 사회변화와 발전을 보장하기 위한 **동태적·적극적인 의미의 질서유지활동**이다. ② 그러나 급진적인 사회개혁이나 획기적인 변화의 추구는 경비경찰활동의 임무가 아니다.

	조직적인 부대활동	경비경찰은 개인단위가 아닌 **부대단위로 활동**하는 **조직적이고 집단적**이며 **물리적인 힘**으로 대처하는 특징을 갖는다.
	하향적 명령에 따르는 활동	① 경비경찰의 활동은 **하향적인 명령**에 의해 움직이고, **책임의 소재가 분명**(부대 지휘관이 그 책임을 지는 경우가 보통)하다는 특징을 갖는다. ② 따라서 **경찰관 개인의 재량이 매우 적다**는 특징을 갖는다.
	사회전반적 안녕목적의 활동	경비경찰의 활동으로 인한 결과는 국가 사회전반에 직접적으로 큰 영향을 줄 수 있는 **국가 목적적 치안의 수행**을 그 임무로 한다.

03 경비경찰활동의 원칙 ✔✔✔

조직운영의 원칙	부대단위 활동의 원칙		① 경비경찰은 개인적 활동이 아닌 **부대단위**로 운영하여야 한다. ② 부대에는 그 부대를 지휘하는 지휘관과 그 지휘를 받는 대원이 반드시 있어야 한다.
	지휘관 단일성의 원칙		① 효율적인 업무수행을 위해 지휘관은 **단일**해야 한다는 원칙이다. ② 여기서의 단일이란 집행의 단일성을 의미하는 것이지, **의사결정과정까지 단일해야 한다는 것을 의미하지 않는다.**
	체계**통일성**의 원칙		경비경찰은 책임과 임무의 분담이 명확히 이루어지고 **명령과 복종의 체계가 통일되어야 함**을 의미한다.
	치안협력성의 원칙		업무수행과정에서 **국민(주민)과 원활한 협력**이 이루어져야 효과적인 목적달성이 가능하다.
경비수단의 종류	간접적 실력행사	경고	① 경비부대를 전면배치하거나 경고하여 범죄의 실행의사를 자발적으로 포기하도록 하는 **간접적 실력행사** ② **경찰관 직무집행법**(제5조 및 제6조)에 근거한 **임의처분** ③ **경찰비례의 원칙**이 적용
	직접적 실력행사	제지	① 경비사태를 예방 · 진압하기 위해 세력분산 · 통제파괴 · 주동자 및 주모자의 격리 등을 실시하는 **직접적 실력행사** ② **경찰관 직무집행법**(제6조)에 근거하는 경찰상 즉시강제 ③ 무기사용의 요건이 충족되는 경우 <u>무기의 사용도 가능</u>
		체포	① 상대방의 신체를 구속하는 **강제처분**이며, 직접적 실력행사에 해당 ② **형사소송법**에 근거
	🖋 반드시 경고 ➡ 제지 ➡ 체포의 순으로 발동할 필요는 없으며, 정해진 순서가 있는 것은 아니다.		
경비수단의 기본원칙	균형의 원칙		경비사태의 상황에 따라 **주력부대와 예비부대**를 유효적절하게 활용하여, **한정된 경력으로 최대의 성과를 올릴 수 있도록** 하여야 한다(한정의 원칙 ×).
	위치의 원칙		경비사태에 실력행사를 할 경우 **유리한 지점과 위치를 확보**해야 한다.
	적시의 원칙 (시점의 원칙)		상대방의 **허약한 시점을 포착**하여 집중적이고 강력한 실력행사를 하여야 한다.
	안전의 원칙		경비사태가 발생시 경비경력이나 군중들을 사고 없이 **안전하게 진압**해야 한다.

: 두문자
부지통치

기출 OX

01 경고와 제지는 간접적 실력행사로 경찰관 직무집행법에 근거하고, '체포'는 직접적 실력행사로 '형사소송법'에 근거를 두고 있다.
13. 경찰승진　　　　( )

02 실력의 행사는 반드시 경고, 제지, 체포의 순서로 행사되어야 하는 것은 아니다.
16. 경찰승진　　　　( )

: 두문자
시위균안

정답　**01** ✕ **02** ○

04 행사안전경비(혼잡경비) ✿✿✿

의의	미조직된 군중에 의하여 발생되는 자연적인 혼란상태를 경계·예방·진압하는 활동
법적 근거	① **경찰관 직무집행법** 제5조, 제6조, 제7조 등에 근거한다. ② 집회 및 시위에 관한 법률은 행사안전경비의 법적 근거에 해당하지 않는다.
부대 편성 및 배치	① 치안상 문제가 없는 행사는 가급적 경찰배치를 지양해야 한다. ② 치안상 문제가 있는 행사는 1차로 정보·교통요원 등 **최소경력을 배치**하고 2차적으로 **예비대**를 행사장 주변에 배치하여 운용한다. ③ 경비경력은 군중이 입장하기 전에 **사전배치하는 것이 원칙**이며, 적정한 인원을 배치함으로써 **경력의 낭비를 최소화**해야 한다.

군중정리의 원칙		
	밀도의 희박화	제한된 장소에 많은 사람이 모이는 것을 회피하도록 **행사장소의 사전에 블록화하거나 구역화하는 것**을 말한다.
	이동의 일정화	**일정방향·일정속도로 군중이 이동할 수 있도록** 주위의 상황을 파악할 수 있는 여건을 조성해 군중이 안정감을 갖도록 하여야 하는 것을 말한다.
	경쟁적 사태의 해소	① **군중이 질서를 지키고 행동**해야 원하는 것을 이룰 수 있다는 것을 납득시켜야 한다. ② **차분한 목소리로 안내방송**을 하는 것이 그 방법이다.
	지시의 철저	**자세한 안내방송**으로 지시를 철저히 해서 혼잡한 상태를 회피하고 사고를 방지할 수 있다.

05 선거경비 ✿✿✿

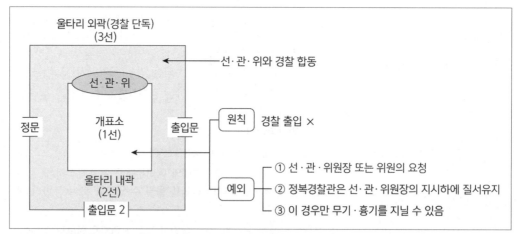

선거경비(3선경비)

의의	각종 선거와 관련하여 투표소 및 개표소 등에서의 행사안전경비, 선거 후보자 등에 대한 경호경비, 다중범죄 진압 등이 수행되는 종합적인 경찰활동
경비대책	① **선거 공고일**(다음 날 ×)부터 **선거개시 전**(선거당일 오전 6시 전)일까지는 비상근무 중 **경계강화**를 발령하여야 하며, ② **선거일부터 개표 종료**시까지는 **갑호 비상**을 발령한다.

투표소 및 투표함 호송경비		투표함의 호송경비는 **선거관리위원회와 경찰이 합동**으로 실시한다.
대통령선거 후보자 신변보호		① 대통령선거 후보자는 **을호 경호대상**으로 후보자의 요청에 따라 전담 신변경호대를 편성하여 운영한다(대통령당선인 신분부터는 갑호 경호대상). ② 후보자등록시부터 당선확정시까지 경호가 이루어져야 하며, 후보자의 유세장, 숙소 등 24시간 근접 신변경호임무가 이루어져야 한다. ③ 신변경호를 원하지 않는 후보자는 시·도경찰청에서 경호경험이 있는 자로 선발된 직원을 대기시켜 관내 유세기간 중 근접배치한다.
개표소 경비 (3선경비)	제1선 (개표소 내부)	① **경찰의 보안안전팀**은 선거관리위원회와 협조하여 사전안전검측을 실시하고 안전을 유지해야 한다. ② 개표소 내부 질서유지는 **선거관리위원회**가 담당한다. ③ 선거관리위원회 위원장이나 위원의 요청시 정복을 한 경찰공무원을 투입하여 질서유지하게 할 수 있다. 이 경우 정복경찰관은 선거관리위원회 위원장의 지시하에 질서유지를 하여야 하며, 위원장의 요구가 있을 때에는 즉시 퇴거하여야 한다. ④ 이 경우를 제외하고는 누구든지 개표소 안에 무기나 흉기 또는 폭발물을 지닐 수 없다.
	제2선 (울타리 내곽)	① 출입문이 여러 개인 경우 **기타 출입문은 시정**하고 **가급적 정문만을 사용**한다. ② **선거관리위원회와 경찰이 합동**으로 출입자를 통제한다.
	제3선 (울타리 외곽)	**경찰이 단독**으로 검문조·순찰조를 운용하여 위해기도자의 접근을 차단한다.

06 재난경비 ✿✿✿✿

1. 재난 및 안전관리 기본법

용어의 정의	재난	국민의 생명·신체·재산과 국가에 피해를 주거나 줄 수 있는 것으로서 **자연재난**과 **사회재난**으로 구분한다. ① **자연재난**: 태풍, 홍수, 호우, 강풍, 풍랑, 해일, 대설, 한파, 낙뢰, 가뭄, 폭염, 지진, 황사, 조류 대발생, 조수, 화산활동, 소행성·유성체 등 자연우주물체의 추락·충돌, 그 밖에 이에 준하는 자연현상으로 인한 재해 ② **사회재난**: 화재·붕괴·폭발·교통사고·화생방사고·환경오염사고 등으로 인하여 발생하는 대통령령으로 정하는 규모 이상의 피해와 국가핵심기반의 마비, **감염병의 예방 및 관리에 관한 법률에 따른 감염병** 또는 가축전염병예방법에 따른 가축전염병의 확산, 미세먼지 저감 및 관리에 관한 특별법에 따른 **미세먼지 등으로 인한 피해**
	해외재난	대한민국의 영역 밖에서 대한민국 국민의 생명·신체 및 재산에 피해를 주거나 줄 수 있는 재난으로서 정부차원에서 대처할 필요가 있는 재난을 말한다.

기출 OX

06 제2선(울타리 내곽)은 경찰이 단독으로 출입자를 통제한다. 제2선의 출입문은 되도록 정문만을 사용하고 기타 출입문은 시정한다.
14. 경찰승진 ( )

07 대통령선거 후보자의 신변보호(을호 경호대상)는 후보자등록시부터 당선확정시까지 실시한다.
13. 경찰승진 ( )

정답 **06** × **07** ○

	재난관리	재난의 **예방**·**대비**·**대응** 및 **복구**를 위하여 하는 모든 활동을 말한다.
	안전관리	재난이나 그 밖의 각종 사고로부터 사람의 생명·신체 및 재산의 안전을 확보하기 위하여 하는 모든 활동을 말한다.
	안전취약계층	어린이, 노인, 장애인, 저소득층 등 신체적·사회적·경제적 요인으로 인하여 재난에 취약한 사람을 말한다.
재난 및 안전관리 업무의 총괄		**행정안전부장관**은 국가 및 지방자치단체가 행하는 재난 및 안전관리업무를 총괄·조정한다.
긴급구조기관	주무부서	소방청·소방본부 및 소방서를 말한다. 다만, 해양에서 발생한 재난의 경우에는 해양경찰청 등이 해당된다.
	구조지원기관	긴급구조에 필요한 인력·시설 및 장비, 운영체계 등 긴급구조능력을 보유한 기관이나 단체로서 대통령령으로 정하는 기관과 단체(**경찰청 포함**)를 말한다.
중앙재난 안전대책본부		① 행정안전부에 중앙재난안전대책본부(이하 '중앙대책본부'라 한다)를 둔다. ② 중앙대책본부의 본부장은 **행정안전부장관**이 되며, 중앙대책본부장은 중앙대책본부의 업무를 총괄하고 필요하다고 인정하면 중앙재난안전대책본부회의를 소집할 수 있다. 다만, 해외재난의 경우에는 **외교부장관**이, 방사능재난의 경우에는 **중앙방사능방재대책본부의 장**이 각각 중앙대책본부장의 권한을 행사한다. ③ 그럼에도 불구하고 재난의 효과적인 수습을 위하여 다음의 어느 하나에 해당하는 경우에는 **국무총리**가 중앙대책본부장의 권한을 행사할 수 있다. 이 경우 행정안전부장관, 외교부장관(해외재난의 경우에 한정한다) 또는 원자력안전위원회 위원장(방사능 재난의 경우에 한정한다)이 차장이 된다. ㉠ 국무총리가 범정부적 차원의 통합 대응이 필요하다고 인정하는 경우 ㉡ 행정안전부장관이 국무총리에게 건의하거나 제15조의2 제2항에 따른 수습본부장의 요청을 받아 행정안전부장관이 국무총리에게 건의하는 경우
재난선포	재난사태선포	① **행정안전부장관**은 대통령령으로 정하는 재난이 발생하거나 발생할 우려가 있는 경우 사람의 생명·신체 및 재산에 미치는 중대한 영향이나 피해를 줄이기 위하여 긴급한 조치가 필요하다고 인정하면 **중앙위원회의 심의를 거쳐** 재난사태를 선포할 수 있다. 다만, 행정안전부장관은 재난상황이 긴급하여 중앙위원회의 심의를 거칠 시간적 여유가 없다고 인정하는 경우에는 중앙위원회의 심의를 거치지 아니하고 재난사태를 선포할 수 있다. ② 행정안전부장관은 ①의 단서에 따라 재난사태를 선포한 경우에는 지체 없이 중앙위원회의 승인을 받아야 하고, 승인을 받지 못하면 선포된 재난사태를 즉시 해제하여야 한다. ③ 행정안전부장관 및 지방자치단체의 장은 ①에 따라 재난사태가 선포된 지역에 대하여 다음의 조치를 할 수 있다. ㉠ 재난경보의 발령, 인력·장비 및 물자의 동원, 위험구역 설정, 대피명령, 응급지원 등 이 법에 따른 응급조치 ㉡ 해당 지역에 소재하는 행정기관 소속 공무원의 비상소집 ㉢ 해당 지역에 대한 여행 등 이동 자제 권고 ㉣ 유아교육법 제31조, 초·중등교육법 제64조 및 고등교육법 제61조에 따른 휴업명령 및 휴원·휴교 처분의 요청 ㉤ 그 밖에 재난예방에 필요한 조치

특별재난 지역선포	① 중앙대책본부장은 대통령령으로 정하는 규모의 재난이 발생하 여 국가의 안녕 및 사회질서의 유지에 중대한 영향을 미치거나 피해를 효과적으로 수습하기 위하여 특별한 조치가 필요하다 고 인정하거나 ③에 따른 지역대책본부장의 요청이 타당하다 고 인정하는 경우에는 중앙위원회의 심의를 거쳐 해당 지역을 **특별재난지역으로 선포**할 것을 대통령에게 건의할 수 있다. ② ①에 따라 특별재난지역의 선포를 건의받은 **대통령**은 해당 지 역을 특별재난지역으로 선포할 수 있다. ③ 지역대책본부장은 관할지역에서 발생한 재난으로 인하여 ①에 따른 사유가 발생한 경우에는 중앙대책본부장에게 특별재난지 역의 선포 건의를 요청할 수 있다.

재난관리체계

예방(완화)단계	재난요인을 사전에 제거하려는 행위, 피해가능성을 최소화하는 행위 ➡ 정부합동안전 점검, 재난관리체계 등 평가활동	:두문자 예 · 비 · 응 · 구
대비단계	재난발생을 예상하여 피해 최소화하고, 원활한 대응을 위한 준비단계 ➡ 재난대응 활동계획의 작성, 재난분야 위기관리 매뉴얼 작성, **재난대비** 훈련 등	
대응단계	실제로 재난이 발생하였을 때 수행해야 할 행동을 하는 단계 ➡ 응급조치, 긴급구조 등	
복구단계	재난으로 인한 혼란상태가 상당히 안정되고 응급적인 인명구조와 재산보호활동 이 이루어진 이후에 재난 전 정상상태로 회복시키기 위한 여러 활동을 하는 단계 ➡ 재난피해조사, **특별재난지역 선포** 등	

2. 경찰 재난관리규칙

재난 상황시 국 · 관의 임무 (제2조)	① **치안상황관리관**은 경찰의 재난관리업무를 총괄 · 조정한다. ② 재난관리와 관련하여 경찰청 국 · 관은 별표 1의 임무를 수행한다. ③ ②에도 불구하고 재난관리와 관련하여 업무를 처리할 부서를 판단하기 어려 운 경우에는 **치안상황관리관**이 처리할 부서를 지정한다. 다만, 국가수사본부 내 분장사항에 대해서는 수사기획조정관의 의견에 따른다.
재난대책 본부 (제11조 ~ 제15조)	① **경찰청장**은 인명 또는 재산의 피해정도가 매우 큰 재난 또는 사회적 · 경제적 으로 광범위한 영향이 있는 재난이 발생하였거나 발생할 우려가 있어 이에 대 한 전국적인 관리가 필요하다고 인정하는 경우 **경찰청에 재난대책본부를 설치 할 수 있다.** ② 재난대책본부는 **치안상황관리관이 본부장**이 되고 위기관리센터장, 혁신기획조 정담당관, 경무담당관, 범죄예방정책과장, 교통기획과장, 경비과장, 정보관리 과장, 외사기획정보과장, 수사운영지원담당관, 경제범죄수사과장, 강력범죄수 사과장, 사이버수사기획과장, 안보기획관리과장, 홍보담당관, 감사담당관, 정 보화장비기획담당관, 과학수사담당관 및 그 밖에 본부장이 지정하는 사람으 로 구성한다. ③ 재난대책본부에 총괄운영단, 대책실행단, 대책지원단을 두며, 그 구성과 임무 는 다음과 같다. ㉠ 총괄운영단은 본부장을 보좌하여 재난대책본부의 운영에 필요한 사무를 담당하며 단장은 위기관리센터장이 된다.

	ⓛ 대책실행단은 경찰 재난관리활동의 실행을 담당하며 단장은 ②의 구성원 중 본부장이 지정한 사람으로 한다.
	ⓒ 대책지원단은 대책실행단의 활동을 지원하며 단장은 ②의 구성원 중 본부장이 지정한 사람으로 한다.
	④ 그 밖에 재난대책본부의 세부 구성에 관한 사항은 각 단장의 의견을 들어 본부장이 정한다.
	⑤ 재난대책본부의 기능은 다음과 같다.
	  ⊙ 경찰재난관리와 관련한 주요 정책의 결정
	  ⓛ 경찰관서 방재·피해복구를 위해 필요한 사항의 결정
	  ⓒ 법 제14조에 따른 중앙재난안전대책본부, 법 제15조의2에 따른 중앙사고수습본부 및 관계기관과의 협조
	  ⓔ 시·도경찰청 등에 설치한 재난대책본부에 대한 지휘 및 지원
	  ⓜ 그 밖에 경찰청장 또는 본부장이 재난관리를 위해 필요하다고 인정하는 사항
	⑥ 본부장은 재난대책본부의 업무를 통할한다.
	⑦ 본부장은 제13조의 기능을 수행하기 위해 필요한 경우 경찰청 국·관 및 소속기관에 다음의 조치를 요구할 수 있으며, 이 경우 요청을 받은 국·관 및 소속기관은 특별한 사유가 없으면 이에 따라야 한다.
	  ⊙ 재난대책본부 회의 참석 또는 필요한 자료의 제출
	  ⓛ 재난관리에 필요한 인력·장비·물자의 동원 및 지원
	  ⓒ 그 밖에 재난관리를 위해 필요한 행정상 조치
	⑧ 제12조에도 불구하고 재난에 대한 범정부적 차원의 통합대응이 필요하다고 인정되는 경우 **본부장을 경찰청장 또는 경찰청 차장으로 격상하여 운영할 수 있다.** 이 경우 재난대책본부를 구성하는 사람은 제12조 제1항에 해당하는 사람의 상급자인 국·관으로 한다. 이 경우, 총괄운영단장은 치안상황관리관이 되고 대책실행단장과 대책지원단장은 경찰청장 또는 경찰청 차장이 지정하는 사람으로 한다.

시·도경찰청 등 재난대책본부 (제16조)	① 시·도경찰청 등의 장은 경찰청에 재난대책본부가 설치되었거나, 관할 지역 내 재난이 발생하였거나 발생할 우려가 있는 경우 시·도경찰청 등에 재난대책본부를 설치할 수 있고 그 운영은 재난대책본부의 규정을 준용한다. 이 경우, 시·도경찰청 등의 장은 재난대책본부의 설치사항을 바로 위 상급기관의 장에게 보고한다. ② 시·도경찰청의 본부장은 시·도경찰청장이 지정하는 차장 또는 부장으로 한다. ③ 경찰서의 본부장은 재난업무를 주관하는 부서의 장으로 한다. ④ ② 및 ③에도 불구하고, 시·도경찰청 등의 장은 재난의 규모가 광범위하여 효과적인 대응이 필요한 경우 **본부장을 시·도경찰청 등의 장으로 격상하여 운영할 수 있다.**
재난상황실 (제4조 ~ 제9조)	① 치안상황관리관은 재난이 발생하였거나 재난이 발생할 우려가 있는 경우에는 위기관리센터 또는 치안종합상황실에 재난상황실을 **설치·운영할 수 있다.** 다만, 제11조의 **재난대책본부가 설치**되었거나 재난 및 안전관리 기본법(이하 '법'이라 한다) 제38조에 따라 '**심각**' 단계의 위기경보가 발령된 경우에는 재난상황실을 **설치·운영하여야 한다.** ② 재난상황실에는 재난상황실장(이하 '상황실장'이라 한다) **1명**을 두며 상황실장은 위기관리센터장으로 한다. 다만, 다음의 어느 하나에 해당하는 경우에는 상황관리관(상황관리관의 임무를 수행하는 자를 포함한다)이 상황실장의 임무를 대행할 수 있다.

	㉠ 일과시간 외 또는 토요일·공휴일 ㉡ 그 밖에 치안상황관리관이 필요하다고 인정하는 경우 ③ 재난상황실에 총괄반, 분석반, 상황반을 두며, 그 구성과 임무는 다음과 같다. 　㉠ 총괄반은 위기관리센터 소속 직원으로 구성하며, 재난상황실 운영을 총괄하고 재난관리를 위한 관계기관과의 협조 업무를 담당한다. 　㉡ 분석반은 위기관리센터 소속 직원으로 구성하며, 재난상황의 분석, 재난관리를 위한 대책 마련 및 다른 국·관과의 협조업무를 담당한다. 　㉢ 상황반은 치안상황관리관실 및 다른 국·관의 직원으로 구성하며, 재난상황의 접수·전파·보고, 재난관리를 위한 초동조치 등 상황관리를 담당한다. ④ 재난상황실의 기능은 다음과 같다. 　㉠ 재난상황의 접수·분석·전파 등 관리 　㉡ 재난관리를 위한 초동조치 지휘 및 대책 마련 　㉢ 재난관리를 위한 관계기관과의 협조 　㉣ 재난상황 대응을 위한 비상연락망 유지 　㉤ 시·도경찰청 및 경찰서(이하 '시·도경찰청 등'이라 한다)에 설치된 재난상황실에 대한 지휘 및 지원 　㉥ 그 밖에 재난관리를 위해 필요한 사항 ⑤ 상황실장은 ④의 기능을 수행하기 위해 필요한 경우 경찰청 국·관 및 소속기관에 다음의 조치를 요구할 수 있다. 　㉠ 소속 경찰관 등의 동원 　㉡ 재난관리자원의 제공 　㉢ 필요한 자료의 제출 　㉣ 그 밖에 재난관리를 위해 필요한 행정상 조치 ⑥ 상황실장은 별지 제1호 서식의 재난상황일지를 기록·관리하여야 한다. 다만, 재난의 종류와 기간을 고려하여 재난상황일지의 서식과 작성방법 등을 달리 정할 수 있다.
시·도경찰청 등 재난상황실 (제10조 ~ 제11조)	① 시·도경찰청 등의 장은 관할 지역 내에서 재난이 발생하였거나 발생할 우려가 있는 경우 **재난상황실을 설치·운영할 수 있다.** 다만, **시·도경찰청 등에 재난대책본부가 설치**되었거나, 법 제38조에 따라 **'심각' 단계의 위기경보가 발령된 경우에는 재난상황실을 설치·운영하여야 한다.** ② ①에 따라 시·도경찰청 등에 설치된 재난상황실의 운영은 위 재난상황실의 규정을 준용하되 시·도경찰청 등의 여건에 따라 달리 정할 수 있다. ③ 시·도경찰청 등의 상황실장은 다음의 사항을 경찰청 치안상황관리관에게 수시 보고하여야 한다. 　㉠ 재난의 발생일시·장소 및 원인 　㉡ 인적·물적 피해 현황 　㉢ 초동조치사항 　㉣ 대응 및 복구활동사항 　㉤ 그밖에 재난관리를 위해 필요한 사항 ④ 시·도경찰청 등의 상황실장은 별지 제2호 서식의 재난상황보고서를 작성하여 경찰청 치안상황관리관에게 정기 보고하여야 하며, 보고주기와 서식 및 내용은 치안상황관리관이 재난의 성격과 유형에 따라 조정할 수 있다.

재난관리 실행	재난 예방 대책	① **시·도경찰청등의 장**은 재난 요인을 사전에 제거하거나 감소시킴으로써 재난 발생 자체를 억제 또는 방지하기 위한 재난예방대책을 수립·시행하여야 한다. ② 시·도경찰청 등의 장은 재난관리 역량을 강화하기 위해 경찰관을 포함한 소속 직원들을 대상으로 교육 및 훈련을 실시하여야 한다. ③ 시·도경찰청 등의 장은 재난으로 인해 경찰관서의 고립이 우려되는 경우 사전에 소요물자의 비축 등 필요한 조치를 하여야 한다. ④ 시·도경찰청 등의 장은 재난으로 인해 통신이 끊기는 상황에 대비하여 미리 유선이나 무선 또는 위성통신망을 활용할 수 있도록 긴급통신수단을 마련하여야 한다.
	재난 대응	① 시·도경찰청 등의 장은 관할 지역에서 재난이 발생하였거나 발생이 임박한 경우 그 피해를 최소화하기 위하여 다음 중 **필요한 조치를 하여야 한다.** ㉠ 현장 접근통제 및 우회로 확보 ㉡ 교통관리 및 치안질서유지 활동 ㉢ 긴급구조 및 주민대피 지원 ㉣ 그 밖에 재난 대응을 위한 조치 ② 시·도경찰청 등의 장은 재난으로 인하여 피해가 발생하였을 때에는 바로 위 상급기관의 장에게 피해내용을 지체 없이 **보고하여야 한다.**
	재난 복구	① 시·도경찰청 등의 장은 관할 지역에서 재난으로 인한 피해가 발생한 경우 지방자치단체 및 관계기관과 협조하여 재난복구활동을 지원한다. ② 시·도경찰청 등의 장은 경찰관, 경찰장비 및 경찰관서가 재난에 의해 피해를 입은 경우에는 바로 위 상급기관의 장에게 피해내용을 지체 없이 보고하여야 한다.
현장지휘본부 의 설치·운영 (제20조)		① 시·도경찰청 등의 장은 관할 지역 내 재난이 발생한 경우 재난 현장의 대응활동을 총괄하기 위하여 **현장지휘본부를 설치할 수 있다.** ② ①에 따른 현장지휘본부의 구성 및 임무는 별표 2와 같다.

07 중요시설경비 ✿✿

의의	국가보안목표로 지정된 중요시설과 보안상 중요하다고 인정되는 시설을 보호하기 위한 제반 경비경찰활동을 말한다.
국가중요 시설의 경비 보안·방호	① **국가중요시설의 관리자**(소유자를 포함한다. 이하 같다)는 경비·보안 및 방호책임을 지며, 통합방위사태에 대비하여 **자체방호계획**을 수립하여야 한다. 이 경우 국가중요시설의 관리자는 자체방호계획을 수립하기 위하여 필요하면 시·도경찰청장 또는 지역군사령관에게 협조를 요청할 수 있다. ② **시·도경찰청장** 또는 **지역군사령관**은 통합방위사태에 대비하여 국가중요시설에 대한 방호지원계획을 수립·시행하여야 한다. ③ 국가중요시설의 평시 경비·보안활동에 대한 **지도·감독**은 **관계 행정기관의 장과 국가정보원장**이 수행한다.

:두문자

지원기관: **지·시**

	중요시설의 지정권자	국가중요시설은 **국방부장관**이 관계 행정기관의 **장** 및 **국가정보원장**과 협의하여 지정한다.	
국가중요 시설	중요시설의 구분	**가급 시설**	① 적에 의하여 점령 또는 파괴되거나, 기능 마비시 **광범위**한 지역의 통합방위작전수행이 요구되고, 국민생활에 **결정적인 영향을 미칠 수 있는 시설** ② 청와대, 국회의사당, 대법원, 정부중앙청사, 국방부, 국가정보원 청사, 한국은행본점 등	
		나급 시설	① 적에 의하여 점령 또는 파괴되거나, 기능 마비시 **일부지**역의 통합방위작전수행이 요구되고, 국민생활에 **중대한 영향을 미칠 수 있는 시설** ② 중앙행정기관의 각 부·처 및 이에 준하는 기관, 경찰청, 대검찰청, 기상청 청사, 한국산업은행 본점, 한국수출입은행 본점	
		다급 시설	① 적에 의하여 점령 또는 파괴되거나, 기능 마비시 **제한된** 지역에서 **단기간** 통합방위작전 수행이 요구되고, 국민생활에 **상당한 영향을 미칠 수 있는 시설** ② 중앙행정기관의 청사(조달청, 통계청, 산림청 등), 국가정보원 지부, 한국은행 각 지역본부 기타 중요 국공립기관	
중요시설 방호대책	제1지대 (경계지대)		① 시설 울타리 전방 취약지점에서 시설에 접근하기 전에 저지할 수 있는 예상 접근로상의 '목' 지점 및 감제고지 등을 장악하는 선으로 외곽경비지대를 연결하는 선을 말한다. ② 경력배치 및 장애물을 설치하고, 이 지대에 매복을 실시하는 것이 효과적이다.	
	제2지대 (주방어지대)		① 시설 울타리를 연결하는 선으로 시설 내부 및 핵심시설에 대한 적의 침투를 방지하여 결정적으로 중요시설을 방호하는 선을 의미한다. ② 방호시설물이나 CCTV 등을 집중적으로 설치하고 출입을 통제하고 무단침입자를 감시한다.	
	제3지대 (핵심방어지대)		① 시설의 기능에 결정적인 영향을 미치는 지역에 대한 **최후 방호선**을 말한다. ② 주요핵심부는 지하화하거나 위장되어야 하며, 항상 경비원의 감시하에 통제가 이루어지도록 하고 방호벽·방탄막·적외선감지기 등 방호시설물을 설치한다.	

08 다중범죄진압 ✔✔✔

의의	조직된 군중으로 인한 집단적 범죄행위를 경계·예방·진압하는 경비경찰활동	
다중범죄의 특징	확신적 행동성	① 다중범죄를 발생시키는 주동자나 참여자는 **자신의 사고가 정의라는 확신**을 갖고 감행하는 경우가 많다. ② 죄의식을 느끼지 않는 경우가 많으며, **전투적이며 희생을 스스로 자초**하는 경우가 많다(예 분신자살 또는 투신자살).
	조직적 연계성	다중범죄는 조직에 기반하여 **전국적으로 연계**되어 있는 경우가 많다(↔ 혼잡경비).

	부화뇌동적 파급성	① 다중범죄의 발생은 **군중심리**로 인해 발생되는 경우가 많다. ② 다중범죄는 우연히 아주 작은 동기에 의하여 발생되면 부화뇌동으로 인하여 갑자기 확대될 수도 있다.
	비이성적 단순성	① 시위군중은 과격하게 또는 단순하게 행동하며 특히 이해가 불가능한 **비이성적인 경우**가 많다. ② 타협이나 **설득이 어려운 경우가 대부분**이다.
다중범죄의 정책적 치료법	선수승화법	특정 사안의 불만집단에 대한 정보활동을 강화하여 사전에 불만 및 분쟁요인을 찾아내어 해소시켜 주는 방법이다.
	전이법	국민들의 관심을 집중시킬 수 있는 경이적인 사건을 폭로하거나 규모가 큰 행사를 개최함으로써 원래의 이슈가 상대적으로 약화되도록 하는 방법이다.
	지연정화법	시간을 끌어 이성적으로 사고할 기회를 부여하고 정서적으로 감정을 둔화시켜 흥분을 가라앉게 하는 방법이다.
	경쟁행위법	불만집단에 반대하는 국민들의 의견을 크게 부각시켜 불만집단이 심리적으로 위축되어 자진해산 및 분산되도록 하는 방법이다.
다중범죄의 물리적 해결	물리적 해결수단 **봉쇄 방어**	군중들이 중요시설이나 기관 등 보호 대상물의 점거를 기도할 경우, 사전에 진압부대가 점령하거나 바리케이트 등으로 봉쇄하여 방어조치를 취하는 방법이다.
	차단 배제	군중이 목적지에 집결하기 전에 중간에서 차단하여 집합을 못하게 하는 방법이다.
	세력 분산	가스탄 등을 사용하여 집합된 군중을 해산하여 수개의 소집단으로 분리하는 방법으로 시위의사를 약화시킴으로써 그 세력을 분산시키는 방법이다.
	주동자 격리	주모자를 사전에 검거하거나 군중과 격리시킴으로써 군중의 집단적 결속력을 약화시켜 계속된 행동을 못하게 진압하는 방법이다.
	진압의 3대원칙 신속한 해산	시위군중 초기단계에서 신속·철저히 해산시켜야 한다.
	주모자 체포	시위군중은 주모자를 잃으면 무기력해지기 때문에 주모자부터 체포하여 시위군중으로부터 분리시켜야 한다.
	재집결 방지	시위군중은 일단 해산되었다가도 다시 집결하기 쉬우므로, 재집결할만한 곳에 경력을 배치하고 순찰과 검문검색을 강화하여 재집결을 방지하여야 한다.

09 경호경비 ✿✿✿

의의		경호의 경우 실패하면 사후에 보완이 불가능하므로 다른 업무에 우선하여 **최우선적으로 처리**하여야 한다.
	호위	신체에 대하여 직접적으로 가해지는 위해를 근접에서 방지 또는 제지하는 것
	경비	생명·신체를 보호하기 위하여 특정한 지역을 경계·순찰·방비하는 행위

:두문자
주차봉세

:두문자
신재주

기출 OX
01 다중범죄의 특징 중 부화뇌동적 파급성이란 다중범죄의 발생은 군중심리의 영향을 많이 받아 일단 부화뇌동으로 인하여 갑자기 확대될 수도 있다는 것으로, 점거농성시 투신이나 분신자살 등이 그 대표적인 예이다.
13. 경찰승진 ( )

02 다중범죄의 특성으로는 부화뇌동적 파급성, 비이성적 단순성, 확신적 행동성, 조직적 연계성이 있다.
14. 경찰 ( )

정답 **01** × **02** ○

경호의 대상	국내요인	갑호	① 대통령과 **그 가족** ② 대통령 당선인과 그 가족 ③ 전직대통령과 그 배우자(퇴임 후 10년 이내) ④ **대통령권한대행과 그 배우자**
		을호	국회의장, 대법원장, 국무총리, 헌법재판소장, 전직대통령(퇴임 후 10년 경과), 대통령선거후보자
		병호	갑·을호 외에 <u>경찰청장이 필요하다고 인정한 사람</u>
	국외요인	A·B·C·D 등급	① 대한민국을 방문하는 외국의 국가 원수 또는 행정수반과 그 배우자 ② 행정수반이 아닌 총리, 부통령
		E·F 등급	① 부총리, 왕족, 외빈 A·B·C·D 등급의 배우자 단독 방한 ② 전직대통령, 전직총리, 국제기구, 국제회의의 중요인사 ③ 기타 장관급 이상 외빈으로 경찰청장이 경호가 필요하다고 인정한 외빈
경호경비의 4대 원칙	자기희생의 원칙		경호원이 자신을 희생하는 한이 있더라도 피경호자의 신변안전은 반드시 보호해야 한다는 원칙
	자기**담**당구역 책임의 원칙		① 경호원은 자신의 담당구역 내에서 일어나는 어떠한 사태에 대해서도 다른 사람이 아닌 자기가 책임을 지고 해결하여야 한다. ② 자기담당구역이 아닌 타 지역 상황에 특별한 상황이 발생되었다고 해서 자기책임구역을 이탈해서는 안 된다.
	하나의 통제된 지점을 통한 접근의 원칙		피경호자에게 접근할 수 있는 통로는 **경호상 통제된 유일한 통로만이 필요하고 여러 개의 통로는 필요가 없다.**
	목표물 보존의 원칙 (보안의 원칙)		① 암살기도와 같은 위해를 가할 가능성이 있는 자들로부터 피경호자를 격리시켜야 한다는 원칙을 말한다. ② 행차코스나 행차예정장소 등은 원칙적으로 **비공개**로 하여야 한다. ③ 동일한 장소에 수차례 행차시 이용했던 경로는 가급적 피하거나 수시로 변경하여야 한다. ④ 대중에 노출된 도보행차는 가급적 지양한다.
3선 경호	제1선 (안전구역, 내부)		① 옥내일 경우에는 건물자체를 말하며, 옥외일 경우에는 통상 본부석이 안전구역에 해당한다. ② 경호에 대한 주관 및 책임은 **경호처**에서 직접 계획을 수립·실시하고 경찰은 경호실의 요청이 있을 경우 경력 및 장비를 지원한다. ③ **출입자 통제관리, MD 설치 운용, 비표확인 및 출입자 감시** ④ 동원경력은 행사장에 2시간 전에 배치하고, MD는 3시간 전에 배치를 완료하여야 한다. ⑤ 절대안전확보구역
	제2선 (경비구역, 내곽)		① 행사장 중심으로 소총의 유효사거리(600m)를 고려한 거리의 개념으로 설정된 선 ② 경호에 대한 책임은 **경찰**이 담당하고, **군부대 내**일 경우에는 **군**이 담당한다. ③ **바리케이드 등 장애물 설치**, 돌발사태에 대한 **예비대 운영** 및 **구급차, 소방차를 대기**시킨다. ④ 유사시를 대비한 **비상출동로의 확보**가 이루어져야 한다. ⑤ 주경비지역

기출 OX

03 자기 담당구역의 책임의 원칙이란 경호원은 각자 자기 담당구역 내에서 일어나는 어떠한 사태에 대해서도 책임을 지고 해결하여야 한다는 것으로 동일한 시간과 장소에 대한 행차는 수시로 변경시키는 것이 좋다는 원칙이다. 19. 경찰승진 (　　)

04 경호의 4대 원칙 중 '하나의 통제된 지점을 통한 접근의 원칙'은 피경호자에게 접근할 수 있는 통로는 경호상 통제된 유일한 통로만이 필요하다는 것으로, 대중에게 노출된 도보행차는 가급적 제한되어야 한다는 원칙이다. 13. 경찰승진 (　　)

05 경호경비와 관련하여 행사장 경호에 있어 제1선은 경비구역으로 MD를 설치·운용하고 비표확인 및 출입자 감시가 이루어진다. 14. 경찰간부 (　　)

06 3선 개념에 의한 개표소 경비 중 제2선(울타리 내곽)에 경찰은 선관위와 합동으로 출입자를 통제하고, 검문조·순찰조 를 운영한다. 13. 경찰승진 (　　)

정답 03 × 04 × 05 × 06 ×

제3선 (경계구역, 외곽)	① 행사장 중심으로 적의 접근을 조기에 경보하고 차단하기 위하여 설정된 선 ② 통상 **경찰**이 경호책임을 담당한다. ③ **감시조** 운영 및 **원거리 기동순찰조, 원거리 불심자 검문차단**를 운영한다. ④ 조기경보지역	

행사장 3선경비

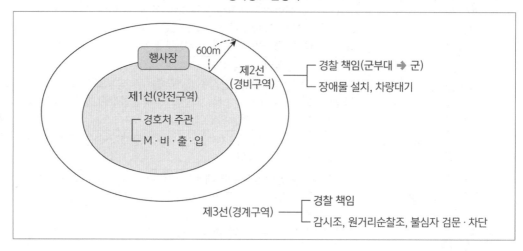

10 대테러경찰 ✦✦✦

1. 서설

테러의 의의 (미국의 FBI)		테러는 주로 정치적인 동기 등에 의한 특정 이념이나 주장을 알리기 위한 목적으로 자행하는 것으로 경제적 재화 획득이 테러의 목적이 될 수는 없다.
대테러부대	우리나라	경찰특공대(KNP-SWAT)는 대테러 예방 및 대응을 위해 1983년에 창설된 경찰특수부대로 현재 서울지방경찰청 직할부대이다. 1997년에는 각 지방청에도 지방경찰특공대가 창설되었다.
	다른 나라	① 영국 ➡ SAS ② 미국 ➡ SWAT ③ 독일 ➡ GSG-9 ④ 프랑스 ➡ GIGN, GIPN
인질범과 테러범과의 관계	리마증후군	① 1995년 페루 수도인 리마 소재 일본대사관에 '투팍아마르' 소속의 게릴라가 난입하여 대사관 직원 등을 126일 동안 인질로 잡은 사건에서 유래되었다. ② 인질범이 인질에게 동화되는 현상이다.
	스톡홀름 증후군	① 스웨덴 수도인 스톡홀름에서 은행강도사건 발생시 인질로 잡혀 있던 여인이 인질범과 사랑에 빠져 인질범과 함께 경찰에 대응하여 싸운 사건에서 유래되었다. ② 인질이 인질범에 동화되는 현상으로 '오귀인 효과'라고도 한다.

2. 국민보호와 공공안전을 위한 테러방지법

용어의 정의	테러	국가·지방자치단체 또는 외국 정부(외국 지방자치단체와 조약 또는 그 밖의 국제적인 협약에 따라 설립된 국제기구를 포함한다)의 권한행사를 방해하거나 의무 없는 일을 하게 할 목적 또는 공중을 협박할 목적으로 하는 행위를 말한다.
	테러단체	**국제연합(UN)**이 지정한 테러단체를 말한다.
	테러위험 인물	**테러단체의 조직원**이거나 테러단체 선전, 테러자금 모금·기부, 그 밖에 테러 예비·음모·선전·선동을 하였거나 하였다고 **의심할 상당한 이유가 있는 사람**을 말한다.
	외국인테러 전투원	테러를 실행·계획·준비하거나 테러에 참가할 목적으로 국적국이 아닌 국가의 테러단체에 가입하거나 가입하기 위하여 이동 또는 이동을 시도하는 내국인·외국인을 말한다.
	테러자금	공중 등 협박목적 및 대량살상무기확산을 위한 자금조달행위의 금지에 관한 법률 제2조 제1호에 따른 공중 등 협박목적을 위한 자금을 말한다.
	대테러활동	테러 관련 정보의 수집, 테러위험인물의 관리, 테러에 이용될 수 있는 위험물질 등 테러수단의 안전관리, 인원·시설·장비의 보호, 국제행사의 안전확보, 테러위협에의 대응 및 무력진압 등 테러 예방과 대응에 관한 제반 활동을 말한다.
	관계기관	대테러활동을 수행하는 국가기관, 지방자치단체, 그 밖에 대통령령으로 정하는 기관을 말한다.
	대테러조사	대테러활동에 필요한 정보나 자료를 수집하기 위하여 현장조사·문서열람·시료채취 등을 하거나 조사대상자에게 자료제출 및 진술을 요구하는 활동을 말한다.
국가테러대책 위원회		① 대테러활동에 관한 정책의 중요사항을 심의·의결하기 위하여 **국가테러대책위원회**(이하 '대책위원회'라 한다)를 둔다. ② 대책위원회는 국무총리 및 관계기관의 장 중 대통령령으로 정하는 사람으로 구성하고 위원장은 **국무총리**로 한다.
대테러 인권보호관		관계기관의 대테러활동으로 인한 국민의 기본권 침해 방지를 위하여 대책위원회 소속으로 대테러 인권보호관(이하 '인권보호관'이라 한다) **1명**을 둔다.
대테러 위험인물에 대한 정보수집 등		① **국가정보원장**은 테러위험인물에 대하여 출입국·금융거래 및 통신이용 등 관련 정보를 수집할 수 있다. 이 경우 출입국·금융거래 및 통신이용 등 관련 정보의 수집은 출입국관리법, 관세법, 특정 금융거래정보의 보고 및 이용 등에 관한 법률, 통신비밀보호법의 절차에 따른다. ② 국가정보원장은 ①에 따른 정보 수집 및 분석의 결과 테러에 이용되었거나 이용될 가능성이 있는 금융거래에 대하여 지급정지 등의 조치를 취하도록 금융위원회 위원장에게 요청할 수 있다. ③ 국가정보원장은 테러위험인물에 대한 개인정보(개인정보 보호법상 민감정보를 포함한다)와 위치정보를 개인정보 보호법 제2조의 개인정보처리자와 위치정보의 보호 및 이용 등에 관한 법률 제5조 제7항에 따른 개인위치정보사업자 및 같은 법 제5조의2 제3항에 따른 사물위치정보사업자에게 요구할 수 있다. ④ 국가정보원장은 대테러활동에 필요한 정보나 자료를 수집하기 위하여 대테러조사 및 테러위험인물에 대한 추적을 할 수 있다. 이 경우 **사전 또는 사후에 대책위원회 위원장에게 보고하여야 한다.**

외국인테러 전투원에 대한 규제	① **관계기관의 장**은 외국인테러전투원으로 출국하려 한다고 의심할 만한 상당한 이유가 있는 내국인·외국인에 대하여 일시 출국금지를 법무부장관에게 요청할 수 있다. ② ①에 따른 일시 **출국금지 기간은 90일**로 한다. 다만, 출국금지를 계속할 필요가 있다고 판단할 상당한 이유가 있는 경우에 관계기관의 장은 그 사유를 명시하여 연장을 요청할 수 있다. ③ 관계기관의 장은 외국인테러전투원으로 가담한 사람에 대하여 여권법 제13조에 따른 여권의 효력정지 및 같은 법 제12조 제3항에 따른 재발급 거부를 외교부장관에게 요청할 수 있다.
세계주의	테러단체 구성죄 등은 대한민국 영역 밖에서 범한 외국인에게도 국내법을 적용한다.

처벌	① 테러단체를 구성하거나 구성원으로 가입한 사람은 다음의 구분에 따라 처벌한다.
	  ⊙ 수괴(首魁)는 사형·무기 또는 10년 이상의 징역
	  ⓒ 테러를 기획 또는 지휘하는 등 중요한 역할을 맡은 사람은 무기 또는 7년 이상의 징역
	  ⓒ 타국의 외국인테러전투원으로 가입한 사람은 **5년 이상의 징역**
	  ⓔ 그 밖의 사람은 3년 이상의 징역
	② 테러자금임을 알면서도 자금을 조달·알선·보관하거나 그 취득 및 발생원인에 관한 사실을 가장하는 등 테러단체를 지원한 사람은 10년 이하의 징역 또는 1억원 이하의 벌금에 처한다.
	③ 테러단체 가입을 지원하거나 타인에게 가입을 권유 또는 선동한 사람은 5년 이하의 징역에 처한다.
	④ ① 및 ②의 **미수범은 처벌**한다.
	⑤ ① 및 ②에서 정한 죄를 저지를 목적으로 **예비 또는 음모**한 사람은 3년 이하의 징역에 처한다.

신고자 보호 및 포상금 (제14조)	① 국가는 「특정범죄신고자 등 보호법」에 따라 테러에 관한 신고자, 범인검거를 위하여 제보하거나 검거활동을 한 사람 또는 그 친족 등을 **보호하여야 한다.** ② 관계기관의 장은 테러의 계획 또는 실행에 관한 사실을 관계기관에 신고하여 테러를 사전에 예방할 수 있게 하였거나, 테러에 가담 또는 지원한 사람을 신고하거나 체포한 사람에 대하여 대통령령으로 정하는 바에 따라 **포상금을 지급할 수 있다.**
테러피해의 지원 (제15조)	① 테러로 인하여 **신체 또는 재산**의 피해를 입은 국민은 **관계기관에 즉시 신고하여야 한다.** 다만, 인질 등 부득이한 사유로 신고할 수 없을 때에는 법률관계 또는 계약관계에 의하여 보호의무가 있는 사람이 이를 알게 된 때에 즉시 신고하여야 한다. ② 국가 또는 지방자치단체는 제1항의 피해를 입은 사람에 대하여 대통령령으로 정하는 바에 따라 치료 및 복구에 필요한 비용의 **전부 또는 일부를 지원할 수 있다.** 다만, 「여권법」 제17조 제1항 단서에 따른 **외교부장관의 허가를 받지 아니하고 방문 및 체류가 금지된 국가 또는 지역을 방문·체류한 사람**에 대해서는 그러하지 아니하다. ③ ②에 따른 비용의 지원 기준·절차·금액 및 방법 등에 관하여 필요한 사항은 대통령령으로 정한다.

특별위로금 (제16조)	① 테러로 인하여 **생명의 피해**를 입은 사람의 유족 또는 신체상의 장애 및 장기치료가 필요한 피해를 입은 사람에 대해서는 그 피해의 정도에 따라 등급을 정하여 **특별위로금을 지급할 수 있다.** 다만, 「여권법」 제17조 제1항 단서에 따른 **외교부장관의 허가를 받지 아니하고 방문 및 체류가 금지된 국가 또는 지역을 방문·체류한 사람에 대해서는 그러하지 아니하다.** ② ①에 따른 특별위로금의 지급 기준·절차·금액 및 방법 등에 관하여 필요한 사항은 대통령령으로 정한다.

3. 테러취약시설 안전활동에 관한 규칙(경찰청 훈령)

테러취약시설		'테러취약시설'이란 테러 예방 및 대응을 위해 경찰이 관리하는 다음의 시설·건축물 등 중 경찰청장이 지정하는 것을 말한다. ① 국가중요시설 ② 다중이용건축물 등 ③ 공관지역 ④ 미군 관련 시설 ⑤ 그 밖에 특별한 관리가 필요하다고 제14조의 테러취약시설 심의위원회(이하 '심의위원회'라고 한다)에서 결정한 시설
지정권자		① 테러취약시설의 지정 등은 **경찰청장**이 행한다. ② 경찰청장은 시·도경찰청장으로부터 제13조 제1항 후단의 요청을 받거나 그 밖에 필요하다고 인정하는 경우 **심의위원회의 심의를 거쳐서** 테러취약시설 지정 등을 할 수 있다. 다만, 국가중요시설, 다중이용건축물 등, 공관지역은 테러취약시설로 지정하여야 한다.
다중이용건축물 등의 분류	A급	테러에 의하여 파괴되거나 기능 마비시 광범위한 지역의 대테러진압작전이 요구되고, 국민생활에 결정적인 영향을 미칠 수 있는 건축물 또는 시설
	B급	테러에 의하여 파괴되거나 기능 마비시 일부 지역의 대테러진압작전이 요구되고, 국민생활에 중대한 영향을 미칠 수 있는 건축물 또는 시설
	C급	테러에 의하여 파괴되거나 기능 마비시 제한된 지역에서 단기간 대테러진압작전이 요구되고, 국민생활에 상당한 영향을 미칠 수 있는 건축물 또는 시설
심의위원회의 구성 및 운영	구성	심의위원회는 위기관리센터에 비상설로 두며, 다음과 같이 구성한다. ① **위원장: 경찰청 경비국장** ② 부위원장: 위기관리센터장
	심의사항	심의위원회는 테러취약시설에 관하여 다음의 사항을 심의한다. ① 테러취약시설의 대상 및 분류에 관한 사항 ② 테러취약시설의 지정 등에 관한 사항 ③ 그 밖에 테러취약시설과 관련하여 필요한 사항
지도·점검		① **경찰서장**은 관할 내에 있는 국가중요시설 전체에 대하여 **연 1회 이상 지도·점검**을 실시하여야 한다. ② **시·도경찰청장**은 관할 내 국가중요시설 중 선별하여 **연 1회 이상 지도·점검**을 실시한다

:두문자

	경찰서장	시·도 경찰청장
A	분기 1회	반기 1회
B	반기 1회	
C		

다중이용 건축물 등의 지도 · 점검	① **경찰서장**은 관할 내에 있는 다중이용건축물 등 전체에 대해 **시설관리자의 동의를 받아** 다음과 같이 지도 · 점검을 실시하여야 한다. 　㉠ A급: **분기 1회 이상** 　㉡ B급, C급: **반기 1회 이상** ② **시 · 도경찰청장**은 관할 내 다중이용건축물 등 중 일부를 선별하여 시설관리자의 동의를 받아 **반기 1회 이상** 지도 · 점검을 실시한다. ③ 경찰청장은 경찰관서장이 다중이용건축물 등에 대해 적절한 지도 · 점검을 실시하는지 감독하고, 시설관리자의 동의를 받아 선별적으로 지도 · 점검을 실시한다.
대테러 훈련	① 경찰서장은 관할 테러취약시설 중 선정하여 분기 1회 이상 대테러 훈련(FTX)을 실시해야 한다. 이 경우 연 1회 이상은 관계기관 합동으로 실시한다. ② 시 · 도경찰청장은 반기 1회 이상 권역별로 대테러 훈련을 실시하여야 한다.

11 작전경찰(통합방위법) ✿✿✿✿

1. 서설

용어의 정의	통합방위	적의 침투 · 도발이나 그 위협에 대응하기 위하여 각종 국가방위요소를 통합하고 지휘체계를 일원화하여 국가를 방위하는 것을 말한다.
	통합방위 사태	적의 침투 · 도발이나 그 위협에 대응하여 선포하는 단계별 사태를 말한다.
	통합방위 작전	통합방위사태가 선포된 지역에서 제15조에 따라 통합방위본부장, 지역군사령관, 함대사령관 또는 시 · 도경찰청장(이하 '작전지휘관'이라 한다)이 국가방위요소를 통합하여 지휘 · 통제하는 방위작전을 말한다.
	국가중요 시설	공공기관, 공항 · 항만, 주요 산업시설 등 적에 의하여 점령 또는 파괴되거나 기능이 마비될 경우 국가안보와 국민생활에 심각한 영향을 주게 되는 시설을 말한다.
중앙통합 방위협의회		① 국무총리 소속으로 중앙 통합방위협의회(이하 '중앙협의회'라 한다)를 둔다. ② 중앙협의회의 의장은 **국무총리**가 되고, 위원은 기획재정부장관, 교육부장관, 과학기술정보통신부장관, 외교부장관, 통일부장관, 법무부장관, 국방부장관, 행정안전부장관, 문화체육관광부장관, 농림축산식품부장관, 산업통상자원부장관, 보건복지부장관, 환경부장관, 고용노동부장관, 여성가족부장관, 국토교통부장관, 해양수산부장관, 중소벤처기업부장관, 국무조정실장, 국가보훈처장, 법제처장, 식품의약품안전처장, 국가정보원장 및 통합방위본부장과 그 밖에 대통령령으로 정하는 사람이 된다. ③ 중앙협의회에 간사 1명을 두고, 간사는 통합방위본부의 부본부장이 된다.
지역통합 방위협의회		① 특별시장 · 광역시장 · 특별자치시장 · 도지사 · 특별자치도지사(이하 '시 · 도지사'라 한다) 소속으로 특별시 · 광역시 · 특별자치시 · 도 · 특별자치도 통합방위협의회(이하 '시 · 도 협의회'라 한다)를 두고, 그 의장은 **시 · 도지사**가 된다. ② 시장 · 군수 · 구청장(자치구의 구청장을 말한다. 이하 같다) 소속으로 시 · 군 · 구 통합방위협의회를 두고, 그 의장은 **시장 · 군수 · 구청장**이 된다. ③ 시 · 도 협의회와 시 · 군 · 구 통합방위협의회(이하 '지역협의회'라 한다)는 다음의 사항을 심의한다. 다만, ㉠ 및 ㉢의 사항은 시 · 도 협의회에 한한다. 　㉠ 적이 침투하거나 숨어서 활동하기 쉬운 지역(이하 '취약지역'이라 한다)의 선정 또는 해제

	ⓒ 통합방위 대비책 ⓓ 을종사태 및 병종사태의 선포 또는 해제 ⓔ 통합방위작전·훈련의 지원 대책 ⓕ 국가방위요소의 효율적 육성·운용 및 지원 대책 ④ 지역협의회의 구성 및 운영 등에 필요한 사항은 대통령령으로 정하는 기준에 따라 **조례**로 정한다.
통합방위 본부	① 합동참모본부에 통합방위본부를 둔다. ② 통합방위본부에는 본부장과 부본부장 1명씩을 두되, 통합방위본부장은 합동참모의장이 되고 부본부장은 합동참모본부 합동작전본부장이 된다.

통합방위
사태의 선포
	① 통합방위사태는 갑종사태, 을종사태 또는 병종사태로 구분하여 선포한다.
	② ①의 사태에 해당하는 상황이 발생하면 다음의 구분에 따라 해당하는 사람은 즉시 국무총리를 거쳐 **대통령**에게 통합방위사태의 선포를 건의하여야 한다.
	  ⓐ **갑종사태**에 해당하는 상황이 발생하였을 때 또는 둘 이상의 특별시·광역시·특별자치시·도·특별자치도(이하 '시·도'라 한다)에 걸쳐 을종사태에 해당하는 상황이 발생하였을 때: 국방부장관
	  ⓑ 둘 이상의 시·도에 걸쳐 병종사태에 해당하는 상황이 발생하였을 때: **행정안전부장관 또는 국방부장관**
	③ 대통령은 ②에 따른 건의를 받았을 때에는 중앙협의회와 국무회의의 심의를 거쳐 통합방위사태를 선포할 수 있다.
	④ **시·도경찰청장, 지역군사령관 또는 함대사령관**은 을종사태나 병종사태에 해당하는 상황이 발생한 때에는 즉시 **시·도지사**에게 통합방위사태의 선포를 건의하여야 한다.
	⑤ 시·도지사는 ④에 따른 건의를 받은 때에는 시·도 협의회의 심의를 거쳐 을종사태 또는 병종사태를 선포할 수 있다.
	⑥ 시·도지사는 ⑤에 따라 을종사태 또는 병종사태를 선포한 때에는 지체 없이 행정안전부장관 및 국방부장관과 국무총리를 거쳐 대통령에게 그 사실을 보고하여야 한다.
	⑦ ③이나 ⑤에 따라 통합방위사태를 선포할 때에는 그 이유, 종류, 선포 일시, 구역 및 작전지휘관에 관한 사항을 공고하여야 한다.
	⑧ 시·도지사가 통합방위사태를 선포한 지역에 대하여 대통령이 통합방위사태를 선포한 때에는 그 때부터 시·도지사가 선포한 통합방위사태는 효력을 상실한다.
	⑨ ①부터 ⑧까지에서 규정한 사항 외에 통합방위사태의 구체적인 선포요건·절차 및 공고방법 등에 관하여 필요한 사항은 대통령령으로 정한다.

통합방위작전의 수행권자	시·도경찰청장, 지역군사령관 또는 함대사령관은 통합방위사태가 선포된 때에는 즉시 다음의 구분에 따라 통합방위작전(공군작전사령관의 경우에는 통합방위 지원작전)을 신속하게 수행하여야 한다. 다만, 을종사태가 선포된 경우에는 지역군사령관이 통합방위작전을 수행하고, 갑종사태가 선포된 경우에는 통합방위본부장 또는 지역군사령관이 통합방위작전을 수행한다. ① 경찰관지역: 시·도경찰청장 ② 특정경비지역 및 군관할지역: 지역군사령관 ③ 특정경비해역 및 일반경비해역: 함대사령관 ④ 비행금지공역 및 일반공역: 공군작전사령관

통합방위사태의 선포절차	① 대통령은 통합방위사태를 선포한 때에는 지체 없이 그 사실을 국회에 통고하여야 한다. ② 시·도지사는 통합방위사태를 선포한 때에는 지체 없이 그 사실을 시·도의회에 통고하여야 한다. ③ 대통령은 통합방위사태가 평상 상태로 회복되거나 국회가 해제를 요구하면 지체 없이 그 통합방위사태를 해제하고 그 사실을 공고하여야 한다. 이 경우 대통령은 통합방위사태를 해제하려면 **중앙협의회와 국무회의의 심의**를 거쳐야 한다. 다만, 국회가 해제를 요구한 경우에는 그러하지 아니한다.
신고	적의 침투 또는 출현이나 그러한 흔적을 발견한 사람은 누구든지 그 사실을 지체 없이 군부대 또는 행정기관에 신고하여야 한다.

2. 통합방위작전

:두문자

갑: 대/통지/국대

을: 일부/지/지시함 ➡
　　시·도지사

병: 소규모/지시함/지시함
　　➡ 시·도지사

을·병 둘 이상:
　　을 ➡ 국/대
　　병 ➡ 행·국/대

구분	내용	지휘권자	선포권자
갑종사태	일정한 조직체계를 갖춘 적의 **대규모 병력 침투** 또는 대량살상무기 공격 등의 도발로 발생한 비상사태	① 통합방위본부장 ② **지역군사령관**	① 국방부장관의 건의 ➡ ② **대통령**의 선포
을종사태	**일부 또는 여러 지역**에서 적이 침투·도발하여 단기간 내에 치안이 회복되기 어려워 통합방위작전을 수행하여야 할 사태	**지역군사령관**	① 원칙: **시·도경찰청장, 지역군사령관** 또는 **함**대사령관의 건의 ➡ **시·도지사**의 선포 ② 눌 이상의 시·도에 걸쳐 을종사태 또는 병종사태에 해당하는 사태가 발생한 경우 　㉠ 을종사태: 국방부장관의 건의 ➡ **대통령**의 선포 　㉡ 병종사태: 행정안전부장관 또는 국방부장관의 건의 ➡ **대통령**의 선포
병종사태	적의 침투·도발 위협이 **예상**되거나 **소규모의 적이 침투**하였을 때에 통합방위작전을 수행하여 단기간 내에 치안이 회복될 수 있는 사태	① **시·도경찰청장** ② **지역군사령관** ③ **함**대사령관	

3. 통합방위작전 및 훈련

통제구역	시·도지사 또는 시장·군수·구청장은 다음 각 호의 어느 하나에 해당하면 대통령령으로 정하는 바에 따라 인명·신체에 대한 위해를 방지하기 위하여 필요한 **통제구역을 설정**하고, 통합방위작전 또는 경계태세 발령에 따른 군·경 합동작전에 관련되지 아니한 사람에 대하여는 **출입을 금지·제한**하거나 그 **통제구역으로부터 퇴거할 것을 명할 수 있다.** ① 통합방위사태가 선포된 경우 ② 적의 침투·도발 징후가 확실하여 경계태세 1급이 발령된 경우
대피명령	시·도지사 또는 시장·군수·구청장은 통합방위사태가 선포된 때에는 인명·신체에 대한 위해를 방지하기 위하여 즉시 작전지역에 있는 주민이나 체류 중인 사람에게 **대피할 것을 명할 수 있다.**
검문소	**시·도경찰청장**, 지역군사령관 및 함대사령관은 관할 구역 중에서 적의 침투가 예상되는 곳 등에 검문소를 설치·운용할 수 있다. 다만, 지방해양경찰청장이 검문소를 설치하는 경우에는 **미리 관할 함대사령관과 협의**하여야 한다.

12 경찰 비상업무 규칙 ✿✿✿✿

용어의 정의	비상상황	대간첩·테러, 대규모 재난 등의 긴급상황이 발생하거나 발생할 우려가 있는 경우 또는 다수의 경력을 동원해야 할 치안수요가 발생하여 치안활동을 강화할 필요가 있는 때를 말한다.
	지휘선상 위치근무	비상연락체계를 유지하며 **유사시 1시간 이내**에 현장지휘 및 현장근무가 가능한 장소에 위치하는 것을 말한다.
	정위치 근무	감독순시·현장근무 및 사무실 대기 등 **관할 구역 내**에 위치하는 것을 말한다.
	정착근무	**사무실** 또는 상황과 관련된 **현장**에 위치하는 것을 말한다.
	필수요원	전 경찰관 및 일반직공무원(이하 '경찰관 등'이라 한다) 중 경찰기관의 장이 지정한 자로 **비상소집시 1시간 이내에 응소**하여야 할 자를 말한다.
	일반요원	필수요원을 제외한 경찰관 등으로 **비상소집시 2시간 이내에 응소**하여야 할 자를 말한다.
	가용경력	총원에서 **휴가·출장·교육·파견 등을 제외**하고 실제 동원될 수 있는 모든 **인원**을 말한다.
	소집관	비상근무발령권자로부터 권한을 위임받아 비상근무발령에 따른 비상소집을 지휘·감독하는 주무 참모 또는 **상황관리관(상황관리관의 임무를 수행하는 자를 포함한다.** 이하 같다)을 말한다.
비상근무 방침	① 비상근무는 비상상황하에서 업무수행의 효율화를 도모하기 위해서 발령한다. ② 비상근무 대상은 **경비·작전·안보·수사·교통** 또는 **재난관리업무**와 관련한 비상상황에 국한한다. 다만, 두 종류 이상의 비상상황이 동시에 발생한 경우에는 긴급성 또는 중요도가 **상대적으로 더 큰 비상상황**(이하 '주된 비상상황'이라 한다)의 비상근무로 **통합·실시**한다. ③ 적용지역은 전국 또는 일정지역(시·도경찰청 또는 경찰서 관할)으로 구분한다. 다만, 2개 이상의 지역에 관련되는 상황은 **바로 위의 상급 기관**에서 주관하여 실시한다.	
비상근무의 종류	비상근무는 비상상황의 유형에 따라 다음과 같이 구분하여 발령한다. ① 경비 소관: 경비, 작전비상 ② 안보 소관: **안보비상** ③ 수사 소관: 수사비상 ④ 교통 소관: 교통비상 ⑤ **치안상황 소관: 재난비상** ✐ 경찰청과 그 소속기관 직제가 개정되어 재난 및 위기관리 등 소관 업무가 경비국에서 **치안상황관리관으로** 이관됨	

비상근무의 발령	① 비상근무의 발령권자는 다음과 같다.
	  ㉠ 전국 또는 2개 이상 시·도경찰청 관할 지역: 경찰청장
	  ㉡ 시·도경찰청 또는 2개 이상 경찰서 관할 지역: 시·도경찰청장
	  ㉢ 단일 경찰서 관할 지역: 경찰서장
	② 비상근무의 발령권자는 비상상황이 발생하여 비상근무를 실시하고자 할 경우에는 비상근무의 목적, 지역, 기간 및 동원대상 등을 특정하여 별지 제1호 서식의 비상근무발령서에 의하여 비상근무를 발령한다.	

:두문자

경작재
안수교

기출 OX

01 '지휘선상 위치 근무'라 함은 비상연락체계를 유지하며 유사시 2시간 이내에 현장지휘 및 현장근무가 가능한 장소에 위치하는 것을 말한다. 13. 경찰승진 (　)

02 가용경력이라 함은 휴가·출장·교육·파견 등을 포함한 총원을 의미한다. 15. 경찰승진, 18. 경찰 (　)

03 '작전준비태세'라 함은 경계강화 단계를 발령하기 이전에 별도의 경력을 동원하여 경찰작전부대의 출동태세 점검, 지휘관 및 참모의 비상연락망 구축 및 신속한 응소체제를 유지하며, 작전상황반을 운영하는 등 필요한 작전 사항을 미리 조치하는 것을 말한다. 18. 경찰 (　)

정답 **01** × **02** × **03** ×

	③ 비상근무 발령권자는 비상구분, 실시목적, 기간 및 범위, 경력 및 장비동원사항 등을 차상급 기관의 장에게 보고하여 **사전에 승인을 얻어야 한다.** 다만, 긴급을 요하는 경우에는 비상근무를 발령하고, 사후에 승인을 얻을 수 있다. 그러나 '**경계강화, 작전준비태세**'를 발령한 경우에는 승인을 요하지 아니한다. ④ 자치경찰사무와 관련이 있는 비상근무가 발령된 경우에는 해당 **시·도경찰청장**은 **자치경찰위원회에 그 발령사실을 통보한다.**	
해제	① 비상근무의 발령권자는 비상상황이 종료되는 즉시 비상근무를 해제하고, 비상근무 해제시 제5조 제1항 제2호·제3호의 발령권자는 **6시간** 이내에 해제일시, 사유 및 비상근무결과 등을 바로 위의 상급 기관의 장에게 보고한다. ② 제5조 제2항·제3항에 의해 비상근무를 발령한 경우 바로 위의 상급 기관의 장은 비상근무의 적정성을 판단하여 비상근무의 해제를 지시할 수 있으며 지시를 받은 비상근무발령권자는 즉시 비상근무를 해제하여야 한다.	
비상소집	① 정상근무시간이 아닌 때에 비상근무를 발령하고자 할 경우 비상근무발령권자는 이를 **상황관리관(치안상황실장 ✕)**에게 지시하여 신속히 해당 기능 및 산하경찰기관 등에 연락하도록 한다. ② ①의 연락을 받은 해당 기관의 상황관리관 또는 당직 근무자는 즉시 지휘관에게 보고 후 경찰관 등의 전부 또는 일부를 지역별 또는 계급별, 기능별로 구분하여 소집되도록 연락하여야 한다. ③ 비상소집을 명할 때에는 비상근무발령서에 의하되, 비상소집 자동전파장치, 유·무선 전화, 팩스, 방송 기타 신속한 방법을 사용한다. ④ 비상근무발령권자가 아닌 경찰기관(경찰청과 그 소속기관 직제 제2조 제1항 및 제2항의 소속기관을 말한다)의 장은 자체 비상상황의 발생으로 소속 경찰관 등을 비상소집하여야 할 필요가 있다고 판단되는 경우 해당 기관의 소속 경찰관 등을 비상소집할 수 있다. ⑤ 위 규정에 의한 소집 명령이 하달되면 상황관리관 또는 당직 근무자는 해당 과 및 계, 분직, 지구대에 소집내용이 즉시 전달될 수 있도록 조치하여야 한다.	

경찰비상업무규칙상 비상근무의 종류별 현황

경비비상	갑호	① **계엄이 선포되기 전**의 치안상태 ② 대규모 집단사태·테러 등의 발생으로 치안질서가 **극도로 혼란**하게 되었거나 그 징후가 **현저**한 경우 ③ 국제행사·기념일 등을 전후하여 치안수요의 급증으로 **가용경력을 100% 동원**할 필요가 있는 경우
	을호	① **대규모 집단사태**·테러 등의 발생으로 치안질서가 **혼란**하게 되었거나 그 징후가 예견되는 경우 ② 국제행사·기념일 등을 전후하여 치안수요가 증가하여 **가용경력의 50%**를 동원할 필요가 있는 경우
	병호	① 집단사태·테러 등의 발생으로 치안질서의 혼란이 **예견**되는 경우 ② 국제행사·기념일 등을 전후하여 치안수요가 증가하여 **가용경력의 30%**를 동원할 필요가 있는 경우
작전비상	갑호	**대규모** 적정이 발생하였거나 발생 징후가 **현저**한 경우
	을호	적정이 발생하였거나 **일부** 적의 침투가 **예상**되는 경우
	병호	정·첩보에 의해 적 침투에 대비한 고도의 **경계강화**가 필요한 경우

:두문자

작전비상: 대일경

안보비상	갑호	**간첩** 또는 정보사범 색출을 위한 경계지역 내 검문검색 필요시
	을호	상기 상황하에서 특정지역·요지에 대한 검문검색 필요시
수사비상	갑호	사회이목을 집중시킬만한 **중대**범죄 발생시
	을호	**중요**범죄 사건발생시
교통비상	갑호	농무, 풍수설해 및 화재로 극도의 교통혼란 및 사고발생시
	을호	상기 징후가 예상될 시
재난비상	갑호	대규모 재난의 발생으로 치안질서가 **극도로 혼란**하게 되었거나 그 징후가 현저한 경우
	을호	**대규모** 재난의 발생으로 치안질서가 **혼란**하게 되었거나 그 징후가 예견되는 경우
	병호	재난의 발생으로 치안질서의 혼란이 **예견**되는 경우
경계강화 (공통)		'병호'비상보다는 낮은 단계로, 별도의 경력동원없이 평상시보다 치안활동을 강화할 필요가 있을 때
작전준비 태세 (작전비상시)		'경계강화'를 발령하기 이전에 별도의 경력동원 없이 필요한 작전사항을 미리 조치할 필요가 있을 때

:두문자

대·대·예

비상근무요령

구분	가용경력	지휘관 및 참모의 근무형태
갑호	연가를 중지하고 가용경력 100%까지 동원할 수 있다.	지휘관(지구대장, 파출소장은 지휘관에 준한다)과 참모는 **정착 근무**를 원칙으로 한다.
을호	연가를 중지하고 가용경력 50%까지 동원할 수 있다.	지휘관과 참모는 **정위치 근무**를 원칙으로 한다.
병호	부득이한 경우를 제외하고는 연가를 억제하고 가용경력 30%까지 동원할 수 있다.	지휘관과 참모는 **정위치 근무** 또는 **지휘선 상 위치 근무**를 원칙으로 한다.
경계강화	별도의 **경력동원 없이** 특정분야의 근무를 강화한다.	① 전 경찰관은 비상연락체계를 유지하고 경찰작전부대는 상황발생시 즉각 출동이 가능하도록 출동대기태세를 유지한다. ② 지휘관과 참모는 **지휘선상 위치 근무**를 원칙으로 한다.
작전준비 태세	별도의 **경력동원 없이** 경찰관서 지휘관 및 참모의 비상연락망을 구축하고 신속한 응소체제를 유지한다.	① 경찰작전부대는 상황발생시 즉각 출동이 가능하도록 출동태세 점검을 실시한다. ② 유관기관과의 긴밀한 연락체계를 유지하고, 필요시 작전상황반을 유지한다.

:두문자

갑을병경작

기출 OX

01 경찰 비상업무 규칙에 의할 때 비상근무의 등급은 갑호·을호·병호·비상소집·작전준비태세(작전비상시 적용)으로 구분한다.
13. 경찰승진　　　（　　）

정답 **01** ✕

13 청원경찰(청원경찰법) ✧✧✧✧

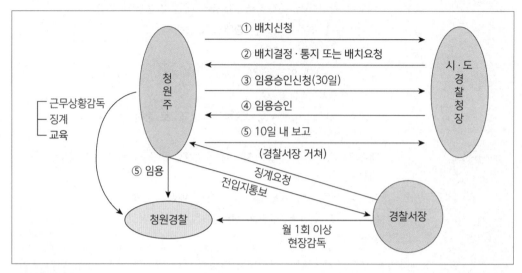

청원경찰의 정의	다음의 어느 하나에 해당하는 기관의 장 또는 시설·사업장 등의 경영자가 경비(이하 '청원경찰경비'라 한다)를 부담할 것을 조건으로 경찰의 배치를 신청하는 경우 그 기관·시설 또는 사업장 등의 경비를 담당하게 하기 위하여 배치하는 경찰을 말한다. ① 국가기관 또는 공공단체와 그 관리하에 있는 중요 시설 또는 사업장 ② 국내 주재(駐在) 외국기관 ③ 그 밖에 행정안전부령으로 정하는 중요 시설, 사업장 또는 장소
청원경찰의 지위	청원경찰은 원칙적으로 '(경찰)공무원'에 해당하지 않는다. 다만, 형법 또는 국가배상법과 관련하여 공무원으로 의제되는 경우가 있다.
청원경찰의 직무	청원경찰은 청원경찰의 배치 결정을 받은 자('청원주')와 배치된 기관·시설 또는 사업장 등의 구역을 관할하는 **경찰서장**의 감독을 받아 그 경비구역만의 경비를 목적으로 필요한 범위에서 **경찰관 직무집행법**에 따른 경찰관의 직무를 수행한다.
청원경찰의 자격	① 국가공무원법 제33조 각 호의 어느 하나의 결격사유에 해당하는 사람은 청원경찰로 임용될 수 없다. ② 법 제5조 제3항에 따른 청원경찰의 임용자격은 다음과 같다. 1. **18세 이상인 사람** 2. 행정안전부령으로 정하는 신체조건에 해당하는 사람(➜ 신체가 건강하고 팔다리가 완전할 것, 시력(교정시력을 포함한다)은 양쪽 눈이 각각 0.8 이상일 것)
청원경찰의 임용	① 청원경찰을 배치받으려는 자는 대통령령으로 정하는 바에 따라 **관할 시·도경찰청장**에게 청원경찰 배치를 신청하여야 한다. ② 시·도경찰청장은 ①의 청원경찰 배치신청을 받으면 **지체 없이 그 배치 여부를 결정**하여 신청인에게 알려야 한다. ③ 시·도경찰청장은 청원경찰 배치가 필요하다고 인정하는 기관의 장 또는 시설·사업장의 경영자에게 청원경찰을 배치할 것을 요청할 수 있다. ④ 청원주는 위 결정의 통지를 받은 날부터 **30일 이내에 임용승인을 시·도경찰청장에게 신청**하여야 한다. 시·도경찰청장의 승인을 받은 **청원주는 청원경찰을 임용**하되, **임용한 날부터 10일 이내에 그 임용사항을 관할 경찰서장**을 거쳐 **시·도경찰청장에게 보고**하여야 한다. ⑤ 청원경찰의 임용자격·임용방법·교육 및 보수에 관하여는 대통령령으로 정한다.

청원경찰의 배치 및 이동	① 청원주는 청원경찰을 신규로 배치하거나 이동배치하였을 때에는 배치지(이동배치의 경우에는 **종전의 배치지**)를 관할하는 **경찰서장**에게 그 사실을 **통보하여야 한다.** ② ①의 통보를 받은 경찰서장은 이동배치지가 다른 관할 구역에 속할 때에는 전입지를 관할하는 경찰서장에게 이동배치한 사실을 통보하여야 한다.
청원경찰의 감독	① **청원주**는 항상 소속 청원경찰의 근무상황을 감독하고, 근무수행에 필요한 교육을 하여야 한다. ② **관할 경찰서장**은 매월 1회 이상 청원경찰을 배치한 경비구역에 대하여 현장감독을 실시하여야 하며, 복무규율 및 근무사항, 무기 및 탄약관리 등을 감독한다. ③ 시 · 도경찰청장은 청원경찰의 효율적인 운영을 위하여 청원주를 지도하며 감독상 필요한 명령을 할 수 있다.
무기휴대	① 청원주는 청원경찰이 휴대할 무기를 대여받으려는 경우에는 관할 경찰서장을 거쳐 시 · 도경찰청장에게 무기대여를 신청하여야 한다. ② 신청을 받은 시 · 도경찰청장이 무기를 대여하여 휴대하게 하려는 경우에는 청원주로부터 국가에 기부채납된 무기에 한정하여 관할 경찰서장으로 하여금 무기를 대여하여 휴대하게 할 수 있다. ③ 이에 따라 무기를 대여하였을 때에는 관할 경찰서장은 청원경찰의 무기관리상황을 수시로 점검하여야 한다.
청원경찰의 징계	① 청원주는 청원경찰이 다음의 어느 하나에 해당하는 때에는 대통령령으로 정하는 징계절차를 거쳐 징계처분을 하여야 한다. 　㉠ 직무상의 의무를 위반하거나 직무를 태만히 한 때 　㉡ 품위를 손상하는 행위를 한 때 ② 청원경찰에 대한 징계의 종류는 파면, 해임, 정직, 감봉 및 견책으로 구분한다(강등 ×). ③ **관할 경찰서장**은 청원경찰의 징계사유가 인정되면 청원주에게 해당 청원경찰에 대하여 징계처분을 하도록 요청할 수 있다.
제복착용	① 청원경찰은 **근무 중 제복을 착용**하여야 한다. ② 청원경찰이 그 배치지의 특수성 등으로 특수복장을 착용할 필요가 있을 때에는 청원주는 **시 · 도경찰청장의 승인**을 받아 특수복장을 착용하게 할 수 있다.
처벌	청원경찰이 직무를 수행할 때 직권을 남용하여 국민에게 해를 끼친 경우에는 **6개월 이하의 징역이나 금고**에 처한다(↔ 경찰관 직무집행법 1년 이하의 징역 또는 금고).
청원경찰의 배상책임	① 청원경찰의 직무상 불법행위에 대한 배상책임은 **원칙적으로 민법의 규정에 따라 청원경찰 개인이 배상책임**을 진다. ② 그러나 국가기관이나 지방자치단체에서 근무하는 청원경찰은 **국가배상법에 따라 국가 또는 지방자치단체가 배상책임**을 진다.
면직	① 청원경찰은 형의 선고, 징계처분 또는 신체상 · 정신상의 이상으로 직무를 감당하지 못할 때를 제외하고는 그 의사에 반하여 면직되지 아니한다. ② 청원주가 청원경찰을 면직시켰을 때에는 그 사실을 **관할 경찰서장을 거쳐 시 · 도경찰청장에게 보고하여야** 한다(사전에 시 · 도경찰청장의 승인 ×).
관련판례	**국가나 지방자치단체에 근무하는 청원경찰에 대한 징계는 행정소송의 대상이라는 판례:** 국가나 지방자치단체에 근무하는 청원경찰은 국가공무원법이나 지방공무원법상의 공무원은 아니지만, 다른 청원경찰과는 달리 그 임용권자가 행정기관의 장이고, 국가나 지방자치단체로부터 보수를 받으며, 산업재해보상보험법이나 근로기준법이 아닌 공무원연금법에 따른 재해보상과 퇴직급여를 지급받고, 직무상의 불법행위에 대하여도 민법이 아닌 국가배상법이 적용되는 등의 특질이 있으며 그외 임용자격, 직무, 복무의무 내용 등을 종합하여 볼때, **그 근무관계를 사법상의 고용계약관계로 보기는 어려우므로** 그에 대한징계처분의 시정을 구하는 소는 행정소송의 대상이지 민사소송의 대상이 아니다(대판 1993.7.13, 92다47564).

제5장 / 정보경찰

01 서설

1. 정보와 정책과의 관계

구분	전통주의	행동주의
의의	정보와 정책에 대한 일정수준의 **분리**의 필요성을 강조한 입장	정보와 정책이 공생관계에 있기 때문에 **상호관련성을 강조**하는 입장
대표학자	Mark. Lowenthal	Roger Hilsman
특징	① **정보는 정책에 의존하여 존재**하지만, **정책은 정보의 지지 없이도 존재**할 수 있다. ② 정보의 제공과 정보의 조작을 구분해야 한다. ③ 현용정보에 정보역량을 집중해야 한다. ④ 정보가 정책결정자들에게 조언을 해주는 방향으로만 기능해야 한다.	① 정보는 정책결정과정에 대한 연구와 이해가 있어야 한다. ② 정보생산자는 정보사용자에게 의미가 있는 사안에 정보역량을 집중해야 한다. ③ 정보와 정책간에 환류체제가 필요하다. ④ **판단정보**를 가장 가치 있는 정보로 취급한다.

2. 정보와 첩보 ✿✿

구분	정보(Intelligence)	첩보(Information)
의의	특정한 상황에서 가치가 평가되고 체계화된 지식(2차 정보 또는 지식)	목적성을 가지고 의도적으로 수집한 데이터(풍문, 소문, 루머도 포함된다)
정확성	**정확한 지식**	**부정확한 지식**
완전성	사용목적에 맞도록 체계화된 완전한 지식	불완전한 지식
적시성	적시성이 요구됨	시간에 크게 구애받지 않음
사용자의 목적성	목적에 맞도록 작성된 지식	목적성이 없음
생산과정의 특수성	여러 사람의 협동작업을 통해 생산	단편적이고 개인의 식견에 의한 지식

3. 정보의 가치와 효용성 ✿✿✿

정보가치의 평가요소	적실성 (관련성)	사용자의 사용목적(당면문제)에 얼마나 관련된 것인가?
	필요성	정보가 사용자에게 얼마나 필요한 지식인가?
	정확성	수집된 정보가 얼마나 사실에 부합하는 것인가? 예 징기스칸은 전쟁 전에 여러 계층의 간첩을 보내 다양한 경로로 정보를 수집하여 확인하였다.
	적시성	① 사용자가 **필요한 시기**에 사용될 수 있도록 제공되는가? ② '**사용자의 사용시점**'이 기준 예 나폴레옹의 유배지 사망소식이 한달만에 파리에 전달되어, 이에 정적들은 불안하였고 프랑스의 국가안보가 위태로웠다.
	완전성	얼마나 완전한 내용의 정보가 제공되는가?
	객관성	정보가 주관적으로 왜곡되지 않고 얼마나 객관적인 지식인가? 예 임진왜란 직전 일본을 살피고 돌아온 황윤길과 김성일은 전혀 상반된 보고를 하였다.
	계속성	정보가 사용자에게 얼마나 자주 계속적으로 제공되는가?
정보의 효용성	형식효용	① 정보는 **정보사용자가 요구하는 형식에 부합**할 때 형식효용이 높다. 읽혀지지 않는 정보는 효용이 없다. ② 보고서 1면주의와 관련이 있다(대통령 등 최고정책결정자에 대한 정보보고서는 1면주의가 원칙). ③ 정보사용자의 수준에 따라 정보형태가 결정된다.
	시간효용	① 정보는 정보사용자가 정보를 필요로 하는 시점에 제공될 때 시간효용이 높다는 평가를 받는다. ② 정보의 적시성과 가장 관련된 것은 시간효용이다.
	소유효용	① 정보는 많이 소유할수록 집적의 효과를 발휘할 수 있다. ② '정보는 국력이다'라는 말로 표현될 수 있다.
	접근효용	① 정보는 정보사용자가 쉽게 접근할 수 있어야 효용이 높다(경찰청의 정보기록실의 운영). ② 통제효용을 저해하지 않는 범위 내에서 정보자료들의 접근성을 높이는 방향으로 관리하여야 한다.
	통제효용	① 정보는 정보를 필요로 하는 사람들에게 필요한 만큼 제공되도록 통제되어야 한다. ② 방첩활동과 차단의 원칙과 가장 관련이 깊다.

4. 정보의 구분 ✿✿✿

사용수준에 따른 구분	전략정보	① 국가정책과 안전보장에 막대한 영향을 주는 국가수준의 정보 ② 우리나라의 국가정보원이 대표적인 전략정보기관에 해당한다.
	전술정보	① 전략정보의 기본적인 방침하에서 이를 구체적으로 수행하기 위한 세부적·부분적인 정보 ② 경찰정보가 대표적이라 할 수 있다.
사용목적에 따른 구분	적극정보	국가의 경찰기능에 필요한 정보 이외의 모든 정보
	소극정보 (보안정보)	국가의 경찰기능을 위한 정보
요소별 구분		정치정보, 경제정보, 사회정보, 군사정보, 과학정보, 산업정보 등
정보기능 (분석형태)에 따른 구분	기본정보	① 모든 사상의 정적인 상태를 기술한 정보 ② 과거의 사례에 대한 기본적·서술적 또는 일반 자료적 유형의 기본정보 ③ 비교적 변화가 적은 기초적인 사항을 내용으로 한다.
	현용정보	① 현재의 시점에서 객관적으로 기술한 정보 ② 정보사용자에게 그때그때의 상황을 알리기 위한 정보로서 정보사용자(정책결정자)가 가장 중시하는 정보이다(예 상황속보).
	판단정보	① 장래를 예고하고 정책결정에 대한 책임이 있는 정보사용자에게 적당한 사전지식을 주는 것이 주 목적인 정보 ② 예측평가 또는 보고 유형의 정보로서 정보생산자의 능력과 재능을 가장 많이 요구하는 정보이며 오류의 확률이 가장 높은 정보이다.
수집활동에 따른 구분	인간정보	① 인적 수단을 사용하여 수집한 정보 ② 공무원인 정보요원이 대표적이며, 외교관도 공적인 인적 수단에 해당한다.
	기술정보	① 기술적 수단을 사용하여 수집된 정보 ② 기술정보는 영상정보와 신호정보로 구분된다.

02 정보의 순환 ✿✿✿✿

:두문자

요·첩·생·포

:두문자

기계명사

정보의 요구	의의	첩보의 수집활동을 집중 지시하는 것
	소순환과정	① **첩보의 기본요소 결정**: 정치·경제·사회 등 어느 부분의 정보를 요구할 것인지를 결정 ② **첩보수집계획서 작성**: 어떤 내용을 누가 언제까지 어떤 방법으로 수집·보고할 것인가에 대한 계획작성을 말한다. 첩보수집계획서의 작성과정에는 첩보의 출처에 대한 내용은 고려되지 않는다. ③ **명령하달** ④ **사후검토**(조정 및 감독)
	정보의 요구방법	① **PNIO(국가정보목표 우선순위)**: 한 국가의 모든 정보기관 활동의 지침이 되는 1년간 기본정보운용지침 ② **EEI(첩보의 기본요소)**: 해당 기관의 정보활동에 대한 기본적인 방침의 요구일 뿐만 아니라 계속적·반복적인 요구이며, 광범위한 지역에 걸쳐 수집되어야 할 요구임과 동시에 일반적으로 항상 필요한 사항의 요구

기출 OX

01 EEI는 전체적인 의미를 가진 일반적인 내용으로 계속적·반복적으로 수집할 사항이다. 14. 경찰승진 (　　)

02 특별첩보요구(SRI)는 계속적·반복적으로 요구된다. 15. 경찰승진 (　　)

③ **SRI(특정첩보요구):** 돌발사항에 대해 단편적·지역적인 특수사건을 단기에 해결하기 위하여 필요한 정보를 요구하는 방법

④ **OIR(기타 정보요구):** 국가정책목표 수행여건의 변화 등으로 정책상 수정이 요구될 때 PNIO에 우선하여 정보목표를 달성하기 위한 정보요구

구분	EEI	SRI
의의	계속적·반복적·광범위한 지역에 대한 첩보요구	돌발사항에 대해 단편적·지역적인 특수사건에 대한 첩보요구
사전계획서	**요구**	**불요구**
형식	서면원칙	구두로도 가능
비고	정보기관의 활동은 주로 SRI에 의한다.	

첩보의 수집	의의	첩보를 입수·획득하고 이를 정보작성기관에 전달하는 과정으로 **가장 중요하고 어려운 단계**이다.
	소순환과정	① 정보수집계획 ➡ ② 첩보출처의 개척 ➡ ③ 첩보의 획득(수집) ➡ ④ 첩보의 전달
정보의 생산	의의	첩보를 정보로 산출하는 과정으로서 첩보의 기록과 평가 및 분석 등을 통해 보고서를 작성하여 정보를 생산하는 과정으로 **학문적 성격이 가장 강한 단계**이다.
	생산과정	① 첩보의 **선택** ② 첩보의 **기록** ③ 첩보의 **평가**(첩보의 신뢰성·적절성·가망성) ④ 첩보의 **분석** ⑤ 첩보의 **종합** ⑥ 첩보의 **해석**
정보의 배포	의의	① 정보를 필요로 하는 개인이나 기관에게 적합한 형태의 내용을 갖추어 적당한 시기에 제공하는 과정 ② 먼저 생산되었다고 우선적으로 배포하는 것은 적절하지 않다.
	정보배포의 원칙	① **필요성**: 반드시 알아야 할 필요가 있는 대상에게만 알려야 한다. ② **적당성**: 상황과 능력에 맞게 적당한 양을 조절하여 알려야 한다. ③ **보안성**: 보안을 갖추기 위한 장치를 구비하여 알려야 한다. ④ **적시성**: 정보사용자의 필요한 시기에 배포되어야 한다. ⑤ **계속성**: 정보를 조직적이고 계속적으로 배포해야 한다.
	배포의 방법	**구두** — 보안 유지가 가장 용이한 방법
		비공식적 방법 — 개인적인 대화의 형태로 이루어지며, 질문에 대한 답변이나 토의 형태로 직접 전달하는 방법
		메모 — ① 정기간행물에 포함시키는 것이 적절하지 못한 **긴급한 정보를 전달**하는데 사용되며, **신속성**이 중요하다. ② 요약된 내용과 결론만 기재되므로 다소 정확도가 떨어진다는 단점이 있으나, 보관이 가능하고 증거가 남는다는 장점이 있다.

: 두문자

선 ➡ 기 ➡ 평 ➡ 분 ➡ 종 ➡ 해

: 두문자

필 / 시 / 적 / 계 / 보

정답 01 ○ 02 ✕

일일정보 보고서	매일 24시간에 걸친 정치·경제·사회·문화 등 제반 정세의 변화를 중점적으로 망라한 보고서로서 **제한된 대상자**에게만 배포한다.	
정기 간행물	다수인을 대상으로 주간 또는 월간의 형태로 발행된다.	
브리핑	정보사용자 또는 다수인원에게 강연식이나 문답식으로 진행되며, 현용정보의 배포수단으로 가장 많이 사용된다.	
전화	긴급한 경우 원거리에서도 신속하게 정보를 배포할 수 있는 수단	
특별 보고서	수집된 정보가 다수의 사용자나 기관에 대하여 이해관계가 있거나 가치가 있을 때 사용한다.	
문자 메시지	① 물리적인 접촉이 불가능한 경우에 사용한다. ② 일반적으로 사실확인 차원의 단순보고에 활용한다.	

정보보고서에서 판단을 나타내는 용어 ✿✿✿

판단됨	어떠한 상황이 전개될 것이 **거의 확실시**되는 근거가 있는 경우
예상됨	단기적으로 어떠한 상황이 전개될 것이 **비교적 확실**한 경우
전망됨	과거의 상황 및 현재의 동향 등에 미루어 **장기적**으로 활동의 윤관이 어떠하리라 **예측**을 할 경우
추정됨	**구체적인 근거 없이** 현재 나타난 동향의 원인, 배경 등을 **다소 막연히 추측**할 때
우려됨	구체적인 징후는 없으나 **전혀 그 가능성을 배제하기 곤란**하여 최소한의 **대비**가 필요한 때

03 집회 및 시위에 관한 법률 ✿✿✿✿

집회 신고

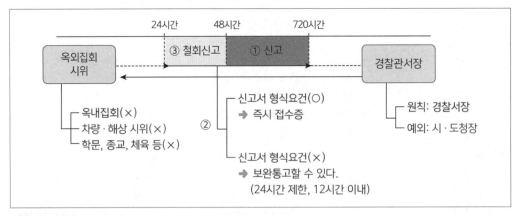

목적	이 법은 적법한 집회 및 시위를 최대한 보장하고 위법한 시위로부터 국민을 보호함으로써 집회 및 시위의 권리 보장과 공공의 안녕질서가 적절히 조화를 이루도록 하는 것을 목적으로 한다.	
용어의 정의 (제2조)	옥외집회	① 천장이 없거나 사방이 폐쇄되지 아니한 장소에서 여는 집회를 말한다.

		② '집회'란 특정 또는 불특정 다수인이 공동의 의견을 형성하여 이를 대외적으로 표명할 목적 아래 일시적으로 일정한 장소에 모이는 것을 말하고, 모이는 장소나 사람의 다과에 제한이 있을 수 없으므로, **2인이 모인 집회도 위 법의 규제 대상이 된다고 보아야 한다**(대판 2012.5.24, 2010도11381).
	시위	여러 사람이 공동의 목적을 가지고 도로, 광장, 공원 등 일반인이 자유로이 통행할 수 있는 장소를 행진하거나 위력 또는 기세를 보여, 불특정한 여러 사람의 의견에 영향을 주거나 제압을 가하는 행위를 말한다.
	주최자	자기 이름으로 자기 책임 아래 집회나 시위를 여는 **사람**이나 **단체**를 말한다. 주최자는 **주관자**를 따로 두어 집회 또는 시위의 실행을 맡아 관리하도록 위임할 수 있다. 이 경우 주관자는 그 위임의 범위 안에서 주최자로 본다.
	질서유지인	주최자가 자신을 보좌하여 집회 또는 시위의 질서를 유지하게 할 목적으로 임명한 자를 말한다.
	질서유지선	① 관할 경찰서장이나 시·도경찰청장이 적법한 집회 및 시위를 보호하고 질서유지나 원활한 교통 소통을 위하여 집회 또는 시위의 장소나 행진 구간을 일정하게 구획하여 설정한 띠, 방책(防柵), 차선 등의 경계 표지를 말한다. ② 경찰관들이 집회 또는 시위가 이루어지는 장소의 외곽이나 그 장소 안에서 줄지어 서는 등의 방법으로 사실상 질서유지선의 역할을 수행한다고 하더라도 이를 가리켜 집회 및 시위에 관한 법률에서 정한 **질서유지선이라고 할 수는 없다**(대판 2019.1.10, 2016도21311).
	경찰관서	국가경찰관서를 말한다.
옥외집회 및 시위의 신고 등	옥외집회 및 시위의 신고 (제6조)	① 옥외집회나 시위를 주최하려는 자는 그에 관한 다음의 사항 모두를 적은 신고서를 옥외집회나 시위를 시작하기 **720시간 전부터 48시간 전**에 관할 경찰서장에게 제출하여야 한다. 다만, 옥외집회 또는 시위 장소가 두 곳 이상의 경찰서의 관할에 속하는 경우에는 관할 시·도경찰청장에게 제출하여야 하고, 두 곳 이상의 시·도경찰청 관할에 속하는 경우에는 **주최지**를 관할하는 시·도경찰청장에게 제출하여야 한다. ㉠ 목적 ㉡ 일시(필요한 시간을 포함한다) ㉢ 장소 ㉣ 주최자(단체인 경우에는 그 대표자를 포함한다), 연락책임자, 질서유지인에 관한 다음의 사항 ⓐ 주소 ⓑ 성명 ⓒ 직업 ⓓ 연락처 ㉤ 참가 예정인 단체와 인원 ㉥ 시위의 경우 그 방법(진로와 약도를 포함한다) ② 관할 경찰서장 또는 시·도경찰청장(이하 '관할 경찰관서장'이라 한다)은 ①에 따른 신고서를 접수하면 신고자에게 접수 일시를 적은 **접수증을 즉시 내주어야 한다.**

		③ 주최자는 신고한 옥외집회 또는 시위를 하지 아니하게 된 경우에는 신고서에 적힌 집회 일시 24시간 전에 그 철회사유 등을 적은 철회신고서를 관할 경찰관서장에게 제출하여야 한다.
	신고서의 보완 (제7조)	① 관할 경찰관서장은 신고서의 기재사항에 미비한 점을 발견하면 **접수증을 교부한 때부터 12시간 이내**에 주최자에게 **24시간을 기한으로** 그 기재 사항을 보완할 것을 **통고할 수 있다.** ② 보완 통고는 보완할 사항을 분명히 밝혀 서면으로 **주최자** 또는 **연락책임자**에게 송달하여야 한다.
	적용제외 (신고 대상 ×)	① **옥내집회**(옥내집회 후 행진하는 경우 또는 행진만을 개최하는 경우에는 신고해야 한다) ② 차량시위, 해상시위, 공중시위 ③ 학문, 예술, 체육, 종교, 의식, 친목, 오락, 관혼상제 및 국경행사에 관한 집회에는 제6조부터 제12조까지의 규정을 적용하지 아니한다.
집회 및 시위의 금지	금지사유 (제5조)	누구든지 다음의 어느 하나에 해당하는 집회나 시위를 주최하거나 선전하거나 선동하여서는 아니 된다. ① 헌법재판소의 결정에 따라 **해산된 정당의 목적을 달성하기 위한** 집회 또는 시위 ② 집단적인 폭행, 협박, 손괴, 방화 등으로 **공공의 안녕 질서에 직접적인 위협을 끼칠 것이 명백**한 집회 또는 시위
	금지시간 (제10조)	① **옥외집회의 경우**: 야간 옥외집회의 경우 헌법재판소의 헌법불합치결정에 따라 허용된다. ② **시위의 경우**: 헌법재판소(2010헌가2 결정)의 위헌결정에 따라 일몰 후 자정까지는 야간시위가 허용되나 **자정 이후 일출 전까지만 야간시위는 금지된다.**

구분	주간 (일출 후~일몰 전)	야간 (일몰 후~24:00)	심야 (24:00~일출 전)
옥외 집회	금지되지 않음(헌법재판소 헌법불합치결정 및 한정위헌결정) ➡ **허용**		
시위	**허용** (헌법재판소 한정위헌결정)		**금지**

	금지장소 (제11조)	국회의사당
		누구든지 국회의사당의 경계 지점으로부터 100m 이내의 장소에서는 옥외집회 또는 시위를 하여서는 아니 된다. 다만, 다음의 어느 하나에 해당하는 경우로서 국회의 기능이나 안녕을 침해할 우려가 없다고 인정되는 때에는 그러하지 아니하다. ① 국회의 활동을 **방해**할 우려가 없는 경우 ② 대규모 집회 또는 시위로 **확산**될 우려가 없는 경우
		각급 법원, 헌법재판소
		누구든지 각급 법원, 헌법재판소의 경계 지점으로부터 100m 이내의 장소에서는 옥외집회 또는 시위를 하여서는 아니 된다. 다만, 다음의 어느 하나에 해당하는 경우로서 각급 법원, 헌법재판소의 기능이나 안녕을 침해할 우려가 없다고 인정되는 때에는 그러하지 아니하다.

		① 법관이나 재판관의 직무상 독립이나 구체적 사건의 **재판에 영향**을 미칠 우려가 없는 경우 ② 대규모 집회 또는 시위로 **확산**될 우려가 없는 경우
	대통령관저 등	**대통령 관저**(官邸), **국회의장 공관, 대법원장 공관, 헌법재판소장 공관**의 경계 지점으로부터 100m 이내의 장소에서는 옥외집회 또는 시위를 하여서는 아니 된다.
	국무총리 공관	국무총리 공관의 100m 이내의 장소에서는 옥외집회 또는 시위를 하여서는 아니 된다. 다만, 다음의 어느 하나에 해당하는 경우로서 국무총리 공관의 기능이나 안녕을 침해할 우려가 없다고 인정되는 때에는 그러하지 아니하다. ① 국무총리를 **대상**으로 하지 아니하는 경우 ② 대규모 집회 또는 시위로 **확산**될 우려가 없는 경우
	국내 외교관저	**국내 주재 외국의 외교기관이나 외교사절의 숙소**의 100m 이내의 장소에서는 옥외집회 또는 시위를 하여서는 아니 된다. 다만, 다음의 어느 하나에 해당하는 경우로서 외교기관 또는 외교사절 숙소의 기능이나 안녕을 침해할 우려가 없다고 인정되는 때에는 해당하지 아니한다. ① 해당 외교기관 또는 외교사절의 숙소를 대상으로 하지 아니하는 경우 ② 대규모 집회 또는 시위로 확산될 우려가 없는 경우 ③ 외교기관의 업무가 없는 휴일에 개최하는 경우

장소	예외	
대통령 관저, 국회의장 · 대법원장 · 헌법재판소장 공관	없음	
국회의사당	① 기능, 안녕 침해 우려 없는 경우 ② 대규모 **확산** 우려 없는 경우	국회의 활동을 **방**해할 우려가 없는 경우 (**방확**)
각급 법원 · 헌법재판소		법관·재판관의 직무상 독립이나 구체적 사건의 **재판**에 영향을 미칠 우려가 없는 경우(**재확산**)
국무총리 공관		국무총리를 **대상**으로 하지 아니하는 경우 (**확대**)
외교기관 · 외교사절 숙소		• 해당 외교기관 또는 외교사절의 숙고를 **대상으로 하지 아니하는 경우** • 외교기관의 업무가 없는 **휴일에 개최**하는 경우(**휴확대**)

집회 및 시위의 제한	교통소통을 위한 제한 (제12조)	① **관할 경찰관서장**은 대통령령으로 정하는 주요 도시의 주요 도로에서의 집회 또는 시위에 대하여 교통 소통을 위하여 필요하다고 인정하면 이를 금지하거나 교통질서 유지를 위한 조건을 붙여 제한할 수 있다. ➡️ 이 경우 **제한·금지통고는 시간적 제한이 없다.** ② 집회 또는 시위의 **주최자가 질서유지인을 두고 도로를 행진하는 경우에는** ①에 따른 금지를 할 수 없다. 다만, 해당 도로와 주변 도로의 교통 소통에 장애를 발생시켜 **심각한 교통 불편을 줄 우려**가 있으면 ①에 따른 금지를 할 수 있다.
	주요도시의 도로에서의 집회 및 시위 (시행령 제12조)	① 법 제12조 제1항에 따른 주요 도시의 주요 도로의 범위는 별표 1과 같다. ② 관할 경찰관서장은 법 제12조 제1항에 따라 주요 도시의 주요 도로에서의 집회 또는 시위에 대하여 **교통질서를 유지하기 위한 조건을 붙여 제한하는 경우**에는 **서면**으로 그 조건을 구체적으로 밝혀 주최자에게 알려야 한다. ③ 경찰청장은 ①에 따른 주요 도시의 주요 도로의 범위를 도로 여건 등을 고려하여 **3년마다 재검토**하여 정비해야 한다.
	특정 장소에서의 집회 및 시위 (제8조)	다음의 어느 하나에 해당하는 경우로서 그 거주자나 관리자가 시설이나 장소의 보호를 요청하는 경우에는 집회나 시위의 금지 또는 제한을 통고할 수 있다. ① 제6조 제1항의 신고서에 적힌 장소(이하 이 항에서 '신고장소'라 한다)가 **다른 사람의 주거지역이나 이와 유사한 장소**로서 집회나 시위로 재산 또는 시설에 심각한 피해가 발생하거나 사생활의 평온(平穩)을 뚜렷하게 해칠 우려가 있는 경우 ② 신고장소가 초·중등교육법 제2조에 따른 **학교의 주변 지역**으로서 집회 또는 시위로 학습권을 뚜렷이 침해할 우려가 있는 경우 ③ 신고장소가 군사기지 및 군사시설 보호법 제2조 제2호에 따른 **군사 시설의 주변 지역**으로서 집회 또는 시위로 시설이나 군 작전의 수행에 심각한 피해가 발생할 우려가 있는 경우
집회 및 시위의 금지 및 제한통고 (제8조)	금지 및 제한통고	신고서를 접수한 관할 경찰관서장은 신고된 옥외집회 또는 시위가 다음의 어느 하나에 해당하는 때에는 신고서를 접수한 때부터 **48시간 이내**에 집회 또는 시위를 금지할 것을 주최자에게 통고할 수 있다. 다만, 집회 또는 시위가 집단적인 폭행, 협박, 손괴, 방화 등으로 공공의 안녕 질서에 직접적인 위험을 초래한 경우에는 남은 기간의 해당 집회 또는 시위에 대하여 **48시간이 지난 경우에도 금지 통고를 할 수 있다**(제1항). ① 집회금지사유, 금지장소, 금지시간에 위반된다고 인정될 때 ② 제7조 제1항에 따른 신고서 기재사항을 보완하지 아니한 때 ③ 제12조에 따라 금지할 집회 또는 시위라고 인정될 때
	방식	집회 또는 시위의 금지 또는 제한 통고는 그 이유를 분명하게 밝혀 **서면으로 주최자 또는 연락책임자에게** 송달하여야 한다.

중복되는 집회 및 시위의 처리	후신고 집회 및 시위의 금지 (제8조)	① **관할 경찰관서장**은 집회 또는 시위의 시간과 장소가 중복되는 2개 이상의 신고가 있는 경우 그 목적으로 보아 서로 상반되거나 방해가 된다고 인정되면 각 옥외집회 또는 시위간에 시간을 나누거나 장소를 분할하여 개최하도록 권유하는 등 각 옥외집회 또는 시위가 서로 방해되지 아니하고 평화적으로 개최·진행될 수 있도록 노력하여야 한다(제2항). ② 관할 경찰관서장은 ①에 따른 권유가 받아들여지지 아니하면 **뒤에 접수된 옥외집회 또는 시위에 대하여** ①에 준하여 그 집회 또는 시위의 금지를 통고할 수 있다(제3항). ③ ②에 따라 뒤에 접수된 옥외집회 또는 시위가 금지 통고된 경우 먼저 신고를 접수하여 옥외집회 또는 시위를 개최할 수 있는 자는 **집회 시작 1시간 전에 관할 경찰관서장에게 집회 개최 사실을 통지**하여야 한다(제4항).
	철회 신고서의 제출 (제6조)	① 주최자는 신고한 옥외집회 또는 시위를 하지 아니하게 된 경우에는 신고서에 적힌 집회 일시 24시간 전에 그 철회사유 등을 적은 철회신고서를 관할 경찰관서장에게 제출하여야 한다. ② 철회신고서를 받은 관할 경찰관서장은 뒤에 접수되어 집회 또는 시위의 금지통고를 한 집회나 시위가 있는 경우에는 그 금지 통고를 받은 주최자에게 옥외집회 또는 시위를 하지 않게 되었음을 **즉시 알려야 한다.** ③ 이에 따라 통지를 받은 주최자는 그 금지 통고된 집회 또는 시위를 최초에 신고한 대로 개최할 수 있다. 다만, 금지 통고 등으로 시기를 놓친 경우에는 일시를 새로 정하여 집회 또는 시위를 시작하기 24시간 전에 관할 경찰관서장에게 신고서를 제출하고 집회 또는 시위를 개최할 수 있다.
	처벌	① 후 신고된 옥외집회 또는 시위가 있는 경우 먼저 신고된 옥외집회 또는 시위의 주최자가 정당한 사유 없이 옥외집회 또는 시위를 철회신고서를 제출하지도 않고 시위를 하지 아니한 경우에는 **100만원 이하의 과태료**를 부과한다. ② ①에 따른 과태료는 대통령령으로 정하는 바에 따라 시·도경찰청장 또는 경찰서장이 부과·징수한다.
이의신청 (제9조)	이의신청의 제기	집회 또는 시위의 주최자는 **금지 통고를 받은 날부터 10일 이내**에 **해당 경찰관서의 바로 위의 상급경찰관서**의 장에게 이의를 신청할 수 있다.
	재결기한	① 이의신청을 받은 경찰관서의 장은 접수 일시를 적은 접수증을 이의신청인에게 즉시 내주고 접수한 때부터 **24시간 이내에 재결을 하여야 한다**. 이 경우 접수한 때부터 24시간 이내에 재결서를 발송하지 아니하면 관할 경찰관서장의 금지 통고는 소급하여 그 효력을 잃는다. ② 이의신청을 받은 경찰관서장은 재결을 한 때에는 집회 또는 시위의 금지를 통고한 경찰관서장에게 재결 내용을 **즉시 알려야 한다.** ③ 이의신청인은 ②에 따라 금지 통고가 위법하거나 부당한 것으로 재결되거나 그 효력을 잃게 된 경우 처음 신고한 대로 집회 또는 시위를 개최할 수 있다. 다만, **금지 통고 등으로 시기를 놓친 경우에는 일시를 새로 정하여 집회 또는 시위를 시작하기 24시간 전에 관할 경찰관서장에게 신고함으로써 집회 또는 시위를 개최할 수 있다.**

기출 OX

01 신고서를 접수한 때로부터 48시간이 경과한 이후에는 어떠한 경우에도 금지통고할 수 없다. 14. 경찰승진

( )

정답 01 ✕

기출 OX

01 집회 또는 시위의 주최자는 집회 또는 시위의 금지통고를 받은 날부터 10일 이내에 해당 경찰관서의 장에게 이의를 신청할 수 있다.
12. 경찰 ( )

02 집회 또는 시위의 주최자 및 질서유지인은 특정한 사람이나 단체가 집회나 시위에 참가하는 것을 막을 수 있다. 다만, 언론사의 기자는 출입이 보장되어야 하며, 이 경우 기자는 신분증을 제시하고 기자임을 표시한 완장을 착용하여야 한다.
18. 경찰 ( )

03 질서유지선의 설정은 서면으로 고지하여야 하나 상황에 따라 새로이 설정하거나 변경하는 경우에는 집회 또는 시위의 장소에 있는 경찰관이 구두로 고지할 수 있다. 18. 경찰승진 ( )

04 질서유지선은 모든 집회·시위에는 반드시 설치하여야 한다. 15. 경찰승진
( )

05 집회·시위의 신고를 받은 관할경찰관서장은 집회·시위의 보호와 공공의 질서유지를 위해 최대한의 범위를 정하여 질서유지선을 설정할 수 있다. 16. 경간
( )

집회 및 시위의 보호	집회 및 시위에 대한 방해금지 (제3조)	집회 및 시위의 보호	① 누구든지 폭행, 협박, 그 밖의 방법으로 평화적인 집회 또는 시위를 방해하거나 질서를 문란하게 하여서는 아니 된다. ② 누구든지 폭행, 협박, 그 밖의 방법으로 집회 또는 시위의 **주최자**나 **질서유지인**의 이 법의 규정에 따른 임무 수행을 방해하여서는 아니 된다. ③ 위 ①, ②를 위반한 자는 **3년 이하의 징역 또는 300만원 이하의 벌금**에 처한다. 다만, **군인·검사** 또는 **경찰관**이 위 ①, ②를 위반한 경우에는 **5년 이하의 징역**에 처한다.
		보호 요청	집회 또는 시위의 **주최자**는 평화적인 집회 또는 시위가 방해받을 염려가 있다고 인정되면 **관할 경찰관서에 그 사실을 알려 보호를 요청할 수 있다.** 이 경우 관할 경찰관서의 장은 정당한 사유 없이 보호 요청을 거절하여서는 아니 된다.
	특정인의 참가배제 (제4조)		집회 또는 시위의 주최자 및 질서유지인은 **특정한 사람**이나 **단체**가 집회나 시위에 참가하는 것을 막을 수 있다. 다만, **언론사의 기자**는 출입이 보장되어야 하며, 이 경우 기자는 신분증을 제시하고 기자임을 표시한 완장을 착용하여야 한다.
	질서 유지선의 설정 (제13조)		① 집회 및 시위의 신고를 받은 관할 경찰관서장은 집회 및 시위의 보호와 공공의 질서 유지를 위하여 필요하다고 인정하면 **최소한의 범위**를 정하여 질서유지선을 설정**할 수 있다.** ② 경찰관서장이 질서유지선을 설정할 때에는 주최자 또는 연락책임자에게 이를 알려야 한다. ③ 질서유지선의 설정 고지는 **서면**으로 하여야 한다. 다만, 집회 또는 시위 장소의 상황에 따라 질서유지선을 새로 설정하거나 변경하는 경우에는 집회 또는 시위의 장소에 있는 경찰공무원이 **구두**로 알릴 수 있다. ④ 질서유지선의 효용을 해한 자는 **6개월 이하의 징역 또는 50만원 이하의 벌금·구류 또는 과료**에 처한다. ⑤ **미신고 집회**에 설치된 질서유지선을 침범하더라도 처벌되지 않는다. 질서유지선은 신고된 집회에 한하여 법적 효력이 있다.
	경찰관의 출입 (제19조)		① 경찰관은 집회 또는 시위의 주최자에게 알리고 그 집회 또는 시위의 장소에 **정복을 입고** 출입할 수 있다. 다만, 옥내집회 장소에 출입하는 것은 직무 집행을 위하여 긴급한 경우에만 할 수 있다. ② 집회나 시위의 주최자, 질서유지인 또는 장소관리자는 질서를 유지하기 위한 경찰관의 직무집행에 협조하여야 한다.
	확성기 등 사용의 제한 (제14조)		① 집회 또는 시위의 주최자는 확성기, 북, 징, 꽹과리 등의 기계·기구(이하 이 조에서 '확성기 등'이라 한다)를 사용하여 타인에게 심각한 피해를 주는 소음으로서 아래에서 정하는 기준을 위반하는 소음을 발생시켜서는 아니 된다.

① 집회 또는 시위의 주최자는 확성기, 북, 징, 꽹과리 등의 기계 · 기구(이하 이 조에서 '확성기 등'이라 한다)를 사용하여 타인에게 심각한 피해를 주는 소음으로서 아래에서 정하는 기준을 위반하는 소음을 발생시켜서는 아니 된다.

확성기 등 사용의 제한

[단위: dB(A)]

소음도 구분		대상 지역	시간대		
			주간 (07:00 ~ 해지기 전)	야간 (해진 후 ~ 24:00)	심야 (00:00 ~ 07:00)
대상 소음도	등가 소음도 (Leq)	주거지역, 학교, 종합병원	65 이하	60 이하	55 이하
		공공 도서관	65 이하	60 이하	
		그 밖의 지역	75 이하	65 이하	
	최고 소음도 (Lmax)	주거지역, 학교, 종합병원	85 이하	80 이하	75이하
		공공도서관	85 이하	80 이하	
		그 밖의 지역	95 이하		

② 관할 경찰관서장은 집회 또는 시위의 주최자가 ①에 따른 기준을 초과하는 소음을 발생시켜 타인에게 피해를 주는 경우에는 그 기준 이하의 소음 유지 또는 확성기 등의 사용 중지를 명하거나 확성기 등의 일시보관 등 필요한 조치를 할 수 있다.

③ 확성기 등의 소음은 **관할 경찰서장(현장 경찰공무원)**이 측정한다.

④ 소음 측정 장소는 피해자가 위치한 건물의 외벽에서 소음원 방향으로 1 ~ 3.5m 떨어진 지점으로 하되, 소음도가 높은 것으로 예상되는 지점의 지면 위 1.2 ~ 1.5m 높이에서 측정한다. 다만, 주된 건물의 경비 등을 위하여 사용되는 **부속건물, 광장 · 공원이나 도로상의 영업시설물, 공원의 관리사무소 등은 소음 측정 장소에서 제외**한다.

⑤ 소음측정장소에서 확성기 등의 대상소음이 있을 때 측정한 소음도를 측정소음도로 하고, 같은 장소에서 확성기 등의 대상소음이 없을 때 5분간 측정한 소음도를 배경소음도로 한다.

⑥ 측정소음도가 배경소음도보다 **10dB 이상 크면** 배경소음의 보정 없이 **측정소음도**를 대상소음도로 한다.

⑦ 등가소음도는 10분간(소음 발생 시간이 10분 이내인 경우에는 그 발생 시간 동안을 말한다) 측정한다. 다만, 다음에 해당하는 대상지역의 경우에는 **등가소음도를 5분간**(소음 발생 시간이 5분 이내인 경우에는 그 발생 시간 동안을 말한다) 측정한다.
⊙ **주거**지역, **학교**, **종합병원**
ⓒ 공공**도**서관

제2편 각론

5장

기출 OX

06 소음을 측정할 때는 소음으로 인한 피해자가 위치한 건물 등이 주거지역, 학교, 종합병원, 공공도서관의 경우와 그 밖의 지역일 경우로 구분하여 기준치를 적용한다. 15. 경찰승진 ( )

07 주거지역, 학교, 종합병원, 공공도서관에서 야간(해진 후 ~ 24:00 전)에 확성기 등의 등가소음도 소음기준은 60Leg dB(A) 이하이다. 18. 경찰변형 ( )

08 확성기 등의 소음은 관할 경찰서장(현장 경찰공무원)이 측정한다. 18. 경찰 ( )

09 학문, 예술, 종교, 체육, 의식, 친목, 오락, 관혼상제 및 국경행사에 관한 집회에서는 확성기 등의 사용제한에 관한 규정은 적용하지 아니한다. 18. 경찰, 20. 경찰승진 ( )

정답 **06** × **07** ○ **08** ○
09 ×

⑧ 최고소음도는 확성기등의 대상소음에 대해 매 측정 시 발생된 소음도 중 가장 높은 소음도를 측정하며, 동일한 집회·시위에서 측정된 최고소음도가 1시간 내에 3회 이상 위 표의 최고소음도 기준을 초과한 경우 소음기준을 위반한 것으로 본다. 다만, 다음에 해당하는 대상 지역의 경우에는 **1시간 내에 2회 이상 위 표의 최고소음도 기준을 초과한 경우 소음기준을 위반한 것으로 본다.**
  ㉠ 주거지역, 학교, 종합병원
  ㉡ 공공도서관
⑨ 다음에 해당하는 행사(중앙행정기관이 개최하는 행사만 해당한다)의 진행에 영향을 미치는 소음에 대해서는 그 행사의 개최시간에 한정하여 위 표의 **주거지역**의 소음기준을 적용한다.
  ㉠ 국경일에 관한 법률 제2조에 따른 국경일의 행사
  ㉡ 각종 기념일 등에 관한 규정 별표에 따른 각종 기념일 중 주관 부처가 국가보훈처인 기념일의 행사
⑩ **신고대상이 아닌 집회나 시위**일지라도 소음제한 규정은 적용되나, 1인 시위의 경우에는 적용되지 않는다.
⑪ 기준 이하의 소음유지명령을 위반하거나 필요한 조치를 거부·방해한 자는 **6개월 이하의 징역 또는 50만원 이하의 벌금·구류 또는 과료**에 처한다.

| 관계자의 준수사항 | 주최자의 준수사항 (제16조) | ① 집회 또는 시위의 주최자는 집회 또는 시위에 있어서의 질서를 유지하여야 한다.
② 집회 또는 시위의 주최자는 집회 또는 시위의 질서유지에 관하여 자신을 보좌하도록 **18세 이상의 사람**을 질서유지인으로 임명**할 수 있다.**
③ 집회 또는 시위의 주최자는 <u>질서를 유지할 수 없으면 그 집회 또는 시위의 종결을 선언하여야 한다.</u>
④ 집회 또는 시위의 주최자는 다음의 어느 하나에 해당하는 행위를 하여서는 아니 된다.
　㉠ 총포, 폭발물, 도검, 철봉, 곤봉, 돌덩이 등 다른 사람의 생명을 위협하거나 신체에 해를 끼칠 수 있는 기구를 휴대하거나 사용하는 행위 또는 다른 사람에게 이를 휴대하게 하거나 사용하게 하는 행위
　㉡ 폭행, 협박, 손괴, 방화 등으로 질서를 문란하게 하는 행위
　㉢ 신고한 목적, 일시, 장소, 방법 등의 범위를 뚜렷이 벗어나는 행위
⑤ 옥내집회의 주최자는 확성기를 설치하는 등 주변에서의 옥외 참가를 유발하는 행위를 하여서는 아니 된다. |
| | 질서 유지인의 준수사항 등 (제17조) | ① 질서유지인은 주최자의 지시에 따라 집회 또는 시위 질서가 유지되도록 하여야 한다.
② 질서유지인도 주최자의 준수사항 중 제1호 ~ 제3호(위④)의 금지행위 중 어느 하나에 해당하는 행위를 하여서는 아니 된다.
③ 질서유지인은 참가자 등이 질서유지인임을 쉽게 알아볼 수 있도록 완장, 모자, 어깨띠, 상의 등을 착용하여야 한다.
④ 관할 경찰관서장은 집회 또는 시위의 주최자와 협의하여 질서유지인의 수를 적절하게 조정할 수 있다. |

기출 OX

01 소음 측정 장소는 피해자가 위치한 건물 외벽에서 소음원 방향으로 1 ~ 3.5m 떨어진 지점으로 하되, 소음도가 높을 것으로 예상되는 지점의 지면 위 1.2 ~ 1.5m 높이에서 측정하고, 주된 건물의 경비 등을 위하여 사용되는 부속 건물, 광장·공원이나 도로상의 영업시설물, 공원의 관리사무소 등도 소음 측정 장소로 포함된다. 18. 경찰 (　)

02 집회 및 시위에 관한 법률 제22조 제1항은 군인·검사 또는 경찰관이 제3조 제1항 또는 제2항을 위반한 경우에는 5년 이하의 징역 또는 500만원 이하의 벌금에 처한다고 규정하고 있다. 20. 경찰승진 (　)

03 해산명령은 경찰관서장만이 할 수 있으므로 경찰관서장으로부터 권한을 부여받은 경비과장은 할 수 없다. 17. 경찰승진 (　)

04 자진해산요청은 직접 집회주최자에게 공개적으로 하여야 한다. 17. 경찰 (　)

05 집회의 금지와 해산은 원칙적으로 공공의 안녕과 질서에 대한 위협이 잠재적으로 존재하는 경우라야 허용된다. 13. 경찰승진 (　)

정답 01 × 02 × 03 ×
　　 04 × 05 ×

		⑤ 집회나 시위의 주최자는 ④에 따라 질서유지인의 수를 조정한 경우 집회 또는 시위를 개최하기 전에 조정된 질서유지인의 명단을 관할 경찰관서장에게 알려야 한다.
	참가자의 준수사항 (제18조)	① 집회나 시위에 참가하는 자는 주최자 및 질서유지인의 질서유지를 위한 지시에 따라야 한다. ② 집회나 시위에 참가하는 자는 주최자의 준수사항 중 제1호 ~ 제2호(위 제16조의 내용 중 ④)의 금지행위에 해당하는 행위를 하여서는 아니 된다.
집회 또는 시위의 해산 (제20조)	집회 또는 시위의 해산사유	관할 경찰관서장은 다음의 어느 하나에 해당하는 집회 또는 시위에 대하여는 **상당한 시간 이내에 자진해산할 것을 요청**하고 이에 따르지 아니하면 **해산을 명할 수 있다.** 이러한 해산 명령을 받았을 때에는 **모든 참가자는 지체 없이 해산하여야 한다.** ① 절대적 시위금지사유에 해당하는 집회 또는 시위 ② 금지시간에의 옥외집회 또는 시위 ③ 금지장소에서의 옥외집회 또는 교통 소통 등 질서유지에 직접적인 위험을 명백하게 초래한 집회 또는 시위 ④ 신고의무를 이행하지 않고 개최한 옥외집회 및 시위 ⑤ 주최자가 종결 선언을 한 집회 또는 시위 ⑥ 금지 및 제한 통고된 옥외집회 또는 시위 ⑦ 교통소통을 위하여 금지 및 제한한 집회 또는 시위
	해산의 절차	① 집회 또는 시위를 해산시키려는 때에는 관할 경찰관서장 또는 관할 경찰관서장으로부터 **권한을 부여받은 국가경찰공무원**은 다음의 순서에 따라야 한다. ② 절대적 시위금지사유에 해당하거나 금지시간의 경우(**불**법) 또는 신고의무를 이행하지 않고(신고불**이**행) 개최한 옥외집회 및 시위 또는 주최자가 **종**결 선언을 한 집회 또는 시위의 경우와 주최자·주관자·연락책임자 및 질서유지인이 집회 또는 시위 장소에 없는 경우에는 **종결 선언의 요청을 생략할 수 있다.**

: 두문자

불·이·종 없을 때

	종결선언의 요청	주최자에게 집회 또는 시위의 종결 선언을 요청하되, 주최자의 소재를 알 수 없는 경우에는 **주관자·연락책임자 또는 질서유지인을 통하여 종결 선언을 요청**할 수 있다.
	자진해산의 요청	종결 선언요청에 따르지 아니하거나 종결 선언에도 불구하고 집회 또는 시위의 참가자들이 집회 또는 시위를 계속하는 경우에는 **직접 참가자들에 대하여 자진해산할 것을 요청**한다.
	해산명령 및 직접해산	① 자진해산요청에 따르지 아니하는 경우에는 **세 번 이상 자진해산할 것을 명령(판례는 10분 이상의 간격을 두고 해산명령을 하여야 한다고 판시한다)**하고, 참가자들이 해산명령에도 불구하고 해산하지 아니하면 직접 해산시킬 수 있다. ② 해산명령은 반드시 '자진해산명령'이라는 용어를 사용할 필요는 없다는 것이 판례의 태도이다(대판 2017. 12.12, 2015도17738).

: 두문자

종·자·해·직

판례 ㅣ

1 집시법상의 집회란 **특정 또는 불특정 다수인이 특정한 목적 아래 일시적으로 장소에 모이는 것**을 말하고, 그 모이는 장소나 사람에 다과(多寡)에 제한이 있을 수 없다(대판 2001.10.9, 98다20929).

2 KBS 본관현관 앞 계단과 도로는 **천장이 없거나 사방이 폐쇄되지 않은 장소로서 집회나 시위**는 바로 집회 및 시위에 관한 법률 제2조 제1호에 규정된 옥외집회 또는 시위에 해당한다(대판 1991.6.28, 91도944).

3 집시법상 사전신고를 요하는 "시위를 주최하고자 하는 자"라 함은 시위를 주창하여 개최하거나 이를 주도하려는 자를 의미하고, 시위의 목적에 뜻을 같이하여 그 시위에 단순히 참가하였음에 불과한 자를 모두 시위의 주최자라고는 할 수는 없다(대판 1983.2.8, 82도1930).

4 **경찰버스들로 서울특별시 서울광장을 둘러싸 통행을 제지한 행위**는 서울광장에서 개최될 여지가 있는 일체의 집회를 금지할 뿐만 아니라 더 나아가서 일반시민들인 청구인들의 서울광장에서의 통행조차 금지한 것이어서 전면적이고 광범위하며 극단적인 조치이므로 서울광장 주변에 노무현 전 대통령을 추모하는 사람들이 상당히 많이 모여 있었다는 이유만으로 그들이 조건부 허용이나 개별적인 금지로는 통제될 수 없을 정도로 불법·폭력행위를 저지른 바 있다고 하더라도 그것만으로 폭력행위 발생일로부터 4일 후까지 이러한 조치를 그대로 유지해야 할 정도로 급박하고 명백한 불법·폭력 집회나 시위의 위험성이 남아 있었다고 할 수 없으므로 이 사건 통행 제지행위는 당시 상황에 비추어 필요한 조치였다고 보기 어렵다(헌재결 2011.6.30, 2009헌마406).

5 양심수를 시민들에게 알리기 위한 것이라는 **시위목적에 비추어, 시위자들이 죄수복 형태의 옷을 집단적으로 착용하고 포승으로 신체를 결박한 채 행진하려는 것은** 집회 및 시위에 관한 법률 제6조 제1항 및 같은 법 시행령 제2조에 규정된 시위의 방법과 관련되는 사항으로 **사전신고의 대상이** 된다(대판 2001.10.9, 98다20929).

6 천장이 없거나 사방이 폐쇄되지 않은 장소로서 이곳에서의 집회나 시위는 바로 집회 및 시위에 관한 법률 제2조 제1호에 규정된 옥외집회 또는 시위에 해당한다. 시위에 소요된 시간이 단시간이라거나 시위가 평화롭게 이루어졌다 하여도 옥외시위를 주최함에 있어서 관할 경찰서장에게 사전신고의무가 없는 것은 아니다(대판 1991.6.28, 91도944).

7 옥외집회 또는 시위가 개최될 것이라는 것을 관할 경찰서가 알고 있었다거나 그 집회 또는 시위가 평화롭게 이루어진다 하여 신구 집회 및 시위에 관한 법률 소정의 신고의무가 면제되는 것이라고는 할 수 없으므로 소정의 신고서 제출 없이 이루어진 옥외집회 또는 시위를 사회상규에 반하지 아니하는 정당한 행위라고 할 수는 없다(대판 1990.8.14, 90도870).

8 집회 및 시위에 관한 법률 제5조 제1항 제2호가 정하는 **집단적인 폭행, 협박 등으로 공공의 안녕질서에 직접적인 위협을 가할 것이 명백(현존 ✕)한 집회 및 시위**라고 판단되는 경우, 그 집회 및 시위의 장소가 대학교 구내라 할지라도 같은 법 제19조 제2항 및 제4항의 적용을 면할 수 없다(대판 2003.5.13, 2003도604).

9 피고인이 100여 명의 학생들과 함께 화염병, 쇠파이프 등을 들고 구호를 외치면서 시위를 하고 전경들을 체포하려고 했다면 이는 집회 및 시위에 관한 법률 제5조 제1항 제2호 소정의 '**집단적인 협박 등의 행위로 인하여 공공의 안녕질서에 직접적인 위협을 가한 것이 명백(현존 ✕)한 시위**'에 해당한다(대판 1990.7.24, 90도470).

10 경찰이 납치된 전경들을 구출하기 위하여 농성장소인 대학교 도서관 건물에 집입하기 직전 대학교 총장에게 이를 통고하고 이에 동 총장이 설득하였음에도 불구하고 이에 응하지 아니한 상황 아래에서는 현행의 불법감금상태를 제거하고 범인을 체포할 긴급한 필요가 있다고 보여지므로, 경찰이 압수수색영장 없이 대학교 도서관에 진입한 것이 적법한 공무집행에 해당한다(대판 1990.6.22, 90도767).

11 피고인이 특정 인터넷카페 회원 10여 명과 함께 불특정 다수의 시민들이 지나는 명동 한복판에서 퍼포먼스(Performance) 형태의 플래시 몹(flash mob) 방식으로 노조설립신고를 노동부가 반려한 데 대한 규탄 모임을 진행함으로써 집회 및 시위에 관한 법률(이하 '집시법'이라고 한다)상 미신고 옥외집회를 개최하였다는 내용으로 기소된 사안에서, 위 모임의 주된 목적, 일시, 장소, 방법, 참여인원, 참여자의 행위 태양, 진행 내용 및 소요시간 등 제반 사정에 비추어 볼 때 집시법 제15조에 의하여 신고의무의 적용이 배제되는 오락 또는 예술 등에 관한 집회라고 볼 수 없고, 그 실질에 있어서 정부의 청년실업 문제 정책을 규탄하는 등 주장하고자 하는 정치·사회적 구호를 대외적으로 널리 알리려는 의도하에 개최된 집시법 제2조 제1호의 옥외집회에 해당하여 집시법 제6조 제1항에서 정한 **사전신고의 대상이 된다**는 이유로, 같은 취지에서 피고인에게 유죄를 인정한 원심판단은 정당하다(대판 2013.3.28, 2011도2393).

12 당초 옥외집회를 개최하겠다고 신고하였지만 신고 내용과 달리 아예 옥외집회는 개최하지 아니한 채 신고한 장소와 인접한 건물 등에서 옥내집회만을 개최한 경우에는, 그것이 건조물침입죄 등 다른 범죄를 구성함은 별론으로 하고, 신고한 옥외집회를 개최하는 과정에서 그 신고범위를 일탈한 행위를 한 데 대한 집시법 위반죄로 처벌할 수는 없다(대판 2013.7.25, 2010도14545).

13 피고인들이 이미 신고한 행진 경로를 따라 행진로인 하위 1개 차로에서 2회에 걸쳐 약 15분 동안 연좌하였다는 사실 외에 이미 신고한 집회방법의 범위를 벗어난 사항은 없고, 약 3시간 30분 동안 이루어진 집회시간 동안 연좌시간도 약 15분에 불과한 사안에서, 위 옥외집회 등 주최행위가 **신고한 범위를 뚜렷이 벗어나는 경우에 해당하지 아니한다**(대판 2010.3.11, 2009도10425).

14 집회의 신고가 경합할 경우, 먼저 신고된 집회의 목적, 장소 및 시간, 참여예정인원, 집회 신고인이 기존에 신고한 집회건수와 실제로 집회를 개최한 비율 등 먼저 신고된 집회의 실제 개최 가능성 여부와 양 집회의 상반 또는 방해가능성 등 제반사정을 확인하여 먼저 신고된 집회가 다른 집회의 개최를 봉쇄하기 위한 허위 또는 가장 집회신고에 해당함이 객관적으로 분명해 보이는 경우라도 관할경찰관서장이 단지 먼저 신고가 있었다는 이유만으로 뒤에 신고된 집회에 대하여 **집회 자체를 금지하는 통고를 하여서는 아니 되고, 설령 이러한 금지통고에 위반하여 집회를 개최하였다고 하더라도 그러한 행위를 집시법상 금지통고에 위반한 집회개최행위에 해당한다고 보아서는 아니 된다**(대판 2014.12.11, 2011도13299).

15 집시법 시행령 제13조 제1항에서 정한 사유에 해당한다면 반드시 집회 또는 시위가 이루어지는 장소 외곽의 경계지역뿐만 아니라 집회 또는 시위의 장소 안에도 설정할 수 있다고 봄이 타당하나, 이러한 경우에도 그 질서유지선은 집회 및 시위의 보호와 공공의 질서 유지를 위하여 필요하다고 인정되는 최소한의 범위를 정하여 설정되어야 하고, 질서유지선이 위 범위를 벗어나 설정되었다면 이는 집시법 제13조 제1항에 위반되어 적법하다고 할 수 없다. 집회 및 시위에 관한 법률(이하 '집시법'이라 한다) 제2조 제5호가 정의하는 질서유지선은 띠, 방책, 차선 등 물건 또는 도로교통법상 안전표지로 설정된 경계표지를 말하므로, **경찰관을 배치하는 방법으로 설정된 질서유지선은 집시법상 질서유지선에 해당하지 아니한다**(대판 2019.1.10, 2016도21311).

16 건설업체 노조원들이 '임·단협 성실교섭 촉구 결의대회'를 개최하면서 **차도의 통행방법으로 신고하지 아니한 삼보일배 행진을 하여 차량의 통행을 방해한 사안에서, 그 시위방법이 장소, 태양, 내용, 방법과 결과 등에 비추어 사회통념상 용인될 수 있는 다소의 피해를 발생시킨 경우에 불과하고, 구 집회 및 시위에 관한 법률에 정한 신고제도의 목적 달성을 심히 곤란하게 하는 정도에 이른다고 볼 수 없어, **사회상규에 위배되지 않는 정당행위에 해당한다**(대판 2009.7.23, 2009도840).

기출 OX

01 집회의 신고가 경합할 경우, 먼저 신고된 집회의 목적, 장소 및 시간, 참여예정인원, 집회 신고인이 기존에 신고한 집회건수와 실제로 집회를 개최한 비율 등 먼저 신고된 집회의 실제 개최 가능성 여부와 양 집회의 상반 또는 방해가능성 등 제반사정을 확인하여 먼저 신고된 집회가 다른 집회의 개최를 봉쇄하기 위한 허위 또는 가장 집회신고에 해당함이 객관적으로 분명해 보이는 경우라도 관할 경찰관서장이 뒤에 신고된 집회에 대하여 금지통고를 했다면, 이러한 금지통고에 위반하여 집회를 개최한 행위는 집회 및 시위에 관한 법률에 위배된다. 22. 경찰 ( )

02 질서유지선이 집회 미치 시위의 보호와 공공의 질서 유지를 위하여 필요하다고 인정되는 최소한의 범위를 정하여 설정되고 집회 및 시위에 관한 법률 시행령 관련 조항에서 정한 사유에 해당한다면, 집회 또는 시위가 이루어지는 장소 외곽의 경계지역뿐 아니라 집회 또는 시위의 장소 안에도 설정할 수 있다. 22. 경찰 ( )

정답 **01** ✕ **02** ○

제6장 / 안보경찰

01 방첩활동 ✿✿

<table>
<tr>
<td>의의</td>
<td colspan="2">적국에 의한 태업 · 간첩 · 전복 등 위해로부터 국가안전을 보장하기 위한 일체의 활동(비밀유지 또는 보안유지라고도 한다)</td>
</tr>
<tr>
<td rowspan="3">방첩의
기본원칙</td>
<td>완전협조의
원칙</td>
<td>방첩기관은 보조기관 및 일반대중으로부터 완전한 협조가 필요하다.</td>
</tr>
<tr>
<td>치밀의 원칙</td>
<td>간첩은 치밀한 계획하에 침투준비를 하므로 이에 상응하는 치밀한 계획과 준비로 간첩활동에 대한 대비가 이루어져야 한다.</td>
</tr>
<tr>
<td>계속접촉의
원칙</td>
<td>① 조직망 전체가 파악될 때까지 계속 접촉을 유지하고 조직망의 파악 이후에 일망타진을 할 수 있도록 하여야 한다.
② 계속접촉의 유지는 탐지 ➡ 판명 ➡ 주시 ➡ 이용 ➡ 검거의 순서로 이루어진다.</td>
</tr>
<tr>
<td rowspan="3">방첩의
수단</td>
<td>적극적
방첩수단</td>
<td>① 적에 대한 첩보수집
② 침투공작 전개
③ 적의 첩보공작 분석
④ 대상인물 감시
⑤ 간첩신문
⑥ 역용공작: 검거된 간첩을 전향시켜 충성, 협력할 것을 서약받은 후 역용가치가 있을 경우에는 그 간첩을 활용하여 적의 첩보수집과 다른 간첩을 검거하는 데 이용하는 것</td>
</tr>
<tr>
<td>소극적
방첩수단</td>
<td>① 정보 및 자재보안의 확립
② 인원보안의 확립
③ 시설보안의 확립
④ 보안업무 규정화 확립
⑤ 입법사항의 건의</td>
</tr>
<tr>
<td>기만적
방첩수단</td>
<td>① 심리전의 중요한 수단이다.
② 허위정보의 유포: 사실을 허위 · 날조하여 우리가 기도하고 있는 바를 적이 오인하도록 하는 방법
③ 양동간계시위: 거짓행동을 적에게 시위함으로써 우리가 기도한 바를 적이 오인 · 판단하도록 하는 방법
④ 유언비어 유포: 유언비어를 유포하여 적이 오인하도록 하는 방법</td>
</tr>
</table>

: 두문자
완 · 치 · 계속

: 두문자
탐 · 판 · 주 · 이 · 검

02 간첩활동 ✤✤✤

의의			한 국가의 이익을 위하여 비밀 또는 허위의 구실하에 정보수집을 하거나 태업, 전복활동을 하는 모든 조직적 구성분자를 말한다.
간첩의 구분	인원수에 의한 구분	대량형 간첩	① 광범위한 분야의 정보를 수집하는 간첩이다. ② 주로 **전시**에 파견된다. ③ 지명형 간첩의 보호를 위해 파견되는 경우도 있다.
		지명형 간첩	① 특정 목표 및 임무를 부여 받아 해당 정보를 수집하도록 개별적으로 지명하여 침투된 간첩을 말한다. ② 고정간첩인 경우가 많으며 전쟁 및 평상시를 불문하고 파견된다.
	활동**방**법에 의한 구분	고정 간첩	① **일정한 공작기간이 없다.** ② 지역적 연고권과 생업을 유지하며 **합법적으로 보장된 신분**을 구비한다. ③ 일정 지역에서 장기간·고정적으로 간첩활동을 하도록 임무를 부여받고 활동한다.
		배회 간첩	① **일정한 공작기간이 설정되어 있다.** ② 일정한 주거장소 없이 전국을 배회하며 임무를 수행한다. ③ 배회기간 중 확고한 토대가 구축되고 합법적 신분을 획득하는 경우 고정간첩으로 변경될 수 있다.
		공행 간첩	① 상사 주재원, 외교관 등과 같이 공용의 목적으로 입국하여 합법적인 신분을 가지고 있는 간첩이다. ② 대상 국가에 입국할 때 합법적 신분을 보장받는다는 특징이 있다.
	임무에 의한 구분	일반 간첩	① 우리나라의 대다수 간첩이 일반간첩에 해당한다. ② 일반적인 정보를 수집하거나 또는 태업공작, 전복공작을 전개한다.
		증원 간첩	① 이미 구성된 간첩망의 보강을 위해 파견되는 간첩이다. ② 납치 또는 월북 유도 등을 주된 임무로 한다.
		보급 간첩	① 남파간첩의 공작활동에 필요한 공작금품, 장비, 증명서 등 물적 지원의 임무를 담당한다. ② 간첩을 파견하기 위해 필요한 일정한 장소에서 토대를 구축한다.
		무장 간첩	① 특별한 훈련을 받으며 요인암살, 남파간첩의 호송, 월북안내, 연락 및 남파루트 등을 개척한다. ② 부수적으로 휴전선 일대의 군사정보수집을 그 임무로 한다.
	손자의 간첩구분	향간	적국의 **시민**을 사용하여 정보활동을 하는 것
		내간	적의 **관리**를 매수하여 정보활동을 시키는 것
		반간	적의 간첩을 **역**으로 이용하여 아군을 위해 활동하는 것
		사간	배반할 염려가 있는 **아**군의 간첩으로 하여금 고의로 조작된 허위 정보를 사실로 알고 적에게 전언 또는 누설하게 하는 것. 이 경우 간첩은 피살되기 마련이므로 사간이라 한다.
		생간	적국 내에 잠입하여 정보활동을 하고 **살**아 돌아와 보고하는 간첩

: 두문자

방배공고

: 두문자

향시 / 내관 / 반역 / 사아 / 생살

기출 OX

01 피라미드형은 간첩 밑에 주공작원 2~3명을 두고, 주공작원은 그 밑에 각각 2~3명의 행동공작원을 두는 조직형태로 일시에 많은 공작을 입체적으로 수행할 수 있어 활동 범위가 넓고 조직구성에 많은 시간이 소요되지 않는다는 장점이 있다.
17. 경찰   (   )

02 레포형은 삼각형 조직에 있어서 간첩과 주공작원 간, 행동공작원 상호간에 연락원을 두고 종·횡으로 연결하는 형태이다. 19. 경찰승진
          (   )

:두문자

피레미드

간첩망의 형태	단일형	① 단독으로 활동하는 간첩 ② 보안유지, 신속한 활동이 가능하다는 것이 장점이다. ③ 활동범위가 **협소**하고 **공작성과가 낮다**.
	삼각형	① 간첩이 3명 이내의 공작원을 포섭하여 지휘하고 포섭된 공작원간 횡적 연락을 차단한 형태 ② 보안유지가 용이하고 일망타진 가능성은 적다. ③ 활동범위가 좁고 공작원 검거시 간첩 정체가 쉽게 노출된다. ④ **지하당 구축**에 가장 많이 쓰이는 형태
	피라미드형	① 간첩이 주공작원 2~3명을 두고 그 밑에 각 2~3명의 행동공작원을 두는 조직형태 ② 일시에 많은 공작을 입체적으로 수행할 수 있고 활동범위가 넓다. ③ 행동의 노출이 쉽고 일망타진 가능성이 높으며 조직구성에 많은 시간이 소요된다.
	써클형	① 합법적 신분을 이용하여 침투하고 대상국의 정치·사회문제를 활용하여 적국의 이념이나 사상에 동조하도록 유도하는 형태 ② 간첩활동이 자유롭고 대중적 조직과 동원이 가능하다. ③ 간첩의 정체가 폭로되었을 때 외교적 문제가 야기될 수 있다.
	레포형	피라미드형 조직에 있어서 간첩과 주공작원간, 행동공작원 상호간에 연락원을 두고 종횡으로 연결하는 방식

03 태업활동 ✹✹

의의	대상국가의 전쟁 수행능력, 방위력을 약화시키기 위하여 행해지는 직접적·간접적인 모든 손상, 파괴행위를 말한다.
태업의 대상	① 전략·전술적인 가치를 가진 것 ② 태업에 필요한 기구를 용이하게 입수할 수 있고, 접근이 가능할 것 ③ 파괴되면 수리하거나 대체하기가 어렵고 많은 시간이 소요되는 것
태업의 형태	**물리적 태업** ① **방화태업**: 화재를 통한 태업의 방법으로 가장 파괴력이 강하고 우연한 사고로 가장하기 용이하다. ② **폭파태업**: 폭발물을 사용하여 목표물을 파괴하는 태업으로 파괴가 전체적이고 즉각적일 때 사용한다. ③ **기계태업**: 기계·기구에 손상을 가하거나 조작하여 큰 파괴를 유발시키는 태업으로 사용자가 사전에 결함을 발견하기 어려워 성공가능성이 높다.
	심리적 태업 ① **선전태업**: 허위사실 또는 유언비어의 유포, 반정부 선동 등으로 민심을 혼란시키고 사회불안을 일으켜 전쟁수행능력에 영향을 미치게 하는 태업 ② **경제태업**: 위조통화 및 증권의 유통, 대규모 부도사태 촉발, 악성 노동쟁의행위 확산 등 대상국의 경제질서를 혼란 또는 마비시키는 태업 ③ **정치태업**: 정치적 갈등과 분열을 일으켜 국민적 불신과 불화를 조장하는 태업

정답 **01** ✕ **02** ✕

04 그 밖의 활동 ✿✿

전복	의의		폭력수단의 동원과 같은 위헌적인 방법으로 헌법에 의해 설치된 국가기관을 강압적인 방법으로 변혁하거나 기능을 저하시키기 위하여 취하여지는 실력행사를 말한다.
	전복의 형태	국가전복	협의의 혁명으로 피치자가 치자를 무력으로 타도하여 정권을 탈취하는 행위를 말하며 헌법의 파기라고도 한다.
		정부전복	**동일계급 내의 일부세력**이 집권세력을 폭력으로 기습·제압하여 정권을 차지하거나 권력을 강화하는 쿠데타를 말한다. 헌법의 폐지라고도 한다.
공작	의의		정보기관이 어떠한 목적하에 주어진 목표에 대하여 계획적으로 수행하는 비밀활동을 말한다.
	비밀공작의 성격		① **헌신성**: 국가목적적 헌신성이 요구된다. ② **비밀성**: 공작의 계획추진과정 뿐만 아니라 종료 후에도 비밀유지가 요구된다. ③ **전제성**: 강력한 통제하에 수행되며 지령에 대한 이의를 불허한다. ④ **복선성**: 노출에 대비하여 주관자는 철저한 위장대책의 수립이 필요하다. ⑤ **변화성**: 현실상황에 따라 다양한 대처로 비정형성을 띤다. ⑥ **다양성**: 적대국, 제3국, 우방국 등 다양한 대상에 전개된다. ⑦ **장기성**: 목적의 성과보다 장기에 걸친 활동효과를 추구한다.
	공작의 4대요소		① **주관자**(공작관) ② **공작목표** ③ **공작원**(주공작원, 행동공작원, 지원공작원) ④ **공작금**
선전	의의		특정집단의 심리를 자극하여 해당 집단의 감정이나 견해를 공작국가측에 유리하도록 유도하기 위해 계획적으로 특정 주장 및 지식 등을 전파하는 심리전 기술이다.
	출처공개 여부에 따른 구분	백색선전	주체 및 출처 등을 밝히면서 **공개적**으로 행하는 선전활동
		회색선전	출처가 **불분명**한 선전활동
		흑색선전	주체 및 출처의 **위장 후** 암암리에 행하는 선전활동
	심리전의 운용에 따른 구분	전략 심리전	광범위하고 장기적인 목표 아래 대상국의 전 국민을 대상으로 실시하는 심리전
		전술 심리전	단기적인 목표하에 즉각적인 효과를 기대하고 실시하는 심리전

:두문자

주·목·원·금

05 국가보안법 ✿✿✿

1. 국가보안법의 특징

국가보안법의 성격	형사특별법	일반형법과 형사소송법에 대한 **특별법**이다.
	형사사법법	국가형벌권의 실현을 목적으로 하는 **형사사법**에 해당한다.

	고의범만 처벌		국가보안법 위반사범의 경우 고의범만 처벌하고, **과실범에 대한 처벌 규정은 없다.**
형법에 대한 특례	미수·예비·음모죄의 확대	미수 ○, 예비·음모 ○	반국가단체구성·가입죄, **목적수행죄**, **자진지원죄**, 잠입·탈출죄, **편의제공죄**(무기류 등 제공), 이적단체구성·가입죄
		미수 ○, 예비·음모 ✕	그 외 나머지 죄
		미수 ✕, 예비·음모 ✕	**불고지죄**, **특수직무유기죄**, **무고·날조죄**
	정범의 확대		① 국가보안법은 교사·방조범과 같은 **종범의 경우에도 별도의 처벌규정을 두어 정범으로 처벌**하고 있다. ② 종범을 정범으로 처벌하는 규정: **편의제공죄**(제9조), **찬양·고무·선전·동조죄**(제7조), **불고지죄**(제10조)
	불고지죄에 대한 처벌		① 모든 국민에 대하여 일반적인 고지의무를 부과하고 있다. ② **대상범죄: 반국가단체구성·가입죄, 목적수행죄, 자진지원죄**
	재범자의 특수가중		국가보안법, 군형법 제13조, 제15조 또는 형법상 내란의 죄·외환의 죄를 범하여 **금고 이상의 형의 선고**를 받고 그 형의 집행을 종료하지 아니한 자 또는 그 집행을 종료하거나 집행을 받지 아니하기로 확정된 후 **5년이 경과하지 아니한 자**가 다시 국가보안법상의 죄를 범한 때에는 그 죄에 대한 **법정형의 최고를 사형**으로 한다.
	자격정지형의 병과		국가보안법의 죄에 관하여 **유기징역형을 선고**할 때에는 그 **형의 장기 이하의 자격정지**를 병과할 수 있다.
	몰수·추징 및 압수물의 특별처분		① 국가보안법의 죄를 범하고 그 보수를 받은 때에는 이를 **몰수한다.** 다만, 이를 몰수할 수 없을 때에는 그 가액을 **추징한다**(필요적 몰수·추징). ② 검사는 이 법의 죄를 범한 자에 대하여 소추를 하지 아니할 때에는 압수물의 폐기 또는 국고귀속을 명할 수 있다.
	형의 특별감면		① 형의 **필요적 감면제도**를 두어 범인의 자수를 유도하거나 고발을 촉진하도록 유도하고 있다. ② 다음의 어느 하나에 해당한 때에는 그 형을 감경 또는 면제한다. 　㉠ 국가보안법의 죄를 범한 후 **자수한 때** 　㉡ 국가보안법의 죄를 범한 자가 이 법의 죄를 범한 **타인을 고발**하거나 타인이 이 법의 죄를 범하는 것을 **방해한 때**
형사소송법에 대한 특례	피의자 구속기간의 연장		① 지방법원판사는 **제3조 내지 제10조의 죄**로서 **사법경찰관**이 검사에게 신청하여 검사의 청구가 있는 경우에 수사를 계속함에 상당한 이유가 있다고 인정한 때에는 형사소송법 제202조의 **구속기간의 연장을 10일 이내 범위에서 1차에 한하여 허가**할 수 있다(**최장 20일까지**).

	② 지방법원판사는 제1항의 죄로서 **검사**의 청구에 의하여 수사를 계속함에 상당한 이유가 있다고 인정한 때에는 형사소송법 제203조의 **구속기간의 연장을 10일 이내 범위에서 2차에 한하여 허가**할 수 있다(**최장 50일까지**). ③ 찬양 · 고무죄(제7조)와 불고지죄(10조)와 특수직무유기죄(제11조), 무고날조죄(제12조) 경우에는 헌법재판소의 위헌판결을 받아 구속시간의 연장이 불가능하다.
참고인의 구인과 유치	① 검사 또는 사법경찰관으로부터 국가보안법에 정한 죄의 **참고인으**로 출석을 요구받은 자가 정당한 이유 없이 **2회 이상** 출석요구에 불응한 때에는 관할 법원판사의 **구속영장을 발부받아 구인할 수 있다.** ② 구속영장에 의하여 참고인을 구인하는 경우에 필요한 때에는 근접한 경찰서 기타 적당한 장소에 **임시로 유치할 수 있다.**
공소보류	① 검사는 국가보안법의 죄를 범한 자에 대하여 형법 제51조의 사항을 참작하여 **공소제기를 보류할 수 있다.** ② **공소보류를 받은 자가 공소의 제기 없이 2년을 경과**한 때에는 **소추할 수 없다.** ③ **공소보류를 받은 자**가 법무부장관이 정한 감시 · 보도에 관한 **규칙에 위반한 때에는 공소보류를 취소할 수 있다.** ④ **공소보류가 취소된 경우**에는 형사소송법 제208조의 규정에 불구하고 **동일한 범죄사실로 재구속할 수 있다.**

2. 국가보안법의 구성요건

국가보안법

제2조【정의】 ① 이 법에서 "반국가단체"라 함은 정부를 참칭하거나 국가를 변란할 것을 목적으로 하는 국내외의 결사 또는 집단으로서 지휘통솔체제를 갖춘 단체를 말한다.

제3조【반국가단체의 구성등】 ① 반국가단체를 구성하거나 이에 가입한 자는 다음의 구별에 따라 처벌한다.

  1. 수괴의 임무에 종사한 자는 사형 또는 무기징역에 처한다.
  2. 간부 기타 지도적 임무에 종사한 자는 사형 · 무기 또는 5년 이상의 징역에 처한다.
  3. 그 이외의 자는 2년 이상의 유기징역에 처한다.
  ② 타인에게 반국가단체에 가입할 것을 권유한 자는 2년 이상의 유기징역에 처한다.
  ③ 제1항 및 제2항의 미수범은 처벌한다.
  ④ 제1항 제1호 및 제2호의 죄를 범할 목적으로 예비 또는 음모한 자는 2년 이상의 유기징역에 처한다.
  ⑤ 제1항 제3호의 죄를 범할 목적으로 예비 또는 음모한 자는 10년 이하의 징역에 처한다.

제4조【목적수행】 ① 반국가단체의 구성원 또는 그 지령을 받은 자가 그 목적수행을 위한 행위를 한 때에는 다음의 구별에 따라 처벌한다.

  1. 형법 제92조 내지 제97조 · 제99조 · 제250조 제2항 · 제338조 또는 제340조 제3항에 규정된 행위를 한 때에는 그 각조에 정한 형에 처한다.
  2. 형법 제98조에 규정된 행위를 하거나 국가기밀을 탐지 · 수집 · 누설 · 전달하거나 중개한 때에는 다음의 구별에 따라 처벌한다(이하 생략).
  ② 제1항의 미수범은 처벌한다.
  ③ 제1항 제1호 내지 제4호의 죄를 범할 목적으로 예비 또는 음모한 자는 2년 이상의 유기징역에 처한다.

④ 제1항 제5호 및 제6호의 죄를 범할 목적으로 예비 또는 음모한 자는 10년 이하의 징역에 처한다.

제5조【자진지원·금품수수】① 반국가단체나 그 구성원 또는 그 지령을 받은 자를 지원할 목적으로 자진하여 제4조 제1항 각호에 규정된 행위를 한 자는 제4조 제1항의 예에 의하여 처벌한다.
② 국가의 존립·안전이나 자유민주적 기본질서를 위태롭게 한다는 정을 알면서 반국가단체의 구성원 또는 그 지령을 받은 자로부터 금품을 수수한 자는 7년 이하의 징역에 처한다.
③ 제1항 및 제2항의 미수범은 처벌한다.
④ 제1항의 죄를 범할 목적으로 예비 또는 음모한 자는 10년 이하의 징역에 처한다.

제6조【잠입·탈출】① 국가의 존립·안전이나 자유민주적 기본질서를 위태롭게 한다는 정을 알면서 반국가단체의 지배하에 있는 지역으로부터 잠입하거나 그 지역으로 탈출한 자는 10년 이하의 징역에 처한다.
② 반국가단체나 그 구성원의 지령을 받거나 받기 위하여 또는 그 목적수행을 협의하거나 협의하기 위하여 잠입하거나 탈출한 자는 사형·무기 또는 5년 이상의 징역에 처한다.
④ 제1항 및 제2항의 미수범은 처벌한다.
⑤ 제1항의 죄를 범할 목적으로 예비 또는 음모한 자는 7년 이하의 징역에 처한다.
⑥ 제2항의 죄를 범할 목적으로 예비 또는 음모한 자는 2년 이상의 유기징역에 처한다.

제7조【찬양·고무등】① 국가의 존립·안전이나 자유민주적 기본질서를 위태롭게 한다는 정을 알면서 반국가단체나 그 구성원 또는 그 지령을 받은 자의 활동을 찬양·고무·선전 또는 이에 동조하거나 국가변란을 선전·선동한 자는 7년 이하의 징역에 처한다.
③ 제1항의 행위를 목적으로 하는 단체를 구성하거나 이에 가입한 자는 1년 이상의 유기징역에 처한다.
④ 제3항에 규정된 단체의 구성원으로서 사회질서의 혼란을 조성할 우려가 있는 사항에 관하여 허위사실을 날조하거나 유포한 자는 2년 이상의 유기징역에 처한다.
⑤ 제1항·제3항 또는 제4항의 행위를 할 목적으로 문서·도화 기타의 표현물을 제작·수입·복사·소지·운반·반포·판매 또는 취득한 자는 그 각항에 정한 형에 처한다.
⑥ 제1항 또는 제3항 내지 제5항의 미수범은 처벌한다.
⑦ 제3항의 죄를 범할 목적으로 예비 또는 음모한 자는 5년 이하의 징역에 처한다.

제8조【회합·통신등】① 국가의 존립·안전이나 자유민주적 기본질서를 위태롭게 한다는 정을 알면서 반국가단체의 구성원 또는 그 지령을 받은 자와 회합·통신 기타의 방법으로 연락을 한 자는 10년 이하의 징역에 처한다.
③ 제1항의 미수범은 처벌한다.

제9조【편의제공】① 이 법 제3조 내지 제8조의 죄를 범하거나 범하려는 자라는 정을 알면서 총포·탄약·화약 기타 무기를 제공한 자는 5년 이상의 유기징역에 처한다.
② 이 법 제3조 내지 제8조의 죄를 범하거나 범하려는 자라는 정을 알면서 금품 기타 재산상의 이익을 제공하거나 잠복·회합·통신·연락을 위한 장소를 제공하거나 기타의 방법으로 편의를 제공한 자는 10년 이하의 징역에 처한다. 다만, 본범과 친족관계가 있는 때에는 그 형을 감경 또는 면제할 수 있다.
③ 제1항 및 제2항의 미수범은 처벌한다.
④ 제1항의 죄를 범할 목적으로 예비 또는 음모한 자는 1년 이상의 유기징역에 처한다.

제10조【불고지】제3조, 제4조, 제5조 제1항·제3항(第1項의 未遂犯에 한한다)·제4항의 죄를 범한 자라는 정을 알면서 수사기관 또는 정보기관에 고지하지 아니한 자는 5년 이하의 징역 또는 200만원 이하의 벌금에 처한다. 다만, 본범과 친족관계가 있는 때에는 그 형을 감경 또는 면제한다.

제11조【특수직무유기】범죄수사 또는 정보의 직무에 종사하는 공무원이 이 법의 죄를 범한 자라는 정을 알면서 그 직무를 유기한 때에는 10년 이하의 징역에 처한다. 다만, 본범과 친족관계가 있는 때에는 그 형을 감경 또는 면제할 수 있다.

제12조【무고, 날조】① 타인으로 하여금 형사처분을 받게 할 목적으로 이 법의 죄에 대하여 무고 또는 위증을 하거나 증거를 날조·인멸·은닉한 자는 그 각조에 정한 형에 처한다.
② 범죄수사 또는 정보의 직무에 종사하는 공무원이나 이를 보조하는 자 또는 이를 지휘하는 자가 직권을 남용하여 제1항의 행위를 한 때에도 제1항의 형과 같다. 다만, 그 법정형의 최저가 2년 미만일 때에는 이를 2년으로 한다.

반국가단체의 구성·가입죄 (제3조)	반국가단체	정부참칭·국가변란 목적	① 정부참칭이란 정부를 사칭하는 것으로 정부와 동일한 명칭을 사용할 필요는 없고, 일반인이 정부로 오인할 정도면 충분하다. ② 국가변란이란 정부를 구성하는 자연인의 사임이나 교체만으로는 부족하고 정부조직이나 제도를 파괴 또는 변혁하는 것을 의미한다(형법상 내란죄의 국헌문란 > 국가변란).
		국내외의 결사·집단	① 장소적 요건은 반국가단체의 구성요건이 아니다. ② 결사 또는 집단이란 구성원이 2인 이상이어야 하고, 계속성이 있어야 하나 영구히 존속할 필요는 없고 일정한 기간 존속하면 족하다.
		지휘통솔 체계	단체를 유지하기 위하여 일정한 위계 및 분담체계를 갖춘 결합체를 의미한다.
	처벌	구성·가입죄	① 미수뿐만 아니라 예비·음모도 처벌한다. ② 구성원의 지위와 역할정도에 따라 법정형의 차이가 있다.
		가입권유죄	① 미수만 처벌할 뿐 예비·음모는 처벌하지 않는다. ② 구성원의 지위와 역할정도에 따라 법정형의 차이가 없다.
목적수행죄 (제4조)	주체의 제한		반국가단체의 구성원 또는 그 지령은 받은 자만 본죄의 주체가 된다.
	목적수행의 행위태양	제1호	외환의 죄, 존속살해죄, 강도살인죄, 강도치사죄 등
		제2호	간첩죄, 간첩방조죄, 국가기밀탐지 등의 죄
		제3호	소요죄, 폭발물사용죄, 방화죄, 살인죄 등
		제4호	중요시설파괴죄, 약취·유인죄, 항공기·무기 등의 이동 등의 범죄
		제5호	유가증권위조죄, 상해죄, 국가기밀·서류·물품의 손괴 은닉 등의 범죄
		제6호	선전선동죄, 허위사실날조·유포 등의 범죄
	목적수행 간첩죄		① 군사에 관한 기밀에 한정되지 아니하여야 하며, 모든 기밀사항을 포함하나 이미 일반인에게 널리 알려진 공지의 사실 등은 기밀에 해당하지 않는다. ② 기수시점: 군사상 기밀에 속하는 사항을 탐지·수집함으로써 간첩행위는 완성되며, 지령자에게 도달하지 않은 경우에도 본죄의 기수가 성립한다. ③ 실행의 착수시점: 남파간첩이 남하하여 대한민국 지역에 침입하면 이미 간첩행위에 착수한 것으로 인정된다. ④ 간첩방조죄는 무기나 금품의 제공과 같은 유형방조, 격려 등과 같은 정신적 무형방조가 모두 포함된다. ⑤ 국가보안법상 간첩죄와 간첩방조죄는 그 처벌이 동일하다.

참고
목적수행죄 태양에 국가보안법상 범죄태양은 속하지 않는다.

기출 OX
01 형법상 내란죄에서의 국헌문란이란 헌법 또는 법률의 기능을 소멸시키거나 헌법에 의하여 설치된 국가기관을 전복 또는 그 권능행사를 불가능하게 하는 것으로 국가보안법상 국가변란이 국헌문란보다 더 넓은 개념이다. 10. 경찰 ( )

정답 01 ✕

자진지원죄 (제5조)	자진지원죄	주체	**반국가단체의 구성원 또는 그 지령은 받은 자를 제외**한 자만이 본죄의 주체가 된다.
		목적	반국가단체의 구성원 또는 그 지령은 받은 자를 지원할 목적을 요한다.
		행위태양	① 자진하여 목적수행죄의 제1호 ~ 제6호까지의 행위를 하여야 한다. ② '자진하여'란 **반국가단체나 그 구성원 또는 그 지령을 받은 자의 요구나 권유 등에 의하지 아니하고 아무런 의사의 연락 없이** 스스로의 의사에 의하여 범행하여야 한다.
	금품수수죄	주체	자진지원죄와는 달리 **반국가단체의 구성원 또는 그 지령은 받은 자도 본죄의 주체가 될 수 있다(주체의 제한 ×).**
		목적범	'국가의 존립·안전이나 자유민주적 기본질서를 위태롭게 한다는 정을 알면서'라는 소위 '**이적지정**(利敵知情)'을 갖고 반국가단체의 구성원 또는 그 지령을 받은 자로부터 금품을 수수하여야 한다.
		행위태양	① 반국가단체의 구성원 또는 그 지령을 받은 자로부터 금품을 수수하는 것을 말한다. ② 대법원은 "본죄는 금품을 수수함에 의하여 성립하는 것으로서, 그 **수수가액이나 가치는 물론 그 목적도 가리지 아니하고, 그 금품수수가 대한민국을 해할 의도가 있는 경우에 한하는 것도 아니다**(대판 1995.9.26, 95도1624)."라고 판시하였다.
잠입·탈출죄 (제6조)	단순잠입·탈출죄		① **주관적 요건**: '국가의 존립·안전이나 자유민주적 기본질서를 위태롭게 한다는 정을 알면서'라고 하여 소위 '**이적지정**(利敵知情)'을 요건으로 한다. ② **장소적 요건**: 반국가단체의 지배하에 있는 지역으로부터 침입하거나 그 지역으로 탈출하는 행위
	특수잠입·탈출죄		① **주관적 요건**: '**반국가단체나 그 구성원의 지령을 받거나 또는 목적수행을 협의하거나 협의하기 위하여**'를 요건으로 한다. ② **장소적 요건**: 제한이 없다.
찬양·고무죄 (제7조)	찬양·고무·동조죄		① 주체에는 아무런 제한이 없다. ② **이적지정**(국가의 존립·안전이나 자유민주적 기본질서를 위태롭게 한다는 정을 알면서) + 반국가단체나 그 구성원 또는 그 지령을 받은 자의 활동을 **찬양·고무·선전** 또는 이에 동조하거나 **국가변란을 선전·선동**한 자
	이적단체 가입·구성죄		① 주체에는 아무런 제한이 없다. ② **이적단체**란 반국가단체를 찬양·고무·선전 등을 목적으로 구성된 단체를 말한다. 반국가단체가 존재해야 그에 대한 이적단체도 성립된다. ③ 반국가단체구성 및 가입죄와 달리 구성원의 지위와 역할정도에 따라 **법정형에 차등이 없다.**

기출 OX

01 국가보안법 제6조 제2항의 특수잠입·탈출죄는 국가의 존립안전이나 자유민주적 기본질서를 위태롭게 한다는 정을 알면서 반국가단체의 지배하에 있는 지역으로부터 잠입하거나 그 지역으로 탈출함으로써 성립하는 죄이며, 주체에는 아무런 제한이 없다.
19. 경찰승진 ( )

정답 01 ×

	이적단체 구성원의 허위사실 날조·유포죄	① **이적단체의 구성원만**이 본죄의 주체가 될 수 있다. ② 사회질서의 혼란을 조성할 우려가 있는 사항에 관하여 **허위사실을 날조하거나 유포**함으로써 성립한다. ③ 반국가단체구성 및 가입죄와 달리 구성원의 지위와 역할정도에 따라 <u>법정형에 차등이 없다.</u>
	안보위해문건 제작 등의 죄	위 3개의 행위를 할 목적으로 문서·도화 기타의 표현물을 제작·수입·복사·소지·운반·반포·판매 또는 취득한 자는 그 각항에 정한 형에 처한다.
회합·통신죄 (제8조)	주체	주체에는 특별한 제한이 없다.
	행위태양	① 이적지정(국가의 존립·안전이나 자유민주적 기본질서를 위태롭게 한다는 정을 알면서) + 반국가단체의 구성원 또는 그 지령을 받은 자와 **회합·통신 기타의 방법으로 연락**을 한 자 ② <u>단순한 신년인사나 안부편지 등을 특별한 사정이 없는 한 본죄를 구성하지 않는다.</u>
편의제공죄 (제9조)	무기류 등의 편의제공	① 국가보안법 제3조 내지 제8조의 죄를 범하거나 범하려는 자라는 정을 알면서 총포·탄약·화약 기타 무기를 제공한 자는 5년 이상의 유기징역에 처한다. ② **예비·음모는 처벌**하나 <u>친족에 대한 감면규정은 없다.</u>
	기타 편의제공	① 국가보안법 제3조 내지 제8조의 죄를 범하거나 범하려는 자라는 정을 알면서 금품 기타 재산상의 이익을 제공하거나 잠복·회합·통신·연락을 위한 장소를 제공하거나 기타의 방법으로 편의를 제공한 자는 10년 이하의 징역에 처한다. ② 임의적 감면: 다만, **본범과 친족관계가 있는 때에는 그 형을 감경 또는 면제할 수 있다.**
불고지죄 (제10조)	구성요건	반국가단체구성·가입죄, 목적수행죄, 자진지원죄의 죄를 범한 자라는 정을 알면서 수사기관 또는 정보기관에 고지하지 아니한 자는 **5년 이하의 징역** 또는 **200만원 이하의 벌금**에 처한다(국가보안법상 **유일한 벌금형**).
	필요적 감면	다만, **본범과 친족관계가 있는 때에는 그 형을 감경 또는 면제한다.**
특수 직무유기죄 (제11조)	구성요건	**범죄수사 또는 정보의 직무에 종사하는 공무원**이 이 법의 죄를 범한 자라는 정을 알면서 그 직무를 유기한 때에는 10년 이하의 징역에 처한다.
	임의적 감면	다만, 본범과 친족관계가 있는 때에는 그 형을 감경 또는 면제할 수 있다.
무고·날조죄 (제12조)	일반 무고·날조죄	① 주체에 제한이 없다. ② 타인으로 하여금 형사처분을 받게 할 목적으로 **국가보안법의 죄에 대하여 무고 또는 위증**을 하거나 **증거를 날조·인멸·은닉한 자**는 그 각 조에 정한 형에 처한다.
	특수 무고·날조죄	① **범죄수사 또는 정보의 직무에 종사하는 ㉠ 공무원이나 ㉡ 이를 보조하는 자 또는 ㉢ 이를 지휘하는 자**만이 본죄의 주체가 될 수 있다. ② 직권을 남용하여 타인으로 하여금 형사처분을 받게 할 목적으로 **국가보안법의 죄에 대하여 무고 또는 위증**을 하거나 **증거를 날조·인멸·은닉한 자**는 그 각 조에 정한 형에 처한다.

: 두문자

오(5)이(200)
불고기에 밥먹자(반목자)

02 국가보안법 제10조(불고지죄)를 위반한 자는 5년 이하의 징역 또는 300만원 이하의 벌금에 처하고, 다만 본범과 친족관계가 있는 때에는 그 형을 감경 또는 면제한다. 18. 경찰 ( )

정답 02 ✕

구분		국가보안법상 죄
주체상 제한 (신분범)		① **목적수행죄**: 반국가단체의 구성원 또는 지령을 받은 자 ② **자진지원죄**: 반국가단체의 구성원 또는 그 지령을 받은 자를 제외한 모든 사람 ③ **허위사실 날조 · 유포죄**: 이적단체구성원 ④ **특수직무유기죄**: 범죄수사 또는 정보의 직무에 종사하는 공무원 ⑤ **직권남용 무고 · 날조죄**: 범죄수사 또는 정보의 직무에 종사하는 공무원이나 이를 보조하는 자 또는 이를 지휘하는 자
이적지정 (利敵知情)의 요구 (목적범)		① 제5조 제2항 **금품수수죄** ② 제6조 **잠입 · 탈출죄** ③ 제7조 **찬양 · 고무죄** ④ 제8조 **회합 · 통신죄**
미수 · 예비 · 음모의 처벌	미수 · 예비 · 음모 처벌(○)	① **반국가단체구성 · 가입죄**(가입권유죄 ×) ② **목적수행죄** ③ **자진지원죄** ④ **잠입 · 탈출죄** ⑤ **편의제공죄**(무기류등 제공 ○, 기타 편의제공 ×) ⑥ **이적단체구성 · 가입죄**
	미수 · 예비 · 음모 처벌(×)	① **불고지죄** ② **특수직무유기죄** ③ **무고 · 날조죄**
	미수(○) 예비 · 음모(×)	그 외의 나머지 범죄
친족감면	필요적 감면	제10조 **불고지죄**
	임의적 감면	① 제9조 제2항 **단순 편의제공죄** ② 제11조 **특수직무유기죄**

: 두문자

목 · 자 · 허 · 특 · 무

: 두문자

금품수수 · 잠 · 찬 · 회

: 두문자

반 · 목 · 자 · 잠 · 편 · 이

: 두문자

불 · 특 · 무

3. 국가보안법상 보상과 원호

상금 (제21조)	① 국가보안법의 죄를 범한 자를 수사기관 또는 정보기관에 통보하거나 체포한 자에게는 대통령령이 정하는 바에 따라 **상금을 지급한다.** ② 국가보안법의 죄를 범한 자를 인지하여 체포한 **수사기관 또는 정보기관에 종사하는 자**에 대하여도 제1항과 같다.
보로금 (제22조)	① 압수물이 있는 때에는 상금을 지급하는 경우에 한하여 그 **압수물 가액의 2분의 1에 상당하는 범위 안에서** 보로금을 **지급할 수 있다.** ② 반국가단체나 그 구성원 또는 그 지령을 받은 자로부터 금품을 취득하여 수사기관 또는 정보기관에 제공한 자에게는 그 가액의 2분의 1에 상당하는 범위 안에서 보로금을 지급할 수 있다. 반국가단체의 구성원 또는 그 지령을 받은 자가 제공한 때에도 또한 같다.
보상 (제23조)	국가보안법의 죄를 범한 자를 신고 또는 체포하거나 이에 관련하여 상이를 입은 자와 사망한 자의 유족은 대통령령이 정하는 바에 따라 국가유공자 등 예우 및 지원에 관한 법률에 따른 공상군경 또는 순직군경의 유족이나 보훈보상대상자 지원에 관한 법률에 따른 재해부상군경 또는 재해사망군경의 유족으로 보아 보상할 수 있다.

국가보안 유공자 심사위원회 (제24조)	① 이 법에 의한 상금과 보로금의 지급 및 제23조에 의한 보상대상자를 심의·결정하기 위하여 **법무부장관 소속**하에 국가보안유공자 심사위원회(이하 "委員會"라 한다)를 둔다. ② 위원회는 심의상 필요한 때에는 관계자의 출석을 요구하거나 조사할 수 있으며, 국가기관 기타 공·사단체에 조회하여 필요한 사항의 보고를 요구할 수 있다. ③ 위원회의 조직과 운영에 관하여 필요한 사항은 대통령령으로 정한다.

06 보안관찰법 ✿✿✿✿✿

보안관찰 해당 범죄

구분	해당범죄	제외 범죄
형법	① 내란**목**적**살**인죄 ② 외환**유치**죄 ③ **여**적죄 ④ 모병·시설제공·시설파괴·물건제공 이적죄 ⑤ **간첩**죄 ⑥ 위 죄의 미수범과 예비·음모·선동·선전죄	① **내란**죄 ② **일반**이적죄 ③ **전시**군수계약불이행죄
군형법	① 반란죄, 반란목적의 군용물탈취죄 ② 군대 및 군용시설제공죄, 군용시설 등 파괴죄 ③ 간첩죄 ④ 일반이적죄 ⑤ 위 죄의 미수범과 예비·음모·선동·선전죄 ⑥ 반란불보고죄	**단순반란불보고죄**
국가보안법	① **목**적수행죄 ② **자**진지원·**금**품수수죄 ③ **잠**입·탈출죄 ④ 무기류 등의 편의**제공**죄 ⑤ 위 죄의 미수범과 예비·음모죄	① **반**국가단체구성·가입죄 ② **찬**양·고무죄 ③ **회**합통신죄 ④ **불**고지죄 ⑤ **특**수직무유기죄 ⑥ **무**고날조죄 ⑦ **기**타편의제공죄

> :두문자
> 유치 · 여간첩 · 내목살
> 특이

> :두문자
> 내 · 일 · 전

> :두문자
> 반군간첩
> 불보고
> 일이 난 줄 알았다

> :두문자
> 제 · 목 · 자 · 잠 · 금

> :두문자
> 반 · 찬 · 회 · 불 · 특 · 무 · 기

기출 OX

04 형법상 내란죄와 군형법상 일반이적죄는 보안관찰법상 보안관찰 해당 범죄에 해당한다. 17. 경찰 ( )

정답 04 ✕

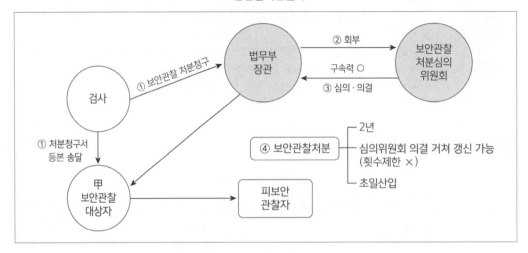

보안관찰처분절차

의의	보안관찰이란 행위자의 장래의 위험성 때문에 행위자의 치료·교육·재사회화를 위한 개선과 그에 대한 보안이라는 사회방위를 주목적으로 하여 과하여지는 **형벌 이외의 형사제재**를 말한다.
목적	이 법은 특정범죄를 범한 자에 대하여 재범의 위험성을 예방하고 건전한 사회복귀를 촉진하기 위하여 보안관찰처분을 함으로써 국가의 안전과 사회의 안녕을 유지함을 목적으로 한다.

보안관찰 처분대상자	① **보안관찰해당범죄** 또는 이와 경합된 범죄로 ② **금고 이상의 형의 선고**를 받고 ③ 그 형기합계가 **3년 이상**인 자로서 ④ **형의 전부 또는 일부의 집행**을 받은 사실이 있는 자를 말한다.

보안관찰 처분 대상자의 신고	대상자 신고	① 보안관찰처분대상자는 대통령령이 정하는 바에 따라 그 형의 집행을 받고 있는 교도소, 소년교도소, 구치소, 유치장, 군교도소에서 **출소 전**에 거주예정지 기타 대통령령으로 정하는 사항을 교도소 등의 장을 경유하여 거주예정지 **관할 경찰서장**에게 신고하여야 한다. ② 교도소 등의 장은 위 신고서를 송부하는 때에는 특별한 사유가 있는 경우를 제외하고는 보안관찰처분대상자의 출소예정일 **2월 전까지** 이를 송부하여야 한다.
	출소사실 신고	① 보안관찰처분대상자는 **출소 후 7일 이내**에 그 거주예정지 **관할 경찰서장**에게 출소사실을 신고하여야 한다. 제20조 제3항에 해당하는 경우에는 법무부장관이 제공하는 거주할 장소를 거주예정지로 신고하여야 한다. ② 신고서를 접수한 거주예정지 관할 경찰서장 또는 관할 경찰서장은 신고인에게 신고필증을 교부하여야 하며, 지체 없이 이를 그 거주예정지 또는 주거지 관할 검사에게 보고하여야 한다.
	변동사항 신고	① **원칙(사후신고):** 보안관찰처분대상자는 교도소 등에서 출소한 후 출소신고사항에 변동이 있을 때에는 **변동이 있는 날부터 7일 이내**에 그 변동된 사항을 **관할 경찰서장**에게 신고하여야 한다. ② **예외(사전신고):** 다만, 거소제공을 받은 자가 주거지를 이전하고자 할 때에는 미리 관할 경찰서장에게 신고를 하여야 한다.

	미신고자의 처리	① **관할 경찰서장**: 보안관찰처분대상자가 신고기간 내 신고를 하지 아니한 때에는 특별한 사정이 없는 한 지체 없이 이를 거주예정지 관할 검사에게 보고하여야 한다.
		② **관할 검사**: 신고를 적극적으로 유도하고 계속 신고를 거부하는 때에는 특별한 사정이 없는 한 지체 없이 **보안관찰처분청구를 함**과 동시에 보안관찰법위반으로 **입건·수사하여야 한다**.
보안관찰 처분의 절차	보안관찰 처분의 청구	① 보안관찰처분청구는 **검사**가 행한다.
		② 검사는 보안관찰처분청구를 위하여 필요한 때에는 보안관찰처분대상자, 청구의 원인이 되는 사실과 보안관찰처분을 필요로 하는 **자료를 조사할 수 있다**.
	청구의 방법	① 보안관찰처분청구는 검사가 보안관찰처분청구서(이하 '처분청구서'라 한다)를 **법무부장관**에게 제출함으로써 행한다.
		② 검사가 처분청구서를 제출할 때에는 청구의 원인이 되는 사실을 증명할 수 있는 자료와 의견서를 첨부하여야 한다.
		③ 검사는 보안관찰처분청구를 한 때에는 지체 없이 **처분청구서등본(사본 ×)**을 피청구자에게 **송달하여야 한다**. 이 경우 송달에 관하여는 민사소송법중 송달에 관한 규정을 준용한다.
	심사	① 법무부장관은 처분청구서와 자료에 의하여 청구된 사안을 심사한다.
		② 법무부장관은 ①의 규정에 의한 심사를 위하여 필요한 때에는 법무부 소속공무원으로 하여금 조사하게 할 수 있다.
		③ ②의 규정에 의하여 조사의 명을 받은 공무원은 다음의 권한을 가진다. ㉠ 피청구자 기타 관계자의 소환·심문·조사 ㉡ 국가기관 기타 공·사단체에의 조회 및 관계자료의 제출요구
	면제결정	① 법무부장관은 보안관찰처분대상자 중 다음의 요건을 갖춘 자에 대하여는 **보안관찰처분을 하지 아니하는 결정을 할 수 있다.** ㉠ **준법정신**이 **확립**되어 있을 것 ㉡ **일정한 주거와 생업**이 있을 것 ㉢ 대통령령이 정하는 **신원보증**이 있을 것
		② 보안관찰처분면제결정신청을 하려는 보안관찰처분대상자는 **관할 경찰서장**에게 보안관찰처분면제결정신청서(전자문서로 된 신청서를 포함한다)를 제출해야 한다.
		③ 관할 경찰서장은 위의 신청서를 접수한 때에는 **20일 이내**에 전과관계를 증명할 수 있는 서류와 의견서를 첨부하여 검사에게 송부하여야 한다.
		④ 검사는 위의 신청서와 관계서류를 송부받은 때에는 **20일 이내**에 의견서를 첨부하여 **법무부장관에게 송부하여야 한다**.
		⑤ 법무부장관은 보안관찰처분대상자의 신청이 있을 때에는 **부득이한 사유가 있는 경우를 제외하고는 3월 내에 보안관찰처분면제 여부를 결정하여야 한다.**
		⑥ **검사는 ①의 ㉠ 및 ㉡의 요건을 갖춘 보안관찰처분대상자**의 정상을 참작하여 위험성이 없다고 인정되는 때에는 **법무부장관에게 면제결정을 청구할 수 있다.**
		⑦ 면제결정을 받은 자가 그 면제결정요건에 해당하지 아니하게 된 때에는 검사의 청구에 의하여 **법무부장관은 면제결정을 취소할 수 있다.**
		⑧ 면제결정과 면제결정청구, 면제결정취소청구 및 그 결정에 대하여는 보안관찰처분청구 및 심사결정에 관한 규정을 준용한다.

참고

보안관찰처분의 갱신신청은 만료되기 **2개월** 전에 청구하며, 갱신횟수의 제한은 없다.

기출 OX

03 법무부장관은 준법정신이 확립되어 있는 자, 일정한 주거와 생업이 있는 자, 대통령령으로 정한 신원보증(2인 이상 신원보증인의 신원보증)이 있는 자에 대하여 보안관찰처분 면제결정을 하여야 한다. 12. 경찰

( )

정답 03 ×

	보안관찰 처분의 결정	① 보안관찰처분에 관한 결정은 **위원회의 의결을 거쳐 법무부장관이 행한다.** ② 법무부장관은 **위원회의 의결과 다른 결정을 할 수 없다.** 다만, 보안관찰 처분대상자에 대하여 위원회의 **의결보다 유리한 결정을 하는 때에는** 그러 하지 아니하다.
보안관찰 처분의 집행	보안관찰 처분의 기간	① 보안관찰처분의 기간은 **2년**으로 한다. ② 법무부장관은 검사의 청구가 있는 때에는 **보안관찰처분심의위원회의** **의결을 거쳐 그 기간을 갱신할 수 있다.** ③ 보안관찰처분의 기간은 보안관찰처분 결정을 집행하는 날부터 계산 한다. **이 경우 초일은 산입한다.**
	처분의 집행	① 보안관찰처분의 집행은 검사가 지휘한다. ② ①의 지휘는 결정서등본을 첨부한 **서면**으로 하여야 한다. ③ **집행중지**: 검사는 **피보안관찰자가 도주하거나 1월 이상 그 소재가 불명한** **때에는 보안관찰처분의 집행중지결정을 할 수 있다.** 그 사유가 소멸된 때에는 지체 없이 그 결정을 취소하여야 한다. ④ **집행정지**: 보안관찰처분의 집행중지결정이 있거나 징역·금고·구류·노 역장유치 중에 있는 때, 사회보호법에 의한 감호의 집행 중에 있는 때 또는 치료감호법에 의한 치료감호의 집행 중에 있는 때에는 보안관찰 처분의 기간은 그 집행이 정지된다.
피보안 관찰자의 신고의무	최초신고	① 보안관찰처분대상자 중 보안관찰해당범죄를 다시 범할 위험성이 있 다고 인정할 충분한 이유가 있어 재범의 방지를 위한 관찰이 필요한 자에 대하여는 보안관찰처분을 한다. ② 보안관찰처분을 받은 자(**피보안관찰자**)는 보안관찰처분결정고지를 받 **은 날부터 7일 이내에** 주거지를 관할하는 지구대 또는 파출소의 장을 거쳐 **관할 경찰서장**에게 신고하여야 한다.
	정기신고	피보안관찰자는 보안관찰처분결정고지를 받은 날이 속한 달부터 **매 3월** **이 되는 달의 말일까지** 다음의 사항을 지구대·파출소장을 거쳐 관할 경찰 서장에게 신고하여야 한다. ① 3월간의 주요활동사항 ② 통신·회합한 다른 보안관찰처분대상자의 인적사항과 그 일시, 장소 및 내용 ③ 3월간에 행한 여행에 관한 사항(신고를 마치고 중지한 여행에 관한 사 항을 포함한다) ④ 관할 경찰서장이 보안관찰과 관련하여 신고하도록 지시한 사항
	수시신고	① 피보안관찰자는 신고사항에 변동이 있을 때에는 **7일 이내에** 지구대· 파출소장을 거쳐 **관할 경찰서장**에게 신고하여야 한다. 피보안관찰자가 신고를 한 후 제20조 제3항에 의하여 거소제공을 받거나 제20조 제5 항에 의하여 거소가 변경된 때에는 제공 또는 변경된 거소로 이전한 후 **7일 이내에** 지구대·파출소장을 거쳐 관할 경찰서장에게 신고하여 야 한다. ② 피보안관찰자가 **주거지를 이전하거나 국외여행** 또는 **10일 이상 주거를** **이탈하여 여행**하고자 할 때에는 미리 거주예정지, 여행예정지 기타 대 통령령이 정하는 사항을 지구대·파출소장을 거쳐 관할 경찰서장에게 신고하여야 한다. 다만, 제20조 제3항에 의하여 거소제공을 받은 자가 주거지를 이전하고자 할 때에는 제20조 제5항에 의하여 거소변경을 신청하여 변경결정된 거소를 거주예정지로 신고하여야 한다.

기출 OX

01 검사는 피보안관찰자가
도주하거나 1월 이상 그 소
재가 불명한 때에는 보안관
찰처분의 있으며, 그 사유가
소멸된 때에는 7일 이내에
그 결정을 취소하여야 한다.
14. 경찰 ( )

정답 01 ✕

	지도	① 검사 및 사법경찰관리는 피보안관찰자의 재범을 방지하고 건전한 사회복귀를 촉진하기 위하여 다음의 지도를 할 수 있다. 　㉠ 피보안관찰자와 긴밀한 접촉을 가지고 항상 그 행동 및 환경등을 관찰하는 것 　㉡ 피보안관찰자에 대하여 신고사항을 이행함에 적절한 지시를 하는 것 　㉢ 기타 피보안관찰자가 사회의 선량한 일원이 되는데 필요한 조치를 취하는 것 ② 검사 및 사법경찰관은 피보안관찰자의 재범방지를 위하여 특히 필요한 경우에는 다음의 조치를 할 수 있다. 　㉠ 보안관찰해당범죄를 범한 자와의 **회합·통신을 금지**하는 것 　㉡ 집단적인 폭행, 협박, 손괴, 방화등으로 공공의 안녕질서에 직접적인 위험을 가할 것이 명백한 **집회 또는 시위장소에의 출입을 금지**하는 것 　㉢ 피보안관찰자의 보호 또는 조사를 위하여 **특정장소에의 출석을 요구**하는 것
보안관찰의 수단	보호	① 검사 및 사법경찰관리는 피보안관찰자가 자조의 노력을 함에 있어, 그의 개선과 자위를 위하여 필요하다고 인정되는 적절한 보호를 할 수 있다. ② ①의 보호의 방법은 다음과 같다. 　㉠ 주거 또는 취업을 알선하는 것 　㉡ 직업훈련의 기회를 제공하는 것 　㉢ 환경을 개선하는 것 　㉣ 기타 본인의 건전한 사회복귀를 위하여 필요한 원조를 하는 것 ③ **법무부장관**은 보안관찰처분대상자 또는 피보안관찰자 중 국내에 가족이 없거나 가족이 있어도 인수를 거절하는 자에 대하여는 대통령령이 정하는 바에 의하여 **거소를 제공할 수 있다.** ④ 사회복지사업법에 의한 사회복지시설로서 대통령령이 정하는 시설의 장은 법무부장관으로부터 보안관찰처분대상자 또는 피보안관찰자에 대한 거소제공의 요청을 받은 때에는 정당한 이유 없이 이를 거부하여서는 아니 된다. ⑤ 법무부장관은 ③에 의하여 거소제공을 받은 자에게 국내에 인수를 희망하는 가족이 생기거나 기타 거소변경의 필요가 있는 때에는 본인의 신청 또는 검사의 청구에 의하여 이미 제공한 거소를 변경할 수 있다. 이 경우 **법무부장관은 3월 이내에 거소의 변경 여부를 결정하여야 한다.**
	응급구호	검사 및 사법경찰관리는 피보안관찰자에게 부상·질병 기타 긴급한 사유가 발생하였을 때에는 대통령령이 정하는 바에 따라 필요한 구호를 할 수 있다.
	경고	검사 및 사법경찰관리는 피보안관찰자가 의무를 위반하였거나 위반할 위험성이 있다고 의심할 상당한 이유가 있는 때에는 그 이행을 촉구하고 형사처벌 등 불이익한 처분을 받을 수 있음을 경고할 수 있다.
행정소송		법무부장관의 결정 및 면제결정신청에 대한 기각결정을 받은 자가 그 결정에 이의가 있을 때에는 행정소송법이 정하는 바에 따라 그 **결정이 집행된 날부터 60일 이내에 서울고등법원**에 소를 제기할 수 있다.

보안관찰처분심의위원회

설치목적	보안관찰처분에 관한 사안을 심의·의결하기 위하여 **법무부**에 보안관찰처분심의위원회(이하 '위원회'라 한다)를 둔다.
구성	① 위원회는 **위원장 1인과 6인의 위원**으로 구성한다. ② 위원장은 **법무부차관**이 되고, 위원은 학식과 덕망이 있는 자로 하되, 그 **과반수는 변호사의 자격이 있는 자**이어야 한다. ③ 위원은 **법무부장관의 제청**으로 **대통령이 임명 또는 위촉**한다. ④ 위촉된 위원의 **임기는 2년**으로 한다. 다만, 공무원인 위원은 그 직을 면한 때에는 위원의 자격을 상실한다. ⑤ 위원장이 사고가 있을 때에는 **미리 그가 지정한 위원**이 **그 직무를 대행**한다.
심의·의결 사항	① 보안관찰처분 또는 그 기각의 결정 ② 면제 또는 그 취소결정 ③ 보안관찰처분의 취소 또는 기간의 갱신결정
의결정족수	위원회의 회의는 위원장을 포함한 재적위원 과반수의 출석으로 개의하고 출석위원 과반수의 찬성으로 의결한다.

07 북한이탈주민의 보호 및 정착지원에 관한 법률 ✿✿✿✿

북한이탈주민의 보호 및 정착지원

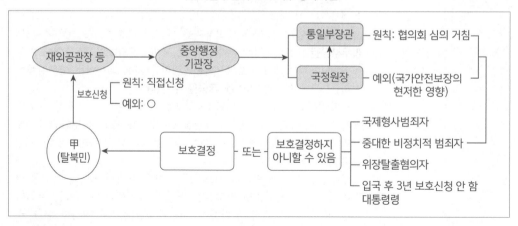

정의	북한이탈 주민	군사분계선 이북지역(이하 '북한'이라 한다)에 주소, 직계가족, 배우자, 직장 등을 두고 있는 사람으로서 **북한을 벗어난 후 외국 국적을 취득하지 아니한 사람**을 말한다.
	보호대상자	이 법에 따라 **보호 및 지원을 받는** 북한이탈주민을 말한다.
	정착지원 시설	보호대상자의 보호 및 정착지원을 위하여 제10조 제1항에 따라 설치·운영하는 시설을 말한다
	보호금품	이 법에 따라 **보호대상자에게 지급하거나 빌려주는 금전 또는 물품**을 말한다.
적용범위		이 법은 대한민국의 **보호를 받으려는 의사를 표시한** 북한이탈주민에 대하여 적용한다.
기본원칙		① 대한민국은 보호대상자를 **인도주의(상호주의 ×)**에 입각하여 특별히 보호한다. ② 대한민국은 외국에 체류하고 있는 북한이탈주민의 보호 및 지원 등을 위하여 외교적 노력을 다하여야 한다.

	③ 보호대상자는 대한민국의 자유민주적 법질서에 적응하여 건강하고 문화적인 생활을 할 수 있도록 노력하여야 한다. ④ **통일부장관(국가정보원장 ×)**은 북한이탈주민에 대한 보호 및 지원 등을 위하여 북한이탈주민의 실태를 파악하고, 그 결과를 정책에 반영하여야 한다.
기본계획	**통일부장관**은 제6조에 따른 북한이탈주민 대책협의회의 심의를 거쳐 보호대상자의 보호 및 정착지원에 관한 기본계획(이하 '기본계획'이라 한다)을 **3년마다 수립 · 시행**하여야 한다.
보호	**보호 기준 등** ① 보호대상자에 대한 보호 및 지원기준은 나이, 성별, 세대 구성, 학력, 경력, 자활 능력, 건강 상태 및 재산 등을 고려하여 합리적으로 정하여야 한다. ② 이 법에 따른 보호 및 정착지원은 **원칙적으로 개인을 단위**로 하되, 필요하다고 인정하는 경우에는 대통령령으로 정하는 바에 따라 **세대를 단위로 할 수 있다.** ③ 보호대상자를 **정착지원시설**에서 보호하는 **기간은 1년 이내**로 하고, **거주지**에서 보호하는 기간은 **5년**으로 한다. 다만, 특별한 사유가 있는 경우에는 북한이탈주민 대책협의회의 심의를 거쳐 그 기간을 단축하거나 연장할 수 있다. **보호신청** ① 북한이탈주민으로서 이 법에 따른 보호를 받으려는 사람은 **재외공관이나 그 밖의 행정기관의 장**(각급 군부대의 장을 포함한다. 이하 '재외공관장 등'이라 한다)에게 보호를 **직접 신청하여야 한다.** 다만, 보호를 직접 신청하지 아니할 수 있는 대통령령으로 정하는 사유가 있는 경우에는 그러하지 아니하다. ② 보호신청을 받은 재외공관장 등은 지체 없이 그 사실을 소속 중앙행정기관의 장을 거쳐 **통일부장관과 국가정보원장에게 통보하여야 한다.** ③ 통보를 받은 **국가정보원장**은 보호신청자에 대하여 보호결정 등을 위하여 필요한 **조사 및 일시적인 신변안전조치 등 임시보호조치를 한 후 지체 없이 그 결과를 통일부장관에게 통보하여야 한다.** **보호 결정 등** ① **통일부장관**은 통보를 받으면 협의회의 심의를 거쳐 보호 여부를 결정한다. 다만, 국가안전보장에 현저한 영향을 줄 우려가 있는 사람에 대하여는 **국가정보원장**이 그 보호 여부를 결정하고, 그 결과를 지체 없이 통일부장관과 보호신청자에게 통보하거나 알려야 한다. ② 위에 따라 보호 여부를 결정한 통일부장관은 그 결과를 지체 없이 관련 중앙행정기관의 장을 거쳐 재외공관장 등에게 통보하여야 하고, 통보를 받은 재외공관장 등은 이를 보호신청자에게 즉시 알려야 한다. **보호결정의 기준** ① 보호 여부를 결정할 때 다음의 어느 하나에 해당하는 사람은 보호대상자로 **결정하지 아니할 수 있다.** ㉠ 항공기 납치, 마약거래, 테러, 집단살해 등 **국제형사범죄자** ㉡ 살인 등 중대한 **비**정치적 범죄자 ㉢ **위**장탈출 혐의자 ㉣ **국내 입국 후 3년이 지나서 보호신청**한 사람 ㉤ 그 밖에 국가안전보장 · 질서유지 · 공공복리에 대한 중대한 위해발생 우려, 보호신청자의 경제적 능력 및 해외체류 여건 등을 고려하여 보호대상자로 정하는 것이 부적당하거나 보호필요성이 현저히 부족하다고 대통령령으로 정하는 사람

기출 OX

01 북한이탈주민으로서 북한이탈주민의 보호 및 정착지원에 관한 법률에 따른 보호를 받으려는 사람은 재외공관이나 그 밖의 행정기관의 장(각급 군부대의 장을 포함한다)에게 보호를 직접 신청하여야 한다. 다만, 보호를 직접 신청하지 아니할 수 있는 대통령령으로 정하는 사유가 있는 경우에는 그러하지 아니하다. 18. 경찰 ( )

02 북한이탈주민으로서 보호신청을 한 사람 중 위장탈출 혐의자는 보호대상자로 결정될 수 없다. 18. 경찰 ( )

03 국내 입국 후 3년이 지나서 보호신청을 한 사람은 보호대상자로 결정하지 아니할 수 있다. 14. 경간 ( )

참고
동법 시행령 제5조 통일부장관은 통보를 받은 날로부터 30일 이내에 보호 여부를 결정하여야 한다.

:두문자
비 · 국 · 위 · 삼(3)

정답 01 ○ 02 × 03 ○

		② ①의 ② 경우 북한이탈주민에게 대통령령으로 정하는 부득이한 사정이 있는 경우에는 그러하지 아니하다.
	학력인정	보호대상자는 대통령령으로 정하는 바에 따라 북한이나 외국에서 이수한 학교 교육의 과정에 상응하는 학력을 인정받을 수 있다.
	자격인정	① 보호대상자는 관계 법령에서 정하는 바에 따라 북한이나 외국에서 취득한 자격에 상응하는 자격 또는 그 자격의 일부를 인정받을 수 있다. ② 통일부장관은 자격인정신청자에게 대통령령으로 정하는 바에 따라 자격인정을 위하여 필요한 보수교육 또는 재교육을 실시할 수 있다.
	특별임용	① 북한에서의 자격이나 경력이 있는 사람 등 북한이탈주민으로서 공무원으로 채용하는 것이 필요하다고 인정되는 사람에 대하여는 국가공무원법 제28조 제2항 및 지방공무원법 제27조 제2항에도 불구하고 북한을 벗어나기 전의 자격·경력 등을 고려하여 **국가공무원 또는 지방공무원으로 특별임용할 수 있다.** ② 북한의 군인이었던 보호대상자가 국군에 편입되기를 희망하면 북한을 벗어나기 전의 계급, 직책 및 경력 등을 고려하여 **국군으로 특별임용할 수 있다.**
보호의 내용	취업보호 등	① 통일부장관은 보호대상자가 정착지원시설로부터 그의 거주지로 전입한 후 대통령령으로 정하는 바에 따라 최초로 취업한 날부터 3년간 취업보호를 실시한다. 다만, 사회적 취약계층, 장기근속자 등 취업보호 기간을 연장할 필요가 있는 경우로서 대통령령으로 정하는 사유에 해당하는 경우에는 1년의 범위에서 취업보호 기간을 연장할 수 있다. ② ①에 따른 취업보호 기간은 실제 취업일수를 기준으로 하여 정한다. ③ 통일부장관은 ①에 따른 보호대상자(이하 '취업보호대상자'라 한다)를 고용한 사업주에 대하여는 대통령령으로 정하는 바에 따라 그 취업보호대상자 임금의 2분의 1의 범위에서 고용지원금을 지급할 수 있다. ④ 사업주가 취업보호대상자를 고용할 때에는 그 취업보호대상자가 북한을 벗어나기 전의 직위, 담당 직무 및 경력 등을 고려하여야 한다. ⑤ **통일부장관은 대통령령으로 정하는 바에 따라 보호대상자의 취업을 알선할 수 있다.** 이 경우 통일부장관은 고용노동부장관등과 협의하여 보호대상자의 직업훈련 분야와 북한에서의 경력 등을 **고려하여야 한다.**
	직업훈련	① 통일부장관은 직업훈련을 희망하는 보호대상자 또는 보호대상자이었던 사람(이하 '보호대상자 등'이라 한다)에 대하여 직업훈련을 실시할 수 있다. ② ①에 따른 직업훈련을 받으려는 보호대상자 등은 직업훈련신청서를 통일부장관에게 제출하여야 한다. ③ 통일부장관은 ②에 따른 신청서를 제출한 보호대상자 등에 대하여 정착지원시설 내 교육훈련시설에서 직업훈련을 실시하거나 고용노동부장관, 중소벤처기업부장관, 지방자치단체의 장(이하 '고용노동부장관 등'이라 한다)에게 보호대상자 등이 근로자직업능력 개발법에 따른 직업능력개발훈련을 실시하는 기관(중소기업진흥에 관한 법률 제57조 제1항에 따른 연수실시기관을 포함한다. 이하 같다)에서 직업훈련을 받을 수 있도록 협조를 요청할 수 있다. 이 경우 협조요청을 받은 고용노동부장관등은 특별한 사유가 없으면 이에 따라야 한다.

		④ ③에 따라 고용노동부장관등이 보호대상자 등에 대한 직업훈련을 실시한 경우에는 그 결과를 통일부장관에게 통보하여야 한다. ⑤ ①에 따른 직업훈련의 실시기간은 대상자의 직무능력 등을 고려하여 **3개월 이상**이 되도록 노력하여야 한다.
	주민등록 번호 정정특례	① 북한이탈주민 중 정착지원시설의 소재지를 기준으로 하여 주민등록번호를 부여받은 사람은 거주지의 시장·군수·구청장 또는 특별자치도지사에게 자신의 **주민등록번호 정정을 한 번만 신청할 수 있다.** ② 제1항에 따른 신청을 받은 시장·군수·구청장 또는 특별자치도지사는 특별한 사정이 없으면 현 거주지를 기준으로 하여 주민등록번호를 정정하여야 한다.
무연고 청소년보호		① **통일부장관**은 무연고청소년(보호대상자로서 직계존속을 동반하지 아니한 **만 24세 이하**의 무연고 아동·청소년을 말한다. 이하 이 조에서 같다)의 보호를 위하여 무연고청소년의 보호자(법인이 보호하는 경우 법인의 대표자를 말한다. 이하 이 조에서 '보호자'라 한다)를 선정할 수 있다. ② 통일부장관은 보호자를 선정할 때에는 **무연고청소년의 의사를 존중**하여야 하며, 다음의 사항을 고려하여야 한다. 　㉠ 무연고청소년의 건강, 생활관계 및 재산상황 　㉡ 보호자의 직업과 경험 　㉢ 보호자와 무연고청소년 간 이해관계의 유무(법인의 대표자가 보호자인 때에는 법인의 종류와 목적, 법인이나 그 대표자와 무연고청소년 사이의 이해관계 유무를 말한다) 　㉣ 그 밖에 보호자의 선정 등에 관하여 대통령령으로 정하는 사항 ③ 통일부장관은 무연고청소년의 보호를 위하여 보호자, 제30조에 따른 북한이탈주민지원재단, 통일부령으로 정하는 민간단체 등과 상호 협조 체계를 구축하여야 한다. ④ 통일부장관은 무연고청소년에게 제4조의2에 따른 보호·교육·취업·주거·의료 및 생활보호 등을 긴급하게 지원하기 위하여 소재 파악이 필요한 경우 전기통신사업법 제2조 제8호에 따른 전기통신사업자에게 무연고청소년 또는 보호자의 전화번호(휴대전화번호를 포함한다. 이하 이 조에서 같다) 제공을 요청할 수 있다. 다만, **미성년인 무연고청소년의 전화번호는 보호자를 통하여 소재 파악이 어려운 경우에 요청할 수 있다.** ⑤ ④에 따른 요청을 받은 전기통신사업자는 정당한 사유가 없으면 이에 따라야 한다. ⑥ 통일부장관은 무연고청소년의 보호를 위하여 민법에 따른 후견인 선임이 필요한 경우 관할 지방자치단체의 장에게 후견인 선임을 법원에 청구하도록 요청할 수 있다. ⑦ **관할 지방자치단체의 장**은 ⑥에 따른 후견인 선임 청구의 현황 및 결과를 매년 통일부장관에게 보고하여야 한다.
보호의 변경		① **통일부장관**은 보호대상자가 다음의 어느 하나에 해당하는 경우에는 협의회의 심의를 거쳐 **보호 및 정착지원을 중지하거나 종료할 수 있다.** 　㉠ 1년 이상의 징역 또는 금고의 형을 선고받고 그 형이 확정된 경우 　㉡ 고의로 국가이익에 반하는 거짓 정보를 제공한 경우 　㉢ 사망선고나 실종선고를 받은 경우 　㉣ 북한으로 되돌아가려고 기도(企圖)한 경우 　㉤ 이 법 또는 이 법에 따른 명령을 위반한 경우 　㉥ 그 밖에 대통령령으로 정하는 사유에 해당한 경우

	② **지방자치단체장**은 ①에 따른 보호대상자의 보호 및 정착지원의 중지 또는 종료나 제5조 제3항 단서에 따른 보호기간의 단축 또는 연장을 행정안전부장관을 거쳐 통일부장관에게 요청할 수 있다. ③ 통일부장관은 ①에 따라 보호 및 정착지원을 중지 또는 종료하거나 제5조 제3항 단서에 따라 보호기간을 단축 또는 연장한 경우에는 그 사유를 구체적으로 밝혀 해당 보호대상자에게 알려야 하고, 행정안전부장관과 지방자치단체장에게 그 사실을 통보하여야 한다.
이의신청	① 이 법에 따른 보호 및 지원에 관한 처분에 이의가 있는 보호대상자는 **그 처분의 통지를 받은 날부터 90일 이내에 통일부장관**에게 **서면**으로 이의신청을 할 수 있다. ② 통일부장관은 ①에 따른 이의신청을 받은 때에는 지체 없이 이를 검토하여 처분이 위법 또는 부당하다고 인정되는 경우에는 그 시정이나 그 밖의 필요한 조치를 할 수 있다. 이 경우 미리 협의회의 심의를 거쳐야 한다.

⊕ PLUS 북한이탈주민에 대한 거주지 및 신변보호

기주지 보호 (제22조)	① 통일부장관은 보호대상자가 정착지원시설로부터 그의 거주지로 전입한 후 정착하여 스스로 생활하는 데 장애가 되는 사항을 해결하거나 그 밖에 자립·정착에 필요한 보호를 할 수 있다. ② 통일부장관은 ①에 따른 보호 업무를 행정안전부장관과 협의하여 지방자치단체장에게 위임할 수 있다. ③ 통일부장관은 북한이탈주민에 대하여 실태파악을 위한 조사(이하 '실태조사'라 한다)를 실시하여야 한다. 이 경우 실태조사에는 다음의 사항이 포함되어야 한다. ㉠ 취학 여부 등 교육현황 ㉡ 취업직종·근로형태·근속기간·임금수준·근로조건 등 취업현황 ㉢ 주거현황 ㉣ 의료지원 및 생활보호 현황 ㉤ 소득·지출·자산 등 가족의 경제상태에 관한 사항 ㉥ 그 밖에 거주지 보호를 위하여 통일부장관이 필요하다고 인정하는 사항 ④ 통일부장관은 ③에 따른 실태조사를 실시하기 위하여 관계 중앙행정기관의 장, 지방자치단체의 장 또는 공공기관의 운영에 관한 법률에 따른 공공기관의 장에게 관련 자료의 제출 등 협조를 요청할 수 있다. 이 경우 자료의 제출 등 협조를 요청받은 관계 중앙행정기관의 장 등은 특별한 사유가 없으면 이에 협조하여야 한다.
거주지에서 신변보호 (제22조의2)	① 통일부장관은 제22조에 따라 보호대상자가 거주지로 전입한 후 그의 신변안전을 위하여 국방부장관이나 경찰청장에게 협조를 요청할 수 있으며, 협조요청을 받은 국방부장관이나 경찰청장은 이에 협조한다. ② ①에 따른 신변보호에 필요한 사항은 통일부장관이 국방부장관, 국가정보원장 및 경찰청장과 협의하여 정한다. 이 경우 해외여행에 따른 신변보호에 관한 사항은 외교부장관과 법무부장관의 의견을 들을 수 있다. ③ ①에 따른 신변보호기간은 5년으로 한다. 다만, 통일부장관은 보호대상자의 의사, 신변보호의 지속 필요성 등을 고려하여 협의회 심의를 거쳐 그 기간을 연장할 수 있다.

08 남북교류협력에 관한 법률 ✿✿✿✿

구분		신고	통일부장관의 승인
북한방문	남한의 주민·재외국민	×	○(방문 7일 전)
	외국의 재외국민	○ (출발 전 3일 or 귀환 후 10일)	×
접촉		사전신고: 7일 전 사후신고: 부득이한 사유	
반출·반입		×	○
협력사업		×	○

정의	출입장소	군사분계선 이북지역(이하 '북한'이라 한다)으로 가거나 북한으로부터 들어올 수 있는 군사분계선 이남지역(이하 '남한'이라 한다)의 항구, 비행장, 그 밖의 장소로서 대통령령으로 정하는 곳을 말한다.
	교역	남한과 북한간의 물품, 대통령령으로 정하는 용역 및 전자적 형태의 무체물(이하 '물품 등'이라 한다)의 반출·반입을 말한다.
	반출·반입	매매, 교환, 임대차, 사용대차, 증여, 사용 등을 목적으로 하는 남한과 북한간의 물품 등의 이동(단순히 제3국을 거치는 물품 등의 이동을 포함한다)을 말한다.
	협력사업	남한과 북한의 주민(법인·단체를 포함한다)이 공동으로 하는 환경, 경제, 학술, 과학기술, 정보통신, 문화, 체육, 관광, 보건의료, 방역, 교통, 농림축산, 해양수산 등에 관한 모든 활동을 말한다.
다른 법률과 관계		남한과 북한의 왕래·접촉·교역·협력사업 및 통신 역무의 제공 등 남한과 북한간의 상호 교류와 협력을 목적으로 하는 행위에 관하여는 이 법률의 목적 범위에서 다른 법률에 우선하여 이 법을 적용한다.
남·북한의 왕래	북한 방문	① 남한의 주민이 북한을 방문하거나 북한의 주민이 남한을 방문하려면 대통령령으로 정하는 바에 따라 **통일부장관의 방문승인**을 받아야 하며, 통일부장관이 발급한 증명서(이하 '방문증명서'라 한다)를 소지하여야 한다. ② 복수방문증명서의 유효기간은 5년 이내로 하며, 5년의 범위에서 연장할 수 있다. ③ 방문승인을 받은 사람은 **방문기간 내에 한 차례에 한하여** 북한 또는 남한을 방문할 수 있다. ④ 북한을 방문하기 위하여 통일부장관의 방문승인을 받으려는 남한의 주민과 재외국민은 **방문 7일 전**까지 방문승인 신청서에 필요한 서류를 첨부하여 통일부장관에게 제출하여야 한다. ⑤ **재외국민**이 외국에서 북한을 왕래할 때에는 출발 **3일** 전까지 또는 귀환 후 **10일** 이내에 통일부장관이나 재외공관의 장에게 **신고**하여야 한다. 다만, 외국을 거치지 아니하고 남한과 북한을 직접 왕래할 때에는 제1항에 따라 발급된 방문증명서를 소지하여야 한다.

남북한 주민의 접촉	① **원칙(사전신고)**: 남한의 주민이 북한의 주민과 회합·통신, 그 밖의 방법으로 접촉하려면 통일부장관에게 **미리 신고(7일 전까지)하여야 한다.** ② **예외(사후신고)**: 대통령령으로 정하는 부득이한 사유에 해당하는 경우에는 **접촉한 후에 신고할 수 있다.** ③ 통일부장관은 접촉에 관한 신고를 받은 때에는 남북교류·협력을 해칠 명백한 우려가 있거나 국가안전보장, 질서유지 또는 공공복리를 해칠 명백한 우려가 있는 **경우에만 신고의 수리를 거부할 수 있다.**
남북한 거래의 원칙	남한과 북한간의 거래는 국가간의 거래가 아닌 **민족 내부의 거래**로 본다.
통일부 장관의 승인	① 물품 등을 반출하거나 반입하려는 자는 대통령령으로 정하는 바에 따라 그 물품 등의 품목, 거래형태 및 대금결제 방법 등에 관하여 **통일부장관의 승인**을 받아야 한다. 승인을 받은 사항 중 대통령령으로 정하는 주요 내용을 변경할 때에도 또한 같다. ② 협력사업을 하려는 자는 협력사업마다 **통일부장관의 승인**을 받아야 한다. 승인을 받은 협력사업의 내용을 변경할 때에도 또한 같다.
형의 감면	이 법에 따른 죄를 범한 자가 자수하면 그 **형을 감경하거나 면제할 수 있다.**

police.Hackers.com

제7장 외사경찰

01 국제질서의 변환 ✤

이상주의 (18C)	국제질서에 있어서 국가간 이익의 조화, 최대다수의 최대행복
자유방임주의 (19C)	보이지 않는 손(아담 스미스), 국제주의, 민족자결주의
제국주의 (19C 말)	보호무역, 국가간의 이익충돌
이데올로기적 패권주의	제1차 세계대전 이후 공산주의와 자유주의의 이데올로기적 대립(냉전체제)
경제패권주의 (1980년 이후)	자국의 경제적 이익추구를 최우선, 무한 자유무역의 경쟁

02 국적법 ✤✤✤

<table>
<tr><td rowspan="3">대한민국의
국적취득</td><td colspan="2">출생에 의한
국적취득</td><td>① 다음의 어느 하나에 해당하는 자는 출생과 동시에 대한민국 국적을 취득한다.
㉠ 출생 당시에 부(父)또는 모(母)가 대한민국의 국민인 자(속인주의 및 부모양계혈통주의)
㉡ 출생하기 전에 부가 사망한 경우에는 그 사망 당시에 부가 대한민국의 국민이었던 자
㉢ 부모가 모두 분명하지 아니한 경우나 국적이 없는 경우에는 대한민국에서 출생한 자(예외적 출생지주의)
② 대한민국에서 발견된 기아(棄兒)는 대한민국에서 출생한 것으로 추정한다.</td></tr>
<tr><td colspan="2">인지에 의한
국적취득</td><td>① 대한민국의 국민이 아닌 자(이하 '외국인'이라 한다)로서 대한민국의 국민인 부 또는 모에 의하여 인지된 자가 다음의 요건을 모두 갖추면 법무부장관에게 신고함으로써 대한민국 국적을 취득할 수 있다.
㉠ 대한민국의 민법상 미성년일 것
㉡ 출생 당시에 부 또는 모가 대한민국의 국민이었을 것
② ①에 따라 신고한 자는 그 신고를 한 때에 대한민국 국적을 취득한다.</td></tr>
<tr><td>귀화에 의한
국적취득</td><td>일반
귀화</td><td>법무부장관은 다음의 요건을 갖춘 자에게 귀화허가를 한다.
① 5년 이상 계속하여 대한민국에 주소가 있을 것
② 대한민국에서 영주할 수 있는 체류자격을 가지고 있을 것
③ 대한민국의 민법상 성년일 것
④ 법령을 준수하는 등 법무부령으로 정하는 품행 단정의 요건을 갖출 것</td></tr>
</table>

		⑤ 자신의 자산(資産)이나 기능에 의하거나 생계를 같이하는 가족에 의존하여 **생계를 유지할 능력**이 있을 것 ⑥ 국어능력과 대한민국의 풍습에 대한 이해 등 대한민국 국민으로서의 기본 소양을 갖추고 있을 것 ⑦ 귀화를 허가하는 것이 국가안전보장·질서유지 또는 공공복리를 해치지 아니한다고 법무부장관이 인정할 것
	간이 귀화	① 다음의 어느 하나에 해당하는 외국인으로서 **대한민국에 3년 이상 계속하여 주소가 있는 사람**은 일반귀화의 ① 및 ②의 요건을 갖추지 아니하여도 귀화허가를 받을 수 있다. ㉠ 부 또는 모가 대한민국의 국민이었던 사람 ㉡ 대한민국에서 출생한 사람으로서 부 또는 모가 대한민국에서 출생한 사람 ㉢ 대한민국 국민의 양자(養子)로서 입양 당시 대한민국의 민법상 성년이었던 사람 ② 배우자가 대한민국의 국민인 외국인으로서 다음의 어느 하나에 해당하는 사람은 일반귀화의 ① 및 ②의 요건의 요건을 갖추지 아니하여도 귀화허가를 받을 수 있다. ㉠ 그 배우자와 혼인한 상태로 대한민국에 2년 이상 계속하여 주소가 있는 사람 ㉡ 그 배우자와 혼인한 후 3년이 지나고 혼인한 상태로 대한민국에 1년 이상 계속하여 주소가 있는 사람 ㉢ ㉠이나 ㉡의 기간을 채우지 못하였으나, 그 배우자와 혼인한 상태로 대한민국에 주소를 두고 있던 중 그 배우자의 사망이나 실종 또는 그 밖에 자신에게 책임이 없는 사유로 정상적인 혼인 생활을 할 수 없었던 사람으로서 ㉠이나 ㉡의 잔여기간을 채웠고 법무부장관이 상당(相當)하다고 인정하는 사람 ㉣ ㉠이나 ㉡의 요건을 충족하지 못하였으나, 그 배우자와의 혼인에 따라 출생한 미성년의 자(子)를 양육하고 있거나 양육하여야 할 사람으로서 ㉠이나 ㉡의 기간을 채웠고 법무부장관이 상당하다고 인정하는 사람
	특별 귀화	다음의 어느 하나에 해당하는 외국인으로서 대한민국에 주소가 있는 사람은 일반귀화의 ①, ②, ③ 또는 ⑤의 요건을 갖추지 아니하여도 귀화허가를 받을 수 있다. ① 부 또는 모가 대한민국의 국민인 사람. 다만, 양자로서 대한민국의 민법상 성년이 된 후에 입양된 사람은 제외한다. ② 대한민국에 특별한 공로가 있는 사람 ③ 과학·경제·문화·체육 등 특정 분야에서 매우 우수한 능력을 보유한 사람으로서 대한민국의 국익에 기여할 것으로 인정되는 사람
복수국적자	법적 지위	① 출생이나 그 밖에 이 법에 따라 대한민국 국적과 외국 국적을 함께 가지게 된 사람으로서 대통령령으로 정하는 사람(이하 '복수국적자')은 대한민국의 법령 적용에서 **대한민국 국민으로만 처우**한다.

		② 복수국적자가 관계 법령에 따라 외국 국적을 보유한 상태에서 직무를 수행할 수 없는 분야에 종사하려는 경우에는 외국 국적을 포기하여야 한다.
	국적선택 의무	① 만 20세가 되기 전에 복수국적자가 된 자는 만 22세가 되기 전까지, 만 20세가 된 후에 복수국적자가 된 자는 그때부터 2년 내에 제13조와 제14조에 따라 하나의 국적을 선택하여야 한다. 다만, 제10조 제2항에 따라 법무부장관에게 대한민국에서 외국 국적을 행사하지 아니하겠다는 뜻을 서약한 복수국적자는 제외한다. ② 법무부장관은 복수국적자로서 위 ①에서 정한 기간 내에 국적을 선택하지 아니한 자에게 **1년 내**에 하나의 국적을 선택할 것을 명하여야 한다.
	국적상실 결정	법무부장관은 복수국적자가 다음의 어느 하나의 사유에 해당하여 대한민국의 국적을 보유함이 현저히 부적합하다고 인정하는 경우에는 **청문을 거쳐** 대한민국 국적의 상실을 결정할 수 있다. 다만, 출생에 의하여 대한민국 국적을 취득한 자는 제외한다. ① 국가안보, 외교관계 및 국민경제 등에 있어서 대한민국의 국익에 반하는 행위를 하는 경우 ② 대한민국의 사회질서 유지에 상당한 지장을 초래하는 행위로서 대통령령으로 정하는 경우
국적회복		① 대한민국의 국민이었던 외국인은 **법무부장관의 국적회복허가**를 받아 대한민국 국적을 취득할 수 있다. ② 법무부장관은 국적회복허가 신청을 받으면 심사한 후 다음의 어느 하나에 해당하는 사람에게는 **국적회복을 허가하지 아니한다.** ㉠ 국가나 사회에 위해(危害)를 끼친 사실이 있는 사람 ㉡ 품행이 단정하지 못한 사람 ㉢ 병역을 기피할 목적으로 대한민국 국적을 상실하였거나 이탈하였던 사람 ㉣ 국가안전보장·질서유지 또는 공공복리를 위하여 법무부장관이 국적회복을 허가하는 것이 적당하지 아니하다고 인정하는 사람
국적포기 의무		① 대한민국 국적을 취득한 외국인으로서 외국 국적을 가지고 있는 자는 대한민국 국적을 취득한 날부터 1년 내에 그 외국 국적을 포기하여야 한다. ② 제1항에도 불구하고 다음의 어느 하나에 해당하는 자는 대한민국 국적을 취득한 날부터 1년 내에 외국 국적을 포기하거나 법무부장관이 정하는 바에 따라 대한민국에서 외국 국적을 행사하지 아니하겠다는 뜻을 법무부장관에게 서약하여야 한다. ㉠ 귀화허가를 받은 때에 제6조 제2항 제1호·제2호 또는 제7조 제1항 제2호·제3호의 어느 하나에 해당하는 사유가 있는 자 ㉡ 제9조에 따라 국적회복허가를 받은 자로서 제7조 제1항 제2호 또는 제3호에 해당한다고 법무부장관이 인정하는 자 ㉢ 대한민국의 민법상 성년이 되기 전에 외국인에게 입양된 후 외국 국적을 취득하고 외국에서 계속 거주하다가 제9조에 따라 국적회복허가를 받은 자 ㉣ 외국에서 거주하다가 영주할 목적으로 만 65세 이후에 입국하여 제9조에 따라 국적회복허가를 받은 자 ㉤ 본인의 뜻에도 불구하고 외국의 법률 및 제도로 인하여 제1항을 이행하기 어려운 자로서 대통령령으로 정하는 자

국적의 재취득	① 외국 국적을 포기하지 않음에 따라 대한민국 국적을 상실한 자가 **그 후 1년 내**에 그 외국 국적을 포기하면 **법무부장관에게 신고**함으로써 대한민국 국적을 재취득할 수 있다. ② ①에 따라 신고한 자는 그 신고를 한 때에 대한민국 국적을 취득한다.

03 여권과 사증 등 ✿✿✿

여권	발급권자	① 여권은 **외교부장관**이 발급한다. ② 외교부장관은 여권 등의 발급, 재발급과 기재사항변경에 관한 사무의 일부를 대통령령으로 정하는 바에 따라 **지방자치단체의 장**에게 대행(代行)하게 할 수 있다.
	발급의 거부·제한	① 외교부장관은 다음의 어느 하나에 해당하는 사람에 대하여는 여권의 발급 또는 재발급을 거부할 수 있다. ㉠ 장기 2년 이상의 형(刑)에 해당하는 죄로 인하여 기소(起訴)되어 있는 사람 또는 장기 3년 이상의 형에 해당하는 죄로 인하여 기소 중지 또는 수사중지(피의자중지로 한정한다)되거나 체포영장·구속영장이 발부된 사람 중 국외에 있는 사람 ㉡ 제24조부터 제26조까지의 죄를 범하여 실형을 선고받고 그 집행이 끝나거나(집행이 끝난 것으로 보는 경우를 포함한다) 집행이 면제되지 아니한 사람 ㉢ **㉡의 죄를 범하여 형의 집행유예를 선고받고 그 유예기간 중에 있는 사람** ㉣ ㉡의 죄 외의 죄를 범하여 금고 이상의 실형을 선고받고 그 집행이 끝나거나(집행이 끝난 것으로 보는 경우를 포함한다) 집행이 면제되지 아니한 사람 ㉤ **㉡의 죄 외의 죄를 범하여 금고 이상의 형의 집행유예를 선고받고 그 유예기간 중에 있는 사람** ㉥ 국외에서 대한민국의 안전보장·질서유지나 통일·외교정책에 중대한 침해를 일으킬 우려가 있는 경우로서 다음의 어느 하나에 해당하는 사람 ⓐ 출국할 경우 테러 등으로 생명이나 신체의 안전이 침해될 위험이 큰 사람 ⓑ 「보안관찰법」 제4조에 따라 보안관찰처분을 받고 그 기간 중에 있으면서 같은 법 제22조에 따라 경고를 받은 사람 ② 외교부장관은 ①의 ㉥에 해당하는 사람인지의 여부를 판단하려고 할 때에는 미리 법무부장관과 협의하고 제18조에 따른 여권정책협의회의 심의를 거쳐야 한다.
	18세 미만자에 대한 특례	① 18세 미만인 사람이 여권을 발급받으려는 경우에는 **법정대리인의 동의**를 받아 여권의 발급을 신청하여야 한다. ② 외교부장관은 일반여권의 유효기간이 10년임에도 불구하고 해당 구분의 어느 하나에 해당하는 사람에게는 다음 기간을 유효기간으로 하는 일반여권을 발급할 수 있다(여권법 시행령 제6조 제2항). ➔ 18세 미만인 사람: **5년**

	여권의 효력상실	① 여권은 다음의 어느 하나에 해당하는 때에는 그 효력을 잃는다. 　㉠ 여권의 명의인이 사망하거나 국적법에 따라 대한민국 국적을 상실한 때(**관용여권 및 외교관여권의 명의인이 제4조의2 및 제4조의3에 따른 발급대상자에 해당하지 아니하게 된 때**. 다만, 관용여권 및 외교관여권의 명의인이 국외에 체류하고 있을 때에는 외교부령으로 정하는 귀국에 필요한 기간 동안은 그러하지 아니하다.) 　㉡ 여권의 유효기간이 끝난 때 　㉢ 여권이 발급된 날부터 **6개월이 지날 때까지 신청인이 그 여권을 받아가지 아니한 때** 　㉣ 여권을 잃어버려 그 명의인이 대통령령으로 정하는 바에 따라 분실을 신고한 때 　㉤ 여권의 발급 또는 재발급을 신청하기 위하여 반납된 여권의 경우에는 신청한 여권이 발급되거나 재발급된 때 　㉥ 발급된 여권이 변조된 때 　㉦ 여권이 다른 사람에게 양도되거나 대여되어 행사된 때 　㉧ 제19조에 따라 여권의 반납명령을 받고도 지정한 반납기간 내에 정당한 사유 없이 여권을 반납하지 아니한 때 　㉨ 단수여권의 경우에는 여권의 명의인이 해당 단수여권을 발급한 국가(재외공관의 장이 단수여권을 발급한 경우에는 그 재외공관이 설치된 국가)로 복귀한 때 ② ①의 ㉠, ㉡부터 ㉦까지 및 ㉨의 규정에 따른 여권의 효력상실 사유를 알게 된 지방자치단체의 소속 공무원 중 여권의 발급이나 재발급에 관한 사무를 담당하는 사람, 경찰공무원, 자치경찰공무원, 출입국관리나 세관업무에 종사하는 사람으로서 사법경찰관리의 직무를 행하는 사람은 그 사실을 외교부장관에게 통보하여야 한다.
	유효기간	① **일반여권**: 유효기간은 **10년(18세 미만인 사람: 5년)** 이내 ② 관용여권: 유효기간은 **5년** 이내 ③ 외교관여권: 유효기간은 **5년** 이내
여행 증명서	의의	여행증명서란 긴급하거나 부득이 필요한 경우에 외교부장관이 여권에 대신하여 발급하는 연청색 증명서를 말한다.
	유효기간	유효기간은 **1년 이내**이며 발급목적이 성취된 때에는 그 효력을 상실한다.
	발급대상자	① 출국하는 무국적자(無國籍者) ② 해외 입양자 ③ 남북교류협력에 관한 법률 제10조에 따라 여행증명서를 소지하여야 하는 사람으로서 여행증명서를 발급할 필요가 있다고 외교부장관이 인정하는 사람 ④ 국외에 체류하거나 거주하고 있는 사람으로서 여권의 발급·재발급이 거부 또는 제한되었거나 외국에서 강제 퇴거된 경우에 귀국을 위하여 여행증명서의 발급이 필요한 사람 ⑤ 출입국관리법 제46조에 따라 대한민국 밖으로 강제 퇴거되는 외국인으로서 그가 국적을 가지는 국가의 여권 또는 여권을 갈음하는 증명서를 발급받을 수 없는 사람 ⑥ ①부터 ⑤까지, ⑥ 및 ⑦에 준하는 사람으로서 긴급하게 여행증명서를 발급할 필요가 있다고 외교부장관이 인정하는 사람

사증 (VISA)	의의	외국에 여행하고자 하는 자에게 목적지 국가에서 발급하는 **입국 허가서**
	발급권자	① 법무부장관 ② 권한을 **재외공관장**에게 위임할 수 있다. ③ 입국하고자 하는 국가에서 발급

외국인의 체류자격 구분 ✿✿✿

외교(A-1)	외국정부의 **외교사절단이나 영사기관**의 구성원과 그 가족
공무(A-2)	외국정부 또는 국제기구의 **공무를 수행**하는 사람과 그 가족
협정(A-3)	대한민국정부와 협정에 따라 외국인등록이 면제되는 사람과 그 가족
관광(B-2)	관광을 하는 조건으로 입국과 체류를 허가
문화예술(D-1)	**수익을 목적으로 하지 않는** 학술 또는 예술 관련 활동을 하려는 사람(**전문적인 연구를 하거나 전문가의 지도를 받으려는 사람을 포함**한다)
유학(D-2)	전문대학 이상의 교육기관에서 교육을 받거나 특정 연구를 하려는 사람
회화지도(E-2)	**외국어 회화지도**에 종사하려는 사람
전문직업(E-5)	외국의 변호사, 공인회계사, 의사 등 **전문업무에 종사하려는 사람** 체류자격
예술흥행(E-6)	수익이 따르는 예술활동과 수익을 목적으로 하는 연예, 연주, 연극 등 활동을 하려는 사람
비전문취업(E-9)	외국인근로자의 고용 등에 관한 법률에 따른 국내 취업요건을 갖춘 사람(**전문직종에 종사하려는 사람은 제외**한다)
재외동포(F-4)	대한민국의 국적을 보유하였던 자 또는 그 직계비속으로서 외국국적을 취득한 자 중 대통령령으로 정하는 자(**단순 노무행위 등 법령에서 규정한 취업활동에 종사하는 사람은 제외**된다)
결혼이민(F-6)	① 국민의 배우자 ② 국민과 혼인관계(사실혼 포함)에서 출생한 자녀를 양육하는 부모

04 출입국관리법

1. 외국인등록 ✿✿✿✿

등록	① 외국인이 **입국한 날부터 90일**을 초과하여 대한민국에 체류하려면 대통령령으로 정하는 바에 따라 **입국한 날부터 90일 이내**에 그의 체류지를 관할하는 지방출입국·외국인관서의 장에게 외국인등록을 하여야 한다. ② 체류자격을 받는 사람으로서 그 날부터 90일을 초과하여 체류하게 되는 사람은 체류자격을 받는 때에 외국인등록을 하여야 한다. ③ 체류자격 변경허가를 받는 사람으로서 입국한 날부터 90일을 초과하여 체류하게 되는 사람은 **체류자격 변경허가를 받는 때**에 외국인등록을 하여야 한다.
등록 제외자	① **주한외국공관(대사관과 영사관을 포함**한다)과 **국제기구의 직원 및 그의 가족** ② 대한민국정부와의 협정에 따라 외교관 또는 영사와 유사한 특권 및 면제를 누리는 사람과 그의 가족 ③ 대한민국정부가 초청한 사람 등으로서 법무부령으로 정하는 사람

외국인등록번호			지방출입국·외국인관서의 장은 외국인등록을 한 사람에게는 대통령령으로 정하는 방법에 따라 개인별로 고유한 등록번호(이하 '외국인등록번호'라 한다)를 부여하여야 한다.
등록증 발급			① 외국인등록을 받은 지방출입국·외국인관서의 장은 대통령령으로 정하는 바에 따라 그 외국인에게 외국인등록증을 발급하여야 한다. 다만, 그 외국인이 **17세 미만인 경우에는 발급하지 아니할 수 있다.** ② 외국인등록증을 발급받지 아니한 **외국인이 17세가 된 때에는 90일 이내**에 체류지 관할 지방출입국·외국인관서의 장에게 외국인등록증 발급신청을 하여야 한다.

2. 내국인의 출국금지 ✵✵✵✵

:두문자

형사고역천벌추이
5국 지방 3천
양육비 법무부령

출국금지	출국금지 사유	6개월 이내	① **형사재판에 계속(係屬) 중인 사람** ② **징역형이나 금고형의 집행이 끝나지 아니한 사람** ③ **벌금(1천만원 이상)**이나 **추징금(2천만원 이상)**을 내지 아니한 사람 ④ **국세·관세(5천만원 이상)** 또는 **지방세(3천만원 이상)**를 정당한 사유 없이 그 납부기한까지 내지 아니한 사람 ⑤ 양육비 이행확보 및 지원에 관한 법률 제21조의4 제1항에 따른 **양육비 채무자** 중 양육비이행심의위원회의 심의·의결을 거친 사람 ⑥ 그 밖에 ①부터 ⑤까지의 규정에 준하는 사람으로서 대한민국의 이익이나 공공의 안전 또는 경제질서를 해칠 우려가 있어 그 출국이 적당하지 아니하다고 **법무부령**으로 정하는 사람
		1개월 이내	법무부장관은 범죄 수사를 위하여 출국이 적당하지 아니하다고 인정되는 사람에 대하여는 **1개월 이내의 기간**을 정하여 출국을 금지할 수 있다.
		예외	① 소재를 알 수 없어 기소중지결정이 된 사람 또는 도주 등 특별한 사유가 있어 수사진행이 어려운 사람: **3개월 이내** ② 기소중지결정이 된 경우로서 체포영장 또는 구속영장이 발부된 사람: 영장 유효기간 이내
	출국금지 요청		중앙행정기관의 장 및 법무부장관이 정하는 관계 기관의 장은 소관 업무와 관련하여 위 출국금지사유 어느 하나에 해당하는 사람이 있다고 인정할 때에는 법무부장관에게 출국금지를 요청할 수 있다.
	출국금지 기간의 연장		① 법무부장관은 출국금지기간을 초과하여 계속 출국을 금지할 필요가 있다고 인정하는 경우에는 그 기간을 연장할 수 있다. ② 출국금지를 요청한 기관의 장은 출국금지기간을 초과하여 계속 출국을 금지할 필요가 있을 때에는 **출국금지기간이 끝나기 3일 전까지** 법무부장관에게 출국금지기간을 연장하여 줄 것을 요청하여야 한다.
긴급출국 금지	긴급출국 금지의 요청		① 수사기관은 **범죄 피의자로서 사형·무기 또는 장기 3년 이상의 징역이나 금고에 해당하는 죄를 범하였다고 의심할 만한 상당한 이유**가 있고, 다음의 어느 하나에 해당하는 사유가 있으며, 긴급한 필요가 있는 때에는 출국심사를 하는 **출입국관리공무원**에게 출국금지를 요청할 수 있다. ㉠ 피의자가 증거를 인멸할 염려가 있는 때 ㉡ 피의자가 도망하거나 도망할 우려가 있는 때

기출 OX

01 소재를 알 수 없어 기소 중지결정이 된 사람 또는 도주 등 특별한 사유가 있어 수사 진행이 어려운 사람에 대하여는 6개월 이내의 기간 동안 출국을 금지할 수 있다. 17. 경찰승진 ( )

정답 01 ✕

	② ①에 따른 요청을 받은 출입국관리공무원은 출국심사를 할 때에 출국 금지가 요청된 사람을 출국시켜서는 아니 된다.
법무부 장관의 승인	① 수사기관은 긴급출국금지를 요청한 때로부터 **6시간 이내**에 법무부장관에게 긴급출국금지 승인을 요청하여야 한다. 이 경우 검사의 검토의견서 및 범죄사실의 요지, 긴급출국금지의 사유 등을 기재한 긴급출국금지보고서를 첨부하여야 한다. ② 법무부장관은 수사기관이 위에 따른 긴급출국금지 승인요청을 하지 아니한 때에는 수사기관요청에 따른 출국금지를 해제하여야 한다. 수사기관이 긴급출국금지 **승인을 요청한 때로부터 12시간 이내에 법무부장관으로부터 긴급출국금지 승인을 받지 못한 경우에도 또한 같다.**
재요청 금지	출국금지가 해제된 경우에 수사기관은 동일한 범죄사실에 관하여 다시 긴급출국금지 요청을 할 수 없다.
이의신청	① 출국이 금지되거나 출국금지기간이 연장된 사람은 출국금지결정이나 출국금지기간 연장의 통지를 받은 날 또는 그 사실을 **안 날부터 10일 이내**에 **법무부장관**에게 출국금지결정이나 출국금지기간 연장결정에 대한 이의를 신청할 수 있다. ② 법무부장관은 ①에 따른 **이의신청을 받으면 그 날부터 15일 이내**에 이의신청의 타당성 여부를 결정하여야 한다. 다만, **부득이한 사유가 있으면 15일의 범위에서 한 차례만 그 기간을 연장할 수 있다.**

긴급출국금지

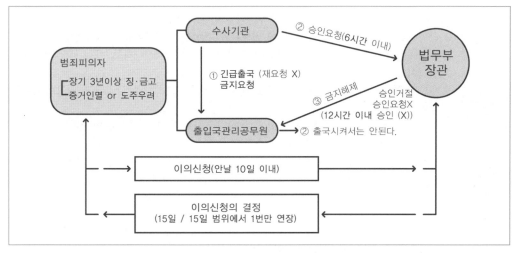

기출 OX

02 수사기관이 출입국관리법 제4조의6 제3항에 따른 긴급출국금지승인을 요청한 때로부터 12시간 이내에 법무부장관으로부터 긴급출국금지 승인을 받지 못한 경우, 법무부장관은 출입국관리법 제4조의6 제1항의 수사기관 요청에 따른 출국금지를 해제하여야 한다.
21. 경찰 ( )

정답 02 ○

3. 외국인 출국정지와 내국인 출국금지의 비교 ✄✄✄✄

:두문자

형사고역
천벌추이(2)
5국·지방세(3)

:두문자

수기도

내국인 (출국금지)	외국인 (출국정지)	내용
6개월 이내	3개월 이내	① **형사재판에 계속(係屬) 중인 사람** ② **징역형이나 금고형의 집행이 끝나지 아니한 사람** ③ **벌금(1천만원 이상)**이나 **추징금(2천만원 이상)**을 내지 아니한 사람 ④ **국세·관세(5천만원 이상)** 또는 **지방세(3천만원 이상)**를 정당한 사유 없이 그 납부기한까지 내지 아니한 사람 ⑤ 양육비 이행확보 및 지원에 관한 법률 제21조의4 제1항에 따른 **양육비 채무자** 중 양육비이행심의위원회의 심의·의결을 거친 사람 ⑥ 그 밖에 ①부터 ⑤까지의 규정에 준하는 사람으로서 대한민국의 이익이나 공공의 안전 또는 경제질서를 해칠 우려가 있어 그 출국이 적당하지 아니하다고 **법무부령**으로 정하는 사람
1개월 이내		법무부장관은 **범죄 수사**를 위하여 출국이 적당하지 아니하다고 인정되는 사람
3개월 이내		소재를 알 수 없어 **기소중지결정**이 된 사람
		도주 등 특별한 사유가 있어 수사진행이 어려운 사람
영장 유효기간 이내		기소중지결정이 된 경우로서 체포영장 또는 구속영장이 발부된 사람

4. 외국인의 입국금지 및 강제퇴거 ✄✄✄✄

기출 OX

01 상륙허가를 받지 아니하고 상륙한 사람은 입국금지 사유에 해당한다. 10. 경찰
( )

정답 01 ✕

입국금지 대상자	법무부장관은 다음의 어느 하나에 해당하는 외국인에 대하여는 입국을 금지할 수 있다. ① 감염병환자, 마약류중독자, 그 밖에 공중위생상 위해를 끼칠 염려가 있다고 인정되는 사람 ② 총포·도검·화약류 등의 안전관리에 관한 법률에서 정하는 총포·도검·화약류 등을 위법하게 가지고 입국하려는 사람 ③ 대한민국의 이익이나 공공의 안전을 해치는 행동을 할 염려가 있다고 인정할 만한 상당한 이유가 있는 사람 ④ 경제질서 또는 사회질서를 해치거나 선량한 풍속을 해치는 행동을 할 염려가 있다고 인정할 만한 상당한 이유가 있는 사람 ⑤ 사리 분별력이 없고 국내에서 체류활동을 보조할 사람이 없는 정신장애인, 국내체류비용을 부담할 능력이 없는 사람, 그 밖에 구호가 필요한 사람 ⑥ 강제퇴거명령을 받고 출국한 후 5년이 지나지 아니한 사람 ⑦ 1910년 8월 29일부터 1945년 8월 15일까지 사이에 다음의 어느 하나에 해당하는 정부의 지시를 받거나 그 정부와 연계하여 **인종, 민족, 종교, 국적, 정치적 견해 등을 이유로 사람을 학살·학대하는 일에 관여한 사람** ㉠ 일본 정부 ㉡ 일본 정부와 동맹 관계에 있던 정부 ㉢ 일본 정부의 우월한 힘이 미치던 정부 ⑧ ①부터 ⑦까지의 규정에 준하는 사람으로서 법무부장관이 그 입국이 적당하지 아니하다고 인정하는 사람
강제퇴거 대상자	지방출입국·외국인관서의 장은 이 장에 규정된 절차에 따라 다음의 어느 하나에 해당하는 외국인을 대한민국 밖으로 **강제퇴거시킬 수 있다.** ⓐ 유효한 여권과 사증 또는 외국인입국허가서 없이 입국한 사람 ⓑ 허위초청 등의 행위로 입국한 외국인 ⓒ 입국금지사유가 입국 후에 발견되거나 발생한 사람

ⓓ 출입국심사규정을 **위반한 사람**

ⓔ 지방출입국 · 외국인관서의 장이 붙인 허가조건을 **위반한 사람**

ⓕ 상륙허가를 받지 아니하고 상륙한 사람

ⓖ 지방출입국 · 외국인관서의 장 또는 출입국관리공무원이 붙인 허가조건을 **위반한 사람**

ⓗ 체류자격 외의 활동을 하거나 체류기간 연장허가를 **위반한 사람**

ⓘ 허가를 받지 아니하고 근무처를 변경 · 추가하거나 같은 조 제2항을 위반하여 외국인을 고용 · 알선한 사람

ⓙ 법무부장관이 정한 거소 또는 활동범위의 제한이나 그 밖의 준수사항을 **위반한 사람**

ⓚ 허위서류 제출 등의 금지를 **위반한 외국인**

ⓛ 출국심사규정을 위반하여 출국하려고 한 사람

ⓜ 외국인등록의무를 **위반한 사람**

ⓝ 외국인등록증 등의 채무이행 확보수단 제공 등의 금지를 **위반한 외국인**

ⓞ **금고 이상의 형을 선고받고 석방된 사람**

ⓟ 송환대상외국인으로서 자살 또는 자해, 다른 사람에게 위해를 가하는 행위 등을 한 사람

ⓠ 그 밖에 ⓐ부터 ⓙ까지, ⓚ, ⓛ, ⓜ, ⓝ, ⓞ 또는 ⓟ에 준하는 사람으로서 **법무부령**으로 정하는 사람

영주권자의 경우(제46조)	영주자격을 가진 사람은 대한민국 밖으로 강제퇴거되지 아니한다. 다만, 다음의 어느 하나에 해당하는 사람은 그러하지 아니한다. ① 「형법」 제2편 제1장 내란의 죄 또는 제2장 외환의 죄를 범한 사람 ② **5년 이상의 징역 또는 금고의 형을 선고받고 석방된 사람 중 법무부령**으로 정하는 사람 ③ 제12조의3 제1항 또는 제2항(**불법입국**)을 위반하거나 이를 교사(教唆) 또는 방조(幇助)한 사람

5. 외국인의 상륙 ✿✿✿✿

구분	내용	상륙기간	허가권자
관광상륙	관광을 목적으로 선박에 승선한 외국인승객과 그 선박의 장에 대한 상륙허가	3일	출입국관리공무원
승무원상륙	외국인승무원이 다른 선박에 옮겨 타거나 **휴양** 등의 목적으로 상륙허가	15일	출입국관리공무원
긴급상륙	선박 등에 타고 있는 외국인(승무원을 포함한다)이 **질병이나 그 밖의 사고**로 긴급히 상륙할 필요가 있다고 인정되는 경우	30일	출입국관리공무원
재난상륙	**조난**을 당한 선박 등에 타고 있는 외국인(승무원을 포함한다)을 긴급히 구조할 필요가 있다고 인정하여 행하는 상륙허가	30일	출입국관리사무소장 또는 출장소장
난민임시상륙	선박 등에 타고 있는 외국인이 난민법 제2조 제1호에 규정된 이유나 그 밖에 이에 준하는 이유로 그 생명 · 신체 또는 신체의 자유를 침해받을 공포가 있는 영역에서 도피하여 곧바로 대한민국에 비호(庇護)를 신청하는 경우 그 외국인을 상륙시킬 만한 상당한 이유가 있다고 인정하여 **법무부장관의 승인**을 받아 90일의 범위에서 난민 임시상륙허가를 할 수 있다. 이 경우 **법무부장관은 외교부장관과 협의 후 법무부장관이 승인하여야 한다.**	90일	출입국관리사무소장 또는 출장소장

:두문자
씨오일(15)휴양

:두문자
3재낀(긴)질병

:두문자
3재 · 조난

:두문자
난닝구(9)

6. 다문화사회의 접근유형 ✦✦✦

:두문자

자 · 급 · 조

기출 OX

01 자유주의적 다문화주의는 사회통합을 이룩하기 위해 국가내부의 문화적 다양성을 허용하고, 소수 인종집단 고유의 문화와 가치를 인정하지만, 시민생활이나 공적 생활에서는 주류사회의 문화, 언어, 사회습관에 따를 것을 요구한다. 17. 경간 ( )

02 국제형사경찰기구는 자체 내에 국제수사관을 두어 각국의 법과 국경에 구애됨이 없이 자유로이 왕래하면서 범인을 추적 · 수사하는 국제수사기관으로서의 역할을 한다. 11. 경찰 ( )

자유주의적 다문화주의 (동화주의)	다문화주의의 **차별을 금지**하고 사회참여를 위해 기회평등보장하는 것으로, 사회통합을 위해 국가 내부의 문화적 다양성을 인정하고, 소수 인종집단 고유의 문화와 가치를 인정하지만, **시민생활이나 공적 생활에서는 주류사회의 문화 · 언어 · 사회 · 습관을 따를 것을 요구**한다.
급진적 다문화주의	**소수집단이 스스로 결정의 원칙**(Self-determination)을 내세워 문화적 공존을 넘어서는 **소수민족집단만의 공동체 건설을 지향**한다. 즉, 주류사회의 문화 · 언어 · 규범 · 가치 · 생활양식을 부정하고 독자적인 생활방식을 추구하는 입장을 말한다. 미국에서의 흑인과 원주민에 의한 격리주의 운동이나 아프리카 소부족 독립운동 등이 여기에 해당한다.
조합주의적 다문화주의	자유주의적 다문화주의와 급진적 다문화주의의 **절충형**으로서 다문화주의를 **결과에 있어서 평등보장**이라는 측면에서 접근한다. 즉, 문화적 소수자가 현실적으로 문화적 다수자와의 경쟁에서 불리한 위치에 있다는 것을 전제로 하여, 소수집단의 사회참가를 촉진하기 위해 적극적인 재정적 · 법적 원조를 한다.

05 인터폴(I.C.P.O) ✦✦✦

연혁	① **1914년 모나코**에서 국제형사경찰회의(International Criminal Police Congress)가 개최되어 국제범죄 기록보관소 설립, 범죄인 인도절차의 표준화 등에 대하여 논의하였는데 이것이 국제경찰협력의 기초가 되었다. ② **1923년 비엔나**에서 19개국 경찰기관장이 참석한 가운데 제2차 국제형사경찰회의가 개최되어 현재 인터폴의 전신인 국제형사경찰위원회(International Criminal Police Commission)를 창설하였다. ③ **1956년 비엔나**에서 국제형사경찰기구(International Criminal Police Organization)가 발족되었고, 당시 사무총국은 **파리**에 두었다. ④ 우리나라는 **1964년에 가입**하였으며, 대한민국 국가중앙사무국장은 **경찰청 국제협력관 인터폴 국제공조담당관**에 설치되어 있으며, 인터폴 대한민국 국가중앙사무국장은 **경찰청 국제협력관**이다.
인터폴의 기능	① 인터폴은 **수사기관이 아니고** 정보와 자료를 교환하고 범인체포와 인도에 관하여 상호협조하는 **국제형사 공조기구**이다. ② 인터폴 내에는 자체적인 국제수사관이 없고, 범인을 추적 · 체포 · 구속 등을 행할 수 있는 권한이 없기 때문이다.

인터폴의 조직	총회	인터폴의 최고 의결기관이며 **매년 1회** 개최된다.
	사무총국	**상설행정기관으로 프랑스의 리옹**에 위치한다. 사무총국 제2국이 연락 및 범죄정보의 배포 등 핵심적 기능을 수행한다.
	국가중앙사무국	모든 **회원국에 설치된 상설기구**로 회원국간의 각종 공조요구에 대응한다.
	기타	집행위원회, 고문 등으로 구성된다.
	공용어	영어, 프랑스어, 아랍어, 스페인어

국제수배서	적색수배서 (Red Notice)	① **범죄인 인도**를 목적으로 하는 경우에 발행 ② 장기 **2년** 이상 징역이나 금고에 해당하는 죄를 범하여 체포영장 · 구속영장이 발부된 자 ㉠ **범죄단체** 조직, 가입, 활동

정답 01 ○ 02 ✕

		ⓒ 살인, 상해, 강도 등 **강력범죄** ⓓ 강간, 강제추행 등 **성범죄** ⓔ **마약류** 제조, 수출입, 유통행위(단, **마약류 단순 구매, 소지, 투약 제외**) ⓕ 전화금융사기 또는 범죄금액 **5억원 이상** 경제범죄 ⓖ 범죄금액 **100억원 이상** 사이버**도박** 운영 ⓗ 산업기술 유출 등 **지**식재산 범죄	
	청색수배서 (Blue Notice)	**수배자(도피처가 명확한 경우에 한한다)의 신원과 소재파악**을 위해 발행	
	녹색수배서 (Green Notice)	**상습적**으로 범행을 하였거나 범행할 우려가 있는 **국제범죄자의** 동향을 파악하기 위하여 발행	
	황색수배서 (Yellow Notice)	**가출인** 소재확인 또는 **기억상실자** 등의 신원을 확인할 목적으로 발행	
	흑색수배서 (Black Notice)	**사망자**의 신원을 확인할 수 없거나 **사망자가 가명을 사용하였을 경**우 정확한 신원을 파악할 목적으로 발행	
	장물수배서	도난당하거나 또는 불법으로 취득한 **물건, 문화재 등(장물)**에 대해 수배하는 것	
	자주색수배서 (Purple Notice)	**새로운 범죄수법** 등을 사무총국에서 집중 관리하여 각 회원국에 배포	
	오렌지색수배서 (보안경고서)	**폭발물 및 테러범(위험인물)** 등에 대하여 보안을 경고하기 위하여 발행	
	UN 특별수배서	UN 안보리 제재대상 정보제공의 목적으로 UN안보리와 인터폴의 협의사항에 따라 발행	
공조의 절차	① 지구대 등 ➡ ② 경찰서 외사과(계) ➡ ③ 지방청 외사과(계)의 경우 ➡ ④ 한국인터폴 중앙사무국 ➡ ⑤ 인터폴 사무총국 ➡ ⑥ 상대국 인터폴 국가중앙사무국 ➡ ⑦ 상대국 경찰관서		

⊕PLUS 인터폴 회원국간의 기본원칙

주권존중	회원국의 국내법이 허용하는 범위 내에서 협조함을 원칙으로 한다.
평등성	모든 회원국은 재정부담의 정도에 구애됨이 없이 동등하게 협조와 지원을 받을 수 있다.
보편성	회원국은 모든 타 회원국과 협조할 수 있으며, 정치·지리·언어 등의 요인에 의하여 방해받지 않는다.
협력의 범위	회원국 간의 협조는 일반범죄의 예방 및 진압에 국한되며, 정치·군사·종교·인종적 사항에 대해서는 어떤 관여나 활동도 금지된다.
타 기관과 협력	각 회원국은 국가중앙사무국을 통해 일반범죄의 예방과 진압에 관여하고 있는 타국가 기관과도 협력할 수 있다.
협력방법의 융통성 (업무방법의 유연성)	협조방식은 규칙성·계속성이 있어야 하나 회원국의 국내실정을 충분히 고려하여 협조의 방식을 변경할 수 있다.

06 국제형사사법 공조법 ✿✿✿✿

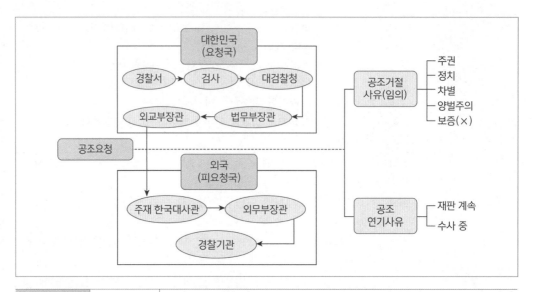

기본원칙	상호주의	공조조약이 체결되어 있지 아니한 경우에도 동일하거나 유사한 사항에 관하여 **대한민국의 공조요청에 따른다는 요청국의 보증이 있는 경우에는 이 법을 적용한다.**
	쌍방가벌성의 원칙	국제형사사법 공조의 대상이 되는 범죄는 **피요청국과 요청국 모두에서 처벌이 가능한 범죄이어야 공조가 가능하다.**
	특정성의 원칙	① 요청국의 공조에 의하여 취득한 증거를 **공조요청의 대상이 된 범죄 이외의 수사나 재판에 사용하여서는 안 된다.** ② 피요청국의 증인 등이 공조요청에 응하여 요청국에 출두한 경우 **피요청국을 출발하기 이전의 행위로 인해 구금 · 소추를 비롯한 어떠한 자유도 제한받지 않는다.**
적용범위		공조에 관하여 공조조약에 이 법과 다른 규정이 있는 경우에는 그 규정에 따른다.
공조의 범위		① 사람 또는 물건의 소재에 대한 수사 ② 서류 · 기록의 제공 ③ 서류 등의 송달 ④ 증거 수집, 압수 · 수색 또는 검증 ⑤ 증거물 등 물건의 인도(引渡) ⑥ 진술 청취, 그 밖에 요청국에서 증언하게 하거나 수사에 협조하게 하는 조치

공조에 필요한 조치		① **행정안전부장관**은 국제형사경찰기구로부터 외국의 형사사건 수사에 대하여 협력을 요청받거나 국제형사경찰기구에 협력을 요청하는 경우에는 다음의 조치를 취할 수 있다.
		   ㉠ 국제범죄의 **정보 및 자료 교환**
		   ㉡ 국제범죄의 **동일증명(同一證明) 및 전과 조회**
		   ㉢ 국제범죄에 관한 **사실 확인 및 그 조사**
		② ①의 각 사항은 제외한 협력요청이 이 법에 따른 공조에 관한 것인 경우에는 이 법에 따른다.

공조의 제한 (임의적 거절사유)	다음의 어느 하나에 해당하는 경우에는 **공조를 하지 아니할 수 있다.** ① 대한민국의 **주권, 국가안전보장, 안녕질서 또는 미풍양속**을 해칠 우려가 있는 경우 ② **인종, 국적, 성별, 종교, 사회적 신분** 또는 **특정 사회단체에 속한다는 사실이나 정치적 견해**를 달리한다는 이유로 처벌되거나 형사상 불리한 처분을 받을 우려가 있다고 인정되는 경우 ③ 공조범죄가 **정치적 성격**을 지닌 범죄이거나, 공조요청이 정치적 성격을 지닌 다른 범죄에 대한 수사 또는 재판을 할 목적으로 한 것이라고 인정되는 경우 ④ 공조범죄가 **대한민국의 법률**에 의하여는 범죄를 구성하지 아니하거나 공소를 제기할 수 없는 범죄인 경우 ⑤ 이 법에 요청국이 보증하도록 규정되어 있음에도 불구하고 **요청국의 보증이 없는 경우**
공조의 연기	대한민국에서 **수사가 진행 중이거나 재판에 계속(係屬)**된 범죄에 대하여 외국의 공조요청이 있는 경우에는 그 수사 또는 재판절차가 끝날 때까지 **공조를 연기할 수 있다.**
외교부장관의 조치	외교부장관은 요청국으로부터 형사사건의 수사에 관한 공조요청을 받았을 때에는 공조요청서에 관계 자료 및 의견을 첨부하여 법무부장관에게 송부하여야 한다.
법무부장법무 부장관의 조치관의 조치	① 공조요청서를 받은 법무부장관은 공조요청에 응하는 것이 타당하다고 인정하는 경우에는 ②의 경우를 제외하고는 다음의 어느 하나의 조치를 하여야 한다. ㉠ 공조를 위하여 적절하다고 인정되는 지방검찰청 검사장(이하 '검사장'이라 한다) 또는 고위공직자범죄수사처장에게 관계 자료를 송부하고 공조에 필요한 조치를 하도록 명하거나 요구하는 것 ㉡ 제9조 제3항의 경우에는 수형자가 수용되어 있는 교정시설의 장에게 수형자의 이송에 필요한 조치를 명하는 것 ② 법무부장관은 공조요청이 법원이나 검사 또는 고위공직자범죄수사처장이 보관하는 소송서류의 제공에 관한 것일 경우에는 그 서류를 보관하고 있는 법원이나 검사 또는 고위공직자범죄수사처장에게 공조요청서를 송부하여야 한다. ③ **법무부장관**은 이 법 또는 공조조약에 따라 공조할 수 없거나 공조하지 아니하는 것이 타당하다고 인정하는 경우 또는 공조를 연기하려는 경우에는 **외교부장관**과 협의하여야 한다.
수사공조의 절차	① 경찰서 ➡ ② 검사 ➡ ③ 대검찰청 ➡ ④ 법무부장관 ➡ ⑤ 외교부장관 ➡ ⑥ 상대국 주재 한국대사관 ➡ ⑦ 상대국 외무부장관 ➡ ⑧ 상대국 경찰기관

07 범죄인 인도법 ☆☆☆☆

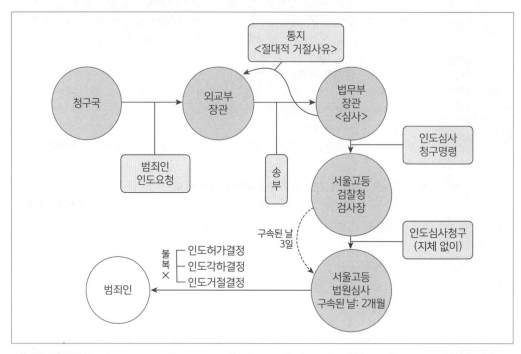

용어정의	인도조약	대한민국과 외국간에 체결된 범죄인의 인도에 관한 조약·협정 등의 합의를 말한다.
	청구국	범죄인의 인도를 청구한 국가를 말한다.
	인도범죄	범죄인의 인도를 청구할 때 그 대상이 되는 범죄를 말한다.
	범죄인	인도범죄에 관하여 청구국에서 수사나 재판을 받고 있는 사람 또는 유죄의 재판을 받은 사람을 말한다.
	긴급인도구속	도망할 염려가 있는 경우 등 긴급하게 범죄인을 체포·구금(拘禁)하여야 할 필요가 있는 경우에 범죄인 인도청구가 뒤따를 것을 전제로 하여 범죄인을 체포·구금하는 것을 말한다.
범죄인 인도의 원칙	상호주의	인도조약이 체결되어 있지 아니한 경우에도 범죄인의 인도를 청구하는 국가가 같은 종류 또는 유사한 인도범죄에 대한 **대한민국의 범죄인 인도청구에 응한다는 보증을 하는 경우**에는 이 법을 적용한다.
	쌍방가벌성의 원칙	청구국과 피청구국의 **쌍방법률에 의하여 범죄를 구성하지 않는 경우에는 범죄인을 인도하지 않는다**는 원칙
	최소중요성의 원칙	① 범죄인 인도 기술상 어느 정도 중요한 범죄만 인도한다는 원칙이다. ② 대한민국과 청구국의 법률에 따라 인도범죄가 **사형, 무기징역, 무기금고, 장기(長期) 1년 이상의 징역 또는 금고에 해당**하는 경우에만 범죄인을 인도할 수 있다.
	특정성의 원칙	① 인도된 범죄인이 **인도가 허용된 범죄 외의 범죄로 처벌받지 아니하고** ② **제3국에 인도되지 아니한다는 청구국의 보증**이 없는 경우에는 범죄인을 인도하지 아니한다.

	자국민 불인도의 원칙	① 자국민은 인도하지 않는다는 원칙으로, **대륙법계 국가들은 이를 채택**하나, **영미법계 국가들은 이를 채택하지 않는다.** ② 범죄인이 대한민국 국민인 경우에는 **인도하지 아니할 수 있다**(임의적 거절사유).
	유용성의 원칙	① 실제로 처벌하기 위해 필요한 범죄자만 인도한다는 원칙 ② 인도범죄에 관한 공소시효 또는 형의 시효가 완성된 경우 범죄인을 **인도하지 아니한다**(절대적 거절사유).
	정치범 불인도의 원칙	① 인도범죄가 정치적 성격을 지닌 범죄이거나 그와 관련된 범죄인 경우에는 범죄인을 인도하여서는 아니 된다(**범죄인 인도법은 정치범 불인도에 관해 절대적 거절사유로 명문의 규정을 두고 있음**). ② 그러나 **정치범의 개념에 관한 명문의 규정은 두고 있지 않다.** ③ **예외**: 인도범죄가 다음의 어느 하나에 해당하는 경우에는 그러하지 아니하다. 　㉠ 국가**원수**(國家元首)·정부수반(政府首班) 또는 그 가족의 생명·신체를 침해하거나 위협하는 범죄 　㉡ 다자간 **조**약에 따라 대한민국이 범죄인에 대하여 재판권을 행사하거나 범죄인을 인도할 의무를 부담하고 있는 범죄 　㉢ **여**러 사람의 생명·신체를 침해·위협하거나 이에 대한 위험을 발생시키는 범죄
	군사범 불인도의 원칙	① 군사범죄, 즉 탈영, 항명 등의 범죄자는 인도하지 않는다는 원칙이다. ② 우리나라는 군사범불인도의 원칙에 관한 **명문의 규정은 없다.**
적용범위		범죄인 인도에 관하여 인도조약에 이 법과 다른 규정이 있는 경우에는 **그 규정(인도조약)에 따른다.**
전속관할		이 법에 규정된 범죄인의 인도심사 및 그 청구와 관련된 사건은 서울고등법원과 서울고등검찰청의 전속관할로 한다.
범죄인 인도 거절사유	절대적 거절사유	다음의 어느 하나에 해당하는 경우에는 범죄인을 **인도하여서는 아니 된다.** ① 대한민국 또는 청구국의 법률에 따라 인도범죄에 관한 **공소시효 또는 형의 시효가 완성**된 경우 ② **인도범죄에 관하여 대한민국 법원**에서 재판이 계속(係屬) 중이거나 재판이 확정된 경우 ③ 범죄인이 인도범죄를 범하였다고 의심할 만한 **상당한 이유가 없는 경우**. 다만, **인도범죄에 관하여 청구국에서 유죄의 재판이 있는 경우는 제외**한다. ④ 범죄인이 인종, 종교, 국적, 성별, 정치적 신념 또는 특정 사회단체에 속한 것 등을 이유로 처벌되거나 그 밖의 불리한 처분을 받을 염려가 있다고 인정되는 경우
	임의적 거절사유	다음의 어느 하나에 해당하는 경우에는 범죄인을 인도하지 아니할 수 있다. ① 범죄인이 **대한민국 국민**인 경우 ② 인도범죄의 **전부 또는 일부가 대한민국 영역에서 범한 것**인 경우 ③ **범죄인의 인도범죄 외**의 범죄에 관하여 대한민국 법원에 **재판**이 계속 중인 경우 또는 범죄인이 형을 선고받고 그 집행이 끝나지 아니하거나 면제되지 아니한 경우

:두문자

원·조·여

:두문자

차이나게
재시보자

:두문자

한국국민·외재·인삼·비인도적

기출 OX

02 정치범 불인도의 원칙과 관련하여 우리나라는 명문 규정이 있으며, 집단살해·전쟁범죄는 예외적으로 인도한다. 15. 경찰간부 (　　)

03 대한민국 또는 청구국의 법률에 따라 인도범죄에 관한 공소시효 또는 형의 시효가 완성된 경우에는 범죄인을 인도하여서는 아니 된다. 18. 경찰 (　　)

04 범죄인이 인종, 종교, 국적, 성별, 정치적 신념 또는 특정 사회단체에 속한 것 등을 이유로 처벌되거나 그 밖의 불리한 처분을 받을 염려가 있다고 인정되는 경우 범죄인을 인도하지 않을 수 있다. 15·18. 경찰 (　　)

05 인도범죄의 성격과 범죄인이 처한 환경 등에 비추어 범죄인을 인도하는 것이 비인도적이라고 인정되는 경우 절대적 인도거절사유에 해당한다. 14. 경찰 (　　)

06 범죄인이 인도범죄에 관하여 제3국(청구국이 아닌 외국을 말한다)에서 재판을 받고 처벌되었거나 처벌받지 아니하기로 확정된 경우에는 범죄인을 인도하지 아니할 수 있다. 18. 경찰 (　　)

정답 02 ✕ 03 ○ 04 ✕
05 ✕ 06 ○

		④ 범죄인이 **인도범죄**에 관하여 **제3국**(청구국이 아닌 외국을 말한다. 이하 같다)에서 재판을 받고 처벌되었거나 처벌받지 아니하기로 확정된 경우 ⑤ 인도범죄의 성격과 범죄인이 처한 환경 등에 비추어 범죄인을 인도하는 것이 **비인도적(非人道的)이라고 인정되는 경우**
인도심사의 절차	외교부장관의 조치	외교부장관은 청구국으로부터 범죄인의 인도청구를 받았을 때에는 인도청구서와 관련 자료를 법무부장관에게 송부하여야 한다.
	법무부장관의 인도심사청구 명령	① 법무부장관은 외교부장관으로부터 인도청구서 등을 받았을 때에는 이를 **서울고등검찰청 검사장**에게 송부하고 그 소속 검사로 하여금 서울고등법원에 범죄인의 인도허가 여부에 관한 인도심사를 청구하도록 **명하여야 한다.** ② 다만, 인도조약 또는 이 법에 따라 **범죄인을 인도할 수 없거나 인도하지 아니하는 것이 타당하다고 인정되는 경우**에는 그러하지 아니하다. 이 경우 법무부장관은 인도심사청구명령을 하지 아니한다는 사실을 **외교부장관에게 통지**하여야 한다. ③ 법무부장관은 둘 이상의 국가로부터 동일 또는 상이한 범죄에 관하여 동일한 범죄인에 대한 인도청구를 받은 경우에는 범죄인을 **인도할 국가를 결정**하여야 하며, 필요한 경우 **외교부장관과 협의**할 수 있다.
	서울 고등법원에 인도심사의 청구	① 검사는 법무부장관의 인도심사청구명령이 있을 때에는 **지체 없이** 법원에 인도심사를 청구하여야 한다. 다만, 범죄인의 소재를 알 수 없는 경우에는 그러하지 아니하다. ② 범죄인이 인도구속영장에 의하여 구속되었을 때에는 **구속된 날부터 3일** 이내에 인도심사를 청구하여야 한다. ③ 인도심사의 청구는 관계 자료를 첨부하여 서면으로 하여야 한다. ④ 검사는 인도심사를 청구하였을 때에는 그 청구서의 부본(副本)을 범죄인에게 송부하여야 한다.

	법원의
	인도심사
		① 법원은 인도심사의 청구를 받았을 때에는 지체 없이 인도심사를 시작하여야 한다.
		② 법원은 범죄인이 인도구속영장에 의하여 구속 중인 경우에는 **구속된 날부터 2개월 이내에** 인도심사에 관한 결정(決定)을 하여야 한다.
		③ 범죄인은 인도심사에 관하여 변호인의 도움을 받을 수 있다.
		④ 법원은 인도심사의 청구에 대하여 다음의 구분에 따라 결정을 하여야 한다.
		   ⊙ 인도심사의 청구가 적법하지 아니하거나 취소된 경우: 인도심사청구 각하결정
		   ⓒ 범죄인을 인도할 수 없다고 인정되는 경우: 인도거절결정
		   ⓒ 범죄인을 인도할 수 있다고 인정되는 경우: 인도허가결정
		⑤ 법원은 인도심사에 관한 결정을 하기 전에 범죄인과 그의 변호인에게 의견을 진술할 기회를 주어야 한다. 다만, **인도심사청구 각하결정(却下決定) 또는 인도거절결정을 하는 경우**에는 그러하지 아니하다.

	불복신청의 불허	서울고등법원의 범죄인의 심사에 대한 각하결정·인도거절결정·인도허가결정에 대해서는 **불복신청이 인정되지 않는다**(단심제).

부록

위원회 정리

위원회 정리

01 위원회 총 정리

성격	자문기관	고충위, 인사위, 인권위	**고인인**
	행정관청	소청심사위, 시·도자치경찰위, 행정심판위원회	**소행시**
	의결기관	나머지	
구성 인원	4인	중앙행정심판위원회 산하 소위원회	**사(4)소**
	5인 이내	보상금심사위원회	**보상금 5인이네**
	5인	시·도자치경찰위원회 위원추천위원회	추오(5)
	7인	경찰위(국가경찰위·시도자치경찰위), 보안관찰처분심의위, 국가배상심의위원회(위원장 포함)	**보안관인 국가경찰은 7인**
	11인	정보공개위원회(7명이 공무원이 아닌 위원)	**정공**으로 **일일(11)**이 **친(7명 공무원이 아닌 위원)**다
	5 ~ 7인	대부분 (※ 소청심사위원회: 위원장 1명 포함 5명 ~ 7명 상임위원 + 상임위원수의 1/2 이상 비상임)	
	7 ~ 10인	신상정보공개심의위원회	**7-10개의 신상**
	15인 이내	경찰청 규제심사위원회	**경규 시보내**
	7 ~ 13인	경찰청(시·도청) 인권위	**인권 713**
	7 ~ 15인	경찰공무원 고충위 (회의 시: 위원장 + 위원장 지정 5 ~ 7인)	**고칠(7)일오(15)**
	15인	국민권익위원회(※ 부위원장 3명 + 상임위원 3명 포함)	**삼삼(33)**한 **시보(15)**인 **국민**
	11 ~ 51인	경찰 보통·중앙 징계위원회 (회의 시: 위원장 + 기관장 지정 4 ~ 6인)	일일이 오일바르자
	17 ~ 33인	국무총리 소속 중앙징계위	
	50명 이내	각급 행정심판위원회	5(각급) ➡ 7(중앙) ➡ 9(회의)
	70명 이내	중앙행정심판위원회	
	40 ~ 90인	언론중재위원회	**언론 사구**
위원장	호선	경위, 인권위, 언론위, 손보위, 위원추천위원회	**경인언손추**
	지정(임명)	시·도자치경찰위	시·도지사의 임명
위원장 직무대리	지정대리	• **손**실보상심의원원회 • **보**안관찰처분심의위원회 • 경찰청 **규**제심사위원회 • 위원**추**천위원회 • 각급 행정**심**판위원회	**손보규추심**

법정대리		• 국경위, 시경위: 상임위원이 있으면 **상임위원** ➡ 연장자순 • 경찰공무원인사위: 최상위계급 ➡ 선임경찰공무원 • 중앙행정심판위원회: 상임위원 ➡ 재직기간이 가장 긴 위원 ➡ 연장자순 • 정보공개위원회: 부위원장 • 경찰인권위: 위촉일자가 빠른 순 ➡ 연장자순	
정무직		국경위 상임위원, (시경위 상임위원·위원장), 소청위 위원장	**국상**(國賞)에 간 소장
임기	3년, 연임 ×	경찰위(국경위·시경위)	**경국소언**
	3년, 1차 연임	언론위, 소청위, 국민권익위원회(중앙행심위 상임위원)	
	2년, 연임 ○	나머지 대부분 ※ 인권위: 위원장 연임 ×, 위원 2회 연임	
민간 위원	고충위	위원장 제외한 위원수의 1/2 이상	**경찰은 넣고, 충(벌레)과 총은 빼라**
	국무총리 징계위	위원장 제외한 위원수의 1/2 이상	
	경찰공 징계위	위원장 포함한 위원수의 1/2 이상	
	정보공개위	위원장 포함 7명	**정공**으로 일일이 **친(7)**다.
	정보공개심위	위원장 포함한 위원수의 2/3, 범죄 예방·수사 등 기관은 1/3 이상 외부전문가	
	보안관찰처분위	변호사 과반수 이상	
	손보위	비경찰 과반수 이상	
민간 위원 자격	정교수	경찰청 중앙징계위	**정중앙**
	부교수	나머지	
	조교수	경찰청 고충심사위, 시경위, 국수본부장	**고시본 조**
	퇴직 경찰	총경 이상: 중앙징계위, 국수본부장 20년 이상: 보통징계위, 고충심사위	
정기 회의	국가경찰위	**월 2회**	
	시도자치경찰위	**월 1회 이상**	
	인권위원회	경찰청 **월 1회**, 시·도경찰청 **분기 1회**	
의결 정족수	재과출, 출과찬	대부분	
	재과찬	승진위, 보상금위, 인사위, 위원추천위원회	**승인보추**
	재2/3출, 출과찬	소청심사위원회, 정규임용심사위원회	**소임**
	재과출, 출2/3찬	시·도자치경찰위원회의 재의결 확정 국가배상심의회	**시재국**
	재2/3출, 출2/3찬	소청심사위의 중징계 취소·변경 등	
	5인이상 출석, 출과찬	경찰공무원 고충심사위원회	

02 각 위원회 총 정리 (① ~ ㉟의 정답은 p.714에 있습니다)

	1. 국가경찰위원회 (A급)	2. 시·도자치경찰위원회 (B급)	3. 경찰공무원인사위원회 (B급)
• 설치(소속) • 근거법률 • 법적 성격	• 행정안전부 소속 • 경찰법 • 의결기관	• 시·도지사 소속 • 경찰법 • 합의제 행정기관(행정관청)	• 경찰청 소속 • 경찰공무원법 • 자문기관
구성원수	7인		5인 이상 ~ 7인 이하
위원장	비상임위원 중 호선 (상임 위원 ➡ 비상임위원 중 연장자순으로 직무대행)	위원 중 시·도지사가 임명 (상임 위원 ➡ 위원 중 연장자순으로 직무대행)	인사담당국장 (직무대행: 상위계급 or 선임)
위원 임명	• 위원장 + 5인 = 비상임위원 • 1인 = 상임위원(정무직) • 위원 중 (①)인은 법관자격 • 행정안전부장관 제청 ➡ 국무총리 ➡ 대통령이 임명 • 특정 성 60% 초과하지 않도록 노력	• 위원장 + 1인 = 상임위원 ➡ 지방자치 단체의 공무원으로 본다. • 5인 = 비상임위원 • 위원 중 (⑥)인은 인권문제 전문가로 노력 • 시·도지사의 추천권자에게 추천요청 (임기만료전 (⑦) 일전) ➡ 추천권자 의 추천 ➡ 시·도지사의 임명 • 특정 성 60% 초과하지 않도록 노력	(⑫)이 임명
위원 자격 (결격사유)	• 당적이탈 후 3년 이상 • 공직퇴직 후 3년 이상 • 국·군·검·경 퇴직 후 3년 이상	• 판·검·변·경찰의 직에 5년 이상 • 변호사 + 국가기관 등에서 5년 이상 • 경·행·법 조교수 이상 5년 이상 • 지역주민 중 학식과 덕망 • 결격사유: 국·군·검·경·선·공· 당 3년	경찰청 소속 총경 이상
위원 임기	• (②)년, 연임할 수 없다 • 중대한 심신장애를 제외하고 면직되 지 아니한다.	• 3년, 연임할 수 없다 • 보궐위원(남은 잔여임기) • 보궐위원의 잔여임기가 (⑧)년 미 만인 경우 1회에 한하여 연임가능	민간위원 없음
의결정족수	재과출석/ 출과 찬성		재적위원 과반수 찬성
기타사항 (심의사항)등	• 정기회의: 매월 (③)회 • 행안부장관은 (④)일 이내에 재의요 구 ➡ 국가경찰위원회는 (⑤)일 이내 에 재의결 • 간사 1인 (경찰청 과장급 중에 경찰청 장이 지명)	• 정기회의: 월 (⑨)회 이상 • 임시회의: 위원 (⑩) 인 이상 요구, 시·도지사 요청 • 행안부장관과 경찰청장의 재의요구지 시 ➡ 시·도지사의 재의요구 ➡ 위원회 는 7일 이내에 재의결(재과출 / 출석위 원 (⑪) 이상 찬성) • 대통령령으로 정하는 기준에 따라 시· 도조례로 정한다(※ 2개 이상 설치시 대통령령으로 정한다).	

	4. 정규임용심사위원회 (C급)	5. 중앙승진심사위원회 (C급)	6. 보통승진심사위원회 (C급)	7. 경찰공무원중앙징계위원회 (A급)
• 설치(소속) • 근거법률 • 법적 성격	• 해당 임용권자 소속 • 경찰공무원법 • 의결기관	• 경찰청 • 경찰공무원법 • 의결기관	• 해당 소속 경찰기관 • 경찰공무원법 • 의결기관	• 경찰청 • 경찰공무원법 • 의결기관
구성원수	5인 ~ 7인 이하			• 전체: 위원장 포함 (⑬) • 회의구성시: 위원장 포함 5 ~ 7명
위원장	위원 중 최상위 계급 or 선임 경찰공무원			
위원 임명	소속 경감 이상 경찰공무원 중 해당 기관장이 임명	• 심사대상자보다 상위계급인 경찰공무원 중에서 경찰청장이 임명	• 심사대상자보다 상위계급인 **경위 이상** 경찰공무원 • 시 · 도경찰청 및 경찰서에 두는 보통승진심사위원회 위원 중 2명은 시 · 도자치경찰위원회의 추천을 받아 그 보통심사위원회가 설치된 경찰기관의 장이 임명	• 위원장을 포함한 위원수의 1/2 이상 민간인위원으로 위촉하여야 한다. • 공무원 위원은 징계심의 대상자보다 상위계급인 (⑭)**이상** or 6급 이상 소속 공무원
위원 자격 (결격사유)	심사대상자보다 상위계급자			• 법 · 검 · 변 **10년 이상** • (⑮)교수 이상 • 총경 or 4급이상 퇴직한 자 • 민간 인사 · 감사 임원급
위원 임기				• 민간위원의 임기 **2년**, 1차례 연임가능
의결정족수	**재적 3분의 2이상 출석과 출석 과반수 찬성**	재적 과반수 찬성		재과출석/ 출과 찬성
기타사항 (심의사항)등		• 총경 이상 계급으로의 승진심사 • 회의는 비공개 • 간사 1명, 서기 몇 명을 둔다.	• 경정 이하 계급으로의 승진심사(경찰서 소속 경찰공무원의 경감 이상 계급으로의 승진심사는 시 · 도경찰청 보통승진심사위원회) • 회의는 비공개 • 간사 1명, 서기 몇 명을 둔다.	• 심사대상자: 총경, 경정

	8. 경찰공무원보통징계위원회 (A급)	9. 소청심사위원회 (A급)(중앙고충심사위원회)	10. 경찰공무원고충심사위원회 (C급)
• 설치(소속) • 근거법률 • 법적 성격	• 해당 경찰기관 소속 • 경찰공무원법 • 의결기관	• **인사혁신처 소속** • 국가공무원법 • 합의제 **행정관청**	• 경찰공무원법 • 자문기관 • 경감 이하의 고충심사
구성원수	• 전체: 위원장 포함 (⑬) • 회의구성시: 위원장 포함 5 ~ 7명	• 위원장 포함 5인 이상 ~ 7인 이하 • **상임위원**, 상임위원 수의 1/2 이상 **비상임위원**	• **7인 ~ 15인** ※ **구성특례(5인 ~ 7인)** • 회의구성: 위원장과 5인 ~ 7인 ※ **구성특례(3인 ~ 5인)**
위원장	위원 중 최상위 계급 or 선임 경찰공무원	• **인사혁신처장의 제청** ➡ 국무총리 ➡ 대통령이 임명 • 위원장은 정무직	인사, 감사업무 담당 과장
위원 임명	• 위원장을 포함한 위원수의 1/2 이상은 민간인위원으로 위촉하여야 한다. • 공무원 위원은 징계심의대상자보다 상위계급인 (⑭)이상 or 6급 이상 소속 공무원	• 상임위원: 5인 이상 ~ 7인 이하 • 비상임: 상임위원수 1/2 이상 ※ 법원 등 소청심사위원회는 5인 ~ 7인의 **비상임위원**으로만 구성	청구인보다 상위계급의 소속 경찰공무원 중에서 설치기관의 장이 임명
위원 자격 (결격사유)	• 법·검·변 **5년 이상** • 부교수 이상 • (⑯)년 이상 근속 퇴직한 자 • 민간 인사·감사 임원급	• 법·검·변 **5년 이상** • 부교수 **5년 이상** • (⑰)급 이상 고위공무원 **3년 이상** ➡ **상임○, 비상임 ×**	• 민간위원의 수는 위원장을 제외한 수의 **2분의 1** 이상이어야 한다. • 민간위원 임기 **2년**, 한번만 연임할 수 있다.
위원 임기	• 민간위원의 임기 **2년**, 1차례 연임가능	• **상임위원: 3년**, 1차 연임○, **다른 직무 겸직 ×** • 면직사유: (⑱) 이상 형벌 or 장기심신쇠약인 경우	
의결정족수	재과출석/ 출과 찬성	**재적위원 3분의2 이상 출석과 출석위원 과반수 합의**	(⑲)명 이상의 출석과 출석위원 과반수 합의 ※ **구성특례(전원출석, 과반찬)**
기타사항 (심의사항)등	• 심사대상자: 경감 이하 • 단, 경찰서, 경찰기동대의 경우: 경위 이하 • 단 의무경찰대: 경사 이하	의견이 나뉠 경우 과반수에 이를 때까지 가장 불리한 의견부터 차례로 유리한 의견을 더하여 가장 유리한 의견으로 합의	• 심의대상: 인사담당 및 고충심사 • 30일 이내에 결정, 의결로 30일 연장

	11. 손실보상심의위원회 (A급)	12. 보상금심사위원회 (B급)	13. 정보공개위원회 (B급)	14. 정보공개심의회 (C급)
• 설치(소속) • 근거법 • 법적 성격	• **경찰청, 시·도경찰청** • 경찰관 직무집행법 • 의결기관	• **경찰청, 시·도경찰청, 경찰서** • 경찰관 직무집행법 • 의결기관	• **행정안전부장관** • 공공기관의 정보공개법	• **국가기관, 지방자치단체 기관 등 각 기관에 설치** • 공공기관의 정보공개법
구성원수	5인 이상 ~ 7인 이하	위원장 1명을 포함한 (㉓)명 **이내의 위원**	**위원장과 부위원장 각 1명을 포함한 (㉕)인**	위원장 1명을 포함하여 5명 이상 7명 이하
위원장	위원 중 **호선** (직무대행: 미리 지명하는 자)	소속 (㉔) **이상**의 경찰공무원 중에서 소속 기관장이 임명	행정안전부장관이 위촉	위원 중에서 국가기관 등의 장이 지명하거나 위촉
위원 임명	**위원의 과반수 이상은 경찰공무원이 아닌 사람**	소속 경찰공무원 중에서 소속 기관장이 임명	**위원장을 포함한 (㉖)명은 공무원이 아닌 사람으로 위촉하여야 한다.**	• 소속 공무원 • 임직원 또는 • 외부 전문가로 지명하거나 위촉
위원 자격 (결격사유)	• 소속 경찰공무원 • 판·검·변 **5년 이상** • 부교수 **5년 이상** • 학식과 경험 있는 자	소속 경찰공무원	• 중앙행정기관의 차관급 공무원이나 고위공무원단에 속하는 일반직 공무원 • 정보공개에 관하여 학식과 경험이 풍부한 사람 • 시민단체에서 추천한 사람	• 그 중 3분의 2는 외부 전문가로 위촉 • 국가안전보장과 재판 등에 관한 국가기관은 그 국가기관의 장이 최소한 3분의 1 이상은 외부 전문가로 위촉
위원 임기	위촉된 위원: (⑳)년	민간위원 없음	위원장·부위원장 및 위원(공무원인 위원은 제외한다)의 임기 **2년**, 연임가능	
의결정족수	**재적 과반수출석과 출석 과반수 찬성**	**재적위원 과반수 찬성**	재과출석/출과 찬성	
기타사항 (심의사항)등	• 소멸시효: 손실 있음을 **안날부터 (㉑)년**, 손실이 **발생한 날부터 (㉒)년** • 간사 1명을 두되, 간사는 소속 경찰공무원 중에서 경찰청장 등이 지명	• 보상금 지급 대상자에 해당하는 지 여부 • 보상급 지급 금액 • 보상급 환수 여부	• 제도총괄은 행정안전부장관 • 행정안전부장관은 공공기관(국회, 법원, 헌법재판소 및 중앙선관위는 제외)의 정보공개제도 운영 실태를 평가할 수 있다.	

	15. 언론중재위원회 (B급)	16. 국민권익위원회 (C급)	17. 경찰청(시·도경찰청) 인권위원회 (B급)	18. 보안관찰처분심의위원회 (A급)
• 설치(소속) • 근거법률 • 법적 성격	언론중재 및 피해구제 등에 관한 법률	• 국무총리소속 • 부패방지 및 국민권익위원회의 설치 및 운영에 관한 법률	• 경찰청(시·도경찰청) • 경찰 인권보호 규칙 • 자문기관	• 법무부 소속 • 보안관찰법 • 의결기관
구성원수	40인 ~ (㉗)인	15인 (위원장이 지명한 부위원장이 그 직무대행)	7인 이상 ~ (㉛)인 이하	7인 (위원장 1인과 6인의 위원)
위원장	중재위원 중 **호선**	• 위원장 1인 • 부위원장 3인 • 상임위원 3인	• **위원장은 위원중 호선** • **위원 중 위촉일자가 빠른 순으로 직무대행 ➡ 위촉일자가 같으면 연장자 순** • **위원장직은 연임할 수 없다.**	(㉞) (미리 지정한 위원이 직무대행)
위원 임명	위원장 1명과 (㉘)명 이내의 부위원장 및 (㉙)명 이내의 감사를 두며, 각각 중재위원 중에서 **호선**한다.	• 위원장과 부위원장: 국무총리제청 ➡ 대통령 임명 • 상임위원: 위원장 제청 ➡ 대통령 임명 • 나머지 상임위원이 아닌 위원은 국회가 3명, 대원장이 3명 각각 임명	• 위원 구성할 때 특정 성별이 전체 위원 수의 10분의 6을 초과하지 아니해야 한다. • 당연직 위원: 경찰청 ➡ 감사관, 시·도경찰청 ➡ 청문감사담당관	• 공무원 • 위촉된 위원(**법무부장관의 제청**으로 대통령이 임명)
위원 자격 (결격사유)	• 법관 자격있는 자 • 변호사 자격있는 자 • 언론사 취재, 보도 업무 (㉚)년 이상 종사한자		• 위촉위원의 자격 ┌ 판사, 검사, 변호사 경력이 **3년 이상** ├ 교원, 교직원 **3년 이상 근무** └ 인권분야 **3년 이상 활동**	위원의 과반수는 변호사 자격이 있는 자
위원 임기	• 위원장·부위원장·위원의 임기는 각각 **3년**으로 하며, • 한 차례만 연임할 수 있다.	• **2년, 두차례 연임가능** • 보궐위원의 임기는 위촉된 날로부터 기산		• 위촉된 위원 **2년** • 공무원 위원은 그 직을 면할 때까지
의결정족수	중재부의 장을 포함한 과반수의 출석과 출석 과반수 찬성		재과출석/ 출과 찬성	
기타사항 (심의사항)등	언론보도등 분쟁의 조정·중재 및 침해사항을 심의	• 보궐위원의 임기는 새로 개시 • 위원장과 부위원장은 정무직 • 국회의원 또는 지방의회의원과 겸직할 수 없음	• 정기회의 ┌ 경찰청: (㉜)회 └ 시·도경찰청: (㉝)회 • 임시회의: 청장 또는 재적위원 **1/3 이상**의 소집요구	1. 보안관찰처분 or 그 기각의 결정 2. 면제 또는 그 취소결정 3. 보안관찰처분의 취소 or 기간의 갱신결정

	19. 국가배상심의회 (B급)	20. 각급행정심판위원회 (B급)	21. 중앙행정심판위원회 (B급)
• 설치(소속) • 근거법률 • 법적 성격	• 본부심의회(법무부) • 특별심의회(국방부) • 국가배상법	• 감사원, 국정원, 국회, 등 각급 행정기관 • 행정심판법 • 행정관청	• 국민권익위원회 • 행정심판법 • 행정관청
구성원수	위원장 1인 포함 7인	• 위원장 1명 포함 50명 이내 • 회의 ➡ 9명(위원장 + 위원장이 지명하는 8명의 위원) • 위촉위원 ➡ 6명 이상(위원장이 공무원이 아닌 경우에는 5명 이상)	• 위원장 1명 포함 70명 이내(상임위원은 4명이내) • 회의 ➡ 9명(위원장 + 위원장이 지명하는 8명의 위원) • 자동차운저면허 행정처분에 관한 소위원회 ➡ (㉟)명
위원장	• 본부심의회 ➡ 법무부차관 • 특별심의회 ➡ 국방부차관	• **행정심판위원회가 소속된 행정청** (시도지사 행정심판위원회의 경우 공무원이 아닌 위원을 위원장을 정할 수 있다) • 위원장이 사전에 지명한 위원 ➡ 직무등급이 높은 자 ➡ 재직한 기간이 긴 위원 ➡ 연장자순	• **국민권익위원회의 부위원장** • **상임위원** ➡ 상임으로 재직한 기간이 긴 위원 ➡ 연장자순
위원 임명	• 본부심의회 ➡ 법무부장관이 임명 • 특별심의회 ➡ 국방부장관이 임명	해당 행정심판위원회가 소속된 행정청이 임명	• 상임위원은 중앙행정심판위원회 위원장의 제청 ➡ 국무총리 ➡ 대통령이 임명 • 비상임위원은 중앙행정심판위원회 위원장의 제청 ➡ 국무총리가 성별을 고려하여 위촉
위원 자격 (결격사유)	• 적어도 소속공무원·법관·변호사·의사(군의관을 포함한다) 각 1인을 위원으로 두어야 한다. • 결격사유: 국가공무원법 제33조 각 호의 어느 하나에 해당하는 사람, 공직선거법에 따라 실시하는 선거에 후보자로 등록한 사람	• **변호사** 자격을 취득한 후 **5년** 이상의 실무 경험이 있는 사람 • **조교수** 이상으로 재직하거나 재직하였던 사람 • 행정기관의 **4급** 이상 공무원이었거나 고위공무원단에 속하는 공무원이었던 사람 • 박사학위를 취득한 후 해당 분야에서 **5년** 이상 근무한 경험이 있는 사람 • 그 밖에 행정심판과 관련된 분야의 지식과 경험이 풍부한 사람	• 상임위원: **일반직공무원으로서「국가공무원법」상 임기제공무원으로 임명하되,** 3급 이상 공무원 또는 고위공무원단 3년 이상 근무한 사람이나 그 밖에 행정심판에 관한 지식과 경험이 풍부한 사람중 중위원장의 제청 ➡ 국무총리 ➡ 대통령이 임명 • **비상임위원:** 좌측 각 호의 어느 하나에 해당하는 사람 중에서 중앙행정심판위원회 위원장의 제청 ➡ 국무총리가 성별을 고려하여 위촉
위원 임기	• 임기는 **2년** • 두 차례만 연임할 수 있다.	• **공무원위원**: 재직기간 동안만 • 위촉위원: 2년 2차 연임가능	• 상임위원: **3년, 1차에 한하여 연임** • 비상임위원: 2년, 2차에 한하여 연임가능
의결정족수	위원장을 포함한 재적위원 과반수의 출석과 출석위원 3분의2 이상의 찬성	구성원 과반수의 출석과 출석위원 과반수의 찬성으로 의결	

부록 정답표

1	2	3	4	5
2	3	2	10	7

6	7	8	9	10
1	30	1	1	2

11	12	13	14	15
2/3	경찰청장	11 ~ 51	경위	정

16	17	18	19	20
20	3	금고	5	2

21	22	23	24	25
3	5	5	과장급	11

26	27	28	29	30
7	90	2	2	10

31	32	33	34	35
13	월 1	분기 1	법무부 차관	4

2025 대비 최신개정판

해커스경찰
조현
경찰학 기본서

개정 3판 1쇄 발행 2024년 4월 22일

지은이	조현 편저
펴낸곳	해커스패스
펴낸이	해커스경찰 출판팀

주소	서울특별시 강남구 강남대로 428 해커스경찰
고객센터	1588-4055
교재 관련 문의	gosi@hackerspass.com
	해커스경찰 사이트(police.Hackers.com) 교재 Q&A 게시판
	카카오톡 플러스 친구 [해커스경찰]
학원 강의 및 동영상강의	police.Hackers.com

ISBN	979-11-7244-022-0 (13350)
Serial Number	03-01-01

경찰공무원 1위,
해커스경찰 police.Hackers.com

해커스 경찰

· 정확한 성적 분석으로 약점 극복이 가능한 **합격예측 온라인 모의고사**(교재 내 응시권 및 해설강의 수강권 수록)
· 해커스 스타강사의 **경찰학 무료 특강**
· **해커스경찰 학원 및 인강**(교재 내 인강 할인쿠폰 수록)